DATE DUE

~~MAY 4 1998~~	
~~iH 23442~~	
~~LEM 10-26-02~~	
~~Vol 1 +2~~	
~~ILL 7821709~~	
~~LFM 8-22-03~~	

DEMCO, INC. 38-2931

Actas
del IX Congreso de la
Asociación internacional
de hispanistas

Editionen der Iberoamericana
Reihe III
Monographien und Aufsätze

Herausgegeben von Walther L. Bernecker, Frauke Gewecke,
Jürgen M. Meisel, Klaus Meyer-Minnemann
Band 28

ACTAS
DEL IX CONGRESO DE LA
ASOCIACION INTERNACIONAL
DE HISPANISTAS

18 - 23 agosto 1986
Berlín

Ibero-Amerikanisches Institut
Preussischer Kulturbesitz

Freie Universität Berlin
Institut für Romanische Philologie

Publicadas por
SEBASTIAN NEUMEISTER

II

Vervuert Verlag · Frankfurt am Main

1989

Gedruckt mit Unterstützung der
Deutschen Forschungsgemeinschaft und des Landes Berlin

CIP-Titelaufnahme der Deutschen Bibliothek

International Association of Hispanists:
 Actas del ... congreso de la Asociación Internacional de
Hispanistas. - Frankfurt am Main : Vervuert,
9. 18 - 23 agosto 1986, Berlin/Ibero-Amerikan. Inst., Preuss. Kulturbesitz;
  Freie Univ. Berlin, Inst. für Roman. Philologie
  Bd. 2. - 1989
  (Editionen der Iberoamericana: Reihe 3, Monographien und Aufsätze; Bd 28)
  ISBN 3-89354-828-9
NE: Editionen der Iberoamericana /03

© Vervuert Verlag, Frankfurt am Main 1989
Wielandstr. 40, D-6000 Frankfurt/M
Alle Rechte vorbehalten
Printed in West-Germany

SIGLOS XVIII Y XIX

El mito de la aventura del héroe en la obra tardía de Galdós

Lieve Behiels
Rijksuniversiteit Gent

En su artículo titulado "Interpretación mítica de *El caballero encantado* de Galdós", Juan Villegas (1976: 14) demuestra que "la estructura de la novela se funda en una estructura mítica, la de la aventura del héroe". Hace dos años dedicamos un trabajo a los elementos míticos presentes en *Celia en los infiernos*[1] tomando como base teórica otra obra de Juan Villegas, *La estructura mítica del héroe en la novela del siglo XX* (1978) y los libros de Mircea Eliada (1959 y 1965). Llegamos a la conclusión que la misma estructura de la aventura del héroe subyace a *Celia en los infiernos*, obra teatral estrenada en 1913 y poco estudiada hasta ahora.

Esta estructura mítica lleva en las dos obras un mensaje ideológico similar y característico de la época tardía de Galdós que Víctor Fuentes formula como sigue:

> "El antagonismo social se trata, ahora directamente, en la última
> serie de los episodios nacionales, en *El caballero encantado* y en *Celia*
> *en los infiernos*, como el antagonismo entre el pueblo y las fuerzas de
> la reacción, encarnadas por la alianza alta burguesía, aristocracia y
> clero, viendo en aquel una fuerza vital y regeneradora y en éstas la
> causa responsable de la parálisis de España" (1972: 238).

El mensaje social de las últimas obras de Galdós ha sido caracterizado de diferentes maneras: Manuel Tuñón de Lara utiliza el término "utopismo social" (1982: 187), Joaquín Casalduero lo califica de "sueño naturalista" (1961: 174), José-Carlos Mainer de "utopía humanitarista" (1974: 165), mientras que el propio Galdós, en *El caballero encantado*, emplea la expresión "síntesis social" (1982: 342).

La crítica ha establecido la relación entre las obras del último período de producción galdosiana en el que se insertan los dos libros mencionados y las corrientes de pensamiento de principios del siglo XX: el regeneracionismo y las ideas del '98. Gustavo Correa (1963: 18), Antonio Regalado (1966: 468), Tuñón de Lara (1982: 186-187), Brian Dendle (1980: 172) y Julio Rodríguez-Puértolas (edic. Galdós 1982: 24 y 33 ss) han puesto de relieve los puntos de contacto y las influencias.

Tanto en *El caballero encantado* como en *Celia en los infiernos* presenciamos el proceso de iniciación del protagonista que, mediante un descenso a los infiernos de la miseria social, logra un conocimiento de los aspectos más negativos de la realidad, que le permitirá, en el momento del regreso a su estado social anterior, trabajar en la transformación de la sociedad española. La estructura de la aventura del héroe se revela aquí particularmente eficaz para transmitir un contenido "regeneracionista".

Teniendo en cuenta la unidad ideológica de las últimas obras de Galdós y la presencia en dos de ellas de la estructura mítica de la aventura del héroe, nos ha parecido interesante repasar toda la producción galdosiana a partir de 1909 en búsqueda de otras obras donde aparece la misma estructura mítica. Entre 1909 y 1918, Galdós escribió los cuatro últimos tomos de la quinta serie de *Episodios nacionales* (1910-1912), *La razón de la sinrazón*. *Fábula teatral absolutamente inverosímil* (1915), de difícil clasificación en cuanto al género, y varias obras de teatro: la versión teatral de *Casandra* (1910), *Celia en los infiernos* (1913), *Alceste* (1914), *Sor Simona* (1915), *El tacaño Salomón* (1916) y *Santa Juana de Castilla* (1918).

Hallamos claras huellas del mito en el cuarto volumen de la última serie de los *Episodios*, *La primera república*, y en *La razón de la sinrazón*.

El protagonista de los últimos *Episodios*, Proteo Liviano, alias Tito, observa en *La primera república* la agitada situación política del año 1873. Surge el rumor de su influencia con algunos ministros, y todos sus conocidos acuden a pedirle destinos y recomendaciones. Celestina Tirado le promete una nueva conquista amorosa. Tito ve por primera vez a la dama misteriosa, Floriana, en la casa del fallecido sacerdote don Hilario de la Peña y se enamora locamente de ella. Cuando, por fin, descubre su paradero, resulta que Floriana ha sido nombrada directora de escuela gracias a una supuesta intervención de Tito. Se presenta ante Floriana que está a punto de salir de viaje. Floriana le invita a acompañarla en su camino "largo, áspero y difícil" (Galdós 1951, III: 1130). Entran en una caverna y caminan largo rato por unos espacios donde no hay día ni noche. Tito siente auténtico terror al ver que de las oquedades superiores de la bóveda salen animales feroces, que desaparecen cuando llega un rebaño de toros que están al servicio de Floriana. Casi al final del camino, Tito se encuentra con Mariclío – la Madre – y con las musas, sus hermanas. Pide a gritos que le liberen "del dédalo de estos mitos" (Galdós 1951, III: 1139).

Al final, sale del túnel con Floriana y sus compañeras. Llegan a Cartagena donde Tito se pone en contacto con los partidarios del cantón, para cumplir con su papel de historiador. Floriana, "la educadora de los pueblos" (Galdós 1951, III: 1153) no puede empezar con sus tareas educativas porque los niños de la ciudad revolucionaria no acuden a la escuela. La Madre manda decir a Tito que deje de perseguir a Floriana. Le explica qué es lo que tiene que hacer si quiere transformarse en un hombre verdadero: unir su saber con un conocimiento práctico de la vida y abandonar sus quimeras. Buscando a la Madre, un día Tito llega a una fragua. Uno de los herreros le dice que es demasiado débil para subir la transformación que la Madre espera de él. Resulta que Floriana es la novia del herrero que, al final de la conversación, echa a rodar a Tito por una pendiente muy fuerte, de modo que cae en la playa. Tito concluye que su papel es observar y no participar en los acontecimientos de la historia.

El simbolismo de la obra es claro y ha sido analizado por la crítica. Dice Brian Dendle: "Because Tito (Spain) is emotionally and mentally ill, immediate possession of an external ideal (Floriana, the Federal Republic) will change nothing for first Tito must undergo a radical restructuring of his nature" (1980: 172). Algo más lejos, añade:

"In the closing pages of the novel, Galdós, with a symbolism as blatant as that of a political poster, calls on Spain to regenerate itself. Two elements (one from within the individual, one from without) are needed for this task: will-power (symbolized in the mythical smith, the forger of Spanish wills) and education (symbolized in Floriana, the educator of the people)" (1980: 173).

Nosotros creemos que el mito no sólo funciona a nivel de los personajes, sino también a nivel de la estructura narrativa. A nuestro entender, se puede leer *La primera república* como una iniciación frustrada.

Un esquema iniciático consta de tres etapas fundamentales: la vida anterior a la iniciación, la iniciación misma y la vida postiniciática (Villegas 1976: 86).

En la primera etapa suele figurar un llamado, que emana del maestro o personaje despertador cuya misión consiste en "provocar en el iniciante o futuro iniciante la conciencia de que deberá abandonar la forma de vida que ha llevado, o hacer evidente lo insatisfactorio de la misma (Villegas 1976: 109). Nos parece que en *La primera república* el personaje despertador es Floriana, mujer superior que se encuentra en las antípodas de las conquistas fáciles del infra-don Juan Tito. Tito se dirige a la escuela de Floriana en Madrid: esto sería el viaje o desplazamiento espacial característico de esta primera fase de la aventura del héroe. Al final se sitúa el cruce del umbral que separa los dos mundos. Fórmulas evidentes son el puente, el túnel, zócalo, portal o umbral. Tito tiene que atravesar el umbral de la puerta:

"Me colé a toda prisa por el pasillo oscuro, sin que me cortaran el paso llamas azules ni verdes. Sentí un tufo como de quemazón de pez y piedra alumbre [...] Al extremo de aquel corredor torcido vi un cuadro de claridad que era el marco de una puerta. En el centro de ésta, Floriana me aguardaba" (Galdós 1951, III: 1130).

Ahora empieza la segunda etapa que es la iniciación en sí o la adquisición de experiencias. Tropezamos con el importante mitema del descenso a los infiernos. Floriana hace entrar a Tito en una caverna, "una especie de catacumba de paredes y techo labrado en la dura arenisca de Madrid. El soterrado pasadizo no era recto: ondulaba a izquierda y derecha" (Galdós 1951, III: 1130). En su descenso a los infiernos, que a pesar de la presencia de los animales salvajes es más bien un paseo, Tito puede contar con el apoyo de un guía espiritual, la Madre.

La imagen del laberinto, típica de la etapa iniciática, está igualmente presente.[2]

Si consideramos que la experiencia iniciática de Tito se termina al salir del túnel a la luz, nos enfrentamos con el sorprendente hecho que esta iniciación no lo ha transformado de ninguna manera. Pero podemos suponer que la iniciación no se termina con la salida, ya que este paso no constituye la vuelta al mundo anterior. La fusión del plano simbólico con el real es constante en la obra[3] y Tito se da perfecta cuenta de ello cuando dice: "Mi mente se aferró de nuevo a la idea de que lo sobrenatural es lo verdadero. – Cuánto tardaría en volver al sentido de la realidad?" (Galdós 1951, III: 1168).

Las auténticas pruebas iniciáticas no se han presentado todavía. La Madre las anuncia a Tito:

> "Conservando amorosamente el saber que tienes archivado en tu cabeza, ponte a trabajar en una herrería, forjando a fuerza de martillo el metal duro; abre el surco en la tierra, siembra el grano y cosecha la mies; arranca de la cantera el mármol o el granito; agrégate a los ejércitos que entran en batalla; lánzate a la navegación, al comercio, y si logras juntar a tu saber teórico la ciencia práctica que aprenderás en estos trajines, serás un hombre" (Galdós 1951, III: 1167).

El lugar de la prueba iniciática parece ser la forja de los herreros, que trabajan "el acero y otros metales, que han de dar resistencia a los corazones y solidez a los cráneos donde se alberga el pensamiento" (Galdós 1951, III: 1171).

Mircea Eliade pone de relieve la relación de este espacio con la iniciación, al discutir el mito de Hefaisto: "Il apprend son art dans la forge souterraine de Cédalion ou dans la grotte d'Eurynomè (la Mort) qui le reçoit dans son sein (Iliade, XVIII, 398) ce qui implique adoption et changement de personnalité" (Eliade 1959: 230). Es precisamente este cambio de personalidad que el herrero le niega:

> "Ya sé a qué vienes. La que manda en ti te propuso que fueras herrero y sabio para ser hombre y no muñeco. Pero yo advierto que eres demasiado endeble para emprender tarea tan ardua. Sería preciso que te dejaras construir de nuevo" (Galdós 1951, III: 1171).

Es cuando el herrero le lanza a la playa desde las alturas que Tito vuelve a la verdadera vida, cerca del mar, lugar de las transformaciones y de los renacimientos.[4]

La transformación de su ser no ha tenido lugar, pero la iniciación frustrada tiene una consecuencia positiva: el personaje se ha dado cuenta de cuál es su verdadero papel:

> "Al retirarme, vi en mi mente con absoluta claridad que mi papel en el mundo no era determinar los acontecimientos, sino observarlos y con vulgar manera describirlos para que de ellos pudieran sacar alguna enseñanza los venideros hombres. De tales enseñanzas podría resultar que acelerasen el paso las generaciones destinadas a llevarnos a la plenitud de los tiempos" (Galdós 1951, III: 1173).

Dentro de la economía novelesca, no podría ser de otra manera: Tito no puede ser otra cosa que un observador, que obtiene su información a través de andanzas algo extrañas a veces, pero nada más.

Si en *La primera república* la transformación del protagonista no se lleva a cabo, en *La razón de la sinrazón* sí que tiene lugar. Alejandro, un noble arruinado, de origen campesino, que siempre vivió según los principios éticos de honradez y rectitud, decide abandonarse a la "sinrazón" para ver si cambiando de método las cosas le salen mejor. Comunica su decisión a Atenaida, una maestra a la que conoció cuando trabajaba en una escuela rural, y que ahora se encarga de la educación de las tres hijas de don Dióscoro de la Garfia, que se ocupa de altas finanzas y de hacer y deshacer gobiernos. Atenaida desaprueba la decisión de Alejandro, pero le seguirá sosteniendo moralmente, ya que le quiere. Ella conoce las fuerzas de la sinrazón y sabe que quieren apoderarse de la capital. La decisión de Alejandro parece prometedora: inventa la muerte de su hermano que le lega una fortuna considerable. Y en efecto, alguien – uno de los "espíritus burlones de la sinrazón" – viene a entregarle la herencia. Vuelve a entrar en las gracias de Dióscoro, que invierte la herencia en una sociedad anónima, la Filantrópica, que dirige con su hermano Pánfilo. Protasia, la hija mayor de Dióscoro, es una niña de cortísima inteligencia y, por consiguiente, de difícil colocación. Para estrechar los lazos económicos, Dióscoro impone a Alejandro el matrimonio con Protasia. Pero las fuerzas de la sinrazón, representadas por unas figuras de traza diabólica, intervienen por segunda vez, devolviendo a la vida a la esposa de Alejandro, Helena, que todos creían muerta en un naufragio. Resulta que Helena ha perdido la angelical dulzura que la caracterizaba antes y que se ha convertido en una loca intratable. La amenaza de la boda con Protasia pasa temporalmente a un segundo plano, hasta que las fuerzas de la sinrazón raptan a Helena como la habían traído. El hacer a Alejandro ministro en la nueva coalición gubernamental es la tercera intervención de la sinrazón. Pero ahora Atenaida entra en la acción: le convence a Alejandro de que tiene que presentar un revolucionario proyecto de ley agraria y hacerlo público. Inmediatamente, Dióscoro y compañía rompen las relaciones con Alejandro. Resulta que la Helena rediviva era una muñeca de trapo y que los millones de la herencia se han volatilizado. El punto cumbre del relato es un eclipse solar seguido de un terremoto y el incendio de la mansión de Dióscoro: las fuerzas de la sinrazón se lanzan a su último combate, pero lo pierden. Después del cataclismo, vemos a Alejandro y Atenaida en la aurora, caminando hacia la luz. Regresan a su lugar de origen, donde Alejandro volverá a trabajar en el campo y Atenaida en la escuela del pueblo.

Varios indicios en la obra nos permiten interpretarla como una versión degradada de la aventura iniciática del héroe.

Primera etapa en el proceso: la situación de la que el héroe quiere salir. Son las dificultades económicas que abruman a Alejandro que declara:

> "He llegado a este cataclismo por mi acendrada rectitud: por ser
> esclavo del deber, de la verdad. (Con exaltada emoción). Ya no más.
> Me acojo a la farsa, a la mentira" (Galdós 1951, VI: 355).

Al inventar la muerte de su hermano y la herencia, Alejandro se entrega "en cuerpo y alma a los espíritus burlones" (Galdós 1951, VI: 358). Esta mentira, por la que Alejandro se aleja de las fuerzas positivas que rigen el mundo, la consideramos como el cruce del umbral que da entrada al mundo de la sinrazón. En esta obra faltan, pues, los indicios tan plásticos como el pasillo, el marco de la puerta y el descenso presentes en *La primera república*. En cambio, nos encontramos con otro tipo de elementos más discretos, pero igualmente significativos. Veamos el siguiente diálogo entre Calixta, una de las hijas de Dióscoro, y Atenaida:

> *Calixta* – ¿Qué oyes, maestra?
> *Atenaida* – El graznido siniestro de las aves rapaces que se disputan la víctima inocente, el hombre bueno y generoso.
> *Calixta* – ¿ Y eso, dónde está?
> *Atenaida* – (Con exaltación). En vuestra casa, en vuestra familia. Esa caverna elegante está invadida por la sinrazón. Respiráis el ambiente insano de la mentira, de la burla, de esa tremenda ironía que cae como diluvio de cieno sobre estos pueblos degenerados (Galdós 1951: VI: 362).

El término "caverna" no es indiferente, ya que la caverna figura en numerosos mitos de iniciación como el lugar previo a un nuevo nacimiento.[5] La caverna de Dióscoro está poblada de monstruos de dos tipos: los diabólicos representantes de la sinrazón, el "doctor" Arimán y sus comparsas, y, más temibles, algunos monstruos humanos. Dice Atenaida a Alejandro:

> Te encuentras amenazado por tres figuras monstruosas. La fiera menos temible es tu pobre mujer. Los monstruos que han de devorarte son: el Cocodrilo de insaciable voracidad ...
> *Alejandro* – Dióscoro
> *Atenaida* – ... y el Rinoceronte de la previsión ...
> *Alejandro* – ... Pánfilo
> *Atenaida* – ... que con sus armas formidables te vencen, te subyugan y, apoderándose de tu riqueza, quieren hacer de ti un ser abúlico, un maniquí (Galdós 1951: VI: 372).

El cocodrilo aparece, como la caverna, íntimamente asociado a los mitos de la iniciación.[6]

Atenaida, que cumple el papel de guía espiritual, designa las vivencias de Alejandro como una experiencia nocturna:

> "Tontaina: está tu entendimiento tan compenetrado con las tinieblas que ha de costarme mucho trabajo traerte a la luz" (Galdós 1951, III: 380).

Mediante la publicación del proyecto de ley agraria, Atenaida consigue manipular las fuerzas de la sinrazón en su propio provecho. Alejandro se ha hecho la vida imposible en el círculo de Dióscoro. Aprovecha el eclipse para huir con Atenaida. Los espíritus burlones de la sinrazón tienen que abandonar la partida y el mundo vuelve a su estado anterior.

Así llegamos a la tercera fase: la vida del iniciado. Se separa de la anterior por un desplazamiento geográfico: los dos personajes han llegado a un pueblo, sin que se acuerden cómo. El cruce del umbral del regreso está figurado aquí por el cambio de los trajes. Atenaida quiere cambiar de vestidos; le contesta la dueña de la posada donde se albergan:

> *Melitona* – Ya entiendo. Son "ustés" señores que vienen huyendo
> de la tremolina. ¿Es que quieren disfrazarse?
> *Atenaida* – Somos pueblo, y a uso de pueblo queremos vestir
> (Galdós 1951, VI: 386).

Alejandro vuelve a su antiguo ser y a sus auténticos quehaceres, después de haber abandonado la vida insustancial e insatisfactoria de la capital. A causa de su experiencia de la sinrazón se da cuenta de su verdadero papel social. Los dos protagonistas poseen así "los dos mundos"[7] en un plano psicológico, lo que Atenaida expresa con las siguientes palabras:

> "Somos los creadores del bienestar humano. El raudal de la vida
> nace en nuestras manos fresco y cristalino; no estamos subordinados
> a los que, lejos de aquí, lo enturbian. Somos el manantial que salta
> bullicioso, ellos la laguna dormida" (Galdós 1951, VI: 395).

Nos parece haber demostrado que la coherencia ideológica que se ha puesto de relieve en la última producción galdosiana tiene en alguna medida su contrapartida en el nivel de la estructura mítica. En cuatro obras escritas entre 1909 y 1915 encontramos con más o menos transparencia la estructura mítica de la aventura del héroe. En los cuatro casos, el mensaje transmitido por el mito es similar: el hombre español tiene que sufrir una profunda transformación mental antes de que pueda contribuir al bienestar material y moral de su país. En *La primera república*, la transformación no tiene lugar: la iniciación frustrada se podría interpretar tal vez como el paralelo mítico del fracaso histórico de la república. En *Celia en los infiernos*, *El caballero encantado* y *La razón de la sinrazón* la apertura hacia la utopía no se ve cortada por la referencia histórica: aquí cabe, pues, la transformación lograda del individuo, que le permite contribuir a la construcción de un mundo mejor.

La última fase de producción galdosiana ha provocado el desconcierto de una parte de la crítica,[8] desconcierto que se explica si se intenta enfocar estas obras desde los mismos presupuestos que las grandes novelas escritas en los años ochenta y noventa del siglo XIX, con las que, en cuanto al tratamiento literario, tienen efectivamente poco que ver. Nos parece que ya es hora de tratar de estudiar estas obras a partir de lo que efectivamente se puede leer en ellas, no a partir de lo que los críticos quisieran que fuesen. Esperamos que nuestros análisis de la estructura mítica subyacente a algunas de estas últimas obras podrá constituir un paso hacia su revalorización.

NOTAS

1 En el coloquio del "Centre d'Etudes Ibériques et Ibéroaméricaines du XIXe siècle" celebrado en la Universidad de Lille III (18 y 19 de mayo de 1984) leímos un trabajo titulado "Contenidos míticos en *Celia en los infiernos* de Galdós", de próxima publicación.

2 La ninfa Graziella le explica el porqué de su viaje bajo la tierra a través del dominio de la penitencia y la soledad: "Si no te enfadas, te diré que te has metido en este laberinto subterráneo por un extravío de tu temperamento, por tus malas mañas de pícaro redomado y por tus pretensiones de virote conquistador de cuantas hembras se te ponen delante" (Galdós 1951, III: 1134).

3 "Más allá, o más acá de esa posible implicación, y de la eventual representatividad de Tito, está la realidad del personaje imaginario que se relaciona con la misma familiaridad con el autor convertido en personaje, que con Clío la musa de la Historia [...] o con las figuras históricas de la época, Amadeo I, Sagasta [...] Novelista, musa, rey y presidente conviven en un mundo y en un plano que, siendo imaginario, incluye o integra lo real, lo histórico y lo simbólico" (Gullón 1973: 406-407).

4 "MER: Symbole de la dynamique de la vie. Tout sort de la mer et tout y retourne: lieu des naissances, des transformations et des renaissances" (Chevalier y Gheerbrant 1982: 632).

5 "CAVERNE: Archétype de la matrice maternelle, la caverne figure dans les mythes d'origine, de renaissance et d'initiation de nombreux peuples. [...] Les cavernes abritent fréquemment des monstres, des brigands et, plus nettement encore, les portes même de l'enfer, comme on le relève notamment en Chine. Encore faut-il observer que, si la caverne conduit aux enfers, si on a pu y enterrer des morts qui y commençaient ainsi leur voyage outre-tombe, *la descente aux enfers* n'est universellement qu'un préalable à la nouvelle naissance. On retrouve ici les deux aspects, positif et négatif, de tout grand symbole" (Chevalier y Gheerbrant 1982: 180 y 184).

6 "L'Occident retient du crocodile sa voracité, mais en fait surtout un symbole de duplicité et d'hypocrisie. [...] Nulle part mieux que dans les rites initiatiques de la société Poro du Libéria n'apparaît sa profonde signification initiatrice. Pour la célébration de ces rites – de circoncision – les jeunes enfants appelés à devenir par là des adultes, disparaissent en forêt pour une retraite qui peut durer quatre ans. On dit alors qu'ils sont morts, dévorés par le Poro ou *esprit-crocodile*. Ils sont censés alors subir une nouvelle gestation au terme de laquelle, s'ils ne meurent pas – ce qui se produit parfois –, ils sont rejetés par le Poro après avoir perdu leur prépuce. On dit alors qu'ils naissent une nouvelle fois, portant des cicatrices qui sont la marque des dents du Poro – ce qui n'est pas sans rappeler l'idée de la *vagina dentata*" (Chevalier y Gheerbrant 1982: 315-316).

7 "La novela moderna presenta con frecuencia a personajes que poseen los dos mundos, no en el plano real, sino psicológico. Es decir, la experiencia de la aventura les ha dado un conocimiento del mundo que les permite precisamente una comprensión del mundo 'real' por el conocimiento que una vez tuvieron del otro mundo" (Villegas 1976: 135).

8 Nos limitamos a citar a este respecto un comentario de Montesinos sobre el "alegorismo" de Galdós, que no le convence: "Es posible que todo sea limitación mía, limitación que, irónicamente, se originaría en mi frecuentación del que yo creo mejor Galdós. Doy por bueno que padezco de una ceguera irremediable, pero por ello mismo, porque es irremediable, no puedo menos de lamentar la sensación de éste, a lo que me parece, campo de ruinas" (Montesinos 1980, III: 330).

BIBLIOGRAFIA

Casalduero, Joaquín
1961   *Vida y obra de Galdós (1843-1920)*. 2ª edición ampliada. Madrid.

Chevalier, Jean y Alain Gheerbrant
1982   *Dictionnaire des symboles*. París.

Correa, Gustavo
1963   "El sentido de lo hispánico en *El caballero encantado* de Pérez Galdós y la generación del 98". En *Boletín del Instituto Caro y Cuervo*, 18: 14-28.

Dendle, Brian
1908   *Galdós. The Mature Thought*. Kentucky.

Eliade, Mircea
1959   *Naissances mystiques. Essai sur quelques types d'initiation*. París.
1965   *Le sacré et le profane*. París.

Fuentes, Víctor
1972   "El desarrollo de la problemática político-social en la novelística de Galdós". En *Papeles de Son Armadans*, 16, 64: 229-240.

Gullón, Ricardo
1973   "La historia como materia novelable". En Douglass M. Rodgers (ed.): *Benito Pérez Galdós*, pp. 403-426, Madrid.

Mainer, José-Carlos
1974   "Literatura burguesa, literatura pequeño-burguesa en la España del siglo XX". En Amorós et al.: *Creación y público en la literatura española*, Madrid.

Montesinos, José F.
1980   *Galdós*. Madrid.

Pérez Galdós, Benito
1951   *Obras completas*. Edición de Federico Carlos Sainz de Robles, Madrid.
1982   *El caballero encantado*. Edición de Julio Rodríguez-Puértolas, Madrid.

Regalado, Antonio
1966   *Benito Pérez Galdós y la novela histórica española: 1868-1912*. Madrid.

Rodríguez, Alfred
1967   *An introduction to the Episodios Nacionales of Galdós*. Nueva York.

Tuñón de Lara, Manuel
1982   *Medio siglo de cultura española*. Barcelona.

Villegas, Juan
1976   "Interpretación mítica de *El caballero encantado* de Galdós". En *Papeles de Son Armadans*, 21, 82: 11-24.
1978   *La estructura mítica del héroe en la novela del siglo XX*. Barcelona.

El teatro de Benito Pérez Galdós y Emilia Pardo Bazán. Estructura y visión dramática en "Mariucha" y "Cuesta abajo"

Maryellen Bieder
Indiana University

A Galdós se le consideraba la gran esperanza para la reforma del teatro español de su época, como bien se sabe.[1] Una de las dimensiones principales en las que aplicaba una visión reformista era la del conflicto dramático. Rechazando, con más fuerza y extensión en unas obras que en otras, los esquemas que habían ido imponiéndose en los años que van de la hegemonía del teatro romántico a la década de los '90 cuando sus primeras obras fueron representadas, ideó nuevos enfoques y tensiones sobre los que estructuró sus obras. En el teatro galdosiano, el mundo de la aristocracia deja paso al mundo burgués. En cuanto al tono, el elevado estado emocional de la tradición teatral anterior cede en Galdós a una confrontación más razonada y menos estridente de pasiones y palabras. Y, sobre todo en los dramas que van de 1890 a 1903, el planteamiento de conflictos sociales, de temas sociales de clara relevancia contemporánea, empieza a ocupar el primer plano de la acción del teatro galdosiano. En esta reorientación del centro de interés y del mundo de la obra dramática, Galdós está en consonancia con las reformas del teatro europeo que habían empezado unos veinte años antes. Se plantean las cuestiones del papel del individuo en la sociedad y de las responsabilidades consiguientes, y el papel de la mujer tanto dentro de la familia como dentro de la sociedad; en la dimensión temática, se plantean las cuestiones del trabajo, de la educación y de la religión en la formación y las opciones del individuo. Tal vez la innovación más radical sea la de hacer a los personajes conscientes de la naturaleza precaria de su identidad económica, o, dicho de otra manera, de la crisis económica de la aristocracia tradicional, de la inestabilidad económica de la pequeña burguesía y de las nuevas pretensiones de incorporación a la burguesía por parte de los labradores enriquecidos. Galdós ha sabido reflejar en su teatro, al igual que en sus novelas, los conflictos y oportunidades de una sociedad en transición.

Aunque Pardo Bazán estrenó su primera obra teatral casi una década después del estreno de *Realidad* de Galdós, ella se interesó también por la reforma del teatro, primero en su labor crítica y después con unas ocho piezas teatrales. Así como en algunas novelas de Pardo Bazán se puede ver una respuesta a la visión del mundo creada por la obra de Galdós, su teatro también responde a los temas, conflictos y técnicas del teatro de su contemporáneo. Una de las comedias dramáticas de Pardo Bazán, *Cuesta abajo*, se destaca por su aproximación a las técnicas y temática galdosianas.[2] Estrenada en 1906, *Cuesta abajo* se escribió dos años después de *Mariucha* de Galdós.[3] Los conflictos familiares y sociales planteados por ambos dramas y las tensiones implícitas en el ambiente en que se desarrollan dan lugar a una posible comparación de las dos obras, pero pretendo enfocar este análisis sobre todo desde la perspectiva de la estructura y los recursos dramáticos. Un examen de la estructuración del conflicto dramático principal revela los puntos de contacto entre la visión de los dos autores, un conflicto que hace enfrentarse diferentes generaciones, clases sociales, mundos, tradiciones y ambos sexos.

Tanto *Cuesta abajo* como *Mariucha* sitúan el conflicto dramático en el contexto de la transición de la aristocracia de ascendencia rural al mundo urbano, transición que la separa de su base económica y da paso al dinero como determinante de clase social. En *Mariucha* Galdós presenta una familia aristocrática a punto de arruinarse y ya retirada al pueblo como defensa contra la penuria y las malas lenguas. El terreno perdido por una familia que se jactaba de sus tradiciones se simboliza en el espacio que ocupa la familia en la actualidad: de ser dueños del Palacio de Alto-Rey han pasado a ocupar una sola planta y esto gracias a la gentileza del nuevo dueño. La ausencia en el escenario del código visual de la herencia aristocrática (faltan los muebles, tapices, cuadros) confirma la transformación de la clase alta en una clase indefinida y sin identidad propia. Cabe señalar el regreso de la familia a su punto de origen, la retirada a la propiedad nuclear en territorio feudal, al confrontar la crisis que desnaturaliza su estado heredado. Tres opciones se abren como soluciones a la crisis de identidad de la familia: la integración en la burguesía del pueblo, o sea, sumergirse en la mediocridad circundante, negando la histórica unicidad de la familia en el mismo contexto; el matrimonio del hijo con dinero nuevo, o sea, integrarse en los nuevos ricos, abrazando la cursilería para poder disponer de su dinero; y una regeneración de la aristocracia, sin cambiar sus valores esenciales y sin buscar soluciones en otras esferas. Sólo en el tercer caso surge la solución desde dentro de la misma aristocracia económicamente arruinada y es la hija de la familia quien intenta la solución de imitar el modelo de la clase burguesa comercial. Rechazando la dilución de la aristocracia en el pueblo o en la nueva aristocracia del dinero, la obra se enfoca en la regeneración de la clase desde dentro.

El modelo de esta regeneración lo ofrece un joven, amigo de la familia, que en su vida personal ejemplifica toda la trayectoria de su clase en el paso de la fortuna heredada a la imitación ciega de los vicios de su clase, del derroche al fraude, para terminar en la desesperanza y el escándalo. Este hombre-modelo que se ha regenerado solo, ha pasado por todas las esferas de la jerarquía social antes de reestablecerse como hombre honesto, producto de su propio trabajo y no de una herencia. Tanto en el caso del modelo como en el de su discípula, la hija de la familia, la María que da título a la obra, esta redefinición del papel del individuo provoca una ruptura con la familia. Mientras que la familia abraza a César, el hijo que se casa con la epitomía de la cursilería, heredera de millones, y lo ve como el salvador de la honra – y del pan – de todos, la familia rechaza la decisión de Mariucha de meterse en la compraventa de artículos de casa y adornos femeninos, proveyendo a las mujeres del pueblo con la moda de la ciudad. Mariucha no sale de su papel de mujer ni del mundo de las mujeres, aunque adopta la actitud burguesa con respecto al dinero.[4]

Al romper con su clase y aceptar la asociación entre trabajo y dinero, María aliena a su familia. La ruptura entre hija y familia, subrayada por la exaltación del hijo, constituye el elemento más radical en la estructuración del problema económico-social de la aristocracia. La esencia de la aristocracia es la transmisión por herencia; al autodefinirse como fuente de sus propios recursos económicos, María se declara incompatible con su clase y rompe la cadena de transmisión. Sin embargo, se casa dentro de la aristocracia, aunque sea con otro hijo regenerado de la misma. Juntos los dos crearán una nueva familia dentro de la clase del futuro, la aristocracia aburguesada. Para ratificar el aspecto positivo de esta unión y la feliz resolución del conflicto dramático, el cura apoya a los novios y los defiende de la oposición de su familia, identificándose con un futuro basado en una economía viable y no en un pasado disoluto. El doble ejemplo de regeneración se confirma en la creación de una nueva familia que resuelve la dialéctica ciudad-campo, ya que el negocio implica proveedor (ciudad) y mercado (pueblo).

La estructura del mundo de *Mariucha* es claramente *patriarcal*. El poder de tomar decisiones – y de producir el estado económico lamentable en que se encuentra la familia actualmente – está en manos del padre, el Marqués, quien, en medio de la crisis, empieza a delegar en su hijo y heredero algunas de las responsabilidades del bienestar económico de la familia. Consciente de la impotencia de su padre ante la crisis creciente y siendo utilizada por él en sus demandas a personas adineradas, Mariucha misma concibe la solución, aceptando para realizarla la tutela de León. El apoyo de otra institución fundamental en esta distribución tripartita del poder – aristocracia, comercio, iglesia – es el cura. Desde su posición de mujer sin acceso a las instituciones que controlan la economía, Mariucha necesita la experiencia y los servicios de León quien sirve de enlace entre el mundo patriarcal y el de las mujeres. León es quien consigue la mercancía que vende a las mujeres del pueblo, dejando así que ella nunca tenga que romper los límites de la esfera de las mujeres. De esta manera la participación de Mariucha en actividades comerciales queda neutralizada para que no represente un desafío o una amenaza a las estructuras patriarcales.

En contraste con la resolución que da Galdós en *Mariucha*, en otra obra suya, *Voluntad* (1895)[5], la hija se encarga de la dirección del establecimiento comercial de su padre para rescatar a su familia de la quiebra del negocio. Isidora lleva el aspecto económico del negocio, tratando ella misma con los competidores y los compañeros de su padre. Isidora rompe a dos niveles la marginación de la esfera femenina: la rompe al abandonar la casa familiar para ir a vivir con Alejandro sin casarse y al reemplazar a su padre, viviendo él todavía, en la dirección del negocio familiar. Cabe destacar que Isidora tiene un hermano menor a quien también usurpa, demostrando tener ella todo el talento administrativo que le hace falta a él y a su padre. El contraste entre Isidora y Mariucha está claramente trazado. En *Mariucha* Galdós evita la doble ruptura moral y comercial y la doble penetración del mundo masculino del drama anterior. Mariucha se conforma totalmente en ambos aspectos: en su vida personal es el modelo de hija, novia y futura esposa, y en sus actividades comerciales no sobrepasa las fronteras de la esfera femenina. Sin embargo, la familia de Mariucha rechaza totalmente el negocio que monta ella. Mariucha es capaz de imponer las soluciones que a los hombres de la familia el carácter y la visión de sí mismos les impiden adoptar.

En las dos obras galdosianas, *Mariucha* y *Voluntad*, la estructura de la acción requiere el matrimonio como resolución sintética del conflicto. El matrimonio no sólo constituye una convención del género sino que simboliza la integración de la nueva familia, la de los jóvenes, en la sociedad. En los dos casos, la sociedad que se proyecta hacia el futuro es, con respecto a los padres, una sociedad regenerada. Por radical que haya sido la transformación del papel de la mujer, ambas obras terminan con el paso fundamental en la configuración teatral de la mujer: el matrimonio. De esta manera Galdós fusiona el matrimonio, recurso de realización y de clausura, y la participación de la mujer en el mundo comercial, o sea, en la vida de su siglo y del futuro de su país.

La resolución que impone Mariucha al dilema económico y, en el fondo, al dilema de la sobrevivencia de la aristocracia es la integración en la burguesía comercial. Esta integración se lleva a cabo en la obra galdosiana por vía del amor y del matrimonio, respetando la formulación tradicional de un desenlace sintético y armónico. El elemento radical de esta solución, por otra parte trillada, es el papel que le toca a la hija de la familia. Y es precisamente en este punto donde los dramas de Galdós y de Pardo Bazán divergen.

En *Cuesta abajo*, Pardo Bazán plantea los conflictos ciudad-campo, artistocracia-burguesía, valores tradicionales-valores nuevos, hombre-mujer desde un ángulo enteramente diferente del de Galdós en *Mariucha*. No busca soluciones ni en la redefinición de la esfera de acción de la mujer ni en el mundo comercial. La estructura socio-económica del mundo de *Cuesta abajo* es *matriarcal*, y la dimensión moral del planteamiento del conflicto se proyecta desde el título. *Cuesta abajo* se centra en la crisis económica de otra familia aristocrática con sus raíces en el pueblo ancestral donde reside todavía la abuela, la condesa viuda. El mismo título de nobleza, condesa de Castro Real, sintetiza la unión de historia y aristocracia. En la obra de Pardo Bazán la tensión entre los dos mundos, ciudad y campo, pasa a primer plano, debido a que la condesa viuda conserva el poder moral, los valores heredados y la tierra, la única herencia no malgastada por los descendientes masculinos, padre e hijo, en el ambiente urbano. La visita de la abuela a la casa de Madrid pone en evidencia toda la corrupción, los vicios y el derroche que han disipado la herencia de la familia. Para reforzar el impacto del ambiente vicioso que rodea a la familia, la obra dramatiza las escenas de corrupción: el nieto que roba las joyas de la abuela para poder entretener a la cortesana de turno, el hijo que malgasta la dote de su segunda mujer, rica pero sin sangre noble.[6] Por otra parte, esta misma nuera acepta la protección de un hombre que no es su marido cuando descubre que el marido la ha arruinado y, por tanto, ha incumplido su papel de protector. En la técnica de Pardo Bazán somos testigos de estas escenas, las cuales añaden una dimensión melodramática a la obra, sobre todo porque se multiplican los ejemplos de la deshonra. Es la abuela la que reconstruye el imperio vencido con la abdicación de su hijo. La abuela solda el honor de la familia, cuida al nieto malherido en el duelo, manda en un mundo de mujeres acompañada por su nieta. En su defensa de los valores tradicionales desde su pazo ancestral, la abuela lleva sola el peso de la tragedia familiar.

En Pardo Bazán hay una radical transformación en la estructuración del conflicto dramático. Las estructuras del poder en el mundo urbano son de clara índole patriarcal. En contraste, el mundo rural gallego del pazo es un matriarcado. La nieta Celina expresa la condición de la mujer, condición que le impide realizarse y colaborar en el futuro de la familia:

> "He visto, he comprendido la diferencia que existe entre nuestra condición y la de nuestros padres y hermanos. Si yo hubiese sido el varón en la casa de Castro Real, acaso no se vería como se ve. Mi padre fugado, mi hermano moribundo, el caudal en ruina, mi madrastra ... no sabemos cómo ... De esto, no tengo yo responsabilidad ... Esto no hubiese sido, no, mi obra" (75).

Con este planteamiento de la situación, Celina llega a la misma conclusión que Mariucha: le toca a la hija de la familia tomar la iniciativa, decidir, decidirse y mantener a la familia, crear su futuro económico. El camino que abre *Cuesta abajo* difiere totalmente de la solución comercial de la obra de Galdós. Tomando al pie de la letra elogios que ha recibido (estímulo externo), Celina proyecta una carrera de cantante: "una de las pocas profesiones permitidas a las mujeres" (76). Es una carrera que la separa de la sociedad en vez de integrarla en ella, aislándola sobre todo del mundo de las mujeres sin integrarla en el mundo del poder masculino y situándola en otra esfera marginada, la del teatro. Doble marginación, entonces. La decisión plantea también la cuestión moral – "El nombre de Castro Real rodará en carteles, en teatros..." (76) – de la misma manera que surge con respecto a la incorporación de la mujer al mundo comercial en Galdós. La gran diferencia es que Galdós proyecta la burguesía comercial como el mundo del futuro mientras que en Pardo Bazán el teatro sigue siendo un mundo marginado al que Celina tendrá que incorporarse bajo nombre falso para no deshonrar el nombre de la familia. Sin embargo, al triunfar la voluntad de ambas mujeres, Celina y Mariucha, el trabajo se integra en el mundo de la aristocracia arruinada pero de manos limpias. "No ha sido el *trabajo*," recuerda la nieta a la condesa viuda, "lo que nos ha perdido ... No, no ha sido el *trabajo*" (76; énfasis mío). La abuela opone el deber a la desintegración viciosa de la familia y se reconcilia con el plan de su nieta, imponiéndole el deber junto con el trabajo, el deber de mantener el nombre y los valores de la familia. De esta manera triunfa la tradición en *Cuesta abajo*, aunque en colaboración con el paso radical de la mujer que trabaja para mantenerse a sí y a su familia.

A diferencia de Galdós, la resolución temática no se basa estructuralmente en el matrimonio. Celina marcha absolutamente sola hacia su futuro precario, un futuro arraigado en el poder de los hombres de hacer o deshacer su carrera. El futuro no sólo es lo por venir sino a la vez una ruta hacia la recuperación de los valores del pasado. El talento en que se apoya Celina es artístico (musical) y no comercial, o sea espiritual y femenino en vez de intelectual y masculino. Pardo Bazán y Galdós han basado sus visiones del futuro en atributos que implican o continuidad o ruptura en la representación de la mujer en la literatura. Pardo Bazán no acepta que el futuro implique una ruptura con el pasado, mientras que Galdós se sirve de figuras masculinas representativas de valores tradicionales y eternos (el cura en *Mariucha*, don Santos en

Voluntad) para suavizar el paso del pasado al futuro.[7] A diferencia de Galdós, Pardo Bazán busca una doble proyección hacia el futuro. Si en *Mariucha* los dos hijos del marqués, con sus respectivos matrimonios, representan dos caminos hacia el futuro, el del dinero y el del trabajo, las dos mujeres jóvenes en *Cuesta abajo* representan un doble camino hacia el futuro, el de la soltera que trabaja y el de la casada pródiga que se integra en el matriarcado.

Las estructuras paralelas en *Mariucha* y *Cuesta abajo* se centran en el papel de la generación joven. En ambas obras, los dos jóvenes, hermano y hermana, toman direcciones contrarias. En *Mariucha*, el dinero conquistado con el matrimonio del hijo y el dinero ganado con el esfuerzo de la hija apuntan a futuros bien diferentes. El futuro del hijo César no sale del mundo que vio la degeneración y quiebra de la familia, mientras que el futuro de Mariucha y León apunta hacia el nuevo futuro de responsabilidad individual y actividad comercial:

> *María:* – ¡Qué tristeza despedir a los que se van para siempre!
> *León:* – Consolémonos pensando en la eficacia de nuestro destino. Si una generación nos vuelve la espalda y desaparece, abramos nuestros brazos esperando a la que ha de venir.
> *María:* – Delante de nosotros hay mucha vida, afanes, alegrías ...
> *León:* – El cuidado inmenso de las vidas presentes ..., de las vidas futuras ... (1008).

En *Cuesta abajo* la divergencia hermano-hermana es aún más grande. Si el nieto provoca el escándalo, la deshonra y su propia muerte, dejando a la familia sin heredero, la nieta es la que edificará un nuevo futuro para la familia. Y sin embargo, ya hemos visto que el camino que la obra le abre es marginal dentro del mundo patriarcal. Ella acepta el doble manto de responsabilidad de la mujer y del hombre, cuidando a su hermano moribundo y haciendo projectos para poder mantener a la familia matriarcal. La carrera que la lleva de nuevo a la ciudad mantiene viva la tensión ciudad-campo. La solución modelada por la abuela está en el pasado, en el campo, en las tradiciones de abnegación y sacrificio de la mujer. *Cuesta abajo* pinta en blanco y negro los vicios del mundo urbano y la salvación moral/espiritual del campo. Es decir, no logra unificar la doble solución económica – espiritual. El mundo económico del futuro es la ciudad, también reino del vicio, pero los valores eternos tan necesarios para el futuro como para el pasado quedan en el campo. De ahí que la carrera teatral represente el peligro del vicio y la deshonra a la vez que la posible solución económica.

Mientras que Mariucha tiene que aceptar la ruptura con la familia como aspecto fundamental de la ruptura con el pasado, Celina propone mantenerse fiel a sí misma y a los valores matriarcales. En *Cuesta abajo* la ruptura con la familia la llevan a cabo tanto el hijo como la nuera. Pero es la nuera Gerarda, segunda esposa del hijo pródigo, la que invierte el acto de ruptura cuando vuelve a aparecer en la última escena de *Cuesta abajo*. Al reaparecer inicia la regeneración moral de la familia y, a la vez, confirma la solidaridad de las mujeres y la hegemonía del matriarcado, además de su arraigo en el campo. La nuera cumple un papel clave al abandonar la ciudad con su doble dimensión de vicio – oportunidad económica y, decidida a regenerarse, se asocia con el mundo de mujeres en el campo para criar a su hijo, el nuevo heredero de una familia arruinada.

En la nuera Gerarda y la nieta Celina, Pardo Bazán ha creado dos figuras de procedencia radicalmente diferente. La nuera tiene sus raíces en la literatura moralizante popular con la adición de una nueva dimensión económica inesperada pero consonante con sus orígenes. La otra, la nieta, combina la conciencia de la marginación de la mujer con una solución de índole romántica. Las dos tienen en común la búsqueda de la realización de su sueño económico en la ciudad. Si Celina se basa en su talento para dar placer a los hombres con su voz, la dirección que ha tomado Gerarda parece ser la contraria, la de darles un placer mucho más íntimo. Abandonando a su marido, quien de todas maneras está a punto de abandonar a toda su familia, se ha ido con otro: "Si no he de pedir limosna, necesito amparo, y he de aceptarlo ... Me lo ofrecen ..." (48). Las palabras de la abuela establecen la conexión entre ella y Gerarda, ambas condesas de Castro Real, nivelada la jerarquía de edad ante la catástrofe: "No hay autoridad; no hay aquí sino dos mujeres que sufren la misma desgracia ..." (48). Las dos, a su manera, velan por sus hijos y por el futuro de la familia y su buen nombre. Si todas las mujeres se sacrifican por hombres, Gerarda no deja que la abuela se sacrifique por ella también, resolviendo ella misma el futuro de su hijo, como Celina también propone resolver su propio futuro. De esta manera Pardo Bazán intenta reconciliar la responsabilidad de la mujer para con su propio futuro y la responsabilidad para con la familia. Ninguna joven, ni Gerarda ni Celina, logra – ninguna busca – integrarse como mujer independiente o soltera en la sociedad; sólo buscan aprovechar las oportunidades económicas de la ciudad para volver después a su mundo matriarcal con la base económica para crear un futuro en el campo.

Al final de *Cuesta abajo* la abuela abraza a Gerarda la pródiga, madre de su nuevo nieto, viendo en ella el futuro de la familia:

> *Gerarda:*   – Madre mía ... seremos dos a llorarle ... Yo no me
>   separaré de ti nunca ... No soy de tu sangre, pero
>   soy de tu alma ...
> *Condesa:* – (Abrazándola.) Hija mía ... la mejor sangre que
>   hay aquí es la tuya ...
> *Gerarda:*   – (Cogiendo en brazos a Baby y presentándoselo a la
>   Condesa.) Aquí tienes al sucesor de la casa (82).

Para la abuela como para el Marqués en *Mariucha*, la regeneración de la familia se logra con la infusión de sangre nueva, y no por medio de la iniciativa de la hija/nieta. En Galdós, el matrimonio confirma los esfuerzos de la protagonista para abrirse paso en el mundo y regenerarse a sí misma. Lo que en Galdós se presenta como dos soluciones opuestas e incompatibles, en Pardo Bazán, por el hecho de ser las dos mujeres, se funde en una sola proyección del futuro nacida del dinero que aporta la nuera y el trabajo a que se dedica la nieta. En *Cuesta abajo*, por eso, el papel de la mujer es a la vez más tradicional y más marginado dentro de la sociedad. Quedan sin resolverse las dicotomías ciudad-campo y pasado-presente. Pardo Bazán sigue mitificando el papel de la mujer y limitándose a la antigua esfera de las artes en su proyección de una mujer futura independiente y trabajadora. Galdós crea para la joven un papel clave en la regeneración de la sociedad que combina el papel de esposa con talento comercial de importancia fundamental para la sociedad burguesa. Sin embargo, Galdós cierra su obra con el matrimonio, dándole una estructura nítida y convencional, mientras que Pardo Bazán deja abierto el futuro de la nieta, creando una familia matriarcal al margen de la cuestión económica como proyección hacia la sociedad del futuro. En términos de la estructuración del conflicto dramático, *Cuesta abajo* es mucho más radical y más abierta. El peso de la resolución cae enteramente sobre la mujer en Pardo Bazán, y una mujer sin el apoyo de un marido u otro representante de la sociedad patriarcal. Galdós impone una resolución más contundente y más en consonancia con el mundo de burguesía urbana; en cambio Pardo Bazán deja la puerta abierta a una solución matriarcal dentro del marco rural.

NOTAS

1 José Yxart, entre otros críticos, señaló la nueva dirección teatral de la obra galdosiana; *El arte escénico en España*, II (1894): 309 ss., Barcelona: La Vanguardia.

2 *Cuesta abajo; comedia dramática* (Madrid: Sociedad de Autores Españoles, 1906). Cito por esta edición. Para el análisis de técnicas novelísticas de Galdós y Pardo Bazán, ver mi artículo, "Capitulation: Marriage, Not Freedom. A Study of *Memorias de un solterón* y *Tristana*". En *Symposium*, 30 (1976): 97-113.

3 *Obras completas*, VI, 4ª ed. (Madrid: Aguilar, 1961). Cito por esta edición. Para un estudio general de la obra dramática galdosiana, ver Carmen Menéndez Onrubia, *Introducción al teatro de Benito Pérez Galdós*, Anejos de la Revista *Segismundo*, 7 (1983), Madrid: C.S.I.C.

4 Otro personaje del mundo galdosiano que ofrece un ejemplo de la mujer dedicada a la venta de artículos para mujeres es Aurora en *Fortunata y Jacinta*. Como su nombre indica, rompe con las tradiciones del comercio madrileño al aceptar la dirección de la tienda de su primo, aunque ha realizado trabajos semejantes en Francia donde la mujer ya se había incorporado al mundo del comercio.

5 Para un análisis de *Voluntad*, ver mi artículo, "The Modern Woman on the Spanish Stage" *Estreno*, 7, 2 (Otoño 1981): 25-28.

6 Emblema de la ascendencia aristocrática de la familia y única herencia para las generaciones futuras, las joyas, como el palacio en *Mariucha*, recuerdan el pasado esplendor y poder de una familia económicamente arruinada en la actualidad.

7 La función de don Santos en *Voluntad* es de recordar el pasado rural de la familia y a la vez representar otro camino hacia el futuro sin salir del pueblo. De esta manera está presente en *Voluntad* también la tensión campo-ciudad.

La fosilización de la autoridad narrativa a través de los capítulos iniciales de la serie "Torquemada" de Galdós

Peter A. Bly
Queen's University, Kingston, Ontario

El comienzo de una novela es una clase de paradoja, en dos sentidos (Burnett 1975: 108). En el primero, el teórico, se puede decir que el narrador tiene que darle al lector la impresión de que, con los pocos datos que ya va narrando, él sabe muy bien adónde va a conducir el hilo narrativo, en fin, que tiene la autoridad narrativa con la que podrá contar el lector. Pero, en el segundo nivel de la paradoja, el práctico, el novelista se siente obligado a captar la atención y el interés del lector, acudiendo a recursos originales, al mismo tiempo que va aportando los elementos básicos del relato sobre los que se va a construir el andamiaje siguiente.

Benito Pérez Baldós, desde sus primeros relatos literarios, siempre se mostraba consciente de estos requisitos algo opuestos. Los capítulos iniciales de algunas de sus novelas tempranas, como *Doña Perfecta*, *Marianela* o *La desheredada*, se distinguen por una presentación dramática, casi cinematográfica, que inmediatamente nos capta la atención, a la vez que se nos comunican detalles muy importantes acerca de los personajes que van entrando en escena. ¿Qué galdosista no recordará la llegada de Pepe Rey a la estación de ferrocarril de Villahorrenda, o el viaje nocturno de Teodoro Golfín, a través de unas colinas hacia el pueblo de Socartes, o los monólogos de Tomás Rufete, sentado en el patio del asilo de Leganés? Otros capítulos iniciales de novelas galdosianas, como *La de Bringas* o *Nazarín*, son de una índole mucho más morosa, menos dramática, puesto que no se comienzan *in medias res*, sino con unas descripciones de objetos físicos, como la famosa obra de pelo de Francisco Bringas, o la casa de huéspedes de la tía Chanfaina. Ahora bien, en ambas clases de introito narrativo, se nota también una clase de programación autorial, encaminada a advertir al lector, a modo de prólogo, cómo uno debería acercarse a una interpretación de la narración siguiente (Bly 1986), con énfasis especial sobre la textura ficticia y, por ende, artificial, de la misma que, en muchos casos, pretende ser un reflejo mimético de la vida real, la de los fenómenos físicos u observables.

Pues, en esta ponencia yo quisiera demostrar cómo en las novelas de la tetralogía *Torquemada*, a pesar de la ruptura de composición – median cuatro años entre la primera y la segunda –,[1] Galdós consigue, no sólo establecer la autorreferencialidad de estos capítulos iniciales, tipos de promontorios narrativos, sino más bien socavar la misma autoridad de la palabra del narrador, precisamente a base de este empleo de la metaficción.[2]

El primer capítulo de *Torquemada en la hoguera* (1889), por ser número uno de la serie, contiene mucha información sobre los antecedentes del protagonista epónimo; pero todo esto se coloca en las dos terceras partes finales del capítulo, dedicada la tercera inicial a llamar la atención del lector a la textura ficticia del relato. En el primer párrafo tres veces se repite la palabra "contar".[3] Pero no por eso se deja de observar que el narrador quiere también llamar la atención de los lectores a sí mismo como narrador, ya que repite la frase "voy a contar" (Pérez Galdós, 1961: 906). Desgraciadamente, sin embargo, este narrador va confundiéndonos al mismo tiempo, pues declara, primero, que va a narrar la historia del que parece ser un inquisidor físico, que luego resulta ser un inquisidor mental-emocional. Y, en segundo lugar, aunque detalla los "crímenes" de este Torquemada (el histórico, evocado por el título de la novela, o el inventado por el narrador), va a contar los sufrimientos emocionales que aquél se vio obligado a aguantar. Después de sugerir el paradigma histórico, entonces, el narrador nos lo subvierte, lo invierte, lo convierte en otro.

La confiabilidad de este narrador se va poniendo más en duda cuando, en el segundo párrafo de este capítulo inicial, nos informa que don Francisco Torquemada es usurero conocido por los amigos del narrador, unos historiadores inéditos y los mismos lectores, tres grupos de personas diferentes, todas confundidas entre los dos mundos opuestos de la realidad y de la ficción (Ayala 1970-71: 376). Y todas, dependientes de las palabras caprichosas del narrador, a quien se le antoja referirles lo que le da la gana. En efecto, nuestro narrador confiesa – claro, sin darse cuenta de ello – que su palabra narrativa puede ser engañosa (Urey 1982: 96, 100) al suponer que los tratos entre usurero y cliente no son, "tan sin malicia, no tan desinteresados como estas inocentes relaciones entre narrador y lector" (Pérez Galdós 1961: 906). Más adelante, como para recordarnos su poder manipulante del texto, el narrador se disculpa por no haber preparado bien la noticia de la mujer de Torquemada. Y al final del capítulo, embelesado por el prodigio infantil que es Valentín, hijo del prestamista, arremete contra éste, llamándole "el muy tuno" y "el *Peor*", por no merecer tal joya; y todo esto, después de haber reconocido los verdaderos sentimientos humanos que experimentó "don Francisco", con motivo de la muerte de su mujer. La cuestión fundamental que se nos plantea en este primer capítulo de *Torquemada en la hoguera* es ésta: ¿hasta qué punto puede confiar el lector en un narrador que insiste tanto en su autoridad, a medida que va socavándola con sus declaraciones autorreferenciales?

La misma estrategia narrativa se vuelve a emplear con las palabras iniciales de la novela siguiente, *Torquemada en la cruz* (1893), pues, al pronunciar "Pues, señor" (Pérez Galdós 1961: 937), el narrador pudiera estar dirigiéndose al lector, o bien (lo que es más probable), emitiendo una bien conocida frase coloquial. A esta ambigüedad de significado se añade muy de pronto otra nota de confusión: la abulia, la indiferencia narrativa del locutor anónimo, pues si bien anuncia la fecha precisa de lo que va a narrar (es el quince de mayo, fiesta de San Isidro), citando con triunfo la autoridad de ciertas "historias", en la frase siguiente está incapaz de apuntar el número del año; y su indiferencia frente a tal omisión fundamental se pone de relieve, no sólo por el uso de tres puntos suspensivos y dos casos de paréntesis, sino más bien por el tono de mal humor con que sale del apuro planteado por su incompentencia de narrador, "esto sí que no lo sé: averígüelo quien quiera averiguarlo" (Pérez Galdós 1961: 937). A diferencia del primer narrador de la serie, este segundo parece no querer contarnos historia ni nada, como se ve a continuación, cuando, en una aparente abdicación de su responsabilidad, reconoce que los datos sobre la muerte de doña Lupe, *la de los Pavos*, suceso principal de este primer capítulo, han sido suministrados por don Francisco Torquemada que asistió al mismo. Nuestro narrador perezoso e indiferente sí que es responsable de escribir las palabras que vamos leyendo, pero la información en que se basan es obra de este prestamista histórico y ficticio. Y otra vez, al anunciarnos este hecho, el narrador demuestra su falta de control, al no recordar (esto se dice entre paréntesis, claro), el número de la casa de la calle de Toledo en que ocurre la muerte de doña Lupe.

Ahora bien, don Francisco se nos presenta, al principio de este capítulo, como la voz de autoridad narrativa (y algunos pasajes de datos se narran en el estilo indirecto libre): de pie en el balcón de la casa, se entretiene oyendo las palabras de la multitud de gente que vuelve de la Pradera de San Isidro, palabras que él puede distinguir muy bien por entre el estruendo de doscientos mil pitos del Santo. Este don lingüístico se subraya en los momentos siguientes, cuando el prestamista, frente a otro tumulto, un ataque epiléptico de la moribunda, entiende muy bien – a lo menos, sólo al principio – las frases desconectadas, de sentido oscuro que, por fin, llega a articular doña Lupe. Todo esto forma neto contraste con la ignorancia del narrador titular que, entre paréntesis (otra vez), admite que no sabe el nombre de la enfermedad, ni siquiera la composición del brebaje que le dan a la mujer.

Bueno, en este momento, importantísimo para la eclosión del nuevo Torquemada, e iniciador de un largo diálogo en que Lupe habla – con gran misterio para nosotros – de unas amigas suyas que necesitan la ayuda económica de don Francisco, se produce otra transferencia de autoridad narrativa. Pues ya es doña Lupe la que maneja el diálogo con sus palabras, que son santas, porque ha tenido una visión divina que le permite ahora, como la voz de un oráculo, tratar de convencerle a Torquemada de la verdad de lo que ha visto. El prestamista, por su parte, se queda anonadado ante este sermón de frases deshilvanadas, cuyo sentido verdadero ya no sabe descifrar, o mejor dicho, reconocer. Para toda respuesta, se limita, después de una primera rectificación triunfante de un error cronológico cometido por su vieja amiga, a tartamudear frases cortadas o a menear la cabeza confusamente. Esta tranformación de autoridad narrativa se capta muy bien, cuando ante la noticia de la muerte de Lupe, anunciada por el cura Rubín con la palabra latina, *Transit*, el prestamista gruñe una "¡Bah!" (Pérez Galdós 1961: 939). No es sorprendente, pues, que después de los preparativos funerarios, Torquemada salga de la casa, muy meditabundo y sin hacer caso de los pitidos festivos que todavía suenan por las calles.

En fin, a través de esta segunda novela de Torquemada se ha realizado un traspaso de autoridad narrativa, por el cual el narrador anónimo titular ha pasado la palabra al protagonista epónimo, quien, luego, se ve obligado a cedérsela a otro ente de ficción, el que termina por morirse con frases que se parecen, en su incoherencia, a los mil pedazos rotos de un manuscrito de un sabio discurso, según las palabras de Galdós. Es el texto – y digámoslo, un texto muy confuso – el que, ya puesto en boca humana débil, controla finalmente el discurso y la historia de este capítulo inicial.

Este proceso se consolida totalmente en el capítulo inicial del número siguiente de la tetralogía, *Torquemada en el purgatorio* (1894), puesto que el nuevo narrador nominal, encargado de endilgarnos las palabras, se sumerge bajo la espesura de un montón de textos ajenos, y su autoridad narrativa queda reducida a copiar o, más bien, a cotejar estas fuentes, tan fidedignas en el asunto – tan trivial – de dilucidar la fecha de la reaparición de la familia del Aguila en los círculos sociales de buen tono. Y las primeras palabras de nuestra novela, haciéndose eco de las de *Torquemada en la hoguera*, ya acusan el grado de transformación que se ha efectuado entretanto; así arranca el número 3 de la serie; "Cuenta el licenciado Juan de Madrid" (Pérez Galdós 1961: 1018). Este mosaico abigarrado de textos ajenos se ridiculiza aún más con los nombres de los autores y los títulos de las fuentes textuales, como por ejemplo, el Arcipreste Florián, autor de la *Selva de comilonas y laberinto de tertulias*.[4] Ni siquiera se da cuenta nuestro cronista de la posible contradicción entre la veracidad pretendida del mejor cronista biográfico, Juan de Madrid, y la sujetividad maliciosa y la glotonería a las que él sucumbe en los saraos que presencia y apunta en sus hojas de cuaderno. En éstas también se encuentran ejemplos de aprendizaje verbal de don Francisco Torquemada, al asimilarse las palabras de buen tono que ha de pronunciar en las tertulias de su hermana política. El resto de este capítulo inicial se dedica, pues, de acuerdo con la mentalidad de cronista que tiene nuestro narrador, a la catalogación de estos nuevos vocablos que el mismo usurero, cómplice inconsciente del narrador, va aprendiendo. La palabrería retórica, vacía, manuscrita, por así decirlo, de los dos, sirve también de trampolín para la puesta en marcha de la acción dramática de esta novela, pues Cruz del Aguila se aprovecha de este interés lingüístico del tacaño para sugerirle la necesidad de ampliar la sala y el comedor de la casa, transformándose éste último en "comedorón", palabra que usa Torquemada con burlas y cuchufletas.

La fosilización total de la voz narrativa se logra en la última novela de la serie, *Torquemada y San Pedro* (1895). El capítulo inicial se reduce a un neto contraste entre la descripción minuciosa de los objetos antiguos que se hallan en la armería y la biblioteca del ya ennoblecido Torquemada, y el diálogo muy vivo, muy animado de los criados del palacio, al disponerse para el trajín del día. Esta división bimembre del capítulo es bastante adecuada para anticipar el conflicto que se va a librar en esta novela entre la personalidad natural del usurero y la camisa de hierro social en que se ve encarcelada y de la cual se esfuerza por escaparse (Urey 1982: 55). Pero, desde nuestra perspectiva "metaficticia", ¿no será lícito interpretar este contraste entre los manuscritos de la biblioteca que van comiendo los ratones, y las palabras vivas de los criados, como la oposición entre la fosilización de la autoridad narrativa y el resurgimiento inevitable de la pura voz narrativa, digamos oral, ya no empañada por la autorreferencialidad? Llegada al nadir, a las cenizas de la fosilización manuscrita (y algunas hojas de nuestro relato pudieran ser las mencionadas del licenciado Juan de Madrid de la novela anterior), la autoridad narrativa no tiene más remedio que alzar el vuelo otra vez, como ave fénix, hacia el empíreo narrativo. Pues, al fin y al cabo, ¿no nos lo reveló este último narrador, que es de toda confianza, cuando al referirse a las figuras de hierro de la armería, dice, "y dentro de aquel vacío, ¡quién sabe si se esconde un alma! [...] Todo podría ser" (Pérez Galdós 1961: 1112)?

NOTAS

1   Según Weber (1976: 16), es muy probable que Galdós tuviera pensado el desenlace del último número de la serie, antes de iniciar ésta en 1889, porque existen algunos apuntes sobre los personajes centrales de la última novela, los que datan del mismo año de la primera.

2   Según comentó Waugh (1984: 6), "Metafictional novels tend to be constructed on the principle of a fundamental and sustained opposition: the construction of a fictional illusion (as in traditional realism) and the laying bare of that illusion." Además del estudio de Urey, los de Gullón y de Kronik, citados abajo, son los más valiosos de los pocos que tratan de la metaficción en la novela galdosiana.

3   Urey (1982: 97) hace hincapié en el doble sentido apropiado de este vocablo.

4   Ayala (1970-1971: 378-379) opina que, de una parte, Galdós está imitando a Cervantes, y, de otra, caricaturizando, verbalmente, a revisteros de salones contemporáneos.

BIBLIOGRAFIA

Ayala, Francisco
1970-1971 "Los narradores en las novelas de Torquemada". En *Cuadernos Hispanoamericanos*, 250-252: 374-381, Madrid.

Bly, Peter
1986   *Vision and the Visual Arts in Galdós. A Study of the Novels and Newspaper Articles.* Liverpool.

Burnett, Hallie y Whit
1975   *Fiction Writers' Hand Book.* Nueva York.

Gullón, Germán
1984   "Narrativizando la historia: *La corte de Carlos IV*". En *Anales Galdosianos*, 19: 45-52, Boston.

Kronik, John
1977   "*El amigo Manso* and the Game of Fictive Autonomy". En *Anales Galdosianos*, 12: 71-94. Austin.
1981   "*Misericordia* as Metafiction". En Benito Brancaforte, Edward R. Mulvihill and Roberto G. Sánchez (eds.): *Homenaje a Antonio Sánchez Barbudo: ensayos de literatura española moderna*, pp. 37-50, Madison.
1984   "Feijoo and the Fabrication of Fortunata". En Peter B. Goldman (ed.): *Conflicting Realities: Four Readings of a Chapter by Pérez Galdós (Fortunata y Jacinta, Part III, Chapter IV)*, pp. 39-72, Londres.

Pérez Galdós, Benito
1961   *Torquemada en la hoguera. Torquemada en la cruz. Torquemada en el purgatorio. Torquemada y San Pedro.* En F. C. Sainz de Robles (ed.): *Obras completas*, V: 903-1196, Madrid.

Urey, Diane
1982   *Galdós and the Irony of Language.* Cambridge.

Waugh, Patricia
1984   *Metafiction. The Theory and Practice of Self-Conscious Fiction.* Londres - Nueva York.

Weber, Robert
1967   "Galdós' Preliminary Sketches for *Torquemada y San Pedro*". En *Bulletin of Hispanic Studies*, 44: 16-27, Liverpool.

Notas sobre literatura y marginación: siglo XIX

Francisco Caudet
Universidad Autónoma de Madrid

Juan Goytisolo escribía en 1972, en su prólogo a *Obra inglesa* de José María Blanco White:

> "La historia de la literatura española está por hacer: la actualmente
> al uso lleva la impronta inconfundible de nuestra sempiterna derecha.
> El destino póstumo del expatriado español José María Blanco White
> (1775-1841) podría servir de ilustración, en efecto, del funcionamien-
> to de los mecanismos de represión y censura que determinan la es-
> cala de valores del país según la óptica de nuestros programadores
> culturales. ¿Qué sabe el lector español hoy (1972) de él y su obra?
> [...] Lo hemos dicho en varias ocasiones y no nos cansaremos de
> repetirlo: en España no sólo se heredan propiedades y bienes; de
> generación en generación se transmiten igualmente criterios y juicios
> [...] Los mismos programadores del consumo interior que por espacio
> de décadas han privado al público de la Península del acceso a una
> obra de la magnitud de *La Regenta* siguen actuando con un autor
> como Blanco White sin que nadie o casi nadie proteste o se escan-
> dalice. ¿Por qué? Porque, como dijo Cernuda, 'en España las
> reputaciones literarias han de formarse entre gente que, desde hace
> siglos, no tiene sensibilidad ni juicio, donde no hay espíritu crítico ni
> crítica, y donde, por lo tanto, la reputación de un escritor no descansa
> sobre una valoración objetiva de su obra'" (1974: 3-5).

Juan Goytisolo acierta, desde luego, al detectar y denunciar el mal, por demás ar-
chiconocido, que caracteriza históricamente a la cultura española. Sus palabras sobre
la suerte de Blanco White sirven además para introducirnos en la maldición que ha
caído sobre otros muchos escritores españoles. Pero cuando Juan Goytisolo plantea el
porqué de esta constante histórica y cita, a modo de respuesta, a Cernuda, no profundiza en las motivaciones últimas. Para poder hablar de "espíritu crítico" o de
"valoración objetiva de una obra" – como hace de la mano de Cernuda – habría que
dejar bien sentado que tales premisas no se pueden dar en una sociedad fundada
tradicionalmente en la persecución y opresión de los menores brotes de disidencia, de
cuanto se acerque o sea expresión auténtica del peligroso, por lo que había que man-
tenerlo alejado, "vicio de pensar". Sin embargo, el propio Juan Goytisolo, al comparar
su caso de escritor condenado con el de Blanco White, apunta una explicación en este

sentido, pues llega a hablar de que ambas situaciones (la de Blanco White y la suya) son "demostración de la perenne inquina de la España oficial a los escritores que, libres de los chantajes e hipnosis del caldo de cultivo nacional, cometen el imperdonable delito de pensar y escribir por su cuenta" (1974: 43).

Pero, insisto de nuevo, estos delitos lo son porque han existido, sucesivamente en nuestra historia, unas estructuras de poder que no han tolerado la expresión individual. De esta manera, se han ido creando, a lo largo de los años, unos comportamientos sociales y unos mecanismos de control que han ocupado el espacio que debería haber correspondido ocupar a una producción cultural emancipadora, autónoma y libre. La cultura en la España moderna ha solido ceñirse a lo que Lucien Goldmann (1971: 8-9) ha llamado "conciencia real", es decir, una conciencia restrictiva y aimaginativa. Por tanto, humillada y servil. Todo lo que ha supuesto salirse de esta conciencia ha significado caer en la herejía, en la persecución y en la más inflexible condena.

Nos acercamos así a una zona, situada extramuros de la barbarie oficial, que el poder se ha encargado de calificar de heterodoxa y que nosotros preferimos llamar marginal.

Marginal sería, por consiguiente, la obra de creación rechazada o condenada por el Estado, por la crítica oficial o paraoficial. Marginal sería también la crítica que se ha propuesto, en las pocas ocasiones que históricamente ha sido factible, romper el cerco de hierro de los críticos serviles. Marginal sería por consiguiente lo opuesto a la conciencia real, una aspiración a la definición que Sánchez Vázquez da de la "utopía".[1] Es decir, marginal sería la conciencia posible, la "zugerechnetes Bewußtsein" lukacsiana.[2] Esta conciencia posible supone una transformación de lo real, la transmisión de una serie de conceptos y formas que deberían ocupar el espacio de la conciencia real, arriesgándose a imaginar un futuro, a permeabilizar unos contenidos utopizantes, a crear las bases para una inflexión del presente. Aquí estoy empleando unos términos que niegan la cultura estática y cerrada, que corresponde a la conciencia real, y a la vez estos términos van definiendo la cultura marginal, contestataria y activa, transformadora, la que es propia de la conciencia posible. La vida cultural ha de aspirar, se deduce de lo dicho, a la capacidad y a la responsabilidad de activar las conciencias individuales en el marco de una necesaria e inseparable meta de transformación social. Lucien Goldmann, hablando específicamente de la "création littéraire", dice que ésta debe desempeñar en la sociedad dos funciones esenciales:

> "Elle doit, d'une part, non pas refléter la conscience collective ou enregistrer simplement la réalité, mais, en créant sur le plan imaginaire un univers dont le contenu peut être entièrement différent du contenu de la conscience collective, et dont la structure est cependant apparentée et même homologue à la structuration de cette dernière, aider les hommes à prendre conscience d'eux mêmes et leurs propres aspirations affectives, intellectuelles et pratiques.
> Elle fournit, d'autre part, en même temps aux membres du groupe sur le plan de l'imaginaire une satisfaction qui doit et qui peut com-

penser les multiples frustrations causées par les compromissions et les inconséquences inévitables imposées par la réalité" (1971: 97).

La obra literaria, como toda obra verdaderamente de cultura, ha de tender a un encuentro de la vida individual con la colectiva; y ello a través del mecanismo imaginario-creador. Una sociedad cerrada y represiva no puede, en consecuencia, desarrollar una cultura auténtica, pues su naturaleza será constante y pertinazmente infringida desde el poder con dictados y represiones ortodoxos. La profilaxis del poder omnipresente ahoga la creación y la producción cultural. Así aparece la expresión marginal, la cultura subterránea. Frente a la cultura de la obediencia se erige la cultura de la desobediencia. Frente a una cultura que se escribe dentro de unos límites acotados emerge otra cultura que se escribe en los márgenes del papel, en ese espacio perentorio y peligroso en donde se expresan las conciencias desajustadas con el sistema cultural oficial. Pero, de este modo, esas conciencias marginales y desajustadas entran en una dialéctica con la cultura oficial, negándose a someterse a la fetichización del poder. Theodor W. Adorno, en *Crítica cultural y sociedad*, ha sido tajante: "Dialéctica significa intransigencia contra toda cosificación" (1973: 24).

Para mí no es suficiente, aun siendo muy importante, recuperar autores marginados o marginales, etapas culturales enteras que han sido oficialmente tergiversadas o preteridas, etc. etc. Porque debe atañernos, todavía más, la identificación y examen de la dialéctica que estas obras o etapas culturales han establecido con la cultura oficial, con la cultura cosificadora y enajenadora. Esta dialéctica supone un intento implícito de rebeldía e intransigencia con el *status quo* cosificador y enajenador, con la ideología del poder entronizado. Desde la casi impotencia de los márgenes se asedia al fetichismo del poder y al desorden que el poder, bajo apariencia de orden, patrocina e impone.

No deja de ser significativo que el "hombre del subsuelo" de Dostoyevski[3] sea ante todo un ejemplo, que habría de hacer escuela, del individuo neurotizado por el orden establecido, pero que, a pesar de su condición, se rebela desde el subsuelo, desde la marginación, contra ese orden. Su rebelión está en correspondencia con la definición de dialéctica dada por Adorno, es decir, su rebelión es una "intransigencia contra toda cosificación".

La genealogía del "hombre del subsuelo" dostoyevskiano es larga. Pensemos en Villaamil de Galdós, en Bardamu de Céline; en Jake Barnes de Hemingway, en Steppenwolf de Hesse, y en otros tantos personajes de Kafka, Sartre, Camus, Genet, Koestler ... A pesar de las diferencias que pueda haber entre estos personajes, todos se rebelan contra las normas y mecanismos de las sociedades en que viven y contra las fuerzas que las sostienen: dioses, gobiernos, ejércitos, trabajo, mundo de los negocios, medios de comunicación, burocracia, educación, etc. Pero notemos que si estas rebeldías suponen la autodestrucción, es igualmente cierto que también son un ataque contra el poder y sus aliados. Marginados por un mundo utilitario y uniformador, desde el subsuelo, se rebelan, y su deseo irracional de destrucción es la afirmación de la conciencia posible y la renuncia a aceptar el mundo tal como está establecido.

En la primera mitad del siglo XIX tenemos unos testimonios, ejemplos entre otros muchos, que ponen de manifiesto esta lectura del subsuelo, de las relaciones entre lo marginal y el poder. El 6 de mayo de 1836, escribía Larra en *El Español*, comentando el famoso folleto de Espronceda contra Mendizábal:

> "El escritor debe insistir y remitir a la censura tres artículos nuevos por cada uno que le prohíban; debe apelar, debe protestar, no debe perdonar medio ni fatiga para hacerse oír: en el último caso debe aprender de coro sus doctrinas y, convertido en imprenta de sí mismo, propagarlas de viva voz; sufrir, en fin, la persecución, la cárcel, el patíbulo si es preciso; convencido de que el papel de redentor sólo puede ser puesto en ridículo por el vulgo necio que no comprende su sublimidad" (1979: 807).

Cecilio Alonso señala, refiriéndose a este texto, lo siguiente:

> "No es descabellado suponer que Larra no alude aquí al *vulgo iletrado*, que al escribir *vulgo necio* está pensando en la burguesía acomodaticia que jamás comprendió la complejidad de su pensamiento político-literario. Porque aunque Larra escribe a propósito de Espronceda, verdaderamente está ofreciendo una imagen de su propio desgarro espiritual, de su *incapacidad* para integrarse en aquella sociedad mutilada" (1971: 53).

Con aquella sociedad mutilada de la época, Larra ensaya, sin embargo, una dialéctica, aunque en muchos momentos la desesperación y el fracaso, la total enajenación y la más absoluta marginación, aparecen como la realidad contundente. Al final de su vida escribió las tan traídas y llevadas palabras ("Horas de invierno", diciembre 1836):

> "Escribir como escribimos en Madrid es tomar una apuntación, es escribir en un libro de memorias, es realizar un monólogo desesperante y triste para uno solo. Escribir en Madrid es llorar, es buscar voz sin encontrarla, como una pesadilla abrumadora y violenta. Porque no escribe uno ni siquiera para los suyos; ¿quiénes son los suyos? ¿Quién oye aquí?"[4]

Pero Larra, aunque llegara a hacerlo a veces con estas desesperadas tonalidades, *escribía*, es decir, buscaba entablar esa dialéctica del individuo con la colectividad, del individuo marginado con el poder; y lo hacia aun cuando el poder quería reducirlo a comparsa de su neurotizante y cosificadora ortodoxia. Así es que Larra podría decirse que pertenece a la estirpe del "hombre del subsuelo" de Dostoyevski.

Espronceda, contemporáneo de Larra, es otro autor que habría que estudiar bajo el prisma que vengo proponiendo. Hay, en especial, una frase de Espronceda que nos da idea de cómo intuyó que la violencia, cuyo monopolio ha sido y es siempre del poder, debía pasar a quienes eran por éste marginados. La frase a que me refiero es: "¡Pueblos!, todos sois hermanos; sólo los opresores son extranjeros" (Alonso 1971: 29). Espronceda proponía un cambio de papeles, llamando "extranjeros", o sea "marginados" a los que ostentaban el poder y, desde él, siendo minoría, marginaban al pueblo en su totalidad, a la mayoría. Si Espronceda exaltó el yo, también se ocupó de

> "lo marginado que el tiempo y el espacio desechan: el reo, el pirata, el amor avasallador en duelo con la muerte [...] Espronceda ataca la aristocracia y se conduele de los siervos y los marginados. Rompe lanzas por la igualdad, la libertad y la fraternidad; pero también huye a la fantasmagoría y al sueño como rompeolas contra el mundo" (Blanco Aguinaga *et al.* 1981: 106 y 109).

Como contrapunto de lo que representan en la dialéctica con el poder Larra y Espronceda, se debe mencionar a un contemporáneo de ellos, Mesonero Romanos, paradigma del escritor integrado en el poder. En un cuadro titulado "Contrastes", afirmaba Mesonero Romanos:

> "No concluiríamos nunca si hubiéramos de trazar uno por uno todos los tipos antiguos de nuestra sociedad, contraponiéndolos a los nacidos nuevamente por las alteraciones del siglo. El hombre, en el fondo, siempre es el mismo, aunque con disfraces en la forma..." (Blanco Aguinaga et al. 1981: 114).

Acercándonos ahora más a la segunda mitad del siglo XIX, tiene interés también mencionar el folletín y los primeros pasos que se dieron entonces hacia la construcción de la novela realista. Pensemos en Juan Martínez Villergas, autor de *Los misterios de Madrid* (1845-1846); en Ceferino Treserra, autor de *Los misterios del saladero* (1860); y sobre todo en Wenceslao Ayguals de Izco, autor de *María o la hija de un jornalero* (1845-1846) y de *Pobres y ricos, o la bruja de Madrid* (1849-1850). Estos autores, entre otros, contribuyeron con sus folletines a que el costumbrismo evolucionara hacia el realismo. Además de la función estética de contribuir a la aparición del realismo en la novela, el folletín tuvo una función social, por la que precisamente fue atacado, esgrimiéndose contra él toda suerte de argumentos derogatorios. La misma suerte le cupo a la novela realista, pues era entendido que al igual que el folletín, acumulaba demasiados "detalles groseros y de mal gusto", y referencias "al mundo obreril y marginado", dando "testimonio del presente tumultuoso" (Blanco Aguinaga et al. 1981: 118). Todos esos factores contribuyeron a que se rechazara en España a Hugo, a Balzac y a Dickens, por poner tres ejemplos representativos, aduciendo que eran escritores peligrosos para la moral pública. Y es que, en definitiva, se identificó al realismo "con las ideas democráticas y con las huestes del primer socialismo" (Blanco Aguinaga et al. 1981: 118). Resultaba a muchos imposible segregar, por tanto, las ideas políticas de las estéticas. No tiene pérdida el comentario de Alarcón en *El sombrero de tres picos*:

> "¡Dichosísimo tiempo aquel en que nuestra tierra seguía en quieta y pacífica posesión de todas las telarañas, de todo el polvo, de toda la polilla, de todos los respetos, de todas las creencias, de todas las tradiciones, de todos los usos y de todos los abusos santificados por los siglos! [...] ¡Dichosísimo tiempo, digo [...], para los poetas especialmente, que encontraban un entremés, un sainete, una comedia, un drama, un auto sacramental o una epopeya detrás de cada esquina, en vez de esta prosaica uniformidad y desabrido realismo que nos llegó al cabo de la Revolución Francesa! ¡Dichosísimo tiempo, sí! ..." (1982: 59-60).

La mayoría de los escritores realistas acusaron, de forma directa o indirecta, a la aristocracia, a la burguesía y al clero de oprimir a los indefensos. De sus cuadros costumbristas-realistas "surge la idea de que la ignorancia, los bajos salarios y la explotación son los responsables de la mala vida" (Blanco Aguinaga et al. 1981: 118). El impacto del primer socialismo utópico en estos autores realistas fue grande. Por otra parte, hay que recordar que el realismo fue también adoptado por autores reaccionarios, asimilados al poder, como Fernán Caballero. Mas los límites de su realismo estaban condicionados por su ideología.

Presenta una relevancia particular el caso de Bécquer. A pesar de su ideología conservadora, creó un mundo lírico que suponía un reto para la ideología utilitarista burguesa de su época. El caso de Bécquer debería tratarse siguiendo el análisis que Theodor W. Adorno hizo de la poesía de Valéry:

> "Me será permitido recordar mi afirmación que atribuye al sospechoso artista y esteta Valéry más profunda comprensión de la esencia social del arte que a la doctrina de la aplicación práctico-política inmediata del mismo. Pues la teoría delatora del arte comprometido o engagé, tal como circula por todas partes, se coloca por encima – sin verlo – del hecho, ineliminable en la sociedad del trueque, de la extrañación entre los hombres así como entre el espíritu objetivo y la sociedad que él expresa y juzga. Esa teoría pretende que el arte hable directamente a los hombres, como si en un mundo de universal mediación fuera posible realizar inmediatamente lo inmediato. Con ello precisamente degrada la palabra y forma al nivel de meros medios, a elemento del contexto de influencia, a manipulación psicológica, y mina la coherencia y lógica de la obra de arte, la cual no puede ya desarrollarse según la ley de la propia verdad, sino que tiene que seguir la línea de mínima resistencia de los consumidores" (1973: 194-195).

A finales del siglo XIX, bajo una cobertura cientifista, aparece un ataque programado contra la figura del delincuente, contra el prototípico enemigo de las virtudes burguesas. Hay una transposición en el delincuente de todo lo que era rechazado por el hombre burgués. El delincuente será un ejemplo superior del hombre marginado. El lenguaje cientifista de un Lombroso es explotado por la misma burguesía que marginaba, que repudiaba toda contravención de sus valores. Además, con ese lenguaje cientifista era legalizada cualquier violencia contra el criminal, contra el prototipo de lo marginal. En la morfología física de ciertos individuos, la burguesía veía la explicación de las desviaciones hacia la delincuencia y el crimen. Los correctivos eran así justificados.

Luis Maristany, en *El gabinete del doctor Lombroso*, tras resumir las tesis lombrosianas, añade:

> "Pero Lombroso proyectó también sus extremosas ideas médicas al examen de otras figuras que, si bien ajenas a la delincuencia común, compartían con ésta su carácter supuestamente enfermizo y una posición social más o menos marginada: así vio, por ejemplo, al revolucionario y al artista ..." (1973: 14).

Del artista y del revolucionario se ocupó Lombroso en su libro *El hombre de genio* (1889). Según él, el genio era casi siempre "una psicosis degenerativa del grupo epiléptico" (Maristany 1973: 52). Sus ideas tuvieron un gran eco en Max Nordau quien aplicó sus tesis al arte y literatura modernos en el libro *Degeneración*.[5] La Pardo Bazán recogió la polémica que resultó de estas tesis en *La nueva cuestión palpitante*.[6] Al arte y a la literatura modernos se les empezó a dar calificativos morales con la finalidad de descalificarlos, tachándolos de malsanos, enfermos, degenerados, decadentes, etc. Luis Maristany apunta que las implicaciones de la tesis lambrosiana de la enfermedad del genio es

> "la autosatisfacción más o menos consciente que cierta mentalidad filistea de la época pudo sentir de sus propias instituciones democráticas y de evolucionar con ellas en una línea de progreso o sin necesidad de rupturas, de revoluciones" (1973: 59).

Y Luis Maristany, más adelante, se refiere a la figura del delincuente, diciendo que ésta

> "contravenía de pleno un principio estimado ya entonces universal y sagrado: el tributo debido a la *sociabilidad*, deuda inferida de concebir a la sociedad como una voluntad común, como un organismo justo y armónico, a cuyo título se estigmatizaría de decadente o enfermiza toda forma de disidencia [...] Identificó (Lombroso) lo común con lo normal y montó una teoría criminalista que entraña, en su base, una humanidad escindida en dos clases: frente al común de ella,

seres integrados, honestos, sociables, sanos y normales, una minoría o reducido gremio de los asociales, marginados y enfermos ..." (1973: 85).

El artista y el hombre de letras iban siendo incluidos en el grupo de los marginados, a los que Lombroso había clasificado dentro de la categoría genérica de los delincuentes. Se estaban sentando las bases de un programa de descalificación y persecución administrativa del intelectual. Alfonso Sastre, en *Lumpen, marginación y jerigonça*, ha hecho recientemente estas observaciones con evidentes referencias a su caso personal, que remiten a todo lo expuesto hasta aquí y muestran, a la vez, la continuidad del proceso que nos ha ocupado:

> "*La verdadera marginación empieza con el talento del escritor* – y con sus consiguientes actitud y actividad *subversivas* – y esta marginación no se produce, precisamente, en términos sociales: *populares*; dado que el "pueblo" – y no digamos la clase obrera – está muy lejos de ese fenómeno e incapacitado, marginado como se halla él mismo, para marginar a un escritor o a un artista, seres constitutivamente "extraños" para él: que viven fuera de su alcance práctico y teórico: *en otro mundo*. La marginación como *operación* se produce, pues, en términos administrativos o sea estatales (censura), y por el "mundillo" crítico-artístico (ostracismo), con lo que el efecto social y final es la muerte del escritor radical ..." (Sastre 1980: 49).

NOTAS

1 Véase Sánchez Vázquez (1975: 20) "... si la utopía es una idea no realizada, también es una idea que se aspira a realizar, aunque el resultado del proceso de realización sea el fracaso o la impotencia".

2 Véase Goldmann (1971: 8) "J'ai traduit en français par "conscience possible" un terme familier de la littérature marxiste allemande, le *Zugerechnetes Bewußtsein*".

3 Sobre el libro de Dostoyevski, *Apuntes del subsuelo* (1864) y el tema del subsuelo en épocas posteriores, cf. Abood, (1973).

4 Véase Blanco Aguinaga et al. (1981: 105) "¿Quiénes, en efecto, son ya para Larra "los suyos"? No es extraño que, según se ha dicho, parezca en "Horas de invierno" haber perdido para siempre su anterior fe en la misión pública de su escritura. Y en otro lugar anota: "inventas palabras y haces de ellas sentimientos, ciencias, artes, objetos de existencia. [...] Y cuando descubres que son palabras, blasfemas y maldices".

5 *Degeneración* (en alemán *Entartung*), de M. Nordau, fue traducido al español por N. Salmerón y García en 1902.

6 E. Pardo Bazán publicó en *El Imparcial*, entre mayo y diciembre de 1894, una serie de artículos que tituló *La nueva cuestión palpitante*. En ellos abundan las referencias a Lombroso y especialmente, a Nordau.

BIBLIOGRAFIA

Abood, Edward
1973   *Underground Man*. San Francisco: Chandler & Scharp.

Adorno, Theodor W.
1973   *Crítica cultural y sociedad*. Barcelona: Ariel.

Alarcón, Pedro Antonio de
1982   *El sombrero de tres picos*. Madrid: Cátedra.

Alonso, Cecilio
1971   *Literatura y poder*. Madrid: Comunicación.

Blanco Aguinaga, Carlos, et al.
1981   *Historia social de la literatura (en lengua castellana)*. Madrid: Castalia.

Blanco White, José María
1974   *Obra inglesa*. Juan Goytisolo (ed.). Barcelona: Seix Barral.

Goldmann, Lucien
1971   *La création culturelle dans la société moderne*. París: Editions Danöel.

Larra, Mariano J. de
1979   "*El Ministerio de Mendizábal*, folleto de don José de Espronceda". En *Artículos de Costumbres*, Barcelona: Bruguera.

Maristany, Luis
1973   *El gabinete del doctor Lombroso*. Barcelona: Anagrama.

Sánchez Vázquez, Adolfo
1975   *Del socialismo científico al socialismo utópico*. México: Era.

Sastre, Alfonso
1980   *Lumpen, marginación y jerigonça*. Madrid: Legasa Literaria.

La literatura alemana en el Romanticismo español: la balada "Lenore" de G. A. Bürger

José Escobar
Glendon College, York University, Toronto

Mi intervención en este Congreso se limita a ofrecer nuevos datos sobre literatura alemana en periódicos españoles de la época romántica. Me ha parecido oportuna esta ocasión de reunirnos aquí en Alemania para sacarlos de mi fichero. Son datos – creo yo – significativos para mostrar, más allá de la pura erudición, la forma anómala cómo, en comparación con otros países de Europa, llega a España la literatura romántica extranjera en circunstancias históricas determinantes de una situación política y social desfavorable para la recepción.

Se ha estudiado reiteradamente la repercusión de la doctrina alemana en los orígenes del Romanticismo español desde Böhl de Faber en A. Durán, A. Lista, Donoso Cortés. La interpretación española de las teorías de A. W. Schlegel fue un proyecto ideológico de institucionalizar una concepción casticista del carácter nacional español como baluarte contrarrevolucionario. Frente a esta recepción casticista del romanticismo schlegeliano se intentó contraponer luego el romanticismo francés de Victor Hugo y de Alejandro Dumas, así como la inspiración byroniana de Espronceda. Sin embargo, la literatura alemana moderna llega muy raramente, y cuando llega, llega mal, siempre de rebote y de segunda mano. Prueba de ello son los datos que voy a dar a conocer aquí sobre las primeras traducciones al español de la famosa balada "Lenore", de Gottfried August Bürger. Sobre este tema ya publicó Hans Juretschke un valioso artículo, comentando las tres traducciones hasta ahora conocidas (Juretschke 1975-76). Por mi parte, me propongo contribuir a esta cuestión añadiendo una versión más, publicada a comienzos de 1831 en el periódico madrileño *Correo literario y mercantil*, casi diez años antes, por lo tanto, de que Leopoldo Augusto de Cueto publicara la suya en el *Semanario Pintoresco Español*, en 1840, primera de las tres reseñadas por Juretschke. Las otras dos son del mallorquín Gerónimo Roselló y de Juan Valera, en la década siguiente. También voy a rectificar algunas apreciaciones que hizo Juretschke en su comentario a la traducción de Cueto.

Para infundir cierto interés a los datos del fichero habrá que situarlos en el contexto general español y europeo. Como ha mostrado el citado historiador alemán, casi todo lo que en aquellos años se sabe en España de Alemania llega a través de Francia (Juretschke 1978 y 1975). En el ambiente provinciano de la España de entonces no saben alemán ni existen traducciones. Sin embargo, frente a este desconocimiento de la literatura alemana entre los años en que aparecen las dos primeras traducciones de la "Lenore", contrasta la importancia que los críticos le conceden. La literatura alemana en el Romanticismo español manifiesta inesquivablemente su presencia desde la paradoja de su misma ausencia. Es un hueco que está ahí, bien visible. Por ejemplo, es bien conocida la afirmación de A. Alcalá Galiano en el prólogo de *El moro expósito*: "Para buscar el origen de la escuela *romántica* de nuestros días, fuerza es que vayamos a Alemania. Allí nació y allí han sacado su pauta los modernos *románticos* italianos y franceses" (Alcalá Galiano 1982: 10). Con todo, entre la profusión de autores italianos, franceses e ingleses que nombra el prologuista, de los alemanes apenas aparece fugazmente el nombre de Schiller (27). De la literatura alemana no dice más que las generalidades sobre el contraste de los pueblos del Norte y los del Mediodía que se habían hecho tópicas desde la publicación del libro de Madame de Staël sobre Alemania, conocido por Alcalá Galiano el mismo año en que se publicó (Llorens Castillo 1954: 350 n. 32). El estado de la cuestión sobre la recepción de la literatura alemana en aquella década queda resumida en los artículos que entre junio y julio de 1836 publicó Larra en *El Español* para comentar las nuevas cátedras del Ateneo madrileño. Al referirse a la de literatura extranjera, encargada al joven Fernando Corradi, el periodista expresa su opinión sobre el conocimiento que en España se tiene de las principales literaturas europeas: "La literatura italiana – dice – es bastante conocida entre nosotros; pocos son los aficionados a las letras humanas que no tienen nociones más o menos profundas de la inglesa; la alemana, empero, que en el día se nos ofrece como la más esencial, como la más pensadora y filosófica, es casi desconocida, y en ella quisiéramos que el nuevo profesor se extendiese más, porque ella puede dar la clave de la situación política de los pueblos del Norte, y de lo que de ellos puede prometerse, o temer la gran revolución social que tan a duras penas y tan lentamente se está llevando a cabo en Europa de muchos años a esta parte" (Larra 1960, II: 235). Por la reseña de la primera lección no parece que el nuevo profesor llegara a satisfacer el deseo expresado por Larra de ampliar sus conocimientos sobre la literatura alemana más allá de lo que podía haber leído ya en Madame de Staël y en el nuevo libro de Heine, también sobre Alemania y su literatura. La reciente lectura de este libro tuvo que aumentar el interés suscitado por la autora francesa y al mismo tiempo poner aún más de manifiesto el gran hueco alemán en la necesidad de estar al corriente de la literatura europea moderna. Por ello, al comentar la lección de Corradi, añade por su cuenta: "No podemos menos de recomendar a nuestros lectores, y a los que piensan seguir el curso del señor Corradi – y a los que den a la moderna literatura alemana toda la importancia que tiene, y que en otra ocasión apuntamos ya –, la excelente obra crítica del profundo Henry Heine, titulada *De la Alemania*, que tan victoriosamente refuta juicios aventurados de la célebre Madame Staël sobre aquel país y su literatura; obra así interesante por su erudición, exacto criterio y filosofía, como por la escritora sobre quien recae la refutación" (260). Robert Marrast (1974: 510-512) ha llamado la atención sobre la influencia del libro de Heine en el pensamiento de Larra en el año 1836. A mi modo de ver, el atractivo que el escritor alemán pudo ejercer sobre Larra se debió sobre todo a la relación que aquél propugnaba entre literatura e ideología. Esto explica que el crítico español, como hemos visto, expresara sus esperanzas o sus temores sobre las conexiones de la literatura alemana con la revolución. Heine añadía un nuevo estímulo a los que, como Larra, desconfiaban de la orientación ideológica del romanticismo alemán cuyas tendencias ultramontanas se veían reflejadas en el libro ahora refutado.[1]

Entre los autores a que, según Larra, se refirió Corradi, no vemos el nombre de Bürger, uno de los poetas alemanes más conocidos en toda Europa durante el siglo XIX, especialmente por su balada "Lenore", traducida multitud de veces, sobre todo al inglés y al francés. Tanto los lectores de Madame de Staël como los de Heine tenían que haberse tropezado con el nombre de Bürger. La primera había dado un extenso resumen del argumento de "Lenore" y del "Cazador feroz" (1968, I: 238-241). Por su parte, Heine había aprovechado la incomprensión de A. W. Schlegel hacia Bürger para señalar cómo aquél no comprendía nada del presente y por ello no pudo captar, según Heine, la vehemencia con que el espíritu moderno irrumpe en el autor de "Lenore": "la poderosa voz dolorida de un titán, atormentado hasta la muerte por la aristocracia". Frente al feudalismo schlegeliano, Heine proclama el grito revolucionario y plebeyo de Bürger diciendo que "en alemán el nombre 'Bürger' es sinónimo de *citoyen*" (Heine 1972, VIII: 50).

La recepción de la "Lenore", publicada por Bürger en 1774, es un asombroso fenómeno literario de alcance europeo y varias investigaciones se han dedicado a su estudio. La más reciente que yo conozco es el libro de Evelyn B. Jolles, publicado en 1974, sobre la "Lenore" en Inglatera en que se reseñan treinta diferentes traducciones en casi los cien años que de 1796, en que se publicaron nada menos que seis, y 1892 (Jolles 1974: 7). De las seis primeras una es de Walter Scott, que también compuso una imitación publicada juntamente con la traducción. Entre los traductores ingleses del siglo XIX encontramos a Dante Gabriel Rosseti en 1844.

En Italia, en 1816, Giovanni Berchet ofrece la versión de "Lenore" y del "Wilde Jäger" en su *Lettera semiseria di Grisostomo al suo figlioulo*, uno de los manifiestos del Romanticismo italiano (Calcaterra 1979: 419-85).

Pero es a Francia a donde tenemos que acudir para explicar la recepción de la balada de Bürger en España. Nos sirve de guía el estudio de F. Baldensperger sobre la "Lenore" en la literatura francesa (1907: 147-175). La primera versión francesa se hace a través del inglés, en 1811, y en ella, según el *Journal des Débats* del mismo año, se ven representados "los vicios más odiosos de la escuela germánica" (*ibid.*: 150). Pero la balada pronto alcanza todo el prestigio que le concede Madame de Staël, la cual opina que cualquier tradución francesa, en prosa o en verso, difícilmente podría expresar todos los detalles del original alemán (Staël 1968, I: 238) "En todo caso – comenta Baldensperger – la balada poseía lo que hacía falta para que gustara a esta generación de alrededor de 1820, que, cansada de poéticas tradicionales, buscaba febrilmente y con incertidumbre modelos que fueran de su gusto. Por otra parte, una forma que debía de parecer singularmente nueva y dramática, esta aventura del caballero que se detiene a media noche bajo la ventana de su prometida, la pone en la grupa de su caballo y la arrastra en un galope desenfrenado hasta un lejano cementerio donde se revela que en realidad el jinete es un esqueleto, respondía adecuadamente a las predilecciones del momento" (151). Desde mediados de esta década de 1820 y comienzos de la década siguiente, las traducciones al francés de "Lenore" se suceden año tras año en las principales revistas de la época. Cinco de estas traducciones, dos en prosa y tres en verso, se deben a Gérard de Nerval, que parece obsesionado con el texto alemán (Richer 1974: 337-345). Los románticos franceses se tomaron muy en serio el reto lanzado por Madame de Staël. El poema los fascina durante estos años como había fascinado a los literatos ingleses a finales del siglo XVIII. Al decir de Th. Gautier, "Lenore" "puede ser considerada como una de las obras maestras de la poesía romántica en la más estrecha acepción de la palabra" (*apud* Baldensperger 1907: 151) y la emoción que sintió A. Dumas cuando leyó el poema – según él cuenta en sus *Memorias* – ejemplifica la fascinación causada por "Lenore" entre los jóvenes románticos franceses (*ibid.*: 156).

En este contexto europeo hemos de situar sintomáticamente las traducciones españolas. La primera hasta ahora conocida era la publicada en 1840 en el *Semanario Pintoresco Español*, con las iniciales A. C., que Juretschke (1975-76: 102-103) atribuye, creo que convincentemente, a Leopoldo Agusto de Cueto, colaborador frecuente de esta revista de Mesonero Romanos. La traducción es en prosa y, a pie de página, lleva la siguiente nota: "Esta bellísima balada es una de las más populares de Alemania. Su autor es Bürger, y la célebre madama Staël la cita en su obra sobre Alemania. La traducción que ofrecemos a nuestros lectores está hecha directamente del alemán, habiéndose procurado conservar su enérgica sencillez." En contra de lo que se afirma en esta nota y de lo que opina Juretschke, la traducción que ofrece el *Semanario Pintoresco* a sus lectores no está hecha, ni mucho menos, directamente del alemán. La ambigüedad que el historiador percibe consiste, según sus palabras, en que la frase parece indicar que "se hubiese publicado otra versión, hecha sobre un texto francés, pero también cabe darle el sentido más general de que la mayoría de las poesías alemanas no se traducían directamente del idioma original. En todo caso no dimos con un texto anterior" (Juretschke 1975-76: 105-106).

Nosotros hemos tenido más suerte. Repasando el *Correo literario y mercantil*, en el número de 28 de febrero de 1831, leemos lo siguiente:

> "LITERATURA ROMANTICA. *Aconsejamos a sus apasionados, y sobre todo a las* lectoras sentimentales, *que no dejen de recorrer el siguiente artículo.* LEONOR. Historia fantástica, de Burger. *Burger* fue en este género de literatura el rival del famoso Hoffmann [...] La célebre madama *Stael* hace un elogio de su talento, y los lectores podrán formarse una idea en cuanto lo permite una traducción por la siguiente historia, tomada de una de sus *balatas*" (*sic.*)[2]

La traducción que sigue a este encabezamiento es anónima, pero creo yo que puede atribuirse con toda probabilidad a Mariano de Rementería y Fica, de cuya actividad en este periódico me ocupé ya hace años (Escobar 1970). La balada de Bürger se inserta en una serie de "cuentos fantásticos" que aparecen en el *Correo* durante el año 1831. Uno de ellos, publicado el 2 de setiembre, lleva al final la inicial *R* con que Rementería solía firmar gran parte de sus muchísimas colaboraciones en el periódico. El tono frívolo y condescendiente con respecto al Romanticismo que hemos observado antes en las líneas introductorias a la balada de Bürger se repite aquí en el párrafo inicial con que Rementería anuncia este otro "cuento fantástico":

"Lo que se usa no se excusa. Este adagio, contra el cual tienen que estrellarse, mal que les pese, todos los raciocinios de la más refinada dialéctica, nos persuade a que no le contraríemos, sino que nos dejemos llevar de la corriente del siglo; y puesto que en composiciones dramáticas, en novelas, en pinturas etc. etc., se ha introducido el romantismo y fantasismo, romantice y fantasíe también el Correo. Va de cuento."

Antes de entrar en la redacción del *Correo*, en una carta dirigida al director, José María de Carnerero, Rementería ofrece una lista resumida de sus numerosas traducciones, en prosa y en verso, del latín, francés e italiano (Escobar 1970). Como era de esperar, no menciona el alemán entre las lenguas que era capaz de traducir, por lo que el texto base de su versión de la balada alemana habrá que buscarlo entre las numerosas versiones francesas que, como hemos indicado, aparecieron en los años inmediatamente anteriores a 1831. Quizá por azar se tropezó con una de las menos fieles al original, la publicada por el Baron de Mortemart-Boisse en la *Revue de Deux Mondes* en el número de octubre-noviembre de 1830, págs. 193-200: "Fragmens littéraires. Lénore, conte fantastique traduit et imité de Burger."[3] Más que traducción es una imitación libre y compendiada que se atiene al argumento del original, pero no al discurso narrativo. De este texto francés procede el anacronismo en que incurre el *Correo* al considerar a Bürger rival de Hoffmann. En efecto, el traductor francés empieza diciendo: "Les contes fantastiques d'Hoffmann sont maintenant connus; mais ceux de Burger, *son heureux rival*, ne le sont pas." (Subrayado nuestro). En esta versión de Mortemart-Boisse, la balada se convierte en un cuento fantástico emparentado con los de Hoffmann, autor muy traducido en Francia por aquellos años, si bien el traductor de Bürger concede a éste superioridad sobre el que él considera su rival: "Burger semble devoir, sous plusieurs rapports, mériter la préférénce sur Hoffmann. Ses compositions ont presque toujours un but moral, ostensible ou caché, et son talent n'est pas, comme celui de son rival, un dévergondage mental sans but, et quelquefois sans méthode" (194). Termina su introducción diciendo que la balada de Bürger lo había emocionado tanto en sus campañas militares en Alemania que la había aprendido casi de memoria. La recitaba en Pomerania – dice el barón – "en traversant la nuit au clair de la lune, sur les glaces de la Baltique, le détroit qui sépare *Stralsund* de l'île de *Rugen*. Les nuits ainsi passées n'étaient jamais stériles pour moi, et je devenais poète par la pensée et par les émotions que j'éprouvais en présence de ce grand spectacle de la nature" (195).

Como vemos, la emoción con que el poeta francés interpreta la balada alemana es propia de un estado de ánimo puramente lírico y sentimental, sin la intensa energía épica que Bürger había tratado de infundir en su inquietante narración. Por ello, la vehemencia macabra de la galopada satánica a que se lanza el siniestro jinete espectral se adulcora en el misterio de una suave melancolía cadenciosa. Pero incluso este lirismo melancólico desaparece en la versión española, reducida la narración al prosaismo pedestre de un cuento de aparecidos. Lo que el periodista del *Correo* llama "literatura romántica" queda trivializado en un pasatiempo intranscendente para "lectoras sentimentales", con toda la reticencia condescendiente que la expresión comporta. Poca idea del·talento de Bürger pudieron formarse los lectores españoles con la traducción que les ofreció Rementería; difícilmente podían percibir en esta despoetización de la balada el grito angustioso, plebeyo y revolucionario que Heine percibía en el poema de Bürger.

A no ser que aparezca otra traducción, la siguiente que conocemos se publica, como ya hemos dicho, en 1840, en el *Semanario pintoresco español* (pp. 31-32), con las iniciales A. C. El profesor Juretschke ha analizado la exactitud gramatical, el estilo y la versión de las voces onomatopéyicas con respecto al original alemán, y a su trabajo remitimos. Pero es necesario advertir que se equivoca completamente cuando afirma que "es cierto y puede probarse que Cueto hizo su versión directamente del alemán", como dice la antes citada nota a pie de página, aunque el historiador alemán añade a continuación que "también cabe afirmar sin titubeos que conocía, por los menos, una de las traducciones en prosa de Gérard de Nerval y que la tenía delante al emprender la suya. Me refiero – continúa Juretschke – a la versión que el francés publicó en su antología: *Poésies allemandes, Klopstock, Goethe, Schiller, Bürger*. Morceaux choisis et traduits par M. Gérard, Paris, 1830" (Juretschke 1975-76: 106). Esto tampoco es exacto. La versión que tenía delante Cueto no era la indicada por Juretschke, sino otra anterior, también en prosa, publicada en 1829, en el *Mercure de France au XIXe siècle* (XXVII, 500-505) y luego reproducida en *Annales romantiques* de 1831 (pp. 24-33).[4] Versión ésta traducida por Cueto literalmente, casi palabra por palabra, de manera que las discrepancias observadas por Juretschke entre la versión de Cueto y la de Gérard con que la compara, son exactamente las mismas que las que existen entre las dos versiones en prosa del propio Gérard. Así, cuando afirma que "Cueto es más exacto que Gérard" (106), lo que, en realidad, está diciendo es que la primera versión en prosa de Gérard, la utilizada por Cueto, es más exacta que la segunda. Cuando critica algunos errores de traducción en la versión española, por ejemplo, la confusión de la palabra alemana *annehmlich*, grato, por perceptible, *vernehmlich* del original, a quien efectivamente está criticando es al traductor francés que en sus dos versiones escribe *douce* ("douce voix") como equivalente francés del alemán *vernehmlich*, de cuya confusión procede la "voz grata" en la traducción de Cueto. Como prueba de la independencia de éste con respecto a Gérard de Nerval, Juretschke aduce el hecho de que en la traducción francesa que él maneja no se traducen algunos versos y dos estrofas enteras (la 8 y la 9) del original alemán que se hallan traducidos en el texto español; pero hay que tener en cuenta que en el texto francés que Cueto tenía delante, ya fuera el impreso en el *Mercure de France* (1829) o en los *Annales romantiques* (1831), no existen tales lagunas.[5]

No tenemos tiempo para seguir comparando el texto de Cueto con las dos versiones en prosa de Gérard de Nerval, pero lo dicho basta para afirmar, sin la menor duda por mi parte, que la traducción española no está hecha directamente del alemán. Un cotejo más detallado no haría más que confirmar esta certeza.[6]

Una vez más se les dio a los lectores españoles gato por liebre. La ventaja, en este caso, es que el intermediario francés, según Baldensperger (p. 159), "était, de tous les poètes de cette génération, le mieux fait pour goûter et pour rendre le clair-obscur firssonant de l'original."

NOTAS

1 En Barcelona, el periódico *El propagador de la libertad* publica una serie de cinco artículos con el título de "Alemania literaria", firmados por *Covert-Spring*, traducción literal de pasajes procedentes de la *Romantische Schule*, de Heine, sin indicar la fuente (H. Juretschke, "Del romanticismo liberal en Cataluña", *RL*, IV, 1954, 25-27). J. Maluquer de Motes y A. Ramspott han revelado que el pseudónimo *Covert-Spring* ocultaba al escritor saint-simoniano Pedro Felipe Monlau (J. Maluquer de Motes, *El socialismo en España, 1833-1868*, Barcelona: Crítica, 1977, pp. 98-99). En otro lugar he mostrado cómo Larra se manifiesta en contra de lo que podríamos llamar la "Escuela romántica" española, representada por A. Durán, continuadora de la "Romantische Schule" alemana, atacada ahora por Heine. Me refiero a un trabajo, "El teatro del Siglo de Oro en la controversia ideológica entre españoles castizos y críticos. Larra contra Durán", en el homenaje a don Alonso Zamora Vicente, en prensa, Madrid: Castalia.

2 Aunque encontramos este texto buscando referencias al Romanticismo en el *Correo literario y mercantil* (1828-1833), luego nos dimos cuenta de que el párrafo citado ya había sido publicado por Franz Schneider (1927: 281). Schneider, interesado en datos sobre Hoffmann, no comenta la referencia a Bürger. Hay algunos errores y deficiencias en el artículo de Schneider que trataremos de subsanar en otra ocasión.

3 Tengo que agradecer a Julie Drexler, bibliotecaria de la Frost Library de Glendon College, York University, la ayuda que me ha prestado para obtener los textos de las versiones francesas de "Lenore", dispersos en las revistas de la época, lo cual me ha permitido identificar el texto traducido por el *Correo literario y mercantil*.

4 Aunque el resultado habría sido el mismo, podemos precisar, por ciertos detalles de impresión, que la revista utilizada por Cueto para su traducción fue los *Annales literaires* y no el *Mercure de France*. No tenemos espacio para indicar tales precisiones. Los *Annales romantiques* (1823-1836) son ahora muy accesibles gracias a la reimpresión facsímil realizada por Slaktine Reprints, Genève, 1971. Para la crítica textual de las diferentes versiones que Gérard de Nerval hizo de la "Lenore", véase Jean Richer (1974: 337-345).

5 Por ejemplo, si es cierto que en la versión *Poésies allemandes* falta un verso de la estrofa 14, el que dice "Wie bist noch gegen mich gesinnt?", el verso está traducido en la otra versión en prosa: "Penses-tu toujours à moi?", de donde procede el "¿Piensas siempre en mí?" de la versión española.

6 Lamento no poder reproducir aquí los textos a que me refiero en este trabajo. Espero poder publicarlos, sobre todo los "cuentos fantásticos" del *Correo*, en otro estudio sobre la literatura fantástica alemana en España durante la década de 1830 a 1840.

BIBLIOGRAFIA

Alcalá Galiano, Antonio
  1982   "Prólogo a la edición de París, escrito a nombre del autor por el EXcmo. Señor D. ...". En Duque de Rivas: *El moro expósito*, ed. de Angel Crespo, pp. 7-34. Madrid: Espasa-Calpe.

Baldensperger, F.
1907   "La 'Lénore' de Bürger dans la littérature française". En *Etudes d'histoire littéraire*, 1: 147-175. París: Hachette.

Calcaterra, Carlo
1979   *Manifesti romantici e altri scriti della polemica classico-romantica*. Nouva edizione ampliata a cura di Mario Scotti. Torino: Unione tipografico-editrice torinese.

Escobar, José
1970   "Mariano de Rementería y Fica, redactor del *Correo literario y mercantil*". En *BRAE*, 50: 559-573.

Heine, Heinrich
1972   *Die romantische Schule*. En Säkularausgabe, VIII, pp. 7-123. Berlín: Akademie-Verlag/París: CNRS.

Jolles, Evelyn B.
1974   *A. G. Bürgers Ballade Lenore in England*. Regensburg: Hans Carl.

Juretschke, Hans
1975   "La recepción de la cultura y ciencia alemana en España durante la época romántica". En *Estudios románticos*, pp. 63-120. Valladolid: Casa-Museo.
1975-76   "Comentario a tres traducciones de la balada *Lenore*, de Gottfried August Bürger". En *Filología Moderna*, 56-57-58: 91-132.
1978   "Du rôle médiateur de la France dans la propagation des doctrines littéraires, des méthodes historiques et de l'image de l'Allemagne en Espagne au cours du XIXe Siècle". En *Romantisme, Realisme, Naturalisme en Espagne et en Amerique Latine*, pp. 9-34, Lille: PUL.

Larra, Mariano José de
1960   *Obras*. Ed. de Carlos Seco Serrano, BAE, Madrid: Atlas.

Llorens Castillo, Vicente
1954   *Liberales y románticos*, México: El Colegio de México.

Marrast, Robert
1974   *José de Espronceda et son temps*, París: Klincksieck.

Richer, Jean (ed.)
1974   Gérard de Nerval: *Poésies et Souvenirs*. Edition établie, présentée et annotée par ... París: Gallimard.

Schneider, Franz
1927   "E. T. A. Hoffmann en España: apuntes bibliográficos e históricos". En *Estudios eruditos in memoriam de Adolfo Bonilla San Martín*, I: 279-287, Madrid: Ratés.

Simón Díaz, José
1946   *Semanario Pintoresco Español (Madrid, 1836-1857)*, Madrid: SCIC.

Staël, Germaine de
1968   *De l'Allemagne*, París: Garnier-Flammarion.

El poder de la palabra:
Juan de Grimaldi y el periodismo político en el siglo XIX

David T. Gies
University of Virginia, Charlottesville

Como consecuencia de la atención crítica que recientemente se ha prestado a Juan de Grimaldi comenzamos a comprender su importancia en el desarrollo del teatro romántico y de la historia intelectual de la España decimonónica. Conocemos, por ejemplo, las complicadas maquinaciones que llevó a cabo para llegar a ser empresario de los dos teatros madrileños pocos meses después de su llegada de Francia con las tropas del duque de Angulema en 1823.[1] También sabemos que fue el autor del drama más popular de la primera mitad del siglo diecinueve en España – la graciosísima *La pata de cabra* de 1829,[2] y que fue el creador de los bailes de máscaras más concurridos y elegantes de la temporada de 1836 (Gies 1984); hemos estudiado cómo trabajó con los actores y escritores de su época para mejorar el arte declamatorio y enriquecer el repertorio de dramas (Gies 1985) y que estrenó, entre otras muchas obras, *La conjuración de Venecia, Macías, Don Alvaro* y *El trovador*.[3] Sin embargo, lo que no se entiende muy bien es la importante influencia que ejercía Grimaldi sobre la opinión política y social tanto dentro de España como fuera. Sus esfuerzos como periodista político merecen comentario; en las páginas siguientes intentaré dar una visión panorámica de aquellas actividades.

Grimaldi se dedicó al periodismo político en tres momentos claves de la historia española decimonónica: durante la primera guerra carlista (1833-1836), inmediatamente despúes de la abdicación de la reina María Cristina (1840) y el año anterior al fin de la monarquía isabelina (1867). Cada intervención o serie de intervenciones sirvió para solidificar su apoyo al liberalismo moderado de María Cristina e Isabel, un moderantismo encabezado por el soldado y luego primer ministro, Ramón de Narváez. Y cada intervención se dirigía contra figuras que, en la opinión de Grimaldi, amenazaron la estabilidad de ese moderantismo: en 1836 contra Mendizábal, en 1840 contra Espartero y en 1867 contra el gran historiador francés Guizot.

Durante sus años como "dictador teatral" (Mesonero Romanos 1926: 66) y líder de la tertulia "El Parnasillo", Grimaldi trabó amistad con un dramaturgo que luego llegaría a ser uno de los periodistas más importantes de la época fernandina, José María de Carnerero. Carnerero, creador de las *Cartas Españolas*, le ofreció a su amigo Grimaldi un puesto como redactor de *La Revista Española* cuando ésta se fundó en noviembre de 1832 (Hartzenbusch 1876: 41; Mesonero Romanos 1926: 180). Grimaldi ayudó a sus amigos intelectuales (Larra y García Gutiérrez, entre otros) y les facilitó empleo en las páginas de la *Revista*. Grimaldi mismo publicó artículos sobre la educación de los niños, la libertad de la prensa, las finanzas públicas y la conducta de los carlistas entre 1833 y 1836, pero es en este último año cuando se lanza al mundo de la política madrileña. Según Mesonero, Grimaldi "llegó a tener gran influencia, no sólo en el teatro y la literatura, sino también en la prensa política, riñiendo rudos combates en pro del trono de Isabel II y de la Reina Gobernadora ..." (Mesonero Romanos 1926: 74). Uno de aquellos "rudos combates" lo luchó contra Juan Alvarez Mendizábal. Escritas, como todos sus artículos, con seudónimo o anónimamente, estas piezas revelan la desilusión de un hombre que apoyó al liberalismo moderado del primer ministro sólo para ver evaporadas sus esperanzas. Como sabemos, lo mismo le pasó a Larra (Gies 1974).

Grimaldi guardó mal su secreto y cuando se marchó precipitadamente de Madrid en agosto de 1836, *El Castellano* reveló que él era el autor de "aquellos largos y famosos artículos suscritos A., e insertos en la *Revista*".[4] El mismo Grimaldi lo confirma, jactándose en una carta escrita a su amigo Narváez en 1867, de que en aquel entonces "todos atribuyeron [los artículos], honrándome mucho, al Conde de Toreno ..."[5]

Una apasionada defensa de la Reina Gobernadora marca los artículos que contribuye a *La Revista Española*. Los más importantes de esta épica son siete piezas que publica sobre política y sobre la caída de Mendizábal. Como es bien sabido, el nombramiento de Mendizábal como Primer Ministro el 14 de septiembre de 1835 fue recibido con aplauso general entre los liberales intelectuales (entre ellos, Larra). Sus promesas para acabar con la guerra carlista, estabilizar la economía e integrar numerosos cambios administrativos y sociales se recibieron con fe absoluta por sus partidarios. Según Grimaldi, también le concedió "la omnipotencia de una dictadura inaudita"[6] con el famoso Voto de Confianza. Cuando el apoyo popular de Mendizábal empezó a disminuir, resultando en su dimisión en mayo de aquel año, Grimaldi decidió publicar una serie de artículos explicando las circunstancias un tanto misteriosas de la dimisión (Janke 1974).

El primer artículo, "De la dimisión del ministerio Mendizábal," apareció el 26 de mayo de 1836. Grimaldi no pudo pretender ser testigo directo de los acontecimientos acaecidos en el palacio de la Granja y en el Palacio Real de Madrid, pero juró la objetividad y la veracidad de sus comentarios por haber estado en contacto con algunos de los principales (probablemente la misma María Cristina): "... los que hemos tenido en estos días relaciones más o menos directas con ciertos círculos políticos ..." Su propósito era doble: defender a la Reina Gobernadora contra la murmuración palaciega y negar las mentiras circuladas por Madrid por los acólitos del Primer Ministro. Según los murmuradores, María Cristina había planeado la dimisión de Mendizábal y celebró el haber conseguido alejarlo del gobierno. Según Grimaldi, en vez de ser protagonista de la dimisión de Mendizábal, María Cristina era más bien víctima de la arrogancia de éste, que necesitaba defenderse contra su excesivo poder ministerial. Mendizábal había insistido en su derecho de nombrar nuevos líderes militares en la capital; la Reina insistió en que tales nombramientos estaban reservados a la corona. El enfrentamiento de las dos voluntades produjo un conflicto que tendría consecuencias duraderas:

"... la intervención de uno de los cuerpos colegisladores en actos
tan esencialmente, tan exclusivamente gubernativos como la elección

y resignación de empleados, no podía tolerarse sin riesgo de introducir en el juego de los combinados poderes del Estado, una confusión funesta al trono, funesta a la misma libertad vitalmente interesada en que cada uno de esos poderes obre con total independencia en su respectiva órbita. La Reina no aceptó la amenazada dimisión de Mendizábal (y de sus partidarios en el ministerio) presentada a lo largo de varias confrontaciones en La Granja y en el Palacio Real. Por fin, como es sabido, la Reina rehusó aguantar el chantaje político de Mendizábal y firmó los papeles de su dimisión. El artículo de Grimaldi intentó mostrar que las acciones de la Reina no eran ni anti-constitucionales ni anti-liberales, como insistían algunos de sus enemigos. Historiadores modernos confirman la veracidad y objetividad de la versión de Grimaldi" (Janke 1974: 214).

Este primer artículo inició una polémica en la prensa madrileña entre los enemigos de la Reina y los detractores de Mendizábal. Grimaldi, claro, intervino del lado de María Cristina. En mayo, junio y julio aparecieron más artículos con la misma intención – eso es, mostrar al país que Mendizábal poseía escasa capacidad ministerial.[7] Grimaldi se mantuvo con firmeza: "Mendizábal [...] es hombre de bien – escribió – pero conviene mucho demostrar al país que fue mal ministro."

"Demostrar al país que fue mal ministro" fue también la intención de una serie de artículos que publicó en París en 1840, tras su rápida salida de Madrid (al volver Mendizábal al poder después de la famosa confrontación de los Sargentos en La Granja). Pero el "mal ministro" esta vez no fue Mendizábal, sino el supuesto héroe de la Guerra Carlista, Baldomero Espartero. Espartero había arrebatado la Regencia de España de las manos de María Cristina, quien marchó a París en octubre de 1840. Desde allí luchó contra el usurpador liberal con la ayuda de su tío, el Rey Luis Felipe, y de su antiguo amigo y confidente, Grimaldi, que ya había servido a la Reina durante los años 1837-1840, aceptando varias "asignaciones" desde Madrid.[8] Entre el grupo de exilados españoles en la capital francesa figuraban otros enemigos de Espartero, Ramón Narváez y Leopoldo O'Donnell, quienes de aquí en adelante trabarán íntimas relaciones políticas y personales con Grimaldi.

Grimaldi publicó una "biografía" de Espartero, en francés y anónima, en el periódico parisino, *La Presse*. Compuesta de seis artículos, tenía dos propósitos: 1) moldear la opinión popular y oficial de Francia de acuerdo con la situación política de su vecino país, España, y 2) subvertir el prestigio de Espartero y así atacar su legitimidad. La biografía narra la tumultuosa llegada al poder de Espartero, su conducta durante la guerra civil y los acontecimientos inmediatamente precedentes a la abdicación de María Cristina. Grimaldi cita la prensa contemporánea, las memorias publicadas por Córdoba y Aviraneta, y documentos y memorias facilitados por sus varios amigos para pintar el retrato de un líder indeciso, dictatorial, ambicioso, brutal y fuerte ("plus fort que le gouvernement, l'opinion et les lois ..."). Estos artículos se publicaron en forma de libro casi en seguida (Grimaldi 1841) e incluso se tradujeron al español, donde aparecieron en folletos que circulaban por Madrid. La versión española provocó una fuerte reacción por parte de los defensores de Espartero: en 1841 salió *Espartero: Contestación a los seis artículos que con este título ha publicado el papel francés La Presse, y han sido traducidos por algunos periódicos de esta corte* (Madrid: Omaña, 1841). El folleto madrileño era tan polémico como el libro de Grimaldi, pero contenía muchas opiniones y poca documentación, con lo que finalmente, no resolvió nada; Grimaldi ni lo consideró digno de respuesta. Al cabo de dos años Espartero no pudo controlar las varias facciones de su propio partido y terminó por perder el control del gobierno, teniendo que cederlo a su enemigo moderado, Ramón de Narváez.

Narváez y su partido moderado iban a dominar la política española hasta su muerte en 1868 y la caída de la monarquía isabelina. Durante ese período Grimaldi le apoyó desde París, unas veces en plan oficial (Narváez le nombró Cónsul General en 1848), otras en plan semi-oficial (Grimaldi le dio un préstamo de 100.000 francos *de su propio dinero* al nuevo gobierno republicano de Luis Napoleón en 1849 para que mantuviese su amistad con el gobierno en Madrid [Pabón 1983][9]) y otras, finalmente, en plan totalmente anónimo. Este apoyo anónimo es el que nos interesa analizar ahora.

François Guizot, contemporáneo de Grimaldi, publicó una versión de las conspiraciones europeas y españolas que circulaban en 1846 alrededor de las bodas de Isabel y su hermana Luisa Fernanda en el tomo VIII de su *Mémoires por servir à l'histoire de mon temps* (París: Michel-Lévy Frères, 1867). La lectura del tomo indignó a Grimaldi porque vio la interpretación de Guizot como una falsificación histórica y una calumnia contra Narváez. Así, en una serie de anónimas "Lettres Espagnoles", publicadas en el periódico parisino, *Le Memorial Diplomatique*, en 1867, Grimaldi contrapuso otra versión de aquella historia y a la vez enalteció a su amigo y protector, Narváez. La vitalidad de Grimaldi no disminuyó nunca: al comenzar este último capítulo de su vida periodística, tenía setenta y un años.

Los artículos tenían un doble fin: el de rectificar la versión de Guizot sobre la historia española y el de elogiar a Narváez y así reforzar su posición política tanto fuera como dentro de España (sabemos que la oposición contra Narváez, especialmente por parte de Prim, aumentaba diariamente en Madrid). En una carta escrita a Narváez, Grimaldi explica:

"Lo he hecho porque un amigo mío, que ignora mi participación en las *Cartas Españolas* me ponderaba días pasados el buen efecto que hace la rectificación de las falsísimas ideas en que estaban muchos imbuídos de que V. no era más que un Sargento bomba parvenue y recomendable únicamente por su bizarría militar y la inflexible energía de su carácter. Por eso me he aplicado a devolverle a V. su verdadera fisonomía, como dije al concluir mi primera carta: caballero de cuna, de índole, de ideas, de modales, instruído versado en todas las ciencias sin las cuales el arte militar no es arte; hombre político, hombre de Estado, orador, etc., etc." (17 octubre 1867).

El poder de la palabra

Para Grimaldi, esta serie de artículos era una extensión de la seudo-biografía del duque de Valencia que había comenzado en su libro contra Espartero en 1841. Había concebido un libro (no una colección de artículos sueltos) pero el libro nunca vio la luz.[10]

La defensa que emprende de Narváez es impresionante por su pasión y por su documentación. Grimaldi conocía bien la historia española, en parte porque la había vivido y en parte porque la había experimentado a través de sus íntimas relaciones con grandes personajes (era, como recordamos, amigo de María Cristina, Narváez, el duque de Montpensier y otras figuras de la corte española y los liberales moderados) y también por el estudio que dedicó a las fuentes antes de elaborar su nueva publicación. Los artículos se leyeron en los más altos círculos del gobierno francés ("esas cartas han llamado muy particularmente la atención del Emperador [Luis Napoleón], la de todos los ministros [y] la del cuerpo diplomático. ..." (Carta fechada 26 diciembre 1867). Entre septiembre y noviembre de 1867 publicó siete artículos de este tipo.

No tenemos espacio aquí para un detallado análisis de estos artículos, pero es fundamental notar cómo usó Grimaldi su brillantez, su fuerte adhesión al partido moderado y su habilidad de intrigante para manipular las fuerzas políticas enfrentadas (una vez más y como ya lo había hecho tantas veces antes) y para avanzar sus posiciones y las de sus poderosos amigos. La vida de Grimaldi parece dividirse en dos mitades distintas: una que cubre los años que pasó en España como empresario y literato, los años que ahora llamamos "románticos", y la otra que cubre los años que pasó en Francia como hombre de negocios y político. Pero las dos mitades se cruzan, no en un punto temporal, sino en una actitud, porque los múltiples talentos de Grimaldi siempre tenían un punto en común: su profundo amor por España. Ese amor se expresaba de varias maneras – en la literatura, en la política, en su vida familiar (se casó con Concepción Rodríguez, la famosa actriz romántica) – pero donde se ve más claramente es en su actividad periodística. Grimaldi comprendió muy pronto la fuerza del nuevo medio de difusión popular – el periódico – y lo usó con eficacia. Había descubierto el poder de la palabra al caer el antiguo régimen, con la muerte de Fernando VII en 1833. Había comprendido el extraordinario impulso, la capacidad de difusión del gran medio de manipulación de masas que nacía en esos momentos, el periódico, y una parte importante de su genio consistió en saberlo usar en apoyo de sus amigos y en el ataque a sus enemigos. Con sus amigos Larra, Mesonero y Carnerero, Grimaldi ejerció una gran influencia en el periodismo político decimonónico.[11]

NOTAS

1 David T. Gies, "Juan de Grimaldi en el año teatral madrileño, 1823-1824". En *Actas del VIII Congreso Internacional de Hispanista*, 1986, I: 607-613, Madrid: Ediciones Istmo.

2 David T. Gies, "'Inocente estupidez': *La pata de cabra* (1829), Grimaldi and the Regeneration of the Spanish Stage". En *Hispanic Review*, 54 (1986): 375-396.

3 Más detalles sobre la vida y actividades de Grimaldi se encuentran en Duffey 1942 y Desfrétières 1962.

4 *El Castellano*, 26 septiembre 1836.

5 Carta fechada 12 noviembre 1867. Real Academia de la Historia: Inventario Narváez, 56. Toda la correspondencia que se cita aquí entre Grimaldi y Narváez se archiva en la RAH. Le agradezco la ayuda al profesor Carlos Seco Serrano quien me facilitó copias de estas importantes cartas.

6 *Revista Española*, 29 mayo 1836, nota 11.

7 Grimaldi contesta en notas un artículo de "C. de V.", en la *Revista* (29 mayo). También escribe lo siguiente: "De la elección de los sucesores del ministerio Mendizábal" (5 junio) y "De la administración del Sr. Mendizábal" en cuatro partes (12, 13, 19 y 21 julio).

8 Por ejemplo, tenemos un comuniqué diplomático de 1839 que reza así: "Muy Señor mío: Quedo enterado de la Real Orden que me comunica VE con fecha 9 del presente mes en contestación a mi despacho número 229, y en cumplimiento de lo que se sirve prevenirme he informado a Dn. Juan Grimaldi de la resolución de SM la Reyna Gobernadora, de que desde el 1 de julio próximo se le suspende la asignación que se le daba por esta Embajada. Paris 27 de junio de 1839. El marqués de Miraflores". Archivo Histórico Nacional, legajo 5295, no. 293.

9 Más documentación se encuentra en las cartas personales de Narváez en la Real Academia de la Historia.

10 "... no son artículos de periódico, es un libro lo que ando escribiendo, un libro grave, un libro para el porvenir, pues, de seguro, la importancia segura del argumento suplirá en todo caso la oscuridad e insuficiencia del escritor." Carta fechada 17 octubre 1867.

11 Agradezco vivamente el apoyo ofrecido por el American Council of Learned Societies, que me concedió una beca para asistir al IX Congreso Internacional de Hispanistas, donde tuve oportunidad de compartir mis conclusiones con otros especialistas en el área. Estas conclusiones forman parte de un estudio más amplio, *Theatre and Politics in Nineteenth-Century Spain: Juan de Grimaldi as Impresario and Government Agent* (Cambridge: Cambridge University Press, 1988).

BIBLIOGRAFIA

Desfrétières, Bernard
1962   *Jean-Marie de Grimaldi et l'Espagne*. Mémoire pour le Diplôme d'Etudes Supérieures, Institut d'Etudes Hispaniques, Faculté des Lettres, París. (Inédito)

Duffey, Frank
1942   "Juan de Grimaldi and the Madrid Stage". En *Hispanic Review*, 10: 147-156.

Gies, David T.
1974   "Larra and Mendizábal: A Writer's Response to Government". En *Cithara*, 12: 74-100.
1984   "Juan de Grimaldi y la máscara romántica." *Romanticismo 2: Atti del Congresso sul Romanticismo Spangolo e Ispanoamericano*, pp. 133-140, Génova.
1985   "Larra, Grimaldi, and the Actors of Madrid". En Linda y Douglass Barnette (eds.): *Studies in Eighteenth-Century Literature and Romanticism in Honor of John Clarkson Dowling*, 113-122, Newark.

Grimaldi, Juan de
1841   *Espartero. Etudes Biographiques Nécessaires a l'Intelligence des Faits qui ont Préparé et Determiné la Dernière Révolution d'Espagne*. París.

Hartzenbusch, Juan Eugenio
1876   *Periódicos de Madrid*. Madrid.

Janke, Peter
1974   *Mendizábal y la instauración de la Monarquía Constitucional en España, 1790-1885.* Madrid.

Mesonero Romanos, Ramón de
1926   *Memorias de un setentón.* En *Obras completas*, VIII. Madrid.

El mecanismo crítico-creador
y el caso de Rosalía de Castro

Yara González-Montes
University of Hawai at Manoa

Al conmemorarse en 1985 el centenario de la muerte de Rosalía de Castro, la crítica rosaliana se ha enfrentado a toda una evolución dramática en cuanto a la percepción de la poeta gallega. Este proceso y sus relaciones con el escritor, tomando a Rosalía como figura representativa, forman el núcleo de este trabajo, cuyo propósito es ver a la escritora en estado evolutivo dentro de algunas peculiares perspectivas interpretativas. Esta evolución responde, sin embargo, a una mecánica que ha ocultado (y tal vez siga ocultando) a Rosalía por mucho tiempo. Si ella se encontraba asediada por una serie de factores sociales, económicos y literarios que acondicionaban su obra creadora y determinaban su posición frente al mundo, la crítica asumía una posición igualmente acondicionada. De esta forma, los elementos externos al escritor y al crítico han sido determinantes de las posiciones de ambos y, a su vez, de la relación que entre ambos llega a establecerse. Como es lógico, es una posición en constante movimiento. Tenemos así un proceso creador-crítico que establece una interacción permanente a través del tiempo, en constante estado de cambio. Esa interacción produce fenómenos de atracción y rechazo, olvido y revalorización. Es un proceso fluctuante a lo largo del tiempo del cual emerge la plena comprensión del escritor. Víctima Rosalía de una sociedad donde la mujer se veía precisada a seguir determinados moldes, inclusive en el sector crítico-literario, la Rosalía que hoy ve la crítica es bien distinta a la que vio en su tiempo. La crítica, sin embargo, está a su vez acondicionada por una perspectiva que invierte su posición con respecto a lo femenino. Lo mismo podría decirse inclusive con respecto a lo gallego, que es en sí mismo un fenómeno étnico-minoritario en proceso de revalorización. Nos interesa exponer algunas razones respecto a este proceso, seguir el devenir del creador y algunos de sus críticos y tratar de captar una Rosalía de múltiples facetas que no han sido, a pesar de todo, develadas todavía. Quisiera aclarar, antes de seguir adelante, que mi trabajo es parte de un estudio más extenso sobre la crítica rosaliana. He tratado de seleccionar aquí artículos poco conocidos que me parecen significativos en la evolución crítica en relación con la poeta gallega. En ellos existen detalles importantes, algunos de ellos ignorados por muchos, que iluminan nuevas facetas en su vida y en su obra.

Rosalía se nos presenta aún hoy como una figura mítica. Si su obra ha sido estudiada y es sin duda más conocida que nunca, ella como mujer, como ser humano, como persona, se nos escapa. Aún permanecen en el misterio hechos de su vida a los que no podemos llegar y sin los cuales no podremos tener una visión completa de cómo fue en su totalidad la mujer que se llamó Rosalía de Castro.

En este trabajo me propongo verla como en un juego de espejos donde la imagen de la escritora se ve desde diferentes ángulos, desde perspectivas religiosas, familiares, contemporáneas a ellas unas, y alejadas en tiempo y espacio otras.

Es de sobra conocido que Rosalía fue ignorada por la crítica de sus contemporáneos y que ya Azorín comentaba en *Clásicos y Modernos* que "en 1902, al formar D. Juan Valera su deplorable *Florilegio de poesías castellanas del siglo XIX*, no incluyó en esa antología a Rosalía de Castro; hombres anodinos y mujeres insignificantes acoge Valera en su colección; ni de una página puede disponer para uno de los más grandes poetas castellanos de la décimonona centuria; en la introducción a ese repertorio nombra Valera a Rosalía; la nombra de pasada, a la par de versificatrices vulgares. Hay más: tampoco más tarde, en 1908, logró penetrar Rosalía en la no menos lamentable colección de líricos – *Las cien mejores poesías* – formulada por Menéndez Pelayo. Y hay todavía más, aunque parezca colmo increíble: Antonio de Valbuena en un trabajo – que figura en uno de sus libros – dedicado al examen de la antología de Menéndez, tampoco se acuerda de Rosalía al citar diversos poetas olvidados o postergados por el erudito montañés."[1] Resulta así excluida la poeta gallega, no sólo por los críticos, sino también por los críticos de los críticos.

Sin embargo, antes de la publicación de la obra citada de Menéndez y Pelayo, encontramos un hecho sumamente curioso. En 1906, el Vicario General del Obispado de Madrid-Alcalá, Jaime Valdés Failde, pronuncia una conferencia dedicada al excelentísimo D. José María Salvador y Barrera, Obispo de Madrid-Alcalá pocas horas antes de su "entrada triunfal en esta Villa y Corte." El título de la conferencia es "Rosalía de Castro". Es curioso anotar también el hecho de que esta conferencia tuviera lugar el doce de mayo, día dedicado a la celebración de la Virgen María, y que fuera ofrecida a una audiencia femenina en la Asociación de Conferencias para señoras. Puede decirse que se ofrecía como homenaje a la Virgen, y en general, a la mujer.

No obstante lo dicho, cuando esta conferencia es publicada aparece precedida de una nota donde se lee que se ha permitido la publicación de la misma porque "ha sido leída y examinada y según la censura nada contiene que se oponga al dogma católico y la sana moral."[2] ¿Y es que pudiera haber existido, nos preguntamos nosotros, algo en Rosalía o en su obra que presentara una oposición al dogma católico y la moral cristiana? ¿Hubiera escogido el Vicario este tema si así hubiera sido? ¿Cuál fue, después de todo, la finalidad del autor en esta conferencia? El afirma: "Me propongo haceros conocer a Rosalía de Castro para que conociéndola la améis; amándola améis también a aquella hermosa tierra, de la que fue Rosalía su ruiseñor más canoro, y amando a Galicia os decidáis a visitarla curando así el absentismo que llora."[3] El conocimiento de la obra de Rosalía será el camino que conducirá en primer término al amor a la tierra gallega; en último término a la erradicación de un mal social, el absentismo que sufre Galicia. Cabe preguntarse, sin embargo, cómo es posible que en el año 1906, veintiún años después de su muerte, Rosalía sea todavía una autora desconocida. Sus libros, nos dice el Vicario, "están agotados hoy, porque su familia, cumpliendo acaso la última voluntad de nuestra genial poeta, no ha querido reimprimirlos."[4] La propia familia de Rosalía, de acuerdo con esta afirmación de

Valdés Failde, contribuye con esta injustificable prohibición al conocimiento de su obra. Pero a pesar de todo, si desconocida aún en el extranjero y en el resto de España, es en cambio popularísima en Galicia donde sus versos forman parte integrante del folklore popular. Si Rosalía en vida se quejaba de la olvidada situación de Galicia, en 1906 ella se unía al olvido de su tierra por parte del resto de los españoles, representando un doble olvido inexplicablemente prolongado.

La segunda observación del Vicario es feminista. Comenta que en Galicia es posible hallar en sus días, en algunos pueblos gallegos, "el más amplio matriarcado, que a fe mía y mal que les pese a los antifeministas, produce excelentes resultados."[5] Pero su feminismo no termina con esta afirmación. Describe además, "la enfermedad social" llamada *feministofobia* que consiste, nos dice, en considerar a la mujer escritora masculinizada o, en el mejor de los casos, un ser neutro incapaz de amar y de llevar una vida de familia y hogar. Rosalía, que no se ajusta a esta imagen, por haber sido excelente hija, esposa y madre, así como muy buena cristiana, es para Valdés Failde un buen ejemplo de la falta de sentido de esta *feministofobia*.

Y surge de inmediato un punto vital en la interpretación de la obra rosaliana por el religioso, punto que tal vez nos dé la explicación de la citada nota de la censura: las creencias religiosas de la autora. Todos los que nos hemos acercado a su obra poética estamos conscientes de que la duda existencial es parte esencial de la misma y causa de un intenso sufrimiento en Rosalía que, al modo de Unamuno, clama por su fe perdida. Recordemos sus versos: "vuelve a mis ojos la celeste venda / de la fe bienechora que he perdido."[6] El sacerdote señala en este punto, que almas pequeñas, ruines y despreciables inventaron la errónea noción de que Rosalía no era católica. Insiste en rebatir esta posición basándose en tres actos de la vida de la escritora gallega que, según él, demuestran claramente su catolicismo: primero, la última visita que hizo; segundo, la última visita que recibió; tercero; la última poesía que compuso. Resulta demasiado ingenua la racionalización de Valdés Failde, aunque, como es de esperarse, responde a su condición eclesiástica. Las dos primeras acciones a que se refiere representan niveles externos y son más bien el resultado de costumbres establecidas, ajenas en gran parte a la realidad de una lucha interior. Por otra parte, nadie puede asegurarnos que el poema que cierra *En las orillas del Sar* fuera el último escrito por ella. "El destino de un poeta no lo fijan ni él ni, paradójicamente, su poesía; a su muerte, en vida incluso, la obra es, en manos extrañas, objeto buscado para manipulaciones que recortan, anametizan o alzan unos versos en perjuicio de otros."[7] Ha sido en más de una ocasión comentado el hecho de la cronología de los poemas rosalianos y de la dificultad, por no decir imposibilidad, de determinarla. Aun suponiendo que el poema citado fuera en realidad el último escrito por la autora de *En las orillas del Sar*, este hecho no borraría la duda existencial presente en muchos de sus poemas anteriores. No sin base comenta Lapesa que "Rosalía es uno de los espíritus que en nuestro siglo pasado experimentó con más hondura lo que Unamuno habrá de llamar el sentimiento trágico de la vida. Lucha entre la fe y la duda..."[8]

Finalmente, Jaime Valdés Failde destaca el sentido social de la poesía rosaliana en donde se señalan los problemas sociales de la Galicia de su tiempo: la emigración, el éxodo rural, el absentismo, la situación de las mujeres que tenían que enfrentarse al trabajo agrícola y, al mismo tiempo, atender a las tareas domésticas. Rosalía hace, afirma el autor, la apología de la pequeña propiedad privada y abomina las leyes en cuanto a los embargos se refiere. Tal importancia ve él en el aspecto social de su poesía que termina afirmando que toda persona que quiera conocer a fondo la sociología gallega debe acudir a su obra.

El artículo lleva, en síntesis, a las siguientes conclusiones: (1) Rosalía de Castro, en 1906, es una desconocida. (2) Se niegan los puntos que defienden la *feministofobia*, al presentar a Rosalía en toda su integridad. (3) Es presentada como poeta social que expone las lacras de la sociedad gallega. (4) Ante la acusación existente de que Rosalía de Castro no era católica, el autor trata de demostrar su catolicismo. Salvo este último punto, que responde a una lógica posición ortodoxa de parte del autor y que corresponde a su rango eclesiástico, sorprenden por su modernidad las perspectivas feministas y sociales del autor, y es en este sentido que nos parece una contribución importante. Dadas las condiciones en que se encontraba la crítica rosaliana en 1906, llama la atención el temprano y completo análisis de Valdés Failde.

Rosalía, con extraordinaria capacidad de síntesis, nos dejó el testimonio histórico y social de una realidad de su tiempo: la emigración. Ella describió magistralmente el estado de ánimo del hombre que se disponía, por razones económicas, a abandonar su amada tierra gallega y dejar a sus seres queridos. Aquellos hombres "des rostros nubrados e sombrisos", en tierras de América no se olvidarían de quien les había dado categoría eterna en un mundo poético que trascendería el tiempo y el espacio. Son de los primeros en reconocer la contribución rosaliana, a pesar de estar separados por una gran distancia geográfica y tal vez a consecuencia de la misma. Ignorada de cerca, es reconocida desde lejos. En 1897, al cumplirse el duodécimo aniversario de su muerte, los gallegos residentes en Argentina organizan un acto conmemorativo. Este hecho tiene un profundo significado social, ya que representa en sí mismo un reconocimiento implícito de los valores étnicos y socio-económicos que hay en la escritora gallega. En carta a Manuel Murguía, el presidente de la Comisión de Homenaje, Dr. Angel Anido, le da a conocer el acto: "Los gallegos residentes en la República Argentina, que vivimos puesto el pensamiento en la hermosa tierra que nos ha visto nacer, no podemos permanecer tranquilos sin manifestar de algún modo la profunda gratitud que experimentamos hacia la figura literaria más saliente de Galicia..."[9] En su discurso inaugural el Dr. Anido afirma, refiriéndose a Rosalía, que "se hizo acreedora del cariño de sus paisanos, porque ella como nadie, describió los paisajes, costumbres, tipos y creencias de su tierra. Hablándole en su lengua describió al gallego en sus tristezas y en sus alegrías, en su vida campestre y en la íntima del hogar, con verdad de maestra consumada. Y aún, como si ella las sintiera, le pintó las inquietudes que le asaltan en la soledad de la emigración provocando los perniciosos efectos de la nostalgia, esa enfermedad del alma que tanto acomete al humilde y honrado labrador gallego cuando se aleja de su patria."[10] Rosalía, que había cantado las soledades y congojas del desterrado, vivía en el recuerdo de sus paisanos. Quizás su propia alienación interior la llevara a dar el salto simbólico hacia el destierro, pudiendo colocarse mejor que nadie en la realidad sicológica y social del emigrante. Sus poemas, vivos aún, iluminan retroactivamente una realidad social desde una perspectiva en que no sólo se presenta el hecho del emigrado que abandona la patria sino también sus consecuencias inmediatas en la patria gallega:

> Este vaise i aquél vaise,
> e todos, todos se van.
> Galicia, sin homes quedas
> que te poidan traballar.
> Tes, en cambio, orfos e orfas
> e campos de soledad,
> e nais que non teñen fillos
> e fillos que non tén pais.[11]

Es una tierra asolada por la tristeza, el sufrimiento y la soledad; una visión de campos de cultivo abandonados a causa del éxodo, con huérfanos y madres solas cuyos hijos han partido. El homenaje que recibe Rosalía en la Argentina denota un reconocimiento ideológico de aspectos fundamentales de su obra, que sí es reconocida en fecha temprana por el pueblo al que ella dirige su poesía.

Desde otro punto de vista es enfocada la obra de Rosalía de Castro por la escritora inglesa Janet H. Perry, que enseñara en King's College y en la Universidad de Londres. En 1955 se publica en *Galicia inmigrante*, una entrevista hecha a la profesora Perry por Cosme Barreiros. La escritora se encuentra en ese momento en España a punto de terminar un libro sobre la gran poeta gallega. Ante los ojos de la crítica femenina Rosalía es percibida como un ser que siente profundamente la tragedia de la vida humana, vista como una lucha constante entre el bien y el mal donde el mal sale casi siempre victorioso. Existe además, según Janet Perry, un miedo atávico en nuestra autora, que piensa es factor hereditario de sus antepasados paganos: "miedo instintivo de las fuerzas sobrenaturales que rigen el destino del hombre, sin que él las comprenda ni pueda defenderse contra ellas."[12] Sus sentimientos, observa Janet H. Perry, son genuinos. Sin embargo, Rosalía, artista consciente, los expresa en formas impuestas por su voluntad. Finalmente la autora inglesa se refiere al existencialismo existente en la obra de nuestra poeta, considerándola cerca de Unamuno por su necesidad de fe y su ansia de inmortalidad. Del conjunto surge una Rosalía trágico-determinista, enraizada en un pasado céltico remoto, anterior al cristianismo. Pero al mismo tiempo, es también existencialista, no sólo por la duda sino por la responsabilidad y el compromiso. Las contradicciones entre fatalidad y responsabilidad se unifican como en el paisaje campestre gallego, con sus hórreos de una doble simbología.

Meses más tarde aparece en la misma publicación, *Galicia inmigrante*, otra entrevista del mismo autor, Cosme Barreiros. El título de ésta es: "Don Manuel Murguía, en la voz de su hija Gala". La entrevista resulta sumamente interesante porque en ella Miss Janet H. Perry también está presente. Ella, en busca de datos para su libro sobre Rosalía está, a su vez, entrevistando a Doña Gala. Un perfil apologético de Murguía que señala su importancia como prosista e historiador, abre la entrevista. Barreiros nos dice, que Murguía cultivaba la historia por patriotismo. "Su fe inquebrantable en los destinos de su país y su vocación [...] le llevaron a ejercer una decisiva influencia en la actidud de los mejores poetas y escritores de su tiempo [...]. Así como existen días en que nada nos es lejano, así existen mentes que siempre viven presencias."[13] Su hija lo admira, y en el viejo piso coruñés donde Murguía pasó los últimos años de su vida, vive rodeada de evocadores recuerdos. Al mismo tiempo, Doña Gala conversa con Miss Perry, que trata de obtener datos precisos sobre la vida de Rosalía, interrogándola sobre los últimos años de su vida. Doña Gala, que tiene en ese momento ochenta años, tenía trece a la muerte de su madre y poco recuerda. La evoca jugando en el jardín con sus hijos en la casa de la Matanza. Recuerda también que en muchas ocasiones Rosalía abandonaba el jardín inesperadamente, para refugiarse en su habitación. Allí se ponía a escribir. Los niños sabían que en esos momentos no podían interrumpirla. Barreiros continúa diciendo: "Pero Doña Gala, que conserva una singular veneración por su madre, se duele del olvido en que, a su entender, se tiene a Murguía. Elude con frecuencia las preguntas de Miss Perry, para destacar la gran personalidad intelectual y el inmenso corazón del Precursor [...] La obsesión de Doña Gala inquieta a Miss Perry. Ella había ido al modesto piso coruñés para recoger informaciones con que nutrir un libro dedicado al estudio de Rosalía. Pero su interlocutora pretende referirse a Murguía casi de modo exclusivo."[14] La situación está llena de extraordinarias sutilezas que dejan al descubierto las complejidades de las relaciones humanas. El mismo hecho de que se trata de dos entrevistas paralelas sobre Murguía y Rosalía, crea un contrapunto, que resulta más marcado dada la actitud de doña Gala, que obstinadamente insiste ante la investigadora inglesa en resaltar los méritos del padre negándose a contestar las preguntas referentes a su madre. Es evidente que la percepción de doña Gala es muy diferente a la que tienen los gallegos que viven en la Argentina. Doña Gala opaca la figura de la madre (justificándose en el tiempo y la muerte) y coloca en un primer plano la figura del padre. No deja de ser paradójico que se lamente del olvido en que se tiene a Murguía; "a su entender", según se apresura a aclarar el entrevistador. La "singular veneración por su madre" tiene un carácter algo vago, en comparación con la veneración más precisa que siente por el padre, lo que evidentemente pone a la escritora inglesa interesada en Rosalía, en una posición algo embarazosa. Todo parece indicar aquí una compleja madeja de relaciones familiares, inclusive rivalidades internas de las que poco o nada se sabe – lo que en definitiva no hace otra cosa que acrecentar las hipótesis.

Existe un reproche implícito en los borrosos recuerdos que la hija conserva de la madre. La evocación de la inesperada ausencia materna va acompañada de una prohibición. Su madre no podía ser interrumpida cuando se ponía a escribir. Su recuerdo termina casi abruptamente. Sin embargo, habla de las horas de intenso trabajo de su padre entre libros y apuntes, de su labor de investigador, de sus campañas periodísticas. No existe una sola queja hacia Murguía a pesar de las horas que pasaba inmerso en su trabajo. Todo lo contrario. Barreiros nos dice: "Hay un gesto *emocionado* y *valeroso* en este afán de Doña Gala por reivindicar los valores que coincidían con la figura del padre."[15] (lo cursivo es nuestro). Es difícil explicar la actitud de Doña Gala, pero quizás no estaría de más arriesgar una hipótesis que nace en el espejo de la costumbre: mientras Murguía era un hombre que podía sumergirse entre libros y manuscritos, Rosalía no era nada más que una mujer.

Aunque los artículos seleccionados en esta presentación no constituyen los trabajos más importantes en lo que a la bibliografía sobre Rosalía de Castro se refiere, no por ello dejan de ofrecer una serie de relaciones muy significativas. En primer lugar, los datos sobre la emigración gallega en la Argentina y el homenaje ofrecido en Buenos Aires son testimonio de cómo Rosalía es reconocida y honrada por sus compatriotas en tierras de América. Detrás de esto hay un hecho socio-económico muy importante. Rosalía trasciende los límites de la sociedad burguesa en que vive y descubre, a través del pueblo, otra realidad con la cual no tiene dificultad alguna en comunicarse. La conferencia del Vicario confirma este tipo de nexo, ya que la interpretación que se hace de Rosalía tiene importantes connotaciones relacionadas con el socialismo cristiano. Las referencias que hay en la misma respecto al absentismo ponen al descubierto la audaz proyección del sacerdote, unida a sus referencias a la *feministofobia*. Hay que considerar que el sacerdote se ve precisado a conciliar su posición cristiana ortodoxa con las implicaciones sociales y económicas que hay en su interpretación. Finalmente, el círculo se va cerrando a medida que las entrevistas a Gala nos muestran a Rosalía en un ambiente familiar más estrecho. Se trata de un mundo complejo de relaciones familiares donde las reacciones sicológicas de Gala con respecto a sus padres, que incluye un cierto rechazo hacia Rosalía y un acercamiento hacia Murguía, tienen un nivel privado y un nivel público. El nivel público está representado por el contexto social de la burguesía en que a Rosalía le tocó vivir y con la que su obra no parece tener puntos de coincidencia. Aparentemente, Gala, por lo menos en la forma presentada aquí, está más asimilada a las normas tradicionales de la burguesía coruñesa y es dentro de ese marco que podemos verla, así como a Murguía. Ambos parecen estar integrados al ambiente, mientras que Rosalía se encuentra alienada, encerrándose en su alcoba y tratando de comunicarse con una realidad social que ella vive y sufre más allá de las puertas de su casa.

NOTAS

1 José Martínez Ruiz, Azorín, *Clásicos y Modernos*, citado en el *Boletín de la Real Academia Gallega*, Coruña, Año VIII, Sept. 1913, p. 98

2 Jaime Valdés Failde, *Rosalía de Castro* (Madrid: Impresora de la Revista de Archivos, 1906), p. 2

3 *Ibid*, p. 20

4 *Ibid*, p. 7

5 *Ibid*, p. 23

6 Rosalía de Castro, *Obras completas* (Madrid: Aguilar, 1966), p. 578

7 Mauro Armiño, introducción a *Poesía* de Rosalía de Castro (Madrid: Alianza Editorial, 1979), p. 7

8 Rafael Lapesa, prólogo a *La poesía de Rosalía de Castro* de Marina Mayoral. (Madrid: Gredos, 1974), p. 10

9   Angel Anido y M. Castro López, carta al Sr. Murguía en "A Rosalía de Castro, en el duodécimo aniversario de su muerte, los gallegos residentes en la República Argentina". En *El cuaderno español*, Buenos Aires, 1897, p. 15

10 *Ibid*, p. 26

11 Rosalía de Castro, *Poesía* (Madrid: Alianza Editorial, 1979), p. 201

12 Cosme Barreiros, "Rosalía de Castro vista por una escritora inglesa". En *Galicia Inmigrante*, Coruña, Año II, Junio-Julio, 1955, p. 6

13 Cosme Barreiros, "Don Manuel Murguía, en la voz de su hija Gala". En *Galicia Inmigrante*, Coruña, Año II, Diciembre 1955, p. 18

14 *Ibid*, p. 19

15 *Ibid*, p. 36

Mariana Pineda en dos dramas románticos

Piero Menarini
Università di Parma

La primera representación teatral de la historia de Mariana Pineda se remonta a 1836, cuando, exactamente cinco años después de la ejecución de la heroína, se procedió a la exhumación de sus despojos y se celebró un programa de actos en su ciudad natal. En realidad, no se trató de un verdadero y auténtico drama, sino de una breve función de teatro alegórica, escrita por el teniente Fernando Nieto y titulada *Aniversario de la muerte de Doña Mariana Pineda*.[1]

Dos años después, se publicó en Málaga *Mariana Pineda. / Drama en cuatro actos / en prosa. / Por / D.F.P.L. de la Vega. Málaga. Ymprenta de Quincoces. Año de 1838.* Lo precede una "Advertencia" en la que el autor (F[rancisco] de P[aula] L[asso] de la Vega) declara haber tenido entre sus manos "un drama impreso en Lisboa, cuyo título es *El Heroísmo de una Señora*". Pero siendo este último "demasiado difuso" para ser representado tal como era, y estimulado con insistencia por algunos amigos, se decidió a adaptarlo "confiando en la benignidad de mis conciudadanos y en obsequio a la joven heroína". A continuación podrá verse cómo tales palabras son excesivamente modestas para justificar una obra que es claramente superior al modelo y que, de todas formas, no le va en zaga ni siquiera bajo el punto de vista de la "difusión".

Para proceder en orden cronológico, era imprescindible analizar el texto citado en la "Advertencia" que hemos conseguido encontrar, a pesar de la escasez de datos, en la Biblioteca Nacional de Lisboa.[2] En la portada leemos: *El heroísmo / de / una Señora, / o / La tiranía en su fuerza. Lisboa: 1837. Na Impr. de J. M. R. e Castro. / Rua Formosa Nº 67.* Un segundo frontispicio nos da el resto de los datos: *Drama histórico / original / en cuatro actos / Dedicado a la Inmortal / Mariana Pineda, / víctima por la libertad en Granada. / Reinado de Fernando VII, y Ministerio de / Calomarde. / Compuesto en Lisboa por / D. Francisco Villanueva, y Madrid.*

Es, por lo tanto, el primer drama escrito sobre este argumento. Quién fuese Francisco Villanueva y Madrid y qué motivo le indujo a componer y publicar su obra en castellano en Lisboa no hemos conseguido descubrirlo. Gracias a la "Advertencia" que aquí también precede el drama, sabemos que el autor es granadino y que en el momento de los hechos que en ella se tratan, "se hallaba siguiendo su carrera en el Real Colegio de San Cecilio". Por una parte la obra debía ser el homenaje de un amante de la "verdadera libertad" a "tan digna señora" para inmortalizar su nombre, "presentando clara y hermosa, la verdad y la razón". Por otra parte, "en la composición se propuso el autor seguir los sentimientos de su corazón, ligándose lo posible al hecho histórico; [...] siguió sólo la senda de su imaginación, la que le disculpará con los inteligentes". Es decir, según la más genuina fórmula del drama histórico romántico, poca historia y mucha fantasía.

En efecto, además de la heroína y de algunos antagonistas, cuyos nombres no aparecen nunca, encontramos varios elementos históricos, usados con la finalidad de colorear los hechos por medio de rasgos realísticos y poder así penetrar lo más posible en el clima del momento. Pero es evidente que se trata de rasgos marginales y accesorios que, entre otras cosas, el autor debe considerar ahora ya como lejanos en el tiempo y por ello no del todo claramente inteligibles a través de las referencias textuales, de tal forma que recurre a un cierto número de "Notas" históricas que proveen explicaciones más completas.

Aunque, en general, poco importe la fidelidad histórica para la valoración de una obra literaria, hay que decir que en este drama es muy débil y que queda relegada en gran parte a informaciones extratextuales (las notas ya indicadas). Lo que urge al autor – junto con la exposición de sus opiniones políticas –, es dar vida teatral a su imagen de Mariana; es decir, a esos rasgos esenciales por los cuales la heroína de Granada merece eterna memoria: su sacrificio y el fermento libertario de aquellos años de oposición a la feroz dictadura fernandina. El cuadro que así se obtiene es esquemático y elemental, rozando la simplicidad. Por una parte los liberales, los negros, los oprimidos por el régimen, ya que aman la libertad y exigen el respeto de las leyes. Por otra, los realistas y la Iglesia, todos ellos opresores y aviesos agentes de un monarca que aborrece las leyes aunque sólo sea por provecho personal.

Mariana es liberal por educación y por íntima convicción; no necesita que la adoctrinen los protagonistas masculinos de la revolución y no depende de ellos de ninguna forma, tanto es así que no está unida sentimentalmente a ningún conspirador y es precisamente en su quinta de campo donde encuentra hospitalidad el gobierno provisional que prepara la insurrección. En el largo diálogo que tiene con el principal de los conspiradores, don Julio, antes que le asignen el encargo de bordar la bandera de la libertad, Mariana expone ya con claridad sus propias convicciones respecto a la "Nación desgraciada" donde los verdaderos españoles, despojados de sus derechos y literalmente aplastados por una "esclavitud pesada" y un "trono impío" que aborrece las "leyes sacrosantas", están obligados a emigrar.

No es un dato secundario porque el autor, aunque declaradamente romántico, no cede a esa tentación característica de la dramaturgia contemporánea que consiste en darnos una heroína decidida pero al mismo tiempo subordinada a sus sentimientos amorosos y, por lo tanto, también a las ideas del hombre que ama. Por el contrario, es precisamente el personaje masculino, don Julio, quien ocupa el papel normalmente reservado a los partners femeninos. Aunque cuando se halla con Mariana (I, 5) sus intervenciones sean cuantitativamente superiores, sin embargo la atención permanece ancorada en la heroína que es menos locuaz, pero también menos retórica (dentro de lo posible), más sintética y profunda. Cuando más tarde, tras el arresto de Mariana, don Julio se encuentra marchando hacia el exilio (IV, 2), el dolor de su patriotismo frustrado se eclipsa ante el delirio que le produce el pensamiento impotente de su amiga en la prisión: ni más ni menos idéntico al comportamiento de tantas heroínas románticas en análoga situación.

Sustancialmente, Mariana, en cuanto que es la protagonista absoluta, ejerce la función del elemento "viril" del drama, el personaje que hace frente en solitario y con sus propias e inamovibles convicciones a las amenazas y a las lisonjas de sus adversarios.

Pero es precisamente al analizar a estos últimos que obtenemos el nivel de lectura deseado por el autor. Los personajes se dividen en dos grupos. El primero representado por el Juez, nunca definido de otra forma (es decir, Pedrosa): simboliza la ley hollada no por la fe en una idea cualquiera, equivocada o no, sino sólo por sadismo y ambición personal. Valgan los siguientes ejemplos:

"¡Ah! si yo llegase a descubrir ... hasta las sombras de los individuos había de llevar al patíbulo. Esto sería un alto servicio para el Rey, y un adelanto en mi carrera" (II, 1).

Una nota en relación con este monólogo nos ilumina su sentido: "tenía tal ambición que sólo pensaba en colocarse algún día en la Corte". O bien:

"Hoy es un lago de sangre por donde se conduce el bagel que ha de llevar a uno al puerto de la opulencia. Pues bien; aumentemos nosotros también esas rojas ondas para que más fácil camine nuestro barco. Cada víctima será un escalón que nos aproxima hacia la corte." (II, 3).

Tal aberrante arribismo, por otra parte, no es en absoluto exclusivo del laico Pedrosa, sino también de los antagonistas religiosos, que juegan quizás el papel dramático más importante dentro del grupo de represores que el autor pone en escena. Poco después de la intervención del Juez citada más arriba, es el mismo Canónigo, más realista que el Rey, a llevarnos de nuevo a ese ingenuo nivel interpretativo que entiende la represión como una búsqueda del provecho personal y no como oposición política:

"Yo quiero variar de posición [gracias a la represión de la insurrección liberal]. Tanto tiempo canónigo ya no me agrada: provemos el suave peso de la mitra." (II, 3)

En efecto, los dos personajes religiosos aliados del Juez, el Canónigo y el Fraile – que en el drama representan a toda la Iglesia granadina y no tan sólo a sí mismos –, hablan y actúan bajo la insignia de la más cínica mentalidad reaccionaria, penetrada de una tal violencia ideológica y física que deja perplejo en un cierto momento y casi adolorido incluso a Pedrosa. Ante los auspicios del Canónigo que desea dar a todos los liberales un "pasaporte para [...] más allá de la barca de Aqueronte", el Juez responde:

"Así conviene a nuestros intereses; pero en verdad que es demasiado serio el sacrificio de tantos hombres, que al fin son nuestros hermanos." (II, 8)

Tanto el Canónigo como el Fraile, no vacilan con inaudito cinismo en abusar del nombre de Dios, de la Religión, de la fe de los creyentes y de sus prerrogativas como religiosos para contribuir a la destrucción de los revolucionarios. Y aún más, el autor insiste con múltiples detalles que, en su conjunto, ofrecen de ambos personajes y de la Iglesia de la que son portavoces, una imagen indignante, anticristiana, sádica y sobre todo sacrílega. Ellos invocan la represión sangrienta, se afanan para restaurar la Inquisición y carecen de cualquier escrúpulo que les impida recurrir incluso a los sacramentos transformándolos en instrumentos de persuasión y pesquisa cuando la misma policía muestra su impotencia.

En I, 7, por ejemplo, el Canónigo visita a Mariana Pineda, esperando así obtener de ella informaciones sobre los liberales que, se comenta, frecuentan su casa, y se ofrece como confesor prometiéndole en cambio acallar las peligrosas voces que corren:

"No, todas esas son falsedades [...]; yo os prometo que haría ver a todo el mundo que no merecéis esas calumnias."

Doble sacrilegio, pues, ya que quiere usar el sacramento de la confesión no por el bien de Mariana, sino para ayudar a Pedrosa con pruebas, teniendo en cuenta además que piensa revelar públicamente lo que se le diga en confesión. Por otra parte, tal práctica parece ser tan habitual, según el autor, que en II, 3 es el mismo Juez quien pide al Canónigo que lo ayude utilizando precisamente la confesión:

Juez
"[...] debemos trabajar con todo nuestro esfuerzo para descubrir la Junta que conspira contra el Gobierno. V. ya sabe los medios de que ha de valerse."
Canónigo
"Sí, el confesionario."

Ejemplos en ese sentido podrían multiplicarse casi indefinidamente, y demostrarían sustancialmente un hecho incontestable: el autor es tan liberal como anticlerical y ha acumulado tanto odio a los realistas como al clero. Pero es necesario añadir que, aparte de las referencias a la realidad histórica, Francisco Villanueva y Madrid muestra una hipocresía que es común a tantos escritores liberales o simplemente románticos. En efecto, mientras en apariencia parece que acusa a un preciso comportamiento secular de la Iglesia, en realidad es a la misma Iglesia en su esencia que está incriminando con todo lo que implica una tal actitud. Y aunque intente más de una vez presentar a Mariana o a don Julio como auténticos cristianos – como por otra parte hace con todos los liberales –, el lenguaje que éstos usan y los valores que expresan nos revelan claramente de qué forma el autor está en la práctica muy lejos de una fe realmente sentida. Porque también por su parte Dios y los sacramentos se aprovechan como sostén de las propias ideas políticas y no al contrario, como sería correcto en verdad. En IV, 7, Mariana dice:

> "Mi sangre derramada, justo Dios ... sea bautismo que haga renascer la Sociedad, sumiendo bajo el peso del infortunio a los malos, haciendo libres y felices a los buenos."

Y en I, 5, don Julio comenta de esta forma la total entrega de Mariana a la causa:

> "Inmortal será tu nombre, los Angeles proclaman. Vuestro acento al Cielo llega, y los Dioses le acogen, y le alegan."

Es decir, el Cielo es llamado para ser una especie de verdugo liberal que corrija los errores políticos de los monárquicos; Mariana pretende ser el nuevo Cristo que derrama su sangre para la sociedad, pero a diferencia de El, quiere salvar sólo a los buenos; Don Julio llena el cielo de dioses. Todo ello no representa, por cierto, una alternativa "teológica" digna de confianza frente a quienes ellos mismos acusan de haber doblegado la verdad del Cristianismo en favor de sus propias ambiciones políticas. Al autor, en sustancia, le interesan las declaraciones de fe y las afirmaciones de religiosidad de sus protagonistas, sólo en cuanto éstas representan una garantía formal de la rectitud y de la justicia de los liberales.

Nos hemos detenido bastante en este aspecto del drama de Villanueva y Madrid porque representa sin duda una de sus componentes más determinantes y características, pero también porque en él interviene con sustanciales modificaciones su *refundidor*, el cual se manifiesta tan liberal como su predecesor, pero más cristiano que él, tendiendo por ello sobre todo a cambiar y corregir los aspectos inadvertidamente sacrílegos del modelo.

Pero antes de descender en detalles, veamos los rasgos generales y esenciales de esta adaptación. Ante todo, como ya se ha señalado, hablar de refundición sería inexacto, porque el drama de Lasso de la Vega es casi totalmente original tanto en el montaje de la trama como, principalmente, en la caracterización de cada uno de sus personajes y de las relaciones que hay entre ellos.

La intención panegírica de la figura de Mariana sobre el fondo épico-histórico de la resistencia a la dictadura del gobierno absolutista preponderante en la precedente versión, se encuentra aquí claramente difuminada para favorecer una mejor y más eficaz representación teatral. Esto significa que el segundo dramaturgo de Mariana Pineda posee ideas más claras respecto a las reglas dramáticas y, siendo romántico también desde el punto de vista literario, no se conforma escogiendo un tema efectista con plena adhesión al repertorio de su época, sino que se propone realizarlo según un criterio teatral menos tosco y grosero.

Es por eso que a pesar de que los tres personajes principales (la pareja de protagonistas y el antagonista) sean obviamente los mismos, en realidad las variaciones son tantas y de tal naturaleza que es fácil olvidar por completo el modelo inspirador, aun cuando la trama permanece idéntica. El ejemplo más evidente que prueba esta "modernización" del drama es el mismo personaje de Mariana. Desde el momento del diálogo con el que la heroína hace su debut en escena (I, 3), vemos en ella un patriotismo no insincero, pero sí dependiendo en forma determinante del amor que la joven siente por Enrique. Es la misma interlocutora, su amiga Luisa, la que a continuación de un desfogue patriótico de Mariana, sutilmente afirma:

> "mucho sientes la desgracia de nuestros compatriotas, pero las lágrimas que te arranca el dolor es por don Enrique: es de los nuestros y tiene mil enemigos."

A lo que Mariana responde con candor: "No lo niego, querida Luisa". Y no sólo eso; pocos instantes después, en una especie de éxtasis alucinado la heroína parece preconizar su propio sacrificio de esta manera:

> "yo si le viera [a Enrique] en algún peligro correría presurosa y escudándole con mi pecho le diría a sus aleves asesinos: 'Queréis una víctima ... falta aún, pues aquí la tenéis, conducirme al sacrificio y no dejarme sobrevivir porque sería más extenso mi dolor'."

No cabe ninguna duda que el patriotismo y el sacrificio por amor de la Mariana Pineda de Lorca encuentra aquí su propia raíz, aunque si en el caso de Lasso de la Vega tal interpretación no es exclusiva porque la heroína también ama la libertad.[3] El problema fundamental parece que estriba aquí en que el autor, romántico hasta en la puntuación, no puede concebir una heroína sin su héroe, ni mucho menos un sacrificio femenino sin una pasión amorosa que de alguna forma lo determine. Por eso amplía la problemática personal de Mariana desdoblándola: amor por la patria y amor a un patriota.

Por los demás el mismo Enrique – que en la versión precedente, más aventurosa, encontraba la salvación en el exilio, aunque atenazado por los remordimientos –, vive aquí dividido entre los dos idénticos sentimientos que guían la existencia de Mariana, y también para él el sentimiento amoroso es superior. En efecto, cuando descubre el arresto de la amada quiere correr prontamente al tribunal y dejarse arrestar en su lugar; en el caso que eso fuese imposible, "el suicidio será mi único descanso", exclama. Su amigo Felipe consigue disuadirlo, pero por poco tiempo, pues Enrique se entregará a la policía pocos minutos después para evitar que también Felipe sea arrestado por haberle dado asilo.

Los datos sentimentales, pues, caracterizan a los dos protagonistas, sea individualmente sea como pareja, mucho más que no los estrictamente políticos. Y lo mismo ocurre con el antagonista Pedrosa (Juez aquí también), quien desde el primer momento, a través de un monólogo, nos hace saber que está enamorado de Mariana desde hace tiempo, y que ella siempre lo ha rechazado desdeñosamente. Las acusaciones que pesan sobre ella le permiten ahora o bien poseerla por medio del chantaje o bien tomarse la revancha:

"¡Oh mujer encantadora! Tú eres la única que has hecho sentir a este corazón los afectos de un amor que me avergüenzo de confesar. Tus continuos desaires, ese orgullo y ese desprecio con que me miras, hoy mismo quedarán abatidos. [...] este corazón que llora tus desvíos me invita a la indulgencia, al perdón, pero éste no lo tendrás sin mi cariño, sin que tú me digas que me amas, que eres mía." (II, 4)

Prácticamente no hay ningún diálogo de Pedrosa en el que éste no intente, en la más pura tradición melodramática, satisfacer su propio sentimiento; tanto es así que su función de opositor político se vuelve totalmente accesoria y marginal en la economía del drama. El panegírico patriótico-liberal de la primera versión se ha transformado pues en una historia sentimental con fondo histórico.

Pero, como decíamos, es sobre todo la actitud ante la Iglesia y su papel reaccionario y represivo que cambia en este drama respecto al precedente. También aquí encontramos la figura del Canónigo realista, pero mitigada y reelaborada dentro de unos márgenes aceptables. Este, efectivamente, está de la parte equivocada sólo por buena fe, en cuanto está íntimamente convencido que el frente político que defiende la causa de Dios coincide con el de la Monarquía, aunque ésta sea absoluta y despótica. Como consecuencia, no comete sacrilegios como su predecesor, aprovechando los sacramentos y las prerrogativas del clero para arrebatar así secretos políticos, y ni tan siquiera actúa con la esperanza de obtener ningún tipo de promoción. Muy al contrario, cuando el Juez, para alabar su celo por la causa de la Monarquía, le dice:

"ya sabéis lo pródigo que es nuestro amado monarca en dispensar favores; ya me parece que os veo hecho todo un arzobispo",

él responde con prontitud:

"Yo nada quiero para mí" (II, 2).

Además de este cambio tan radical realizado en la figura del Canónigo – que queda reducido así a un personaje no torvo, pero sí obtuso, cuya única culpa consiste en haber entendido equivocadamente la situación política –, tenemos también la supresión importante del Fraile feroz, el padre prior franciscano, de la escena 8 del acto II del precedente drama, cuya frase más caritativa sonaba así:

"Caigan esas cabezas sediciosas, que no tienen otro ídolo [...] que la blasfema palabra de libertad."

Este cambio de rumbo del anticlericalismo grosero de Villanueva y Madrid al equilibrado clericalismo de Lasso de la Vega está aún más subrayado por la inserción de dos personajes hasta ahora inéditos: el Eclesiástico y el Hermano de la Caridad, los cuales se comportan en perfecto acuerdo con su fe y su misión, y sirven, sobre todo, para resaltar la religiosidad de Mariana. En este sentido es particularmente importante la larga esc. 2ª del acto IV, en la que el Eclesiástico está tan conmovido por la suerte que espera a Mariana, que casi debe ser confortado por la misma condenada: escena que se termina con una oración apasionada de la heroína a la Madre de Dios.

Lo mismo puede decirse del Hermano de la Caridad, a quien toca la última frase del drama. Este no es un religioso, sino un consagrado que, después de la injusta ejecución del hijo falsamente declarado liberal por un tribunal realista, ha decidido dedicar su vida al conforto de las víctimas de la tiranía. Naturalmente, Mariana tendrá que consolarlo también a él, mostrando por enésima vez su caridad, y prometiéndole un puesto de honor a su lado cuanco llegue la hora de ir al patíbulo. Así ocurrirá en efecto: mientras en la versión anterior ningún religioso visitará a Mariana en la cárcel, ni se dejará ver en escena en el último momento, aquí rodean a la heroína que se dirige hacia la muerte el Eclesiástico, el Hermano de la Caridad y "otros hermanos", para confirmar el hecho de que el sacrificio de Mariana Pineda no será una muerte inútil como tantas, sino un imperecedero ejemplo de cristiana coherencia política, como ya había expresado en su oración a la Virgen la misma protagonista:

> ¡También inocente ... me espera un suplicio,
> también una afrenta sin ser criminal! ...
> Contrita me voy de Dios ante el juicio,
> y espero otra vida que es inmortal.
>
> Quitara tu hijo del mundo las penas,
> sembrando el derecho de santa igualdad,
> rompiera benigno las sendas cadenas,
> y fuera el primero que dio libertad.
>
> ¡Libertad, libertad! que fue mi delito;
> pues quise estas leyes pedirlas audaz:
> no pude: ¡yo muero! ... ¡y fiel le imito!"

A todo esto – y a otros aspectos que por obvias razones de tiempo no podemos tratar aquí ahora – hay que añadir que las numerosas invectivas contra el Monarca-dictador presentes en el primer drama las encontramos en el segundo sustituidas por profesiones de lealtad, por justificaciones de su manera de obrar y por atenuantes que limitan en gran manera su responsabilidad, atribuyendo su malgobierno a las fraudulentas maniobras de súbditos interesados. Como declara Mariana, respondiendo al Juez que la acusa de insultar al soberano:

> "Lejos está mi corazón de hacerlo así. [...] Respeto al Monarca como debo, y de consiguiente mis palabras no pueden ofenderlo de algún modo. Sólo sí, a aquellos que llena su vida de infinitos crímenes han aprovechado un momento de complacencia en S. M., para pedirle una vara o un entorchado, y esta vara y este entorchado

apoyos de la ley, lo han convertido para seguridad en sus delitos, para autorizar sus engaños." (III, 5)

Ambos dramas no podían pues ser más diversos de lo que son, ni, como consecuencia, más opuestas las dos visiones de Mariana Pineda: anticlerical y antimonárquico el primero, clerical (en sentido equilibrado) y monárquico el segundo. Por todo ello es evidente que aseverar, como hace el mismo Vega, la dependencia de su *Mariana Pineda* respecto a *El heroismo de una Señora* no es sino un escrúpulo honrado y algo retórico que no quiere reconocer otra cosa que no sea la prioridad en la elección de un tema.

NOTAS

1   Casi todas las actas, pero con la exclusión del texto del teniente Nieto, se publicaron en el folleto: *Función fúnebre que en memoria de Doña Mariana Pineda, y demás víctimas sacrificadas por el despotismo en esta ciudad, se ha celebrado por disposición del Excmo. Ayuntamiento, y a expensas del Sr. Gobernador Civil, su digno Presidente e individuos que lo componen, en los días 24, 25 y 26 de mayo de 1836,* Granada, Vda. De Moreno e Hijos, 1836. Véase también Antonina Rodrigo, *Mariana de Pineda*, Madrid, Ediciones de Alfaguara, 1965, pp. 225-226.

2   Agradecemos al Dr. Amilcar Guerra su colaboración para localizar el texto de este drama.

3   No pocas son las coincidencias entre este drama y él de Lorca, sobre todo en lo referente al personaje de Pedrosa. De todas formas no nos consta que el poeta granadino conociera la obra de Lasso de la Vega.

Moratín y Shakespeare:
un ilustrado español ante el dramaturgo inglés

Pilar Regalado Kerson
Central Connecticut State University

Leandro Fernández de Moratín, sobresaliente figura literaria del último tercio del siglo XVIII y primero del XIX, y el mejor dramaturgo de su período, publicó en 1798 la traducción de *Hamlet*, precedida de un "Prólogo" y una "Vida de Guillermo Shakespeare", que fueron la primera obra y la primera biografía del dramaturgo inglés publicadas en lengua española. El texto va acompañado de una serie importante de "Notas" críticas en las cuales Moratín sienta su posición ante Shakespeare. Son escasas las noticias que se tienen sobre Shakespeare en España antes de Moratín, pero en esto no constituye España una singularidad respecto a otros países de Europa en época semejante, con las dos únicas excepciones de importancia, de Alemania en la primera mitad del siglo XVII, y de Francia y Alemania principalmente en la segunda mitad del XVIII (Par 1935, 2: 43-51, 114-115; Robertson 1906).

En el siglo XVIII aparecen en España las primeras críticas sobre Shakespeare, con varias referencias a *Hamlet*, y se representa una traducción en 1772 por Ramón de la Cruz[1] de la adaptación de esta obra en francés de Jean François Duçis (1770 [5] – 72; 1815). Quizá la única coincidencia entre dos escritores tan distintos como el autor francés y su traductor al español fue el común desconocimiento de la lengua inglesa y del texto inglés de Shakespeare, mayor en Ramón de la Cruz que no tuvo otra fuente que la libre adaptación francesa de Duçis, mientras que éste contó con la versión de Pierre Antoine de la Place[2] hecha sobre el original inglés. Sería un error, por lo tanto, considerar el *Hamleto* de Ramón de la Cruz como primer intento de traducción al castellano de una obra de Shakespeare. Este lugar lo ocupa la versión de Moratín, que, por azares de las circunstancias, corrió a cargo del ya prestigioso autor de comedias y la persona más capacitada en la España de su tiempo en la doctrina y en la práctica del arte dramático.

A raíz de su triunfo en *La comedia nueva* en febrero de 1792 emprendió Moratín su segundo viaje a Francia el 6 de mayo de dicho año, y allí le sorprendió la violencia del movimiento revolucionario. Los trágicos sucesos que en París presenció le aterraron y aceleró los trámites para la única solución que se le ofrecía, la partida para Inglaterra.[3] El 27 de agosto llegó a Londres, escaso de recursos, desorientado y sin saber el inglés.

Sus impresiones de la vida y cultura del pueblo inglés las dejó Moratín consignadas en cinco cartas desde Londres a su amigo Juan Antonio Melón, las apuntaciones de su *Diario*, y cuatro cuadernos de sus notas de viaje con el título de *Apuntaciones sueltas de Inglaterra*. El cuaderno cuarto lo dedica al teatro inglés, visto por su lado externo y arte escénico en general, bajo el título "Teatros materiales de Londres" y

"Declamación y canto", y a un extracto de la "Historia del teatro en Inglaterra", y otro del "Teatro de Escocia".[4] Sólo de un modo indirecto menciona Moratín el teatro inglés en los tres primeros cuadernos, dedicados a variados aspectos de la vida y cultura inglesas.

Su afición al teatro no deja lugar a dudas que comenzó a frecuentarlo antes de que lo pudiera entender, y en su *Diario*[5] anota las veces que asistió, pero no da los títulos de las obras que vio ni expresa juicios de obras determinadas. Seguramente, el Museo Británico, al que iba todos los días "a ver librotes", según informa en carta del primero de febrero,[6] contribuyó a sus deseos de información y conocimiento del pueblo y teatro inglés, con mayor atención al de Shakespeare. Al año escaso de su fortuita llegada a Londres salió Moratín de Inglaterra el 9 de agosto de 1793 con rumbo a Italia (Fernández de Moratín 1867-68, I: [27] – 587; II: 1-22; Tejerina Gómez 1980: 432).

La única noticia que da Moratín de su traducción de *Hamlet* es de haberla terminado, en carta a Melón desde Bolonia el 6 de agosto de 1794: "¡Qué tragedia inglesa intitulada *Hamlet* tengo traducida de pies a cabeza!" Manuel Silvela informa en su biografía de Moratín que al regresar éste de Italia a Madrid en febrero de 1797 y encargarse de la Secretaría de Interpretación de Lenguas, allí alternaba "las traducciones del tudesco y del árabe, del latín y el holandés con la de *Hamlet*" (Fernández de Moratín 1867-68, I: 27). Confrontando estos datos con los que tenemos de Moratín en Inglaterra se podría concluir que comenzó su traducción en Londres, que la tenía terminada en 1794 y la sometió a revisión antes de darla a la imprenta en 1798.

En el "Prólogo" ("Advertencia" en ediciones posteriores a 1798) que precede a la traducción expone Moratín sus motivos para traducir a *Hamlet*, como la tragedia "más a propósito para dar entre nosotros una idea del mérito poético de Shakespeare", las dificultades que encontró para transferir ideas de una lengua a otra, y su juicio crítico de la obra traducida, además del detallado análisis que presenta en las "Notas" a su versión.

Interesa el "Prólogo" particularmente porque en él define Moratín su posición ante *Hamlet* y su autor, que es la de un neoclásico apasionado e inteligente, que admira con entusiasmo la genialidad de la obra y que censura a la vez con rigor los que cree sus graves deméritos: "Las bellezas admirables que en ella se advierten, y los defectos que manchan y oscurecen sus perfecciones, forman un todo extraordinario y monstruoso, compuesto de partes tan diferentes entre sí [...] que difícilmente se hallarán reunidas en otra composición dramática de aquel autor ni de aquel teatro".[7] Admira la acción "grande, interesante, trágica" que se anuncia desde un principio y alaba los "medios maravillosos" que la impulsan. Pero así como logra "grandes intereses y afectos" y adquiere "toda la agitación y movimiento trágico que la convienen", cambia repentinamente, cediendo aquellas "pasiones terribles [...] a los diálogos más groseros, capaces sólo de escitar la risa del vulgo" (p. 473). Moratín comparte el bien conocido criterio neoclásico que alterna las "bellezas" con los "defectos"[8] en la obra del dramaturgo, sin dejar que el sectarismo de escuela oscurezca los méritos.

Las "Notas" críticas que acompañan la traducción las presenta Moratín como "obra suya", a excepción, como advierte, de las citas o referencias que toma de los comentaristas ingleses. A diferencia de la "Vida" de Shakespeare, trazada según el patrón de Nicholas Rowe,[9] las "Notas" constituyen una aportación original y verdadero testamento dramático en que Moratín opone su doctrina literaria a la que alienta en el drama de Shakespeare, a la vez que admira y pondera aquellos aspectos reveladores de su genio. Comprenden una variedad de puntos, desde la leyenda de Hamlet e interpretación del texto a la regulación del arte dramático, léase neoclásico, en lucha con los arranques de la libre inspiración.

Comienza Moratín por criticar al principio de la obra, en la escena entre Horacio y los soldados, todo aquello que se aparta de las leyes de unidad y hasta las pone en peligro: "En el teatro es muy precioso el tiempo, y estos soldados lo pierden [...] El desafío del Rey de Dinamarca con el de Noruega, la invasión que premedita Fortinbrás [...] todo quanto Horacio dice a sus camaradas, no tiene que ver con la acción de la Tragedia ..." (I, 1[2], nota 4).[10] De modo semejante ve la aparición del espectro a los soldados ("Mírale por donde viene"), la cual califica de "ociosa é intempestiva", transigiendo a lo más en colocar estas visiones donde "pudiesen producir todo el efecto teatral de que son susceptibles", en este caso sólo ante Hamlet: "Si empieza la Tragedia con la aparición de un espectro, ¿cómo ha de acabar? [...] ¿Sale del purgatorio a este fin y malgasta las horas en pasearse a obscuras y espantar centinelas?" (I, 1[2], nota 3). Es ésta también una muestra de la oposición de Moratín a lo maravilloso y sobrenatural en el teatro, reflejo del escepticismo con que la minoría ilustrada miraba esta clase de apariciones en escena. Sin embargo, contempla admirado la escena de Hamlet ante la sombra de su padre, la "sublimidad trágica" del discurso de aquél ("Angeles y Ministros de piedad") [(I, 4[10], nota 27[24])], y el momento crucial de seguir Hamlet a la sombra y querer impedírselo Horacio ("Si os arrebata al mar") sin que haya recurso de detenerlo: "¡Qué pavorosa agitación se apodera del auditorio! [...] Ya se olvidan cuantos desaciertos han precedido: aquí triunfa el talento del Poeta: ya ha conmovido con poderoso encanto los ánimos de la multitud ..." (I, 4[10], nota 28[25]). El admirable efecto teatral de esta escena lo comprendió Moratín, sobreponiéndose, como ha dicho Menéndez y Pelayo "a toda su antipatía por lo maravilloso y sobrenatural" (1962, 3: 427).

En el examen de los caracteres, Moratín realza la personalidad dramática de Polonio, a quien censura y alaba a la vez, pero a quien desde un principio lo considera fuera de lugar: "Dirán que Polonio es un personaje ridículo, y ¿no es error también introducir en una Tragedia figuras ridículas?" (I, 3[9], nota 24[22]). Moratín se refiere al lenguaje redundante de los consejos que Polonio da a Ofelia, rechazando la excusa de que la comicidad del personaje justifique su papel en la tragedia. También lo presenta como impropio de ella en sus advertencias a Reynaldo ("Sería un admirable golpe de prudencia") respecto a Laertes: "El carácter de Polonio [...] jamás se desmiente. Viejo ridículo, presumido, entremetido, hablador infatigable: destinado a hacer el gracioso de la Tragedia" (II, 1, nota 2). Comprende, sin embargo, las ricas modalidades de este personaje como, por ejemplo, en la escena ante los reyes ("Como quiera que la brevedad") en que les declara el motivo de la locura de Hamlet: "Los exordios y rodeos de Polonio [...] las distracciones que padece [...] su vanidad ridícula de vasallo fiel, sagáz político, prudente padre, y el prurito de meterse en todo [...] llenan de sales cómicas este carácter, y manifiestan lo que el gran talento de Shakespeare hubiera sabido hacer en otra edad, y con otros principios" (II, 1, nota 9).

En torno a *Hamlet* Moratín dirige mucho de su enfoque por el lado moral o estimable del protagonista que marca gran parte de la crítica inglesa del 18, la cual tiende a juzgar la·contradictoria conducta del personaje más a la luz de las circunstancias dramáticas "inmerecedoras" en que se mueve que a la de particulares fallos de carácter (Stoll 1968: 7-8, 9-11). Pero esto no impide que Moratín, más acorde a las normas clásicas del siglo, muestre menos benevolencia crítica que otros autores ingleses de la época, partícipes también de estas normas, en señalar traspasos de decoro e irregularidades de conducta. La locura fingida de Hamlet y su dilación en realizar la venganza por la muerte de su padre se convierten desde un principio en motivos centrales de examen e indagación. Moratín, en línea semejante a críticos ingleses precedentes, considera mal desarrollado el artificio de su locura, advirtiendo que por la relación que hace Ofelia de la vista extemporánea de Hamlet ("Yo estaba haciendo labor"), sabemos que "el Príncipe ha empezado ya la ficción de su locura", pero nada interesante trae a la acción, contra lo que se espera, y "procede en todo con suma imprudencia". En su apoyo cita a Samuel Johnson,[11] quien dice: "que no se ve que esta fingida locura sea bien fundada, pues nada hace Hamlet con ella, que no pudiese hacer estando en su juicio" (II, I[2], nota 4).

Moratín concuerda que el monólogo "To be or not to be" ("Existir ó no existir") merece ser uno de los pasajes más aplaudidos de la tragedia, pero repara que las dudas de Hamlet no son propias de una situación que pide venganza de su parte. Asintiendo en principio a la interpretación de Johnson, cuya crítica expone, y quien ve las dudas de Hamlet por el lado de la existencia del hombre después de esta vida, antes de lanzarse a llevar a cabo su empresa, y no del suicidio, que, según otros críticos, contempla, condena Moratín, no obstante, las ideas del monólogo por ilógicas: ¿"Quáles pueden ser sus ideas? ¿Quiere matarse? No es ocasión: su padre le pide venganza [...] y él ha de ser el instrumento. ¿Teme perecer en la empresa? este temor es indigno de un alma grande [...] seguro de la justicia de su causa [...]. No es momento, añade, de temer la muerte, ni de que "le asuste la consideración de la eternidad". Cree que situando el monólogo en el primer acto, antes de que los soldados hablen a Hamlet [de la aparición del espectro], "entonces será oportuno quanto se dice en él" (III, 1[4], nota 2). Tanto con motivo de la consideración de la eternidad como la del suicidio, Moratín rehuye la especulación filosófica a favor de una conducta consistente con el artificio de la trama, convirtiendo así al protagonista en "instrumento", y no "agente" – como había dicho Johnson – en efectuar la venganza. Colocar el monólogo en el primer acto antes de la conversación de Hamlet con los soldados, como quiere Moratín pero no aclara, eliminaría los motivos de la revelación del espectro, y las reflexiones de Hamlet no tendrían la misma razón de ser que tienen en las circunstancias presentes.[12] Tampoco serían tan "perceptibles" las "bellezas" que el monológo contiene y encomia Moratín: "son perceptibles a todos los hombres, porque se apoyan en la verdad [...] convencen el entendimiento, y sólo el que carezca de él podrá no admirarlas" (III, 1[4], nota 2).

Cuando Hamlet vacila si ha de matar al rey mientras cree que está rezando, y desiste de su proyecto para cuando la muerte también suponga condena ("Quando esté ocupado en el juego"), lo mira Moratín como "proyecto horrible", impropio "de un príncipe virtuoso y magnánimo. Todos los delitos de Claudio no son comparables a los que medita Hamlet" (III, 3[23], nota 18). Elogia, en contraste, la ternura filial de Hamlet cuando se prepara a ver a su madre después de la representación interna ("Déxame ser cruel; pero no parricida,") y que encuentra llena del "patético esencial de la tragedia", cuando, a pesar de la "justa indignación" que le mueve contra su madre, triunfan en él los sentimientos virtuosos (III, 2[19], nota 16).

El carácter de Claudio lo ve lleno de contradicciones, como en la escena en que se atormenta buscando el perdón de Dios (¡Oh, mi culpa es atróz!") sin que se advierta pesadumbre por la muerte que contempla de Hamlet a su llegada a Inglaterra. Disculpando "lo inconexo y mal preparado de esta situación", Moratín alaba en ella las grandes máximas de filosofía cristiana que harían gran efecto, si, debidamente introducidas, afectasen para bien la conducta del personaje, sin caer, como en este caso, en "declamación moral ó discurso académico" (III, 3[22], nota 17).

Comenzando con la escena en que se advierte al rey la llegada de Laertes, lleno de furor por la muerte de su padre ("Huid Señor") sin explicación clara de como ha surgido el motín contra Claudio, juzga Moratín que el acto IV está recargado de inconsistencias y de episodios inverosímiles, prueba de que Shakespeare no estudió lo bastante bien el plan de su tragedia. Tampoco, agrega, lo hicieron los demás poetas dramáticos de aquel tiempo, excepto en Italia, "donde ya se conocía el arte. [...] Lope de Vega, Hardy y Shakespeare siempre escribieron de prisa" (IV, 5[15], nota 9). Los defectos que atribuye, se entiende, adolecen del imperdonable desconocimiento del arte.

La locura de Ofelia, aunque ajena a la acción principal, cree que produce un admirable efecto por ser verdadera, en contraste con la de Hamlet, "mal fingida" y caracterizada "con bufonadas". El motivo de volverse loca lo estima justificable, y la manera de expresar su locura insuperable como éxito artístico. Moratín ahondó en el carácter de Ofelia, captando todos los sutiles matices de que la dotó Shakespeare: "Su risa, sus cantares, su furor, su alegría, sus lágrimas, su silencio, son toques felices de un gran pincel, que dió a esta figura toda la expresión imaginable" (IV, 5[13], nota 8). La exaltación de Moratín se puede ver, en un sentido, por su preocupación del fin docente del teatro, y desde este punto de vista Ofelia ha de ser para él un personaje ideal.

Toda la escena del cementerio al comienzo del acto V representa para Moratín una mezcla intolerable de elementos incompatibles con el concepto de tragedia: sepultureros, bufonadas, personajes de corte, discursos filosóficos, cadáveres, luchas intempestivas y ceremonias de entierro. Los sepultureros, entre los defectos que tradicionalmente atribuye a Shakespeare la crítica neoclásica, aserta Moratín que "por lo que dicen y lo que son, apenas podrían tolerarse en la farsa más grosera y soez". Su sensibilidad dramática se resiente ante este tipo de espectáculo, en una escena que peca contra el concepto neoclásico de la decencia y dignidad en la tragedia: "Se ve [...] un cimenterio, dos sepultureros cavando una sepultura, esparciendo por el teatro [...] las calaveras y huesos destrozados, diciéndose el uno al otro bufonadas y equívocos frios; para excitar la risa del vulgo, en medio de tanto horror" (V, 1, nota 1). Son corrientes en Moratín las alusiones al vulgo, antítesis del buen gusto, cuyas tendencias comparten, en mayor o menor grado, tanto el público de Londres como el de Madrid. "A una escena de Cimenterio y sepultura", dice con ironía, tenía que seguir la de un entierro, con todo el efecto escénico que ello implica, y no tiene duda que "esto agrada al vulgo" (V, 1[3], nota 6). Al describir el encuentro entre Hamlet y Laertes, refleja con lenguaje crudo y expresivo la repugnancia que la escena le produce: "Ve aquí un Príncipe y un gran Señor de Dinamarca dentro de una sepultura, pateando un cadáver, agarrándose del pescuezo y de los pelos, y dándose de puñadas el uno al otro" (V, 1[3], nota 7). Ensalza, en contraste, la "hermosa actitud" de la reina, esparciendo flores sobre el cuerpo de Ofelia: "¡Qué inquietud materna al ver la furia de Hamlet y su peligro! ¡Qué bellísima comparación la de la paloma, cubriendo inmóvil sus nuevas crías!" (V, 1[3], nota 7).

Estima Moratín que Shakespeare hace a Hamlet más amable y ennoblecido al acercarse la catástrofe, como en el acto de pedir perdón a Laertes ("Si estais ofendido") al comienzo del duelo (V, 2[9], nota 12), pero califica el desenlace de extravagante y accidentado, y le ofenden las muertes que se van produciendo por equivocación y con ofensa del arte (V, 2[9], nota 13). Pero a partir de las palabras de Hamlet, al ver envenenada a su madre (Buscad por todas partes"), hasta la conclusión de la tragedia, encuentra el estilo natural "sin ser humilde, elegante sin vicioso ornato de metáforas [...] digno de la situación y los personajes" (V, 2[9], nota 14). Concluye que las muertes acaecidas al fin del drama, culpables e inocentes, lejos de aumentar el efecto trágico, lo disminuyen, porque el interés debería concentrarse en una sola: "Los quatro cadáveres que ensangrientan la escena forman un objeto horrendo, no terrible", añadiendo que parece que Shakespeare hizo la crítica de su obra por boca de Fortinbrás cuando dijo "que tal espectáculo solo es propio de un campo de batalla" (V, 2[13], nota 15).

Si *Hamlet* ha de servirnos de ejemplo, la reacción de Moratín ante Shakespeare, como ante Lope en España, tiene un doble aspecto: enaltecimiento del genio, de la capacidad creadora, y condena del modo de utilizarla. Así resulta que el contenido dramático queda supeditado a su ejecución. La aparición del espectro, los consejos y cambios de Polonio, las reflexiones de Claudio, por ejemplo, son aspectos que Moratín acepta de por sí, pero que considera o mal desarrollados o fuera de lugar en el contexto del drama. La llave del éxito para Moratín estaba, al margen del genio, en la rigurosa observancia del arte, y su conclusión sobre Shakespeare es que o lo desconocía o no lo aplicaba. Por esto impugna lo que cree inverosímil o impropio de las situaciones, y coincide con lo que estima conveniente para la regularidad y vehemencia trágicas. Era inevitable el choque entre dos espíritus opuestos, el de Shakespeare, que no somete las pasiones o conflictos humanos a las leyes clásicas del drama, y el de Moratín, que se adhiere estrictamente a estos preceptos. Pero a pesar de esta distancia y de pertenecer a una época más dispuesta a exagerar los defectos de Shakespeare que a reconocer sus bellezas, Moratín mostró un sincero entusiasmo por la grandeza y sublimidad trágica que se desprende de su obra – a través de *Hamlet* – y por el hondo valor humano de las ideas y sentimientos que en ella se expresan. Cuando su adhesión al arte no le detiene a juzgar de acuerdo con otros principios, se indentifica plenamente con la visión poética y expresión dramática de Shakespeare. Coincidimos con Menéndez y Pelayo en creer que a la crítica shakespeariana de Moratín le cabe mucha disculpa si se tiene en cuenta la época de su composición, a la que se adelantó con ella:

> "La crítica shakespeariana de Moratín representaba un verdadero adelanto sobre la de Voltaire y sus innumerables discípulos. Es verdad que hay en Hamlet bellezas que Moratín no ha visto, y otras que torpemente ha convertido en defectos. Moratín juzgaba conforme a una legislación inflexible, y puestos los ojos en un solo tipo de drama. Agradezcámosle lo que hizo, y no afectemos indignación por errores inevitables" (Menéndez y Pelayo 1962: 427).

Al espíritu ilustrado de Moratín, en el más alto sentido del concepto, corresponde el mérito de apreciar las muchas bellezas que adivinó en Shakespeare, y al preceptismo clásico que le infunde su siglo, los defectos que le imputó.

NOTAS

1 La traducción de Cruz, con el título de *Hamleto, rey de Dinamarca*, en cinco actos y en verso, se representó del 4 al 8 de octubre en el teatro del Príncipe y parece que no logró éxito, Emilio Cotarelo y Mori (1899: 109, 110, 269-270, y Alfonso Par (1936, 1: 21-26. Se conservan dos manuscritos de esta obra, uno en la Biblioteca Municipal de Madrid, signatura 1-118-1, y otro, con el título *Tragedia inglesa. El Hamleto*, ms. 16095, en la Biblioteca Nacional de Madrid, y corresponde con alguna variante, al de la Municipal. Publicado por Carlos Cambronero (1900: [142]-58; [273]-91; [379]-91; [500]-12; [600]-51).

2 *Le théatre anglois* (1746, 2: 297-416). La Place alterna la traducción del texto con sinopsis.

3 Inglaterra era parte del plan original de Moratín de visitar países extranjeros además de Francia, según informa en carta a Jovellanos en la segunda quincena de abril, 1792, *Epistolario* (1973: 131).

4 *Obras póstumas de Don Leandro Fernández de Moratín* (1867/68, 1: 235-269). Pedro Ruiz Armengol, en su obra *El año que vivió Moratín en Inglaterra* (1985), transcribe el texto completo de las *Apuntaciones* sin las tachaduras que había en el manuscrito al tiempo de publicarse en *Obras póstumas*, a excepción de un Apéndice que reintegra en parte el texto mutilado, vol. 3: 335-343. El cuaderno tercero del manuscrito original (sobre el teatro inglés) constituye el 4° en *Obras póstumas*. Datos en Ruiz Armengol (1985: 18-21).

5 Robert Johnson, en el apéndice a su artículo "Moratín's Diary" (1970: 32-36) identifica las obras que vio Moratín en Londres de acuerdo con el calendario de representaciones en los teatros a que asistió – que indica en el *Diario* – y entre ellas no figura *Hamlet*. Juicios que dejó Moratín sobre varias obras dramáticas inglesas, cuatro de Shakespeare, bajo "Teatro inglés", en *Obras póstumas* (1867/68: 176-187).

6 *Epistolario* (1973: 149-150). En carta a Manuel Godoy el 28 de septiembre de 1793, recién llegado a Italia, declara haber destinado "todas las mañanas a la asistencia del Museo Británico", y a haber aprendido el inglés "lo suficiente para entenderlo en los libros", *Epistolario* (1973: 159).

7 Citamos por *Obras de Don Nicolás y Leandro Fernández de Moratín* (1944: [473]. Número de pág. entre paréntesis en el texto a raíz de nueva cita. B.A.E. reproduce íntegro, bajo "Advertencia", [473]-75, el "Prólogo" de la ed. de 1798 (16 págs. sin foliar) salvo cambios de ortografía, una variante y omisión menor.

8 Voltaire, viajero, como Moratín, en Inglaterra (1726-1729), y principal portador de este dualismo, con precedentes en la crítica inglesa de los siglos diecisiete y dieciocho lo divulga primeramente en 1833, "Sur la tragédie", carta 18 de sus *Lettres philosophiques* (1734; ed. inglesa, *Letters concerning the English Nation*, 1733), *Oeuvres de Voltaire* (1829, 37: 219-230). Para éste y otros pronunciamientos de Voltaire sobre Shakespeare, ver Jules J. Jusserand (1899: 200-213, 276, 354, 354-365, 376-397).

9 El primero de los editores de las obras coleccionadas de Shakespeare en el siglo dieciocho (1709, 6 vols.; 2ª ed. 1714, 8 vols.) escribió la primera biografía organizada del dramaturgo, puesta al comienzo de su edición, y fue la biografía tradicional hasta fines de siglo. La "Vida" por Moratín fundada en la de Rowe, con 31 págs. sin foliar, no se volvió a publicar después de 1798.

10 Las referencias a las "Notas" de Moratín, de las que ofrecemos ejemplos representativos de su ideario estético, siguen a acto y escena entre paréntesis. Cuando la escena en la división que establece Moratín difiere del original inglés, la ponemos en corchetes, así como el número de nota de Moratín en B.A.E. si no corresponde al de la ed. de 1798 [se introducen omisiones y eliminan algunas notas a partir de sus *Obras dramáticas y líricas*, 1825]. También en paréntesis cita de la traducción de Moratín a que alude la nota. Citamos por la edición de 1798, que contiene las notas completas.

11 De los comentaristas y editores de Shakespeare en el siglo dieciocho, Johnson (Edición de 1765) fue posiblemente el que mayor influencia ejerció en Moratín. Los editores de B.A.E., en nota a la "Advertencia", [473], transcriben el comentario completo de Johnson, del que cita Moratín, en apoyo de que el juicio de éste sobre *Hamlet* no era más severo que el de otros críticos de la escuela clásica, citando a Johnson como "acaso [el hombre] más competente entre los mismos ingleses". El original de Johnson en *The Plays and Poems of William Shakespeare* (1821, 7: 520, nota 8) aparece como juicio general a la conclusión de la obra. Otros comentaristas y críticos ingleses que cita Moratín en sus notas (en paréntesis la fecha de edición): William Warburton (1747), Sir Thomas Hanmer (1743-1744), Henry Home, Lord Kames, *Elements of Criticism* (1762), George Stevens (1773), David Erskine Baker, *Biographia Dramatica* (1782), and Edmund Malone (1790).

12 Para diversos puntos de vista en torno a este monólogo, ver notas en *A new Variorum Edition of Shakespeare. Hamlet*, ed. Horace Furness (1963, 1: 204-216, y *Hamlet*, ed. John Dover Wilson (1968: 190-192).

BIBLIOGRAFIA

Cambronero, Carlos
  1900   "*Hamleto*. Tragedia indédita de Don Ramón de la Cruz". En *Revista Contemporánea*, 120: [142]-58; [273]-91; [379]-91; [500]-12; [600]-51.

Cotarelo y Mori, Emilio
  1899   *Don Ramón de la Cruz y sus obras*. Madrid: José Perales y Martínez.

Dover Wilson, John (ed.)
  1968   *Hamlet*. Cambridge: University Press.

Ducis, Jean François
  1770   *Hamlet. Tragédie*. Imitée de l'anglois. Représentée pour la première fois 30 Sept. 1769. París: Gogué.
  1815   *Hamlet*. Tragedie en cinq actes, imitiée de l'anglais, par J. F. Ducis, représentée pour la première fois en 1769. Nouvelle édition, augmentée des variantes ... París: A. Nepveu, Libraire.

Fernández de Moratín, Leandro
 1798 *Hamlet. Tragedia de Guillermo Shakespeare*. Traducida e ilustrada con la vida del autor y Notas críticas. Ed. por P. A. Inarco Celenio, Madrid: Oficina de Villalpando.
 1825 *Obras dramáticas y líricas*. 3 vols., París: Bobée.
 1867-68 *Obras póstumas de Don Leandro Fernández de Moratín*. 3 vols., Madrid: Rivadeneyra.
 1973 *Epistolario*. Ed., introducción y notas de René Andioc. Madrid: Castalia.

Fernández de Moratín, Nicolás y Leandro
 1944 *Obras de Don Nicolás y Leandro Fernández de Moratín* [1846]. Madrid: Rivadeneyra (*Biblioteca de Autores Españoles*, 2).

Furness, Horace (ed.)
 1963 *A new Variorum Edition of Shakespeare. Hamlet* [1ª ed. 1877]. Nueva York: Dover Publications.

Johnson, Robert (ed.)
 1970 "Moratín's Diary". En *Bulletin of Hispanic Studies*, 47: 32-36.

Johnson, Samuel
 1821 *The Plays and Poems of William Shakespeare*. With the Corrections and Illustrations of various commentators ... Londres: F. C. y J. Rivington et al.

Jusserand, Jules J.
 1899 *Shakespeare in France under Ancien Regime*. Londres: T. Fisher Unwin.

La Place, Pierre Antoine de
 1746 *Le Théatre anglois*. Vol. 2: 297-416. Londres.

Menéndez y Pelayo, Marcelino
 1962 *Historia de las ideas estéticas en España*. Vol. 3: Siglo XVIII, ed. revisada y compulsada por Enrique Sánchez Reyes, Madrid: Consejo Superior de Investigaciones Científicas.

Par, Alfonso
 1935 *Shakespeare en la literatura española*. Madrid: Victoriano Suárez.
 1936 *Representaciones shakespearianas en España*. Vol. 1, Madrid: Victoriano Suárez.

Robertson, John G.
 1906 "The Knowledge of Shakespeare on the Continent at the Beginning of the Eighteenth Century". En *The Modern Language Review*, 1: 312-321.

Ruiz Armengol, Pedro
 1985 *El año que vivió Moratín en Inglaterra*. Madrid: Castalia.

Stoll, Elmer Edgar
 1968 *Hamlet: An Historical and Comparative Study*. Nueva York: Gordian Press.

Tejerina Gómez, María Belén
 1980 *Viaje a Italia de Leandro Fernández de Moratín*. Ed. crítica. Tesis doctoral, Universidad Complutense, 1978. Madrid: Servicio de Reprografía de la Universidad Complutense.

Voltaire, François Marie Arouet de
 1733 *Letters concerning the English Nation*. Londres.
 1734 *Lettres philosophique*. Amsterdam.
 1829 *Oeuvres de Voltaire*. Ed. por M. Beuchot. París: Lefèbre.

Literatura oral y subdesarrollo novelístico: un fenómeno del XVIII español

Rodney T. Rodríguez
Rider College, Lawrenceville, NJ

En 1607, Antonio de Eslava, en su obra *Noches de invierno,* hace que uno de los personajes cuente a un grupo de personas reunidas "alguna historia de las muchas que tiene leídas", y otro personaje promete leerse algunas historias para luego poder contarlas oralmente. En la obra de Eslava se llama la atención a una tradición de largo abolengo en la literatura española en que la obra escrita se dirige tanto a "oidores" como a lectores (Frenk 1982: 101-128). Aquella costumbre no termina con la ascendencia de los Borbones al trono de España. En 1796, Pedro María de Olive escribe una obra con el mismo título que la de Eslava, en que se pide que un contertulio cuente, en voz alta, novelas y libros que ha leído. Dos siglos separan las obras de Eslava y de Olive, y aunque las estéticas literarias no son las mismas, la costumbre de contar historias o leer novelas en alta voz permanece igual.

La difusión de la literatura por medios orales fue normal en la época medieval, y la persistencia en los siglos XVI y XVII se ha explicado por el alto grado de analfabetismo (Chevalier 1976: 13-31). Sin embargo, veremos a continuación que la costumbre perdura en el siglo de las luces, incluso entre la burguesía española que se supone sabía leer y podía comprarse libros. Si la falta de educación o de recursos económicos no justifica el fenómeno de la literatura oral, entonces hay que concluir que todos los españoles – tanto el vulgo como el burgués – preferían sentir la literatura con todas las facultades ateniéndose, sobre todo, al valor expresivo de la palabra a viva voz.

Lo que me concierne en esta ponencia es el efecto que pudo tener este fenómeno singular en el desarrollo de la novela moderna española. El ocaso de la novela en España en el siglo XVII y su lenta evolución a lo largo del XVIII sigue siendo un enigma (Rodríguez 1985: 49-50). Las razones que se han adelantado para explicarlo no convencen del todo. Se ha dicho, por ejemplo, que los preceptos neo-clásicos y la estética de un siglo filosófico se oponían a la creación de la novela (Montesinos 1966: 32-38). Sin embargo, ello no contuvo el brillante desarrollo del género en Inglaterra y Francia en el XVIII. Tampoco faltará algún crítico mal informado que piense que la escasez de novelas en España resulta de la pobreza creativa que sufre la literatura española en general durante el siglo de las luces. Los admirables estudios que se han llevado a cabo en los últimos años prueban, sin lugar a dudas, que aunque España no estuviera en la vanguardia de las innovaciones artísticas del XVIII, al menos reverberaban en la península las nuevas ideas europeas, y que figuras como Jovellanos, Meléndez Valdés, Cadalso, Moratín, y Goya son testigos suficientes de que un espíritu creativo e inquiridor infundía el país.

Se citan también factores económicos y sociales. Los marxistas han hecho hincapié en que la novela, como género burgués, no puede florecer sin una extensa clase media (Ferreras 1973: 107-126). España, mantienen ellos, carecía de una burguesía suficientemente grande para sostener una industria editorial de novelas. No cabe duda que la burguesía española no podía competir en tamaño con la francesa o la inglesa de aquella época, pero era bastante grande para patrocinar una prensa periodística y un teatro comercial, ambos géneros tan burgueses como la novela. Además, Montesinos ha hecho resaltar el gran número de traducciones de novelas que aparecieron en España desde los últimos años del siglo XVIII hasta mediados del XIX (1966: 137-281). Si podía existir una industria de novelas traducidas, entonces podría existir una para creación original nativa.

Montesinos también ha mostrado que los españoles agotaron sus energías creativas escribiendo folletines y artículos de costumbres, y, como consecuencia, les quedaba poco tiempo para empresas más artísticas (1960: 135-37). Pero la situación que se encuentra en otros países desmiente dicha teoría. Louis James, escribiendo sobre la novela en Inglaterra, mostró que pudo existir una novela popular a la par con una artística sin efectos recíprocos algunos (1963: 47-48 y 70-71). La situación crematística también sería un factor importante. Galdós se quejaba de lo mal que se les pagaba a los novelistas: "El escritor no se molesta en hacer otra cosa mejor porque sabe que no se la han de pagar, y ésta es la causa única de que no tengamos novela." Luis Monguió ha mostrado que durante la época romántica, no se le recompensaba al escritor de novelas artísticas, sin embargo, los periodistas y folletinistas podían ganarse una vida cómoda (1951). Pero el arte verdadero siempre está por encima de lo material; para el artista, la creación responde a una necesidad vital e intelectual. Nos hace recordar las palabras de Valera, cuando afirmó que todas las ganancias de *Pepita Jiménez* no eran bastante para comprarle un vestido nuevo a su mujer.

Por lo visto, la mayoría de las razones que se dan para explicar la pobreza de la tradición novelística en España antes de 1833 son de orden socio-económico. Sin embargo, me parece que hay otros factores, de índole cultural, que también afectaron de un modo determinante la producción novelística. Cuando se comparan las costumbres españolas con las de otros países europeos se destaca la afición española por formas literarias orales y dramáticas. No se puede aquí proporcionar los muchos ejemplos para ilustrar este fenómeno; Margit Frenk, en una plenaria memorable ante esta asociación, nos llamó la atención al hecho, afirmando que "la transmisión de la literatura a través de la voz desempeñó un papel de primer orden" (1982: 121).

Lo que dice Frenk para el siglo de oro se podría repetir también para el siglo XVIII. Cuando se observa la actividad novelesca en España entre 1700 y 1833, ciertas tendencias tanto en el tipo de ficción que se cultivaba como en el modo de publicación hacen sospechar que las obras se escribían para escucharse en tertulias o reuniones semejantes. De paso, es curioso notar, aunque no debe sorprender, que las tres obras novelescas más populares del siglo XVIII, si nos guiamos por el número de ediciones – la *Vida* de Torres Villarroel, *Fray Gerundio*, y *Noches lúgubres* – todas llaman la atención al aspecto oral del idioma. Torres dirige la palabra a su lector en primera persona, y de un modo familiar como si le hablara directamente y en confianza. *Fray Gerundio* es, en gran parte, una colección de los sermones orales de un predicador mal informado y de cortas luces, y la obra de Cadalso, como la de Fernando de Rojas escrita tres siglos antes, toma la forma de prosa dialogada. ¿No es posible que ello fuese así porque sus autores pensaban que sus obras se leerían en voz alta y adaptaron la forma y el estilo a esa posibilidad?

Torres, Isla, y Cadalso no hablan abiertamente de la costumbre que vengo describiendo, pero otros autores de menos renombre sí lo comentan. En el período que nos atañe se encuentra un número considerable de colecciones de novelas cortas y obras recreativas para pasar el tiempo en las tertulias. En la colección de Olive ya citada, un grupo de amigos se reúnen y discuten cómo pasar las largas veladas del invierno. Deciden escuchar novelas y luego comentarlas, porque, como dice la anfitriona, "nunca fui aficionada a la lectura, pero me encanta escuchar novelas". Eligen a la mujer más culta entre ellos para que lea novelas y obras eruditas, y luego las cuente en voz alta a los contertulios, después de haberlas condensado y acomodado para el contexto social. La escena costumbrista que describe Olive ocurría con tanta frecuencia en el siglo XVIII como en el siglo de oro. Si en el XVII los oyentes se reunían en las ventas o en el campo para escuchar historias (como ocurre tantas veces en el *Quijote*), en los nuevos tiempos se juntaban en los salones de las casas donde asistían a tertulias. Pero el afán era el mismo – el placer de escuchar la voz viva.

Larra se burló alguna vez de este tipo de literatura producida para la diversión en las tertulias, y en uno de sus artículos, sugirió que la obra de Olive debería llamarse *Noches del infierno* y no "de invierno", pero su cinismo mordaz no impidió que esta literatura floreciera. De mi archivo particular he podido contar más de 30 colecciones de esta índole publicadas en España entre 1764 y 1833. Alguna, como el *Almacén de frutos literarios*, alcanzó a lo menos siete ediciones entre la primera de 1804 y la última de 1822. Estas colecciones contienen una variedad de novelas cortas: algunas son traducciones o refundiciones, pero otras son originales de la época. La más antigua colección que he podido hallar es el *Novelero de los estrados y tertulias* que, según Aguilar Piñal, pertenece al año 1764 y es obra de Nipho (1978: 25). En el prólogo, un grupo de amigos concuerdan reunirse para escuchar novelas, y nos dice un interlocutor que "agradaron tanto, que de común acuerdo convenimos en que nos sirviera una de ellas de prólogo a la conversación, una vez a la semana". Cada folleto de la revista semanal es una novela corta de unas 40 páginas, una extensión adecuada para una noche de lectura en voz alta.

Una de las últimas colecciones de esta tradición, *La tertulia de invierno* (1829) de Francisco de Paula Mellado, se publicó 65 años después de la obra de Nipho, pero con las mismas intenciones. La obra de Mellado, sin embargo, tiene más estructura novelesca y nos permite atisbar lo que se hacía en las tertulias de aquel entonces, y la lectura de novelas ocupa una parte importante del pasatiempo. La novela titulada *La razón sujeta al amor o la constancia premiada* ocupa tres de las once noches que se describen. La lectura se interrumpe con frecuencia al entrar o salir algún contertulio, o para insertar algún comentario sobre la narración, porque un aspecto esencial de la tradición de leer en voz alta es provocar el comentario y la colaboración de los participantes.

Las publicaciones de la época abundan en obras no literarias destinadas al recreo durante las noches de reuniones. En una de dichas obras, *Sainete de las tertulias*, el autor, Angel María de Apezteguia, escribe con claridad sus intenciones: "Los fines [...] que me he propuesto han sido: proporcionar una honesta diversión a las tertulias cuando la monotonía pueda producir fastidio (y) ejercitar el discurso." En otra colección semejante, *Colección de cuentos, fábulas, descripciones, anécdotas, diálogos selectos, etc.*, el autor, Pablo de Jérica, saca toda su materia de las comedias del Siglo de Oro. Dice el aficionado a la literatura clásica que "en España no es general el gusto a la lectura", y, por tanto, su intención es aficionar a la juventud a ese ejercicio.

Uno de los más conocidos autores de la época fernandina, Agustín Pérez Zaragoza Godínez, autor de la célebre *Galería fúnebre de espectros y sombras ensangrentadas* – el mayor ejemplo de la novela de horror en España, se dedicó a este tipo de libro. *El entretenimiento de las náyadas, o delicias de damas del gran tono*, es, según su autor, "colección curiosa y divertida de 329 charadas o enigmas, puestas en quintillas, para dar una honesta distracción a las señoritas". También publicó una floresta para el año 1821, *El remedio de la melancolía*, cuyo subtítulo es "anécdotas, apotegmas, dichos notables, agudezas, aventuras, sentencias, sucesos raros y desconocidos, ejemplos memorables, chanzas ligeras, singulares rasgos históricos, juegos de sutileza y baraja, problemas de aritmética, geometría y física, los más fáciles, agradables e interesantes".

Cuando se observa la extensión de las novelas publicadas entre 1774 y 1833, se nota una predilección por la novela corta, de más o menos 40 páginas, que puede leerse en una noche. De las novelas de Pablo de Olavide, publicadas recientemente, pero circuladas entre sus amigos en los últimos años del siglo XVIII, se encuentra una, *El incógnito o el fruto de la ambición*, cuya extensión es casi el doble de las otras novelas, y el distinguido estadista la divide en dos partes iguales, y termina la primera diciendo: "La continuaré, pero será mañana, y quedaron emplazados para la mañana del siguiente día." De un modo semejante, una de las novelas de Céspedes y Monroy, de su colección *Lecturas útiles y entretenidas* (1800), titulada *La familia feliz*, es casi tres veces más larga que las otras novelas, y el autor se ve obligado a dividirla en tres partes, para que cada cual corresponda, más o menos, a la extensión de las otras novelas. Estas divisiones artificiales sólo se pueden entender teniendo en cuenta que se destinaban para leerse oralmente en el espacio de una noche, y los autores tenían que atenerse a esas circunstancias.

Las novelas europeas que se traducían también se condensaban y se simplificaban. En la *Colección universal de novelas y cuentos en compendio*, de los años 1789-90, el propósito de los editores es condensar las novelas a unas 40 páginas cada una – una extensión cómoda para leerse en una noche. El traductor anónimo de *Viajes de Almuja por la isla de la verdad*, de 1830, condensa el texto original alemán dando la siguiente explicación: "la obra original [...] se terminaba con una larga y molesta discusión [...] porque los alemanes incurren generalmente en el defecto de detenerse en circunstancias menudas o abstractas, olvidando la acción principal". Estas nociones son repetidas una y otra vez por traductores que quieren hacer las obras traducidas más cortas y fáciles para la recitación.

Si la producción novelesca española del siglo XVIII es muy inferior a la francesa o la inglesa de la misma época, la producción dramática no se quedó atrás. No existe un catálogo de comedias sueltas del siglo XVIII, pero por las colecciones impresionantes que se hallan en las grandes bibliotecas de Norte América y Europa, es posible calcular que se publicaron miles. Hay que recalcar que dichas comedias se publicaban en forma de sueltas para venderse a un público de lectores. O sea, en España, a diferencia de otros países europeos, la comedia se dirigía más a un lector que a un espectador. Peter Goldman, estudiando la popularidad de Cañizares, notó que tenía que considerarse el número de comedias sueltas vendidas y no sólo el número de representaciones, ya que éstas, al parecer, fueron pocas (1984: 53-54). En España el teatro se escribía para leerse, y las sueltas servían también para recreo en las tertulias.

Goldman ha desenterrado unos cuadros de costumbres de la época en que los dramaturgos hablan sólo de la lectura de sus obras, sin pensar en una posible representación. En una serie de sainetes de Ramón de la Cruz titulada la *Comedia casera*, se ve representada la costumbre de montar comedias en las casas particulares para amigos y vecinos. En 1784, Joseph Joaquín Mazuelo, en el prólogo a su drama *Sofonisba*, se dirige a un imaginado lector y no a un posible espectador. Y en los primeros años del XIX, Andrés de Mendoza, en la advertencia de su comedia *La lugareña orgullosa*, dice que en 1798 le llegó a sus manos un manuscrito titulado *El Barón*, tan deforme que su intento fue "purgar aquel despreciable embrión de sus muchos errores, para poderlo leer en una tertulia de amigos". Es muy posible que en España la lectura de teatro substituyó a la de novelas como pasatiempo predilecto de la burguesía, y este fenómeno en sí explicaría la escasez relativa de materia novelesca en España en el siglo XVIII.

Los estudios que se han llevado a cabo sobre la literatura oral del Siglo de Oro se han ocupado principalmente de la difusión de la literatura artística entre las clases no educadas, y de los efectos de ese fenómeno en el estilo de los autores. Yo quisiera considerar otro efecto – el efecto deletéreo de la costumbre que vengo describiendo sobre el desarrollo de la novela moderna. La mayoría de la literatura del siglo XVII, como la picaresca y la novela italianizante, se adaptaba fácilmente a la recitación. La picaresca, con su estructura episódica de mucha acción, era conveniente para leer en voz alta, y la novela ejemplar, por ser corta y didáctica, también se ajustaba a las circunstancias. Sin embargo, cuando las estéticas novelescas empezaron a cambiar en el siglo XVIII y se popularizó la novela sentimental, con un tempo lento, la acción psicológica internizada, y con minuciosas descripciones tanto del mundo físico como de los procesos mentales y emocionales, las cosas cambiaron (Rodríguez 1985: 55-59). La nueva novela requería una lectura en silencio y con mucha reflexión y, por tanto, no se acomodaba a la lectura en las tertulias. Por eso, en España nunca se recibió el género de la novela sentimental con entusiasmo. Sin embargo, se siguió cultivando la corta novela moral o la episódica y costumbrista novela picaresca, y, claro está, se publicaron miles de sueltas de comedias por ser éstas apropiadas para emplearse en las tertulias.

Se han sugerido muchas teorías para explicar la tardía aparición de la novela moderna en España, casi siempre ateniéndose a la situación política, social, o económica del país. Pero también se deben considerar los factores culturales, sobre todo la vigencia de la costumbre de *escuchar* el texto literario y el afán de los españoles de reunirse en un contexto social como la tertulia. Existe testimonio abundante para indicar que en la España dieciochesca se escribían novelas para ser recitadas y escuchadas. La costumbre es de largo abolengo. En el siglo de oro las formas narrativas se prestaban a este tipo de difusión y recepción, pero la nueva estética novelesca del siglo XVIII, que ponía énfasis en la acción interiorizada y en la introspección, no se prestaba a las necesidades culturales vigentes, y por eso no se aceptaron del todo. En España se siguieron cultivando los géneros narrativos antiguos, pero sucedió una cosa inaudita – el teatro empezó a leerse como si fuera novela por ser fácil su adaptación a la lectura oral. Hasta se podría decir que el teatro sustituyó a la novela como la forma predilecta de lectura de la burguesía. La novela moderna en España tendría que esperar otro medio siglo hasta que los españoles aprendieran a hacer lo que habían hecho sus vecinos europeos desde hacía tiempo – a leer en silencio y para sí mismos.

BIBLIOGRAFIA

Aguilar Piñal, Francisco
1978   *La prensa española en el siglo XVIII*. Madrid: C.S.I.C.

Chevalier, Maxime
1976   *Lectura y lectores en la España del siglo XVI y XVII*. Madrid: Ediciones Turner.

Ferreras, Juan Ignacio
1973   *Introducción a una sociología de la novela española del siglo XIX*. Madrid: Edicusa.

Frenk, Margit
1982   "'Lectores y oidores'. La difusión oral de la literatura en el siglo de oro". En G. Bellini (ed.): *Actas del 7° Congreso de la Asociación Internacional de Hispanistas*, I: 101-128, Roma.

Goldman, Peter
1984   "Plays and Their Audiences in the Eighteenth Century: Notes on the Fortunes of a *Comedia* by Canizares". En *Modern Language Studies*, 14: 53-68.

James, Louis
1963   *Fiction for the Working Man: 1830-1850*. Londres: Oxford Univ. Press.

Monguió, Luis
1951   "Crematística de los novelistas españoles del siglo XIX". En *Revista Hispánica Moderna*, 17: 111-127.

Montesinos, José F.
1960   *Costumbrismo y novela*. Madrid: Castalia.
1966   *Introducción a una história de la novela en España, en el siglo XIX*. Madrid: Castalia.

Rodríguez, Rodney
1985   "Continuity and Innovation in the Spanish Novel: 1700-1833". En Barnette y Barnette (eds.): *Studies in Eighteenth-Century Spanish Literature and Romanticism in Honor of John Clarkson Dowling*, pp. 49-63, Newark, Delaware (USA).

La ocultación de la propia personalidad en las escritoras del siglo XIX

María del Carmen Simon Palmer
CSIC, Madrid

. Hace tres años, en el Congreso de Providence, expusimos las razones que hacen necesaria la continuación del "Diccionario de escritoras españolas" de Manuel Serrano y Sanz, a partir del año 1834, en que termina. Desde entonces hemos iniciado esa tarea y el cálculo que allí pareció a algunos exagerado de que podían llegar al millar las escritoras que hubo entre esa fecha y el fin del siglo, se ha visto ya ampliamente superado al tener ya en estos momentos reunidos mil quinientos nombres diferentes.

La tarea de catalogación de sus escritos plantea infinidad de cuestiones y de problemas, como vamos a tratar de probar ocupándonos tan sólo de algo tan simple en apariencia como son los datos del encabezamiento, es decir el nombre de las autoras.

Bien nos limitemos al escasísimo número de las que anteriormente publicaron libros a su nombre, bien tengamos en cuenta a todas aquellas que figuran en el repertorio citado, cuya evidente inflación criticaba duramente Ricardo Palma en carta a Menéndez Pelayo,[1] su situación ante la sociedad circundante tiene muy poco de común con la de sus seguidoras del periodo que nos ocupa. Cambios de estructuras y de mentalidades, educación diferente, desaparición de viejos prejuicios y nacimiento de otros, vida profesional propia, serán factores determinantes de ese cambio.

Cuando un nuevo clima de libertad permite a tan gran número de mujeres dedicarse a unas tareas acometidas antes por muy pocas, vamos a encontrarnos con la paradoja de que muchas de ellas van a ocultarse en el anónimo o a ampararse con seudónimos y otros recursos de disimulo más o menos completo. Las causas, la variedad y el desarrollo de este fenómeno es lo que, en sus líneas generales, nos proponemos analizar.

Apenas si tienen aquí vigencia algunos de los motivos tradicionales más conocidos, como la posición social (Felipe IV), religiosa (Tirso de Molina) o los científicos declarados por los propios interesados en nuestro tiempo, como las consideraciones filosóficas de Antonio Machado o las psiquiátricas de Fernando Pessoa. De estos dos últimos casos sí conviene tener presente el hecho de los fenómenos de desdoblamiento de personalidad a que tienden los usuarios de múltiples seudónimos.

Ante todo, debe recordarse lo que estas mujeres opinaban de su propio trabajo y hasta qué punto la decisión de que hacían gala al participar en empresas consideradas hasta poco antes como exclusivamente masculinas no se veía coartada por múltiples ligaduras intelectuales y morales, que les llevaba a una continua justificación exculpatoria de su conducta. Así Faustina Sáez de Melgar cuando afirmaba que no era la literatura lo que hacía a una mujer descuidar sus obligaciones.,[1] Eva Canel que ante un numeroso auditorio americano afirmaba que siempre había seguido a su esposo como cualquier mujer española hubiera hecho cumpliendo los deberes del matrimonio.[2]

Existen unas profundas diferencias determinadas por la procedencia social y por la educación recibida, si bien es cierto que encontramos escritoras desde la aristocracia a las clases peor dotadas, con un claro predominio de las de clase media. No faltaron mujeres carentes de estudios pero que con su talento natural y grandes sacrificios fueron capaces de publicar. Este puede ser el caso de Amalia Domingo Soler, espiritista de fama internacional, cuyos trabajos aún hoy se citan en los principales tratados sobre la materia:

> "Desde los diez años he publicado sin dejar de coser, pero mis ojos delicados y faltos de vista por tener una gran debilidad en la retina me han dejado años enteros en la más angustiosa impotencia."[3]

1. El "de" tranquilizador.

Por principio una mujer "literata" inspiraba serios recelos y la manera de disiparlos desde la primera línea consistía en mencionar tras el apellido propio el del marido, unidos por un "de", que venía a ser la garantía de una correcta situación familiar, aval de la sana doctrina moral que de una señora casada o viuda podía esperarse.

Sabemos que en localidades pequeñas algunos hombres públicos se enorgullecían de tener esposas capaces de componer poemas, cuentos u obritas de teatro infantil e incluso de celebrar en sus casas tertulias literarias.

2. Las ocultaciones parciales. Supresión del primer apellido.

Es frecuente el reducir el primer apellido a la inicial y más aún el suprimirlo. Así hace por ejemplo Sofía Casanova, a la que se conocerá de esta forma cuando en realidad su primer apellido era Pérez.

Otras veces se eliminará el apellido materno para unir los paternos, sin duda para disfrutar así de las ventajas.

3. Criptogramas y anagramas.

Los criptogramas son muy empleados y curiosamente no siempre corresponden a las iniciales del auténtico nombre. Mientras María Josefa Medinabeitia, hija de un fiscal del Crimen era M. J. de M., Emilia Martín, casada con Nicolás Díaz y Pérez, autor del "Diccionario [...] de autores extremeños" era E. M. y M. H. en otras ocasiones.

Tampoco se correspondían A. G. A. C. con Margarita López de Morla, educada en Inglaterra, con una famosa tertulia literaria durante el sitio de Cádiz a la que acudían Quintana, Juan Nicasio Gallego, Argüelles, etc. y que acabó loca y recluida en un manicomio de la provincia de Toledo.

4. Títulos nobiliarios reales y supuestos.

Las damas escritoras de la aristocracia española hicieron uso de su título y más veces del de su marido al escribir. Por lo general sus trabajos serán consecuencia de la labor caritativa propia de su clase social. Carmen Chacón Carrillo de Albornoz publicará sus discursos como presidenta de la Junta de Señoras del Colegio de la Paz, como fundadora de la Real Asociación de Beneficencia Domiciliario de Madrid o de la Sociedad de socorro a las religiosas de la capital.

La Vizcondesa Viuda de Barrantes, que tomó el título de su marido, Juan Alvarez de Lorenzana, embajador de España en Roma, decidió a la muerte de éste y con el objeto de costear su mausoleo escribir un libro sobre el difunto que tituló "Lorenzana y su obra".

Dedicada a la literatura estuvo Josefa Ugarte, nacida en Málaga y casada con Fernando de la Cerda, conde de Parcent. Esta señora, a la que el conde de Cheste prologó un libro y obsequió con un concierto, llegó a leer sus poemas en el Ateneo de Madrid.

Viajera e investigadora incansable fue Emilia Serrano, hija de un notario, educada en París, que casó con el barón de Wilson y fue amiga de Dumas, Lamartine, Martínez de la Rosa o la Avellaneda. Tras enviudar recorrió América, con el fin de escribir una Historia General de aquel continente.

Activa defensora de Isabel II durante su exilio y partidaria de la vuelta y proclamación de Alfonso XII fue Amalia de Llano, condesa de Vilches, que llevó durante aquellos años la flor de lis de los Borbones.

Tampoco podemos dejar de mencionar a la duquesa de Alba, María Rosario Falcó, aunque nació en Pau y murió en París y de la que Menéndez Pelayo escribió una necrológica en la *Revista de Archivos, Bibliotecas y Museos* en 1904. Nombró bibliotecario de su casa a Paz y Meliá, consultó con Zarco del Valle que lo era de Palacio y estudió paleografía con el fin de publicar, como lo hizo, los documentos de la Casa de Alba.

Ahora bien, también sabemos de algún caso en que el pertenecer a esta clase social fue para la interesada algo más digno de ocultar que de exhibir. Así le pareció a uno de los personajes más interesantes de nuestras letras del pasado siglo, Rosario de Acuña, Condesa de Acuña, autoproclamada librepensadora y que jamás hizo uso del tal título. Figura polémica, alabada por Alarcón, Narciso Serra o Galdós pero atacada sin piedad por la sociedad del momento que no le perdonó nunca sus ideas antireligiosas. Tan sólo en una obra, y no polémica, disfrazó su autoría con la firma "Remigio Andrés Delafón", pero la valentía al exponer sus ideas, sin duda ayudada por su buena posición económica, le costó la expulsión de España al ocasionar un artículo suyo, como protesta, el cierre de todas las Universidades del país el año 1912.

Caso opuesto es el de aquellas que hubieran dado cualquier cosa por pertenecer a la aristocracia, en vista de lo cual decidieron adoptar un título como seudónimo. Así Joaquina García Balmaseda, actriz en su juventud en la compañía de Joaquín Arjona, unas veces era ella y otras la "Baronesa de Olivares" o "Aurora Pérez Mirón".

5. Seudónimos: nombres y apellidos.

Casi el mismo número que de títulos nobiliarios hallamos de nombres y apellidos que no se corresponden con los auténticos: "Isabel Luna" (Matilde Cherner), "Isidora

Sevillano" (Leonor Canalejas), "Eulalia de Lians" (Fanny Garrido), "Valentina Lago" (Hipólita Muiño) son algunas muestras.

Es difícil averiguar a qué criterio obedecieron para adoptar una falsa identidad. Hay casos en que el apellido, Calderón o Cervantes, explican una aspiración o un homenaje de las que lo adoptaron.

"Esmeralda Cervantes" fue Clotilde Cerdá, famosa violinista que recorrió varias veces el mundo. Era hija de Ildefonso Cerdá, el autor del "Ensanche" barcelonés, y en su caso fue la reina Isabel II la que le aconsejó que en honor al escritor y su personaje se firmara de esa forma.

Leonor Canalejas, maestra, adopta el seudónimo de "Isidora Sevillano" en los trabajos que escribe con el fin de allegar fondos para sostener un albergue de niños pobres que funda por su cuenta. Hasta 1930 oculta su parentesco con Francisco de Paula Canalejas, catedrático, José Canalejas, político y con su hermano poeta que murió joven, Federico Canalejas.

Si observamos los apellidos ficticios descubrimos que son más numerosos los que de algún modo aluden a la naturaleza: Lago, León, Luna, etc.

6. Nombres propios femeninos.

Esta forma va a elegirse principalmente para firmar en las secciones de modas de los periódicos y en las revistas femeninas. Algunos son bastante vulgares como "Emilia", "Ana María", pero es evidente que la influencia del movimiento romántico marcó a muchas autoras, que escogieron nombres más exóticos como "Ossiana" (Catalina Macpherson), "Felicia", "Adlara" (Pilar León) o "Corina" (María Tadea Verdejo). Ahora bien, también debió influir el contacto con otros países, porque es indudable que Macpherson tenía ascendencia extranjera aunque ella fuera andaluza, María del Pilar León y Llorena estuvo casada con el Intendente General de Hacienda en Filipinas y allí residió muchos años, aunque luego regresara a la Península y llegara a ser la suegra de Torcuato Luca de Tena, propietario de *ABC* y *Blanco y Negro*. Virginia Felisa Auber, nacida en La Coruña, marchó con su padre a la Habana cuando éste fue nombrado allí catedrático; "Corina" fue siempre en los libros Francisca Javiera de Larrea, casada con J. Nicolás Böhl de Faber y madre de "Fernán Caballero" pero en Cádiz se la conocía como Frasquita.

De origen árabe son los nombres de "Zulema" (Pilar Díaz Bello) y "Zahara" (Joaquina García Balmaseda) y, sin duda, por sus declaradas simpatías projudías, Carmen de Burgos adoptó el de "Raquel".

7. Nombres propios masculinos.

La belleza de las identidades elegidas es lo primero que llama la atención cuando repasamos los nombres: Gabriel de los Arcos, Evelio del Monte, Gonzalo Bustamante o Jorge Lacoste sugieren al lector de la obra acciones llenas de aventuras y episodios románticos.

Sólo desentona en la lista un "Antonio María", muy apreciado sin embargo por los contemporáneos ya que pertenecía a una "discreta e ilustrada dama", esposa de un conocido escritor, A. Frontaura. Elisa Fernández de Montoya firmó siempre así, incluso cuando colaboró en la revista dirigida por su esposo *Los Niños*.

La helenista más famosa de España, elogiada incluso por Menéndez Pelayo, Josefa Pujol, se llamó muchos años "Evelio del Monte" cuando se ocupaba de la Revista de Modas en la *Ilustración de la mujer* de Barcelona. En 1880 da a conocer su verdadera identidad al publicar *El Parthenón*, en la que colaboran Castelar, Alarcón, Núñez de Arce o Pérez Galdós entre otros.

Sin duda para que sus teorías fueran tomadas más en serio, Rosa Martínez Lacosta decidió llamarse "Krause" al tratar temas filosóficos. También motivado por el contenido, en este caso escabroso, fue el seudónimo "Rafael Luna", elegido por una autora que se suicidó joven, Matilde Cherner. En "María Magdalena", historia de una prostituta, su creadora afirmaba convencida que de haber nacido en Francia el libro habría dado rápidamente la vuelta al mundo.

Quizá la autora más famosa con nombre masculino fue Catalina Albert, "Victor Catalá", que nunca quiso hacer vida literaria y se retiró al paradisíaco lugar de L'Escala en la Costa Brava.

No queremos dejar de mencionar el caso de Eva Canel, a la que ha llegado a negársele la identidad en Catálogos como el de Criado de *Escritoras españolas del siglo XIX*, donde se afirma categóricamente que era su marido, el periodista Perillán Buxó, el que firmaba con el nombre de su esposa. Tan peregrina teoría cayó por su peso, al continuar, ya viuda, publicando y dando conferencias durante muchos años.

8. Lemas.

Los religiosos serán los preferidos y responden directamente al contenido del texto. "Una amiga de la humanidad" era Teresa Martínez, y "Una Hija de María", Victorina Sáenz de Tejada. Esta autora, con una vida llena de desgracias, acabó profesando como religiosa, tras lo cual se firmó "Una religiosa del convento del Espíritu Santo". Por su parte María Ruíz Tordesillas, también cultivadora de temas religiosos, era "Una asociada al Rosario Perpetuo".

La anfitriona de una de las principales tertulias literarias gallegas de la Corte, Emilia Calé, se firmaba "Esperanza". Casada con el funcionario y periodista Lorenzo López Quintero, en su casa recibían a Vesteiro Torres, los Muruais, Curros Enríquez, Taboada, etc.

La esposa del Gobernador de Filipinas, Josefa Estévez, fue "Ventura" los años que residió en aquellas islas. Al quedar viuda profesó como religiosa en el convento de Salesianas de Vitoria, y siguió escribiendo como "Sor María de Loyola".

9. Plantas.

Como era de esperar las flores elegidas por nuestras escritoras para que las representaran se encuentran siempre entre las más humildes.

Tenemos una "Flora del Valle", Concepción Galarraga, un "Narciso del Prado", Paulina Ibarra, casada con el abogado, escritor y músico Ricardo Benavent Feliu. Sarah Escarpizo Lorenzana en sus primeros años antes de dedicarse a la enseñanza, fue "Margarita del Campo", y más tarde decidió unir los dos apellidos paternos.

El caso más extraño es el de Consuelo Alvarez, "Violeta", porque el contenido de sus trabajos no se corresponde con lo que pudiera esperarse del seudónimo elegido. Barcelonesa, participó en meetings políticos de signo republicano y en el Congreso de la Asociación Española para el Progreso de las Ciencias. Colaboradora de *La Escuela Moderna* y redactora de *El País*, sustuvo una viva polémica con Rosario de Acuña por la insistencia de ésta en no afiliarse a ninguna escuela ni partido político.

10. Topónimos.

Conocemos el motivo de la elección por Cecilia Böhl de Faber del topónimo "Fernan Caballero". Su tercer marido Antonio Arrom de Ayala se empeñó en publicar *La Gaviota* en París, pero luego le convencieron de que debía hacerse en Madrid. Cecilia se negó pero él se había comprometido ya con el ministro don Pedro de Egaña, director de *El Heraldo*. La convenció de que lo único que podría hacerse, si tal repugnancia tenía a ver con su verdadero nombre en letras de molde, era designar un seudónimo, lo cual había de hacer prontamente, pues no quedaba tiempo.

> "En este apuro, cogí unos periódicos que había sobre la mesa para buscar un nombre cualquiera que pudiese evitar al mío propio el salir a la vergüenza pública, y encontré la relación de un asesinato cometido en un pueblecillo de la Mancha llamado Fernán Caballero [...] Gustóme este nombre, por su sabor antiguo y caballeresco, y sin titubear un momento lo envié a Madrid, trocando para el público mis modestas faldas de Cecilia por los castizos calzones de Fernán Caballero."[4]

Alava, Jérez y El Espinar también fueron cuna de autoras agradecidas a su lugar de origen.

11. Animales.

No fue muy popular su uso como seudónimo. Sólo hemos hallado una "Gallina ciega", Enriqueta González Rubín, y la famosa "Colombine", Carmen de Burgos que lo empleó por sugerencia del periodista Augusto Figueroa.

12. Condiciones físicas

Aunque falleciera en 1807 y queda por tanto casi fuera de nuestro límite cronológico, incluimos aquí a Josefa Francisca de Jovellanos, que durante la reclusión de su hermano en el Castillo de Bellver firmó las cartas que le enviaba como "La esbelta".

La popular "Ciega de Manzanares", Francisca Díaz Carraledo, unió a su deficiencia física el nombre de su pueblo.

Tras este rápido enunciado de los diversos modos que para ocultar su auténtica identidad emplearon nuestras antepasadas pueden sacarse varias conclusiones a pesar de los pocos datos biográficos que nos han dejado. Que uno de los motivos principales de esta falsa identidad es su relación familiar con hombres de letras, unas veces por temor a perjudicarles en su prestigio, otras por defender su originalidad y en algún caso para que no se hicieran comparaciones malévolas. Frontaura, "Federico Morales", Nicolás Díaz y Pérez. J. N. Böhl de Faber, Martínez Sierra, Echegaray, Luís Ruíz Contreras son sólo algunos nombres.

Es curioso que otro grupo de autoras disfrazadas sea el que forman las casadas con militares de alta graduación, a los que no podían exponer a la burla de los compañeros. Leonor Canalejas es representativa, por otra parte, de aquellas relacionadas con la clase política, pero que al no llegar a la realeza, que tuvo destacadas autoras, no podía arriesgar su buen nombre.

Existió también el auténtico deseo de anonimato, María del Pilar Díaz Bello, "Zulema", no quiso que Carolina de Soto la incluyera entre sus "Poetas andaluces contemporáneos". Tampoco MacPherson, si hemos de creer a sus editores, apareció nunca por las redacciones, adonde mandaba el original con un criado y caso similiar fue el de "Victor Catalá".

Algunas autoras trabajaron en proporciones tan enormes que no tuvieron más remedio que acudir a varios seudónimos al tiempo para poder publicar en varios lugares y para que el público no se cansara de ver el mismo nombre. Así lo reconoce Carmen de Burgos, que al dejar a su marido y llegar a Madrid desde Almería con su hija, tuvo que trabajar y escribir obras poco explicables en una autora de ideas y vida avanzada para su tiempo. Ramón Gómez de la Serna en un entrañable retrato que nos dejó de su amiga explica cómo hasta alcanzar cierto renombre "llegó a escribir fajas en casa de una modista que tenía un periódico de modas. Para dar variedad a su nombre usaba seudónimos románticos e ingenuos como "Raquel", "Honorina", "Marianela". Apenada, nerviosa, fatigada escribía para vivir hasta que por fin fue la primera redactora del periódico".

Creemos que la diversidad de falsas identidades adoptadas no es más que un reflejo de la diversidad existente también entre nuestras autoras, de forma que resultan absurdos los esquemas tradicionales que tratan de englobar la literatura femenina en un mismo bloque, como si el hecho de ser mujer llevara consigo una uniformidad ideológica.

NOTAS

1 Carta de 25 de mayo de 1903, relativa al tomo I, publicada en el *Boletín de la Sociedad Menéndez Pelayo*, 15 (1933): 384-385, Santander.

2 M. Carmen Simón Palmer: "Escritoras españolas del siglo XIX o el miedo a la marginación". En *Anales de Literatura Española*, II (1982), Alicante.

3 Amalia Domingo Soler: Sus más hermosos escritos (s.a.). Barcelona: Ed. Mancci.

4 En P. Luis Coloma: "Recuerdos de Fernán Caballero", en sus *Obras Completas*, 1960: 1435, Madrid: Ed. Razón y Fé. Y respecto al seudónimo masculino empleado, véase E. H. Hespelt, "A Second Pseudonym of Cecilia Böhl de Arrom". En *Modern Language Notes*, 41 (1926): 123-125. El de "León de Lara".

SIGLO XX

Tres personajes de Castillo-Puche en busca de un camino

Concha Alborg
St. Joseph's University, Philadelphia

Al considerar las tres primeras novelas de José Luis Castillo-Puche, los críticos, generalmente, las han estudiado en el orden de su publicación: primero *Con la muerte al hombro* de 1954, seguida de *Sin camino* de 1956 y después *El vengador* de este mismo año.[1] El autor inclusive lo hace así apoyándose en la cronología de su vida que le sirve de base para sus novelas.[2] Pero si las examinamos por su orden de creación, o sea, *Sin camino* antes que las otras dos, y en conjunto, se puede ver en ellas una progresión hasta cierto punto estilística, pero, sobre todo, temática. Los tres personajes protagonistas de estas obras: Enrique, Julio y Luis de *Sin camino*, *Con la muerte al hombro*, y *El vengador* respectivamente, tienen varios rasgos en común que les caracterizan. Sin embargo, al enfrentarse con sus propias situaciones, cada uno reacciona de un modo diferente que indica un desarrollo, un mayor grado de madurez, en su trayectoria vital.

A pesar de que hoy día *Sin camino* es una novela totalmente inofensiva, su publicación fue prohibida en España y se imprimió en La Argentina en 1956 diez años después de haber sido escrita, de aquí la situación cronológica a que hemos aludido.[3] De forma tradicional, en quince capítulos numerados, un narrador en tercera persona cuenta la historia del protagonista, Enrique, un seminarista que estudia en la Universidad Pontificia de Comillas. La tensión es evidente puesto que desde el primer momento se establece su falta de vocación y su estado de incertidumbre que le impide tomar la decisión de abandonar el seminario hasta el último momento antes de ordenarse que cierra la novela. El nombre del hermano Gabriel que sirve de introducción a la acción es simbólico de la "caída" que sufrirá el protagonista y la novela *Pepita Jiménez* que está leyendo el seminarista acentúa las sospechas del lector.

La caracterización de Enrique es implícita puesto que no se explica claramente su pasado. Se indica que hay algo sospechoso sobre su participación en la zona roja durante la guerra civil y tampoco se aclara su relación con Isabel, aunque se sugiere que fue platónica. Es sorprendente la falta de experiencia del personaje con las mujeres y es posiblemente esto lo que justifica su infantil obsesión con ellas. A pesar de sentirse enamorado de Isabel, persigue a Inés, una chica del pueblo, que le corresponde y le desdeña como típica adolescente. Aprovechando una salida del seminario, Enrique conoce a una prostituta con quien tampoco es capaz de establecer una relación significativa. Su preocupación por la mujer, pues, es más un efecto que la causa de su falta de vocación religiosa.[4]

La madre del protagonista, hasta cierto punto, ejerce una influencia más fuerte sobre él. Es a ella a quien le entusiasma la idea de tener un hijo sacerdote; la carta que le escribe es indicativa de una religiosidad acerbada que le hace a Enrique sentirse culpable cuando considera la posibilidad de abandonar el sacerdocio.[5] El estado ambivalente de su conciencia se expresa por medio de monólogos interiores que se van incorporando a la narración, de una forma tentativa al principio, y usados eficazmente al final como el que incorpora las palabras en latín de la ordenación con sus atmormentados sentimientos.[6]

Pero, sin duda, la situación en el seminario es la razón primordial por la cual Enrique no quiere ordenarse. Toda la novela está colmada de una crítica amarga a esta institución, de aquí la actitud de la censura cuando prohibió la obra. Como indica el mismo Castillo-Puche no se comprende que se defina esta novela de "católica" cuando su intención fue precisamente una de denuncia.[7] Es evidente el ambiente mezquino e hipócrita que se respiraba en el seminario en opiniones como ésta: "Todo es hablar aquí del celo, de los métodos modernos de apostolado, de los obreros: pero a la hora de la verdad lo que priva es la canonjía y la oposición, el enchufe y la nómina" (p. 77). De todos sus compañeros sólo hay uno o dos que merecen apreciación por su carácter (p. 261), y algunos, como Noli, son verdaderamente repulsivos. Tampoco entre los hermanos, salvo el Enfermero, hay ninguno que represente un aspecto positivo de la Iglesia. El Padre Espiritual y el Padre Prefecto le inculcan un sentido erróneo de la religión que culmina en las escenas tan patéticas de la flagelación (pp. 43-45). En ocasiones la censura de aquella vida se lleva a cabo a través de la ironía, como cuando celebran un Auto Sacramental para conmemorar el Cincuentenario de la Comunidad y debido a su extensión le llaman "camión" (p. 94).

Enrique, acosado por los padres, influenciado por su familia, e indeciso de por sí no sabe qué camino tomar. Hasta que, en lo que creía iba a ser un encuentro con Inés, se enfrenta con un teniente que la requiebra, discuten y sin querer le hace caer por un acantilado al mar. Con una actitud impropia de un futuro sacerdote, el seminarista encubre la muerte de su rival y a raíz de este incidente decide, finalmente, dejar el seminario "desorientado, pero con paso firme" (p. 273). En esta situación existencial – la falta de vocación – enmarcada en su contexto social – la institución religiosa – el personaje huye sin definirse a un futuro incierto. Es de notar que también Enrique podría denominarse como el que lleva "la muerte al hombro".

Lo cual nos conduce a la novela de ese título *Con la muerte al hombro* publicada en 1954, pero la segunda en la creación de Castillo-Puche.[8] Técnicamente esta obra es mucho más interesante que la anterior por su estructura enmarcada. A las memorias de Julio, el protagonista, que forman el cuerpo de la novela, le precede una carta del propio personaje a Castillo-Puche a quien conoce por ser del mismo pueblo – Hécula.[9] En otras palabras, el autor se finge editor y escribe una "aclaración" al final incluyendo otra carta de un tal R. que revela el resultado de la autopsia de Julio.[10] En términos semióticos esta situación crearía un esquema cerrado[11]:

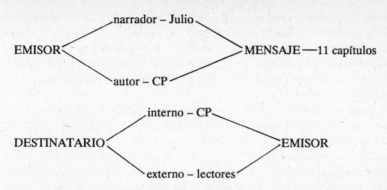

Otra dinámica presente en la obra es la de las voces narrativas; Julio cuenta su vida desde Madrid donde se ha refugiado a esperar su muerte. Pero hay un contraste entre el presente de la narración y el pasado – más o menos cercano – que recuerda, creando lo que llama Oscar Tacca (1978: 138) técnica del doble registro.[12] A esta doble perspectiva se le une lo apremiante del tiempo y su conciencia de narrador, como cuando dice: "Por muy penoso que sea todo esto, la muerte, para mí entonces era un sueño, no una realidad, un sueño entre las tinieblas de muchas cosas incomprensibles, pero no esta realidad, fría que me hace pensar ahora mismo: 'A lo mejor ni este capítulo dejo concluido'" (p. 99).

Julio es un hombre de menos de treinta años que vive en un piso de la Gran Vía en Madrid, convencido de que va a morir inminentemente de la misma enfermedad que ha aniquilado al resto de su familia. Se trata de la tuberculosis, pero como rasgo de su paranoia, no menciona su nombre más que en eufemismos o perífrasis. Ni tan siquiera va al médico por miedo de que confirme sus temores, e inclusive el doctor Val, que también se ha trasladado de Hécula a Madrid, está convencido de la diagnosis.[13]

La obsesión de Julio con la muerte no carece de razones: la ha heredado de su pueblo. Hécula es: "la Rusia española", "una tierra hosca" con "luto cotidiano y tremendo" donde "la muerte, al parecer, nada importa y donde la vida se acepta siempre como una maldición insoportable" (p. 16).[14] Este culto a la muerte se manifiesta en la atención morbosa que prestan al cementerio, los funerales, el canto de los auroros, los velatorios, los entierros [...] No es de extrañar, entonces, que, después de la muerte de su padre y de sus hermanos, Julio no quiera hacer pública la de su madre y la entierre al pie de un árbol en su propio huerto.[15]

Como Enrique, Julio carece de un camino preciso: no tiene trabajo, ni profesión, ni otro plan más que esperar su muerte.[16] También tienen en común la falta de desarrollo en lo que se refiere a las relaciones con las mujeres. Julio había tenido una suiza, pero estas situaciones no están presentadas explícitamente. Igual que Enrique, Julio se relaciona con una prostituta, Elvira, que le sirve de entretenimiento en su vida carente de sentido.[17]

La intriga de la obra se acentúa cuando Julio descubre que Elvira sale con el doctor Val. Sintiéndose rechazado, el protagonista se dedica a seguir a los amantes. En el encuentro final con el doctor Val, Julio le clava un estilete en el pecho, y creyendo que le ha matado, le deja sus memorias a Castillo-Puche y huye para ser emboscado después por un hermano de Elvira que le asesina. La ironía revelada en las notas finales es doble: el doctor Val no murió de la herida producida ni Julio estaba enfermo de tuberculosis: "El informe de la autopsia le señalaba como un hombre fisiológicamente normal, sano y de tipo atlético" (p. 313).

Nos encontramos en Julio con un personaje que, parecido a Enrique, se halla en conflicto consigo mismo y con una entidad social – aquí Hécula. Su solución es abandonar su pueblo y perderse al amparo de la gran ciudad. Lo que es evidente es que su final no queda abierto, como el de Enrique, y más significativo, que es capaz de venganza: he aquí el verdadero "vengador".

El vengador (1956) fue el título con el que se publicó la tercera novela de Castillo-Puche porque la censura no permitió que se titulara "La guerra ha terminado".[18] Estas palabras, que fueron la primera frase oficial de Franco después de la victoria, son evidentes del contenido político que comprende esta novela. Si la guerra había terminado no era así con el odio que todavía vivía en Hécula – otra vez – el pueblo de Luis, narrador de su propia historia: "Hécula es así. En Hécula se viven a perpetuidad los pleitos y los odios" (p. 95).

Al regresar allí después de la guerra, se entera de que sus hermanos y su madre habían sido asesinados brutalmente. La gente del pueblo está sedienta de venganza. De nuevo vemos la influencia de Hécula sobre el personaje. El pueblo espera que Luis se ensañe cruelmente y lo más pronto posible, incluso recibe varios anónimos que censuran su falta de acción: "... el plato fuerte era el de la venganza, aquella venganza que yo iba difiriendo, pero que de algún modo tendría que cumplir porque no era mi venganza, sino la venganza de todo un pueblo que caía sobre mí" (pp. 226-227). Luis resiente esta intromisión y recurre a la guardia civil para que le ayude a investigar los asesinatos de su familia. En el curso de sus pesquisas descubre el cadáver de un desconocido en el nicho de su familia; desde ese momento le preocupa tanto esa muerte como la de sus hermanos. Siguiendo el mecanismo que venimos haciendo, hay aquí un personaje que realmente "lleva la muerte al hombro".

El peso del ambiente y de esa muerte es evidente en los sueños que forman parte de su caracterización. En "horrorosas pesadillas" soñaba que "un río de barro negruzco y espeso corría carretera adelante detrás de mí, pisándome los talones"; o que estaba "metido en la hornacina de un altar"; o "me dejaban caer muy despacio y atado de una cuerda a lo profundo de un pozo"; o "se encontraba en un nicho estrecho en el que me habían metido dentro de una caja" (pp. 275-276). Además, su estado de desesperación se demuestra en que – contrario a los otros dos personajes que hemos estudiado – llora por lo menos en tres ocasiones; una de ellas en frente mismo de sus primas (pp. 243, 275 y 290).

Luis se parece a Enrique y a Julio en que también es tímido con las mujeres; ni tan siquiera se atreve a besar a las chicas para celebrar el fin de la guerra y su conversación con Marina, la que fue novia del hermano, raya en lo ridículo. Pero de los tres, Luis es el personaje que mejor representa la moral cristiana.[19] En las escenas que abren las novela se demuestra su caridad cuando se compadece del miliciano que sube al camión.[20] La idea del perdón reaparece varias veces en su conciencia y aunque no quiere hacer caso a don Roque, el arcipreste, oye sus conversaciones con las primas: "Si queremos que Dios nos perdone, tenemos que perdonar" (p. 110) y en el fondo está de acuerdo con él (p. 266). Es consecuente, pues, que perdone al Tieso, el guardia que presenció la muerte de uno de sus hermanos (p. 216) y que al final, inspirado por las palabras que recuerda de su madre: "Estáte quieto, olvida. No te muevas, perdónalo todo" (p. 298), decide alejarse del pueblo sin vengarse.

En sus reflexiones le pesa en su conciencia aquel cadáver que está enterrado, abandonado y lejos de los suyos en la tumba de sus padres; como él, habían muerto mil más en Hécula solamente. No era su familia la única que podría vengarse. Lo irónico de su decisión final es que se presenta en su unidad dispuesto a reincorporarse al servicio militar. Se sugiere que va a matar de nuevo – también lo hizo durante la guerra – pero de eso es capaz mientras sea parte de su obligación, lo que no puede hacer es vengarse en sangre fría en contra de su moral: "Me quedé tan tranquilo. La paz había entrado dentro de mí y no me importaba lo más mínimo coger de nuevo las armas" (p. 302). La solución de Luis – comparada con la de Enrique o la de Julio – es la que indica mayor grado de responsabilidad. Aquí el conflicto más que religioso o social es de tipo político y se resuelve de una forma bien definida.

Castillo-Puche afirma que sus personajes tienen un carácter antiheroico;[21] no cabe duda que Enrique, el protagonista de *Sin camino*, distaba mucho de ser un héroe. Tampoco era ejemplar la conducta de Julio en *Con la muerte al hombro* aunque el autor le redima en la nota final por haber tenido la fortitud de escribir sus memorias: "Y sólo por esto cobraba ante mí calidades de héroe" (p. 311). Luis de *El vengador*, sin embargo, es el más heroico de los tres; su participación en la guerra le gana la distinción de "heroico soldado" (p. 300), pero su valentía no radica en esto, sino en ser capaz de no vengarse.[22]

Se ha destacado que Castillo-Puche, igual que Cela, hace uso del tremendismo y la truculencia.[23] Particularmente en *El vengador* hay varias escenas que podrían denominarse así: la exhumación del cuerpo de la madre, el hallazgo del forastero en el nicho familiar, las atrocidades de la guerra, las muertes horripilantes de Enrique y de la madre, y el suicidio del hombre en la tinaja de vino. Incluso técnicamente hay un gran parecido entre la estructura enmarcada en *Con la muerte al hombro* y de *La famila de Pascual Duarte*.

Otra característica que ambos autores tienen en común es el gusto por agrupar sus novelas en ciclos o trilogías. Castillo-Puche ha publicado recientemente su trilogía de la liberación, y tiene dos novelas anteriores que pertenecen a una trilogía inacabada: "El cíngulo".[24] Es mi opinión que *Sin camino*, *Con la muerte al hombro* y *El vengador*, estudiadas en este orden, forman una trilogía bien definida – aunque innominada. Sus personajes, como pudimos ver por sus rasgos en común y por lo intercambiable de sus títulos, podrían ser uno y el mismo personaje; mientras que, a la vez, el desenlace de las tres situaciones presentadas indican una progresión temática. Un posible título para esta propuesta trilogía de Castillo-Puche podría ser "Caminos inciertos" que es, precisamente, el que usó Cela para un ciclo suyo que quedó inconcluso.[25] Estos tres personajes buscan, pues, su camino en la vida. No sabemos si Enrique lo encuentra o no, por lo menos abandona un camino equivocado. Julio sigue otro camino en Madrid lejos de la opresión de su pueblo aunque tampoco él consigue definirse. Y Luis se decide a tomar una decisión que para él es más apropiada que la venganza.

NOTAS

1 Véase Juan Luis Alborg (1958, 1: 284-300) y Gonzalo Sobejano (1975: 259-263).

2 Me baso en el texto de una conferencia que Castillo-Puche leyó en una gira por los Estados Unidos (1985: 12-19). Hay que llevar cuidado, sin embargo, en diferenciar entre lo que es vida y lo que es biografía; sus novelas se basan en sus experiencias, pero no son autobiográficas completamente (p. 8). Tres de esas experiencias, siguiendo la misma fuente citada, son el impacto de la niñez – su pueblo; el impacto de la adolescencia – el seminario; y el impacto de la juventud – la guerra civil (p. 22). Cada una de estas experiencias está representada en una de las novelas que estudiamos en este artículo. La tesis de Luis Fonseca (1972) es un trabajo basado en la misma premisa.

3 Y aun cuando se publica en Madrid le faltan cincuenta páginas que suprime la censura. Sería interesante re-evaluar esta obra y otras del autor que van a re-editarse en España próximamente considerando los episodios que faltaron. La edición que utilizo es la de Madrid: Editorial Bullón, 1963. Las citas referentes a esta novela aparecen en el texto con las páginas correspondientes.

4 En la conferencia citada en nota 2, dice el autor: "*Sin camino* no es – como tantas novelas de este tema – un testimonio de ruptura por la mujer – siempre la mujer –, sino que *Sin camino* yo diría que es un alegato generacional frente a las conductas y la educación eclesiástica" (p. 15).

5 Valgan estas líneas de su carta de ejemplo: "No sé si yo llegaré a verte en el altar, pues cada día estoy más floja y viejecita, pero sea como sea, tú ya sabes que yo lo único que quiero es que seas un sacerdote santo y que mi único consejo ha sido siempre decirte que las cosas de la tierra no valen nada y todas son desengaños y que lo único que hace ser feliz es tener la conciencia tranquila y obrar bien: ¡Qué feliz seré yo, aunque esté en el cielo, viendo que tú salvas muchas almas ...!" La carta de la hermana tiene el mismo efecto sobre el seminarista (p. 124) y los regalos de la familia sirven para acrecentar su sentido de obligación (p. 255).

6 "*Declaratio propia manu subscribenda*: '¡Ya está aquí!', *a candidatis in singulis SACRIS ORDINIBUS suscipiendis, juramento coram Ordinario praestito*. Un papel de éstos lo contiene todo. Empieza: *Ego subsignatus*... Aquí, Enrique, tu nombre y tus apellidos. ¡Pónlos ya! No, con cuidado; no vaya a caer un borrón. Enrique [...] Mi nombre no es sólo un nombre, mi nombre soy yo, que tengo un destino propio, un destino único, un destino mío. Y abajo vendrá la firma [...] Si no hubiera ocurrido todo lo de la guerra, quizá tampoco tuviera yo tanto que pensar. Aunque ahora ya no hay que pensar nada. Lo de Pilatos: *Quod scripsi, scriptum est*. Uno es libre, pero no lo es. ¡Adelante! *Exhibueri, pro recipiendo* [...] Todavía en estas primeras Ordenes cabe un arrepentimiento, pero las que vienen después, ésas [...] ponen la carne de gallina. Las otras son las decisivas. Ahora no hay voto. Todavía [...] *Ordine sacra instante Ordinationem ac diligenter re perpensa coram Deo, juramento interposito*. 'Juro por Dios y por España', que el trigo escondido [...] (*De internis neque Ecclesia*.) Prosigue: *recipiendo eodem sancto Ordine*: ¡A ordenarse! A ver quién es el guapo que ya, casi saliendo de la sacristía, se vuelve atrás [...] Con una madre esperanzada no se puede hacer eso" (p. 256).

7 En el texto ya citado en notas 2 y 4 afirma Castillo-Puche que no es un novelista católico "...en mis novelas, aunque sean de curas, no hay apologética, no hay milagros, ni conversiones, ni nada de eso que hace una novela católica. En mis novelas de curas lo único que hay es crítica, incluso sátira" (pp. 6-7). Los críticos asocian su nombre con el de un novelista católico especialmente porque su novela *Hicieron partes* ganó el premio "Laurel del libro" en un concurso de novela católica, véase José María Martínez Cachero (1979: 202). José Domingo (1972: 6) analiza la novela *Como ovejas al matadero*, y también ve en ella un documento testimonial.

8 También a esta novela le faltan cincuenta o sesenta páginas suprimidas por la censura, Entrevista en Columbus, Ohio, Octubre 3-5, 1985. Uso la edición de Barcelona: Destino, 1972. Las demás referencias aparecerán en el texto.

9 Castillo-Puche nació en Yecla, un pueblo de Murcia en 1919. Del mismo lugar escriben Azorín y Baroja que la llama Yécora en sus obras. Para un estudio biográfico véase Manuel Cerezales (1981: 5-36).

10 Según Oscar Tacca "Este autor-editor o transcriptor, más que un autor es un fautor en el sentido policial y vagamente delictivo que ha adquirido la palabra. El autor recurre a la coartada, instiga, desaparece, actúa por delegación vicariamente" (1978: 38).

11 Me baso en el esquema de Cesare Segre (1985: 12).

12 En las palabras de este crítico: "Hay un procedimiento muy utilizado por la novela, que consiste en un verdadero desdoblamiento entre narrador y personaje, aunque conservando su coincidencia, su identidad. El personaje cuenta hechos de su pasado, pero contemplados con la relativa 'ajeneidad' que impone el tiempo" (p. 138).

13 Véase el estudio de Gemma Roberts (1978: 236-261) para un análisis de la muerte o de la enfermedad del protagonista.

14 No es de extrañar que Castillo-Puche fuera expulsado de Yecla a raíz de la publicación de *Con la muerte al hombro* y no pudiera volver en 15 años. Después le recibieron con honores y ahora, de nuevo, por la publicación de *El libro de las visiones y apariciones* (1977), otra vez es persona "non grata". En una entrevista con José Hernández (1979: 152).

15 Todas estas vivencias de su pueblo natal y de su familia son las mismas que están presentes en la Trilogía de la liberación compuesta por *El libro de las visiones y las apariciones* (1977), *El amargo sabor de la retama* (1979) y *Conocerás el poso de la nada* (1982). Sobre esta trilogía me refiero en "La trilogía de la liberación de José Luis Castillo-Puche" (Annual Meeting of the American Association of Teachers of Spanish and Portuguese, Madrid, agosto 9-13, 1986). Gemma Roberts ve al miedo de *El vengador* y *Con la muerte al hombro* como antecedentes de *El libro de las visiones y las apariciones*. "Miedo en Hécula" (1978). Y el mismo crítico hace un juego con los títulos (algo como lo que venimos haciendo en este artículo) en "Con el pasado al hombro: *El amargo sabor de la retama*, de José Luis Castillo-Puche" (1980).

16 "Mi vida siempre ha sido además, eso, dejarme llevar, desmarcado, distraído. Me lo habían dado todo hecho e intuía vagamente que lo que estaba haciendo tenía su valor. No podía ni suponer adónde conducían la mayor parte de mis actos, ni el objeto de las consignas" (p. 219).

17 Hasta las conversaciones con ellas son similares en lo forzadas y ridículas:
– ¿Sabes que eres muy bonita?
– ¿Sí, de veras? ¿Soy bonita yo? (p. 129).
y en *Sin camino*:
– ¿Qué miras?
– Estaba viendo lo bonita que eres.
– ¿Sí? ¿De veras que te gusto? (p. 174).

18 Así lo afirma Castillo-Puche y corrobora: "Por lo visto, la guerra estaba todavía en los corazones, la guerra no había terminado" (p. 17), de su conferencia ya citada. Lo irónico es que esta frase aparece también en *Con la muerte al hombro* (p. 255) para seguir esta serie de correlaciones que venimos exponiendo. De *El vengador* utilizo la edición Barcelona: Destino, 1975, las referencias a las páginas correspondientes estarán en el texto. Juan Ignacio Ferreras en *Tendencias de la novela española actual 1931-1969* (1970: 95-96) comenta sobre el mismo aspecto de *El vengador*, además afirma que "es una de las mejores de cuantas [novelas] se han escrito hasta ahora en España y durante la postguerra".

19 En ocasiones se hace uso de un léxico de aspecto religioso: "Era una hora tensa y difícil. La gente había sufrido. Era como esa hora preliminar de la resurrección; pero las tinieblas se enseñoreaban aún del mundo. Más que de bienaventuranzas, de lo que se podía hablar en aquel instante era de agonías y calvarios. Faltaba algo para que pudiera efectuarse la redención de muchos espíritus" (p. 115). Aunque no se mencionan estas páginas, se puede ver el uso del lenguaje religioso en el completísimo libro de Emilio González-Grano de Oro, *El español de José L. Castillo-Puche* (1983: 267-278).

20 Y piensa: "'Que un hombre se enternezca por un ser desgraciado que está reclamando con los ojos un poco de amor, no creo que sea un gran pecado', me decía a mí mismo muy convencido de que todo mi afecto hacia el tierno miliciano era una explosión de un súbito sentimiento de caridad" (p. 27).

21 Página 8 de su conferencia.

22 El capitán de *El vengador* expresa sobre los héroes: "A mí los héroes me dan cien patadas en la barriga. Además, aquí no hacen falta héroes" (p. 194).

23 Lo hace Eugenio G. de Nora (1979, 3: 160) y Sobejano (1975: 105) entre otros.

24 *Como ovejas al matadero* (1971) y *Jeremías el anarquista* (1975) son las dos novelas publicadas de esta trilogía; la tercera *Opus perfectum* está terminada, pero sin publicar y tiene lugar en Roma sobre una lucha entre el Opus Dei y la Compañía de Jesús de "Charla con José Luis Castillo-Puche" (Hernández 1979: 153).

25 Según Sobejano (p. 113). Despúes de escribir este artículo, me encontré con el comentario de Manuel García Viñó (1975: 53) que dice también sobre estas tres novelas: "El mismo personaje, sí, en tres novelas que podrían haber formado trilogía". Lo cual reafirma mi tesis.

BIBLIOGRAFIA

Alborg, Juan Luis
    1958   *Hora actual de la novela española*. Madrid: Taurus.

Bourneuf, Roland, y Ouellet Real
    1981   *La novela*. Barcelona: Ariel.

Castillo-Puche, José Luis
    1954   *Con la muerte al hombro*. Barcelona: Destino.
    1956   *El vengador*. Barcelona: Destino.
    1963   *Sin camino*. Madrid: Editorial Bullón.
    1971   *Como ovejas al matadero*. Barcelona: Destino.
    1975   *Jeremías el anarquista*. Barcelona: Destino.
    1977   *El libro de las visiones y las apariciones*. Barcelona: Destino.
    1979   *El amargo sabor de la retama*: Barcelona: Destino.
    1982   *Conocerás el poso de nada*: Barcelona: Destino.

Cerezales, Manuel
    1981   *José Luis Castillo-Puche*. Madrid: Ministerio de Cultura.

De Mola, Yolanda
    1974   "Castillo-Puche and the Theme of Conflict". En *DAI* 35: 1651A-52A.

Domingo, José
    1972   "Del seminario a la isla. Castillo-Puche. Garcías Ramos". En *Insula*, 302: 6.

Ferreras, Juan Ignacio
    1970   *Tendencias de la novela española actual 1931-1969*. París: Ediciones Hispanoamericanas.

Fonseca, Luis
 1972   "José Luis Castillo-Puche: Los temas de su obra literaria". En *DAI*, 33: 1722A.

García Viñó, Manuel
 1975   *Novelas española actual*. 2ª ed. Madrid: Prensa Española.

Gómez Gil, Alfredo
 1971   "José Luis Castillo-Puche". En *Cuadernos Americanos*, 177: 234-247.

González-Grano de Oro, Emilio
 1982   "Visión y sabor del poso de la nada: Trilogía de Castillo-Puche". En *Cuadernos Hispanoamericanos*, 388: 201-205.
 1983   *El español de José Luis Castillo-Puche*. Madrid: Gredos.

Gullón, Ricardo
 1984   *La novela lírica*. Madrid: Cátedra.

Hernández, José
 1979   "Charla con José Luis Castillo-Puche". En *Hispania*, 62: 152-154.

Kayser, Wolfgang
 1981   *Interpretación y análisis de la obra literaria*. Madrid: Gredos.

Martínez Cachero, José María
 1973   *Historia de la novela española entre 1936 y 1975*. Madrid: Editorial Castalia.

Nora, Eugenio de
 1979   *La novela española contemporánea (1939-1967)*. Madrid: Gredos.

Portuondo, Alicia Edelmira
 1976   "La novelística de José Luis Castillo-Puche". En *DAI*, 38: 829A-830A.
 1979   "Studia Gratularia". En Manuel Cerezales: *José Luis Castillo-Puche*, pp. 124-129, Madrid: Ministerio de Cultura.

Roberts, Gemma
 1978   "Miedo en Hécula". En *Cuadernos Hispanoamericanos*, 340: 209-214.
 1978   *Temas existenciales de la novela española de postguerra*. Madrid: Gredos.
 1980   "Con el pasado al hombro: El amargo sabor de la retama de José Luis Castillo-Puche". En *Cuadernos Hispanoamericanos*, 361-362: 371-378.

Sanz Villanueva, Santos
 1972   *Tendencia de la novela española actual*. Madrid: Cuadernos para el diálogo.

Segre, Cesare
 1985   *Principios de análisis del texto literario*. Barcelona: Editorial Crítica.

Sobejano, Gonzalo
 1975   *Novela española de nuestro tiempo*. Madrid. Editorial Prensa española.

Soldevila Durante, Ignacio
 1980   *La novela desde 1936.* Madrid: Alhambra.

Spires, Robert C.
 1978   *La novela española de posguerra*. Madrid: Cupsa.

Tacca, Oscar
 1978   *Las voces de la novela*. Madrid: Gredos.

"Estampas del faro" o el cuento lírico de Gabriel Miró

Marta E. Altisent
University of California, Davis

"Estampas del faro" pertenece a un conjunto de relatos que Gabriel Miró publicó en el periódico barcelonés *La Publicitat* entre 1919 y 1920. Los subtítulos de "estampas" y "viñetas" que acompañaban a esos textos muestran las vacilaciones del propio autor al deslindar prosas que abarcaban tendencias tan heterogéneas como la fábula, el cuento de hadas o maravilloso, el poema en prosa, la meditación poética y la fábula alegórica. Como en el caso de otras piezas *sui generis* del autor (las "jornadas", "glosas", "crónicas" y "pláticas" de Sigüenza; las "escenas", "tablas" y "figuras" del Antiguo y del Nuevo Testamento, etc.), las "estampas" no adquirieron un criterio unitario e independiente hasta ser recogidas en libro. Con *El ángel, el molino y el caracol del faro*, publicado en 1921, culmina lo que podríamos considerar el segundo período del cuento de Gabriel Miró.[1]

Por la calidad plástica del significante, por su construcción consciente y autoconscientemente lírica y por el uso del símbolo, las "estampas" pertenecen ya de lleno a la producción más valiosa y original del autor, la que culmina con *El humo dormido* y *Años leguas*. En un contexto más amplio, se podrían vincular a subgéneros como el diario de sensaciones, las notas de paisaje y el poema en prosa adscritos al impresionismo y al postsimbolismo literarios. Por su innovación metafórica anuncian además la experimentación e hibridación genérica cultivadas por los escritores de los años 20, que dio lugar a formas tan heterogéneas y personales como la metáfora orteguiana, la glosa de D'Ors, los cuadros de Azorín y las greguerías de Gómez de la Serna.

La estampa lleva a sus últimas consecuencias de condensación la forma espacial de la novela lírica mironiana. El enlace de impresiones, detalles y escenas no crece en un orden cuantitativo, por acumulación de incidentes, sino en un orden cualitativo, de intensificación – por contraste, asociación, repetición y variación – de un conjunto de motivos que desde el principio profundizan en un tema o componen toda una escena. La configuración iconográfica que su nombre implica, "estampas", supone un estatismo formal y, a la vez, dinamismo, evolución y fluencia lírica del contenido (así la define Vicente Ramos 1957: 241). Se trata de fijar en un motivo plástico, una vivencia particular o un destello de la memoria involuntaria que emerge del "humo dormido" de la infancia, de la distancia idealizadora del paisaje familiar, o de una tradición religiosa y folklórica. Como en un cuadro, el detalle artísticamente acendrado está en mutua correspondencia con el conjunto y depende del fondo impreciso y dinámico que lo sustenta. De ahí el carácter pictórico y temporal, ficcional y autobiográfico, intra e intertextual de la estampa de Miró, que la mantiene equidistante entre el poema y el relato.

Un análisis estilístico y a la vez estructural de estos textos revelaría la condición paradójica que según Ralph Freedman es intrínseca a toda narración lírica: el progreso consecutivo y temporal que persigue la anécdota es constantemente interrumpido por un impulso lírico, no referencial, que progresa por medio de variaciones melódicas de unos mismos temas, por cambios de ritmo y por la manipulación de las imágenes (1972: 18-21). En lugar de avanzar hacia la sorpresa final, el relato mantiene otro tipo de tensión, la creada por la ambigüedad de varios momentos de exaltación que absorben el interés del lector sin conducirle a ninguna parte.

Como la novela lírica, este tipo de relato exige del lector un cambio de actitud hacia lo narrado. Actitud que Ortega calificó de "lectura en profundidad" al referirse a las narraciones "atmosféricas" de Proust, Azorín y Miró (1964: 208-209) porque reclaman una actividad lectorial en la que ha de atenderse tanto al desarrollo de la trama como a las reverberaciones poéticas del significante. La frustración del lector de novelas realistas ante este tipo de ficciones requería la presencia de un receptor cada vez más minoritario y selecto capaz de entablar con el texto lo que Virginia Woolf llamaría una relación de complicidad. El lector generador de que actualmente hablan Iser y Jauss.

"Estampas del faro" es un paradigma de la simbiosis de evocación, narración y lirismo que encontramos en muchos relatos de Miró. Se construye en torno a un proceso rememorativo con un argumento mínimo. Trata de los recuerdos infantiles del protagonista durante su estancia en un faro con el torrero y su mujer. Lo que importa no son los incidentes de esta visita – la aparición de los despojos de un naufragio – sino el impacto que causan en el niño, confundidos en su mente con la tragedia de los fareros que perdieron a su hijo en otra tempestad y creen oír ecos del ahogado en las caracolas marinas que el visitante contempla antes de dormise. La única acción del protagonista, la auscultación de las caracolas tras superar el miedo que le inspiran, da lugar a la leve sorpresa con que culmina el cuento: en lugar de comunicarse con el muerto, sólo oye el rumor indiferenciado del mar.

La progresión narrativa no se orienta hacia el futuro sino hacia el desvelamiento de lo ya ocurrido; las tensiones de los sucesos mencionados se prolongan en el presente transfiguradas por la conciencia impresionable del protagonista. A pesar de las elipsis y saltos temporales se puede reconstruir una línea cronológica que abarca varios momentos: un *pasado* remoto, el de la infancia y muerte de Gabriel en la isla; un *pretérito reciente*, el del naufragio del Sicilia, que abarca cuatro secuencias dramáticas – la lucha de los pasajeros, el saqueo de los pescadores, el rescate y el entierro de los cadáveres –; y el *presente*: los dos días y tres noches de la visita al faro del protagonista. Fuera de la historia, en el tiempo del discurso, el narrador adulto inserta comentarios y reflexiones que dan alcance universal y simbólico a lo rememorado. La línea argumental va así retrocediendo dentro de la evocación primera a dos retrospecciones más lejanas. El primer *flash-back* es invocado ya en la primera estampa ("¿Y suceden naufragios? ¿Veré yo naufragios? Me ha mirado el viejo hasta el corazón. Hace tres semanas se hundió el Sicilia. Aún salen ahogados"), pero no se relata hasta la tercera.

Allí la enumeración y yuxtaposición de agonías individuales, anecdóticas por su detallismo – la pelea de Monseñor con un familiar por el último salvavidas; la muerte de
un pescador mientras trata de arrebatar las joyas de una pasajera –, reconstruyen parcialmente el espectáculo del naufragio. En la cuarta estampa, el barco ha perdido ya
sus tenebrosas connotaciones y pasa a formar parte del pasado mítico-legendario de la
costa, ("Ya los barcos hundidos estarían llenos de sol como en las mañanas gloriosas
de sus travesías"). El núcleo dramático del cuento, la desaparición del hijo de los torreros en el mar que constituye la retrospección más lejana es aludida en la segunda
estampa ("¿No te acuerdas de Gabriel? Le pusimos tu nombre por tí"), pero no se desvela hasta el final dando lugar a un relato dentro del relato que añade significación a
las caracolas y reitera el motivo de su indistinción: la rivalidad de dos torreros por el
cariño de Gabriel les llevó a regalarle una caracola idéntica cada uno, convencidos
cada cual de que la favorita del niño era la suya.

En estas analepsis se concentra la acción externa del relato; incorporan la información esencial para la comprensión de los acontecimientos y crean un ámbito
verosímil donde enmarcarlos. Se enriquece gracias a ellas la nómina sociológica,
añadiendo lo foráneo (pasajeros, religiosos, extranjeros) a lo autóctono (pastores, pescadores, fareros). Las siluetas de personajes y situaciones que allí se esbozan abren
una dimensión trágica sin dejar de señalar matizaciones moralizantes en el cuento: la
inocencia de Gabriel se opone a la envidia cainita de los torreros; la avaricia del
patrón lleva consigo su destrucción; una autoridad eclesiástica muere en un gesto de
egoísmo. Escenas cuya crudeza contrasta con la visión mítica y destemporalizada del
protagonista. Lejos de ser un tiempo remoto y congelado en el que encuadrar la
acción presente, el pasado sigue irradiando su "emoción de actualidad" en la calma res-
tablecida de lo cotidiano.

En contraste con el dinamismo de lo pretérito, los incidentes de la visita son tenues
consecuencias de lo acontecido. La acción se internaliza en vivencias, sensaciones,
reflexiones e intuiciones del protagonista desencadenadas por situaciones y objetos in-
quietantes: las sombras amenazadoras que proyecta el caracol sobre la pared de la alcoba y las apariciones de la anciana; el roce con un cadáver en la playa; y el entierro
de la última náufraga del "Silicia" que transforma la playa en un "cementerio de
abadía", funcionan como incentivos de la búsqueda infantil de terrores con que
alimentar sus fantasías nocturnas. Lo soñado y percibido existen para darnos una imagen del héroe sin dejar de mantener la consistencia propia de un universo pesadillesco centrado en el poder del mar.

Enmarcado en la escenografía precisa del Cabo de Huertas y la Isla de Tabarca y en
un momento concreto de la vida del autor,[2] el discurso impregnado por la belleza del
referente proyecta hacia el lector un haz de sensaciones líricas que exaltan y transforman míticamente el paisaje. Los procedimientos de esta conversión son múltiples y
complejos. Nos limitaremos a señalar algunos de los más notorios: 1) *La disposición
sinfónica de los motivos* del mar, la muerte y la identidad personal mediante recurren-
cias, variaciones y contrastes que enriquecen su significación. 2) La presencia de un *yo
poético y proteico* que asume diversas máscaras, tonos y edades, y que, por lo tanto,
habla con distintas voces, cumpliendo indistintamente la función de narrante oculto y

de actor niño, de espectador y de oyente silencioso de otras historias dentro de la historia. 3) *La dialéctica del espacio* con ruptura de una perspectiva lógica en favor de una visión prerracional en la que no importa el tamaño ni la distancia. 4) El ritmo lírico que conjuga los cambios fenoménicos de la luz y del mar con escenas e imágenes cíclicas (calmas y tempestades marinas, mañanas y noches, la rotación del faro, el vaivén de las olas, el ir y venir de los barcos y la aparición-desaparición de la isla iluminada por el otro faro). Y por último, 5) *la visión integral* basada en la *concordantia oppositorum* que Miró hereda de la tradición estética del decadentismo (Barroco, Romanticismo, Simbolismo). Esta armonía de contrarios, ha sido bautizada con diversos nombres: cubismo (Casalduero 1973: 387-729), substancialismo – descubrir en la apariencia la solidez de la esencia – (King 1961: 121-142), fenomenologismo (Johnson 1971), impresionismo-expresionismo (Anderson Imbert 1959: 181-194; Kaul 1948: 97-138; Orozco 1968: 227-256). Los contrarios a los que nos referimos encuentran un modo adecuado de presentación en los pasajes de claroscuro donde se mezclan la belleza y el horror, la exuberancia y la descomposición, el amor y la muerte, la bondad y las pasiones negativas, la muerte en la vida, la angustia existencial y el ansia de eternidad, como aspectos complementarios pero necesarios para crear la paradoja del mundo. Tales antítesis destacan además el conflicto interno y el precario equilibrio de técnicas y estéticas opuestas que sirven para producir el efecto poético de la estampa.

I

El mar, omnipresente en las cuatro estampas del relato, aparece como una fuerza poderosa, el mar devorador que marca con los naufragios el tiempo histórico, y como fondo de la ensoñación y del olvido, la mar poética y mítica presentada en una imagen casi unamuniana de acunamiento: "Bajo (el faro), truena la mar, quebrándose en los filos y socavones de la costa, y se canta y se duerme ella misma, madre y niña, acostándose en la inocencia de las calas" (247).[3]

En la tercera estampa, mar y muerte aparecen fundidos en un contrapunto de notas macabras y preciosistas. En la calma del presente la tragedia del naufragio adquiere matices de irrealidad. A la relación de muertes que da el torrero, el narrador superpone una escena visionaria, imaginando los efectos prolongados del mar sobre sus víctimas a las que altera la lenta corrosión marina, dándoles la última forma de temporalidad:

"Aun tiene el Sicilia los toldos tendidos, y a su umbría siguen los pasajeros volcados en los sillones de mimbre y de lona donde reposaban la siesta. Un grupo femenino va derritiéndose entre un temblor de muselinas, de telas blancas, estivales. Y una señora sigue apoyada en la borda como en el balcón de un jardín delicioso, inclinándose apasionadamente a lo profundo. Se le han desatado los

cabellos entre las aguas y se le tuercen y alisan como algas, y se le
abren como un loto" (258).

La descomposición corporal es la última presencia de la vida. De igual forma, cada
organismo lleva latente su muerte, como se expresa en una imagen conceptista: "Una
vez una criatura muy pequeña, que estaba pintando muecas de hombres en las
márgenes de un mapa me dijo de repente: 'nosotros tan tranquilos y dentro de
nosotros está siempre el esqueleto nuestro, nuestro muerto' [...] Ese muerto salió de
cada pasajero y le arrebató su ademán y su postura" (258).

Otras variaciones sobre el tema de la muerte ocurren cuando se menciona al hijo
ahogado, cuyo espíritu sigue irradiando en el faro a través de una fotografía y de unos
recuerdos. La fe de la madre que lo oye en el fondo del caracol crea en el niño el
temor supersticioso de haber suplantado al muerto que llevaba idéntico nombre y en
cuya habitación vive. Las pesadillas nocturnas suscitadas por el caracol y por el retrato
simbolizan además la llamada de la muerte, sentimientos necrofílicos que recurren en
otros relatos mironianos.[4]

Junto a estos temas implicados en la acción del cuento hay otros más abstractos, vinculados a la búsqueda de identidad del protagonista, la mironiana "coincidencia consigo mismo"; sentimientos y vivencias inefables que podrían considerarse como experiencias iniciáticas.[5] El miedo recurrente a la oscuridad y el rechazo al beso de la
anciana, pudieran traducirse en actitudes arquetípicas como el ansia de no des-
vanecerse en la nada y un oscuro miedo al contacto con lo desconocido. Muchas
ensoñaciones infantiles se concretan en una imagen. La inquietud de viajar quedará
asociada al barquito de juguete que le regaló el torrero. El ansia de lo remoto se fija
en la imagen de la isla, cercana e inaccesible al mismo tiempo. Los barcos lejanos incitan el anhelo de desdoblamiento, de estar aquí y allí al mismo tiempo: "Un barco
luminoso nos hace palpitar como un beso. Lo esperamos casi por la amargura de ver
como desaparece. Soy yo el que aguarda, y me veo como si fuese yo el esperado
(255). El fanal del faro permite a la imaginación prolongar su mirada hasta el infinito:
"Acostado bajo el pilar de un faro traspusimos las más grandes distancias, los mejores
horizontes de nuestra ansiedad" (255).

Estos temas aparecen sistematizados por una conciencia poética que suprime la distancia entre el narrador y lo narrado y el sujeto y el objeto de la percepción. Se funden intimidad y otredad, y la exaltación de las vivencias alterna con la rememoración
nostálgica de éstas. Ya ha señalado Gastón Bachelard que el sujeto del ensueño encuentra la continuidad de sus anhelos infantiles en la creación poética.[6] Esta inmanen-
cia del pasado en el ahora consta en el principio del cuento por el uso de un presente
que es tanto el de la historia como el de la escritura. Estos tres tiempos convergen en
la imagen de la luz del faro cuyo ritmo hipnótico introduce al protagonista (y al lector) en la atmósfera destemporalizadora del ensueño, disolviendo su edad en el infinito y la eternidad del mar: "Hasta que yo llegase a la edad que tengo ahora, edad
divisoria de un término panorámico, ¡cuánto había de ver, de gozar y de sentirme! Ya
tengo precisamente esa edad y el faro sigue rodando sus aspas en las lejanías vírgenes
siempre". (p. 256).

A esta falta de diferenciación de lo temporal se añade la ambigüedad de un yo cuyo enunciado refleja la perspectiva de dos sujetos, la del niño y la del escritor. Disonancias así se concilian en la actividad imaginativa y metafórica gracias a la cual el poeta recobra la frescura asociativa e intuitiva de su yo infantil, el anhelo lúdico de metamorfosear la realidad. De ahí la doble luz fabuladora y naturalista con que aparecen los objetos y el valor disémico que les da el contexto emocional (de desengaño o fascinación) de la conciencia que los proyecta. Por ejemplo: el faro de la isla, "todo metálico y gris" durante el día, se convierte por la noche en "la cereza encendida de la isla", "la pupila roja" o "la estrella encarnada del mar"; la proa hundida del Sicilia pierde su magia y su misterio cuando el niño ha conocido la realidad del desastre a través de los cadáveres y ya "no tenía el blancor y la inocencia de un cordero; era de un relumbre amarillento de bestia flaca que no se sacia de roer el filo de una carroña de muladar" (259).

El objeto que experimenta mayores metamorfosis es el caracol marino, que de motivo temático pasa a ser símbolo plurivalente, extendiendo sus connotaciones desde el título hasta el final.[7] Su proteísmo refleja y revela la capacidad desrealizadora del narrador, fundiendo la acción interna y externa del relato. (I) En el nivel realista las caracolas a) fueron causa de la discordia entre dos personas que habitaron en la isla con la familia en el pasado y que rivalizaban por ganarse el cariño del hijo de los torreros. b) Uno de estos objetos llegó a ser el juguete predilecto del ahogado, que lo usaba como "sirena" o "bocina" para avisar a los barcos de los peligros de la isla. (II) En el nivel simbólico se transforma en a) emblema y sinécdoque del poder cósmico del mar – "Todo el mar era un caracol que bramaba encima del islote" – y b) recurre en las pesadillas nocturnas como "monstruo" o divinidad marina (plano metafórico). (III) En el nivel de la ensoñación opera como agente de la imaginación del niño que transforma los laberintos de las caracolas en figuras que encarnan sus temores infantiles (plano arquetípico). (IV) En el nivel mágico-religioso los objetos indicados nos aparecen como elementos del culto fetichista de la madre. Por último (V), en el nivel metafísico el rumor del caracol representa la llamada de la muerte al fondo de la nada y del olvido del mar. La imagen del caracol se ramifica por lo tanto a todos los estratos de la estampa, dejándola abierta a la reverberación poética, como se puede ver en estas citas:

a) *Monstruo y fondo laberíntico:*
Puso en la cómoda una lámpara [...] y goteó de brillo
la concha de dos caracoles marinos enormes. Entonces
se quedaron mirándome siniestramente esas gibas de iris.
Tenían torceduras espiral de vislumbres húmedos y tiernos
de carne viva y matices de un tacto velludo como los
lunares de una piel de tigre; se reían rasgadamente sus
quijadas de nácar, y *dentro de la frescura de las bocas*
se devanaba y se tupía en sí mismo como un humo encerrado,
y en lo más hondo de ese paladar de los testáceos, la hostia de la cáscara se embebía la luz del quinqué (p. 250).

b) *Divinidad marina*:
    Y abrí desesperadamente los ojos; y me encontré lleno de
    sol, de sol de mar; y los caracoles, los monstruos pare-
    cían salidos de las aguas azules, iluminadas y gloriosas,
    para que yo me complaciese en sus primores de nácar (p. 251).

c) *Símbolo de la fuerza del mar*:
    La negrura de mi dormitorio se quedó sensibilizada por los
    gigantescos caracoles [...] Y me dije: "Ya no podré dormir.
    Se oye el mar como si saliese de esas bocinas de concha. Res-
    piran encima de mis sienes y de mis ojos..." (p. 251).

d) *Objeto asociado al niño y a su madre*:
    Me refugié en la alcoba, vino el torrero y se puso delante
    del retrato de Gabriel. El hijo había envejecido también en
    la fotografía amarillenta y árida. Los dos testáceos le ense-
    ñaban sus gargantas lívidas de crepúsculo (p. 265).

III

Además de quebrantar la linealidad narrativa la estampa rompe las leyes de la perspectiva lógica y la fijeza de la focalización. El espacio se dilata o se contrae en círculos concéntricos cuyo centro axial instala el poeta arbitrariamente en cualquier punto. El sol sería el centro del círculo más amplio – extendido a la isla, al horizonte y al cielo – que circunscribe el infinito y la iluminación poética del relato; y el faro, el foco iluminador de un círculo más reducido que lo sustituye durante la noche. La intensidad de la mirada aproxima lo remoto con precisión de miniaturista: "Era nuestra toda la isla; exacta en cada arista de sus bordes, miniada en cada roca" (263), o da sensación de enormidad cósmica a lo diminuto, como ocurre con la fragata dentro de la urna con la que el niño cruzó el universo durante sus ensueños y en que su meticulosa descripción adquiere proporciones de buque. Como afirma Miró en otra ocasión "las cosas no son ni grandes ni pequeñas". Nuestra intensa percepción de los objetos crea su única y relativa realidad en el espacio: "las cosas se articulan a la vida de nosotros; se hinchan como una vena de circulación del instante y del recinto que nos conmueve; abren la distancia de nuestra conciencia" (251).

En las escenas nocturnas no existe la disyuntiva entre lo interior y lo exterior. La tibia penumbra de la alcoba da solución de continuidad a la conciencia del niño; es la entidad maternal envolvente y, al mismo tiempo, el ámbito que amenaza disolver su naciente identidad. La estancia se convierte en un organismo sensitivo en el que seres, objetos y fuerzas naturales irradian y se interpenetran de sus influencias, respirando al unísono con el latido del mar. La hipersensibilidad infantil amplía a proporciones alucinantes la reverberación lumínica y sonora de las caracolas: "Se oye el mar como si saliera de esas bocinas de concha, respiran por encima de mis ojos" 252). "En cada oído me puse una boca helada de caracol. Me resonó un oleaje remoto; creí sumergirme en un bosque; me pasó la bóveda espumosa de un torrente (...) los oía con un sobresalto tan pavoroso que en los dos sentía mis palpitaciones dentro del ruido marino" (266). El cuarto es una caja de resonancia para el latido del mar que va reduciendo sus ondas a círculos cada vez más diminutos; del faro a la alcoba, de la alcoba a las caracolas, de éstas a los ojos del visitante y, de allí, a su alma intimidada.

La conciencia poética se instala en diversos centros que suscitan en su ánimo figuraciones muy singulares ofreciendo un punto de vista lírico o inédito de la realidad. Así, el torreón de la playa era para Gabriel "un arca llena de cuentos de miedo", fue "torre de moros y albergue de piratas" y es depósito de un delfín podrido y "majada, cueva de alijos y rancho de gitanos"; el camarote de un joven matrimonio florentino ha quedado convertido por el naufragio en "tumba", "acuario", "urna de mar" de dos enamorados; y la botella donde reposa la fragata en miniatura, encierra consigo muchos ensueños infantiles. No existe un punto fijo ni privilegiado desde el cual contemplar el mundo, la conciencia poética elige los elementos, que en su sencillez abarcan la unidad del cosmos: "un barco de vela, absorto, gracioso, infantil, en medio de toda la tarde redonda del mar" (254).

IV y V

Recurre el autor a imágenes de circularidad porque piensa que de esta manera es posible anular cualquier contradicción entre fragmentarismo y totalidad, proximidad y distancia, persona y mundo. El corazón del niño sincroniza con lo que pudiera llamarse el alma del universo; un pequeño objeto puede servir de estímulo para esa identificación: "Clamaba el cordero muy desvalido bajo el arco glorioso del día, y su esquila tropezaba en las magnitudes como un corazón asustado que no cabe en el pecho". No ya el cordero, simplemente la esquila roza fibras de su alma y las hace vibrar al unísono con el latido cíclico de la naturaleza total. Así, el corazón del protagonista se convierte en centro del universo poético que reviste el aspecto de un espacio circular presidido por aquél. La conjunción de sus emociones con los cambios fenoménicos de la luz y del mar crea el ritmo lírico y el tono poético correspondiente.

El contraste entre la noche y el día, y la alternancia del sol y el faro, crean el claroscuro dominante señalando los extremos de la aventura emocional, oscilante entre la voluptuosidad del terror y el éxtasis ante la naturaleza primigenia. A las escenas matinales correponde el mayor grado de lucidez, distanciamiento objetivo de la realidad contemplada y afirmación de la identidad. El exceso de luz y la claridad vítrea del Mediterráneo espesa las formas, desnudándolas hasta el rigor geométrico, parnasiano o cubista y les otorga colores elementales y puros ("Los confines de montañas tiernas [...] se habían acercado desnudos y puros, espejando su reposo en la calma del mar, como si prolongasen sus sombras azules"). Mirar equivale entonces a tallar, a cincelar el perfil exacto de las formas para eternizar la esencia del paisaje en su estatismo momentáneo: "Las playas tostadas [...] los bancos deslumbrantes de algas, las costas enjutas y calientes, rebanaban en seco el contorno de las aguas lisas, inmóviles; inmóviles pero con una sensación de sus distancias en su hondo" (775). Al principio de la última estampa culminan todos los resplandores del relato en una intensa reverberación de brillos y luces:

> "Me rodeó zumbando el silencio y la vibración del día, un día de una
> transparencia alucinadora.
> Los ojos que se abrían con una lucidez tan ávida.
> Los barcos hundidos estarían llenos de sol, como
> en las mañanas gozosas de sus travesías.
> Dormía la columna (el faro) en las claridades esperando la noche ..."
> (775-76).

La transición del día a la noche vendrá en cambio matizada por la descomposición del color, por el dinamismo y la animación visionaria de la naturaleza, por la emergencia del rumor marino en el silencio cósmico y por la fusión sinestésica de las impresiones (que corresponde a la dilución sensorial del contemplador en lo contemplado). Será en el ocaso (estampas 3 y 4) cuando las sensaciones se vuelvan más imprecisas y tenga lugar la evocación y el ensimismamiento. El uso selectivo de técnicas impresionistas-expresionistas se amalgaman en Miró para destacar la desmaterialización de lo tangible y la concreción de lo espiritual, la separación o inmersión de la conciencia del protagonista en el mundo. Las experiencias del héroe pasivo se convierten así en una textura de imágenes y símbolos propios, unidos por una concatenación pictórico-musical, ya no lógica ni psicológica.

En suma, las disonancias y discontinuidad narrativa, los contrastes y claroscuros temáticos y la dialéctica del tiempo y del espacio se integran en esta estampa mediante imágenes cíclicas y circulares, el dinamismo y mediante la unidad de un escenario marino. La morosa revelación de sus tragedias unida al despertar de unas vivencias infantiles y a los ensueños del escritor adulto, dan al relato el perfecto balance de intensidad emotiva e interés ficcional no logrado en otras "estampas de cuentos".

NOTAS

1 La importancia de la estampa de Miró ha sido comentada por: Baquero Goyanes (1979); Praag Chantraine (1959); Ramos (1955). También he tenido presentes para este estudio los análisis sobre las "Estampas" y "Tablas de Calendario" de *El humo dormido* de Fontanella (1979) y King (1961).
La indeterminación del título ("Estampas del faro", "El caracol del faro") deriva de la vacilación genérica entre el cuento y la estampa, y de la gestación fragmentaria de estas prosas, que se publicaron de forma independiente en *La Publicitat*, en el orden siguiente: "La aparición." 20 enero 1920; "La playa.", 24 enero 1920; "El Sicilia." 29 enero 1920; "El caracol." 2 febrero 1920.

2   Gabriel Miró visitó el faro y la isla de Tabarca junto con Salvador Rueda en 1911. El poeta malagueño también ha dejado un testimonio paralelo en sus poemas de *La isla de Tabarca* ("Los 'claveles' salinos", "El faro de Tabarca"), aunque dentro de la más rancia estética modernista. Es curiosa también la similitud de motivos entre su poema "El caracol" y la estampa de Miró. Compárense, por ejemplo, las siguientes estrofas:

> Cuando yo era niño, bajo la estantigua
> de un retrato viejo, sobre una consola,
> era ornato bello de mi casa antigua
> la vasija extraña de una caracola.

> Era un instrumento que sonaba a fiesta
> cuando a su amplia boca pegaba mi oído,
> pues en él había regalada orquesta,
> sones de oleaje de ira embravecido.

> Dentro del turbante sonaba el encanto,
> yo oía hervorosos estruendos de mares,
> y de las nereidas el trémulo canto
> que, al trinar, hacían sonar sus collares.

> Si en la costa, a veces, con acento ronco
> rugían las olas, ciegas y encrespadas,
> en la caracola zumbaba el mar bronco
> con sus mil tumultos de lenguas trenzadas.

Véase *Antología Poética*, de Salvador Rueda (1944: pp. 48-55 y 22-25).

3   Cito por la Edición Conmemorativa de las *Obras Completas de Gabriel Miró* (1941: VIII, 247-266), por contener la versión definitiva y las variantes de los textos anteriores.

4   Este motivo se reitera en *La novela de mi amigo* y en el cuento "Las hermanas" de Gabriel Miró.

5   Véase *The Symbolic Quest*, de Edward C. Whitmont (1969: 129-130).

6   Véase el capítulo "Reveries toward Childhood" de Gastón Bachelard (1969: 97-141).

7   Para un análisis de este motivo y sus dimensiones arquetípicas véase el excelente estudio de Gastón Bachelard "La Concha" (1965: 140-170).

BIBLIOGRAFIA

Anderson Imbert, Enrique
  1959   "La creación artística en Gabriel Miró". En *Filología*, 5, 1-2: 81-94.

Baquero Goyanes, Mariano
  1979   *Homenaje a Gabriel Miró*. Alicante: Publicaciones de la Caja de Ahorros.

Bachelard, Gastón
  1965   *La poética del espacio*. México: Fondo de Cultura Económica.
  1969   *The Poetics of Reverie*. Boston: Beacon Press.

Casalduero, Joaquín
  1973   "Gabriel Miró y el cubismo". En *Estudios de literatura española*, Madrid: Gredos.

Fontanella, Lee
    1979   *Homenaje a Gabriel Miró*. Alicante: Publicaciones de la Caja de Ahorros.

Freedman, Ralph
    1972   *La novela lírica*. Barcelona: Seix Barral.

Johnson, Roberta L.
    1971   "Style, Structure and Significance in the Works of Gabriel Miró". Tesis doctoral, Los Angeles: U.C.L.A.

Kaul, Guillermo
    1948   "El estilo de Gabriel Miró". En *Cuadernos de Literatura*, 4, 10-12: 97-138.

King, Edmund L.
    1961   "Gabriel Miró y 'el mundo según es'". En *Papeles de Son Armadans*, 62: 121-142.

Miró, Gabriel
    1912   *Del Huerto Provinciano*. Barcelona: Editorial E. Doménech.
    1941   *El humo dormido* y *El ángel, el molino y el caracol del faro*. En *Obras completas*, Edición Conmemorativa, vol. 8, Barcelona: Altés.

Orozco Díaz, Emilio
    1968   *Paisaje y sentimiento de la naturaleza en la poesía española*. Madrid: Prensa española.

Ortega y Gasset, José
    1964   *Ideas sobre la novela*. Madrid: Austral:

Praag-Chantraine, Jacqueline van
    1959   *Gabriel Miró on Le Visage du Levant*. París: A. G. Nizet Editeur.

Ramos, Vicente
    1955   *Vida y obra de Gabriel Miró*. Madrid: El Grifón.

Rueda, Salvador
    1944   *Antología Poética*. Buenos Aires: Pleamar.

Whitmont, Edward C.
    1969   *The Symbolic Quest*. New Jersey: Princeton University Press.

La poesía social como lenguaje poético

José Angel Ascunce
Universidad de Deusto

Hace ya algún tiempo definía la poesía social como una poesía de sentido narrativo y de carácter neoépico-dramático.[1] Principios definitorios y definidores que los sigo subscribiendo, aunque haya cambiado de parecer en otros aspectos y ya no acepte las mismas valoraciones que propugnaba en aquella época.[2] Sin embargo, centrándome en los aspectos permanentes de aquella definición, podemos afirmar que la poesía social por unas razones u otras se identifica con la narrativa, con la épica y con la dramática. Si esto es así, cabe preguntarnos por la razón real, por la que la poesía social no se relaciona con la poesía lírica. Desde el punto de vista de pura poeticidad del mensaje y desde la especificidad de los géneros literarios, parece que hay que cuestionar la dimensión lírica de los expresados sociales.

Si, por otra parte, evaluamos la realidad de la poesía social desde categorías de recepción, llegamos a las siguientes conclusiones. La poesía social es ante todo y sobre todo una poesía doctrinal. La finalidad de esta poesía es, por tanto, el adoctrinamiento[3] de un receptor de categoría colectiva y de naturaleza popular. Si se quiere llegar a este destinatario, la expresión del mensaje doctrinal tiene que responder a presupuestos gramaticales y significativos lo más objetivos posibles para propiciar la claridad de las ideas expuestas y, así, facilitar su comprensión. Desde los presupuestos de este planteamiento, la literaturidad del mensaje queda limitado por la finalidad. El arte se supedita a la doctrina y la expresión a la recepción. Como en el caso anterior, tenemos que poner en tela de juicio el subjetivismo lírico de los enunciados sociales.

Si asumimos como punto de partida de estas supuestas categorías de emisión, podemos proponer una serie de notas que parecen reafirmar la idea que vamos reiterando. Al predominar en esta tipología poética los expresados de doctrina sobre los estados de emoción, el emisor-poeta tiene que marginar cualquier planteamiento de carácter subjetivo para potenciar al máximo el dato objetivo del referente. Asímismo, se tiene que precisar el contexto referencial de la forma más pormenorizada posible para facilitar y simplificar la comprensibilidad del mensaje. Según lo que indicamos, esta poesía parece potenciar grados de conocimiento y no estados de emoción. Desde este punto de vista, la función referencial se impone a la función emotiva.

Tal como vamos indicando, aunque sólo sea a manera de síntesis, parece por razones de poeticidad, por exigencias de receptividad y por categorías de emisión que lo más consecuente sería negar o por lo menos minimizar al máximo la categoría lírica de la denominada poesía social. Quedarían justificadas de esta manera las valoraciones tan negativas que sobre esta poesía se vienen haciendo.[4]

Creo, sin embargo, que se hace imprescindible replantear todo el ensamblaje formal que sostiene la realidad literaria de los expresados sociales para poder proponer con rigurosidad y cientifismo la verdadera naturaleza y auténtica dimensión de esta poesía.

Si la poesía social es estudiada y evaluada desde los presupuestos de la poética aristotélica, en donde la poeticidad del mensaje literario condiciona tanto el efecto que provoca en el receptor como las características formales o elementos poéticos provocadores de dicho estímulo, la realidad de la poesía social queda malparada y en entredicho. Sin embargo, si es analizada y valorada desde los postulados de la poética neoclásica, ésta adquiere suma importancia y pleno significado.[5]

La poética neoclásica impone un claro vasallaje de la expresión hacia la finalidad. El bien común se impone como supremo mandamiento. Desde estos presupuestos, la poesía neoclásica tiene que ser una lección de moral y el poeta un moralista. Si trocamos el término moral por el vocablo doctrina nos encontramos en el campo de principios de la poesía social. Pero tanto en una situación como en otra, ya sea una lección de moral o una lección de doctrina, la auténtica objetividad del mensaje descansa en el destinario y no en el emisor. Por eso, la poética neoclásica tiene muy presente y en un primer momento la naturaleza receptiva del destinatario para, conocida ésta, posibilitar al máximo el efecto-reacción que se quiere provocar en él. Una vez planteados los efectos que se quieren producir en el receptor y sabida su naturaleza receptiva, se estudian y se proponen los medios poéticos, características formales y categorías expresivas más apropiados para conseguir la finalidad pretendida.

En el caso de la poesía, vasallaje no significa anulación de la parte sometida. Implica, eso sí, prevalencia de unos recursos poéticos sobre otros. La poeticidad del mensaje queda garantizada a través de unos medios que pueden negar la existencia o por lo menos limitar la presencia de otros distintos, pero nunca supone anulación de la poeticidad del mensaje.

Sabemos que el destinatario específico de la poesía social es, como hemos afirmado con anterioridad, un receptor de carácter colectivo y de naturaleza popular. Su naturaleza receptiva responde a exigencias de emotividad y de comprensión directa. El problema, a partir de este punto, es encontrar los medios poéticos apropiados e idóneos para garantizar a un mismo tiempo la poeticidad del expresado y la finalidad del mensaje.

La experiencia parece enseñarnos que en tanto en cuanto los contenidos son más populares, éstos poseen una menor entidad literaria, y, viceversa, cuando dichos expresados se caracterizan por su grado de poeticidad se convierten en incomprensibles para ese destinatario popular. Se crea un dilema de base entre poeticidad y finalidad, ya que, según parece, la poeticidad niega la finalidad pretendida y, cuando se garantiza la finalidad, la poeticidad queda substancialmente mermada. Desde este punto de vista, se crea una disyuntiva aparentemente excluyente entre adoctrinamiento, principio de utilidad, y literaturidad, principio de poeticidad. Se puede corroborar lo afirmado con un ejemplo respectivo. El poema de García Lorca, "Oda al rey de Harlem", es muy poético y muy literario, pero sirve de muy poco como testimonio de algo denunciable. Al no ser entendido por el receptor, difícilmente puede provocar en él una reacción de rebeldía. No se comporta como un estímulo provocador de una respuesta, porque no ha funcionado la pregunta-estímulo. El poema señalado es desde el punto de vista de la finalidad una interrogación sin sentido que no puede motivar la respuesta deseada en ese receptor. Desde el reverso de este planteamiento, podemos citar como ejemplo el cancionero de la guerra. Este es fácilmente comprendido por ese destinatario, consiguiendo la diana de su finalidad: el enardecimiento y la entrega generosa del combatiente. La canción-poema funciona como estímulo apropiado para provocar la reacción buscada. La pregunta ha suscitado la respuesta. Sin embargo, desde categorías literarias nos encontramos con unos poemas de ínfima calidad poética. En el poema de García Lorca se supervalora la poeticidad sobre el principio de finalidad y en "el cancionero de guerra" es la finalidad la que se superpone al principio de poeticidad. Parece por lo que se dice en estas líneas que poeticidad y finalidad son principios irreconciliables y antitéticos. Una razón tiene que quedar clara desde un principio. La irreconciabilidad de ambos principios no se asienta en supuestos intrínsecos, sino en los medios poéticos seleccionados y empleados por sus respectivos creadores. García Lorca asume rasgos surrealistas para exponer una denuncia y "el cancionero de guerra" denuncia una realidad a través de principios estilísticos muy efectistas pero muy poco poéticos como son la oratoriedad y el prosaísmo. Por eso, el primero niega la posibilidad receptiva del enunciado y el segundo ahoga la naturaleza poético-literaria del mensaje. Sin embargo, cabe preguntarnos: ¿dentro del elenco casi infinito de posibilidades expresivas no existen unos medios-planteamientos poéticos que sean capaces de fusionar poeticidad y finalidad, de manera que se garantice la finalidad, salvaguardando la poeticidad y viciversa?

Para poder responder a la cuestión planteada, tenemos que recurrir una vez más a las categorías poéticas de la preceptiva neoclásica. Sabemos, por una parte, cuál es la naturaleza receptiva del destinatario y conocemos, por otro lado, el efecto-finalidad que se pretende conseguir a través del mensaje, nos falta, finalmente, proponer los medios literarios apropiados para poder presentar un mensaje que siendo literario cumpla perfectamente con las exigencias de su finalidad didáctica y ética.

Si éste es el riesgo que *a priori* tiene que aceptar el escritor para llegar a un destinatario popular con un mensaje literario, el desvelar el mecanismo expresivo de ese escritor es la tarea-aventura que *a posteriori* tiene que asumir el crítico. El escritor tiene que buscar los medios de expresión adecuados para que la finalidad pretendida sea eficaz y para que el mensaje sea auténticamente literario. El crítico debe indagar y descubrir en ese mensaje la realidad y naturaleza de esos mismos medios de expresión que hacen que el mensaje sea popular y sea poético.

> La libertad, lo posible,
> la luz pasada que clama, la increible realidad
> dan razón de lo que exalto,
> dan y crecen siempre a más.[8]

Somos la luz que se extiende.
¡Miradnos! Somos el hombre.[9]

El rostro de la paz se eleva del abismo
y'sonríe, siempre en vilo.
Sus ojos son azules, transparentes
cuando los miro de frente.
Sus ojos son terribles;
son puros, son sencillos, la luz libre,
y si crecen extasiados – todo y nada –
se confunden con el alba.[10]

Hemos tomado tres simples ejemplos de "Cantos Iberos" de Gabriel Celaya. Podíamos proponer bastantes más, pertenecientes todos ellos al mismo campo semántico: la luz, el alba. En los tres casos nos encontramos que el término "luz", plano evocado, es comparado con los términos reales de "libertad", "hombre" y "paz" respectivamente. A través de este tipo de comparaciones se relacionan directamente el término referente con el término evocado. Nos encontramos ante típicas imágenes poéticas, ya que aparecen expresados los dos términos de la comparación: "A = B". Nos podemos preguntar ahora por el uso y el abuso de este tipo de imágenes poéticas por parte de los escritores sociales. La respuesta es tan sencilla como convincente. El escritor a través del juego de las comparaciones explícitas puede objetivar de manera profundamente lírica un cuerpo de doctrina o conocimiento. El poeta está recurriendo a claros procedimientos psicológicos de validez pedagógica y de dimensión lírica. A través del bombardeo sistemático de este tipo de imágenes-comparaciones, se consigue que el destinatario relacione el referente con lo evocado. Así, termina sabiendo que "luz" significa "paz" y "libertad"; y que esta paz y esta libertad se relacionan, a su vez, con el hombre en la medida que éste "se extienda".

Una vez conocida la relación existente entre referente y connotado, puede aparecer en la obra únicamente el término evocado. En vez de la comparación explícita A = B nos encontramos con la presencia única de B con ausencia expresa del referente. De la imagen poética hemos pasado al símbolo. Sin embargo, el lector popular es capaz de reconstruir la relación y presentizar el referente debido a que la lección-relación ha sido aprendida con anterioridad a través del juego de las imágenes poéticas. El símbolo se hace comprensible en el destinatario en toda su inmediatez, porque su dimensión significativa consciente o inconscientemente permanece objetivada.

: el pie del pueblo
avanza, avanza hacia la luz.[11]

Para qué hablar de este hombre cuando hay tantos que esperan
(españahogándose) un poco de luz, nada
más, un vaso de luz
que apague la sed de sus almas.[12]

> Infatigable látigo famoso,
> firma del pueblo: fe
> golpeadora,
> sembradora del sol de cada día,
> dánoslo hoy...[13]

Entre los muchos posible ejemplos de la obra de Blas de Otero, *Pido la paz y la palabra*, hemos optado por estos tres, también referidos al campo semántico de la "luz-sol". El lector-destinatario en el nuevo contexto del símbolo sabe con absoluta certeza que cuando en el poema se dice "luz", "sol" se está expresando paz, justicia, libertad, etc. El símbolo es otro de los recursos más usados por el poeta social, ya que a través del símbolo se responde a la finalidad didáctica de base y al principio de poeticidad propio de todo texto literario.

Profundizando aún más en el complejo juego de recursos psicológico-poéticos, podemos mencionar dos aspectos de suma importancia por el papel que juegan en el plano de la poeticidad y en el plano de la receptividad.

El primer aspecto hace referencia al empleo aparentemente anárquico del empleo sistemático de uno de los dos términos de la comparación de A, término real, o de B, término evocado, junto a la misma imagen poética. La relación numérica en cuanto a la presencia de cada una de las tres posibilidades es muy proporcionada.

> He aprendido a cantar
> y me inclino hacia el futuro con dulce gravedad
> según mandan las leyes
> que llevan por su cauce mi impulso hacia la paz.
> ...
>
> Soy, por hombre, libertad.
> Me crezco, cuando me acepto fabricándome la paz
> y si canto, esperanzado, me convierto en mi cantar.[14]

En este fragmento del poema de Gabriel Celaya nos encontramos con un complejo entramado de relaciones poéticas. El término "cantar" aparece como referente y como término evocado. A su vez, "paz" se presenta en el contexto poético como plano real, mientras libertad aparece como término evocado de la imagen poética. En unos casos, por tanto, la idea expresada aparece expuesta a través de imágenes poéticas; en otras circunstancias se verifica la sola presencia del término real y en otras ocasiones la del término evocado. La utilización sistemática de estos recursos hace que los dos términos de la comparación aparezcan indistintamente en la conciencia del receptor como planos referentes y como planos evocados de una misma realidad. Al receptor le resulta lo mismo encontrarse con el término real o con el término evocado, ya que para él presentan un mismo valor significativo. La realidad significada ha anulado la diferencia entre una expresión referencial y una expresión simbólica, lo que significa la objetivación máxima de los expresados sin que esto suponga merma o disminución de naturaleza o validez poética[15]:

> Para el mundo inundado
> de sangre, engangrenado a sangre fría,
> en nombre de la paz que he voceado:
> alegría.

> Para tí, patria, árbol arrastrado
> sobre los ríos, ardua España mía,
> en nombre de la luz que ha alboreado:
> alegría.[16]

¿Cuántos receptores de una manera espontánea y primaria se han apercibido de este juego de doble utilización del referente y del connotado en este fragmento del poema "En nombre de muchos" de Blas de Otero? Y, sin embargo, en una estrofa aparece el referente, "paz", y en la otra el evocado, "luz". El lector-oyente termina de forma inconsciente relacionando los dos planos de la expresión al objetivarlos como una única realidad significativa.

El segundo aspecto del juego de recursos psicológico-poéticos, muy hermanado con el primero, es la utilización de expresados de valor arquetípico. Tanto el plano evocado de la imagen poética como el símbolo son propuestos a través de arquetipos, de manera que el poeta social utiliza de manera sistemática imágenes arquetípicas y símbolos arquetípicos. ¿Por qué existe en estos escritores sociales una predilección tan marcada por esta tipología de recursos poéticos? Una vez más, la formulación de la respuesta no presenta la más mínima dificultad. Se utilizan expresados arquetípicos porque son los propios de la cultura popular. El pueblo ha manifestado sus grandes creencias y sus profundas interrogaciones a través de arquetipos. La luz se relaciona con la plenitud de vida o con la divinidad, porque la vida depende de la luz. En el mundo cristiano Dios es la luz por excelencia. En el contexto de la literatura social, la divinidad-luz se hermana con la paz, la justicia, la libertad, etc., con el mundo de los valores absolutos. Cuando Blas de Otero clama: "Yo doy todos mis versos por un hombre/en paz",[17] el poeta bilbaíno no cotiza propiamente la paz de un hombre con la moneda de todos sus versos, sino que la oferta real es toda su vida y toda su obra por la divinización del hombre..

Frecuentemente, el receptor popular, aunque relacione en toda su inmediatez el referente con el plano evocado, no es consciente de la analogía. La correspondencia la siente vitalmente. De esta manera, la idea expresada queda a un mismo tiempo "objetivada" y "vivificada" en el mundo anímico del receptor. La receptividad es plena y la poeticidad es absoluta.

Avanzando un paso adelante en la propuesta de los diferentes recursos psicológico-poéticos, tenemos que mencionar la utilización de los símbolos míticos. Casi todos los poetas sociales proponen en su poesía una serie de modelos ejemplares, bien afirmativos o bien negativos, que sirven de pauta de imitación o de principio de repulsión para los receptores-destinatarios. Los símbolos míticos de Blas de Otero son como figuras prevalentes Antonio Machado, W. Whitman, Nietzsche, Ludwig van Beethoven, Don Quijote, etc. Los símbolos míticos preferentes de Gabriel Celaya son Don Quijote y Sancho. León Felipe presenta un cuadro mayor y más complejo, etc. etc. Todos los símbolos míticos presentan un comportamiento ejemplar. Su aceptación o rechazo dependerá de la naturaleza significativa de su conducta.

¿Por qué el poeta social recurre a los modelos ejemplares de los símbolos míticos? La respuesta, como en casos anteriores, es precisa y convincente. A través de las diversas y diferentes conductas de los símbolos míticos quedan personificadas las ideas abstractas o los principios morales, que el poeta pretende inculcar en ese destinatario popular. Este receptor popular de carácter primario, muy emotivo y poco cerebral, se siente fuertemente identificado o profundamente repelido de dichos personajes. Pero en la medida en que éstos son aceptados o son rechazados, también son asumidos o negados los principios o ideas que éstos están personificando. Estos símbolos, propios o comunes, tienen que pertenecer al acervo popular, aunando en la simbología de su figura la persona y la verdad expresada o bien el ser y la condición. El símbolo mítico propio por excelencia es Cristo, quien representa la idea de entrega absoluta y de redención. Un símbolo mítico común propio de una sociedad agrícola puede perfectamente estar representado por la figura de un pastor. De ahí la imagen de Cristo-Dios como Buen Pastor. Otro ejemplo sería el del alfarero como lo propone Gabriel Celaya en su poesía. En una sociedad industrial, éstos pueden estar representados por los carpinteros, por los mineros, etc. Tanto unos como otros relacionan su ser con la condición o idea significada: el trabajo como un medio de superación.

A través de la utilización de los símbolos míticos, los principios doctrinales o verdades abstractos del enunciado poético no sólo aparecen objetivados y vivificados, sino también personificados. La inteligibilidad emotiva de los expresados es total sin que esto implique negación o merma de cantidad y calidad poética.

Hasta ahora sólo hemos propuesto la simple enumeración de las piezas poéticas, falta plantear el resultado final de la ordenación de las partes. La resultante final de este trabajo de combinación es un cuadro significativo de gran coherencia y de profunda poeticidad. A través de las comparaciones o símiles, de las imágenes arquetípicas, de los símbolos arquetípicos y de los símbolos míticos se llegan a plantear verdaderas estructuras de naturaleza alegórica. Si tenemos que proponer una definición para la alegoría social, ésta sería, por lo menos para nosotros, la historia de la redención-divinización del hombre como ente colectivo. Esta alegoría estaría formulada a través de dos mitemas principales: pérdida del paraíso en el presente histórico y conquista del paraíso en un futuro suprahistórico a través de un proceso-camino-lucha de superación ascética. A su vez, para la proposición de este cuadro, el poeta recurre a un conjunto de submitemas: el mitema de la renovación con las ideas de muerte-nacimiento, el mitema de la superación con los principios de renunciación-entrega y el mitema de la culminación con los expresados de vida-luz absoluta. Así pues, la poesía social como temática y como estilo poético narra alegóricamente la historia sagrada de la divinización del hombre colectivo y de la conquista definitiva del nuevo paraíso terrenal.

Podríamos concluir afirmando que la alegoría de esta historia sagrada se inserta de lleno dentro de una clara estructura parabólica, ya que tanto la expresión como los expresados responden fielmente a los principios caracterizadores de la proposición parabólica: forma alegórica y sentido sagrado de los expresados. De esta manera, la poesía social en esencia y en síntesis es la parábola de la divinización del hombre colectivo en su definitivo paraíso terrenal.

Hemos ascendido de las partes-imágenes arquetípicas, símbolos arquetípicos y símbolos míticos – al todo – estructuras alegóricas – para plantear el punto final-cúspide del enunciado social: la estructura parabólica. Desde este punto de irradiación, lo parabólico, se explica y se ilumina todo el sentido y toda la dimensión de esta poesía de tipología social. Desde esta perspectiva se verifica de forma incuestionable la universalidad de sus expresados y la poeticidad de su forma. Nos encontramos, por tanto, con verdaderos enunciados poético-literarios. Desde otro punto de vista, las formas parabólicas son las típicas formas expresivas y receptivas de un destinatario popular y colectivo, ya que están respondiendo a las exigencias de inmediatez y emotividad de este receptor primario. En conclusión, podemos afirmar que en las estructuras parabólicas se verifica esa síntesis armoniosa de poeticidad y receptividad, que permite que los expresados sociales respondan, a un mismo tiempo al principio de literaturidad, lo poético, y al principio de utilidad, la finalidad.

NOTAS

1 Ascunce Arrieta, José Angel: "Razón y sin razón de la poesía social: un intento de definición". *Letras de Deusto*, no 19, Enero – Junio 1980. Bilbao.

2 De dicho trabajo se hace necesario replantear el papel casi exclusivo que otorgábamos a la canción como elemento de recepción, la proyección marcadamente referencial que dábamos al sentido, y otros aspectos secundarios que utilizábamos para definir la forma expresiva, etc.

3 Cuando hablo de adoctrinamiento, no me refiero a simples consignas de categoría social o política. Como tendremos oportunidad de verificar una vez leído este trabajo, adoctrinamiento en definitiva presenta un sentido escatológico y una dimensión ecuménica. Estos datos hacen que la verdadera y auténtica poesía social se tenga que diferenciar de la simple poesía de testimonio y de la poesía política, con los que se suele identificar frecuentemente.

4 Valoraciones que, aunque generalizadas, no son por todos compartidas. Sin embargo, basta recordar algunos calificativos que críticos de gran renombre han realizado para ver cuáles pueden ser las simpatías o antipatías que sienten hacia este tipo de poesía; "poesía de la berza", "poesía del andamio", etc. Sin embargo, en todos ellos existe, creo yo, un error de partida. Identifican lo social con lo político y con lo testimoniado. Y esto es una grave confusión que lleva a malformar la verdadera valoración que debe poseer la auténtica poesía social.

5 Quien hasta el momento ha mostrado esta idea con mayor claridad y clarividencia ha sido Carlos Bousoño, cuando afirma: "El neoclasicismo muestra extraños paralelismos y hasta coincidencias formales soprendentes con otra (tipología poética) del panorama completo de la hora presente española [...] entonces se repudiaba la imaginación en el verso, predominaba [...] un arte socialmente útil [...] La poesía había de conllevar ideas..." *(Cf. Teoría de la expresión poética.* Madrid: Tomo II, p. 279, Gredos 1970).

6   Proponemos como ejemplo el poema de García Lorca como simple hipótesis de un caso posible cuya finalidad sea la motivación que vamos proponiendo. Esto no significa que defendamos la finalidad social y el propósito didáctico del poema señalado.

7   Esta dualidad ha sido señalada desde hace tiempo. En concreto, el manifiesto surrealista de "La revolución ante todo y siempre" se centraba precisamente en este punto. Punto sin solución que provocaría la escisión entre Aragón y Bretón. Hoy en día en bastantes países de nuestro planeta se sigue discutiendo entre las teorías literarias el dilema de literaturidad o finalidad.

8   Gabriel Celaya: *Obras Completas*, p. 611, Madrid: Aguilar, 1967.

9   Gabriel Celaya: *Obras Completas*, p. 620, Madrid: Aguilar, 1967.

10 Gabriel Celaya: *Obras Completas*, p. 610, Madrid: Aguilar, 1967.

11 Blas de Otero: *Pido la paz y la palabra*, p. 49, Barcelona: Lumen, 1976.

12 *Ibid.*, p. 55.

13 *Ibid.*, p. 67.

14 Gabriel Celaya. *Op. cit.*, p. 610.

15 Sin embargo, no todos los campos semánticos presentan esta relación ni esta composición. Unicamente se verifica en toda su extensión y amplitud en el campo semántico de la "realidad suprahistórica", en el futuro absoluto. En el supuesto de darse también este proceso de adecuación en el plano del presente histórico contribuiría sólo a reforzar el lado referencial del testimoniado, lo que implicaría merma de calidad poética. Este es uno de los grandes errores en que ha caído la mala poesía social.

16 Blas de Otero. *Op. cit.*, p. 57

17 Blas de Otero. *Op. cit.*, p. 57.

Los modelos del teatro en la teoría dramática de Unamuno, Valle-Inclán y García Lorca

Urszula Aszyk
Uniwersytet Warszawski

Las obras dramáticas de Unamuno, Valle-Inclán y García Lorca tienen sus numerosos estudios publicados en varios idiomas y casi en todos los países del mundo. No obstante, en el momento de empezar las investigaciones sobre el teatro español del siglo XX nos damos cuenta de que no hay trabajos serios dedicados al particular carácter de las obras teatrales de estos tres autores que con frecuencia sirven de punto de referencia a los críticos e historiadores en sus intentos de clasificar los hechos teatrales contemporáneos. Los tres autores escribían con la esperanza de que sus obras fuesen representadas en los escenarios y daban mucha importancia no solamente al tema y al contenido de la obra, sino también a su forma y al aspecto estético de su realización escénica. Lo confirman sus acotaciones pero también toda clase de explicaciones que ellos han dejado y que se componen de unas poéticas detalladamente pensadas.[1] Es evidente la "virtualidad teatral" de los textos dramáticos de cada uno de dichos autores, y destacan en ellos las características que los hacen semejantes a las obras teatrales, planteando la posibilidad de representación en un escenario real. Por eso quizás, sin haberse convertido en su época en las obras comúnmente estrenadas, podían inspirar no solamente a las posteriores generaciones de los dramaturgos españoles, sino también a los directores de escena e incluso a los escenógrafos, influyendo de esta manera en la evolución de la puesta en escena en España y marcando unas direcciones fijas en el desarrollo del teatro español del presente siglo. Los tres: Unamuno, Valle-Inclán y Lorca pertenecen, como Artaud, Brecht y Witkiewicz, a esta clase de dramaturgos que sin ser directores de escena influyen en el desarrollo de la puesta en escena a través de la misma visión escénica incluida en sus obras aunque ésta se reduzca al mínimo como es el caso del teatro unamuniano. En el presente trabajo intentaremos estudiar un aspecto de este fenómeno complejo e importante en la historia del teatro español de este siglo. Nos interesarán aquí solamente los modelos teóricos del teatro, establecidos por estos autores, que funcionan inscritos en sus obras teatrales, y cuyas bases hay que buscarlas en sus teorías teatrales, y que han formado una tradición, o sea los puntos de referencia para los hechos teatrales posteriores en España y fuera de sus fronteras.

Ninguno de los tres dramaturgos ha publicado ningún manifiesto ni texto puramente teórico, pero al estudiar sus opiniones sobre el teatro, dispersos en diversos escritos, artículos, ensayos, entrevistas y en las partes metateatrales de sus obras, llegamos a la conclusión de que cada uno de ellos tenía las ideas bien claras en lo que se refiere al teatro, su función socio-cultural, la situación del teatro español contemporáneo y su nivel artístico dudoso, la función del público en la formación del teatro y el papel del dramaturgo. Conocían las exigencias con respecto al teatro de la época en la que vivían y tenían suficientes noticias sobre las búsquedas del teatro europeo de las primeras décadas del siglo XX. De estas opiniones emergen sus teorías teatrales que explican sus propias poéticas, aunque no siempre realicen en la práctica dramática sus premisas teóricas. Pero este es otro problema y para otro estudio.

Pese a que los tres autores pertenecen a distintas generaciones literarias, participando de manera muy desigual en la vida teatral de su época, los tres parten de una convicción común de que el teatro burgués y realista al estilo del siglo XIX debería desaparecer. La crítica del teatro que ellos presencian los empuja a buscar la posibilidad de regeneración del arte teatral en España y proponer un modelo nuevo del teatro que corresponda a la reforma teatral en Europa y mantenga la relación con la tradición española. La época en la que nacen sus ideas abarca más de treinta años, en los que con frecuencia se vuelve a hablar de la crisis del teatro español, a veces, como es el caso de los años veinte y comienzos de los treinta, con una fuerza crítica impresionante y hasta en tonos histéricos.[2] En los ambientes intelectuales se observa incluso un cierto complejo de inferioridad. Ricardo Baeza escribe en 1926: "aquí nos encontramos con un fenómeno singularísimo: la inferioridad no sólo de nuestro teatro respecto al teatro extranjero, sino también de nuestro teatro respecto a nuestras otras actividades artísticas. Así, nuestro teatro actual no es ni el que corresponde al estado actual del teatro europeo, ni el que corresponde al estado actual de nuestra vida artística".[3] La época en la que surgen las teorías teatrales de Unamuno, Valle-Inclán y Lorca constituye un importante capítulo en la historia de la literatura y del arte en España y, desde luego, poco interesante en cuanto a la vida cotidiana del teatro. No obstante, es la época en la que se crean unos conceptos del teatro y aparecen las obras dramáticas que – como ya hemos dicho – marcarán las principales direcciones en la evolución del teatro español contemporáneo. Esta paradoja espera un estudio aparte y más bien de carácter sociológico. El historiador de teatro no puede en este momento perder de vista las coincidencias que presentan estos nuevos conceptos del teatro con las búsquedas europeas, de las que España se entera sobre todo a través de la prensa y publicaciones dedicadas a los temas teatrales. De este modo los nombres de los famosos reformadores del teatro como Craig, Reinhardt, Copeau, Baty, Pitoëff, Meyerhold, etc. no resultan ajenos en los ambientes teatrales de Madrid y Barcelona.[4]

Se suele subrayar que los ecos de la Gran Reforma del Teatro llegaban a España sin cambiar en realidad nada en su propio teatro que provocaba tantas quejas y críticas de los partidarios de la regeneración del teatro, desde finales del siglo pasado. Los logros de la reforma teatral, que alcanzó todos los países europeos, intentaban transmitirlos a España algunos artistas relacionados con los teatros experimentales como Mirlo Blanco, El Cántaro Roto, El Caracol, etc. y con los teatros oficiales que se convertían por unas temporadas en los centros de ambiciones artísticas, p. ej. el Teatro Eslava en Madrid durante la dirección de Gregorio Martínez Sierra, el Teatro Español bajo la dirección de Margarita Xirgu y en la época de colaboración con Cipriano Rivas Cherif (por otra parte – creador del Teatro Escuela de Arte y Estudio Dramático del Teatro), así como el Teatre Intím fundado por Adriá Gual en Barcelona.[5] Gracias a estos artistas se estrenan en España obras del repertorio relacionado con las nuevas tendencias en el drama europeo, de Ibsen, Strindberg, Maeterlinck, Pirandello, Hauptmann, D'Annunzio y de Unamuno, Valle-Inclán, Azorín, Alberti y García Lorca. Por otra parte se introduce en la forma de representar el drama el nuevo concepto de la puesta en escena. Hemos de recordar, aunque sea de manera superficial, en qué consistía la reforma en el teatro europeo para entender mejor la labor de los mencionados artistas y centros, y para ver luego con más claridad el papel de los tres dramaturgos, Unamuno, Valle-Inclán y García Lorca, los más conscuentes de todos en la lucha por la regeneración del teatro español.

Se pueden distinguir tres etapas en la historia de la Gran Reforma: la primera de preparación – la naturalista; la antinaturalista y de verdadera revolución; y la tercera, la de los continuadores que corresponde a la época de las vanguardias artísticas. De esta manera las raíces de la reforma teatral las encontramos en la segunda mitad del siglo XIX y el momento de iniciación lo observamos hacia el año 1890; su auge se nota en los primeros años del siglo XX – antes de la Primera Guerra Mundial – y su continuación con sus más importantes consecuencias, en la época de entreguerras. Según parece de todas las ideas nacidas en la época de la Gran Reforma las más revolucionarias y eficaces resultaron ser las incluidas en los libros teóricos del suizo Adolphe Appia y del inglés Edward Gordon Craig.[6] Con sus teorías cambió totalmente el concepto del teatro moderno que ellos consideraban un arte autónomo e independiente de la literatura y de otras artes, lo cual implicaba un nuevo entendimiento de la función del director de escena y exigía que la puesta en escena fuese una obra de arte. En estas teorías el escenario constituye una realidad aparte y tiene sus propias reglas y normas que son de carácter artístico. Craig exige que el director de escena sea un artista, un creador y no un copiador, asimismo la puesta en escena tiene que tener valores artísticos.

Las consecuencias de las teorías de Craig y Appia son numerosas: se descubre el espacio escénico tridimensional, cambia la función del decorado y se descubre sus valores poéticos y simbólicos, asimismo se abre el camino hacia una nueva arquitectura teatral, huyendo a la vez del escenario a la italiana, se revela la importancia del actor y de los movimientos en el espacio escénico y las infinitas posibilidades de expresión que la luz eléctrica ofrece a la escena, etc. En suma, las teorías de dichos autores influyen en la práctica teatral y dan comienzo a la puesta en escena que se hará común en la época posterior. Por otra parte, inspiran toda una serie de experimentos que abundan en los años veinte y treinta y que exigen una dramaturgia nueva. La renovación del teatro interesa entonces no solamente a los directores de escena, escenógrafos y actores, sino también a los dramaturgos, lo que se muestra en las nuevas formas dramáticas y en toda clase de escritos de índole teórica. A lo largo de la época de entreguerras surgen en todas partes de Europa las discusiones sobre las raíces del teatro, su destino y función en la cultura y la sociedad modernas. Esta clase de inquietudes intelectuales y artísticas las observamos en la misma época también en España, y las enunciaciones de Unamuno, Valle-Inclán y Lorca, como las de otros autores y críticos, son en parte motivadas por esta preocupación por la suerte y el destino del arte teatral que reina en la Europa de los años de la Gran Reforma y de las vanguardias. Al mismo tiempo los críticos y los teóricos del teatro comienzan a preguntarse por el sentido del teatro y su existencia: ¿literaria? o ¿escénica? y por las relaciones entre el autor y el director de escena, como por los derechos y obligaciones de este último.

Se puede distinguir, a grandes rasgos, dos tipos principales de la teoría del teatro que nacen junto con la Reforma: la teoría teatral y antiliteraria, y la teoría de la obra teatral basada en la obra dramática.[7] No hablamos aquí de la práctica sino de la teoría del teatro que expresan numerosos escritos de los reformadores. Asi pues, en favor del teatro entendido como arte teatral aliterario que escribían Craig y Artaud. Al contrario, Appia, y Brecht veían en el teatro un arte inspirado por la obra dramática, o sea por el texto dramático, lo cual no significaba, por supuesto, un punto de vista literario. Ellos no rechazaban el texto sino lo utilizaban como punto de partida en la creación teatral. Se puede fácilmente señalar la existencia de una teoría intermediaria que dé la misma importancia al texto dramático y a la representación escénica, propuesta, entre otros, por Meyerhold, Piscator, Witkiewicz y de alguna manera también por el ya mencionado Artaud.

Como es de suponer, los tres dramaturgos españoles elegidos para los fines de este trabajo se aproximan con sus opiniones y sus poéticas particulares a dos últimos grupos que tratan el texto como punto de partida para la creación escénica. Aunque haya diferencias entre ellos en cuanto al equilibrio de los elementos dramático-literarios y dramático-teatrales en su propia producción dramática, los tres son obviamente partidarios de estas teorías modernas y no – como lo creen algunos críticos – partidarios de la antigua convicción de que el drama es ante todo literatura donde el teatro es secundario. Este punto de vista, evidente en sus premisas teóricas, les permitió a cada uno crear el modelo propio del teatro pensado como un modelo ideal, o sea adecuado para el teatro español de las primeras décadas del siglo XX y para la época de una crisis constante del teatro en España.

El único dramaturgo español que se propuso llevar el drama español por el camino del teatro ibseniano de ideas fue sin duda alguna Miguel de Unamuno. El, como posteriormente Pirandello descubrió unas posibilidades de crear el drama que enseñase la lucha entre el individuo y su ambiente convertida en un conflicto interno de conciencia. Unamuno fue también uno de los primeros que se atrevió hablar públicamente sobre los males del teatro español a fines del siglo pasado y proponer una renovación del mismo. En su ensayo publicado en 1896 con un título significativo: "La regeneración del teatro español", Unamuno traza un programa de renovación y expone las bases de su idea del teatro.[8] Según él la principal causa de la crisis del teatro es la separación de la literatura dramática del pueblo. El teatro, los autores, el público y los críticos – todos los que son responsables de la situación del teatro en España quedan encerrados en el mismo círculo del teatro de índole burguesa, y de este teatro se nutren. Unamuno rechaza las comedias de costumbres, los dramas que tratan los "problemas artificiales", las piezas versificadas de los modernistas y también las de los cultivadores del astracán, y aconseja estudiar tanto el teatro clásico español como el teatro contemporáneo de otros países. Para Unamuno el pueblo es el depositario de la "intrahistoria" y los dramaturgos deben buscar la inspiración en la tradición popular para crear el teatro popular – "teatro para todos". "El teatro – añade Unamuno – es algo colectivo, es donde el público interviene más y el poeta menos".[9] El público espera un teatro vivo: ¿por qué el pueblo abandona el teatro y se va a los toros? Porque ahí encuentra una representación "más dramática y más viva". Unamuno rechaza "el convencionalismo del cromo teatral", critica el "fotografismo" al que aspiran algunos dramaturgos realistas y el "psicologismo" que, en vez de mostrar almas enseñan complejos concretos de estado de conciencia. Este es el punto débil de los partidarios del realismo exagerado. Aunque el mismo Unamuno se sirve de la estética realista, siente la aversión a ésta cuando ella determina la obra en todos sus aspectos. En la época en que reinan en los escenarios españoles las "comedias de rosa" de los hermanos Quintero, las obras de Echegaray y Benavente, y toda clase de género chico, Unamuno propone una tragedia nueva y unas versiones nuevas de los antiguos mitos de Fedra, Medea y Raquel, y en los escritos de carácter crítico y teórico expone su concepto de teatro.

Para Unamuno lo que importa es la "realidad íntima", es decir, el drama que tiene lugar en las almas de los personajes. De esta convicción surge la condenación de la verosimilitud impuesta por la estética realista. Esto, como a Craig y Appia, le lleva a rechazar la decoración escénica y el arte del actor realista, y también el concepto de escribir teatro conforme a una lógica convencional. El ideal dramático de Unamuno es llevar a escena dramas de conceptos, fundiendo la tradición del teatro teológico español con el simbolismo moderno, y aplicar al mismo tiempo la ley de la "desnudez dramática", tanto a nivel de la palabra como a nivel de la técnica de composición de la acción. La teoría de la "desnudez trágica" queda en servicio de "un renovado arte dramático clásico, escueto, desnudo, puro, sin perifollos, arrequives, postizos y pegotes teatrales u oratorios"[10] y condiciona la supresión de toda clase de decorado y ornamento escénico.

Es de destacar que en el teatro de Unamuno hay muy interesantes anticipaciones de tendencias, que más tarde van a aparecer en el teatro europeo y norteamericano. Con sus ideas filosóficas se adelantó a dramaturgos tales como Sartre, Camus y su existencialismo lego, y a Gabriel Marcel y su versión de existencialismo cristiano. Unamuno, al igual que ellos, sólo que más temprano, intentó examinar con su teatro, cómo su teoría filosófica funciona en la vida.

Al igual que a Unamuno, el problema de la regeneración del teatro español interesaba también a otros representantes de la Generación del 98, entre los que Azorín, quizá más que ningún otro autor, intentaba convencer a sus coetáneos de que los movimientos teatrales que se desarrollaban en Europa debieran inspirar al teatro español. En los años veinte y treinta Azorín escribe numerosos artículos y ensayos, a través de los cuales analiza la situación de la escena española y comenta las innovaciones extranjeras.[11]

Según él, en el teatro español falta "el genio creador e innovador" que se encuentra en otros países europeos, en Francia, Alemania, Italia y Rusia. Azorín intenta popularizar en su país las nuevas corrientes del arte teatral europeo, atento a Breton, Tzara, Pitoëff, Coctau, Meyerhold, Evreinoff, Baty, Pirandello, Maeterlinck, etc. Al igual que ellos parte de la negación del teatro burgués y de la estética realista y naturalista. "El teatro de ahora – subraya – es superrealista, desdeña la copia minuciosa, auténtica, prolija de la realidad. Se desenvuelve en un ambiente de fantasía, de ensueño, de irrealidad".[12]

Azorín busca una transformación total de la estructura de un espectáculo: del decorado plástico, del montaje, de la luminotecnia, de la actuación, etc. Propone reducir, si no eliminar las acotaciones dejando mucho terreno libre para la labor creativa del director de escena y su equipo, cuyo objetivo principal debería ser la desorientación del público. En la escena entre el subconsciente y la técnica del "teatro dentro del teatro", donde puedan enfrentarse las dos principales facetas de la vida – la ficción y la realidad.

Algo semejante, pero mucho más complicado, lo encontraremos en el concepto del teatro de Valle-Inclán. La teoría valleinclaniana del esperpento nace casi al mismo tiempo que la idea del "teatro de la crueldad" de Antonin Artaud en Francia y la del "teatro puro" de Stanislaw Ignacy Witkiewicz en Polonia. Según algunos críticos de hoy, en los esperpentos de Valle-Inclán habrá reflejos del drama brechtiano y del teatro revolucionario en Rusia y se puede encontrar en él los elementos del teatro surrealista. Dejando aparte estas analogías, hemos de ver en el esperpento una propuesta estética particularmente española del teatro grotesco y de carácter vanguardista, precursor del posterior teatro del absurdo de Beckett, Ionesco y Genet.

Aunque Valle-Inclán no fue un teórico, era un dramaturgo consciente de su propia creación, como asimismo de los demás autores contemporáneos. También a él le preocupaba la suerte del teatro español. Su deseo de renovación formal y temática, su búsqueda de una nueva expresión, iban paralelamente, a lo largo del tiempo, en varias direcciones. Por ello, el criterio ordenador de su producción dramática no es cronológico sino lo constituyen cambios de las técnicas teatrales. Las primeras obras de Valle-Inclán quedan bajo influencias del simbolismo y modernismo; presentan en la escena los temas no tanto dramáticos sino líricos, siendo una muestra del teatro antinaturalista, antipsicológico y antirrealista. Luego surge el expresionismo que en España tuvo la misma génesis histórico-social que en Alemania: el conflicto generacional, la protesta contra el ya gastado y caduco sistema cultural anterior. En este sentido, el expresionismo, también en el teatro, es más una negación y una ruptura que un programa estético; su tarea se limita a la destrucción y a la deformación. El teatro de Valle-Inclán asimila algunos elementos de esta nueva corriente en el arte europeo: introducción de la técnica de amplificación poética de las acotaciones, presentación de una escena múltiple – múltiples lugares de acción. Volviendo a las mismas fuentes del teatro – al mito y a la farsa, Valle-Inclán rompe definitivamente con el realismo y esteticismo convencionales. Su teatro necesita unos espacios nuevos, distintos a los ofrecidos por la escena a la italiana del siglo XIX y por la escuela benaventina. Las acotaciones en el drama valleinclanesco pierden la función descriptiva y sirven para subrayar e intensificar la expresión dramática. El teatro que propone Valle-Inclán a través de sus obras es un teatro total que abarca todos los elementos de la expresión escénica: palabra y actor, movimiento y gestos, espacio escénico, decorados, imágenes, sonidos, luces, etc.

Las arriba mencionadas tendencias del teatro de Valle-Inclán cristalizan hacia el año 1920 en el esperpento, un género nuevo que, recurriendo a la tradición barroca española de Goya, Quevedo y Calderón, muestra la realidad en la grotesca deformación. Las premisas teóricas del esperpento están expresadas por Valle-Inclán en la escena XII de *Luces de bohemia*, en el "Prólogo" de *Los cuernos de don Friolera* y en la entrevista con Valle-Inclán publicada por Martínez Sierra.[13] Estos fragmentos comúnmente conocidos incluyen las bases de la teoría valleinclanesca del teatro. Vale la pena advertir que esperpento como una categoría estética corresponde a las tendencias del arte de vanguardia europeo. Se han reflejado en la teoría del esperpento – como lo sugiere Antonio Risco – "el expresionismo pictórico y teatral español, las boutades, parodias y cabriolas grotescas de los futuristas italianos, la ferocidad del dadaismo francés, las audacias, con frecuencia jugando abiertamente con lo estrambótico de Apollinaire [...] *Les mamelles de Tiresiás* (1917), la farsa de Alfred Jarry *Ubu Roi* (1896), la comicidad sarcástica de Pirandello, las novelas de Kafka..."[14]

La lista de los dramaturgos que se declararon partidarios de la regeneración del teatro español y de la reforma teatral tendría que incluir varios nombres más, y sobre todo, los que al mismo tiempo de escribir ejercían la práctica teatral como Alejandro Casona o Max Aub. Pero estos autores no han dejado una huella tan fuerte en la evolución del teatro español como los hasta ahora comentados y como Federico García Lorca que abarca con sus numerosos talentos todo el teatro: el drama, la teoría del teatro, la puesta en escena en el sentido moderno, a saber, la dirección escénica, el uso de las luces y sonidos, la composición plástica del espacio escénico, la interpretación, etc. Con esto cabe subrayar que Lorca quizá más que nadie en España se aproxima al ideal "artista del teatro", a este ideal creador teatral soñado por Gordon Craig.

En numerosos escritos, entrevistas, declaraciones públicas, autocríticas y hasta cartas a los amigos, Lorca da testimonio de su conciencia artística y su propia teoría del teatro. Tanto sus afirmaciones acerca de la situación del teatro español, como sus conceptos y, por fin, la obra misma, reflejan una gran disconformidad con los gustos del público burgués que aplaude los espectáculos que no exigen pensar y no profundizan los temas tratados. El teatro de taquilla Lorca lo considera artificial y barato. Sin embargo, no habla de la decadencia del teatro español, de la que tantas veces hablaban los críticos en los años anteriores a la Guerra Civil.

Para Lorca lo más grave es la "crisis de autoridad", que el teatro ha perdido porque "se ha producido un gran desequilibrio entre arte y negocio".[15] La única solución que ve Lorca a esta situación es devolver la poesía al teatro. Considera que, a medida que surgían el Naturalismo y, a continuación, el Modernismo, el teatro español en verso iba privándose de toda herencia romántica, comprendida, en este contexto, como una emoción, espontaneidad y lirismo auténticos. El resultado de tal proceso fue un teatro en verso, artificial y vacío, que nada tenía que ver con el teatro poético. La necesidad de la expresión dramática, la búsqueda de la esencia eterna y universal del teatro, incitan en Lorca un interés por la tradición poética viva, la de siempre, la de raíces populares, la de más alcance, por fin, la de los grandes poetas del Siglo de Oro. En los escritos de Lorca y entrevistas sobre el teatro llama la atención la idea del "teatro de acción social", un teatro para las masas, al alcance de todos, que popularizaría tanto el arte de vanguardia como el drama nacional y, a la vez, serviría para enseñar, educar, cambiar los gustos y la sensibilidad de los espectadores. Lorca intenta lograr este objetivo organizando los clubs teatrales nuevos, y a través de "La Barraca", el Teatro Universitario que junto al Teatro del Pueblo de Alejandro Casona desarrolla su actividad en el marco de las Misiones Pedagógicas.

Dentro de las novedades plásticas, que sigue con mucha atención, hace destacar el cubismo como el arte más regenerador. Sus dibujos, entre los cuales se encuentran también proyectos de trajes escénicos o bocetos de los decorados, llevan fuertes rasgos del cubismo y del surrealismo. Sin embargo, como explica él mismo en un fragmento de carta a Sebastián Gasch, no son mero ornamento o adorno – están pensados y hechos con un criterio poético-plástico o plástico-poético, en justa unión.[16] Con respecto a la decoración y a la escena, Lorca opta, sobre todo, por la sencillez requerida por la poesía, sin que la sencillez signifique la ausencia del arte fino. Un espectáculo, pues, depende, en gran medida, de la escenografía, del color y del ritmo. No obstante, parece que Lorca valora más el movimiento y gesto rítmicos. Da también mucha importancia al valor expresivo que ofrece en la escena el cuerpo humano.

Esta tendencia común para varios centros europeos tiene sus bases teóricas en los textos de Appia y Meyerhold. También en cuanto a la puesta en escena, Lorca comparte la convicción ya corriente, la que nació a comienzos del siglo con la aparición del primer libro de Craig, de que para levantar el teatro se necesitan directores de escena profesionales. Pero Lorca, y esto le distingue de Craig, da igual importancia al director de escena y al poeta-autor. Lorca cree que es necesaria una "reteatralización" del teatro. Observamos esta tendencia especialmente en sus primeras obras: las farsas para guiñol o para personas, e igualmente en sus comedias posteriores de carácter surrealista: *Así que pasen cinco años*, *El público* y *Comedia sin título*. El mismo autor apunta que su verdadero propósito está precisamente en ellas: devolver al teatro la calidad de lo teatral. El problema del teatro lo abordan directamente las dos obras póstumas de Lorca: *Comedia sin título* y *El público*. Las dos contienen tanto la crítica del teatro español de los tiempos de Lorca, como que trazan las líneas del desarrollo para el teatro nuevo, por él propuesto. Contra el público burgués y el teatro convencional – "teatro al aire libre". Lorca protesta y, en ambas obras, hace estallar la revolución que lo destruya. Lorca proclama otro teatro – el "teatro bajo la arena" –, es decir, bajo la realidad aparente y falseada, un teatro que muestra con toda su fuerza lo que pasa cuando se hayan quitado las últimas caretas y se haya dejado al descubierto los pensamientos, sentimientos, deseos que el individuo quisiera ocultar. Pues, éste es un teatro de los muertos, de la vida vista desde su lado oscuro, un teatro, que es la fuente y la raíz de todo drama. Tanto *El público* como *Comedia sin título* quedan bajo una fuerte influencia del surrealismo. Pero en el teatro que proclama Lorca, el surrealismo no constituye el fin en sí mismo sino un medio de expresión teatral.

García Lorca aparece como un fenómeno singular en el contexto del teatro español de su tiempo. Sin embargo, se pueden buscar relaciones y analogías que unan su visión teatral con las estéticas vanguardistas del teatro europeo. Así, por ejemplo, se puede observar algunas semejanzas entre el teatro lorquiano y el Vieux Colombier de Jacques Copeau, quien en Francia en 1913 se opuso al teatro comercial proponiendo una escena "desnuda", con un decorado sencillo, sumiso al actor y a la acción. Sobre un proyecto semejante publica en Polonia su tratado Iwo Gall, escenógrafo y director de escena, durante varios años colaborador de Juliusz Osterwa y su Teatro-laboratorio Reduta.

Hemos comentado aquí unos conceptos del teatro que surgen al margen o junto con la creación dramática de los autores que intentan solucionar, la crisis del teatro proponiendo unos modelos nuevos del teatro de grandes valores artísticos e intelectuales. Desgraciadamente ninguno de ellos logra ser totalmente aceptado por la crítica y los directores de escena de la época anterior a la Guerra Civil. Sin embargo, estos modelos del teatro funcionan en la conciencia de los artistas y reviven en la posterior producción artística, marcando las principales direcciones en el drama y en el teatro de ambición artística de la época actual. Varias veces se habla de la línea unamuniana en el drama de Antonio Buero Vallejo y de la relación del teatro de Francísco Nieva con el esperpéntico teatro valleinclaniano. Las huellas del teatro lorquiano las encontraremos en la obra dramática de Antonio Gala y José Martín Recuerda y en toda la tendencia del teatro poético. Por otra parte, la corriente que se observa en el nuevo teatro español y últimamente en las llamadas nuevas tendencias escénicas, que va hacia el teatro-fiesta y el teatro-carnaval, tiene su evidentes antecedentes en los esperpentos, aunque parezca más relacionada con los movimientos extranjeros.

NOTAS

1 Una prueba de estudiar las poéticas de los tres autores la da Luis González del Valle en: *La tragedia en el teatro de Unamuno, Valle-Inclán y García Lorca*, Ed. Eliseo Torres & Sons, Nueva York, 1975.

2 Sobre la crisis del teatro en España hay muchísima literatura, compárese la bibliografía incluida en: Dru Dougherty, "Talia convulsa: la crisis teatral de los años 20", en *2 ensayos sobre teatro español de los 20*, en Cuadernos de la Cátedra de Teatro de la Universidad de Murcia, Murcia 1984, pp. 87-155; Luciano García Lorenzo, María Francisca Vilches de Frutos, *La temporada teatral española 1983-1984*, Consejo Superior de Investigaciones Científicas, Madrid 1984, p. 11.

3 Ricardo Baeza, en *El Sol*, 19 de octubre de 1926, p. 1.

4 Sobre los reformadores del teatro escriben entre otros: Julio Alvarez del Vayo, "Teatro estético", en *El Liberal*, 12 de abril de 1915; Julio Alvarez del Vayo, "El teatro de Max Reinhardt, en *España*, 163 (23 mayo 1918): 9-10; Alfred Kerr, "El teatro de la nueva Alemania", España, 28 de abril de 1923, pp. 9-11; E. Gómez de Baquero, "El Teatro de Arte de Moscú", en *El Sol*, 5 de enero de 1928, p. 8.

5 Sobre las actividades de dichos centros teatrales y la creación artística de sus directores véase: Enrique Díez-Canedo, *Artículos de crítica teatral. El teatro español de 1914 a 1936*, Ed. Joaquín Mortiz, México 1968, T. I.; Antonina Rodrigo, *Margarita Xirgu y su teatro*, Ed. Planeta, Barcelona, 1974; Ricardo Doménech, "Aproximación al teatro del exilio español de 1939", en *El exilio español de 1939*, Ed. Taurus, Madrid 1976; Tomás Borrás, "Introducción", en: *Gregorio Martínez Sierra. Un teatro de arte en España, 1917-1925*, Ed. Grand Prix, Exposition Internationale des Artes Decoratifs, París, 1925.

6 Adolphe Appia publica *La mise en scène du drame wagnèrien* en 1895 y *Die Musik und die Inscenierung* en 1899, y posteriormente – *Comment rèformer notre mise en scène* en 1904; Georg Fuchs publica *Die Schaubühne der Zukunft* en 1904, y *Die Revolution des Theatres* en 1909; Edward Gordon Craig publica *Die Kunst des Theatres* en 1905 y su versión inglesa *The Art of the Theatre*, y más tarde en 1911 *On the Art of the Theatre*.

7 Véase: André Veinstein: *La puesta en escena*, Compañía General Fabril Editora, Buenos Aires, 1962; Jolanta Brach-Czaina: *Na drogach dwudziestowiecznej mysli teatralnej,* Wroclaw 1975.

8 Miguel de Unamuno, "La regeneración del teatro" (1896) en: Miguel de Unamuno, *Teatro completo,* Aguilar, Madrid, 1973, pp. 1343-1373.

9 *Op. cit.* p. 1348.

10 Miguel de Unamuno, "Exordio", texto aparecido en *España*, 155 (1918). M. de Unamuno, *Teatro completo*, p. 446.

11 Compárese: E. Inman Fox, "La campaña teatral de Azorín", en *Cuadernos Hispanoamericanos*, 226-227 (1968): 375-389, y otros artículos en el mismo número: Homenaje a Azorín.

12 Azorín (José Martínez Ruiz), "El superralismo es un hecho evidente", en: Azorín, *Obras completas*, Biblioteca Nueva, Madrid 1969, p. 1035.

13 G. Martínez Sierra, "Hablando con Valle-Inclán", en *ABC*, 7 de diciembre de 1928.

14 Antonio Risco, Las estéticas de Valle-Inclán, Gredos, Madrid 1966, p. 7.

15 Véase Federico García Lorca, *Obras completas*, Ed. Aguilar, Madrid 1971, p. 1693

16 Véase, F. García Lorca, *Obras completas*, p. 1658.

Ser y estar en la poesía pura

Gilbert Azam†
Université de Toulouse

Al hablar del "ser y estar en la poesía pura" no quiero escribir una gramática de la poesía, sino entablar una encuesta metafísica sobre la lírica española moderna. Pero antes de entrar en los problemas de reducción fenomenológica y de analizar los fundamentos ontológicos de toda creación artística, cabe aclarar el concepto de poesía pura y mostrar su evolución en la historia de la lírica moderna.

Ya Verlaine, en su poema "Art poétique", expresó su idea de una poesía en que predominase la música, lo vago sobre lo preciso, el matiz sobre el color, y se tendiera a una forma liberada de la retórica y de la métrica clásica:

> De la musique avant toute chose,
> Et pour cela préfère l'Impair,
> Plus vague et plus soluble dans l'air,
> Sans rien en lui qui pèse ou qui pose
>
> (1876).

Frente al culto parnasiano de la forma y de lo plástico, Verlaine predicaba el culto del sonido. Pero su poesía conserva de todos modos un significado conceptual y, a veces, hasta su confesión y su anécdota. Estamos lejos aún de las teorías sobre la poesía pura, en las que la valoración de la palabra en su sonoridad y de la frase en su ritmo debería conducir a una forma pura, que podría incluso construirse con sílabas sueltas.

Como Verlaine, Baudelaire no desprende a la poesía de su capacidad significativa. Sus estados de conciencia anormales y sus misterios se expresan en versos inteligibles. Según él, "hay en la palabra algo de sagrado, que nos impide jugar con ella como con un juego de azar. Dominar artísticamente una lengua equivale a ejercer una especie de conjuro mágico" (1954: 1035). Así el poeta confía en los poderes del lenguaje para dar a la poesía su independencia respecto al "compromiso ético" y al "compromiso lógico". La pureza en este caso significaría la liberación de ciertas servidumbres impuestas por el convencionalismo social de una época.

Mallarmé, por su parte, representa el abandono más radical de la lírica de la vivencia, del entusiasmo y del delirio. Dice que la lírica es más bien una elaboración exacta de las palabras con el fin de que lleguen a ser una "voz que oculte al poeta no menos que al lector" (1965: 333). También había expresado que la poesía se hace con palabras y no con ideas, lo que indica la necesidad de la forma verbal poética, diferente de un simple razonamiento rimado; pero no prescribe la exclusión del pensamiento, aunque éste aparezca tan enigmático en algunos poemas...

Por fin, si André Breton pudo escribir: "El poema debe ser la derrota del intelecto", los surrealistas, a pesar de su escritura automática, no llegaron a prescindir de todo significado conceptual.

Esa rápida retrospectiva histórica de los antecedentes de la estética pura nos revela, pues, que dos tendencias se manifiestan desde el principio. La de una poesía alógica, en la que el afán de pureza se opone al racionalismo poético, dominante en la poesía inauténtica, pero lleva la oposición tan lejos que parece excluir toda filosofía; la del simbolismo o impresionismo, que no rechaza *a priori* el sentido inteligible, pero declara que la poesía no es el pensamiento, ni la imagen, ni los sentimientos expresados, ni la pobre música de las sílabas, sino que se torna algo tan inefable, que sería la expresión de una vivencia profunda, cuyo equivalente sólo podrá darse en la experiencia mística. Los pensamientos, las imágenes, los sentimientos, el ritmo o la rima dependerían de ese algo inefable que los traspasa y los hace brillar, por encima de lo que meramente son. Una concepción tal de la poesía pura sólo puede designar a San Juan de la Cruz como su máximo representante.

Esta es la posición que el abate Brémond dio a conocer en su famoso discurso sobre *La poésie pure*, leído el 24 de octubre de 1925 ante la Academia francesa: "Ante todo y sobre todo hay lo inefable, estrechamente unido por lo demás a esto y aquello. Todo poema debe su carácter propiamente poético a la presencia, a la irradiación, a la acción transformante y unificante de una realidad misteriosa que denominamos poesía pura" (1926). Claro está que estas frases parecen ser un escape, y que constituyen al menos una renuncia a la definición. Lo poético, según Brémond, se revelaría en este rarificado aire espiritual y en este vacío de la significación. La poesía en efecto puede ser inmediatamente captada y, para hablar con rigor, le es innecesario el sentido inteligible. Pero ocurre que así como la luz sólo es percibida en cuanto vemos cosas iluminadas, lo poético "se vería" en todas esas impurezas que la poesía ilumina. Pero como la luz es distinta de lo iluminado, así la poesía sería distinta de lo poetizado. Podría pensarse como la abertura misma en que lo poetizado revela su verdad. La finalidad del crear poético no sería la manifestación de esa verdad, sino la realización de la abertura iluminante. Como lo escribe Hugo Friedrich, "la poesía de Guillén es, en su más amplio sentido, una ontología lírica y una poética ontológicamente argumentada" (1974: 244). Y a poco trecho, añade el mismo crítico: "Pero su lírica no es exactamente expresión del ser en sí, pues de lo contrario no podría ser lírica. Es más bien movimiento: movimiento hacia el ser, movimiento desde el caos a la luz, desde la inquietud al reposo". Su valor supremo consiste en elevar un objeto hasta completarlo y llegar a la esencialidad categorial, por encima de la cual resplandece la perfección del ser.

Así la poesía de Juan Ramón Jiménez merecería, en vez del calificativo "pura", la denominación de "desnuda", que propone el poeta mismo. En cuanto a Guillén, estamos también en presencia de una poesía esencial. El poeta canta el objeto, no por el estado de exaltación lírica que este objeto suscita en su alma, sino porque está pensado, en forma ascendente y perfeccionista:

> Por ti me esfuerzo, forma de ese mundo
> Posible en la palabra que lo alumbre,
> Rica de caos sin cesar fecundo
>
> (1984: 265).

La verdadera realidad de una cosa consiste en su perfección, pero su perfección está solamente en mí en cuanto que la pienso. Guillén proyecta hacia el mundo el producto de su elaboración perfectiva, y contempla así las cosas como llenas de plenitud. "No hay duda de que Guillén no canta, en definitiva, cosas concretas", afirma Carlos Bousoño, "sino esencias, y, por tanto, interioridades y sueños, nombres" (1978: 92).

Aunque la conceptualización en la poesía de *Cántico* contradice el irracionalismo místico en el cual desemboca la expresión de lo inefable según la teoría del abate Brémond, la posición de Jorge Guillén coincide con la del académico francés en desligar la poesía de la existencia concreta. Pero éste es el único acuerdo entre ambos. En una carta a Fernando Vela, de 1926, inserta en *Poesía española* de Gerardo Diego, Guillén se esfuerza por mostrar la ambigüedad de la tan tarareada "poesía pura", y aclarar los diferentes elementos del debate: "...como me decía hace pocas semanas el propio Valéry, Brémond ha sido y es útil: representa la apologética popular, una como catequística poética para el domingo por la mañana. Y su discurso es un sermón. Pero ¡qué lejos está todo ese misticismo, con su fantasma metafísico e inefable, de la poesía pura, según Poe, según Valéry o según los jóvenes de allí o de aquí! Brémond habla de la poesía en el poeta, de un estado poético, y eso ya es mala señal. No, no. No hay más poesía que la realizada en el poema – y de ningún modo puede oponerse al poema un 'estado' inefable que se corrompe al realizarse, y que por milagro atraviesa el cuerpo poemático: lo que el buen abate llama confusamente 'ritmos, imágenes, ideas' etc. Poesía pura es matemática y es química – y nada más, en el buen sentido de esa expresión lanzada por Valéry – y que han hecho suya algunos jóvenes, matemáticos o químicos, entendiéndola de modo muy diferente, pero siempre dentro de esa dirección inicial y fundamental" (Diego 1932).

Hay que distinguir, por consiguiente, lo puro como equivalente de lo no dicho, de lo inefable e irrealizado; y lo puro como resultado de un trabajo de depuración, de transparencia y simplificación. Notamos, sin embargo, que Jorge Guillén introduce un tercer elemento, que es la poesía realizada en el poema, el cuerpo poemático mismo. Y es precisamente este componente el que va a diferenciarlo del poeta de *La jeune Parque*: "El mismo Valéry me lo repetía, una vez más, cierta mañana de la rue Villejust. Poesía pura es todo lo que permanece en el poema después de haber eliminado todo lo que no es poesía. Pura es igual a simple, químicamente. Lo cual implica pues una definición esencial, y aquí surgen las variaciones [...] Como a lo puro lo llamo simple, me decido resueltamente por la poesía compuesta, compleja, por el poema con poesía y otras cosas humanas. En suma, una 'poesía bastante pura', *ma non troppo*, si se toma como unidad de comparación el elemento simple en todo su inhumano o sobrehumano rigor posible, teórico" (Diego 1932: 197). El humanismo que trasluce en esas últimas líneas, merece sin embargo un comentario, porque ha sido definido muchas veces como lo contrario del arte deshumanizado propuesto por Ortega y Gasset. De hecho, no se trata de la contemplación pasiva e idólatra de un modelo humano, sino de la lucha de cada individuo con su propio destino, de una absoluta y problemática tarea. Así los poemas de Guillén, como las ideas estéticas de Ortega, reflejan una doble postura: la de un arte de ruptura, deshumanizado y despojado de toda imagen tradicional, y la de un arte moderno, capaz de promover, más allá de esta imagen, una nueva plenitud humana centrada en el acto creador.

Lo que nos propone Jorge Guillén es un fervoroso regreso a la evidencia, o, si se prefiere emplear el lenguaje de Husserl, un ir a las cosas. La única actitud posible es la que consiste en mostrar, y no en demostrar. Gustavo Correa ha analizado el asombro del poeta ante la realidad (1978). Como la fenomenología, la poesía guilleniana nos hace ver, nos da de ver y nos permite acceder al sentido del ser en general.

La luz que me invade es la máxima e inmediata realidad. Allí está ya todo dispuesto alrededor de mí para que mis ojos lo vean. Y todo es extraordinario cuando se mira bien. Si alguna vez hubo caos, ya sería difícil reconocerlo en esta luminosidad suave y avasalladora que vence las tinieblas y crea un nuevo día.

> Eres tú quien alumbra
> Mi predisposición de enamorado,
> Mis tesoros de imágenes,
> Esta mi claridad
> o júbilo
> De ser en la cadena de los seres,
> De estar aquí
>
> (Guillén 1984: 355).

Ser es pisar suelo, vivir, existir puramente. Esto es el "júbilo", la plenitud y el gozo. Dominado por ese estado de arrobamiento extático, el poeta no escoge, sino que recoge la verdad asombrosa que le circunda y se alabanza sobre él. Las cosas ocupan un espacio tangible; si la afirmación más firme y reiterada es la del mar, el desvelamiento de cada ser le ayuda y le corrobora. El mundo es así en su totalidad un continuado objeto de exaltación y de contemplación maravillada. Por eso, ser es un triunfo, algo ya con destino.

Las cosas, pues, están ahí, muy cerca, y hacen nuestro universo en una extraordinaria trabazón de vínculos. Tienen cuerpo, peso, volumen; son presencias evidentes y no soñadas, maravillas concretas. Lo hondo, lo inasequible a los ojos se comprueba filo, curva, perfil y adopta así una apariencia. La vaguedad se resuelve en forma.

Gracias a todas las cosas del mundo que están más allá de mí y que dibujan un círculo rico de significación, como comenta G. Poulet (1979: 513-517) yo voy a descubrir mi "yo", mi alma, que será la suma de todas las entregas que me hacen de sí mismas, acrecentándome cada día más:

> Continua tensión
> Va acercándome a un emporio
> De formas que ya diviso.
> Con ellas avanzo, próspero"

(Guillén 1984: 523).

Dependo, por consiguiente, de todo lo que se me ofrece; pero este aspecto no ha de considerarse negativamente, porque de hecho no se trata de una imperfección, sino de un cumplimiento portador de felicidad. Ello explica que el tono general de *Cántico* sea el de un himno de alabanza ante los prodigios de un mundo pleno y aun colmado de ser. Así el aire no significa para Guillén el vacío ni la nada; es lo que me une a las cosas, lo mismo que un cristal transparente; es lo que llena todas las fisuras de nuestro universo. Citemos algunas estrofas de "El aire":

> Mis ojos van abarcando
> La ordenación de lo inmenso.
> Me la entrega el panorama,
> Profundo cristal de espejo.
>
> Entre el chopo y la ribera,
> Entre el río y el remero
> Sirve, transición de gris,
> Un aire que nunca es término."

(1984: 512)

La atmósfera se ha llenado de cosas como el espacio: árboles, pájaros ... En esa acumulación de objetos pertenecientes a especies muy variadas no hay jerarquía y es la mirada contempladora del poeta la que los desvela, reconoce y ordena. Así este poema del despertar rechaza toda impresión de caos y de confusión, cuando con el crecimiento del día Jorge Guillén descubre a la vez que es como un producto de la realidad misma, y que a donde vaya todo le obliga "a ser centro de equilibrio" (1984: 308). Una segura tranquilidad de destino guía a todos los seres, presos en la ley de sus enlaces universales. La Creación está toda aquí, en la misma luz del primer día, porque precisamente esta ley perdura sin cesar a través de los siglos, de presente en presente.

> Toda la creación,
> Que al despertarse un hombre
> Lanza la soledad
> A un tumulto de acordes

(1984: 197).

En este instante el poeta descubre la armoniosa organización del mundo y tiene conciencia de formar parte de esta armonía. El poema "La vida real" es también un jubiloso canto a la realidad en aparición. Ser es una aventura maravillosa, abierta hacia el futuro; ser es una acumulación reconcentrada de sustancia sin interés por el tiempo ni por el espacio, y una de las más extraordinarias venturas que le puede ocurrir al ser es que esté, que aparezca dándose, mostrándose, ocupando un aquí y un ahora conscientemente, haciéndose transitivo hacia algo o alguien, jugándose por fin el destino a una de sus posibilidades. El cristal es frágil, está roto: ya le pasó lo que le tenía que pasar por ser frágil. Todo el poema no es más que un gozoso comentario a la dicha de ser y de estar. Después de una evocación de la grandeza cósmica del ser envuelto en las leyes de la naturaleza, el ser podría bastar en un cosmos desprovisto de espectadores. Pero desde el momento en que algo se interesa por algo, "no basta ser". Es preciso estar. Estar, estar presente, existir concretamente en el instante, es más que ser, porque el ser es inconsciente. Al fin y al cabo, existir es lo esencial para el hombre, y no podemos prescindir aquí de la frase de Heidegger: "La esencia del *Dasein* yace en su existencia".

La realidad es lo que, en apariencias sensibles, existe, pero no puede llevar tal nombre sin mí, es decir, sin presuponerme. Y mi propia realidad es "inventada" cada día por estas inmediatas existencias que se me imponen, ofreciendo una presencia a mi alma y a mi capacidad de soñar.

Bien se ve a través del tema principal de la segunda parte de "La vida real" que lo más importante en la relación entre el yo y la realidad es la aceptación amorosa y existencial de la unidad de destino. La aparición de la realidad ha sido un azaroso surgir, y así hay que acogerla con todo su vigor. En cuanto la realidad se nos revela, tomémosla como es, y no la anublemos con vaguedades que no son suyas sino nuestras. El sueño de Jorge Guillén es contemplación, penetración, desvelamiento, como ya dijimos; es epifanía; su mirada se agarra a la línea que delimita la realidad, no a la atmósfera que la envuelve: es la hermosura clara, en sus "puros contornos", la que el poeta adora. Siguiendo estos contornos, todavía se perciben los esquemáticos y misteriosos trazos que iban encubriendo los confusos materiales, se llega hasta los "átomos tristes siempre invisibles", y se consigue darles forma.

El tema filosófico de la realidad lleva, pues, aquí, al tema definitivo de la filosofía: el ser. La realidad nos entra por los sentidos, pero algo más se da que lo puramente sensible; las cosas mismas, el mundo mismo. Son evidencias. Pero el "ir a las cosas" de Husserl no puede contraponerse al alejamiento abstracto de las cosas, porque el filósofo alemán, siguiendo este camino, fue a dar precisamente en un "idealismo trascendental". En cambio, para Guillén, la realidad por muy ofrecida que sea, se construye partiendo de los datos sensibles. ¿Cuál es la significación de esa vuelta a las cosas? Ya no se trata de situar la fuente del conocimiento en las cosas conocidas, ni en el yo pensante, sino en la correlación de un sujeto y un objeto. La conciencia, según Husserl, es siempre conciencia de algo, lo que quiere decir que sólo es el proyecto o el acto de un sujeto situado en el mundo de los objetos. Para completar ese análisis de los actos de conciencia, podemos transcribir ahora las siguientes líneas del autor de las *Meditaciones cartesianas*: "El mundo percibido [...] está, de algún modo, siempre aquí para mí; es percibido como antes con el contenido que, en cada caso, le es propio. Sigue apareciéndome como me aparecía hasta el momento; pero, en la actitud reflexiva que me es propia como filósofo, no hago ya el acto de creencia existenciaria de la experiencia natural; ya no tengo por valedera esta creencia, aunque, al mismo tiempo, está siempre aquí y es percibida incluso por la mirada de la atención [...] Lo que, en cambio y por eso mismo, se hace nuestro, o mejor dicho, lo que por eso mismo se hace mío, y me pertenece a mí, como sujeto pensante, es mi vida pura con el conjunto de sus estados vividos puros y de sus objetos intencionales, es decir la universalidad de los 'fenómenos' en el sentido especial de la fenomenología, ampliado por ella misma. Se puede decir también que la *epochè* (o suspensión del juicio) es el método universal y radical por el cual me percibo como un yo puro, con la vida de la conciencia pura que me es propia, vida en la cual y por la cual el mundo objetivo existe todo entero para mí, tal como precisamente existe para mí. Todo lo que es 'mundo', todo ser espacial, temporal existe para mí, es decir, tiene valor para mí, por el hecho mismo que hago la experiencia de él, lo percibo, lo recuerdo, pienso en él de algún modo, doy sobre él juicios de existencia o de valor, lo deseo y así sucesivamente" (Husserl 1962: 17-18).

En la totalidad de su *Cántico*, J. Guillén expresa el triple movimiento esencial: del mundo al yo, del yo al mundo, y de su articulada unidad a la presencia en el tiempo. A modo de ilustración, podríamos analizar el poema "Advenimiento", en el que las estrofas 1, 3 y 5 tienen por estructura básica esa dualidad entre el mundo y yo. Al despertar el poeta, los astros ocupan su mirada, invaden su conciencia, como en *La jeune Parque* de Valéry. Esta presencia le sitúa, le provoca, le insta a que se defina en su dimensión temporal:

> Oh luna, cuánto abril,
> Qué vasto y dulce el aire!
> Todo lo que perdí
> Volverá con las aves
>
> (1984: 48).

En la tercera estrofa, el poeta se refiere de nuevo a la luna tras un himno a la hermosura de la naturaleza, pero esta vez afirma ya su dominio sobre el mundo cuya estabilidad inmutable hace surgir en él la conciencia de su propia permanencia y, a pesar de la fluencia temporal, de su identidad personal.

Tras un nuevo y gozoso canto a la belleza natural, la última estrofa plantea de modo más agudo el problema del tiempo. Todavía se mantiene la relación con la luna, pero se resuelve aquí la dualidad merced a la aceptación por J. Guillén de su propia condición: él se conoce ahora como un ente cuya esencia es existencia; se sabe, pues, sometido a la temporalidad, por tanto desprovisto de esa perennidad e inmutabilidad de la luna; sin embargo, sabe también que la maestría del hombre sobre el mundo de los objetos reside en el ser consciente, y que dicha conciencia no es nada sino ese maravilloso juego entre el yo y el universo. Este amor a su condición humana hace de él un verdadero dios.

No es difícil advertir que, ante la poesía de Guillén, se imponen conclusiones parecidas a las de la filosofía moderna: presencia total e inmediata de la realidad, captada fenoménicamente; manifestación del ser del poeta en su mundo; temporalidad de esa manifestación del ser y exaltación de tal temporalidad:

> El tiempo libre se acumula en cauce
> Pleno: tú, mi destino.
> Me acumulo en mi ser,
> Logro mi realidad
> Por mediación de ti, que me sitúas
> La floresta y su dicha ante mi dicha
>
> (1984: 112).

No se puede pretender que el poema "Encanto" sea una expresión más floja de la conciencia que el poeta tiene de las realidades; es una exaltación de la tarde, propicia al amor. En estos versos, Jorge Guillén exclama:

> Respirar es entender.
> ¡Cuánta evidencia en la atmósfera!
>
> (1984: 486)

Pero enseguida se manifiesta otro acto de conciencia y nace el deseo de una reelaboración de lo contemplado. El poeta entonces pide tiempo para que el pensamiento se recree. Para Guillén soñar es crear. El no puede contentarse como cualquier hombre de tener una realidad, de verla, de aprehender su significado y de quedarse así satisfecho. Esa realidad, que acrecienta su alma y lo crea, está ya creada, pero aún puede el poeta hacer más por ella: soñarla, o mejor dicho, crearla, y hasta recrearla sin olvidarse de ella. Este acto de conciencia realiza lo que Gustavo Correa llama un "proceso de intensificación de extensibilidad del mundo poético". En un primer momento, el poeta encuentra un ordenamiento profundo de la realidad en el fondo de su conciencia; luego su tarea creadora consiste en aclarar y ordenar la realidad exterior; por fin, el poeta extiende su mirada a la compacta red de las relaciones humanas. Volvemos a encontrar aquí el triple movimiento que hemos evocado ya entre el mundo y el yo del poeta. Así Jorge Guillén proclama:

> Balcón. ¡Oh realidad!
> A través del aire o de un vidrio, sin ornamento,
> La realidad propone siempre un sueño
>
> (1984: 287).

Como lo hace observar J. González Muela, el sueño no es sólo algo vagamente intelectual, sino también una actividad corporal en la que participan los ojos, las manos, la piel, la sangre [...] Casi siempre el sueño va unido a la realidad. No es que necesite completarla como lo hace Pedro Salinas. Por su parte, Jorge Guillén quiere las cosas como son, y para saber lo que son tiene que soñarlas. No se trata de evadirse, sino de alcanzar la estructura más íntima para que pueda brotar una gran alegría al comprobar la concordancia entre la realidad y el sueño que la corona.

En resumidas cuentas, la poesía de Jorge Guillén es verdaderamente un modo de penetración metafísica de la realidad y nos da, partiendo de las intuiciones sensitivas, el movimiento de lo sensorial a lo esencial. Esta intelección se desarrolla según dos planos, el de las sensaciones y el intelectual, a propósito de los cuales escribe Dámaso Alonso: "Si prescindimos de cualquiera de los dos planos, mutilamos la imagen de la poesía de Guillén. La falseamos, desde luego, si prescindimos de lo impulsivo, de lo sensacional. Más extraordinaria, más original aún que su sutileza y profundidad conceptual, me parece la importancia que en su poesía tienen las sensaciones, lo jubilosas, interjectivas, tumultuosas, que son. Es que ellas son el verdadero origen del *Cántico*. Cántico de un 'ser', es decir, de un sujeto de sensaciones. Canto, porque pienso; pienso, porque siento; siento, porque existo. Canto, porque existo" (1952: 242-243).

BIBLIOGRAFIA

Alonso, Dámaso
    1952   *Poetas españoles contemporáneos*. Madrid.

Baudelaire, Charles
    1954   *Oeuvres complètes*. París

Bousoño, Carlos
    1978   "Nueva interpretación de *Cántico*, de Jorge Guillén". En *Homenaje a Jorge Guillén*, pp. 73-95, Wellesley. Mass.

Brémond, Henri
    1926   *La poésie pure*. París.

Correa, Gustavo
    1978   "La poética de la realidad de Jorge Guillén". En *Homenaje a Jorge Guillén*, pp. 121-142, Wellesley, Mass.

Diego, Gerardo
    1932   *Poesía española, Antología 1915-1931*. Madrid.

Friedrich, Hugo
    1974   *Estructura de la lírica moderna*. Barcelona.

Guillén, Jorge
    1984   *Cántico*. Barcelona.

Husserl, Edmund
    1962   *Méditations cartésiennes*. París.

Mallarmé, Stéphane
    1965   Oeuvres complètes, París.

Poulet, Georges
    1979   *Les métamorphoses du cercle*. París.

Verlaine, Paul
    1876   *Jadis et Naguère*. París.

La generación del 27 y Federico García Lorca

Enrique Banús Irusta
RWTH Aachen, Universität Aachen

Quien – aun sin pertenecer a la Internacional de los lorquistas, de que habla Ian Gibson[1] – estudia la literatura sobre García Lorca, tiene que constatar la existencia de una tradición de opiniones estereotipadas, fórmulas fijas y en parte contradictorias entre sí: el García Lorca universal o español, andaluz o granadino; el político o el apolítico, el poético (también en sus dramas) o el dramático (también en sus poesías). Casi se le podría aplicar al autor granadino aquel su verso del "Llanto": "En un montón de perros apagados" (García Lorca 1968: 544),[2] enterrado bajo una ola de estereotipia habría que buscar a Federico García Lorca.[3] Por eso interesan las opiniones de los autores de "la llamada generación del 27" (Alonso 1982, 8): escriben sobre Federico en un largo período de tiempo,[4] sus escritos tienen una difusión muy amplia;[5] y por la cercanía a García Lorca se les atribuye una especial autenticidad. Un primer resultado: no existe una opinión común; también en este caso, la generación del 27 muestra una disparidad que subraya los límites del término generación, tal como lo indicaron ya sus propios miembros.[6] Y la pertenencia a ella no evita malentendidos. Un ejemplo: Como es sabido, García Lorca se queja de que se le considere un poeta gitano.[7] Pues, si bien Alberti destaca que Federico tenía "aire no de gitano, sino más bien de campesino, ese hombre, fino y bronco a la vez, que dan las tierras andaluzas" (Alberti 1959: 168)[8], es el mismo Alberti quien, en vida de Federico, describe su "rostro moro de perfil gitano" (Alberti 1972: 83).[9] Para Gerardo Diego, en 1927, Lorca es un "dibujante gitano-catalán" (Diego 1927: 381);[10] para Salinas, Lorca alcanza "suma grandeza [...] cuando se sume su poesía en el mundo de lo gitanesco" (Salinas 1952: 518). Más en general, su andalucismo queda subrayado por Alberti ("Federico era el cante [poesía de su pueblo] y el canto [poesía culta]; es decir, Andalucía de lo jondo, popular, y la tradición sabia de nuestros viejos cancioneros" (Alberti 1975: 19))[11] o por Alonso (expresa "el alma de la España andaluza, gitana y romana, patente y densa" (Alonso 1956: 279)).[12] Los temas de "la fatalidad humana, 'la fuerza del sino'" (Salinas 1941: 300),[13] del "sentido dramático del amor y del odio" (Alberti 1933: 19) y de la muerte se consideran típicamente andaluces: "La preocupación de la muerte le venía a Federico de la tierra profunda, honda, de su desgarrado sur español", dice Rafael Alberti.[14] E incluso *Poeta en Nueva York* será para Alberti un "libro [...] de andaluz jondo, perdido por muelles y avenidas de rascacielos" (Alberti 1940, 149).[15] El refinamiento verbal y la simpatía por la poesía recitada son para Guillén expresiones de andalucismo.[16] No falta la comparación con el toreo: tiene – dice Alberti – la poesía de Lorca "el ritmo airoso, faroleado, lleno de largas y recortes" (Alberti 1940: 148), y "sus romances [...] verdaderos trajes de luces" (Alberti

1933: 17). El mismo y su éxito son, en palabras de Cernuda, un fenómeno taurino: "Se le jaleaba como a un torero, y había efectivamente algo de matador presumido en su actitud" (Cernuda 1938: 14).[17] Sin embargo, a la opinión de Diego, que en *Canciones* ve "pintura, música, infancia. Y – claro está – Folklor" (Diego 1927: 382), parece oponerse la afirmación de Cernuda: Lorca "no es un poeta español"; es "hombre de otro espíritu, de otro temperamento, casi diría de otra raza" (Cernuda 1931: 12). Pero la contraposición es muy relativa: Cernuda piensa en "otro" andalucismo, el orientalista: para él, García Lorca es "como un lírico mercader miliunanochesco" (ibd.).[18] Ese "remoto e inconsciente dejo de poesía oriental" (Cernuda 1938: 14) será responsable de "la riqueza de su visión y el artificio [...], lo recamado de la expresión y lo exuberante de la emoción" así como de "la manera natural de expresar su sensualidad" (Cernuda 1957: 181). Al orientalismo se une "otro impulso casi extinguido, ardiente, reconcentrado y dramático, que palpita oculto entre la multitud andaluza" (Cernuda 1931: 12), un impulso que Cernuda no describe, que queda en el misterio, una palabra clave en la recepción de Lorca, a la que aquí se une otro concepto clave: el dramatismo, explicado como cualidad andaluza. También Salinas, para quien Federico es un "andaluz ejemplar" (Salinas 1941: 291) y por lo tanto todo expresión, deducirá de ello su carácter esencialmente dramático: "Este dramatismo, cuando no aparente, subyacente siempre en la poesía lorquiana, es de pura cepa andaluza. Dramatismo popular, tradicional, que se cierne a modo de destino vital sobre los actos de la gente de la tierra del Sur" (Salinas 1941: 292). Es más, éste es el mérito de García Lorca: "Con ser muchos y señeros los poetas andaluces, ninguno puede ostentar con los mismos títulos que Lorca el mérito de haber organizado en visiones poéticas integradoras [...] ese constante dramatismo popular andaluz" (Salinas 1941: 293). Ante todas estas citas, pierde peso la afirmación de Guillén: "Nada de Andalucía pintoresca. Federico García Lorca no quiso nunca ser pintoresco" (Guillén 1968: 59). Los autores del 27 incluso diferencian entre dos tipos de poesía andaluza:[19] "Andalucismo oriental, de mar y de bandoleros, el de Federico García Lorca; occidental, bravío de sierra y de salinares, el de Rafael Alberti" (Alonso 1955: 559), dice Dámaso Alonso, detallando: "La poesía más temprana de Alberti, blanca, azul – mar y salinas –, es un mundo muy distinto del de sueño, presentimiento y tragedia que tiene desde el principio la de Lorca" (Alonso 1956: 313). Y el mismo Alberti llama a Federico "arrebatado andaluz oriental" (Alberti 1975: 22). Los poetas del 27 también hablan del granadismo de Federico, relacionándolo con la sensualidad y la sinestesia de su poesía. Salinas describe las cantarinas fuentes de Granada con su omnipresente misterio y la fragancia de las flores, lo que contribuye a "this education of the senses [...]. I am sure that the atmosphere of sensous beauty and mystery that floats over Granada was his first as well as his last master" (Salinas 1972: 169).[20]

La "poesía andaluza que han cultivado magistralmente Lorca y Alberti" (Salinas 1941: 305), además, se considera como expresión de España. Si la generación del 98 crea el "mito de Castilla", la del 27 sustituye Castilla por Andalucía: lo andaluz es lo español y García Lorca uno de sus intérpretes. Salinas habla de su "poesía entrañablemente andaluza e hispánica" (Salinas 1941: 309 s.). Entre estos dos elementos, el poeta, en opinión de Dámaso Alonso incluso pierde su personalidad: "El alma que allí canta [...] no es el alma del poeta: es el alma de su Andalucía, es el alma de su España (Alonso 1952: 279). Para Alberti, Lorca expresa "toda la millonaria riqueza oculta, toda la voz diversa, honda, triste, ágil y alegre de España" (Alberti 1941: 11). Cernuda dice: Federico García Lorca era "español hasta la exageración" (Cernuda 1938: 20).[21] Su importancia consiste – según Salinas – en dar a este "acento étnico" (Salinas 1941: 309) "un alcance más universal y más profundo que nunca tuvo" (Salinas 1941: 310). Por eso, García Lorca alcanza un carácter mítico: "He sentido – dice Vicente Aleixandre – que sus pies se hundían en el tiempo, en los siglos, en la raíz remotísima de la tierra hispánica [...]. No, no era un niño entonces. ¡Qué viejo, qué viejo, qué 'antiguo'; qué fabuloso y mítico! [...] Sólo algún viejo 'cantaor' de flamenco, sólo alguna vieja 'bailaora', hechos ya estatuas de piedra, podrían serle comparados. Sólo una remota montaña andaluza sin edad [...] podría entonces hermanársele" (Aleixandre 1937: 43 s.). En relación con el españolismo, se alude también al realismo: García Lorca universaliza "el verdadero realismo español, de alma y cuerpo" (Salinas 1941: 310),[22] dice Salinas, siguiendo uno de los tópicos más fértiles sobre la literatura española.[23] Así se explica el supuesto "realismo" de sus dramas, su "fidelidad absoluta a la psicología nacional e individual de los personajes" (Alonso 1952: 278). En su conocido artículo "Federico García Lorca y la expresión de lo español", Dámaso Alonso parte de ese "España es diferente" que se conoce incluso de la propaganda turística: "Salió España más agria y más suya, más cerrada, más trágica, más obsesionante que las otras naciones". Y, si "todo pueblo necesita expresarse a sí mismo", "la autoexpresión hispánica" será distinta: para describirla, sólo sirven "imágenes torrenciales o eruptivas" (Alonso 1952: 271). Además, "el color de lo nacional impregna hasta sus últimas partículas [...] Terrible intensidad de lo peculiar, violencia casi brutal de su exteriorización: he ahí la presencia de España. Es ése el genio arrebatado de lo español, que algunas veces estalla produciendo extraños seres contorsionados, visionarios" (Alonso 1952: 271 s.), "verdaderos estallidos de sustancia hispánica" en los que se expresa "ese sentido estricto de cerrada peculiar expresión autóctona" (Alonso 1952: 272), por ejemplo el Arcipreste de Hita y Lope de Vega, que reunió "en el haz de su genio todos los elementos de hispanidad" (Alonso 1952: 273). Y tras Lope, el desierto (otro tópico de la historia literaria),[24] hasta que llegara García Lorca, cuyo arte "es función hispánica en absoluto" (Alonso 1952: 274): "Hacia nuestros días se concentraron, pues, de nuevo las esencias hispánicas, se condensó toda nuestra dispersa tradición [...]; y surgió de este modo el arte de García Lorca. Surgió porque sí, porque [...] tenía que cumplirse la ley de nuestro destino: España se había expresado una vez más" (Alonso 1952: 274 s.). Este es "el destino de la personalidad artística de Federico García Lorca: ser expresión de España" (Alonso 1952: 279). Federico, pues, "tenía que ser" (Alonso 1952: 274).

El punto de partida "españolista" llevará incluso a la negación de lo innegable: "Sobre su poesía como sobre su teatro no hubo otras influencias que las españolas [...], influencias absorbentes y ciegas de la tierra, del cielo, de los eternos hombres españoles, como si en él se hubiera cifrado la esencia espiritual de todo el país" (Cernuda 1938: 20), dice Cernuda. El españolismo de Lorca, "su sentido total hispánico" (Alonso 1952: 275), explica su éxito que "es, antes que nada, un éxito español" (Alonso 1952, 275).[25] Por eso hay un público que no puede comprenderle: el europeizante: "España y su gente son un 'sí' y un 'no' contundentes y gigantescos que no admiten componendas europeas" (Cernuda 1938, 19). Pero en el extranjero, Lorca desarrolla una "'labor patriótica' y 'propaganda' [...] por sólo el milagro de su simpatía y su arte españolísimo" (Alonso 1952: 276).

Dentro de este tema, en ocasiones[26] también se ha identificado a García Lorca con "una de las dos Españas".[27] Pocos testimonios de autores del 27 encontramos para ello: es Alberti quien más claramente se expresa en ese sentido al refutar el absurdo intento de círculos nacionalistas de hacer de Federico un poeta de la "España imperial"[28]: "Tu nombre y tu poesía andan ya [...] en los labios de nuestro pueblo combatiente, de todos los antifascistas españoles" (Alberti 1937, 6).[29] Las opiniones de los otros autores del 27 sobre la actitud política de García Lorca son más matizadas.[30]

Ante este panorama de andalucismo y españolismo, qué duda cabe que a García Lorca se le considerará un poeta popular, puesto que – según Cernuda – "en tierra como la nuestra [...] todo es pueblo, y lo que aquí no es pueblo no es nada" (Cernuda 1937a: 67). En Lorca, como dice Dámaso Alonso, se da un "apoderamiento instantáneo del sentido íntimo de las formas populares" (Alonso 1952: 276). Para Salinas, desarrolla "un concepto de la vida humana urdido a lo largo del tiempo en las entrañas del pueblo, y tradicionalmente conservado y vivo en él" (Salinas 1941: 300). De ahí "sus cercanos modos populares" (Alonso 1956: 313), con los que "tan soberbiamente supo dar voz" al "silencio entrañable y secular [del pueblo], para que así se reconozca y aprenda a estimarse" (Cernuda 1937a: 68). Y no sólo eso: Estaba García Lorca tan "metido en la raíz afectiva de su pueblo" (Alonso 1952: 277), "en los entresijos de la emoción popular española" que lo que no lo encontraba sencillamente "lo inventaba" (Alonso 1952: 276). Este "poder de crear o inventar lo popular" caracteriza "a los grandes intérpretes del espíritu de un pueblo" (Alonso 1952: 277), comparándosele también aquí con Lope de Vega. Federico "encarna la voz más remota, honda e inspirada de nuestro pueblo, aunque éste no lo sepa" (Cernuda 1938: 18) – dice Luis Cernuda cayendo en un defecto típico de las élites intelectuales que se sienten populares: saber mejor que el pueblo lo que es realmente popular. "La musa (o el ángel) de los cantos populares" (Alberti 1972: 84)[31] es la que le ha inspirado: "Nadie, ningún poeta entre los actuales españoles con tantos derechos como Federico García Lorca para ser pura y hondamente popular" (Cernuda 1937a: 68). Pero eso aún no es suficiente: su poesía es pre-popular, alcanza dimensiones míticas: "Su arranque, su empuje primero, es, aún más que popular, anterior a lo popular mismo; su inspiración brota en la propia tierra que luego ha producido un pueblo" (ibd.). E incluso se afirma que "su vasto aliento popular ha sido inconcebible causa para un monstruoso crimen político en esta tierra de envidiosos Caínes" (Cernuda 1937b: 66).[32] También en esta visión se diluye su persona; su poesía pasa a ser algo colectivo, a expresar "el alma del pueblo que en él se había encarnado" (Cernuda 1937a: 69). Sin embargo, la poesía de Lorca plantea el problema de que con rasgos en apariencia populares coexisten otros casi-herméticos. Por eso, mientras que otros autores del 27 pasan por alto esta dificultad, Jorge Guillén y Luis Cernuda se niegan a ver en Lorca un poeta popular: "¿Qué tiene que ver un alma de tales pliegues y repliegues con el ingenuo poeta popular?" (Guillén 1968: 60).[33] Pero en el fondo, tampoco ellos aclaran los términos,[34] sino que sencillamente postulan la coexistencia de tradición e innovación: "El saber tradicional del poeta favorece su poder originalísimo, y lo que tiene de moderno no postulará [...] una ruptura con la historia" (Guillén 1968: 62).[35] Alberti, por su parte, motiva los libros de tono no-popular – igualando también aquí a García Lorca consigo mismo – como reacción contra la imitación del popularismo: "Es el momento en el que algunos poetas españoles reaccionamos violentamente contra el abuso de lo popular en manos de los 'imitamonos' de siempre" (Alberti 1940: 148), porque "un andalucismo fácil, frívolo y hasta ramplón amenazaba con invadirlo todo, peligrosa epidemia que podía acabar incluso con nosotros mismos. Se imponía la urgencia de atajarlo, de poner diques a tan tonto oleaje" (Alberti 1959: 235). Pero aún así, para Alberti, García Lorca esencialmente es andaluz; lo demás no es más que un paréntesis: "Hasta Federico [...] hace un alto en su andalucismo y lanza su 'Oda a Dalí'" (ibd.). Cabe también otra posibilidad: la innovación, la modernidad se considera algo que ya existía en lo popular: "El surrealismo español se encontraba precisamente en lo popular" (Alberti 1933, 15),[36] dice Alberti en una nueva versión del tópico de la literatura española como esencialmente romántica.[37] Una explicación que incluyera una visión general de la literatura europea queda malbaratada porque la sintonía con movimientos generales se explica como una casualidad inconsciente: Los poetas del 27 "resultan sin habérselo propuesto muy contemporáneos de sus contemporáneos en Europa, en América. Aquellos líricos se sienten a tono con la atmósfera general de los años 20" (Guillén 1961, 236).[38] En el fondo, la naturaleza de la poesía lorquiana se describe de manera nebulosa, que no facilita la comprensión: "Siente en sí y tiene frente a sí a un pueblo magnífico. Y se pone a cantar como el pueblo canta en su Andalucía, y se pone a poetizar, redondo universo absoluto, a su Andalucía [...]. No los copia; los canta, los sueña, los reinventa; en una palabra: los poetiza" (Guillén 1968: 53). Además, se alude al misterio, a una "corriente magnética" (Guillén 1968: 55) formada "de una o de otra manera bajo el patrocinio del duende misterioso" (Guillén 1968: 62).[39] Ahora bien, ¿se trata de una poesía elaborada o espontánea? Lorca mismo habla en varias ocasiones de elaboración;[40] entre los autores del 27 encontramos "división de opiniones": Cernuda habla de una "mezcla de instinto y saber poéticos" (Cernuda 1957: 185),[41] pero también dice que en la obra de Lorca "la inteligencia apenas tiene parte y todo se debe al instinto y a la intuición" (Cernuda 1957: 181); Aleixandre afirma: "En Federico todo era inspiración" (Aleixandre 1937: 44) y Pedro Salinas evocará *animation, invention* (Salinas 1972: 174), *imagination* (Salinas 1972: 175) y *expressiveness* (Salinas 1972: 176) como cualidades fundamentales. Alberti diferenciará según las obras: mientras que en el *Romancero gitano*, "el poeta domina su poema", en *Poeta en Nueva York* sucede todo lo contrario: "Aquí, poeta dominado. Riendas perdidas" (Alberti 1940: 148). Entonces, ni siquiera el hermetismo es un movimiento consciente, sino una ley natural a la que el poeta no puede sino someterse: "El tal estado, el hermetismo es lo lícito, la ley ciega, natural, que lo arrastra" (Alberti 1940: 148). Una opinión distinta mantienen Jorge Guillén ("Nuestro poeta guió su obra hacia fines deliberados" (Guillén 1968: 60)) y Gerardo Diego, para quien en las poesías se expresa "lo espontáneo sometido a lo consciente" (Diego 1927:

383). Los dos destacarán la elaboración a la que García Lorca sometía sus poemas: "La letra de Federico está, como es costumbre en todos sus autógrafos, llena de tachaduras, dudas, variantes que no son exactamente correcciones sino vacilaciones" (Diego 1981: 18).[42] Si para Diego lo fundamental es ese "sin estar seguro de él mismo" (Diego 1981: 19), para Jorge Guillén es la estructura consciente: "Y no les engañe la aparente ligereza al desgaire de algunas de sus canciones. Todos sus poemas están, con cálculo perfecto, construidos, muy sabiamente estructurados" (Guillén 1968: 54).[43] Gerardo Diego, además, resalta otro aspecto: Las obras lorquianas en su opinión son una suma de las artes, Lorca un "artista integral: poeta, plástico y músico" (Diego 1933).[44] Para Diego sobre todo, música.[45] También en este punto Diego se encuentra hermanado con Guillén ("Nada falta: esta poesía es poesía siendo pintura, y música y arquitectura"), aunque Guillén destaca la arquitectura: la obra de Lorca es "estupenda poetización del anhelo arquitectónico de los últimos lustros" (Guillén 1968: 54).[46]

Ya comentamos el supuesto paralelismo entre García Lorca y Lope de Vega, que se extiende incluso a un tópico fundamental en la literatura sobre Lope: la correspondencia entre literatura y vida.[47] De Lorca dice Aleixandre: "Entre su vida y su obra hay un intercambio espiritual y físico tan constante, tan apasionado y fecundo, que las hace eternamente inseparables e indivisibles. En este sentido, como en muchos otros, me recuerda a Lope "(Aleixandre 1937: 44).[48]

La controversia sobre carácter eminentemente poético[49] o eminentemente dramático[50] de García Lorca también encontrará reflejos en la generación del 27: en general, los autores ven en él más el poeta, destacando su dramatismo: "Fue Lorca un poeta dramático al mismo tiempo que lírico, y aunque no hubiera escrito teatro, todavía sería poeta dramático por una parte grande de su poesía" (Cernuda 1957: 181). Alguno incluso va más allá y ve en Lorca un "organizador de espectáculos" (Guillén 1968: 43). Por eso llega Federico al teatro: "Tan rico talento debía desembocar en el teatro" (Guillén 1968: 44): también aquí una explicación casi de fuerza natural, de ley irresistible, pues Guillén sigue diciendo: "Tanto interés por los unos y los otros, objetos y sujetos, no cabía en la canción, el romance, la oda; se necesitaba el teatro" (Guillén 1968: 19) – ésta es su explicación, mitificante, mientras que la de Salinas recurre al andalucismo, como ya indicamos.

Es, pues, como si los autores del 27 quisieran dar la razón a Aleixandre: "Cada cual le ha visto de una manera" (Aleixandre 1937, 43). Se dan contradicciones notorias no sólo entre los autores,[51] sino también en un mismo autor.[52] Pero con todas las diferencias y matices, los autores del 27 – con una sola excepción quizá – contribuyen al mito García Lorca,[53] un mito que comienza ya por su carácter alegre y simpático. "Y sobre todo, la alegría; alegría poética y alegría humanísima de alegre arroyo transparente" (Guillén 1968: 54), destaca Guillén. Y sigue: "Ahí está, por de pronto, una criatura en todo el resplandor de su ser. Este resplandor se llama simpatía. ¡La simpatía de Federico García Lorca! Era su poder central, su medida de comunicación con el prójimo y de complicidad con las cosas, su genio: el genio de un imán que todo lo atrajese" (Guillén 1968: 19). Y Salinas: "They are two key words in the Spanish language, *simpático* and *antipático* [....] And Federico was sympathetic in every respect, from head to foot on all four sides, as we say [...] Federico was good, profoundly good. He was not born to hate. Generous, sincere, incapable of mortal sin" (Salinas 1972: 171). Y Miguel Hernández, al lamentar la muerte de Federico, habla de su "alegre sangre de granado" (Hernández 1975: 135). El complejo tema de la alegría en Lorca[54], queda reducido así a un fenómeno natural; pocos autores hablan de esa otra faceta tan lorquiana también, del "noble Federico de la tristeza", del "hombre de soledad y pasión" (Aleixandre 1937: 44), como dice Aleixandre[55]: Alberti verá en ello el andalucismo[56] y Cernuda el españolismo de Lorca: "La tristeza fundamental del español, pueblo triste si los hay, pasaba subterránea bajo su obra" (Cernuda 1938: 19). Para los demás autores, Federico será sin más una persona alegre.[57] Dámaso Alonso incluso habla del "milagro de su simpatía" (Alonso 1952: 276). También Guillén habla de "milagro" (Guillén 1968: 53) y dice que su "vivir estaba creado por la gracia" (Guillén 1968: 16). Los términos religiosos indican el grado de mitificación al que se llega.[58] Casi-religiosas – dar luz y salud y paz – son también las facultades que se le atribuyen: "Es tal la fuerza de expresión, que en aquellos cerebros tan lejanos se abre la luz que no han visto nunca y en sus corazones muerde el suave amargo que no han conocido" (Alonso 1952: 275). "Federico nos infundía a todos una máxima salud libérrima" (Guillén 1968: 21). "Esta es la primera virtud de Lorca: nos reconcilia a todos, nos pone a todos de acuerdo" (Guillén 1968: 52 s.). Dotes proféticas con respecto a su propia muerte le atribuye Luis Cernuda. Dice del "Llanto": "La obra parece [...] referirse, por adivinación poética de vate, al propio autor, a su temprana y trágica muerte a manos de sus propios compatriotas [...]. No otro sino Lorca puede ser ya ese 'andaluz tan claro, tan rico de aventura' de que nos habla en uno de sus versos" (Cernuda 1957: 186).[59] Escribe "versos divinos", pues es "poeta por la gracia de Dios" (Guillén 1968: 53).[60] Los testimonios de la mitificación son legión: "Federico no perdía nunca el norte" (Guillén 1968: 57). Tiene un "formidable poder de captación de todas las formas vitales" (Alonso 1952: 275). "Había magia, duende, algo irresistible en todo Federico" (Alberti 1959: 169). "Junto al poeta [...] se respiraba un aura que él iluminaba con su propia luz. [...] Federico es el primero allí donde se encuentre porque es Federico" (Guillén 1968: 17). "Nuestro gran inspirado" (Guillén 1968: 60), "el privilegiado" (Guillén 1975: 125), "el mejor" (Guillén 1975, 126), "genial andaluz" (Guillén 1968: 52), "el elegido. El predestinado" (Guillén 1968: 53), "una especie de fiera, de fenómeno" (Guillén 1968: 52), así le llama Jorge Guillén. "No hay quien pueda definirle" (Aleixandre 1937: 44). Sólo se le puede comparar con la naturaleza: "Le vimos siempre el mismo, único y, sin embargo, cambiante, variable como la misma Naturaleza" (Aleixandre 1937: 43) y, siguiendo el tópico dieciochesco del genio, con las fuerzas naturales: "Su presencia, comparable quizá, sólo y justamente, con el tifón que asume y arrebata, traía siempre asociaciones de lo sencillo elemental" (Aleixandre 1937: 44). Por eso Federico establece una comunión con la Naturaleza: "Federico nos ponía en contacto con la creación [...], y aquel hombre era ante todo manantial, arranque fresquísimo de manantial, una transparencia de origen entre los orígenes del universo [...] Entonces no hacía frío de invierno ni calor de verano: 'hacía... Federico'. Pero no por acumulación de originalidades, sino por originalidad de raíz: criatura de la Creación, inmersa en Creación, encrucijada de Creación y par-

ticipante de las profundas corrientes creadoras" (Guillén 1968: 17). En boca de
Miguel Hernández, la mitificación y unión con la Naturaleza adquieren caracteres
líricos: "Hijo de la paloma,/nieto del ruiseñor y de la oliva/ [...]. Tú, el más firme
edificio, destruido,/tú, el gavilán más alto, desplomado,/tú, el más grande rugido,/callado, y más callado, y más callado" (Hernández 1975: 135). Su éxito se considera completo y total, irremediable... olvidando por ejemplo que sus primeras obras teatrales
no triunfaron.[61] "El éxito va con él a todas partes" (Alonso 1952, 276). "Nothing or no
one could resist that vivacity, that laugh and the charm" (Salinas 1972: 170). "Porque,
cuidado, que todos serán, que todos seremos suyos, en cuanto rompa a cantar. [...] Oír
a Lorca y rendirse a su poesía es todo uno. Lorca se impone necesariamente con esa
fuerza inmediata y simplicísima de la evidencia" (Guillén 1968: 52).[62] En resumidas
cuentas: "Federico García Lorca fue una criatura extraordinaria" (Guillén 1968: 17).[63]

Un autor de la generación parece escapar a la mitificación: Luis Cernuda. El mismo
destaca su singularidad: "Sé que voy contra la opinión general, que llama virtud en
Lorca lo mismo que yo llamo defecto; pero qué vamos a hacerle: la experiencia me ha
enseñado cómo se forma dicha opinión general [...], y no me queda por ella ningún
respeto" (Cernuda 1957: 183). Le crítica porque "sólo tardíamente halla un tono
único, ya que en la mayoría de sus libros une al tono propio otros diversos" (Cernuda
1957: 178). En el *Romancero gitano* ve "dos defectos principales": "lo teatral" y "su costumbrismo trasnochado".[64] Aún así, Cernuda había sido quien, por otro lado, más expresamente había mitificado a García Lorca: "Su existencia deja de ser realidad
estremecida para transformarse en fábula y leyenda. El pueblo español no le olvidará
ya nunca" (Cernuda 1937b: 66).[65]

En conclusión, la recepción de la generación del 27 contiene in nuce y dejando de
lado ciertos extremismos[66] todas las grandes líneas de la recepción lorquiana, con sus
contradicciones e inseguridades; y – también como la recepción posterior – en el
fondo expresa más sobre los receptores que sobre el mismo Lorca. Los autores de la
generación del 27 escriben movidos más por la emoción y el recuerdo y la intuición
que por el estudio de textos lorquianos[67]: así, tópicos literarios e imágenes nacionales
o regionales mantienen vigencia; al mitificar y querer engrandecer la personalidad de
Lorca más bien la empequeñecen: Su vida, su muerte, su obra tuvieron que ser así,
son consecuencia de leyes naturales. En el fondo, operan sobre la pervivencia de ideas
románticas y concretamente de un concepto de genio de origen prerromántico, en el
que – por esa vuelta del genio hacia el lado sombrío, demoníaco en vez de angélico –
se integra incluso su temprana muerte: "Por fatalidad de carácter y de estrellas, a él le
tocó en su veloz relampagueo el destino del poeta romántico [...], del genio todo en
juventud y sólo en juventud" (Guillén 1968: 23 s.).[68] La vigencia de esta tradición impide una visión más profunda y más europea de los fenómenos descritos. Por lo tanto,
tiene razón Luis Cernuda al afirmar: "Para que la eternidad transforme al poeta en
otro que sea él mismo verdaderamente, los comentarios, aun siendo de sus mejores
amigos, lejos de ayudar a esa vasta labor inconsciente del tiempo, la entorpecen.
Dejemos hablar al poeta mismo" (Cernuda 1937a: 68).

NOTAS:

N.B.: Además de los necesarios añadidos y de las pruebas para las afirmaciones hechas en el texto, en estas notas pretendo aportar al menos indicios, por una parte, de cómo las aseveraciones de los autores de la generación del 27 concuerdan con los tópicos existentes ya en vida de García Lorca, con opiniones que "estaban en el aire" y, por otra parte, cómo sus afirmaciones están presentes en la recepción posterior, incluso en obras recientes. Con ello pretendo paliar también una posible crítica según la cual la visión de "recepción" en este texto sería ahistórica, defecto que resultaría especialmente grave en el caso de un estudio sobre recepción. Sin embargo, lo que podría parecer defecto es tesis: Se dan pocas transformaciones en la recepción de García Lorca a través de los tiempos: Los elementos fundamentales quedan fijados muy pronto y toda la labor posterior se hará sobre esos elementos tempranos: asumiéndolos más o menos conscientemente o bien rechazándolos. Y aún en el caso del rechazo se recurre como alternativa a otros elementos tempranos. Lo que aquí exponemos sólo como tesis esperamos probarlo en breve en un trabajo más extenso.

1 Gibson (1985: Introducción).

2 Y, si no sonara reaccionario, yo incluso me atrevería a aplicarle ese verso suyo del Romancero: "Ay, Federico García, llama a la Guardia Civil" (García Lorca 1968: 448), a ver si se llevan a algunos de los que sobre él han escrito y en un juicio sumario se les condena a lectura perpetua de sus propios libros o artículos.

3 Cf. Cernuda (1957: 177) y Hernández (1984: 233).

4 La edición príncipe de "Marinero en tierra" de Alberti es de 1925 (cf. Alberti 1972). En ella se encuentra el ciclo de poemas *A Federico García Lorca, poeta de Granada*. En 1984 se recopilan los textos de Alberti sobre García Lorca en el libro titulado: *Federico García Lorca, poeta y amigo* (cf. Alberti 1984). Este libro es un ejemplo de la tesis que expresábamos al principio: Se mantienen los elementos claves de la recepción a través de los años.

5 Los autores del 27 publican sus escritos sobre García Lorca no sólo en castellano y en varios países (puesto que algunos de ellos los escriben en el exilio), sino también traducidos a otros idiomas. Entre los "best-seller" lorquianos se encuentra por ejemplo la introducción ("Federico en persona") de Jorge Guillén a las *Obras completas* de García Lorca. Se publica en alemán (Guillén 1962 y 1976), en francés (Guillén 1963-64, con las partes suprimidas por la censura), en italiano (Guillén 1960). Cf. como otros ejemplos: Salinas (1941, 1952, 1963, 1966 y 1972) o Alberti (1933, 1940, 1941, 1959, 1972).

6 Jorge Guillén habla de la "unidad de generación" como "antípoda de escuela" (Guillén 1968: 23 s.) y Dámaso Alonso comenta que una generación de este tipo sólo "tiene interés para la historia de la cultura" (Alonso 1956: 323), no para la de la literatura.

7 Cf. carta a Jorge Guillén en García Lorca (1968: 1614). La base teórica para muchas de las afirmaciones que siguen se halla en el capítulo "Komparatistische Imagologie" en Dyserinck (1981). Quisiéramos, sin embargo, subrayar sus consideraciones en dos aspectos: por una parte, nos parece que se dan también imágenes regionales y no sólo nacionales; por otra parte, es de destacar su vigencia no sólo en textos literarios, sino también en la historia de la literatura.

8 En sus afirmaciones sobre García Lorca, Alberti a menudo se repite; cf. para este caso la fórmula casi idéntica en Alberti (1941: 9 "[...] sino de ese hombre oscuro, bronco y fino a la vez, que da el campo andaluz"), repetida a su vez en Alberti (1975: 19). Por otra parte, en sus afirmaciones sobre García Lorca, Alberti tratará de aminorar ese "algo de rivalidad entre Federico y Alberti" del que habla Dámaso Alonso (1956: 313), de la que comentará que en el fondo fue una invención de los periódicos (Alberti 1959: 227); cf. Alberti (1984: 72). Para ello, Alberti tenderá a identificar a Lorca consigo mismo (cf. p. ej. la cita en la nota 29).

9 Así se decía en el texto original; posteriormente la palabra "moro" se sustituye por "oscuro". Además, Alberti adereza su imagen con aditamentos típicos del gitanismo, con "alfanjes de los ríos" y "salteadores" "por la sierra" (1972: 83).

10 Será una particularidad de Diego resaltar el catalanismo de Lorca; cf. como continuación Rodrigo (1975 y 1984).

11 Cf. su obra tiene "el deje de este cante (del jondo), la tristeza de su filosofía, su insistencia sobre la muerte, sentido dramático del amor y del odio" (Alberti 1933: 19); también Alberti (1941: 10).

12 Cf. "El destino de García Lorca fue Andalucía" (Francisco López Estrada: Prólogo a Durán 1974: 5).

13 Alude aquí Salinas patentemente a la famosa obra – como él dice – "de otro gran andaluz" (Salinas 1941: 300); cf. también esta comparación en Antón (1961: 269).

14 Sobre la muerte como tema no andaluz, sino netamente español cf. Cremer (1969: passim).

15 Cf. "El horror de la vida norteamericana precipita en su alma de meridional algo que ella llevaba en disolución y ahora ofrece puro" (Cernuda 1957: 184); cf. Guillén (1982: 20) y Martín (1981: 75).

16 Cf. Guillén (1968: 57; 46 y 54).

17 Cf. "La gente aplaudía poniéndose en pie, agitando pañuelos, llegando en su entusiasmo a arrojarle las chaquetas y los sombreros, como ante la faena cumbre de un espada en la arena taurina" (Alberti 1984: 275).

18 "Temas, estilo, preocupaciones son comunes entre la poesía de Federico García Lorca" (Cernuda 1931: 12). Si Cernuda parecía un iconoclasta, termina diciendo: "¿Andaluz, pues? Sí, claro está" (1931: 12).

19 Cf. Machado (1937: 9).

20 Diego, al desear que García Lorca "no se quede en poeta granadino" describe ese tipo de poesía con el comentario: "color, sensualidad, afeitada abundancia" (Diego 1927: 384).

21 Cf. "De toda España bebe; a toda España va a reverterse" (Alonso 1952: 276).

22 Para Diego, García Lorca representa "el realismo popular a la manera tradicional española" (Diego 1969: 6).

23 Cf. "García Lorca no inventó" (Moreiro 1971: 19) o "García Lorca señala a su vez cómo el sentido de la realidad es innato a cada español" (Ciplijauskaité 1966: 344). Contra la tesis del pretendido realismo se puede aducir la temprana oposición a "Mariana Pineda" precisamente por su falta de realismo, por sacrificar la biografía en aras de una elaboración poética. Son precisamente críticos liberales quienes plantean esta crítica: la heroína liberal habría quedado convertida, según ellos, en una figura romántica. Cf. por ejemplo ya Ortiz (1931: 69 s.). En el fondo, el tópico realista es una herencia de la escuela de Menéndez Pidal (cf. por ejemplo el capítulo "Verismo y verosimilismo" en Menéndez Pidal (1964: 70 ss.).

24 Es un tópico ya con una cierta antigüedad. No extraña que Bouterwek llame a la época post-lopesca "Geschichte des Absterbens der alten spanischen Poesie und Beredsamkeit" (Bouterwek 1804: 553); cf. también la visión de la literatura en su "Summarische Nachricht von dem neuesten Zustande der schönen Litteratur in Spanien" (1804: 607 ss.). Cf. como crítica, aunque matizada hasta la aceptación parcial, de este tópico: Díez-Echarri/Roca Franquesa (1972: 615); Kohut (1982: 291) y Caso (1983: 11).

25 Cf. "De ahí esa especie de frenesí que el público sentía al escuchar sus versos [...], por los que brotaba lo mismo que a través de la tierra hendida el terrible fuego español, agitando y sacudiendo al espectador a pesar suyo, porque allá en lo hondo de su cuerpo hecho de la misma materia podía prender también una chispa escapada de aquel fuego secular" (Cernuda 1938: 20).

26 Esta visión se da en primer lugar en artículos publicados ya durante la guerra (cf. por ejemplo Cernuda (1937) o Neruda (1937), a cuya apasionada polémica contestarán Panero (1953) y Ridruejo (1953). Esta visión seguirá vigente sobre todo en publicaciones de españoles en el exilio. Cf. como un ejemplo reciente *Hommage* (1982).

27 Es sabido que la cita proviene de Antonio Machado (cf. Machado 1933: 219). Es imposible, sin embargo, que la cita original se refiera efectivamente a las dos Españas enfrentadas en la guerra. Dejando de lado la dificultad cronológica (la poesía en cuestión se publica en "Campos de Castilla"), en el texto ambas Españas tienen una connotación negativa ("una España que muere/y otra España que bosteza"), lo que difícilmente puede decir Machado de la España republicana. Sin embargo, también en relación con la muerte de García Lorca, Machado ve dos Españas: "la calderoniana, barroca y eclesiástica" y "la cervantina [...], la genuinamente popular [...], humana y universalmente cristiana" (Machado 1937: 7). Aún en 1959, Alberti hablará de "la otra España" que asesinó a García Lorca (1959: 302).

28 Cf. Hurtado (1937) o el artículo en Le Figaro ([Anón] 1956). Para la refutación cf. Sánchez Barbudo (1937).

29 No escapa Alberti a la tentación del encasillamiento político de García Lorca. Siguiendo la tendencia que ya señalábamos (cf. nota 8), Alberti trata de identificar a García Lorca con su propia actitud política. Habla de "los poetas que fuimos camaradas tuyos" en Alberti (1937: 6). Contra ello se puede aducir la opinión de Guillén de que García Lorca siempre se resistió a los encasillamientos (cf. Guillén 1968: 57).

30 Guillén se expresa, aunque con menor vehemencia, en relación a la política al afirmar que "estos poetas [...], si no actúan como militantes en política, no la desconocen, orientados hacia una futura España más abierta" (Guillén 1961: 241). Cf. también "Cierto que Federico pertenecía a la España liberal: con aquel paisaje se relacionaba en función respiratoria. Apenas le oí hablar de política" (Guillén 1959: 63) y Alonso (1956: 303 s., y 1982: 13): "Tenía una tendencia hacia las partes revolucionarias de España, pero no pertenecía a la pérdida de libertad que significaba cualquier partido político".

31 También aquí se da un cambio entre la edición príncipe y versiones posteriores. En la primera se habla de musa, posteriormente de ángel como cualidad fundamental de García Lorca. Aquí Alberti parece seguir más bien su propia terminología angelológica que la de García Lorca; cf. "Cuando dos poetas se conocen y se dan la mano por vez primera, es como si dos corrientes trasangélicas tropezaran" (Alberti 1941: 6).

32 Sobre el crimen político cf. por ejemplo Larrea (1940). Rincón habla de "la primera etapa de la vida póstuma del escritor, aquella en que se le convierte de símbolo de la España combatiente y la poesía europea oprimida" (Rincón 1971: 555). También en este caso hay que decir que esa tesis no sólo pertenece a una primera época sino que sigue vigente durante mucho tiempo (cf. citas en nota 26).

33 Cf. "Frente a la creencia de que Lorca es un poeta 'popular', me parece que en su obra hay también bastantes motivos para considerarle como poeta hermético" (Cernuda 1957: 185).

34 "Popular, sí.¿Pero fácil? Genial, sí, pero muy lúcido" (Guillén 1968.: 55).

35 "¡Qué integración sublime de los elementos universales en una obra que integra a su vez los grandes elementos formales de la poesía de siempre!" (Guillén 1968: 53).

36 Está esta afirmación en la línea del tópico del esencial barroquismo o mejor culteranismo del pueblo español (cf. Spitzer 1942: 264): "En España el pueblo mismo es (sigue siendo) culterano". Cf. también Marín (1934).

37 Como se sabe, parte de una visión prerromántica por ejemplo de Herder, cristaliza en los Schlegel y tiene vigencia en la historia de la literatura sobre todo por la obra de Peers 1954. Tiene una gran permanencia histórica que llega a afirmaciones como "Willkür im Umgang mit Mythen gehört zu Spanien" (Palm 1966: 258)

38 Cf. Alberti (1984: 215).

39 Cf. "él, como buen español, debía traer al Duende, que es castizamente español" (Echavarri 1933).

40 Cf. por ejemplo las siguientes citas, tomadas sólo de cartas a Jorge Guillén: "trabajo un poema largo" (García Lorca 1968: 1598); "[...] dos nuevos romances que me han costado un esfuerzo extraordinario" (1602); "[...] Romance de la Guardia Civil, que compongo estos días. Lo empecé hace dos años. [...] Este trozo es todavía provisional" (1611 y sig.); "son setenta canciones [...]. Creo que ya están depuradas" (1615 s.); "ahora tengo varios proyectos líricos, pero no sé a cuál de ellos hincarle el diente" (1616); "he pasado verdadera angustia ordenando las canciones" (1620); "este es un fragmento. Todavía tengo que trabajarlo mucho" (1621). Sobre este tema cf. también Torre (1961: 191); Ciplijaus-kaité (1966: 280) y Onís (1974: 87).

41 Cf. "con lentitud de germinación y de trabajo o por inspiraciones rápidas" (Guillén 1968: 62).

42 "A la mañana siguiente de un trabajo lírico o teatral, el prodigioso artífice se asomaba como crítico a lo hecho a la víspera – una víspera que podía ser de semanas o meses y aun de años, y [...] escribía sobre lo escrito y rara vez borraba del todo para sepultar algo que estimase indecoroso sino que lo dejaba en entrelíneas, sobre líneas, en una palabra, palimpsesteaba de lo lindo, todo en primer plano y, sin estar seguro de él mismo" (Diego 1981: 19).

43 "En suma, ni en el caso de Lorca, la genialidad autorizaba una escritura genialmente informe, un abandono a los poderes oscuros. La más ligera canción aparecía redactada con los primores del arte" (Guillén 1961: 251).

44 Cf. Francisco García Lorca (1947: 23) y Monleón (1981: 30).

45 Este es un tema favorito de Gerardo Diego, cf. "'Mariana Pineda' era ya como un libreto de ópera romántica [...], 'Bodas de sangre' es ya una ópera, un drama lírico, letra y música a la vez" (Diego 1933); el artículo en el que esto se afirma se titula "El teatro musical de Federico García Lorca". En 1982 afirma Diego: "Federico era un músico de cuerpo entero" (Diego 1982: 30). Cf. también Diego (1969).

46 Guillén ve en la poesía de Lorca una suma de todos los géneros ("La lírica de Lorca se resuelve, sin perder su propio carácter de lirismo, en una épica y en una dramática" (Guillén 1968: 53)), sin darse cuenta de que según su interpretación, Lorca también se inscribiría en los intentos europeos por desarrollar, ya desde el fin de siglo y como refundición de un ideal romántico, la obra de arte total. Cf. Coeuroy (1965: 344).

47 El punto de partida para esta tesis hay que buscarlo en la famosa cita de la carta de Karl Vossler a Hugo von Hofmannsthal: "Im damaligen Spanien literarisierte man das Leben und lebte die Literatur" (1924: 152). A partir de ahí, una rica literatura lopesca se dedica a matizar, confirmar o refutar esta tesis. Cf. como algunos ejemplos entre muchos: Vossler (1932); Spitzer (1932); Montesinos (1967: 65); Trueblood (1974, comentando en p. 6 s. la tesis de Vossler); Müller-Bochat (1975: 7) etc.

48 Cf. Allue (1971: 229).

49 Como afirman muchos críticos: cf. entre otros: Fernández Almagro (1927); Floridor (1927) y Manuel Machado (1927). Como se ve, esta opinión tiene gran vigencia en vida de García Lorca; cf. por ejemplo el comentario de Obregón sobre el estreno de Yerma: "En todo momento el García Lorca poeta triunfa [...] sobre el autor dramático" (Obregón 1934: 6), pero también sigue vigente con posterioridad (Espina 1967: 280).

50 Una postura que sobre todo ha defendido Francisco García Lorca (cf. 1947 o 1963).

51 "Dentro del hombre latía su infancia", dice Guillén (1968: 20); y Aleixandre: "No era niño" (1937: 43).

52 Es comprensible quizá este hecho al tratarse de textos desperdigados a través de los años. Sin embargo, los cambios no son tan notables que permitan hablar de un verdadero desarrollo. También los autores del 27 muestran una continuidad tópico-receptiva, de la que quizá haya que excluir a Cernuda, en quien se da un distanciamiento de García Lorca, debido quizá precisamente al estereotipamiento de la recepción.

53 Sobre la existencia del mito cf. por ejemplo Buero (1972: 15) o Hernández (1984: 239). Para la creación del mito y los extremos a los que llega cf. sobre todo Prieto (1968 y 1972, passim).

54 "Hay necesidad de ser alegre, el deber de ser alegre. Te lo digo yo, que estoy pasando uno de los momentos más tristes y desagradables de mi vida" (García Lorca 1968: 1146), escribe y este y otros textos dejan entrever que se trata de un fenómeno complejo. Y cuando más tarde habla de la situación social, esos tonos despreocupados de entrevistas primerizas desaparecen. Para ver el contraste se pueden comparar las aseveraciones en las entrevistas del 1 de octubre de 1933 ("Lo que más me importa es vivir. Siempre estoy alegre. He tenido una infancia muy larga" – García Lorca (1968: 1727) – o del 14 de octubre del mismo año ("A mí lo único que me interesa es divertirme [...]. Todo lo que sea disfrutar de la vida" – (ibd.: 1729)) con las entrevistas del 18 de febrero de 1935 (ibd: 1771) y sobre todo del 7 de abril de 1936 (ibd.: 1812). En los textos de autores del 27 pocos testimonios hay de esta evolución. Cf. Diego (1982: 29 cita las siguientes palabras de García Lorca: "Contra lo que la gente cree yo no soy un poeta alegre sino un poeta triste") y Alonso (1982: 7, 8, habla de "algo que junto a las gracias o por debajo de ellas, o a veces mezclado con ellas existía: profundos miedos y a veces terrores. Pero lo que todos veíamos en él y lo que se popularizó como expresión de su personalidad era eso más exterior: su inmensa jovialidad y gracia", y 11).

55 Cf. Morla (1957: 14); Rosales ("No era un hombre alegre") en Medina (1972: 20); Prieto ("De ahí nace esa tristeza maravillosa de su semblante" – 1968: 9).

56 Cf. la cita en página 2 del texto

57 Cf. Alberti (1984: 82 y 200). El que en 1984 se sigan manteniendo estas opiniones, después de que otros autores matizaran el tema, es una prueba más de la tesis según la cual muchos elementos de la recepción mantienen una continuidad suprahistórica.

58 Cf. "El poeta es ya héroe de poesía. El inventor de mitos ya es mito, implacable mito justiciero. 'La gracia se derramó en tus labios'. Se lo dice el Salmista. 'Dios, pues, te ha bendecido para siempre'" (Guillén 1959: 76). Dentro de estos elementos religiosos falta sólo el martirio, que aducirá por ejemplo Hernando (1968: 31).

59 Cf. Diego (1982: 31). En esta línea de la premonición de la propia muerte, otros autores han llegado a establecer conjeturas numéricas en torno a "Así que pasen cinco años". El texto más claro es el de Granell (1975), cuya conclusión es la siguiente: "García Lorca escribió su drama en 1931. Partiendo de esta fecha, transcurridos cinco años se llega al de 1936. Es el año preciso del fusilamiento del poeta [...]. En un instante dado, Federico García Lorca tuvo la revelación rigurosa de su muerte" (370).

60 Cf. García Lorca (1968: 1626).

61 Cf. Monleón (1981: 31).

62 E incluso lo que quizá se podría considerar un defecto queda glorificado en la aureola de la genialidad: "Pues, ¿y sus conferencias?", se pregunta Dámaso Alonso. "Lo que no sabe lo inventa. Recuerdo ahora su conferencia sobre Góngora. Federico [...] da de algunos fragmentos de las *Soledades* una interpretación en absoluto alejada de lo evidente. Pero no importa" (Alonso 1952: 276).

63 Cf. "aquel ser excepcional y mágico, que nos dió aquella Alta Andalucía recóndita, profunda, dramática, que lo ungió de su gracia y de su genio" (Alberti 1984: 277).

64 Cf. "No cabe duda de que Lorca conocía a su tierra y a su gente, que la sentía y hasta la presentía; por eso es lástima que a ese conocimiento no lo acompañase alguna desconfianza ante ciertos gustos y preferencias del carácter nacional" (Cernuda 1957: 183). Le crítica además por el siguiente motivo: "La acción dramática que es tema de esos romances no está narrada enteramente [...]. Así que hay en el *Romancero gitano* cierta oscuridad procedente de la narración." Y sobre "Canciones" dice: "Ese libro es feliz [...], a veces demasiado feliz, asomando cierta vena [...] de bromear y hacer travesuras; actitud [...] propia del hijo de familia acomodada que, con las espaldas protegidas por su propio medio burgués, se permite burlarse del mismo, porque sabe que no ha de costarle caro y que además le dará cierto prestigio paradójico de chico listo y simpático" (Cernuda 1957: 182).

65 Cf. Guillén (1959: 76, citado en nota 57).

66 Como tales se pueden considerar – aun siendo de signo muy distinto – publicaciones como Gebser (1949), Lorenz (1961), Schonberg (1966)' o Sorel (1977).

67 Si después de las primeras tomas de postura, siguen el ruego de Lorca de olvidar el gitanismo, dejan de lado otras de las aseveraciones del propio Lorca; un ejemplo paradigmático es la consideración de García Lorca como influido por la musa o el ángel (cf. nota 30 con la cita de Alberti, representativa de otras de otros ' autores), pero en raras ocasiones por el "duende", que según García Lorca, sería precisamente la característica netamente española: "Distingo entre 'ángel' y 'duende' [...] identifico a este último con lo español" (entrevista de García Lorca en el "Heraldo de Madrid" en 1934, en: Martín 1980)

68 Casi adelantará la valoración de "poeta maldito" de Umbral (1968). Que los dos aspectos del genio están muy cercanos para la valoración de García Lorca se observa en el autor que con más retórica plantea la mitificación del autor granadino, en Gregorio Prieto (1968 y 1972). Sobre la problemática del concepto de genio cf. Böhler (1975).

BIBLIOGRAFIA

Alberti, Rafael
  1933   *La poesía popular en la lírica española contemporánea*. Jena – Leipzig.
  1937   "Palabras para Federico García Lorca". En Federico García Lorca: *Romancero gitano*. Barcelona.
  1940   "Federico García Lorca: Poeta en Nueva York". En *Sur*, 10: 147-151.
  1941   "Federico García Lorca y la Residencia de Estudiantes". En *Revista de las Indias*, 10: 5-13.
  1959   *La arboleda perdida*. Buenos Aires.
  1972   *Marinero en tierra*. Ed. crítica de Robert Marras, Madrid.
  1975   "Imagen primera y sucesiva de Federico García Lorca". En *Imagen primera de Federico García Lorca*, Madrid.
  1984   *García Lorca, poeta y amigo*. Sevilla.

Aleixandre, Vicente
  1937   "Federico". En *Hora de España*. 7: 43-45.

Allue y Morer, Fernando
  1971   "Federico García Lorca y los Romances gitanos". En *Revista de Occidente*, 95: 229-239.

Alonso, Dámaso
  1952   *Poetas españoles contemporáneos*. Madrid.
  1955   *Estudios y ensayos gongorinos*. Madrid.
  1956   "Una generación poética". En *Antología*, 2: 301-324. Madrid.
  1982   "Federico en mi recuerdo". En Federico García Lorca: *Llanto por Ignacio Sánchez Mejías*, pp. 7-14, Santander.

Antón Andrés, Angel
  1961   *Geschichte der spanischen Literatur vom 18. Jahrhundert bis zur Gegenwart*. Munich.

Böhler, Michael J.
  1975   *Soziale Rolle und ästhetische Vermittlung*. Berna – Francfort.

Bouterwek, Friedrich
  1804   *Geschichte der spanischen Poesie und Beredsamkeit*. Gotinga.

Buero Vallejo, Antonio
  1972   *García Lorca ante el esperpento*. Madrid.

Caso, José Miguel
    1983   "Ilustración y Neoclasicismo". En Francisco Rico: *Historia crítica de la literatura española*. Vol. 4, Barcelona.

Cernuda, Luis
    1931   "Notas eludidas: Federico García Lorca". En *Heraldo de Madrid*, 26.11.1931, p. 12.
    1937a   "Federico García Lorca: Romancero gitano". En *Hora de España*", 9: 67-69.
    1937b   "Líneas sobre los poetas y para los poetas en los días actuales". En *Hora de España*, 6: 64-66.
    1938   "Federico García Lorca (Recuerdo)". En *Hora de España*, 18: 13-20.
    1957   *Estudios sobre poesía española contemporánea*. Madrid.

Ciplijauskaité, Biruté
    1966   *El poeta y la poesía*. Madrid.

Coeuroy, André
    1965   *Wagner et l'esprit romantique*. París.

Cremer, Victoriano
    1969   "Los mundos oscuros de Federico García Lorca y el Romancero gitano". En *La Estafeta Literaria*, 426: 4-7; 429: 4-7; 432: 17-19.

Diego, Gerardo
    1933   "El teatro musical de Federico García Lorca". En *El Imparcial*, 14.4.1933.
    1969   "Las saetas: devoción, poesía y música". En *La Estafeta Literaria*, 417: 4-7.
    1981   "Prólogo". En Federico García Lorca: *Lola, la comedianta*, ed. de Piero Menarino. Madrid.
    1982   "El llanto, la música y otros recuerdos". En Federico García Lorca: *Llanto por Ignacio Sánchez Mejías*, pp. 27-31, Santander.

Diez-Echarri, Emiliano, y José María Roca Franquesa
    1972   *Historia de la literatura española e hispanoamericana*. 2ª ed., Madrid.

Dyserinck, Hugo
    1981   *Komparatistik*. 2ª ed., Bonn.

Echavarri, Luis
    1933   "La visita de un poeta español y su duende". En *El Sol*, 10.12.1933.

Espina, Antonio
    1967   *Teatro inquieto español*. Madrid.

Fernández Almagro, Melchor
    1927   "Estreno de Mariana Pineda en el Teatro Fontalba". En *La Voz*, 13.10.1927.

Fígaro [Anón.]
    1956   "Le Figaro Littéraire confiesa". En *La Estafeta Literaria*, 13.10.1956, p. 1.

Floridor (pseud.)
    1927   "Mariana Pineda". En *ABC*, 13.10.1927, p. 11.

García Lorca, Federico
    1968   *Obras completas*. 14ª ed., Madrid.

García Lorca, Francisco
    1947   "Córdoba, lejana y sola". En *Cuadernos americanos*, 34: 233-244, México.
    1963   "Introduction". En Federico García Lorca: *Five Plays*, Nueva York.

Gebser, Jean
    1949   *Lorca oder das Reich der Mütter*. Stuttgart.

Gibson, Ian
    1985   *Federico García Lorca*. Vol. 1: "De Fuente Vaqueros a Nueva York". Barcelona.

Granell, Eugenio
1975   "¿Así que pasen cinco años, qué?". En Manuel Ildefonso: *Federico García Lorca*, 2ª ed., pp. 357-370, Madrid.

Guillén, Jorge
1959   *Federico en persona*. Buenos Aires.
1960   *Federico in persona*. Milán.
1961   *Lenguaje y poesía*. Madrid.
1962   "Federico García Lorca". En *Merkur*, 16: 816-834.
1963/64 "Federico en personne". En *Mercure de France*, 349: 714-739 y 350: 62-85.
1968   "Federico en persona". En Federico García Lorca: *Obras completas*, 14ª ed., Madrid.
1975   "Federico García Lorca". En Eduardo Castro: *Muerte en Granada*, Madrid.
1976   *Briefe an Jorge Guillén*. Wiesbaden.
1982   "Los símbolos de la muerte en *Llanto por Ignacio Sánchez Mejías*". En Federico García Lorca: *Llanto por Ignacio Sánchez Mejías*. pp. 17-24, Santander.

Hernández, Mario (ed.)
1984   "Notas al texto". En Federico García Lorca: *Libro de poemas*, Madrid.

Hernández, Miguel
1975   "Elegía primera". En Eduardo Castro: *Muerte en Granada*, Madrid.

Hernando, María Isabel
1968   *Biografía completa de Federico García Lorca*. Madrid.

Hommage
1982   *Hommage/Homenaje a Federico García Lorca*. Toulouse.

Hurtado, Luis
1938   "A la España imperial le han asesinado su mejor poeta". En *Unidad*, 11.3.1937, p. 1.

Kohut, Karl
1982   "Die Literatur Spaniens und Portugals zwischen Klassizismus und Romantik". En Klaus von See (ed.): *Neues Handbuch der Literaturwissenschaft*, vol. 15: "Europäische Romantik II", Wiesbaden.

Larrea, Juan
1940   "Federico García Lorca". En *España peregrina*, 1: 251-256.

López Estrada, Francisco
1974   "Prólogo". En Trinidad Durán: *Federico García Lorca y Sevilla*, Sevilla.

Lorenz, Günter W.
1961   *Federico García Lorca*. Karlsruhe.

Machado, Antonio
1933   *Poesías completas*. 3ª ed., Madrid.
1937   "Carta a David Vigodski". En *Hora de España*, 4: 5-10.

Machado, Manuel
1927   "Mariana Pineda". En *Libertad*, 13.10.1927.

Marín, Alberto
1934   "Federico García Lorca y Margarita Xirgú ...". En *Ahora*, (31.12.1934): 43.

Martín, Eutimio
1980   "Dos entrevistas desconocidas". En *Insula*, 402: 1 y 14-15.

Martín, Eutimio (ed.)
1981   Federico García Lorca: *Poeta en Nueva York. Tierra y Luna*. Ed. crítica, Barcelona.

Medina, Tico
 1972   "Introducción a la muerte de Federico García Lorca". En *Los domingos de ABC*, 20.8.1972, pp. 17-21.

Menéndez Pidal, Ramón
 1964   "La épica medieval en España y en Francia". En *En torno al poema del Cid*, Barcelona – Buenos Aires.

Monleón, José
 1981   *Doña Rosita la soltera*. Madrid.

Montesinos, José F.
 1967   *Estudios sobre Lope de Vega*. Salamanca.

Moreiro, José María
 1971   "Viaje a García Lorca". En *Los domingos de ABC*, 1.8.1971, pp. 18-25.

Morla Lynch, Carlos
 1957   *En España con Federico García Lorca*. Madrid.

Müller-Bochat, Eberhard (ed.)
 1975   *Lope de Vega*. Darmstadt.

Neruda, Pablo
 1937   "Federico García Lorca". En *Hora de España*, 3: 65-78.

Obregón, Antonio de
 1934   "Yerma". En *Diario de Madrid*, 31.12.1934, p. 6.

Onís, Carlos Marcial de
 1974   *El surrealismo y cuatro poetas de la generación del 27*. Madrid.

Ortiz de Villajos, C. G.
 1931   *Doña Mariana Pineda*. Madrid.

Palm, Erwin Walter
 1966   "Kunst jenseits der Kunst". En *Akzente*. 13: 255-270.

Panero, Leopoldo
 1953   *Canto personal*. Madrid

Peers, Edgar A.
 1954   *Historia del movimiento romántico español*. Madrid.

Prieto, Gregorio
 1968   *Lorca en color*. Madrid.
 1972   *Lorca y su mundo angélico*. Madrid.

Ridruejo, Dionisio
 1953   "Introducción". En Leopoldo Panero: *Canto personal*. Madrid.

Rincón, Carlos
 1971   *"La casa de Bernarda Alba* de Federico García Lorca". En Werner Bahner (ed.): *Beiträge zur französischen Aufklärung und zur spanischen Literatur. Festgabe für Werner Krauss*, pp. 555-584, Berlín.

Rodrigo, Antonina
 1975   *García Lorca y Cataluña*. Barcelona.
 1984   *García Lorca, el amigo de Cataluña*. Barcelona.

Salinas, Pedro
  1941   *Literatura española del siglo XX*. México.
  1952   "El romanticismo y el siglo XX". Se cita por la versión en *Ensayos de literatura hispánica*, Madrid 1958.
  1963   "Federico García Lorca". En Robert Corrigan (ed.): *Theater in the Twentieth Century*, Nueva York.
  1966   "Federico García Lorca". En Marie Laffranque: Federico García Lorca, París.
  1972   "Federico García Lorca". En *Modern Language Notes*, 87: 159-177.

Sánchez Barbudo, A.
  1937   "La muerte de García Lorca comentada por sus asesinos". En *Hora de España*, 5: 71-72.

Schonberg, Jean
  1966   *A la recherche de Lorca*. Neuchatel.

Sorel, Andrés
  1977   *Yo, García Lorca*. Bilbao.

Spitzer, Leo
  1932   *Die Literarisierung des Lebens in Lope's "Dorotea"*. Bonn.

Torre, Guillermo de
  1961   *El fiel de la balanza*. Madrid.

Trueblood, Alan S.
  1974   *Experience and Artistic Expression in Lope de Vega*. Cambridge, Mass.

Umbral, Francisco
  1968   *Lope, poeta maldito*. Madrid.

Vossler, Karl
  1924   "Spanischer Brief". En *Festschrift für Hugo von Hofmannsthal*, Bremen.
  1932   *Lope de Vega und sein Zeitalter*. Munich.

El espacio poético en la poesía de Luis Cernuda

Kevin J. Bruton
University of Salford

El título de mi ponencia procede de un estudio sobre la poesía por el crítico francés, Gaston Bachelard – *The Poetics of Space*. Este concepto del espacio poético, de gran importancia en la poesía de Luis Cernuda, toma como su punto de partida el hecho de que les guste a muchos poetas colocar sus experiencias poéticas en lugares o espacios bien definidos. Bachelard se concentra en las experiencias de lo que denomina *felicitous space*:

> ".... the [poetic] images I want to examine are the quite simple images of *felicitous space*. In this orientation, these investigations [...] seek to determine the human value of the sorts of space that may be grasped, that may be defended against adverse spaces, the space we love. For diverse reasons and with the differences entailed by poetic shadings, this is eulogised space. Attached to its protective value, which can be a positive one, are also imagined values which become dominant. Space that has been seized upon by the imagination cannot remain indifferent space subject to the measures and estimates of the surveyor" (1964: XXXI).

En la poesía de Luis Cernuda, el concepto del espacio poético, sobre todo en sus resonancias positivas, desempeña un papel decisivo en el desarrollo de la visión y la expresión cernudianas. Hoy quisiera examinar los elementos claves de este tema que hasta ahora ha recibido poca atención crítica.

El foco de un simbolismo extensivo alrededor del tema del espacio poético lo constituye el concepto cernudiano del *rincón*, espacio poético que permite al poeta huir de las limitaciones espaciales y temporales del mundo material circundante. Por toda la larga trayectoria de *La realidad y el deseo*, así como en los poemas en prosa de *Ocnos y Variaciones sobre tema mexicano* abundan las referencias al "rincón", lo que demuestra, fuera de toda duda, la importancia central de este concepto. Lo expresa bien el poema en prosa "Un jardín":

> Otra vez un rincón. ¿En cuántos lugares, por extraños que algunos fueran para ti, no has hallado ese rincón donde te sentías vivo en lo que es tuyo? [...] Aunque al primer golpe de vista, abarcando los terrados, las escalinatas, las glorietas del jardín, algo te trae a la

memoria aquel otro [rincón] cuya imagen llevas siempre en el fondo
de tu alma (1952:55).

Tales sentimientos comunican no sólo la naturaleza continua y constante del *rincón*
como experiencia espiritual sino también la posibilidad de situarlo en una variedad de
lugares. En *Ocnos* Cernuda establece una asociación firme entre el *rincón* y la niñez,
refiriéndose al "rincón del patio" de su casa natal:

> ¡Años de niñez en que el tiempo no existe! Un día, unas horas son
> entonces cifra de la eternidad. ¿Cuántos siglos caben en las horas de
> un niño? Recuerdo aquel rincón del patio en la casa natal [...].
> Allí en el absoluto silencio estival [...] he visto cómo las horas
> quedaban inmóviles, suspensas en el aire ... (1963:29-30).

Aquí se ve "el espacio poético" como defensa contra el paso del tiempo y el rincón
del patio como símbolo de la experiencia de la eternidad que siente el niño. Nos invita a pensar en las ideas de Wordsworth en su "Intimations of Immortality from
Recollections of Early Childhood" y, más concretamente, en la noción formulada por
Wordsworth – poeta cuya obra Cernuda conocía íntimamente – acerca del concepto
spots of time, término que describe experiencias de cierto tipo trascendental:

> There are in our existence spots of time,
> That with distinct pre-eminence retain
> A vivifying Virtue, whence, depress'd
> By false opinion and contentious thought,
> Or aught of heavier or more deadly weight,
> In trivial occupations, and the round
> Of ordinary intercourse, our minds
> Are nourished and invisibly repair'd.....
> [...]
> Such moments, worthy of all gratitude,
> Are scatter'd everywhere, taking their date
> From our first childhood: in our childhood even
> Perhaps are most conspicuous (1981:572).

El rincón para Cernuda parece proporcionarle un modo semejante de huir del mundanal ruido y refugiarse en los lugares predilectos de la niñez eterna, como por
ejemplo la biblioteca familiar en el poema en prosa "El viaje" que califica Cernuda de
"aquél rincón nativo, aquellas paredes que velaban sobre su existir individual" (1963:
77). Otro poema pone énfasis en el anhelo de poseer su propia casa:

> Desde siempre tuviste el deseo de la casa, tu casa, envolviéndote
> para el ocio y la tarea en una atmósfera amiga [...] tras de tu deseo
> mezclado con él, estaba otro: el de un refugio con la amistad de las

cosas. Afuera aguardaría lo demás, pero adentro estarías tú y lo tuyo" (1963: 182).

Esta idea nos recuerda no sólo los sentimientos de Rilke – "that clear unpeopled space (1964: 69) – sino también el análisis ofrecido por Gaston Bachelard:

"-...all really inhabited space bears the essence of the notion of home [...] the imagination functions in this direction whenever the human being has found the slightest shelter: we [shall] see the imagination build 'walls' of impalpable shadows, comfort itself with the illusion of protection [...] In short, in the most interminable of dialectics, the sheltered being gives perceptible limits to his shelter [...] if I were asked to name the chief benefit of the house I should say: the house shelters day-dreaming, the house protects the dreamer, the house allows one to dream in peace" (1964: 5-6).

El rincón cernudiano comparte muchas características con la casa de Bachelard – la protección del "ser interior" dentro de muros actuales o imaginados, la presencia de la tranquilidad, la posibilidad del sueño. Este último aspecto se manifiesta en el deseo de desatarse de las restricciones materiales a fin de sumergirse en lo espiritual. Se revelan todas estas facetas del rincón en esta descripción del convento en "Un Compás":

En la vaga luz crepuscular, en el silencio de aquel recatado rincón, el exquisito alimento nada tenía de terreno, y al morderlo parecía como si mordiéramos los labios de un ángel (1963: 91).

Cernuda, como se ve en este ejemplo, tiende a escoger los espacios poéticos que le provean de las condiciones idóneas para soñar y olvidarse de sus limitaciones humanas. De ahí que los sentidos del cuerpo tienen un papel importante que desempeñar, como por ejemplo en el poema en prosa "La música":

En un rincón de la sala, fijos los ojos en un punto luminoso, quedaba absorto escuchándola, tal quien contempla el mar. Su armonioso ir y venir, su centelleo multiforme, eran tal ola que desalojase las almas de los hombres. Y tal ola que nos alzara desde la vida a la muerte, era dulce perderse en ella, acunándonos hacia la región última del olvido (1963: 107).

Este concepto del *olvido*, de gran importancia en el desarrollo poético de *La realidad y el deseo* y de clara conexión con la poesía de Bécquer, aquí nos orienta otra vez a la primacía del concepto del tiempo, o mejor la libertad del tiempo, en el espacio poético cernudiano. Para expresarlo de otra manera, el rincón no tiene que ser lugar concreto para contener los ingredientes imprescindibles del espacio poético.

Lo que sí importa es la idea del recinto protegido, del espacio definido y defendido. "Regreso a la Sombra" ofrece un contraste marcado entre el espacio poético o *spot of time* de un período de vacaciones junto al mar en compañía del amante y en condiciones idóneas para la conciencia poética y "el limbo ultraterreno" (1963: 186) de un hotel sombrío y desierto:

> Atrás quedaban los días soleados junto al mar, el tiempo inútil para todo excepto el goce descuidado, la compañía de una criatura querida como a nada y como a nadie...
> Despojado bruscamente de la luz, del calor, de la compañía, te pareció entrar desencarnado en no sabías qué limbo ultraterreno. Y con angustia creciente volvías atrás la mirada hacia aquel rincón feliz, aquellos días claros, ya irrecobrables" (1963: 186).

En este poema Cernuda vuelve a un tema constante por *La realidad y el deseo*, su afición por un recinto paradisíaco que deba comprender el sol, el mar, el amor – recinto que denomina "Sansueña" en *Las nubes* – "Aquel rincón tan claro cuando el sol lo alumbraba" o "algún edén remoto" (1964: 152-3).

Aunque acabo de afirmar que el espacio poético no tiene que ser lugar concreto, Cernuda se siente atraído hacia ciertos rincones más que otros. En efecto sigue la tradición de muchos poetas de la época posromántica. Tenemos el caso por ejemplo de Rimbaud quien se describió a sí mismo en estas palabras, "pressé de trouver le lieu et la formule" (Cardinal 1981: 132), es decir, impulsado a situar lo poético en un lugar especial. Yves Bonnefoy trata del mismo tema en su libro, *L'Arrière Pays*, definiendo su anhelo poético de encontrar "le vrai lieu" (Cardinal 1981: 132), el auténtico lugar de la experiencia poética. Cernuda explica su propio deseo de colocar lo poético en un lugar específico, en el poema en prosa "Jardín Antiguo":

> Hay destinos humanos ligados con un lugar o con un paisaje. Allí en aquel jardín, sentado al borde de una fuente, soñaste un día la vida como embeleso inagotable. La amplitud del cielo te acuciaba a la acción; el alentar de las flores, las hojas y las aguas, a gozar sin remordimientos.
> Más tarde habías de comprender que ni la acción ni el goce podrías vivirlos con la perfección que tenían en tus sueños al borde de la fuente. Y el día que comprendiste esa triste verdad, aunque estabas lejos y en tierra extraña, deseaste volver a aquel jardín y sentarte de nuevo al borde de la fuente, para soñar otra vez la juventud pasada" (1963: 54-55).

En este poema Cernuda subraya el significado especial para él del jardín simbólico. El goce sensual del jardín proporciona solamente unos placeres efímeros, pero al convertirse el jardín en imagen poética, el poeta se siente capaz de recobrar las experiencias de la niñez.

El simbolismo del jardín el la poesía de Cernuda ha recibido bastante atención crítica[1] y no voy a ahondarme en el tema ahora. Dos citas ejemplares evocan los rasgos destacados del jardín como espacio poético. En "Jardín" el poeta experimenta el jardín en la actualidad y en la memoria: "Desde un rincón sentado" (1964: 194). El tiempo existe fuera del jardín, pero adentro todo es tranquilidad, sosiego, armonía. En "Primavera Vieja" el poeta recuerda otro lugar predilecto - sin duda los jardines del Alcázar de su Sevilla natal: "En el rincón de algún compás" (1964: 208). Otra vez el clima poético dentro del jardín simbólico lo caracteriza el silencio, la tranquilidad, la ausencia del tiempo pasajero.

Aunque figuran en las páginas de *La realidad y el deseo* cuatro poemas sobre el tema del cementerio, la importancia trascendental del cementerio como espacio poético en la poesía de Cernuda no ha merecido ninguna atención crítica.[2] Espero publicar un análisis detallado del tema dentro de poco tiempo. Hoy quisiera señalar, mediante unas citas ejemplares, los puntos más destacados del rincón del cementerio. El segundo poema de la serie "Elegía Anticipada", pinta un cementerio andaluz que comprende todos los elementos ideales de Sansueña – y, además, simboliza una experiencia eterna del amor:

> No fue breve esa dicha. ¿Quién pretende
> Que la dicha se mida por el tiempo?
> Libres vosotros del espacio humano
> Del tiempo quebrantasteis las prisiones.
>
> (1964: 254)

Otros dos poemas, "El Cementerio" y "Otro Cementerio", vuelven al mismo tema, al representar un cementerio rural inglés que es a la vez "jardín" y "camino":

> Tras de la iglesia, en este campo santo
> Que jardín es y es camino,
> A cuyas losas grises
> Arboles velan y circunda hierba.
> El sol de mediodía, entre dos nubes,
> Desciende para el hombre vivo o muerto
>
> (1964: 254).

El cementerio para Cernuda lleva una amplia gama de resonancias y significados. Sobre todo constituye un espacio poético con doble significado, puesto que simboliza a la vez la mortalidad humana y la eternidad de la Naturaleza.

Las repercusiones negativas del espacio poético apenas se mencionan en las poesías de Cernuda aunque ya he aludido al concepto del tiempo y de la humanidad como una prisión. Sin embargo, a veces se nota una visión ambigua de la niñez y del amor. En un poema de *Donde habite el olvido* se lee

```
. . . . . . . .fui niño
Prisionero entre muros cambiantes.
```
(1964: 91)

Aquí se ve cómo el paraíso de la niñez puede convertirse en infierno. También, la experiencia del amor puede proporcionar una intuición parecida:

```
De nuevo el amor tiene
Presa de ti. De servirle
A pesar de ti mismo.
La edad aún no te exime

Sin amor libre eras,
Cuando tus ojos vieron
La nueva criatura
Que despertó al deseo.
```
(1964: 363-4)

Estas ideas recuerdan las palabras célebres de Wordsworth en su "Intimations Ode"

```
Shades of the prison house begin to close
Upon the growing Boy
```
(1981: 460).

Otra línea cernudiana – "Libertad no conozco sino la libertad de estar preso en alguien" (1964: 91) – también recuerda un poeta contemporáneo escocés, Edwin Muir:

```
In all these lives I have lodged, and each a prison,
I fly this prison to seek this other prison,
Impatient for the end – or the beginning
Before the walls were raised, the thick doors fastened,
And there was nothing but the breathing air,
Sun and soft grass, and sweet and vacant ease.
```
(1965: 61)

En conclusión, la idea del espacio poético en la poesía de Luis Cernuda parece de tal importancia en el desarrollo de su visión y su expresión que merece una examinación mucho más detallada que el análisis forzosamente breve que he ofrecido hoy. La importancia se expresa en las palabras de otro crítico inglés quien describe el espacio poético como "an elective site which represents a kind of paradigm of poetic fulfilment" (Cardinal 1981: 133). Por otra parte, la idea se resume de forma más sencilla en la declaración del poeta francés contemporáneo Noël Arnaud: "je suis l'espace où je suis" (Bachelard 1964: 137).

NOTAS

1   Por ejemplo en Harris (1973: 62-95 y 151-2). También en Silver (1965: 131-149).

2   Hasta los mejores estudios críticos de la poesía de Cernuda no dedican más de unos párrafos esparcidos al tema del cementerio. Véase, por ejemplo, Harris (1973: 128 y 151); y Silver (1965: 113).

BIBLIOGRAFIA

Bachelard, Gaston
   1981   *The Poetics of Space*. Boston.

Cardinal, Roger
   1981   *Figures of Reality. A Perspective on the Poetic Imagination*. Londres.

Cernuda, Luis
   1952   *Variaciones sobre tema mexicano*. México.
   1963   *Ocnos*, 3ª ed., México.
   1964   *La realidad y el deseo*, 4ª ed., 1ª completa. México.

Harris, Derek
   1973   *Luis Cernuda: A Study of the Poetry*. Londres.

Muir, Edwin
   1965   *Selected Poems*. Londres.

Rilke, Rainer Maria
   1964   *Selected Poems*. Trad. por J.B. Leishman, Harmondsworth.

Silver, Philip
   1965   *Et in Arcadia Ego: A Study of the Poetry of Luis Cernuda*. Londres.

Wordsworth, William
   1981   *Poetical Works*. Oxford.

Pesimismo radical en la poesía de Luis Cernuda después de la Guerra Civil

Juventino Caminero
Universidad de Deusto

A consecuencia de la Guerra Civil española, la realidad del mundo se le vuelve enigmática y la sociedad de los hombres se le torna amarga al gran meditador y poeta Luis Cernuda. Se ha dicho muy frecuentemente por los críticos, y con toda razón, que el típico tono elegíaco y la persistente sensación de soledad que su poesía transpira se incrementan después del trauma de la mencionada guerra. Baste mencionar el nombre de uno de los mejores conocedores de la poesía cernudiana, Octavio Paz, para acreditar tal hipótesis interpretativa.

El estudio que sigue se suma a tal consenso, pretendiendo o intentando además indagar y penetrar en el análisis del tema propuesto, con el objeto de determinar el sustrato metafísico del que es tributaria la desconsolada y desengañada actitud del poeta. Hay que tener en cuenta que nos encontramos ante un poeta que se siente desterrado en los años inmediatos de la posguerra. Veamos primeramente el universo poético y el entorno cosmovisional en los que se mueve Cernuda, de una manera sumaria, para proceder después a dar corporeidad al análisis del tema.

El desengaño ante la realidad de la España del presente lleva al poeta a la elaboración y evocación de mitos por medio de un proceso de idealización de determinados momentos de la España del pasado, dotándoles de una entidad espiritual, caracterizada por un gran potencial de dinamismo ético capaz de transformar la realidad; esto, por una parte. Por otra parte, el poeta expresa el deseo de recuperar un paraíso perdido (los años felices de la infancia, el mundo atemporal de los dioses de la mitología), tratando de vincular lo histórico y lo mítico en su propia conciencia. Esta doble premisa nos invita a inferir (por razón de la recurrencia temática a través de *La realidad y el deseo*) que Cernuda entiende la actividad literaria y poética como un programa de salvación personal. De ahí que, aquejado de nihilismo ético-metafísico y escepticismo existencial, recurra frecuentemente al conjuro y exorcismo de sus propios fantasmas interiores. El resultado es una frustración siempre creciente y una búsqueda constante de ideales para su alma deshabitada, aunque el antagonismo realidad-deseo no logra encontrar el camino de la reconciliación. Estimo que esto es debido a la falta de apoyo metafísico en sus creencias, y de ahí también el radicalismo del enfoque de la existencia en este mundo. La palabra-clave que sintetiza la postura epistemológica de Luis Cernuda en este orden de cosas es la PERPLEJIDAD. Si esto es así, la obra de nuestro poeta puede visionarse, exactamente igual que la de Kafka, como un itinerario inacabado y siempre abierto a la pesquisa de nuevas vías de acceso al conocimiento de la existencia del hombre en este mundo. El pesimismo inherente a tal actitud es palmariamente diáfano. Veamos el texto más significativo a este respecto, que es "Escrito en el agua".

Se trata del último poema en prosa que aparece en la primera edición de *Ocnos* (Londres, 1942), libro que puede ser considerado como la "prehistoria sustentadora del hombre de *Como quien espera el alba*". [...] y que "parece escrito única y exclusivamente para conferir verosimilitud y coherencia a la poesía de su segunda etapa", según opina Jenaro Taléns (1975: 112-113). Podría, entonces, pensarse que en *Ocnos* el poeta diseña reiteradamente el programa a seguir en sus diferentes fases y que "Escrito en el agua" actúa y funciona como recapitulación de la primera etapa y como inauguración del nuevo proyecto poético de la segunda, todo ello reflexionado y formulado sucintamente por el poeta a grandes rasgos. Quizá por esto se puede legítimamente afirmar que "a partir de ahora el tema básico y esencial del *opus* poético cernudiano será la nostalgia de la niñez y la lucha por recobrar el paraíso perdido, cuyo Dios restituirá al poeta su existencia verdadera" (Taléns 1975: 114).

De acuerdo con estos presupuestos, el punto de mira del poeta con respecto a su propia visión del mundo se proyecta en una doble vertiente, una retrospectiva abarcando la infancia y la adolescencia, y otra prospectiva apuntando al futuro subsumido en el *hic et nunc* del acto de la escritura. Veamos algunas de las implicaciones del texto en cuestión.

1. No aparece el enmascaramiento del yo, tan típico en Luis Cernuda ("El joven marino", Albanio *et al.*). El poeta no siente la necesidad de recurrir a un *alter ego* ni a escisiones del yo para manifestarse.

2. Formalmente hablando, y trasladándonos al momento en que Cernuda pronuncia su discurso, por medio de esta composición de lugar observamos que el sujeto del enunciado se fusiona inseparablemente del sujeto de la enunciación, excluyendo por consiguiente cualquier intento o posibilidad de segregación. Esto quiere decir, en parte, que el autor asume las implicaciones doctrinales y el mensaje de su propio texto. Dicho de otra manera, referencialmente hablando, el emisor y el receptor del mensaje están alojados en la misma persona.

3. Luis Cernuda vertebra y configura su microensayo, denso de significación y sentido, en una forma de argumentación caracterizada por la narrativización discursiva, rasgo funcional, pertinente y definidor de la confesión, del diario, del escrutinio introspectivo (San Agustín, Sta. Teresa, J.J. Rousseau), excepto en el último de los cinco parágrafos que constituyen el texto, donde alternan pendularmente la narrativización y la desnarrativización, forma esta última tan típica del género-ensayo literario y filosófico o del tratado didáctico y científico: "Fue un sueño más, porque Dios no existe [...] Me lo dijo la conciencia, que un día ha de perderse en la vastedad del no ser."

4. Aunque el texto es transparente y se explica por sí mismo, es preciso analizar los núcleos semánticos abstractos (genotexto) que generan los principales estratos y dimensiones de significación (fenotexto). No es en modo alguno arbitrario suponer

que el texto está gobernado por la oposición radical de dos edades del hombre: la niñez y la edad postinfantil. La primera informa el primer parágrafo, y la segunda los cuatro restantes.

5. La niñez es sometida a un proceso de idealización y es el espacio más adecuado para ubicar el deseo de eternidad del poeta. En efecto, Luis Cernuda se autopresenta como el *puer aeternus* que capta intuitivamente la permanencia de las cosas gracias a la inmutabilidad del entorno familiar, al retorno a lo acostumbrado y habitual a pesar de los cambios aparentes, todo igual al ciclo anualmente reversible de las estaciones. Como contrapunto o contraste, es revelador constatar una posición aparentemente antitética en el poema "Animula, vagula, blandula"[1] de *Desolación de la Quimera*, donde ironiza Cernuda suplantando la personalidad de un niño de cinco años:

> Y otra cuestión recuerdas gemela de la suya
> Que a su edad te asaltaba:
> La de la eternidad, la del tiempo sin término,
> En ti infundiendo terror cósmico,
> Con tu imaginación fija en la palabra repetida:
> Siempre, siempre, siempre, siempre.
>
> (*Poesía Completa* 1977: 498, vv. 24-29)

6. Le resulta fácil al niño comprobar que "tras la diversidad aparente siempre se traslucía la unidad íntima", pues los *disjecta membra* de la realidad no perturban su convicción – o su ilusión – de encontrarse en un mundo equilibrado, armónico, maravilloso y perfecto.

Es fácil redargüir ante estos supuestos que no se trata de la argumentación de un niño, sino de una retrospectiva visión idealizadora de un adulto. Además, para completar el mosaico de interrelaciones textuales, hay que señalar que la misión encomendada al niño de sobreponer la unidad íntima a la diversidad aparente equivale, *mutatis mutandis*, a la función que Cernuda asigna al poeta, tarea solemne y gloriosa: reducir a unidad los fragmentos del ser disperso, como bellamente dice en "Río vespertino":

> Su destino (el de un mirlo) es más puro que el del hombre
> Que para el hombre canta, pretendiendo
> Ser voz significante de la grey,
> La conciencia insistente en esa huída
> De las almas. Contemplación, sosiego,
> El instante perfecto, que tal fruto
> Madura, inútiles para los otros,
> Condenando al poeta y su tarea
> De ver en unidad el ser disperso,
> El mundo fragmentario donde viven.
>
> (*Poesía Completa* 1977: 336, vv. 12-21)

7. El *puer aeternus* cernudiano, habitante feliz de un paraíso intemporal, cae en la trampa del tiempo y pierde su dicha inconsciente, ingenua y pura. Es evidente que Luis Cernuda está subyugado y hechizado por el mito del paraíso perdido; no en vano a partir de "Escrito en el agua" la nostalgia de la infancia y el deseo de recobrar el paraíso perdido son los dos temas más reiterados en su obra poética. Nos encontramos, pues, en el ámbito o atmósfera mitológica del paraíso perdido. Los vestigios de este intertexto son reconocibles, aunque están recreados innovadoramente por Luis Cernuda, uno de los poetas que con mayor habilidad elabora la materia, temática, tópica, etc. tradicionales para su finalidad personal y propio beneficio.[2]

Efectivamente, en "Pero terminó la niñez y caí en el mundo" se manifiesta una estructura latente intertextual que puede verbalizarse del modo siguiente: "Pero abandoné el paraíso e ingresé en el tiempo". Y la ecuación derivable e implícita es perfectamente asumible: NIÑEZ es a MUNDO como PARAISO es a TIEMPO, fórmula en la que los medios y los extremos se oponen entre sí. Y a la inversa: NIÑEZ es igual a PARAISO y MUNDO es igual a TIEMPO. Más aún: la virtualidad genética del enunciado que desglosamos se manifiesta y despliega en el resto del poema en cuestión, ya que los cuatro parágrafos restantes son la tematización (REMA-TEMA) pormenorizada, la expansión textual del enunciado nuclear "Pero terminó la niñez y caí en el mundo". Cernuda, como todos los grandes poetas, demuestra una conciencia aguda y profunda del tiempo.[3]

8. Según nuestro poeta, el ser es tiempo, finito a todas luces. En este sentido, el segundo parágrafo funciona como antítesis del primero en la trayectoria existencial del poeta. Lo que en su paradisíaca niñez le parecía eterno, inmutable e íntegro ahora se convierte en todo lo contrario: la gente se moría, las casas se arruinaban y el amor desaparecía bajo las leyes de la caducidad humana.

9. Pero no sólo desaparecerían los cuerpos amados, los animales, los árboles y la tierra, sino que también el propio poeta desaparecería un día. El poeta, angustiado ante la eventual desaparición de su propia vida, consciente de la Nada, clama a Dios pidiéndole la eternidad, entendiendo por Dios "el amor no conseguido en este mundo, el amor nunca roto, triunfante sobre la astucia bicorne del tiempo y de la muerte".

Son obvias las vinculaciones intertextuales de orden filosófico y poético con el pensamiento existencialista de un Martín Heidegger en su *Sein und Zeit* y con la poesía y pensamiento de un Antonio Machado, particularmente en las prosas y poemas de los dos *Apéndices* sobre Abel Martín y Juan de Mairena, tan bien estudiados por A. Sánchez Barbudo, P. Cerezo Galán y S. Pérez Gago, entre otros.[4] Las diferencias de tratamiento del tema son también obvias, pues Cernuda no recurre a la compleja argumentación y hermenéutica lingüística de Heidegger ni a los retóricos razonamientos y sibilinos e ingeniosos aforismos de Machado. El escepticismo de Cernuda se nos presenta como un patético *ex-abrupto*, desembocando en un nihilismo radical que lo cubre todo con su oquedad existencial. Proclama con aplomo y axiomatismo solemne: "Fue un sueño más, porque Dios no existe."

Parece como si nos encontráramos ante la conclusión y formulación final de un extenso proceso argumentativo, con sus correspondientes premisas y desarrollo detallado del *corpus* del discurso, pero no es así. Como pasaba con los dos primeros parágrafos, donde el segundo se presentaba formalmente como una antítesis del primero, así ocurre ahora; nos encontramos, pues, ante una correlación paralelística estructurada de nuevo antitéticamente.[5] Es decir, el quinto y último parágrafo es una antítesis del tercero y del cuarto: "la hoja seca caída", "el pájaro muerto [...] sobre la tierra", "la conciencia, que un día ha de perderse en la vastedad del no ser" son los portavoces y heraldos de la inexistencia de Dios.

Por otra parte, y quizá sea esto lo más sorprendente, Cernuda realiza una retrogresión discursiva y temática sobre sus propios pasos negando la legitimidad argumentativa del punto de partida de su propio microensayo poético, al afirmar también la propia no existencia: "Yo no existo ni aún ahora."

10. Para concluir, se puede decir que al menos, formalmente hablando, la construcción del microensayo brilla por su coherencia, como se ha evidenciado en el previo análisis. El final, donde se proclama *urbi et orbi* el "testimonio (¿de quién y para quién?) absurdo de mi existencia", es una genial y lapidaria formulación del nihilismo ético-metafísico cernudiano, que se corresponde en perfecta simetría semántico-formal con el título del poema: "Escrito en el agua".

El tiempo es, por consiguiente, el sustrato y núcleo sustancial del proceso de narrativización discursiva dentro de cuyo ámbito y escala exhibe Cernuda, en progresión lineal ascendente, los capítulos fundamentales de su cosmovisión. Por otra parte, esta línea diacrónica y evolutiva de su pensamiento se corta súbitamente merced a "la astucia bicorne del tiempo y de la muerte", desplomándose la eslabonada escala en cuestión. El tiempo, parece sugerir el poeta, está contagiado de muerte y la propaga tentacularmente y sin excepción por toda la realidad visible e invisible.

De estas premisas se infiere que la forma discursiva de la desnarrativización, que configura el receptáculo textual donde se desarrolla el pensamiento del parágrafo quinto del poema (cf. punto 3), impone fatal e inmisericordemente su propia esencia y sentido literal, a saber, dos ausencias: el ser y el tiempo. Si esta hipótesis interpretativa es genuina y legítima, el nexo relacional y la alternancia pendular entre la narrativización y la desnarrativización son de naturaleza exclusivamente formal. Ser es Tiempo:Tiempo es Muerte. El mensaje final es, en concecuencia, que la realidad está enferma de muerte y que todo lo existente ha de perderse en la vastedad del no ser.

NOTAS

1 La frase "animula, vagula, blandula" está extraída del discurso de Adriano dirigido a su alma en el lecho de muerte. También aparece en el poema "¡Aleluya!" de *La pipa de Kif* de Valle-Inclán, siendo "Animula" el título de uno de los poemas de Ariel de T.S. Eliot, como anota Harris. También se encuentra en Marguerite Yourcenar, como sentencia y título de capítulo, en su notable novela *Mémoires d' Hadrien* (1951; París 1977).

2 Para un análisis de la intertextualidad, véase Claudio Guillén (1985: 309-327) quien analiza dos series de "coordenadas que sirven para determinar los usos de la intertextualidad". Son, por una parte, la *alusión* y la *inclusión*, y, por otra, la *citación* y la *significación* (ver págs. 318-319).

3 Véase Octavio Paz, "La palabra edificante" (en Harris 1975: 157), donde señala que en la poesía de Cernuda hay tres vías de acceso al tiempo: el *acorde* o fusión con el instante, la *contemplación* y la *visión de las obras humanas y de la propia obra.*

4 Véase Sánchez-Barbudo (1974), Cerezo Galán (1975) y Pérez Gago (1984).

5 Sobre el paralelismo, la repetición y las estratificaciones de la poesía en diferentes lenguas, véase Claudio Guillén (1985: 95-107).

BIBLIOGRAFIA

Cerezo Galán, Pedro
1975 *Palabra en el tiempo. Poesía y filosofía en Antonio Machado*. Madrid.

Cernuda, Luis
1977 *Poesía Completa*. Edición a cargo de Derek Harris y Luis Maristany. Barcelona.

Guillén, Claudio
1985 *Entre lo uno y lo diverso. Introducción a la literatura comparada*. Barcelona.

Harris, Derek
1973 *Luis Cernuda. A Study of the Poetry*. Londres.

Paz, Octavio
1975 "La palabra edificante". En Derek Harris (ed.): *Luis Cernuda*, p. 157, Madrid.

Pérez Gago, Santiago
1984 *Razón, sueño y realidad en Antonio Machado*. Salamanca.

Sánchez-Barbudo, Antonio
1974 *El pensamiento de Antonio Machado*. Madrid.

Taléns, Jenaro
1975 *El espacio y las máscaras. Introducción a la lectura de Cernuda*. Barcelona.

"Así que pasen cinco años" de Federico García Lorca: Teatro y antiteatro

Antonio F. Cao
Hofstra University, Hempstead, New York

Así que pasen cinco años de Federico García Lorca incorpora la tradición teatral refractándola irónicamente. Se vale, por tanto, de un principio paródico. Una breve exposición del "sjuzet" de dicha pieza, término con que los formalistas rusos aluden al modo de narrar los hechos con sus saltos, omisiones, visiones retrospectivas, fragmentación temporal y espacial, etc. (Elam 1981: 119), nos revelará hasta qué punto mina Lorca su tradición teatral.

La acción comienza en la biblioteca del protagonista, el Joven, quien aparece conversando con el Viejo. Interrumpe dicha conversación la Mecanógrafa, quien acto seguido se marcha, no sin antes echarle en cara al Joven su desamor, en contraposición al que ella le profesa. El Viejo se despide, tropezando con el Amigo 1º. Este hace un continuo alarde de sus conquistas amorosas y juega de manos con el Joven. Entra de nuevo el Viejo y sobreviene una tormenta, con la súbita aparición tras un biombo del Niño en, traje de primera comunión, y de la Gata. Mediante el diálogo que ambos sostienen, nos enteramos de que acaban de morir. Tras este interludio volvemos a la escena precedente, a la que se suma el Amigo 2º, un adolescente con su añoranza de hacerse cada vez más joven hasta desnacerse.

Al comienzo del acto segundo, nos encontramos en la alcoba de la Novia, de recargada decoración finisecular y exageradamente teatral. La misma sostiene apasionado diálogo con el Jugador de Rugby. Al salir éste por el balcón, entra la Criada, quien le informa que su novio – el Joven – la espera. La Novia confiesa no quererlo. El Joven trata en vano de recobrar el amor de su prometida. Ella rompe el compromiso, con la consiguiente consternación de su Padre y del Joven. A continuación, tiene lugar la escena entre éste y el Maniquí vestido de novia, el cual despierta en el Joven su ansia de paternidad, cuya única vía de realización estaría – tras la desaparición de la Novia – en la Mecanógrafa, en cuya búsqueda se lanza frenéticamente el Joven, sólo para tropezarse con el Viejo, quien trata de disuadirlo de su empeño. Entretanto la Novia se ha fugado con el Jugador de Rugby.

El acto tercero comprende dos cuadros. El primero tiene lugar en un bosque con un teatrito en el centro, que representa, al descorrerse el telón, una reproducción a escala reducida de la biblioteca del primer acto. Aparece Arlequín y, seguidamente, la Muchacha que ha perdido a su amante en el fondo del mar. Se integra al grupo el Payaso. Ambos se burlan de la Muchacha en ademán torturador, prometiendo devolverle su "novio del mar".[1] Seguidamente aparece la Máscara, con reluciente vestido de lentejuelas, quien conversa con la Mecanógrafa. Esta le refiere cómo se marchó de la casa del Joven en un día de tormenta en el que había muerto el hijo de la portera, sin hacer caso a las amonestaciones del Joven a que no lo dejase.

En la escena siguiente, Arlequín y el Payaso torturan al Joven impidiéndole el paso en su búsqueda de la Mecanógrafa. Cuando al fin da con ella, ésta, al igual que lo había hecho la Novia con anterioridad, le impone un plazo de cinco años antes de unirse con él.

En el cuadro final, que tiene lugar en la biblioteca del acto primero, la Criada y el Criado comentan la muerte reciente del hijo de la portera. A continuación, el Joven se viste de frac para recibir a los tres Jugadores. Estos le vencen en las cartas y le matan al forzar al Joven a entregarles su as de corazones. En ese instante, aparece momentáneamente un as de corazones iluminado en los anaqueles de la biblioteca. Al expirar el Joven, el reloj da las doce.

De inmediato salta a la vista todo un mosaico de la tradición dramática: la doble huella del auto sacramental y del expresionismo en la ausencia de nombres propios para los personajes, la del romanticismo con su peripecia sentimental, la del expresionismo en el personaje de la Máscara, así como la de la comedia del arte con la presencia de Arlequín.

No hay que olvidar, empero, que nuestro autor asimila y transforma de continuo sus posibles influencias y fuentes literarias. Piénsese en el título de la pieza, que aparece reiterado a lo largo de la misma. Baste para nuestro propósito citar la violenta reacción del Joven ante la pregunta del Viejo durante el primer acto sobre el paradero de la Novia y su padre, con miras a la reunión de los comprometidos:

> *Joven:*
> ¡Nunca! Por ahora no puede ser. Por causas que no son de explicar.
> Hasta que pasen cinco años. (1048)

A primera vista, la situación parece tomada del teatro romántico español; plazos similares ocurren en *Los amantes de Teruel* de Juan Eugenio de Hartzenbusch y en el *Macías* de Larra. Mas Lorca no da explicaciones del porqué de la espera, alejándose así de una tradición objetiva del teatro, ya sea romántica, realista o naturalista, y acercándose, en cambio, al simbolismo y al expresionismo.

La pieza que nos ocupa ofrece la posibilidad de dos configuraciones estructurales básicas de carácter antitético y complementario, si por estructura aludimos a la relación entre observador y lo observado (Hawkes 1977: 17). Dicha estructura residirá entonces a nivel de lo que los formalistas rusos denominan "fábula", en contraposición al "sjuzet" – término ya definido – y directamente dependiente del mismo, ya que se refiere a la concatenación lógica de la acción en la mente del lector o espectador (Elam 1981: 119). En efecto, de considerarse la acción objetivamente, la pieza tendría una estructura lineal, mientras que la interpretación onírica conllevaría necesariamente una estructura circular.

Aunque la obra comienza y termina en la biblioteca puede deslindarse un argumento con un desarrollo lineal, a pesar de los saltos temporales, de los segmentos específicamente oníricos y de la presencia de personajes simbólicos. Así, el Joven siente cierta ansiedad que comunica al Viejo antes de reunirse con su Novia, una vez cumplido el convenido plazo de los cinco años. La Novia lo rechaza y se fuga con el Jugador de Rugby. Deseoso de tener descendencia, busca a la Mecanógrafa, a quien había desdeñado con anterioridad por inapetencia. Esta impone un nuevo plazo de cinco años, y al final, muere el Joven.

También podemos interpretar esta "leyenda del tiempo", según reza en el subtítulo de la obra, como un sueño, o mejor diríamos una pesadilla del Joven, cuya duración resulta imposible de medirse cronométricamente. De ahí que el primer acto sea atemporal, al ser las seis de la tarde al comienzo y al final del mismo. Con todo, el inicio del primer acto tiene visos de una realidad más objetiva. En él, el Joven, vestido con un pijama azul, símbolo de la actividad onírica, se queda dormido después de haberse marchado el Viejo y – según esta hipótesis – sueña el resto de la obra, animado de un espíritu de zozobra, pues no puede ver o no ha visto a la Novia en cinco años. De ahí la presencia de personajes compuestos y desdoblados, como la Máscara, avatar onírico de la portera, o la Muchacha, reinterpretación pesadillesca de la Mecanógrafa. El temido rechazo representa la gran crisis sentimental que se proyecta sobre otra situación crítica y extrema: la muerte del protagonista. Y al morir éste, implícitamente despierta.

Luego lo onírico poseerá mayor o menor importancia según se considere, respectivamente, esta última estructura o la anterior, mas nunca puede prescindirse de dicha temática por completo.

Strindberg es el primero entre los dramaturgos modernos en concebir una pieza basada íntegramente en una realidad onírica. Me refiero, claro está, a *Un sueño*, obra concluida en 1902 y estrenada en Estocolmo en 1907, vertida al francés por el propio autor, habiendo representado póstumamente esta versión Antonin Artaud en París en 1928 (Chawat 1974: 22-23). Es probable, pues, que Lorca conociera esta obra, sobre todo teniendo en cuenta la fecha de su estreno en París y la rapidez con que las corrientes culturales y literarias viajaban allende los Pirineos. Un cotejo de la obra de Strindberg con la de García Lorca mostraría cómo las diferencias privan sobre las semejanzas – una vez aceptada la filiación onírica de ambas – característica ésta afirmada categóricamente por Strindberg y tan sólo sugerida implícitamente en la obra por nuestro autor.

Uno de los temas más relevantes en *Un sueño* lo constituye el de la espera. Es más, Strindberg pensó inclusive titular esta obra *La espera* (Chawat 1974: 20). Así el Oficial desafía el tiempo con la continua espera de su idolatrada Victoria, año tras año, pero al expresarlos en días, la astronómica cifra resultante reduce la dimensión temporal al absurdo:

> *Oficial:*
> Llevo siete años merodeando y esperando. ¡Siete años! Siete por trescientos sesenta y cinco son dos mil quinientos cincuenta y cinco días.[2]

Aunque de forma distinta, también reduce Lorca al absurdo el tiempo en el primer acto, negándolo.

La puerta en la obra de Strindberg es símbolo de la nada, del vacío que se encuentra tras ella, y que es el verdadero significado de la vida, eco del "leit motiv" de *El rey Lear* de Shakespeare: "Nada viene de la nada", según se constata en la escena siguiente:

> Toda la gente buena, honorable y decente.
> ¡Bravo! La puerta ya está abierta.
>
> *Presidente:*
> ¿Qué hay oculto tras la puerta?
> ....
>
> *Decano de la Facultad de Teología:*
> Nada. Es la clave al enigma del mundo. En el principio Dios creó de la nada cielos y tierra.
>
> *Decano de la Facultad de Filosofía:*
> Nada viene de la nada.
> .... (Strindberg 1974: 126)

Similarmente, para Lorca la puerta conduce a la muerte; téngase en cuenta al respecto que tanto el Niño como la Gata desaparecen por la puerta de la derecha, acción que equivale a su muerte (1068-69). Recuérdese en este sentido, que Calderón utiliza procedimiento similar en su *Gran teatro del mundo*, donde hay una puerta que es cuna y la otra, sepultura.

Por otra parte, las dos obras presentan el tema de la regresión a la niñez, si consideramos al Niño y al Amigo 2° como desdoblamientos del Joven.

Después del romanticismo alemán, el tema del sueño y del "Doppelgänger" aparecen entrelazados. Strindberg destaca esta doble temática – refiriéndose a sí mismo en tercera persona – al aludir a la intención dramática que anima *Un sueño* y *Camino de Damasco*:

> "... El autor ha querido reproducir la forma disconexa, aunque aparentemente lógica, de un sueño. Todo puede ocurrir; todo es posible y probable. No existen ni el tiempo ni el espacio y sobre una base con tenues visos de realidad, la imaginación entreteje y urde nuevas configuraciones compuestas de recuerdos, experiencias, desbordantes fantasías, absurdos e improvisaciones.
>
> Los personajes están desdoblados, duplicados y multiplicados; se evaporan y cristalizan, se dispersan y convergen. Mas una sola consciencia los anima: la del soñador" (Strindberg 1900: 182-183).

Es decir, que tenemos una estructura solipsista, afín a la de la totalidad onírica en la obra de Lorca.

La intertextualidad lorquiana tendría, pues, un precedente en la obra de Strindberg. De hecho, el autor sueco prodiga este proceder. Baste en este sentido mencionar otras alusiones aparte de la de *El rey Lear*, que acabamos de ver, tales como la de *El holandés errante* de Wagner o la del Don Juan. No obstante, Lorca supera a su antecesor en la intensidad paródica, conforme vimos.

Por otra parte, ambas obras difieren notablemente en su ejecución. Strindberg es más directo, más didáctico, casi sermonea, mientras que Lorca crea una realidad poético-dramática en que los puntos de partida y las fuentes aparecen transmutados; piénsese que la figura del Amigo 1° constituye una variación del mito de don Juan. Por otra parte, Strindberg es mucho más ambicioso en sus metas, al tratar de universalizar metafísicamente el sufrimiento humano mediante un proceso de inducción, analizándolo en diversos personajes, a la vez que satiriza ciertos sectores de la sociedad; baste recordar al respecto sus alusiones a las facultades universitarias y a "la gente honrada y decente". Mientras que Lorca, amén de eludir toda sátira directa, centra la temática en el conflicto del Joven, del cual tiene que partir forzosamente toda interpretación, por muy general que sea. También, aunque ambas obras consideran la frustración y el sufrimiento humanos, en Strindberg éstos cobran cierto valor metafísico y hasta teológico, redimiendo a la humanidad en una visión esquiliana, pues están considerados desde un punto de vista divino; mientras que en García Lorca sólo conducen a la nada, a la muerte, sin que ninguna superestructura divina los revista de dignidad o de una promesa de retribución. Está en este sentido más cerca de un espíritu auténticamente trágico el autor español que el sueco, ya que el doloroso destino del Joven no tiene remisión posible.

En el mosaico de paralelos lorquianos descuella el dramaturgo vanguardista ruso Nikolai Evreinov. Aunque gran parte de su obra fue escrita con anterioridad a la Primera Guerra Mundial y representada en su teatro de Moscú llamado "El espejo deformante" – valga la similaridad con Valle-Inclán – no fue hasta 1920, en que Pirandello presentó la obra de éste titulada *La comedia de la felicidad*, que su fama se extendió, al representarse la misma en varias ciudades europeas y americanas, incluyendo Madrid (Evreinov 1928).

Dos de las obras de Evreinov muestran marcada similitud con *Así que pasen cinco años: El teatro del amor* y *Los bastidores del alma*. Ambas son ilustrativas de la teoría del "monodrama" expuesta por el autor ruso. Según indica este término, la totalidad de la acción ocurre en la mente de un personaje y no representa una realidad objetiva, sino las refracciones en continuo cambio de este "yo" con respecto a sí mismo y a la realidad exterior. *Los bastidores del alma* comienza con la pedante exposición de un profesor que abunda en las teorías de Freud tocantes al id, al ego y al supergo y procede a dividir su "yo" en una serie de componentes: S_1, S_2, S_3. Tan pronto como concluye dicha exposición, se levanta el telón mostrándose un gigantesco corazón pulsátil, ante el cual aparecen los personajes S_1 y S_2 cuya indumentaria y personalidad nos recuerdan al Joven y al Viejo de la obra lorquiana. Sigue a continuación una disputa en que salen a relucir aspectos conflictivos de una misma personalidad; interrumpen esta discusión la Imagen No. 1 de la Esposa y la Imagen No. 1 de la Cantante, versiones idealizadas que representan, respectivamente, a la esposa perfecta y a la amante erótica por excelencia. Ambas tratan de atraer a S2. Resulta victoriosa la Imagen No. 1 de la Cantante, sólo para pedirle dinero a S2, quien se da cuenta entonces de que la libido sexual es ilusoria y se pega un tiro en el corazón. Simultáneamente, el gigantesco corazón que sirve de fondo a la escena resulta el blanco de una bala de cañón y deja de latir, saliendo un chorro de cintas rojas por el agujero de la bala. En ese preciso instante, un conductor de tren aparece en la escena despertando a S3, el personaje subconsciente, el cual toma su maleta y sigue su camino (Evreinov 1973).

Las similitudes de la obra anterior con la que nos ocupa son de notar: la presentación de varios aspectos de la personalidad desdoblada en varios personajes, la elusividad del objeto sexual, el cual frustra en mayor medida que la que satisface, el motivo del viaje y el gigantesco corazón que domina el final de ambas obras. Existe, sin embargo, una diferencia fundamental en cuanto a la concepción. La obra de Evreinov constituye una farsa ligera, radiante y breve. Aunque Lorca plantea una situación y una temática casi idénticas, lo hace implícitamente, dejando entrever cruel ironía.

La parodia a la tradición dramática figura, asimismo, en la pieza de Roger Vitrac *Víctor o los niños en el poder*, estrenada en 1928, y considerada como la única obra de teatro surrealista de éxito sostenido (Vitrac 1928: 276, 9-28). Aunque está escrita en prosa, Vitrac intercala, de vez en cuando, sus proios poemas surrealistas con el fin de forzar al público a que cambie continuamente su actitud con respecto al lenguaje. Análoga meta se proponen los diálogos absurdos de Vitrac con sus "non-sequitors" humorísticos que chocan al oído, dado lo inaudito de las combinaciones lingüísticas presentes.

Lorca utiliza una técnica similar a la de Vitrac en la pieza que nos ocupa. Así la mayoría de los personajes que rodean al Joven se expresan en un lenguaje que escapa al sentido de la lógica:

> *Viejo:*
> Sí, hay que recordar hacia mañana (1047).
>
> ....
>
> *Criada:*
> ...Mi padre estuvo en el Brasil dos veces y era tan chico que
> cabía en una maleta. Las cosas se olvidan y lo malo queda (1083).

Por otra parte, conviven en *Así que pasen cinco años* vestigios de otras tradiciones dramáticas. Así la escena del Niño y de la Gata posee, al margen de su contenido surrealista, un candor y utilización de canciones populares infantiles que la acercarían a las farsas guiñolescas cultivadas anteriormente por el autor mismo; mientras que el ambiente refinado y cosmopolita de la escena final nos recuerda el ambiente de la alta comedia de salón cultivada, entre otros, por Benavente. Asimismo, incorpora Lorca elementos provenientes de otras artes escénicas. Así la confrontación entre la Máscara y la Mecanógrafa tiene cierto aire operístico que va más allá de la expresión

"¡Oh, qué dulcísimo tormento, amiga mía!" (1116), señalada por la crítica (Allen 1974: 119). Evidentemente, la Máscara es una cantante de ópera, pues nos lo deja entrever al afirmar: "... mientras yo era como una media luna de plata, entre los gemelos y las luces de gas que brillaban bajo la cúpula de la gran ópera de París" (1116). También apuntan hacia esta identidad tanto su frase "Oh mio Dio", tantas veces prodigada en la ópera italiana decimonónica, como las acotaciones escénicas que la presentan vistiendo "un trajo 1900 con larga cola amarillo rabioso, pelo de seda amarillo, cayendo como un manto, [...] lleva sombrero amarillo y todo el pecho sembrado con lentejuelas de oro. El efecto de este personaje debe ser el de una llamarada sobre el fondo de azules lunares y troncos nocturnos. Habla con un leve acento italiano" (1114-5). La impresión de una llamarada recrea la iluminación de gas en los escenarios finiseculares.

En la intertextualidad de *Así que pasen cinco años* podría incluirse *El estudiante de Salamanca* de Espronceda, pues figura un juego de cartas como punto prominente, asociado con la traición amorosa. Existen también otras similaridades entre el cuento poético de Espronceda y nuestra pieza, tales como la presencia de la muerte y de un ambiente de ensueño, así como el desdoblamiento de la personalidad del protagonista, por cuanto le es dado observar su propia muerte, de la misma manera que, de acuerdo con nuestra hipótesis, el Joven observa su muerte de Niño. Asimismo, presenta Espronceda la clásica escena de la amada abandonada, Elvira, que recuerda a la Ofelia de Shakespeare y a la Margarita de Goethe:

> ....
> Y vedla cuidadosa escoger flores,
> Y las lleva mezcladas en la falda,
> Y, corona nupcial de sus amores,
> Se entretiene en tejer una guirnalda.

(1962: 200)

La pobre Muchacha lorquiana torturada por Arlequín y el Payaso – personajes que por lo común divierten y mueven a risa – al ir en búsqueda de su amado en el fondo del mar aparece vestida "con túnica griega" y "viene saltando con una guirnalda (1109)". La misma constituiría una parodia de la Elvira de Espronceda.

También cultiva Lorca la parodia lingüística. Así, exagera las convenciones del lenguaje romántico con lo que ocurre un desplazamiento del objeto amado, pasando lo que era mero símbolo a ser el objeto mismo del amor, quedando la persona amada en un nivel afectivo inferior:

> *Criada:*
> ...En mi pueblo había un muchacho que subía a la torre de la iglesia para mirar más cerca a la luna, y su novia lo despidió.
>
> *Novia:*
> ¡Hizo bien!

Criada:
Decía que veía en la luna el retrato de su novia.

(1086)

Lo anterior nos permite concluir que si bien Lorca socava en *Así que pasen cinco años* la tradición teatral, al igual que años antes lo hiciera el expresionismo y casi coetáneamente con él el surrealismo, su antiteatro no se limita a reducir al absurdo los convencionalismos y lenguaje sociales, como ocurre con Vitrac, Evreinov y gran parte del teatro expresionista, a excepción de Strindberg. Su parodia es más aguda, feroz, si se quiere, mas precisamente dicha intensidad conjura un sufrimiento que ennoblece al personaje: a la Muchacha, al Niño y, sobre todo, al Joven. Aunque la reacción de éste ante su crisis afectiva es absurda, pues no parte de la pérdida de la Novia, sino de una abstracción, un deseo de paternidad incitado por un Maniquí, no es menos cierto que nos conmueve. Se trata de un ser asexuado y frustrado y este afán de procreación no es sino vano paliativo narcisista. Su inacción se traduce en erosión vital debido a su angustia. Cuando la muerte le sobreviene, se acaba de morir. La metáfora quevedesca cobra aquí un sentido violentamente literal.

Con sus retazos antiteatrales y paródicos ha creado Lorca un auténtico teatro vanguardista, una tragedia moderna. Si lo onírico, lo subconsciente destruye la argamazón lógica característica de la tradición dramática romántica, realista y naturalista, logra forjar aquí un terrible mundo pesadillesco, reverso de las farsas dadaístas y surrealistas y más afín a la psique humana que los sueños de Strindberg, todavía insertos por su ambiente y tono retórico en la tradición simbolista decimonónica. Posee esta tragedia – post-freudiana y post-surrealista – indiscutible contemporaneidad. Tampoco se apoya aquí su autor en la tradición española, como lo hará en su trilogía rural, para cimentar y estructurar la vena trágica. Se trata, pues, de la tragedia del individuo, del ser humano, víctima de sus sueños y del tiempo, del desgaste vital y de la muerte, proyectada en un plano universal de nuestro tiempo.

NOTAS

1 Federico García Lorca, *Obras completas*, Madrid: Aguilar, 1965, p. 1109. Todas las citas del autor están tomadas de esta edición. En lo sucesivo indicaré en paréntesis el número de página.

2 Strindberg (1974: 50). Esta y las demás traducciones del inglés son mías.

BIBLIOGRAFIA

Allen Rupert
    1974   *Psyche and Symbolism in the Theater of Federico García Lorca*. Austin, Texas: University of Texas Press.

Chawat, Jacques
    1974   "Introduction" to August Strindberg, *A Dream Play*. Chicago: Avon Books.

Elam, Keir
    1981   *The Semiotics of Theatre and Drama*. Londres y Nueva York: Methuen.

Espronceda, José de
    1962   *Poesías y El estudiante de Salamanca*. Madrid: Espasa-Calpe.

Evreinov, Nikolai
    1928   *El doctor Frégoli o La comedia de la felicidad*. Madrid.
    1973   *Life as Theater*. Ann Arbor, Michigan: Ardis.

García Lorca, Federico
    1965   *Obras completas*. Madrid Aguilar.

Hawkes, Terence
    1977   *Structuralism and Semiotics*. Berkeley y Los Angeles: University of California Press.

Strindberg, August
    1974   *A Dream Play*. Chicago: Avon Books.
    1900   "Notes to a Dream Play". En Toby Cole (ed.): *Playwrights and Playwriting*, Nueva York: Hills and Wang.

Vitrac, Roger
    1928   *Victor ou les enfants au pouvoir*. L' Avant-Scène. París.

El poder de la palabra en "Los intereses creados" de Benavente

A John Kronik

Rodolfo Cardona
Boston University

I

Con el subtítulo de "comedia de polichinelas en dos actos, tres cuadros y un prólogo", se estrenó esta obra en el Teatro Lara, en Madrid, el 9 de diciembre de 1907. En una encuesta que se hizo en 1930 fue elegida como la obra de teatro más gustada por el público en una votación en que participaron cincuenta mil personas (Lázaro Carreter 1976: 30). El éxito se atribuyó a "los atractivos del tema" y a la "originalidad de su formulación dramática", según el crítico Lázaro Carreter quien detecta el nudo temático de la obra en la frase pronunciada por Crispín "Mejor que crear afectos es crear intereses" (acto II, escena IX).

Se puede resumir el argumento en pocas palabras. Dos pícaros llegan a una ciudad donde uno de ellos, Crispín, con sólo su facundia, impone el crédito de Leandro como persona rica, generosa y culta, con la idea de preparar un golpe que consiste en que Leandro enamore a la hija de Polichinela, el hombre más rico de la ciudad, y se case con ella. La realidad se impone y Leandro se enamora de la joven y ésta de él. Polichinela reconoce a Crispín, se da cuenta de lo que trama, pero no puede escaparse de las redes que éste le ha tendido. Al final le atrapan con la ayuda de todos los acreedores quienes, convencidos por Crispín, ven en la boda de los dos jóvenes la única solución para recuperar su dinero. Hasta la Justicia se verá remunerada por esta solución pragmática, aunque fraudulenta, propuesta por Crispín. La solución, que es inmoral, es aceptada por todos y tolerada por el público ya que Polichinela, cuya conducta anterior ha sido ruin, se hace merecedor de este castigo. Su hija está genuinamente enamorada de Leandro, éste ha demostrado tener buenos principios, y Crispín promete retirarse de la ciudad. No hay, pues, víctimas, excepto la que, ya hemos visto, es merecedora de un castigo por sus crímenes anteriores. Además, todo quedará justificado por el amor y Crispín, por aquello de que "ladrón que roba a ladrón, tiene cien días de perdón."

Benavente escoge un final que, como en los cuentos de hadas, promete una felicidad duradera. La obra pudo tener también una final trágico, como en *Bérénice* de Racine. O pudo escoger, con exactamente los mismos elementos, un final irónico como el de *La ópera de tres perras* de Brecht.

Se han mencionado obras de diversos autores como posibles antecedentes de esta comedia: Molière, Regnard, Beaumarchais, Ben Jonson, Goldoni, y, claro, la *com-*

195

media dell'arte. El mismo Benavente (1958, XI: 47 – el texto citado es de 1930) ha escrito:

> "No ha faltado en torno de *Los intereses creados* – ¿cómo no? – el mosconeo acusador de plagio. Y tan plagio. *Los intereses creados* es la obra que más se parece a muchas otras *de todos los tiempos y de todos los países* [el énfasis es mío]. A las comedias latinas, a las comedias del arte italiano [*sic*], a muchas obras de Molière, de Regnard, de Beaumarchais. A la que menos se parece es, justamente, a la que más dijeron que se parecía, al *Volpone* original de Ben Jonson."

El profesor Dámaso Alonso (1967: 1-24) cree haber dado, por fin, con la fuente argumental de la obra de Benavente. Se trata de *El caballero de Illescas* de Lope de Vega, comedia en la que Juan Tomás, un joven de dudosa reputación, se hace pasar por gran señor y enamora a Octavia, hija del Conde Antonio. Ante la oposición de éste, Octavia huye a España con Juan, cuyo fingido amor se ha vuelto verdadero. Le confiesa su pasado a Octavia y ésta, en vez de rechazarle, le reafirma su cariño. Al final, el padre consentirá en la boda de los jóvenes. Como puede verse, hay bastantes detalles, e incluso nombres, que confirman la posibilidad apuntada por Dámaso Alonso de que Benavente se inspirara en la obra de Lope. Nótese, sin embargo, que en ésta no existe un criado como Crispín, el indiscutible protagonista de la obra de Benavente, con cuya locuacidad todo se resuelve. Dámaso arguye que Benavente desdobló rasgos de Juan Tomás con los que creó a sus personajes Leandro y Crispín. Si bien el importante artículo de Dámaso Alonso ha revelado "el modelo argumental" de *Los intereses creados*, como afirma Lázaro Carreter (1976: 44), no explica, sin embargo, la característica fundamental de la obra de Benavente, su utilización de la palabra como principal elemento de creación, que convierte esta obra en un ejemplo de autorreferencialidad, es decir, de un teatro que surge de los mismos presupuestos dramáticos que los personajes proporcionan desde dentro. Más que en las relaciones amorosas que triunfan después de superar los obstáculos que se interponen a su paso, más que en las relaciones de amo y criado, donde hasta ahora se han ido buscando los paralelismos y posibles influencias, el meollo de esta obra reside, en mi opinión, en el poder creador de la palabra. Como se ha indicado repetidas veces, es la labia de Crispín la que logra que todos los personajes – Leandro, Doña Sirena, Arlequín, el Capitán – obtengan sus cenas, fiesta y esposa, y que todos los acreedores acepten el principio de que la única solución lógica para todos ellos es la boda de Leandro con la rica Silvia. El hecho de que en varias de las obras con que se ha comparado *Los intereses creados* existan personajes cuya elocuencia también es elemento importante del desenlace – pienso en Scapin y en Sganarelle de Molière, en el Fígaro de Beaumarchais, y en el Mosca de Ben Jonson (sobre todo en versiones más recientes en francés y en castellano, que han ampliado esta figura) – es lógico que busquemos el origen de este importante personaje y de este elemento central de la obra de Benavente, en su estructura profunda que, en efecto, tiene elementos comunes con las obras de los autores mencionados. Todas comparten esta estructura profunda que puede trazarse a los comienzos mismos del mundo. Pensemos no sólo en el libro del Génesis, sino también en muchos mitos y cuentos folklóricos en los que, por medio de la palabra, se crean realidades antes inexistentes. El dueño de la palabra actúa como demiurgo.

En su "Prólogo" Benavente insiste que se trata "de una farsa *guiñolesca*, de asunto disparatado, sin realidad alguna". Cuanto en ella sucede "no pudo suceder nunca"; sus personajes "no son ni semejan hombres y mujeres" (Lázaro Carreter 1976: 53). Es decir, todo es teatro, y todo está creado por la palabra hablada. En efecto, al comenzar la obra vemos que es así. Todo lo que se desarrolla en escena es concebido y creado por el primer personaje que en ella aparece que no es otro que el personaje que ha pronunciado las palabras citadas del "Prólogo" es decir, Crispín, quien al comenzar el primer cuadro, crea con su palabra dos ciudades donde no hay más que una: una ciudad "para el que llega con dinero, y otra para el que llega como nosotros" (Lázaro Carreter 1976: 55). La implicación es clara: se trata de dos seres marginados que viven de su ingenio. Inmediatamente, aprovechándose de la buena presencia de Leandro, y de la ropa decente que les ha quedado de su última estafa, Crispín asume el papel de autor y director de escena y convierte a su amigo en amo y él se proclama criado. Su creencia de que los hombres son como mercancías que valen más o menos según la habilidad del vendedor, le lleva a asegurarle a Leandro que "así fueras de vidrio, a mi cargo corre que pases por diamante" (Lázaro Carreter 1976: 57). Se trata, desde un principio, de poder "dar gato por liebre". ¿Cómo? Por medio de la palabra. Veremos como este dicho popular nos da la pista para encontrar la estructura profunda de esta obra.

Al final de la escena II del primer cuadro, Crispín ha logrado pasar a Leandro por un caballero noble y riquísimo en misión secreta. La naturaleza humana, la codicia del hostelero, que espera ganar mucho con su nuevo huésped, ayudan a abrir las tragaderas para que todo se crea tal como lo presenta el criado de Leandro. Las escenas III y IV del mismo cuadro repiten la situación que acabamos de presenciar, pero en torpe: ni el poeta ni el militar – Arlequín y el Capitán – logran convencer al hostelero para que les supla sus necesidades. Ambos fracasan porque llegan a pedir. Crispín aparece y salva la situación. Ampara a los dos desvalidos y hace que el hostelero les atienda, logrando así crear sus primeros intereses. Arlequín en esta escena hace referencia a los "pasteles de liebre" que él quisiera cambiarle al hostelero por sus sonetos con estrambote; y cuando éste se niega, Arlequín le increpa: "... y no seáis tan avaro [...] de vuestras empanadas de gato" (Lázaro Carreter 1976: 66), sugiriendo tal vez que el hostelero, literalmente, "da gato por liebre".

El cuadro segundo nos presenta una tercera repetición de la situación inicial. Otra pareja de necesitadas, en este caso Doña Sirena y Colombina, fracasan también cuando piden. Crispín, de nuevo, es capaz de salvar la situación por medio de su hábil palabra. El ofrece, no pide, y, además, negocia. Se sincera con Colombina y con Doña Sirena y les propone un trato: si todos cooperan con él para llevar a cabo su premeditado plan, recibirán una generosa recompensa. Al ver Colombina que todo lo que ha ofrecido Crispín se cumple, comenta: "Todo es como de magia" (Lázaro Carreter 1976: 79).

La palabra, de nuevo, ha ido tejiendo no sólo la urdimbre de la situación, sino que, a la vez, ha ido creando todos los elementos que la llevan a su deseado fin. Aun en el momento en que se descubre el pastel (¿de gato? ¿de liebre?), Crispín salva otra vez la situación convenciendo a todos con su palabra de que la única solución posible, con la que todos saldrán ganando, es la boda de Leandro y Silvia. Hasta la Justicia, convencida de la sabiduría de esta solución propuesta por Crispín, está dispuesta a cambiar la posición de una coma de una palabra a otra para que el texto coincida con el plan del criado.

II

Es obvio que en *Los intereses creados* reina una lógica que no es la lógica de la verdad como representación, sino la lógica de la voluntad y del deseo, que es la lógica del débil, del marginado: es la lógica del engaño, del truco, de la simulación, una lógica que sirve de arma contra el poderoso y es la que, por fin, se posesiona de su poder a la vez que lo subvierte.

En su artículo "El gato con botas: el poder de los signos – los signos del poder", Louis Marin (1977: 54-63) descubre en la fábula de Charles Perrault "el importante papel" que en ella desempeña "cierta utilización del lenguaje" (1977: 54). El personaje principal de la fábula, el Gato, como Crispín en *Los intereses creados*, parece ser el Maestro de la palabra "en el sentido de que está siempre hablando y siempre mintiendo y, sin embargo, al final siempre resulta que sus palabras engañosas resultan ciertas" (Marin 1977: 54-55). Todo lo que dicen, cuando engañan a sus oyentes, al final resulta ser tal y como lo habían proclamado. "La mejor manera de comprender este proceso es considerarlo como mágico", dice Marin (1977: 55). Recordemos las palabras de Colombina ante los resultados obtenidos por Crispín: "Todo es como cosa de magia ..." (Lázaro Carreter 1976: 79). Volviendo a la fábula, comenta Marin, "su uso del lenguaje tiene el poder de cambiar sus representaciones, sus palabras en cosas reales. Este poder del lenguaje sobre la realidad es el hilo principal en mi lectura de este cuento" (1977: 55).

La situación en la fábula de Perrault es la del hijo del molinero quien, en vez de heredar algo útil y provechoso, como sus dos hermanos mayores que han recibido el molino y la mula, hereda el gato de su padre. ¿Qué hacer para sobrevivir? Esta peculiar herencia le ha convertido en un ser marginado, excluido de toda posibilidad de ganarse la vida. Esta exclusión le convierte socialmente en un aventurero, libre en cuanto a los reglamentos de esta misma sociedad, como resulta con los dos pícaros de Benavente. Su primera preocupación, naturalmente, es comer. Piensa en su gato. La solución le llega, como por acto de magia, del mismo gato, que intuyendo su funesto destino, revela a su amo el poder de la palabra[1] y le pide un saco y un par de botas, con cuyo equipo promete ayudarle y sacarle de su lamentable estado. Con el saco caza una liebre e inmediatamente pensamos que así cumplirá su promesa dándole a su amo liebre en vez de gato para comer. Pero, en vez de hacer esto, el Gato regala la liebre al Rey "escogiendo entonces un ser en el extremo opuesto de su amo en la escala social", como apunta Marin (1977: 58). También Crispín provee la fiesta para

Doña Sirena, un personaje de una posición social a la que Crispín nunca podría aspirar. Con una serie de operaciones por el estilo, el Gato convierte a su amo en el Marqués de Carabás, perpetrando otra falsedad: pero con el Rey se comporta honorablemente al darle una liebre y otros regalos en calidad de tributo. El episodio de la liebre se repite con dos perdices, una pieza de caza mayor, etc. Cada vez el Rey corresponde a los regalos con obsequios que son signos; nos dice Marin: "palabras de agradecimiento y dinero" (1977: 58). Así como el Gato ha convertido a su amo por medio de la palabra en el Marqués de Carabás, Crispín convierte a Leandro en personaje noble. Pero no basta el título. Hay que darle un contenido. El Gato, con sus trucos, se apodera de las posesiones del Ogro y las traspasa a su amo quien ahora puede aspirar a la mano de la hija del Rey. Crispín, por medio de sus trucos, fuerza el matrimonio de Leandro con Silvia, apoderándose así de las posesiones del "ogro" Polichinela para beneficio de los jóvenes.

La estrategia del Gato en la segunda etapa de las transformaciones efectuadas en beneficio de su amo es no decir más palabras engañosas sino pedir o hacer que otros las digan (Marin 1977: 60). Y, si no las dicen, son amenazados con ser picados para pasteles de carne. También Crispín logra, al final, que todos – hasta los representantes de la Justicia – acepten sus mentiras y sean ellos los que las soporten para que así pueda llevarse a cabo el matrimonio salvador de los jóvenes (escena IX, acto II).

La estructura profunda de *Los intereses creados* la encontramos, creo yo, en esta fábula de Perrault, conocidísima de todos, en la que se ha utilizado esta cualidad demiúrgica de creación por medio de la palabra, tan característica de tantos mitos sobre la creación del mundo y presente en tantos cuentos folklóricos. La utilización por Benavente pudo ser consciente o inconsciente, ya que estas fábulas pasaron a ser parte de nuestro bagaje literario y psicológico. La ventaja que tiene esta fábula sobre todas las otras fuentes que se han sugerido para la obra de que nos ocupamos es que aporta el mecanismo fundamental para el argumento, un mecanismo que le permite fácilmente a Benavente, con su usual ironía, satirizar aspectos del capitalismo burgués de su tiempo, siempre dispuesto a creer en todo aquello que pueda redundar en su provecho.

El plan de la obra se desarrolla en un triple nivel paródico, irónico y satírico. En el nivel paródico encontramos todos los ecos de las obras que los críticos han mencionado, tratados irónicamente y con intención satírica. Lo que unifica todos estos elementos, sin embargo, es la estructura profunda lo que permite que todo se convierta en una obra de teatro que se va creando *pari pasu* ante nuestros ojos en la misma medida en que Crispín va urdiendo, ante los ojos de sus interlocutores, sus palabras que se convierten en vino, comidas, música, fiestas, etc. Y Leandro, a pesar suyo, le ayuda a llevar a cabo su plan, enamorándose de su supuesta víctima. Al querer salirse de esta construcción verbal en la que Crispín le ha metido, queda indefectiblemente atrapado en ella junto con los otros actores de la farsa. El único error de Benavente fue el de haber cedido a su innato sentimentalismo al dar la última palabra a Silvia cuando, en realidad, le pertenecía al verdadero "autor" de la obra, a Crispín, el Maestro de la Palabra, autor, director y actor principal de *Los intereses creados*, cuyas palabras son las primeras que escuchamos al comienzo de la comedia.

NOTA

1 El romántico alemán Ludwig Tieck (1773-1853) en su fantasía teatral basada en la fábula de Charles Perrault, *Der gestiefelte Kater*, es quien más claramente, si bien con intención satírica, ha motivado el milagro de la palabra en el gato (ver el comienzo del acto I): Peter Leberecht (seudónimo), *Volksmärchen*, II, Berlín, 1797.

BIBLIOGRAFIA

Alonso, Dámaso
        Véase Lázaro Carreter.

Benavente, Jacinto
    1958   *Obras completas*, vol. XI, Madrid.

Lázaro Carreter, Fernando ed.
    1976   *Los intereses creados*. Madrid: Ediciones Cátedra. [Todas las citas de la obra de Benavente, de la "Introducción" del editor y del artículo de Dámaso Alonso han sido tomadas de esta edición].

Marin, Louis
    1977   "*Puss-in Boots*: Power of Signs – Signs of Power." En *Diacritics*, June, pp. 54-63. [Los textos citados han sido traducidos al castellano por el autor de este artículo].

El "espejo de las generaciones" en la narrativa femenina contemporánea

Biruté Ciplijauskaité
University of Wisconsin, Madison

La imagen del espejo aparece con mucha frecuencia y con función múltiple en la novela contemporánea. Desde Stendhal se ha repetido que la novela es un espejo que se pasea por la calle. Virginia Woolf (1920: 65) sugiere que en una gran parte de las novelas de los siglos pasados este espejo reflejaba "what men desire in women, but not necessarily what women are in themselves." Ella hace hincapié en la continuidad de representantes femeninas en el proceso de autoconocimiento: "women could come to know themselves only through an incorporation of the lives of their mothers, grandmothers, and great-grandmothers" (Pratt 1981: 152). El intento de trasladar estas figuras a la ficción trae como consecuencia el cuestionamiento: se plantea la pregunta de la fidelidad, pero también de la significación del reflejo. A su vez, Annis Pratt (1981: 53) hace notar que ya en el siglo XIX "women novelists frequently make use of two, and sometimes even three, generations of mothers and daughters to show how heroes are punished by their closest role models." Surge la dicotomía yo/otra.

Según los psicoanalistas, la imagen de la madre es el primer espejo en el que se mira, aún inconscientemente, el recién nacido. En su fase pre-edipal el otro llega a ser igual al "yo". Sólo cuando adquiere conciencia de la diferenciación, empieza a verse a sí mismo como otro. El espejo, que era identificación en el primer caso, le sirve ahora para la concienciación.. Los psicólogos señalan que el principio de la continuidad predomina en la mujer (Chodorow 1978: 71). De aquí la repetición de la imagen de las generaciones, que a veces llega a asumir dimensiones mítico-simbólicas: "Porque Electra, entonces, no era Electra, sino un símbolo. Ella era yo y mis hijas y las hijas de mis hijas y todas las muchachas que nacerán un día, que llegarán a ser bellas, que perderán, tan pronto, su esplendor" (Alós 1975: 215). La hilera ininterrumpida de hija-madre-abuela asume una dimensión semejante en las novelas de Carmen Gómez Ojea[1] y se presenta simbólicamente en la visión espeluznante de mujeres crucificadas en "Los bosques rojos" de R. Granauskas (1983). Es un reflejo repetido hasta la infinitud.

Luce Irigaray, atacando las teorías de Freud y confrontando las de Lacan, defiende la mirada femenina autónoma. Esta se conseguiría adoptando un espejo especial para captar el ser profundo de la mujer: "l'intervention du spéculum et du miroir concave, qui dérangent le montage de la représentation selon les paramètres exclusivement masculins" (1977: 150).[2] Puesto que, para ella, el reflejo está íntimamente unido a la percepción y a la formulación de esta percepción, su exigencia incluye un nuevo lenguaje que sería el de la subversión.

También Béatrice Didier une las dos funciones (1981: 241): "Ecrire, c'est précisément briser le miroir qui enfermait la femme dans une certaine image du paraître et qui du même coup ne lui laissait jamais voir son propre visage mais montrait au contraire le visage de l'autre. Ecrire c'est libérer l'androgyne qui existe en tout être, pour lui permettre, en définitive, d'être femme": formulación teórica que hace recordar los procedimientos de Virginia Woolf. Romper el marco del espejo, conseguir que en el reflejo no se sobreimponga la figura masculina, estudiar la imagen de la mujer: éste es el propósito que vuelve repetidamente en la narrativa femenina de la postguerra. El espejo sirve a la vez como un símbolo de continuidad y de cambio. Su función de reflejar una sucesión de varias generaciones de mujeres y la relación entre ellas podría ser considerada bajo tres aspectos que examinaremos brevemente.

1. El espejo positivo.

Este es el que refleja la actitud tradicional. Según Michelle Zimbalist Rosaldo (1974: 28), "a woman becomes a woman by following in her mother's footsteps; there must be a break in a man's experience. 'Becoming a man' is an 'achievement'[...] Women are given a social role and definition by virtue either of their age or of their relationship to men." La hija ve en la madre y en la abuela un modelo y acepta el destino que le imponen la familia y la sociedad. La figura de la madre tradicional frecuentemente va asociada con los valores burgueses. Su función es una función social. En estas novelas la mujer actúa, en términos de Jung, como *persona* y es vista sobre todo del exterior. La única evasión a su alcance es la de la imaginación. Cuando se mira en el espejo, ve la continuidad de su papel, no a sí misma como individuo único. Carolyn Heilbrun (1979: 147), basándose en las investigaciones de Karen Rowe, hace notar que éste es el estereotipo de "the waiting passive woman in fairy tale and romance". Es la mujer que acepta resignadamente el sacrificio. Tales personajes no suelen tener gran complejidad interior y se integran a tramas donde el argumento ocupa la parte más importante. Se dan con frecuencia en la novela rosa o la novela sentimental.

Un curioso caso entre las obras recientes donde se continúa la actitud tradicional es *El volumen de la ausencia* de Mercedes Salisachs. Presenta un punto de transición entre el espejo positivo y el negativo. La protagonista, Ida, se encuentra entre los mundos radicalmente opuestos de su madre ("Me hubiera gustado parecerme a ella, Juan. Tener su fortaleza, su espíritu de sacrificio" – 1983: 123), y su hija, que es completamente anárquica. El núcleo de la novela consiste en el camino que Ida emprende desde la puerta de la consulta del médico quien acaba de decirle que le quedan cuatro meses de vida, hacia la puerta del hombre que ha amado toda su vida, estando casada con otro, es decir, hacia la liberación del deseo reprimido. Durante la peregrinación estudia su propio reflejo en los escaparates, buscando su significación, cuestionando su resolución.[3] El fin de la novela es tradicional, sin embargo: no rompe con el orden establecido, no penetra a través de esta puerta, sino que vuelve a su casa y a su deber. La imagen de la madre vence a la de la amante.

Dentro de este grupo habría que incluir también las novelas en las que no aparece la madre. Silvia Truxa (1982) e Inta Ezergailis (1982) llaman la atención a la ausencia de la madre en la narrativa contemporánea. Esta ruptura en la cadena es la condición necesaria para iniciar el proceso de la concienciación. No es total: en muchas novelas aparece la figura de la abuela que representa un deseo nostálgico de volver al mundo de la infancia, ya periclitado, muy líricamente transmitido en *Les Escaliers d'eau* de Irène Schavelzon.[4] La abuela, que vive en un mundo que resulta ya totalmente ajeno a la nieta (Hammer 1975: 39), aparece en más de una novela española como un ser lleno de bondad y dulzura que no ha salido del estado de la inocencia y, por consiguiente, no representa peligro ni pide rebeldía manifiesta.

2. El espejo negativo.

La reacción de crítica y de rechazo que siente la hija al mirarse en la madre se da ya en los siglos anteriores, por ejemplo, en Lizzy de *Pride and Prejudice*. Está a su vez vinculada con la tradición de la madre que no quiere hija, para que ésta no tenga que repetir su propia experiencia (Emma Bovary; las mujeres en *The Summer before the Dark* de Lessing; la protagonista de *The Christmas Tree*, de Jennifer Johnston, que llega a sentirse adulta sólo a la muerte de la madre). Según Nancy Chodorow (1978: 83), las muchachas suelen asociar su propio miedo de regresión y de falta de poder con la figura de la madre. Figura que, dice Irigaray, funciona como elemento alienador, ya que subraya la falta de individuación y de desarrollo (Todd 1983: 238). Agnès, en *La hora violeta* de Montserrat Roig, encarna esta concepción del miedo al recordar a la madre sumisa e indefensa. La angustia de la hija la empuja a intentar desligarse de la madre para convertirse en un "ser completo".

La rebelión personal se asocia frecuentemente con la social: surge como protesta contra los valores impuestos. El rechazo es particularmente violento en algunas novelas de lengua alemana, donde el abismo entre las generaciones parece insalvable y crea situaciones prototípicas. Así, en "Sind Sie schon einmal zu Tode geliebt worden?", de Christine Ulrich, se afirma: "Dabei hilft mir dann nur das Wissen, daß es *nicht nur meine* Auseinandersetzung mit *meiner* Mutter ist, sondern diese für viele ähnliche problematische Beziehungen steht" (1980: 36). Una reacción violenta, una crítica despiadada se dan en algunas obras de Roig, Romá, Ana María Moix, mientras que *Presente profundo* de Quiroga y *Barrio de Maravillas* de Chacel fluctúan entre actitudes ambiguas. El rechazo va unido con frecuencia al complejo de culpabilidad, particularmente frecuente en las novelas en lengua alemana: "In Rosa haßt Nora sich selber als Mädchen. In Rosa haßt Nora sich selber als ihre Mutter. Sie merkt, wie oft sie Rosa schon zerstört hat" (Struck 1975: 127).[5] En otras, se procede con tono estridente de protesta, o caricaturizando las tradicionales instituciones de educación (Quiroga, Melcón, Frischmuth, Novak, Cardinal).

Un medio recurrente es la ironía. Así, la protagonista de *Los perros de Hécate* (Gómez Ojea 1985: 127) declara que no quiso ser mártir ni heroína. Recordando "que mi bisabuela no se sabía calzar ni peinar ni vestir, y que mi abuela había exclamado en cierta ocasión que encontraba muy muy meritorio que la cocinera consiguiera que los huevos fritos fuesen redondos, y que mi madre, mi propia madre, desconociera cómo se descorcha una botella [...] decidí ser prostituta, ganar dinero a costa de mi cuerpo." También Rodoreda introduce una inversión sutil en _Espejo roto_: la epopeya de la decadencia de una familia se cuenta a través de las descendientes de la rama femenina.

La opresión-rebelión puede transmitirse a través de símbolos: el espejo que refleja la figura de Andrea y sólo una mano de Angustias en _Nada_; otro espejo que muestra a Paula y la figura sin rostro, pero acompañada de una voz cortante, de la madre de Begoña en _La maraña de los cien hilos_. En todos los casos el recurso más constantemente usado es el desdoblamiento: la protagonista se mira en el espejo de las mujeres del pasado, pero en vez de seguir dócilmente su ejemplo, escucha la voz crítica del _animus_ que la obliga a ver la situación real. En estas escenas interviene también la voz de "la sombra" junguiana: lo hasta aquel momento reprimido, el lenguaje de la conciencia amputada, predominantemente erótico, que hubiera escandalizado a las abuelas.

3. El espejo sin marco.

Estas novelas también tratan de la relación madre-hija, pero ya no histórica, sino sincrónicamente, o añadiendo la dimensión fantástica. En ellas no es la sucesión de las generaciones, sino la experiencia misma de la maternidad lo que acapara toda la atención y totaliza el tiempo y el espacio, eliminando la comparación. Dentro de la metáfora del espejo que, como apunta Sigrid Weigel (1983: 85), también tiene como partes integrantes el azogue y el marco (el control ejercido por la mirada masculina), la visión enfoca, aumentándolo, sólo el centro: la experiencia inmediata de la reproducción. Las novelas de maternidad más notables se han escrito en Francia. Hélène Cixous las define teóricamente, viendo cómo la madre y la hija entran y salen la una en la otra sin cesar, afectando el lenguaje que debe transmitir este movimiento (Conley 1984). También Chantal Chawaf incorpora la dimensión lingüística (1977: 98): "et tu es fille et mère et femme et je suis fille et mère et femme ... et le langage que j'apprends à ton contact prend racine dans les sens." Una concentración tan exclusiva, sin el contacto anterior o posterior con el marco social o amoroso, no parece ejercer atracción sobre las escritoras españolas.

Las autoras italianas añaden una variación más. Tampoco ellas buscan la sucesión de las generaciones: concentran su atención sobre la transición de la mujer-amante a la mujer-madre (en los casos más innovadores el hijo está aún por nacer), exponiendo sus problemas en diálogos con el hijo nonato. El dilema de la mujer moderna – hijos o vida profesional, a veces conseguida a costa de abortos – se enfoca con sana autoironía por Oriana Fallaci y Lidia Ravera, quien consigue compaginar la actitud tradicional de la madre con el concepto de la mujer "liberada" dentro de un marco tragicómico. El hombre – el marco – queda relegado a un rincón insignificante. En alguna novela de Rosa Montero y de Montserrat Roig se consiguen episodios semejantes sin llegar a la concentración total.

Existe, por fin, la posibilidad de transgresar los límites de la tradición – el marco – sin salir totalmente de ella, valiéndose del elemento fantástico, como en *Cien años de soledad*, donde la cadena de las mujeres es muy larga y llega hasta la subida al cielo. Un propósito semejante se nota en *La casa de los espíritus* de Isabel Allende, sin conseguir la dimensión épica. También en *Cantiga de agüero* de Gómez Ojea la narración histórica cede al enfoque épico-arquetípico, añadiendo alguna nota fantástica. Como en la extraordinaria *La milagrosa hierba de la cuneta*, de Jasukaityté, las mujeres aparecen con vida doble: la real, en la que cumplen el papel tradicional, sometiéndose al marido que se les destina, y la del amor verdadero, que les confiere una fuerza soterraña extraordinaria. Prisioneras por fuera, quedan libres por dentro. Sin rechazar la imagen tradicional, la superan y afirman el poder femenino.

Como resumen de este apunte panorámico, fijémonos, aunque sea a vuelo de pájaro, en una obra concreta. *Ramona, adiós* de Montserrat Roig es un ejemplo muy logrado de la técnica del "espejo de las generaciones", tanto en el conjunto estructural como en el desarrollo de los detalles. Además de la yuxtaposición vertical de las generaciones usa la horizontal, contrastando dos figuras dentro de la misma generación para subrayar la diferencia entre el espejo negativo (Kati, Anna) y el que, frente a éste, parece más positivo (Mundeta^2). La concienciación de las tres Mundetas se da no sólo en el nivel de la femineidad, sino también en cuanto a su conciencia social y política, transmitida con un estilo correspondiente para cada época. La experiencia de Mundeta^3 se narra, salvo muy pocas excepciones, en tercera persona: es la única que participa hasta cierto punto en la vida pública y en actividades políticas organizadas. Mundeta^3 se presenta como una conciencia que observa y analiza a distancia. Mundeta^1 se revela a través de su diario que la sitúa en un mundo de fantasía formado por sus lecturas. Mundeta^2 representa el engendro típicamente burgués. Cada una de las tres tiene su "misterio", que constituye su fortaleza. La más analítica de ellas, la nieta, contrapone constantemente sus reacciones a las de la madre y vuelve repetidamente a su relación adversativa con el padre, a quien la madre teme mientras que ella le desprecia. A esto se añade el contraste de la relación madre-hija en las tres generaciones: Mundeta^1 obedece ciegamente a su madre; Mundeta^2 admira a la suya; Mundeta^3 mira a Mundeta^2 siempre con un ojo crítico e incluso con odio. La yuxtaposición del padre y del amante de Mundeta^3 hace resaltar la igualdad de los hombres: "¿Por qué el rostro del padre? Era el que adquiría más relieve cada vez que Mundeta aprendía a amar [...] Todos los amantes se le parecían" (1980a: 48 y 49).

Dentro de la variación de las tres imágenes de la mujer se presenta simultáneamente la contrastación mujer-hombre (los representantes masculinos de las tres generaciones se parecen en su opinión acerca de la inferioridad de la mujer). El mundo masculino tiene sus bases en el mundo económico y político (el abuelo prestamista; el padre, hombre de negocios enriquecido por el estraperlo; el amante, líder de los universitarios rebeldes, catalanista empecinado) mientras que las mujeres se moldean según las lecturas o las diversiones de moda en su época. El mundo de la abuela es el de la languidez nostálgica y del bovarismo; el de la madre, el del cine de los años treinta y luego de la actualidad burguesa. Mundeta[3] lucha por llegar a la emancipación pregonada por la generación joven asistiendo a reuniones revolucionarias, pero sin llegar a sentir una persuasión íntima.

La distancia entre las tres Mundetas se sintetiza en una breve página de diálogo puro en el que participan las tres (p. 156), donde se llega casi a monólogos paralelos, que simbolizan el abismo entre las generaciones. Son muy logrados los monólogos interiores de Mundeta[3] cuando se examina a sí misma o cuando, en una escena con fuerte efecto de ironía dramática, está sintetizando la vida de la abuela y su propia juventud mientras escucha cómo, en la habitación contigua, la abuela acompaña el rosario rezado por la radio (pp. 136-139). El capítulo sirve a la vez de repaso y de epifanía. En estas páginas se ofrece un resumen de la situación que podría ser considerada como la definición de los procedimientos empleados en este libro: "Era difícil separar, en lo que contaba la abuela, las cosas reales de las imaginadas. Entremezclaba las fechas, los lugares y las personas que formaban parte de su relato, todo pasaba a ser una especie de amalgama en que la infancia, la adolescencia y los años de su matrimonio parecían una masa compacta y única" (p. 139). Roig consigue esta impresión de masa compacta en todas sus novelas, procediendo por fragmentación dentro de la que funde varias generaciones.

El tema de la continuidad y del cambio es el eje de esta novela, cambio y continuidad no sólo en los representantes de una familia a través de varias generaciones, sino también del fondo sobre el que se desarrollan estas vidas: Barcelona. La historia amorosa de las protagonistas es inseparable de la circunstancia histórica, cuidadosamente escogida para las tres generaciones: la pérdida de Cuba, el alzamiento de 1934 y la guerra civil, la revolución de 1968. Esto permite introducir una nota de angustia, característica de la generación más joven, en las tres. Abunda el uso de ironía a través de la novela. La disrupción de la rutina y la tradición es reflejada por la disrupción del discurso. El constante fluctuar entre el presente, pasado, futuro, condicional ilustra el reproche hecho por Jordi a Mundeta[3]: "eres vieja y niña a la vez, nunca mujer adulta" (p. 51) y define el ambiente total: de rebelión, pero a la vez de nostalgia. Allá mismo se insinúa el interés que pueden tener "las mujercitas de tu 'extraordinaria' familia", casi como si se quisiese afirmar la importancia de considerar a Mundeta[3] a la luz de sus antepasadas. El lenguaje, las alusiones literarias, los sueños cambian según la generación, incorporando el estilo de las novelas en boga, de anuncios de televisión, de artículos periodísticos. Su yuxtaposición permite un juego irónico e invita a una doble interpretación. La novela se presenta como un espejo que refleja las generaciones pasadas, invitando a cuestionamiento crítico y concienciación.

Para llegar a formular la actitud y la posición nueva de la mujer se necesita un lenguaje nuevo sobre el que han teorizado sobre todo las autoras francesas (Irigaray, Cixous, Duras, Herrmann, García). En vez de descripciones de las ocupaciones "femeninas" tradicionales y trama continuada, se enfocan sus angustias, transmitiéndolas por medio de fragmentos, símbolos, epifanías, yuxtaponiendo las reacciones de nietas y abuelas. Se adopta el lenguaje del psicoanálisis, incorporando asociación libre, flujo de conciencia, expresiones orales, ya que la transmisión oral es lo más auténticamente femenino. Se evita la fijación y se crea un estilo fluido, simultáneo. Irrumpe el lenguaje reprimido, que antes se calificaba como indicio de locura.[6] El auto-escrutinio se aleja de la autobiografía, convirtiéndose en lo que Michel Beaujour ha denominado *miroirs d'encre*: autorretratos, el proceso mismo del nacer, descubrimiento constante que confiere al lenguaje una nota de inmediatez.[7]

La emancipación trae consigo lo que Weigel, jugando con polivalencias, llama *Entzauberung*: des-encantamiento de la bella durmiente, pero a la vez desencanto. Esto explica el frecuente uso de la ironía y la adopción de la "mirada bizca" (Weigel 1983: 100). El espejo no desaparece, pero en las novelas de los años recientes la mujer no busca en él la imagen tradicional de la mujer modelo, ni se admira como Narciso: lo escudriña para descubrir en él no al príncipe encantado, sino indicios del crecimiento futuro.

NOTAS

1 "Era una habitación llena de cosas que contaban la historia de las que se habían llevado en el vientre unas a otras hasta llegar a ella [...]. Esa Madre de madres, de la que ella venía, era imponente y difusa, y a veces le inspiraba respeto y temor" (1982b: 17).

2 Observación e intención que recuerdan, aunque con un enfoque diferente, a Valle-Inclán. Juliet Mitchell (1974: 307) discute este aspecto al repasar los cánones de Simone de Beauvoir: "Woman is the supreme Other, against which Man defines himself as subject, not in reciprocity, but in an act of psychic oppression [...]. Woman is the archetype of the oppressed consciousness."

3 Detalle y situación semejantes se encuentran en *The Summer before the Dark*, de Doris Lessing.

4 Sobre la función de las abuelas y el símbolo del espejo como eje estructural en la novela véase Ronnie Scharfman (1981).

5 El complejo de culpabilidad se estudia con más detalle en *Kindheits Ende* (1982), y surge con fuerza en Gabriele Wohmann (1976) y Margrit Schriber (1978). Signe Hammer (1975), Jane Flax (1980) y Marianne Hirsch (1981) lo comentan detenidamente.

6 Particularmente interesantes en este respecto son los monólogos de Paula en *La maraña de los cien hilos*.

7 Véase el prólogo de Mercè Rodoreda a *Espejo roto*, donde comenta sus procedimientos para crear el monólogo interior.

Las investigaciones para este trabajo han sido facilitadas por una beca de The Camargo Foundation.

BIBLIOGRAFIA

Allende, Isabel
1982   *La casa de los espíritus*. Barcelona.

Alós, Concha
1975   *Os habla Electra*. Barcelona.

Beaujour, Michel
1980   *Miroirs d'encre. Rhétorique de l'autoportrait*. París.

Chacel, Rosa
1976   *Barrio de Maravillas*. Barcelona.

Chawaf, Chantal
1977   *Le Soleil et la terre*. Saint-Germain lès Corbeil.
1979   *Maternité*. París.

Chodorow, Nancy
1978   *The Reproduction of Mothering. Psychoanalysis and the Sociology of Gender*. Berkeley-Los Angeles.

Cixous, Hélène
1975   *La Jeune née* (con Catherine Clément). París.
1979   *Anankê*. París.

Conley, Verena Andermatt
1984   *Hélène Cixous: Writing the Feminine*. Lincoln, Nebr.

Didier, Béatrice
1981   *L'Ecriture-femme*. París.

Ezergailis, Inta
1982   *The Divided Self in Women's Novels*. Bonn.

Fallaci, Oriana
1975   *Lettera a un bambino mai nato*. Milán.

Flax, Jane
1980   "Mother-Daughter Relationships: Psychodynamics, Politics, and Philosophy". En H. Eisenstein y A. Jardine (eds:): *The Future of Difference*, Boston.

Frischmuth, Barbara
1968   *Die Klosterschule*. Francfort del Meno.

Gómez Ojea, Carmen
1982a   *Cantiga de agüero*. Barcelona.
1982b   *Otras mujeres y Fabia*. Barcelona.
1985   *Los perros de Hécate*. Barcelona.

Granauskas, Romualdas
1983   "Los bosques rojos". En *La Semana de Bellas Artes* (23 diciembre): 8-9, México.

Hammer, Signe
1975   *Töchter und Mütter. Über die Schwierigkeiten einer Beziehung*. Francfort del Meno.

Heilbrun, Carolyn
1979   *Reinventing Womanhood*. Nueva York.

Hirsch, Marianne
1981   "Mothers and Daughters". En *Signs*, 7,1: 207-222.

Irigaray, Luce
1974   *Speculum de l'autre femme*. París.
1977   *Ce sexe qui n'en est pas un*. París.
1979   *Et l'une ne bouge pas sans l'autre*. París.

Jasukaityté, Vidmanté
1981   *Stebuklinga patvoriu zole* [La milagrosa hierba de la cuneta]. Vilnius.

Johnston, Jennifer
1981   *The Christmas Tree*. Londres.

Jung, Carl Gustav
    1972   *Bewußtes und Unbewußtes*. Francfort del Meno.
    1977   *Two Essays on Analytical Psychology*. 4ª ed., Princeton.

Lacan, Jacques
    1966   "Fonction et champ de la parole et du langage en psychanalyse". En *Ecrits*, pp. 237-322, París. (orig. 1953).

Lessing, Doris
    1973   *The Summer before the Dark*. Nueva York.

Melcón, María Luz
    1972   *Celia muerde la manzana*. Barcelona.

Mitchell, Juliet
    1974   *Psychoanalysis and Feminism*. Londres.

Moix, Ana María
    1970   *Julia*. Barcelona.

Montero, Rosa
    1979   *Crónica del desamor*. Madrid.

Novak, Helga M.
    1979   *Die Eisheiligen*. Darmstadt.

Pratt, Annis
    1981   *Archetypal Patterns in Women's Fiction*. Bloomington, Ind.

Quiroga, Elena
    1964   *Escribo tu nombre*. Barcelona.
    1973   *Presente profundo*. Barcelona.

Ravera, Lidia
    1979   *Bambino mio*. Milán.

Rodoreda, Mercè
    1978   *Espejo roto*. Barcelona.

Roig, Montserrat
    1980a   *Ramona, adiós*. Barcelona.
    1980b   *La hora violeta*. Barcelona.

Romá, Rosa
    1976   *La maraña de los cien hilos*. Barcelona.

Salisachs, Mercedes
    1983   *El volumen de la ausencia*. Barcelona.

Scharfman, Ronnie
    1981   "Mirroring and Mothering". En Simone Schwarz-Bart's *Pluie et vent sur Télumée Miracle*, y 'Jean Rhys' *Wide Sargasso Sea*. En *Yale French Studies*, 62: 88-106. New Haven.

Schavelzon, Irène
    1975   *La Chambre intérieure*. París.
    1978   *Les Escaliers d'eau*. París.

Schriber, Margrit
    1978   *Kartenhaus*. Frauenfeld.

Struck, Karin
    1975   *Die Mutter*. Francfort del Meno.
    1982   *Kindheits Ende. Journal einer Krise*. Francfort del Meno.

Todd, Janet [ed.]
   1983   *Women Writers Talking*. Nueva York – Londres.

Truxa, Silvia
   1982   *Die Frau im spanischen Roman nach dem Bürgerkrieg*. Francfort del Meno.

Ulrich, Christine
   1980   "Sind Sie schon einmal zu Tode geliebt worden?" En *Im Jahrhundert der Frau. Ein Almanach des Suhrkamp Verlags*, Francfort del Meno.

Weigel, Sigrid
   1983   "Der schielende Blick". En *Die verborgene Frau. Sechs Beiträge zu einer feministischen Literaturwissenschaft*, Berlín.

Wohmann, Gabriele
   1976   *Ausflug mit der Mutter*. Darmstadt.

Woolf, Virginia
   1920   "Men and Women". En Michèle Barrett (ed.): *Women and Writing*. Nueva York.

Zimbalist Rosaldo, Michelle
   1974   "Woman, Culture, and Society: A Theoretical Overview". En M. Zimbalist Rosaldo & L. Lamphere (eds.): *Woman, Culture, and Society*, San José.

México reflejado en la narrativa catalana del exilio

Rolf Eberenz
Université de Lausanne

1. Transterrados castellanos y catalanes

Las convulsiones sociales y las guerras de nuestro siglo, con sus movimientos de emigración, han dado pie a las llamadas "literaturas del exilio". Junto a la revolución rusa y al advenimiento del nacionalsocialismo alemán, la guerra civil española es la tercera crisis importante de este tipo. Gran parte de los intelectuales españoles que huyeron de las represalias franquistas fueron a parar a América Latina, reanudando así unas relaciones culturales entre España y el Nuevo Mundo que habían sido, si no inexistentes, bastante precarias desde la Independencia de América. A través de sus intelectuales, España se asoma nuevamente a la realidad americana y descubre su propia limitación dentro del mundo hispánico. Sin embargo, por razones que ahora no es posible comentar, a los escritores españoles les cuesta trabajo encarar su nuevo entorno con objetividad y comprensión. La mayoría de ellos están traumatizados por su destino personal y tratan el tema de América con cierta reserva. Recuérdense los casos de Francisco Ayala, cuyas novelas *Muertes de perro* y *El fondo del vaso* satirizan de forma un tanto esquemática y distanciada las distorsiones sociales de un arquetípico país centroamericano, o de Ramón Sender, quien pocas veces consiguió superar una visión excesivamente folklórica.

Todos estos autores se sienten desconcertados ante unas sociedades que hablan la misma lengua, pero que al propio tiempo se muestran radicalmente diferentes de la española o, si se quiere, de esa España rural, de tradiciones seculares y sumida en el inmovilismo que idealizaron algunos representantes del noventa y ocho. Bien es verdad que ciertos intelectuales, especialmente Francisco Ayala y Max Aub, intentaron formular una nueva teoría de la hispanidad, concebida como cultura universal que diera cabida a las preocupaciones de los pueblos hispanohablantes a ambos lados del Atlántico;[1] pero estas ideas se plasmaron sólo parcialmente en sus respectivas obras ficcionales. Entre paréntesis puede añadirse que la concepción del mundo hispánico como un solo espacio cultural nos resulta hoy incomparablemente más familiar, desde que se produjo la espléndida eclosión de la novela latinoamericana contemporánea.

Me he detenido en estas consideraciones generales porque la narrativa catalana del exilio no puede enjuiciarse correctamente sin tener en cuenta estos hechos. Los catalanes son, por supuesto, españoles, pero sólo relativamente. Apoyaron la República, que les había concedido la autonomía política, pero se mantuvieron reservados frente a ciertos tópicos de la ideología estatal. Hay que recordar que la generación de intelectuales catalanes que a consecuencia de la guerra fue obligada a exiliarse había sido la primera que pudo utilizar la lengua catalana con normalidad. Habían visto realizarse varios puntos esenciales del regionalismo político y, sobre todo, asistieron a la dignificación de su lengua que, a partir de su codificación por Pompeu Fabra, se iba convirtiendo de nuevo en vehículo de la vida pública y en instrumento literario. Sin embargo, parece importante señalar que pese a esta normalización lingüística, escribir en catalán seguía y sigue siendo una aventura. Si las grandes lenguas nacionales disponen de una tradición literaria de muchos siglos y, por tanto, de unos recursos estilísticos muy diferenciados, el catalán no pudo, evidentemente, colmar esta laguna en una veintena de años. Ello hace que la narrativa catalana, como toda narrativa minoritaria, estuviese particularmente vinculada a los temas autóctonos.

La emigración a América de una parte significativa de la intelectualidad catalana supuso, pues, un replanteamiento de toda una serie de problemas relacionados con su identidad cultural. En primer lugar, se vieron de nuevo en un ambiente hispánico, es decir, en un entorno de cuya lengua y hegemonía acababan de emanciparse a duras penas. Otra vez, aunque ahora sin intención represiva, una sociedad de habla castellana los ponía ante la disyuntiva de sobrevivir escribiendo en español o dedicarse como antes a las letras catalanas, con la consiguiente automarginación.

Si a pesar de estas limitaciones, el escritor optaba por la literatura en catalán, se encontraba con que el novelar sobre temas americanos implicaba la búsqueda de unas soluciones – siempre personales y, por tanto, sujetas a revisiones – al problema de la lengua literaria. Puede decirse que las grandes lenguas históricas se caracterizan precisamente por su universalidad, esto es, por su aptitud para expresar, sin desnaturalizarse, contenidos localizados fuera de su ámbito de origen, por su capacidad para deshacerse de lo específicamente nacional en el sentido más estricto de la palabra. En este contexto debe recordarse la experiencia de Cortázar, uno de cuyos logros más importantes consistió en aplicar el español a una serie de historias inscritas en un marco francés. Una vivencia análoga supuso, pues, para los escritores catalanes reflejar en su lengua la realidad latinoamericana.

En cuanto a los contenidos de estas obras, el crítico Albert Manent observa que la mexicanidad de los narradores catalanes del exilio es uno de los temas más interesantes de este período, señalando, además, que la mayoría de estos relatos fueron publicados en Barcelona, después del regreso de sus autores.[2] Estos libros exteriorizan sobre todo dos grandes preocupaciones: la situación del emigrante catalán y la vertiente indígena de la civilización mexicana, siendo de notar que ambos aspectos se imbrican en muchas narraciones.

2. Pere Calders: catalanes y mexicanos, cara a cara

La temática que acabamos de esbozar se plasma de forma original en una novela ya relativamente tardía, *L'ombra de l'atzavara* ('La sombra de la pita'; 1964), de Pere Calders. La acción se centra en un catalán exiliado, empleado de una editorial que dirige otro peninsular – es éste el medio característico en que se mueven los intelectuales transterrados –. Deltell está casado con una mexicana y tiene un hijo; lleno de idealismo, se propone mantener en su familia el fuego sagrado de la cultura catalana, siempre con la esperanza de un pronto retorno a la patria. Sin embargo, la esposa no quiere saber nada de Barcelona y el chico apenas si llega a chapurrear algunas frases en catalán: en realidad, México invade su hogar, ya que tiene que acoger a una serie de parientes que viven a sus expensas. Deltell intenta salir de una vez para todas de la estrechez económica comprometiéndose en una empresa arriesgada, la gestión, con participación de capital propio, de una imprenta. Pronto se ve confrontado con la mala voluntad del socio, la resistencia pasiva de los trabajadores y la corrupción de la administración pública. Como ocurre en el cuento de Max Aub, *Cómo Julián Calvo se arruinó por segunda vez* (1959), Deltell fracasa por no comprender la mentalidad mexicana: cargado de deudas, vuelve a la editorial y pone finalmente orden en su situación doméstica.

La novela es un cuadro lleno de sarcasmo del exilio catalán, cuyas figuras prototípicas – el nuevo rico de gesto ostentoso, el nostálgico incorregible y el depresivo que acaba suicidándose – se reúnen regularmente en el centro social del Orfeó Català. La caricatura distorsiona no sólo a los personajes catalanes, sino también a los mexicanos. Ahora bien, estos últimos aparecen bajo una luz claramente negativa y cargados de tópicos, como serían el parasitismo, la informalidad, la fanfarronería, etc. La novela valió a su autor el estigma de racista, reproche que desde luego no aceptó.[3]

De hecho, sus narraciones breves ofrecen una visión mucho más diferenciada de los mexicanos. La más importante, *Aquí descansa Nevares* (1967), nos introduce en el mundo de una barriada de chabolas situada en las afueras de la capital. La miseria de sus habitantes, empeñados en una eterna lucha contra el frío y las lluvias, viene resaltada por la proximidad de un cementerio de lujo. El relato se desarrolla sobre la contradicción básica entre la pobreza de los vivos y los fastos de los muertos. Cuando durante una temporada de lluvias torrenciales el barrio se hunde bajo las aguas, la gente decide refugiarse en el cementerio, cuyo guardia es uno de los suyos. Quedan deslumbrados por la pompa de los mausoleos, y cada cual escoge uno para su nuevo domicilio. Por primera vez se ven en verdaderas casas de piedra, protegidos contra la intemperie. Las autoridades, ocupadas en otros problemas, no los desalojan, así que la vida comunitaria alcanza una curiosa normalidad, sólo alterada por algunos acomodados ciudadanos que visitan los sepulcros de sus familiares. Se producen unos encuentros de gran comicidad entre dos grupos sociales que se suelen evitar cuidadosamente. Lo grotesco llega a su punto álgido cuando se muere una anciana del grupo y, después de un funeral al estilo indígena, no se encuentra sitio para enterrarla. La figura central del relato es un tal Lalo Nevares, dirigente de toda la operación, que pierde su puesto de líder al formarse un comité revolucionario. En el momento en que, derrotado, se marcha de la necrópolis, se va acercando una caravana de coches de policía...

Otra narración en que Calders intenta aproximarse a la faz secreta del mexicano, a su pensamiento íntimo, es *La verge de les vies* ('La virgen de las vías; 1957). Se trata de la historia de un guardabarreras, en principio satisfecho de su situación, que le permite llevar una vida tranquila, entregada a vagas meditaciones. Pero un suceso insólito viene a turbar su paz: el hombre descubre sus habilidades de dibujante y se dedica a embellecer la caja del semáforo con figuras y escenas que causan la admiración de la gente. Alguna vez retrata a grupos enteros y, como pinta de memoria, comete pequeñas incorrecciones; pero la identificación de los retratados con su respectiva imagen llega a tal punto que procuran rectificar su propio aspecto, adaptándose al dibujo. Una sola persona no comparte el entusiasmo general, un joven que ha admirado uno de los primeros dibujos ingenuos, una muchacha con una flor en la mano, llamada por él un tanto sibilinamente "la madre de todos". Afirma reiteradamente que el popular artista ya no ha hecho nada bueno después de esta figura. Entonces el guardabarrera pinta una verdadera virgen, que se convierte al poco tiempo en objeto de una fervorosa devoción popular. La fascinación que ejerce la imagen es tan poderosa que la gente se olvida de su autor y empieza a tratarlo con desprecio. Después de unos incidentes que le cuestan el puesto de trabajo, el artista desaparece, mientras su creación adquiere una personalidad autónoma.

Calders cultivó también el relato sobre episodios de la Revolución mexicana: en *Primera part d'Andrade Maciel* (1957) presenta una lucha sorda entre dos hombres, un general y su asistente. Como es característico de este género, los contrincantes rivalizan en demostraciones de extrema crueldad y sangre fría. El conflicto latente estalla cuando el general sustrae al asistente unas cajas de vino francés incautadas en una hacienda, y culmina en un simulacro de ejecución del segundo. Como el reo gana a los ojos de la tropa una especie de competencia de estoicismo contra su torturador, éste renuncia a matarlo y lo humilla con una grave mutilación. Al volver en sí, el asistente "se encara con estupor a un nuevo nacimiento", frase que se refiere, al igual que el título del cuento, a esta segunda vida carente de heroísmo que lo espera.

El asunto de este relato contiene una serie de tópicos del género, que recuerdan los elementos convencionales por ejemplo de la novela policíaca o de la película sobre el Oeste norteamericano. Además de los modelos mexicanos – pensamos en Azuela, Rulfo y otros – debe mencionarse el caso de Aub, otro español célebre por su exploración de la temática mexicana y quien escribió con *Memo Tel* (1959) una narración de rasgos muy similares. Tanto Aub como Calders reproducen un ritual literario que muestra a los mexicanos en una de sus diversiones aparentemente predilectas, el juego con la muerte. Pero les interesa, además, colocar al individuo en situaciones límite cuyo dramatismo se plasma en diálogos llenos de indirectas e ingeniosidades. El contraste entre ciertas fórmulas de exquisita cortesía y la situación de violencia que encubren, debió fascinar a los escritores peninsulares, acostumbrados más bien a una relación inversa, es decir, a la agresividad sin circunloquios.

3. Lluís Ferran de Pol: estratigrafía de la sociedad mexicana

Ferran de Pol, otra figura importante del exilio catalán, excelente conocedor tanto del medio de la emigración como del México indígena, hizo converger estos dos temas en su novela *Erem quatre* ('Éramos cuatro'; 1960). Los protagonistas a los que se refiere el título son tres estudiantes de arqueología, un exiliado catalán que hace al mismo tiempo de narrador, un norteamericano y una alemana, así como un profesor que actuará de guía intelectual del grupo. El profesor Enguiano, artista frustrado y hombre que siente una verdadera pasión por su profesión, se ha dado a conocer con un libro sobre la mítica ciudad de Tolan, la antigua capital de los toltecas; en esta obra intenta probar que Tolan no debe identificarse con Teotihuacán, como preconiza la teoría universalmente aceptada. Enguiano vive exclusivamente en función de esta su idea y sufre por ello el ostracismo de los medios oficiales.

Pero es precisamente esta idea peregrina la que da cohesión al grupo, cuyos miembros se distinguen no sólo por sus diferentes nacionalidades, sino también por sus temperamentos e inclinaciones. Enguiano, el visionario, sueña con su Tolan y ve en el mito tolteca de Quetzalcóatl todo un programa mesiánico de regeneración nacional – civilización, trabajo y paz social;[4] se muestra capaz de dirigir las voluntades del grupo hacia un objetivo: excavar el verdadero Tolan en la zona donde según sus cálculos debe situarse. La acción, que tiene varios altibajos novelescos, se centra en la realización del proyecto arqueológico, trayectoria que desencadena a su vez otros procesos complementarios. En primer lugar, la búsqueda de la ciudad mítica desemboca en una lenta redefinición de las posiciones personales de cada integrante del grupo. El medio inhóspito hace estallar unos rencores latentes, sacando a la superficie pasiones hasta entonces reprimidas. En este sentido, la investigación arqueológica, que permite sacar a la luz los diferentes estratos de la historia del país, se convierte para cada uno paulatinamente en una búsqueda de su identidad. Este proceso gnoseológico provocará el desastre final: el profesor desaparece en circunstancias misteriosas y uno de los estudiantes mata al otro.

No menos importantes son los contactos de los jóvenes extranjeros con el México rural: se dan cuenta de que no consiguen comunicarse con la gente, a pesar de que hablan aparentemente el mismo idioma. Se enfrentan dos mundos opuestos, que se miran con desconfianza y se equivocan constantemente al interpretar las reacciones del interlocutor. Por lo pronto, el propietario de las tierras en las que se emprenden los trabajos sospecha que los forasteros buscan agua y, con el fin de aprovecharse del posible hallazgo, les proporciona toda clase de facilidades. Pero cuando el proyecto progresa y el Gobierno le expropia los terrenos, se convierte en el principal enemigo de los arqueólogos. El ambiente pasa a ser de hostilidad generalizada, ya que para los nativos es un gran pecado molestar a los dioses que duermen en las ruinas. Empiezan a conspirar contra los locos de la ciudad, amenazándolos con la muerte.

Todos estos hechos se nos presentan desde la perspectiva del catalán y al filo de las reflexiones sobre su pasado de combatiente en la guerra de España y su futuro incierto de arqueólogo. Pero estas meditaciones contraponen no sólo Europa a América, sino que cada continente se desdobla a su vez en una parte considerada como portadora de una civilización superior (el norteamericano y la alemana) y otra subdesarrollada, marcada por el elemento hispánico (el narrador y el profesor). Así es que los cuatro protagonistas representan también cuatro modos de encarar la vida que las guerras de la primera mitad del siglo hacen entrar en crisis.

El conflicto entre el mundo germánico, fríamente civilizado, y la desbordante humanidad hispánica es, asimismo, el tema de la narración *El centaure i el cavaller* ('El centauro y el caballero'; 1945) del mismo Ferran de Pol; relato que evoca la pintoresca competencia entre los propietarios de dos picaderos situados en las afueras de la ciudad de México, un oficial austríaco de caballerosidad glacial que se propone humillar a su rival, un aventurero andaluz, lleno de imaginación y verbosidad meridional. La lucha desigual entre los dos hombres es presenciada por el narrador, un muchacho catalán, colaborador y amigo del andaluz, a quien considera a pesar de sus defectos una especie de modelo de vitalismo.

Más importante para el tratamiento del tema mexicano es el relato *Naufragis* (1955), a juicio de la crítica uno de los mejores de Ferran de Pol. El protagonista vuelve a ser un emigrante peninsular, un joven a punto de reanudar en México su carrera de medicina; en esta encrucijada de su vida se entera de que en las tierras bajas de la costa atlántica acaba de declarse una epidemia de fiebre amarilla. Sin pensarlo mucho, se inscribe como practicante voluntario en una expedición médica, que lo sumerge pronto en un mundo alucinante de enfermedad y subdesarrollo. Ante la magnitud de la catástrofe, el equipo de médicos se ve completamente desbordado; son incapaces de cuidar a los enfermos y su trabajo se reduce a las medidas más elementales para atajar la propagación del mal. Lo absurdo de sus esfuerzos no deja de recordar ciertas obras del existencialismo francés, especialmente las de Camus. Durante los trabajos rutinarios en un pueblo de lo más profundo de este infierno tropical, el héroe descubre un día a una mujer rubia, de apariencia europea, pero perfectamente integrada en la comunidad de nativos, quien cuida a su marido enfermo. Por un impulso de nostalgia atávica, siente una atracción irresistible hacia la mujer, en quien ve reflejarse su propio pasado europeo. Despues de fallecer el marido, se junta con ella; la relación lo atará para siempre a esta tierra indolente y vegetal, donde muere toda voluntad, todo esfuerzo civilizador.[5] La historia invierte, pues, el mito del trópico feliz y constituye también una aportación de gran valor artístico a la discusión sobre el binomio de civilización y barbarie.

4. Avelí Artís-Gener y la visión de un pueblo sometido

Muy diferente de todas las narraciones que llevamos reseñadas es el enfoque de *Paraules d'Opoton el Vell* ('Palabras de Opotón el Viejo'; 1968) de Avelí Artís-Gener, escritor que en sus veintiséis años de estancia en México llegó a un profundo conocimiento de las culturas precolombinas del país. Su libro es una ficción audaz que tergiversa radicalmente la perspectiva europeocéntrica que ofrecen los testimonios de los viajes de descubrimiento. Asistimos a la azarosa expedición de unos navegantes aztecas, enviados por su soberano a buscar la tierra de Quetzalcóatl y que en realidad descubren España, pocos años antes de que se produzca el conocido periplo de Colón. Los aztecas van a parar a las costas gallegas, donde son acogidos con simpatía por un pueblo que afirma estar sometido contra su voluntad a un rey extranjero, un tal Tantomontamontatanto. Los gallegos se unen al cuerpo expedicionario de sus descubridores para liberarse del dominio castellano, del mismo modo que más adelante los tlaxcaltecas se aliarán con Hernán Cortés contra Moctezuma. Pero los aztecas de nuestra novela sufren una serie de derrotas de las que sólo se salvan una veintena de hombres.

El descalabro se debe sobre todo a los malentendidos tan característicos cuando se enfrentan dos pueblos de costumbres diferentes. Los amerindios, mucho más civilizados que sus enemigos peninsulares, hacen la guerra conforme a un determinado ritual, mientras que los castellanos atacan de improviso y a traición. La novela constituye esencialmente un curioso ejercicio de relativismo cultural.[6] El narrador azteca no puede reprimir la risa ante el exótico estilo de vida de los españoles y su extraña religión. No comprende de qué sirve comer en una mesa y sentado en una silla, se asombra ante la multitud de dioses, esto es, santos, que veneran los cristianos y critica su idolatría. Como lo hicieron después los españoles en América, los aztecas intentan convertir a los españoles a su fe y se irritan al ver la incredulidad de sus interlocutores. Asisten, además, a un auto de fe, que comparan con sus propios sacrificios humanos. Encuentran que los españoles están más adelantados en el ámbito de la técnica, pero que tienen un concepto pobre de la dimensión religiosa de la vida.

Los castellanos que llegan a conocer son gente arrogante, de modales bruscos y lenguaje grosero. También se enteran, sin comprenderlo bien, de que en esos mismos años Castilla está llevando a cabo una guerra de ocupación y expulsión contra un pueblo extranjero que ya llevaba muchos siglos en la Península – los moros de Granada.

Como se ve, la novela se presta a varias lecturas. Es por una parte una recreación pormenorizada del mundo azteca desde su propia cosmovisión; reconstrucción de una civilización oprimida y poco apreciada por el México oficial en el momento en que se escribió el libro, pero cuyas manifestaciones comprobó el autor en las zonas rurales e incluso en los arrabales de la capital. Y es que la novela tiene un interesante marco narrativo: el descubridor de toda esta historia inaudita es un catalán que se interesa por la lengua nahua y la aprende de boca de un joven indígena. Un día, el muchacho le muestra unos papeles antiguos que pertenecen a su familia y resultan ser un códice redactado poco después de la conquista del país por los españoles. El autor de este relato testimonial es un tal Opoton, personaje que por su nostalgia retrospectiva ofrece cierto paralelismo con el cronista Bernal Díaz del Castillo. El catalán que descifra los papeles explicita, además, otro tema latente en el resto del libro: la afinidad entre catalanes y nahuas, sometidos ambos al dominio castellano desde los tiempos del famoso rey Tantomontamontatanto.

El análisis de *Paraules d'Opoton el Vell* hace necesarias unas palabras de comentario acerca de su peculiar estilo narrativo. Con su cantidad de tecnicismos nahuas, la novela se parece en algunos pasajes a un tratado de antropología. Por otra parte, el narrador, que se presenta como simple alfarero alfabetizado por los frailes españoles, se disculpa reiteradas veces por su escasa elocuencia y sus descuidos estilísticos – otra vez asoma aquí la analogía con Díaz del Castillo. Escribe un lenguaje lleno de frases coloquiales, pero utiliza también el ritmo lento, las metáforas y dichos sentenciosos pertenecientes al pensamiento indígena. No faltan tampoco ciertos arcaísmos, que el traductor catalán del códice ha creído preciso mantener para reproducir fielmente la narración del azteca. Aparecen asimismo personajes gallegos y castellanos que hablan en sus respectivas variedades de la época. El libro propone, pues, una solución original al problema de la lengua literaria que hemos evocado al principio de este trabajo. Su estilo, siempre teñido de un fino humorismo, puede confrontarse con otra opción, la prosa poética, hasta cierto punto inconexa, de *La lluna mor amb aigua* (1968) de Agustí Bartra, obra que por su estructura predominantemente lírica no vamos a comentar aquí.

Creemos que *Paraules d'Opoton el Vell* pone en evidencia una preocupación que subyace a muchos de los relatos que hemos estudiado aquí: el interés por la América prehispánica o, si se quiere en términos de sincronía, por la riqueza de sus culturas populares actuales. De todos modos, y valga esta observación como punto final, nos parece sintomático que los narradores catalanes del exilio concedan al tema indígena un espacio más extenso y un tratamiento más variado de lo que hacen los exiliados de lengua española.

NOTAS

1 F. Ayala trató la cuestión en *El escritor en la sociedad de masas* (véase el comentario en Marra-López 1963: 113 y ss.).

2 Manent (1976: 139).

3 Se defiende contra esta interpretación de su obra en la introducción a Calders (1980: especialmente pp. 36 y 41).

4 Véase el prólogo de J. Castellanos a Ferran de Pol (1985: pp. 21-23).

5 Compárese a este respecto el relato de J. L. Borges, *Historia del guerrero y de la cautiva*, que versa también sobre la figura de la "mujer europea que opta por el desierto".

6 La obra se sitúa, por tanto, en la tradición de esas ficciones, como *Lettres persanes* de Montesquieu o *Cartas marruecas* de J. Cadalso, que encaran los modos de vida europeos desde un punto de vista exterior, con el fin de interrogar una serie de rituales y tabúes.

BIBLIOGRAFIA

Obras de creación:

Artís-Gener, Avelí
    1986   *Paraules d'Opoton el Vell*. Barcelona.

Bartra, Agustí
    1968   *La lluna mor amb aigua*. Barcelona.

Calders, Pere
    1964   *L'ombra de l'atzavara*. Barcelona.
    1980   *Aquí descansa Nevares i altres narracions mexicanes*. Barcelona (Contiene, además de la narración titular, *Fortuna lleu*, *La vetlla de donya Xabela*, *Primera part d'Andrade Maciel*, *La*

Verge de les vies y *La batalla del 5 de maig*, relatos originariamente reunidos en un volumen *Gent de l'alta vall*, de 1957).

Ferran de Pol, Lluís
1984   *Érem quatre*. Barcelona (1ª ed. 1960).
1985   *La ciutat i el tròpic*. Barcelona (1ª ed. 1956; contiene los relatos *Suïcidi a la matinada, El centaure i el cavaller, La lletra, Jungla* y *Naufragis*).

Crítica:

Fuster, Joan
1978   *Literatura catalana contemporània*. Barcelona.

Manent, Albert
1976   *La literatura catalana a l'exili*. Barcelona.

Triadú, Joan
1982   *La novel·la catalana de postguerra*. Barcelona.

Abellán, José Luis (coord.)
1976   *El exilio español de 1939*. Madrid.

Marra-López, José Ramón
1963   *Narrativa española fuera de España (1939-1961)*. Madrid.

Varios
1982   *El exilio español en México 1939-1982*. México.

Reflexiones sobre algunos de los personajes de "Tiempo de silencio"

Robin W. Fiddian
University of Newcastle upon Tyne

Transcurrido ya más de un cuarto de siglo desde la publicación de la primera edición de *Tiempo de silencio*, la opinión crítica da por sentada la singular importancia de este título en la historia de la novelística española, a la vez que reconoce su inmensa complejidad como obra literaria. De hecho, no deja de llamar la atención el alto grado de elaboración artística en la novela de Luis Martín Santos, que es el resultado de la fusión de un gran número de elementos de contenido, como son los temas sociales, históricos, míticos, sicoanalíticos, ideológicos y filosóficos, con otros tantos valores formales entre los que habría que destacar ora el lenguaje, ora la estructura narrativa, ora los personajes.

En esta ocasión el aspecto de *Tiempo de silencio* que nos interesa es precisamente el de los personajes, algunos de los cuales nos proponemos examinar en las páginas que siguen, inquiriendo sobre el valor funcional que tengan dentro de un entramado de relaciones contextuales, y considerando la carga semántica que posean, en conjunto y por separado. Al emprender nuestro análisis, partimos de la base de que las técnicas de caracterización utilizadas por Luis Martín Santos proveen una de las mejores claves para comprender su novela, ya que por un lado constituyen un vehículo de expresión de la visión personalísima que el autor tuvo de la vida española en sus vertientes históricas, sicológicas e ideológicas, y por otro dejan entrever los variados mecanismos de representación que son inherentes a su obra, entre ellos el recurso a la alegoría, la parodia, la caricatura, y la presentación de los tipos humanos por medio de una serie de imágenes arquetípicas.

En este último respecto conviene recordar el episodio de la visita de Pedro, Dorita y la madre de ésta al cabaré donde se adentran en un ambiente propicio al "ensueño, la alucinación mescalínica, el inconsciente colectivo". Haciéndose eco de las teorías de Carl Gustav Jung, Luis Martín Santos señala el papel que en nuestra vida síquica desempeñan los arquetipos, o imágenes "de lo que deseamos desde la cama solitaria de los trece años de edad" (219), y demuestra cómo en el escenario del cabaré esos sueños y deseos toman forma en la persona de la "supervedette máxima" quien aparece ante el público "cubierta toda ella de papel de plata o escamas de pez" (221).[1] Esta cantante-sirena, que es "la imagen policromada de la mujer" (222), reúne cualidades de lo prohibido y lo ansiado que están puestas al servicio del poder del Estado, ya que, al seducir y embelesar a los espectadores, hace que "olviden sus enajenaciones" mediante la participación en "una euforia incesante que a la mala alimentación sustituyera" (220).

El episodio nos muestra al autor utilizando unas imágenes arquetípicas (las de la sirena, la hurí y la vedette) para poner al descubierto la función ideológica de las formas tradicionales de representar a la mujer en el curso de la historia y la cultura occidentales. Pedro da un ejemplo de esta tendencia al considerar "la teoría alegórica en que la lujuria es una mujer desnuda con una manzana en la mano y la soberbia una mujer vestida con una corona en la cabeza" (139); Matías hace hincapié en la misma tendencia al imaginar la seducción de Pedro, por parte de Dorita, como un acto de emasculación que realiza una devoradora de hombres amenazante y traidora (162). Está claro que tales tópicos e imágenes resumen actitudes sexistas y misóginas que son marcadamente censurables, pero eso no obsta para que el autor aproveche un amplio repertorio de los mismos, supeditándolos a un proyecto crítico de gran envergadura. Citemos el caso de la abuela de Dorita cuyo carácter tiene su origen en la tradición literaria española: esta mujer sin nombre es una Celestina chapada a la antigua que representa "la femineidad vuelta astucia" (97); se asemeja también a otros personajes literarios, incluida la Bernarda Alba de García Lorca, en cuanto hace el papel de matriarca autoritaria quien "a pesar de su edad era ordeno y mando" (36).

Mitad estereotipo, mitad caricatura, la abuela de Dorita juzga a los hombres con arreglo a unas ideas simplistas que contraponen al tipo de guerrero-conquistador con los jóvenes inocentes cuyo patrono es San Luis Gonzaga.[2] En *Tiempo de silencio* es el abuelo de Dorita quien corresponde al tipo marcial, y Pedro el que encaja dentro del molde de San Luis Gonzaga al dar pruebas de su calidad de hombre pacífico que no sabe tratar a las mujeres. Otras imágenes estereotipadas del hombre incluyen la del cazador primitivo, ejemplificado aquí por Cartucho en la escena de la verbena donde hace gala de su "gran poder viril de macho" (230), y la del torero, cuyas características más convencionales de dignidad, heroismo y popularidad se habían plasmado anteriormente en los protagonistas de *Sangre y arena*, de Blasco Ibáñez, y *Llanto por Ignacio Sánchez Mejías*, de García Lorca, pero que aparecen degradadas en la novela de Martín Santos en el "torero-bailarín-marica" (22) que deshonra a la madre de Dorita y la abandona por la compañía de unos amigos "todos de su estilo, como medio hembras también" (23). A través de este personaje paródico, Luis Martín Santos desmiente uno de los mitos esenciales de "la España de pandereta" tan burdamente idealizada por ignorantes turistas "que se obstinan en que [les] sean mostrados majas y toreros" (182).

La técnica de la parodia conlleva una fuerte carga de ironía en la caracterización del Muecas a quien el autor presenta primero como un "gentleman-farmer" (56), "terrateniente" (50), "patriarca bíblico" (55), y buen pastor (56), para luego insistir en su carácter violento y bárbaro. Amador le advierte a Pedro que el Muecas "es muy burro. Es exactamente un animal. Y siempre con la navaja encima a todas partes" (33). Huelga decir que aquí la navaja es un símbolo del "dominio fálico" del hombre que recurre a la fuerza para someter a la mujer a una relación de inferioridad (127). No negamos que dicho dominio se refiera también, en un sentido lato, a la superioridad de cualquier elemento fuerte en la sociedad sobre seres más débiles; de ahí la existencia de más de una "gran madre fálica" que controle a los hombres indecisos en el libro

(151). Pero es en la familia, y concretamente en el trato que da el marido a la mujer, donde esta relación de poder alcanza su mayor grado de expresión.

En *Tiempo de silencio* se realiza una crítica severa de las instituciones del matrimonio y de la familia en la España franquista. "La familia muequil", que comprende al "ciudadano Muecas bien establecido" (58), "sus dos hijas núbiles", y "la mole mansa y muda de la mujer" (54), es una familia completa, la única descrita así en la novela. Pero lo que más llama la atención es el hecho de que sea la contra-imagen de la familia ideal. Los esposos comparten "el mismo ancho camastro con hij[as] ya crecid[as] a [las] que nada puede quedar oculto" (43); esta circunstancia da un indicio de la pobreza material y la degradación moral que impera en "los soberbios alcázares de la miseria" que habitan (42). Según el narrador, en tales condiciones "la alianza matrimonial" de Encarna-Ricarda, la mujer del Muecas, "carece de todo significado" (43).

En el argumento de la novela, el Muecas lleva a casa unos ratones cancerígenos que roba del instituto donde trabajan Pedro y Amador, para que sus hijas les den el calor que necesitan para reproducirse, colgándoselos en bolsitas alrededor del cuello; una vez que se han desarrollado, el *paterfamilias* los vuelve a vender al mismo instituto que de esta forma se convierte en una importante fuente de ingresos para la familia. La conducta del Muecas, ingeniosa y singular, por cierto, se presta a por lo menos dos interpretaciones figurativas. Quizá no sea aventurado decir que el hecho de introducir unos ratones "de la cepa illinoica" en una chabola madrileña hacia finales del año 1949 representa, a un nivel alegórico, la inminente llegada de la ayuda económica estadounidense autorizada por los acuerdos de 1951 y 1953; conforme con este punto de vista, el Muecas sería una caricatura del Jefe de Estado español quien no tardaría en aprobar la instalación de bases militares norteamericanas en España a cambio de una serie de préstamos e inversiones que sabemos fueron de una importancia capital en la recuperación económica del país.

A otro nivel específicamente simbólico, las maniobras del Muecas designan una contaminación del ambiente familiar, dada la circunstancia que los ratones que lleva a su casa son "de una raza de ratones cancerígenos degenerada" (29). La experiencia de la familia de Dorita es una ilustración del mismo fenómeno. En las primeras páginas de *Tiempo de silencio*, se nos dice que su abuelo había regresado de la campaña de Filipinas "inútil para la fecundación", gracias a una infección venérea que le contagiara una prostituta de las islas. "La esterilidad vergonzante del viejo coronel" (180) dio al traste con las esperanzas de su mujer que hubiera querido tener más hijos, y provee otro ejemplo de la conducta de un padre o marido que hace sufrir a su familia las consecuencias de una enfermedad. En relación con este proceso de contaminación del hogar, no puede ser casual la presencia de "dos matrimonios sin hijos" (22) entre los inquilinos de la pensión que la abuela de Dorita monta después de la muerte del coronel; la casa se define así como un microcosmos de la esterilidad hereditaria y colectiva.

Casi todas las familias mencionadas en *Tiempo de silencio* padecen los efectos de enfermedades como el cáncer, la sífilis o la esterilidad. El matrimonio de Amador es estéril: por medio de una sinécdoque, el narrador describe a su mujer como "un vientre sin hijos, todavía concupiscente" (156). En la familia de Matías, son muchas las mujeres que han muerto de cáncer. Uno de los invitados a una fiesta en casa de la madre baraja la hipótesis de que la enfermedad de la tía Dolores (cuyo nombre ostenta un evidente carácter simbólico) sea "Cáncer de pecho"; además, insiste en recordarles a los otros invitados que "Ya se sabe que su madre tuvo cáncer y su hermana, la monja, cáncer". La narración de esta secuencia crucial termina con unas observaciones "acerca de los derechos de las mujeres en el matrimonio cuando no se ha firmado el contrato de separación de bienes" (138), y de esta forma establece una conexión nada equívoca entre el cáncer y la institución del matrimonio, dando a entender que ésta acarrea consecuencias *dolorosas* y fatales para la mujer.

Muchos críticos han resaltado la importancia de los temas de la enfermedad y la vivisección en la novela de Martín Santos.[3] Sin embargo, ninguno parece haber notado la estrecha relación que existe allí entre las enfermedades, la situación de la mujer, y la familia: en nuestra opinión, estos elementos se combinan para proyectar una imagen alegórica de la familia de España cuyos miembros son las clases sociales y las principales instituciones de la nación. Las víctimas más notables de las enfermedades que nos conciernen son: una monja (que representa las santas Ordenes, y, por ende, la Iglesia), muerta de cáncer; un coronel (las Fuerzas Armadas), contagiado de sífilis en una guerra colonial; dos matrimonios estériles de "funcionarios del Ministerio de la Gobernación" en Madrid (es decir, la sede del gobierno nacional); un policía cuya madre "murió de cáncer" (196); otro policía que sufre trastornos intestinales con "retortijoncillos y hazmerreíres hidroaéreos" (160). "Los Institutos, los Consejos, las doctas Corporaciones [y] las venerables Casas matrices" son también organismos enfermos (206-207); al usar el sustantivo 'matriz' con función de adjetivo en la frase 'Casas matrices', el autor subraya la vulnerabilidad de cualquier institución, vb. gr. el centro de investigación donde Pedro hace experimentos con células cancerosas, al cáncer que va atacando el *corpus politicum* del país.[4]

El cuadro así pintado del estado de la nación es sumamente sombrío y desalentador. Sin embargo, hay una célula – o unidad – de la familia mayor de España que está libre de los efectos del cáncer: nos referimos a la familia del Muecas y, principalmente, a las tres mujeres que la componen. Es curioso que Encarna y sus dos hijas gocen de inmunidad ante las enfermedades, y significativo el uso de símbolos naturales de la tierra y el agua para distinguirlas de otros personajes que son portadores de valores degradados en un mundo degradado. Al describir a Encarna como "un ser de tierra" (201), Luis Martín Santos la exalta al rango de los arquetipos, ya que así constata su condición de *madre-tierra* poseedora de indudables virtudes. Este es un hecho demostrado en su visita a la comisaría de la policía para rescatar a Pedro de la cárcel subterránea; al salvarlo, invierte los papeles de Orfeo y Eurídice y trastrueca el final convencional del mito órfico por otro igualmente ejemplar que es de índole positiva.[5]

Debido a su condición telúrica, Encarna llega a ser la personificación de una fertilidad que se contrapone a la esterilidad de otras mujeres mencionadas en el libro. Tiene dos hijas, la primera de las cuales se llama 'Florita' porque ha brotado de la tierra-matriz (o carnal) de su madre; su nombre está arraigado también en una larga tradición pictórica y literaria que, siglos ha, idealizó, en los versos de Lope de Vega y Pedro de Espinosa, a "la divina [...] mi hermosa Flora". [6] Hablando de flores y trasuntos literarios, tampoco deberíamos pasar por alto la semejanza entre la Encarna que da satisfacción sexual a su marido "sobre los campos de trigo en la vega del Tajo" (120), y *Molly Bloom*, la creación florida de James Joyce, quien hace el amor con Leopoldo por primera vez "entre los rododendros del promontorio de Howth",[7] allí donde el milenario Liffey – el río de la vida – desemboca en el mar de Irlanda. Emblemas de la vitalidad y la fertilidad, ambos personajes se ajustan al molde arquetípico de la madre-naturaleza.

La referencia al río Tajo en la biografía de Encarna y sus hijas no carece de relevancia; al contrario, existe una estrecha relación entre su origen geográfico y la fertilidad que simbolizan. El narrador hace hincapié en el hecho de que "las dos 'a Toledo ortae' muchachas no rubias" se hayan gestado "en vientre toledano" (11) y destaca la fertilidad de "los dos retoños ya menstruantes de la familia" (29). En términos ginecológicos, establece así un fuerte contraste entre la abuela de Dorita quien lamenta "la tragedia del derrumbe definitivo de mi vida de mujer" (22) – es decir, la menopausia – y dos personajes que de otra forma quizá pareciesen ser de poca monta. Una imagen especialmente significativa en este respecto es la de Encarna vista momentos después de dar de comer a los ratones; según la detallada descripción que da Martín Santos, Encarna "mantenía aún firmemente en su regazo el pienso de los milagrosos ratones" (53). Suponiendo que el pienso esté compuesto de cereales, podríamos descubrir en la escena un precioso significado simbólico: Encarna, la madre-tierra fecundada por las aguas del río Tajo, cría en su vientre toledano una rica cosecha, no solamente de flores sino también de cereales que son el sustento vital de unos animalillos "milagrosos".

Esta serie de temas y símbolos no admite una explicación mecánica. Hay que reconocer que en la novela se mencionan toledanos que no ostentan los rasgos positivos a los cuales nos estamos refiriendo: el mismo Muecas es nativo de un "lejano pueblo toledano" (199), lo cual hace suponer que, según la tesis de Martín Santos, solamente la mujer toledana posee esas cualidades. Sin embargo, la existencia de una "madre toledana" – la de Amador – que tiene una "seca matriz" (156) nos obliga a matizar nuestra lectura y a considerar otros factores aparte del tema del origen geográfico de los personajes. Un análisis de factores históricos y sociales podría ayudar a completar el sentido último del libro.

En su primera visita a la chabola del Muecas, Pedro es recibido con "los gestos corteses heredados desde siglos antiguos por los campesinos de la campiña toledana" (49). Si es verdad que en esta oración el narrador adopta un tono irónico, no se puede negar que atribuye a una clase campesina toledana ciertos valores espirituales y una herencia cultural que remonta hasta un pasado remoto. La relación histórica que esto implica se aclara al cotejar el pasaje con otro que narra la experiencia de Pedro cuando vuelve borracho a su pensión en la noche del sábado. Nada más llegar, Pedro intenta despejarse la cabeza con agua fría traída a Madrid desde las provincias, y piensa en las diferencias que podría haber entre el Madrid actual y la antigua capital y próspero reino de Toledo. Reflexiona con especial detenimiento en la conquista de las tierras del rey Alcadir por los soldados de Alfonso VI, en "la lejana noche de la edad media cuando ellos con su sable levantado consiguieron dar forma a expensas de la morisma de los campos de Toledo y de las zonas bajas donde [ella, la morisma] había empezado a trabajar las huertas, a la nueva nación" (99).

Las reflexiones de Pedro contienen una interpretación de la historia de España que considera las campañas alfonsinas de 1081 y 1085 como jalones decisivos en la reconquista de la nación y su unificación bajo una monarquía católica. Sin embargo, Luis Martín Santos señala que, al esforzarse por implantar esa unidad política, las fuerzas cristianas destruyeron un fructífero sistema de cultivos inaugurado por los moros de las huertas de Toledo, e impusieron "el imperio del secano" (100) que sería asociado a partir de ese momento con la nueva capital, "la ciudad aséptica, sin huerta" de Madrid (99). La antítesis fertilidad-esterilidad, que desempeña un papel tan destacado en el libro, cobra así un sentido más amplio, al identificarse la fertilidad como el signo de una antigua sociedad mixta – la de judíos, moros y mozárabes en el Toledo milenario – que existiera antes de la formación del estado moderno que tendría su base institucional en Madrid.

De acuerdo con este esquema, Encarna-Ricarda y sus dos hijas toledanas se relacionan con un principio histórico y social que está profundamente arraigado en la España pre-moderna. Ese principio se concibe de la manera más justa, no como una esencia sino como una sustancia fértil y femenina que *encarna* en la mujer del Muecas y su descendencia. El nombre de 'Encarna', al que hace honores Matías en una sugestiva declaración en latín: "*Jubilatio in carne feminae*" (72), demuestra ser sumamente importante para la comprensión de la novela. Sin embargo, si queremos dar cuenta cabal de la importancia de este personaje, convendría ofrecer una explicación del hecho de que tenga dos nombres, 'Encarna' y 'Ricarda'. Para más de un crítico, se trata de un desliz cervantino perpetrado por el autor;[8] en nuestra opinión, la doble nomenclatura cumple con una estricta función dentro de la estructura temática del libro. Los dos nombres, de raíz latina y germana respectivamente, designan los estratos romanos y visigodos en la historia de Toledo, y, unidos en un solo personaje, llegan a representar un mestizaje que *encarna* la verdadera sustancia histórica del pueblo español. Este complejo de factores históricos y sociales, en combinación con el factor geográfico y el sexual, define el valor semántico de Encarna-Ricarda que es una pieza-clave en el diseño poético de *Tiempo de silencio*.[9]

Hechas estas observaciones, podemos dar un breve resumen y evaloración de lo expuesto en nuestro ensayo. Al estudiar la función de algunos de los personajes de *Tiempo de silencio*, hemos visto cómo Luis Martín Santos echa mano de una serie de imágenes arquetípicas del hombre y de la mujer para comunicar una visión amarga de la vida institucional de España. Mediante la descripción de tipos tales como la mujer-sirena y el hombre fálico, el autor pone en tela de juicio los lugares comunes sobre los que se asienta una ideología reaccionaria, y cumple así con su propósito de desmitificar los valores morales y políticos del régimen franquista.[10] De hecho, en su exposición de los temas de la familia y la enfermedad, Martín Santos se apropia de unos tópicos retóricos para volverlos en contra del sistema que se vale de ellos para mantenerse en el poder. Al mismo tiempo que realiza este trabajo desmitificador, el autor hace uso – suponemos que consciente – del arquetipo de la madre-tierra y del mito órfico para destacar un elemento positivo, sustancial y redentor en el pueblo español. Gracias a esta estrategia, asegura que su propia novela sea el vehículo de un mensaje alentador y no la expresión de un nihilismo estéril.[11]

NOTAS

1 Las citas en el texto de este artículo están sacadas de la novena edición de *Tiempo de silencio*, publicada en Barcelona en 1971.

2 James Joyce (1967: 56) señala a San Luis Gonzaga como uno de tres patronos de la santa juventud, en su *Retrato del artista como un adolescente*.

3 Véase, por ejemplo, Juan Carlos Curutchet (1973: 36-37), y Betty Jean Craige (1979: 101).

4 Gustavo Pérez Firmat (1981: 199) constata la presencia de este tópico en *Tiempo de silencio*.

5 Véase el artículo de Ricardo Gullón (1972: 80-83) para un análisis de la función de los mitos órficos en la novela de Martín Santos.

6 Valgan de ejemplo el famoso soneto, "Estas purpúreas rosas ...", de Pedro de Espinosa (1975: 18), y la no menos célebre descripción de Casilda en *Peribáñez y el Comendador de Ocaña*, de Lope de Vega (1979: 82).

7 James Joyce (1969: 703).

8 Véase el estudio de Alfonso Rey (1977: 29).

9 Claude Talahite (1980: 39-40) dedica una sección de su inteligente estudio a una interpetación de Encarna-Ricarda. Nosotros compartimos muchos de los puntos de vista expresados por esta colega francesa.

10 La autora del estudio más completo de *Tiempo de silencio* insiste en el propósito desmitificador de Luis Martín Santos. Nos referimos a la hispanista británica, Jo Labanyi (1985: 162-166) quien, en este respecto, desarrolla una idea seminal de Juan Carlos Curutchet (1973: 40).

11 Esta ponencia reelabora en castellano, y con una marcada diferencia de énfasis, algunas ideas tratadas en mayor extensión en inglés en un ensayo titulado "*Tiempo de silencio*: 'Los españoles pintados por sí mismos'". El ensayo forma parte de un libro que el Profesor Fiddian ha escrito en colaboración con su colega, Dr. Peter W. Evans: *Challenges to Authority: Fiction and Film in Contemporary Spain* (1988).

BIBLIOGRAFIA

Craige, Betty Jean
    1979   "*Tiempo de silencio:* le grand bouc and the Maestro". En *Revista de estudios hispánicos*, 13: 99-113. Alabama.

Curutchet, Juan Carlos
    1973   *A partir de Luis Martín Santos Cuatro ensayos sobre la nueva novela española*. Montevideo.

Espinosa, Pedro de
    1975   *Poesías completas*. Ed. Francisco López Estrada, Madrid.

Fiddian, Robin W., y Peter W. Evans
  1988   *Challenges to Authority: Fiction and Film in Contemporary Spain*. Londres.

Gullón, Ricardo
  1972   "Mitos órficos y cáncer social". En *El Urogallo*, 17: 80-89. Madrid.

Joyce, James
  1967   *A Portrait of the Artist as a Young Man*. Harmondsworth.
  1969   *Ulysses*. Harmondsworth

Labanyi, Jo
  1985   *Ironía e historia en "Tiempo de silencio"*. Madrid.

Pérez Firmat, Gustavo
  1981   "Repetition and Excess in *Tiempo de silencio*". En *PMLA*, 96: 194-209. Nueva York.

Rey, Alfonso
  1977   *Construcción y sentido de Tiempo de silencio*. Madrid.

Talahite, Claude
  1980   "*Tiempo de silencio*: une écriture de silence". En *Luis Martín Santos Tiempo de silencio*, pp. 1-58. Montpellier.

Vega, Lope de
  1979   *Peribáñez y el Comendador de Ocaña*. Ed. Juan María Marín, Madrid.

El problema de la identidad personal en "Corte de corteza" de Daniel Sueiro

Bienvenido de la Fuente
Universität Düsseldorf

> Sí, *Corte de corteza* rompe con mi novelística anterior. No sé si este camino vale o no, pero es distinto. No quiero ser pedante, pero he procurado que tenga un valor menos provinciano.
>
> (Sueiro en Fernández–Braso 1969: 10)

Con estas palabras, dirigidas a su interlocutor Fernández–Braso, intentaba Daniel Sueiro situar entre la novelística española de última hora su obra recientemente aparecida, apartándola del realismo social del que antes había sido él un fervoroso cultivador. Con *La criba* (1961), *Estos son tus hermanos* (1965), *La noche más caliente* (1965) y *Sólo de moto* (1967) había adquirido el novelista, en efecto, un puesto muy importante en el realismo social, al lado de los representantes mayores, entre otros Grosso, López Pacheco, López Salinas, Marsé y naturalmente J. Goytisolo. Con *Corte de corteza* (1969) piensa Sueiro ser consecuente con el anatema que poco antes había pronunciado contra este tipo de novela. En la ponencia que presentó en 1968 en la Universidad Internacional Menéndez Pelayo de Santander puso en duda, en efecto, el valor de tal dirección literaria e indicó que había llegado el momento de hacer una revisión de ella (cf. Sueiro 1969 a). El cambio de opinión es grande, y parece haberse dado en poco tiempo, si tenemos en cuenta que *Sólo de moto* es del año 1967 y que poco después había dicho respecto a su temario literario:

> "Creo que [los temas] se notan en todo lo que escribo. Los asuntos locales, inmediatos y nuestros. Y dada mi concepción de la literatura, precisamente aquéllos que exigen una denuncia, una llamada de atención sobre ellos. En pocas palabras, hablar de lo que no se habla" (Sueiro en Núñez 1966: 4).

Notemos la diferencia respecto a *Corte de corteza*. Ahora no quiere saber nada de provincialismos. Su intención es tratar temas más amplios, temas de carácter universal, y tratarlos de una manera nueva. Así cree haberlo hecho en su reciente novela:

> "Yo he decidido en esta novela escribir sobre cosas nuevas y hacerlo de una manera no tan aburrida, sino más apasionante, y a mi modo de entender, más libre" (Sueiro en Fernández–Braso 1969: 11).

Esta manera de pensar y de actuar no es sino un exponente del cansancio general existente entre los novelistas españoles por aquellos años y un ejemplo de los anhelos de superación que muchos de ellos mostraron. Recordemos sólo las severas críticas de J. Goytisolo (cf. 1976: 77 ss.) a los cánones tradicionales y no olvidemos que por las fechas de aparición de *Corte de corteza* se publica una serie de novelas que se apartan considerablemente tanto en la temática como sobre todo en su estructura narrativa de los cánones vigentes. Sirvan de ejemplo *Volverás a Región* (1967), *Parábola del náufrago* (1969), *San Camilo 36* (1969) así como *Señas de identidad* (1966) y *Tiempo de silencio* (1962).

No es mi intención dilucidar si *Corte de corteza* está a la altura de las obras mencionadas por lo que respecta a la parte formal. Yerro, que se ha ocupado con cierta detención de la obra, la coloca entre estas obras revolucionarias, pero no sin añadir que es "la más tradicional" de las que analiza él (Yerro 1977: 61). Con todo, la frecuencia con que aparece usado el monólogo interior, la técnica perspectivista con que nos son presentados los hechos, los saltos espaciales y rupturas temporales que aparecen en la narración así como otras nuevas técnicas narrativas permiten situar la obra entre las novelas innovadoras de última hora, puesto que reclama para ella Sueiro mismo, como hemos visto, y que le fue otorgado por la crítica en su día, al concederle el premio Alfaguara.

Mi propósito es examinar la obra bajo el tema que me parece central en ella y que se halla tratado en no pocas novelas españolas modernas: el problema en torno a la identidad personal. Traigamos al recuerdo en un primer paso la historia que nos narra Sueiro:

Adam, un señor de 40 años, de mediana estatura, pelo negro y barba cerrada, cara afilada y nariz más bien larga, profesor de Universidad, separado de su mujer desde hace tiempo, va por la calle una buena mañana con su amiga Sonia, una joven estudiante. Agarrados de la mano, van muy de prisa a comprarse una cama portátil, después de haber pasado la noche anterior juntos en una demasiado estrecha y, al parecer, incómoda. Desgraciadamente cruzan la calle en el preciso momento en que hay allí un tremendo tiroteo, cosa corriente en esa ciudad, en el cual resultan heridas varias personas y hay incluso algunos muertos. Entre los heridos se halla naturalmente Adam. El lugar de acción, si bien imaginario, no es otro que una gran urbe norteamericana. No faltan indicios en la obra de que nos hallamos en Nueva York. En esta ciudad hay un hospital enorme y famosísimo que dispone del mejor equipo de quirurgos del mundo, compuesto por los doctores Castro, Marius, Fushia, Sebastián y por el omnipotente y sapientísimo profesor Blanch, director del centro. Pronto van siendo llevados al hospital los heridos, entre los que se halla Adam. Este es bienvenido a la clínica, ya que ha sido herido tan gravemente en el hígado que no podrá ser operado, y como tiene tarjeta de donante universal, podrá ser utilizado para que pueda seguir viviendo otra persona, David Davis, que se halla en trance de muerte por tener cáncer de cerebro en una fase ya muy avanzada. La manera es clara: por medio de un transplante de cerebro. Y en efecto, hechos los preparativos necesarios y consultados los familiares y allegados, el profesor Blanch y su equipo, dando gran pomposidad al acto a través de la televisión, realiza el transplante. Es el primer transplante de cerebro hecho por un habitante de la tierra, que haya tenido éxito – al menos así parece al principio. Adam, el donante, vive en el cuerpo de David. Su cuerpo ha muerto y ha sido enterrado. David, el receptor, ha muerto también. Su cerebro ha sido tirado al cubo de la basura, pero su cuerpo vive, animado por el cerebro de Adam. A pesar de las dificultades que nacen después del transplante, se tiene la impresión largo tiempo de que la historia va a tener un término feliz. No es así. Adam–David termina envenenándose, y Castro, que fue, por decir así, su médico de cabecera, se suicida en un circuito automovilístico.

No es lo más importante en la novela la historia como tal, que en algunos casos llega a pecar de simplista y no exige demasiada facultad imaginativa. Naturalmente que la historia no se nos narra en forma lineal, como en el resumen que acabo de hacer, sino que se dan en ella continuas rupturas temporales y saltos espaciales, como ya indiqué antes. Desde distintos ángulos nos sitúa Sueiro en un mundo imaginario, aún no existente en el día en que publicó su obra, día no muy lejano, a unos 15 años de distancia. Tanto el transplante de cerebro como otros muchos adelantos científicos imaginarios que envuelven la trama hacen de *Corte de corteza* una novela de ciencia–ficción, aunque en ella haya, por otro lado, varios elementos que la separan de tal dirección literaria. El mundo que se nos presenta es inmediato y no desligado de la realidad, como advierte el mismo Sueiro (cf. en Fernando–Braso 1969: 10). Este arraigo en la realidad distingue ciertamente a *Corte de corteza* de la mayor parte de las obras que la precedieron en la temática, algunas de las cuales pudieron servir de orientación al autor.[1] Por otro lado este mismo arraigo en la realidad – ante todo por la posición crítica que toma el autor – acerca la obra a la novelística española más reciente.

De gran importancia y actualidad es sin duda la problemática central de la obra. Una parte considerable está dirigida a presentarnos los problemas que halla el hombre ante el progreso. ¿En qué medida le está permitido al hombre cambiar el orden establecido por la Naturaleza? ¿Hasta dónde le es lícito llegar al hombre en el progreso científico? ¿A qué peligros está expuesta la persona en un mundo dominado por la tecnología? Estas son preguntas fundamentales sobre las que quiere Sueiro hacernos reflexionar en la lectura de *Corte de corteza*. Para ello parte como base de los últimos avances en el campo de la medicina. ¿Hasta qué punto se puede y es lícito llegar en la conservación de la vida? ¿No hay límites? En el caso ilustrado en la obra, ¿es posible y lícito un transplante de cerebro, aun a costa de la pérdida de la identidad personal que un transplante tal llevaría consigo?[2] Partiendo Sueiro del supuesto de que en el cerebro está el principio de la vida, el alma, la conciencia, es decir, lo esencial de la persona, el transplante del cerebro implica un cambio de la identidad personal. Adam sigue viviendo después de la operación; ahora vive en un cuerpo ajeno, mientras que de David sólo existe el cuerpo, no su personalidad. Un tal transplante de cerebro trae consigo problemas graves, incluso insolubles, según Sueiro. Veamos las principales:

En primer lugar el transplante de cerebro, es decir, el cambio de la identidad en la forma en que se da en *Corte de corteza*, topa con el problema del autorreconocimiento y autoaceptación: Adam se siente en cuerpo ajeno y este cuerpo no se aclimata a las inclinaciones y deseos de su fuerza motriz. Intencionadamente, a no dudar, ha elegido por eso Sueiro para el transplante dos personas bien distintas, tanto fisiológica como psíquicamente. En esto nos recuerdan Adam y David a Nanda y Schridaman, los personajes que cambian por confusión sus cabezas en el relato de Thomas Mann *Die vertauschten Köpfe*, así como las dos distintas identidades de *Dr. Jekyll and Mr. Hyde*. Adam es de complexión débil:

> "El culto del cuerpo nunca le había atraído, él era un hombre en-
> teco y magro, más bien flaco, sin tiempo para el deporte ni ganas de
> gimnasias ridículas."[3]

Casi lo contrario David. El es de buena constitución física, alto y fuerte. Marius se dirige a él en las siguientes palabras:

> "no creo que haya más de una docena de hombres en todo el país
> con sus condiciones físicas y su entrenamiento deportivo" (p. 45).

No menos diferentes son Adam y David por lo que respecta a su manera de ser y obrar. Adam es un intelectual inconformista, insatisfecho con la sociedad en que le ha tocado vivir. Se caracteriza ante todo por su ultraísmo y humanitarismo. Si de estudiante tomaba parte en mitines y manifestaciones, es ahora él, siendo profesor, quien las dirige y alienta. David, por el contrario, personifica al hombre masa, guiado en sus actos por el afán de confort, ávido de ascenso en la vida de negocios aun a costa de su deshonor. Es el conformista con el orden establecido. Entre dos tipos así es imposible toda clase de injerto. Entre el cerebro de Adam y el cuerpo de David no podrá haber acoplamiento. El transplante está llamado al fracaso.

En segundo lugar el transplante presenta como problema el reconocimiento y aceptación de Adam por parte de sus familiares y conocidos. Para ellos Adam realmente no existe. En parte han estado presentes en su entierro. Cuando en el cuerpo de David llega Adam a su piso, los vecinos no le aceptan, teniéndole más bien por un ser raro:

> "ese individuo no me gusta nada, debe ser un fugitivo, a lo mejor es
> un loco, fíjense en su aspecto, ¿no notan algo raro en él?, desde
> luego nuestro vecino no es, mucho tiene que haber cambiado, je, je,
> hoy día ocurren unas cosas muy raras, ¿no ha leído usted que los
> hombres se pueden convertir en mujeres y las mujeres en hombres?"
> (p. 184).

Idénticos problemas tiene más tarde en su deseado reencuentro con los estudiantes y luego con su amiga Sonia. En el piso de Adam intenta reanudar sus costumbres, tomando en compañía de Sonia el jerez con trozos de manzana. La bebida no le gusta más. Ahora prefiere tomar whisky. A ella, que había presenciado el entierro de Adam, no le es posible contener su dolor, al tener ante sí aquel cuerpo extraño que no puede amar:

"no podía apartar sus ojos de aquel rostro, aquellas manos, todo
aquel cuerpo irremediablemente extraño" (p. 194).

Un problema no menos grave representa la falta de identidad legal de Adam. Este
ha sido enterrado y ha sido extendido un certificado de defunción. Para la ley no existe. Sabemos, sin embargo, que su memoria, su alma, sigue viviendo en el cuerpo de
David, es decir, que en realidad Adam es responsable de los actos del cuerpo de
David. El caso es remitido a la próxima reunión del Congreso, otorgándole a Adam
una tarjeta de identidad provisional, extendida al nombre de Adam pero con una foto
con el rostro de David.

Por último, el transplante de cerebro crea un problema religioso. Partiendo del
supuesto de que en el cerebro se halla el principio de la vida, el alma, significa el
transplante una separación entre el cuerpo y el alma. ¿A quién se va a castigar o
premiar el día de la resurrección? ¿De las acciones de qué cuerpo será responsable el
alma de Adam? No son éstos, problemas que preocupen a Adam. Sueiro le deja libre
de todo problema religioso. El problema lo pone en manos de un sacerdote, el padre
Lucini, director espiritual del hospital, y en manos de Castro, como representante del
equipo científico. Para el padre el transplante que se va a realizar es un acto de soberbia que merece castigo. Para él la vida en esta tierra es sólo un paso hacia otra vida,
por eso no le importa conservarla a toda costa, mientras que para Castro la vida tiene
valor en sí misma y, como científico, tiene que luchar por conservarla (cf. pp. 39 ss.).

El transplante de cerebro exige un precio muy elevado: la pérdida de la identidad
personal. Adam ha perdido la identidad ante la ley y ante sus prójimos. Sobre todo,
sin embargo, ha perdido la identidad ante sí mismo. Aunque un tratamiento intenso
de cirugía estética, como el que propone el doctor Sebastián, hubiera podido, en efecto, mitigar o incluso solucionar el problema legal y hubiera podido ocultar la verdadera identidad ante los demás, con ello no habría desaparecido el problema fundamental, el cual consiste en que Adam tiene conciencia de haber perdido su identidad. El es consciente de que no es Adam, viviendo en el cuerpo de David. Adam no
puede adaptarse a su nuevo cuerpo. Aunque le someten a sesiones especiales de
sicólogos, neurólogos y fisiólogos, él sigue siendo el que había sido antes:

"Callaba, aparentaba interés. Pero aquella especie de terapéutica le
mortificaba y le ponía malo. No la necesitaba, no pensaba necesitarla.
El era él y seguiría siendo él mismo" (p. 161).

La pérdida de la identidad personal es para Sueiro un precio demasiado elevado
para un transplante. Esto creo que puede explicar que el transplante nos sea presentado como un fracaso. Conociendo los adelantos en el campo de la medicina de que
dispone el sapientísimo Blanch – incluso el cáncer es curable – choca mucho al lector
el final que pone Sueiro a Adam. El cerebro está incurablemente enfermo, pero él no
muere de esta enfermedad. El no es sabedor de la gravedad de su estado. Adam pone
fin a su vida por no poderse adaptar a su nueva situación. La policía lo halla muerto
en el sofá con una manzana en la mano. Adam muere recordándonos su verdadera

identidad. La manzana, en efecto, va unida a Adam en perífrasis del Génesis, como señala Iglesias Laguna (1969: 163), y sirve para evocarnos momentos de la vida de Adam antes del transplante y con ello nos trae al recuerdo su verdadera identidad. Recordemos el siguiente pasaje de los últimos minutos de la vida de Adam, cuando está tomando las pastillas mortíferas mezcladas con vino de jerez y trozos de manzana, pasaje que pone de manifiesto también su nostalgia por su antigua personalidad:

> "Alargó un brazo hasta alcanzar una pequeña carpeta llena de fotografías, viejas historias, Adam con Olga, Adam con Sonia, Adam con otras muchachas, otras gentes de las que ni siquiera podía recordar los nombres; Adam entre los estudiantes, Adam menudo y vivo, moreno, pequeño, casi insignificante, no demasiado seguro de sí mismo, no demasiado indefenso, a pesar de todo; Adam estudiante, Adam exiliado, Adam brillante y temible, el amigo Adam" (p. 235).

Como vemos, Sueiro no ha abandonado su tarea de llamar la atención sobre problemas sociales y de criticarlos. El transplante de cerebro de *Corte de corteza* no hay que verlo sino como un ejemplo para mostrar a qué extremo se puede llegar en nuestra sociedad. Ante el adelanto técnico, ante el progreso en general, y aquí ante el adelanto en el campo de la medicina, el individuo está en continuo peligro de perder su personalidad.

En la novela, además del transplante, nos son presentados otros muchos casos límites que ponen de manifiesto cómo el hombre puede llegar a ser víctima de sí mismo. En la gran fiesta que celebra en su finca el profesor Blanch, quien en varios aspectos nos trae al recuerdo al profesor Marek de ... *Et mon tout un homme* de Boileau/Narcejac, y a la que asiste el mismo Presidente de los Estados Unidos, nos van siendo presentados los inauditos adelantos científicos que se han realizado bajo su dirección y se nos llama continuamente la atención sobre los peligros que conllevan. En el jardín tanto la fauna como la flora están manipuladas. Arboles y animales han sido convertidos en verdaderos monstruos. La individualidad dentro de la especie ha desaparecido. A no menos monstruosidades – vistas éstas así desde entonces – se ha llegado por lo que respecta al género humano, como vemos luego en el interior del edificio. El sexo puede ser alterado a capricho mediante la inseminación artificial; el embrión humano puede ser desarrollado fuera del cuerpo humano; se practica la partenogénesis, aunque se advierte en la obra que es preferible no prescindir completamente del macho por los negocios altamente lucrativos que se pueden hacer con el semen. No sólo es posible determinar y manipular el nacimiento del ser humano sino también la duración de su vida. En la clínica del profesor Blanch se practica, en efecto, la congelación tanto de órganos humanos como de cuerpos enteros.

A base de este ambiente, que es presentado como algo monstruoso, ambiente ya vaticinado en las pinturas de Hemesen y El Bosco que cuelgan de la pared del salón, van siendo puestos de relieve los peligros a que está sometido el hombre ante el progreso. No creo que se pueda decir que Sueiro esté en contra del progreso como tal, sino sólo en cuanto que éste puede llegar a servir para la destrucción, como le ocurre a Adam y al mismo Blanch. El progreso en el campo de la medicina es condenado en cuanto que ha llegado al extremo de cambiar el orden establecido por la Naturaleza; referente al ser humano, en cuanto que ha llegado a quitarle su identidad personal.

Sueiro se aparta, pues, en *Corte de corteza* del realismo social, ya que nos presenta un mundo imaginario diametralmente opuesto al reinante en este tipo de novelas, mundo imaginario en sus días, aunque hoy en día convertido en realidad. También se aparta en gran medida en lo que se refiere a la técnica compositiva. Respecto al modo de entender la misión del novelista, sin embargo, no se han dado en él grandes cambios. La crítica social es tan fuerte y sobresaliente – también en otros sectores de la vida social que no han sido tratados aquí – que parte de los críticos quiere incluso negar a *Corte de corteza* un puesto dentro de la novela de ciencia–ficción. Así lo hace Ana María Morales (1974: 187) quien ve en lo que la novela tiene de ciencia–ficción sólo "una pantalla para explicar las muchas cosas que quiere decir." Tenemos el mismo fenómeno que en la novelística más reciente, llamada por unos "estructural" por otros "nueva novela". También aquí se intenta salir del "provincialismo", ampliando el campo temático, pero la posición crítica del realismo social sigue teniendo vigencia. Tanto por el intento de renovación formal como por la posición crítica que toma el autor, encuadra a mi parecer *Corte de corteza* en esta novelística española de última hora. Ante todo tiene de común con ella el problema central que Sobejano (1975: 599) describe como "el esfuerzo por averiguar la identidad de la persona en su amplio contexto social." Tanto *Parábola del náufrago* de Delibes, *Señas de identidad*, *Reivindicación del conde don Julián*, *Juan sin tierra* de Goytisolo, *San Camilo 36* de Cela y *Tiempo de silencio* de Martín Santos presentan, en efecto, un protagonista como el de *Corte de corteza* en lucha por no perder su identidad personal o en su afán por buscarla si la ha perdido.

NOTAS

1   Iglesias Laguna (1969: 163) indica como precursores temáticos *Dr. Jekyll and Mr. Hyde* de Robert Louis Stevenson, *Juan o Carlos y Carlos o Juan* de Tomás Borras y *Die vertauschten Köpfe* de Thomas Mann. Como predecesor más remoto habría que poner a *Frankenstein oder der moderne Prometheus* de Mary Shelley. Son perceptibles también no pocas coincidencias con la novela policíaca de B. Boileau/T. Narcejac *...Et mon tout un homme*.

2   El término es empleado aquí en el significado que se le suele dar en las recientes teorías sociológicas, pero en su más amplia acepción, apareciendo a veces en su lugar términos como personalidad, persona, individualidad etc.

3   Daniel Sueiro, *Corte de corteza*, Barcelona, 1969 (1982). A continuación se cita sólo la página directamente en el texto. En el trabajo aparece entre paréntesis la edición que se usa en él. Esto vale para el resto de la literatura citada.

BIBLIOGRAFIA

Fernández–Braso, Miguel
1969 "La novela ganadora del IV Alfaguara en los escaparates. Daniel Sueiro dentro y fuera de casa." En *La Estafeta Literaria*, 415 (1° de marzo): 10–11.

Goytisolo, Juan
1967 *EL furgón de cola*. Barcelona (1976).

Iglesias Laguna, Antonio
1969 "Mundo gris y alucinante". En *La Estafeta Literaria*, 421 (1° de junio): 163.

Morales, Ana María
1969 *4 novelistas españoles. M. Delibes; I. Aldecoa; D. Sueiro; F. Umbral*. Madrid.

Núñez, Antonio
1966 "Encuentro con Daniel Sueiro". En *Insula*, 233 (junio): 4.

Sobejano, Gonzalo
1975 *Novela española de nuestro tiempo*. Madrid.

Sueiro, Daniel
1969a *Corte de corteza*. Barcelona, (1982).
1969b "Silencio y crisis de la joven novela española". En *Prosa novelesca actual*, Vol. II, pp. 159–178, Madrid.

Yerro Villanueva, Tomás
1977 *Aspectos técnicos y estructurales de la novela española actual*. Pamplona.

La literatura en el cine de Buñuel

Víctor Fuentes
University of Santa Barbara

El tema daría para una monografía. Sin embargo, en estas páginas lo circunscribo a algunas calas en la relación, mutuamente fecunda, de la poesía y la narrativa y su obra cinematográfica. También es obligada la referencia crítica, aunque aquí sólo me ocuparé de ella al soslayo, a la conexión entre su cine y el espectáculo teatral. No olvidemos que antes de iniciarse como autor cinematográfico, Buñuel ensayó la poesía, el relato y el teatro.

La crítica ha destacado lo mucho que su cámara tiene de pluma y unas palabras suyas refrendan la comparación: "La palabra cámara – nos dice – no aparece en ningún script mío. Filmar es un accidente necesario, para que lo vean los demás. Pero lo que me importa es el "escenario", el script, las situaciones, la historia, los diálogos"; declaración que apunta a una labor de literato o dramaturgo. Sus guiones originales bien podrían ser analizados como creaciones literarias.

Su temprana obra literaria y su primera película hay que situarlas en el contexto de la guerra literaria que Buñuel, desde posiciones muy próximas al dadaísmo–surrealismo, y secundado por Dalí e Hinojosa, sostenía contra sus compañeros los poetas del "27" y la estética del vanguardismo formalista, la poesía pura y la deshumanización del arte. Eugenio Montes, adicto al bando de Buñuel, definió a *Un perro andaluz* como "el mejor poema de la lírica española contemporánea", añadiendo: "En veinticinco minutos de film (en verdad, sólo eran diecisiete), Buñuel y Dalí borran la obra de sus compañeros de generación"[1]; afirmación no del todo exagerada si tenemos en cuenta, como ya lo han rastreado varios críticos, el impacto que tuvo aquel film en el posterior acercamiento de los Alberti, Aleixandre y Lorca al lenguaje imaginístico surrealista. *Un perro andaluz* es un hito fundamental en nuestra historia artístico–literaria, ya desde su guión trae a nuestra poesía el procedimiento surrealista de la escritura automática y colectiva y, en la estela de Benjamín Peret, la imaginación poética en total libertad.

En narrativa y dramaturgia fue igualmente innovador; quizá más, pues se trata de un film único en la cinematografía mundial que rompe con los moldes de la novela tradicional del siglo XIX, copiada hasta la saciedad por la narrativa fílmica, para darnos una nueva narrativa o anti–narrativa basada en los descubrimientos freudianos y del surrealismo. En *Un perro andaluz* nos dejó Buñuel un ejemplo, sin igual en la pantalla o en la página escrita, de una narrativa del inconsciente.

Su segunda película, *La edad de oro*, ya un largometraje, lleva el desafío a los módulos de la narrativa tradicional al propio terreno de ésta: la historia, la realidad social y la moral, pero, obra demoledora, en ella saltan, junto a los supuestos del orden civilizatorio burgués, los cánones de la narrativa decimonónica. Se estructura el film sobre una serie de segmentos narrativos yuxtapuestos, aparentemente inconexos y discontínuos, pero de gran cohesión y consecuencia interna. Borges, en 1932[2], frente a la causalidad de la novela tradicional, basada en "una concatenación de motivos que se proponen no diferir de los del mundo real", postulaba el proceso causal de la magia, regido por la ley de la simpatía que establece un vínculo inevitable entre cosas distantes. Este proceso de causalidad narrativa, logrado predominantemente por el procedimiento del collage, es el que ya encontramos, en 1930, en *La edad de oro*.

En su lucha contra la moral burguesa, cuyo vacío llena a la novela tradicional, Buñuel se valdrá de un aliado formidable, el Marques de Sade, descubierto en aquellas fechas por los surrealistas, y cuya narrativa representa toda una vertiente maldita dentro de la novelística moderna. Para Buñuel dicho descubrimiento fue algo "absolutamente extraordinario", como declaró a Max Aub; en él descubrió – y cito – "que nada, absolutamente nada, debía tenerse en cuenta como si no fuese la total libertad que con que le diera la gana podría moverse el hombre, y que no había bien y que no había mal"[3]. Modot, el protagonista de *La edad de oro*, encarna esta concepción. Inició Buñuel en aquella segunda película algo muy presente en toda su obra y muy potenciado en la narrativa y poesía actuales: la intertextualidad. El último fragmento narrativo nos lleva directamente a *Los ciento veinte días de Sodoma*, claro que con la transformación crítica y creadora propia de dicho procedimiento.

La visión sadiana será una constante de la cinematografía buñueliana, desde su primera película hasta la última, *Ese oscuro objeto del deseo*, sadiana hasta en el título. Uno de sus geniales logros es el de haber logrado llevar al cine comercial mexicano, dominado por un moralismo maniqueísta y conformista, atisbos de aquella moral sadiana de la total libertad.

En su única declaración teórica, "El cine, instrumento de poesía", Buñuel fundió cine y poesía, adelantándose a Pasolini, quien, partiendo de los cineastas de la nueva ola europea, teorizó sobre el "cine de poesía"[4]. Como elemento central de éste, destacó el italiano lo que él llama la "subjetividad libre indirecta", que permite al autor meterse en la mente del protagonista (por lo general, personas fuera de lo normal), lo cual, a su vez, le posibilita una libertad expresiva "anormal y provocadora". Esto es lo que encontramos ya con Modot en *La edad de oro* y en tantos otros protagonistas buñuelianos, pensemos en Robinson, en Sevérine de *Belle de jour* o en Francisco de *Él*, todo un segmento final de esta película está narrado desde la visión paranoica de este personaje.

Con su tercera película, *Las Hurdes*, entra Buñuel – y por las mismas fechas que lo hacían en la novelística Asturias y Carpentier – en "lo real maravilloso". Lo maravilloso poético de los surrealistas, el encuentro del paraguas y de la máquina de coser en la mesa de disección, se halla aquí en la alucinante realidad de la vida y muerte de los hurdanos. También, y con esta nueva película, vino Buñuel a enriquecer con una nueva dimensión un género tan propugnado por literatos y cineastas en aquella década del arte comprometido: el documental de denuncia social, al que añade una dimensión interpretativa, poética, pues nuestro autor (y esto será otra constante de toda su obra) sabe hacer del documento visión y de la visión documento.

Como ya he destacado en otras ocasiones, en la adaptación al cine de formas populares o popularizadas de la literatura (melodrama, sainete) que hace Buñuel en su etapa de Filmófono, 1935–1936, parece haber una actitud paralela a la que sostiene Gramsci respecto a la utilización del folletín. Ve el pensador marxista italiano en este género una forma degradada de la literatura nacional–popular, pero reconoce que está profundamente arraigado en la imaginación y sentimentalidad popular, como elemento de cultura viva, actual; por lo tanto, es un factor poderoso en la formación de la mentalidad y la moralidad popular y, asimismo del sentido de lo fantástico, pues para la gente del pueblo el folletín es un verdadero soñar despierto.[5]

Dos de aquellas películas de Filmófono están basadas en obras de Arniches, a quien Buñuel en aquellas fechas se leyó casi por entero. Sobre Arniches y el género chico conviene recordar las palabras de Bergamín, afines a las de Gramsci. Nos dice el pensador madrileño que el "género chico" fue un teatro vivo y popular que "se sustentó del tradicional y legendario realismo y costumbrismo español, de sus más hondas raíces de vida y de verdad humana y popularísimas".[6]

Como ya he estudiado en otro lugar, vio nuestro autor, en esta etapa y en su período mexicano, lo que el melodrama, el modo o imaginación melodramática, tiene de drama fundamental de la vida moral y de la tragedia del pueblo.[7] El uso de una matriz melodramática corre en su obra desde *Un perro andaluz* hasta *Ese oscuro objeto del deseo*, su última película. En su época mexicana, y en sus películas "alimenticias", se enfrenta frontalmente al melodrama con una actitud ambigua y contradictoria. Por una parte, viene a rechazarlo y subvertirlo, en su expresión desaforada del "churro mexicano", en cuanto tiene de banal y conformista, de manipulación y sometimiento de las emociones humanas al servicio de la moral y el orden establecidos. Por otra, cala en sus valores profundos, en lo que tiene de drama de la vida moral y de tragedia del pueblo. Recordemos en este renglón, y respectivamente, películas como *El* y *Los olvidados*.

Pero aún en la época de sus películas alimenticias y trabajando en un medio dominado por la peor prosa cinematográfica, Buñuel no cejó en su propósito de creación de un cine nuevo, poético. Su conferencia, "El cine, instrumento de poesía"[8], leído en la Universidad de México, en 1953 y el guión escrito con Juan Larrea, *Ilegible, hijo de flauta* son como el manifiesto, teórico y práctico, de aquel proyecto. Frente a los prosaicos imperativos de la realidad inmediata y de la trillada prosa narrativa del cine comercial, que se limita a repetir las mismas historias que ya nos habían contado la novela y el teatro del siglo XIX, reivindica los fueros de la poesía para expresar en el cine lo que es propio de él y de la obra artística: la vida del subconsciente, el misterio y la fantasía que amplían la visión de la realidad inmediata. Pero, al mismo tiempo, nos dice que no está por un cine escapista, desdeñoso de la realidad cotidiana. Al contrario, propugna un cine que trate sobre los problemas fundamentales del hombre actual, no considerado aisladamente, como caso particular, sino en sus relaciones con los demás hombres. Y hace suyas las palabras de Engels sobre la función del novelista, consistente en darnos una pintura de las relaciones sociales auténticas que destruyan las funciones convencionales sobre la naturaleza de dichas relaciones, haciendo que se quebrante el optimismo del mundo burgués y obligándonos a dudar de la perennidad del orden existente. Palabras éstas que Lukacs aplicó a la obra de los grandes novelistas del realismo crítico del siglo XIX.

Dentro de la institución cinematográfica mexicana, no pudo Buñuel iniciar el movimiento de un cine nuevo, poético, pero sí logró, en las películas que hizo, subvertir las formas y los valores del cine comercial mexicano. Aún en las mas alimenticias de sus películas mexicanas fulguran iluminaciones de su visión poética y perspectivas innovadoras de una narrativa crítica y creadora.

Aceptó Buñuel, en México, el desafío de la prosa narrativa cinematográfica dominante en el cine comercial, de un estricto realismo y naturalismo, como él nos dice. Y entró en este cine guiado por Galdós. Claro que un Galdós en el que supo ver – adelantándose al consenso de la crítica – la veta fantástica de su realismo: "Encontré en su obra – declara – elementos que se pueden llamar hasta surrealistas; el amor loco, visiones delirantes, una realidad muy intensa, con momentos de lirismo".[9] Al comienzo de su etapa mexicana estuvo a punto de llevar *Doña Perfecta* a la pantalla. Falló el proyecto, pero desde *Los olvidados*, la intertextualidad entre las "novelas contemporáneas" galdosianas y el cine de Buñuel es una constante de éste. En mi trabajo, "Galdós en Buñuel"[10] analicé (prescindiendo de las versiones buñuelianas de *Nazarín* y *Tristana* donde el parentesco es obligado) como pasan de un mundo creador al otro elementos de una visión afín: temas, imágenes, figuraciones y hasta personajes. Evoquemos aquí a uno: al perro Canelo, de breve pero intensa presencia en *Viridiana*, a quien ya conocíamos como el inseparable compañero de Luisito en *Miau*.

La intertextualidad con la obra galdosiana es la dominante en su cine, sin embargo abundan otras con autores españoles y universales, en un proceso creador en donde destaca la originalidad de Buñuel que trae a la imagen cinematográfica, imbuida de una nueva constelación de significados, el texto o la escena o imagen, literaria o teatral, de la que parte. Intertextualidad en la expresión cabal definida por Julia Kristeva, como "absorción y transformación de otro texto" y ajustándose muy bien a ese procedimiento creador privilegiado por los surrealistas: el collage, elemento fundamental en la concepción cinematográfica de Buñuel.

Limitándonos a la literatura (pues son frecuentes también las intertextualidades pictóricas: el Angelus de Millet y Dalí y La última cena, por citar sólo dos ejemplos de *Viridiana*), encontramos en su cine textos – imágenes visuales o auditivas, escenas – de Berceo, Cervantes, la Picaresca, Gracián, Quevedo, Fray Luis de Granada, Lope, Calderón, *Don Juan Tenorio*, Becquer, entre los españoles y del marqués de Sade, la novela gótica, los novelistas rusos del XIX, Huysmans, las "Vidas de santos" y las parábolas bíblicas, entre las obras de la literatura universal.

De estas últimas intertextualidades, menos señaladas que las españolas por la crítica, citaré dos ejemplos. La escena final de *La edad de oro* (en la que Modot, el protagonista, abandonado por su amante, se encierra en la habitación de ésta y, en un frustrado frenesí, desgarra la almohada y se cubre con sus plumas) tiene su antecedente literario en el capítulo 12 de *Cumbres borrascosas*, en el cual vemos a Catherine encerrada en su habitación y desgarrando – en su delirio de locura – la almohada. Al comienzo de *Là–Bas* de Huysmans, el protagonista revisualiza, en una detallada descripción, el Cristo crucificado de Grünewald, que destaca como ejemplo de una estética del naturalismo místico o espiritual propugnada por el autor, estética que Buñuel hará suya, ironizándola, en obras como *Viridiana* o *Nazarín*. Dicho Cristo reaparecía en *Belle de jour*, en una escena de necrofilia. "La cámara – le dice Buñuel a Max Aub –[11] describía el cuadro medio minuto, viendo la cara, los garfios, las manos, los pies, las uñas, eso es horrible, el Cristo es verdaderamente impresionante"; y añade que lo metió allí como elemento religioso que introducía una escena erótica, pues "el erotismo sin pecado es un erotismo a medias", idea que repite continuamente y que es central en su concepción del erotismo.

Del total de sus 32 películas, 15 están basadas en novelas. Y otro acervo de importantes proyectos que no pudo realizar también se basaban en obras novelescas: *Doña Perfecta* y *Angel Guerra*, *Pedro Páramo*, *El señor de las moscas*, *El monje* de Lewis, *El eterno marido* de Dostoewsky, *Gradiva* de Jensens, *Aura* de Fuentes, *Las Ménades* de Cortázar. En sus versiones cinematográficas de obras novelescas estamos muy lejos del cine–novela de tantas adaptaciones del cine comercial, en las que el lenguaje fílmico se supedita a reproducir el novelesco, perdiéndose, en el trasvase, las mejores esencias de ambos lenguajes. Las adaptaciones de Buñuel son, más bien, "obras inspiradas en". Y aunque el autor respeta con bastante fidelidad el espíritu y la letra cuando se trata de una novela importante, caso de *Cumbres borrascosas*, *Robinson* o las dos novelas de Galdós, su taumaturgia creadora le permite introducir nuevas perspectivas narrativas y significados propios de su visión del mundo.

Sigue en sus versiones el procedimiento de la intertextualidad y del collage: la fusión en un mismo plano de dos realidades distintas: el texto original y el de la inventiva del propio autor. La reacción de Kessel, el autor de la novela *Belle de jour* corrobora este procedimiento:

> "El genio de Buñuel ha sobrepasado con mucho lo que yo podía esperar. Es al mismo tiempo el libro y no lo es. Estamos en otra dimensión: la del subconsciente, de los sueños y de los instintos secretos puestos al desnudo de repente."[12]

Genio de Buñuel que permite unir su nombre, en cuanto a originalidad y profundidad narrativa (tomando a ésta en su acepción general) a los de Cervantes y Galdós. Como parte final de este trabajo, recapitulo algunas de sus originales aportaciones a la narrativa de nuestro siglo.

Me parece algo más que una casualidad el que la primera novela que llevara Buñuel a la pantalla fuera *Robinson Crusoe*, obra que, junto a *Don Quijote*, inicia la novelística de caracteres humanos. El Robinson de Buñuel, su Tristana y Nazarín, Viridiana, la Celestine de *El diario de una camarera*, Séverine de *Belle de jour*, Francisco el anti–héroe de *El* o Archibaldo en la novela que lleva su nombre son ejemplos, en la narrativa de nuestra época, del héroe problemático y de su búsqueda demoníaca y degradada, esencia de la novela moderna, según la definición de Lukacs de *Teoría de la novela*.

La innovación de Buñuel, lo que le sitúa entre los más originales autores de la nueva o nuevas narrativas de nuestra época, la vio muy bien su amigo y asiduo

Víctor Fuentes

colaborador, Jean Claude–Carrière: "Buñuel (nos dice) ha sido el primero, yo creo, a hacer entrar lo imaginario de los personajes en la historia real que cuenta de ellos"[13]. Lo imaginario (el mundo de las pulsiones subconscientes, del inconsciente, de los sueños, las ensoñaciones, los deseos y las fantasías) aparece entrelazado a lo real en las historias que nos cuenta Buñuel desde *Un perro andaluz*, pues como él, haciendo suya una frase de Breton, nos dice "Lo más admirable de lo fantástico es que no existe, todo es real".

Dentro de esta concepción, en sus dos primeras películas, hechas con gran libertad, lleva a la narrativa muchos de los elementos constitutivos de las nuevas novelas de nuestra época: el mundo de los sueños y de la vida subconsciente, el tajo al orden cronológico y al espacio euclidiano, la disgregación de la identidad personal; el "yo es otro" de Rimbaud aparece en su cinematografía desde *Un perro andaluz* y culmina en su última película, donde un mismo personaje es interpretado por dos actrices distintas.

En la etapa mexicana, obligado a trabajar dentro de los supuestos realistas–naturalistas decimonónicos del cine comercial, Buñuel subvierte éstos recurriendo a elementos del realismo tradicional español, donde, como observaron Menéndez Pidal y Vossler, existe una coexistencia de visión real del mundo y la fantasía, y el humor y la tolerancia extiende sobre los bajos y miserables aspectos de la realidad humana "la bella luz de la humanidad". O, también, se basa en los elementos esenciales del melodrama y la novela gótica para reafirmar la presencia de fuerzas de las que no puede dar cuenta el ser diurno y la razón suficiente. El crítico Peter Brooks analizó la semejanza entre estas formas literarias y los descubrimientos freudianos.[14] Según su análisis, el castillo gótico, con sus puentes colgantes, sus calabozos, escalera de caracol y trampas es una aproximación arquitectónica al modelo freudiano de la mente. Y en varias películas de Buñuel – pensemos en *El, Cumbres borrascosas, La vida criminal de Archibaldo de la Cruz, Viridiana* o *Belle de jour* – esa es la arquitectura exterior e interior donde viven sus personajes.

En su época de plena madurez, en los años 60 y 70, donde su cine vuelve a ganar el margen de libertad de su primera época, Buñuel vuelve a abrir en la pantalla nuevas puertas de invención narrativa. A partir de *Belle de jour* ahonda en un descubrimiento de la narrativa rulfiana: "lo que me atrae en la obra de Rulfo es el paso de lo misterioso a la realidad casi sin transición", declaraba en 1961[15] y en *Belle de jour* y en *El discreto encanto de la burguesía*, él da ese paso pero ya sin el casi; sin transición. La referencia a Rulfo, punto de partida de mucho de la nueva novela latinoamericana, realza la equivalencia de la narrativa fílmica de Buñuel con ésta, especialmente sus últimas películas donde queda abolida toda línea entre lo real y lo surreal.

Al mismo tiempo que abre nuevas puertas, Buñuel, quien gusta de repetir la frase de que en arte todo lo que no es tradición es plagio, vuelve, en su plenitud, a las fuentes primeras de la fabulación. Sus últimos relatos fílmicos tienen mucho del hablar en parábolas (en su acepción de sinónimo de misterio) y de los relatos interpolados y de cabos sueltos de la *Biblia, Las mil y una noches* y la novela cervantina. De cómo le gusta a él estar con sus personajes, Buñuel nos ha dicho: "Navidad. Es decir, toda la gente junta alrededor del fuego, bajo la campana de la chimenea"[16] Y al calor de este fuego, como en la novela de Cervantes, va devanando el interminable hilo de Ariadna o Sherezade de su imaginación creadora.

Hay que añadir, para terminar, que en su narrativa cinematográfica, como en el lenguaje de la nueva novela latinoamericana y en el de los mejores novelistas de nuestro siglo, desaparece, también, el límite entre prosa y poesía. Y no podemos concluir sin una muy sucinta mención de la relación entre su cine y el espectáculo teatral.

En dos de sus películas aparece la obra de teatro dentro de la de cine; en otra *El ángel exterminador*, el salón burgués en la calle de la Providencia, tiene mucho de tablado de los "Misterios" y "Moralidades" del teatro medieval. Y en todo su cine nos encontramos con la máscara, la Mascarada y el Carnaval. *Los amantes de Teruel* y el *Don Juan Tenorio* de Zorrilla, donde se celebran las nupcias entre Eros y Tánatos y el encuentro entre el aquí y el misterio del más allá, son otras de sus intertextualidades, pero, en el contenido latente de todo su universo fílmico continuamente nos encontramos con "La vida es sueño" y el "Gran teatro del mundo" calderonianos. Claro que, "ateo, gracias a Dios", sus versiones son "a lo humano"; lo que celebran no es el misterio de un Ser supremo, omnipotente, sino el misterio de las frágiles criaturas humanas y del Universo.

NOTAS

1 "Un chien andalou", *La Gaceta literaria*, 15–6–1929, Madrid.

2 "El arte narrativo y la magia", *Discusión*, 1932, Buenos Aires.

3 *Conversaciones con Buñuel*, 1985: 68, Madrid: Aguilar.

4 Estudio fechado en 1965 y publicado en su libro *Empirismo erético*, 1972, Milán: Garzanti.

5 Las ideas de Gramsci sobre el folletín se recogen en el libro de Giuliano Manacorda, *Antonio Gramsci. Marxismo e letteratura*, 1975, Roma: Editori Reunita.

6 *Al volver*, 1962: 89, Barcelona: Seix Barral.

7 En la ponencia, "Buñuel y el melodrama", leída en la Reunión de la "Associazione Ispanisti Italiani", Pisa, noviembre 1982.

8 Esta conferencia se recoge en el libro de Francisco Aranda, *Luis Buñuel. Biografía crítica*, 1969, Barcelona: Lumen.

9 En sus conversaciones con los críticos mexicanos, José de la Colina y Tomás Pérez Turrent y en un fragmento publicado en *Ciclo Luis Buñuel*, 1982: 203, Lisboa: Cinemateca portuguesa.

10 Leído en el III Congreso internacional galdosiano, Las Palmas, 27–31 de agosto, 1985.

11 *Conversaciones con Buñuel*, p. 121.

12 Agustín Sánchez recoge esta cita en su *Luis Buñuel. Obra cinematográfica*, 1984: 298, Madrid: Ediciones, J. C.

13 "Luis Buñuel", *Cinema 83*, n. 297, setiembre de 1983, París.

14 "*The melodramatic imagination*", 1976: 201, New Haven: Yale University Press.

15 En conversación con Elena Poniatowska, *Palabras cruzadas*, 1961, México: Era.

16 *Conversaciones con Buñuel*, p. 155.

Un procedimiento preferido de Valle–Inclán: La deslexicalización

J. M. García de la Torre
Universiteit van Amsterdam

Cuando Valle–Inclán surge a la vida literaria, los componentes de la nueva generación de escritores de fin de siglo – modernistas, noventayochistas – se rebelarán contra las normas estéticas imperantes.

Partiendo del lenguaje ya existente, dicho grupo de escritores tratará de revitalizar el lenguaje mediante una serie de procedimientos: actualización de formas lingüísticas del pasado, adopción o creación de neologismos, formados sobre el latín y el griego, o sobre el francés, y, en el caso de Valle–Inclán, introduciendo palabras provenientes de las diversas zonas de habla española, peninsular o americana, o formas de la lengua de su región natal, Galicia.

Común a todos los escritores de dicho momento es la preocupación por seleccionar el vocabulario mediante la elección de la palabra adecuada y precisa, que posee frecuentemente un sonoro valor, y que, en muchas ocasiones, es además de procedencia rara o exótica.

Todo el grupo muestra un claro rechazo por el lugar común, por el empleo de vocablos banales, de frases repetidas hasta la saciedad, que han ido perdiendo su valor expresivo. Ya no se encuentran en el vocabulario de los nuevos escritores voces o fórmulas estereotipadas, vacías o pobres. Pero, tal vez, quien más se ha distinguido en este empeño haya sido Valle–Inclán.

Julio Casares, que por otra parte ha dirigido duras críticas a Valle–Inclán, reconoce algunos casos en los que, en su obra, considera aciertos. Así, señala como "nuestro autor ha mostrado constantemente su horror a los lugares comunes, a los epítetos resobados y a las asociaciones seculares de palabras, eligiendo adjetivos, forjando metáforas e inventando comparaciones con arreglo a su especial criterio estético".[1]

Este empeño de Valle no ha pasado desapercibido a sus compañeros de generación. Así, Antonio Machado dirá por boca de uno de sus heterónimos: "Pensaba Mairena – como nuestro gran Ramón del Valle–Inclán – que el unir dos palabras por primera vez podría ser una auténtica hazaña poética. Pero solía decir: no conviene intentarla sin precauciones".[2]

La desviacion de la norma

Entre las exiguas páginas de carácter teórico que Valle–Inclán nos ha dejado se desprenden, no obstante – en especial en *La Lámpara Maravillosa* –, algunas observaciones que patentizan el interés del escritor por el fenómeno de la creación literaria.

El escritor reelabora un texto de Verlaine, figura que ejerció gran influjo en Darío, en el mismo Valle–Inclán y, en general, en la mayor parte de los compañeros de generación. Dice Valle, en una frase importante para nuestro intento:

"*Elije tus palabras siempre equivocándote un poco*, aconsejaba un día, en versos gentiles y burlones, aquel divino huésped de hospitales, de tabernas y de burdeles que se llamó Pablo Verlaine" [lo cursivo es mío] (LM II 572).

Hay que reconocer en Valle–Inclán un decidido empeño por devolver a la palabra su prístina emoción. Es una preocupación constante, que se trasluce de modo permanente. Esta revitalización del lenguaje la consigue por varios medios. Entre ellos, mediante lo que vamos a denominar 'proceso de deslexicalización'. Procedimiento que va a experimentar un creciente uso, tanto numéricamente, como en la pericia de su empleo. La 'deslexicalización' opera mediante una 'modificación' o 'sustitución', que cambia un prefijo, un sufijo, una palabra, o incluso toda una frase, en manera opuesta a lo que es la norma habitual. El propio Valle ha señalado: "El poeta las combina [las palabras], las ensambla y con elementos conocidos inventa también un linaje de monstruos: El suyo" (LM II 570). Notemos que tal deslexicalización puede provenir del acervo lingüístico del pueblo, con sus variados y expresivos procedimientos, que Valle–Inclán reproduce y hace suyos, o también del magín del propio escritor.

Señalemos asimismo – de modo previo a las páginas que siguen – una doble consideración. En primer lugar, en muchas ocasiones, es difícil, o puede resultar discutible, la adscripción de un ejemplo a un determinado apartado, y no a otro. La segunda observación es que la deslexicalización puede afectar bien a una única palabra o a varias.

Veamos algunas modalidades de tal procedimiento, que presenta una variada casuística.

1. Empleo del plural por el singular, o viceversa. Así: *adentros* por 'adentro'; *plebes* por 'plebe'. El caso contrario será el empleo del singular cuando lo habitual sería el plural: "...voy a cumplir *el ciento*" por 'los cien'(RL I 717).

2. Empleo del masculino por el femenino o viceversa: *recuesto por 'cuesta*[3].

3. Cambio, adición o supresión de un prefijo, en desviación de lo que suele ser la norma usual.

3.1 Con diferente prefijo: *contraponerse*, por 'oponerse': "Perdieron el pleito los alcaldes y no vale *contraponerse*" (CP I 496); *deponer* por 'exponer': "¡Ya *depusimos* nuestro pleito al amo!" (JU I 1296); *declinar* por 'inclinar': "El Marqués *declinaba* los ojos ..." (CM II 998); *recogidos* por 'sobrecogidos': "En la cocina callan todos como recogidos (EE I 860); *revelado* por 'desvelado': "*revelado* del sueño" (DP I 771); *sobrecargados* por 'recargados': [los estipendios de] "casamientos, bautizos y sepelios están *sobrecargados* en un cincuenta por ciento" (GD I 979).

3.2 Con prefijo añadido, innecesario: *sobrepasa* por 'pasa de': "¡*Sobrepasa* el escarnio! (GD I 976); *entrecruza* por 'cruza': "trae en la mano una palmatoria que le *entrecruza* la cara de reflejos" (GD I 996).

3.3 Omisión del prefijo habitual: *tenemos* por 'entretenemos': "Pues que nos atrapan si nos *tenemos* acá en mucha plática" (RH II 458); *fulgen* por 'refulgen': "Tenderetes de espejillos, navajas y sartales, *fulgen* al sol" (CP I 515); *genitor* por 'progenitor': "El hermoso segundón [...] cabalga [...] bajo la mirada del viejo *genitor*" (CP I 502); *colectado* por 'recolectado': "¡He administrado deplorablemente el fondo *colectado* en Cádiz!..." (BE 86).

4. Deslexicalización mediante el empleo de una palabra de la misma raíz, bien con sentido afín o bien con un sentido un tanto remoto que le es conferido por el autor.

4.1 Dicha palabra puede deber su forma a un sufijo inusual: *alfombrines* (BE 57) por 'alfombras'; *Bolsín* (BE 28) por 'Bolsa'; *burletas* (BE 12) por 'burlas'; *galerín* (BE 57 y 63) por 'galería' y *galerines* (BE 64) por 'galerías'; *remojetes* (BE 140) por 'remojones'.

4.2 En una serie de casos las palabras empleadas por el escritor no figuran en el *DRAE* con el sentido con el que él las usa. Así, *absoluta* por 'absolución': "A un pecador de mi cuerda no le basta la absoluta para presentarse a San Pedro" (Sacr. I 889); *extremo* por 'extremosidad': "Había de ser tu propia mujer, y un *extremo* tampoco estaba bien" (EE I 844); *ocurrencia* por 'ocurrido': "¡Mi mujer me ha salido rana!. – Siento la ocurrencia" (CF I 118); *traviesa* por 'transversal': "Un trote épico y la patrulla de soldados romanos desemboca por una calle *traviesa*" (LB I 909).

Es otros casos, la significación de la palabra en el contexto está admitida por la Academia, pero, no obstante, es mucho menos usual que la de la palabra sustituida: *acaloro* por 'acaloramiento': "De un *acaloro* entre hombres hasta puede sobrevenir un patíbulo" (CP I 509); *acaso* por 'casualidad': "El *acaso* los junta en aquel gran zaguán" (DP I 760); *aparente* por 'aparatosa' o bien por 'falso' o 'falsedad': "¿Y la herida? – *Muy aparente* y de mucha suerte" (VD II 1216). "De ser un *aparente*, mal harías negándomelo" (GD I 968); *asesado* por 'que obra con seso', 'sesudo' o 'sensato': "¡Ahí estás *asesado*, Latino!" (DP I 769); *cuánto* por 'cuantía': "No se sabe el *cuánto* del gato" (RP I 819) [= 'la cuantía que encierra el *gato*' = 'bolsa']; *discurso* por 'discurrideras': "Y para mi *discurso* nos cuadra dejar pasar cualquier querella hasta pasado el Corpus de Viana" (CP I 497); *esclarecer* por 'iluminar': "Una sala de la casa infanzona. Apenas la *esclarece* la lamparilla de aceite" (AB I 571); *reprobada* por 'réproba' (CM I 875); *suplicaciones* por 'súplicas' (MN II 650); *vulgar* por 'vulgo': "Dice con el *vulgar* que en ella anda una mujer, pero el nombre no lo dice" (EE I 836).

5. Como una variante de lo anterior encontramos la 'deslexicalización' merced al empleo de una palabra que no es de la misma raíz. Son palabras que aparecen con un sentido estereotipado en otros casos, pero que aquí poseen un sig-

nificado un tanto afín, pero no igual, al del vocablo al que sustituyen. Tal cambio se percibe como aceptable y su sentido es comprensible: *apercibimientos* por 'reproches' o 'reprimendas': "Después de que pago las copas aún vienes con *apercibimientos*" (DP I 763); *excusar* por 'rehusar' o 'rehuir': "Usted [...] tiene sus cuentas con la justicia y *excusa* verle la cara" (VD II 1146); *manifestar* por 'adivinar' o 'predecir': "Señor Don Pedro, ¿quiere que le lea las cartas y le *manifieste* su mañana?" (EE I 855); *sugestionables* por 'impresionables': "Las mujeres sois tan *sugestionables*" (CA II 257). (Otros casos que podrían aducirse son: *amonestaciones*, por 'consideraciones' o 'exhortaciones'; *consejo* por 'designio' o 'premeditación'; *expediente* por 'procedimiento'; *manifestar* por 'publicar').

6. Sustitución por otra palabra con la que existe alguna relación en el significado, pero que en el texto en concreto despierta una connotación vulgar. En tal sustitución puede reconocerse a veces un procedimiento con cierto arraigo popular, pretenciosamente culto, pero que de hecho resulta un tanto desenfadado: *acunar* por 'mecer': "Las niñas [de un prostíbulo] se *acunan* en las mecedoras" (GD I 985); *afónica* = 'sin voz', aquí 'callada': "Doña Terita, mejor le irá conservándose *afónica*" (GD I 981); *cráneo* = 'cabeza', aquí por 'sombrero': "¡Me quito el *cráneo*!" (LB I 939); *imperio* por 'mando' 'arrogancia': "¿De dónde eres, hijo, que tanto *imperio* traes?" (GA II 535); y también *sombrerera* por 'cabeza': "Porque [esas coplas] no las sacaste de tu *sombrerera*" (LB I 934).

En ocasiones, la deslexicalización afecta a una frase o a un modismo, habituales en el lenguaje diario, aspecto al que más adelante volveremos a referirnos con mayor pormenor. Citemos ahora las variaciones que, en tres diferentes lugares, introduce Valle en el conocido modismo *meter la pata*, que el escritor transforma en "Emperador, *no metas la extremidad*" (BE 260), "uno no sabe nunca si *mete el corvejón*" (BE 156), o "*No introduzcas tú la pata*, pelmazo" (LB I 904).

7. Sustitución percibida por el autor como extraña o arbitraria. Innovación buscada por el escritor, pretendiendo, acaso, remedar la impropiedad o falta de seguridad en el habla popular. La 'deslexicalización' se logra en ocasiones de manera un tanto forzada. Citemos: *escuchar* por 'reputar' o 'considerar': "lo *escuchaban* por atrevido y expuesto al fracaso" (BE 265); *fanatismos* por 'creencias'. Así en una obra escribe "Yo respeto todos los *fanatismos*" (RP I 810). El mismo escritor nos da otras dos variantes de la frase: "Yo respeto todas las morales" (BE 148) y "Un servidor respeta todas las opiniones" (TD 54), esta última la más acorde con la expresión usual; *incumbencia* por 'caso' o 'suceso': "Y ¿cómo fue que aconteció esta *incumbencia*?" (DP I 737); *privar* por 'eximir' o 'dispensar': "¡Ser partidario no *priva* la ley de Dios!" (RH II 442); *pronunciamiento* por 'proceder': "Pero este *pronunciamiento* de darle a cada uno su copa ..." (DP I 673); *divina proposición* por 'divina providencia': "Ordenado estaría en la *divina proposición*" (DP I 737); *servir* por 'causar': "Si no le *sirve* de molestia ..." (GD I 978).

8. Sustitución por medio de una palabra culta. Dentro de este apartado se pueden distinguir tres casos.

8.1 El primero es aquél en el que el cultismo está empleado con corrección y propiedad, o incluso con intencionalidad poética. Y ello tanto en el texto – prosa o verso – no dialogado, como en el coloquio. En el texto el escritor o el protagonista – este último persona culta o con cierta ilustración – hace uso de un lenguaje lleno de refinados vocablos, aureolados por su ascendencia griega o latina, o por las referencias a la antigüedad clásica o a la mitología. Sin excluir otros términos más modernos, de similar estirpe, llenos de colorido o con variadas connotaciones.

Se ha afirmado que los cultismos aparecen sobre todo en las acotaciones escénicas. Me pregunto sobre la exactitud de tal aserto, pues los mismos los encontramos también – no sé en qué proporción – en numerosas ocasiones tanto en el texto de la descripción, o de la acotación escénica, como en el diálogo de algunos de los personajes.

De entre los numerosísimos ejemplos de este primer subapartado citemos tan sólo algunos, a veces creaciones del autor – o con un significado conferido por el mismo –. (Cuando se trata de una creación de dicho tipo lo señalamos con un asterisco).

Acuaria 'de agua', *adamar** 'afeminar', *albo* 'blanco', *aquiescente* 'que consiente', *atremolar** 'temblar', *aturbular** 'enturbiar', *áureo* 'de oro', *autumnal* 'otoñal', *balaustral** 'balaustrada', *calino** 'neblina sofocante', *cauda* 'cola', *celerosa** [creación alabada por Casares] 'rápida', *clámide* [especie de] 'túnica', *compunge** 'aflicción', *crátera* 'vasija grande', *efluvio* 'aroma', *empurpurar** 'sonrojar', *equinoccios** del corazón 'alternativas''cambios', *execrar* 'reprobar', *fimbria* 'borde', *flámula** 'llama', *francina** 'afrancesada', *hierofante* 'sacerdote o persona iniciante', *inverecundo* 'desvergonzado', *impoluto* 'limpio' 'exento', *ingrávido* 'leve' 'ligero', *ínclito* 'ilustre', *inverniza* 'invernal', *jocunda* 'alegre', *lauro* 'laurel', *libidinosa* 'lujuriosa', *lirado* 'curvado', *lumínica* 'luminosa', *luzbeliano* 'diabólico', *macular* 'manchar', *mesocrática* 'burguesa', *melífica** 'dulce', *oblicuar** 'inclinar', *proceloso* 'tempestuoso', *protervo* 'violento', *sideral* 'astral', *sigilar* 'silenciar', *silente* 'silencioso', *tafanario* 'asentaderas', *tenebrario* 'tenebroso'.

8.2 Un segundo subapartado, no siempre fácil de distinguir del anterior, es aquel en el que Valle presenta a personas instruidas que se permiten adornar su dicción con terminología culta, que emplean caprichosamente intercalada en el lenguaje coloquial. Sin que podamos tachar de incorrecto o impropio el uso de tales formas percibimos una sensación de inadecuación, por lo no esperado en la concreta situación. Notemos sustituciones como *malestar cefálico* 'dolor de cabeza' (TB II 719); *cefalalgia*: "La Católica Majestad aludiendo al achaque de su jaqueca, decía *cefalalgia*, locuaz y sabihonda" (CM II 1286–1287); *espátula linguaria* 'lengua' (TB II 795); *oros odontálgicos* 'prótesis de oro' (TB II 727); *magnetizadores* 'que hipnotizan' (SE II 64).

Veamos diferentes situaciones. Un cortesano se dirige a su esposa diciéndole: "Perdona que no sea más *diáfano*" 'claro' 'explícito' (CM II 937). En *Luces de*

Bohemia el secretario de un alto personaje se excusa ante el escritor Max Estrella: [El Señor Ministro] "no está *visible*", a lo que el interlocutor repone: "Pero estará *audible*" = 'podrá escuchar' (LB I 923). En la misma obra es el poeta Rubén Darío quien, en recuerdo del Marqués de Bradomín, propone un brindis: "¡Bebamos a la salud de un *exquisito* pecador!" *exquisito* = 'refinado' (LB I 932). Don Latino de Hispalis le dice al dueño de una tasca: "Tengo dinero para comprarte a tí con tu *tabernáculo*" (LB I 906). En *Aguila de Blasón*, uno de los hijos de Don Juan Manuel de Montenegro, clérigo, le dice a una moza campesina: "*Lucrecia pudibunda* ¿te asusta el incesto?" por 'mozuela vergonzosa'. A lo que la misma responde: "Hable en cristiano, déjese de latines" (AB I 624).

Valle, en su novela mejicana, hace que Tirano Banderas se dirija a un miembro de la colonia española: "Amigo Don Celes, a su bien *tajada péñola* le corresponde redactar un documento ..." = 'pluma mordaz o acerada' (TB II 681).

Para insistir en que no siempre se da una radical dicotomía entre el diálogo y el texto de la descripción o las acotaciones, señalemos un curioso párrafo: "... las niñas, bajo la mirada *jurisdiccional* de las mamás, apuraban el diálogo con los novios" [*jurisdiccional* por 'vigilante'] (BE 43).

8.3 Otro importante subapartado del cultismo es la sustitución percibida por el lector como arbitraria creación o innovación, introducida por el autor. La deslexicalización se introduce la mayor parte de las veces de manera forzada mediante un lenguaje que pretende ser culto y que no encaja en el nivel en que se mantiene el diálogo. La falta de conciencia lingüística de gentes menos instruidas, su inseguridad, y su desconocimiento del adecuado empleo de los términos, los lleva a incurrir en un lenguaje afectado, engolado, o ridículamente rebuscado.

En *Las Galas del difunto* Juanito Ventolera dice a Doña Terita: "Si usted me *otorgase* alguna de sus dulces miradas ...". El mismo insiste: "*Irrádieme* usted una mirada" (GD I 982). Pero en otro texto el protagonista emplea la palabra habitual: "usted puede comprobar que no digo mentira si se digna *concederme* una mirada de sus bellos ojos" (GD I 981).

En la referida obra varios personajes mantienen una conversación sobre las indulgencias. Dice el sacristán: "Usted considere que no tiene otras *aduanas* la Santa Madre Iglesia", por 'ingresos', a lo que el rapista o barbero insiste en que "La Iglesia debía operar con mayor *economía*" = 'proceder con más desinterés'(GD I 979). En *Los Cuernos de Don Friolera*, el protagonista de la obra se cree traicionado por su mujer, a la que increpa diciendo: "¡Es *inaudito*!" = 'increíble'. A lo que Doña Loreta, ignorante del significado, contesta: "¡Palabrotas, no!" (CF I 1007-1008). En *Divinas Palabras* el Compadre Miau trata de seducir a la Mari–Gaila: "Luego nos apartaremos secretamente para el *cotejo*" = 'comparación', a lo que la Mari–Gaila pide aclaración:" ¿Qué representa esa palabra?! (DP I 750). Casi al final de la obra Pedro Gailo se dirige a su mujer: "¡Mujer, pagarás tu *vilipendio* con la cabeza rebanada!" *vilipendio* = 'descrédito' (DP I 758). En *La Rosa de Papel* la Ventera increpa a su hija: "No me hables *renuente*, gran pervertida" = 'indócil, desobediente' (Lig. I 801). En la *Farsa Italiana de la Enamorada del Rey*, la Ventera al enterarse de la regia identidad de uno de sus huéspedes exclama: "¡Santo Dios, que es el Rey!. Un *connotado* / yo le sacaba con las peluconas" = 'parecido' (ER I 366). En *La Corte de los Milagros* un tabernero reprocha a un guardia: "¡Parrondo, hay que ser más *ecuménico*!" = 'universal', y en este caso 'tolerante' (CM II 1030).

9. Sustitución mediante una palabra sentida como arcaísmo: *cuida* o *cuido* 'cuidado', *disanto* 'día santo', *escuras* 'oscuras', *facienda* 'hacienda', *fechos* 'hechos', *fierros* 'hierros', *finestra* (en el DRAE *finiestra*) 'ventana', *guardar* 'mirar', *guisa* 'manera', *home* 'hombre', *liciones* 'lecciones', *longura* 'largura', *lueño* (*lueñe* en el DRAE) 'lejos' o 'lejano', *nocharniego* 'nocturno', *pavorito* (*pavorido* en el Dicc. Autoridades) 'lleno de pavor', *preste* 'sacerdote', *sabidora* 'sabedora', *texido* 'tejido', *ucé* 'vuestra merced', *vegada* 'vez'.

10. Sustitución de una palabra por otra de análogo significado, foránea o extraña en el castellano. Señalemos dos apartados[4].

10.1 Galicismos. – Pueden aparecer en su forma originaria: *deshabillée* 'en traje de casa', *esprit* 'ingenio', *garçon* 'muchacho', *journal* 'periódico', *trousseau* 'ajuar'. O bien mediante una somera adaptación a la grafía del castellano: *buqué* 'ramillete', *drolático* 'gracioso, chistoso', *fular* 'fular (clase de tejido)', *furbería* 'picardía'. En ocasiones la palabra existe en español pero en el texto en concreto se da un cambio semántico, adoptando el sentido que tiene en francés: *arrestarse* 'pararse' 'detenerse', "*fracaso* de cristales" *fracaso* = 'estrépito', *mundo* 'gente'. Señalemos por último, la traducción de un sintagma: *el último grito* (fr. *le dernier cri*).

10.2 Galaicismos. (Aduzco ejemplos abonados tan sólo en obras que se desarrollan fuera de Galicia).
Se da la adopción del término gallego: *cachiza* 'añico', *cachucha* 'cabeza', *chimpar* 'arrojar', *chuscar* 'guiñar', *fayado* 'desván', *lostregar* 'relampaguear', *martelear* 'martillar', *rosmar* 'refunfuñar'. – En algún caso el escritor emplea una palabra utilizada en el castellano, a la que dota del significado que tiene en gallego: *cueva* (gall. *cova*) = 'sepultura'.

11. Sustitución mediante creación analógica. Así, sobre la palabra *imparciales* 'neutrales', emplea Valle *parciales* con el sentido de "arbitrarios": "¡Tanto son *parciales* los días presentes!" (CP I 49).

12. Sustitución de una palabra en una frase o en un modismo que están ya de manera fijada por el uso. Como hace poco se notó, en ocasiones existen, en la obra de Valle, variantes de una misma frase o modismo. En una de ellas la frase mantiene la forma conocida, en tanto que en otra, u otras, se introduce la modificación.
Uno de los personajes de una de sus obras más tardías, dice: "¡Mi palabra es *de Alfonso*!" (GD I 967) [Alfonso XII]. En otra obra leemos "¡Mi palabra es la *del*

Rey de España!" (TB II 728); y por último la usual "¡Mi palabra es *de Rey!*" (CDr. I 379); *cambiar de casaca* (BE 141) por 'cambiar de chaqueta': "Ha cambiado usted veinte veces la casaca"; *San Pedro y toda la celeste cofradía* (TB II 692) por 'San Pedro y toda la corte celestial'. El DRAE en la 5ª acepción de *corte* registra: 'con el calificativo celestial u otras palabras de análoga significación, *cielo* 'mansión divina'; *estar en Belén* (RC I 471) por 'estar en Babia'; "¡Se infla mucho el perro!" (BE 141) por 'hinchar el perro'. También recoge Valle el conocido "Me es *inverosímil*" por 'indiferente' (HC I 1053); *mirar de cabeza degollada* (BE 42), deslexicalización de 'mirar de cordero degollado'. Viene a equivaler a otro modismo utilizado por el escritor en otra obra suya: *poner los ojos tiernos* (GD I 984). *No me sale del bonete* (CP I 506) deslexicalización de un vulgar modismo: 'salirle a alguien de los c...... una cosa' (Martín). *Las paredes son de cartón* (HC I 1060) modificición de 'las paredes oyen'.

13. En ocasiones la deslexicalización opera modificando no una palabra sino todos o buena parte de los elementos del modismo. Así: *Donde hay amo, no manda criado ...* (RH II 477), en lugar de 'donde hay patrón no manda marinero'; *Más altos adarves se hundieron* (CP I 495) por 'torres más altas cayeron'; *cuando se vuelven pardos los micifuces* (MR I 295), libre adaptación del modismo 'de noche todos los gatos son pardos'; *Hermano Anxelo, vamos a ponerle la montera al buey* (EE I 844), en lugar de 'poner el cascabel al gato' [En otra obra suya Valle mantiene una parte del modismo: *poner el cascabel a los Invictos Generales* (VD II 1156)]; *Tener bucaneros en la costa* (HC I 1049), modismo puesto en boca de una persona procedente del Caribe, antaño nido de piratas, en lugar del habitual 'haber moros en la costa'; un *tener pan y no tener dientes* (VD II 1128), en lugar de 'Dios le da el pan a quien no tiene dientes' o 'al que no lo puede comer' (ya Mal–Lara recogía: "da Dios havas a quien no tiene quixadas"), *Ponerle (a uno) los gabrieles en el alero* (VD II 1272), al lado de *tener el pan en el tejado* (BE 225) = 'tener inseguro el pan de cada día'; *poner una brasa en el traste* (GD I 968), por poner un petardo en el c...' con sentido de 'espolear bruscamente'. En algún caso Valle parece haber introducido una radical modificación: *casos de conducta no llaman trompetas* (DP I 787), que pudiera ser laboriosa recreación de un calderoniano 'pecado oculto, medio pecado'.

Otras veces se da también la supresión de alguna palabra normalmente presente en un modismo: "*Me quedo a la luna* si ese rey me falla" (CP I 519), por 'quedarse a la luna *de Valencia*'; "¡Con ellas podrá darse pisto entre *las Benditas del Purgatorio!*" (GD I 984) por 'las benditas ánimas del purgatorio'.

Tras la lectura de las páginas anteriores ha quedado de manifiesto el empleo de uno de los procedimientos favoritos de Valle–Inclán, que ha utilizado desde sus primeras obras, incluso en las anteriores a las *Sonatas*, hasta las últimas: *Luces de Bohemia, Divinas Palabras, Martes de Carnaval*, o *El Ruedo Ibérico*, con una maestría lógicamente acrecida por el paso de los años.

Al referirnos al proceso de deslexicalización, incluso podríamos decir que Valle ha sido en cierto modo un precursor de lo que en tiempos más recientes se ha venido llamando "la ruptura de la escritura".

El escritor proclamaba en *La Lámpara Maravillosa*: "Los idiomas nos hacen, y nosostros hemos de deshacerlos. Triste destino el de aquellas razas enterradas en el castillo hermético de sus viejas lenguas..." (LM II 575–576).

Para ejemplificar como Valle trató de realizar lo que propugnaba en la teoría, de deshacer el lenguaje para volver a infundirle nueva vida, y para mostrar cómo ha operado la deslexicalización, quiero citar finalmente el caprichoso aprovechamiento de un conocido modismo de nuestra lengua, que aparece casi irreconocible ante nuestros ojos. Ya en 1913 escribía Valle en su primera *Farsa*: "Se quebró la soga del perro y buscas una longaniza para atarlo" (CDr I 387). Ahí está, intercalado entre las líneas del propio autor, como un "collage", el dicho que recuerda lo improcedente que es querer "atar los perros con longanizas"[5]. Lo cierto es que el autor ha revitalizado el lenguaje, confiriéndole una acrecida expresividad y una resonancia emotiva que le han añadido un sugestivo valor de evocación.

También de lo expuesto se deduce que no hay una tajante dualidad entre la voz del escritor y la voz del protagonista. Si en ocasiones Valle, como un ventrílocuo, incorpora por boca de sus personajes el lenguaje del pueblo, otras veces ese lenguaje no está muy lejos del que el mismo Valle escribe cuando lo hace como tal escritor. Pero esto nos llevaría muy lejos y habrá de quedar para otra ocasión.

Siglas de las obras de Valle–Inclán citadas

AB = *Aguila de Blasón*; BE = *Baza de Espadas;* CA = *Corte de Amor*; CDr. = *La Cabeza del Dragón*; CF = *Los Cuernos de Don Friolera*; CM = *La Corte de los Milagros*; CP = *Cara de Plata*; DP = *Divinas Palabras*; EE = *El Embrujado*; ER = *Farsa Italiana de la Enamorada del Rey*; GA = *Gerifaltes de Antaño*; GD = *Las Galas del Difunto*; HC = *La Hija del Capitán*; JU = *Jardín Umbrío*; LB = *Luces de Bohemia*; Lig. = *Ligazón*; LM = La Lámpara Maravillosa; MN = *La Media Noche*; MR = *La Marquesa Rosalinda*; RC = *Farsa y Licencia de la Reina Castiza*; RH = *El Resplandor de la Hoguera*; RL = *Romance de Lobos*; RP = *La Rosa de Papel*; Sacr. = *Sacrilegio*; SE = *Sonata de Estío*; TB = *Tirano Banderas*; VD = *Viva mi Dueño*.

Las referidas siglas remiten a la edición de Obras Completas, en dos volúmenes, Editorial Plenitud, Madrid, 1954, indicándose obra, volumen y página correspondiente. Para dos obras no incluidas en dicha edición, *Baza de Espadas* y *El Trueno Dorado*, se ha utilizado la edición de las Editoriales AHR, Barcelona, 1958, y Nostromo, Madrid, 1975, respectivamente.

Abreviaturas que se mencionan en el texto de algunas de las obras consultadas

Dicc. Autoridades = Real Academia Española, *Diccionario de Autoridades*, 1963, Madrid: Edición facsímil, Gredos.

DRAE = *Diccionario de la Real Academia Española*, 1970, 19ª ed., Madrid.

Mal–Lara = Mal–Lara *Filosofía Vulgar*, 1950, 1 : 181, Barcelona: Selecciones Bibliófilas.

Martín = Jaime Martín, *Diccionario de expresiones malsonantes del español*, 1974, Madrid: Editorial Istmo.

NOTAS

1 Julio Casares, *Crítica Profana*, 1946, 2ª ed., Buenos Aires: Espasa–Calpe.

2 Antonio Machado, *Juan de Mairena*, 1957, 1:71, Buenos Aires: Editorial Losada.

3 J.M. García de la Torre, "Tres aspectos del lenguaje de Valle–Inclán", *Boletín de la Real Academia Española*, 1983: 444–450.

4 Prescindo, por razones de espacio, de estudiar otros elementos foráneos, como son los italianismos, profusamente representados en la *Farsa Italiana de la Enamorada del Rey*. Por la misma razón de espacio, tampoco he podido referirme a ejemplos del español de América, estudiados por Emma Susana Speratti Piñero en sus trabajos sobre los americanismos en *Tirano Banderas* (Notemos que las voces de dicha procedencia no quedan circunscritas a esta última obra citada, ya que aparecen también americanismos en otras obras del autor).

5 Cf., por ejemplo, José María Iribarren, *El porqué de los dichos*, 1962: 144–145, Madrid: Aguilar.

"La canasta", comedia de Miguel Mihura representada y nunca publicada

Emilio González Grano de Oro
Brock University, St. Catharines (Canada)

En una lista cronológica compuesta por las veintitrés obras teatrales de Miguel Mihura, *La canasta* ocuparía el décimo lugar. En sus estrenos sigue al de *¡Sublime decisión!*, estrenada el mismo año de 1955, y precede al de *Mi adorado Juan*, representada por primera vez el siguiente año.

La primera representación de *La canasta* (1, diciembre, 1955) tiene lugar en el Infanta Isabel de Madrid, donde alcanza un total de ochenta. Fue su estreno algo accidentado – "movido", se diría en la jerga teatral – con muestras de aprobación por parte de un sector del público, protestas por parte de otro, nervios desatados del empresario–director – Arturo Serrano –, reflejo de todo ello en la prensa diaria y carta de disculpas del empresario en un diario de Madrid.[1]

La canasta es "obra de encargo" escrita a la medida de Isabel Garcés, primera actriz del mencionado teatro.[2] Retirada la comedia de cartel, nunca llegó a publicarse por decisión de su autor. La crítica madrileña la recibió con correcta benevolencia en unos casos, con claro rechazo en otros.[3]

La comedia consta de tres actos, divididos en dos cuadros los dos primeros.[4] La acción, que comienza de madrugada en la *suite* de un lujoso hotel madrileño, con dormitorio y gran cama matrimonial al fondo, tiene lugar en época sincronizada con la de su redacción y estreno. Gira alrededor de dos personajes centrales: Laura, cantante de *boîte*, soltera cercana a la cuarentena, y su amante, Ramón, "señor mayor que ella", sin ocupación aclarada por Mihura, aunque, al parecer, sin problemas económicos. El argumento se construye en torno a una situación: la propuesta matrimonial hecha por uno de estos personajes al otro y su rechazo. Pero, a diferencia de lo que ordinariamente ocurre en el teatro de Mihura, centrado en parte en la resistencia de sus personajes masculinos a perder su bien defendido celibato, quien propone aquí el matrimonio (por supuesto, canónico) es el hombre y quien inusitadamente lo rechaza, la mujer. Laura, por otro nombre "la Voz luminosa de Chile"[5], aunque española y desconocedora absoluta de cuanto se refiere a este país sudamericano, mujer eminentemente despistada y receptora directa de todos los cuidados y mimos de su ordenado y fiel amante, se indigna, a su manera, al escuchar la decisiva propuesta:

> Y ahora, al cabo de doce años de haberte hecho feliz; de haberte querido como no he querido a ningún hombre... ¿me propones que me case contigo? ... Entonces la cosa no puede estar más clara...Lo que pasa es que ya no me quieres. ... ¡Te aburres conmigo y por eso te quieres casar! ¡Como si yo no me diera cuenta! ¡Pues menuda soy

yo! ... esa proposición es un insulto que me haces y ... yo soy muy desgraciada y no merezco que me des un disgusto tan grande.[6]

Ramón, que, todo perplejidad, trata de calmar a Laura, le explica que no ha pretendido ofenderla: antes al contrario, casarse es lo que, en fin de cuentas, todos hacen. Pero Laura, aferrada a su postura, la razona:

> Pues me has ofendido, porque lo que quieres es casarte conmigo para, una vez casado, echarte una amiga y engañarme con ella como hacen los demás. ¡A mí trucos, no! Y si no es por eso, te querrás casar para envenenarme con arsénico o para irte después con los amigotes y estar todo el día ... poniéndome verde ... conozco dos matrimonios ... ¿Y qué hacen los maridos? ¿Estar todo el día pendientes de sus mujeres, como tú haces conmigo ...? ¡Una porra! Lo que hacen es perseguir a las muchachas por los pasillos, o dejar a sus mujeres en un rincón y marcharse al Escorial con una vicetiple... Y yo no soy mujer capaz de tolerar esas marranadas.[7]

Ramón, poco a poco, deja transparentar ante Laura la verdadera y última razón de su propuesta: se siente un poco mayor y cansado de la vida trashumante de hotel en hotel. Quiere una casa cómoda; crear, en definitiva, un hogar. La explosión de Laura no se hace esperar:

> ¿Crear un hogar? ... ¿Cómo puedes ser tan sinvergüenza? ¿Es que además de quererte casar conmigo insinúas la idea de que tengamos una casa con un gato? ... Lo que tú prentendes es, entonces, que yo abandone mi arte y me quede en casa riñiéndole a la cocinera todo el día.[8]

Más adelante, el diálogo entre los dos amantes se hace algo más calmado y, aparentemente, de más peso. El protagonista aduce la circunstancia actual de no haber formalizado su unión con un sacramento:

> R.: – Hay que estar casados para ganarse el respeto de las gentes e incluso el respeto de uno mismo... Ahora, Laura, estamos en pecado mortal. L.: – Eso no me lo dijiste en Tanger la noche que nos conocimos. ... R.: – Es que empezamos a hablar del problema marroquí y se me pasó. L.: – No me irás a decir que hemos estado hablando de los moros todos estos años como si fuéramos generales. Y en este tiempo habrás tenido un momento libre para decirme eso del pecado mortal, que yo no sabía...[9]

Pero el agotado amante propone no sólo una vida marital sancionada por las leyes, sino la instalación de la pareja, no en un piso más o menos corriente, sino en un hotelito con jardín y el abandono definitivo de los fríos cuartos de un hotel.

Al que están ellos ahora comienzan a llegar sucesivamente, para finalmente hacerlo en tropel, toda clase de personas: un camarero, los vecinos de cuarto para protestar de los gritos y ruidos que oyen, unos amigos de éstos, el arquitecto amigo de la pareja requerido por Laura para que les traiga aquella madrugada misma los planos del hotelito. En aquellas altas horas todos opinan, discuten y hablan de los planes matrimoniales de la pareja. La inconsistencia o superficialidad de los comentarios, la serie de consejos dados y no pedidos, sumen la escena en un maremagnum absurdo, de ambiente y ritmo parecidos al de uno de los momentos más felices de *Tres sombreros de copa*: el de la invasión de la habitación de su protagonista por alocados artistas y serios señores de la localidad; o, si se quiere, muy similares al del ocupadísimo camarote de los hermanos Marx en *Una noche en la ópera*.

Los vecinos de habitación de nuestra pareja, animados por la doble posibilidad de ver de cerca a la popular vocalista y de opinar sobre sus inmediatos planes de boda, a los que finalmente ha accedido Laura, componen con los demás un absurdo coro. Son unos y otros personas de la alta sociedad, seres vacíos, sólo rellenos por su propio *snobismo*, incansables participantes de fiestas itinerantes, reuniones, cócteles, jugadores del último juego de moda – el de la canasta, en este caso –. Mientras Laura en su habitación se cambia de ropa para hacer después su regreso triunfal a escena, su ahora prometido ha de contestar a preguntas, escuchar comentarios que no le interesan, que apenas el sueño le permite oír. Quienes así le hablan constituyen, sin saberlo él, la nueva fauna que, tras aquella invasión nocturna, invadirá el nuevo hotelito por estrenar en el que vivirá el nuevo matrimonio su nueva vida. Laura, pintada por Mihura como una hoja al viento, sin ideas plantadas sino llevadas y traídas por la última corriente que sopla en su oído, se encuentra en su elemento, rodeada, como artista de un género frívolo, de tanta gente disparatada, centro de la atención de todos tras la "decisión" que acaba de tomar.

Pero en la rápida sucesión de "ideas" y "pensamientos" lanzados en la escena, uno se deja oir con más perturbadora presencia que los demás: Los matrimonios no deben estar nunca solos... ¡Es tan aburrido! Captado por Laura, es la causa inmediata de su última reacción y palabras:

> ¿Estás viendo cómo tenía yo razón cuando no me quería casar? Estos señores dicen que casarse es aburridísimo. ... cuando estas vizcondesas lo dicen, será por algo... Anden, cuéntenme ... Sigan ustedes, vizcondesas. Entonces, ¿es verdad que lo de casarse es aburridísimo?[10]

El telón, que baja al final del primer cuadro de este primer acto, deja sin contestación la pregunta de Laura. Pero, al alzarse de nuevo nos permite seguir frente al mismo grupo, ahora reforzado con más presencias y más opiniones encontradas, en el mismo lugar. Oiremos ahora incluso que lo de casarse "hará bonito", aunque la idea de irse a vivir a las afueras suena a disparate, indudablemente a algo repugnante. Laura, que salta de una a otra decisión, acaba por sugerir a todos la marcha en grupo, aquella misma madrugada, para inspeccionar el hotelito de las afueras. Pero antes hace ver muy claramente a Ramón que han de separarse hasta el día de la boda, porque "haría muy feo quedarse a dormir sin estar casados aún".[11] Por eso le anuncia que ella se irá a vivir hasta entonces con su madre.

El cuadro y acto terminan con una conversación e interrogante muy significativos. Elisa, una de las elegantes damas de la inesperada reunión, insinuante y agorera, inicia con el ahora abandonado Ramón, un juego peligroso de acertijos:

> E.: – ... estando casados siempre es más fácil. R.: – ¿El qué es más fácil? E.: – Todo ... Tendrán ustedes amigos ... Recibirán gente en su casa ... Darán cócteles. Tendrán "canasta". ¿Sabe usted jugar a la canasta? R.: – No sé. Creo que no... E.: – Un hombre casado no tiene más remedio que jugar a la canasta... R.: – ¿Ah, sí? E.: –Tendrá usted que aprender a jugar a tantas cosas... [...] Ahora empieza usted una nueva vida.[12]

Ramón se siente solo y, tras el mutis de Elisa, pensativo en el sofá, pregunta: "¿Una nueva vida?, mientras baja el telón."

Al comienzo de segundo acto y primer cuadro nos encontramos en el hotelito recién estrenado por la nueva pareja de recién casados. Nuevamente vemos la escena invadida por las nuevas amistades de Ramón y Laura. Los augurios de unos y otros se van cumpliendo ante nuestros ojos: Ramón aparece persiguiendo a la doncella, como la ahora retirada Laura había previsto; los visitantes se enseñorean de todo en el nuevo hogar – alimentos, bebidas, comodidades, servidumbre, espacio y tiempo –, como ya había imaginado Ramón, arrinconado, olvidado por la esposa, aunque asediado por las nuevas amigas del matrimonio. Y todo ello con el beneplácito o indiferencia de la mujer, que también coquetea por su parte con el amigo arquitecto, antiguo admirador al parecer. Los criados agobian al dueño con sisas y sablazos descarados, de los que Ramón se defiende sin la colaboración de la atolondrada Laura. Las lamentaciones del marido se escuchan en los escasos momentos libres de tanta presencia. Versan sobre la imposibilidad de leer; el *snobismo* en que ha caído Laura por influjo de las nuevas amistades, interesada ahora en interminables partidas de canasta dentro y fuera de su casa, en las constantes e insustanciales distracciones domésticas en que voluntaria y denodadamente se sume la antigua amante; sobre los gastos, el despilfarro debidos a tantos visitantes y a la colaboración de la servidumbre desaprensiva.

El contraste entre la antigua vida de soltero y la nueva de casado, aparece ahora mucho más claro ante la vista de Ramón, que ve disfrutar al amigo arquitecto y célibe de toda la libertad de que ahora él carece. Pero la participación de ambos en un juego de matrimonios sólo peligroso en la apariencia, acaba por acarrearles a uno y otro las consecuencias que el mismo juego en sí encierra.

El segundo cuadro de este acto nos coloca frente al incómodo marido y cómodo amigo soltero, víctimas de los ataques, incluso físicos, del coro de mujeres que los rodea. Por unos y otros sabemos hasta dónde han llegado las aguas del río alterado en que todos se mueven. Por Laura y Ramón, en fuego cruzado de palabras, nos enteramos de hasta dónde han podido llegar una y otro en sus arriesgados escarceos:

> L.: – Porque debes saber que somos españolas y muy reques-
> teespañolas. ¿O es que crees tú que estás tratando con extranjeras de
> esas que si empiezan a flirtear ya siguen a lo loco y terminan
> fusilándolas por espías? ¡Ni hablar del peluquín, hijito! R.: – Seréis
> españolas, pero coqueteáis como suecas ... y soy un hombre y no un
> pelele...[13].

Y Ramón, inspirado por el ardor de la discusión, decide heroicamente acabar con tan absurda situación y despedir con cajas destempladas al grupo de parásitos: los amigos vanos y superficiales de circunstancias; la servidumbre esquilmadora y sin escrúpulos. Sus palabras admonitorias, apocalípticas casi, suenan inusitadamente en el hotelito:

> Y con todo esto es con lo que yo quiero terminar, porque hemos
> caído en un mundo que me revuelve el estómago. En un mundo
> cretino y *snob* que nos está contaminando a todos como si se tratase
> de una epidemia virulenta. Hasta a ti, Laura, que eres más infeliz que
> un cubo; y a ti, Roberto [por el amigo arquitecto], que siempre has
> sido un tonto integral.[14]

El arrebatado discurso, como podía esperarse, deja embobada a Laura, que, llevada de su admiración por Ramón, llama a su marido "machote" y "muy hombre".

Ya en la recta final de las nuevas decisiones, Ramón impulsa a Laura a hacer las maletas y a volver ambos a vivir en un hotel, donde nunca hay visitas y se está cómodo. Pero el problema ahora – así, al menos, piensa Ramón – es estar ya casados. En un hotel, dice, es más que probable que no les permitan vivir. Laura, con ilusión y recursos nuevos, apunta: "Yo creo que dando una buena propina...". Ramón, cauta-mente añade: "Eso sí... Y, sobre todo, no dándo escándalos...". [15] Así, con este doble toque de humor y escepticismo, termina Mihura su segundo acto.

Pero al alzarse el telón en el tercero comprobamos que, a pesar de la unánime decisión tomada, la pareja sigue en el hotelito. Es otra de las sorpresas que el autor reserva a su público. En la escena inicial Ramón lee un libro y bosteza significativa-mente. Nuevos personajes aparecen ahora: un pobre que ocupa junto al fuego un sillón que inmediatamente imaginamos cómodo y deseado por Ramón; la madre y her-mana de Laura, que colaboran agobiadoramente con ella en las labores caseras y culinarias y se desviven por proporcionar sin tregua alimentos y lectura de su propia selección a Ramón. La felicidad que, según el fiel amigo arquitecto, se respira en el hotelito y verdadero hogar de Ramón y Laura es envidiable:

R.: – ¡Qué delicia! ¡Qué paz ahora! ¡Una mujer que hace calcetines y una viejecita que se ocupa de darle calditos a uno mientras en la calle está nevando! Y mientras tanto, una chimenea de leña encendida y un viejecito de barba durmiendo junto al fuego. Por cierto, ¿ese viejecito, quién es? L.: – Es un pobre ... Mi madre hace muchas obras de caridad y todas las semanas invita a su casa a ese pobre. R.: – ¡Qué maravilla! ¡Poder tener un pobre en casa cuando está nevando! ¿Puedo acercarme a verle? L.: – Sí. Acércate. No tiene pulgas.[16]

Pero es este pobre de profesión quien ha de explicar a Ramón cuál ha sido su error, causa de toda su desgracia pasada y actual (no se debe abandonar la vida que se tiene por otra en la que, fatalmente, no hemos de encajar) y le aconseja volver a la vida anterior e, incluso, el momento en que debe hacerlo: ese momento en que en todo hogar tranquilo y feliz, presidido por una señora tan contenta siempre, se organiza de pronto "una bronca de mil demonios y se dicen las mayores ordinarieces".[17] Contento entonces el pobre con el consejo otorgado, aunque mucho menos con la larga espera de la comida de aquel día, anuncia su salida a la puerta para pedir limosna. "No puedo estar aquí toda la mañana perdiendo el tiempo", dice. Pero antes de salir, pregunta: "¿Usted quiere algo, don Ramón?" Ramón contesta, menos agradecido quizá que molesto, "que Dios le ampare".[18]

En la siguiente escena, que ocurre en ausencia de Ramón, descubre y nos descubre Laura las verdaderas razones de la empalagosa solicitud de su familia con su marido: la dulce y servicial madre, la abnegada hermana, movidas sólo por su propio interés y egoismo, esperan obtener con la colaboración de Laura toda clase de favores materiales del inadvertido esposo. Por ello, provocando con exageradas informaciones la ira de Ramón, consigue la expulsión del hogar de la madre, hermana y pobre de turno. Ya está, pues, la pareja otra vez dispuesta al abandono del hotelito y su vuelta a la vida de la que partieron. La escena final del último acto repite casi con idénticas palabras la situación final del segundo: ¿no será su matrimonio impedimento importante para esa vida a la que quieren volver? Por eso, esta deliberada repetición de finales, ¿no es una sugerencia del autor, una invitación de Mihura a hacernos pensar que la escena ha de repetirse indefinidamente en la vida de Ramón y Laura? Podríamos asistir entonces a una representación de actos en la que presenciaríamos, *ad infinitum*, una repetida situación de la que quieren y no quieren partir unos personajes.

Mihura ha explicado cómo era su comedia poco antes de su estreno:

"Es muy posible que ese constante ir y venir de la vida moderna, esa inquietud inútil que devora a la gente, ese afán "snob" de buscar algo nuevo que no se encuentra, esa inconformidad con lo que se tiene y que hace desear lo que no se tiene, me hayan movido a escribir esta comedia cómica, que se titula "*La canasta*", simplemente porque este juego de cartas coincide con el tiempo y las costumbres que trato de reflejar" (Mihura 1955).

De los personajes de *La canasta* nos ha informado que "carecen de ternura y humanidad ... porque la ternura y la humanidad están muy soterradas en la vida actual" (Baquero1955). Partiendo, pues, de esta amalgama de sentimientos frente a la sociedad actual, el autor construye su comedia. Pero hay en ella otra baza, intransferiblemente más personal, que también cuenta en el peso total de la obra. Mihura ha afirmado en otra ocasión "mi teatro soy yo y una mujer enfrente" (Miguel Martínez 1979: 239). El hombre, también nos ha aclarado, "tiene que torearla muy bien, de manera muy prudente para la convivencia" (Miguel Martínez 1979: 239). El hombre, nos dice, es un sujeto pasivo y la mujer, activo; de ahí el carácter de víctima del primero. La baza aludida, pues, es su clara y contraria actitud frente al matrimonio, tumba del amor y, más aún, de la libertad masculina. La comedia es todo cuanto dice Mihura de ella, pero sobre todo la protesta del soltero vitalicio ante las ataduras matrimoniales. Quizá, pues, una mezcla excesiva de ingredientes para una obra escrita contra reloj y contra una sociedad.

Pero volviendo al último de los ingredientes sugeridos, sería oportuno subrayar aquí el tipo un tanto inusitado de la situación y arranque de la obra si la relacionamos con el resto de la producción teatral de Miguel Mihura. En *La canasta* la actividad del sujeto femenino no ha partido de la mujer misma, sino a instancias y sugerencia del hombre: es él quien la invita a ponerse en movimiento, tras la propuesta de matrimonio. Así, con su iniciativa, es el hombre causa y efecto, elemento propulsor y resultado, incitador y mal torero, y, por tanto, víctima. Claro que el hombre de *La canasta* ha elegido el enfrentarse con una especie peligrosa de mujer: la mujer–mariposa, cuyo vuelo imprevisible apenas puede, de cerca ni de lejos, seguir; es decir, desde fuera o dentro del matrimonio.

Como en otras obras de Mihura, una pieza parece haberse desprendido de otra. ¿No podría ser *La canasta* – como en otros aspectos lo es ¡Viva lo imposible!, su segunda comedia – pieza encajable en el ensamblaje de *Tres sombreros de copa*? Paula, la protagonista de ésta, tampoco cree, como Laura al principio de *La canasta*, en el martimonio. ¿Qué hubiera sido de Dionisio casado con Paula, ese otro ejemplar de mujer–mariposa? ¿No es a esa posibilidad a la que asistimos en *La canasta*?

Del tropiezo de la obra nos dice Mihura que fracasó por haber atacado a destiempo un tema tabú. Escrita prácticamente en la mesa del censor, estuvo sujeta a toda clase de cambios y correciones de última hora (Miguel Martínez 1979: 234). Era además una obra de encargo, una obra de oficio que, como otras similares, se abocaba al fracaso o al éxito tibio. No obstante, algo de amor al oficio y al teatro debió de poner Mihura en *La canasta*, cuando nunca abandonó la idea de revisarla y rehacerla (McKay 1977: 107).

El arte moderno, desde el impresionismo, ha acostumbrado nuestro ojos a la contemplación del producto artístico en gestación. Mucho de lo moderno ofrece a menudo una invitación dirigida a quien se detiene junto a la obra artística y queda automáticamente convertido en su colaborador. La lectura de este manuscrito ciertamente excita la imaginación y hace pensar en la obra que algún día habría obtenido el visto bueno final de su autor. Sería injusto hablar más aquí de una obra que, desgraciadamente, carece de punto final. Sería improcedente señalar sus irregularidades y balbuceos. Pero creo que habiendo pasado por la frontera de su representación y de la·crítica, merecía este superficial acercamiento. Es, en el fondo, una forma de apaciguar la curiosidad justificada de los que con amor y respecto nos hemos aproximado a la obra escénica y humorística de Miguel Mihura.

NOTAS

1 Alfredo Marqueríe informa que "durante los actos primero y segundo de la representación hubo risas constantes y se aplaudieron varias frases. También en el tercero hubo risas, pero menos. Una minoría de espectadores de las localidades altas manifestó su disconformidad al terminar la segunda y tercera jornadas, pero su protesta fue contrarrestada y hasta sirvió de reactivo porque aumentaron las ovaciones de la mayoría de la concurrencia. El autor saludó desde el escenario, mientras el telón se alzaba muchas veces." *ABC*, Madrid, 2, dic., 1955. Sobre los incidentes del estreno, véanse: Pedro Barceló, "Suceso en el 'pateo' del Infanta", *El alcázar*, Madrid, 3, dic., 1955; anónimo, "Terminó la cuestión del Infanta Isabel", *El Alcázar*, 7, dic., 1955 (incluye la carta de disculpas de Arturo Serrano al director general de Cinematografía y Teatro).

2 El texto no publicado de esta comedia es el llamado "libro del apuntador", que sirvió para su representación en el Teatro Infanta Isabel. El ejemplar mecanografiado contiene correcciones, interpolaciones, tachaduras de la propia mano de M. Mihura, así como indicaciones del apuntador. La división en escenas es mía y en ella sigo la práctica tradicional. Debo a Jerónimo Mihura, hermano del autor, la excepcional fortuna de haber podido leer este raro texto. A él agredezco desde aquí su extraordinaria benevolencia y confianza.

3 Marqueríe clasifica la obra como juguete cómico. Dice que posee un primer acto delicioso "lleno de gracia ocurrente y sarcástica"; que el acto segundo mantiene "el tono humorístico, aunque la acción resultara más insinuada que desarrollada, y en el tercer acto la trama decayó porque, en realidad, hay sólo una escena clave: la de "don Ramón" expulsando del hogar a los miembros egoístas de la familia, pero, sin embargo, algunos detalles como el ardid de "Laura" apuntando a su marido la posibilidad de que sea envenenado o la figura grotesca del pobre que finge dormir y espera la hora de la comida, conservan el sello característico del autor". El mismo crítico opina que la pieza es una "obra de Pascuas" sin otro propósito ni ambición que la de hacer reír por reducción al absurdo; que posee un diálogo ocurrente, vivo, ingenioso, chispeante, no apoyado en el juego de palabras, sino en la frase intencionada y sorprendente que tan exactamente define la personalidad del autor. *ABC*, v. nota 1. Las afirmaciones críticas de Victoriano Fernández de Asís y Juan Guerrero Zamora son mucho más contundentes. El primero, al que no parece complacer el "disparatado e incongruente" humor codornicesco de Mihura, califica la comedia de *snob*, vulgar, vacía, como la sociedad que quiere pintar. Guerrero Zamora acusa a Mihura de tomar a broma aspectos serios de la vida y de repetir soluciones humorísticas ya usadas en *La Codorniz*.

4 El "libro del apuntador" manejado divide al principio la comedia en dos actos, aunque luego añade un tercero.

5 Referencia paródica a una popular cantante conocida en el mundo hispánico como "la Voz luminosa de Méjico".

6 La canasta, acto I, cuadro I, escena 1.

7 Id., acto I, cuadro I, escena 1.

8 Id., acto I, cuadro I, escena 1.

9 Id., acto I, cuadro I, escena 1.

10 Id., acto I, cuadro I, escena 7.

11 Id., acto I, cuadro II, escena 4.

12 Id., acto II, escena 5.

13 Id., acto II, escena 6.

14 Id., acto II, escena 7.

15 Id., acto II, escena final.

16 Id., acto III, escena 6.

17 Id., acto III, escena 10.

18 Id., acto III, escena 10.

BIBLIOGRAFIA

Anónimo
1955   "Terminó la cuestión del Infanta Isabel". En *El Alcázar*, 7, dic., Madrid.

Baquero, Arcadio
1955   "Miguel Mihura", en "Preguntando se va a Roma". En *El Alcázar*, 1., dic., Madrid.

Barceló, Pedro
1955   "Suceso en el 'pateo' del Infanta". En *El Alcázar*, 3, dic., Madrid.

Fernández Asís, Victoriano
1955   "Infanta Isabel: La canasta". En *Pueblo*, 2, dic., Madrid.

Guerrero Zamora, Juan
1955   "La 'canasta', de Miguel Mihura, en el Infanta Isabel". En *El Alcázar*, 2, dic., Madrid.

Margueríe, Alfredo
1955   "En el Infanta Isabel se estrena 'La canasta', de Miguel Mihura". En *ABC*, 2, dic., Madrid.

McKay, Douglas
1977   "The Hollow and the Hapless Fiasco". En *Miguel Mihura*. Boston.

Miguel Martínez, Emilio de
1979   *El teatro de Miguel Mihura*. Salamanca

Mihura, Miguel
1955   "Autocrítica de La canasta". *Pueblo,* 1, dic., Madrid.
[1955] *La canasta* [Libro mecanografiado para el apuntador], 1972 pp.

Unamuno entre la épica y la intrahistoria: Relectura de "Paz en la guerra"

Jesús Gutiérrez
Wayne State University, New York

A juicio de su autor *Paz en la guerra* era "tanto como una novela histórica una historia novelada"; y en aquel mismo prólogo a la segunda edición de 1923, parafraseaba Unamuno a Walt Whitman afirmando de su obra: "Esto no es una novela; es un pueblo" (*Paz en la guerra*, ed. 1986: 27-28).[1]

Punto de partida para esta ponencia es la última definición, amplia, totalizadora, la misma que había sido anticipada por Unamuno, con distintas formulaciones, muchos años atrás. Recordémoslas brevemente. En la primavera de 1890 se inició la correspondencia epistolar entre Unamuno y Pedro de Múgica, bilbaíno también y lector de Español en Berlín. En ella encontramos la información más completa y detallada sobre la génesis y elaboración de *Paz en la guerra* como ya puso de relieve don Manuel García Blanco (1965). En las primeras cartas indica Unamuno que trabaja en su "novela histórico-político-religiosa-etc-etc. sobre la guerra carlista" (*Cartas* 1965: 129) e insiste: "Yo estoy tan encariñado con mi novela épico-lírica-dramática como V. con su libro de filología" (1965: 130). Calificaciones semejantes reaparecen con frecuencia en este epistolario y en otros que don Miguel mantiene en la década de los noventa. No hace falta enumerarlas todas. Baste constatar el largo período de gestación de *Paz en la guerra* al que contribuirían la búsqueda de fuentes y materiales, libros y testigos, la exigencia en depurarlos, la necesidad del autor de identificarse con ellos, quizá cierta vacilación en darles la estructura novelesca e, incluso, posible aprehensión ante la respuesta de sus lectores. Cuando, en diciembre de 1896, la impresión del libro está casi terminada, Unamuno escribe a Múgica:

> "Estoy atravesando la época acaso más crítica de mi vida en el respecto de mi carrera y porvenir literario. Tengo ya *mi* público [y lo subraya don Miguel; ...] Si le he de decir la verdad lo que más siento no es ansiedad, ni temor, ni nada de eso, es curiosidad por ver cómo es recibido. A usted que me conoce creo que bien y a quien debo la verdad, he de decirle que estoy tranquilo en cuanto a la obra en sí. Siete años de perseverante reflexión sobre ella, de continuo trabajo, sé que han dado un libro que si carece de corrección externa (porque la redacción definitiva la hice de un golpe) y de lenguaje tal vez gramaticalmente desaliñado, abunda en otros elementos y aventaja en riqueza de contenido y en sugestividad a cuanto por aquí se hace. Aquí no se piensa y yo poco o mucho, mal o bien, pienso; *voici la différence*" (1965: 245-246).

El texto es significativo y no lo he visto citado ni por García Blanco ni por los otros estudiosos de *Paz en la guerra*. Porque, efectivamente, la riqueza de su contenido y la sugestividad de la obra explican la variedad de interpretaciones que no es necesario ni pertinente reseñar, con detalle, en este breve espacio. Y son esas mismas cualidades las que exigen una nueva lectura en este cincuentenario de la muerte de su autor.

Unamuno ha insistido en su condición de pensador. Por ello, nos importa tener presente el contexto ideológico del que surge *Paz en la guerra* y que se perfila durante sus años universitarios: "Difícil me sería - habría él mismo de confesar más tarde a Federico Urales -, precisar los orígenes de mi pensamiento, porque en un período de diez o doce años, del 80 al 92, leí enormemente y de cuanto caía en las manos, sobre todo de psicología y de filosofía" (1966-71, IX: 817). Hegel, Spencer, Wundt, James, Ribot influyen tempranamente en el futuro escritor junto con Taine y Carlyle. De este clima intelectual brota, en 1884, un primer fruto, su tesis doctoral cuyo título es muy revelador: *Crítica del problema sobre el origen y prehistoria de la raza vasca*. Al declarar su autor el sentido de esta obra establece un programa de investigación que guiará su labor en la primera época de su vida: "Es menester estudiar al pueblo en sus manifestaciones, y lo primero es recoger éstas y determinar el objeto del estudio. El alma oculta de un pueblo se manifiesta en varios órdenes de ideas, pero bien podemos asegurar que del pueblo vasco no nos queda más que su idioma, el euskera" (1966-71, IV: 88).

Este estudio de su pueblo, este adentrarse en el espíritu de su casta, es decir, de su raza vasca, evidente en *Paz en la guerra*, será después ampliado en los ensayos *En torno al casticismo* con la búsqueda del alma española y de la tradición eterna. Unamuno ha hecho suyos los postulados de la *Völkerpsychologie* o psicología de los pueblos. Reaparecen aquí las enseñanzas de Wundt y de los psicólogos que le habían precedido. Nótese la fecha, 1884. Seis años después, escribiendo a Múgica en mayo de 1890, reiterará ideas muy semejantes:

> "Como el lenguaje es la expresión del pensamiento espontáneo del pueblo, es el reflejo más fiel de la psicología del pueblo, y la evolución del pensamiento en ninguna parte se estudia mejor que en el pueblo. Este sentido, el más hondo, fecundo y profundo de la filología es el que ahí le dieron Lazarus y Steinthal, los creadores de la Völkerpsychologie, así como el gran antropólogo Waitz" (1965: 100-101).

Unamuno va a apoyarse en sus estudios filológicos para su investigación del alma de los pueblos; no quiere caer en el defecto del metafísico que elabora sus interpretaciones en su torre de marfil, alejado del hombre real.

Esta actitud intelectual continuará desarrollándose en los años oscuros de Bilbao, cuando fracasa en sus oposiciones a cátedras de psicología y metafísica y, dos veces, de latín. Finalmente, en junio de 1891, le ofrecen la cátedra de griego de Salamanca. Durante ese período ha dado clases particulares y publicado, en la prensa local, sus primeros relatos y cuadros de costumbres aún poco estudiados. En ellos se comprueba su búsqueda del alma vasca. Por eso, voy a referirme a dos trabajos que, por la técnica y el contenido, se aproximan a *Paz en la guerra*.

Del primer relato "Un partido de pelota" nos dice Unamuno que fue uno de sus trabajos que más éxito alcanzaron (1966-71, I: 118). Lo leyó primero en Bilbao y luego se publicó cuatro veces. Es anterior a 1893 y narra un juego de pelota vasco en el frontón de Abando. Se enfrentan dos jugadores de Rentería contra dos de Azpeitia. Resurgen así viejas rivalidades de los pueblos vecinos. Este episodio de la vida cotidiana se trasforma y eleva a un nivel épico que trasciende lo ordinario. Unamuno comienza describiendo el clima de expectación no sólo entre los aficionados sino entre las poblaciones representadas por los pelotaris y la gente de otros pueblos comarcanos. Hay hipérboles coloquiales: "Allí esta medio Munguía y todo Bermeo", etc. Pero es, sobre todo, el sistema de referencias literarias y alusiones históricas el que confiere al relato su valor permanente. Intencionadamente el autor subraya realidades muy modestas pero vitales (levadura, perejil, sal) y carga el final con una dosis subida de ironía. Transcribo estos párrafos:

> "...Se respiraban dos bandos parcialísimos: los unos sólo aplaudían a los de Azpeitia; a los otros dos, los otros y no tan sólo el remate ingenioso o rápido de algún tanto, sino también las pifias del contrario. Allí tirios y troyanos, rojos y blancos, oñacinos y gamboinos; la cuestión eterna y eternamente renovada, levadura humana, el perejil de todas salsas y sal de todo puchero [...]
>
> Aquí es el pueblo de las guerras de bandería, amasado con carne de batalla, arrullado por el fragor del combate [...] Se admira al eibarrés como a Homero, sin haberle leído, de oídas y como de cajón. [...]
>
> La amodorrada musa del sublime Píndaro, el cantor de los atletas vencedores en los juegos píticos y en los olímpicos, despertó, y al despertar arrebatóse en fuego lírico, y presa del excelso rapto poético, entonó, con rimbombante trompa épica, altisonante himno al prepotente Elícegui y al heroico Azpiri, rival de Aquiles, el de los pies veloces" (1966-71, I: 112 y 117).

De tono diferente es el segundo trabajo cuyo título "Humilde heroísmo" anticipa el mensaje del escritor y confirma este enfoque. Presenta a un aldeano cavando la tierra en la tarea más primitiva y elemental de todos los tiempos. Pero el labriego no está solo. Unamuno le ha dado un sentido hondo y duradero al enmarcarlo en una naturaleza de doble signo, transitoria y permanente, como la vida misma:

> "Allí está cavando, junto al río, frente a las montañas, tan inmutable aquél como éstas, con su fluir de continuo el uno y con su firme asiento las otras. Ante tal espectáculo se echaron los cimientos de su espíritu [...] Ha aprendido así, sin darse de ello cuenta la infinita variedad de los eternos espectáculos. [...]

Es uno de los héroes, de los héroes humildes - *humiles* - de la tierra - *humus* es uno de los héroes del heroísmo vulgar, cotidiano y
difuso; de todos los momentos. Es su ideal la realidad misma, viene
de la piedra y [...] va al ángel" (1966-71, I: 80).

Heroísmo humilde o acción deportiva evocada como hazaña bélica. En ambos
relatos Unamuno, hombre del pueblo, busca y exalta al pueblo, individual o colectivo,
insistiendo siempre no sólo en la dimensión accidental y transitoria sino igualmente
en la esencial y duradera de la vida y del alma del pueblo. De este modo queda ya
planteado un primer contraste entre dos realidades a las que luego conceptualizará
como historia e intrahistoria. La referencia a los modelos griegos, a pesar de cierta
ambivalencia, es algo más que un alarde del profesor y especialista de aquella
literatura; implica, más bien, el propósito del autor de fundamentar en modelos
universales, ya consagrados, su propia búsqueda e interpretación de las manifestaciones populares. Otros trabajos de esta época, "Chimbos y chimberos" y "La sangre
de Aytor" ilustrarían la importancia que Unamuno daba al lenguaje para comprender
al pueblo y al alma vasca.

En esta perspectiva que algunos estudiosos designan como populista se inserta *Paz
en la guerra*, como notamos al comienzo. Lo que singulariza a esta obra y la aparta de
los relatos anteriores es la reflexión e investigación sobre la guerra carlista y su modo
de interpretarla. Todo comenzó, como se ha repetido, con una noticia que le dieron,
estando en Madrid, sobre "la muerte en el campo carlista de un sujeto", según sus
palabras. (1966-71, VIII: 208). Nunca explicó don Miguel otros detalles sobre el muerto, su edad, condición social, relaciones familiares, etc. Pero es muy significativo el
primer título que el escritor pensó dar a su relato, "Un Mártir de la Fe", y comunicó a
Múgica (1965: 120). Es decir, sobre el fondo o medio ambiente de la guerra carlista,
Unamuno interpretaba aquella muerte como algo heroico, como la muerte de un testigo o de una víctima de la fe tradicional del pueblo vasco. No es esta deducción arbitraria pues se justifica con otra confidencia al mismo corresponsal, un año después,
en 1891:

"Mi novela marcha, pero aún para darla por concluida no sé cuánto
pasará. Según trabajo en ella se ensancha la concepción que tengo
del asunto. Empezó por un cuento, hubo una época en que creí sería
una novelita corta, cosa de 3 o 4 meses de labor, y ahora una obra
que tal como yo la concibo podría muy bien ocuparme aún año y
medio o dos años. Según concreto mi idea la idea se va ensanchando.
Y es que en el fondo de la guerra civil latía todo un ideal político-
religioso, todo un mundo de pasiones, toda una epopeya" (1965: 139).

El texto revela el sentir de Unamuno y, a la vez que subraya la dimensión épica de
Paz en la guerra, complementa las definiciones ofrecidas anteriormente. Durante años
Unamuno se ha interrogado no sólo sobre la última guerra carlista y el sitio de Bilbao
que él mismo presenciara en su niñez, sino también sobre lo que fue y entrañó el

movimiento carlista para el pueblo vasco, sobre sus causas y antecedentes y, muy en particular, sobre aquella aparente identificación de pueblo vasco y carlismo. No recuerdo que nadie haya insistido sobre estos aspectos ni tampoco sobre el papel que, a lo largo de la novela, desempeñan el recuerdo y la alusión a la primera carlistada de 1833. Literariamente sirve de marco de referencia épica con el que se contrastan los momentos de agotamiento y monotonía y el fracaso final de la guerra de 1873. El alistamiento de Pedro Antonio en el ejército carlista "cumpliendo la voluntad de su tío y la de Dios, según los curas" (1986: 30), permitirá al chocolatero seguir recordando aquellos "siete años épicos". Quienes interpretan a Pedro Antonio exclusivamente como encarnación de la intrahistoria no han de olvidar que este personaje se transforma en verdadero rapsoda al evocar repetidamente el pasado. Nótese, en el texto que sigue, la atención prestada por Unamuno tanto al contenido heroico como a los recursos tradicionales de la épica en frases calificativas, "el caudillo coronado por la muerte", o en insistencias y reiteraciones de tipo juglaresco, "de este mismo Bilbao en que vivimos" y el carácter afectivo-expresivo de los recuerdos:

> "Era de oírle narrar, con voz quebrada al fin, la muerte de don Tomás, que es como siempre llamaba a Zumalacárregui, el caudillo coronado por la muerte. Narraba otras veces el sitio de Bilbao, "de este mismo Bilbao en que vivimos", o la noche de Luchana, o la victoria de Oriamendi, y era, sobre todo, de oírle referir el convenio de Vergara, cuando Maroto y Espartero se abrazaron en medio de los sembrados y entre los viejos ejércitos que pedían a voces una paz tan dulce tras tanto y tan duro guerrear. ¡Cuánto polvo habían tragado!" (1986: 32).

E insiste Unamuno: "la guerra de los siete años vivificóle la vida nutriéndosela de un tibio ideal hecho carne en un mundo de recuerdos de fatiga y gloria" (1986: 32). El entusiasmo de estas memorias del padre lo recogerá su hijo Ignacio (1986: 49, 68, 116), en cuya decisión de unirse a los voluntarios carlistas influirá el tío sacerdote. Las enseñanzas de éste y los recuerdos de aquél dejarán huellas profundas en la imaginación de Ignacio, en la que convivirán los héroes históricos con los héroes de la leyenda.[2] Recuérdese, aunque sea entre paréntesis, que la elección del nombre de Ignacio era intencionada por traer a la memoria de los vascos al heroico capitán de Loyola, en quien Unamuno veía "toda el alma del pueblo vascongado" (1941: 64).

Pero *Paz en la guerra* ofrece de la guerra carlista otra dimensión más humana que la evocación de los héroes carlistas. Siendo guerra civil, su acción más trágica es la de dividir a los hermanos. El carlismo viene a convertirse en un movimiento sociopolítico, con ideologías e intereses muy encontrados, que escinde a un pueblo y a una región; es un mundo de pasiones en el que éstas quedan al descubierto.

Los críticos, desde Julián Marías (1943) hasta Ignacio Elizalde (1983), han definido esta obra como la novela del pueblo vasco, como su "radiografía"; como una novela "definida por un mundo", el que está "visto desde la perspectiva múltiple del pueblo entero que es el verdadero sujeto del relato" (Marías 1943: 87). Se ha insistido, por eso, en la intrahistoria, olvidando que en esta obra, no puede separarse de la historia. Ambas adquieren una dimensión épica al quedar causalmente enraizadas en un pasado histórico, a la vez lejano y cercano, y que el carlismo como precipitante vuelve a actualizar. Se renueva, así, la guerra entre Bilbao y las aldeas vecinas, entre el mercader y el labrador, entre los hombres de la laya y del campo y los hombres de la pluma y del escritorio. O mejor, en las palabras del mismo Unamuno: "Iba a resolverse la larga querrella, la del rústico y el urbano, que llena con sus incidentes, alguna vez sangrientos, la historia del Señorío de Vizcaya" (1986: 134).

Algún crítico,[3] ya en vida de Unamuno, hizo hincapié en la simpatía con que éste presentaba a los carlistas. Desde esta interpretación, ello era lo más lógico. Porque ambos bandos tenían sus héroes, su grandeza y su miseria. El autor los acepta buscando, al final, una superación de las rivalidades. El contenido épico constituye el fondo de la novela y confiere a ésta su sentido poético más profundo. Al reflejar en ella a todo un pueblo, difícilmente podía su autor prescindir de otros aspectos, psicológicos o existenciales, de la vida humana. Y Unamuno que, en 1898, analizó con lucidez su obra como ejemplo de convergencia entre la historia y la novela,[4] insistió especialmente en los aspectos objetivos y épicos al advertir, en 1904: "Publiqué mi *Paz en la guerra*: batallas, bombardeos, Bilbao, guerra civil, y se me vinieron con las psicologías y otras lilailas que allí puse" (1966-71, IX:43).

Lo expuesto nos obliga a reflexionar ahora sobre la relación entre épica y novela planteada en *Paz en la guerra* y algunos juicios de su autor sobre la epopeya en general. Nunca expuso Unamuno estas ideas de manera sistemática sino que fue desparramándolas en textos dispersos. Desde 1892 admira el *Martín Fierro* y lo califica de "Ilíada argentina, poema popular, fresco, homérico" (1965: 171), y luego, en 1894, precisa: "En *Martín Fierro* se compenetran y como que se funden íntimamente el elemento épico y el lírico; diríase que el alma briosa del gaucho es como una emanación del alma de la pampa, inmensa, escueta, tendida al sol, bajo el cielo infinito" (1966-71, IV: 713). Comentando, en otra ocasión, *La epopeya de Artigas* de Zorrilla San Martín insiste Unamuno en el carácter de epopeya de aquella obra que "como poema épico en prosa hemos de considerar" (1966-71, III: 583). Para Unamuno, por tanto, la épica es algo popular, algo que sigue viviendo en el pueblo que es el auténtico protagonista siempre presente. La materia poética que el pueblo creó en el pasado se mantiene viva y reaparece en lo más hondo del alma nacional; es algo que, creado, el pueblo recibe y conserva como suyo para siempre. Corresponderá al escritor descubrir esa dimensión épica y fusionarla con la novela del pueblo. No es ocioso recordar aquí que esta concepción de la épica es fundamentalmente la que expuso, a lo largo de su vida, Menéndez Pidal;[5] es una épica popular.

En este contexto adquiere todo su valor teórico de diferenciación aquella alusión de Ortega y Gasset cuando, al oponer épica y novela, acusa a Unamuno con estas palabras: "Yo no comprendo cómo un español, maestro de griego, ha podido decir que facilita la inteligencia de la *Ilíada* imaginar la lucha entre los mozos de dos pueblos castellanos por el dominio de una garrida aldeada" (1966: 137).[6] Según Ortega, novela y épica son justamente lo contrario. El tema de la épica es un pasado que no es el nuestro. Para él, "la epopeya es un fondo poético sustantivo que en el progreso de su expansión llega a la plenitud y no se repite", porque "del orbe épico al que nos rodea no había comunicación. [...] Toda esta vida nuestra con su hoy y con su ayer pertenece a una segunda etapa de la vida cósmica. Formamos parte de una realidad sucedánea y decaída: los hombres que nos rodean no lo son en el mismo sentido que Ulises y Héctor. Hasta el punto que no sabemos bien si Ulises y Héctor son hombres o dioses" (1966: 133). Luego resume Ortega su pensamiento, afirmando: "La épica es primero invención de seres únicos, de naturalezas 'heroicas': la centenaria fantasía popular se encarga de esta primera operación. La épica es luego realización, evocación plena de aquellos seres: esta es la faena del rapsoda" (1966: 138).

Encontramos así dos concepciones opuestas de la épica que, por ahora, designaremos como popular y culta. Si ésta es irrepetible, aquélla puede ser siempre actualizada. Las diferencias se centran, primero, en la naturaleza de los protagonistas; después, en la referencia al pasado.[7] Sobre los protagonistas, que para unos son semidioses o héroes sublimados y para otros, hombres comunes, capaces de heroísmo, no es necesario insistir ahora después de lo que antecede. Pero sí debemos reflexionar, brevemente, sobre la referencia y modo de entender el pasado de Unamuno para quien el pasado viene a proveer el fondo de la poesía, uno de los elementos que transforman la novela en épica.

Frente al pasado absoluto o mítico de Ortega, Unamuno distingue varios niveles de pasado, lejanos unos y cercanos otros. Recuérdese cómo al empezar *Paz en la guerra*, el marco cronológico de la acción ficticia se fija "por los años cuarenta y tantos", pero pronto el autor se remonta a la fundación de la villa de Bilbao en 1300 por don Diego López de Haro; o, cuando al trazar la biografía de Pedro Antonio, alude a la Constitución de Cádiz de 1812. Entra el pasado histórico al servicio de la creación literaria, sirviendo de marco. Pero Unamuno nos ofrece otro empleo y elaboración del pasado, literariamente más interesante. Es la transformación o del pasado reciente o del mismo presente proyectándolo en una dimensión trascendente y épica. Este recurso, ensayado por Unamuno en las evocaciones de la primera guerra carlista por Pedro Antonio, lo desarrolla en estos textos paralelos al comentar la resistencia de los sitiados en Bilbao. Terminado el sitio, sintetiza Unamuno:

"Libertadores y libertados competían en narrar infortunios, como viejos amigos, ponderando cada cual sus sufrimientos, a competencia. ¡Cuánto tenían que contar! Ahora gozaban con lo pasado, ahora que lo habían reducido a recuerdo, ahora que, depurados sus sufrimientos del doloroso presente, entraban en el pasado, inexhausto fondo de poesía. ¡Cuánto tenían que contar a los venideros!" (1986: 210).

Nótese que las repeticiones son intencionadas y sirven para intensificar el proceso de literarización de lo vivido en un nivel popular de la epopeya, como indiqué al comentar la evocación de la primera carlistada por Pedro Antonio. Pero no sólo protagonizan los adultos esta poetización.

El mundo infantil adquiere en esta novela dimensiones diversas. Sirve, por un lado, para describir las costumbres de la tierra; por otro, las rivalidades entre las partidas y bandos opuestos de muchachos anticipan, desde el comienzo de la obra, la guerra civil carlista. Otra vez será el mismo Ignacio el que fusione la realidad de la batalla y los recuerdos de las pedreas infantiles. Durante el sitio, los chiquillos del colegio improvisado en la lonja de los Arana comentan los episodios actuales de la guerra, elevándolos a material épico. Los niños, escribe Unamuno:

> "formábanse una fresca y poética visión de la guerra, una visión enteramente homérica, zurciendo con detalles de lo que veían sueños y retazos de cosas entreoídas y vislumbradas. ¡Qué gustazo oír contar aquellas cosazas y tener que contarlas! ¡Qué gustazo bordar mentiras sobre la verdad y poetizar la guerra! Oíanse con la boca abierta; mientras los mayores sufrían la guerra, sacábanle ellos la poesía. Viviendo al día, con voluntad virgen, descuidados del mañana y desinteresados de las pasiones que agitaban la lucha, ciegos a las consecuencias, las causas y el fondo de ellas, veían sólo su forma pura, un juego preñado de inusitadas emociones" (1986: 202).

Era necesario poner de relieve estos textos extraordinarios y olvidados por los críticos hasta ahora. Unamuno demuestra cómo el pasado reciente, inmediato, se convierte en material poético. Por esto mismo podrá después retrasmitirse. El pueblo, carlistas y liberales, todo el pueblo vasco, a la vez actor, protagonista y creador de las hazañas es también el rapsoda de esta poetización. La guerra se ha sublimado; en el futuro, será la epopeya de todo el pueblo vasco. La novela adquiere así su dimensión épica. Aunque ni el tiempo ni el espacio permitan matizar ahora los juicios repetidos frecuentemente por algunos críticos, he de añadir una observación final. Quienes piensan que la muerte de Ignacio fue baldía y sin sentido deben reflexionar sobre la reacción de Pachico que Unamuno se cuida de comentar:

> "Cuando supo Pachico por una carta la muerte de Ignacio dióle un vuelco el corazón. Se dijo: "¡Pobrecillo!" y fuése a casa, en la que se encerró para dejar correr libres sus lágrimas allí, donde nadie le viera llorar. Entonces decubrió cuánto le había querido y, espoleando al llanto, para hallar en éste un recogido deleite de abandono y de fusión de afectos, perdióse en imaginaciones vagas. "¿Una vida perdida? ¿Perdida ... para quién? ¿Para él acaso, para el pobre Ignacio? ... Tales vidas son la atmósfera espiritual de un pueblo, la que respiramos todos y a todos nos sustenta y espiritualiza" (1986: 250)

"El Mártir de la Fe", Ignacio, enriquece con su heroismo anónimo, en apariencia inútil, al pueblo que le vio nacer. Su testimonio ha sido sublimado e inmortalizado por Unamuno quien exalta así a todo su pueblo vasco.

NOTAS

1 Las referencias bibliográficas se verán al final. Elijo el texto de *Paz en la guerra* según la edición de Manuel Basas. A pesar de sus limitaciones es la única anotada en castellano y acaba de ser publicada en Bilbao, en 1986.

2 Repetidas veces y con propósitos diversos - anticipar, evocar o contrastar -, emplea Unamuno el recurso de mencionar a personajes, literarios e históricos, que se convierten en verdaderos paradigmas en la fantasía del joven Ignacio. Las fuentes inmediatas son los pliegos de cordel a los que el muchacho se aficiona. Los orígenes se remontan a la *Biblia*, *Las mil y una noches*, el Romancero, los libros de caballería, el *Poema de Mío Cid* o historias y cuentos del momento. Si la enumeración, a veces extensa, es ya reveladora, adquiere mayor fuerza el mismo proceso de interiorización que Unamuno se complace en describir: "Estas visiones vivas, fragmentos de lo que leía en los pliegos y veía en los grabados, se dibujaban en su mente con indecisos contornos y, junto a ellas, resonábanle nombres extraños como Valdovinos, Roldán, Floripes, Ogier, Brutamonte, Ferragús. Aquel mundo de violento claroscuro, lleno de sombras que no paran un momento, más vivo cuanto más vago, descendía silencioso y confuso, como un niebla, a reposar en el lecho de su espíritu para tomar en éste carne de sueños, e iba enterrándose en su alma sin él darse de ello cuenta. Y desde el fondo del olvido le resurgía en sueños un mundo [...]. Era un mundo rudo y tierno a la vez, de caballeros que lloran y matan, con corazones de cera para el amor y hierro para la pelea, que corren aventuras entre oraciones y estocadas; mundo de hermosas princesas que sacan de la prisión a aventureros apenas entrevistos, amados; de gigantes que se bautizan; de bandidos generosos que, encomendados a la Virgen, roban a los ricos la limosna de los pobres; mundo en que se codeaban Sansón, Simbad, Roldán, el Cid y José María y, como último eslabón de aquella cadena de héroes, sellando la realidad de aquella vida, Cabrera; Cabrera, exclamando al salir de su juventud turbulenta que habría de hacer ruido en el mundo, revolviéndose como una hiena, rugiendo como un león, arrancándose los pelos y jurando sangre, mientras llamaba a voces a duelo singular al general Nogueras, por haber fusilado a su pobre madre, ¡de sesenta años!; Cabrera, corriendo de victoria en victoria, hasta caer extenuado. Y este hombre vivía, le habían visto Gambelu y Pedro Antonio con sus ojos, y era, a la vez, un hombre de carne y hueso, un héroe de otro mundo, un Cid vivo que había de volver el mejor día con su caba-llo, para resucitar el mundo encantado del heroísmo, con que la ficción se baña en realidad y en que las sombras viven" (1986: 48-49). En este mundo se forja el espíritu de Ignacio, el futuro "mártir de la fe".

3 A las explicaciones, muy conocidas, que Unamuno presentó en uno de los ensayos, en su forma de libro, de *En torno al casticismo*, se debe añadir un testimonio tardío, de 1933, y mucho más explícito: "Cuando apareció la novela pudo decir Altamira que latía en ella una cierta simpatía por la causa carlista. Como que no se puede ser liberal de otro modo; como que no cabe participar en una guerra civil sin sentir la justicia de los dos bandos en lucha; como que quien no sienta la Justicia de su adversario - por llevarlo dentro de sí - no puede sentir su propia Justicia" (1966-71, VIII: 1192-1193).

4 En sus "Notas sobre el determinismo en la novela", rescatadas del olvido por Rafael Pérez de la Dehesa, comparaba Unamuno, desde 1898, a Zola con Taine, quienes le servían de ejemplos de la convergencia entre la novela y la historia. "Las novelas de Zola son tan historia como novela las historias de Taine; las ficciones del primero tienden a la realidad de lo histórico tanto como al interés e íntima verdad de lo novelesco los sucesos reales que el segundo cuenta". Y luego nos revela don Miguel: "A tales principios pretendí ajustar, en la medida de mis fuerzas, mi novela *Paz en la guerra*, cuyos principales defectos brotan sin duda de este empeño reflexico que la presidió. Quise fundir, y no yuxtaponer, lo histórico y lo novelesco, contar una historia por dentro y encajar una ficción en un exterior rigurosamente documentado. El elemento histórico es en ella mucho mayor que suele serlo en las novelas llamadas históricas, puesto que pretendí que fuese la historia de nuestra guerra civil algo más que ambiente y mero marco de su ficción. Anovelar la historia es lo mismo, en último resultado, que historizar la novela". Y concluye: "Fundir artísticamente en la novela lo psicológico con lo sociológico es la principal tarea que resta; fusión que no es en el fondo otra que la novela propia y específicamente tal con la historia" (1966-71, IV: 772-773).

5 A los numerosos ensayos de interpretación y crítica dedicados a la obra de Menéndez Pidal, parcialmente enumerados en el *Manual de bibliografía de la literatura española* de Simón Díaz, debe añadirse
   el excelente artículo de Ciriaco Morón Arroyo "La teoría crítica de Menéndez Pidal", publicado en la
   Hispanic Review 38 (1970): 22-39, donde se explican las raíces del pensamiento de don Ramón. Por
   mi parte, quiero traer a la memoria un texto del ilustre filólogo en el que, al referirse a las *Estampas
   de la vida en León durante el siglo X* del gran historiador don Claudio Sánchez de Albornoz, las elogia
   afirmando que era "una obra de fino arte novelesco y de sólida ciencia histórica" (Véanse los *Discursos leídos ante la Real Academia de la Historia el 28 de febrero de 1926* [Madrid, 1926], pág. 215). Afirmación que no hubiera desdeñado el mismo Unamuno.

6 En julio de 1986, mientras revisaba esta ponencia, pude visitar el Archivo y Biblioteca de Unamuno
   en Salamanca. Allí logré examinar dos ejemplares de la primera edición de las *Meditaciones* por José
   Ortega y Gasset (Madrid: Publicaciones de la Residencia de Estudiantes, Serie II, 1914). Uno de
   ellos, con la signatura U2637, lleva esta dedicatoria: "A D. Miguel de Unamuno, afectuosamente. El
   Autor Md. 31 de julio de 1914". Buscaba yo, sin éxito, alguna observación de don Miguel con que
   respondería a la alusión tan clara de Ortega. Por su parte, Julián Marías, en la edición aquí
   empleada, tampoco se decide a clarificar el texto orteguiano. No es posible aludir aquí a las
   relaciones entre Unamuno y Ortega. Cuando se publique la correspondencia entre ambos escritores
   en fecha próxima, se podrán precisar afirmaciones provisionales o incorrectas.

7 El crítico ruso Mikhail Bakhtine, en su *Esthétique et théorie du roman*, coincide con Ortega al afirmar
   que el mundo épico está separado, o escindido, por una distancia absoluta del tiempo presente y, al
   mismo tiempo parece conciliar la perspectiva unamuniana al aceptar que la epopeya busca su objeto
   en el pasado épico nacional. Al adoptar la terminología de Goethe y Schiller, insiste en un pasado absoluto. Este énfasis le acercaría, de nuevo, a Ortega (1978: 448).

BIBLIOGRAFIA

Bakhtine, Mikhail
   1978   *Esthétique et théorie du roman*. París.

Elizalde, Ignacio
            Miguel de Unamuno y su novelística. Irún.

García Blanco, Manuel
   1965   "Sobre la elaboración de la novela de Unamuno *Paz en la guerra*". En *Revista Hispánica
             Moderna*, 31: 142-158, Nueva York.

Marías, Julián
   1943   *Miguel de Unamuno*. Madrid.

Ortega y Gasset, José
   1966   *Meditaciones del Quijote*. Comentario por Julián Marías, Madrid.

Unamuno, Miguel de
   1941   *Epistolario a Clarín* (Menéndez Pelayo, Unamuno, Palacio Valdés). Madrid.
   1965   *Cartas inéditas de Miguel de Unamuno*. Recopilación y prólogo de Sergio Fernández
             Larraín, Santiago de Chile.
   1966-71   *Obras completas*. 9 vols., Madrid.
   1986   *Paz en la guerra*. Edición de Manuel Basas, Bilbao.

La novedad de "Estío" (1915) de Juan Ramón Jiménez: ¿Conceptismo o desnudez?

María Estela Harretche
University of California, Davis

El 1º de mayo de 1917, Antonio Machado anotaba en su cuaderno de apuntes, hoy conocido por *Los Complementarios*, un poema del último libro de Juan Ramón Jiménez (1915), y hacía a propósito del autor el siguiente comentario:

> "Juan Ramón Jiménez, este gran poeta andaluz, sigue, a mi juicio, un camino que ha de enajenarle el fervor de sus primeros devotos. Su lírica [...] es cada vez más barroca, es decir, más conceptual y al par menos intuitiva. La crítica no ha señalado esto. En su último libro: *Estío*, las imágenes sobreabundan, pero son cobertura de conceptos" (1971: 52).

La crítica moderna ha coincidido con Machado en detectar un cambio en la poesía de Juan Ramón Jiménez por esos años, cambio ya visible (o previsible) en *Estío*; pero ha sido unánime en valorar ese cambio positivamente: "*Estío* [es] casi un milagro: desnudez, palabra precisa, poema breve, sencillez, por fin, lograda" (Aurora de Albornoz, prólogo a la *Nueva antología* de J.R.J., 1973). Por su parte, Antonio Sánchez Romeralo sitúa a *Estío* (por anunciar ya aspectos de la renovación que trajo el *Diario* a la poesía española) en el umbral del *segundo tiempo* de Juan Ramón Jiménez, al que califica de *tiempo intelectual*.

Parece, pues, que este libro, *Estío*, nos está exigiendo una lectura atenta, dirigida a precisar en qué consiste su novedad, y cuál es la exacta naturaleza de esos elementos "conceptuales", que Machado desaprobaba, y que, sin embargo, parecen haber sido determinantes de una nueva y fecunda dirección (intelectual) en la poesía de J.R.J., primero, y, a través de él, en la poesía moderna de habla española.

El poema que Machado anota en su diario, y que suscita el comentario adverso, es el número IX de *Estío*, que dice:

> Balanza de lo perenne, / hunda tu plato siniestro
> el peso de la caídas, / de los odios, de los yerros.
> – El paisaje – ¡vida pura! / es este, el que es; espléndidos
> confines cercan de luz / el áureo renacimiento.
> Hunde tu siniestro plato / y en el diestro, almo, ligero,
> eleva mi corazón, / como una llama, hasta el cielo.

¿Qué hay en este poema que justifique el juicio general de Antonio Machado sobre la *nueva* lírica de Juan Ramón Jiménez, que él considera una "lírica ... cada vez más barroca ... más conceptual y ... menos intuitiva"? ¿Y qué quería decir Machado exactamente con estos términos?[1] Empecemos por leer el poema con atención. Al hacerlo, vemos que ya el primer verso introduce un símbolo (primera abstracción) de una realidad abstracta (segunda abstracción): realidad interna, presentida y deseada en equilibrio, "lo permanente", lo eterno. Así, "Balanza de lo perenne" ya supone una doble conceptualización.

Lo eterno (aquello puro y permanente a que aspira el poeta) debe (para elevar lo más positivo de sí) hundir en su otro lado ("el plato siniestro") lo negativo ("las caídas / los odios y los yerros") para entonces hacerlo desaparecer.

La segunda estrofa parece darnos la clave de aquello que ha sido captado, en primera instancia, desde lo sensible. Una percepción primera: la luz del sol ("espléndidos confines cercan de luz el áureo renacimiento"). En su vuelta completa dibujada alrededor de la tierra, el sol nace y renace sin parar, sin límite temporal. Así tomada esta segunda estrofa como núcleo sensible, podría entenderse como el elemento generador del poema: "El paisaje – ¡vida pura! / es este, el que es ...", momento neto, completo. Un instante de eternidad es captado con lo más vivo del sentimiento.

El "yo" poético no aparece (expresado) hasta la tercera estrofa. "Yo" deseante, pide: "Hunde [se dirige al 'tú' implícito: la balanza de lo perenne] tu siniestro plato". Si desaparece lo negativo (o queda abajo, vencido), en el otro plato de la balanza (el diestro) se elevará todo lo mejor de sí – su corazón – y será en forma purificada y purificadora: una "llama" (fuego) hacia el "cielo" (aire).

Machado estaba acertado en observar que hay conceptualización: la primera estrofa sitúa el mensaje, desde el umbral del texto, en un plano conceptual. Pero (y por aquí debemos empezar) este trabajo de J.R.J. hacia lo "más conceptual" ¿significa una pura abstracción que aleja a la poesía de su generador más justificable y esencial – el sentimiento vivamente expresado – o es una entrada de lo intelectual al servicio de lo sensible? Tal vez a esta altura del trabajo sea difícil dar una respuesta abarcadora y suficiente. Lo que sí está claro es que Machado acierta al señalar que algo nuevo y diferente de la anterior poesía de J.R.J. está presente en este poema.

Frente a una primera poesía ("primer tiempo") en la que el poeta capta lo esencial de la realidad y lo transmite a través de un mundo de imágenes, color y musicalidad, vivo de sugestión sinestésica, poemas como el citado por Machado agregarán a lo intuido vivamente una reflexión intelectual, y, aún más, una conceptualización de creciente grado de abstracción.

El motivo del poema analizado aparece desde la poesía más temprana de J.R.J., pero con un interesante tratamiento diferenciador en un poema de 1908:

> El viento se ha llevado las nubes de tristeza;
> el verdor del jardín es un fresco tesoro;
> los pájaros han vuelto detrás de la belleza
> y del ocaso claro surge un verjel de oro.

¡Inflámame, poniente: hazme perfume y llama!
– que mi corazón sea igual que tú, poniente! –
descubre en mí lo eterno, lo que arde, lo que ama.
... y el viento del olvido se lleve lo doliente!

(1971, núm. 96)

Aquí la conexión con lo sensible es más directa. El vocativo "poniente" conecta al "yo" poético con lo real concreto; en cambio, en el posterior poema, el vocativo es "Balanza de lo perenne", y la conexión es con lo abstracto.

La reflexión final es de una lógica también más directa y espontánea: "descubre en *mí* lo eterno". El mundo sinestésico de la primera estrofa es, claramente, la diferencia más fácilmente detectable entre uno y otro poemas. Aunque, no por esto debamos concluir que es la presencia o ausencia de mayor o menor cantidad de imágenes lo que está determinando la quiebra radical entre un tiempo y otro – superador – de la poesía de J.R.J.

Necesario es, ahora, preguntarnos si este poema citado por Machado y explícitamente destacado, perteneciente a *Estío*, es representativo de todo el libro. Escrito en 1915, *Estío* lleva un subtítulo significativo: "A punta de espina", lo cual parece sugerir que *Estío* había sido un libro creado desde lo más agudo de la sensibilidad del poeta, y, es más, desde una sensibilidad herida y dolorida (surgido, en fin, "a punta de espina"). La dedicatoria va dirigida a Azorín y dice: "En su sereno escepticismo resignado con una rama permanente de yedra cogida del estío".

J.R.J., que, aunque algo más joven, tan cercano pudo haber estado de los miembros de la generación del '98 en un momento, ahora habla de uno de ellos con clara distancia en el modo de sentir. Su presente joven está lleno de otras vivencias. Ese esplendor y plenitud de la yedra en el estío – que son su presente – miran como cosa de otros a ese "sereno escepticismo resignado".

Por último, un poema de Shelley aparece como una cita-introducción al libro. Este poema nos sitúa en la identificación sensible del momento. "Mutability" habla acerca de la imposibilidad de lo permanente, preocupación que estará cada vez más presente en la obra de Juan Ramón (un Juan Ramón cada vez más definidamente obsesionado por ella hasta ir encontrando la posibilidad de la eternidad en su obra y su propio quehacer poético): "Man's yesterday may ne'er be like his morrow; / Nought may endure but Mutability".

La forma de organizar el material poético de *Estío* responde a un deseo de ordenación espiritual de los poemas. El autor distingue dos momentos: "Verdor", momento de máxima pasión de plenitud desesperada; y "Oro", que queda bien explicado a través de un poema:

En aquel beso, tu boca / en mi boca me sembró
el rosal cuyas raíces / se comen el corazón.
– Era otoño. El cielo inmenso / arrancaba, con su sol,
todo el oro de la vida / en columnas de esplendor. –

> Estío, seco, ha venido. / El rosal – ¡todo pasó! –
> ha abierto, tardo, en mis ojos / dos capullos de dolor.[2]

Y aquí tenemos que recordar que una de las presencias más importantes en Estío es la del amor del autor por la que va a ser, poco después, su mujer, Zenobia Camprubí Aymar, determinante, en buena medida, del cambio espiritual y estético que se opera por esos años en la obra del poeta.[3]

Dentro de esos dos momentos (verdor y oro), hay poemas que giran, una y otra vez, alrededor de tres constantes temáticas: a) la búsqueda de lo permanente; b) el amor, todavía inalcanzable en su realidad neta; c) la búsqueda de la palabra creadora y trascendente. El primer grupo temático (a) podría sintetizarse en el esfuerzo de Juan Ramón por captar lo esencial de la realidad y hacerlo permanente. Así, en el poema XVII de *Estío*:

> Coge, cada día nuevo, / tu alma de lo que viene
> tras de ti. ¡Siempre rocío / a la hoja siempre verde!

Lo que intenta eternizar en este poema es lo nuevo, aquello esencialmente lleno de vida. También aparece el tema en los poemas VIII, IX, XVIII, XXII, y en otros, en los que el poeta oscila entre el deseo de permanencia de las cosas y el goce de la eternidad ya aprehendida.

En cuanto al amor (b), hay en *Estío* un claro itinerario sensible de dudas, deseos, miedos, culpabilidad, angustia, desesperación, embeleso, deslumbramiento, pasión, frustración momentánea, espera. El amor aparece como un objeto muy íntimamente preciado, que a veces se siente alcanzar. Pero, aún, y lo confirmamos por lo histórico-personal, no se ha consumado ni asegurado. Todavía es meta a alcanzar. Así en el poema XII: "Me palpita el corazón, / asustado de tu amor". O en la gracia de esta canción (*Estío*, XVI), con algo de lo popular andaluz:

> Me das pena con ser hiel, / luego siendo azucena.
> ¿Quién podrá hacer ponientes ni alboradas / con tu inconsciencia?
> No es posible olvidarte para siempre, / ni quererte del todo,
>   brisalera,
> porque tú no eres mala / ... ni eres buena.

Ahora comprendemos que estas eran las "espinas" que habían hecho brotar el libro, las aludidas en el subtítulo de *Estío*. Pero el estado de ánimo en los poemas amorosos es variable, como puede comprobarse en los poemas I, II, III, IV, V, VI, X, XIII, XIV, XX ["Eva"], XXIV, XXV, XXVI, XXVII, XXXII, XXXIV, XXXVI, XXXIX, etc.)

En el tercer grupo temático (c), aparecen aquellos poemas que se refieren a la creación y a la preocupación por alcanzar la palabra poética. Así en XV, XXVIII, XXXI, XL, XLI. Prestemos atención al poema XXVIII, en el que Juan Ramón nos da la clave de su intención poética: Lo sensible + la inteligencia creadora:

No os quitéis la pasión / del momento. Que el grito
de la sangre en los ojos / os rehaga el sentido
tierra, un punto, de fuego / solo, sobre el sol ígneo.

¡No! Ciegos, como el mundo / en que miráis ... lo visto,
cuando veis lo que veis; / tal vez con el instinto
uno y fuerte, un momento / vayáis hasta el destino.

Tiempo tendréis después / de alargar los caminos
vistiendo, hora tras hora, / el desnudo bien visto.
¡Con qué segura frente / se piensa lo sentido!

Por un lado, entonces, *Estío* tiene el interés de plantear a lo largo de ciento seis poemas tres constantes temáticas: eternidad, búsqueda de la palabra creadora, y mujer–amor–mujer, que sabemos serán, ya, en adelante, elemento vertebrador de toda su obra.

Por otro lado, observamos en el libro una nueva concepción constructiva de los elementos expresivos (aunque inconstante) que introduce aquello nuevo señalado por Machado, algo que es significativo en el proceso de evolución de la nueva poética de J.R.J. y que va a concretarse (uniendo a una nueva manera de decir, una realidad nueva y contundente) en *Diario*, de 1916, libro que marca la concreción del segundo momento de la *Obra* total. Esta nueva concepción constructiva es lo que hace de *Estío* un libro de transición. Atendiendo a esa novedad, podríamos clasificar los poemas de *Estío* en: 1. poemas que no suponen un cambio; 2. poemas altamente conceptuales; 3. poemas característicos de lo nuevo, en el sentido más positivo de esa novedad.

En el primer grupo estarían aquellos poemas que podrían perfectamente haber aparecido en libros anteriores. Suelen ser canciones en las que lo refrescante, la novedad, tiene que ver con un cambio significativo en los procedimientos expresivos. En el segundo grupo entrarían poemas como el señalado por Machado en su observación crítica. Aunque, como ya he comentado, el poema IX ("Balanza de lo perenne") mantiene todavía visible en su segunda estrofa aquello vivamente intuido a través de la conexión sensible del poeta con la luz solar afirmadora de vida y de esperanza de eternidad. Hay otros, más representativos de esa poesía "más conceptual y al par menos intuitiva", que le molestaba a Machado. Un buen ejemplo me parece el poema XV de *Estío*: "Igual que una espada pura", en el que el envoltorio de lo conceptual es mucho más denso. Aun lo que tal vez ha podido ser el elemento intuido, generador, del poema, nuevamente la luz solar, está expresado en la segunda estrofa a través de una metáfora (una metáfora y cuatro octosílabos que, curiosamente, resultan muy calderonianos):

Llega la luz, paseada / desde su cetro pequeño,
del oriente hasta el ocaso / del inmaculado cielo.

Pero todo el poema es, en realidad, una metáfora sostenida, apoyada en dos comparaciones, para traducir un concepto que podría expresarse así: "que mi obra brille, como brilla el acero de una espada al sol, mientras luce el día infinito; y al acabarse la luz de ese día eterno, al igual que el sol al hundirse en el ocaso, que mi obra, como una espada al envainarse, quede recogida en su centro mismo". En este poema las metáforas e imágenes son, verdaderamente, "coberturas de conceptos".

Sirva este ejemplo para constatar el acierto de Machado al señalar que la poesía de Juan Ramón había sufrido un cambio, y para comprender sus razones al calificar el cambio de negativo. Pero lo que importa – lo que es preciso explicar – es que *Estío* no se queda en ese exceso "conceptual", sino que podemos percibir en él algo que constituye un gran acierto poético (y que dará paso a una nueva poesía); es lo que consideramos aparece en los poemas del tercer grupo (c), aquellos nacidos del instinto y a los que se agrega ahora un nuevo elemento, que es la reflexión intelectual.

Cuantitativamente y en forma orgánica, esta nueva concepción poética cobra cuerpo en *Estío*. Abundan los buenos ejemplos, y me limitaré a ofrecer algunos. En "Creación": "El beso aquél, ascua rota ..." (*Estío*, IV), el detonante poético es un beso que el poeta trata de revivir a través de metáforas, animismo e imágenes diferentes; pero todo conduce a una reflexión final en la que se dice que si el amor es creación, todo lo anterior no existe; por eso, hombre y mujer irán creando "todo el increado mundo" a través del amor.

En el poema VI, se trata de explicar un sentimiento desdibujado e inefable por lo impreciso:

> ¿Cómo pondré en la hora / tu vago sentimiento?
> ¡Hacia la aurora! ¡Más! / ¡Hacia el ocaso! ¡Menos!
> Siempre le falta un poco ... / Le sobra siempre un dedo ...
> – Tu reír suena, fino, / muy cerca ... desde lejos.

Vemos cómo el cruce de lo sinestésico y lo conceptual va a definir ese sentimiento que en su esencia es y no es todavía. Lo cual queda remarcado con la paradoja final: "muy cerca ... desde lejos".

La mayoría de los críticos coinciden en señalar un cambio en la obra de Juan Ramón hacia 1915, aunque no terminan de explicar cuál es, en concreto, ese cambio.[4] Al respecto, esclarecedora es la observación de Aurora de Albornoz en su estudio crítico que sirve de introducción a la *Nueva antología*:

> "En 1916 aparece *Estío*. Si pensamos que el último libro de versos
> publicado por Juan Ramón con anterioridad es *Laberinto*, uno de sus
> libros más barrocos, *Estío* sería casi un milagro: desnudez, palabra
> precisa, poema breve, sencillez, por fin, lograda. [...] Es pues, *Estío*,
> un enlace y a la vez una cima que se proyectará hacia el futuro"
> (Jiménez 1973: 49).

Coincido con la idea de que *Estío* es como "un enlace y a la vez una cima". Libro de transición entre uno y otro tiempos, ya en él se da lo nuevo que, en lo verbal constructivo y en esencia, será permanente.

Por otra parte, y recobrando el hilo–génesis de este trabajo, el rechazo de Antonio Machado, en su observación de *Los Complementarios*, a lo nuevo de Juan Ramón, es lo que marcaría la postura definitivamente encontrada de Machado con la nueva poesía; y, luego, con la poesía de los jóvenes (los del grupo del '27), en los que sí, y en forma determinante, va a influir el nuevo Juan Ramón de *Estío* y de sus libros posteriores (como ya había influido, en muchos de ellos, el poeta anterior). Recordemos las palabras de Antonio Machado, definidoras de su *Poética*, en la *Antología* de Gerardo Diego, de 1932:

"En este año de su *Antología* – 1931 – pienso, como en los años de modernismo literario (los de mi juventud), que la poesía es la palabra esencial en el tiempo. La poesía moderna, que, a mi entender, arranca, en parte, al menos, de Edgardo Poe, viene siendo hasta nuestros días la historia del gran problema que al poeta plantean estos dos imperativos, en cierto modo contradictorios: esencialidad y temporalidad.

El pensamiento lógico, que se adueña de las ideas y capta lo esencial, es una actividad destemporalizadora. Pensar lógicamente es abolir el tiempo, suponer que no existe, crear un movimiento ajeno al cambio, discurrir entre razones inmutables. [...] Me siento, pues, algo en desacuerdo con los poetas del día. Ellos proceden a una destemporalización de la lírica, no sólo por el desuso de los artificios del ritmo, sino, sobre todo, por el empleo de las imágenes más en función conceptual que emotiva. [...] El intelecto no ha cantado jamás, no es su misión" (Machado 1981: 20–21).

Y es aquí, precisamente, donde podemos señalar la quiebra que separará a Antonio Machado de la poesía que dará vida al grupo poético de 1927. Juan Ramón, en cambio (como han dicho tantas veces esos mismos poetas), colabora con la nueva generación en estímulos y apoyos constantes y significará una influencia determinante en todos: Pedro Salinas, Jorge Guillén, Federico García Lorca, Rafael Alberti, Luis Cernuda y los demás; aunque cada uno elija luego líneas diferentes para dibujar sus propios mundos.

Si bien, y repito, concuerdo con Machado en su obervación sobre el poema IX de Estío de Juan Ramón Jiménez, lo señalado acerca de una mayor conceptualización – bien señalado por cierto – es un paso en el proceso evolutivo de la obra de Juan Ramón, proceso que lo lleva a alcanzar aquel acierto poético, lo nuevo y permanente, que será clave y dogma en su poesía futura: "Instinto interpretado por la inteligencia", una dicotomía que explica bien Aurora de Albornoz al decir: "El instinto, que 'manda', o que es 'todo ojos', no llegará por sí solo a plasmarse en poesía; la inteligencia que, al decir del poeta, 'no sirve para guiar al instinto, sino para comprenderlo', es imprescindible para que la poesía llegue a serlo" (Jiménez 1973: 17).

NOTAS

1 Con respecto a estos términos: lo *barroco,* lo *conceptual* y lo *intuitivo,* conviene recordar su alcance preciso en el "Arte Poético" de Juan de Mairena (Machado, 1981: 251–259).

2 *Estío,* 70. Jiménez (1959). Todas las citas, por esta edición; los poemas, por el número en ella.

3 Ver la introducción de A. Sánchez Romeralo a su edición de *La realidad invisible* (1983: xx–xxi).

4 La división en dos o tres períodos suele admitirse por lo general, con matizaciones. Sánchez Barbudo (1963) habla de dos épocas, pero acepta subperíodos en ellas; Predmore (1966) aprueba también la separación de la prosa juanramoniana en dos períodos, y pone a *Melancolía* como final de la primera época, asegurando que el tema capital de Juan Ramón es "la contienda de contradicciones internas de una personalidad dividida" (1973). Luis Cernuda (1957: 129) señala un cambio hacia 1915, en el poeta, del "impresionismo sentimental" al "impresionismo intelectual". Sánchez Romeralo, por su parte (1982: 10–28) ha insistido en señalar la existencia de tres *tiempos* en la poesía de Juan Ramón Jiménez.

BIBLIOGRAFIA

Cernuda, Luis
　1957　　*Estudios sobre poesía española contemporánea* Madrid: Guadarrama.

Jiménez, Juan Ramón
　1959　　*Estío.* Buenos Aires: Losada.
　1971　　*Segunda antología poética.* Madrid: Espasa–Calpe.
　1973　　*Nueva antología.* Ed. Aurora de Albornoz. Barcelona: Península.

Machado, Antonio
　1971　　*Los Complementarios.* Madrid: Taurus.
　1981　　*Poesías completas.* México: Espasa–Calpe.

Predmore, Michael P.
　1966　　*La obra en prosa de Juan Ramón Jiménez.* Madrid: Gredos.
　1973　　*La poesía hermética de Juan Ramón Jiménez.* Madrid: Gredos.

Sánchez Barbudo, Antonio
　1963　　*La segunda época de Juan Ramón Jiménez.* Madrid: Gredos.

Sánchez Romeralo, Antonio (ed.)
　1982　　*Poesías últimas escojidas.* Madrid: Espasa–Calpe.
　1983　　*La realidad invisible.* Londres: Tamesis.

El problema de la greguería

Alan Hoyle
University of Manchester

Las greguerías de Ramón Gómez de la Serna siguen siendo muy discutidas. Yo tomo en serio cualquier crítica hecha de ellas porque suele corresponder a las dudas que siempre me asaltan cuando intento analizarlas.[1] Aparte de que muchas, demasiadas, resultan flojas, lo difícil es precisar lo que son y lo que significan.

Muy conocida es la definición dada por Ramón en sus prólogos: "Humorismo + metáfora: greguería" (GC: 18). Pero aquí se plantea un triple problema de incongruencia. Una metáfora identifica dos cosas dispares; el humor también suele relacionar cosas incongruentes; y en la misma greguería es incongruente la relación entre humor y metáfora. Por "incongruente" entiendo algo que no concuerda con la razón, algo ilógico. Utilizo este término adrede porque, además de ser una palabra predilecta de Ramón, puede ayudar a enfocar el mayor problema que se nos plantea en la greguería, es decir, su incongruencia o irracionalismo, lo cual es producto del anti–intelectualismo tan proclamado por Ramón. Dijo, por ejemplo, al presentar las primeras greguerías allá por 1912 y 1913, que "hay que idiotizarse ante las cosas", y definió el "greguerismo" como "lo más casual del pensamiento."[2] En el prólogo al primer tomo de greguerías de 1917 confiesa que le hacen sufrir "los grandes conceptos rigurosos", y se burla de la inteligencia en su forma pedagógica, diciendo: "La Greguería se ampara de la confusión que necesita ... porque sólo para presentarse ante los examinadores se necesita llevar bien claras y aprendidas las mentiras" (Prom: xi).

Este intento de subvertir lo más útil que tiene el hombre, las convenciones del pensamiento racional que todos necesitamos asimilar para vivir, se lleva a cabo con algunas de las cosas que son más útiles. Por ejemplo, en el cuarto de baño, el objeto de más utilidad se convierte en juguete mágico en esta greguería: "El aparato más sabio del mundo es el de la cascada de agua para el retrete con cuya cadena en la mano todos somos Moisés milagrosos" (GE: 35). Puede que el retrete sea un milagro de la ciencia hidráulica, pero, ¿por qué confundirlo con la Biblia y el Mar Rojo? Asimismo habría que preguntarse si sirve para algo decir, "El pez más difícil de pescar es el jabón dentro del agua" (Prom: 143), o, "El baño, al desaguarse, protesta de lo sucedido" (Cat: 246), o "En los cuartos de baño hay prisión de cepillos" (1940: 136). Pararse a ver las cosas así, ¿cómo puede compaginarse con la seriedad que debe tener la gente que utiliza el baño y sale rápidamente al trabajo? Incluso podría resultar peligroso, si por ejemplo adoptáramos este modo infantil de ver la corriente eléctrica: "Al enchufar la lámpara sentimos que hemos hecho cosquillas a la electricidad" (1940: 112). En *Automoribundia* Ramón dice que "Infancia es tentarse por cualquier apariencia" (1948: 100), y efectivamente, si se nos contagiara esta manía caprichosa de verlo todo animado o metamorfoseado en otra cosa, regresaríamos a un estado de infantilismo que los niños indudablemente gozan, pero también anhelan superar. Se supone que los niños, aun cuando juegan con lo absurdo, están entrenándose para distinguir mejor entre lo absurdo y lo racional.

Comparemos dos ejemplos. Hace poco mi hija de seis años me leyó este chiste que halló grabado en el palito de su polo helado: "¿Por qué tiene el elefante tantas arrugas? Respuesta: porque es tan difícil de planchar". Me acordé en seguida de una greguería de Ramón: "La mujer mira al elefante como queriéndole planchar" (T: 645). Se trata de la misma analogía pero el tratamiento y la finalidad son algo distintos. El chiste, dejando claro el punto de coincidencia – los pliegues – y añadiendo eso de lo difícil, desarrolla un juego conceptual en que se nota la semejanza visual, pero en seguida se ríe la tontería y se impone la diferencia racional entre piel de elefante y ropa para planchar. Si la greguería citada no fuese más que un chiste, su objetivo sería burlarse de una mujer que lo ve todo como tarea doméstica. Pero eso es sólo el punto de partida. Se nos invita a descubrir el detalle omitido y a experimentar la misma impresión equivocada, no para rechazar la tontería sino para saborearla, identificando cosa y nuevo concepto: piel de elefante y necesidad de planchar. Se nos invita a mirar igual que esta mujer mira, fijándose mucho en lo extraña que es la piel del elefante. Este ejemplo tiene la ambigüedad típica de la greguería, oscilante entre chiste y poesía. En cuanto chiste, la mujer no se da cuenta del disparate; en cuanto poesía, ella es muy consciente y se ríe también. Veamos otra greguería de intención igualmente ambigua, ésta: "El niño intenta sacarse las ideas por la nariz" (1940: 87). A primera vista parece un chiste contra el niño, una burla tanto de su modo descarado de andarse en las narices como de su modo de pensar todavía primitivo. Pero la burla no es correctiva, como lo sería si fuera un imperativo: "niño, no te saques las ideas por la nariz." En cambio, lo que se declara en esta greguería – como en todas las greguerías – carece de contexto y de finalidad clara. Por eso nos hace mirar de nuevo aquel gesto habitual del niño y nos preguntamos por qué se han confundido cosas lógicamente tan dispares como cerebro y nariz. Es verdad que el cerebro está muy cerca de la nariz, y que a veces los niños intentan pensar mientras se andan en las narices. Pero, aun así, debe haber alguna confusión. En efecto, se está tomando una relación metonímica, de contigüidad, por una relación de causalidad, de intencionalidad, sin distinguir entre causa y efecto: no está claro si el pensar provoca el gesto o el gesto provoca el pensar. Es más: la confusión no pertenece sólo al niño, sino también al autor, que la apunta y se complace en ella. Entonces, ese gesto, del que nos reímos por ser un acto inconsciente del niño, cabe preguntarse si debemos interpretarlo como el acto consciente implícito en el verbo "intenta"; y, efectivamente, ocurre que los niños se concentran mucho en contemplar las cosas que sacan de la nariz. En definitiva, la intención del escritor es doble: burlarse de, y al mismo tiempo, celebrar nuestra explicación equivocada de lo que hace el niño, destacando así el gesto para prestarle un valor más importante, como si fuera, de hecho, una variante infantil del pensamiento lateral, o sea, metonímico y metafórico.

Por tratarse de personas, estas dos greguerías sobre la mujer y el niño despistan un poco en cuanto al verdadero objeto de la postura burlona adoptada por el autor.

Veamos, pues, otra ya citada sobre algo inanimado: "El baño, al desaguarse, protesta de lo sucedido." Está claro que no se ríe uno del baño; se ríe, o se sonríe, del pensamiento equivocado del autor por haber confundido tres cosas: el baño, el ruido del desagüe, y alguien que protesta. Pero, se entiende que la confusión es voluntaria; cumple la función poética de destacar e intensificar una impresión sensorial (el glu-glú del agua) que suele pasar desapercibida de tan cotidiana. De modo que tomamos la interpretación del baño que se vacía, no como una tontería, sino como una burla poética de nuestro pensamiento convencional por desatender esta clase de impresiones prefiriendo ver la fontanería de la casa con ojos más prácticos. La estrategia de choque es típica de la greguería. Se nos presenta, así de sopetón, un concepto absurdo que choca con nuestro concepto habitual de algo, y nos obliga a recrear la impresión extraña que da origen al aparente absurdo. Entonces se percibe lo que el absurdo tiene de explicación seudo–lógica del fenómeno: el baño sustituye al agua por metonimia, y parece protestar por analogía con un ser humano. Nuestro pensamiento racional protesta menos si de este modo puede sacar algo en claro. Pero, aunque aceptemos que la impresión es verdadera y su definición acertada, aun cabe dudar si vale la pena destacar algo tan trivial; no se sabe bien si eso tiene valor, digamos, como emancipación de la costumbre y acceso a nuestra vida sensoria, o si es preferible no dejarnos engañar por impresiones tan falaces. El efecto de la greguería es así de ambiguo. Se reconoce que la sensación y el concepto expresados son risibles desde el punto de vista de la razón, al tiempo que se ofrece el placer de saborear las impresiones reprimidas por la razón. La idea del humor, por cierto, como liberación de lo reprimido (a diferencia de la idea bergsoniana de la risa como correctivo social) suele asociarse con Freud, pero si algo influyó en la génesis de la greguería, es posible que fuera la teoría de Schopenhauer, según la cual el humor viene de una incongruencia entre pensamiento y percepción, derivando su placer del triunfo de lo que se percibe sobre lo que se piensa.[3] La ambigüedad de la greguería y su humor vienen en gran parte de esta incongruencia que surge entre impresión subjetiva y concepto objetivo.

Veamos otra greguería. Todos podemos concebir en la mente la imagen de una gaita, ese instrumento raro. Pues, esa sensación de rareza queda destacada por esta explicación absolutamente insólita: "El gaitero toca con la laringe y los pulmones fuera" (1940: 64).[4] La extraordinaria carga expresiva adquirida por la última palabra subvierte toda la frase, que parecía repetir el hecho consabido de que se toca un instrumento de viento utilizando el aparato respiratorio, pero ¡no fuera! Demuestra la típica estructura de las greguerías: un aserto breve de un concepto ilógico, derivado de una impresión extraña, mediante un proceso analógico o metonímico: analogía visual entre gaita y pulmón, y contigüidad física. El efecto de placer y de sorpresa se debe en gran parte a la idea de que la mentira subjetiva parece más interesante que la verdad objetiva, interesante en este caso por la imagen casi surreal y grotesca que sugiere la visión de un cuerpo humano vuelto del revés.

Pero las greguerías no suelen provocar pensamientos tan graves. La mayoría se complace en subrayar este desacuerdo entre sensación irracional y concepto habitual, como ésta: "La pintura reciente de las puertas muerde, no mancha, muerde" (GS:

102). La repetición de "muerde" insiste en la contradicción entre el concepto habitual ("mancha") y la sensación irracional ("muerde"). Sabemos que el problema de la relación entre concepto y sensación cobró un relieve especial a principios de siglo. Ortega explicó que el concepto intelectual es imprescindible para entender y completar la sensación o impresión de una cosa. Según él, "la tercera dimensión de la naranja", por ejemplo, "no es más que una idea" (Ortega 1946: 336). Ahora, si en vez de ser conceptual, esa idea fuese metafórica, entonces tendríamos la cuarta dimensión de una cosa, de la naranja, como en esta greguería: "La naranja, bajo su gorra de oro, tiene vendada la cabeza" (Cat: 238). Comparar la forma redonda con la de una cabeza puede ser tan exagerado como banal; menos banal y más decorativo es lo de la gorra de oro; pero el hallazgo esencial es ver la parte menos vista, la piel blanca interior, como una venda. Aunque haya una posible asociación con el color sangriento de cierta clase de naranja, no creo que la metáfora apunte a un pensamiento más grave (algo como el sufrimiento de la naturaleza, etcétera). Igual que en el caso de la gaita, la metáfora cumple con destruir la perspectiva acostumbrada, haciéndonos ver el objeto con nuevos ojos, experimentándolo como puro asombro sensorial. Se cumple así una función poética, pero sobre un tema que no parece muy poético y con un concepto que somete nuestra inteligencia, concretamente la cabeza, a un tratamiento cómico.

Así en todas las greguerías, aunque de manera menos explícita, se juega con la inteligencia. Algunas, hay que decirlo, no pasan de ser estupideces. Pero las mejores constituyen un nuevo tipo de imagen ingeniosa, una agudeza o "conceit", pero de una modalidad muy moderna sin las pretensiones intelectuales, cultas ni satíricas del conceptismo barroco. La diferencia viene, creo, de una valoración nueva de los sentidos y del renovado interés en el problema psicológico de la percepción, especialmente en lo que Proust llamó "ce désaccord entre nos impressions et leur expression habituelle" (1954: 155). Cardona ha relacionado acertadamente la greguería y el *Imagism* anglosajón con el bergsonismo, y concretamente con la idea – muy extendida a principios de siglo – de que "la realidad es inaprensible para el intelecto por estar en constante estado de fluidez" (Cat.: 26). Eso es cierto. Pero luego hay que preguntar cómo el bergsonismo llegó a producir efectos tan distintos como la novela de Proust y las greguerías de Ramón. ¿Será porque Ramón no cree que esa realidad fluida, el devenir, sea necesariamente la única verdadera, ni que exista en la forma romántica concebida por Bergson y Proust, como algo sostenido y sinfónico, como "la mélodie interrompue de notre vie intérieure" (Bergson 1970: 459)? Esta cita viene de *Le Rire*, y es un hecho muy curioso y poco señalado el que Bergson dedicara gran parte de su libro sobre la risa a exponer su teoría del arte. Según Bergson, lo cómico y lo artístico suponen una desatención a la vida convencional, sólo que lo artístico es una desatención consciente, no involuntaria. Pero, lo que él deja sin explorar es el fenómeno de un escritor como Ramón que llega a ser muy consciente de que su desatención a la vida normal puede parecer cómica ante los demás y ante sí mismo, especialmente si no ve ninguna posibilidad de permanente acceso a la dimensión trascendente que quisiera captar, sobreviniendo, por eso, un sentido no sólo de fracaso sino de ironía, incluso de risa. Así surgen formas artísticas como la greguería y la analogía irónica estudiada por Octavio Paz. Desde este ángulo, la greguería constituye una respuesta vital ante una situación en que no parece existir acuerdo entre la realidad normal, la sensibilidad artística y lo absoluto. Es una respuesta que se divierte con la incongruencia así percibida entre, por un lado, la seriedad práctica del hombre medio y, por otro, la seriedad trascendental del artista. Conviene recordar, de paso, que Bousoño pretende establecer una diferencia tajante entre poesía y chiste. Pero su teoría de la poesía se basa en la idea bergsoniana de la risa, y por eso no abarca aquellos productos del ingenio que, como la greguería, exploran un terreno intermedio entre poesía y chiste, entre arte y vida diaria.[5]

Pongamos otro ejemplo para ver la diferencia entre la seriedad de la imaginación y la risa del ingenio. Proust describe unas moscas de la forma siguiente: "... les mouches qui exécutaient devant moi, dans leur petit concert, comme la musique de chambre de l'été" (1954: 83). Es una imagen muy bella porque integra las moscas en un conjunto trascendente, asociándolas con el verano, el tema del tiempo y cierta armonía universal. A continuación, Proust insiste en que las moscas forman parte de la esencia del verano por una relación no contingente sino necesaria.[6] Precisamente es esta trascendencia estética e intelectual lo que falta en la greguería siguiente: "Las moscas son los únicos animales que leen el periódico" (Cat: 243). Estas moscas forman parte de un todo sólo de modo irónico, porque la analogía con la esfera humana se basa en un contacto casual y efímero, al posarse una mosca sobre el periódico que leemos. De una metonimia contingente se infiere una relación necesaria y causal entre mosca y lectura, para llegar a una deducción en parte muy lógica: si los demás animales no se posan así en los periódicos, entonces las moscas son los únicos en hacerlo. Se trata del juego típico de la greguería, combinando la lógica con saltos metonímicos y deslices metafóricos para convertir una impresión casual en una verdad conceptual. La esencia de la mosca se define como algo contingente, y también discontinua, pues en otro instante puede convertirse en algo muy distinto, como en esta greguería, "Lo que más repugna de la mosca es que – vista al microscopio – resulta que además es peluda" (GC: 75); o ésta: "La mosca es un espía disimulado" (GC: 295); o ésta: "Hay momentos en que las moscas parecen querer arrancarse la cabeza como desesperadas de ser moscas" (GC: 177). La esencia se convierte así en contingencia y paradoja, pues lo principal en estos ejemplos es la contradicción entre impresión subjetiva, contingente (mosca que lee el periódico), y concepto objetivo, esencial (es un insecto que vuela, no puede leer).[7] Pero las nuevas definiciones no resultan enteramente absurdas, sino más bien cómicas, porque hay un proceso de razonamiento que, por equivocado que sea, puede seguirse hasta su consecuencia final.

El empeño tan evidente en la greguería de llegar desde un hecho sensorial hasta su concepto general en el espacio de tiempo más breve posible, se debe al deseo, por un lado, de intensificar el choque con el pensamiento racional, y también, por otro lado, de utilizar el método de la razón para aislar la materia poética, desconectándola del flujo incesante de las impresiones, de la duración bergsoniana. La greguería, al convertir el fragmento sensorial en concepto sin más, no deja tiempo de relacionar esa sensación con estructuras más elaboradas y trascendentes al estilo de Proust, ni deja que uno se ahogue en el mundo caótico de la contingencia.

Podemos ver que el contenido de la greguería es ambiguo. Es poético porque obliga a la razón a concebir lo irracional; y es cómico porque convierte rápidamente lo poético en concepto. La forma que resulta cumple también una doble y contradictoria función. En primer lugar, al aislar la sensación, se destaca su desconexión de lo útil, de la vida corriente. Y en segundo lugar, la lanza al público en forma de concepto generalizado, lo cual supone que esa sensación extraña, experimentada por un individuo excéntrico, puede ser útil y compartida por los demás; es susceptible de convertirse hasta en lugar común. En esto la greguería se aproxima al aforismo.[8] Pero también debe decirse que la greguería imita la forma enfática del aforismo sólo de modo irónico y paródico. Ambas formas son definiciones. El aforismo suele definir un pensamiento público e importante. La greguería define una impresion marginal y trivial. Ramón utiliza la forma aforística para comunicar con más claridad impresiones muy personales y aun oscuras, con el propósito de llegar a un término medio entre la sensibilidad hermética del artista y el sentido común del gran público.[9] Entonces, lo que dije al principio sobre el declarado antirracionalismo de Ramón necesita matizarse, como hizo él mismo en su prólogo al decir que "su autor juega mientras la compone y tira su cabeza a lo alto", para en seguida añadir, "y después la recoge" (Prom: xiii). Y si nos remontamos a la época de origen de la greguería, encontramos la misma postura oscilante entre lo irracional y lo racional: "La perdición primero ... y después la palabra y algo así como una especie de lógica."[10] Es decir, que Ramón de algún modo tiene que transigir con la razón si quiere revelar lo que la razón suele reprimir, y comunicárselo a los demás. Por eso, procura que la razón se divierta para desviarla hacia una función más inútil y desinteresada, la de pensar lo poético. Lo que se propone no es renunciar por completo a la inteligencia, sino hacerlo de modo intermitente, obligando la inteligencia a prestar atención a lo que normalmente desatiende: las impresiones triviales y subjetivas.

Si la greguería trata de distraer la inteligencia de su tarea de comprender y dominar la realidad, es porque tiene también un propósito ético y terapéutico, bien subrayado por Ramón en su prólogo cuando dice: "Afirmar lo que de trivial hay en el hombre es inducirle a no ser riguroso, ni desleal, ni malo, ni fanático...", y, "para sorprender el secreto a voces de las Greguerías, hay que comenzar por revocar el alma según su bondad y su credulidad nativa" (Prom: x–xi). Se trata de renunciar al pensamiento utilitario y desistir de la lucha por la vida, pero sin sumirse en el sueño delirante del surrealismo ni abandonarse a la nada trascendental del budismo. La meta es despojarnos de nuestras costumbres mentales para sacar a luz impresiones que ignoramos, pero que sirven a unirnos unos a otros en una comunidad, no socio–económica, sino psicológica, como en esta greguería: "Cuando echamos una carta en el buzón callejero, sonreímos por haber depositado un secreto en medio de la calle" (GC: 341). La greguería también nos aconseja renunciar a las formas más agresivas de la inteligencia, como se ve en otra greguería, tan agresiva a primera vista: "Los médicos matan los percheros" (GE: 43). No tardamos en apreciar la forma de esqueleto que tiene un perchero, pero es más difícil entender que la conexión absurda entre médico y perchero no lo es tanto si sirve para destruir el tópico satírico: los médicos matan, sí, pero sólo matan percheros. Asimismo la greguería induce a la inteligencia a ser más humilde, dedicándose a desentrañar el significado de las cosas más insignificantes y más cotidianas, como ésta: "El libro señalado con un redondel de café es que ha entrado en nuestra intimidad y lleva así el sello de haber pasado la frontera" (1940: 145). La greguería nos invita a traspasar, y al mismo tiempo respetar, la frontera impuesta por la razón y la costumbre. Así se pone de manifiesto su doble función poética y prosaica, su doble juego entre incongruencia y congruencia, entre lo hermético y lo popular.

Para terminar, quiero insistir en la utilidad de emplear este término, "incongruencia", para abarcar todos los aspectos que he intentado señalar. Es utilizado mucho por Ramón, pero con dos valores opuestos, uno positivo para preconizar lo absurdo creado por el arte, y otro negativo para describir el absurdo que supone la muerte por la relación contingente y efímera que crea entre el hombre y la vida. Lo emplea con el valor positivo y en el sentido corriente de algo inoportuno por falta de relación, cuando teoriza sobre la greguería como modo de evadirse de los grandes problemas, resolviéndolos "por la franca disolución, por la incongruencia y las pequeñas constataciones que apenas parecen tener que ver con ellos" (Prom: x). O sea, lo que se constata en la greguería es absurdo, incongruente, porque no parece venir a cuento de nada. Expresa las sensaciones marginales que compartimos los hombres, pasando por alto los temas más trascendentales que nos dividen. Pues bien, este término tiene la ventaja de definir un absurdo por falta de relación o correspondencia entre dos cosas mutuamente incongruentes; es decir, señala una relación real, aunque paradójica, entre ellas. Dentro del absurdo hay cierto punto de relación, cierta lógica.[11] Y esto desde luego es lo que le pasa a la metáfora en general y su *discordia concors*. Y ocurre lo mismo con el humor. Como ya dije al principio, la greguería plantea a la inteligencia un triple problema de incongruencia al utilizar metáforas que son cómicas. Y aun cuando no haya metáfora propiamente dicho, como en la greguería antes citada sobre el buzón, se ve muy bien que la estructura básica de la greguería consiste en la incongruencia entre concepto y sensación que asoma detrás de la nueva congruencia o correspondencia que se afirma.

El mismo término puede aplicarse a otro rasgo ya comentado de la greguería, que es la incongruencia tan evidente entre forma y contenido, ya que la forma aforística afirma la trascendencia de lo trivial. Y si se considera la greguería como género, con su forma breve supone una fragmentación de las grandes estructuras intelectuales y artísticas, de tal manera que apenas tiene congruencia con ellas. Pero cada fragmento, como hemos visto, utiliza la razón y la sensibilidad para descubrir, o crear, un breve momento de congruencia interna; y también externa, puesto que la greguería afirma cierta congruencia de la mente con la realidad inmediata y aparencial de la materia, cuya sensación es articulada por la inteligencia en forma de epifanía, precisamente porque la inteligencia deja de pensar, por un momento, en otras cosas más importantes. En última instancia, la estructura básica de la greguería es una relación de incongruencia, que corresponde a una filosofía, según la cual la vida también es una relación incongruente entre el hombre que muere y el mundo que permanece.

Las mejores greguerías permiten que la inteligencia se ría o se sonría de ellas para mejor infiltrar su especial sensibilidad, su modo de enfocar y desenfocar el mundo.

Digo las mejores porque indudablemente las hay muy flojas, y son flojas, quizás, porque no existe suficiente incongruencia entre impresión y concepto. A Ramón, sobre todo al final de su vida, lo único que le daba de comer eran las greguerías, las buenas como las malas. A los hispanistas nos conviene juzgarle a base de las mejores, que abundan más de lo que se cree. Si algunos os sentís inmunes ante la greguería y lo que Ramón llamó su "tontería destilada" (Prom: xi), la próxima vez que oigáis una gaita o el agua del baño, o echéis una carta al buzón, o manchéis un libro con una taza de café, o veáis una naranja medio pelada, o un niño con el dedo en la nariz, o una mosca leyendo el periódico, espero que tendréis que hacer un esfuerzo por no pensar algo incongruo. Será que estaréis contaminados ya por el microbio de la greguería, el microbio alegre que da salud, y vacuna contra muchas cosas y muchas personas, dejando entrever parte de la incongruencia de que estamos hechos.[12]

NOTAS

1 "What they have in common is their remorseless triviality. Even the most daring or poetic of them seem to be constrained by the fact that someone will accuse their author of having produced something truly penetrating and beautiful" (Brown 1972: 57). Para Carlos Blanco Aguinaga *et al.* "la greguería es un producto sin trascendencia", y lo que va implícito en ella es "el irracionalismo absoluto, la negación de todo sentido y, en última instancia, el escepticismo como ideología ... (1979, II: 283).

2 De "Tristán (Propaganda al libro 'Tapices')", *Prometeo*, 38 (1912), sin enumeración, y de "Greguerías", *La Tribuna*, 7 enero 1913, pág. 10, respectivamente. Véase también *Automoribundia*: "... yo soy antipedagogo y frente a ciertos jóvenes perorantes y ciertos viejos machacones, me dedico a algo muy necesario e importante, a desenseñar ..." (1948: 618). Se trata el tema del pensamiento en estas dos greguerías: "Lo peor es ser torpe o ser demasiado lógico al pensar ... No es así como hay que hallar el pensamiento, sino con un gran sigilo y conservando los vacíos que se forman en la cabeza ..." (GC: 68–69); "A veces pensamos si la gran equivocación de la vida es creer que la cabeza se ha hecho para pensar" (Cat: 81).

3 A. Schopenhauer, "On the Theory of the Ludicrous", cáp. 8 de *The World as Will and Idea* (Londres 1886, II, especialmente págs 279–282). *El chiste y su relación con lo inconsciente* (tomo III de las Obras completas de Freud), no se tradujo al español antes de 1922. Véase también D. H. Munro, (1951: 151–152 y 254).

4 Hay una variante posterior (T: 290), ampliada e ilustrada, en la cual "laringe" se sustituye por "tráquea", que anatómicamente queda mejor, y se añade un retruécano sobre el verbo "tocar", debilitando la fuerza de "fuera". Véase otra greguería: "La gaita canta por la nariz" (1940: 95).

5 Véanse Octavio Paz (1974: esp. 84–85, 109 y 153), y Carlos Bousoño (1970, II: 9–27).

6 La misma imagen de Proust es comentada por Jonathan Culler en el interesante ensayo, "The Turns of Metaphor", cáp. 10 de su *The Pursuit of Signs* (1981: 195–196).

7 Al estrenar las greguerías, Ramón ya planteaba el asunto en similares términos filosóficos: "El greguerismo ... es quizás lo más accidental, pero a la vez lo más supremo de una cosa y que, con su ardite, lo define esencialmente ...", en *La Tribuna*, 7 enero 1913, p. 10.

8 El aspecto aforístico ha sido destacado sobre todo por Miguel González Gerth en su tesis doctoral (1973: cap. 2) y por W. Helmich (1982).

9 Conviene recordar que Ramón lanzó la greguería como género callejero que podía escribirse y leerse en el café o el parque, con el propósito de salir de su solipsismo modernista tan evidente, por ejemplo, en *El libro mudo*.

10 Del epígrafe de "Tristán (Propaganda al libro 'Tapices')", loc. cit.

11 Los dos valores forman la base de la novela *El Incongruente* (1922), con predominio del positivo. En *Automoribundia* Ramón dice, "intenté en El Incongruente la incongruencia con que la vida trata al alma", y, refiriéndose a sus novelas posteriores, "desenlazo la incongruencia de vivir en una mayor incongruencia". (1948: 722 y 559). La conexión entre lo absurdo de la muerte y el arte ramoniano se vislumbra en su ensayo "Humorismo": "El humorista se puede decir que adivina el final del mundo y obra ya un poco de acuerdo con la incongruencia final" (*Ismos*, 1931: 232). Ramón cita a Gautier para subrayar la necesidad de un poco de lógica: "'lo cómico extravagante es la lógica de lo absurdo'" (1931: 214) y en *Automoribundia* define la tarea del literato como la de "encontrar la congruencia de la incongruencia y los parentescos de lo más lejano y discorde" (1948: 349). R. Senabre Sempere ya subrayó el mismo aspecto: "La greguería es incongruente sólo en la medida en que lo es la interpretación de la metáfora inicial. Aceptada ésta – como conviene a la contemplación ingenua –, la lógica de la deducción es perfecta: la coherencia dentro del absurdo; el orden racional dentro del caos", en "Sobre la técnica de la greguería" (1967).

12 Como acertadamente señaló el profesor Soldevila–Durante al comentar mi ponencia, las referencias bibliográficas de las greguerías citadas remiten solamente a la colección en que cada una aparece publicada en libro por primera vez, que yo sepa; falta todavía la labor de averiguar las primeras fechas de publicación en periódicos y revistas. Según otro comentario, hecho por el profesor Risco, la diferencia del jaiku con respecto a la greguería parece residir en que hay menos conceptualización en el jaiku. Para otra diferencia igualmente importante, véase lo siguiente: "Es evidente la percepción externa, paradójica, de detalle o meramente humorística en que se suele sustentar la greguería; mientras el jaiku, por el contrario, accede en último término a un plano de fusión o complementación entre sujeto y objeto, bien de manera metafísica, plástica, etc.", Pedro Aullón de Haro (1985: 41). Yo añadiría que es precisamente por lo mismo que Ramón se muestra escéptico ante una posible fusión metafísica por lo que él privilegia el conceptismo humorístico en la greguería.

BIBLIOGRAFIA

Aullón de Haro, Pedro
  1985   *El jaiku en España*. Madrid.

Bergson, Henri
  1970   *Oeuvres*. París.

Blanco Aguinaga, Carlos, et al.
  1979   *Historia social de la literatura española*. Vol II, Madrid.

Bousoño, Carlos
  1970   *Teoría de la expresión poética*. 5ª ed., vol II, Madrid.

Brown, Gerald G.
  1972   *A Literary History of Spain: The Twentieth Century*. Londres.

Culler, Jonathan
  1981   *The Pursuit of Signs*. Londres.

Gómez de la Serna, Ramón
c.1917   *Greguerías*. Valencia [Prom.].
1919   *Greguerías selectas*. Madrid. [GS].
c.1927   *Greguerías escogidas* (en portada "Las 636 mejores greguerías de Ramón Gómez de la Serna"). París – Madrid – Lisboa [GE].
1931   *Ismos*. Madrid.
1940   *Greguerías 1940*. Buenos Aires [1940].
1947   *Greguerías completas*. Barcelona [GC].
1948   *Automoribundia*. Buenos Aires.
1962   *Total de greguerías*. Madrid [T].
1979   *Greguerías*. Ed. R. Cardona, Madrid [Cat].

González Gerth, Miguel
1973   *Aphoristic and Novelistic Structures in the Work of RGS*. Ph. D. Princeton

Heimich, Werner
1982   "Ideología literaria y visión del mundo en las greguerías". En *Iberoromania*, 16: 54–83. Tubinga.

Munro, D. H.
1951   *Arguments of Laughter*. Melbourne.

Ortega y Gasset, José
1946   *Obras completas*. Vol. I, Madrid.

Paz, Octavio
1974   *Los hijos del limo*. Barcelona.

Proust, Marcel
1954   *A la recherche du temps perdu*. Vol. I, París.

Schopenhauer, Arthur
1886   *The World as Will and Idea*. Londres.

Senabre Sempere, R.
1967   "Sobre la técnica de la greguería". En *Papeles de Son Armadans*, 45, 134: 141.

Elaboración literaria de temas folklóricos en "Rabel de 'Las tres Marías'" de Fernando Villalón

Jacques Issorel
Université de Perpignan

En 1926, Fernando Villalón (FV) publica *Andalucía la Baja*.[1] El título de la última sección de este libro de poesía, *Rabel de "Las Tres Marías"* (RTM), despierta la curiosidad. La presencia en él del término "Rabel" permite suponer que los poemas que vamos a leer tienen relación directa con la música, cuanto más que existe una similitud entre el pequeño tamaño del instrumento y la brevedad de la sección, que consta sólo de 6 poemas cortos.

Junto a dicha acepción de "Rabel", que es la más corriente, existe otra que igualmente merece tenerse en consideración:

> "Instrumento músico que consiste en una caña y un bordón, entre los cuales se coloca una vejiga llena de aire. Se hace sonar la cuerda o bordón con un arco de cerdas, y *sirve para juguete de los niños*" (*D.R.A.E., s.v.*).

Sin borrar las sugerencias de la primera acepción, las últimas palabras de la segunda definición – subrayadas por nosotros – nos orientan hacia el mundo de los niños, hacia sus juegos y cantos. Por "Rabel", entendemos, pues, que se trata de folklore, cuanto más que la segunda parte del título confirma las indicaciones de la primera.

"Las Tres Marías" alude a las tres santas mujeres que asistieron a la agonía y a la muerte de Cristo: "María Magdalena, María la madre de Santiago y José y la madre de los hijos de Zebedeo [María Salomé]" (*San Mateo*, XXVII, 56). En Andalucía, las tres Marías han dado su nombre a tres estrellas de la constelación de Orión, y asimismo aparecen en el folklore, como lo atestigua el cuento popular *Las tres Marías*, recogido por Cipriana Alvarez Durán de Machado: un mozo pobre echa por tierra los siniestros planes de un misterioso caballero gracias a la intervención de San José y de las tres Marías (*El Folklore andaluz*: 457–459). Se adivina también su presencia en las tríadas femeninas de varios rezos supersticiosos y en unos breves cuentos infantiles recogidos al final del siglo pasado en Andalucía por *Demófilo* (Antonio Machado Alvarez) y sus amigos.[2]

Con "Rabel" y "Las Tres Marías" nos hallamos, pues, inmersos en el folklore andaluz con sus músicas, canciones, juegos y tradiciones. El título de esta última sección de *Andalucía la Baja* sugiere más de lo que dice y constituye por sí solo un verdadero pequeño poema: el primero de una serie de seis, ligados todos estrechamente a las tradiciones populares andaluzas.

Varias de dichas tradiciones sirven de telón de fondo a los poemas de RTM. La "carreta" de que se habla en "Eres la *blanca azucena*" (p. 104), es una de aquellas que cada año, por Pentecostés, emprenden la larga peregrinación del Rocío (Pineda Novo 1982: 13–14),[3] y aunque no se nombra a tan famosa romería, es fácil reconocerla por algunos indicios.

Así la prima de la muchacha enamorada – "la blanca azucena" –, a quien se dirige el poeta, vive en Castilleja ("Tu prima María de la O, / la que vive en Castilleja", v. 5–6), es decir, probablemente, Castilleja de la Cuesta, pueblo situado a 8 km de Sevilla, en el mismo itinerario que sigue cada año la Hermandad de Triana en su marcha hacia el santuario del Rocío, cerca de Almonte.[4] Además, la rival en amores de la joven heroína se llama precisamente ... Rocío. Y, por fin, la palabra "romería" aparece en medio del poema, inserta en un hipérbaton: "de la romería en la selva" (v. 20).

A esta serie de observaciones puntuales hay que añadir la atmósfera de pureza ("Eres la blanca azucena", v. 1) y de alegría ("no bailes cuando camine", v. 3, "las castañuelas", v. 22) que impregna el poema, a imagen de la romería del Rocío en que, durante varios días, se unen alborozo y fervor populares (Pineda Novo 1982: 19–38).

Tradición popular también – y no sólo andaluza, sino mediterránea – la evocada en el poema siguiente, "Iba la madrina". Como aún puede verse hoy día, a la salida del bautizo, el padrino lanzaba monedas sobre las que se precipitaban, atropellándose alegremente, los niños del barrio o del pueblo. Se llamaba esta costumbre "echar el pelón". El padrino a quien se le olvidaban las monedas o que tardaba en distribuirlas oía canciones como:

> ¡Echalo, padrino!
> ¡Padrino, pelón!
> ¡Echalo, padrino!
> ¡No lo gaste en vino![5]

Otras eran francamente crueles, como ésta, recogida por Eugenio de Olavarría y Huarte:

> Si no me dan confitura,
> que se muera la criatura.[6]

La que Villalón pone aquí en boca de unas niñas pertenece a otro tipo. Se trata de una especie de cantinela que los niños fijaban fácilmente en la memoria gracias a la repetición de los números:

> Una dona trena,
> una dos y tres,
> contaba el amante
> hasta veintitrés.
> Una dona trena,
> una dos y tres,

> niño chiquitito,
> ¿tú qué vas a ser?
>
> (p. 105)

Los folkloristas han recogido muchas canciones parecidas. Citamos algunas en nota: españolas, catalana, portuguesa sefardí, occitana y francesa.[7]

Es también a una tradición antigua, y aún viva en Andalucía, a que se alude en "Palomo negro": el concurso de palomos. Se suelta a una paloma, que vuela unos instantes y va a posarse en un árbol. Los colombófilos sueltan sendos palomos que no tardan en fijarse en la bella paloma y en posarse junto a ella. En medio de un concierto de arrullos – deleite del aficionado –, los palomos rivalizan en galantería. El que mejor ha sabido cortejarla – se dice "encelar a la paloma" – alza el vuelo, seguido de la paloma a la que trae, victorioso, hasta... la jaula donde lo espera su dueño:

> Paloma mía, la más bella
> del palomar de mis sueños,
> no te dejes arrullar,
> que viene el palomo negro.
>
> (p. 108)

Por fin, se puede considerar como verdadera tradición el cariño que sienten los andaluces por las cigüeñas de los pueblos. Su esbelta silueta, finamente recortada sobre el amplio nido que construyen en lo alto de torres y campanarios forma parte integrante de los paisajes andaluces.[8]

En *Rabel* se da gran importancia a los juegos y cantos tradicionales de los niños andaluces. Amén de las canciones de bautizo y de números ya citadas, al componer estos poemas, se acordó Villalón de otras dos canciones infantiles conocidas: la canción del "bizcocho" y "Luna lunera".[9]

Utiliza esta última de una manera original de la que hablaremos más adelante. La fascinación que ejerce la luna en la imaginación infantil se manifiesta en las numerosas variantes de "Luna lunera" recogidas por los folkloristas.[10] El encanto mágico de esta antigua fórmula impresionó a Federico García Lorca, quien escribe en el poema "Balada triste":

> Yo decía en las noches la tristeza
> de mi amor ignorado
> y la luna lunera, ¡qué sonrisa
> ponía entre sus labios!
>
> (García Lorca 1974: 28)

Villalón no se contenta con incluir la fórmula "Luna lunera" en el texto de su poema del mismo nombre. También respeta su sentido profundo y oculto, o sea, la expresión de un deseo. En la colección de *Supersticiones populares andaluzas*, Alejandro Guichot aporta una explicación muy útil a tal respecto:

"Para que un niño consiga el regalo que apetece, escribe, saludará a
la Luna, desde un lugar que se le vea bien, durante *siete* noches con-
secutivas; cada noche recitará tres veces la siguiente oración, inclinan-
do la cabeza, en forma de saludo, a la conclusión de cada verso:

> Luna, lunera,
> cascabelera,
> los *siete* perritos
> a la cabecera.
> (*El Folk–lore andaluz* 1981: 293)

Es precisamente un deseo que expresa FV en la primera estrofa de su poema "Luna
lunera":

> Viudita habías de ser,
> lunita cascabelera,
> y yo casarme contigo,
> Luna lunera ...
>
> (p. 103),

y después a través de los condicionales que se repiten en las estrofas siguientes: "Yo
partiría a mi tarea / ... / Yo me sentaría a tu mesa / y en tu boca comería", etc.

Con "Juanita y Luisito" nos vemos transportados al "verde paraíso de los amores infantiles".[11] Los dos niños "celebran casorio", haciendo "la muñeca azul" las veces de
madrina. El estribillo que cantan en coro los amiguitos de los "recién casados" pertenece él también al folklore infantil. Se trata de un fragmento de una canción de la
que Francisco Rodríguez Marín recogió en el siglo pasado la siguiente versión:

> – Tras, tras.
> – ¡Quién es?
> – Los poyitos zamacoques.
> – ¡Por qué bienen?
> – Por cebá.
> – ¡Pá cuántos mulos?
> – Pá uno, dos, tres, cuatro,
> – Cinco, seis, siete y ocho.
> – Tap' usté 'r bizcocho.
> (Rodríguez Marín 1951: 69)

Que se trate de un fragmento de canción popular – transcrito por FV en bastardi-
lla –, de un simple verso del mismo origen – incluido en el texto del poema –,[12] o de
una canción original hecha según el modelo de las canciones tradicionales,[13] en todos
los poemas de RTM nos sale al encuentro el folklore andaluz.

El frescor de estos textos tradicionales y su cándida alegría confieren a RTM un optimismo que subraya el poeta empleando algunas alegres onomatopeyas: "¡Kikirikí! /

... / Tan. Tan. Tan / ... / Plon. Plon. Plon / ... / Tin, tan; Tin, tan",[14] con una discreta indicación entre paréntesis: "(Ríen larga e infantilmente)",[15] o con un toque humorístico: a las preguntas indiscretas que le hacen, la cigüeña contesta impertérrita con unos "Karratrrak" que cada cual interpretará a su antojo.[16]

Si es verdad que FV bebe en las fuentes folklóricas de su Andalucía natal, no nos entrega en *Rabel* una materia bruta. Poeta, y no folklorista, no conserva de esas canciones antiguas más que unos versos que dan tono y color a sus propios textos. Por muy grande que sea el placer que sentimos al escuchar esos estribillos infantiles, o con la evocación de las tradiciones populares andaluzas, es ante todo su elaboración literaria lo que despierta nuestro interés, pues en RTM el poeta hace obra creativa.

La personificación de la luna, en el primer poema de RTM, e incluso en el primer verso ("Viudita habías de ser"), hace que sea este procedimiento literario el que llame más poderosamente la atención del lector. Además de la luna, la paloma ("Palomo negro") y la cigüeña ("Señora Cigüeña") serán objeto sucesivamente del mismo tratamiento.

"Luna lunera", afectuosamente llamada también "lunita cascabelera", es una viuda imaginaria, joven y deseable, cuya existencia y lecho sueña con compartir el poeta:

> Tin, tan; Tin, tan; ya es la queda ...
> La nube de tu camisa
> trabaría tus lindas piernas
> y entre tus dos pomas rosa
> dormiría, luna lunera ...
>
> (p. 103)

Igualmente, el poeta advierte a la blanca paloma, "la más bella del palomar de mis sueños", como dice, de las intenciones seductoras del "ladrón de los palomares". Con la celosa diligencia de un amante, multiplica los avisos para que la bella ave conserve intacta su blancura:

> Ni al rayo de sol te pongas,
> ni alces nunca tu albo velo,
> ni vayas sola a la fuente,
> que viene el palomo negro.
>
> (p. 108)

En cuanto a la cigüeña, es una señora muy respetable (¡"Señora Cigüeña"!) a quien el poeta trata cortésmente de usted. Desde su nido encaramado ve cuanto sucede en el pueblo, e incluso parece conocer los secretos de los dioses. Pero su omnisciencia sólo es comparable con su discreción y humor, ya que a todas las preguntas contesta con un sibilino "Karratrrak / Karratrrak".

En dos ocasiones, las metáforas son consecuencia directa de la personificación. En efecto, "tus manitas de azucena" y "la nube de tu camisa" ("Luna lunera") participan de la blancura de la luna y de su feminización. De la misma manera, el "palomo negro" seductor, que amenaza la pureza de la blanca paloma, es llamado "corazón de erizo" ("Palomo negro").

El número relativamente elevado de metáforas en RTM nos invita a interrogarnos sobre el papel asignado por el poeta a esta figura retórica. La respuesta se impone por sí solo a la simple lectura de los poemas: dejando a un lado la que se refiere al palomo malo, todas apuntan a un embellecimiento de la realidad.

Con la personificación, FV comunica a los temas folklóricos presentes en *Rabel* una vibración lírica y, con las metáforas, exalta la belleza de los mismos: "Eres la blanca azucena / del jardín de esa carreta", "La tarde de Mayo / tiraba jazmines / sobre el niño blanco" (pp. 104–105). En imágenes semejantes y en otras como "tus dos pomas rosa" (p. 104), "una concha de perlas / y piñones de marfil / que mordían rojas cerezas" (*ibid.*) se reconoce la huella de Góngora. FV, que está pensando ya en su próximo libro, *La Toriada*, no ha esperado el Tricentenario para interesarse por el poeta cordobés, a quien rinde aquí, en 1926, un discreto homenaje.

Los temas folklóricos no son solamente ocasión para infundir vida a figuras retóricas como las que acabamos de comentar. FV va más allá en la elaboración literaria, integrando en cada uno de los poemas de RTM un fragmento de canción popular – infantil las más veces – en una composición poética original.

A partir de cantinelas como "Luna lunera" o "Una dona trena", cuya música y letra resuenan familiarmente desde la infancia en el oído andaluz, crea una breve historia de muy sencillo argumento. Al inspirar un texto nuevo y autónomo, los versos populares, sacados del repertorio folklórico, sirven de fermento. Sin ellos, no existiría el poema, mas ellos no son sino uno de los elementos del poema. En las tinieblas que preceden a la creación poética, son la chispa de la que brota la luz del poema. El término de rapsodia, que usan los músicos para designar composiciones de esta clase, convendría perfectamente para calificar estos romances y romancillos en que resuenan temas procedentes de un fondo tradicional.

En cinco de los seis poemas de RTM, es el tema tradicional el que proporciona el estribillo.[17] La alternancia de éste con las estrofas se hace sin rigidez ni monotonía. El estribillo interviene no porque se termina la estrofa, sino cuando se hace necesaria su presencia. Esta elasticidad de la estructura provoca cierta irregularidad en la extensión de las estrofas, si bien se observa un claro predominio de la cuarteta.[18] El fragmento de la canción tradicional no hace automáticamente las veces de estribillo: puede también incorporarse en el texto de una estrofa,[19] o incluso ser él mismo una estrofa.[20] El deseo de armonía atestiguado por la composición de cada uno de los poemas, se manifiesta también en el nivel superior del edificio poético: la estructura general de RTM. Desde el punto de vista temático, se distinguen tres bloques compuestos cada uno de dos poemas: el amor ("Luna lunera", "Eres la blanca azucena"), los niños ("Iba la madrina", "Juanita y Luisito"), las aves ("Palomo negro", "Señora Cigüeña").

Otra estructura, que se refiere no al tema sino a la manera de tratarlo, se superpone exactamente a la que acabamos de observar. Efectivamente, en los dos primeros poemas, el poeta interviene en primera persona. En los dos siguientes, se convierte en narrador. Y en los últimos poemas toma de nuevo la palabra para dirigirse, otra vez en primera persona, a la paloma y a la cigüeña.

Además, cada uno de los tres bloques considerados se compone de dos poemas de desigual extensión (21–32 versos; 24–42 versos; 16–29 versos). Cada vez, el más breve precede al más largo y la diferencia entre poema "breve" y poema "largo" se mantiene en cada uno de los tres bloques en una proporción muy parecida: 0,65; 0,57; 0,55, respectivamente. La coherencia estructural que ponen de manifiesto las observaciones que preceden aparece más netamente en el siguiente cuadro:

Título	Tema	Forma	Número de versos	Relación proporcional
"Luna lun." "Eres la ..."	Amor	Poeta en 1ª pers.	21 32	0,65
"Iba la ..." "Juanita ..."	Niños	Narración	24 42	0,57
"Palomo ..." "Señora C."	Aves	Poeta en 1ª pers.	16 29	0,55

Tras esta estructura fácil de reconocer, se dibuja otra más sutil, cuya clave nos es proporcionada por el contraste entre el color blanco – el recién nacido, la azucena, la paloma, la cigüeña, el campanario – y unas pinceladas negras, cargadas de amenaza – el palomo negro, la torre ensuciada.

Con esta oposición, el poeta invita al lector a que perciba, más allá del simple juego de colores contradictorios, la existencia de una tensión entre la pureza y las tentaciones del amor. Si la "paloma" y la "azucena" conservan su blancor, no sucede igual con "Luna lunera", quien, en el sueño del poeta, sucumbe espléndidamente a los placeres de Eros.

Con unos toques discretos, un tercer elemento se entremete, haciendo más aguda la tensión entre amor y pureza. Se trata del elemento religioso,[21] vector de moral, que, al reprimir el deseo, hace que sea más delicioso el pecado ... o por lo menos su expresión poética.

Los poemas de *Rabel*, a los que nutre un folklore vivo, que no libresco, vivido por los andaluces, y "no exportable"[22] son para FV una ocasión más de expresar su apego a la autenticidad andaluza, y, desde este punto de vista, estos romances y romancillos pertenecen a la misma línea que las "canciones" y los romances de las dos secciones precedentes, *El alma de las Canciones* y *Romances de tierra adentro*.

Mas estos poemas sencillos y alegres revelan también el anticonformismo de FV. A una moral tradicional que prohibe abordar ciertos temas, contesta con esta serie de poemas en los que deja a la naturaleza expresarse plenamente: no oculta el rostro cuando Luisito le alza el vestido a Juanita y mira con ojos benevolentes las batallas de amor en campos de paja de unos jóvenes del pueblo. Asimismo, para él, la alegría del Rocío está reñida con la beatería, y cambia las devotas estampas de la romería por las de mozas y mozos, jóvenes y hermosos, robando besos Esa falta de prejuicios confiere más sinceridad a la evocación de la inocencia del recién nacido – "el niño blanco" – o al candor de la "blanca paloma".

"Las Tres Marías" que aparecían en el título de la primera sección de *Andalucía la Baja*, *Las Tres Marías Atlánticas*, reaparecen en el título de la última, *Rabel de "Las Tres Marías"*. La reiteración no es fruto del azar. Celestes – las tres estrellas que iluminan de noche el cielo andaluz – o terrestres – las tres grandes ciudades de la Baja Andalucía: Sevilla, Cádiz, Huelva – las tres Marías ponen de relieve la unidad temática del libro, o sea la Andalucía del sur, desde la tierra hasta el cielo. Contribuyen a dar cohesión al conjunto. Su reaparición en el sumario de *Andalucía la Baja* significa que el libro ha terminado. Puede el poeta ponerle el punto final.

NOTAS

1 Sevilla: Mejías y Susillo Imp., 1926, 171 p. (Cubierta: Madrid, Ed. Reus, 1927). Citamos por la ed.: FV, 1944.

2 *El Folk–lore andaluz* (1981: 79, 83, 375). Añadamos a estos textos de carácter popular la canción: "Tres morillas me enamoraron" (Frenk Alatorre 1987: 91) y el "Villancico a unas tres fijas suyas" del Marqués de Santillana (Alonso y Blecua 1956: 136).

3 Véase también Juan Ramón Jiménez, *Platero y yo*, XLVII, "El Rocío".

4 Ver el itinerario completo en Pineda Novo (1982: 18).

5 *El Flok–lore andaluz* (1981: 399). También cantaban los niños: "Padrino, pelón. / Dame un cuarto pá un camisón" (Rodríguez Marín 1951: 91, nº 172).

6 Olavarría y Huarte (1984: 54). En Provenza se decía: "O peirin rascous / lou pichoun vendra gibous" (Padrino roñoso / el pequeño será jorobado) o "Peirin couguou, / la méléta au cuou, / lou boussoun trauca, / Rèn pèr jita!" [Padrino cornudo, / la tortilla en el culo, / el bolsillo agujereado, inada que tirar!] (Seignolle 1963: 39–41).

7 "Uni, / doli, / teli, / candeli, / quini, / quinete, / estaba / la dama / en su gabinete" (José Pérez Ballesteros en *El Folk–lore gallego* (1884, IV: 154).
"Una, / dona, / tena, / catena, / quina, / quineta. / Estando la reina / en su gabinete, / vino Gil, / apagó el candil, / candil, candón, / cuéntalas bien, / que las veinte son" (Rodríguez Marín 1951: 89, nº 164).
"Uni, dori, / teri, quateri, / mata la veri, / viri, viron, / contá lo bé, / que dotze hi són" (Maspons 1928: 26).
"Una, / duna, / tena, / catena, / faia, / papaia, / pique / nampique / moleque / São dez" (Theophilo Braga, "Os jogos infantis en Portugal e Andalusia" en *El Folk–lore andaluz*: 390).
"Ken supyese i entendyese, alavar al Dyo kriyese, kualo son los dodje? Dodje ermanos kon Yosef, onze ermanos sin Yosef, dyez mandamyentos de la Ley, nueve mezes de la prenyada, otcho dias de la hupa, syete dias kon chabat, sech dias sin chabat, sinko Livros de la Ley, kuatro madres de Yisrael, tres muestros Padres son, dos Moche i Aron, uno es el Kriador, Baruhu, Baruh chemo" ("Kantika de Pesah" [Pascua] amablemente comunicada por Haïm Vidal Sephiha).
"Nau segadous se soun troubat / Per ana sega en Espagné / Créseouen de sega lou blat / Qu'en segaouen la cibouado. / *Estribillo*: Deménén e treménén, / La hoèlha de la lavandre, / Deménén e treménén / La hoèlha deù bet roumén" [Nueve segadores se han encontrado / para ir a segar en España / Creían segar el trigo / pero segaban la cebada. / *Estribillo*: Movamos y agitemos / la hoja de espliego, / Movamos y agitemos / la hoja de trigo candeal] (Pradrère, Girou, Melet 1935: 131).
Por fin, nos acordamos haber cantado de niño: "Qu'est–ce qu'il y a un? / Il y a un cheveu sur la tête à

Mathieu, / il y a une dent dans la machoire à Jean. / Qu'est–ce qu'il y a deux? / Il y a deux Testaments, mais il n'y a qu'un cheveu sur la tête à Mathieu, etc./ Qu'est–ce qu'il y a trois? / Il y a Troyes en Champagne, mais il n'y a qu'un ... / Qu'est–ce qu'il y a quatre? / Il y a quatre Evangiles, mais ..." (¿Qué hay uno? / Hay un pelo en la cabeza de Mateo, / hay un diente en la mandíbula de Juan. / ¿Qué hay dos? / Hay dos Testamentos, pero no hay más que un pelo en la cabeza de Mateo, etc. / ¿Qué hay tres? / Hay Troyes [ciudad] en Champaña, pero no hay ... / ¿Qué hay cuatro? / Hay cuatro Evangelios, pero...). La serie iba hasta... veinte.

8 Atestiguan la popularidad de la cigüeña canciones como ésta: "Cigüeña, cigüeña, / tu casa se quema, / tus hijos se van. / Mándale [sic] una carta, / qu'ellos volverán" (Rodríguez Marín 1951: 80, nº 123), o esta otra: "Cigüeña, cigüeña, / tus hijos se queman, / tu madre se te bá / a la puerta 'el Arená, / por un cachito de jabón, / pá labá tu camisón" (Luis Palomo y Ruiz, "Una docena de rimas infantiles" en *El Folk–lore andaluz*: 1981: 195). Véase también esta nana de R. Alberti: "Que no me digan a mí / que el canto de la cigüeña / no es bueno para dormir. // Si la cigüeña canta / arriba en el campanario, / que no me digan a mí / que no es del cielo su canto" (Alberti 1972: 103).

9 "Juanita y Luisito", p. 106; "Luna lunera", p. 103.

10 Var. *1*: "Luna, lunera, / cascabelera, / estás en tu luna, / cogiendo aceituna, / cuánta cogiste, / media fanega, / dónde la echaste, / en una montera. / Ya viene la monja / toronja, toronja, / ya viene Juanillo, / tocando el pitillo" (Torres Rodríguez 1972: 37).
Var. *2*: "Luna lunera, / cascabelera, / cinco pollitos / y una ternera" (Rodríguez Marín 1951: 78, nº 113).
Var. *3*: "Luna luneta, / cascabeleta, / llama a Perico, / que toque 'l pito; / llama a Manuela, / que toque las castañuelas" (*id.*: 78, nº 114).
Var. *4*: "Luna lunera, / cascabelera. / Salió Periquiyo / tocando er pitiyo. / Salió la mujé / tocando er clabé. / Salió Carabayo / tocando er cabayo. / Salió la muchacha / tocando las planchas" (*id.*: 79, nº 115).
Var. *5*: "Luna lunera, / cascabelera, / llena de migas / y bien caballera. / Sale 'l caballito blanco, / alumbrando todo el campo. / Sale 'l caballito negro, / alumbrando todo el cielo. / Salen las monjas, / con sus toronjas. / Salen los frailes, / con sus costales. / Sale Periquillo / tocando el pitillo" (*id.*: 79, nº 116).
Var. *6*: "Luna, lunera, / cascabelera, / debajo de la cama / tienes la cena. / Luna, lunera, / cascabelera, / cinco pollitos / y una ternera. / Luna, lunera, / toma un ochavo / para canela" (Llorca s.a.: 168).
Var. *7*: "Luna lunera, / cascabelera, / mete la mano / en la faltriquera; / saca un ochavo / para pajuela" (Fernán Caballero 1965: 47).
Var. *8*: "Luna, lunera, / cascabelera, / debajo de la cama / tienes la cena. / ¿Quién se la comió? / El gato rabón. / Coge un palo / y mátalo" (oída por nosotros en Murcia). Véase también otra variante más abajo en nuestro texto.

11 Baudelaire, "Moesta et errabunda", *Les Fleurs du Mal*.

12 Así es en "Luna lunera" donde la luna, convertida en un personaje, es invocada al final de cada estrofa mediante la fórmula "Luna lunera".

13 Así es en "Palomo negro" donde el último verso de las estrofas 1, 3, 4 ("que viene el palomo negro") hace las veces de estribillo.

14 "Luna lunera", p. 103.

15 "Juanita y Luisito", p. 106.

16 "Señora Cigüeña", p. 108.

17 Una excepción: "Iba la madrina".

18 Son 10 cuartetas "tipográficas", 23 cuartetas "blancas", o sea, 132 versos en un total de 164 (80,4 %).

19 En "Eres la blanca azucena", los dos últimos versos de la primera estrofa son casi iguales que el estribillo.

20 "Iba la madrina", 3ª estrofa.

21 La religión manifiesta su presencia en todos los poemas de RTM, excepto en "Palomo negro": oración de "Luna lunera", romería del Rocío, bautizo, "casorio", la cigüeña en el campanario de la iglesia.

22 FV, "Sevilla en 1929", en *La Gaceta Literaria*, Madrid, 1º de junio de 1929, nº 59, p. 1.

BIBLIOGRAFIA

Alberti, Rafael
    1972   *Marinero en tierra*. Ed. de Robert Marrast, Madrid: Castalia (1ª ed.: 1925).

Alonso, Dámaso, y José Manuel Blecua
    1956   *Antología de la poesía española. Poesía de tipo tradicional*. Madrid: Gredos.

El Folk–lore andaluz
    1981   Organo de la sociedad de este nombre, dirigida por Antonio Machado y Alvarez "Demófilo", Madrid, Ed. Tres–Catorce–Diecisiete y Ayuntamiento de Sevilla (Ed. conmemorativa del Centenario).

Fernán Caballero (seud. de Cecilia Böhl de Faber)
    1965   *Simón Verde. Cuadros de costumbres populares andaluzas*, Madrid: Taurus.

Frenk Alatorre, Margit
    1978   *Lírica española de tipo popular*. Madrid: Cátedra (1ª ed.: 1966).

García Lorca, Federico
    1974   *Obras completas*. 18ª ed., t. I, Madrid: Aguilar.

Llorca, Fernando
    s.a.   *Lo que cantan los niños. Canciones de cuna, de corro, coplillas, adivinanzas*. 2ª ed., Valencia: Prometeo.

Maspons i Labrós, Francesc
    1928   *Jocs d'infants*, Barcelona: Barcino.

Olavarría y Huarte, Eugenio de
    1884   "El Folk–lore de Madrid". En *Biblioteca de las Tradiciones populares españolas*. t. II, Sevilla: Alejandro Guichot y Compañía.

Pérez Ballesteros, José
    1883–86 "El Folk–lore gallego". En *Biblioteca de las Tradiciones...* (v. Olavarría y Huarte).

Pineda Novo, Daniel
    1982   *Rocío: amor de Andalucía*, Sevilla: Ceca.

Pradère, R., M. Girou y L. Melet
    1935   *Le chant languedocien et pyrénéen à l'école,* Toulouse: Privat.

Rodríguez Marín, Francisco
    1951   *Cantos populares españoles*, 2ª ed., t. I, Madrid: Atlas (1ª ed.: 1881).

Seignolle, Claude
    1963   *Le folklore de la Provence*, París: Maisonneuve.

Torres Rodríguez de Gálvez, María Dolores
    1972   *Cancionero popular de Jaén*, Jaén: Instituto de Estudios Giennenses.

Villalón, Fernando
    1944   *Poesías*. Prólogo de José María de Cossío, Madrid: Hispánica.
    1985 · *Poesías inéditas*. Ed. de Jacques Issorel, Madrid: Trieste ed.
    1987   *Poesías completas*. Ed. de Jacques Issorel, Madrid: Trieste ed. (en prensa).

El problema del conocimiento en Unamuno y la composición de "Niebla"

Roberta Johnson
Scripps College, Claremont, California

Niebla – novela o nivola – si nació realmente vivípara como pretende Unamuno, tuvo una gestación más larga que ningún otro ser que nace de esta manera. Pues entre agosto de 1907 cuando Unamuno comenzó a escribir la obra y 1913 cuando la terminó se sumen unos seis años. Y al calcular seis años de gestación, sólo me refiero a la confección de la novela en sí, ya que el problema que Unamuno plantea en ella – el conocimiento del mundo físico y de uno mismo en su existencia primordial – tiene sus raíces en las primeras preocupaciones del escritor vasco. Lo que quiero hacer aquí es bosquejar muy brevemente esta preocupación filosófica de Unamuno, y luego examinar la composición de *Niebla*, tanto en su dimensión cronológica como en su aspecto ideológico.

Yo veo la inspiración de Augusto Pérez, protagonista o agonista de *Niebla*, como principalmente cartesiana – eso es, como una representación artística del ser que vive de la idea y no del cuerpo. Acuérdese que Augusto se enamora *a priori*, que después del "enamoramiento", no reconoce a Eugenia cuando la ve por la calle, perdido como anda en una niebla de ideas abstractas desligadas del mundo físico inmediato. Dice Augusto en uno de los primeros capítulos que la imagen de Eugenia le "es casi innata".[1] Se enfatiza el dualismo cartesiano en la novela (eso es, un dualismo en que la mente sirve de timón al cuerpo que no es más que una especie de barco, no el dualismo unamuniano de *Del sentimiento trágico de la vida* en el que la mente y el cuerpo se contraponen en una lucha de iguales) haciendo que Augusto esquive en lo posible los aspectos corporales de la vida: su madre no quería que estudiara fisiología en la universidad; no puede entregarse al amor físico con Rosario, etc. En el capítulo siete dice muy cartesianamente que Dios y el mundo son "la forma suprema que el azar toma en nuestra mente" (p. 82), y en el capítulo treinta cuando Víctor le pregunta: "¿Qué te parece lo más verdadero de todo?", Augusto contesta sin vacilar con el lema más famoso del filósofo francés: "Pienso, luego soy" (p. 168).

La preocupación de Unamuno por Descartes comenzó a los catorce años cuando descubrió al primer filósofo moderno mencionado en los libros de Balmes que leyó en la biblioteca de su padre. Y se confrontó con Descartes de una manera formal en 1886 a los veintidós años en un tratado inédito titulado *Filosofía lógica* que dejó sin terminar. Es un documento interesante ya que se acerca más que cualquier otro escrito unamuniano a un tratado filosófico tradicional. La obrita comienza así: "Me propongo dar una explicación lógica de las nociones metafísicas, resolver el valor positivo de las nociones suprasensibles y desarrollar su función lógica".[2] Y a continuación, procede de la manera clásica del tratado, comenzando con una refutación de argumentos anteriores que no están de acuerdo con su propia teoría.

Una de las teorías que derrumba es la casa de duda racionalista construida por Descartes: "El sentido nunca se engaña en su objeto propio. [...] Es una axioma que delante mío hay un tintero, que lo veo, y que lo veo como lo veo, es decir que la percepción es evidente por sí misma" (ms. 21). Según Unamuno si llegara alguien (p. ej., Descartes) que dijera que el tintero sólo estaba en su mente y no fuera de ella, no sabría lo que decía. Del capítulo diez titulado "El conocer", sólo nos deja Unamuno las siguientes palabras: "Aunque esto parezca cuestión ociosa merece fijarse en ella, es clave para resolver más de una pretendida dificultad" (ms. 94). No prosigue; deja en el tintero lo que podría haber sido por algunas de las ideas contenidas en las noventa y cuatro páginas que logró escribir una contribución muy original a la epistemología, anticipando lo que expondría Maurice Merleau–Ponty unos sesenta años más tarde en la *Fenomenología de la percepción*, que también comienza con una refutación de Descartes.

Unamuno rechazó al hijo primogénito aparentemente por no ser legítimamente suyo, de sus propias entrañas, y no volvió jamás al formato del tratado filosófico tradicional para expresar sus ideas. Pero coge el cuaderno medio usado de *Filosofía lógica* en algún otro momento aprovechando las páginas limpias para otro escrito. Sería interesante saber exactamente cuándo hace esto, ya que el nuevo uso del cuaderno es para comenzar un ensayo titulado *Sobre el casticismo*. (¿Tiene esta obra una gestación mucho más larga de lo que se ha supuesto hasta ahora? Tenemos que dejar el tentador tema para otra ocasión, y seguir las huellas del nacimiento de *Niebla*.) En esta ocasión Unamuno sólo escribe el título de la obra y una cita en inglés de Carlyle antes de abandonar el proyecto que, como sabemos, salió en 1895 bajo el título de *En torno al casticismo*. Y para nuestros propósitos nos conviene recordar la nueva idea sobre el conocimiento que articula Unamuno en 1895. Pues, esta idea, por tener mucho en común con el idealismo cartesiano, no anda lejos del acercamiento al mundo que encontramos en Augusto Pérez.

La base epistemológica que sugiere Unamuno en *En torno al casticismo* se centra en un fenómeno que el llama "el nimbo" o "las grandes nebulosas": "En la sucesión de impresiones discretas hay un fondo de continuidad, un *nimbo* que envuelve a lo precedente con lo subsiguiente; la vida de la mente es como un mar eterno sobre que ruedan y se suceden las olas, un eterno crepúsculo que envuelve días y noches, en que se funden las puestas y las auroras de las ideas. Hay verdadero tejido conjuntivo intelectual, un fondo intra–conciente, en fin. [...] Esta doctrina [...] es la que mejor aclara metafóricamente la constitución de la mente humana. Cada impresión, cada idea, lleva su nimbo, su atmósfera etérea, la impresión de todo lo que la rodea, la idea de las representaciones concretas de que brotó. Aquellas figurillas de triángulos (figurillas de que hablaba Balmes) no son sino parte del nimbo, de la atmósfera de la idea, parte del mar de lo intra–conciente, raíces del concepto."[3] La referencia a Balmes y los triángulos nos recuerda la prueba geométrica de Descartes para las ideas innatas, y la descripción entera que hace Unamuno del funcionamiento de la vida mental nos recuerda el famoso ejemplo cartesiano de la cera. Descartes buscaba una respuesta al dilema de cómo sabemos que un trozo de cera recién sacado de la colmena es el mismo cuando se derrite delante del fuego y pierde su original color, olor y forma (las cualidades sensoriales no fiables según el filósofo francés). Y determina que sabemos que es la misma cosa por la idea previa, eterna que tenemos del objeto antes de cualquier mutación efímera que sufra en el mundo.

Dada esta base puramente mental del conocimiento que plantea Unamuno en *En torno al casticismo*, no nos debe sorprender que en la misma obra critica la cuantificación objetiva que hace la ciencia de las cualidades físicas del mundo. Pero parece que por el momento, no ve que en el fondo tanto su noción del nimbo eterno como la cuantificación científica nos llevan a puras abstracciones. Esta semejanza la comienza a plantear en *Amor y pedagogía* de 1902 – obra clave por muchas razones – pero, para nuestros propósitos, sobre todo porque marca el momento en que Unamuno se da cuenta de que la novela con su inherente dialogismo (según la terminología de Bakhtin[4]) le sirve admirablemente para presentar ideas conflictivas sin caer en las contradicciones y dificultades lógicas que se producen en un tratado filosófico o hasta en una colección de ensayos menos formales como *En torno al casticismo*. Y también encuentra en la novela un modo de burlarse de sí mismo y de algunas ideas que le habían atraído anteriormente. En *Amor y pedagogía* Unamuno contrapone burlescamente dos grandes sistemas filosóficos – la ciencia positivista en don Avito Carrascal, el hombre que se propone criar un hijo científicamente, y el idealismo abstracto hegeliano en don Fulgencio Entreambosmares. Una de las muchas ironías de la novela consiste en que don Avito (o la ciencia positivista) busque apoyo en don Fulgencio cuyo sistema está igualmente alejado de la vida real del hombre. También se burla Unamuno aquí de la división cuerpo–mente cartesiana en los motes que el narrador pone a Marina y Avito – aquélla es la Materia y éste la Forma. Pero por el momento Unamuno ha dejado al lado su teoría del nimbo o las grandes nebulosas. Si se hubiera dado cuenta ya de que este concepto presentaba una contradicción fundamental para su búsqueda del ser individual del aquí y ahora, todavía no habría estado dispuesto a someterlo a la burla.

Esto lo hará en *Niebla* que según Mario Valdés se escribió en 1907 por la fecha que aparece en la primera hoja del manuscrito (Valdés llegó a la Casa–Museo Unamuno en Salamanca en un feliz momento cuando todavía existía esta hoja, ya desgraciadamente desaparecida). Pero yo creo, como indiqué al principio de este trabajo, que la confección de *Niebla* tardó algo más. Y lo creo por dos razones: 1) Geoffrey Ribbans cita una carta de Unamuno de 1913 en la cual dice el rector de Salamanca que terminó la novela hace pocos días,[5] y 2) existen unos apuntes de 1910 que acompañan el manuscrito de *Niebla* en los cuales Unamuno monodialoga consigo mismo bosquejando posibles escenas para la novela. Al final de los apuntes, Unamuno da la novela por definitivamente fracasada, como otras que había iniciado. ¿Cómo nos explicamos que en 1913 vuelve de nuevo al "feto abortado" para darle vida por fin? Sobre todo extraña que vuelva a burlarse de la teoría cartesiana del conocimiento habiendo ya resuelto el año anterior en *Del sentimiento trágico de la vida* el problema del dualismo cartesiano con su propia versión dualista de la verdad tan radicalmente diferente de la del pensador francés. Una razón obvia es que Unamuno siempre necesitaba dinero, y tenía una presión tremenda para seguir publicando libros y artículos (no le convenía económicamente dejar muchos manuscritos sin editar). Otra razón es que al elaborar la versión definitiva de *Del sentimiento* se le ocurrió la famosa confrontación entre personaje y autor – idea genial que da un toque muy original a la novela, y que no se le había ocurrido en 1910, puesto que no figura en los apuntes. Y la tercera razón que puede haberle instigado a Unamuno para que en 1913 pensara de nuevo en su novela fracasada es que había salido en 1912 un libro en catalán titulado *Orígenes del conocimiento: el hambre* por el biólogo–filósofo Ramón Turró, y este libro le sugiere a Unamuno un modo de hacer más interesante y conflictivo el desarrollo del Augusto cartesiano, contraponiendo el acercamiento puramente mental del protagonista a otras posibilidades, entre ellas la vía puramente fisiológica que representan el perro, Orfeo, la planchadora Rosario y la cocinera Liduvina.

La teoría de Turró sobre los orígenes del conocimiento pretende refutar la noción kantiana de que nunca podemos llegar a conocer la cosa en sí. Turró cree que la prueba indiscutible de nuestro conocimiento directo del mundo es lo trófico; sabemos que el mundo objetivo existe porque lo ingerimos a nuestro cuerpo en forma de comida. Unamuno prologó la edición castellana del libro de Turró en 1916, y en aquel prólogo dice haber leído el texto de Turró por primera vez en 1914 en la versión francesa. Por técnicamente verdadera que sea esta aseveración, es cierto que Unamuno estaba ya enterado de las ideas de Turró que se habían publicado fragmentariamente en francés y en alemán en la primera década y por completo en la versión catalana de 1912. El que Unamuno estaba al tanto de la teoría, lo comprueba una carta que Turró le escribió a Unamuno en 1913, agradeciéndole el envío de *Del sentimiento trágico de la vida* y aludiendo al hecho de que habían hablado ya o personalmente o por carta de que Unamuno compartía con Turró la teoría trófica de los orígenes del conocimiento. Dice la carta de Turró: "Nada tan cierto como lo que U. me dice acerca de que es una idea antigua en U. los orígenes tróficos del conocimiento. [...] Ya ve si lo había advertido."[6]

Conviene ahora echar un vistazo a las condiciones físicas del manuscrito de *Niebla* antes de proseguir con la teoría del conocimiento que allí se incorpora. Los primeros siete capítulos y los fragmentos están escritos con una tinta más oscura y en un papel más descolorido que el prólogo, mientras que los capítulos ocho a treinta y tres y el epílogo parecen haberse escrito en otro momento con una tinta más clara. Mi teoría sobre la composición de *Niebla* luego es la siguiente: en 1907 Unamuno concibe el personaje Augusto Pérez en cierta medida para burlarse de sí mismo – de su época idealista cartesiana–hegeliana que produce *En torno al casticismo* y que persiste en su deseo de una vida mental eterna – igual que concibió a Avito Carrascal y Fulgencio Entreambosmares para satirizar su atracción al positivismo de Spencer y el idealismo de Hegel, respectivamente. Ya para mediados de la primera década, con *Vida de don Quijote y Sancho*, Unamuno había tomado conciencia del conflicto que existió entre su deseo de un conocimiento directo de la vida concreta, carnal, individual, única, perdurable y su concepto de la eternidad nebulosa, e inventó un personaje que está hundido en la niebla de sus propios pensamientos y que fracasará frente al mundo concreto. Todas las referencias a niebla en la novela se asocian con Augusto. Y el hecho de que esta niebla ahora tan problemática sea el mismo nublo de la vida eterna de los pueblos que elaboró Unamuno en *En torno al casticismo* se establece en frases como la siguiente: "Los hombres no sucumbimos a las grandes penas ni las grandes alegrías, y es porque estas penas y esas alegrías vienen embozadas en una inmensa niebla de pequeños incidentes. Y la vida es esto, la niebla. La vida es una nebulosa" (p. 67).

Sigamos con la teoría de la confección de *Niebla*. En 1907 Unamuno escribe siete capítulos, trazando el enamoramiento ridículo, abstracto, nebuloso de Augusto; luego trabaja algo en ella en 1910 escribiendo o copiando las notas a que aludí antes, dejando la obra por fracasada. Y cuando vuelve al manuscrito en 1913 para comenzar con el capítulo ocho, ya tiene el tema del conocimiento trófico o puramente fisiológico para formar el contraste con el Augusto racionalista. En el capítulo ocho el cartesiano Augusto visita a los tíos de Eugenia, su amada ideal, y surge en la conversación el tema del conocimiento. Pues Augusto no ha conocido a Eugenia todavía y quiere que se la presenten, a lo cual responde el tío don Fermín: "Y en cuanto a eso de que para casarse sea preciso o siquiera conveniente conocerse antes, discrepo ..., discrepo ... El único conocimiento eficaz es el conocimiento *post nuptias*. ... lo que en el lenguaje bíblico significa conocer. Y créemelo, no hay más conocimiento sustancial y esencial . que ése, el conocimiento penetrante ..." (p. 84). El hecho de que ponga Unamuno en boca del estrafalario don Fermín palabras que llevan eco de la insistencia de Turró en los orígenes corporales (viscerales) del conocimiento nos hace pensar que Unamuno no toma tan al pie de la letra los argumentos de Turró como el mismo Turró creía en su carta. En todo caso, por atractivo que fuera a Unamuno la prueba física, carnal del mundo objetivo que sugiere Turró, sería demasiado simplista y biológica para el sutil y complejo don Miguel que buscaba un modo de unir lo espiritual, lo racional y lo físico.

Pero, de todas maneras, creo que la teoría de Turró tan radicalmente fisiológica (trófica), provee a Unamuno un fondo temático para la serie de discursos de Víctor sobre los aspectos físicos del amor, le da un modo de reforzar el papel del ser puramente fisiológico de Orfeo y de desarrollar las relaciones de Augusto con Rosario y Liduvina, y sobre todo le da una idea original para la muerte de Augusto. En los apuntes de 1910 Unamuno proyecta un suicidio por veneno; pero, como sabemos, en la versión final, Augusto muere comiendo demasiado – un tardío deseo del personaje de alejarse radicalmente de su cartesianismo y entregarse completamente al conocimiento fisiológico–trófico. Su nuevo lema es "¡Como, luego existo!" (p. 176).

Así que nace *Niebla* por fin después de una larga gestación – un embarazo difícil pero fructífero. Y yo creo que esta novela resulta tan interesante y tan compleja, en parte, por haberse construido (como tantas catedrales de España) en diferentes épocas que luego reflejan diferentes intereses y estilos dentro de una misma obra, produciendo un rico tejido de conflictos vivos y vivíparos.

NOTAS

1 Miguel de Unamuno: *Niebla*. Ed. Harriet S. Stevens y Ricardo Gullón (1982: 75, Madrid: Taurus). Todas las citas de esta obra son de la misma edición; de aquí en adelante se incluyen las páginas de las citas en el texto.

2 Miguel de Unamuno: *Filosofía lógica* 1886: 1, (Bilbao. Manuscrito inédito ubicado en la Casa–Museo Unamuno en Salamanca). Todas las referencias a este manuscrito se indican por el número de la página precedida por ms.

3 Miguel de Unamuno: *En torno al casticismo*. En *Obras completas*, (1966, I: 813–814, Madrid: Escelicer).

4 M. M. Bakhtin: *The Dialogic Imagination*. Ed. Michael Holquist, trad. Caryl Emerson y Michael Holquist (Austin, Texas: The University of Texas Press, 1982).

5 Geoffrey Ribbans: *Niebla y soledad* (1971: 87, n. 9, Madrid: Gredos).

6 Carta original de Ramón Turró a Miguel de Unamuno, fechada 27 de noviembre, 1913, que se encuentra en la Casa–Museo Unamuno.

Marinetti y el futurismo en España

Manfred Lentzen
Universität Münster

El interés por Marinetti en España se produce en dos fases; la primera se inicia inmediatamente después de la publicación del manifiesto fundacional del futurismo (1909) y la segunda se sitúa hacia finales de los años veinte. En el presente artículo nos proponemos reconstruir estas dos etapas de la discusión en torno al fundador del movimiento futurista, creyendo al mismo tiempo poder aportar algunos detalles nuevos o adicionales al conocimiento de ese tema que, sobre todo por lo que respecta a la primera fase, sigue basándose hoy sustancialmente en los estudios de Paul Ilie.[1]

Ramón Gómez de la Serna[2] es quien da a conocer a Marinetti en España y quien prepara la recepción del nuevo ideario. En 1909, el mismo año de la publicación de "Fondazione e Manifesto del Futurismo", aparece en la revista *Prometeo* una traducción[3] de Ramón que pone por primera vez a los lectores de la Península Ibérica en contacto con las ideas del futurismo italiano, muy especialmente con los once puntos del manifiesto. Estos pueden resumirse del siguiente modo: amor al peligro, al valor, audacia y rebelión; exaltación de la actitud agresiva, del insomnio febril, del salto mortal, de la bofetada y del puñetazo; belleza de la velocidad; alabanza del automóvil, más bello aun que la Victoria de Samotracia; el hombre al volante como héroe; desprecio del pasado y vivir orientado hacia el futuro; glorificación de la guerra – única higiene posible del mundo –, del militarismo y del patriotismo; desprecio de la mujer y lucha contra el feminismo; destrucción de museos, bibliotecas, academias; glorificación de las multitudes, de las revoluciones, de la vibrante llama de los arsenales y astilleros, de las voraces estaciones de ferrocarril, de las fábricas, de los gigantescos puentes, de los barcos de vapor, de las locomotoras y aviones. La traducción del manifiesto fundacional va seguida de un amplio artículo sin firma titulado "Movimiento intelectual. El futurismo" cuyo autor es sin duda el propio Ramón Gómez de la Serna (Prometeo, 2, 6: 90-96). En él se habla del futurismo como de una "proclama" decisiva para modificar la vida del hombre ["El Futurismo es una de esas proclamas maravillosas" (*ibid.*: 91) y de la necesidad del género literario de la proclama en la creación de una nueva realidad de cara al futuro; la proclama, sigue, es "cosa capital y purgante" (*ibid.*: 91)]. Siguiendo la disquisición de Marinetti, Gómez de la Serna ve en el "salto mortal" la prueba máxima de valor, prenda segura de fama y de triunfo para el hombre, medio seguro de elevarse por encima de la mediocridad general; la calma y el *statu quo*, por el contrario, conducen a la insignificancia: "En el sosiego, en el orden, en el *estato-quo* el hombre se va desmoronando, se alisa, se achata y de pronto ¡horror! se hace como todos, es decir, no es como nadie, no es nadie" (*ibid.*: 93). Aquello que más fascina a Ramón del futurismo es la "libertad sin dogmas" basada en el "esfuerzo", el "denuedo" y la "entereza" (*ibid.*: 95). No obstante, no merecen su aprobación la misoginia y las "palabras artificiales, gruesas, poco orgánicas, poco mamíferas", como "poesía, cantaremos, poemas" (*ibid.*: 96) por ser características del "passatismo" que hay que combatir.

En el año 1910 aparece, también en la revista *Prometeo*, el manifiesto español de Marinetti "Proclama futurista a los Españoles", también en traducción de Ramón Gómez de la Serna (Prometeo, 3, 20 (1910): 519-531).[4] En la primera parte del texto se hace responsables de la pérdida de la hegemonía de España sobre todo a las "mujeres" y a los "frailes". Se hace un llamamiento al pueblo español para que deje tras sí el pasado místico y se vuelva hacia el grandioso espectáculo de la "electricidad", "única y divina madre de la humanidad futura, la Electricidad con su busto palpitante de plata viva, la Electricidad de los mil brazos o de las mil alas fulgurantes y violentas" (*ibid.*: 522). El símbolo por antonomasia del "passatismo" español es, a juicio de Marinetti, la catedral, que se derrumbará sepultando bajo sus ruinas el secular dominio clerical; las "inmundicias clericales" serán barridas bajo el signo de la libertad y destrozados los "grotescos reclinatorios" (*ibid.*: 525). La segunda parte del manifiesto (que lleva el título de "Conclusiones futuristas sobre España") insiste en el tenor anticlerical, pero destaca ante todo la importancia del progreso de la agricultura y de la industria en el logro de una renovación del país con visión de futuro. La tarea que incumbe a los políticos, escritores y artistas es descrita por Marinetti en un programa de ocho puntos que puede resumirse en los siguientes términos: Mayor "orgullo nacional", defensa de la "dignidad" y "libertad" del individuo; exaltación del "heroísmo" de la ciencia; fomento de la "idea del militarismo" en pro de la protección del pueblo; vinculación de la "idea del ejército poderoso y de la guerra posible" con la "idea del proletariado libre industrial y comerciante"; realce de las cualidades características de la "raza", como, por ejemplo, la "afición al peligro y a la lucha", el "valor temerario", la "inspiración artística"; la lucha contra la "tiranía del amor" y por ende aprobación del amor libre; finalmente, aniquilación del "arcaísmo", del culto al pasado (*ibid.*: 528 s.). Marinetti cierra su proclama haciendo un llamamiento contra los "sacerdotes", los "toreros" y los "caciques", exponentes de la tradición, condenando el turismo y exigiendo en su lugar la construcción de "grandes puertos comerciales, ciudades industriosas y campiñas fertilizadas" (*ibid.*: 530 s.). El manifiesto español aparece precedido de un breve prólogo, que Ramón Gómez de la Serna firma con el seudónimo de Tristán, interesante sobre todo por consistir, en consonancia con la manera futurista, en una sucesión de interjecciones de significado concorde con las ideas del movimiento. Citemos a título ilustrativo, entre otros muchos, los sintagmas: "¡Futurismo! ¡Insurrección! ¡Algarada! ¡Festejo con música Wagneriana! [...] ¡Violencia sideral! [...] ¡Antiuniversitarismo! [...] ¡Iconoclastia! [...] ¡Voz, fuerza, *volt*, más que verbo! [...] ¡Saludable espectáculo de aeródromo y de pista desorbitada! [...] ¡Gran *galop* sobre las viejas ciudades y sobre los hombres sesudos, sobre todos los palios y sobre la procesión gárrula y grotesca! [...] ¡Simulacro de conquista de la tierra, que nos la da!" (*ibid.*: 517 s.)[5]

El conocimiento de la obra de Marinetti y del futurismo en España habría que relacionarlo también con la búsqueda en el país de una identidad y destino nuevos después del desastre de 1898. Ni la generación del 98 ni el Modernismo se hallan en condiciones de ofrecer ningún tipo de solución a los problemas y transformaciones del momento, derivados del progreso técnico y científico – la civilización de masas, la vida urbana, la industrialización, la rapidez de comunicaciones (coches, aviones). De este modo surge el interés por las nuevas corrientes vanguardistas europeas que, hacia finales de la segunda década, desembocarán en singular mezcolanza en el movimiento ultraísta sobre todo. Los numerosos artículos aparecidos en las revistas españolas de principios de siglo dan testimonio de esa búsqueda de nuevos caminos. Así, en noviembre de 1908, Andrés González Blanco publica en *Prometeo* su "Llamamiento a los intelectuales" (Ilie 1969: 17 ss.) en el que dice que hay que embriagar a la multitud, pero no con vino, sino con la "virtud", la "ciencia" o la "poesía"; pues sólo una "embriaguez espiritual" hará posible olvidar la fea realidad. El autor apela sobre todo a la responsabilidad de los literatos; éstos no han de mantenerse "al margen de la vida" sino que su deber es sacudir e inflamar de nuevo el aletargado intelecto del pueblo.[6] De manera similar se expresa Silverio Lanza en su artículo "Arte Joven" (agosto de 1909; Ilie 1969: 31 ss.). Según él, el arte consiste en alcanzar la "felicidad humana" con la ayuda de la ciencia. Sobremanera interesante es el trabajo "Futurismo", de Gabriel Alomar, publicado en 1907 (septiembre y noviembre) en la revista *Renacimiento*,[7] el cual anticipa el concepto de 'futurismo', dándole no obstante un sentido un poco distinto al de Marinetti. Para Alomar, el reconocimiento de los valores positivos del pasado es premisa indispensable para la conquista del futuro; sólo la conciencia de la tradición permite la "visión profética de los tiempos nuevos" (Ilie 1969: 45). Los 'futuristas' son para él aquellos que partiendo de la "tradición de la luz" corren veloces al encuentro del futuro empujados por el ímpetu creador; son las "almas selectas", "poetas", "creadores" (*ibid.*: 46s). Además, observamos en Alomar una especie de actitud postromántica sin la cual, según él, no es posible la conquista del futuro. "Seamos, pues, sentimentales, no ya intelectuales – dice – y mejor todavía, seamos espirituales, *hiperpsíquicos* ..." (*ibid.*: 60). El reconocimiento de la tradición y el anti-intelectualismo son ideas que no se avienen con las de Marinetti. El futurismo de Alomar propone para la superación de los problemas de la época un camino algo distinto del del italiano.

El manifiesto fundacional de Marinetti que – como ha quedado indicado – aparece en traducción castellana en 1909, es objeto un año más tarde de un artículo de crítica publicado en la revista *Nuestro tiempo* (marzo de 1910) y titulado "El futurismo (una nueva escuela literaria)", debido a la pluma del ya citado Andrés González Blanco (Ilie 1969: 81-95). En él, su autor parece estar interesado sobre todo por las implicaciones literarias del movimiento futurista; la técnica del "verso libero" le merece una aprobación total, y tiene palabras encomiásticas sobre todo para Gian Pietro Lucini por sus teorías y aplicación práctica de este principio poético, y también para Enrico Cavacchioli, seguidor de esa técnica. A continuación, Andrés González Blanco pasa a ocuparse de los once artículos del manifiesto de Marinetti, que reproduce en traducción española. Si bien se muestra completamente de acuerdo con el programa de "exaltación de las fuerzas humanas", con el "canto a la lucha del hombre con los poderes inconscientes y a su triunfo final sobre la naturaleza" y con la exaltación de la "vida moderna" y del "industrialismo dominador" (*ibid.*: 87), condena la idea de una destrucción de los museos, bibliotecas y academias, así como la idea de un repudio total de los valores del pasado. Según González Blanco, sólo una relación armónica entre "vivir" y "estudiar" puede asegurar el futuro del hombre (*ibid.*: 92 ss.), "porque – dice – de sobra sabemos todos por experiencia íntima que el pasado nos encanta, como nos encanta el porvenir [...] a su modo" (*ibid.*: 94). Tales ideas son ciertamente muy afines a las expresadas por Gabriel Alomar. Cabe pensar que la actitud intransigente de los futuristas frente a la tradición, frente al pasado, podría haber sido una de las causas de la moderada resonancia que el movimiento tuvo en España. Citemos finalmente una voz de julio de 1920: En un breve artículo titulado "Afirmaciones futuristas", publicado en *España* el 10 de julio de 1920 (Ilie 1969: 97-101; Brihuega 1979: 264-269), Mauricio Bacarisse llama especialmente la atención sobre los valores transcendentales y éticos del futurismo,[8] si bien no dice exactamente qué es lo que hay que entender por ellos. No hay que olvidar que una vez terminada la Primera Guerra Mundial, los futuristas se hacen notar de manera preferente por sus acciones e iniciativas políticas en el marco del movimiento fascista. ¿Es que cabría interpretar esta circunstancia como el punto de partida hacia una renovación del hombre?

Hasta aquí hemos reproducido la historia del movimiento en torno a Marinetti desde 1909 hasta 1920. Habrá que preguntarse si las ideas futuristas han ejercido algún tipo de influencia, por ejemplo, sobre la poesía española. En la respuesta a tal pregunta habrá de tenerse presente que el Ultraísmo absorbe elementos de las distintas corrientes vanguardistas, entre ellos también los del futurismo. La reacción frente al Modernismo post-rubeniano lleva a buscar formas y contenidos nuevos más en consonancia con el espíritu de la época, dominado por el progreso técnico y científico.[9] El futurismo resulta fascinante no sólo por el culto a la velocidad y a la máquina, sino también por la idea de las "palabras liberadas" y por la efectista ordenación tipográfica de los textos, adoptada en parte también por los poetas españoles. Es futurista, por ejemplo, una poesía de Guillermo de Torre[10] del año 1919, en la que exalta en versos libres la fuerza dinámica y la velocidad del coche. Los versos finales dicen: "En la embriaguez dinámica / el auto siembra / una estela / de células aladas" (Foard 1975: 78). Pueden calificarse también de futuristas algunas de las poesías recogidas bajo el epígrafe de *Ultramodernismo* en la gran *Antología de la poesía española e hispanoamericana (1882-1932)* de Federico de Onís (1934). La serie de textos "Pompas fúnebres" (1923) de Antonio Espina destaca por su tipografía (Onís 1934: 1049 ss.); la exclamación "¡Jamás te olvidaré, esposo mío!" queda realzada por un marco gráfico. Poesías tales como "Tertulia", de Francisco Vighi, y "¡Qué lástima! ..." (1920), de León Felipe son ejemplos tanto de técnica del "verso libero" como del principio de las palabras dejadas intuitivamente en libertad (Onís 1934: 1053 s. y 1057 s.). La técnica de las "parole in libertà" lleva a una creciente verticalización del texto, en el que abundan versos de una sola palabra.[11] Vighi y León Felipe imitan ahí seguramente modelos futuristas que a su vez, en ese punto, siguen *La fontana malata* de Palazzeschi.

La segunda fase del interés por Marinetti en España se inicia hacia finales de los años veinte y se recoge casi totalmente en la revista *La Gaceta Literaria*, editada por

Ernesto Giménez Caballero. A principios de 1928, el fundador del futurismo emprende un viaje a la Península Ibérica. El penoso viaje en coche de Barcelona a Madrid le inspira un texto futurista extraordinariamente interesante que lleva el título de "Spagna veloce e toro futurista", la primera parte del cual aparece traducida al castellano en *La Gaceta Literaria* en agosto de 1928[12] bajo el título de "Contra el viento adusto, comandante de las fuerzas del pasado", dedicada a los amigos Ernesto Giménez Caballero, Guillermo de Torre y Ramón Gómez de la Serna. La totalidad del "testo creativo", en el que son fácilmente reconocibles tanto las características del "paroliberismo" como elementos de la "écriture automatique" surrealista,[13] se compone de cuatro partes cuyo contenido retoma ideas del manifiesto sobre España. Si antes la vieja catedral era el símbolo del 'passatismo', lo es ahora el inclemente viento de la Meseta que obstaculiza la rápida marcha del coche; el "Vento Burbero" se opone al progreso técnico. Las tres primeras partes representan la incesante lucha del viento contra la "velocità" moderna. Es ya de entrada muy ilustrativa la descripción del "antico vento", al que se aplican numerosos atributos de la tradición española: "L'antico Vento Burbero col suo ventre nutrito d'una macerie di conventi mulini a vento e cittadelle arabe palloneggia nella sua altissima tonaca di bronzo nero a pieghe tonanti. Il suo lungo cappello da prete felpato e fioccuto di nuvole s'impenna per formare col funereo nasone un becco aperto che forbicia il tremante infinito".[14] Por el contrario, el coche representa el "peso", la "luce", la "libertà"; será el que triunfará sobre los "fantasmi del passato" e "il tetro Nulla Infinito" (Marinetti 1968: 930, 932, 944). Frente al Vento Burbero, "geometrico amante dell'Escurial", se halla el "dinamismo plastico d'un aeroplano che vola sul cubismo dell'Escurial" (1968: 946); los productos de la técnica moderna y su dinámica arrinconarán los testimonios de la cultura pretérita, y la luz de la electricidad impedirá para siempre que el hollín de las piras católicas vuelva a ennegrecer el horizonte español (1968: 947). La cuarta parte, "Il toro lottò contro simboli accaniti", es la descripción de una corrida (1968: 948 ss.); el toro acapara toda la simpatía de Marinetti; la fuerza que atribuye al animal es extraordinaria ("Cosa mi rimproveri? – dice en tono de broma – La strapotenza del pugnale con cui fecondo le giovenche quando faccio la caricatura alle montagne? Vuoi che costruisca una chiesuola boschiva colla volta della mia groppa? Contemplami invece nella lotta: ho la forza d'un terremoto"),[15] y estaría en condiciones de liberar al país y al pueblo de las cadenas del pasado. Pero al fin, el toro es abatido por el lidiador, y muere tristemente en la "immobilità" y una "angoscia torturante" (1968: 960). El texto de "Spagna veloce e toro futurista" viene a expresar de este modo que España no se ha sacudido aún ni mucho menos el 'passatismo', aunque la fuerza del toro quizás bastaría para hacerlo.

No obstante, aquello que a finales de los años veinte interesa a los españoles, y muy particularmente a Giménez Caballero, de la personalidad de Marinetti, no es ciertamente el ideario de los manifiestos en último término abstracto (aunque reaparece ligeramente variado en nuevos textos futuristas), sino sus opiniones políticas, de las que se piensa – con diferencias de matiz – que podrían servir de modelo para España. Sobre este punto conviene recordar que entre 1919 y 1920, Marinetti dio impulso a algunas iniciativas políticas importantes encaminadas a reforzar el movimiento fascista.

Esta es la época de mayor coincidencia entre futurismo y fascismo. Se fundan en varias ciudades los "fasci politici futuristi", y Marinetti participa en numerosos actos fascistas y colabora en la consolidación del movimiento. Llega incluso a pensar que el fascismo debe su existencia al futurismo.[16] Su entusiasmo por el Duce le lleva a ver en Mussolini al deseado "intérprete" de la patria, al "condottiero" invicto.[17] No obstante, en 1920, las diferencias de opinión llevan a Marinetti y a algunos otros correligionarios a salirse de los "Fasci di Combattimento", si bien en 1923/24 vuelven a ingresar. La publicación de *Futurismo e Fascismo* (1924), volumen que recoge escritos de carácter político, es la exteriorización de ese retorno. Con todo, en los años que siguen, Marinetti ve como dentro del movimiento se le va marginando. Su propensión al individualismo anárquico es observada con escepticismo y considerada incompatible con el establecimiento por parte del partido de un rígido sistema dictatorial. Su elección en la recién creada Accademia d'Italia (1929) más que una muestra de su influencia política fue un simple formalismo.[18]

Pero en España, Giménez Caballero ve en Marinetti una cabeza política importante y un revolucionario profético. A partir de 1928, Gecé se inclina cada vez más hacia un nacionalismo de cuño italiano (Foard 1975: 71 ss.); su buen conocimiento de las ideas políticas del fundador del futurismo no habrá sido ajeno a esta actitud. El número 28 (15 de febrero de 1928) de *La Gaceta Literaria* está dedicado casi exclusivamente a temas italianos. Entre ellos hay una entrevista muy ilustrativa de Giménez Caballero a Marinetti, que a la sazón se halla en Madrid ("Conversación con Marinetti", 1980, I: 173). En ella, Gecé identifica del todo a su amigo italiano, cuya "ininterrumpida juventud" admira, con "Italia, violencia, porvenir". En su opinión, Italia ha llegado a convertirse en uno de los países más poderosos de Europa gracias a una política original, es decir, naturalmente fascista: "Salió un país latino con más fuerza que uno germánico. Salió una política original y sin préstamos nórdicos" (*ibid.*). La entrevista termina en tono ditirámbico: "¡Marinetti! Te saludamos con la eterna admiración española *ante lo que se mueve, grita, se desenfrena y revoluciona*. A ti, cuyo enlace en España era éste: Unamuno, Baroja, Ramón, De Torre. Antipasatistas, vulcanizadores. Te saludamos con la convicción galileica frente al escepticismo: 'e pur si muove' (*ibid.*).[19] En el mismo número aparece también una colaboración de Guillermo de Torre sobre Marinetti con el título de "Efigie de Marinetti". Su autor no va tan lejos como Giménez Caballero en su valoración del italiano, si bien no deja de destacar su significado moral y político manifesto de modo especial en la exaltación del orgullo nacional, el patriotismo, anticlericalismo y militarismo. Así escribe sobre el futurismo, entre otras cosas: "Trató de ejercer, no solamente una influencia literaria y estética – como los demás movimientos similares –, sino también un influjo moral y político, mediante una exaltación de los valores nacionales: el orgullo, el patriotismo, el anticlericalismo, el militarismo, el afán bélico, etc." (*ibid.*).

Por lo que a Gecé se refiere, se puede comprobar en él una identificación cada vez más fuerte con el ideario nacionalista-fascista. Su serie de artículos titulada "La etapa italiana", aparecida en *La Gaceta Literaria*, en agosto/setiembre de 1928, nos proporciona elocuentes datos al respecto. Tales artículos son como un informe de su viaje a Italia en el mismo año.[20] El segundo de ellos (15 de agosto de 1928) es de especial interés, pues en él Giménez Caballero se manifiesta sobre la esencia del fascismo. Con motivo de una visita a Roma, en el curso de la cual se encontró, entre otros, con Gentile, Malaparte, Bontempelli y Marinetti, califica a Roma de "madre" por antonomasia ("Encontraba en Roma el olor a madre que nunca había olido en mi cultura ..."); el negro de las camisas le parece "el negro ecuménico, católico, expansivo ..."; pero para España exige la combinación de "negro" y "rubio", de Roma y Berlín, de Vaticano y Alemania. No ve que el modelo de fascismo italiano sea tranferible sin más a España en todas sus facetas, pues la íntima esencia de su país está determinada por el "catolicismo conquistador y democrático".[21] Y este espíritu "democrático" es el que exige una orientación "popular" del fascismo, una idea que más tarde, en la tercera parte (1º de setiembre de 1928), queda formulada en los siguientes términos: "Si el fascismo es aristárquico por su estructura de partido, y monárquico por su representación del poder ejecutivo, es en el fondo archidemocrático: el pueblo mismo. ¿Archidemocrático? No: popular. La palabra democracia huele a burguesía, a ciudad, a cosa mediocre. Mientras popular es lo del campo, lo de la taberna, y el mercado, y la plaza, y la fiesta. Popular no es el hombre como obrero, ni como ciudadano, ni como funcionario. Sino simplemente como hombre elemental. Como campesino. Como hombre eterno (1980, I: 260). Si bien es cierto que el ideario de Gecé queda marcado por su relación con Marinetti, también es cierto que lo que resulta del pasaje últimamente citado apenas tiene nada en común con las ideas selectivas y elitistas del italiano.

Creo que en términos generales se puede decir que a finales de los años veinte el Marinetti "político" había quedado prácticamente archivado – lo que no significa que no se le siguiera admirando. En este sentido resultan elocuentes, por ejemplo, las observaciones que José Díaz Fernández hace en su importante libro *El nuevo romanticismo* (1930), el cual representa un paso decisivo en el camino que de la poesía puritanoestetizante de los años veinte va hacia la literatura comprometida de los treinta. La opinión de Marinetti de que el futurismo es el origen del fascismo es rebatida por Díaz Fernández, para quien el ascenso del fascismo presupone la decadencia del futurismo. Su tesis la expone en los siguientes términos: "El advenimiento del fascismo supone la decadencia del futurismo, hasta tal punto, que Marinetti, el incendiario de Museos, el Erostrato moderno, el furioso denostador del pasadismo, acepta ese retorno a la Roma antigua que Mussolini propugna un día y otro para mantener la cohesión de sus milicias, y se reconcilia con el imperialismo (Brihuega 1982: 273).[22] Su condición de miembro de la Academia ha convertido al propio Marinetti en administrador de los museos que precisamente él quería destruir. De este modo se le niega al futurismo el significado político – sin que por ello deje de valorarse su importancia cultural, sobre todo literaria.[23]

Considerando globalmente las dos fases de la incidencia de Marinetti en España, podremos resumir que la primera se sitúa sobre todo en el marco del debate en torno a las ideas vanguardistas y se centra en la discusión de los primeros manifiestos; la segunda, por el contrario, tiene marcado carácter político y está determinada por la génesis de la ideología de Ernesto Giménez Caballero.

NOTAS

1 Véase Paul Ilie (1964: 201-211), y la colección de textos editada por él (1969). Una versión más amplia del presente artículo y dos textos inéditos han sido publicados en *Archiv für das Studium der neueren Sprachen und Literaturen*, 224 (1987): 67-82.

2 Acerca de Marinetti en la obra de Ramón Gómez de la Serna véase Ronald Daus (1971: especialmente 83 ss.).

3 *Prometeo*, 2, 6 (1909): 65-73; el manifiesto fundacional de Marinetti es de febrero 1909.

4 Reproducido otra vez por Paul Ilie (1969: 73 ss.). La versión italiana es de junio de 1910; aparece publicada una vez bajo el título de "Contro la Spagna passatista" y otra vez, con algunas modificaciones estilísticas, bajo el título de "Proclama futurista agli Spagnuoli"; ambas versiones se hallan en F.T. Marinetti (1968: 34 ss. y 233 ss.). El título de "Contro la Spagna passatista" es una variante alusiva a "Contro Venezia passatista" (27.4.1910).

5 La introducción de Ramón Gómez de la Serna aparece reproducida en Jaime Brihuega (1979: 89 s.).

6 Ilie (1969: 18 y 22 s.). "Precisamente nuestro triunfo estará en apagar las voces tumultuosas y sucias de las vendedoras del mercado con nuestra palabra persuasiva y encender en las inteligencias dormidas y obtusas la luz que en nosotros se ha hecho llama interior, que nos devora."

7 La versión catalana aparece ya en 1905 en Barcelona.

8 Por ejemplo dice: "El futurismo, aun cuando pierda todos los prestigios que ha alcanzado después de tenaces y heroicas luchas, tendrá siempre un hondo, recóndito y transcendental valor ético. Aunque lo pierda todo en lo futuro, no naufragará la moral" (Ilie 1969: 101).

9 Acerca de las corrientes vanguardistas a principios de siglo véase especialmente Guillermo de Torre (1925); una refundición de la obra aparece en Madrid (1965). Sobre el ultraísmo véase preferentemente Gloria Videla (1971).

10 De la colección *Hélices* (publicada en 1923); citado en Douglas W. Foard (1975: 78).

11 A título de ejemplo damos los siguientes versos de León Felipe tomados de *¡Qué lástima!* ...: "¡Qué / lástima / que yo no tenga / una patria! / Me da igual / Francia / que / España / y / que Alemania / y / que Italia" (Onís 1934: 1058).

12 En no. 39 del 1.8.1928 (Reprint 1980, I: 243).

13 El texto completo aparece impreso en 1931 en Milán bajo el título de "Spagna veloce e toro futurista" en F.T. Marinetti (1968: 923-960). Sobre el origen de la obra observa Marinetti: "Come ogni opera mia, il poema parolibero 'Spagna veloce e toro futurista' è nato spontaneamente senza preconcetti teorici. I suoi ritmi furono dettati dalla velocità che, senza affanno, sverginava giorno e notte tutte le pudiche selvagge e arcigne solitudini della Sierra" (véase F.T. Marinetti 1968: CXXIII).

14 Marinetti (1968: 928). La traducción española dice: "El Antiguo Viento Adusto, con su vientre nutrido de una escombrera de conventos, molinos de viento y atarazanas árabes, pelotea en su altísima túnica de bronce negro con pliegues tonantes. Su largo bonete de cura afelpado y flecoso de nubes, se empeña en formar con el funéreo narigón un pico abierto que tijeretea el trémulo infinito" (véase *La Gaceta Literaria*, 39, 1.8.1928; Reprint 1980, I: 243).

15 Marinetti (1968: 952). La simpatía por el toro se expresa ya en el prólogo ("Testamento di Negro II, toro di Andalusia") de "Spagna veloce e toro futurista". Por ejemplo, Marinetti pone en boca del toro Negro II las palabras: "Ho nei polmoni l'implacabile fuoco futurista della Spagna! Sto liberandolo dal mio garrese aperto. Già vampa trionfalmente sull'Arena! Salutatelo con un fragore tempestoso di nacchere tamburi sonagli eliche e sirene, o spettatori golosi di morte!" (1968: 926).

16 Así, por ejemplo, en la introducción de "Futurismo e Fascismo" (1924) Marinetti opina: "Il Fascismo nato dall'Interventismo e dal Futurismo si nutrì di principî futuristi. Il Fascismo contiene e conterrà sempre quel blocco di patriottismo ottimista orgoglioso violento prepotente e guerriero che noi futuristi, primi fra i primi, predicammo alle folle italiane. Perciò sosteniamo strenuamente il Fascismo, salda garanzia di vittoria imperiale nella certa, forse prossima, conflagrazione generale. Il Fascismo opera politicamente, cioè nell'ambito della nostra sacra penisola che esige impone limita vieta" (1968: 432).

17 Así en un artículo de "Il Popolo d'Italia": "Vedendo quest'Uomo, credetti ancor più tenacemente nell'Italia. Gli lessi in volto il suo destino, così legato a quello della Patria grande in cui credemmo sempre; ma che non aveva ancora il suo interprete. Ora questo interprete c'era. E c'era il Condottiero. Come dubitare più della vittoria?" (Marinetti 1968: 447).

18 Sobre la importancia política de Marinetti véase Adrian Lyttelton (1982: 587 ss.).

19 En el mismo número se publica en lengua italiana la poesía de Marinetti "Macchina lirica".

20 Tres artículos se publican en *La Gaceta Literaria*: no. 39, 1.8.1928 (Reprint 1980, I: 246); no. 40, 15.8.1928 (Reprint 1980, I: 252); no. 41, 1.9.1928 (Reprint 1980, I: 260). Estos artículos se integran en el libro de Giménez Caballero *Circuito imperial*, que aparece a principios de 1929; véase Douglas W. Foard (1975: 106).

21 Gecé dice, por ejemplo: "El fascismo es una fórmula absolutamente de Italia y para Italia. Como el bolchevismo lo ha sido de Rusia y para Rusia. Como lo fue el liberalismo para Francia e Inglaterra. Y el industrialismo burgués y militarista para Alemania. Y el catolicismo conquistador y democrático para España" (artículo del 15.8.1928; Reprint 1980, I: 252).

22 Un breve extracto del libro de José Díaz Fernández se encuentra en la colección de textos de Jaime Brihuega (1982: 271-275).

23 "El futurismo es la tendencia más seria y más fecunda de cuantas figuran en el índice de la nueva literatura. Le caracterizaba un ímpetu destructor, imprescindible en toda obra de avanzada artística. Daba entrada por primera vez en la lírica a elementos que habían estado hasta entonces desahuciados de la literatura y que respondían a exigencias de una nueva sensibilidad. Fue el futurismo el que creó las metáforas maquinistas, las imágenes simultáneas, el dinamismo lírico, y ese entusiasta desplazamiento del poeta hacia temas multitudinarios. [...] Yo creo que el futurismo tuvo un perfil poderoso precisamente porque era neo-romántico y venía a deshacer con gesto duro las espumas irisadas del modernismo" (Díaz Fernández, en Brihuega 1982: 274). Ahora bien, la cuestión de si el futurismo contiene elementos neo-románticos queda por resolver.

BIBLIOGRAFIA

Brihuega, Jaime
1979 *Manifiestos, proclamas, panfletos y textos doctrinales (Las vanguardias artísticas en España: 1910-1931).* Madrid.
1982 *La vanguardia y la República.* Madrid.

Daus, Ronald
1971 *Der Avantgardismus Ramón Gómez de la Sernas.* Francfort.

Foard, Douglas W.
1975 *Ernesto Giménez Caballero (o la revolución del poeta); estudio sobre el Nacionalismo Cultural Hispánico en el siglo XX.* Madrid.

Ilie, Paul
1964 "Futurism in Spain". En *Criticism*, 6: 201-211.

Ilie, Paul (ed.)
    1969   *Documents of the Spanish Vanguard*. Chapel Hill.

Lyttelton, Adrian
    1982   *La conquista del potere. Il fascismo dal 1919 al 1929*. Bari (Ed. original inglesa, Londres 1973). .

Marinetti, Filippo Tommaso
    1968   *Teoria e invenzione futurista*. Prefazione di Aldo Palazzeschi, introduzione, testo e note a cura di Luciano De Maria, Milán.

Onís, Federico de (ed.)
    1934   *Antología de la poesía española e hispanoamericana (1882-1932)*. Madrid.

Torre, Guillermo de
    1925   *Literaturas europeas de vanguardia*. Madrid.
    1965   *Historia de las literaturas de vanguardia*. Madrid.

Videla, Gloria
    1971   *El ultraísmo; estudios sobre movimientos poéticos de vanguardia en España*. 2ª edic., Madrid.

Sobre el Arte de "Paz en la guerra"

Paul R. Olson
The Johns Hopkins University, Baltimore

Desde cuando Unamuno postuló en unos ensayos de principios de siglo la existencia de una profunda diferencia entre el modo "ovíparo" que había utilizado para la creación de *Paz en la guerra* y el "vivíparo" que empezó a seguir en su obra posterior,[1] queda evidente que la primera novela unamuniana ocupa un lugar aparte en su trayectoria novelística. Tanto es así que la opinión de Leon Livingstone (1941: 442), según la cual las novelas de Unamuno se dividen en dos categorías fundamentales (por un lado, *Paz en la guerra*, y por otro, todas las otras – es decir, las *nivolas*) sigue siendo la predominante entre los críticos.

Incluso entre los que seguimos la opinión de Geoffrey Ribbans, para quien es preferible distinguir entre *nivolas* propiamente dichas (*Amor y pedagogía* y *Niebla*) y las que él llama "novelas-esqueleto" o "novelas de pasión", posteriores a ellas (1971: 107), persiste el reconocimiento del lugar especial que ocupa *Paz en la guerra* en la obra total. Es un lugar especial por tratarse de una novela mucho más realista, y por eso más convencional y en apariencia menos original que las que la siguen, y el hecho de que su autor no volviera nunca a escribir una novela de tema histórico, político y social – por lo menos en el mismo sentido – podría ser interpretado como un rechazo por su propio creador.

Efectivamente, así podría aparecer, sobre todo si se recuerda que en el penúltimo año de su vida escribió Unamuno que la había compuesto "conforme a los preceptos académicos del género. A lo que se llama realismo" (1967, II: 552)[2], pues teniendo presentes las críticas del realismo convencional que había expresado en el Prólogo a sus *Tres novelas ejemplares* (1967, II: 972), no sería difícil suponer que con estas palabras se estaría haciendo una autocrítica respecto a su primera novela.

Pero por otra parte, en más de una ocasión parecía reivindicarla a base de su valor histórico y político, como cuando en el prólogo a la segunda edición, de 1923, escribía que

> "... aparte el valor literario – más bien poético – que pueda tener, es hoy ... de tanta actualidad como cuando se publicó. En lo que se pensaba, se sentía, se soñaba, se sabría y se vivía en 1874, cuando brizaban mis ensueños infantiles los estallidos de las bombas carlistas, podrán aprender no poco los mozos, y aun los maduros de hoy." (1967, II: 91).

En tal momento, pues, vemos que aun admitiendo que la novela pueda tener un valor poético, es su actualidad histórica y política la cualidad que más destaca el autor, y algunos críticos, como Ferrater Mora (1957: 116) y el historiador Vicente Garmendia (1984: 16) han señalado la exactitud documental de esta obra, considerándola como uno de sus valores más significativos. En cuanto al aspecto documental de la obra – también destacado por Unamuno en sus comentarios sobre ella – parece que ha sido éste el que más interesa a algunos críticos, como Sánchez Barbudo, por ejemplo, cuyas investigaciones sobre la elaboración de *Paz en la guerra* la estudian con miras a la solución de la cuestión de lo que Don Miguel realmente pensaba respecto a la existencia de Dios y la subsistencia del alma, y concluyen afirmando que fue un Unamuno indudablemente ateo quien la compuso (1959).

Quedaba, pues, para otros críticos la labor de hacer un análisis más amplio del aspecto poético de la novela, aun teniendo presente el interés permanente de su significado histórico, autobiográfico, y como documento del pensamiento unamuniano.

En cuanto a la cuestión estética de aquel realismo en que el Unamuno de 1935 parecía encuadrarla, ya en el libro de Julián Marías aparece un pleno reconocimiento de la diferencia entre las creaciones de ambiente en *Paz en la guerra* y las descripciones minuciosas del realismo decimonónico convencional. Al comentar la llegada de los contertulios carlistas a la chocolatería de Pedro Antonio Iturriondo, observa Marías que

> "a Unamuno no se le ocurre, ni siquiera en esta novela, describirnos la chocolatería como cosa, con sus detalles externos, como hubiera hecho un escritor realista [...]; lo que le interesa es la referencia existencial de Pedro Antonio a su mundo [...]; Unamuno se limita a decirnos lo que *hacen* al entrar, consuetudinariamente, y así los vemos creando un ámbito en que se mueve su cotidiano existir" (1943: 89-90).

Y Carlos Blanco Aguinaga, tras un análisis magistral de las últimas páginas de la novela, afirma que

> "... si por su tratamiento de la relación entre el hombre y la naturaleza – por la manera como se funden el uno en la otra – son estas páginas excepcionales en la novelística española del XIX, ello se debe a que, para bien o para mal, *Paz en la guerra* es una novela escepcional entre las de nuestro siglo XIX; no es *Paz en la guerra* novela histórica ni realista, sino una novela impresionista en la cual la historia real es sólo el pretexto para la expresión de una visión personal y lírica de la realidad" (1975: 99).

Después de leer tales elogios, podría parecer superfluo cualquier comentario más sobre el aspecto poético de *Paz en la guerra*, pero por ser la cuestión de la relación entre realidad y poesía una de las más fundamentales en la crítica literaria, y por haber suscitado la primera novela unamuniana – en varios momentos y de varias maneras – unas críticas bastante negativas, me atrevo a presentar aquí un par de comentarios sobre algunas de ellas, más que otra cosa por participar en el diálogo constante que hay que sostener sobre cuestiones tan fundamentales.

Una de las críticas más negativas que se han hecho contra *Paz en la guerra* fue la de José Agustín Balseiro, en un ensayo publicado cuando el exilio de Unamuno en Hendaya, en el que afirmaba que hay en ella una contradicción nunca resuelta entre el "valor poético", mencionado por Unamuno en el prólogo de 1923, y el valor documental de que habla en el mismo pasaje. Según Balseiro

> "el autor cuenta, día a día, tiro a tiro, bomba a bomba, y cañonazo a cañonazo, los episodios, las escaramuzas, y las batallas de la guerra carlista de 1874. Conocemos en esta obra cuántas personas fueron muertas en Bilbao el día de San José; cuántos pasos dejaron de adelantar los liberales el día de Nuestra Señora de los Dolores; cuántas pulgadas de nieve cubrieron las montañas el diez de marzo [...] Y este es el error fundamental de Unamuno en *Paz en la guerra*: colocar los hechos históricos sobre el ambiente histórico" (1928: 38-39).

Total, que según Balseiro, "el detallismo excesivo" de esta novela "recuerda ... los peores y más absurdos momentos de Balzac" (1928: 38-39). Pero en cuanto a la supuesta contradicción entre creación poética y documentación histórica, sabemos que Unamuno creía que no hay tal, pues en una nota marginal a su propio ejemplar del libro de Balseiro escribió: "Se crea lo que se vio. Una obra histórica es poética." (Zubizarreta: 1960: 49). Este comentario constituye sin duda la mejor defensa teórica de la creación poética a base de detalles históricos, pero Unamuno no señalaba el hecho de que las acusaciones de Balseiro eran materialmente falsas. En esta novela no conocemos cuántas personas fueron muertas el día de San José, porque en realidad los carlistas suspendieron el bombardeo, y este detalle lo menciona Unamuno por contrastar la tranquilidad del día festivo con los sobresaltos entre los que había muerto doña Micaela en la víspera. Tampoco cuenta Unamuno cuántas pulgadas de nieve cubrieron las montañas el día 10 de marzo, pero sí que la noticia dio una honda tristeza a la moribunda.

Por otra parte, hay que reconocer que a pesar de los errores concretos de Balseiro, Unamuno ha creado en esta obra el efecto de una gran exactitud documental y cronológica (en consecuencia, quizás, de sus abundantes lecturas de periódicos y otros documentos de la época). Nos cuenta, por ejemplo, que "desde primero de año hasta el 22 de febrero, segundo día de bombardeo, inclusive, dieron los periódicos de la villa cuenta de treinta bailes (1967, II: 200), y que en cierto día "hora hubo en que cayeron 83 bombas, cuyo estrépito era reforzado por un fuerte viento sur." (1967, II: 206). Pero estas cifras no son presentadas como significativas en sí mismas, sino como signos de la continuidad de vida intrahistórica en medio de la guerra, y de los efectos del bombardeo en el ánimo de los bilbaínos. La exactitud numérica sirve para crear el efecto del concreto *hic et nunc* de los hechos históricos, que hace mucho más viva la expresión de las reacciones humanas ante ellos.

Parece evidente, pues, que el significado de los detalles documentales, numéricos, y cronológicos de *Paz en la guerra* se encuentra justamente en su función impresionista y existencial, exactamente como en el caso de los detalles descriptivos (o, mejor dicho, de lo que hacen los personajes) que ha comentado Julián Marías, o en el de los detalles descriptivos de la naturaleza, que atraía la atención de Blanco Aguinaga. Hay que reconocer, pues, que ha sido éste uno de los principales aciertos del arte de *Paz en la guerra*.

Otro aspecto importante de este arte se observa en los varios detalles lingüísticos del que podríamos llamar lenguaje de la intrahistoria. Como bien ha advertido Blanco Aguinaga, donde con más efecto se expresa el sentido de la eternidad intrahistórica, que ha sido tema principal de la novela entera, es en las últimas páginas de la novela, que revelan un sentido profundo de la fusión entre hombre y naturaleza en la experiencia espiritual de Pachico Zabalbide. Como dice Blanco Aguinaga: "La prosa de estas páginas, ya de por sí lenta, ensimismada y reiterativa, se remansa aquí, meciéndose apenas, en la idea musical, plena, de la paz." (1975: 93-94).

Veamos algunos ejemplos de esto en los detalles formales del lenguaje intrahistórico. Quizás los párrafos que con mayor plenitud los presenten son los siguientes:

> "En maravillosa revelación natural penetra entonces en la verdad, verdad de inmensa sencillez: que las puras formas son para el espíritu purificado la esencia íntima; que muestran las cosas a toda luz sus entrañas mismas; que el mundo se ofrece todo entero, y sin reserva, a quien a él sin reserva y todo entero se ofrece ...
>
> Mas luego, adormiladas por la callada sinfonía del ámbito solemne, se le acallan y aquietan las ideas; los cuidados se le borran; desvanécesele la sensación del contacto corpóreo con la tierra y la del peso del cuerpo se le disipa. Esponjado en el ámbito y el aire, enajenado de sí, le gana una resignación honda, madre de la omnipotencia humana ..." (1967, II: 300)

Lo que crea aquí el efecto de una prosa "lenta, ensimismada y reiterativa" es un juego continuo de sinonimias ("se le acallan y aquietan las ideas"), paralelismos ("desvanécesele la sensación del contacto corpóreo con la tierra y la del peso del cuerpo se le disipa") y aposiciones ("una resignación honda, madre de la omnipotencia humana"), o sea, de una serie de expresiones lingüísticas en que aparecen dos elementos pertenecientes al mismo paradigma semántico o conceptual yuxtapuestos en la dimensión sintáctica del lenguaje. Por debajo del flujo del lenguaje y del tiempo queda algo que no cambia, como la sustancia intrahistórica queda bajo el flujo del tiempo histórico.

Pero entre todas estas estructuras la que más me interesa destacar es el quiasmo que encontramos en "el mundo se ofrece todo entero, y sin reserva, a quien a él sin reserva y todo entero se ofrece", en que tres de los elementos principales de la primera mitad de la cláusula ("se ofrece", "entero" y "sin reserva") son repetidos en la segunda mitad ("sin reserva", "entero" y "se ofrece"), pero en el orden inverso que exige el quiasmo. En otros estudios míos he señalado la importancia que tienen las estructuras quiásticas en el pensamiento y lenguaje unamunianos, donde aparecen con una frecuencia asombrosa, aunque en algunos casos son de tanta amplitud, y abarcan tantos elementos espaciados entre sí, que apenas se notan dentro del texto entero (1982; 1984). Y en efecto, también en *Paz en la guerra* se encuentra no sólo en las micro-estructuras que la retórica clásica denominaba justamente con el nombre de *chiasmós*, sino también en la estructura total de la novela.

Se recordará que ésta comprende cinco capítulos, numerados pero sin títulos, divididos todos ellos en un gran número de apartados breves que presentan escenas sueltas, diálogos, y narrativas de sucesos determinados. En cierto sentido se podría decir que el efecto de esto es el de una gran descontinuidad o fragmentación de la narrativa, pero en cada capítulo hay una presencia constante, una vida profunda particular que sigue por debajo de estas descontinuidades superficiales. Esta vida profunda de cada capítulo aparece también, desde luego, como presencia inmediata, explícita o implícita, en la mayoría de los episodios que integran el capítulo, y es la repetición de estas apariciones que crea la unidad dramática y temática del capítulo entero.

En el primer capítulo la presencia continua es la de Pedro Antonio, cuya vida individual, familiar y social contiene la perspectiva desde la cual se observa el fondo histórico de la última gran carlistada del siglo. También en el capítulo quinto y último aparece Pedro Antonio como presencia fundamental y constante, aunque la narrativa dedica varios apartados a contar también los últimos estentores del carlismo beligerante. Así como al comienzo de la novela su aparición había sido presentada, no como suceso sino como estado consuetudinario ("A la hora en que la calle se animaba, a eso de mediodía, solíase ver al chocolatero de codos en el mostrador, y en mangas de camisa que hacían resaltar una carota afeitada, colorada y satisfecha") (1967, II: 93), del mismo modo vemos que el final de la novela no cuenta su muerte sino que presenta su estado de ánimo en los últimos años de su vida intrahistórica, que son una transición suave y paulatina hacia la eternidad: "Su pasado se le derrama en el alma una luz tierna y difusa; siente una paz honda, que hace brote de sus recuerdos esperanza de vida eterna. Como ha preservado limpia la temporal, es su vejez un atardecer como una aurora." (1967, II: 296). Si en la vida de Pedro Antonio el atardecer es como una aurora, si el final es reflejo de su principio, parece que lo mismo podría decirse de la novela entera.[3]

En los capítulos segundo y cuarto la presencia fundamental es la de Ignacio Iturriondo, hijo único de Pedro Antonio, que en abril del '73 sienta plaza en el ejército carlista y empieza esa rutina de marchas y contramarchas que es la vida intrahistórica de los soldados de todas las épocas. Es cierto que en el cuarto capítulo la vida de Ignacio es cortada por una bala perdida, en un momento contado muy poco antes de mediado el capítulo, pero su recuerdo sigue vivo para sus padres, para Rafaela Arana, que hubiera podido ser su novia, y para su amigo Pachico Zabalbide.

El capítulo tercero – el central de la novela – cuenta la historia del sitio de Bilbao, desde finales de 1873 hasta el 2 de mayo del '74. Aquí la presencia fundamental es esencialmente colectiva, aunque representada en la vida personal y familiar de don Juan de Arana. Por haber sido este sitio un suceso presenciado de niño por el autor mismo, se supone que es ésta la parte más personal y autobiográfica de la novela (si no es por los apartados dedicados a la historia espiritual e intelectual de Pachico Zabalbide), y no ha de extrañarnos que ocupe el espacio central de la estructura.

Resumiendo, pues, se puede afirmar que la estructura fundamental de *Paz en la guerra* es de la forma ABCBA, o sea, que se trata de una estructura quiástica y simétrica, de gran efecto estético, pues se sabe que "la repetición, el paralelismo, y el contraste se cuentan entre los recursos más universales para recortar los contornos y potenciar el carácter completo (y único) de la obra de arte literaria." (Rico, 1970: 31). Pero el efecto no es sólo estético, sino también metafísico. Ya había dicho Kierkegaard que la repetición es lo eterno y lo metafísico (1964),[4] y el Unamuno filósofo de la vida intrahistórica se daba cuenta cabal de ello.

Pero en realidad el final definitivo de la novela no es una representación del atardecer eternizado de Pedro Antonio, puesto que las últimas páginas están dedicadas a la experiencia místico-panteísta de Pachico Zabalbide, a que ya hemos aludido, seguida por su vuelta a la ciudad con la determinación de luchar por el progreso y por el bien:

> "Así es como allí arriba, vencido el tiempo, toma gusto a las cosas eternas, ganando bríos para lanzarse luego al torrente incoercible del progreso, en que rueda lo pasajero sobre lo permanente. Allí arriba, la contemplación serena le da resignación trascendente y eterna, madre de la irresignación temporal, del no contentarse jamás aquí abajo, del pedir siempre mayor salario, y baja decidido a provocar en los demás el descontento, primer motor de todo progreso y de todo bien" (1967, II: 301).

Un crítico norteamericano – traductor, además, de *Paz en la guerra* – expresó hace poco un juicio fuertemente negativo sobre este final, afirmando que es un epílogo supérfluo, puesto que el verdadero fin de la novela coincide con la última imagen que nos ofrece el autor de Pedro Antonio (Lacy 1983: xxxiii).[5] Pero aun reconociendo el acierto de este crítico al haberse dado cuenta de que con la última aparición de Pedro Antonio se cierra la estructura fundamental de la novela, y que las últimas páginas forman un epílogo a ella, son imprescindibles para precisar el concepto de la vida e historia humanas con que Unamuno quería terminar su novela. Sin este epílogo la estructura quiástica habría creado una concepción de la vida humana como eterno retorno, como movimiento temporal que vuelve siempre a sus orígenes, del tiempo histórico como ciclo cerrado, y de la obra poética como objeto íntegro, también cerrado en sí mismo.

No hay duda de que el Unamuno contemplativo sentía siempre la atracción de tales concepciones, pero en última instancia el Unamuno de la autenticidad existencial se daba cuenta cabal de que tanto la historia de las naciones como la vida humana individual quedan – y tienen que quedar – abiertas, siempre, al futuro.

NOTAS

1 Se trata de los ensayos "De vuelta" (VIII: 206-207), de 1902, "Escritor ovíparo" (VIII: 208-210), también de 1902, y "A lo que salga" (I: 1194-1204), de 1904. Las referencias a tomos y páginas corresponden a las de las *Obras completas* que figuran abajo en nuestra bibiografía.

2 El comentario aparece en el Prólogo a la tercera edición de *Niebla*.

3 Blanco Aguinaga también subraya la importancia de este concepto del atardecer que es como una aurora, señalando que este "atardecer cierra una vida y un libro." (1975: 83).

4 Es cierto que en la misma obra citada el danés distingue también entre repetición, propiamente dicha, y recuerdo, afirmando (en la versión inglesa citada en nuestra Bibliografía) que "Repetition and recollection are the same movement, only in opposite directions; for what is recollected has been, is repeated backwards, whereas repetition properly so called is recollected forwards" (1964: 33).

5 Ya observó Blanco Aguinaga que *Paz en la guerra* "tiene, al parecer, dos finales ...; pero, en rigor, son dos vertientes de una sola cima de la verdad ... son dos momentos, el de Pedro Antonio y el de Pachico, estrictamente coetáneos, y se complementan el uno al otro" (1975: 82). De acuerdo con la interpretación que presento aquí, el momento de la "maravillosa revelación natural" de Pachico puede ser estrictamente coetáneo con el del "atardecer como una aurora" de Pedro Antonio, aunque más significativa que su posible correspondencia cronológica es la de su cualidad de experiencia intrahistórica, de intuición de la eternidad como substancia del tiempo. Pero creo que es imprescindible subrayar también la importancia del momento que sigue el de la experiencia místico-panteísta del mundo de la naturaleza en el caso de Pachico. Es el momento de la vuelta al mundo de la historia, que tiene el efecto de abrir hacia el futuro la perspectiva temporal de la novela y de su propia vida.

BIBLIOGRAFIA

Balseiro, José Agustín
1928   *El vigía*, II. Madrid.

Blanco Aguinaga, Carlos
1975   *El Unamuno contemplativo*, Segunda edición, Barcelona.

Ferrater Mora, José
1957   *Unamuno*. Buenos Aires.

Garmendia, Vicente
1984   *La ideología carlista* (1868-1876). Trad. Herminia Arbide Laborde, Zarauz.

Kierkegaard, Søren
1964   *Repetition: An Essay in Experimental Psychology*. Trad. Walter Lowrie, Princeton.

Lacy, Allen
1983   Miguel de Unamuno: *Peace in War*. Trad. Allen Lacy and Martin Nozick with Anthony Kerrigan, Princeton.

Livigstone, Leon
1941   "Unamuno and the aesthetic of the novel". En *Hispania*, 24: 442-450.

Marías, Julián
 1943   *Miguel de Unamuno*. Madrid. ·

Olson, Paul R.
 1982   "Sobre las estructuras quiásticas en el pensamiento unamuniano". *En Homenaje a Juan
           López-Morillas*, pp. 359-368, Madrid.
 1984   *Critical Guide to Unamuno: Niebla*. Londres.

Ribbans, Geoffrey
 1971   *Niebla y soledad*. Madrid.

Rico, Franciso
 1970   *La novela picaresca y el punto de vista*. Barcelona.

Sánchez Barbudo, Antonio
 1959   *Estudios sobre Unamuno y Machado*. Madrid.

Unamuno, Miguel de
 1966-71   *Obras completas*. Ed. Manuel García Blanco, IX vols, Madrid.

Zubizarreta, Armando
 1960   *Tras las huellas de Unamuno*. Madrid.

El héroe en las "tragedias complejas" de Alfonso Sastre

M. Pilar Pérez Stansfield
Colorado State University, Fort Collins

A partir de lo que llamaremos la segunda etapa[1] de la obra dramática de Alfonso Sastre, hay una clara intención, por parte del autor, de romper con los moldes clásicos (caducos) de la tragedia para dar paso a una dialéctica nueva en donde lo trágico quede liberado del elemento inmovilizador y de irremediabilidad que la tragedia comporta.

El concepto teórico que Sastre bautizó como "tragedia compleja" tuvo sus primeras manifestaciones en sus escritos anteriores (1965), en los que proponía la negación dialéctica de Brecht en oposición al "brechtianismo" entonces circulante. Sastre invitaba a la construcción de una tragedia posbrechtiana – que no podía ser, claro, una restauración de la tragedia aristotélica –, y apuntaba a un posible efecto clave de esa tragedia, el "efecto A" (anagnorisis = reconocimiento), que incluyera el clásico efecto brechtiano: la distanciación (Sastre 1971: 99-114). Como explica Sastre:

> "Es decir, en la tragedia compleja, reaparecen, modificados, los efectos "clásicos" de la tragedia, transcendidos en una catarsis-que-es-ya-toma-de-conciencia; operación en la cual se produce artículadamente, dialécticamente, el doble movimiento distanciación (intencional = toma de conciencia) – reconocimiento (identificación = momento catártico). (O viceversa: reconocimiento – distanciación) (1971: 104).

El efecto que el autor desea lograr, una vez que la teoría pase a ser praxis dramática, lo llama efecto "boomerang", que equivaldría a la distanciación y a la participación, o al extrañamiento y al reconocimiento, experimentados simultáneamente por el espectador/lector.

A partir de 1965, fecha de la finalización de *M. S. V.* o *La sangre y la ceniza* (primera tragedia compleja de Sastre), la dramaturgia de Sastre se convierte en "experimentos" que llevan como fin la superación de los esquemas utilizados anteriormente. Por un lado, el enriquecimiento del lenguaje conciso y desnudo que había caracterizado su primera etapa. De la desnudez y meticulosidad de sus obras anteriores pasa a una expresión en libertad, donde hallamos dichos populares, "tacos", regionalismos e incluso la jerga del habla más actual española y la de las clases bajas, como los quinquilleros. A la ampliación del valor comunicativo de la palabra hay que añadir la del lenguaje escénico: el uso del gesto, el de proyecciones, el de la música (con romances, coplas, baladas, saetas y hasta bandas sonoras), el de los efectos sonoros (altavoces que lo mismo dan noticias de prensa que anuncian un bombardeo, y hasta los silencios cuya fuerza es, a veces, más intensa que la de la palabra), el de efectos visuales (con letreros, pancartas, congelamientos escénicos, etc.), el uso de maniquíes y el de máscaras. Por otro lado, la evolución de la concepción de lo dramático y de lo teatral no ha afectado el compromiso que Sastre siempre ha mantenido hacia la praxis revolucionaria. Al contrario, dicha evolución ha reafirmado su postura crítica y rebelde ante la historia, la política y la realidad españolas. Por lo tanto, hay que sumar a lo dicho la evolución de su concepción dramática como instrumento de agitación social más eficaz, más directo y más distanciado que en su obra anterior. Con la clara intención de provocar al público/lector para que éste llegue a participar doblemente, con su toma de conciencia y con su activa protesta. Es decir, el fin último es invitar al espectador/lector a que participe en el proceso revolucionario.

En síntesis, todo el teatro posterior "complejo" de Sastre (partiendo de 1965, aunque ya haya antecedentes en varias de sus obras anteriores) es una aproximación – un "experimento" – a esta teoría, en la cual se desean integrar la tragedia aristotélica, el teatro del absurdo, el teatro de la crueldad, el teatro épico, el teatro documento, el expresionismo, el esperpento, la farsa, el melodrama y hasta lo real maravilloso con tintes de terror, en una nueva y compleja expresión dramática.[2]

El personaje "trágico complejo" no es el héroe clásico de la tragedia aristotélica, ni el de la tragicomedia, ni el nihilista del teatro de vanguardia, ni el del teatro grotesco pirandelliano y del esperpento, ni tampoco el antitrágico brechtiano. Puesto que en la tragedia hay esperanza, si no de superar la situación límite, sí de "reducirla, al menos, a sus reales (no temporales) fronteras" y de encontrar un "sentido histórico" a esa limitación; entonces, el personaje trágico complejo es aquél que ha asumido su nihilismo y se halla en trance de superación, cuya toma de conciencia posee un alto componente; es el que asume el carácter trágico (agónico) de la praxis revolucionaria (Sastre 1971: 105). Dentro de este contexto, el héroe trágico complejo es aquel que aceptando su humanidad, es decir, su pequeñez y su grandeza, transciende el inmovilismo y la inevitabilidad de la tragedia a través de la entereza y dignidad que le imprimen sus actos y sus acciones, las cuales realiza venciendo enormes dificultades y manteniéndose fiel a sus principios a pesar de sus muchas debilidades.

En 1929 decía Joseph W. Krutch en su obra *The Modern Temper* que la tragedia, en su sentido clásico, ya no podía producirse porque la tragedia es principalmente una expresión, no de la desesperación, sino del triunfo del individuo sobre esa desesperación y de su confianza en el valor de la vida humana. Es decir, la expresión de lo trágico es una afirmación de la fe en la vida, y de que, aunque Dios no esté en el cielo, al menos el Hombre está en su mundo. Por lo tanto, el hombre acepta las derrotas externas que lo trágico le ofrece a cambio de las victorias internas que la práctica trágico-heroica revela. La tragedia da sentido y justificación al universo que entorna al autor trágico porque, para serlo, el dramaturgo debe tener fe en el hombre, aun cuando no la tenga en Dios. Krutch continúa diciendo que en la sociedad del siglo XX (notamos que él declaraba esto en 1929) la sociedad es demasiado sofisticada y el hombre se ha dado cuenta de su insignificancia, y por eso el héroe moderno no puede ser noble o importante. Entonces todo se convierte en absurdo.[3]

Otro crítico, Joseph Campbell, en su libro, *The Heroe with a Thousand Faces* (1949), dice que los misterios y los símbolos que regían el mundo antiguo han perdido su fuerza y su influencia sobre el hombre moderno. Por esa razón, hoy en día

> "Man is the alien presence with whom the forces of egoism must come to terms, through whom the ego is to be crucified and resurrected, and in whose image society is to be reformed ...
>
> The modern heroe [...] cannot, indeed must not, wait for his community to cast off his slough of pride, fear, rationalized avarice, and sanctified misunderstanding. 'Live', Nietzsche says, 'as though the day were here.' It is not society that is to guide and save the creative heroe, but precisely the reverse" (Campbell 1968: 390-391).

Entrados en el último cuarto de este siglo, y tras haber vivido terribles tragedias, nuestra sociedad parece haberse cubierto de una capa protectora, de inmunidad, contra los eventos trágicos que plagan nuestra vida cotidiana: el hambre, la guerra, el terrorismo, el crimen, etc., porque dichos acontecimientos han venido a formar parte integrante de nuestras culturas y los damos por sentado. Sin embargo, negar el contenido ético y moral, y el agente humano de dichos eventos o alegar que no les podemos dar significados generales, universales y permanentes, sería equivalente a admitir una extraña quiebra (desintegración) en nuestra sociedad que ni el mismo sentido trágico de la vida podría redimir (Williams 1966: 49). De acuerdo con la teoría de la tragedia moderna constatada por Raymond Williams y los elementos sobre la que se apoya (1966: 46-51), las concepciones de "orden y accidente, héroe y nobleza, acto irreparable y muerte, y mal" según existían en la antigüedad, deben ser reelaboradas a la luz de otros tiempos y de otras interrelaciones, ya que nuestros tiempos exigen nuevas relaciones y nuevas leyes que conecten e interpreten el sufrimiento del hombre actual. Estas son las bases de la tragedia contemporánea (Williams 1966: 51).

Si partimos de lo declarado por Krutch y por Sastre sobre el héroe moderno, en primer lugar vemos que, contrariamente a lo que dice el primero, el "héroe complejo" de algunas tragedias de Sastre sí mantiene esa actitud digna y noble que, precisamente, afirma su vida (Miguel Servet, Ruperto, Viriato y Numancia como héroe colectivo) y da sentido y justificacion a su universo. Y, en segundo lugar, el nihilismo pesimista que el absurdo comporta queda superado dialécticamente cuando el protagonista de la tragedia compleja (Ruperto o los quinquilleros, Calixto y Melibea) transcienden su condición marginal al protagonizar situaciones trágicas, cuyo sentido general corresponde otorgarlo al espectador/lector, a través del extrañamiento y la identificación con el significado social de lo que está aconteciendo.

Si como dice Campbell el héroe moderno es el que va a servir de modelo para una posible reforma de nuestra sociedad degradada actual, entonces la intención última de Sastre encaja perfectamente en lo que deben ser las relaciones entre la tragedia y el héroe moderno y la sociedad actual. El "héroe complejo" resulta ser una respuesta a todos los sufrimientos que nos afectan, una respuesta dialéctica que nos salva de los extremos destructores de las vanguardias y de los fueros idealistas, igualmente destructores, y de la pureza que gobiernan la tragedia clásica. La relación entre el orden (las leyes que lo componen) y la tragedia es de naturaleza dinámica porque "el orden, en la tragedia, es el 'resultado' de la acción" (Williams 1966: 52). Dice Williams que aunque el sentido de lo trágico está siempre condicionado por la historia y la cultura, nuestra idea del orden que conforma lo trágico no sigue esa dialéctica puesto que, habiéndola tomado del pasado, la hemos generalizado como una concepción trágica permanente. Sin embargo, la acción, la praxis auténtica de la tragedia es la dramatización de un desorden particular, de índole grave, y su solución a través de dicha acción. En tales situaciones, el proceso dramático del intento de resolver el desorden y del sufrimiento que ello conlleva se intensifica al extremo que puede ser reconocido como tragedia (Williams 1966: 53-54). La postura actuante que adoptan los "héroes" de las "tragedias complejas", superando sus limitaciones, les confiere la nobleza heroica necesaria para protagonizar la tragedia moderna. Su lucha ante una realidad que sólo ofrece desorden y sufrimiento es la respuesta para una posible transformación del mundo.

Para construir tanto la tragedia como al héroe complejos, Sastre se vale principalmente de un proceso dramático de contradicción, el cual se revela a través de elementos y recursos formales utilizados, que resultan aparentemente contradictorios. El héroe complejo contiene en sí aspectos trágicos y degradantes: en él se realizan, en un delicado balance, la pequeñez del antihéroe y la grandeza del héroe trágico. La conciencia que tiene el héroe de la degradación de la sociedad que le entorna y de la suya misma le proveen de la carga antiheroica, la cual transciende al reconocer el carácter trágico (agónico) de su existencia individual. Esa expresión dramática de su propia desesperación no cae en lo irremediable gracias a la dimensión histórica que posee el héroe, la cual le lleva a practicar una dinámica constante de superación, de ennoblecimiento, de ahí su grandeza trágica y su complejidad.

De las "tragedias complejas" de Sastre y de sus protagonistas, vamos a limitarnos a tres: Miguel Servet, de *La sangre y la ceniza*; Ruperto, de *El camarada oscuro* y Rogelio y los quinquilleros (héroe colectivo), de *La taberna fantástica*. Los tres héroes reflejan diferentes grados de "complejidad" y su función dentro de la expresión dramática es la de despertar la conciencia del espectador/lector mediante la lúcida interpretación del significado social de la lucha de los héroes.

En *La sangre y la ceniza*, el héroe, Miguel Servet, participa de estos elementos anacrónicos contradictorios. Su apariencia física es endeble e irrisoria y su carácter está dotado de las flaquezas propias de los humanos – el miedo, la amargura, la angustia –, mientras que sus actos, hasta el final, lo definen como un hombre lleno de valor que se mantiene fiel a sus principios y opiniones hasta el fin de su vida, superando sus limitaciones para hacer un acto de afirmación de su propia dignidad.

La obra está estructurada en tres partes, con breves prólogo y epílogo. La parte primera tiene ocho cuadros, la segunda cinco y la tercera cuatro. Los cuadros están concebidos como una cadena de episodios que tienen entidad por sí mismos – a la manera del teatro épico – y que suscitan la observación crítica y el "reconocimiento" debido a los códigos anacrónicos contradictorios utilizados: lingüísticos, alingüísticos, acústicos, gestuales, icónicos y cinéticos. La dimensión histórica del protagonista viene de la autenticidad del personaje dramatizado y de la relación *sui generis* que se establece entre las experiencias de Servet y su vigencia en la España franquista.

El médico Miguel Servet salió de España perseguido por la Inquisición, por su rebeldía y por haber publicado un libro sobre la Trinidad, por lo cual todas las iglesias reformadas le declararon hereje. Se estableció en Francia clandestinamente mientras escribía su obra "herética", *La restitución del cristianismo*, donde exponía su teoría sobre la circulación de la sangre. La Inquisición católica lo apresó y lo condenó a la hoguera, pero logró escaparse. La primera parte termina con la quema de la estatua de Servet en simbólica sustitución. Servet apareció en Ginebra, donde estaba Calvino, su enemigo polémico; Servet fue apresado por la Inquisición calvinista y quemado vivo por su posición antitrinitaria y panteísta. La tercera parte termina con la quema de Servet, tras el juicio a que le somete Calvino.

Los elementos antitéticos que definen la heroicidad "complejizada" de Servet, los hallamos a partir del primer cuadro,[4] donde Servet y Frellon mantienen un diálogo humorístico y refinado que refleja la educación de los interlocutores y, simultáneamente, su contenido (el miedo expresado por Frellon de hablar libremente, ya que la censura lo persigue) produce un efecto de opresión. Interesantemente, éste queda apagado por el humor del lenguaje y la ridiculización que Servet hace de sí mismo. Vale la pena detenerse en la escena final de la muerte de Servet porque en ella se conjugan los elementos anacrónicos de la grandeza y la pequeñez del héroe. Cuando Servet tiene que subir a la tarima de la hoguera, no tiene fuerzas, y lo tienen que elevar con un gancho de carnicero, enganchado al cuello de su ropa. El miedo le hace vomitar y lo tienen que atar con cadenas porque se cae como un muñeco de trapo. Antes de que prendan fuego grita "misericordia". A continuación le ponen una corona de azufre en la cabeza. A Servet le entrechocan los dientes, y lanza un grito de horror cuando la antorcha encendida prende primero su corona y luego la leña, que no prende porque está húmeda. Servet, en medio de retorcimientos de dolor, increpa a sus verdugos que después de haberle robado todo el dinero no tuvieran suficiente para comprar leña seca. La identificación catártica que viene del horror y la piedad que el espectador/lector siente es continuamente interrumpida por la constatación del estado de terror de Servet o por sus propias imprecaciones a los verdugos. Al final, cuando de nuevo vamos a identificarnos con el martirio del héroe, la acción es interrumpida por los mismos actores: "¡Corten! ¡Ya es suficiente! ¡Corten! ¡Retírense todos los actores de escena! Vamos al epílogo" (Sastre 1976: 99-100). Durante el curso del auto de fe, uno de los presidentes de la ejecución le invita a que se retracte de sus errores; Servet contesta reafirmando su posición. Este es el momento en el que el héroe se cubre de grandeza para recuperar su dignidad, al defender sus ideales hasta el fin (Sastre 1976: 96-98).

Ruperto, el héroe revolucionario de *El camarada oscuro* (1979), es la encarnación dramática del soldado desconocido e ignorado socialmente, pero cuya magnífica e indomable vida le confieren el heroismo que afirma su grandeza trágica. Los aspectos contradictorios que dan complejidad a Ruperto están asociados a su vida como soldado, a su toma de conciencia de unos ideales revolucionarios que constituyen el centro de su existencia, y por los cuales lucha hasta el fin. Su vulnerabilidad y su ingenuidad opuestas a su enterza y a su voluntad por superarse, constituyen, precisamente, su grandeza y su noble heroicidad. Los elementos degradantes de Ruperto (está enfermo y es ridículamente débil, se queda tuerto de un ojo) o aquellos que estándo codificados actúan directa o indirectamente sobre el desarrollo del héroe a través de su pugna y hasta su final (los elementos narrativos, carteles, anuncios de lo que va a pasar, inclusión del autor en la obra, el lenguaje cortante, parco y popular, con tacos y vulgarismo) y las situaciones anacrónicas (tragicidad de los acontecimientos contrastados con las actitudes mostradas ante ellos), todos estos recursos se enfrentan al patetismo trágico que impregna la obra para diluirlo en la distanciación que provocan.

El autor subtitula la obra como "un melodrama histórico", lo cual ya nos anticipa la autenticidad de la dimensión histórica representada.[5] *El camarada oscuro* se acerca al teatro documento aunque no cae en la objetividad abolutamente distanciante de la crónica política periodística, debido a la esencia/substancia trágico-humana de que inyecta al héroe marxista revolucionario. Los acontecimientos históricos que van desde 1902 hasta la muerte del héroe en 1972 son respetados con fidelidad. Ruperto es el eje alrededor del cual transcurren estos. Desde su nacimiento en un simbólico pesebre hasta su entierro, al cual asiste el autor, Sastre (quien es detenido por los policías vigilantes del orden), los planos contradictorios se desdoblan simultáneamente en variedades de códigos que afectan la percepción identificadora y distanciadora del espectador/lector. El comienzo ya nos sumerge de lleno en esos dos planos de que hablamos, el histórico-socialista y el irrisorio (esperpéntico)-existencial: primero, "a telón corrido" oímos la voz de un cantaor que bien podría estar cantando una copla cuyo contenido constata la posición rebelde y crítica del autor; a continuación y de modo sucesivo se iluminan distintas zonas escénicas (la fotografía de Alfonso XIII, acompañada de su voz; las descargas de la Guardia Civil en la Universidad de Barcelona y una sección del Parlamento) hasta que asistimos al nacimiento en un simbólico portal-pesebre de Belén. Los planos se funden de una forma casi caótica e irreal: los gritos de parto y muerte de la madre, la guardia civil, la discusión entre los diputados sobre los excesos de la guardia civil en las confrontaciones con los estudiantes, el padre borracho de alegría no se da cuenta de la muerte de su esposa y, aunque vigila a su hijo para que no le muerdan los cerdos, no consigue evitar que una vaca haga sus necesidades sobre la criatura. Consciente de la muerte de su mujer, lleva a Ruperto al Sindicato en medio de una cruenta y helada noche. El efecto y la intensidad de estos acontecimientos tan crueles como fantásticos destruyen el plano trágico (Sastre 1979: 12-14).

Los veintiséis cuadros que forman la obra nos acercan o nos extrañan según el elemento trágico esté acentuado o suavizado mediante el grado de realismo que tengan las escenas o el de degradación. Por ejemplo, en el cuadro penúltimo (25), Sastre utiliza un recurso metateatral donde fusiona la realidad dramatizada con la realidad histórica (del autor), cuando se incluye en la obra al acompañar al camarada Ruperto en sus últimos momentos. Las dos realidades se funden al darnos cuenta de que "en realidad el autor ha estado siempre presente en la obra". La identificación de Sastre/Ruperto se evidencia al llamar el primero a la puerta utilizando la misma forma convenida que el segundo siempre había usado. La transposición funciona distanciadoramente y resta pesimismo y desesperanza a la muerte del héroe (Sastre 1979: 68).

La tragedia puede significar, en su sentido socio-político, una reivindicación del héroe desconocido (el sencillo y magnífico, el humanamente entrañable y lleno de entereza, el auténtico e ingenuo Ruperto), así como una crónica de los traumas y los ideales del pueblo español, del partido comunista, de la militancia sincera y de las frustraciones y abusos sufridos por las minorías regionales (los catalanes) y de la aversión de los españoles a la dictadura y a la guerra. La trasposición de Sastre (que vivió en carne propia esos sucesos) se evidencia cuando durante el entierro del camarada, los guardias y policías de paisano que patrullan el patio de butacas, vigilando al público, terminan deteniendo al autor, a Sastre, y entre gritos, porrazos, vivas y mueras, protestas de los que se resisten, más porrazos y detenciones se llevan al autor y [...] "va cayendo el telón como señal de que esta obra dramática ha terminado mientras la vida y la muerte continúan" (Sastre 1979: 71).

En *La taberna fantástica* (1983), Rogelio, el protagonista, es en realidad el representante del personaje colectivo, los quinquilleros. Rogelio aparece como un personaje más complejizado todavía, ya que sus características degradantes son más acusadas que las de Servet o Ruperto. En las "Notas" preliminares de Sastre (1979: 43, nota 1) el autor hace referencia al mundo lúgubre y fantasmagórico, aunque real, al que nos invita a entrar. Rogelio es el héroe marginado, condenado a la alienación, por su condición social. El quinquillero o el "quinqui" es el desahuciado cultural, social y ontológicamente. Pertenece a la clase más baja de la sociedad española. La condición de marginalidad es el elemento condicionador de esta tragedia de quinquis. El lenguaje marginal, unas veces tomado de la germanía, o del caló, o del argot carcelario, o de ciertos vulgarismos, actúa como principal especificador de la injusta marginalidad de este grupo social que todavía no se ha integrado. Sastre confiesa que la tragedia es "consecuencia de una larga experiencia personal acumulada" (Sastre 1983: 43); por lo tanto, las vivencias inmediatas del autor son fundamentales en la estructuración de la obra. El Autor es el primer personaje que aparece en el Prólogo, anunciándonos lo que va a constituir el drama y distanciándonos al presentarnos la perspectiva del "observador", no todavía del partícipe. En su conversación con el tabernero, éste manifiesta su temor de lo que pueda pasar cuando sus clientes se hallen embriagados, la premonición del tabernero se hace realidad más tarde cuando en una bronca riña el Carburo apuñala a Rogelio, por un error de éste mismo que ataca al Carburo. Cuando el Autor va a salir, se despide del tabernero (en el Prólogo) indicándole que regresará al final de la obra, es decir, en el Epílogo que cierra el drama. Naturalmente, esta intervención del autor provoca el distanciamiento y refleja la dualidad y el anacronismo de planos que unen al personaje del Autor con el espectador y con los hechos que se dramatizan. El naturalismo en que podía haber caído Sastre queda salvado debido al tratamiento humanizante, estilizado y profundizador que les da a sus personajes. La marginalidad de Rogelio, acusado de un crimen que no ha cometido, que llega a la taberna ya medio borracho, para ir al entierro de su madre, a pesar de que la guardia civil le anda buscando, se hace aparente cuando sus actos, a lo largo de toda la obra, alternan entre la violencia y la tranquilidad. El Carburo llega a pedirle cuentas por haber difamado a su mujer, y entre bromas y broncas, y copa tras copa, transcurre la acción hasta la tragedia final. El Carburo, después de acuchillar a Rogelio huye, convirtiéndose en la nueva víctima. Durante el Epílogo, que tiene ocho Momentos, se llama a la conciencia del espectador/lector, quien se da cuenta que la tragedia que ha presenciado es un reflejo de otra más terrible, la de ser quinquillero. Cuando el Autor vuelve a la escena para contar el desenlace de la historia, en los Momentos IV y V, presenciamos una visión fantástica de la verdadera muerte de Rogelio, tras su fantasmal aparición en la taberna, causada, en una siniestra corrida de toros, por los fantasmas que representan los males: Hambre, Terror, Incultura, Sufrimiento, Enfermedad, Frío. Rogelio es ejecutado por ellos, mientras se escucha un "Olé", probablemente de toda la sociedad cómplice y culpable de esa cruel tragedia. Rogelio queda redimido y la sociedad condenada. La función de Rogelio queda realizada al mostrarnos su naturaleza de víctima de una sociedad que le ha robado la posibilidad de su dignidad trágica (Sastre 1983: 136-137).

La fusión de la realidad teatral representada en la primera muerte de Rogelio con la ficción metateatral y alegórica de la segunda muerte de Rogelio, es necesaria y hasta decisiva, para que el público/lector pueda llegar (desde la identificación al extrañamiento y desde el extrañamiento a la identificación) a captar el "profundo significado" de las dos muertes dramatizadas. Porque sólo así se podrá lograr una dialéctica de la superación de una sociedad degradada, la cual tal vez necesite la revolución para poder salvarse y recobrar su dignidad.[6]

El "héroe complejo" de Sastre no espera a que la sociedad le salve o le redima, sino que, más bien, él mismo se salva. Podría ser que, a través de su salvación, su ejemplo y su acción, (como decía Campbell) llegue a salvar a la sociedad de su propia degradación.

NOTAS

1 Alfonso Sastre, *La taberna fantástica* (1983: 13-15): En la "Introducción" a esta obra, de Mariano de Paco, éste explica que la observación general de los críticos es de clasificar la obra de Sastre en dos períodos; el que va hasta 1965 – fecha que finalizó su primera tragedia compleja – y el que parte de dicho año hasta el presente, marcado por la producción de obras caracterizadas por ser la praxis de su teoría de la tragedia compleja. Para otras clasificaciones, véase Farris Anderson (1971: 70-72); Magda Ruggeri Marchetti (1975: 20-21) y Francisco Ruiz Ramón (1975: 411-418).

2 Francisco Caudet (1982: 50-57): En estas páginas Sastre explica cómo fue desarrollándose la idea de la tragedia compleja y los antecedentes que se dan en algunas de sus obras anteriores a 1962 (año en que empieza a escribir *La sangre y la ceniza*), como, por ejemplo, el uso de anacronismos en *Guillermo Tell tiene los ojos tristes*.

3 Joseph Wood Krutch (1929: 119, 125, 128). Interpretación libre de la autora de este ensayo.

4 Alfonso Sastre (1976: 36-39): Las citas subsiguientes en el texto las hacemos de esta edición, aunque nos gustaría dejar constancia de la edición posterior de Magda Ruggeri Marchetti (1984). Esta edición contiene un excelente estudio, a modo de Introducción, de Ruggeri Marchetti.

5 Francisco Caudet (1984: 115-116). Véase la "Nota" de Alfonso Sastre y el ensayo de Magda Ruggeri Marchetti titulado, "La tragedia compleja". Bases teóricas y realización práctica en *El camarada oscuro*, de Alfonso Sastre", en Alfonso Sastre (1979: 1, 2-9, respectivamente). Las notas referenciales provienen de esta edición.

6 Con respecto a la posición expresada por Sastre sobre la idea de "una sociedad degradada", véase Francisco Caudet (1984: 100-112). También habla Sastre sobre sus otras tragedias complejas. La composición de estas tres tragedias difiere de las fechas de publicación, por lo tanto dejamos constancia de este hecho a continuación: *La sangre y la ceniza* fue escrita entre 1962 y 1965 y publicada por primera vez en 1976, *La taberna fantástica* se escribió en 1966 y se publicó en 1983 y *El camarada oscuro* se escribió en 1972 y se publicó en 1979. Las referencias en el texto y las fechas se refieren a las publicaciones y no a las fechas de composición.

BIBLIOGRAFIA

Anderson, Farris
  1971   *Alfonso Sastre*. Nueva York: Twayne Publishers.

Campbell, Joseph
  1968   *The Heroe with a Thousand Faces*. 1ª ed. 1949, Princeton: Princeton University Press. (*Princeton Bollinguer Series*).

Caudet, Francisco
  1982   "Conversaciones con Alfonso Sastre". En *Primer Acto*, 192: 50-57.
  1984   *Crónica de una marginación. Conversaciones con Alfonso Sastre*. Madrid: Ediciones de la Torre.

Krutch, Joseph W.
  1929   *The Modern Temper*. Nueva York: Harcourt Brace.

Ruggeri Marchetti, Magda
  1975   *Il teatro di Alfonso Sastre*. Roma: Bulzoni. (*Biblioteca di cultura*, 68).
  1979   "La tragedia compleja". En *Pipirijaina*, 10: 2-9, Madrid.

Ruiz Ramón, Francisco
  1975   *Historia del teatro español. Siglo XX*. 2ª ed., Madrid: Editorial Cátedra S.A.

Sastre, Alfonso
  1962   *Guillermo Tell tiene los ojos tristes*. Drama en 7 cuadros. Madrid: Ediciones Alfil. (*Colección Teatro*, no. 354).
  1971   *La revolución y la crítica de la cultura*. Barcelona: Ediciones Grijalbo.
  1976   "M.S.V. o La sangre y la ceniza". En *Pipirijaina*, 1: 36-39. Madrid.
  1979   "El camarada oscuro". En *Pipirijaina*, 10: 10-71, Madrid.
  1983   *La taberna fantástica*. Murcia: (*Cuadernos de la Cátedra de Teatro de la Universidad de Murcia*, 12).
  1984   *M.S.V. o La sangre y la ceniza. Cronicas romanas*. Ed. por Magda Ruggeri Marchetti. Madrid: Ediciones Cátedra.

Williams, Raymond
  1966   *Modern Tragedy*. Stanford, Cal.: Stanford University Press.

La ambigüedad versus la indeterminancia en la poesía española del siglo XX

Margaret H. Persin
Rutgers University, New Brunswick, N. J.

En este estudio quisiera examinar las bases filosófico-teóricas y estéticas que tienen que ver con el valor de la Palabra en la poesía española del siglo XX. Voy a usar como ejemplos concretos de esta base teórica poemas de Antonio Machado y Claudio Rodríquez para ilustrar tanto las semejanzas como las diferencias entre dos tipos de poesía distintos. Al final voy a proponer una perspectiva en cuanto a la poesía que se basa en la dicotomía 'ambigüedad versus indeterminancia'. Quisiera echar luz sobre las ideas de los poetas mismos sobre la Palabra y sus inconsistencias, y por consiguiente, las ramificaciones de estas perspectivas en cuanto a sus textos poéticos.

Según la historia literaria convencional, la poesía de a finales del siglo XIX procede de la tradición romántica, y tiene su cumplimiento en la tradición simbolista. Es una poesía que se expresa por medio de la indirección: es decir, los objetos no se describen directamente sino que se sugieren. Las ideas se presentan oblicuamente y hay una evasión de rasgos tanto didácticos como anecdóticos. La estructura también revela características sobresalientes generacionales. Es decir, los poetas se inclinan hacia la coherencia, equilibrio y unidad orgánica. Se podría decir que este tipo de poesía pone énfasis en 'lo fijo' de su arte, y la existencia de la Verdad. Hay una multiplicidad de significados para cada texto, pero estos significados se sostienen entre sí. La primacía de este tipo de poesía se centra en la Palabra; hay una confianza inherente y subyacente en su eficacia en expresar y comunicar al lector lo que el poeta desea. Dicho de otro manera, la poesía de esa época tiene la habilidad y la voluntad de comunicar la Verdad. El poeta cree en la eficiencia del símbolo, y tiende a favorecer la representación icónica y mimética de la realidad en sus versos. Esta poesía refleja las añoranzas de la sociedad que la produce, a saber, que busca la idealización de sus alrededores en los temas, las situaciones y las escenas presentadas. Sólo tenemos que pensar en la obra poética de Gustavo Adolfo Bécquer, Juan Ramón Jiménez y Antonio Machado para encontrar ejemplos concretos sacados de la poesía española de estas tendencias y características.

Según Majorie Perloff (1981: 42) además de la tradición romántico-simbolista hay 'otra' tradición, 'otra' corriente a la que debe la poesía del siglo XX su procedencia. Dentro de esta segunda tradición el arte se convierte en un juego, y últimamente frustra las expectaciones del lector para la certidumbre y el equilibrio, características por antonomasia de la tradición romántica. Esta poesía ofrece un comentario implícito sobre la naturaleza de la identificación misma (es decir, sobre el significado del significado) y sobre la causalidad. Si dentro de la tradición romántico-simbolista el énfasis queda en el valor de la Palabra como una entidad que en sí tiene el poder de comunicar algo definitivo, en esta segunda tradición lo que comunica la Palabra, además de su significado superficial, es un escepticismo básico e irónico ante la (im)posibilidad del acto comunicativo: la Palabra comunica perfectamente que no puede comunicar perfectamente.

Mientras que la poesía que procede de la tradición romántica se funda en la primacía inherente de la Palabra, con la 'otra' tradición, la segunda que se ha descrito aquí, esta confianza se pierde. Las muchas connotaciones divergentes funcionan en contra del equilibrio, la armonía y la significación monolítica del texto. La ausencia de una organización fija es en sí el mismo principio que determina textos de este tipo. Para utilizar una analogía de la lingüística moderna, muchas veces el lector comprende lo que se dice en el nivel superficial del texto, pero no lo que se comunica en el nivel profundo del texto. A fin de cuentas, es imposible destilar o rescatar un solo significado para el texto de este tipo. Hay una multiplicidad de significados para cada texto que *no* se sostienen entre sí; se subvierten.

En esta segunda tradición el poeta ha perdido por completo su creencia y confianza en el poder de la Palabra. Dentro de esta tradición, la Palabra, y por extensión el símbolo, representa sólo una pobre aproximación a lo que se quiere que represente. En cierto sentido esta poesía (como la poesía que proviene de la tradición romántica) también refleja la sociedad que la produce. Pero en este caso, la poesía se establece en oposición a la sociedad (en vez de querer captar sus añoranzas de perfección e idealización), cuya preocupación es la seguridad económica, es decir, el materialismo desenfrenado que desvaloriza el contexto humano y personal del individuo. Poetas españoles que rechazan la frialdad y el ciego materialismo de los recientes años son los de la llamada segunda generación de postguerra, un grupo que incluye nombres tales como José Angel Valente, Claudio Rodríguez, Angel González y Jaime Gil de Biedma.

La ambigüedad, la indeterminancia, la descentralización del texto literario, y por extensión, el texto auto-consciente, todos tienen como su enfoque principal la problemática de la Palabra y su (in)habilidad de comunicar la Verdad por medio de sus estructuras tanto semánticas como ideológicas. Una estructura lingüística tiene la capacidad de significar una cosa; pero por otra parte, mirando desde otra perspectiva, también tiene el poder de significar todo lo contrario. En cuanto a la dicotomía entre la ambigüedad y la indeterminancia, como reflejada en las dos trayectorias poéticas señaladas aquí, el componente más tradicional es el que William Empson describe en su *Siete Tipos de ambigüedad* (1931). Esta característica de la ambigüedad contribuye a la plenitud del mensaje comunicado. La ambigüedad en este sentido formula y es más, estimula la plurisignación del texto dado. Pero lo más importante es que la ambigüedad permite que existan varios significados simultánea y armoniosamente.

Por otra parte, la indeterminancia como descrita por los desconstructivistas como Jacques Derrida, Paul de Man y Geoffrey Hartman, no se abre a una resolución tan nítida a la problemática deslizadora de la significación. En consonancia con la ambigüedad, la indeterminancia permite la coexistencia de varios significados; pero a diferencia de aquélla, en la indeterminancia, cada posible significado subvierte a los demás. La cuestión de la indeterminancia conduce a su vez a otras implicaciones mucho más amplias en cuanto a la Palabra, la comunicación y todas las bases filosóficas del pensamiento occidental, es decir, todo lo que se centra en el *logos*.

Pero para no llegar a conclusiones demasiado limitadas y limitadoras, es preciso que no se considere la indeterminancia como una característica negativa que totalmente empobrece las posibilidades comunicativas de la Palabra, puesto que a su propia manera abre cada texto y lectura a la posibilidad de enriquecimiento no disponible a ésos cuyo atributo principal es la ambigüedad. Por medio de la indeterminancia, el poeta cambia la perspectiva estética desde el texto como un producto acabado, una pieza de museo pulida, a un texto como un medio y proceso de comunicación. El lector se enfrenta, por lo tanto, con textos cuyos caminos interpretativos contradictores siguen subvirtiéndose. Precisamente porque la problemática de la significación no se puede resolver contundentemente, el poeta por su parte se responsabiliza por comunicar que el significado fundamental no reside en una realización estática y finalizada, sino en el proceso mismo del texto, y su desdoblamiento en la conciencia de cada lector. El papel del lector es participar en este proceso significativo y experimentar directamente las complejidades y paradojas superficialmente aparentes de esta perspectiva intuitiva a la creación poética.

Si consideramos las dos tradiciones que se han descrito aquí, queda bien claro que Antonio Machado pertenece a la primera, la que se basa en la tradición romántico-simbolista. En la totalidad de su poesía se encuentra una unidad simbólica. Hay unas pocas imágenes utilizadas en formas simples. Según la manera simbolista, sus versos se componen de formas tradicionales. Se presta de Bécquer su vuelo a un mundo de sueños, con sugerencias de música celestial y la mujer ideal y perfecta. Su poder queda en la captación del pasar del tiempo, la memoria, y su sugestividad.

Un poema machadiano sacado de su colección *Canciones* (1907) que empieza con "Abril florecía / frente a mi balcón" ejemplifica a perfección la primera tradición mencionada. En este poema Machado capta con diligencia una representación mimética de la realidad. Las imágenes de la primavera, la casa, las mujeres, y el pasar del tiempo todas se sostienen en la comunicación de un mensaje sugestivo. Hay unidad, coherencia, y firmeza: la estructura misma del poema se desdobla y se repite. Hay tres estrofas compuestas de hexasílabos con rima asonante en a-a en los versos pares, en las cuales hay una progresión cronológica de eventos. Un abril pasa a otro y dentro de este contexto el hablante recuerda con nostalgia la presencia de dos hermanas (quizás representativas de dos facetas de una sola mujer) en su vida. A su vez este recuerdo despierta tanto en el hablante como en el lector dulces memorias del pasado, y cómo la inocencia, la frescura, la lozanía irremediablemente se convierten en la muerte con el pasar del tiempo. Y las imágenes, mientras sugestivas en su enfoque, también se apoyan en una ambigüedad irónicamente unísona. Por ejemplo hay el contraste de colores de la tela – blanco y negro – que es consonante con la presencia de las dos hermanas al principio del poema, y su ausencia al final. También el hablante del texto pone en contraste con lo risueño de la hermana menor las lágrimas de la mayor. Por su parte, el lector tiene el papel de observador pasivo del texto. El hablante se nos presenta con una escena ligeramente anecdótica, y nosotros tenemos el papel de descifrar el significado de la totalidad. Pero debemos notar que todos los elementos (imágenes, ritmo, estructura bien fija) contribuyen al efecto equilibrado del texto.

Claudio Rodríguez, por otra parte, pertenece a la 'otra' tradición que señalé anteriormente. Se puede notar fácilmente cómo el poeta ha perdido su confianza en la Palabra. Es decir, los textos de Rodríguez expresan la dificultad de hacer coincidir el lenguaje con algo exterior a él, en este caso la realidad enigmática de la experiencia ordinaria. Es sobre esta aproximación intuitiva más que lógica a la palabra y, por implicación, a la realidad, que se basa todo el sistema ontológico de este poeta. Rodríguez se esfuerza en hacerse uno con la experiencia poética que crea en sus textos, en ser poseído por ella. Es la manera más directa para estudiar y conocer el misterio, el prodigio y el encanto de la realidad.

Al entregarse a esta experiencia única, a este conocimiento en su forma más directa y pura, Rodríguez consigue la 'ebriedad' a la cual se refiere a lo largo de su producción poética. De la misma manera, el lector puede penetrar en la experiencia transcendental y mágica por participar en el proceso del texto. La experiencia, al igual que la del poeta, está basada en la intuición, la irracionalidad y las asociaciones sensorias más que en conexiones lógicas.

El poema de Rodríguez que se presenta aquí se llama "Lo que no es sueño", es sacado de su *Alianza y condena* (1965) y demuestra su tendencia a descentralizar sus textos y, por consiguiente, a subrayar la indeterminancia inherente del acto comunicativo, sea la palabra en su forma más básica, o la poesía en general. El título, con su negación, tiene un carácter ambiguo: ¿a qué se refiere *lo que*? Si 'eso' no es un sueño, entonces ¿qué es? ¿por qué no ha utilizado el hablante la expresión más individualizada de "un sueño" en vez de la genérica sueño? El hablante no proporciona un contexto concreto, puesto que requiere la atención del lector en el primer verso del poema sólo para describir circunstancias corrientes con términos contradictorios: "Déjame que te hable, en esta hora / de *dolor*, con *alegres* palabras". La expresión impersonal, "Ya se sabe", al final del tercer verso del poema, debería normalmente completarse con una afirmación de hecho, una verdad conocida comúnmente. Pero una vez más el hablante utiliza la yuxtaposición de elementos antitéticos para expresar una aserción que señala varias direcciones diferentes a la misma vez. La proclamación de la verdad universal está en contrapunto con la proposición que sigue. Aunque su afirmación tiene un tono de sabiduría popular, la connotación de escorpión, sanguijuela, y piojo con sus notas de pena, ignorancia y pobreza, tiende a distraer la atención del lector del sentido afirmativo que el hablante desea supuestamente proyectar. Es evidente que la verdad debe encontrarse en alguna parte más allá de los vanos intentos del hablante, sus alegres palabras, puesto que reconoce que la atención del lector desfa-llece: intenta otra vez, con una expesión llena de fuerza, "Pero tú oye, déjame / decirte," conseguir apoyo y credulidad para sus opiniones. Realiza esta hazaña dando fe no sólo de su propio punto de vista positivo, sino también de su contraparte negativa. La preposición "a pesar de" y su repetición anafórica es el fulcro sobre el cual se equilibran los elementos negativos correspondientes del postulado antitético: "A pesar / de tanta vida deplorable, sí, / a pesar y aún ahora / que estamos en derrota, nunca en doma". Lo que sigue es una serie de comparaciones que una vez más están basadas en un contraste antitético. El primer grupo (vv. 10-13) está fundado en la posición de un mal provisional sustituido por un bien mayor, transitoriedad contra permanencia:

> el dolor es la nube,
> la alegría, el espacio;
> el dolor es el huésped,
> la alegría, la casa.

En el segundo grupo (vv. 14-18), se produce un cambio sutil, inesperado y sorprendente. Mientras que en el primero el hablante declara que el elemento permanente (alegría = espacio, casa) es lo afirmativo, lo venerado y, por tanto, el elemento a valorar, en el segundo grupo las expectaciones del lector se trastocan, puesto que el hablante las confirma y las niega a la vez. Considera equivalentes el negativo "dolor" y el afirmativo "alegría", con características que son al mismo tiempo afirmativas y negativas (dolor = miel, y alegría = nueva, así como dolor = símbolo de la muerte, y alegría = agria, seca). Concluye entonces esta parte del poema con la expresión totalmente enigmática, "lo único que tiene / verdadero sentido".

Basándose en el modo de aserción desconcertante del hablante - mediante la antítesis, la dependencia de la verdad universal cuestionable y el cambio no señalado desde la oposición clara afirmativo/negativo a la más oscura afirmativo y negativo -, el lector sólo puede sacar en conclusión que el hablante desea comunicar una verdad que está más allá de las capacidades del lenguaje en sí. El texto refleja la paradoja sin resolver indicada por el hablante y también por las limitaciones del lenguage. En vez de declarar que el lenguaje no puede manifestar lo que él desea, la sintaxis de Rodríguez demuestra en sí el fracaso verdadero que es incapaz de expresar. El hablante ha transmitido esta información, afirmándola de una forma que va en contra de las convenciones del lenguaje. El misterio, el prodigio, la contraccion y, sin embargo, la supremacía general de "la alegría" están representados en el carácter mismo de la sintaxis que utiliza Rodríguez para describirla. Es en la dispersión y la plurisignación sin resolver de sus aserciones (más que a pesar de ellas) donde el lector es capaz de captar el significado deseado, un significado que reside paradójicamente en la función inexacta de la Palabra.

En los últimos versos del poema el hablante alude al carácter intuitivo de su mensaje, utilizando metáforas basadas en los opuestos y en la idea del proceso. La contradicción de la convención es un paso necesario y debe a su vez dar lugar a un orden más alto. Este orden es la culminación de la búsqueda del poeta y una conclusión natural de su trayectoria trascendente. Paradójicamente se extiende más allá de la palabra y sólo se puede alcanzar demostrando cómo la palabra consigue revelar sus propias limitaciones. Al comentar el estilo de Mallarmé, Barbara Johnson (1980: 70) observa que "la escritura se convierte en una alternación entre la oscuridad y la claridad más que en una búsqueda de ambas, un ritmo de inteligibilidad y misterio, al igual que el tiempo es un ritmo de días y noches", y esta observación es válida también para el estilo de Rodríguez y otros miembros de su generación. Este ritmo de indeterminancia es la "alegría" última, "la más honda verdad", "lo que no es sueño" que el poeta afirma en sus textos.

A modo de conclusión, además de señalar estas básicas diferencias en cuanto a cómo cada poeta se enfrenta con la problemática de la palabra y su (in)habilidad de expresar la verdad, quisiera poponer una revaluación de toda la poesía española del siglo XX. Esta revaluación debe tomar en cuenta el contexto Modernista y post-Modernista (y aquí se debe considerar el Modernismo latinoamericano tanto como el europeo). Esa revaluación a fin de cuentas debe basarse en la técnica propuesta aquí, es decir, que se debe examinar el lugar de los poetas españoles del siglo XX por el continuo teórico entre la ambigüedad y la indeterminancia. Propongo un examen de cómo cada poeta individual se enfrenta con la problemática del enfoque textual, el efecto de la dispersión del texto, y cómo las sutiles manipulaciones del lenguaje que resultan en la ambigüedad o en la indeteminancia (o las dos a la vez) afectan la relación entre poeta, hablante, texto, y lector. Hasta ahora la obra de poetas tales como Miguel de Unamuno, Antonio Machado, Juan Ramón Jiménez, Jorge Guillén y Vicente Aleixandre se ha clasificado dentro de límites estrictamente generacionales. Creo que con esta nueva perspectiva de la ambigüedad versus la indeterminancia, se habrá de echar nueva luz sobre las cuestiones de la modernidad y de la relación entre estos poetas y otros europeos como estetas del siglo XX.

BIBLIOGRAFIA

Empson, William
    1931   *Seven Types of Ambiguity*. Nueva York: Harcourt, Brace & World.

Johnson, Barbara
    1980   *The Critical Difference*. Baltimore, Maryland: The Johns Hopkins University Press.

Machado, Antonio
    1907   *Soledades, galerías y otros poemas*. Madrid: Pueyo.

Perloff, Marjorie
    1981   *The Poetics of Indeterminacy*. Princeton, New Jersey: Princeton University Press.

Rodríguez, Claudio
    1965   *Alianza y condena*. Madrid: Revista de Occidente.

APENDICE

Antonio Machado

XXXVIII

Abril florecía
frente a mi ventana.
Entre los jazmines
y las rosas blancas
de un balcón florido,
vi las dos hermanas.
La menor cosía,
la mayor hilaba...
y las rosas blancas,
la más pequeñita,
risueña y rosada
- su aguja en el aire -,
miró a mi ventana.

Una clara tarde
la mayor lloraba,
entre los jazmines
y las rosas blancas,
y ante el blanco lino
que en su rueca hilaba.
- ¿Qué tienes - le dije -
silenciosa pálida?
Señaló el vestido
que empezó la hermana.
En la negra túnica
la aguja brillaba;
sobre el velo blanco,
el dedal de plata.
Señalo a la tarde
de abril que soñaba,
mientras que se oía
tañer de campanas.

Y en la clara tarde
me enseñó sus lágrimas
Abril florecía
frente a mi ventana.
Fue otro abril alegre
y otra tarde plácida.
El balcón florido
solitario estaba...
Ni la pequeñita
risueña y rosada,
ni la hermana triste,
silenciosa y pálida,
ni la negra túnica,
ni la toca blanca...
Tan sólo en el huso
el lino giraba
por mano invisible,
y en la oscura sala
la luna del limpio
espejo brillaba...
Entre los jazmines
y las rosas blancas
del balcón florido,
me miré en la clara
luna del espejo
que lejos soñaba
Abril florecía
frente a mi ventana.

Claudio Rodriguez

Lo que no es sueño

Déjame que te hable, en esta hora
de dolor, con alegres
palabras. Ya se sabe
que el escorpión, la sanguijuela, el piojo,
5   curan a veces. Pero tú oye, déjame
decirte que, a pesar
de tante vida deplorable, sí,
a pesar y aún ahora
que estamos en derrota, nunca en doma
10 el dolor es la nube,
la alegría, el espacio;
el dolor es el huesped,
la alegría, la casa.
Que el dolor es la miel,
15 símbolo de la muerte, y la alegría
es agria, seca, nueva,
lo único que tiene
verdadero sentido.
Déjame que, con vieja
20 sabiduría, diga
a pesar, a pesar
de todos los pesares
y aunque sea muy dolorosa, y aunque
sea a veces inmunda, siempre, siempre
25 la más honda verdad es la alegría.
La que de un río turbio
hace aguas limpias,
la que hace que te diga
estas palabras tan indignas ahora,
30 la que nos llega como
llega la noche y llega la mañana,
como llega a la orilla
la ola:
irremediablemente.

"Coto vedado", ¿autobiografía o novela?

Sixto Plaza
University of Washington

Llamar novela a las obras narrativas de Juan Goytisolo, especialmente a las últimas publicadas (1980, 1982), es difícil, más si tratamos de aplicar a ellas cualquiera de las generalmente aceptadas definiciones de novela.[1] La obra publicada bajo el título de *Coto vedado*,[2] sería la que más se aproximara a estas definiciones, aunque no es una "novela" sino una "autobiografía". Es necesario señalar que el autor no califica el texto publicado como uno u otro género. Puede suponerse entonces, que la identificación generalizada de dicho texto·como autobiografía, nace del hecho de estar escrito en primera persona, coincidiendo ésta con la del creador del texto, y de la referencia a personas, circunstancias y eventos comprobables o documentados.

La idea de autobiografía como género ha apasionado a creadores de todos los campos del quehacer humano al igual que a críticos. Estos últimos han tratado, especialmente durante el siglo XIX, de caracterizar y definir la biografía y la autobiografía. Las características más evidentes e inmediatas parecen ser la ficción (no–verdad), para las formas narrativas llamadas novelas, y la no–ficción (verdad), para las formas narrativas restantes, incluidos los textos científicos. Como escribe Elizabeth W. Bruss, "la autobiografía, tal como la conocemos, depende de la distinción entre ficción y no ficción, entre narración en primera persona retórica y empírica."[3]

Con respecto a lo no ficcional, *Coto vedado* está poblado de nombres, fechas y acontecimientos no sólo españoles, sino mundiales, como la Guerra Civil española o la Revolución Cubana, que formarán el carácter y la conciencia de su autor. Hay que notar, sin embargo, que abundan en las primeras sesenta páginas las referencias a la imposibilidad de recordar o de transmitir la verdad: "... extrañamiento y ruptura con el resto de la familia es y será siempre un enigma." (p. 10); "Si alguno de mis tíos desempeñó en mi niñez un papel importante, la mayoría de ellos se eclipsaron en fecha temprana ..."; "...conservo una imagen insegura y borrosa..." (p. 21); "Las sombras y opacidades de la línea materna son todavía más densas, ... se han borrado en gran parte de mi memoria." (p. 30). Más que datos fidedignos, tenemos impresiones y sensaciones, dos ideas que no se asocian muy bien con el concepto de verdad.

Hasta qué punto es la empresa autobiográfica una tarea vana, lo aclara el mismo autobiografista.

"Cuando leo libros de historia, la seguridad impertérrita con que sus autores establecen lo ocurrido hace milenios me produce una in- vencible sensación de incredulidad. ¿Cómo es posible reconstituir un pasado remoto si incluso el más reciente aparece sembrado de tantas incertidumbres y dudas? La opacidad del destino de una buena parte de mi familia es una perfecta ilustración para mí de la impotencia en descubrir y exhumar al cabo de pocos años la realidad tangible de lo que ha sido" (p. 35).

Surge así el problema de cómo presentar en forma articulada una serie de verdades separadas por una serie de huecos o ausencia de datos. Goytisolo opta por señalar esa falta de información o dar una posibilidad o dos, lo que nos lleva a la pregunta de E. Bruss: "¿Cuánto documenta y cuánto crea una autobiografía?" (1974: 128). Parece no haber respuesta para ello ya que la misma autora señala que "la 'verdad' de una autobiografía aparece sólo con el reconocimiento de que 'las cosas pasadas' no son capturadas nunca en su forma original" (1974: 140). Esta forma de ficcionalización es aceptada tempranamente en el texto de Goytisolo, cuando el otro yo del autobiografiado dice:

> "...cuando casi dos años más tarde empiezas a ordenar tus sentimientos e impresiones, plasmarlos en la página en blanco, vueltatrás sincopado, a bandazos, sujeto a los meandros de la memoria, imperativo de dar cuenta, a los demás y a tí mismo, de lo que fuiste y no eres, de quien pudiste ser y no has sido, de precisar, corregir, completar la realidad elaborada en tus sucesivas ficciones, este único libro, el Libro que desde hace veinte años no has cesado de crear y recrear y, según adviertes invariablemente al cabo de cada uno de sus capítulos, todavía no has escrito" (1974: 29).

Hay un punto desde el cual el autor se proyecta hacia el pasado o hacia el futuro, que será el texto que está escribiendo y que nosotros leeremos, – *Coto vedado* – u otro futuro texto que está por escribirse, o como él mismo dice, posiblemente hay un solo texto, un solo Libro, una sola ficción. En las palabras citadas, Goytisolo está confesando que en sus anteriores ficciones ha tratado de ser él, de conocerse, ¿asume que este texto es también ficción y le sirve para los mismos fines que los anteriores? Si no directamente, lo hace por medio del otro yo que habla de un único libro del cual *Coto vedado* es un capítulo.

Julián Ríos, en su aproximación a *Paisajes después de la batalla*, hace decir a un crítico imaginario:

> "C: *Señas de identidad, Reivindicación del Conde don Julián, Juan sin tierra, Makbara,* y ahora *Paisajes después de la batalla* son capítulos de una peculiar novela en construcción o, efectivamente, una novela de la ineducación" (1984: 127–138).

No sólo el autor Goytisolo, también el lector Julián Ríos, antes de la publicación de *Coto vedado*, señala esta novela en libros/capítulos unidos por datos autobiográficos:

fecha de nacimiento de los protagonistas, exilio, descubrimiento de la cultura árabe y, sobre todo, la dificultad de desprenderse del yo que tiene el autor y que señala el mismo crítico imaginario de Julián Ríos:

> "En *Paisajes*, la intermitente ambigüedad de la relación entre autor, narrador, y personajes es mareante. (Leyendo) 'Al final es imposible conocer si es el individuo lejano quien usurpa su nombre o si Goytisolo está creando al autor" (1984: 135).

Y responde un lector, también imaginario:

> "Ese otro yo u otro yoytisolo...El uno que escribe es siempre el otro, otro yo" (1984: 135).

Con lo antedicho conectamos directamente con la otra característica general de la autobiografía: el yo narrador. El texto que nos ocupa contiene dos narradores: el yo – ego – que narra alrededor del setenta por ciento del texto, y el otro yo – alter ego –, narrador en segunda persona y un tercer narrador, el omnisciente, que ocupan el restante treinta por ciento. Lo narrado por el otro yo, se asemeja bastante al texto de *Señas de identidad*, novela a la que el mismo autobiografista, desde el yo, nos remite para completar la información de los sucesos que está narrando.

> "Del efecto que en mí produjo el hallazgo tardío de estos materiales el lector podrá forjarse una idea recorriendo las páginas de *Señas de identidad* y, sobre todo, el primer capítulo de *Juan sin tierra*" (1984: 11).

No nos remite únicamente a su obra previa, también señala las obras de su hermano Luis para completar la información sobre algunos acontecimientos, o para reforzarlos.

Por todo lo mencionado, se puede estar de acuerdo con Pascal Roy cuando señala que el género autobiográfico es una de las varias formas en la que "un escritor habla de sí mismo y de los incidentes de su experiencia personal" (Roy 1960). Puede asumirse que el otro género es la novela. Si nos remitimos a la primera parte de *Coto vedado*, vemos que el autor se preocupa más del mundo exterior, de los otros, que de sí mismo, tal vez con el afán de entender ese mundo exterior y así entenderse, pero entramos nuevamente en el terreno de lo ambiguo, lo subjetivo, lo poco claro, características más en concordancia con la novela actual que con cualquier otro género narrativo, ya sea novelístico, histórico o biográfico.

El mismo Pascal Roy aclara que:

> "(La autobiografía) implica la reconstrucción de una vida, o parte de una vida, en la propia circunstancia en la cual fue vivenciada. Su centro de interés es el yo, no el mundo exterior, aunque necesaria-

mente el mundo exterior debe aparecer para así, dando y tomando, la personalidad encontrar su forma peculiar" (1960: 9).

Que esa vida o parte de esa vida sea comprobable parcial o totalmente, no hace que *David Copperfield* de Dickens sea una autobiografía, aunque está escrita en primera persona y narra varios hechos comprobables de la vida de su autor. Si no supiéramos que Pascal Roy está hablando de autobiografía, podríamos aplicar los citados conceptos no sólo a la nombrada novela de Dickens, sino también a *Rojo y negro* de Stendhal, a *Los pasos perdidos* de Carpentier y a un largo etc.

Lo único que rescataría a *Coto vedado* como texto autobiográfico sería la concordancia entre el yo escritor y el yo personaje. Respecto a esta concordancia podría meditarse sobre el descubrimiento de Flaubert de que él era Madame Bovary. Toda la cuestión de ficción/no–ficción, verdad/mentira, puede quedar aclarada con lo que expresa William Spengermann en su libro al decir que "todo lo que un novelista pone en sus ficciones tiene la fuente en alguna parte de su vida, ¿de dónde si no, puede venir?" (Spengermann 1980: 19). Podemos concluir que toda ficción tiene elementos no–ficcionales y que toda no–ficción tiene elementos ficcionales o sea que de alguna manera toda novela es una autobiografía y toda autobiografía una novela, pero esto sería simplificar en extremo el asunto.

Para redondear esta apresurada aproximación, veamos qué dice el autor la única vez que usa el concepto de biografía.

> "Conciencia de los peligros y trampas de la empresa: vana tentativa de tender un puente sobre tu discontinuidad biográfica, otorgar posterior coherencia a la simple acumulación de ruinas: buscar el canal subterráneo que alimenta de algún modo la sucesión cronológica de los hechos sin saber con certeza si se trata de la exhumación de un arqueólogo u obra flamante de ingeniería: no ya la omisión arbitraria de recuerdos juzgados no importantes sino la elaboración y montaje de los escogidos: precisión engañosa de los detalles, anacronías inconscientes, contornos presuntamente nítidos"; (Goytisolo 1985: 193).

La aceptación por el mismo autor de esta imposibilidad autobiográfica, ¿puede permitirnos seguir llamando autobiografía a este texto?

Hablando de la novela, Lukács dice que:

> "...es la forma de la aventura, la que conviene al valor propio de la interioridad; el contenido es la historia de esa alma que va hacia el mundo para aprender a conocerse, busca aventuras para probarse en ella y, por esa prueba, da su medida y descubre su propia esencia" (1971: 95).

"Coto vedado", ¿autobiografía o novela?

La aventura de vivir a la que varias veces hace referencia Goytisolo, el valor propio de la interioridad tan difícil de apresar como repetidas veces señala el autobiografista, la ida hacia el mundo personal, o exterior, tratando de probarse y conocerse está a lo largo y lo ancho de *Coto vedado*, pero a pesar de todo esto, no es una novela. Ambos conceptos, el de novela y el de autobiografía, parecieran ajustarse a este texto y, sin embargo, algo parece faltar. ¿Deberá decirse que *Coto vedado* es una autobiografía novelada o una novela autobiográfica?

La tarea de definir un texto se ha complicado últimamente debido a los múltiples experimentos narrativos y a las diversas aproximaciones críticas. Goytisolo hace su texto más complejo aún al usar diferente tipografía y una especial distribución, separación, de las diferentes partes del texto.

Wallace Martin, hablando de la autobiografía, señala que el yo del presente, el que escribe, difiere por lo general del yo anterior, el que es descrito o narrado (1986: 75–78). Por esto, experiencias tempranas tienen ahora, desde el presente, un significado, diferente del que tenían cuando ocurrieron. Al aceptar esto, estamos tácitamente aceptando una división de nosotros, y del que escribe, bien ejemplificado en *Coto vedado* por las páginas narradas por el otro yo en segunda persona.

Se tiene así "un yo que actúa y otro que reflexiona, juzga y compone. Los dilemas resultantes de esta división son representados a menudo en ficción" (Martin 1986: 78). W. Martin no deja dudas de la estrecha conexión, casi superposición, que existe entre la autobiografía y la ficción, concluyendo que este "yo compuesto es una ficción pero debemos concederle su existencia como un hecho" (1986: 78), pero ¿hasta qué punto el Goytisolo escritor es el Goytisolo presentado en el texto que nos ocupa?

Por ahora, el único rasgo que permitiría considerar a Coto vedado una autobiografía, es esta concepción de una existencia factual del yo que narra. El otro rasgo posible, no–ficción, es también analizado por W. Martin partiendo de la regla filosófica de verdad y llegando a la conclusión que desde los clásicos griegos hasta Bateson y Derrida, la estética, la filosofía, la sicología y otras disciplinas afines, han avanzado poco en el campo de explicar qué es ficción y qué es narrativa, cerrando su trabajo con la idea de que sólo ahora, después de haber recorrido tan largo camino, podríamos empezar a escribir un libro sobre la narrativa.

Genaro J. Pérez, señala la radical diferencia de *Juan sin tierra* respecto a la novela en general y a la obra anterior de J. Goytisolo en especial, diciendo que "podría ser clasificado como un género totalmente nuevo dentro del tipo de *Finnegans Wake*." (1979: 186). El mismo concepto debe aplicarse a las creaciones posteriores, *Makbara* y *Paisajes después de la batalla*.

La conclusión con respecto al título de este trabajo, si *Coto vedado* es una novela o una autobiografía, es similar a la del profesor Martin respecto a la narrativa: tal vez debamos aproximarnos al texto de Goytisolo sin preconcepciones, partiendo de cero, o mejor, partiendo de las propias palabras de su autor que califica a tal texto de relato[4] y tratar de entender desde allí qué es, qué significa, qué importa dicho relato cuyo título es *Coto vedado*.

NOTAS

1 Actualmente casi todas las definiciones de la novela están bajo discusión. Las tradicionales están analizadas en Vítor Manuel de Aguiar e Silva (1979).

2 Juan Goytisolo (1985). Todas las citas son de esta edición.

3 Elizabeth W. Bruss, (1974: 8). Las traducciones de ésta y otras obras citadas en el presente trabajo son mías.

4 ... aparecerá también si la exposición de los hechos lo aconseja, en las páginas de este relato" (*Coto vedado*, p. 23).

BIBLIOGRAFIA

Aguiar e Silva, Vítor Manuel
1979 *Teoría de la literatura*. Madrid: Gredos.

Bruss, Elizabeth W.
1974 *Autobiographical Acts: The Changing Situation of a Literary Genre*. Baltimore: John Hopkins University Press.

Goytisolo, Juan
1980 *Makbara*. Barcelona: Seix Barral.
1982 *Paisajes después de la batalla*. Barcelona: Ed. Montesinos.
1985 *Coto vedado*. Barcelona: Seix Barral.

Lukács, Georg
1971 *Teoría de la novela*. Barcelona: Edhasa.

Martin, Wallace
1986 *Recent Theories of Narrative*. Ithaca, Nueva York: Cornell University Press.

Pérez, Genaro J.
1979 *Formalist Elements in the Novels of Juan Goytisolo*. Potomac, Md.: José Porrúa Turanzas.

Ríos, Julián
1984 "The Apocalypse According to Juan Goytisolo". En *The Review of Contemporary Fiction*, Verano 1984: 127–138.

Roy, Pascal
1960 *Design and Truth in Autobiography*. Cambridge, Mass.: Harvard University Press.

Spengermann, William
1980 *The Forms of Autobiography*. New Haven, CT: Yale University Press.

Literatura española de tema alemán (siglo XX)

José Rodríguez Richart
Universität des Saarlandes

I

Quisiera empezar haciendo unas breves aclaraciones y observaciones previas al tema propiamente dicho. La primera sorpresa con que uno tropieza al adentrarse en él es ir comprobando poco a poco la abundancia, la floración de obras literarias que, en lo que va del siglo, se han publicado en España referentes a Alemania. Estas obras, enmarcadas en todos los géneros literarios, – con un claro predominio de la novela y, a cierta distancia, del ensayo, siguiendo después el teatro y la poesía – se ocupan, parcial o totalmente, con mayor o menor extensión, de Alemania y de los alemanes y constituyen la visión personal que nos ofrecen esos autores españoles de la Alemania de una época determinada y de las cambiantes circunstancias sociales y políticas que la caracterizaron en dicho momento histórico.

Esa visión personal, cuando los autores han estado en Alemania y han adquirido en ella impresiones directas, ha influido, de rechazo, en la conformación de la imagen de Alemania que se ha tenido y se sigue teniendo en España. Por otra parte, algunas de esas obras, cuando los autores no han pisado suelo alemán, son, en parte más o menos importante, el resultado de esa imagen y de esa influencia citadas, que en ocasiones degenera en tópicos y lugares comunes burdos y ramplones. En todo caso, es interesante constatar que el conocimiento directo de Alemania y de los alemanes ha tenido, muchas veces, la virtualidad de cambiar o de modificar considerablemente la visión de autores determinados. Piénsese, por ejemplo, en el caso de Pío Baroja, tenido con razón por germanófilo en la virulenta polémica originada en España durante la primera guerra mundial que, al visitar Alemania en los años 1923 y 1937, corrige su postura anterior, juvenil, de simpatía y admiración por otra actitud "de despego y rechazo" (Antón Andrés 1970: 170). A veces basta el conocimiento de la lengua alemana y la adquisición con ello de la capacidad de proporcionarse personalmente información de primera mano, apartándose así de los lugares comunes al uso, para modificar decisivamente la imagen de un país o de su aportación cultural o científica a la historia. El caso de Menéndez Pelayo parece bastante ilustrativo a este respecto. Laín Entralgo escribe a propósito del polígrafo santanderino:

> "Conocemos ya la cerrada hostilidad del polemista contra la cultura alemana. "Nebulosidad", "confusión" y "barbarie" son los conceptos que monótonamente repite [...] cuando se refiere al espíritu de allen- de el Rhin, así en sus creaciones filosóficas como en lo tocante a su

numen literario. [...] Pocos años más tarde estudia alemán y frecuenta los pensadores y poetas germánicos; y, como por ensalmo, cambia de raíz el tono de su estimación. Hay como un oculto deseo de compensar las injusticias e inexactitudes de la hirviente juventud" (1952: 191–192).

Hay que suponer, pues, que en el Baroja y en el Menéndez Pelayo juveniles, como en otros muchos casos análogos, los principales elementos de juicio sobre Alemania y los alemanes están constituidos por los lugares comunes, que debieron pertenecer a su acervo cultural como al de la generalidad de los españoles de su tiempo, sacados de la lectura de los libros y de la prensa, a más de las informaciones obtenidas a través de amigos o bien del conocimiento ocasional de algún alemán y de la opinión que él les produjera. En cualquier caso, sin disponer de experiencias directas de Alemania. Caro Baroja acierta plenamente, a mi modo de ver, cuando escribe:

"[...] los juicios que hacen los hombres de unos países sobre otros [...] se deben, en su mayor parte, a lo que han observado los viajeros, de un lado: de otro, a lo que han pensado los poetas, novelistas y autores teatrales [...]" (1986: 92).

Al leer obras literarias españolas de tema alemán, lógicamente, nos tropezaremos también con este aspecto de la caracterización antropológica y de los tópicos literarios, una de las vertientes, al menos para un español que vive desde hace años en Alemania, más sugerentes y hasta divertidas en la investigación del tema general.

Pero estas obras, como ya apuntábamos antes, son tantas – y nos limitamos sólo al siglo XX – que esta ponencia no puede considerarse realmente más que como una modesta aproximación al tema, tan rico y fecundo. Lo que vamos a hacer a continuación no puede ser, por ahora, más que una consideración breve de algunos autores y de algunas obras referentes al tema, una selección escueta de ejemplos representativos de la literatura de creación, entre otras razones porque cuantas más obras descubrimos sobre el tema, de la existencia de tantas más nos enteramos y el horizonte parece ampliarse indefinidamente.

II

Creo que hay tres acontecimientos históricos importantes, de índole diversa, que han funcionado como focos o centros de interés y que han condicionado, por su eruptiva dimensión socio–política, la aparición de una verdadera plétora de publicaciones literarias españolas referidas a Alemania. Esos acontecimientos permiten, a mi modo de ver, clasificar esas obras en tres grandes grupos cronológicos que implican también, además, ciertas analogías temáticas más estrechas entre sí, dentro del mismo tema general: 1) obras relacionadas con la primera guerra mundial 1914–1918; 2) obras escritas en torno a circunstancias de la segunda guerra mundial 1939–1945, pudiendo distinguirse aquí también entre la visión de los autores de la España de Franco y los de la España republicana, la mayoría de ellos en el exilio; 3) obras vinculadas temáticamente con el fenómeno de la emigración laboral española a Alemania que empieza en la década de los cincuenta; 4) finalmente, hay un cuarto grupo de autores que muestran un interés por Alemania más general, más intemporal, menos ligado a hechos históricos concretos, que tratan de descubrirnos y de describirnos sus rasgos permanentes, las coordenadas esenciales de su ser profundo, de su mentalidad más auténtica, de su cultura más genuina.

Veamos algunas obras representativas de cada uno de estos grupos:

1. Según Fernando Díaz Plaja

> "En marzo de 1916 empieza a aparecer en el periódico "Heraldo de Madrid" en folletín, un libro que será el más famoso de los que publiquen los españoles sobre la Guerra Europea. Su autor, Vicente Blasco Ibáñez, ha puesto ya de manifiesto en artículos y prólogos sus simpatías por la causa aliada, especialmente por Francia, pero la novela que se inicia es un alegato puro y simple a favor de su causa. [...] La larga serie de pecados germánicos – imperialismo, violencia, barbarie – aparecerán en la novela, a lo largo de la misma, en unos retratos que rozan peligrosamente la caricatura" (1973: 111).

Esa obra es *Los cuatro jinetes del Apocalipsis*. La actitud parcial del novelista está bastante clara y es el mismo Blasco quien nos saca de toda duda. En su advertencia "Al lector" manifiesta lo siguiente:

> "Después de la batalla salvadora del Marne, cuando el gobierno volvió a instalarse en París, conversé un día con M. Poincaré, que era entonces presidente de la República. [...] El presidente de la República quiso felicitarme por mis escritos espontáneos a favor de Francia en los primeros y más difíciles momentos de la guerra, cuando [...] bastaban los dedos de una mano para contar en el extranjero a los que sosteníamos franca y decididamente a los Aliados.
> – Quiero que vaya usted al frente – me dijo –, pero no para escribir en los periódicos. [...] Vaya como novelista. Observe, y tal vez de su viaje nazca un libro que sirva a nuestra causa" (1978: 8).

Blasco era, pues, "franca y decididamente" un aliadófilo, como lo fueron también Unamuno, Valle Inclán, Pérez Galdós o Azorín, pero especialmente un francófilo. En Francia vivió muchos años, también los de su destierro, muriendo en Menton en 1928. Blasco escribió esta novela concibiéndola como "literatura comprometida", al servicio de una actitud política e ideológica bien definida.

Esta novela antibelicista pero sobre todo antialemana tuvo un éxito enorme en España y en todo el mundo, siendo traducida a la mayoría de los idiomas cultos y multiplicando su difusión al ser filmada en Hollywood, protagonizada por Rodolfo Valentino.

En otras circunstancias de la primera conflagración mundial – la guerra submarina – basó Blasco Ibáñez su segunda novela de tema alemán: *Mare Nostrum*. A los hundimientos por los submarinos alemanes de unos buques aliados (en el "Sussex" murió el compositor español Enrique Granados), siguen los de los mercantes españoles "Isidoro" y "Peña Castillo". Díaz Plaja escribe a este respecto:

> "En la impresión general desfavorable que causa la campaña submarina, creyó asegurar Blasco Ibáñez el éxito de su segunda novela sobre la guerra. Escrita, según colofón, entre agosto y diciembre de 1917 en París, ofrece una reiteración constante de los temas que inició con *Los cuatro jinetes del Apocalipsis*, pero al hacer español a su protagonista, Ulises Ferragut, el novelista valenciano intenta despertar más fácilmente la simpatía del lector de su país, arrancándole de su neutralidad literaria como le hubiera gustado arrancarle de la política. Por lo demás, resucitan en *Mare Nostrum* todos los tópicos antigermanos de los cuatro jinetes [...] y aún se añaden más" (1973: 159–160).

Esta novela no tuvo el éxito de la anterior. Personalmente creo, como Díaz Plaja (1973: 160), que la novela es "falsa" y "artificiosa" pero confieso sinceramente que no me ha parecido "pesada" y "aburrida" en absoluto, como él afirma. Blasco sabía entretener y hasta fascinar en sus novelas, creo que es un mérito que hay que reconocerle entre los otros deméritos que sin duda se le pueden reprochar.

En esos años de la guerra del 14 al 18 o poco después aparecen no pocas publicaciones y los famosos manifiestos de uno y otro bando. Y entre los autores que publican obras relacionadas más o menos con Alemania desde la perspectiva del conflicto bélico podemos citar, entre otros, a Manuel Bueno, Eugenio D'Ors, Baroja – remito aquí especialmente a los excelentes trabajos de Antón Andrés (1970) y Jacques De Bruyne (1970) – Alfonso Hernández Catá, W. Fernández Flórez, Valle-Inclán, Luis Antón del Olmet y la condesa de Pardo Bazán.

2. Entre las creaciones literarias españolas en torno a la segunda guerra mundial 1939–1945, podrían distinguirse dos subgrupos bastante bien delimitados. Hay una visión de la Alemania de esa época muy divergente según la presenten los escritores de la España de Franco o los de la España republicana en el exilio. Creo que no hace falta insistir aquí en la afinidad ideológica entre el régimen de Hitler y el de Franco pero si alguien desea más detalles e informaciones puede consultar, por ejemplo, las *Memorias* de Serrano Suñer o el documentado libro de Angel Viñas *La Alemania nazi y el 18 de julio*. El hecho es que, al sobrevenir la guerra civil española,

"Italia y Alemania apoyan abiertamente a la llamada España nacional. El nuevo Estado [...] hace suyos los principios de la Falange. La imagen española de Alemania comienza a desarrollarse, no espontáneamente como hasta ahora, sino dirigida por la propaganda política" (Aranguren 1961: 184).

Es decir, por la censura. Nada tiene de extraño, pues, que las obras de autores españoles publicadas en España en la época franquista sobre Alemania o los alemanes presenten una visión global predominantemente positiva, de acuerdo con la imagen que de ella se tenía en España. Además, algunos de ellos, como Giménez Arnau o Pombo Angulo, eran corresponsales de la prensa oficial y después, como el primero de ellos, miembro del cuerpo diplomático, otros estaban vinculados ideológica y familiarmente al *Establishment* (Calvo Sotelo) o eran combatientes de la División Azul en Rusia, como Tomás Salvador.

En *Línea Siegfried*[1] de Giménez Arnau, como escribe el autor en la "Advertencia" preliminar, "se trató de escribir la impresión que a un latino produjera la Alemania en guerra" (1981: 7). O, más adelante, al despedirse de Elena, trata de explicarle el sentido del título:

"Es un libro extraño, ¿sabes? Quisiera [...] juntar todas las líneas Siegfried que yo, como cualquier latino, encuentra viniendo a Alemania. [...] Hay una de cemento, pero luego hay tantas [...] Hay el idioma [...] Y hay la mentalidad [...] Y hay la mujer" (1981: 265).

Unas líneas más abajo añadirá el clima. En general, el novelista trata de mostrar las diferencias existentes entre dos mundos, el germánico y el latino, y de contraponerlos. Al final, después de quince semanas de estancia en Alemania, regresa a Roma, terminando así la novela:

"Pronto el tren estaría en el Brennero, cara a la luz, al sol, al ruido. Se asomó otra vez. Nevaba. Nevaba. La nieve era un pedazo más de línea Siegfried" (1981: 272).

En realidad, más que novela parece una hilvanación de reportajes periodísticos bastante informativos pero superficiales, amalgamados por las frecuentes aventuras amorosas del protagonista, "sucedáneo de acción de escaso interés" (Nora 1962, III: 217).

Sin patria de Pombo Angulo es una novela que refleja las impresiones y recuerdos del autor en la Alemania de los años cuarenta en guerra, especialmente en Berlín, que es donde se centra la acción, una acción, por lo demás, bastante dispersa y no poco confusa. Es una obra extensa y ambiciosa pero a mi entender excesivamente diversificada: en los personajes incontables, en la acción sin un nervio central, atomizada en múltiples pequeñas acciones protagonizadas por personajes episódicos, en los cambiantes lugares de la acción. La técnica narrativa de Pombo parece agotarse en la presentación psicológica de los personajes y de sus antecedentes familiares y en la descripción de una atmósfera, especialmente la de Berlín durante la guerra. La visión del mundo alemán se concentra en el barón Heinrich von Stunde, alemán "ario", militar prusiano, rico terrateniente y nazi y, en contraposición con él, el ginecólogo Prof. Schneider, símbolo de los millones de alemanes de origen judío, cultos y bien considerados socialmente hasta el desencadenamiento de las persecuciones antisemitas, de que es víctima con su familia y cuyo destino trágico se nos describe aquí con compasión y simpatía. Hermine y George son los alemanes de tipo medio y Juan, un asturiano que marchó a Francia huyendo de la guerra civil española y de allí a Alemania como obrero hasta su repatriación a fines de la guerra.

Pombo Angulo, que dispone de un buen instrumental como escritor, que domina la lengua, las descripciones, que sabe trasladarnos la emoción del paisaje y de muchas situaciones y retratarnos psicológicamente a los personajes, no consigue crear, a pesar de todo, una gran novela: le falta tensión y climax, conflictos verdaderos o convincentemente expuestos. Le sobra, en cambio, heterogeneidad, superficialidad, retórica y artificiosidad.

La marea de José M. Gironella es la segunda novela de su autor, después de haber obtenido el Nadal con su primera – *Un hombre*, en la que también se ocupa parcialmente de Alemania, de una forma convencional y ficticia –. *La marea* es una especie de crónica de la segunda guerra mundial vista desde Alemania por los alemanes y comprende cronológicamente desde 1938 a 1945. En cierto modo, sobre todo por lo que a técnica y estructura novelística se refiere, es un preludio o anticipo de la trilogía sobre la guerra de España que publicará posteriormente y a la que debe su fama.

La marea empieza siendo, en su primera parte, una novela con personajes dotados de individualidad y psicología propia y, de acuerdo con lo que opina Alborg, "posee un valor sustancial tanto desde el punto de vista humano como en el puramente novelesco" (1958: 140). Esto cambia considerablemente en la segunda parte, en que aspira a ser una crónica de dimensión nacional en donde han desaparecido casi, haciéndose más difuminados y abstractos, los tipos individuales, en la acumulación algo multiforme de datos, cifras, detalles históricos y documentación excesiva. Con todo, es una buena novela de la historia reciente pero, a pesar de sus aciertos parciales, hay que insistir en la inevitable impresión de inautenticidad que produce y en el carácter ficticio y puramente imaginario que tiene,[2] que no queda compensado por "lo perfecto de su construcción y el interés de su relato" (Alborg 1958: 141).

Por la brevedad del espacio disponible, tengo que limitarme a citar simplemente algunas obras de este grupo que bien merecerían un extenso comentario: *Criminal de guerra*, pieza dramática de Calvo Sotelo, *Hitler*, tragedia de Camón Aznar y otra novela de Pombo Angulo *La juventud no vuelve*. También podemos mencionar aquí otras publicaciones españolas relacionadas de algún modo con la Alemania de la segunda guerra mundial entre ellas *División 250* de Tomás Salvador, *El año del wolfram* de Guerra Garrido, los reportajes de Rodríguez Castillo *Yo asistí al derrumbamiento del III Reich*, poemas sueltos de Dionisio Ridruejo, de sus *Sonetos a la piedra* y de *Poesía en armas*, y de Martín Descalzo ("Campo de concentración de

Dachau"), parte de obras escénicas de Alfonso Sastre (*Ana Kleiber*) y de Martínez Mediero (*Las planchadoras*).

En una situación muy distinta a la de Giménez Arnau, Pombo Angulo o Gironella se encuentran los autores de la España republicana como Max Aub, Jorge Semprún, Manuel Andújar o Arturo Barea que tienen que abandonar España e instalarse en un exilio más o menos problemático, para algunos de ellos definitivo (Barea, Aub) para otros concluido con el retorno a España (Semprún, Andújar).

En la amplia y valiosa producción literaria de Max Aub encontramos cuatro obras teatrales de tema alemán: las dos más importantes me parecen ser *De algún tiempo a esta parte* y *Comedia que no acaba*; menos importantes, desde la perspectiva adoptada aquí, considero *Los excelentes varones* y *No*. Todas ellas, sin embargo, son exponente de que Alemania y lo alemán le preocupaban hondamente, hecho lógico si pensamos en que él era de ascendencia alemana pero además también de origen judío.

En *De algún tiempo a esta parte*, Emma, único personaje del único acto de que consta la pieza, de origen judío, cuenta, en un diálogo ideal que sostiene con su marido muerto – en Dachau – la historia de la familia vienesa y los acontecimientos luctuosos de los últimos años, la muerte del hijo en la guerra civil española, el *Anschluß* de Austria en 1938, las persecuciones de los judíos de Viena, encarcelamientos, muertes, horrores. Obra de gran intensidad y veracidad que puede considerarse como teatro testimonial y como un símbolo impresionante de los terribles avatares sufridos por los judíos en Austria a causa de los "delirios de raza" nacionalsocialistas después de la incorporación al III Reich.

La *Comedia que no acaba*, que se desarrolla en la Alemania del año 1935, tiene como personajes a dos jóvenes enamorados, Franz y Anna, que han pasado la noche juntos. Al amanecer, Anna le confiesa a Franz, miembro de la *Hitlerjugend*, que ella es judía. Anna Schiller quiere demostrarle a Franz lo absurdo y descabellado de su postura política y racial y de la de su partido. Franz, que un momento antes se moría de amor y de deseo por ella, de pronto la rechaza, la detesta. "¿Y si tu padre fuese judío?"(Aub 1968: 1192) le pregunta Anna al final. Al final, no, porque esta obra no tiene un final convencional sino experimental, quedando abierta a varios finales posibles que el autor sugiere aunque confesando con cierta desesperanza que "Para dar la sensación de lo que quería, tal vez basta con lo escrito" (Aub 1968: 1192), es decir, lo absurdo del racismo "tema que, por otra parte, sigue vivo" (Aub 1968: 1193).

El largo viaje de Jorge Semprún, Premio Formentor y Prix de la Résistance, es el relato impresionante de un viaje en tren del protagonista Gérard, contrafigura del autor, en un vagón de mercancías precintado, junto con otros 119 deportados de la resistencia francesa, detenidos por la *Gestapo*, transportados a un campo de concentración de Alemania, a Buchenwald. Un viaje de 4 días y 5 noches, de pie, sin poder moverse por carecer de espacio, sin parar apenas el tren, sin salir del vagón, sin comer casi, sin dormir... En una visión retrospectiva que se entrecruza con la actualidad de ese viaje alucinante, Gérard nos cuenta su huida de España a los 16 años, su permanencia en Francia y su participación en el maquis francés al ser ocupada Francia por las fuerzas alemanas. Detenido por la *Gestapo* y conducido, como otros muchos, a Compiègne, aquí empieza ese "largo viaje" que muy pocos sobrevivirán.

Después de permanecer en Buchenwald cerca de dos años y de vivir en él horrores y crueldades inimaginables – como el asesinato de los niños judíos polacos por miembros de las SS en una especie de montería macabra –, el campo fue liberado por los americanos y el protagonista pudo regresar a Francia.

Un libro extraordinario por tantos conceptos, visión equilibrada, crítica pero refrenada, lúcida y racional de esos acontecimientos vividos realmente por el autor-protagonista. No hay odio en él ni exasperación, rabia o exageraciones sino descripción detallada, analítica, serena, reflexiones sinceras y maduras y un dominio magistral del lenguaje. Todo ello le da a esa narración testimonial una gran credibilidad más convincente que las hipérboles caricaturescas de las obras de Blasco Ibáñez.

Semprún ha reelaborado estos recuerdos e impresiones en otras dos obras posteriores, con otra perspectiva y otra estructura: *El desvanecimiento* y *Aquel domingo*, muestras ambas, a mi modo de ver, del trauma que esos acontecimientos causaron en él y de la casi imposibilidad de liberarse de ellos.

Otras obras de escritores españoles exiliados que incidieron también en el tema alemán son *La forja de un rebelde* de Barea[3] y los relatos escénicos de Manuel Andújar titulados *Los aniversarios*.

3. En los años cincuenta empieza la gran corriente migratoria de trabajadores españoles a diversos países de Europa y también a Alemania que alcanza su punto culminante hacia 1966, año en el que se encuentran trabajando en Alemania cerca de 200.000 españoles[4]. Es, a juicio de Lera "la experiencia social de nuestro pueblo más importante desde la guerra civil para acá" (1965: 13). Esa enorme corriente migratoria y las implicaciones sociales que la acompañan constituyen un tercer centro de interés que ha determinado la aparición de numerosas obras españolas referidas a Alemania o relacionadas con ellas.

También aquí podríamos hacer dos subgrupos: a) el primero formado por las obras de escritores más o menos conocidos que escriben sus impresiones o nos transmiten sus reflexiones sobre dicho problema y, vinculado con él inseparablemente, sobre Alemania y los alemanes; b) el segundo, constituido por las obras de los propios trabajadores españoles en Alemania, generalmente de modesto valor literario y estético pero de un incuestionable valor testimonial, ya que reflejan directamente experiencias propias.

En la mayoría de estas obras, pero más acentuadamente en las del segundo subgrupo, aparece como una característica permanente el choque de dos mundos, de dos mentalidades e idiosincrasias, de dos formas de ver y de vivir la vida. Con frecuencia, dichas obras, que se integran en lo que podríamos denominar "literatura de la emigración" o "sobre la emigración", nos presentan una visión fundamentalmente conflictiva, crítica y problemática de la realidad alemana.

Sólo me queda espacio material para citar algunas obras y autores de este grupo. En un lugar destacado figura el gran novelista recientemente fallecido, Angel María de Lera, autor, además de unas crónicas desde Alemania aparecidas en *ABC* de Madrid, de la novela *Hemos perdido el sol* y de *Con la maleta al hombro*, aquella calificada de la novela de los trabajadores españoles en Alemania, ésta con el subtítulo de *Notas de una excursión por Alemania*, descripción atenta y profundizada de la situación y circunstancias de los emigrados españoles y de las causas que han determinado ese éxodo pero también una observación inteligente de la sociedad alemana, de sus rasgos más sobresalientes, del carácter y mentalidad, y una comparación constante con la sociedad y carácter españoles. Más que notas, pues, son una simbiosis de reportaje periodístico y de ensayo sociológico, con sagaces y atinadas observaciones sobre Alemania y España.

También se han ocupado del tema Francisco Ayala en *El rapto*, José Martín Artajo en *La desaparición de Porfiria Santillana*[5], Alfonso Paso en *Prefiero España*, de título ya de por sí bastante significativo, Rodrigo Rubio en *Equipaje de amor para la tierra*.

Entre las obras escritas por los propios trabajadores españoles podemos mencionar *En un lugar de Alemania* de Patricio Chamizo, *Vida de un emigrante español* de Víctor Canicio[6] o *La vuelta de un emigrante* de Vicente Ballester Gil. Tengo también noticia de un teatro de los emigrantes de Manuel Sellés, del que se ocupará José María Navarro en el número que próximamente dedicará *Hispanorama* al teatro español contemporáneo.

4. Al frente de los escritores españoles que han mostrado interés por la Alemania permanente, por su ser profundo, es necesario situar en una postura excepcional a Ortega y Gasset. Pero de Ortega y Alemania se han ocupado ya tantos y tan expertos estudiosos (Marías, Ruckser, Garrigues, Niedermayer, Alain Guy...) que puedo prescindir aquí de más comentarios. Quizá sólo llamar la atención sobre esa joya que es el *Prólogo para alemanes*,[7] tan sugestivo y revelador. Aranguren es autor de un trabajo de gran precisión y lucidez: "Imagen española de Alemania" sobre la formación y evolución de esa imagen en España.[8] Sólo puedo citar aquí las obras de Julián Marías *Aquí y ahora*, el polémico libro de Calvo Serer *España sin problema*, las *Notas alemanas* de Felipe Mellizo, la novela de Carmen Nonell *Munich, Leopoldstrasse 207* y el ensayo de la misma escritora *Berlin, capital de dos mundos*, *La chica del gato* de Carlos Arniches, los *Poemas del viajero* de Jaime Ferrán, escritos en Mettlach / Sarre en 1953, premio "Ciudad de Barcelona" del mismo año, *Munich en fiestas* del sacerdote Antonio Castro, *Alemania* del humorista Julio Camba, *Europa, parada y fonda* de Miguel Delibes.[9]

III

Hemos pasado revista muy someramente, casi a paso ligero, a bastantes autores españoles y a algunas de sus obras de tema alemán. Me ha llamado la atención comprobar que, a pesar del interés del tema y de la calidad de muchos autores, excepto el trabajo del Sr. Briesemeister,[10] no hay un estudio amplio y sistemático del mismo y que bastantes de los escritores mencionados no aparecen en muchas de las historias de la literatura consultadas o son despachados con unos cuantos párrafos insignificantes. Sin embargo, esos libros han tenido una notable influencia en la configuración de la imagen de Alemania en España. Evidente es también la importancia que esos autores han concedido a Alemania, al reconocimiento de sus valores unido a veces a graves interrogantes (Aranguren, Delibes)[11]. Desde Ortega, y en parte debido a él, creo que lo que hemos visto prueba que el interés por Alemania ha sido y es permanente.

NOTAS

1 La primera edición se publicó en Madrid en 1940. Puede consultarse en una edición más moderna y asequible, Barcelona, 1981.

2 Eugenio de Nora escribe sobre esta obra que comentamos:
"[...] *La marea* queda en peligro desde su raíz, por el artificio de su planteamiento mismo – reinventar, desde una mentalidad típicamente española, las vidas y conflictos de un grupo de alemanes en la época de Hitler (es curioso ver cómo Gironella, que había de reprochar a Hemingway, Koestler, Malraux, etc. su incapacidad para la comprensión profunda del hombre español, empezó cometiendo con los alemanes el mismo pecado de turista no ya imaginativo, sino literalmente 'imaginario') –; [...]" (1962, III, 97).
Y en nota al pie de la misma página añade aún lo siguiente: "Según confesión propia, en efecto, desconocía por completo Alemania cuando la escribió."

3 Especialmente el vol. III, *La llama*.

4 Según *4° mundo. Emigración española a Europa* de Andrés Sorel (Madrid, 1974).

5 El título completo es *Historia de la misteriosa desaparición de Porfiria Santillana, fregona española en país superdesarrollado* (México, 1970).

6 Víctor Canicio, en la obra citada, se ha limitado a transcribir – y no es poco mérito darle una adecuada forma literaria – la narración de S.B. "cordial personaje de carne y hueso que disfrazado de Pedro Nuño da testimonio aquí de su propia vida", como se indica en la nota de agradecimiento de la pág. 7 (Barcelona, 1979). Pero además es autor también de otras dos obras relacionadas con el tema: *Pronto sabré emigrar* (Barcelona, 1974) y *¡Contamos contigo! (Krónikas de la emigración)* (Barcelona, 1972). De *En un lugar de Alemania* me ocupé detalladamente en *Hispanorama*, 31 (1982): 32–43 en el artículo "Alemania y los alemanes en Patricio Chamizo"; de *Vida de un emigrante español* en el artículo "Dos visiones de Alemania en la literatura española actual", publicado en la misma revista, nr. 25 (1980): 52–64.

7 2ª ed., Madrid, 1961, especialmente las págs. 23,25, 29, 30, 31 y 32.

8 Destaca en él la germanofilia española y la mitificación de lo alemán en la segunda guerra mundial – debido sobre todo a que la propaganda oficial influyó decisivamente en la conformación y vigencia de esa imagen – así como la subsiguiente despolitización y el regreso a la visión simplemente tópica al terminar la guerra. En los años cincuenta empieza, por fin, un proceso basado en el mejor conocimiento de la realidad alemana – nuevas generaciones de estudiantes, obreros emigrados – y, con ella, la reducción de esa imagen – dentro de la admiración, el respeto y la simpatía que sigue existiendo – a dimensiones humanas.

9 De esta obra y de *Vida de un emigrante español* de Víctor Canicio me he ocupado con bastante extensión en mi artículo "Dos visiones de Alemania en la literatura española actual", aparecido en *Hispanorama*, 25 (1980): 52–64.

10 "Das Bild des Deutschen in der spanischen und das Bild des Spaniers in der deutschen Literatur" (Langen, 1980). Del mismo autor es también "Literatura y emigración" publicado en el *Boletín del Instituto Alemán* de Madrid, 1 (1979/80): 9–13.

11 Aranguren, por ejemplo, escribe lo siguiente:
"[...] al parecer, un hado adverso preside los destinos de Alemania: grandes rendimientos, grandes realizaciones...que desembocan siempre en el fracaso final. ¿Se tratará efectivamente de un hado ad-

verso? ¿No ocurrirá aquí, para decirlo parafraseando la vieja sentencia de Heráclito, que 'el carácter de Alemania es su destino'?" (1961: 189).

O bien, invirtiendo la pregunta:... que ¿el destino *es* su carácter?

Delibes, por su parte, escribe en *Europa, parada y fonda*, incluido en el tomo IV de sus *Obras completas* (Barcelona, 1966: 268):

"Hoy día, a los quince años del desastre, en el pueblo alemán se advierte ya un sobrante de energía ... Esto equivale a reconocer que el ritmo de trabajo normal y organizado no basta para satisfacer el instinto de producción del pueblo germano. Y ante una vitalidad tan exuberante, tan fabulosa, el extranjero que visita Alemania no puede menos de alarmarse. Uno piensa que el día en que el alemán termine de arreglar el país – y ya le falta poco – sentirá la necesidad de quemar en algo su sobrante de energías. El alemán no ha nacido, ello es evidente, para un trabajo sosegado, sin sobresaltos ni imprevistos. Para tanto como esto le sobran al alemán tres de los seis días hábiles de la semana. De aquí que uno piense que lo más sensato sería buscar para este gran pueblo una misión especial, una misión adecuada a su temperamento, más allá de los límites naturales de la capacidad humana, [...]".

BIBLIOGRAFIA

Alborg, Juan Luis
    1958   *Hora actual de la novela española*. Madrid.

Antón Andrés, Angel
    1970   "Baroja ante los alemanes y Alemania". En *Iberoromania* 2: 169–196. Munich.

Aranguren, José Luis
    1961   "Imagen española de Alemania". En *La juventud europea y otros ensayos*, Barcelona.

Aub, Max
    1968   *Comedia que no acaba. En Teatro completo*, Madrid.

Blasco Ibáñez, Vicente
    1978   *Los cuatro jinetes del Apocalipsis*. Barcelona.

Bruyne, Jacques de
    1970   "Pío Baroja und die Deutschen". En *Revue belge de Philologie et d'Histoire*, 48: 803–819, Bruselas.

Caro Baroja, Julio
    1986   "Tópico literario y caracterización antropológica: caracteres nacionales". En *Revista de Occidente*, 56: 91–103, Madrid.

Díaz Plaja, Fernando
    1973   *Francófilos y germanófilos*. Barcelona.

Giménez Arnau, José Antonio
    1981   *Línea Siegfried*. Barcelona.

Laín Entralgo, Pedro
    1952   *Menéndez Pelayo*. Buenos Aires.

Lera, Angel María de
    1965   *Con la maleta al hombro*. Madrid.

Nora, Eugenio G. de
    1962   *La novela española contemporánea*. Vol. III, Madrid.

Serrano Suñer, Ramón
    1977   *Memorias*. Barcelona.

Viñas, Angel
    1977   *La Alemania nazi y el 18 de julio*. Madrid.

"Samarkanda", de Antonio Gala

José Romera Castillo
Universidad Nacional de Educación a Distancia,
Madrid

El cementerio de los pájaros se estrenaba en Bilbao el 8 de septiembre de 1982. Ese mismo día en el diario madrileño *El País* aparecía una entrevista de Antonio Gala con Maruja Torres que la periodista cerraba del modo siguiente:

> "Tras *El cementerio de los pájaros*, Antonio Gala prepara una temporada de alejamiento teatral, una de esas *separaciones amistosas* con que se obsequia esporádicamente para regresar con mayores ansias. Y, en este tiempo, escribirá, por primera vez novela: 'Que es, como decía Jardiel Poncela, un hombre que escribía teatro sin cesar, *el nirvana de la literatura*".[1]

Esta era la intención del escritor cordobés en la noticia periodística – concediéndole el grado de fiabilidad que las mismas merecen –; pero lo cierto es que, una vez más, Gala incumple sus promesas de producir, dentro de su polifacetismo de escritor, un texto del género novelístico.[2] La fuerza de la llamada de la musa Talía es tan fuerte en él que, una vez más, no pudo – o supo – resistirse a su convocatoria.

Tras tres años alejado de los escenarios, Gala estrena en el otoño de 1985 dos obras: *Samarkanda*, en el Teatro Príncipe, de Madrid, el 6 de septiembre; y *El Hotelito*, en el Teatro Carlos III, de Albacete, el 6 de diciembre.[3] La primera, con un éxito relativo – en noviembre desaparecía de la cartelera madrileña – y la segunda, con un gran éxito popular – a fines de marzo todavía se mantenía en cartel –, como suele ser habitual en Gala.

Sobre *Samarkanda*, la penúltima obra por el momento, conviene detenerse en algunos aspectos que, sin ser transcendentes, al menos pueden resultar interesantes. En primer lugar hay que apuntar que la obra iba a ser estrenada el miércoles 4 de septiembre, pero arreglos del Teatro Príncipe lo impidieron y que esta primera representación estuvo abierta al público – la del día 6 –, siendo la oficial el lunes 9 de septiembre. Conviene apuntar de inmediato que la costumbre de poner *en rodaje* las obras teatrales antes de su presentación oficial en Madrid, ya sea estrenándolas en provincias (como *El cementerio de los pájaros*, en Bilbao; o *El Hotelito*, en Albaceta), o ante un público *normal* antes del estreno *oficial* (estreno para la crítica, sin eufemismos), ha sido explicada por algunos críticos – y pienso, por ejemplo, en Eduardo Haro Técglen – como un ensayo último para *probar* la obra antes de traerla a Madrid. Razones contrarias también se han dado: hay que descentralizar el teatro y hacer el honor a unas poblaciones para que vean la obra antes que en la capital de España.

Gala, en el caso de *Samarkanda*, también daba las suyas: "Me alegra – dice – que la primera puesta en escena sea con taquilla abierta, para los que simplemente por amor, admiración, deseo o interés, acuden al teatro"; señalando, además, la diferencia entre la primera función y las que le suceden como "la existente entre un parto absolutamente real, que se enseña a los íntimos, y la posterior muestra a los fotógrafos del niño ya perfecto".[4] Sean las razones que fueren, el hecho es que las tres últimas obras que Gala ha estrenado, dos lo han sido fuera de Madrid y una ante un público *normal*. De ello, no es posible sacar una rotunda conclusión – habrá que esperar estrenos futuros, pero pensando en la tibia – a veces hostil acogida de la crítica que sus últimas obras han tenido, tampoco sería muy disparatado, en un hombre que tanto cuida lo suyo, reseñar que tal situación se ha producido teniendo a la vista el *temido* estreno oficial, que por otra parte siempre importa tanto, incluso a los autores ya consagrados como es el caso.

Pero pese a esta hipotética planificación del estreno, lo cierto es que buena parte de la crítica acogió la obra con reservas y otra arremetió sin compasión contra su autor.[5] Veamos, aunque sea sintéticamente, algunos aspectos de la recepción crítica de *Samarkanda*.

Sobre la obra en sí misma (que trata del reencuentro de dos hermanos, tras siete años de separación, en el que pasan revista a sus vidas, llegando a la conclusión de su amor homosexual e incestuoso y teniendo como vínculo de unión a una prostituta más la presencia de un perro y una serie de denuncias sociales), la crítica ha coincidido explícita o implícitamente que no estamos ante una gran obra dramática y, más áun, ante la mejor (o unas de las mejores) piezas de Gala. El tan agudo crítico de *El País*, Eduardo Haro Técglen, una vez más usa con el autor cordobés la técnica del guante blanco: tras una larga descripción del argumento y unos apuntes sobre la dirección, decorados, actores y público, al enjuiciar el texto apunta sólamente: "La obra se alarga, se enreda en sus alusiones a la maldad social ambiente [sic], la bomba, el destrozo de la naturaleza, la alabanza de aldea: hay un articulismo metido dentro de la sumisa teatralidad. Cansa, aburre. A pesar de la buena interpretación". Un alfilerazo más que otra cosa.

Lorenzo López Sancho, en *ABC*, da una de cal y otra de arena. Califica la nueva obra de "interesante", "un buen texto con carga retórica e ideológica" de acuerdo con los personajes, que "Gala maneja con su evidente calidad literaria una gran parte de los tópicos habituales de su literatura periodística", y que estamos ante un "teatro rico en aciertos de frase". Pero también en la estructura de la comedia señala "una desproporción entre el planteo, excesivamente larga descripción de los personajes y la fase de verdadero dinamismo dramático o resolutiva que se inicia con la aparición de Sally; al igual que "quita quilates al suceso" la muerte final del hermano mayor.

José Monleón, en *Diario 16*, siempre en una línea de compromiso histórico, se fija más en el sentido de la pieza y, aún afirmando que no sabe si esto es lo que Gala ha querido decir, sostiene que Samarkanda (el lugar) es un refugio que, finalmente, resulta, como el mundo del que se ha querido huir, inhabitable – interpretación posible, pero con la que no estoy de acuerdo según la ideología de Gala a través de su obra dramática –; y señala que "es posible que la obra parezca a veces un tanto ingenua" debido a que, como toda confesión, quiere decir la verdad "en lugar de hacer teatro".

Julia Arroyo, en *YA*, tras señalar el carácter alegórico de la pieza teatral (un "discurso moral de la transgresión y el individualismo"), le parece la primera parte de la obra "discursiva, lenta, aburrida", consignando la "dialéctica hecha de frases redondas, muy literaria". Por el contrario, M. Díez–Crespo, en *El Alcázar*, aunque define esta dialéctica como "lenta" e "interesante", a veces encuentra "escasa claridad" en ella, así como "muchos difíciles [sic] entrelazamientos en esta obra".

Para terminar este muestreo – en modo alguno exhaustivo – veamos algo de las tres críticas más contrarias. La primera, de Mauro Armiño, en *Cambio 16*, centrada más en crónica social (y frívola) que en el análisis del texto dramático, poniendo en boca de los espectadores, a la salida del teatro, "comentarios no muy halagüeños para la función". La segunda, de Adolfo Prego, en *Cinco Días*, en la que se hace un ataque furibundo a Gala como persona al tildarlo de "incapacidad intelectual", hacer un canto de "su problema" – la homosexualidad – como solución al caótico mundo que nos rodea, al sacar a luz "ciertos sucesos vergonzosos en un campamento militar" vividos por el autor, al criticar las palabras finales del escritor en el estreno por haber tirado "alguna puntada a los críticos que no habían esperado al estreno oficial, como si a él mismo le hubieran sorprendido en la cama con un enamorado sin llamar antes a la puerta". Aparte de todas estas ofensas que por ser tan personales resultan inadmisibles siempre, despacha su crítica de la obra con generalidades poco o nada razonadas: "Todo en esta comedia es artificioso. Un soplo de realismo entra en la escena cuando aparece una mujer ... El personaje femenino es tópico, pero es verdadero y castizo. Hay alguna escena excelente".

Sin duda alguna que la crítica adversa mejor fundamentada es la de Alberto Fernández Torres, en *Insula*. Define la pieza como una obra "de mensaje", carente de acción, gradación y entidad dramática, reducida "al monótono enfrentamiento verbal entre dos hermanos, que se sugieren (es decir, sugieren al público) recuerdos de infancia, indican su deseo homosexual latente y se insultan o aman en función de un conflicto cuyo núcleo y razón de ser se encuentran en el pasado, jamás en el presente". De ahí que *Samarkanda*, como paradigma de teatro "de texto", pese a tener el "ingenio y la brillantez del verbo de Gala" – sobre todo cuando habla la prostituta – sea un texto "infortunado al sacar a colación diversos tópicos [la guerra nuclear, la injusticia social, el hambre en el mundo...], de forzado lirismo en las situaciones íntimas [los recuerdos de la adolescencia de ambos], ingenioso – aunque superficial – en todo el tratamiento textual de la joven prostituta, más hondo – por paradójico que pueda parecer – en las situaciones meramente circunstanciales, domésticas, casuales...".

También la crítica se ha fijado, aunque muy de pasada, en algunas influencias en *Samarkanda*. El título, "recuerda una ya vieja comedia de bulevar *Ce soir à Samarcanda*, con la que no tiene nada que ver" (López Sancho); el protagonismo de dos hermanos "también recuerda a *El verdadero Oeste*, de Tom Shepard, *Hay que deshacer la casa*, de Junyent y *Buenas noches madre*, de Marsha Norman, estrenadas en la temporada 84–85, aunque en *Samarkanda* los problemas fraternos van mucho más allá que los anteriores" (López Sancho); el amor entre dos hermanos que "Lévi–Strauss consideraba como un primigenio hecho cultural del incesto", lleva "el conflicto a situaciones de calidad casi bíblica" (López Sancho); el recurso radical a esta relación erótica "como respuesta frente a la frialdad, la dureza, la hipocresía y la retórica de las líneas rectoras de la vida social y de la historia", recuerda a Williams o Bertolucci (Monleón); el monólogo "a dos voces que hizo pensar a más de uno en los inicios del teatro griego, que pasó del primitivo actor con coro a dos personajes y coro sobre escena: la acción de *Samarkanda* era como contar la historia de Cástor y Pólux por un mismo y solo gemelo de sí mismo" (Armiño); la profesión del hermano mayor es guardabosque como "el amante de lady Chatterley" (Prego); y Sally, "como personaje, parece estar sacado de un sainete de Arniches, incluso hay un pequeño homenaje a este autor con una traslación de parte de un diálogo de *El señor Adrián, el primo*" (Arroyo).

María Ruiz, una joven directora de 37 años, fue elegida por Antonio Gala para llevar *Samarkanda* a la escena.[6] De nuevo otro detalle cuidado por el perspicaz autor: una pieza, cuyo eje central es la homosexualidad masculina, tenía que estar dirigida por una mujer. Este era su tercer trabajo como directora teatral (*Vente a Sinapia* de Fernando Savater y *Delante del muro* de Antonio Fernández Lera fueron sus trabajos anteriores), aunque después de *Samarkanda* también llevó a la escena *Los abrazos del pulpo* de Vicente Molina Foix. Su trabajo, en general, fue loado por la crítica: "María Ruiz ha dirigido con buen pulso a los actores y ha recreado el texto de Gala con numerosos matices que subrayan su sentido, mientras deja en la penumbra lo puramente anecdótico y que puede resultar de cierta agresividad para algunos espectadores" (Arroyo); "muy buena dirección por parte de María Ruiz" (Díez–Crespo); una dirección sensible y cálida (Monleón); "María Ruiz hace una dirección correcta y muy al servicio del texto" (Fernández Torres); "María Ruiz dirige con esa rara elegancia y exquisitez que consiste en hacerse invisible: la suavidad, la sensatez en la representación, la calidad de los movimientos relativos, se deben a esa dirección que sirve al texto y no parece entremeterse en él, sino ayudar a narrarlo con todos los recursos y a tratar de hacerlo verosímil. Sólo parece permitirse algún exceso en el juego de luces y sombras [más bien sombras]" (Haro Técglen).

Sobre el decorado de Andrea d'Odorico (un único espacio escénico) también hay unanimidad en la alabanza: "tiene la belleza de siempre en este creador" (Haro Técglen); "tiene una estimable apariencia orgánica, es decir, que, partiendo de convenciones realistas, es bastante más que eso y se configura de manera tal que, sin adoptar un papel de primer plano, subraya expresivamente, en la medida de sus posibilidades, el conflicto que tiene lugar sobre escena" (Fernández Torres); "trata de reflejar ese aislamiento, esa soledad de los seres humanos" (Arroyo).

Sobre el trabajo de los actores, la crítica vio la importante labor de Alicia Sánchez en el papel Sally: "encargada de introducir el elemento fresco y claro de la obra" (Monleón); "naturalidad y ternura" (López Sancho); "rompe las tensiones y es graciosa y divertida" (Haro Técglen); "interpreta a la perfección, con mucha gracia, su sainetero personaje" (Arroyo); "vuelve a demostrar que muchos actores y actrices salidos del teatro independiente se mueven y hablan en los locales comerciales con más soltura y eficacia que muchos intérpretes que se han formado exclusivamente en ellos" (Fernández Torres); "su interpretación más afortunada" que la de los dos hermanos (Armiño). Sobre la actuación de Juan Gea en el papel de Bruno (el hermano menor) y la de Joan Miralles como Diego, la crítica señaló: "Joan Miralles es un actor seguro, y Juan Gea, en un cometido más difícil, convence algo menos" (Arroyo); "mucho más difícil, por la ambigüedad de los personajes, por el proceso de revelación de sus sentimientos a que han de someterse" es el de los dos actores (Monleón); "Gea produce un Bruno apasionado, avasallador con brío. Miralles, con cierta sequedad, el reprimido que se deja arrastrar" (López Sancho); los dos "no dejan perder una palabra ni escapar una frase, buscan y encuentran la naturalidad aun en tan incómoda situación" (Haro Técglen); coincidiendo en una buena interpretación de todos (Haro y Díez–Crespo). El perro tendrá también un papel destacado en la obra, como han señalado también los críticos.[7]

Hasta aquí hemos realizado un bosquejo de lo que la crítica teatral madrileña reseñó sobre *Samarkanda*. Conviene pasar ahora a examinar otros datos para ampliar el círculo de las pesquisas y conclusiones que también podrían ser conjeturas, pero que, a la postre, en una dramaturgia concebida siempre como *opera aperta* – así lo plasma Gala en las "Antecríticas" de sus piezas y que lleva a algunos críticos a decir "si he entendido bien" (caso de Monleón o López Sancho) – pueden tener derecho de acomodo.

Es sabido que muchas de las obras teatrales de Gala, pese a que éste se empeñe en darles mayor transcendencia, están basadas en unas circunstancias históricas muy concretas. Basta para ello citar a *Petra Regalada*, fundamentada en la muerte de un dictador (Franco) y en el cambio de régimen político; a *El cementerio de los pájaros* que tiene como telón de fondo el intento de golpe de estado en España el 23 de febrero de 1980; o el caso más reciente y fragante de *El Hotelito* en el que se trata de la España – o como diría un político: del Estado – de las Autonomías. Circunstancias que, sin duda alguna, han despertado un morbo político de inexorable altura en el pueblo español.

Por el contrario en *Samarkanda* nos encontramos con una obra distinta. En la "Antecrítica" Gala nos da algunas claves de sus propósitos:

> "Por primera vez, al escribir *Samarkanda*, no ha sido mi intención escribir una pieza de teatro, sino una verdad. Y no una verdad expuesta a través del teatro, sino por sí misma. O sea, mi intención ha sido no escribir: sólo observar con simpatía, es decir, con compasión ... yo no he sentido como ahora tanta necesidad de que una obra no refleje la vida, sino que sea la vida: la vida no contada, la vida sin nosotros" (1985b: 31).

Samarkanda es una obra en la que se expone, más metafísicamente que por acciones, una *verdad*, dando al término el sentido no de una conformidad de las cosas con el entendimiento, sino con la acepción de una *realidad*. Realidad a la que invita a los espectadores a que "sólo sean testigos ocultos de unos hechos y no asistan a una representación normal porque:

"Una sociedad construida sobre escándalos radicales – hambres, genocidios, amenazas y prostituciones y desigualdades infinitas – ¿cómo se escandalizará ante una historia de amor, por singular que sea? ¿No haría mejor utilizándola como pretexto para una reflexión?" (1985b: 31).

He aquí el desvelamiento de esa verdad: una historia de un amor singular (el amor entre dos hermanos) como pauta de reflexión ante un mundo radicalmente mal hecho (por llevarle la contraria a Jorge Guillén). Ahora bien ¿por qué elige Gala esta *verdad* y no otra para esta reflexión compartida?. Leamos lo que nos dice en una entrega de sus *Cuadernos de la Dama de Otoño*:

"Este verano ha sido propicio para mí. He trabajado varios días con gusto y una entrega total. Escribí una comedia. Su nombre es *Samarkanda*. Toda creación es interior: algo que asoma. Toda, tiene por origen el amor. Podrá ser resultado de un proceso de invención, o sea, de hallazgo, o de un proceso de transformación de lo vivido. Siempre encontré ridículo que pregunten: "esta obra suya, ¿es autobiográfica?". Toda obra lo es; ninguna lo es. Cualquier obra es nosotros de otra forma: Porque, de donde venga y como venga, la creación es un acto de amor – el último quizá –, y en el amor hay que estar presente siempre ... Y a veces, como sucede también con el amor, la obra nos corresponde. A mí me ha sucedido este verano" (1985c: 196–197).

Samarkanda, pues, tiene algo de autobiográfico y es una obra en la que hay una transformación de lo vivido. ¿Pero qué es en este caso lo vivido y, más concretamente, qué es lo vivido por Antonio Gala? Sencillamente un "amor extinguido" que el escritor evoca en esta misma entrega del *Cuaderno*... al sacar del cajón de su mesa "teresiana" una serie de fotografías. Un "amor oscuro" – en palabras de Lorca –, ambiguo en las manifestaciones de nuestro escritor, pero real en la vida de Gala y que, agradecido, debía pagar por lo que recibió:

"El amor no se paga con el olvido, ni con el amor sólo; se paga reflejándolo, devolviendo – cada cual en lo suyo – la riqueza con que nos inundó. Lo mío es escribir. Yo supe – de repente, no sé cómo – que había pagado una deuda aplazada; que estaba en paz; que lo que había sido llanto y quebranto, tras su rescate, podía cantarse, manifestarse, instalarse plácidamente en una estantería. Para que manos ajenas lo hojearan; para que ojos ajenos lo aprendieran. Ya era libro mi amor, y yo era libre..." (1985c: 197).

La génesis de la pieza queda ya del todo clara. No es que Gala escribiese la obra, en el verano de 1984, pensando en un amor concreto – pasajero (sólo duró un año), gozoso y a la vez dañino, y del que no le queda nada, como recuerda en un poema (1985c: 196) –, sino en algo muy personal y profundo y que, una vez escrita, "de repente, no sé cómo", se dio cuenta que estaba pagando una deuda aplazada hacia "el rostro más bello que ha surcado mi vida y con más daño" (1985c: 196). Pieza teatral y este amor concreto están, consciente o inconscientemente, unidos:

> "La cuestión es que, al día siguiente de concluir de dictar la comedia, me levanté temprano. Tomé resuelto la llave del cajón. Subí al estudio. Me senté lentamente ante la mesa. Y, sin la menor vacilación, abrí. Saqué sobres, estuches. Se desparramaron las fotografías. Con moroso cuidado fui viéndolas, rememorándolas, ordenándolas unas tras de las otras, y todas en el dichoso entramado de un año de mi vida [...] Nada me ha herido. No ha corrido sangre. He sentido un abrazo, una reconciliación conmigo mismo [...] No tengo amor, ni odio, ni temores. Sé que algo formó parte de mí. Sé que yo formo parte de algo, y que debía pagar por lo que recibí" (1985c: 197).

Samarkanda es la obra más *personal* – si se me permite la expresión – de Antonio Gala. Ello no quiere decir que estemos ante una autobiografía químicamente pura, sino, como el propio autor ha apuntado, ante "un proceso de transformación de lo vivido". Después – o antes – vendrá el núcleo temático central de la obra, la homosexualidad, y la denuncia de las normas sociales que ven en ésta una terrorífica plaga de la humanidad mientras se pasan por alto otras más crueles. Lo que a Gala le interesa plantear es el caso de la homosexualidad abierta y claramente y llevada a su extremo grado con el incesto, aunque al final – "como debe ser" (Haro Tecglen) – sea muerto a balazos Diego, el hermano mayor.

Samarkanda es una obra muy *personal* de Gala (todas lo son, pero ésta más) por su temática, aunque el argumento no tenga relación con la biografía del escritor cordobés. Pero tampoco en él faltan una serie de rasgos autobiográficos,[8] como intentaremos ver a continuación.

En primer lugar, el título de la pieza: *Samarkanda*. ¿Por qué se elige este lugar, hoy de la Unión Soviética, como rótulo de la obra?. El mismo autor nos da la respuesta:

> "...yo amo las ciudades ... Pienso en tantas ciudades que conozco, con que soñé de niño: Ecbatana, Bagdad, Ctesifonte, Babilonia ... Eran piedras preciosas para mí: Samarkanda, Damasco, Alepo..." (1985c: 360).

La Samarkanda geográfica se convierte en el talismán, en la palabra mágica, en la palabra protectora y fascinante a la que recurren los dos hermanos de nuestra obra en su infancia.[9] Gala, además, plasma otros recuerdos de su infancia como el juego de intercambiarse los nombres, el de la cometa,[10] etc. Pero donde la referencia autobiográfica se ve más nítidamente es en Diego (aparte de que en la representación se diese un cierto parecido a Gala). El hermano mayor ha estado cuatro años en la Cartuja (en "ese sitio" como por eufemismo repite una y otra vez Bruno) y, como sabemos, Antonio Gala se recluyó, en 1958, en la Cartuja de Nuestra Señora de la Defensión, en Jerez de la Frontera, en la que permaneció un año. Además de este hecho concreto que podría parecer una similitud accidental, Diego es casi un transunto de las ideas del autor de *Los verdes campos del Edén*. Lo cual no quiere decir que haya una identificación total entre el autor y su personaje, pero sí unos paralelismos muy evidentes, ideológicamente hablando.[11]

Estos datos vienen a reforzar la tesis de que *Samarkanda* es la obra más *personal* de Antonio y que, como teatro de tesis, es una confesión de ideas y sentimientos, más que reflejo de la vida. De ahí su falta de acción y morosidad, especialmente en la primera parte. Creo – y esto es una hipótesis todo lo arriesgada que se quiera – que Antonio Gala ha puesto toda su alma en la creación de esta obra, aunque luego teatralmente hablando no haya conseguido realizar una gran pieza dramática.

La recepción de público así lo confirmó. El escaso tiempo que la obra estuvo en cartel – anormal para un autor de tanto éxito popular – es un indicio muy a tener en cuenta.[12] Además, siendo su público fundamentalmente femenino (Haro Técglen constata que el día que él vio la representación, al día siguiente del estreno, "había poco más de medio teatro, y una proporción aproximada de tres señoras por cada hombre"), no muy proclive en este caso a oir y ver lo que escuchaba y contemplaba en el escenario.

NOTAS

1 En *El País*, 8 de septiembre de 1982, p. 27.

2 Antonio Gala ha escrito relatos cortos como *El cuarto oscuro* (1959), *Solsticio de invierno* (1963), *La Compañía* (1964), etc. Hay referencias de que en 1963, cuando decide dedicarse de pleno al mundo del teatro, tenía entre manos la novela *Interminablemente bajo el cesto*, obra que no llegó a concluir.

3 Una relación de las obras de Gala hasta 1985 se puede ver en mi edición de *Los verdes campos del Edén* y *El cementerio de los pájaros* (Barcelona: Plaza & Janés, 1986).

4 En *El País*, 4 de septiembre de 1985, p. 22.

5 En la bibliografía final aparece la nómina de las reseñas críticas consultadas. Habría que añadir la de Amilibia, "Ebullición teatral a la vuelta del verano" en *ABC*, sección "Gente", 11–9–85, p. 99, centrada más en el acontecimiento social que en lo teatral.

6 Ver el reportaje–entrevista de Carlos G. Santa Cecilia con María Ruiz en *El País*, 7 de septiembre de 1985, p. 8 del Suplemento "Artes".

7 Conviene leer la entrega periodística de Antonio Gala, "Zegríes", en *Cuadernos de la Dama de Otoño* (1985c: 399–402), centrada en la presencia del perro de *Samarkanda*.

8 Fausto Díaz Padilla, en el "Prólogo" a las *Obras Escogidas* de Antonio Gala (Madrid: Aguilar, 1981, pp. XVII–XXVIII), ha señalado algunos rasgos autobiográficos presentes en su dramaturgia.

9 Cfr. para una valoración de la infancia la entrega periodística de Antonio Gala, "Las muertes chiquitas", en *Dedicado a Tobías* (*El País Semanal*, nº 467, domingo 23 de marzo, 1986, p. 86).

10 Cfr. Antonio Gala, "Cometas", en *Dedicado a Tobías* (*El Pais Semanal*, nº 463, domingo 23 de febrero, 1986, p. 62).

11 Se podrían añadir otras, como denominar Zegrí al perro de *Samarkanda*, usando el nombre de uno de sus perros actuales.

12 Adolfo Prego un tanto malévolamente ha señalado de Gala: "es el 'Cordobés' [por el famoso torero] de la literatura dramática. Ha sugestionado al público y puede hacer lo que le dé la real gana".

BIBLIOGRAFIA

1.–Obras de Antonio Gala

Gala, Antonio
1985a   *Samarkanda*. Madrid: Ediciones MK.
1985b   *Samarkanda. El Hotelito*. Edición y prólogo de Carmen Díaz Castañon, pp. 29–103, Madrid: Espasa–Calpe.
1985c   *Cuadernos de la Dama de Otoño*. Madrid: Ediciones *El País*.

2.–Reseñas de "Samarkanda"

Armiño, Mauro
1985   "Samarkanda". En *Cambio 16*, 721: 109.

Arroyo, Julia
1985   "La moral del individualismo a ultranza". En *YA*, 11 de septiembre, p. 22.

Díez–Crespo, M.
1985   "Samarkanda". En *El Alcázar*, 11 de septiembre, p. 29.

Fernández Torres, Alberto
1985   "*Samarkanda*, de Antonio Gala: Sólo queda el 'mensaje'".En *Insula*, 468: 15.

Haro Técglen, Eduardo
1985   "Como debe ser". En *El País*, 9 de septiembre, p. 29.

López Sancho, Lorenzo
1985   "*Samarkanda*, una demostración dramática de Antonio Gala". En *ABC*, 8 de septiembre, p. 81.

Monleón, José
1985   "Del amor y otras soledades". En *Diario 16*, 8 de septiembre, p. 29.

Prego, Adolfo
1985   "*Samarkanda*". En *Cinco Días*, 11 de septiembre, p. 23.

Anotaciones y acotaciones de Azorín
a los textos de Galdós

Enrique Rubio Cremades
Universidad de Alicante

En la biblioteca particular de Azorín[1] encuentra el lector y estudioso en general un rico y copioso material inédito referente a escritores, ensayistas e intelectuales de la más diversa ideología. Desde cartas a familiares y amigos hasta libros dedicados a Azorín por los escritores pertenecientes tanto a generaciones anteriores o posteriores como a su mismo grupo intelectual y ámbito literario.

En nuestra comunicación intentamos desvelar a un Azorín íntimo, paciente anotador que temeroso de que sus juicios personales o impresiones fueran olvidados con el correr de los años, decide, tras la lectura de determinadas obras, escribir en los márgenes, anverso y reverso del papel de aguas, su opinión íntima y reservada. Es curioso observar en el escrutinio de anotaciones que con anterioridad hemos realizado – Larra, Clarín y Valera – como Azorín, ya por pudor o por evitar ciertas susceptibilidades de la crítica, calla o se reserva por distintos motivos juicios personales que aparecen anotados en los correspondientes ejemplares. Esta conclusión nace del cotejo realizado[2] entre lo publicado por Azorín y lo anotado en los ejemplares de su biblioteca particular. Tal vez el caso más significativo sea el relacionado con la novela de Clarín, *Su único hijo*, anotada y acotada con profusión y que, sin embargo, ningún juicio de los allí transcritos vieron la luz pública.

En lo que respecta a Galdós, Azorín sintió una profunda admiración por sus novelas, *Episodios* y piezas teatrales, admiración vertida en las copiosas anotaciones y en el epistolario mantenido entre ambos autores.[3]

En lo que concierne a las anotaciones y acotaciones azorinianas a los *Episodios Nacionales* observamos que Azorín sólo anotó de forma parcial este *corpus* literario, pues únicamente aparecen anotados o acotados *Episodios Nacionales* pertenecientes a la tercera, cuarta y quinta series. Esto no indica que Azorín no leyera los pertenecientes a la primera y segunda series, puesto que figuran en la biblioteca particular del propio autor; anotando aquellos que consideró más importantes o pudieran servir para la obtención de una mayor comprensión e interpretación de los hechos, sucesos que abarcan desde el inicio de las guerras carlistas hasta la época del Gobierno provisional, asesinato de Prim y contexto social de Cánovas. Ausencia, pues, de las series protagonizadas por Gabriel Araceli y Salvador Monsalud y mayor incidencia en la tercera y quinta series.

Azorín realiza ligeras anotaciones en los *Episodios Nacionales Zumalacárregui*, *La campaña del Maestrazgo* y *Vergara*; por el contrario, el titulado *Montes de Oca* presenta mayor número de anotaciones que los precedentes. En los tres primeros Azorín escribe de su puño y letra las siguientes palabras: *Aragón, España*; *1837* y *Abadiano*, anotaciones correspondientes a *Zumalacárregui, La campaña del Maestrazgo* y *Vergara,* respectivamente. La primera anotación guarda relación con la acalorada conversación protagonizada por Saloma y el señor de Fago, conversación en la que se alude a la valentía y patriotismo del aragonés, acotando Azorín el siguiente párrafo "Y está dicho todo. El día que se desbarata España, para volver a *jacerla* tendrán que poner por pedernal de cimiento los corazones de Aragón".[4] La segunda anotación – *1837* – se relaciona con el topónimo Fuentes del Ebro, marco geográfico citado por las Cronologías del año 1837 y que figura al comienzo del citado episodio de Galdós. La tercera anotación de Azorín – *Abadiano* – alude al texto galdosiano que hace referencia a la venta del Abadiano, sita entre Durango y Elorrio, y punto de reunión de los principales mandos militares representantes de las ideas liberales y conservadoras. En la venta del Abadiano se reunirán, por un lado, Espartero, el brigadier Linaje y el coronel inglés Wilde – representante de las ideas constitucionales –; por otro, los militantes del absolutismo: Maroto y el general Urbistondo.

Mayor número de anotaciones presenta, como ya habíamos indicado, el espisodio *Montes de Oca,* transcribiendo las siguientes palabras: *Valencianos, mujer española, Las Miau, comercio (política), guerra (negocios)* y *Diálogo (modelo).* Las dos primeras anotaciones definen el peculiar comportamiento de dos formas o actitudes de pensar y actuar. Con frecuencia Azorín anota en los márgenes de los libros o en el dorso del papel de aguas palabras que guardan relación con tipos pertenecientes a distintas regiones españolas, como de hecho ocurre con el *corpus* novelístico de Valera, Clarín o el mismo Gil y Carrasco. La anotación *mujer española* hace alusión a Rafaela, apodada por Galdós la *Perita en dulce* que con su arte en el vestir y arreglarse convertía su trajecillo de pobre en ropaje engalanado. Azorín siente especial predilección por este personaje acotando todas las páginas en las que aparece; heroína galdosiana que según Azorín se identifica con las de la novela de Galdós *Miau.* Las tres mujeres que Villaamil tiene a su cargo – Pura, su esposa; doña Milagros, su cuñada y Abelarda, su hija – reflejan esa sociedad hambrienta del "quiero y no puedo". Con anterioridad Galdós habrá escrito *La de Bringas,* novela que describía con toda suerte de detalles este tipo de personajes, aunque Azorín, a tenor de lo consultado en su biblioteca particular, no prestó atención a este relato.

Las siguientes palabras anotadas en *Montes de Oca* guardan relación con la añoranza de un tiempo pasado – época del moderantismo y de la camarilla – y con la astucia de ciertos tipos que en épocas de guerra consiguen pingües beneficios, de ahí la anotación azoriniana *guerra (negocios).* A partir del capítulo XV de *Montes de Oca* vemos numerosos párrafos subrayados, en especial aquellos en los que Galdós introduce a sus personajes de ficción en animada conversación. En el sentir de Azorín y por lo aquí anotado, Galdós es un auténtico maestro en el arte del diálogo.

Las anotaciones a la cuarta serie de los *Episodios Nacionales* son escasas, destacan, por ejemplo, ciertas frases o giros que llaman la atención a Azorín, como aquella anotación que figura al margen del episodio *Narváez* y que dice textualmente *la mosca en la oreja* como queriendo rebatir a Galdós al afirmar que Narváez "estaba con la pulga en el oído, temiendo que en Palacio armaran la zancadilla (1902: 28). En el resto de los *Episodios Nacionales* no encontramos ninguna anotación, aunque sí numerosísimas acotaciones, en especial en el titulado *Narváez*, ejemplar que aparece por duplicado en su biblioteca particular. En uno de los ejemplares observamos la afectuosa dedicatoria de Galdós que dice así: *A Martínez Ruiz [Azorín]. Su cariñoso amigo B. Pérez Galdós, Madrid, Septiembre de 1912*.[5] Este ejemplar no presenta ninguna acotación ni subrayados. El segundo ejemplar, por el contrario, ofrece numerosas acotaciones relacionadas con posteriores trabajos publicados por Azorín, como el aparecido en *Escritores* al calificar este episodio como empresa sumamente delicada y difícil. Según Azorín "el estilo de Galdós en su último episodio es una perfecta equivalencia del de Cervantes en su gran novela" (1902: 54), palabras que pueden sintetizar el tono elogioso de lo publicado en torno a Galdós en *Escritores*.

Mayor número de anotaciones apreciamos en el *corpus* novelístico de Galdós. En la primer de ellas, *Gloria*, Azorín escribe en los márgenes de varias páginas y en la contraportada la palabra *falso* varias veces. Incluso en distintos párrafos aparece un lacónico y expresivo *falso todo*, como es el caso del capítulo IX de la novela galdosiana. Es curioso el paciente escrutinio que realiza Azorín en ciertos pasajes de la novela, rebatiendo al atento observador que era Galdós en detalles nimios y que normalmente pasan desapercibidos para el lector. Un ejemplo sería el capítulo tercero de *Gloria*, cuando Galdós describe y registra el lento y pausado recorrido de unos caracoles "que se subían por las faldas de doña Serafina, y la observaban con sus ojuelos, y movían ante ella sus expresivos tentáculos, como diciendo: ¿que habrá venido a hacer aquí esta buena señora?" (1901: 23). En este párrafo Azorín escribe la palabra *falso*. Otro tanto ocurre en el símil que Galdós realiza entre los pasos de una joven y un gato. De igual forma, y creemos que esto es más interesante, anota la palabra *falso todo* en dos ocasiones cuando analiza el capítulo noveno de *Gloria*. Con especial énfasis subraya, acota y anota Azorín estas lacónicas pero expresivas palabras para indicarnos que la reacción de los habitantes de Ficóbriga es absurda y no corresponde a la realidad. El pavor, miedo y prejuicios sociales de estos personajes galdosianos ante la presencia de Daniel Morton contrastan con el sentir de Azorín que pone en tela de juicio la reacción del mendigo que no sólo rechaza las monedas de Daniel Morton sino que, incluso, pronuncia estas significativas palabras: "Tome usted sus doblones, que ningún cristiano recibe el dinero por que fue vendido el Señor" (1901: 98).

Existe una última anotación en el capítulo octavo que hace referencia a los "libros montañeses" de Pereda. Azorín anota una fecha, 1877, alusión a la publicación de los *Tipos trashumantes*, serie de cuadros o bocetos costumbristas que apareció, precisamente, en esta fecha.

La siguiente novela galdosiana anotada por Azorín es *El amigo Manso* (1910). Tres son las anotaciones. La primera – *Discurso* – acompaña a las palabras pronunciadas por doña Javiera cuando encomienda la educación de su hijo a Amigo Manso. La siguiente se relaciona con el capítulo séptimo de la novela al hablar el protagonista de la actitud, dotes y peculiar comportamiento de su discípulo Manuel Peña al cual "le seducían las cuestiones palpitantes y positivas" (1910: 49). Es posible que Azorín subrayara estas palabras por su relación con la obra de E. Pardo Bazán – *La cuestión palpitante* – pues supone un auténtico manifiesto teorizante del naturalismo español. La última anotación, *Estados Unidos–España*, guarda relación con el pasaje galdosiano que compara la mezcla y confusión de clases sociales. El ascenso social es consecuencia de países democráticos, de ahí que la etapa democrática que disfruta España en este mundo galdosiano favorezca este hecho. El subrayado y la anotación de Azorín es en este sentido muy elocuente.

En *Tormento* (1906) cinco son las anotaciones: *Reinado de Isabel II, ¿en vena?, casa, 1876 y cocinas*. Las acotaciones sin llegar a ser numerosas preceden o continuan estas anotaciones. La primera anotación se refiere al entorno político y social de Isabel II, época que en el sentir de Galdós era propicia a las camarillas, cambios políticos y a la empleomanía. La segunda anotación supone una corrección de estilo ante el error gramatical de Galdós. No es la primera vez que observamos esta actitud de Azorín, pues ya en los artículos periodísticos de Larra anota en el margen los errores gramaticales cometidos por el autor o, tal vez, por el propio linotipista. Las siguientes palabras transcritas por Azorín insisten, como es común en él, en las peculiaridades descriptivas de Galdós. Todo aquello que Azorín considera interesante lo anota, bien para analizarlo y publicarlo en artículos dados a la prensa – cuyo protagonismo lo ocuparía Galdós – o bien para adaptarlo a su mismo arte narrativo. No debemos olvidar que Azorín confesó públicamente la deuda literaria de su generación en relación a la obra de Galdós:

> "La nueva generación de escritores debe a Galdós todo lo más íntimo y profundo de su ser: ha nacido y se ha desenvuelto en un medio intelectual creado por el novelista [...] La idealidad ha nacido del mismo conocimiento exacto, del mismo amor, de la misma simpatía por una realidad española, pobre, mísera, de labriegos infortunados, de millares y millares de conciudadanos nuestros que viven agobiados por el dolor y mueren en silencio. Galdós – como hemos dicho – ha realizado la obra de revelar a España a los españoles" (1947–54, II: 629–630).

En la novela *Miau* (1907) tan sólo aparecen escritas dos palabras – *Las cosas* –, referencia al escrutinio que el personaje galdosiano, Víctor, realiza en torno a la disposición y situación de objetos decorativos que aparecen en una habitación, descripción que produce una sensación de abandono y soledad.

De las novelas psicológicas de Galdós, Azorín sólo anota parte de las cuatro novelas que forman el ciclo de *Torquemada*, prescindiendo de *Torquemada en la cruz* y de *Torquemada en el purgatorio*. La primera novela de este ciclo anotada por Azorín es *Torquemada en la hoguera* (1889), utilizando para ello la edición *princeps*, de ahí que anote en la cabecera del libro una fecha – *1889* – que no es otra que la correspondiente a la primera edición de dicha novela. Los numerosos subrayados y corchetes, así como las palabras transcritas por Azorín hacen alusión a Isidora y a Martín, su esposo, cuando reciben la visita de don Francisco, el avaro, que en un rasgo de generosidad regala al infortunado matrimonio veintiocho mil reales. Las súplicas de Isidora y la enfermedad de Martín conmueven, como ya hemos indicado, al avaro, capítulo al que Azorín prestó gran atención, pues en el resto de la novela no observamos ni una sola puntualización. La novela *Torquemada y San Pedro* (1895) sólo presenta una anotación – *Cuchilleros* – escrita en la contraportada de la primera edición y en el margen de la página correspondiente. No existe ningún subrayado y ni una sola acotación en el resto de dicho *corpus* novelístico.

Si en la novela *La incógnita* (1889) sólo anota la palabra *Viera* y subrayados que hacen alusión a la difícil situación y carácter de este personaje, en la novela dialogada *Realidad* (1890) anota en el reverso del papel de aguas de la contraportada varias palabras: *Amasar, su infidelidad, pobreza, Federico* y *Quijotismo de Federico*. Tal vez le resultara extraña o curiosa la utilización o construcción de la frase galdosiana puesta en boca del personaje Orozco que en conversación con Augusta le dice que "disfruto del capital que se amasó con aquel negocio" (1890: 74). La siguiente anotación, *su infidelidad*, va precedida de numerosísimas acotaciones y subrayados en gruesos trazos de lápiz rojo. Azorín, al igual que hiciera en la novela *Su único hijo*, de Clarín, anota y acota insistentemente todos los párrafos que hacen alusión a las relaciones sexuales de los amantes o a las relaciones donde la infidelidad juega un papel importante. Párrafos subrayados y pertenecientes a la heroína galdosiana Augusta son los que destaca entre corchetes, como por ejemplo aquel que dice "Declaro que hay dentro de mi [...] una tendencia a enamorarme de lo que no es común ni regular" (1890: 76–77) o aquel otro párrafo anotado profusamente por Azorín: "Tengo antipatía al orden pacífico del vivir, a la corrección [...]. Bendito sea lo repentino, porque a ello debemos los pocos goces de la existencia" (1890: 77). Si todas estas puntualizaciones realizadas por Azorín, fruto de una lectura meditada y pausada, no salieron a la luz pública como hemos tenido ocasión de comprobar, no quiere decir ello que no prestara atención a estas situaciones y sintiera una especial debilidad e íntima inclinación por aquellos personajes protagonistas de unas relaciones que rompían toda una norma social en contraste, precisamente, con el vivir del propio Azorín.

Las siguientes anotaciones hacen alusión a la pobreza española disimulada y llevada con gallardía y al quijotismo de Federico, anotaciones que guardan relación con los artículos dados a la prensa y que analizan la influencia cervantina en el *corpus* novelístico de Galdós. Su estudio *Cervantes y Galdós* es ciertamente elocuente cuando Azorín afirma que "Galdós, en el siglo XIX, en plena posesión de su personalidad, crea un paralelismo del *Quijote*" (1947–54, IX: 223).

Si la admiración por esta novela, la primera de la serie de novelas dialogadas, es patente, no menos revelador es lo escrito por Azorín en el encabezamiento del drama *Realidad*, representado en el Teatro de la Comedia la noche del 15 de marzo de 1892: "En esta obra hay que renunciar a señalar las frases felices y rasgos inspirados porque sería necesario señalarlo todo". Esta es, tal vez, la anotación más expresiva de Azorín que como íntimo lector siente una profunda admiración por el texto de Galdós.

La novela *Angel Guerra* es otro de los relatos preferidos por Azorín. En *Lecturas españolas* tras elogiar el magisterio de Galdós llega al máximo de su ponderación cuando analiza el tomo segundo de *Angel Guerra*, novela que describe con todo tipo de detalles Toledo, "con sus callejuelas enrevesadas y pinas, sus conventos de monjas con sus huertos, en que crecen cipreses y rosales; sus sosegadas iglesias, de cuyos muros enjalbegados con nítida cal, penden cuadros del Greco" (Azorín 1947–54, II: 630). En la primera parte de *Angel Guerra*, Azorín anota las palabras *fusilamientos* y *Fausto*. La primera anotación hace alusión a los fusilamientos del año 1866, dantesco espectáculo que impresionó vivamente a Azorín a tenor de los trazos marcados que figuran en estas páginas. La siguiente anotación se refiere a un párrafo galdosiano que nos indica que las apariencias engañan y que tal vez "el más criminal es el más honrado" (1891: 308). En la segunda parte de *Angel Guerra* aparece una escueta anotación – *su mundo* – que guarda relación con el personaje galdosiano Tirso, excelente guardador de cabras, que tan sólo había estado en Toledo dos o tres veces, y no conocía más mundo que el que se extiende desde el puente de San Martín hasta la sierra de Nambroca (1891: 212).

De las anotaciones realizadas a la novela *Nazarín* suponemos que Azorín leyó en varias ocasiones la presente novela, pues las notas escritas en una misma columna no siguen el orden de las páginas del texto. Es posible, en nuestra opinión, que en la primera lectura le preocupara más la actitud del protagonista y su situación frente a la iglesia oficialista y, en un segundo plano, la influencia cervantina en Nazarín, pues acota y subraya ciertos párrafos que se asemejan a la actitud de don Quijote. En una posterior lectura Azorín anotaría las palabras *hiperbaton innecesario* y a continuación una extensa lista numérica que le remitiría a varios ejemplos de esta figura retórica. Por ejemplo: "Una ventana estrecha que al corredor daba" (1895b: 16), "aquella ventanucha en que asomado le vimos" (1895b: 17). En total ocho páginas con hiperbaton innecesario según el juicio de Azorín.

En *Misericordia* observamos una vez más el elogio de Azorín por la novela galdosiana. Anota un expresivo *admirable* cuando Galdós describe las pormenorizadas notas de la agenda de D. Carlos, personaje que contrasta con doña Francisca por su actitud, minuciosidad y cicatería. La segunda y última anotación tiene como protagonista a Frasquito Ponte Delgado, personaje que en su apariencia externa podía competir con las momias de Egipto. Este personaje es, en el sentir de Azorín, de lo más logrado por Galdós.

No menos interesantes son las anotaciones y acotaciones de Azorín a la producción dramática de Galdós, como, por ejemplo, las del drama en tres actos titulado *Los condenados*, representado en el Teatro de la Comedia la noche del 11 de diciembre de 1894. Las anotaciones de Azorín se refieren al extenso prólogo que el mismo Galdós escribió para la publicación de dicha obra (1920). Las anotaciones guardan relación con la actitud del público y de la crítica, de ahí que Azorín anotara las palabras *Crítica*, *El Público* y *Garrulería impertinente*. Azorín parece estar de acuerdo con Galdós, sobre todo en la afirmación de este último cuando en el *Prólogo* escribe que "comunmente vemos que periódicos poderosos mandan al estreno de una producción literaria al revistero de toros, sujeto muy apreciable sin duda, pero que no puede, con la mejor voluntad del mundo, desempeñar su cometido" (1920: 18). No menos significativas son también las palabras *público* y *Garrulería impertinente*, utilizadas por Galdós y anotadas por Azorín en la portada de la citada edición. Azorín parece estar de acuerdo con el autor de la obra, en caso contrario y como ya hemos observado en anteriores anotaciones, hubiera rebatido a su autor con anotaciones en el margen, como, por ejemplo, en ciertos prólogos críticos a los artículos de Larra. En el caso que analizamos las diatribas galdosianas contra la crítica del momento parecen encontrar feliz eco en Azorín, palabras que aunque lejanas a los tiempos de Larra se asemejan mucho.

Doña Perfecta, drama en cuatro actos y arreglo teatral de la novela del mismo título, se representó en el Teatro de la Comedia la noche del 28 de enero de 1896. Esta obra que figura en la biblioteca particular de Azorín nos hace pensar que fue representada, al igual que las comedias caseras de antaño, por familiares y amigos del propio Azorín. En los márgenes figuran nombres de personas que en su día representaron dicha obra, como María Cruz Hernández, Lola, Remedios, etc. y palabras que hacen alusión a la entrada en escena de estos actores caseros. Creemos que Azorín actuó en esta ocasión como director de escena, anotando profusamente su libreto a fin de evitar descuidos y posibles errores de interpretación.

Los volúmenes quinto y séptimo de las obras inéditas ordenadas y prologadas por Alberto Ghiraldo aparecen también anotadas por Azorín, no así el resto de los volúmenes que forman parte de esta colección. En el volumen quinto – *Nuestro Teatro* – y con letra un tanto ilegible se lee lo siguiente: *Corrales, Ver esta carta, García Gutiérrez, teatro clásico, Sellés* y *Vico*.

La primera anotación – *Corrales* – alude al artículo de Galdós titulado "Nuestro teatro" y en especial a la historia y comienzo de los corrales de la segunda mitad del siglo XVI. La segunda anotación está motivada por las referencias que Galdós hace en un párrafo del artículo "Sectas literarias. Moratín y su época". En este párrafo que a continuación transcribimos Azorín anotará al lado, en su margen derecho, la frase *ver esta carta*:

> "Como crítica literaria en estilo familiar, no hay nada comparable a
> la contestación que da desde París a los clamores del retórico Her-
> mosilla, cuya colección de poesías condenaron los curas sólo porque
> en ella se hablaba de *los pechos* de no sé que Diosa" (1923a: 31).

Al final del citado artículo Azorín corrige un patronímico – Marco Celemi –, transcribiendo en el margen el correcto – Marco Celenio.[6] Las siguientes anotaciones – *García Gutiérrez* y *teatro clásico* – guardan relación con posteriores artículos de Azorín dados a la prensa, subrayando el autor parte del material analizado y utilizado por Galdós por considerarlo imprescindible y necesario. La admiración que siente por Galdós no sólo se limita a la obra de ficción, sino que también se extiende a los estudios y ensayos sobre la novela y el teatro en particular. Las dos últimas anotaciones corresponden al autor de los dramas *Nudo Gordiano* y *Las vengadoras* – Sellés – y al genial y conocido actor de la época, Vico.

Las dos últimas obras galdosianas anotadas por Azorín son *Cronicón* (Galdós 1923, VII) y *Política española* (Galdós 1923, III). En la primera tan sólo encontramos dos anotaciones que hacen referencia a la incorrecta utilización, por parte de Galdós, de la palabra *interfecto*, y una segunda *la prensa* que supone un duro ataque a los medios de comunicación. En *Política española* Azorín realiza seis anotaciones: *Riego (todo*

Enrique Rubio Cremades

apasionado), *Humanidad*, *Villacampa–ineficacia*, *Problema*, *Predicción* y *Ruiz Zorrilla*.
Azorín considera admirable el enfoque que Galdós ofrece del ejército español, objetividad que le obliga a desmentir la generalizada opinión que considera a Riego
como defensor de las libertades y de los fueros del pueblo. En lo que concierne al
brigadier Villacampa la anotación hace referencia a la lentitud de la justicia militar y
a las connotaciones políticas que han tenido en esta época las sublevaciones militares.
Las restantes anotaciones aluden al problema que puede plantear una sublevación
militar y sus repercusiones en la sociedad española, sociedad que se debate entre la
condena o el perdón de la sublevación.

Azorín sintió siempre una gran admiración y respeto por los novelistas de su
generación anterior. Leyendo a Azorín quedan cada vez más lejos los tópicos
denigratorios contra los escritores de la segunda mitad del siglo XIX. Tanto las
anotaciones como los estudios sobre Galdós publicados por Azorín pondrán de
manifiesto esta sentida y profunda admiración. Nada más oportuno en este sentido
que recordar las palabras de Azorín en *El paisaje de España*, al afirmar que Galdós
representa una de las más grandes y fecundas direcciones de la vida española moderna, iniciador de la conciencia de España y maestro de generaciones posteriores.

NOTAS

1 La biblioteca de Azorín, así como los enseres y objetos personales del autor se encuentran en la
"Casa–Museo de Azorín", Monóvar (Alicante).

2 Los artículos publicados por Azorín que hacen referencia a B. Pérez Galdos figuran en la bibliografía. Cfr. también *Obras Completas* (1947–54, I: 188, 198; II: 635, 902: III: 1015; VIII: 106, 356–357).
Véase Pérez López (1974).

3 Gran parte de este material está en poder de S. Riopérez y Milá. Cfr. Riopérez y Milá (1979) donde
aparecen varias cartas que corroboran esta amistad y admiración mutua.

4 La edición anotada por Azorín corresponde a la llevada a cabo por la editorial Hernando; Madrid,
1929. El resto de los *Episodios Nacionales* pertenecientes a su biblioteca particular y anotados son:
La campaña de Maestrazgo (1899a); *Vergara* (1899b); *Montes de Oca* (1900a); *Narváez* (1902); *Aita Tettauen* (1905); *De Cartago a Sagunto* (1911) y *Cánovas* (1912).

5 Existen otras dedicatorias de puño y letra de Galdós en la biblioteca de Azorín. Estos ejemplares son:
Aita Tettauen (1905), *De Cartago a Sagunto* (1911) y *Casandra* (1906a). En el primero la dedicatoria
dice así: "A Martínez Ruiz Azorín, su buen amigo. B. Pérez Galdós"; en el segundo episodio escribió
lo siguiente: "A Martínez Ruiz Azorín, su constante amigo, B. Pérez Galdós". En *Casandra* (1906a) y
con letra menos clara y legible escribirá lo siguiente: "A Martínez Ruiz Azorín. Su buen amigo, B.
Pérez Galdós".

6 Otro tanto sucede en dicho volumen. Por ejemplo, al hablar de las compañías teatrales aparece el
nombre del actor Antonio Perrón. El apellido, escrito incorrectamente, lo corrige y anota Azorín en
el margen, transcribiéndolo de forma correcta: Perrín.

BIBLIOGRAFIA

Azorín [José Martínez Ruiz]

1947–54   *Obras completas*. Introducción, notas preliminares, bibliografía y ordenación por Angel Cruz Rueda, 9 vols., Madrid: Aguilar.

Azorín: Artículos que hacen referencia a B. Pérez Galdós

- "Alrededor de Galdós". En *Escritores* (57–63).
- "Avisos de Este". En *El Progreso* (4–XII–1897).
- "Benito Pérez Galdós". En *Literatura* (I: 235–236).
- "Carrizales y Garrido". En *Con permiso de los cervantistas* (*Obras completas*, IX: 231–232).
- "Castilla". En *El paisaje de España visto por los españoles* (*Obras completas*, III: 1158–1163).
- "Cervantes y Galdós". En *Con permiso de los cervantistas* (*Obras completas*, IX 223–224).
- "Ciencia y fe". En *Artículos olvidados de José Martínez Ruiz* (184–188).
- "En la Princesa. *La de San Quintín*". En *El Mercantil Valenciano* (1–III–1894).
- "En la Princesa. *La loca de la casa*". En *El Mercantil Valenciano* (13–II–1894).
- "En San Quintín. Con el maestro Galdós". En *Los clásicos futuros* (*Obras completas*, III: 95–98).
- "Galdós". En *Lecturas españolas* (*Obras completas*, II: 627-630).
- "Galdós". En *Varios hombres y alguna mujer* (197–210).
- "Instantánea". En *El País* (31–I–1901).
- "Leandra y Augusta". En *Con permiso de los cervantistas* (*Obras completas*, IX: 245–246).
- "Los ciegos". En *Escritores* (65–71).
- "Los cinco Cánovas". En *Escritores* (53–56).
- "Los maestros". En *Madrid* (258–259).
- "Obras de tesis". En *Ante las candilejas* (*Obras completas*, IX: 67–70).
- "Tres españoles de España. Galdós. En *El paisaje de España visto por los españoles* (*Obras completas*, III: 1215–1219).

Pérez Galdós, Benito

1884   *La de Bringas*. Madrid: Imprenta La Guirnalda.
1889a   *La incógnita*. Madrid: Imprenta La Guirnalda.
1889b   *Torquemada en la hoguera*. Madrid: Imprenta La Guirnalda.
1890   *Realidad*. Madrid: Imprenta La Guirnalda.
1891   *Angel Guerra*. Madrid: Imprenta La Guirnalda.
1893   *Torquemada en la cruz*. Madrid: Imprenta La Guirnalda.
1894   *Torquemada en la cruz*. Madrid: Imprenta La Guirnalda.
1895a   *Torquemada y San Pedro*. Madrid: Imprenta La Guirnalda.
1895b   *Nazarín*. Madrid: Imprenta La Guirnalda.
1897   *Misericordia*. Madrid: Est. Tip. de la viuda e hijos de Tello.
1899a   *La campaña del Maestrazgo*. Madrid: Est. Tip. de la viuda e hijos de Tello.
1899b   *Vergara*. Madrid: Est. Tip. de la viuda e hijos de Tello.
1900a   *Montes de Oca*. Madrid: Est. Tip. de la viuda e hijos de Tello.
1900b   *Zumalacárregui*. Madrid: Est. Tip. de la viuda e hijos de Tello.
1901   *Gloria*. Madrid: Est. Tip. de la viuda e hijos de Tello.
1902   *Narváez*. Madrid: Est. Tip. de la viuda e hijos de Tello.
1905   *Aita Tettauen*. Madrid: Est. Tip. de la viuda e hijos de Tello.
1906a   *Casandra*. Madrid: Librería de Perlado, Páez y Cia.
1906b   *Tormento*. Madrid: Librería de Perlado, Páez y Cia.
1907   *Miau*. Madrid: Librería de Perlado, Páez y Cia.
1910   *El amigo Manso*. Madrid: Librería de Perlado, Páez y Cia.
1911   *De Cartago a Sagunto*. Madrid: Est. Tip. de la viuda e hijos de Tello.
1912   *Cánovas*. Madrid: Est. Tip. de la viuda e hijos de Tello.
1920   *Los condenados*. Drama en tres actos, precedido de un prólogo, Madrid: Librería de los sucesores de Hernando.

1923a   *Nuestro teatro*. Madrid: Renacimiento (Obras inéditas ordenadas y prologadas por Alberto Ghiraldo, vol. 5).

1923b   *Cronicón*. Madrid: Renacimiento (Obras inéditas ordenadas y prologadas por Alberto Ghiraldo, vol. 7).

1923c   *Política española*. Madrid: Renacimiento (Obras inéditas ordenadas y prologadas por Alberto Ghiraldo, vol. 3).

Pérez López, Manuel María
1974   *Azorín y la literatura española*. Salamanca: Universidad.

Riopérez y Milá, Santiago
1979   *Azorín íntegro. Estudio biográfico, crítico, bibliográfico y antológico. Iconografía azoriniana y epistolarios inéditos*. Madrid: Biblioteca Nueva.

Apuntes para una dramaturgia del drama histórico español del siglo XX

Francisco Ruiz Ramón
University of Chicago

Me llamó la atención hace unos años, cuando me ocupé por primera vez del drama histórico español, el escaso número de estudios modernos sobre el drama histórico occidental producido durante los años anteriores y posteriores a la Segunda Guerra Mundial, y entre cuyos autores representativos se encuentran los nombres de T.S. Elliot, Anouilh, Montherlant, Arthur Miller, Bertolt Brecht, Peter Weiss, Aimé Césaire o Rodolfo Usigli, y entre los españoles, además de Valle–Inclán o Lorca, los de Alberti, Max Aub, Buero Vallejo, Sastre, Muñiz, Martín Recuerda, Rodríguez Méndez, Gala o Domingo Miras.

Aparte del importante capítulo que Lukács dedicaba al drama histórico en su libro sobre *La novela histórica* (1ª ed. alemana de 1955) y de las preciosas reflexiones de Walter Benjamin esparcidas en sus *Escritos* y, sobre todo, en bastantes páginas de su *Ursprung des deutschen Trauerspiels* (1ª ed. 1963), el único libro reciente de importancia sigue siendo *The Historical Drama* de Herbert Linderberger (1975).

Dentro de la producción de dramas contemporáneos, que precede en varios años la reciente avalancha de novelas históricas, ocupa un puesto importante por su cantidad y su calidad, así como por su significación estética y su función ideológica, el drama histórico escrito dentro de la España de Franco. La estrecha relación entre el espacio ideológico cerrado, en términos políticos, religiosos o culturales, de la España franquista y la aparición, persistencia y coherencia interna, en términos de significación, de función y de dramaturgia, del drama histórico en el interior, o en relación con ese espacio, si bien explica o, por lo menos, da cuenta de su génesis y de algunas de sus formas expresivas, no agota, naturalmente, ni su sentido ni su alcance, los cuales trascienden su estricta circunstancia española. Tanto los modelos de drama histórico como su específica dramaturgia, producidos a partir de esa relación entre espacio histórico y forma dramática son válidos universalmente.

Lo que me propongo en esta ponencia, ateniéndome a los límites de tiempo asignado, es tratar de desmontar, tomando como modelo operatorio el drama histórico español, algunas de las piezas del intrincado aparato de relojería de esa estructura o construcción a la que llamamos drama histórico, centrándome específicamente aquí en las relaciones entre pasado y presente.

Como es bien sabido, todo relato histórico es, en principio, *analéptico*, y está construido sobre la separación de dos tiempos, el tiempo del objeto narrado y el tiempo del relato propiamente dicho. En el drama histórico, sin embargo, esa separación tiende a borrarse, e incluso a anularse, por virtud de las muy especiales relaciones dialécticas que el dramaturgo – es decir, el constructor de la acción dramática y el constructor de la representación escénica – establece entre el pasado y el presente, entre el que llamamos "tiempo histórico", y el tiempo actual, que es el tiempo del dramaturgo y del espectador, es decir, el tiempo de la construcción del drama, el de su representación y el de su recepción.

Se ha afirmado muchas veces que la visión del mundo que la mayoría de los dramas históricos – me refiero siempre a los españoles – nos ofrece es el resultado de una laboriosa, astuta y compleja operación de montaje del autor, con la colaboración implícita y última del espectador, consistente en construir la visión del pasado en función del presente. No se trata solamente en ella de interpretar el pasado como metáfora, parábola o alegoría del presente para poder establecer toda una red de correspondencias analógicas entre ambos, bien por concordancia o por discordancia, ni tampoco de desenmascarar el pasado y su cristalización en falsos mitos desde el presente. Otras son también las funciones del drama histórico. Vale la pena citar al respecto, a dos autores de dramas históricos, conocido el uno, Buero Vallejo, desconocido el otro, Domingo Miras.

En unos *Encuentros de Teatro España–América Latina* en torno a los temas "Teatro y Proceso Político" y "El Dramaturgo frente a la interpretación de la historia", afirmaba Buero:

> "El teatro histórico es valioso en la medida en que ilumina el tiempo presente, y no ya como simple recurso que se apoye en el ayer para hablar del ahora [...] El teatro histórico ilumina nuestro presente cuando no se reduce a ser un truco ante las censuras y nos hace entender y sentir mejor la relación viva existente entre lo que sucedió y lo que nos sucede" (*PRIMER ACTO*, 1981, nº 187, p. 19).

En la misma reunión, Domingo Miras, en su comunicación titulada significativamente "Los dramaturgos frente a la interpretación *tradicional* de la historia", hacía, entre otras, estas dos observaciones que queremos citar a continuación de las de Buero:

> 1) "La Historia es un enorme depósito de víctimas. Víctimas de muy distinta naturaleza y circunstancias, pero todas igualmente atropelladas por el curso de los hechos, ya se trate de luchadores armados por la libertad, ya de heterodoxos clandestinos, o minorías marginales. El teatro sigue siendo así esencialmente igual al que fue en otro tiempo, representación catártica del sacrificio del hombre, pero con la importante innovación de que sus antagonistas no son las fuerzas ciegas del destino, sino fuerzas sociales muy concretas que se pueden y se deben identificar."

> Y 2) "Aunque catársis y didáctica se hallan juntas e inseparables en la totalidad del hecho dramático, hay una acentuación de la primera en el tratamiento de las víctimas y un predominio de la segunda en el

análisis que desvela y señala a los verdugos. La víctima reclama la identificación emocional, en tanto que el verdugo ha de someterse a un juicio que, como su mismo nombre indica, debe ser reflexivo y sereno" (*Ibid*, p. 23).

Me parece interesante el que ambos dramaturgos, sin que sean óbice sus muchas diferencias personales y profesionales – edad, estilo dramático, etc... – ni el punto de partida teórico para su enfoque del drama histórico, coincidan en asignar a éste las mismas funciones: *catártica* (iluminación del presente o descubrimiento de la identidad por la representación ritual del sacrificio) y *didáctica* (entender, juzgar). En realidad, y en último término, ambas funciones clave remiten a lo que, en otro lenguaje crítico, solemos llamar *identificación* y *distanciación* (o extrañamiento), los cuales no pueden, a mi juicio, proponerse como opuestas, ni intencional ni estructuralmente, para formar la polaridad *teatro de identificación / teatro de distanciación*, según reclaman los brechtistas (no los brechtianos), sino, antes al contrario, como complementarias, ya que ambas funciones pertenecen por igual e inseparablemente, aunque en tensión dialéctica, a la naturaleza misma de la *mímesis* del drama como género. Es justamente esa relación dialéctica de las funciones catártica / identificadora y didáctica / distanciadora la que constituye el principio mismo organizador de la dramaturgia del drama histórico.

El acto de elección y de selección de la materia histórica – España de Felipe II (*Tragicomedia del serenísimo príncipe Don Carlos El Engañao*), España de Felipe IV (*Las meninas, El caballero de las espuelas de oro* o *La Saturna*), España de Fernando VII (*El sueño de la razón, Las arrecogías del beaterio de Santa María Egipciaca, El Fernando*) o la España de Isabel II (*De San Pascual a San Gil*), Numancia (*Crónicas romanas* o *La Numancia*) Suiza de Guillermo Tell o de Calvino (*Guillermo Tell tiene los ojos tristes* o *M.S.V. o la sangre y la ceniza*) etc... – no es nunca inocente, pues es siempre un acto de complicidad con el presente. Cuando el dramaturgo configura la materia histórica elegida en situaciones conflictivas entre personajes que encarnan fuerzas históricas, situaciones, personajes y fuerzas responden a una doble clave dramatúrgica, remiten a un doble referente y significan, a la vez, literalmente y simbólicamente en el proceso de recepción de su sentido. Doble clave dramatúrgica, en efecto, por parte del autor en la lectura simultánea de dos sistemas históricos, el del pasado (A) y el del presente (B), entre los cuales, en el proceso u operación de su plasmación dramática (puesta en acción), construye un denso tejido de analogías, no entre elementos singulares (Fernando VII / Franco o Numancia / España), aisladamente, sino entre el haz de relaciones polisémicas y polisemánticas que movilizan todos los elementos dentro del sistema histórico A y todos los elementos dentro del sistema histórico B. Pasado y presente van reflejándose mutuamente, como dos espejos en movimiento frente a frente, cuyos dinámicos contenidos se descifran utilizando sus códigos recíprocos. Acción, palabra, personaje, significan literalmente en su sistema "histórico" – el del pasado – y simbólicamente en el sistema del autor y del espectador – el del presente. *Y viceversa*. Y es aquí donde funciona la trampa del "tiempo histórico", pues el autor ha superpuesto, pegándolos, el tiempo del relato al tiempo del objeto narrado, interpretando recíprocamente uno desde el otro. El llamado tiempo histórico no es tal, sino puro *tiempo de la mediación*. O, a lo menos, un tiempo que no existe sino como mediación dialéctica entre el tiempo del pasado y el tiempo del presente, un tiempo construido en el que se imaginan, se inventan o se descubren nuevas relaciones significativas entre pasado y presente capaces de alterar el sentido tanto del uno como del otro, así como del uno por el otro.

Pero además, es importante tener muy en cuenta el hecho de que las fuerzas históricas en conflicto que la acción plasma escénicamente en ese tiempo de la mediación, significan simultáneamente en los dos tiempos "históricos", no sólo en virtud de la operación estructuradora de la *mímesis*, sino también por virtud del marco ideológico de instalación del autor y el espectador, tanto en relación con el pasado como en relación con el presente; y es en esa captación simultánea del doble significado ideológico de la acción donde tiene lugar la síntesis que permitirá a la representación del drama histórico cumplir su doble función catártica // didáctica. Es ese marco ideológico, homogéneo para autor y espectador, que preside la selección de materiales históricos y su construcción en una acción dramática, el que establece, *ipso facto*, todo un sistema de relaciones de causalidad entre el pasado y el presente. Cuando el drama histórico termina no se cierra nunca sobre sí mismo, sino que se abre siempre al presente.

Permítaseme un ejemplo: el de *Un soñador para un pueblo*, de Buero Vallejo.

En *Un soñador para un pueblo* asistimos al proceso de derrota y fracaso de los sueños reformistas del ministro Esquilache. Sus sueños, llevados a la acción mediante medidas concretas, se fundan en la creencia y en la esperanza ilustrada de que el pueblo, provisionalmente en situación de minoría de edad política, llegará a ser, si se le suministran los medios y la ocasión, mayor de edad políticamente, y podrá comprender y ser dueño de sus destinos, cuando alcance la edad de conciencia que le haga libre porque responsable. Frente a esta gestión política afirmativa se opone, subrepticiamente, otra de signo negativo que parte del principio, políticamente establecido e interesadamente inamovible, de que el pueblo es siempre, y por definición, menor de edad e incapaz por naturaleza para comprender, y al que, por tanto, no vale la pena educar. Consecuentemente es lícito y es lógico manipularlo como instrumento ciego, incapaz de transformación interior orgánica, incapaz de lucidez e incapaz de juicio. La única precaución a tomar, dada la peligrosa impredictibilidad del instrumento, es la de controlar su ceguera mediante el uso apropiado de algunos falsos mitos ideológicamente montados, con función de cebo, como son los del "patriotismo" nacionalista o la "tradición sacrosanta", haciéndole creer – para eso está la propaganda organizada desde arriba – que es él, el pueblo, quien decide por la violencia la marcha de la Historia.

En el drama asistimos al triunfo de la gestión política negativa. Esquilache, para evitar una guerra civil, renuncia al poder y a su sueño reformador, pero no sin desenmascarar a los verdaderos culpables, entregándolos al juicio del pueblo, único que tiene el derecho de juzgar, pero que no los juzgará, porque manipulado como objeto, se le habrá alienado la capacidad, la oportunidad y el derecho de juzgar.

La consecuencia de esta representación del pasado histórico, no ya como sucesión de acontecimientos, sino como configuración regida por la ley de la causalidad, seleccionada y manipulada ideológicamente por el autor, en donde las nociones trágicas, pero antihistóricas de Azar, Fatalidad, Destino han sido sustituidas por las de Libertad, Justicia, Responsabilidad, puesto que se nos muestran en acción unos agentes, unas causas y unos efectos, es la de la puesta en disponibilidad del sujeto de la historia presente – el espectador – incitado a reconfigurarla o juzgarla a partir y en virtud de la plasmación analógica que el dramaturgo le ofrece en la acción dramática del proceso de la pérdida de esa misma disponibilidad por parte del sujeto de la historia pasada – Esquilache, el pueblo. La analogía de las situaciones históricas – la de los personajes y la de los espectadores – construidas en el tiempo de la mediación dialéctica de acuerdo con el esquema víctima / verdugo de que hablaba Domingo Miras, son suscitadas por el dramaturgo para provocar precisamente su destrucción: lo que fue (primer referente) pudo no ser, pero fue por una serie de causas racionales o irracionales que el dramaturgo elige hacer ver y que el drama asume; en cambio, lo que es aquí y ahora (segundo referente) podría no ser o ser otro del que es, si decidimos cambiarlo, pues nada es *fatal*, sino causado.

La representación del pasado problemáticamente abordado desde la conciencia problemática del presente, apunta – es su razón política – a provocar en el espectador, no sólo una toma de conciencia de las contradicciones del presente, patentes o latentes en el pasado, sino también una toma de posición, consciente o inconscientemente política, que conduzca a asentir o a pensar en la necesidad o la conveniencia de una acción coherente, y real, que transforme, desviándolo o alterándolo, el proceso histórico en marcha. Cara a la praxis política, el propósito central de la confrontación analógica entre pasado y presente que el drama histórico propicia es la de negar dialécticamente la necesidad y la racionalidad de esa analogía. El drama histórico español – y muy especialmente el modelo bueriano de drama histórico – muestra que todo drama histórico es "abierto", no "cerrado", pues es de naturaleza interrogativa, no resolutiva. La función catártica del drama histórico estriba en la necesidad de responder (por la acción o por la reflexión) en el presente a la interrogación hecha acción en el pasado que el drama espacializa. La configuración de ese espacio del drama, que no es ni el espacio histórico del pasado ni el espacio histórico del presente, sino ese tercer espacio – único propio del drama – al que he llamado "espacio de la mediación", se funda en una visión de la Historia no subjetiva, es decir, personal del autor y privativa sólo de él, sino en una visión paradigmática basada en los paradigmas de la memoria colectiva acumulados y sedimentados, e ideológicamente cristalizados en la conciencia histórica del espectador – español o no – que reflexiona sobre su propia historia, es decir sobre ese "depósito de víctimas" (Miras) para "entender y sentir mejor la relación viva existente entre lo que sucedió y lo que nos sucede" (Buero Vallejo). Reflexión, propia de la función didáctica del drama histórico, "que procede a partir de un modelo aceptado por todos y que se inscribe en la repesentación que la sociedad elabora de sí misma, para comprender sus desviaciones pasadas, valorar críticamente su imagen presente y dirigir las líneas de su porvenir", según las palabras de Robert Abirached (1978: 45).

El mejor drama histórico – y de nuevo pensamos en el modelo bueriano de drama histórico – es, a nuestro juicio, aquél en el que esa visión paradigmática de la Historia está dialécticamente estructurada, y, sin operar ningún tipo de discriminación ideológica, incluye indiscriminadamente la tensión entre fuerzas y valores antagónicos que hace igualmente valiosos dramatúrgicamente a la vícitma y al verdugo, sustentado cada uno en razón suficiente, la cual introduce el coeficiente *libertad* y expulsa el coeficiente *fatalidad*. Cada uno de ellos dotado de dinamismo propio, aunque ética y políticamente favorezcan una acitud de repulsa o de adhesión por parte del espectador, cuya responsabilidad es, precisamente, la de elegir y de juzgar.

BIBLIOGRAFIA

Abirached, Robert
1978   *La crise du personnage dans le théatre moderne.* París: Grasset.

Benjamin, Walter
1963   *Ursprung des deutschen Trauerspiels.* Francfort del Meno: Suhrkamp Verlag.

Linderberger, Herbert
1975   *The Historical Drama.* Chicago: University of Chicago Press.

Lukács, György
1955   *Der historische Roman.* Berlín: Aufbau–Verlag.

En torno a los modernistas
y las 'autosemblanzas' de "El Liberal"

María A. Salgado
University of North Carolina, Chapel Hill

Las autosemblanzas publicadas por el periódico español *El Liberal* entre 1908 y 1909 se prestan a hacer una serie de reflexiones en torno a tres temas, o tal vez sería mejor llamarlos tópicos, conflictivos y aparentemente desconectados: el hispanismo, el Modernismo y el arte del autorretrato verbal. Tópicos que examino en las páginas siguientes considerando primero la importancia histórica de la serie y a continuación examinando los textos mismos para tratar de establecer una posible definición de lo que este grupo de escritores consideraba un autorretrato verbal.

El muy debatido tema del hispanismo (o de la hispanidad) da por sentado la comunidad de intereses entre todos los pueblos de habla española. Error fundamental pues, en realidad, el nacionalismo, el regionalismo, el egoísmo, y la estrechez mental de países e individuos ocasiona la fragmentación fratricida que impide llevar a cabo la unidad esencial a la que apunta (tal vez engañosamente) la unidad lingüística. A su vez (y aunque resulte irónico), el tan frecuentemente denigrado Modernismo, como movimiento de época que fue,[1] no sólo cambió los conceptos de temas, géneros, estilo y lengua, indicadores del cambio de visión del poeta ante el arte y la sociedad de su tiempo, sino que inició una serie de mutuos y beneficiosos intercambios artísticos entre ambos lados del Atlántico. La evidente camaradería de artistas y escritores españoles e hispanoamericanos a partir del Modernismo ha sido el secreto a voces de la literatura hispana contemporánea. Pocos críticos se refieren a ello, pero es evidente que el respeto y la admiración mutuos han permitido el sabio aprovechamiento colectivo de recursos y logros artísticos individuales. Esta colaboración, desinteresada casi siempre, logró en pocos años alzar la literatura en lengua española a una prominencia de la que no había gozado desde los lejanos triunfos del Siglo de Oro. Visto así, las relaciones entre hispanismo y Modernismo resultan evidentes. Más difícil podría parecer establecer correspondencias similares con un tema tan restrictivamente subjetivo como lo es el del autorretrato verbal. Sin embargo, tampoco es así: la autosemblanza o autorretrato[2] es uno de los géneros en tono menor – como el poema en prosa – introducido y cultivado asiduamente por los modernistas. La mayoría de los críticos, sin embargo, desconcertados por la novedosa originalidad del género, lo ha relegado al limbo de lo incomprendido.[3] Y allí se debate – un texto híbrido, considerado a veces una autobiografía frustrada y las más una exhibición narcisista de "yoísmo" exagerado.[4] Pero es precisamente la presencia del yo, parte esencial del culto a la personalidad del escritor finisecular, lo que caracteriza al género y lo que lo relaciona al modernismo hispano.

La crítica no sólo ha señalado ya el exacerbado culto al yo de los escritores modernistas, sino que ha dicho que el hĕroe modernista por excelencia es el poeta.[5] No puede resultar sorprendente entonces que si la mayoría de los modernistas fueron poetas, hayan demostrado su entusiasmo escribiendo textos dedicados a exaltar tanto su propio temperamento y persona como los de aquellos escritores y amigos que consideraron artistas claves en su momento poético. Rubén Darío y Juan Ramón Jiménez, exponentes máximos del Modernismo en sus vertientes americana y española, ejemplifican esta tendencia. Ambos compusieron autorretratos verbales ("Yo soy aquél..." y "Autorretrato"[6]) y retratos (*Los raros* y *Españoles de tres mundos*) en los que iniciaron y establecieron la modalidad del arte del retrato verbal en lengua española. Género éste relativamente inexistente en la literatura hispana que pasa, con el triunfo del Modernismo, a alcanzar un auge extraordinario en el presente siglo.

Entender la génesis del género por medio de un examen detenido de varios autorretratos fue lo que originalmente me movió a buscar las autosemblanzas del periódico *El Liberal*. En particular me interesaba responder a la pregunta ¿qué es un autorretrato verbal? Sin embargo, al encontrar los textos, descubrí que además del evidente valor artístico de muchos de ellos[7] y de su valor documental para la historia del género, las autosemblanzas tenían otro valor adicional: son un testimonio implícito de la camaradería propiciada por las circunstancias históricas de esa época,[8] y auguran un período de vitalidad experimental y creadora sin paralelo en la historia de las letras hispanas. Vitalidad a la que no es ajeno el cosmopolitismo modernista que tendía a borrar barreras de nacionalismos y regionalismos estrechos al tiempo que paradójicamente exaltaba la individualidad.

Sintomático de este acercamiento cosmopolita es la presentación de las autosemblanzas hecha por los editores de *El Liberal*. El jueves treinta de enero de 1908 se anuncia la nueva colaboración titulada "Poetas del día," que estaría formada por una serie de "Autosemblanzas y retratos": "*El Liberal* rechaza esos juicios tan extendidos como chabacanos, que han sentenciado á muerte á la actual poesía española. Tiene, al revés, el meditado convencimiento de que la lírica española entra en los bellos días de su Renacimiento y esplendor." El editor añade además que "España cuenta hoy día con una lucidísima generación de poetas jóvenes." Y para probarlo, dice, "*El Liberal* comienza desde hoy la publicación del retrato y de una poesía íntima, nota personal de cada uno de los poetas jóvenes más sobresalientes."[9] La sensibilidad modernista (o hispanista[10] tal vez) del editor se refleja en el hecho de que tras las insistentes alusiones a España y a la poesía española la autosemblanza que sigue – la primera de la serie – no es de ningún poeta español sino del exquisito poeta mexicano Amado Nervo.[11]

El Liberal contiene colaboraciones de treinta y seis escritores que se presentan al lector haciendo hincapié en su particular idiosincrasia. Al mismo tiempo, vistos en conjunto, estos poetas son un segmento valioso y representativo de la cultura hispana de principios de siglo. En su mayoría se trata de poetas de fuerte individualidad, representantes supremos de la libertad "acrática" modernista exaltada por Rubén Darío en su prólogo a *Prosas profanas* (1896). Su individualismo, expresado sin ambages en las autosemblanzas, les llevaría a escribir obras magistrales, marcadas indeleblemente por su personalidad dominante. Y en eso estriba su valor, porque fue precisamente esa expresión personalísima lo que les llevó a arrancar a la poesía española del estancamiento finisecular en que se encontraba a principios de este siglo.

Aunque el subjetivismo extremo de los textos de *El Liberal* quede justificado por la índole autorreferencial del género al que pertenecen, vale la pena examinar la presentación del yo para ver lo que editores y poetas entendían por autosemblanzas. La orientación autobiográfica la determinaron los editores por adelantado. El texto que cité más arriba lo sugiere, al anunciar la intención de publicar una fotografía y una poesía de "nota personal". Las autosemblanzas mismas sugieren además que al solicitar las colaboraciones los editores indicaron abiertamente el carácter autobiográfico de las mismas. Una de las más reveladoras es la de Amado Nervo, quien se delinea haciéndose y contestando tres preguntas: "¿Versos autobiográficos?" "¿Qué quién soy?" "¿Qué cómo soy?" Las interrogaciones parecen amoldarse a lo que se les ha solicitado. En el mismo tono inicia un año más tarde su presentación Ramón Pérez de Ayala (13.1.1909): "¿Quién soy yo? Aunque decíroslo quisiera / no atino con el modo." Más claro aún es Enrique de la Vega (27.2.1908), quien explica en su burlona composición: "Don Alfredo Vicenti me ha pedido / mi auto–semblanza en verso y mi cabeza."[12] Estas citas dejan pocas dudas en cuanto al hecho que las autosemblanzas fueron concebidas como poemas autobiográficos en verso y que fueron solicitadas por medio de instrucciones específicas. Con lo cual se puede descartar cualquier posibilidad de que hubieran sido concebidas de manera espontánea.

Por desgracia, el énfasis autobiográfico de los editores desvirtúa cierto porcentaje de autosemblanzas, acercándolas en exceso a la autobiografía. Es decir, en vez de presentar una imagen concisa de la persona y de la personalidad del artista en un momento específico de su vida, varios textos narran cronológicamente la vida del autor o su vida amorosa o espiritual. Así ocurre, por ejemplo, en las colaboraciones escritas por Enrique de la Vega, Enrique Díez–Canedo, Antonio Casero, Cristóbal de Castro, Ramón de Godoy, Luis Brun y Carlos Miranda.

A pesar de esta desviación desafortunada, la mayoría de las semblanzas están planteadas en términos que permiten observar su similitud al retrato pictórico tradicional.[13] Es decir, se atienen a la delineación concisa de genio y figura – elementos esenciales en la plasmación de cualquier autorretrato. En algunos casos la simple estructura del poema denuncia el acercamiento visual del autor. El de Pedro de Répide (11.2.1908) está dividido en dos partes con títulos altamente descriptivos del contenido: "La figura" y "El ánima". El de Manuel Machado[14] (25.2.1908) tiene igual acercamiento: "Esta es mi cara y esta es mi alma: leed." Por su parte, Luis de Oteyza (28.4.1908), en el soneto titulado "El retrato", hace una detallada descripción en la que, en la mejor tradición pictórica, usa los rasgos físicos para sugerir su activa vida interior: "En la espaciosa frente que desnuda el cabello, / cuya raíz abrasa un volcán interior / se muestran las arrugas precoces." En otros textos la delineación de la imagen física es menos obvia porque se limita a uno o unos pocos trazos distintivos. Así, Antonio Machado (1.2.1908) empieza por resumir magistralmente la totalidad de su vida en los tres concisos versos iniciales: "Mi infancia son recuerdos de un patio de Sevilla / y un huerto donde madura el limonero; / mi juventud, veinte años en tierra de Castilla." Sus frescas y emotivas palabras evocan Andalucía y Castilla, los dos marcos referenciales – tan distintos – en los que va a colocar la huidiza y desgarbada estampa de sí mismo que vagamente se perfila en otro conciso verso: "– ya conocéis mi torpe aliño indumentario –." Con igual maestría se delinea Valle–Inclán. Los dos extremos de su espíritu aventurero y soñador los expresa en la estrofa inicial: "Mi ensueño de poeta, que floreció en un canto, / á mi Psiquis dos alas le dió para volar, / – una ala de anarquista y otra ala de santo –." Su estampa anacrónica de gallego esencial y enajenado la sugiere a continuación al evocar su pueblo y el pasado: "...Había yo nacido para ser hidalgo / de aldea, con un pazo, con un rocín y un galgo." Más adelante plasma por fin detalles de su figura que considera símbolos de su imaginativa vida aventurera: "Hoy me queda en recuerdo de aquella vida inquieta, / una gran cicatriz al costado derecho, / un brazo cercenado y un pie medio deshecho."

A pesar de la original concisión con que algunos de estos poetas consiguen plasmar detalles específicos de su biografía y de su figura, la mayoría los omite. Esta omisión es característica del autorretrato verbal ya que la lengua – contrario a las artes plásticas – no tiene necesidad alguna de apoyarse en la imagen visual para "retratar" psicológicamente al sujeto. En literatura es más corriente delinearse por medio de asociaciones lingüísticas que evoquen las circunstancias específicas, el carácter y el arte del autor o que sugieran las preocupaciones metafísicas que le inquietan. Típico de este acercamiento más literario es el retrato de José Santos Chocano (25.4.1908). En él, su rechazo del presente ("Debí yo haber nacido no en esta edad sin gloria") se traduce en su negativa a reproducir su figura. En vez, el poeta funde su alma atormentada ("mi espíritu es como una página en la Historia") a ese pasado que inútilmente evoca tratando de hacerlo revivir: "Amo el Sol que chispea sobre el incaico trono," dice, mientras continúa delineando simultáneamente su sensibilidad y el pasado: "amo el fulgor que nimba los cascos vencedores / y las finas corazas de los conquistadores." Es debido a su rechazo del presente que el poeta se refugia en su arte, o tal vez sería más acertado decir que es su sensibilidad modernista lo que le fuerza a escapar al pasado: "Templo mi lira mágica en las noches de luna / me recuesto en la borda, y así empiezo a cantar." De cualquier modo, es indudable que la falta de una imagen física no invalida este autorretrao. La sensibilidad modernista, la musicalidad de los versos, las alusiones al Perú – su patria –, al escapismo y a la exquisitez del arte recrean con gran acierto la inquieta personalidad de Santos Chocano, logrando que su autorretrato sea inconfundiblemente suyo.

Tal vez las dos tendencias más cultivadas sean las de retratarse primero por medio de alusiones a la patria (patria chica[15] en la mayoría) y segundo señalando la poética con que se identifica cada escritor. Como se puede haber observado ese fue el método elegido por Chocano, Antonio Machado, y Valle–Inclán, pero también lo utilizan entre otros Manuel Machado, Díez–Canedo, Antonio Casero, Ramón Godoy, Enrique de Mesa, Manuel Hilario Ayuso, Emilio Fernández Vaamonde, Joaquín Alcaide de Zafra, Angel Zárraga, Manuel de Sandoval, Nilo Fabra y Antonio Osete. Por lo general las alusiones a la patria se encaminan a establecer el carácter: saudades gallegas, desenfado madrileño, nostalgia arábigo–andaluza, individualismo catalán, etc. También las asociaciones al arte son numerosas. La mayoría hace hincapié en el gusto por distintas combinaciones de lo exótico y/o lo anacrónico (el pasado) que se perfilan en el retrato de Chocano. Dentro de esta línea hay que mencionar las expresiones de Manuel de Sandoval, Zárraga, Ayuso, Emilio Carrere, José Muñoz de San Román, Valle–Inclán y los hermanos Machado. Un pequeño número de poetas prefiere identificarse con la tradición literaria hispana no en lo que ésta tiene de exótico, sino de más sereno y estoico. Así lo hacen Enrique de Mesa, Muñoz de San Román, Antonio de Zayas y Francisco Antón. Otras autosemblanzas plasman las preocupaciones metafísicas del autor. Este acercamiento es el de Nervo, Gregorio Martínez Sierra, Mariano Miguel de Val y Ramón Pérez de Ayala. Tal vez la semblanza más representativa de esta tendencia sea la de Pérez de Ayala quien plantea y desarrolla su personalidad partiendo de la siguientes reflexiones: "¿Quién soy yo?... / Soy un hombre no más; de esta manera / soy barro, no soy nada, lo soy todo." En este tipo de especulación se corre el riesgo, sin embargo, de que el autorretrato se difumine en divagaciones despersonalizadas.

Se puede decir para resumir que la galería de autosemblanzas de *El Liberal* refleja la fermentación del Modernismo hispano vigente a principios de siglo. Además, examinadas en detalle, las autosemblanzas establecen que la exaltación modernista del arte y del poeta lleva a los escritores más capacitados a crear originales y valiosos retratos de sí mismos. La gran variedad de acercamientos a la delineación del yo convierte cada uno de estos textos en muestras esenciales del arte del autorretrato verbal en lengua española. Por último, a pesar de que el énfasis y el valor del género del autorretrato yace en saber plasmar las diferencias individuales en metáforas originales, es evidente que las autosemblanzas más logradas, desde el punto de vista artístico, tienen en común el que consiguen plasmar el trasfondo, la persona, la personalidad y el temperamento artístico del autor en un texto conciso y altamente personal.

NOTAS

1 Uno de los primeros críticos en señalar la trascendencia del Modernismo hispano fue Federico de Onís (1934). Otro crítico que comparte su opinión y que ha abogado a favor de ella en numerosos estudios es Ricardo Gullón.

2 Entiendo por autorretrato un texto relativamente breve y de intención similar a la del autorretrato pictórico. Es decir, un texto que busca reproducir la esencia momentánea (genio y figura) de su autor. En un autorretrato es esencial además que se establezca explícitamente que el autor es el referente externo del yo. Se logra así un pacto autor–lector similar al que según Philippe Lejeune (1975) debe existir en el caso de la autobiografía. Basándose en la definición de Lejeune, Romera Castillo apunta a la diferencia radical entre retrato y autobiografía al excluir de la definición de autobiografía el "poema autobiográfico" y el "autorretrato o ensayo". Su exclusión se debe a que estos textos no son relatos, no están escritos en prosa y no incluyen una visión retrospectiva (1981: 17–18).

3 Entre los pocos estudios dedicados al arte del autorretrato verbal de los modernistas se encuentra el que dedica Gerardo Diego a los tres retratos de Manuel Machado en *El poeta Manuel Machado* (1975) y el de Carlos César Rodríguez *El "retrato" de Antonio Machado* (1965).

4 La popularidad del género a principios de siglo y la falta de aprecio crítico por textos tan íntimos y autobiográficos, se refleja de manera indirecta en una poesía publicada también por *El Liberal* en esta misma época. El poema apareció el 3 de julio de 1909, fecha que coincide con el furor modernista por la exaltación del yo. El texto, escrito por Felipe Pérez y González, forma parte de los comentarios humorísticos que el autor publicaba casi a diario sobre las noticias, la política y los sucesos del momento. El poema se titula "La autocrítica":

> A las "Declaraciones"
> llamadas "íntimas"
> han seguido por moda
> las "autocríticas",
> y hay muchos que aseguran
> que lo uno y lo otro
> son formas diferentes
> del "autobombo".

5 Según Ricardo Gullón, los poetas eran "los héroes de nuestro tiempo, y así los llamó Juan Ramón; pero mucho antes Rubén había escrito [¡Torres de Dios! ¡Poetas!] y Unamuno los había igualado a los profetas [...] por ser quienes declaraban 'lo que los otros callan o no quieren ver'[...] y haciéndolo a imagen de Dios, capaces de crear con la palabra" (1971: 37–38).

6 Para una evaluación del arte del autorretrato en Jiménez ver mi artículo "Juan Ramón visto por Juan Ramón" (1981: 7–23).

7 Heliodoro Carpintero cita la opinión crítica de Manuel Machado, quien en su discurso de ingreso a la Real Academia explicó que la serie de autosemblanzas publicadas en *El Liberal* produjo "muchos poemas notables y alguno verdaderamente exquisito" (1975: 10).

8 En parte, estas circunstancias fueron determinadas por la Guerra de Cuba y la subsiguiente pérdida a los EEUU de las últimas posesiones españolas de ultramar. El resultado literario inmediato fue el examen de conciencia iniciado por la Generación del 98 que conduciría a la reafirmación del valor esencial de la cultura hispana. En Hispanoamérica, donde empezaba a triunfar la efervescencia modernista, la amenaza yanqui despertó sentimientos de solidaridad (que habían destruido las no tan lejanas guerras de independencia), creando un nuevo acercamiento entre España y sus antiguos dominios.

9 Todas las "autosemblanzas" aparecieron en la primera plana de *El Liberal*. Me referiré en cada texto a su fecha de publicación.

10 Bien pudiera tratarse también del mal entendido "hispanismo" que tiende a considerar "español" todo lo escrito en esta lengua.

11 La colaboración del mexicano no es representativa del número de escritores hispanoamericanos que contribuyeron autorretratos. Si bien es cierto que no se establecieron diferencias explícitas (o implícitas) de tipo nacionalista, también lo es que la mayoría de las autosemblanzas son de españoles. Sólo hay cuatro extranjeros: Nervo, el poeta peruano Santos Chocano y otros dos escritores menos conocidos, el colombiano Alfredo Gómez Jaime y el también mexicano Angel Zárraga. De todas modos, lo que me interesa hacer resaltar no es el número sino el rótulo de "poetas españoles" bajo el que aparecen todos.

12 Igualmente explícito y prosaico es el texto de Carlos Miranda (15.7.1908): "Pues soy de la 'plaga' de 'Poetas del día', permitidme que haga mi autobiografía," o el de E. Cubells y Florentí (2.1.1909): "De mi vida la historia se cuenta en un instante."

13 La similaridad entre autorretratos pictóricos y verbales se puede deducir de ciertos comentarios críticos indirectos. Por ejemplo, Georges Gusdorf ha dicho: "The historian of himself wishes to produce his own portrait, but while the painter captures only a moment of external appearance, the autobiographer strains toward a complete an coherent expression of his entire destiny" (1980: 35).

14 Es significativo que al hablar de las autosemblanzas en el discurso a la Academia (citado en mi nota 7), Manuel Machado hiciera destacar su aspecto visual, llamándolas "Autopinturas".

15 Aunque pueda parecer paradójico, la identificación de cada uno de estos escritores con su patria, o con su patria chica, no les lleva a rechazar el sentimiento más amplio de hispanidad. Al contrario, Santos Chocano exalta por igual al inca y al conquistador y el mexicano Zárraga exalta a Castilla. También los españoles además de su región natal se refieren a las glorias del pasado español o a los grandes clásicos de la lengua – Berceo, Fray Luis, Quevedo, Cervantes – patrimonios de los cuales también se enorgullecen los hispanoamericanos.

BIBLIOGRAFIA

"Autosemblanzas"
    1908–09   "Autosemblanzas". En *El Liberal*, Madrid.

Carpintero, Heliodoro
    1975   "Precisiones sobre el 'retrato' de Antonio Machado", En *Insula*, 344/345: 10, Madrid.

Diego, Gerardo
    1975   *El poeta Manuel Machado*. Madrid: Fundación Universitaria Española.

Gullón, Ricardo
    1971   *Direcciones del modernismo*. 2ª ed. aumentada, Madrid: Gredos.

Gusdorf, Georges
    1980   "Conditions and Limits of Autobiography". En James Olney (ed.): *Autobiography. Essays Theoretical and Critical*, Princeton, N.J.: Princeton University Press.

Lejeune, Philippe
    1975   *Le Pacte autobiographique*. París: Seuil.

Onís, Federico de
    1934   *Antología de la poesía española e hispanoamericana (1882–1932)*. Madrid; Nueva York: Las Américas [1961].

Rodríguez, Carlos César
    1965   *El "retrato" de Antonio Machado*. Mérida. Venezuela: Universidad de los Andes.

Romera Castillo, José
    1981   "La literatura como signo autobiográfico. El escritor, signo referencial de su escritura". En *La literatura como signo*, Madrid: Playor.

Salgado, María A.
    1981   "Juan Ramón visto por Juan Ramón". En *Cuadernos Hispanoamericanos*, 376/378: 7–23, Madrid.

Cultura y socialismo:
los 'Extraordinarios' de "El Socialista" (1893-1912)

Carlos Serrano
Université Paris-Sorbonne (P. IV)

"Que la revolución intelectual ha de preceder a la material para que ésta sea fuente de bienestar y de adelanto positivo, no cabe duda," escribía el anarquista Juan Llunas en el prólogo a la novelita *Justo Vives* de su compañero Anselmo Lorenzo (1893: 2). Este postulado, siempre reafirmado, hizo que los militantes libertarios prestaron una particular atención a los asuntos culturales – instrumentos de la ansiada "revolución intelectual" –, otorgándoles un lugar preeminente en sus actividades y en su prensa. Por lo mismo, optaron desde temprano por publicar revistas, órganos más propicios al debate de ideas que a la crónica de la actualidad: basta recordar aquí algunos títulos como *Acracia* (1886–1888), *Ciencia social* (1895–1896) y, desde luego, *La Revista blanca*, nacida en 1898.

Los planteamientos socialistas, en éste como en otros muchos campos, fueron diferentes. Sin negar la importancia de la educación de los trabajadores, el partido socialista no subordinaba la emancipación social a la emancipación intelectual y, sobre todo, no pretendía sustituir la carencia del Estado por su propia política educativa. Por lo mismo, los socialistas españoles carecieron durante mucho tiempo de publicaciones propias que pudiesen competir con las mencionadas revistas ácratas. La fugitiva existencia de *La Ilustración del pueblo*, dirigida durante algunos meses de 1897 por el socialista Alvaro Ortiz, no contradice esta observación y hay que esperar el principio del presente siglo para encontrarse con las primeras revistas socialistas, *La nueva era* de 1902 o *La Revista socialista* de 1903. Mientras tanto, *El Socialista*, entonces semanal, suplía parcialmente esta ausencia y hacía las veces de órgano propiamente político y de instrumento de difusión cultural, aspecto este último que cobró una nueva dimensión después que, acatando la decisión de la Internacional, en 1890 el P.S.O. empezase a celebrar el 1º de mayo con manifestaciones callejeras y reuniones varias. Surgió entonces la idea según la cual también convendría dar una dimensión intelectual a este acto propiamente obrero y, a partir de 1893, se inició la publicación de un número "extraordinario" de *El Socialista*, cada año para aquella fecha. Ajeno a la política inmediata y dedicado exclusivamente a colaboraciones teóricas, artísticas o literarias, esta fórmula del "extraordinario" perduró de tal modo que, ateniéndose sólo a la primera época del periódico (que en 1913 pasó a ser diario), se dispone de un *corpus* que, de 1893 (primero de la serie) hasta 1912 (último de la primera época), cubre cronológicamente un período de veinte años, y proporciona una amplia información sobre la cultura, tal como la entendieron los socialistas españoles en torno a 1900.[1]

En lo esencial, la presentación de estos "extraordinarios" no varió con el tiempo, siendo sin embargo de notar el carácter excepcional del número de 1898 que, con ocho páginas, duplicó el volumen habitual. En la primera plana, generalmente ilustrada con un grabado, aparecía siempre un artículo firmado por "La Redacción", recordando el significado de la fecha que se celebraba, al que seguía, en los primeros años, la lista de las reivindicaciones principales del P.S.O. a este propósito. Entre 1893 y 1895 venía luego una sección titulada "Del exterior" o "Desde fuera", en la que se incluían los mensajes de solidaridad y amistad dirigidos al P.S.O. por los demás partidos socialistas, o algún artículo dedicado al desarrollo del movimiento popular en varios países. Esta sección desapareció luego como tal, confundiéndose su materia con la de la sección general.

Esta se componía, desde un principio, de colaboraciones de índole muy diversa. Pueden encontrarse aquí desde artículos relativamente largos, escritos para la circunstancia por algún autor español o traducidos de un periódico extranjero, hasta muy breves fragmentos, a menudo reducidos a una mera frase (razón por la cual los designo como aforismos) de los clásicos del pensamiento revolucionario, poemas, un cuentecillo, etc. En total, durante el período considerado e incluyendo bajo la denominación común de "anónimo" los pocos textos publicados sin firma o con un evidente seudónimo (como por ejemplo, "Un socialista", "Lux" o "Veritas"), pero con exclusión de "La Redacción", se llega a un total de 177 autores diferentes que, de una forma u otra, colaboraron episódica o regularmente en esta serie de los "extraordinarios". Pero su distribución en el tiempo es bastante desigual. En efecto, si la media, para todo el período, es de 23,6 autores por número, ninguno de los "extraordinarios" del presente siglo rebasa esta cifra: el promedio de autor por número es de 25,7 entre 1893 y 1899, contra sólo de 19 entre 1901 y 1907, recuperándose después de esta última fecha las cuotas anteriores. Pero esta disminución relativa y estabilización en el número de colaboradores por número no significó el empobrecimiento de éste en su contenido, sino más bien, paradójicamente, su enriquecimiento. En efecto, los "extraordinarios" de los primeros años otorgan una mayor importancia a los mensajes venidos de fuera (a veces puramente protocolarios) y a los que he llamado aforismos. La multiplicación de estos textos muy breves incrementa el número de autores, pero más por falta real de sustancia que por abundancia de materia: así es, por ejemplo, como el número del año 1893 incluye aforismos sociales de nada menos que nueve autores franceses (desde los contemporáneos, como Deville o Edouard Vaillant, hasta los "utópicos" como Considérant, Blanqui, Fourier, el propio Saint Simon e incluso Babeuf), dos italianos (Labriola y Ciccotti), dos belgas (Anseerle, Henrion), además de Marx, y Lasalle: en total, 15 autores, más de la mitad, pues, de los 28 colaboradores censados aquel año. Claramente se trata aquí de completar el número como sea y, faltando la materia original, se recurrió a este expediente de los aforismos. No así ocurrió en 1895, el año que, con 35 colaboraciones, más altas cuotas alcanza en este terreno. Esta proliferación corresponde a una tentativa nueva, la de hacer participar todos los posibles colaboradores regionales con los que podía contar el partido: es esta la única vez que participan en los "extraordinarios" del órgano madrileño militantes como Perezagua o Valentín Hernández, dirigentes de la agrupación socialista de Bilbao y responsables de su *La Lucha de clases*, los barceloneses Pich y Creus o Tomas Reoyo, el poeta socialista alicantino Carratalá, etc. En definitiva, cada firma aparece aquí con la mención de su ciudad o provincia de origen que, además de Madrid, son trece, muy representativas de los principales focos de implantación del P.S.O. en aquellos años, puesto que van de Gijón y El Ferrol hasta Linares, de Burgos a Valencia ... Evidentemente, se trata de demostrar el carácter "nacional" del partido, subrayando la multiplicidad de los colaboradores, venidos de los distintos puntos del territorio.

La masa de los autores es, pues, variable según los años y las circunstancias. Pero el estudio de su composición permite observar algunas grandes tendencias. Por una parte están los colaboradores ocasionales, que aparecen una sola vez a lo largo de aquellos veinte años y que, siendo 100, representan más de la mitad del total; a la inversa, existe una plantilla más o menos estable de autores cuyas firmas aparecen regularmente en la serie examinada. En total, 28 autores, algo más del 15 % del total, colaboran cinco o más veces a estos "extraordinarios" y sólo once lo hacen diez o más veces. Entre estos autores permanentes, importa subrayarlo, no figura ninguno de los teóricos del socialismo: Marx sólo es utilizado tres veces, Engels cuatro (con una interesante carta al P.S.O. en 1893, por cierto), Jules Guesdes tres, Kautsky una... La plantilla permanente sólo incluye a un extranjero célebre, Edmundo de Amicis (con seis textos editados a lo largo de los veinte años), y se compone, además, como es natural, de algunas figuras claves del socialismo español, como son Jaime Vera (diez colaboraciones), Francisco Mora (diez igualmente), Casimiro Muñoz (doce), el poeta militante Ortiz (once); el propio Pablo Iglesias interviene once veces (pero sólo a partir de 1898), mientras García Quejido, algo postergado con seis colaboraciones, precede sin embargo a Juan José Morato (con cuatro).[2]

Lo más notable, desde luego, es que se suman al pequeño grupo de colaboradores más fieles algunos intelectuales de copete, encabezados por el catedrático salmantino Pedro Dorado, quién, con catorce colaboraciones en veinte años, es el más asiduo de todos; pero le sigue de cerca Miguel de Unamuno, cuyo caso requiere un comentario aparte. Su colaboración en la serie de los "extraordinarios" de *El Socialista*, a menudo comentada en base a una información incompleta, es, en efecto, excepcional por su duración, pero también por su precocidad. Se inicia en 1895 – a poco de haberse afiliado al P.S.O. – y se interrumpe en 1897–1898, años de crisis espiritual y de apartamiento del socialismo; vuelve a colaborar en 1899 (en pleno auge del regeneracionismo, al que mira con desconfianza) y a partir de 1902 entrega una contribución anual hasta 1911 (con la excepción de 1909), a pesar de no ser ya miembro del partido.[3] Esta evolución, propia del itinerario intelectual e ideológico de Unamuno, se inscribe sin embargo en una tendencia general, que, en realidad, el catedrático salmantino parece sobre todo prefigurar. En efecto, el examen de las diversas colaboraciones en los "extraordinarios" del 1º de mayo muestra que en 1898 se produce un evidente giro en esta serie. Hasta ese momento, las firmas que aparecen son esencialmente las de algunos militantes del partido, de sus compañeros extranjeros o de los padres espirituales del socialismo internacional: todos los textos del ruso Lavroff, del italiano Labriola, del alemán W. Liebknecht, de los franceses Lafargue o Guesdes o, más curiosamente, del norte–americano Henry Georges – asimilado por lo visto al socialismo, y con contribuciones en 1893, 1894 y 1897 – se publican entre 1893 y 1898. Ya en esta última fecha, y sobre todo en los años ulteriores, es manifiesto el esfuerzo por "españolizar" las contribuciones anuales. Este objetivo se logra precisamente entonces gracias a la nueva influencia lograda por el P.S.O. entre los intelectuales españoles que aceptan participar en mayor número – y ya en tanto como grupo social definido – en los "extraordinarios" del semanario socialista. Hasta 1898, las únicas firmas relevantes en este aspecto que aparecen en la serie examinada eran las de los intelectuales orgánicamente vinculados al partido, como Rafael Oyuelos, Jaime Vera o el propio Unamuno de los años 1895–1896. Pero ya en el "extraordinario" de 1898 – fecha realmente clave aquí – aparecen para el 1º de mayo los nombres de Joaquín Costa,[4] de Jacinto Benavente (con "Mayo triste"), de Eusebio Blasco y de M.B. Cossío (con un trabajo sobre educación), la primera colaboración de J.O. Picón, el primero de los artículos "socialistas" de Pedro Dorado. Individualmente, cada uno de estos escritores podrá reiterar su colaboración en los años ulteriores, o renunciar definitivamente a ellas: no reaparece la firma de Costa en *El Socialista* después de la ocasión mencionada, mientras, al revés, Dorado participará en la serie hasta el final. Pero la intervención de los intelectuales, considerada ya global y no individualmente, es de ahí en adelante una constante, se hace sistemática y es particularmente relevante en los años inmediatos a 1900. Ramiro de Maeztu ofrece en 1899 un trabajo sobre "Marx en la literatura", A.A. Buylla otro sobre "El problema social y el Estado", Pi y Margall envía un mensaje, *Clarín* el suyo – titulado significativamente "Afinidades electivas" –; Benavente, Cossío, Picón reiteran su gesto del año anterior, añadiendo su nombre a los de Unamuno o Dorado; en esa misma fecha de 1899 José Verdes Montenegro inicia una participación en la serie, prácticamente ininterrumpida ya hasta 1912.[5]

El cambio de siglo no modifica sustancialmente este panorama. La ya notada disminución de colaboraciones de cada número anual no es óbice para que surjan nuevas colaboraciones: en 1901–1903 aparecen por primera vez las firmas de autores como Bernaldo de Quirós (con contribuciones dedicadas a "El alcoholismo de los obreros" en 1901, a "La evolución de la pena" en 1902 y a la "Locura en la historia" en 1903) o Timoteo Orbe; por otra parte se amplía el cuadro de colaboradores propios del partido, con la llegada de hombres como Atienza o Meliá, el ahijado de Pablo Iglesias. Pero con el número correspondiente a 1903 es sensible, sin embargo, cierto retroceso en este proceso de acercamiento al socialismo por parte de los intelectuales, reducidos ahora a los hombres más próximos al P.S.O. (Unamuno, Dorado, Verdes, además de Vera). Pero la tendencia se vuelve a invertir en 1907–1908, reanudándose un proceso de colaboraciones amplias, paralelo a la emergencia de nuevas firmas militantes como la de Manuel Ciges Aparicio, que participa en los "extraordinarios" de 1908, 1909 y 1912. La transformación de *El Socialista* de semanario a diario no modificó el fenómeno y el "extraordinario" de 1913, primero de la segunda época, incluye las colaboraciones de Joaquín Dicenta, de José Ortega y Gasset (que entrega un largo artículo sobre "Socialismo y aristocracia"), de Buylla, Dorado o Verdes Montenegro; si Unamuno ha dejado de colaborar, aparecen por otro lado algunas de las nuevas estrellas del firmamento socialista de aquel momento, con los trabajos de Julián Besteiro ("Socialismo y escuela") o Fabra Ribas ("La actuación socialista").

La índole misma de estos números extraordinarios que *El Socialista* editó durante tantos años excluía la publicación de artículos largos, propios de una revista. Por lo mismo no era de esperar que figurasen en sus columnas grandes documentos teóricos. Pero tampoco se orientaron los dirigentes socialistas hacia la fórmula periodística de diversión. En conjunto, los "extraordinarios" del 1º de mayo publicaron trabajos que suelen situarse en un plano intermediario entre el artículo de fondo y el panfleto, y que pueden clasificarse en tres grandes categorías. Por una parte están todos aquellos que podrían clasificarse como texto de combate inmediato, destinado a exaltar los ánimos, en una jornada más reivindicativa que propiamente festiva. Por lo mismo, muchos de los artículos publicados por los militantes más o menos conocidos, o la mayoría de los poemas debidos a la pluma de Alvaro Ortiz o de Eduardo Benot – los dos principales autores del género – glosan el contenido atribuido a esa fecha simbólica y pretenden ser gritos de combate que despierten la conciencia de los proletarios, en una ocasión juzgada propicia:

> "Yo soy un pobre esclavo que cruza por la tierra
> como judío errante, sufriendo nada más;
> para curar mis penas espero solamente
> el triunfo de la ansiada Revolución social;"

así se expresa Ortiz, en conclusión de su "Canción del obrero" de 1894; diez años más tarde, Benot parece contestarle, con estos versos de su poema "De frente":

> "... levántate iracunda,
> por nuevos ideales, ¡oh España!, a combatir;
> y grita a las naciones: Oid, pueblos del mundo;
> ya marcho con vosotros de frente al Porvenir."

Al lado de esta retórica altisonante escasea la inspiración más popular y la única muestra que de ella encuentro es esta bonita *carcelera* de Ramos Carrión, publicada en 1900:

> "Por robar un panecillo
> en la cárcel me metieron
> y le faltaban tres onzas
> y está libre el tahonero."

Aunque pocas veces, esta veta impulsó a dirigirse a algún poeta extranjero: el "extraordinario" de 1893 incluye el poema de Heine "Los tejedores de Silesia" (en traducción de J.J. Herrero) y el de 1908 un poema de Carducci, traducido por Bernaldo de Quirós.

Una segunda categoría la constituyen los pocos textos más propiamente teóricos, referidos explícitamente al contenido del 1º de mayo, como por ejemplo un largo fragmento de Marx, publicado en 1898 bajo el título de "La jornada de trabajo"; la interesante tentativa de García Quejido por determinar la proporción de trabajo no pagado, esa "base del capital" según dice, publicada en 1894 y titulada "La acumulación capitalista y las horas de trabajo". Pero los textos de esta naturaleza no son abundantes, como ya lo daba a entender el escaso uso hecho de los teóricos del marxismo. Resulta así que, si los dirigentes de *El Socialista* rinden homenaje a Marx, no tratan de aprovechar esta ocasión anual para dar a conocer mejor su obra en España. Y esto, acaso, correspondía a una real opción ideológica hecha en favor de un socialismo, más reformista que revolucionario, muy presente en el tercer grupo de textos publicados.

Este lo constituye el conjunto de colaboraciones de muchos intelectuales referidas a diversos aspectos de la "cuestión social", enfocada en su sentido más amplio, que permite y justifica entonces la intervención de tal o cual autor en el semanario socialista. Buen ejemplo da de este movimiento Cossío, que encabeza su contribución de 1898 con estas palabras:

> "Entendiendo por Socialismo exclusivamente obra social, he aceptado con gusto la invitación para colaborar en este número de *El Socialista*. Tal vez no sea inutil decir algo, precisamente, sobre el carácter social que empieza a iniciarse en la educación contemporánea."

Clarín le hace eco, el año siguiente, al afirmar por su parte que "en pro de los obreros, mucho pueden hacer unidos los socialistas y los que no lo son, a lo menos en el sentido corriente de la palabra", y al felicitarse de la amplitud de miras que demostraba el P.S.O. dirigiéndose a escritores como él. Políticamente, esta aproximación mutua presagió la llamada conjunción republicano–socialista que, a su vez, explica la presencia de mensajes de Benito Pérez Galdós en los "extraordinarios" de 1907 y 1911.

En definitiva, la materia difundida por estos números de *El Socialista* es bastante limitada y tiende sobre todo a convencer a los lectores de la necesidad de la lucha presente, a subrayar algunos aspectos de la injusticia o de la explotación (vista sobre todo en relación con la jornada de trabajo), a preparar el advenimiento necesario de otra organización social. Como escribía Unamuno en "Repetición", publicado el 1º de mayo de 1905:

> "Los periódicos de doctrina son monótonos, y deben serlo. La verdad es monótona [...]. Hacen, pues, muy bien los propagandistas del Socialismo en repetir de continuo un número corto de principios, hasta que se los aprendan los obreros y los no obreros, como los niños se aprenden las respuestas del Catecismo."

Los "principios" así repetidos a lo largo de los años transmiten, sin embargo, una imagen de la transformación social lenta y paulatina, que excluye todo proceso revolucionario; por lo menos así lo entendía el propio Unamuno, que terminaba su contribución de 1907 con estas palabras bien claras:

> "Los obreros españoles, más que los de otras partes, necesitan educarse en esta acción lenta y tenaz, a saber esperar. Saber esperar es la fuerza más grande."

Dentro de este esquema general, dos elementos me parecen particularmente importantes, en lo que a estos "extraordinarios" se refiere. El principal es, acaso, su existencia misma, en tanto que esfuerzo educativo sencillo, que permite abordar cuestiones muy diversas – desde la "misión de la mujer", examinada por Ana Kuliscioff en 1898, hasta la "cuestión del Ejército", objeto del trabajo de Verdes Montenegro en 1904 –, de forma que vayan haciendo mella en la conciencia de los trabajadores. "Cuanto más instruido es el obrero, mejor puede trabajar para su emancipación": este aforismo, que se lee en el "extraordinario" de 1900, subraya este aspecto, especificado acaso mejor todavía en 1902 en estos términos:

> "Obreros: Huid del alcohol y aficionaos a la lectura. Ganarán con ello vuestra salud, vuestra capacidad y vuestros intereses."

Por otra parte, la publicación de estos "extraordinarios" de 1º de mayo me parece responder a la necesidad de aproximar el mundo obrero y el mundo intelectual, tan fuertemente experimentada por unos y por otros en aquellos años, y de que es buena prueba el manifiesto de 1º de mayo de 1892 publicado por *El Socialista*, en el que se leen estas líneas:

> "[...] los verdaderos campeones del mejoramiento de los oprimidos y de la supresión del salariado son los elementos productores, esto es, los obreros intelectuales, los obreros agrícolas y los obreros de la industria. La unión firme, estrecha e inquebrantable de estos elementos arrancará a la burguesía la JORNADA DE OCHO HORAS y creará más tarde el orden colectivista o comunista que, garantizando a cada cual el producto de su trabajo, hará imposible la esclavitud y la miseria."

La "unión inquebrantable" así propugnada tardó en realizarse, si es que lo logró alguna vez; pero es indudable que, con estos "extraordinarios", el partido socialista daba un paso adelante en ese sentido, cuyos efectos se harían sentir a partir de 1896, cuando la crisis política e intelectual que atravesó entonces España obligó a unos y a otros a formular nuevos planteamientos reformadores.

Carlos Serrano

NOTAS

1 Para lo que se refiere no ya a artículos en la prensa sino a las obras publicadas por editoriales socialistas, véase Santiago Castillo (1979).

2 Sobre estos militantes pueden consultarse las biografías redactadas por Juan José Morato, reeditadas recientemente por V. Manuel Arbeloa (1972).

3 Las colaboraciones de Unamuno en la prensa socialista han sido objeto de dos recopilaciones (1966) y (1976). Ambas, sin embargo, omiten algunas de las contribuciones en estos "extraordinarios"; las del 1° de mayo de 1895 (sin título), la de 1902 ("El ideal socialista"), las de 1907 ("21 de abril – 1° de mayo", 1908 ("La solidaridad catalano–burguesa ante el 1° de mayo", 1910 ("Constancia") y por fin 1911 ("Como los teros").

4 Se trata del artículo "La jornada legal y consuetudinaria de ocho horas en el campo", posiblemente publicado con anterioridad por *La Controversia* en 1896 (ver George J. Cheyne 1981: 118).

5 Sobre José Verdes Montenegro y su papel dentro del partido socialista, ver María Dolores Gómez Molleda (1980: 45–49).

BIBLIOGRAFIA

Castillo, Santiago
1979   "La labor editorial del PSOE en el siglo XIX". En *Estudios de historia social*, 8/9: 181–196, Madrid.

Cheyne, George J.
1981   *Estudio bibliográfico de la obra de Joaquín Costa (1846–1911)*. Zaragoza.

Gómez Molleda, María Dolores
1980   *El socialismo español y los intelectuales*. Salamanca.

Lorenzo, Anselmo
1893   *Justo Vives*. Episodio dramático–social. Con un prólogo de Juan Llunas ("Literatura obrerista"). Barcelona: Biblioteca de La Tramontana.

Morato, Juan José
1972   *Líderes del movimiento obrero español (1868–1921)*. Selección y notas V. Manuel Arbeloa. Madrid.

Unamuno, Miguel de
1966   *Obras completas*. Recopilación de M. García Blanco y Rafael Pérez de la Dehesa. Vol. 9, Madrid.
1976   *Escritos socialistas*. Pedro Ribas recopilador, Madrid.

El río y la casa: dos símbolos constantes en la narrativa de José Antonio García Blázquez

María Luisa Tobar
Università di Messina

José Antonio García Blázquez publica su primera novela, *Los diablos*, en diciembre de 1966. El joven escritor entra en la escena literaria con una obra que, respecto a las varias formas del realismo imperante en España, supone un significativo cambio de tendencia, puesto que la imaginación ocupa en ella un lugar privilegiado. No se puede decir que el autor esté desconectado de la realidad, lo que ocurre es que el mundo que le rodea es para él, más que objeto de percepción, objeto de imaginación. Hay un antagonismo entre el propio mundo y el mundo exterior, entre lo objetivo y lo subjetivo que lleva hacia la introspección, hacia la interioridad, por lo que las obras de García Blázquez son algo así como un buceo en las secretas profundidades de la mente humana. El resultado de ese buceo, con frecuencia, viene expresado a través de imágenes simbólicas. La fuerza imaginativa que se aprecia en su primera obra constituirá una constante ascendente a lo largo de toda su producción literaria, lo cual da al mundo novelesco de García Blázquez una continuidad y coherencia que se manifiestan sobre todo en una predilección por formas artísticas en las que el símbolo desempeña un papel esencial. Y si "las imágenes de un poeta [novelista en este caso] son reveladoras de su yo" (Wellek y Warren 1966: 250), el estudio del sistema simbólico ayudaría en la tarea de una acertada labor hermenéutica de su obra. La simbología del autor extremeño está caracterizada por el uso de una serie de creaciones personales o de viejos símbolos renovados que sirven de vehículo a nuevas significaciones y que, lejos de ser convencionales, estereotipados, unívocos, son creativos, abiertos a nuevas valencias, polisémicos. Algunas imágenes aparecen con relativa frecuencia y forman parte del sistema idioléctico del autor (manos, ojos, espejo, luz, juguete, cucarachas, arañas, barco, laberinto, rosas, botella o vaso de licor, etc.); muchas de estas imágenes son símbolos disémicos (cf. Bousoño 1966, I: 209 y ss.) o si se prefiere expresiones multívocas (cf. Ricoeur 1969: 16). Particularmente interesantes son los símbolos que, aunque circunscritos a una determinada obra e independientemente de la frecuencia de su enumeración, simbolizan la obra misma (el rompecabezas en *El rito*). La dificultad de concentrar en pocas páginas la riqueza de valores simbólicos acumulada en la obra del placentino García Blázquez me obliga a imponerme unos límites dejando para mejor ocasión un estudio más amplio.

En un sistema repetitivo de valores como es el de García Blázquez la casa y el río constituyen lo que W. Butler Yeats llama *rulling symbols* (1924: 111). Así pues su elección no ha sido casual, por el contrario su primordial importancia, debida precisamente a ese carácter de símbolo clave o dominante, y la interdependencia entre ellos la justifican ampliamente. Según Wellek y Warren si una imagen "se repite persistentemente como presentación a la vez que como representación, se convierte en símbolo e incluso puede convertirse en parte de un sistema simbólico (o mítico)" (1966: 225). En efecto, la casa y el río además de tener carácter reiterativo, forman parte de un sistema simbólico en el que ellos constituyen la parte esencial del pensamiento mítico del autor. Son símbolos puente entre lo material y su visión cosmogónica del mundo.

El novelista no puede y tampoco quiere desasirse de los lugares que ha recorrido en los primeros años de su vida. El mismo me escribía hace algún tiempo que las primeras impresiones son las que más condicionan a un escritor, aunque las sensaciones vayan gastándose y perdiendo fuerza con el pasar del tiempo. Esta declaración tiene una gran importancia puesto que, efectivamente, en sus obras pesa siempre la sombra de Plasencia y, a pesar de la recreación operada por él, el lector que conozca la ciudad extremeña descubrirá sin dificultad la presencia de su catedral, de sus calles, de su muralla, de su río, de sus palacios y casas, e incluso de su cementerio. No importa su ubicación real, pues como él me decía, "los lugares están situados en el tiempo y no en el espacio, lo que hace posible una transposición mágica de la realidad e incluso su sustitución por un espejismo." Esto que el novelista me escribía en 1977 está formulado varias veces en su obra *Rey de ruinas* por Adrián, el cual en calidad de narrador–protagonista, encontrando familiar una casa que no había visto hasta entonces, dice: "una de esas casas que sólo existen en el tiempo y ya no más en el espacio, o que van vagando por el universo, de galaxia en galaxia" (1981: 189); en otra ocasión interrelaciona el espacio y el tiempo con estas palabras: "O más que de espacio se trate de cuestión de tiempo. Eso es: lugares idénticos situados en tiempos amasados en este inmóvil presente" (1981: 222). Pero a pesar de la posible trasposición o sustitución de la realidad en el espacio y en el tiempo, la huella de Plasencia surge inconfundible en tres de sus obras (aunque en ninguna se la llame por su nombre). En las tres, los personajes viven una vida de aislamiento y enajenación encerrados en su propio mundo, completamente alejados de la ciudad, extraños a todo lo que les rodea. Símbolo tangible de incomunicabilidad es, precisamente, la casa, entidad cerrada a la que pocos tienen libre acceso, y, en parte, el río que generalmente no simboliza el transcurrir del tiempo, por el contrario hay algo en él que nos lleva a una eternidad, a un siempre presente (cf. García Blázquez 1975: 24). En *Los diablos* y en *El rito* casa y río son inseparables y forman juntos una imagen simbólica más amplia que es la expresión mítica del paraíso. La misma idea llevada a sus extremas consecuencias volvemos a encontrarla en la obra *Rey de ruinas*. Esta última novela ambientada fuera de la ciudad pero en su área de influencia (se podría situar en la zona del pantano de Gabriel y Galán), "está llena de un simbolismo cósmico–vital ambivalente, a la vez pesimista y optimista" en el sentido expresado por Mircea Eliade (1981: 57).

Como decía antes hay tres obras ambientadas parcialmente en Plasencia (*Los diablos*, *El rito* y *Señora Muerte*), la tercera de ellas, a diferencia de las otras dos situadas fuera del casco urbano y cerca del río el cual marca una clara división entre la casa y la ciudad, nos presenta un palacio en el mismo centro, pero eso no impide que tenga unos rasgos característicos que lo diferencien sensiblemente de las demás construcciones. Es la casa más grande, la más vetusta y la más aristocrática; domina sobre todas como su dueña doña Blanca domina sobre sus habitantes. No tiene un río al lado que marque una línea divisoria, pero tiene en cambio su ingreso protegido por la imponente presencia de dos cariátides y dos atlantes que, como guardianes del paraíso, vigilan perennemente su entrada. El doble orden de columnas es el símbolo evidente de la importancia de la casa en la pequeña ciudad de provincias. Es la imagen de su superioridad respecto a las demás casas anodinas, iguales, sin personalidad. Frente a ella, sólo la catedral opone su grandeza. Dos símbolos de un pasado glorioso, son lo que podríamos llamar, usando una imagen frecuente en el autor, dos barcos encallados en el tiempo, pero que todavía ejercen un poder sobre la ciudad. Si su imponente fachada de escultóricas columnas es símbolo de secular prestigio, su interior (excepto el salón que es la parte expuesta al público) simboliza claramente la caducidad e inestabilidad de ese glorioso pasado del que queda sólo la apariencia. El doble significado del símbolo (cf. Ricoeur 1969: 16) aparece en su sentido directo, primario y en su sentido secundario, figurado y más profundo. En efecto la casa simboliza sobre todo el mundo interior del protagonista, ese mundo oscuro, paraíso–infierno que lo atrae y lo repele al mismo tiempo, en el cual reina soberana la abuela-madre a la que él odia y ama con la misma vehemencia. Para huir de todo lo que la casa inhospitalaria, caótica, laberíntica y poblada de cucarachas representa, Pablo decide casarse. Casarse significa tener un piso propio, nuevo, alegre, luminoso, caliente y funcional, todo lo contrario de la casa de las cariátides; y significa sobre todo la integración, el anonimato, desprenderse de la casa y de la abuela. Pero no lo consigue, pues sería como querer desprenderse de sí mismo, por eso su fracaso matrimonial, sus frecuentes visitas a la abuela y el intento de recrear en la habitación más apartada del nuevo piso su antiguo mundo. En la misma línea de una proustiana búsqueda del tiempo perdido, el autor nos presenta a Pablo abandonando la ciudad para seguir a Ana, su primera y única amiga, a Nueva York. Allí, en medio de un bosque de cemento, encuentra o quizás se inventa una casa que es el reflejo de la "suya". En la fachada de mármol, las escultóricas columnas también aquí protegen la entrada de este nuevo paraíso–infierno donde, como en el de Tornacabras, reina soberana la Muerte. En ese recinto oscuro revive sus alucinaciones y consigue efectuar su venganza sobre Ana y Miguel, cuyas cenizas, encerradas en un balón lleva triunfante a la abuela. Sólo entonces puede recobrar el mundo perdido de su infancia y reintegrarse a la casa.

Por lo que se refiere al río, arroyo en el caso específico, no está en estrecha relación con la casa, como en las otras dos obras mencionadas, pero es también un elemento simbólico importante. Aunque el autor ha disminuido notablemente las proporciones sustituyendo el placentino río Jerte por un mísero arroyo, no ha desfigurado mucho la topografía ni la toponomástica, por lo cual es fácil reconocer el camino que de la ciudad lleva al cementerio. El curso de agua, paso obligado, constituye una división entre la vida y la muerte, pero el salto entre ambas es tan breve que basta un simple arroyo para simbolizarlo. Para el pasajero y/o el lector distraído que no haya reparado en el "breve paso", hay, además de la señal de la muerte con su correspondiente cartel en el poste del tendido eléctrico, un alto en el camino, una

pausa y una reflexión de la abuela: "Es fácil la muerte ¿verdad, Pablito?" (1976: 10).
El simbolismo del río no está tomado en sentido heracliteo–manriqueño, como vida
que fluye, sino como separación de las dos riberas – la vida y la muerte –. Pero la intencionada reducción del río a arroyo y la existencia de un puente que facilita su
cruce nos lleva más allá de la línea divisoria (por lábil que sea) entre el mundo de los
vivos y el mundo de los muertos. Es decir, la presencia de un puente sobre el agua no
significa traspaso en una sola dirección, como ocurría con la tradicional imagen de la
barca de Caronte; el elemento estable facilita el camino de vuelta. Efectivamente
abuela y nieto atraviesan este "paso" en las dos direcciones con suma facilidad:
"Atravesamos de nuevo el puente del arroyo de las nieblas" (1976: 18), dice Pablo
recordando la vuelta de uno de sus numerosos paseos al cementerio. Hay una
anulación de fronteras entre la Vida y la Muerte. Por otra parte la verdadera
protagonista de la obra es la Muerte y no la Vida, o quizás fuera mejor decir que, con-
ceptualmente se expresa el principio de la *coincidentia oppositorum*. El arroyo, en cierto sentido, es el eje de esos dos polos y, a ambos lados, el cementerio y la casa de
marmórea fachada y figuras mitológicas (con su doble neoyorkina) se identifican. Así
pues río y casa, aunque entidades independientes, convergen hacia un mismo simbolismo metafísico.

En las otras dos obras cuya acción se desarrolla parcialmente en Plasencia – *Los
diablos* y *El rito* – es evidente "un afán de defender el mundo propio – la infancia, la
casa – frente a un universo que no da nada", según palabras del autor. Como ya se ha
dicho la laberíntica casa de estas obras está situada fuera del casco urbano, cada una
en un lado opuesto de la ciudad: la Casa Grande (así viene denominada siempre en
Los diablos) al otro lado del río, en un punto en que éste corre entre colinas
pedregosas envolviendo la ciudad, la Casa (el simple sustantivo es lo que se usa en *El
rito*) está muy cerca del río en un punto en que éste se aleja de la ciudad. Esta
ubicación que aparentemente pudiera parecer casual y, por lo tanto, insignificante, a
la luz de una interpretación simbólica cobra un profundo significado en la relación
casa–río–ciudad–personaje, como más adelante veremos. La distancia real que existe
entre la Casa Grande y la ciudad está específicamente señalada por el largo camino
que Tony – el narrador–protagonista de la obra – recorre para llegar a ella por una carretera "de segundo orden, polvorienta y siempre en mal estado" (1966: 32); mientras
que la distancia, por lo que se refiere a la Casa, está indicada de una manera mucho
más vaga: "caminé hacia la ciudad que se hacía casi invisible en el horizonte oscuro"
(1974b: 109), recuerda Edu. A este alejamiento material corresponde otro impalpable
pero más auténtico, constituido por una especie de barrera invisible que las aísla totalmente. Símbolo de esta incomunicabilidad, además de la ya aludida distancia, el
jardín que cierra un primer círculo en torno a ellas y el bosque y el campo que las envuelven por completo (cf. *Los diablos* 1966: 158; *El rito* 1974a: 197). Naturalmente la
suerte de la casa es la suerte de sus moradores, cuyo rasgo común es también la incomunicabilidad que cada uno de ellos vive a su modo.

En el caso de Tony hay una especie de determinismo al cual no puede sustraerse y
del que es plenamente consciente: "Yo vivo aparte. En esa casa grande de piedra,
rodeada de un jardín, llena de sombras, ahí vivo yo" (1966: 54), dice a su amigo Tito.

El personaje vive dolorosamente su soledad definida por él mismo con una metáfora que no necesita comentarios: "Soy una isla. El muchacho isla" (1966: 32). También sabe que la causa de esa incomunicabilidad es la casa, esa "maldita casa" que ha marcado a todos sus habitantes, incluso a los ausentes. Efectivamente pertenecer a la Casa Grande es "como llevar una señal en la frente" (1966: 50), todos les conocen y cuando les ven usan expresiones como "son de la Casa Grande" (1966: 40) y les siguen con miradas que queman. El primer impacto con la casa lo tenemos a través de una frase que sintetiza con evidente simbolismo esta situación: "Nosotros en la Casa Grande le habíamos dado la espalda a esta ciudad que nos temía y nos odiaba" (1966: 20). Pero el mismo Tony sospecha que si ellos viven al margen de una ciudad que "nunca les había aceptado" (1966: 236) y a la que ellos, el primero Tony, desprecian, no es sólo por el hecho de pertenecer a una familia muy por encima de las demás de la cual la casa es el *status symbol*, sino por algo oscuro que su madre ha hecho y que la gente no puede olvidar, ni perdonar. A veces, cuando Tony siente uno de sus momentos de intolerancia casi física hacia los demás, piensa en "su cuarto cerrado como en un paraíso dejado atrás" (1966: 41), pero tampoco dentro de sus muros encuentra la serenidad buscada. Allí se hace más profunda su angustia. La casa es el símbolo material de sus sueños infantiles, poblados de una infinita soledad, vagando por ella en busca de una madre ausente aunque físicamente presente. Aquí cobra todo su sentido la ubicación de la casa, a la que antes se aludía: "La Casa Grande estaba en un bosque cerca de la ciudad de las murallas que abrazaba el dulce río que venía de las montañas cercanas" (1966: 158). La casa simboliza al personaje encerrado en el bosque de sus sentimientos, aislado y solitario; el río simboliza a su madre. Así como el curso de agua abraza dulcemente la ciudad ignorando y excluyendo de su abrazo la casa, así él se siente rechazado por los brazos de su madre ocupados en otros seres o cosas. En los obsesivos recuerdos de su niñez hay una imagen desoladora en la que él se ve, niño de cuatro años, recorriendo el laberíntico conjunto de habitaciones y dependencias de la casa para alcanzar "ese lugar misterioso e inaccesible al que sólo ella tenía acceso" (1966: 18) y cuando al fin alcanza el paraíso soñado, se encuentra con que los brazos de su madre están ya ocupados "un brazo le colgaba dulcemente hacia el suelo, en donde había una botella a medias. El otro brazo reposaba tranquilamente sobre el cuerpo de un hombre" (1966: 18). Se aleja de allí y vaga por la casa como más tarde vagará por calles y ciudades con la esperanza de poder reintegrarse a la Casa Grande, a la Madre. "Me parecía el principio y el fin, me atraía 'dormir para siempre en la Casa Grande'. La casa dormida a la entrada de la ciudad, separada de ella por una barrera invisible, como maldita. La ciudad que nunca nos había aceptado, en los bordes del río. Los gitanos. Ríos de tiempo rugiendo detrás de un imposible deseo de alcanzar el paraíso" (1966: 236). Tony piensa esto contemplando a su madre Eva, cuyo simbólico nombre nos remite a los orígenes de la humanidad.

La misma incomunicabilidad que hemos visto en *Los diablos*, existe en *El rito*, pero aquí hay una voluntaria y consciente identificación entre la casa y los personajes, casi una fusión mística entre ellos. No es una vivienda sólida y bella, según la realista descripción de Tony es "un amasijo de construcciones de distintas épocas que se extendían, se superponían y se desarrollaban en la anarquía más absoluta" (1974a: 12) y añade que consta de dos partes independientes, una más regular donde ellos viven y otra, el "caos" la llama, que "se pegaba a esta vivienda como sosteniéndola o empujándola con sus tentáculos" (1974a: 12), luego dice que era como un "monstruo herido de muerte del que sólo alentaba la cabeza, mientras que el cuerpo hinchado se desmoronaba y se disolvía en oquedades oscuras" (1974a: 12–13). Estamos muy lejos de la soberbia solidez de la Casa Grande, sin embargo la casa de *El rito* encierra un simbolismo polisémico mucho más rico. Su compleja estructura arquitectónica sintetiza y simboliza parte de la historia ciudadana puesto que esta caótica construcción corresponde a un diverso y contradictorio uso (iglesia–convento, prostíbulo, escuela, refugio de gitanos, vagabundos y maleantes), forma parte de un mundo pasado que se va desmoronando, pero cuyos fantasmas viven todavía en ella. Para Edu, portavoz de los gemelos, esa casa contiene un significado mucho más profundo y personal; es parte integrante de su propia vida, conservarla y defenderla es como conservarse y defenderse a sí mismo. Al mismo tiempo es algo que no puede compartir con extraños (ni siquiera con su propio hijo al que no ha conseguido incorporar a su alucinante realidad), nadie tiene derecho a profanar su paraíso, por eso con una estrategia parecida a la usada por Jaci en *No encontré rosas para mi madre*, va eliminando todos los obstáculos y desembarazándose de los intrusos que intentan establecerse en él. Y Edu, como Jaci, llega incluso al sacrificio de su propia persona para mantener inalterado el equilibrio del mundo de su infancia. Se necesita mucha obstinación para defender un edificio que está resquebrajándose por todas partes y sólo ellos, los gemelos, tenían "la fuerza y nitidez del cuarzo para continuar siendo reyes de un mundo que deseab[an] reconstruir a modo de fortaleza, frente a la ciudad, frente al mundo" (1974a: 46). El mismo concepto lo encontramos más adelante cuando Edu trata de explicar a María José lo que significa para ellos la casa y por qué están dispuestos a salvarla destruyendo todo lo que se interponga en su camino; habla de un mundo dentro de otro mundo, un refugio seguro donde vivir su propia vida, una meta, es decir su paraíso. Y ellos consiguen lo que se han propuesto. Dice Edu: "En cuanto a nosotros, el fin estaba logrado: la casa se vaciaba del prostíbulo, de la escuela, la casa volvía a ser nuestra y nos acogía, reino hundido y fabuloso de fantasmas de monjas, prostitutas, alumnos" (1974a: 121).

El río forma parte integrante de ese mundo. Es elemento de separación con respecto a la ciudad, pero en sentido opuesto al que hemos visto en *Los diablos*; aquí el río no da la espalda a la casa, por el contrario la protege y la acompaña como un amigo fiel. No se sabe hasta qué punto el dique se rompe a causa de los manejos de los dos hermanos o accidentalmente, lo cierto es que el río colabora en la obra de destrucción de la nueva avenida que iba a acabar con su paraíso aniquilando la casa; el río inunda todo y vuelve a su antiguo cauce. El río además de ser símbolo de libertad, de renovación cíclica de la vida, también es imaginado por Edu como si "sus aguas fueran unos dulces brazos capaces de trasladarlo junto a la casa, junto a su hermana Elsa" (1974a: 228). Como decía antes aquí el río no da la espalda a la casa sino que es su aliado, por eso Edu se puede dejar llevar mentalmente por su amoroso abrazo. Vivir en la casa y contemplar el río es el sueño imposible de recobrar el paraíso de su infancia con el que termina la obra.

En el *Rey de ruinas* la obsesiva presencia de la única casa que hemos visto en las obras precedentes, se resuelve en una no menos obsesiva sucesión de viviendas. Son casas muy distintas por su aspecto pero todas ellas encierran una parte del paraíso perdido de la infancia. El protagonista Adrián (seguido o precedido por Drago su *alter ego*) las recorre una a una persiguiendo la imagen absorbente de Alba, un ser mítico fuera del tiempo y del espacio, que representa la mujer en su sentido más amplio. En todas ellas, sobre todo en la de la madrileña calle de Jenner, el joven revive parte del añorado mundo dejado atrás, esperando al mismo tiempo encontrar una señal, un indicio que le indique el camino hacia el paradisíaco Valle prometido por Alba. Efectivamente en esta obra el autor no se detiene ante el símbolo de un paraíso personal: La regresión que se opera en el *Rey de ruinas* es mucho más que un simple retorno al paraíso mítico de la infancia, es la regresión total, cósmica a los orígenes de la humanidad. La búsqueda incesante del edénico jardín, simbolizada en ese afán de adquirir nuevas casas, lleva al fin hasta el "Valle de la Creación". En un lugar donde hay un castillo devastado por el tiempo y un pueblo sumergido por las aguas de un antiguo río transformado en pantano, Alba revive el momento de la creación del mundo haciendo surgir el pueblo de la profunda oscuridad de la aguas y construye un nuevo paraíso para muy pocos elegidos (cf. Eliade 1981: 57 y ss., 61 y ss.; Testa 1978: 33). El sabor bíblico que encierran muchas descripciones contrasta con las explicaciones técnicas y realistas del proyecto de construcción de un lugar seguro y fértil donde recoger a algunos supervivientes de una hipotética tercera guerra española. La llegada del Extranjero (en realidad es el padre de Adrián) y de nuevos elementos perturbadores del orden establecido, significa el principio del fin. El castillo deja de ser la morada inexpugnable de los elegidos y las aguas vuelven a ser amenaza de muerte. El símbolo cíclico muerte–vida (cf. Eliade 1955: 199 y ss.) es evidente.

A través de este breve análisis se ha podido ver que los protagonistas de las novelas de García Blázquez huyen de una realidad compleja y hostil y, emocionalmente, escogen un modo diverso de organizar su propia realidad, es decir en imágenes míticas. Viven un tiempo siempre igual a sí mismo, reversible, recuperable mediante la repetición de los mismos ritos (cf. Eliade 1949: 30 y ss.). La casa y el río son los elementos simbólicos y son medio y expresión de la visión mítica de la realidad.

BIBLIOGRAFIA

Bousoño, Carlos
    1966   *Teoría de la expresión poética*. Madrid.

Eliade, Mircea
    1955   *Images et symboles*. París.
    1949   *Le mythe de l'éternel retour: Archétypes et répétition*. París.
    1981   *Mito y realidad*. Madrid.

García Blázquez, José Antonio
    1974a   *El rito*. Barcelona.
    1974b   *Fiesta en el polvo*. Barcelona
    1966   *Los diablos*. Barcelona.
    1975   *No encontré rosas para mi madre*. Madrid.
    1981   *Rey de ruinas*. Barcelona.
    1976   *Señora Muerte*. Barcelona.

Ricoeur, Paul
    1969   *Le conflit des interpretations. Essais d'Hermenéutique*. París.

Testa, Rita
    1978   *Modello ed escorcismo. Saggio sul mito*. Nápoles.

Wellek, René, y Austin Warren
    1966   *Teoría literaria*. Madrid.

Yeats, William Buttler
    1924   *Essays*. Nueva York.

Unamuno y un drama berlinés

Sylvia Truxa
Università di Padova

Unamuno, como es sabido, no estuvo nunca en Alemania, pero tenía muchas relaciones con la cultura alemana de las más diversas regiones.[1] Sus contactos con la capital, Berlín, fueron relativamente pocos, y se concentraron en sus años jóvenes. Pero tienen la 'ventaja' de ser algo más que meras lecturas.

El primero de estos contactos se estableció en los años '80, mediante un profesor de alemán del joven Miguel, el Señor Berg, ex comerciante berlinés instalado en Madrid. Unamuno, al parecer, lo adoraba: en una carta a su amigo, el filólogo Pedro Múgica, lo llamaba "bellísima persona", "excelente hombre" e "íntimo amigo".[2] Estas alabanzas tienen un peso particular si se considera que, en la misma carta, Unamuno no ahorró críticas al que fue su profesor de alemán anterior, con quien había estudiado durante algunos años a partir del 1880, y al cual recordaba como a "un sajón muy bruto, creo que de Dresde, un tal Lahmé Schutz (*sic*) que se hacía llamar doctor y pretendía que sólo en Sajonia se habla bien el alemán." Sin embargo, esta antipatía fue disminuyendo con los años, y en 1916 Unamuno, con algo de nostalgia cariñosa, evoca al sajón como "el bueno de Schütz". Esta versión es la que ha sido citada varias veces por la crítica;[3] al profesor berlinés, en cambio, no se refiere nadie, aunque con él Unamuno estudiara mucho más tiempo.

Casi diez años después de iniciar sus estudios del idioma alemán, Unamuno entró en su decenio de relaciones más intensas con la cultura alemana. Todas sus traducciones de este idioma se publican entre 1889 y 1900. La primera de ellas es la de un texto de un gran hombre de letras berlinés, Guillermo de Humboldt, que tanta simpatía y atención erudita tuviera por la patria vasca de don Miguel: se trata de los "Bocetos de viaje a través del País Vasco", publicadas, en 1889, por la revista *Euzkal Erria* de San Sebastián.[4] En los siguientes dos lustros, Unamuno tradujo obras importantes de Ferdinand Wolf, Carl Lemcke y Schopenhauer. Pero además de estas cuatro traducciones, muy conocidas, existe otra, que aún no lo es. Se trata del drama *Die Ehre*, por Hermann Sudermann. El drama es de 1889, y la traducción española fue publicada entre el 2 de julio y el 5 de noviembre de 1893, en forma de entregas, en el suplemento semanal del diario bilbaino *El Nervión*.[5]

Los años '80 y '90 fueron, para Unamuno, los años de intensas lecturas alemanas. Pero mientras los clásicos le agradaban mucho, Unamuno hallaba poco atractivo en la literatura contemporánea.[6] Esto puede ser debido, en buena parte, al gusto convencional de su amigo Múgica, que vivía entonces en Berlín, escogiendo y enviando prácticamente todos los textos modernos que don Miguel leía ... y no apreciaba. La

413

gran excepción – quizá el único autor contemporáneo alemán que logró entusiasmar a Unamuno al instante – fue Hermann Sudermann con su drama *Die Ehre.*

Sudermann nació en la Prusia Oriental en 1857, pero fue berlinés de adopción desde los 18 años. Fue él, no Gerhard Hauptmann como puede parecer hoy día, el dramaturgo alemán vivo más representado hasta finales de siglo, y aun hasta la primera Guerra Mundial, en algunos países. Tenía éxitos enormes, no sólo en su patria, sino también en París, Nueva York, Moscú, Tokio y, por supuesto, en Madrid. Más tarde, sus dramas y relatos se convirtieron en guiones para el cine alemán y norteamericano y – esto sólo en Alemania – para la televisión.

En España, todavía en 1897 se le juzgaba "revolucionario" (Bustillos 1897: 131 y 134) pero acaso sea más correcto subrayar en su obra una mezcla fértil de lo convencional con lo renovador del teatro de su tiempo: un poco de melodrama y de drama de salón, y un mucho de elementos del naturalismo y del teatro popular alemán (*Volksstück*). *Die Ehre*, que trata de la relatividad del concepto de honor, habrá gustado a Unamuno por fusionar elementos tradicionales y populares con el nuevo teatro nórdico; procedimiento, por lo demás, que don Miguel iba a teorizar dos años más tarde, en su ensayo "La regeneración del teatro español". También la función moral y didáctica de *Die Ehre* habrá agradado al joven Unamuno, que como los Ibsen, Strindberg y Sudermann de aquellos años, y a diferencia de su teatro posterior, abogaba entonces por un teatro que mejorase la cultura del pueblo. A pesar de todo esto, no parece haber habido ningún tipo de influencias del vivacísimo teatro sudermaniano sobre el de Unamuno. Más bien se trata de coincidencias de gustos e intenciones en un momento determinado de la trayectoria artística e ideológica de Unamuno, quien halló un espíritu afín en Sudermann, autor bastante crítico de la sociedad finisecular alemana.

En marzo de 1893, Unamuno trató de ponerse en contacto directo con Sudermann, enviándole, por mano de Pedro Múgica, una carta para pedirle permiso de publicar la traducción. Pero Sudermann no respondió nunca. Esto sorprende algo, ya que sus biógrafos narran que se dedicaba a su correspondencia con afán y puntualidad. Debe haber mantenido carteos tan extensos como los de Unamuno (Koehler 1958: 55). Este, en julio, estaba harto de esperar la respuesta y empezó a publicar las primeras entregas de *La honra*, que así se convirtió en una obra pirata, aunque no deliberadamente.

En España, Sudermann fue conocido como el dramaturgo del conflicto social y personal entre pobres y ricos, condensado en los pisos bajo y principal de una casa berlinesa en el flamante barrio de Charlottenburg, entonces todavía algo periférico. De ahí viene el título de *El bajo y el principal*, que dio Francisco Villegas a su adaptación escénica de *La honra*, estrenada en febrero de 1897, en el teatro madrileño de la Comedia.

Este título nos lleva a los problemas de la traducción, porque en el original alemán el drama no está localizado en dos pisos de una casa, sino, según la usanza urbanística entonces vigente en Berlín y otras grandes ciudades de Alemania, en *Vorderhaus* y *Hinterhaus*, i.e., la casa que da a la calle, donde vivían los adinerados, y la casa situada al final del patio, poco luminoso en general, y con frecuencia ocupado por alguna fábrica o taller, caballerizas o cocheras. Había – y quedan algunas – casas de alquiler berlinesas con laberintos de hasta tres o cuatro de estos patios entre muros altos, con poca luz y menos comodidades de la civilización moderna. Aqui vivía el cuarto estado.

Unamuno, aun sin conocer esta peculiar situación socioarquitectónica, dio en el blanco de su función para este drama – la de asignar a cada clase social su habitación emblemática – al hallar el equivalente español: bajo y principal. Además de ser una buena solución a nivel lingüístico y de contenido, lo puede ser a nivel escénico, donde permitiría interesantes construcciones verticales.

Otra solución funcional la logró Unamuno en un punto algo problemático: el dialecto berlinés en que está escrito casi la mitad del drama. Don Miguel opta por no tomar en cuenta este hecho, pero se trata de un problema que va más allá de sus capacidades o gustos como traductor, y que atañe al estado de las literaturas alemana y española hacia finales del siglo pasado. En los países de habla alemana, ya desde principios del siglo XIX, escritores populares como Nestroy, Niebergall y Anzengruber llevan varios dialectos a los grandes teatros. Así se va preparando, paulatinamente, la perfecta mímesis dialectal que es una de las 'especialidades' del naturalismo alemán. Es precisamente Sudermann, con *Die Ehre*, el primero que hace hablar el dialecto de la metrópolis Berlín a los actores de un drama serio, y esto ya un año antes de los famosos autores del llamado "naturalismo consecuente", Arno Holz y Johannes Schlaf, con su *Familie Selicke*. Algún crítico contemporáneo de Sudermann subrayó esta mímesis dialectal como uno de los mayores logros de *Die Ehre* (Schönhoff 1900: 49).

En España, al contrario, no se llega a una reproducción escrita completa – eso es, a nivel léxico, fonético y sintáctico – del dialecto hasta el naturalismo tardío del siglo XX. Por supuesto, hay imitaciones sabrosas del habla popular, en Dicenta y, sobre todo, en Galdós, que tanto se interesaba por el problema; pero salvo en palabras aisladas de los Quintero y de Pereda, no se da una transcripción fonética exacta del habla regional. En todo caso, este arte del montañés (y su persona toda) parecía poco atractiva a Unamuno, que en el verano del 1893 truena contra "ese insoportable Pereda con su lenguaje falso, falsificado y estúpido".[7] No obstante, él mismo había emprendido una reproducción algo burlona del castellano peculiar del País Vasco para la escena ya en su obrita juvenil "El custión de galabasa", lo que demuestra que, en sí, no sentía aversión por el uso literario de elementos regionales. Reflexionando sobre la traducción de literatura alemana dialectal al castellano es útil tener en cuenta que en España el uso de los dialectos no tiene el mismo peso que en los países de habla alemana. Aquí, con pocas excepciones, solía y creo suele ser poco 'fino' usar dialectos; en particular el de Berlín caracterizaba a ambientes sociales poco cultos. Se presta, por lo tanto, para que se sirva de él un dramaturgo hábil como Sudermann a fin de diferenciar, ya desde las primeras palabras de cada personaje, los habitantes del *Hinterhaus* de los del *Vorderhaus*. El habla española culta, en cambio, era y es mucho más permeable y menos clasista en cuanto a dialectos o sociolectos, como lo notaba ya Galdós en su prólogo de *Lo prohibido*. En este sentido no era sólo una solución cómoda para Una-muno renunciar a la búsqueda por un equivalente español del dialecto berlinés (búsqueda por lo demás siempre dificilísima, no importa de qué dialecto se trate), sino que responde, probablemente, al haber comprendido que en el texto español el dialecto no constituiría un elemento tan decisivo como para el original alemán.

Durante la lectura de una obra anterior de Sudermann, *Jolanthes Hochzeit*, Unamuno había pedido que Múgica le aclarase sus problemas con las palabras dialectales. Pero durante la lectura de *Die Ehre* ya no pide ayuda a nadie. Esto extraña, visto que tiene problemas con el dialecto y considerando que en Berlín tiene a su amigo y corresponsal filólogo, y por añadidura, más cerca, en Madrid, a su querido profesor, el berlinés Berg, del cual había recibido clases todavía en 1890, según le contó a Múgica en carta del 4 de junio de aquel año. Así es como hallamos en la traducción algunos contrasentidos debidos a la incomprensión del dialecto, p.ej. el reproducir el "I wo werd ick denn!" de la portera, que sería "¡Ni mucho menos!" por "¡Y cómo no!".

Pero el desacierto principal de Unamuno en esta traducción son sus insuficiencias léxicas, no sólo en el campo difícil de las partículas modales, sino también en otros aspectos del plano léxico y semántico, donde casi la totalidad de sus errores graves los habría podido evitar consultando un buen diccionario: Plakat, p.ej., no es "placa", como traduce Unamuno – claramente víctima de un *faux ami* – a lo largo de los cuatro actos, sino que hallaría, en *Die Ehre*, su equivalente español en la palabra "pancarta", mientras que en otros contextos puede ser "cartel", "letrero", etc. Él, que tantas preguntas hacía a Múgica a propósito del cuento *Jolanthes Hochzeit*, que leía para divertirse, no para traducir y publicarlo, ahora se fía, salvo en un solo caso, de sus conocimientos del alemán. Esta confianza no carece de fundamento, ya que en cuestiones gramaticales se muestra muy bien preparado. Pero en el plano léxico la traducción está plagada de errores obvios.

No es oportuno en la presente ocasión, en que, con mucha razón, se nos pide ser breves, detallar éste y los problemas más sutiles de la traducción de *Die Ehre*. Lo haremos en otro lugar. Por ahora baste constatar que, en conjunto, Unamuno ha sabido llevar al español el contenido y el estilo de *Die Ehre*, dando así a conocer en España a una interesante versión artística de 'los de abajo' berlineses y de su ambiente. Y, claro está, a su dramaturgo, Hermann Sudermann, que sólo algunos años más tarde se iba a poner de moda entre los jóvenes intelectuales españoles.[8]

NOTAS

1 Véase García Blanco (1957); Mayer (1961); Niedermayer (1964).

2 Carta del 4.6.1890; las cartas de Unamuno a Múgica han sido publicadas por Fernández Larraín (1965).

3 P. ej. por García Blanco (1957: 323) y Niedermayer (1964: 178) que sacaron las palabras de Unamuno de su artículo "La evolución del Ateneo de Madrid *(La Nación*, Buenos Aires, 24.11.1916).

4 Reeditado y corregido por Justo Garate bajo el título de "Vascónica" en Humboldt (1951: 23–51).

5 Esta traducción la mencionan brevemente tres críticos, pero sin decir dónde ni cuándo se ha publicado: Ramiro de Maeztu en el prólogo de su traducción de Hermann Sudermann, *El deseo* (p. 13, Madrid, s.a., pero del prólogo se infiere que fue escrito en 1898); en Maeztu se basan luego Pérez de la Dehesa (1973a: 186 s.) y Franco (1971: 35).

6 Ver dos de sus cartas a Múgica, la del 28.5.1893 y la sin fechar, enviada entre las del 28.4. y del 28.5.

7 Carta a Múgica sin fechar, enviada entre la del 28.5. y la del 19.9.1893.

8 Noticias breves acerca de la acogida de Sudermann hacia finales de siglo las dan Pérez de la Dehesa (1973: 187) y Rubio Jiménez (1982: 72 s.).

BIBLIOGRAFIA

Bustillos, Eduardo
1897   "Los teatros. En la Comedia: *El bajo y el principal*". En *La Ilustración española y americana*, 28.2.1897, Madrid.

Fernández Larraín, Sergio (ed.)
1965   *Cartas inéditas de Miguel de Unamuno*. Santiago de Chile.

Franco, Andrés
1971   *El teatro de Unamuno*. Madrid.

García Blanco, Manuel
1957   "La cultura alemana en la obra de Miguel de Unamuno". En *Romanistisches Jahrbuch*, 8: 321–340, Hamburgo.

Humboldt, Guillermo de
1951   *Cuatro ensayos sobre España y América*. Buenos Aires.

Koehler, Wilhelm y Margarete
1958   "Hermann Sudermann – wie wir ihn erlebten". En *Der Wegweiser*, 33: 55, Troisdorf.

Mayer, Gerhart
1961   "Unamunos Beziehungen zur deutschen Dichtung". En *Germanisch–Romanische Monatsschrift*, N. F., 11.2: 197–210, Heidelberg.

Niedermayer, Franz
1964   "Unamuno und Deutschland". En *Literaturwissenschaftliches Jahrbuch der Görres–Gesellschaft*, N. F., 5: 177–200, Berlín.

Pérez de la Dehesa, Rafael
1973   *Política y sociedad en el primer Unamuno*. 2ª edición, Barcelona.

Rubio Jiménez, Jesús
1982   *Ideología y teatro en España: 1890–1900*. Zaragoza.

Schönhoff, Leopold
1900   *Kritische Theaterbriefe*. Berlín.

"El novelista", por Ramón Gómez de la Serna, o la novela en busca de sí misma

Noël M. Valis
University of Michigan, Ann Arbor

Notable es la ausencia de estudios analíticos y detallados sobre las novelas individuales de Ramón Gómez de la Serna, una de las figuras más atractivas y más influyentes de la vanguardia española, para nosotros hoy día. (Excepción reciente es la edición crítica de *La Quinta de Palmyra* (1982), con un estudio preliminar muy cuidadoso por Carolyn Richmond). Tampoco ha recibido mucha atención seria su libro, *El novelista*, del año 1923. Formado por 47 capítulos breves en los cuales está trazada una serie creciente de tramas novelísticas diversas, ninguna completa, *El novelista* no parece ofrecernos una estructura coherente, captable según los esquemas convencionales del género y según las esperanzas del lector acostumbrado a leer, o puras narraciones (en que predomina la acción), o pura mímesis (en que rige la verosimilitud). Por el contrario, Ramón no sólo se empeña en desnudar la novela de su aire tradicional de objeto trascendental que existe para dar sentido a la condición humana, sino que también se burla igualmente de las narraciones hechas de una serie de aventuras donde el contar prevalece sobre todo. En este sentido, *El novelista* puede considerarse como una especie de *pastiche*, un "plato combinado" en que el escritor nos sirve apetitosas autoparodias de su propia obra anterior, junto con remedos basados en tramas desgastadas y frecuentemente cursis, como por ejemplo la novela erótica, la novela detectivesca, la novela de Castilla, tipo generación noventayocho, etc., etc., y todo esto con una destreza maliciosamente refinada que nos hace pensar cuán fácil y brillantemente podría haber escrito Gómez de la Serna en serio e *in toto* cualquiera de estas novelas embrionarias desparramadas con una generosidad inusitada por la imaginación ramoniana. Pero no le interesaba eso. Ni le importaba que se sintiese frustrado el lector al tener en la mano tantos argumentos distintos y fragmentarios que no parecen ir a ninguna parte.

Pero tampoco me parece acertado juzgar *El novelista* como una obra frustrada, porque de ese modo se clasifica la novela de Ramón dentro de categorías poco apropiadas y, a mi ver, equivocadas.[1] Porque no es clasificable. Lo que busca Gómez de la Serna no es ni acción ni verosimilitud, sino la novela misma. Por eso se lanza su *alter ego*, el novelista, a las calles y se asoma al balcón, buscando la claridad asombrosa de lo real, de *todo* lo real. Pero existe un peligro: el de perderse en "la nebulosa [que] se traga las novelas", esa "masa cosmogónica primera, desprovista de formas, de géneros [...] de concreción".[2] Así se va a establecer una tensión entre novelista y anti-novelista, entre forma y anti-forma, dialéctica ésta que provocará una especie de "discontinuidad creadora"[3] en que la novela se vislumbra entre los intersticios mismos de la escritura ramoniana. Dicho de otro modo, la forma novelesca se nos dará en ritmo intermitente, como un código de señales que niega, luego afirma para volver a negar, el mensaje transmitido. Huelga decir que "mensaje" es, ante todo, otra referencia a la estructura inherente del código novelístico.

Al tratar de asir con palabras qué cosa es novela, qué significa novelar, Ramón no sólo crea un ejemplo magistral de la metanovela, o sea la ficción autorreflexiva, sino también – y en una paradoja aparente – la negación misma del género novelesco. En esto va a demostrar la imposibilidad de definir la naturaleza de una forma que nace y prolifera practicando el canibalismo verbal. O como lo expresa Félix de Azúa: "Parece como si la novela se comportara como la negación misma de los géneros, como aquello que los *neutraliza*, que los hace desaparecer en su propio estómago. Desaparecidos los géneros, queda ella sola como dueña del terreno 'literario', sin límites y sin definición. La teoría, entonces, no hace más que dar vueltas alrededor de ese centro inalcanzable" (1975: 42). En otro momento, el mismo crítico dirá que la novela es "el género de todos los géneros, y no el no-género" (p. 24), concepto éste del "género neutro" que Ramón parece haber entendido perfectamente, porque *El novelista* es una novela hecha de múltiples novelas distintas. Pero precisamente por ser un compendio paródico y *summum* intertextual, la obra ramoniana dificulta si no imposibilita la realización plena de "ese centro inalcanzable" del que habla Félix de Azúa. Más bien diría yo que no existe tal centro novelístico, que nunca ha existido, si no es en los empeños felizmente frustrados del crítico literario. Al privarnos de este centro teórico nos quedamos irremediablemente con lo circundante, en una palabra, con la periferia de la forma novelesca. Pero al crítico no le gusta andarse por las ramas: prefiere ir directamente al tronco. Quizá también por eso se produce muchas veces una especie de irritación al leer a Gómez de la Serna porque su obra está hecha para despistar, para desplazarnos continuamente de lo que creemos que es primario en nuestra experiencia como lectores: encontrar el "significado de la vida" que es, según Walter Benjamin, "el verdadero centro alrededor del cual gira la novela" (1968: 99, trad. mía).

Pero el comentario de Benjamin sólo se puede aplicar a la novela de cepa decimonónica arraigada en el patrón mimético. Frente a esta tradición que podríamos llamar "central", Ramón postula, a mi parecer, otro modelo novelístico: *la novela marginal*. Para ver cómo funciona esta marginalidad ramoniana, nada más ilustrativo que leer el primer capítulo de *El novelista*, titulado "Corrige pruebas de *La apasionada*", y que empieza con la noción del tiempo, tema predilecto de Ramón. "El novelista Andrés Castilla", leemos, "oía en su despacho el reloj de pared y el reloj de bolsillo [...]" Le parece a él que son dos tiempos distintos, el primero "más pausado, más pesado, más lento, un tiempo que no le envejecería nunca demasiado, mientras el reloj rápido, con mordisconería de ratón para el tiempo, con goteo instante más que instantáneo, le envejecería pronto" (p. 11). Claramente Ramón está subjetivizando el tiempo en este momento inicial de su novela, pero lo que me parece más significativo aquí es la reacción del novelista-protagonista; porque al oír los dos sonidos cronométricos, deja de escribir, "mirando un retrato para distraerse de aquella competencia con que parecían luchar los dos relojes". Y luego un poco más adelante: "Andrés miró de nuevo el retrato, buscando en él un cambio de pensamiento; pero un reloj por un oído y otro por el otro, le daban la tabarra del tiempo, con aquella desigualdad que no acababa de ponerse en razón" (p. 11). Con el gesto del novelista y con esa "tabarra del tiempo" doble, se nos sugieren dos fenómenos que son cruciales en *El novelista*: la discontinuidad y la distracción, nociones ambas a que me referiré más adelante. El resto de este capítulo inicial se dedica a la corrección de pruebas de *La apasionada*, pretexto éste para insertar pasajes de esta otra novela anterior al texto que estamos leyendo y añadir cosas marginalmente que mejore y modernice una novela que al novelista le suena hoy completamente falsa. La técnica de intercalar una novela dentro de otra no es nada nuevo. Lo que sí radicaliza dicho recurso es la tentativa de crear nada menos que toda una novela a base de otras novelas. *El novelista* como obra – sólo relativamente – coherente y acabada no puede existir sin las múltiples inserciones como *La apasionada* que la estructuran. Dicho de otro modo, la novela de Ramón por su carácter de intercalado implica paradójicamente el principio de la discontinuidad como fuerza estructurante.

Por otra parte, la novela que está corrigiendo, *La apasionada*, nos recuerda no sólo libros anteriores de Ramón cargados de sensualidad y pasión por la mujer (*La viuda blanca y negra* [1917] o *La tormenta* [1921], por ejemplo), sino toda la boga de la novela erótica que tan finamente satiriza Gómez de la Serna en frases como éstas: "Te quiero querer más [...] Me distraen aún muchas cosas – repetía ella; y Ernesto temía que aquella mujer quisiese hacer de él un misticismo de ella misma por ella misma [...] Quería dominar su pasión; pero su pasión crecía, y Ernesto veía lo falsa que es la pasión, y le parecía que aquella mujer se burlaba de él" (p. 15).[4] En sus correcciones, Andrés refuerza el intento paródico al añadir a las pruebas de la segunda edición palabras de corte pseudomodernista como "desvanecedora", "requintada", "brocados", "plenilunar", "trasminar", etc. etc. (p. 14), muestrario exacto del estilo excesivamente afectado de los novelistas galantes que publicaban, tanto como el mismo Ramón, en "La Novela Corta", "La Novela Semanal", "La Novela Pasional" y otras series parecidas.[5] Pero las inserciones, "aquellas márgenes para los insultos, para los pellizcos, para todo, que le ofrecían las pruebas como una tentación maligna [...] eran una tentación vana". Para el novelista ha sido tiempo disipado "en la labor más estéril del mundo. 'He podido hacer otra novela esta tarde', se dijo ensanchando el tiempo hasta donde lo ensancha el engaño". Y como última frase de este primer capítulo: "El reloj volvió a aparecer entonces y Andrés siguió escribiendo su nueva novela, titulada *El barrio de Doña Benita*" (p. 16).

¿Qué ha pasado aquí? Pues muy poquita cosa, diría el lector ansioso de aventuras y acción, ansioso de que pase *algo*. Entre la primera alusión al tiempo y esta última, lo que ocurre en el intervalo aparece como fuera del tiempo, como una distracción momentánea del novelista-personaje. En fin, como algo marginal. Y literalmente, lo que ha escrito Andrés son apuntes marginales, correcciones a una segunda edición que a la larga le serán totalmente inútiles, pero que le han hecho pasar el tiempo, ese tiempo que encierra como sujetalibros metafóricos el momento atemporal del acto de escribir.[6] En este sentido escribir para Ramón/Andrés se concibe como un ejercicio marginal desde el cual se contempla la marginalidad misma del existir humano (lo que Gómez de la Serna llama en un gesto muy vanguardista "la intrascendencia del hombre", p. 287). De ahí viene también el hecho de que *El novelista* se componga principalmente de un juego de capítulos iniciales y finales, con muy poco "medio" o centro. Casi todo en esta novela o es preambular o epilogal. La novelita "El farol número 185", por ejemplo, comienza con un preámbulo (p. 68), mientras que muchas veces el novelista salta por encima de las partes intermedias de sus historias para escribir "Otro capítulo final", título del capítulo XVII.

Cabe preguntar, desde luego, en qué consiste la relación entre parodia y marginalidad en la novela ramoniana. En primer lugar, muchos de los patrones literarios parodiados en *El novelista* – la novela galante o la novela detectivesca, por ejemplo – son formas marginales de escribir que por lo general utilizan ambientes y temas sacados de mundillos inciertos y sospechosos. Aun en la segunda historia intercalada, "El barrio de Doña Benita", donde parece burlarse de la novela realista, o sea de la tradición "central", se sitúa la acción en un barrio de las afueras poblado de espiritistas y traperos, de gente estrafalaria destinada al fracaso estrepitoso y atroz. "El barrio de Doña Benita", escribe el novelista, "estaba al otro lado del mundo y tenía la iglesia llena de lechuzas, lo cual ya era un privilegio extraño como concedido a un sitio de otros paisajes y de otros climas enclavado en la trasvida" (p. 18). O como otro ejemplo: en "La criada" se explotará al máximo en términos sórdidos y sangrientos la viejísima y folletinesca historia del señorito y la hija del proletariado seducida, o como lo describe Ramón: "El novelista desenlazaba la novela hedionda de los señores, las señoras y las señoritas de cada casa en que estaba Micaela [la criada], añadiendo detalles de realidad a su novela realista hasta el deliquio" (p. 95). Es un ambiente donde las "miradas perdidas de las criadas son como miradas al fondo oscuro del cuarto de los baúles [...]" (p. 98) y cuya vida "está llena de despedidas" (p. 99). La novelita terminará en un aborto obsceno y repugnante y una hemorragia tétrica y silenciosa. Se dirá que toda la trama y los personajes de "La criada" huelen a cosa rancia, sacados de un anecdotario desgastado y antiquísimo. Y he aquí, a mi ver, la relación más convincente y seductora entre la parodia y la marginalidad; porque al aprovecharse en plan irónico de las formas literarias ya banalizadas y tipificadas, la parodia llega a contagiarse de la misma marginalidad de que se está burlando. Expresado de otra manera, el carácter de lo intertextual como señal de identidad de la parodia marginaliza el acto de escribir al hacerlo dependiente de otros esquemas. Así, la parodia deviene una actividad lateral; faltándole un centro auténtico, tiene que asumir una postura oblicua, periférica, desde la cual comenta sobre otros textos.

Cuando Ramón crea en *El novelista* la novela de todas las novelas – recuérdese que una de sus historias se llamará *Todos* (p. 117) – es decir, la novela amasada de la pasta de otras,[7] la convierte en el género paródico por antonomasia. Pero, por ser su libro una fabricación o *pastiche*, parecido a "las casas hechas con basura" en el barrio de Doña Benita, el cual está "edificado, más que sobre tierra, sobre un falso montículo hecho de lo que tiró todo el pasado" (p. 19), por ser así, la novela tiene que ir en busca de sus materiales, de todo el detritus literario aprovechable. En una palabra, tiene que ser trapero andante y astuto. La novela-bricolage, una vez desmontada, sin embargo, no tiene corazón, centro, sólo partes separables. La forma se desgaja, dejándonos con la nada. Por otra parte, la novela englobadora, a que aspira la obra ramoniana en un momento dado, no puede ser tampoco porque, como lo apunta

Andrés Castilla, "la nebulosa se traga las novelas y por el deseo de dar capacidad a la novela la perdía en la masa cosmogónica primera, desprovista de formas, de géneros, de salvedades, de excepciones, de concreción".[8] La novela que intenta hacer, titulada *Todos*, la califica de "vana, hija del deseo estéril de la universalidad y de la totalidad" (p. 124). Al esforzarse en penetrar más allá de la periferia – los arrabales abandonados del pasado literario (y personal) – , invadir el núcleo anhelado, la novela pierde la idea de los límites, de la forma limitadora, y, de ahí, una vez más, el centro mismo. Al mismo tiempo Ramón ve muy bien que la novela es una forma sin formas específicas, o sea como él concluye: "Hay que decir todas las frases, hay que fantasear todas las fantasías, hay que apuntar todas las realidades, hay que cruzar cuantas veces se pueda la carta del vano mundo, el mundo que morirá de un apagón" (p. 287). Últimamente, el novelista nos está sugiriendo algo bastante perturbador: la imposibilidad de novelar por ser inabarcable y, a la vez, evanescente, la realidad, de la cual depende siempre el novelista, aun el más metaficticio.

En este sentido, el género novelístico como entidad subordinada a lo real se caracteriza, de nuevo, por su propia marginalidad. Así el novelista sólo puede captar la experiencia acechándola, cazándola cuando pueda.[9] *El novelista* bien podría subtitularse "Sobre calles y balcones", ya que funcionan como *leitmotivs* constantes estas dos presencias en la obra.[10] Pero también operan temática y estructuralmente para dar forma a la discontinuidad ramoniana que por sí sola no podría existir sin corporeidad. Desde los balcones y las ventanas, Andrés Castilla puede ver, a esa hora transicional e incierta del atardecer,[11] "a través de los visillos, el verdadero sentido de la novela de la vida, lo que nunca había alcanzado, lo que estando tan cerca resultaba indeciblemente lejos". Ve "los personajes que no llegaban nunca, y esa misma realidad tan tangible y tan admirable, se le escapaba ..." (p. 167; del capítulo XXVII titulado "Al balcón"). En otro momento escribirá que "los balcones gritaban en la ciudad el drama de todos o el cómo se consumían las vidas" (p. 123). Y aun más significativo: "... se prevalía de cómo el balcón le devolvía [...] la luz que se escapaba a su despacho, luz refractada por la ciudad a que daba su balcón" (p. 178). Lo primero que el balcón le ofrece al escritor es una perspectiva distanciada, observadora, de testigo estático, como los faroles en otro capítulo. Pero también es parcial, se ve todo lo de afuera entre visillos, refractado a través de la lejanía impermeable de las cosas y seres. Sin embargo, entre el balcón, el observador y el mundo externo existe una secreta reciprocidad vislumbrada en el carácter de cómplice que poseen los balcones. Así, por ejemplo, se intercambiarán miradas el novelista-personaje y una mujer desconocida que sale con los cabellos sueltos a su balcón. "Nada más que miradas se han cruzado entre esa mujer que pasa a esa hora y yo, nada más que miradas ..." (p. 39).

Parecido en esto es el uso que se hace de un biombo cuando el protagonista de esta novelita homónima, sutil parodia proustiana ("El biombo", capítulos XLIII-XLV) espía por sus rendijas a una dama hermosa de la casa de enfrente, hasta que "un día vino sigilosa y descalza [mi mujer] ..." escribe el narrador, "empujó el biombo hacia delante y quedé a la vista de la vecina en aquella actitud de fisgón, mientras mi esposa me recriminaba" (p. 278). Aquí se subraya en vena cómica algo que ocurre constantemente en *El novelista: el voyeurismo*,[12] la mirada oblicua y clandestina del observador que intenta leer la realidad como si fuese un libro prohibido metido en el Gran Indice de la Vida. También hablará el novelista del "libro del balcón" (p. 21) y del biombo como "libro cerrado [...] y cómo era las tapas, el empastado de la vida humana, la cubierta del libro" (p. 270). De índole parecida es la misteriosa mirada bizca de Beatriz, "la mujer dudosa" en otra historia, "¿De cristal?", mirada que obsesiona al narrador empeñado en descubrir si el ojo derecho de la dama es un ojo de cristal. La desviación es una constante en *El novelista*, donde todo se ve desde la línea lateral del juego o a través de una pantalla, como la cortina de flecos en el capítulo XI que ilumina un cuarto dejando el otro en la oscuridad (p. 85). Los flecos, esos adornos compuestos de hilos o cordoncillos colgantes, se esparcen por varios momentos de la obra. Andrés, por ejemplo, se enreda en los flecos del clásico mantón (p. 64), imagen que se repite más adelante "al enredarse [el detective Rivas Ericson] en los flecos de un mantón felpudo colgado de un maniquí sin cabeza ..." (p. 215). O léase esta alusión: "... él recordaba de las mocitas cuando se niegan jugando con los flecos del mantón que caen en cascada desde su pecho ..." (p. 180). Las cosas se enmarañan hasta tal punto que llega un momento donde hay que *desflecarse* de la realidad circundante (v. el uso ramoniano de este verbo en la p. 245), esa misma realidad que busca anheloso el novelista cuando "usaba todos los procedimientos posibles para cazar los personajes de sus novelas" (p. 64), incluso el de enredarse en los flecos de un mantón.[13] ("Enredos" se nombra el capítulo XLII también.) Pero esa presencia colgante, enhilada, juguetona es ante todo y literalmente cosa marginal, pendiente de algo más grande y capaz de deshacerse a tres tirones. En fin, lo que intuimos aquí y en otras instancias de *El novelista* es una dialéctica sutil entre periferia y centro, en que el novelista trata de convertir lo marginal en su contrario al captar las oscilaciones impertinentes de la realidad *enflecada*, lo que se podría llamar *writing from the fringe*, o escritura desde los márgenes.

El intento de ir cazando la marginalidad de lo real empuja al escritor a echarse a las calles buscando materia novelable. En este sentido, *El novelista* no sólo es una novela marginal sino además peripatética. Así, Andrés Castilla busca "con sed la inspiración secreta de las calles oscuras", esas calles que adquieren "un misterio comunicante" donde se sorprenden "las novelas de las casas". Y sigue: "Tenía ya los itinerarios de las casas abiertas por ese lado y también buscaba la inspiración que brota de los cuartos traseros, esos cuartos en que las viejas criadas como modistas afanosas, cosen bajo la luz de lámparas bajas, entre armarios y cuadros de desván" (p. 138). Repetidas veces el novelista se lanza a la calle, "como si saliese a la carretera de su novela, buscando las afueras de la ciudad, ansioso de piedras kilometrales, como los pájaros que a lo mejor necesitan añadir piedrecitas a su sustento" (p. 155). De ahí vienen capítulos como "*La novela de la calle del Arbol*", "En la jaula de la calle", "En busca de personajes" y "Por las calles intrincadas". Cuando hace un viaje a Londres, va "por personajes misteriosos. Sabía que en tal calle, a tal hora, le esperaba uno de ellos, *el nuevo protagonista*. Iba como a una cita en el bosque o en el centro de la población, callejeando para encontrarle ..." (p. 171). Llega a identificarse tan estrechamente con la vida callejera que siente "dentro de sí encandilado [...] el farol de la inspiración. En su alma, como si fuese una calle, le había salido un farol, un verdadero farol ..." (p. 79). Como novela ambulante, *El novelista* metaforiza el acto de novelar, subrayando de esta manera como el género novelístico es ante todo un proceso, un itinerario que se forja continuamente. Al mismo tiempo, al ser calle, la novela refleja el estado anímico del propio escritor, quien interioriza no sólo lo ambulatorio, sino a la vez lo estático en forma farolera. La mirada fija del novelista-farol, que nos recuerda la óptica del balcón, parece transmitir estabilidad o forma, al devenir constante que es la novela-calle.

Pero no nos dejemos engañar, porque dicha estabilidad es una ilusión. No hay nada menos digno de confianza que las miradas de un novelista. Ya hemos visto en el primer capítulo cómo el escritor se deja llevar por las distracciones más vulgares como el tictac de un reloj o la presencia muda de un retrato. En otro lugar el novelista "leyó las últimas palabras en que se había quedado el otro día, y después se puso a pescar ideas en las riberas del cielo" (p. 45), sugiriendo así la noción de la escritura como pura distracción, como una actividad lateral, orillera, desde la cual viene la cosa creada de soslayo. Es el gesto de un soñador que mira distraídamente mientras se asoma al balcón o anda por las calles, buscando aquello que da sustancia a las interioridades nebulosas del que escribe.

La novela como distracción (y como discontinuidad), desde luego, define tanto la novela marginal como la ambulante. Pero importa subrayar que la distracción en sí opera de modo bifurcado, ya que es capaz de inspirar por un lado y de desesperar los deseos creadores del escritor por otro. Cuando le llegan momentos de esterilidad es "porque se veía demasiado la pluma, y eso hace artificiosa y endeble la imaginación. Otras veces que le ponían sobre la mesa el cepillo de la ropa, y al ir a escribir con toda ilusión y ver el cepillo, se quedaba defraudado e irresoluto. No hay nada como un cepillo para secar y acabar con la ilusión de escribir" (p. 87). Son estos, escribe Andrés Castilla, "días no novelables [cuando] veía las cosas que hay colgadas en las perchas, le resultaban muy visibles los cubiertos, le daban dentera los platos, oía las colleras de los caballos con insoportable insistencia, le abrumaban los anuncios de los balcones y de las vallas ..." (p. 88). El miedo a la nulidad imaginativa le lleva naturalmente a asociarla con la muerte, obsesión fundamental en un escritor cuya obra maestra quizá sea la *Automoribundia*: "Los días no novelables", concluye, "eran días [...] en que pensaba que debía tener comprado un nicho para cuando se muriese" (p. 89). El impacto íntimo y aplastante de las cosas, de lo tangible, en Ramón, como sabemos,[14] no sólo se relaciona a la problemática mallarmeana de la creatividad, sino también a la cualidad perturbadora del arte mismo aun cuando aparenta ser simple juego verbal.

Es sumamente significativo leer cómo se encuentra su *alter ego* Andrés totalmente abrumado no sólo por el acto de escribir sino por el resultado mismo de sus esfuerzos estéticos. Repetidas veces se delata el deseo de escapar los mundos e historias que ha creado. Al final de "El barrio de Doña Benita", por ejemplo, el novelista "puso al FIN un cierre de adorno, una contera de filigrana y se dispuso a salir a la calle. Huía así de Rosario y Fernando, que se desangraban sobre la alfombra del despacho ..." (p. 86). En otro final, "Andrés [...] sintió que le envolvía, que estaba envuelto por la ola de la realidad, que era un náufrago del dolor que sugería su propia novela, y sin numerar las cuartillas tomó el sombrero y salió a la calle" (p. 102). Y un último ejemplo (de muchos más): "Estaba hundido en la casilla bajetona llena de olor a sarmientos. Tenía que libertarse de la novela [Pueblo de adobes], lograr emigrar de ella. Ya en su capítulo final, el XXI y definitivo, tomó el arranque último y se tiró desde los balcones de su visión de la novela" (p. 162). Aquí se ve que el motivo del balcón sirve no para buscar vida novelesca sino para huirla, paradójicamente en el acto mismo de escribir aquello que recrea el impulso original de la escritura. Enfrentado con el problema del aburrimiento y vacío interior que muchas veces experimenta el novelista (p. 43), va en busca de otras realidades, pero esa presencia real de las cosas y los seres le agobia; sus finales en especial le hacen huir de "la escena del crimen", como si sintiera una especie de claustrofobia novelesca intolerable. Esta angustia creadora creo que últimamente hay que relacionarla a su obsesión por la muerte. En un pasaje iluminador, el novelista empieza a hablar de "la nostalgia de los últimos balcones", diciendo que "las muchas toallas y ropa blanca de la enfermedad colgaban de los balcones. Los enfermos ensucian y ensucian sin parar. Hay que lavar todos los días. Daban ganas de morirse antes de ensuciar tanto" (p. 113). En esta frase clave donde late una preocupación inquietante por lo sucio, tan estrechamente identificado con la muerte, intuimos algo fundamental en Ramón: esta inmersión física en lo real se ve que su prosa huye de ello o a lo mejor quedan suspendidas las palabras a una distancia intocable desde la cual el novelista puede ir en busca de la novela que no ensucie, para evitar a toda costa la muerte que sí nos ensucia, nos descompone.

Al convertirse la búsqueda en huida, movimiento insistente y dialéctico en *El novelista*, que refleja a la vez la imagen doble y contradictoria del escritor fecundo y frustrado,[15] la novela como distracción adquiere otras dimensiones implícitas a su estructura e intención de objeto cuasi totalizador. "Distraer", recuérdese, encierra varios niveles de significación, refiriéndose no sólo al acto de divertir o entretener y de apartar la atención, sino también a desviar. No cabe duda que en su capacidad de vanguardista Ramón propone un *divertimento* intrascendente para matar el tiempo antes de que se nos mate a nosotros. Al mismo tiempo queda claro, creo yo, que la escritura en sí opera como una distracción contra la muerte, un apártese de mí este cáliz, Señor. Los deseos irreprimibles de escribir la novela de la novela le llevan al escritor a acercarse peligrosamente al borde de la nada, la nebulosa que se lo traga todo. "¡Si yo pudiera hacer una novela con un farol sería un gran novelista!", se dice Andrés. Y luego: "¡Hasta que yo no escriba esa novela no seré un verdadero novelista!" (p. 66). En este impulso de no atender a los límites – porque una novela conduce a otra, *ad infinitum* – está el quid de la visión ramoniana.

En un momento de *El novelista* se escribirá: "La capacidad del mundo se llenaba del chocolate espeso de su pasión" (p. 147). Aquí, la imagen lo acapara todo porque la imaginación de Ramón necesita llenar el instante, el cuadro, completamente. La exclusividad exagerada de su mundo verbal, sin embargo, encierra el riesgo de perder la conciencia de las formas, conduce a su disolución, de ahí la captación lateral de las cosas. En esto, desviarse – escribir desde los márgenes – ofrece protección momentánea contra la inevitabilidad de los finales. La novela como distracción, en su doble vertiente de búsqueda (para divertir) y de huida (para desviar), converge a un fin común: crear una novela marginal en contra de la gran tradición, del canon novelístico. Todo esto es otro modo de decir que la parodia como forma marginal, anti-canónica, rehuye precisamente lo que sí parece ser el verdadero centro de la novela tradicional: la muerte. Es esta muerte – y la experiencia que todos compartimos en ella (Benjamin 1968: 101) – la que informa la textura de la novela "central". Y es este gran aniquilador que reside en el corazón novelesco el que lo destruye, disolviendo el centro de la ficción en el mismo instante de crearlo, o como lo admite Ramón en la última página de su novela: "Hay que decir todas las frases, hay que fantasear todas las fantasías, hay que apuntar todas las realidades, hay que cruzar cuantas veces se pueda la carta del vano mundo, el mundo que morirá de un apagón".

NOTAS

1   En esto discrepo de las opiniones de Gonzalo Torrente Ballester y Francisco Umbral, quienes dirán, respectivamente, que Ramón no acierta en el género novelesco por "no contar con el destino" del personaje individual (1978: 23, Prólogo); y por ser "demasiado escritor para ser buen novelista" (1978: 51), disparate este último muy representativo del calibre de *Ramón y las vanguardias*.

2   Ramón Gómez de la Serna, *El novelista* (1973: 124). De aquí en adelante citaré de esta edición por ser la más asequible.

3   Tomo esta expresión del teólogo Harvey Cox, quien discute una "teología de la yuxtaposición" basada en el gozar de la "disrelation", o ausencia de relación entre nuestros símbolos heredados y la situación actual en que penosa y conflictivamente vivimos (1971: 132-133).

4   Véase también el capítulo XXXI, "Rasgando originales", para otra parodia de la novela erótica; y Manuel Longares, *La novela del corsé*, especie de novela-ensayo sobre los novelistas galantes.

5   Gonzalo Santonja comenta también la influencia modernista en la novela erótica (1986: 168).

6   En otro capítulo escribirá: "Ante la cobardía abismada del hombre, el novelista recargó con algunas notas marginales aquel volverse cada vez más pequeño del protagonista ..." (p. 148). La referencia a "algunas notas marginales", técnica metaficticia, subraya doblemente el carácter marginal de la escritura ramoniana.

7   Adopto el estilo de Ramón aquí, aunque dentro de otro esquema, cuando dice: "Andrés Castilla, seguía su novela, amasada más que escrita, contemplada más que relatada" (p. 139).

8   *El novelista*, como lo apunta el mismo Ramón, anticipa sus "novelas de la nebulosa" donde "está recogido algo del tejemaneje del vivir, su gangrena gaseosa, su sueño de realidad cambiado por una estilográfica" (1947: 12-13).

9   Dirá Ramón en el Prólogo a las Novelas de la nebulosa: "Hay una realidad que no es surrealidad ni realidad subreal, sino una realidad lateral" (p. 7).

10   José Camón Aznar comenta que el "tema principal [de *El novelista*] ... es la calle. Todos sus rumores, sus luces, sus vecinos, las ventanas, y como eminencia representativa, los faroles" (1972: 334).

11   El atardecer, momento marginal por excelencia, se repite como *leitmotiv* en *El novelista*. Por ejemplo, al parodiar la novela de Castilla que escribiera un Azorín, Ramón dirá: "El atardecer de un pueblo español está clavado en su sitio como nada, sin que nadie lo remueva ni espere removerlo, sin que lo necesite, sin que su altivez lo pueda permitir" (p. 129). El tono de exagerada gravedad y reverencia excesiva como forma de parodia, técnica basada en la incongruencia, se utiliza mucho en *El novelista*.

12   Véase Richmond en Gómez de la Serna (1982: 147-151).

13 Es curioso leer en *Fortunata y Jacinta*, I, esta referencia galdosiana al fleco del mantón de Manila: "con aquel fleco que tiene algo de los enredos del sueño ..." (1983: 127).

14 Véase "Las cosas y 'el ello'" de Ramón, donde explica que "es muy importante que hayamos comenzado a saber que hay vida incesante y sidérea en ese éxtasis de los objetos" (1934: 190).

15 Esto de concebir y yuxtaponer las cosas en forma doble es característico de Gómez de la Serna, y bien merece la pena de estudiarse más. "El novelista falaz" (p. 159), por ejemplo, se opondrá al "verdadero", Andrés Castilla. El doctor Witerman, personaje de una historia anterior, se va a presentar de manera unamuniana delante del novelista en *esta* novela; y es además padre de dos hijas gemelas (p. 251-252). En el capítulo XXXVIII, titulado "Las siamesas", se hablará – ¡genial! – de cómo "la doblez humana adquiría la mayor propensión" en dos hermanas siamesas, hipócritas y rivales (p. 228). También será "doble" la muerte en ellas. Esta tendencia a la duplicación que se multiplica en varios ejemplos más, aun se podría extender a una lectura doble – por lo menos – de *El novelista*. Así sería posible leer todas las historias encerradas en la obra por sus cualidades puramente narrativas, a pesar de su carácter paródico; o leer todo autorreflexivamente como si cada frase fuera una novela en microcosmo, creada en el momento mismo de leer/escribirla. Pero siempre, a mi ver, se leerá de modo conflictivo, con la atención dividida entre las dos interpretaciones.

BIBLIOGRAFIA

Azúa, Félix de
1975   "El género neutro". En *Los Cuadernos de la Gaya Ciencia*, 2: 23-44, Barcelona.

Benjamin, Walter
1968   "The Storyteller". En *Illuminations*, pp. 83-109, Nueva York.

Camón Aznar, José
1972   *Ramón Gómez de la Serna en sus obras*. Madrid.

Cox, Harvey
1971   *The Feast of Fools. A Theological Essay on Festivity and Fantasy*. Cambridge, Massachusetts.

Gómez de la Serna, Ramón
1934   "Las cosas y 'el ello'". En *Revista de Occidente*, 12: 190-208. Madrid.
1947   "Prólogo a las Novelas de la nebulosa". En *El hombre perdido,* pp. 7-19, Buenos Aires.
1973   *El novelista*. Madrid: Espasa Calpe.
1982   *La Quinta de Palmyra*. Ed. Carolyn Richmond, Madrid.

Longares, Manuel
1979   *La novela del corsé*. Barcelona.

Pérez Galdós, Benito
1983   *Fortunata y Jacinta*. Ed. Francisco Caudet, Madrid.

Santonja, Gonzalo
1986   "En torno a la novela erótica española de comienzos de siglo". En *Cuadernos Hispanoamericanos*, 427: 165-174, Madrid.

Umbral, Francisco
1978   *Ramón y las vanguardias*. Prólogo de Gonzalo Torrente Ballester, Madrid.

El lenguaje de la memoria
en la narrativa española contemporánea

Kathleen M. Vernon
Cornell University, Ithaca

> "El hombre es hombre porque recuerda."
> Anatole France

La posibilidad de hablar de un *lenguaje* de la memoria está fundamentada en dos niveles de discurso y análisis: un primer nivel metafórico que considera la memoria como vehículo de información y como instrumento de comunicación y contacto entre diferentes personas, grupos o generaciones más o menos alejados en el tiempo y el espacio, y un segundo nivel, en cambio, más técnico y también más específico en cuanto a la función literaria de la memoria. De modo que, enfocando la vertiente productiva de la facultad rememorativa (en oposición a la etapa inicial de inscripción de información), proponemos examinar este segundo nivel, de la memoria transformada en lenguaje y transmitida a través del mismo.

En cierto sentido toda narración, autobiográfica o novelesca, histórica o inventada, depende de la memoria de alguien. Pero la memoria a la que recurre la novela o el cuento es una memoria ficticia (puede ser o no verídica): aquí se trata de la representación, la imitación del proceso rememorativo y no de una transcripción literal e inmediata del acto de recordar. Aunque la memoria también llega a tener una importancia temática en muchas obras de ficción, es al nivel de la estructura temporal y lógica que la memoria se hace sentir de forma más radical y significativa en la ficción. Impone un orden en el pasado de lo contado, establece vínculos entre recuerdos e imágenes que, si no son los de la cronología "histórica" ni de la lógica aristotélica, poseen una lógica subjetiva, propia de un *logos* rememorante, con su particular fuerza expresiva.

Al pretender describir este lenguaje mnemónico específico a la narrativa, adoptamos un procedimiento que consiste en la identificación de ciertos procesos y contenidos rememorativos, derivados de un corpus narrativo (donde figuran, con especial relieve, las novelas de Proust y Faulkner), a través del cual proponemos construir un repertorio formal y teórico que servirá como punto de partida para el estudio de la memoria en otras obras de ficción.

En este breve ensayo ofreceremos una demostración de este método que forma la base de un estudio más extenso dedicado a la función de la memoria en la novela y el cine de la posguerra española. Hemos elegido como objeto de análisis las dos primeras novelas de Juan Benet, *Volverás a Región* y *Una meditación*, siendo éstas obras que llaman la atención sobre su acto recordativo, y en las cuales el acto de rememoración llega a ser consubstancial con el acto de narrar. Comentaremos la operación de la memoria en tres planos: el tématico, el estructural, y el de la "metamemoria", o sea, la meditación sobre el papel particular de la memoria en el proceso creativo.

No existen muchos modelos analíticos aprovechables para este tipo de estudio, aunque en el curso de nuestra discusión hemos de referirnos al estudio de Gerard Genette, *Discours du récit*, dedicado a la temporalidad en *A la recherche du temps perdu*, además del libro de Dorrit Cohn, *Transparent Minds*, que consiste en un análisis de la presentación de los procesos mentales interiores de la conciencia en la ficción moderna. Pero primero hay que plantear unas preguntas preliminares y fundamentales.

Como hemos sugerido, en las novelas de Benet la memoria sirve como fuente, como origen de la novela, de lo que se cuenta, y también como vehículo de lo contado. Pero, vamos por partes. Hasta cierto punto, toda narración novelesca proviene de la memoria de alguien, del escritor que se sirve de sus propias vivencias, de lo que ha leído, de lo que le contaron, o de lo que reconstruye de sus investigaciones directas a la Zola, o a través de archivos o bibliotecas. Aun en el caso de la "pura" invención, ha de intervenir la memoria, si sólo en el intervalo entre el acto mental y su transmisión a la página. Sin embargo, en muchas novelas, la función de la memoria como filtro narrativo no pasa de ese nivel implícito. En la narración omnisciente o el cuento objetivista al estilo de Hemingway, el papel de la memoria como el del narrador se soslayan a beneficio de la ficción del relato autónomo. En las novelas de Benet, en cambio, como las de Faulkner y Proust, el acto narrativo se hace explícito, aparece un yo o una serie de yo–es que, de una manera u otra, llaman la atención sobre su propio acto de rememoración.

Hemos observado que la narración rememorante *no* es el original acto recordativo sino que lo representa. Las narraciones de carácter mnemónico se distinguen de la narración "normal" en el sentido de que casi siempre acusan su condición rememorativa por medio de varios indicios gramáticos, semánticos y estructurales. En primer lugar, su casi restricción a narraciones en primera persona. En el nivel semántico puede aparecer una serie de referencias vinculadas con la situación temporal del yo que se revela por lo menos doble y a veces múltiple – estableciendo una distancia entre el yo del presente narrativo que recuerda y el yo (y otros personajes también) rememorado en uno o varios momentos pasados. Cohn cita un ejemplo de Proust, del narrador que dice (escribe); "Hoy si lo vuelvo a pensar..." En *Primera memoria* de Ana María Matute, observamos una tendencia, aunque no se mantiene consistentemente a lo largo de la novela, a separar las reflexiones presentes del yo rememorante del pasado recordado por medio de paréntesis que señalan las instrusiones del presente en la narración del pasado.[1] También pueden figurar señales que se refieren más explícitamente aún al acto de recordar, expresiones directas del narrador como "yo recuerdo" o "no recuerdo". Existe la posibilidad que los propios tiempos verbales pueden proporcionarnos una clave en la descripción y análisis de la narración recordativa. Harald Weinrich en el libro *Estructura y función de los tiempos verbales en el lenguaje* distingue entre los tiempos y expresiones temporales que sirven en la construcción de lo que él llama el "mundo narrado" frente al "mundo comentado", el primero caracterizado por el uso del condicional, pluscuamperfecto, imperfecto y pretérito frente al futuro, futuro perfecto, presente y participio presente que marcan el último. Nos parece potencialmente útil la posibilidad de describir la narración rememorativa en términos de la mezcla y proporciones respectivas de narración y comentario que contiene, y de allí de contrastar la relación establecida entre las dos funciones en el relato de memoria con el caso de otras formas ficticias.

Aunque proceden de orientaciones lingüísticas no siempre compatibles, las categorías de Weinrich en cierto sentido evocan la distinción, establecida por el lingüista estructuralista Emile Benveniste, entre historia y discurso. Así pues, con el predominio del *discurso* – narración que señala su punto de origen, su subjectividad – por encima de la *historia* – que apunta un pasado cerrado, ya histórico – el relato memorativo pretende situarnos ante el proceso narrativo en tanto enunciación, cuya inmediatez nos enfrenta a la propia constitución del sentido a través del acto recordativo.

Pero donde la memoria se hace sentir de forma más radical y significativa es en la estructura temporal y lógica de la narración, que no puede menos que verse afectada por el proceso rememorativo. Aunque varía de texto en texto, el relato mnemónico tiende a caracterizarse por la presencia de anomalías o desviaciones en la secuencia temporal, por "acronías" según la terminología de Genette. En su estudio de la novela de Proust, él identifica cuatro tipos de desviaciones respecto a la cronología normal: el salto hacia atrás (*flashback*) o analepsis, el salto hacia adelante (*flash forward*) o prolepsis, la elipsis, o sea la omisión o resumen sumario de unos sucesos o un período temporal, y la paralepsis, el callar o pasar por alto un acontecimiento o un hecho al cual se alude más tarde. No tenemos tiempo de comentar o de dar ejemplos de las acronías señaladas por Genette, pero las citamos con el propósito de ilustrar las modificaciones en la estructura narrativa que resultan cuando la cronología de la memoria se sustituye por la cronología de eventos. Lo que sí examinaremos es cómo, frente a la ausencia o desviación de los principios de orden cronológico, pueden surgir otros principios de organización supletorios centrados en la función de imágenes y símbolos.

A la luz de estas categorías de análisis (que no agotan las posibles) podemos abordar la tarea de describir el papel y el funcionamiento de la memoria en *Volverás a Región y Una meditación*. ¿Tiene la memoria la misma función en las dos novelas? En primer lugar hay que destacar las diferencias en la estructura narrativa: en *Volverás* son tres las figuras que desempeñan funciones narrativas: el narrador por un lado y los personajes del doctor Sebastián y la viajera Marré Gamallo cuyos monólogos (o soliloquios) alternantes llenan el espacio de una noche que constituye la duración de la narración. Son cuatro, sin embargo, las conciencias rememorativas, si se incluye al niño/hombre encerrado en la casa del doctor y cuyos "pensamientos" o asociaciones nos son referidos por el narrador. En *una meditación*, en cambio, tenemos a un solo narrador cuya función depende enteramente (y de quien dependemos los lectores) del acto y los procesos de recordar.

En *Volverás* la función prinipal de la memoria es temática, aunque no por eso superficial. La memoria suministra la motivación y la forma que toman las actuaciones de los dos protagonistas, el doctor Sebastián y Marré Gamallo, hija del militar cuya venganza personal trasferida al campo de batalla desencadenó sobre Región la Ruina que es su característica fundamental. Para Marré Gamallo volver a Región es un acto consubstancial con la rememoración, con la necesidad de volver sobre un pasado, recordarlo, no a fin de revivirlo ni de refugiarse en él sino de construir o reconstruir un yo en el presente que sea fiel a ese yo pasado. El viaje conjugado en espacio y tiempo de Marré es terapéutico, incluso en el sentido freudiano; siente la necesidad de deshacerse de los años de negación y represión de un pasado que ahora está dispuesta a reclamar. Ella misma evoca este aspecto al dirigirse al doctor Sebastián (no es, claro está, la única razón) a quien pide, medio en broma, medio en serio, una "curación". El impulso rememorante de Marré se introduce como un acto violento en el espacio del olvido que es Región. El narrador nos cuenta que "La gente de Región ha optado por olvidar su propia historia: muy pocos deben conservar una idea veraz de sus padres, de sus primeros pasos..." (1967: 11). El gesto recordativo de Marré, aunque representa un acto positivo, hasta heroico, en el contexto de su propia vida, desencadenará un proceso mnemónico con consecuencias funestas para ella y los demás personajes. La llegada de Marré pone en marcha un proceso análogo en las dos otras conciencias rememorativas, en el doctor, que empieza por resistir pero luego cede ante el impulso de sus propios recuerdos, y en el niño/hombre, abandonado hace años por su madre, y para quien la llegada de Marré le despierta el recuerdo de la salida de esa primera que se marchó en un coche negro parecido al auto que trae a Marré a Región. Examinemos primero el caso del niño que no narra por su propia cuenta pero cuyos pensamientos apenas conscientes nos son comunicados por el narrador (con esto vemos una primera excepción a la "regla" de primera persona). Es posible establecer un paralelo entre la presentación de los procesos mnemónicos del niño en esta novela con la narración de Benjy Compson en *El sonido y la furia*. Aunque predomina el aspecto visual y sensorial por encima del verbal, su caso nos proporciona una modalidad rememorativa que ilustra la importancia y la función de imágenes, de procesos no verbales y ni siquiera conscientes en la representación de la memoria. Además, las descripciones/reflexiones del narrador que citamos a continuación nos ofrecen un ejemplo de las figuras conceptuales empleadas a lo largo de la novela para caracterizar los mecanismos y la "maquinaria" rememorativa. Así que, al caracterizar el proceso recordativo del niño, el narrador nos explica que "su conciencia no reconoce todavía como odio lo que una memoria ahorrativa atesora a fin de capitalizar los pequeños ingresos infantiles para el día en que tenga uso de la razón." (1967: 18). Y en ilustración de la naturaleza selectiva de la memoria anormal (pero también la normal) nos indica el papel catalizador de un objeto o una imagen, al parecer arbitrario o trivial, en este caso, el coche negro: "Ciertamente era un coche parecido, del mismo color negro, a aquel en que se había marchado su madre al principio de la guerra. Pero si el recuerdo de su madre se había borrado – una miríada de pequeños cambios por medio de los cuales se transforma el contacto de una mejilla en el sabor de una manzana –, el del coche había quedado, aislado en la memoria e intocable al dolor" (1967: 90). Dos páginas después, en una meditación narratorial que anticipa las otras más extensas sobre la memoria en la segunda novela de Benet, el narrador reflexiona sobre las defensas que suministra la memoria en la forma de un olvido protector, unas costumbres que sólo infrecuentemente dejan penetrar un recuerdo que no sea puramente anodino. La memoria también crea sus ficciones y sólo la irrupción de otra memoria,

> "no complaciente y en cierto modo involuntaria, que se alimenta de miedo y extrae sus recursos de un instincto opuesto al de supervivencia, y de una voluntad contraria al afán de dominio – despierta y alumbra un tiempo – no lo cuentan los relojes ni los calendarios [...] que carece de horas y años, no tiene pasado ni futuro, no tiene nombre porque la memoria se ha obligado a no legitimarlo; sólo cuenta con un ayer cicatrizado en cuya propia sensibilidad se mide la magnitud de la herida. El coche negro no pertenece al tiempo sino a ese ayer intemporal, transformado por la futurición en un ingrávido y abortivo presente" (1967: 92, 93).

Vemos que estamos lejos de la búsqueda del tiempo perdido de Proust aunque los conceptos y el vocabulario que caracterizan la memoria, el papel del hábito, la memoria involuntaria, proceden del repertorio proustiano. No pienso ser indiscreto si les revelo o recuerdo el resultado final del proceso rememorativo desencadenado en la mente del niño por la llegada de Marré en el coche negro; la novela termina con la muerte del doctor a manos del niño enfurecido que piensa que Sebastián le ha separado otra vez de su madre mientras que la viajera muere a manos del misterioso guardián Numa, encargado de castigar a todo quien transgreda contra el orden de silencio y olvido que dominan en Región.

En el nivel de la estructura narrativa los efectos de la memoria son tal vez menos evidentes en esta novela, aunque la organización temporal está lejos de la cronología lineal. Notemos al pasar la presencia de muchas acronías, susceptibles de un análisis utilizando los métodos de Genette. Alternan secciones de narración narratorial con los monólogos o soliloquios de Sebastián y Marré Gamallo.[2] Se cruzan los recuerdos de la guerra, primero a través de la crónica más objetiva del narrador, luego seguidos de las memorias subjetivas de la joven Marré y un Sebastián también menos cínico y resignado. Aparte de las elipsis, inevitables a la hora de "contener" los recuerdos de aproximadamente 14 años (los sucesos referidos en la novela ocurren entre 1925 y 1939) en un espacio narrativo de más o menos 24 horas, que ocupa la conversación mantenida entre Sebastián y Marré, la dificultad principal de la novela estriba en la frecuente imposibilidad de identificar a la voz originaria del discurso. Como ha señalado Gonzalo Sobejano (1975: 562), Benet no observa las reglas de decoro o verosimilitud narrativos que exigen que cada personaje hable con voz propia, con su propio estilo. Aunque no se ha considerado como explicación de este hecho, es tentador sugerir que la consistencia del estilo en la novela puede atribuirse a la uniformidad impuesta por el lenguaje de la memoria.[3]

Por otra parte, a pesar de las evidentes violaciones de la cronología normal, en *Volverás a Región* rige un respeto hacia las convenciones de la narración. Dorrit Cohn ha introducido una distinción que puede sernos muy útil a la hora de caracterizar e interpretar los procesos mnemónicos en las novelas de Benet (y en otras también). En primer lugar describe lo que ella denomina la "narración de memoria" (*memory narrative*):

> "La narración de memoria [...] tiende a interrumpir o desviar más
> bien la microestructura temporal que la macro–estructura temporal
> de un texto; así se revela la tenacidad del vínculo entre la presen-
> tación narrativa realista y la secuencia narrativa cronológica. Mientras
> habla o escribe el narrador, forja un lenguaje basado en la comu-
> nicación: presenta, explica, enlaza causa con efecto [...] Las
> asociaciones privadas que determinan las secuencias mnemónicas
> mentales sólo prevalecen en formas en primera persona donde la
> ficción de comunicación escrita u oral cede a la ficción de auto–comu-
> nicación, es decir, cuando cronología y comunicación narrativas se
> abandonan simultáneamente" (1978: 183; traducción mía).

Mucho menos frecuente que la narración de memoria son los llamados "monólogos de memoria" (*memory monologues*), entre los cuales Cohn destaca *El sonido y la furia, La ruta de Flandes* de Claude Simon y el monólogo de Molly Bloom en *Ulises*. En el monólogo de memoria, según la crítica norteamericana, "en contraste con una crónica donde los hechos están narrados de acuerdo con la secuencia de su desarrollo, el autor [en este caso Claude Simon] se esfuerza menos en contar una historia que en describir la huella dejada por ella en una memoria y una sensibilidad" (1978: 184).

Si *Volverás a Región* parece corresponder a la narración de memoria (basada, como es, en la ficción de conversaciones intercambiadas), en vista de la general conser-vación de la función comunicativa, tanto en la crónica del narrador como en los soliloquios de los personajes, ¿cómo calificaremos a *Una meditación* cuyo título y narrador en primera persona parecen evocar otras formas y otras modalidades de expresión narrativa? Citamos por última vez a Cohn con respecto al monólogo de memoria: "En tanto forma retrospectiva cuyo tiempo verbal de base es el pasado, el monólogo de memoria es la variante del monólogo interior que más se acerca a la autobiografía mientras crea al mismo tiempo la ilusión del *uninterrupted rolling* – el rodar ininter-rumpido – del proceso mental" (1978: 185).

Aunque seguramente no conocía la novela de Benet y menos aún las circunstancias materiales de su composición, no resulta menos significativa la coincidencia entre la expresión de Cohn y el detalle del rollo continuo de papel empleado por Benet en la escritura de su novela. El producto de este experimento – un chorro, un fluir continuo de palabras en un solo párrafo de unas 320 páginas – refleja el empeño de Benet en reproducir, representar el funcionamiento de la memoria no sólo al nivel del texto final sino en el mismo proceso de composición donde se sirvió del rollo ininterrum-pido de papel como un medio de forzarse a componer de acuerdo con los procesos fluidos de la memoria.

El narrador de *Una meditación* está motivado por un proyecto rememorativo parecido al que trajo a Marré Gamallo a Región en la primera novela. Volver sig-nifica recordar, emprender un viaje introspectivo al interior de sí mismo. Pero en contraste con *Volverás a Región* donde las reminescencias de Marré o del doctor Sebastián constituyen sólo dos aspectos de la novela, aquí no hay más fuente narrativa que las palabras rememorantes del narrador, por lo menos hasta el final cuando el narrador parece fundirse con una conciencia narratorial/autorial más abarcadora. Aquí, en las palabras de Ricardo Gullón, la memoria es el narrador, productor de un relato que el propio narrador califica de "fragmentado y desordenado" (Benet 1970: 32). Aquí, más que la función narrativa/comunicativa es la función rememorante que domina y da forma a la novela. Citamos otra vez a Gullón: "siendo el narrador memoria no podría sustraerse a las condiciones de su funcionamiento. Puesto a recapturar el pasado, será el pasado quien le captura a él, moviéndole de un punto a otro y revelando sus insuficiencias y extravíos" (1985: 53). Con el papel principal cedido a la memoria, cobra mayor importancia y funcionalidad estructurales el juego de imágenes que ya hemos señalado en los recuerdos narrados del niño en *Volveras a Región*. En la operación de la memoria reflejada en la novela por una sintaxis enrevesada y frases interminables, los nombres y también las identidades más profundas junto con los varios momentos temporales se presentan como fundidos, entremezclados. Así Leo/Laura, amante de dos de los personajes masculinos y una mujer conocida sólo del narrador adulto, se convierte, se intercambia con la prima del narrador, Mary, mientras que el primer marido de ésta, Julián, se confunde con el segundo y también con el vecino Jorge Ruan, cuya identidad se funde a su vez con la de su hermano, Enrique. La imagen de Julián bajando la escaleras de la casa de Mary camino a la guerra se transforma en una imagen de Julián en las mismas escaleras años más tarde, pero también es el segundo marido que torpemente baja las escaleras en la casa donde él es objeto de desdén. De modo semejante, la cinta de la blusa de Mary el día de la caída del narrador niño ante la entrada de Mary en la casa de los Ruan se convierte en la cinta que deja caer la prostituta Rosa de Llanes estando con el narrador adulto.[4]

Sin embargo, la narración no es un puro fluir de imágenes. Se inicia como una especie de crónica familiar – se habla de la "época dorada de pequeños dramas familiares" (1970: 29)[5] – y no faltan las alusiones temporales propias de la memoria subordinada a funciones narrativas. Alternan las referencias concretas al estallido de la Guerra Civil o a "la última vez que vi a mi padre, la mañana siguiente de aquel trágico sábado" con expresiones relacionadas con la historia de sus propios esfuerzos rememorantes: "Tiempo atrás hube de recordar...", "Más tarde comprendí...", "Un día surgió el recuerdo..." (1970: 28, 29), que además de orientarnos con respecto a una cronología real nos invita a contemplar el proceso mnemónico.

Habría que conceder mucho más tiempo y estudio a las meditaciones del narrador dedicadas a la memoria y su funcionamiento. Encontraríamos en ellas ecos de Bergson en la alusión a la capacidad ilimitada de conservación de recuerdos por la facultad rememorativa (1970: 29)[6]; se notaría el reflejo de metáforas y modelos proustianos en la evocación de la geología de la memoria y su proceso de sedimentación, en las referencias al papel cegador de la costumbre y otra vez en la evocación del papel primordial jugado por la memoria involuntaria e instintiva frente a la voluntaria o intelectual, esta primera la clave y punto de arranque de la narración: "El día en que se produce esa inexplicable e involuntaria emersión del recuerdo, toda una zona de penumbra, que parecía olvidada ... empieza a ser iluminada tibiamente" (1970: 31).

Cuando Mary S. Vásquez alude a la memoria como el "vehículo de creación del narrador" (1984: 67) de *Una meditación*, seguramente estaba pensado en la capacidad de la memoria para su doble tarea de creación e invención. Aunque se difieren bastante del protagonista/escritor de *La muchacha de las bragas de oro* de Juan Marsé que literalmente se pone a inventarse un pasado, los personajes benetianos, a raíz de su inmersión en el fluir de la memoria, se ven obligados a abandonar las certidumbres a menudo engañantes de la temporalidad lineal, de la vida real y sólida del presente, en favor de una busca de otras realidades y otras verdades – contradictorias, borrosas, equívocas. Los logros creativos de este viaje en el tiempo y la memoria se encuentran, claro está, en el mundo literario que surge de los recuerdos, pero también en ese vehículo, ese instrumento de navegación que es el lenguaje de la memoria. Benet, en las dos novelas que acabamos de comentar muy brevemente, elabora un repertorio técnico y conceptual al servicio de la representación de la memoria que sólo se puede comparar, en su flexibilidad y capacidad expresiva, a dos novelistas que le precedieron en la investigación y explotación de los poderes creativos de la memoria: Proust y Faulkner.

NOTAS

1   1960: 36, 39, 58, 69, 80, 133, 172, 178, 206, 207, 208.

2   José Ortega los denomina soliloquios puesto que no reflejan "el proceso síquico desarticulado" (1974: 236) que caracteriza el monólogo interior.

3   En su estudio sobre la presencia de Faulkner en la narrativa española de postguerra, María–Elena Bravo señala las raíces faulknerianas de este aspecto de *Volverás a Región*: "En la novela de Benet y en *¡Absalón, Absalón!* se encuentra la reconstrucción parcial, imaginada o verosímil de unos hechos a base de una conversación en la que los interlocutores, sean personajes existentes o fantasmagóricos, nos dan diferentes versiones de los hechos difuminados en las diversas memorias y subjetividades. La palabra mantiene un tono uniforme que prevalece sobre el conjunto de la narración y que incluye a todos los personajes y a la voz narradora" (p. 278).

4   Consulte la discusión de Mary Vásquez de estas mismas escenas en otro contexto.

5   Tampoco se puede pasar por alto la resonancia proustiana de varios pasajes, como esta frase con su eco del "drame de mon coucher" del narrador Marcel.

6   Se recomienda el excelente artículo de Randolph Pope, "Benet, Faulkner and Bergson's Memory" (1984).

BIBLIOGRAFIA

Benet, Juan
1967   *Volverás a Región*. Barcelona: Ediciones Destino.
1970   *Una meditación*. Barcelona: Seix Barral.

Benveniste, Emile
1966   *Problèmes de linguistique générale*. París: Gallimard.

Bravo; María–Elena
1985   *Faulkner en España*. Barcelona: Ediciones Península.

Cohn, Dorrit
1978   *Transparent Minds*. Princeton, New Jersey: Princeton University Press.

Genette, Gérard
1972   "Discours du récit". En *Figures III*, París: Seuil.

Gullón, Ricardo
1985   "Sombras de Juan Benet". En *Cuadernos Hispanoamericanos*, 418: 45–70, Madrid.

Matute, Ana María
1960   *Primera memoria*. Barcelona: Destino.

Ortega, José
1974   "Estudios sobre la obra de Juan Benet". En *Cuadernos Hispanoamericanos*, 284: 229–258, Madrid.

Pope, Randolph
1984   "Benet, Faulkner and Bergson's Memory". En Roberto C. Manteiga, David K. Herzberger y Malcolm Alan Compitello (eds.): *Critical Approaches to the Writings of Juan Benet*, pp. 111–119, Hanover, New Hampshire: University Press of New England.

Sobejano, Gonzalo
1975   *Novela española de nuestro tiempo*. Madrid: Prensa Española.

Vásquez, Mary
1984   "The Creative Task: Existential Self–Invention in "Una meditación". En Roberto C. Manteiga, David K. Herzberger y Malcolm Alan Compitello (eds.): *Critical Approaches to the Writings of Juan Benet*, pp. 64–71, Hanover, New Hampshire: University Press of New England.

Weinrich, Harald
1964   *Estructura y función de los tiempos verbales en el lenguaje*. Madrid: Gredos.

Las convenciones literarias de la poesía de protesta

Eleanor Wright
Vanderbilt University

La transición de la represiva autarquía franquista hasta la época de convivencia fue iniciada en 1951 con una reorganización del gobierno y, de primera importancia para la literatura, del Ministerio de Educación. Bajo la dirección del entonces Ministro de Educación, Joaquín Ruiz–Giménez, se efectuó un cambio del medio ambiente cultural en que, con prudencia, se permitía dar a entender ideas liberales, democráticas y aun socialistas. Durante el mismo período, el proscrito Partido Comunista de España, que había estado en contacto clandestino con unos cuantos escritores, artistas, estudiantes y profesores, comenzó un ambicioso programa de infiltración en grupos existentes en la Península con el fin de aumentar su base de poder.[1] En esta atmósfera, más tolerante de inquietudes expresas, algunos escritores a la altura del momento intentaron llevar al público lector sus preocupaciones de índole sociopolítica. Pero, entre los géneros literarios que podían haber cultivado, el preferido no fue el teatro, ni el ensayo, ni la novela, sino la poesía, género destinado a unos 500 lectores y, por eso, el menos censurado por el régimen.[2]

La poesía de protesta, en este sentido consecuencia de la opresión franquista, era una tendencia manifiesta en tres modalidades: la poesía de resistencia de tono anti–fascista, la poesía de protesta social de una ideología con sordina y la poesía de protesta marxista influida por las doctrinas del Partido Comunista. Las tres modalidades, entre sí distintas ideológicamente, compartían una oposición ética y estética a la poesía vanguardista y la neoclásica que habían florecido hasta entonces y que seguían en vigencia. Los poetas de protesta, puesto que planteaban temas de compromiso moral y político, como la represión social, la injusticia económica y la solidaridad con el hombre, se consideraban éticamente superiores a sus colegas vanguardistas y neoclásicos. Además, estimaban menos la perfección expresiva, favoreciendo un estilo de expresión simple y directo, más adecuado a la difusión de ideas. Por último, para sostener la aspiración de difundir ideas tenían que suponer una equivalencia entre la poesía y la comunicación natural en cuanto a forma y contenido y, sobre todo, en cuanto a su función en el mundo.

Atribuir a un texto poético las condiciones de enunciaciones de la comunicación natural nos llama la atención precisamente por contradecir establecidas convenciones literarias que niegan tal equivalencia y, en el mejor de los casos, que solamente conceden una homología de forma.[3] La diferencia principal entre las enunciaciones literarias y las naturales es que las enunciaciones naturales son acontecimientos, son dichos verificables de personas reales que viven dentro de un contexto real.[4] En cambio, las enunciaciones literarias son históricamente indeterminadas porque las separamos de las circunstancias de su origen al conservarlas en la literatura. Estas enunciaciones, marcadas físicamente por los márgenes de una página y estéticamente por características de género, las leemos como estructuras imaginarias en un juego de adivinanzas donde inventamos significados que nunca podemos comprobar. Por lo tanto, en lo que se refiere al presente tema, afirmamos que los poemas de protesta, aunque imitan formas reconocibles de la comunicación natural, no son, ni nunca pueden ser, testimonios, arengas, peticiones o desafíos, sino solamente las representaciones artísticas de ellos, porque participan de un sistema secundario modelador, para precisar, la literatura.

Las convenciones del sistema literario orientan la creación y la lectura de un texto de la misma manera que las convenciones de otros sistemas secundarios guían la creación y la apreciación de toda obra de arte, sea de música, de escultura o de pintura. Esto se clarifica al recordar que cuando conservamos un objeto como arte, lo señalamos digno de encomio en vez de dejarlo desaparecer en la serie de obras olvidadas; en fin, lo consideramos artístico. Desde luego, este proceso afecta la poesía de protesta, cuyas convenciones implican que los poemas se parezcan a la comunicación natural, aunque otras convenciones más inclusivas les niegan condición histórica y función materialista. A pesar de esto, durante más de tres lustros, la poesía de protesta tuvo vigencia en el mundo literario.

Vicente Aleixandre, uno de los primeros en advertir una nueva dirección en la poesía, acuñó la expresión "Poesía: comunicación" y luego realizó el estudio "Algunos caracteres de la nueva poesía española."[5] En el dio un resumen equilibrado, fijándose en actitudes típicas, temas preferidos y técnicas más corrientes, apoyando sus generalizaciones con ejemplos aclaratorios. En primer lugar, vio que se estimaba mucho la autenticidad aunque ésta no era suficiente para lograr un poema bueno. Observó, además, que se rechazaba una visión estética de la vida por otra infundida de conciencia del tiempo llevando al optimismo o a la angustia. Entonces, al declarar que los temas de esta poesía eran tan válidos como los tradicionales, señaló, como el principal, la vida situada en un "aquí y ahora" y, entre los secundarios, el patriotismo, la injusticia y la solidaridad. Finalmente, Aleixandre identificó como características obligatorias de una poesía dirigida "a la mayoría", técnicas épicas y narrativas, lenguaje coloquial y referencias al mundo cotidiano.

Si bien esta descripción se aplica a todas las modalidades poéticas antes mencionadas, es la poesía de protesta marxista, partiendo de la teoría del Realismo Socialista, la que iba a ser la modalidad más representativa de la época y sus seguidores, los que iban a llevar la idea de la poesía como comunicación a sus últimas consecuencias. Según el Realismo Socialista, los escritores tenían que producir obras tendenciosas, de acuerdo con las doctrinas del Partido Comunista, que orientaran a la clase obrera hacia metas colectivistas.[6] El origen de este método fue un programa que Lenin promulgó en 1905 al convertirse el Partido en una organización popular. Pero el método que Lenin destinó a la producción de octavillas, panfletos, carteles y películas en una campaña controlada por militantes, fue destinado por Stalin en 1934 a la literatura imaginativa también. Fuera de la Unión Soviética y de los países satélites, el método del Realismo Socialista se practicaba desde entonces con relación directa al éxito que tenía el pensamiento marxista entre los intelectuales. Así es que en la España de los años 50, con el creciente interés en la interpretación marxista de la situación española, el método comenzó a ejercer una acusada influencia en la literatura y, sobre todo, en la poesía de protesta. Por tanto, si aceptamos las antologías poéticas como signos del tiempo, diremos que Francisco Ribes anunció el renacer del Realismo Socialista en la *Antología consultada de la joven poesía española* de 1952; mientras José María Castellet afirmó su predominio en *Veinte años de poesía española* de 1960 y Leopoldo de Luis analizó su decadencia en *Poesía social* un lustro después.

No hay por qué dudar del éxito del Realismo Socialista en España y de su visión de la poesía como comunicación natural, pero sí tenemos que examinar dos premisas mayores del método para comprender en qué manera estas premisas contradicen las convenciones establecidas del sistema literario.

La premisa de realismo da por sentada una relación estrecha entre palabras y los objetos a que se refieren, es decir, propone una semejanza exacta entre el lenguaje y el mundo: las palabras son lo que nombran. La identidad entre palabra y referente es algo que Gabriel Celaya da por descontado cuando elogia la materialidad de las palabras: "sílabas cuadradas" y "acentos airados" que dan forma a lo que nombran. Las palabras de Celaya son sinceras y humildes, describen una vida sencilla, encarnan mundo, como indican estas líneas de "Hablando en castellano" (1967: 617):

> . . . .
> los nombres donde duele, bien clavados,
> más encarnan que aluden en abstracto.
> Hay algo en las palabras, no mentante, captado,
> que quisiera, por poeta, rezar en buen castellano.

Del mismo modo, Blas de Otero, recurriendo al lenguaje coloquial, ensalza la presencia física de palabras que tratan asuntos del mundo real, alaba la "voz bordada", los "pedazos de palabras", las "sílabas de tierra."[7]

La premisa de realismo motiva también una personificación del hablante, quien adopta los papeles configurados por la retórica de la plaza pública. Así es que en el poema el hablante ahora es revolucionario o militante de partido para arengar las masas inconscientes; ahora es poeta de mala conciencia o compañero de viaje para dirigirse a poetas "celestiales"; ahora bien adopta el papel de trovador para cantar las virtudes del pueblo. Al fundirse la equivalencia entre palabra y mundo con un hablante–portavoz tenemos las condiciones mínimas para que los mensajes poéticos se acepten como reales en vez de literarios, una consecuencia que a su vez abre camino a otra premisa mayor.

La premisa de eficacia, que mantiene que los mensajes poéticos son tan eficaces como los de la comunicación natural, proviene del principio de que, en un mundo revolucionario, las esferas de la vida no son reinos aislados sino todo lo contrario; se relacionan estrechamente entre sí, ya que los pensamientos (*theoria*) y las acciones (*praxis*) se funden en una continua fusión que es la vida. Tomando en cuenta esto, no parece insólito que los mensajes poéticos salten la barrera, ya ilusoria, del poema para entrar en la experiencia de la vida de los lectores. En otras palabras, los poemas comunican sus mensajes de la misma manera que los panfletos o los carteles de propaganda; tanto aquéllos como éstos son vehículos de mensajes que, según el Realismo Socialista, deben propugnar las doctrinas del Partido Comunista. Ejemplo de un poema que elabora esta premisa es "La poesía es un arma cargada de futuro", de Gabriel Celaya en que el hablante es "un ingeniero del verso" que escribe poemas para construir la esperanza en otros (1967: 631). Utilizando palabras del léxico industrial y del militar, Celaya realiza su faena, hombro a hombro con sus compañeros campesinos y obreros. Al igual que ellos, en cada poema que escribe, fabrica un producto necesario, signo vital de una fuerza incontenible hacia el libre desenvolvimiento de todos, como indican líneas del mismo poema:

> Me siento un ingeniero del verso y un obrero
> que trabaja con otros a España en sus aceros.
> Tal es mi poesía: poesía–herramienta
> a la vez que latido de lo unánime y ciego.
> Tal es, arma cargada de futuro expansivo
> con que te apunto al pecho.

En el fondo, la premisa de eficacia depende de un método no privativo del Realismo Socialista, sino de uno que emplea cualquiera que tenga el intento de persuadir a la acción, sea lo que sea el propósito. Este método escuetamente descrito tiene tres pasos: representar una situación desequilibrada; identificar la causa; exigir un desagravio. Celaya sigue el modelo en "Vivir para ver" dirigiéndose a poetas embebidos en la evasión; caracteriza su actitud como moralmente irresponsable, ya que no se fijan en el sufrimiento del pueblo, y exige su solidaridad (1967: 637):

> Poetas entregados a esa ambigua delicia
> . . . .
> en el círculo a vueltas de las mil maravillas,
> levantáos, sed hombres que aceptan sus deberes,
> escuchad lo que el pueblo con alarma os exige,
> pensad que ser neutrales es pronunciarse en contra.

De acuerdo con la premisa de eficacia y el método que proviene de ella, se supone que los lectores de este poema harán caso del mensaje, tomarán partido y acudirán a la acción, finalidad de cualquier propaganda.

De las premisas de realidad y de eficacia se desarrolló una poesía de urgencia, que servía como remedio, por provisional que fuera, en una angustiada coyuntura histórica; porque, mientras los censurados programas de radio, páginas de periódico o revista y escenas cinematográficas o teatrales carecían de comentarios negativos sobre el Dictador y la Dictadura, la poesía, de una difusión mínima, sí llevaba crítica velada del General Franco y de su Régimen. Por medio de una sátira de costumbres de tono agresivo y cínico unos poetas señalan con el dedo los defectos que la prensa vigilada procura enmascarar. Por ejemplo, en "Elegido por aclamación", Angel González narra el incidente de un individuo que se declara "Jefe" para luego invitar desafíos, los que no se manifiestan porque "[i]nmóvil mayoría de cadáveres / le dio el mando total del cementerio" (Castellet 1960: 479). José Angel Valente, en "La concordia", pinta una visión del régimen franquista en que estallidos irónicos de "Jamás la violencia" no desmienten un trasfondo de amenaza, de hambre, de miseria y de cadáveres (1972: 203–234). Jaime Gil de Biedma ridiculiza al Dictador tanto como el Régimen en "El arquitrabe" por medio de una alegoría en que el arquitrabe que descansa sobre las pilastras de un edificio está en peligro de caer no obstante los andamios últimamente levantados para afirmarlo (1978: 49).

De mi razonamiento hasta ahora no debemos concluir que los poetas de protesta ignoraban que las premisas de su poesía no eran universales. Algunos de los mejores poemas aprovechan el choque entre convenciones contrarias. En "Los celestiales", por ejemplo, José Agustín Goytisolo emplea el alejandrino, un metro poco frecuente en el lenguaje natural, para criticar duramente los versos melodiosos y la actitud aristocrática de los poetas protegidos del Regimen (1980: 27–29). Además, Blas de Otero, cuyo hablante lírico en la trilogía *Que trata de España* personifica la ética marxista, deja de lado lápiz y papel y lleva su mensaje a la calle; es a la vez portavoz del mensaje y el mensaje mismo, Palabra Nueva andante.[8] Pero este efecto es ambiguo porque Otero declara que su poesía es oral en poemas impresos; nos exige imaginar que escuchamos el mensaje en vez de leerlo. Otero quiere hacernos creer que escribir es falsificar para que creamos que su poesía "oral" es sincera, es auténtica.

La relación entre la protesta política que surgió durante la dictadura franquista y la protesta de la poesía de Otero y otros es una relación basada en semejanzas formales. La poesía de protesta depende de convenciones que precisan un hablante cuya configuración presenta valores específicos y un lenguaje ideológico que expresa una visión sociopolítica del mundo para representar un mundo histórico. Quizás logró modificar la conciencia de los lectores de la época, pero la condición del poema y el resultado pragmático de su lectura se relacionan de modo fortuito. Para comprender el éxito de esta poesía, recordemos que ofrecía un medio de expresión más libre de censura que otros. Esta situación histórica clarifica las razones por las cuales poetas y lectores de la posguerra española olvidaron las convenciones establecidas del sistema literario para seguir las de la poesía de protesta.

NOTAS

1 Jorge Semprún (1977) entonces dirigente del PCE, cuenta sus viajes a la España de los años 50, presentándose como hispanista francés.

2   La cifra de 500 lectores se basa en que la tirada típica de un poemario fue de 250 ejemplares mientras una de 500 ejemplares, como las de Adonais, se consideraba una edición grande. Un estudio documentado sobre la incidencia de la censura en obras de poesía, novela y teatro de la época comprueba que la poesía sufrió menos, excepto en el caso de obras de poetas (vivos y muertos) en franca oposición al régimen (Abellán 1980).

3   El problema que identificamos tiene que ver con la diferencia entre las enunciaciones del sistema primario (discurso natural) y las del sistema secundario (discurso literario), éstas son semiotizadas de una manera distinta y sus fundamentos estéticos y pragmáticos los encontramos en el metalenguaje del sistema, explícitamente en las poéticas y las retóricas, implícitamente en convenciones observadas intuitivamente (Mignolo 1978: 89–91).

4   Es importante recordar que "lo lo literario" del discurso no queda en aspectos estilísticos como las figuras retóricas, ni en la verdad absoluta, ni en una estructura compleja porque ninguno de estos atributos es privativo de la literatura y de hecho son aspectos posibles del discurso natural tanto como del discurso literario. Pero un texto también puede ser una enunciación natural en forma escrita, pensemos en una carta o en un diario, ya que es históricamente determinado (Smith 1974).

5   La expresión viene de "Poesía: Comunicación (Nuevos puntos)", *Espadaña*, 48 (diciembre de 1950); el ensayo se recoge en *Obras completas* (1977, II: 489–515).

6   En realidad hay dos teorías del Realismo Socialista. Para adversarios es un estilo, vigente en los años 30 y resucitado después en momentos de agitación política, con una acusada preferencia por la expresión pobre y una temática limitada. Para los proponentes es la manifestación artística de un movimiento internacional para establecer una sociedad socialista, algo que los escritores apoyan por incorporar en sus obras las doctrinas del partido (Tertz 1960: 10–26; James 1973: x).

7   Blas de Otero, "Palabra viva y de repente". En *Que trata de España* (1977, pp. 46–47), Madrid: Visor.

8   Además del título citado, la trilogía incluye *Con la inmensa mayoría*. (*Pido la paz y la palabra*. En *castellano*; 1972).

BIBLIOGRAFIA

Abellán, Manuel L.
   1980   *Censura y creación literaria en España (1939–1976)*. Barcelona: Península.

Aleixandre, Vicente
   1977   *Obras completas*. Vol. 2, Madrid: Aguilar.

Castellet, José María
   1960   *Veinte años de poesía española (1939–1959)*. Barcelona: Seix–Barral.

Celaya, Gabriel
   1967   *Poesías completas*. Madrid: Aguilar.

Gil de Biedma, Jaime
   1978   *Las personas del verbo*. Barcelona: Seix–Barral.

Goytisolo, José Agustín
   1980   *Salmos al viento*. Barcelona: Lumen.

James, C. Vaughan
   1973   *Soviet Socialist Realism. Origins and Theory*. Londres: Macmillan.

Luis, Leopoldo de (ed.)
   1965   *Poesía social*. Madrid: Alfaguara.

Las convenciones literarias de la poesía de protesta

Mignolo, Walter
1978   *Elementos para un teoría del texto literario*. Barcelona: Editorial Crítica.

Otero, Blas de
1972   *Con la inmensa mayoría. (Pido la paz y la palabra. En castellano)*. Buenos Aires: Losada.
1977   *Que trata de España*. Madrid: Visor.

Ribes, Francisco (ed.)
1952   *Antología consultada de la poesía joven española*. Santander: Hermanos Bedia.

Semprún, Jorge
1977   *Autobiografía de Federico Sánchez*. Barcelona: Planeta.

Smith, Barbara Herrnstein
1974   "Poetry as Fiction". En Ralph Cohen (ed.): *New Directions in Literary History*, pp. 166–182, Baltimore: John Hopkins.

Valente, José Angel
1972   *Punto cero (Poesía: 1953–1971)*. Barcelona: Seix–Barral.

Tertz, Abram
1960   *On Socialist Realism*. Nueva York: Pantheon.

LATINOAMERICA

Narrativa mexicana: de Azuela a Rulfo

Francisco Antolin
Concordia University, Montreal

Azuela es un médico que escribe novelas. "A veces lo que escribe es arte, a veces, no" (Brushwood 1973: 302). Rulfo es un enfermo de soledad que hubiera preferido no escribir (Portal 1980). Los dos son autodidactas, los dos son oriundos de Jalisco, los dos triunfan tarde. Azuela se inspira en la vida "lo que palpita y se renueva en torno nuestro" (1984: 16). Lo que escribe Rulfo es vida estilizada, puro arte.

Azuela ausculta las transformaciones de medio siglo de vida mexicana. El mundo de Rulfo es un mundo hermético, cuyo centro es el hombre universal con sus angustias: búsqueda del padre, búsqueda de la infancia perdida o del amor: "Pensaba en ti, Susana. En las lomas verdes. Cuando volábamos papalotes en la época del aire ... Tus labios estaban mojados como si los hubiera besado el rocío" (1969: 16).

Azuela participó en la revolución cuyos abusos denunció y censuró. Rulfo sufrió los efectos de la revolución de los cristeros como una fatalidad: "Fue más bien una cosa atávica, una cosa del destino [...] desde mi padre y mi madre, inclusive todos los hermanos de mi padre, fueron asesinados" (Sommers 1974: 20). Hasta la tierra fue devastada por la ola cristera, tierra hecha mito en *Luvina*, un infierno de calor y de viento, que contrasta con los buenos tiempos de Comala: "Un pueblo que huele a miel derramada ... un puro murmullo de vida (donde) uno quisiera vivir para la eternidad" (1968: 22).

Ambos escritores son pesimistas: Azuela no logra romper el círculo de la irremediable picaresca mexicana. No explora nuevos horizontes, insinuados, entre otros personajes, por Esperanza, protagonista de *Los caciques*. Rulfo, al escribir, siente como remordimiento por lo que conoce y sabe y preferiría no saber, ni conocer (Portal 1980: 223).

Azuela es un humanista que aspira a la redención del pueblo por medio de la revolución maderista. Rulfo está en favor de los desheredados, ironiza el poder y condena sus arbitrariedades pero, sobre todo, enfatiza "la vivencia interior en la que la tragedia es intuída y aceptada como inevitable" (1985: 19). La gran diferencia entre ambos está en la motivación: mientras en Azuela vemos un proyecto de mejora social, Rulfo parece alérgico a todo: a la crítica, a un cambio social, incluso a su propia gloria. Cuando dijo todo lo que tenía que decir, se calló. Este suicidio creador ha durado desde 1955, año de la publicación de *Pedro Páramo*.

Azuela es un narrador objetivo, Rulfo es subjetivo; él mismo fija las reglas de su arte único: elabora, estiliza, decanta, sintetiza ... Mientras Azuela trata la realidad "desde el narrador hacia dentro del objeto, Rulfo la trata desde dentro del sujeto hacia el exterior del objeto" (1985: 26).

El intento de este trabajo es el análisis de los avances y cambios estilísticos que se han producido en los casi 40 años que separan a estos dos narradores: Azuela y Rulfo. Para ello vamos a detenernos en dos textos cuyo tema es la revolución mexicana: *Los de abajo* de Mariano Azuela, publicado en Texas en 1915 y *El llano en llamas* de Juan Rulfo, sacado de la colección del mismo título y publicado en México en 1953.

Los de abajo es una novelita de 130 páginas en las cuales se desarrolla el conocido ciclo de sangre, voluptuosidad y muerte. El primero (21 capítulos) consiste en una serie de encuentros bélicos entre federales y revolucionarios. Dirige a éstos Demetrio Macías que logra incorporarse al ejército villista gracias a los consejos de Luis Cervantes, un desertor federal en busca de victoria y de botín. Termina esta parte con la toma de Zacatecas que supone el final de la lucha constitucionalista. Sigue la voluptuosidad (14 capítulos) en que el alcohol, las orgías y las muertes gratuitas están a la orden del día. Macías es nombrado coronel y luego general. Las expediciones guerreras carecen de nervio y de objetivo precisos. Se juntan al grupo de Macías soldados de pésima catadura como Margarito y su soldadera la Pintada. Margarito es un sádico que roba a los pobres y tortura a los prisioneros. Pintada incita al saqueo con el ejemplo. Por celos mata a Camila, una india querida de Macías. Este es invitado a acudir a la convención de Aguascalientes para elegir un presidente provisional tras la derrota de Huerta. En la tercera parte (7 capítulos) se confirma el cisma revolucionario: Obregón contra Villa, Villa contra Carranza. El grupo de Macías también se desintegra. Los que siguen al jefe regresan al cañón de Juchipila, donde dos años antes habían vencido a los federales. En todas partes son mal recibidos ... Se produce un ataque carrancista que liquida al grupo. "Macías, con los ojos fijos para siempre, sigue apuntando con el cañón de su fusil" (Azuela 1969: 140).

Las 18 páginas del cuento *El llano en llamas* están segmentadas en 9 partes. Salvo la octava, que ocupa cinco páginas, las demás son cortas. En la acción vuelven a repetirse las tres etapas de sangre, voluptuosidad y muerte como en *Los de abajo*. La primera consta de dos encuentros entre federales y revolucionarios. Dirigen a los primeros los generales Flores, Urbano y Olaechea. A los segundos, Pedro Zamora. Estos van de derrota en derrota por lo que deciden dispersarse. Vuelve así la paz al Llano Grande, aunque por poco tiempo. Zamora convoca a sus huestes que someten a sangre y fuego los ranchos del Llano. Precisamente los incendios constituyen la etapa voluptuosa: "Se veía muy bonito ver caminar el fuego ... con el humo ondulado por arriba; aquel humo oloroso a carrizo y a miel" (Rulfo 1973: 72). A este deleite se junta el juego del toro que consistía en torturar a los prisioneros toreándoles con un verduguillo. Zamora, en la orgía del triunfo incendiario, decide descarrilar un tren lleno de soldados federales. Este sabotaje será el principio del fin para los hombres de Zamora, ya que los federales no les darán reposo, ni descanso hasta aniquilarlos. Zamora ordena la dispersión del grupo, luego se va hacia México, donde lo asesinan. El narrador del cuento, un tal Pichón, lo esperó mucho tiempo sin resultado.

El subtítulo de la primera edición de *Los de abajo* es "Cuadros y escenas de la revolución actual", revolución en la que participó el propio autor como médico de tropa del general Medina. El mismo confiesa haber tomado notas de las conversaciones y pláticas de los soldados. De ahí que *Los de abajo* haya sido calificada de novela documental. Brushwood habla de amplias pinceladas (1973: 314). Adalbert Dessau de vasto fresco de la revolución (1972: 217) y Marta Portal de una biografía de la misma (1980: 101).

Nada de esto podemos afirmar de *El llano en llamas* entre otras razones porque Rulfo no conoció la revolución ya que nació en 1918. Es decir, el relato es una recreación o, si se quiere, una interpretación subjetiva de hechos vividos o narrados por otros. Flota sobre el cuento una atmósfera de irrealidad. "Los soldados semidormidos se mueven entre la modorra y la violencia" sin saber muy bien adónde van, "siguen fielmente al jefe ... la imagen del padre que el sentimiento de orfandad les impulsa a buscar" (Peralta y Befumo Boschi 1975: 19).

Los de abajo es un segmento biográfico del conflicto armado de los de abajo contra los de arriba. Azuela aspira a un nuevo orden social que tenga en cuenta los intereses de los humildes. Nada de esto está claro en Rulfo. Zamora, más que causas nacionales, persigue sus propios intereses de rapiña. Sus palabras incitan al pillaje: "Esta revolución la vamos a hacer con el dinero de los ricos ... Y aunque no tenemos bandera, debemos apurarnos a amontonar dinero ..." (Rulfo 1973: 73).

Azuela, al triunfo de Carranza – un corrompido para él – se retira a la vida privada. El médico desahucia al enfermo – raza irredente – para dedicarse a la práctica de la medicina. Decía Azuela: "Mi encono no es contra la idea, es contra los hombres que todo lo corrompen" (Portal 1980: 108). Este pesimismo va a impregnar el resto de la obra azuelina posterior a *Los de abajo*.

El pesimismo de Rulfo es más profundo. Este duda que sea la historia la causante de las desgracias del pueblo, lo es, más bien el destino ... Blanco Aguinaga afirma que los cuentos de Rulfo "revelan la versión mexicana de una general angustia contemporánea" (1985: 30). Este abandono a las fuerzas desatadas del hado podían explicar los atropellos y guerra sin sentido, ni bandera de los hombres de Zamora al cual siguen ciegamente "... sus ojos estaban siempre alerta; por eso todos, sin quejarnos del frío ni del sueño que hacía, le seguíamos como si estuviéramos ciegos" (Rulfo 1973: 77). Los cuentos de Rulfo trascienden el plano referencial de la historia y apuntan blancos de orden filosófico y/o vivencial, "la savia nutricia de sus relatos, antes que aprovachadas lecturas, es experiencia vital de americano" (Peralta y Befumo Boschi 1975: 18).

Los de abajo es novela realista porque realistas son el lenguaje, los topónimos y los protagonistas. Incluso el tiempo histórico – 1913-1915 – queda instalado en el tiempo novelístico, lo que supone un gran acierto literario. Sólo el protagonista Macías y las figuras femeninas (menos la Pintada) son producto de la ficción azuelina. Con razón ha podido decir el autor que su libro se hizo solo, "mi labor consistió en coleccionar tipos, gestos, paisajes y sucedidos". Casi todos los críticos coinciden en definir la novela como vasto mosaico de episodios de la revolución trabados por la figura del héroe que encarna el proceso de levantamiento del pueblo contra la tiranía y las injusticias del poder. Azuela, al escribir la historia de un hombre, ha escrito la historia de la revolución. Brushwood y otros críticos creen que la novela dejaría de serlo sin la presencia de Macías (1973: 319).

La estructura del libro es coherente en la primera parte: se nota la fuerza que impulsa la acción. En cambio es inconexa en la segunda: el narrador pierde el hilo de la trama para contar acciones de orgía y brutalidad, pero se recupera en la tercera parte aunque a nivel mítico. "Macías apunta y no yerra un solo tiro ... donde pone el ojo pone la bala ... las balas zumban en sus oídos como una granizada ..." (Azuela 1969: 139).

Quizás sea en la descripción del paisaje donde mejor se aprecien estos cambios en la tensión narrativa. Azuela, al modo romántico, convierte el paisaje en vehículo de sus propios sentimientos y actitudes. Así en la primera parte desborda de optimismo: el río canta, los pajarillos pían, las frescas rosas albean entre las peñas (mientras) el astro rey desliza sus hilos de oro de roca en roca. Nada más delicioso que el adiós de Camila y Cervantes durante el cual "una hoja seca cayó como mariposita muerta a los pies de ella, mientras las ranas cantan la melancolía del instante y hasta llora una torcaz ...". En la segunda parte, el sol se ensombrece como mostrando el disgusto del narrador para describir atrocidades y actos de rapiña. Los caseríos están tristes, las casas viejas. Por donde pasan las huestes de Macías reina el terror. En la tercera parte, el paisaje se hace simbólico: la sierra se viste de gala, las palomas cantan con dulzura ... para rendir homenaje al héroe que va a morir al pie de una resquebrajadura, hecha pórtico de catedral, a modo de halo santificador.

Para Brushwood (1973: 316) *Los de abajo* está estructurado en vastos movimientos que responden a una fuerza irresistible que arrastra a todo un pueblo en busca de vida mejor. Símbolo de este movimiento son los trenes que juegan un papel esencial en la estrategia revolucionaria.

Aunque novela de acción, *Los de abajo* presenta incidentalmente la ideología de la lucha que corre a cargo de tres semi-intelectuales: Solís (probablemente el propio autor) va perdiendo fe y entusiasmo en el resultado tangible del conflicto. Le decepciona el pueblo sin ideales, la raza irredenta ... El mismo se esconde cuando hay peligro. Es un frustrado y un pícaro. Valderrama, demasiado idealista, pierde contacto con la realidad. Para él la revolución es un huracán, una fuerza cósmica que arrastra a los hombres ... Cervantes es un cínico oportunista que busca botín. Por una parte, despierta al grupo de Macías explicando los ideales revolucionarios, pero, por otra, lo corrompe entregándose a un pillaje a ultranza. Terminará yéndose del país para disfrutar de sus avances y robos.

Para Marta Portal la auténtica revolución es la del lenguaje. En efecto, Azuela hace hablar a los serranos, a los indios y a los curros. Otra revolución es la de los diálogos: los personajes pasan a primer plano gracias al procedimiento del medio diálogo; "por la frase de un interlocutor conocemos la pregunta a que se responde o la respuesta a la cuestión inexpresa. Se elige así, economizando medios, lo imprescindible", dice M. Portal.

La novela está narrada en tercera persona por un narrador que participa en la acción. Se dan tres tipos de discurso: el narrativo propiamente dicho, el referencial y el autorreferencial (Portal 1980: 62), ya que el narrador hace sus propios comentarios. El estilo es claro. Contadas veces se usan técnicas vanguardistas.

El mensaje del libro es ambiguo, como ambigua es la actuación de ciertos personajes: Macías muere pero sigue apuntando con su fusil. Solís lucha pero sin convicción. Cervantes es corruptor y educador al mismo tiempo. Azuela, por una parte, justifica la revolución (hermosa en medio de la barbarie) y por otra, la condena haciendo morir a todos los guerrilleros. Teme que tanta sangre sólo sirva para crear nuevos monstruos peores que el asesino Huerta. Portal compara el pesimismo de Azuela con el de Quevedo y exclama: "¿Hay alguna luz en la obra? Hay que buscarla con un candil – y valga la redundancia – en toda la obra de Azuela" (Portal 1980: 104).

Azuela es un escritor independiente, liberal y humano cuya norma de escritura es la verdad. Su formación es realista, tanto que Brushwood le cree más del s. XIX que del XX. Se nota en él una gran voluntad de estilo, aunque no siempre lo logre. En este respecto recuerda mucho a Baroja. El pesimismo de ambos médicos tiene su origen en la atenta observación del mundo circundante. El mismo Azuela diría en 1950 al recibir el Premio Nacional de Literatura: "Descubrir nuestros males y señalarlos ha sido mi tendencia como novelista" (Portal 1980: 22).

El llano en llamas podría fácilmente emparentarse con *Los de abajo* por el tema revolucionario, la estructura, la figura del jefe Pedro Zamora que en varias ocasiones es una réplica de Macías. Posiblemente los topónimos y los nombres de generales responden a una realidad geográfica e histórica. Con todo, una lectura realista no nos satisface. El texto está sembrado de símbolos, signos y señales de otra realidad. Labor del crítico será ahondar en el misterio oculto tras esa realidad empírica. Azuela describe lo que ve, Rulfo elabora a partir de su imaginación.

Es cierto que una lectura trascendente expone al lector a errores de interpretación ya que "todo símbolo entraña numerosos sentidos". Con todo vale la pena el esfuerzo conducente a captar ese otro mundo oculto tras el plano visible o referencial. El lector sale ganando ya que los símbolos filtran una realidad más rica y compleja.

El punto de vista del relato es único. Está a cargo de un narrador omnisciente y protagonista que pretende conjurar los malos recuerdos verbalizándolos: "Me acuerdo muy bien de todo. De las noches que pasábamos en la sierra ... con muchas ganas de dormir, cuando las tropas nos seguían ..." (Rulfo 1973: 76-77). Poco a poco el narrador se ve "absorbido por la inmediatez dramática del monólogo interior" (Peralta y Befumo Boschi 1975: 26). Más que contarnos, los narradores rulfianos se cuentan a sí mismos en interminables soliloquios que reiteran sus angustias u obsesiones.

El primer mal recuerdo de Pichón es la expulsión de las tierras fértiles del Llano Grande "donde habíamos nacido y vivido y donde ahora (final del cuento) nos estaban aguardando para matarnos" (Rulfo 1973: 80). A partir de esta primera agresión ya no va a haber reposo para los hombres de Zamora, que, perseguidos por los federales, se ven forzados a incesantes carreras hasta que "se nos fue acabando la tierra. Casi no nos quedaba ya ni un pedazo ... para ser enterrados" (1973: 80).

Vemos algunas de las claves del mundo rulfiano: expulsión del paraíso, vida como peregrinación y acoso de la muerte, cuya fatalidad impregna toda la obra de Rulfo. Los hombres de Zamora saquean, incendian y matan. Cual los jinetes del Apocalipsis, pasaban al trote tirando "unos, de hombres pialados que, en ratos, todavía caminaban sobre las manos, y otros, de hombres a los que ya se les habían caído las manos y traían descolgada la cabeza" (1973: 72). Matar para luego ser matados por los federales que no les dan paz ni para mascar un pedazo de cecina, "íbamos cada quien por su lado para repartirnos la muerte" (1973: 79).

A lo largo del texto menudean imágenes de esa muerte inevitable; compañeros ahorcados o macheteados, balas pajueleando ... ametralladoras que dejan el cuerpo hecho una coladera ... Al final del relato, irónicamente en el Camino de Dios, muere el Chihuila, uno del grupo, "que se nos quedó mirando (como si estuviera) riéndose de nosotros, con sus dientes pelones, colorados de sangre" (Rulfo 1973: 79). Esta sonrisa de la pelona recuerda los grabados de Guadalupe Posada que se inspira en el culto a la muerte tan arraigado entre los mexicanos, como afirma O. Paz: "Matar y morir son ideas que pocas veces nos abandonan. La muerte ... nos venga de la vida ... y la convierte en lo que es: unos huesos mondos y una mueca espantable" (1972: 53).

El mexicano adula, festeja y se come la muerte. Dice: "Morir es natural y hasta deseable; cuanto antes, mejor". Este fatalismo es tema unificador en toda la obra de Rulfo, como vemos en el cuento que nos ocupa. Los hombres de Zamora no pueden escapar al círculo de muerte, por más que huyan de ella "siempre a la carrera, pegando la patada y corriendo como mulas brutas" (1973: 79). Siguen a un jefe que va a acelerar su ruina. Además ahí están los signos: polvo, gritos, tierras quemadas, humo, forma circular del Llano ... hasta les asusta la sombra de las nubes (1973: 73).

La figura del jefe Zamora es ambigua: por una parte cuida de sus hombres y se encariña con ellos y por otra les fuerza a atropellos y crueldades increíbles. Por una parte es padre, por otra explotador, al que siguen ciegamente: "sentíamos aquellos ojos ... y sabíamos que estaban siempre alerta ... nos contaba como quien estaba contando dinero" (Rulfo 1973: 80). El mexicano, cuyo sentimiento de orfandad es proverbial, delega todos sus derechos en la autoridad y ésta se sirve de ellos para seguir explotando al pueblo.

Rulfo maneja las técnicas narrativas casi a la perfección. Conoce y emplea los trucos capaces de dar énfasis a sus textos. Azuela da continuidad a la acción. Rulfo superpone planos por medio de la reiteración, la repetición y la multiplicación de enfoques. El tiempo en Azuela es cronológico, en Rulfo, paralítico; no avanza. Sólo hay vagas alusiones al tiempo cronológico como "poco después", "cosa de cinco años", etc. A veces es caótico como en el caso del descarrilamiento cuya cronología está invertida.

El Llano Grande tiene forma de herradura y está rodeado de montañas. Esta circularidad acentúa la idea de imposibilidad de escape como ya se dijo. A este espacio cerrado corresponden estructuras cíclicas de paz y de guerra: vuelve la paz al Llano, pero inmediatamente se abre otro ciclo diciendo "pero por poco tiempo". Estas formas redondas, este eterno retorno, son muy socorridas en la cultura mexicana (1973: 70).

Animalización y personalización son recursos muy empleados por Rulfo: los soldados de Zamora, ya duermen panza arriba como iguanas, ya culebrean entre rocas, ya se arrastran como víboras, o se sienten acorralados como gallinas. El miedo les hace huir como mulas brutas o les endurece la lengua como de perico. El ejemplo de personificación más elocuente sería el de la máquina descarrilada que daba unos silbatazos roncos y tristes y muy largos, pero nadie la ayudaba. El miedo acalambra a los soldados y atora los huevos en el pescuezo. Al sonar un tiro, se despiertan los pájaros y las cosas ...

Rulfo es maestro en el arte de crear ambientes. En este cuento hay un aire misterioso, surrealista: el Llano es recorrido por soldados aturdidos por el sueño que no sienten ni el frío, ni el hambre. Los federales también avanzan jorobados de sueño. Mientras los hombres de Zamora incendian los potreros, el cielo se cubre de humo y entre el humo, "íbamos saliendo nosotros, con la cara tiznada, como espantajos ...". El primer episodio del relato está enmarcado por dos gritos: el primero, sale rebotando por los paredones de la barranca; el segundo, se fue rebotando como un trueno barranca abajo. Los soldados semidormidos oyen un remolino de murmullos. Chirrían las chicharras y empiezan las corretizas de los soldados que escapan como tejones espantados por la lumbre.

Rulfo se sirve también de técnicas tomadas del cine como la cámara lenta, el traveling y el close up. Ejemplo de la primera serían las escenas del toreo y muerte del caporal de una hacienda; de la segunda, el avance incendiario de los ranchos desde el volcán hasta el centro del Llano Grande. Abundan las descripciones en close up como "los zopilotes se lo comían por dentro, sacándole las tripas, hasta dejar la pura cáscara" (1973: 81).

Otras técnicas muy empleadas por Rulfo son el contrapunto y la ambigüedad. La primera, apenas aparece esbozada al comparar a los hombres de Zamora con los federales de Petronilo Flores. La ambigüedad es más evidente en el cuento. Ya nos hemos referido a ella al hablar del jefe Zamora que es padre y explotador de sus hombres. Estos no saben si luchan por enriquecerse o enriquecer al jefe, por robar ganados o por la justicia. Sorprende también vérles arrasar sus propias tierras. Después del descarrilamiento del tren, lleno de federales, se sienten tristes como si ellos mismos también hubieran muerto.

Rulfo nos presenta un mundo desesperanzado y fatalista. Da la impresión de un mundo circular, de un eterno retorno de los elementos destructivos del hombre. Es pues una cosmovisión pesimista, inclusive, nihilista. El hombre rulfiano es peregrino de una tierra irredenta, arrasada por el fuego o las guerras. No hay futuro para los hombres del Llano, ni para el hombre en general. Tampoco pasado, pues el mexicano, según Paz, se siente culpable o manchado de una mancha original e imborrable. El presente está hipotecado por autoridades arbitrarias o cínicas o por jefes explotadores como Pedro Zamora.

Sin pasado, sin futuro y con un presente que no le pertenece, el hombre está condenado a la impotencia frente al destino. Este sería el mensaje de *El llano en llamas* y de toda la obra de Juan Rulfo.

En conclusión, tenemos dos escritores mexicanos que, a partir de la misma o casi la misma circunstancia histórico-social, llegan a un mismo resultado de desencanto. El de Azuela está basado en la idiosincrasia del mexicano, "raza irredenta". El de Rulfo hunde sus raíces en un concepto negativo del hombre en general. "Uno y otro creen que la revolución, la muerte, la violencia han sido y serán en vano; ambos son profundamente pesimistas" (Aub 1969: 61). Ambos escriben lo que deben: Azuela, 21 novelas y algunos cuentos, Rulfo, una novela y una colección de 16 cuentos. Se ha dicho de él que ha sufrido dos muertes: Una en enero de 1986, cuando dejó de existir y otra en 1955, cuando dejó de escribir.

Algo fundamental les separa: el estilo. Azuela escribe al modo realista copiando lo que ve. Rulfo elaborando a partir de una realidad imaginada. De ahí su fuerte subjetivismo. Se sirve para ello de técnicas vanguardistas que Azuela ignora o apenas usa. Azuela habla de hechos y cosas. Para Rulfo, la realidad visible oculta otro mundo que hay que explorar. De ahí la atmósfera de irrealidad de sus escritos. Con Azuela contemplamos el universo, con Rulfo debemos intuirlo a través de símbolos y signos que traducen la compleja realidad del universo. De ahí la ambigüedad de su narrativa. Azuela es escritor claro, Rulfo, de difícil interpretación.

BIBLIOGRAFIA

Aub, Max
    1969   *Guía de narradores de la revolución mexicana*. México: Fondo de Cultura Económica.

Azuela, Mariano
    1969   *Los de abajo*. México: Fondo de Cultura Económica.
    1984   *Los de abajo*. Ed. de M. Portal. Madrid: Cátedra.

Brushwood, John Stubbs
    1973   *México en su novela*. México: Fondo de Cultura Económica.

Dessau, Adalbert
    1972   *La novela de la revolución mexicana*. México: Fondo de Cultura Económica.

Paz, Octavio
    1972   *El laberinto de la soledad*. México: Fondo de Cultura Económica.

Peralta, Violeta, y Liliana Befumo Boschi
    1975   *Rulfo, la soledad creadora*. Buenos Aires: Fernando García Cambeiro.

Portal, Marta
    1980   *Proceso narrativo de la revolución mexicana*. Madrid: Austral.

Rulfo, Juan
    1968   *Pedro Páramo*. México: Fondo de Cultura Económica.
    1973   *El llano en llamas*. México: Fondo de Cultura Económica.
    1985   *El llano en llamas*. Ed. de C. Blanco Aguinaga. Madrid: Cátedra.

Sommers, Joseph
    1974   *La narrativa de Juan Rulfo: Interpretaciones críticas*. México: Sept/Setentas.

Un tema de Mauricio Magdaleno y Roa Bastos y una figura del relato

Juan José Barrientos
Universidad Autónoma, México

Me propongo comentar en seguida un cuento del escritor mexicano Mauricio Magdaleno y unos relatos del paraguayo Augusto Roa Bastos, en los que encuentro el mismo tema, para posteriormente hacer algunas consideraciones acerca del tipo de ambigüedad en que se basan.

"El héroe de Peñuelas" es en mi opinión el cuento más memorable de Magdaleno. En la primera parte, se describe el homenaje que los escolares y vecinos del pueblo, acompañados por las autoridades civiles y militares de Aguascalientes, rinden a la memoria del guardavías Jesús Garrido al inaugurar un monumento de granito junto al puente de Buenavista; además, se mencionan otros actos cívicos parecidos que se celebraron en el país y las innumerables notas que se publicaron en los periódicos elogiando al jornalero que al hacer su recorrido nocturno descubrió un cartucho de dinamita que los rebeldes cristeros habían prendido en el puente y, sin pensarlo, arrancó el explosivo que estalló haciéndolo pedazos; en esa forma había salvado a los pasajeros del tren de la capital que pasó minutos después. En la segunda parte del cuento, Magdaleno nos entera de las consecuencias que la hazaña de Garrido y el homenaje tuvieron para Isaura Rodríguez, una muchacha a la que había pretendido, y Valentín Castañeda, un amigo del muerto que se casó con ella precisamente al día siguiente de la inauguración del monumento; los comentarios de los vecinos son adversos a la pareja, pues suponen que Isaura había preferido por su dinero a Valentín, a pesar de que ella era hija de un próspero comerciante; no les amargaron por completo la vida únicamente porque otros hechos atrajeron la atención de los maldicientes y porque éstos a menudo necesitaban préstamos o ayuda de los jóvenes. En la tercera parte del cuento, Magdaleno adopta la perspectiva de Valentín y así se aclara que éste había sido en realidad el mejor amigo de Garrido, un holgazán a quien había tratado de reformar dándole buenos consejos y todo tipo de ayuda, pues incluso le había conseguido el puesto de guardavía. En la cuarta parte, todo se refiere desde la perspectiva de Isaura y así sabemos que Garrido la asediaba, no obstante que ella estaba comprometida con su amigo y protector; lo más importante es que así se aclara también que los rebeldes le habían pagado a Garrido para que volara el puente, pero el irresponsable se emborrachó y murió al tratar de poner la dinamita en la vía. El cuento tiene, pues, una estructura concéntrica; en la tercera parte se refuta la segunda – el *mal amigo* no era Valentín Castañeda sino, por el contrario, Garrido – y en la cuarta se contradice la primera, pues el héroe no era tal sino un canalla.

También Augusto Rosa Bastos escribió un cuento parecido y que se titula "Moriencia". El narrador conversa (o trata de conversar) con una mujer; ésta le habla de

Chepé Bolívar, el telegrafista de Manorá, a quien los soldados regulares que ocuparon el pueblo durante la rebelión de 1912 quisieron obligar a transmitir una noticia falsa, un señuelo para demorar a los sublevados, que se habían apoderado de un tren militar, y atraerlos a una emboscada; el telegrafista se negó y, aunque los regulares trataron de aceitarle la mano con dinero, luego le prometieron ascenderlo a jefe de estación y, finalmente, hicieron el simulacro de enfrentarlo a un pelotón de fusilamiento, no lo pudieron convencer. La mujer habla del telegrafista como de un héroe, pero ella misma aclara que de nada valió su actitud, porque lo que él no quiso hacer para evitar una matanza, lo hizo otro para quedar bien con el gobierno; entonces, los regulares lanzaron a toda máquina una locomotora cargada de bombas contra el tren de los insurrectos, y lo hicieron volar a medio camino. Por lo demás, el narrador corrige mentalmente el relato de la mujer, a la que llama "vieja palabrera" (p. 11); en su opinión ella estaba contando una historia que había oído y por eso mezclaba todo. Ella le asegura que le hacía su ropa al telegrafista, y él recuerda que casi siempre andaba en cueros; ella lo describe emponchado, tanto en invierno como en verano, y asegura que, cuando había luna, se encasquetaba un sombrerón y encima, para mayor seguridad, se ponía una sombrilla de mujer para salir a caminar; en cambio, él recuerda que se quedaba desnudo en su casa trabajando la madera de su ataúd a la luz de una vela y que, cuando había luna llena, no salía ni de día, porque el cuerpo se le llenaba de úlceras; más tarde, ella declara que, cuando murió Chepé, los atacantes no habían hecho volar todavía la estación del tren, y él le responde que la estación no voló en Manorá, sino en Sapucai, veinte años atrás. En cierto momento, el narrador menciona que el telegrafista tartamudeaba y que los "escueleros" le hacían bromas por eso; la mujer había dicho que ante los regulares "ni un chiquito se le melló el coraje" (p. 12) a Chepé, pero el narrador recuerda que de niño solía ir a verlo y que éste un día le había confesado que, al irrumpir los soldados en la oficina del telégrafo, había perdido el habla del susto; era, en fin, el miedo lo que se había tomado por valor.

Es más interesante un relato semejante que aparece en el capítulo noveno de la novela *Hijo de hombre*. Este comienza en el momento en que el sargento Crisanto Villalba baja del tren en la estación de Itapé, adonde vuelve de la Guerra del Chaco. En seguida lo reconocen los itapeños y, de pronto, se ve rodeado por varios hombres vestidos, como él, con los restos del verde-olivo de los reclutas, uno de ellos apoyado en muletas, otro, al que le faltaba un brazo, con la manga de la camisa doblada y sujeta con un alfiler de gancho; estos hombres lo vitorean y se lo llevan a un boliche para festejar su retorno. En el bolsillo izquierdo de la chompa, Villalba tiene cosidos tres pedacitos de cinta tricolor que representaban las tres cruces que debía tener en la bolsa de los víveres, y durante la reunión se habla de sus proezas. Alguien observa que no había cruces ni medallas para los suboficiales y los clases, sino papel de balde y la foja de servicios; el sargento entonces les cuenta como lo condecoró el ministro de guerra. Más tarde se retira, acompañado por su hijo, un niño a quien no había visto en años, y los otros se quedan en el boliche recordando sus hazañas. Primero, se menciona que Villalba capturó a un boliviano vivo y rechazó el permiso que los oficiales habían prometido a cambio de un prisionero que pudieran interrogar; luego se habla de un túnel que llegó a salir detrás de una fortificación de los bolivianos, en la que el sargento "tiró más de cien granadas de mano y fue uno de los primeros que entraron en la posición al frente de la compañía" (p. 284). Posteriormente, alguien comenta que los oficiales "seguramente no le notaron nada extraño hasta el último" (p. 284), porque Villalba era muy callado y, "Al fin y al cabo, lo que él quería era pelear. Y eso era lo que allá se necesitaba" (p. 284). El sargento había quedado trastornado por la guerra, pero no se aclara si sus hazañas se debían a que ya estaba mal; lo que sí queda claro, en cambio, es que la ceremonia en que recibió las condecoraciones no fue auténtica, sino una broma de sus propios compañeros, que se rieron de él al darle unas cruces "hechas con zuncho de barril" (p. 286). Las hazañas de Villalba son verdaderas, aunque no se sabe si su valor y su audacia eran simplemente locura; lo que es falso aquí es el reconocimiento de sus actos. También era auténtico el patriotismo con que bolivianos y paraguayos pelearon durante la Guerra del Chaco, pero éstos no defendían tanto a sus países como a los intereses de las compañías Dutch y Standard Oil que habían obtenido concesiones de sus gobiernos para la explotación de los yacimientos petrolíferos de ese territorio en disputa; el sargento Villalba representa a las víctimas de esa guerra, a los combatientes engañados por los capitalistas, mientras que en "Moriencia" se critica de un modo más general nuestra necesidad de tener héroes, y en "El héroe de Peñuelas", Magdaleno denuncia en general el hecho de que se ponga en los pedestales del país a individuos sin escrúpulos y se acuse de faltas que no cometieron a personas que en realidad tenían mayores méritos; por eso su cuento es una crítica de la historia oficial y recuerda innumerables polémicas acerca de algunos personajes de nuestra historia. Por supuesto, los tres relatos revelan también un escepticismo más general y recuerdan el dicho de que las apariencias engañan; en el capítulo noveno de *Hijo de hombre* esto resulta más claro porque también se cuenta la historia de la mujer de Villalba, a la que las vecinas acusan de haberse amancebado con el jefe político del pueblo tan pronto su marido fue enviado al frente, pero de la que luego se aclara que había sido forzada por el cacique, que la amenazó con matar a su hijo si no cedía. Además, lo que nos fascina en estos relatos es el hecho de que los mismos acontecimientos se puedan interpretar y arreglar de modos tan distintos, formando con ellos historias muy diversas e incluso completamente opuestas, que pueden generar innumerables relatos; esto es por cierto una constante de la obra de Roa Bastos, que en *Hijo de hombre* refiere varias veces los mismos hechos, pero desde el punto de vista de personajes diferentes.

Los relatos que he comentado recuerdan otros relatos parecidos; en "El ahijado", un cuento del argentino Juan José Hernández, se mencionan las conversaciones de sobremesa en que unas mujeres recuerdan la forma en que había muerto el hermano del narrador, y la viuda "enseñaba la medalla de oro que los bomberos le regalaron en homenaje al heroico comportamiento de su marido" (p. 97); los vecinos los envidiaban: "era como tener un prócer en la familia" (p. 97); sin embargo, el narrador revela más tarde la verdadera historia, que constaba en un periódico de la población donde su hermano pereció:

"El incendio había sido provocado por una plancha eléctrica que dejaron enchufada en un altillo. El hilo de humo que salía por la ventana entusiasmó a la gente, que empezó a señalar el lugar del siniestro. Pronto hubo una multitud de hombres y mujeres aguardando la aparición de las llamas. Era el primer incendio que se registraba en Concepción. Llegaron los bomberos a estrenar el flamante equipo. Demasiado tarde: el incendio se había apagado solo. Con todo, los bomberos hicieron un vistoso despliegue a manera de ejercicio o simulacro. Mi hermano, que estaba en la punta de una escalera, sufrió un mareo y se cayó al vacío. 'Fractura de cráneo' decía la crónica de la mañana siguiente. Y en grandes letras que ocupaban el ancho de la página: 'Falleció en el cumplimiento de su deber'" (p. 97).

Además, hay varios chistes parecidos; en México se cuenta en las escuelas que durante la invasión de 1847 uno de los cadetes que defendieron el castillo de Chapultepec, se arrojó envuelto en la bandera para evitar que los norteamericanos la capturaran, pero esta historia ha sido a menudo puesta en duda por los escolares, que suponen que el cadete se tropezó y antes de precipitarse quiso asirse de la bandera. Tal vez este chiste es sólo una variante del de un hombre que salvó a una mujer que se estaba ahogando ante las miradas impotentes o inútiles de los pasajeros de un ferry; más tarde, ante las cámaras de la televisión, un reportero le pregunta *qué* lo impulsó a echarse al agua para rescatar a la mujer, y él contesta que él más bien quisiera saber *quién* lo empujó.

Chklovski señaló en uno de sus artículos que "les sujets de contes érotiques sont souvent des métaphores dévelopées" y que "Il existe nombre de nouvelles qui ne sont qu'un développement de calembours" (p. 172); de acuerdo con Todorov, "On peut alors formuler ainsi la thèse sous-jacente aux remarques de Chklovski: il existe des figures du récit qui sont des projections des figures rhétoriques" (pp. 34-35); los relatos que he comentado o mencionado en este trabajo me hacen pensar en *oximora* y paradojas, pero, como se basan en la ambigüedad de un hecho que se interpreta primero de una manera y luego de otra completamente distinta, es más exacto compararlos con una figura conocida como *silepsis*, en la que una palabra tiene un sentido en relación con la parte del texto que la precede y otro en relación con el texto que le sigue. En su libro sobre Quevedo, Amadée Mas recoge varios ejemplos de esta figura, a la que llama seudo-hipérbole o falsa exageración: en cierta ocasión Quevedo menciona a un hombre que se hallaba en la prisión "con más grillos que el verano"; en otra, a un sacerdote que al bendecir hacía "unas cruces mayores que las de los malcasados"; es evidente que la palabra "grillos" en el primer caso y la palabra "cruces" en el segundo tienen un sentido primero y otro después; por eso podemos compararlas a esos tramos de vía que se mueven para hacer cambiar a un tren de dirección o para sacarlo de su ruta por un momento.[1]

Una vez aclarado esto es fácil darse cuenta de que el mismo mecanismo funciona en relatos aparentemente muy diferentes a los que he comentado o mencionado aquí; por ejemplo, en *El emigrante* Chaplin aparece en cierto momento de espaldas, inclinado sobre la borda de un barco; las escenas precedentes muestran a los pasajeros mareados; los espectadores interpretan la imagen de Chaplin inclinado sobre la borda en relación con ese contexto, suponiendo que se ha mareado también y ha tenido que vomitar; sin embargo, éste se vuelve hacia la cámara, mostrando un pez que acaba de atrapar con su anzuelo; hay otra película en la que se vale del mismo truco y en la que representa a un borrachín que asiste al sepelio de su mujer, que inútilmente ha tratado de apartarlo de la bebida; mientras otras personas se muestran conmovidas, el hombrecillo parece imperturbable; más tarde, la cámara se introduce en la casucha donde vive y lo vemos de espalda, agitando los hombros; aparentemente está sollozando, y pensamos que al volver a casa se ha percatado de la pérdida que ha sufrido y se ha hundido en el vacío que ha dejado su compañera, pero un cambio de enfoque nos revela que simplemente se prepara un coctel. Aprendido el truco en que se basan estos relatos, nada nos impide aplicarlo a la elaboración de nuevas versiones de algunas historias muy conocidas; en este año, en que se celebra el bicentenario del nacimiento de Wilhelm Grimm, tal vez sería oportuno escribir un relato aclarando que la historia de la bruja que se quería comer a Hansel la inventó Gretel para explicar el asesinato de la buena mujer que los recogió, compadecida, y a la que le robaron sus ahorros.

NOTA

1 De acuerdo con Mas, "Il entre volontiers dans un systéme qu'on pourrait appeler pseudohyperbole ou fausse exagération. L'expression commence habituellement pour un comparatif: tan, más, menos. Elle annonce une comparaison sensationelle, qui portera un tràs haut degré le caractère dont il est question. Or, quand arrive le terme de comparaison, nous sommes brusquement désarçonnés, car ce terme non pas su sens dans lequel nous allions, mais un autre tout différent" (p. 253).

BIBLIOGRAFIA

Chklovski, Victor
1965   "La construction de la nouvelle et du roman". En Tzvetan Todorov (ed.): *Théorie de la littérature*, pp. 170-198, París: Seuil.

Hernández, Juan José
1965   "El ahijado". En *El inocente*, pp. 91-104, Buenos Aires: Sudamericana.

Magdaleno, Mauricio
1954   "El héroe de peñuelas". En *El ardiente verano*, pp. 111-124, México: Fondo de Cultura Económica.

Mas, Amadée
1957   *La caricature de la femme, du mariage et de l'amour dans l'oeuvre de Quevedo*. París: Ediciones Hispanoamericanas.

Roa Bastos, Augusto
1965   "Moriencia". En *Moriencia*, pp. 11-16, Caracas: Monte Avila.
1971   "Ex-combatientes". En *Hijo de hombre*, pp. 262-293, México: Novaro.

Todorov, Tzvetan
1971   "Langage et littérature". En *Poétique de la prose*, pp. 32-41, París: Seuil.

Estructura narrativa y preocupación social en algunas obras de ficción hispanoamericana contemporánea

Mary G. Berg
University of California, Los Angeles

Un gran número de novelas hispanoamericanas contemporáneas revelan entreconexiones. Estas novelas se reflejan, se contestan, se parodian, amplifican o modifican los temas, las inquietudes y los procedimientos unos de otros. Tres novelas que comparten muchas cualidades son: *Pedro Páramo*, de Juan Rulfo, publicado en México en 1955, *Crónica de una muerte anunciada*, de Gabriel García Márquez, publicado en Colombia en 1981, y la *Historia de Mayta*, de Mario Vargas Llosa, publicado en Barcelona en 1984. Todas las tres son novelas de indagación, exploraciones de la naturaleza de la realidad – y la irrealidad – en México, Colombia y el Perú. Todas las tres son novelas de estructura compleja, cronología fragmentada y repeticiones cíclicas donde, acompañados por un guía – un virgilio – ingénuo, se nos revelan profundidades infernales de verdades, medio-verdades y mentiras.

Las tres novelas son investigaciones de la culpabilidad y la apatía desesperada sentidos por pueblos enteros. Son indagaciones, a base de entrevistas o encuentros individuales, de una responsabilidad colectiva por el estancamiento y la decadencia de estos pueblos. Las tres novelas se sitúan en pueblos fantasmales, preocupados con la muerte, pueblos donde no es fácil distinguir entre la verdad y la mentira, la vida y la muerte. La estructura narrativa básica de las tres novelas es la de las etapas progresivas de la investigación de un narrador que viene del mundo exterior e intenta descifrar lo que ocurrió hace muchos años. Aunque la presencia de los narradores sirve para establecer un contrapunto esencial entre el presente y el pasado, el tiempo del lector y el tiempo histórico, el interés del lector se centra en la historia que se va desarrollando a base de las voces de los habitantes del pueblo (pueblo en sentido amplio en el caso de *Mayta*) y su angustia colectiva. Las tres novelas hacen uso extenso de monólogos y diálogos – las voces de los vecinos, los entrevistados – para contar y recontar cómo ocurrió la desolación que narran, la asfixia de su vida. La cronología fragmentada revela motivos detrás de motivos, verdades dentro de verdades. Luis Harss ha dicho de *Pedro Páramo* que

> "sus intenciones van más allá de la cronología. Pedro Páramo es una cara en un espejo roto, una imagen que se va componiendo gradualmente en la superficie de aguas revueltas" (Harss 1968: 330).

El narrador de *Crónica de una muerte anunciada* habla de su regreso "a este pueblo olvidado tratando de recomponer con tantas astillas dispersas el espejo roto de la memoria" (C, 13)[1]. La imagen de un espejo fragmentado es bien apta para todos los tres libros. Nos dan una serie de imágenes reflejadas, una serie de voces que narran impresiones – impresiones truncas, sujetivas, parciales, algunas veces falsificadas – y el narrador (y, claro, el lector) tiene que juntar los fragmentos para intentar comprender lo ocurrido.

Dijo Rulfo que al abarcar la historia de Juan Preciado, que vuelve a su pueblo natal, Comala,

> "Imaginé el personaje. Lo vi. Después, al imaginar el tratamiento,
> lógicamente me encontré con un pueblo muerto. Y claro, los muertos
> no viven en el espacio ni en el tiempo ..." (Harss 1968: 330).

En su búsqueda de su padre, Juan Preciado entra en este pueblo fantasmal de voces, las múltiples voces de los recuerdos de Pedro Páramo de su juventud, las memorias nostálgicas de Dolores Preciado, los recuerdos muy personales y sujetivos de otros habitantes del pueblo. Nos encontramos en el tiempo y el espacio de la novela, en una densa telaraña de perspectivas individuales y cronologías enredadas. La acción de la novela es la capacidad creciente del lector para entreconectar las voces discordes y los fragmentos de información mientras poco a poco se identifican los narradores. Al leer de la muerte por asfixia de Juan Preciado, podemos darnos cuenta que la suya también ha sido voz de la tumba, pero mientras tanto ha servido como guía creíble a los horrores del pueblo desolado. Desde muchos puntos de vista nos informamos sobre Pedro Páramo, cuyas adquisiciones y cuyo poder han aumentado casi sin estorbo. Los del pueblo se han dejado manipular; se dan cuenta de que Pedro Páramo es un niño mimado fuera de control pero nunca insisten, ni colectivamente ni individualmente, en las restricciones de la ley civil, ni en la dignidad ni la integridad personal. Repetidamente se les ofrecen oportunidades para insistir en sus derechos pero por inercia, pasividad, cobardía o falta de confianza se dejan destruir, decimar en el polvo sofocante del páramo que se han hecho ellos mismos. Pedro Páramo se convierte en símbolo de la violencia y del aprovecho personal del poder usurpado, pero también es parte íntegra de la frustración, la desesperación y la disecación del pueblo. También es una voz entre muchas voces. Al morirse rodeado por sus tierras arruinadas y los fantasmas de los muertos, su cuerpo "se fue desmoronando como si fuera un montón de piedras" (PP, 195), entre el polvo y las piedras de los seres disecados.

Crónica de una muerte anunciada también cuenta la vuelta de un narrador a su remoto pueblito natal para investigar y mejor comprender un hecho del pasado: el homicidio de Santiago Nasar hace veintisiete años, una muerte que se ha convertido en la obsesión del pueblo. Cuenta el narrador que

> "Durante años no pudimos hablar de otra cosa. Nuestra conducta
> diaria, dominada hasta entonces por tantos hábitos lineales, había em-
> pezado a girar de golpe en torno de una misma ansiedad común. Nos
> sorprendían los gallos del amanecer tratando de ordenar las
> numerosas casualidades encadenadas que habían hecho posible el ab-

surdo, y era evidente que no lo hacíamos por un anhelo de esclarecer misterios, sino porque ninguno de nosotros podía seguir viviendo sin saber con exactitud cuál era el sitio y la misión que le había asignado la fatalidad" (C, 126).

Como Comala, este es un pueblo que ha dejado de vivir en el tiempo linear. Como en *Pedro Páramo*, estamos trasladados al tiempo y espacio de la novela, al centro del alma del pueblo. En las dos novelas, la historia gira alrededor de una "misma ansiedad común" del pueblo colectivo, y para purgarse del mal del pasado, hay que rebuscar en las memorias colectivas para componer una definición de ese mal. En forma espiral, cíclica, nos informamos de fragmentos de un pasado recordado por Pedro Páramo, Dolores Preciado, Susana San Juan y otros. Se mezclan trozos de memorias de sucesos, de esperanzas, de sueños, de apariciones. Nos esforzamos a componer una realidad que nos parezca coherente. García Márquez nos da casi una parodia de esto, al hacernos tan conscientes de la traición del lenguaje y la duplicidad de cualquiera supuesta "historia" que se puede contar en palabras que las memorias aparentemente más sencillas apenas se reconcilian con otras. La investigación del narrador ostensiblemente nos presenta con un informe minuciosamente detallado de las circunstancias de la muerte de Santiago Nasar, de cada detalle confirmado por cada una de las personas presentes en ese momento. Pero justamente al contarnos que todas las personas encontradas por Santiago Nasar al salir de su casa a las seis y cinco de la mañana recordaron que él comentó que era un día muy hermoso, inmediatamente reflexiona el narrador que

"Nadie estaba seguro de si se refería al estado del tiempo. Muchos coincidían en el recuerdo de que era una mañana radiante con una brisa de mar que llegaba a través de los platanales, como era de pensar que lo fuera en un buen febrero de aquella época. Pero la mayoría estaba de acuerdo en que era un tiempo fúnebre, con un cielo turbio y bajo y un denso olor de aguas dormidas, y que en el instante de la desgracia estaba cayendo una llovizna menuda ..." (C, 10-11)

Todo lo que quiere este narrador, como el pobre Juan Preciado, es una historia sencilla de algún testigo de confianza. Pero no existe tal cosa. La verdad que se busca es compleja y no fácilmente accesible, y está envuelta en los múltiples pliegues de la memoria, la distorsión y las imágenes parciales, fragmentarias.

En *Crónica de una muerte anunciada*, entre las astillas de lo que García Márquez designa como "el espejo roto de la memoria" hay seguramente fragmentos de reflejos de *Pedro Páramo* mismo. García Márquez ha escrito extensamente sobre cómo la experiencia de la lectura de *Pedro Páramo* es "un capítulo esencial de mis memorias", y de cómo una comprensión de la "carpintería secreta" de Rulfo le abrió un camino para su propia expresión.[2]

Historia de Mayta también revela conocimiento de esta "carpintería secreta". Como el narrador de *Crónica*, el narrador de *Mayta* busca la "verdad" al determinar y reexaminar los sucesos históricos que ocurrieron hace veinticinco años. Busca (según dice) el "verdadero Perú", el Perú auténtico.

El novelista-narrador entrevista a todos los que podrían saber algo de los sucesos de 1958 y acumula también una gran cantidad de artículos y notas, toda la información publicada sobre el asunto. Como el narrador de *Crónica*, el entrevistador dedicado de *Mayta* se frustra constantemente con las mentiras, las versiones parciales, las contradicciones irresueltas, los informes y archivos policiales perdidos e incompletos donde

> "un parte policial que rescaté de los archivos de la Comisaría de La Victoria repite, detalles más detalles menos, la información de *La Crónica* (la humedad ha deteriorado de tal modo el papel que es arduo descifrarlo). No hay rastro de instructiva judicial. En los expedientes del Ministerio de Justicia, donde se lleva la estadística de los reos y sus prontuarios, en el de Mayta el asunto figura confusamente [...] Es posible que la instructiva se dilatara, el Juez se muriera o perdiera su puesto y todas las causas se quedaran estancadas, o, simplemente, que el legajo se perdiera" (M, 314).

La información más obvia es inasequible por error humano, incompetencia o pura indiferencia. Las personas entrevistadas sólo contarán la versión del pasado que les conviene a sus necesidades o percepciones inmediatas. Inclusive la introducción de Alejandro Mayta mismo, el personaje ficticio que logra cierta autonomía – también ficticia – dentro de la ficción, como el Augusto Pérez de Unamuno, no resuelve totalmente el problema de la verdad; Mayta escandaliza al narrador al insistir que

> "Se me han olvidado muchas cosas y otras las tengo confusas. Quisiera echarle una mano y contarle. Pero, el problema es que ya no sé muy bien todo lo que pasó, ni cómo pasó. Hace mucho de todo eso, dése cuenta" (M, 329).

Cuando el supuesto verdadero Mayta se horroriza al saber que el narrador-escritor, un Mario Vargas Llosa, le ha descrito como homosexual, tiene el mismo efecto que ese juego con el tiempo en *Crónica*: ya no podemos creer nada de lo dicho. Perdemos nuestra inocencia.

El narrador de *Mayta* ha declarado desde el principio que su deseo no es escribir la verdad objetiva, histórica de la vida de Mayta. Sólo quiere comprender "la historia con mayúsculas" (M, 77) porque, según dice él, "soy realista, en mis novelas trato siempre de mentir con conocimiento de causa" (M, 77). Los individuos que entrevista son también "realistas" y mienten a sabiendas para crear ciertas imágenes, espacios y posibilidades para ellos mismos. El narrador insiste en que usará "no [...] la veracidad de sus testimonios sino su poder de sugestión y de invención, su color, su fuerza dramática" (M, 114). El cree que ya sabe que inevitablemente, "algo que se aprende, tratando de reconstruir un suceso a base de testimonios, es, justamente, que todas las historias son cuentos; que están hechas de verdades y mentiras" (M, 134). Dentro de todas estas confusiones mantiene el narrador su fe en un fondo de pureza revolucionaria que llegamos a temer que sea ilusoria.

La ficción de la pureza se mantiene en tensión creciente con ficciones de caos: un Perú que se hunde en basuras, invadido por cubanos, defendido por tropas norteamericanas, el sitio surreal y la destrucción de Cuzco. La pureza se pone a prueba, se burla, se rechaza, se niega, se considera como complot de la C.I.A.; inclusive Mayta mismo, al final, al hablar de sus años en la prisión de Lurigancho y el quiosco de alimentos que administró en el pabellón cuatro, le dice al narrador:

> " – Produjimos una verdadera revolución – me asegura, con orgu-
> llo –. Nos ganamos el respeto de todo el mundo. El agua se hervía
> para los jugos de fruta, para el café, para todo. Cubiertos, vasos y
> platos se lavaban antes y después de usarse. La higiene, lo primero.
> Una revolución, sí ..." (M, 328).

Vargas Llosa parece burlarse en el último capítulo al casi anular lo que parece haber propuesto como tema central del libro, y casi nos desilusiona por completo, para al final devolvernos un centello de esperanza. Es poco pero es algo, como ha dicho el narrador: "por efímera que sea, una novela es algo, en tanto que la desesperación no es nada" (M, 91).

Como *Pedro Páramo* y *Crónica de una muerte anunciada*, *Historia de Mayta* presenta una serie de acusaciones específicas, desde la crítica de los que estén en posiciones de suficiente poder para efectuar cambios (Moisés Barbi Leyva y los de su instituto, la Iglesia, el Senador Campos y la legislatura, varios líderes izquierdistas) hasta el pueblo de la cordillera andina que no logra – que no puede – comprender las oportunidades abiertas por un cambio revolucionario cuando se le es ofrecido. El novelista-narrador nos guía por los muchos niveles infernales de traición, de estancamiento y de ilusiones truncadas. Las múltiples sorpresas del último capítulo, donde alternan el optimismo y la desilusión, permiten al narrador (y al lector) distanciarse de las redes de la ficción y cerrar la narración exactamente como comenzó, con un comentario sobre "Las basuras que van invadiendo los barrios de la capital del Perú" (M, 346).

En *Pedro Páramo* empezamos y terminamos con polvo y piedras, en *Crónica* con la muerte sangrienta de Santiago Nasar. Pero entre el principio y el fin, todas las tres novelas nos hacen cuestionar la realidad que presentan. Nos dejan sin respuestas a las muchas preguntas que abren. Pero también ofrecen la posibilidad de percibir la realidad con imaginación, de liberarnos de algunos de los lugares comunes y estereotipos de la vida diaria. Utilizan la resonancia de la estructura familiar, dantesca, repetida para abrirnos estas puertas mentales.

NOTAS

1 Al indicar la página citada, *Pedro Páramo* se abrevia como PP, *Crónica de una muerte anunciada* como C, y *Historia de Mayta* como M.

2 Discusión en Gabriel García Márquez, "Breves nostalgias sobre Juan Rulfo", en *Inframundo*, pp. 23-25.

BIBLIOGRAFIA

García Márquez, Gabriel
1981   *Crónica de una muerte anunciada*. Bogotá: Editorial la Oveja Negra.

Harss, Luis, y Barbara Dohmann
1968   *Los nuestros*. Buenos Aires: Editorial Sudamericana.
1983   *Inframundo: El México de Juan Rulfo*. Hanover, N. H.: Ediciones del Norte. (Primera edición: México, 1980)

Rulfo, Juan
1983   *Pedro Páramo*. Madrid: Cátedra. (Primera edición: México, 1955)

Vargas Llosa, Mario
1984   *Historia de Mayta*. Barcelona: Editorial Seix Barral.

La escritura de "Don Segundo Sombra"

Alberto Blasi
The City University of New York

No poseemos una memoria, un cuaderno de bitácora que nos permita seguir el camino del escritor durante la producción de *Don Segundo Sombra*. Sin embargo, sus cartas a un colega y padrino en letras, algunas de su mujer, y un diario personal tomado y dejado en tres momentos distintos de su vida, proveen alguna luz sobre aquel intrincado proceso. Ensamblados con precaución los fragmentos que hacen al tema en las tres fuentes enunciadas y cotejándolos con otros documentos de época se puede construir una secuencia supletoria de aquella carencia indicada al principio. Es lo que se trata de hacer en las páginas que siguen. En su mayoría, los materiales utilizados para ello son inéditos.

El primer testimonio, en términos de cronología es de diciembre de 1919 y habla de una profunda desorientación;[1] ha sometido sus textos a un influyente mediador y por entonces muy respetado crítico y le dice: "todo lo que se ha dicho y dejado de decir sobre mi personalidad literaria, me ha desorientado bastante y espero de su opinión un poco de luz". Es sobradamente conocida la malandanza crítica y editorial de los primeros libros de Güiraldes para que esta dramática aserción necesite ser clarificada. En enero de 1920 le dice en otra carta: "La ciudad, en el fondo me es antipática [...] Culpe Vd. de este modo arbitrario de juzgar a mi costumbre y amor por la pampa, con su sol, su aire, y la exaltación individual que crea. [...] Lluvias y brumas están dando a mi pobre individuo una palidez aguachenta de hongo." Esta opción a favor del campo y en contra de la ciudad será una invariante en su espíritu tal como lo prueba su diatriba contra Buenos Aires de 1925: "Estoy cansado de esta ciudad sin alma ..." (1962: 769). Ambas cartas fueron escritas en París, de allí pasó a Mallorca; luego de un mes en la isla, en marzo de 1920 desde Puerto Pollensa, escribe a su amigo francés: hace una larga y admirada descripción del lugar y de sus gentes y, referido a los numerosos pintores que trabajan en la isla, asienta: "Yo los envidio un poco pues lo que quisiera hacer no lo encontraré ni en la montaña ni en las calas y estoy, por el momento, como un pobre sediento echando el balde en una cisterna vacía. Malos momentos son éstos que uno debe dejar pasar sin neurastenia. No tema Vd. Estoy muy lejos de ella. Para mí el escribir es una resultante de la vida. No tengo pues por qué afligirme de estar gozando a nervios abiertos." Esta relación entre experiencia y textualización, entre vida vivida y operación artística, es otra de sus invariantes, generosamente documentada por Victoria Ocampo (1941: 289–327; Blasi 1970: 13–15) mientras que el diario inédito del escritor enriquece y ejemplifica minuciosamente el tema (Blasi 1982: 21–29). En otra carta parisina, de julio de 1920, habla de la que llama "generación francesa de 1870 a 1900" y confiesa: "Mi admiración por ella ha sido tan violenta que me consideraba feliz de ser algo así como un pobre pozo oscuro, cuya agua, en el mediodía, se hacía luz por reflejo. Para mí, los escritores se dividen en dos grupos: los que han querido a aquella generación, y los que han pasado a la vera de un milagro, sin sentirlo mejor que un buey." Aquí nuevamente el establecimiento de otra opción que se construirá en una invariante como lo corrobora, entre otros documentos, el proyecto de carta a Guillermo de Torre (Güiraldes 1962: 30–32); como suele ocurrir en sus documentos privados un ruralismo burlón subraya la idea. Inmediatamente viene una nota precautoria: "Excuso decir que además de esto, y principalmente, es necesario ser un valor independiente de toda sugestión extraña." Así se acuña otro rasgo buscado para su vida mental: fuentes elegidas por vigorosa admiración pero de las que acepta nutrirse en la medida en que no afecten la propia originalidad... En una carta algo anterior, sin fecha pero del período mallorquino, como contrapartida a su declarada fidelidad a los maestros franceses manifiesta el tipo de relación que ha establecido con la tradición literaria nacional; lo hace a partir de *Facundo* y de él dice: "No es un libro que me parezca impecable en cuanto a visión, tesis y estilo pero tiene una vida de un raro poder y es tan apasionado que uno a veces creería que está escrito en carne. [...] sobre *Facundo* se puede hablar mucho tiempo." Otra invariante, de apreciación, si se confronta con la "Carta europea" de 1925 (Güiraldes 1962: 775), a la vez que ambos testimonios dan razón a las aserciones genéticas sostenidas por Lugones en su famoso artículo sobre *Don Segundo* (1948: 29–44).

En marzo de 1923 comienza a escribirse el "Diario donde toda literatura está ausente", hasta ahora inédito y que hemos estudiado para la *Revista Iberoamericana* (Blasi 1982: 21–29). De él se hablará más adelante. Mientras tanto, una carta, que como todas las que siguen fue escrita en tierra bonaerense, fechada en agosto de 1923, descubre una sutil y normal competencia entablada en la mente del escritor entre el libro que acaba de ser escrito y el que se halla en el telar: *Xaimaca* cuenta, "está en manos del 'imprentero' de San Antonio [de Areco]. Estoy harto de ella. Me aburre como una querida vieja demasiado usada y abusada. [...] (*Don Segundo*) no es mejor ni peor. Es otra cosa y Vd. que conoce los primeros capítulos o el primero puede imaginar el estilo del todo." Es normal en la mente de todo escritor cierta tensión o drama interior en el que las *dramatis personae* son los libros a él debidos. Pero en este momento de Güiraldes hay algo más: la lucha contra la sujeción consiguiente a uno que se halla en proceso de textualización y otras obras o actitudes literarias que en esos mismos días se gestan en la mente del escritor; lo dice con simpática llaneza: "Lo que me embroma en todo esto es que mi andar da zancadas, que no pueden seguir mis obras. Las obras que lo tiran a uno dos o tres años para atrás, son una rémora y no he de empezar otra, hasta no contar con el tiempo suficiente para darle fin sin interrupciones. Si estuviese libre hoy, emprendería algo de índole muy diferente." Unos párrafos más abajo explicita las claves de esta lucha íntima: "Recuerda Vd. una conversación que tuvimos en Vichy y en la que algo le dije de una evolución espiritualista? El concepto religioso ha seguido en mí un ascenso. Mi soledad es cada vez más intensa y poblada." El párrafo fecha y consolida lo que se puede ver en sus libros de edición póstuma y lo que se puede inferir y clarificar por la posición numérica y contenido de los dos relatos intercalados en *Don Segundo Sombra* (Blasi 1978a: 125–32).

Entre las inéditas al mismo corresponsal, es una de julio de 1924 – dieciseis meses más tarde – la que contiene más rica información: después de *Xaimaca* ha quedado "un tanto exhausto y como perdido en mí mismo. Sería muy largo, muy penoso y tal vez imposible, decirle todo lo que desde entonces ha pasado por mí. No he escrito una palabra, he leído mucho, en cierto sentido [espiritualista?] y me he pasado atento a mi proceso interno, muy confuso y muy atiborrado de episodios. No sé lo que escribiré ahora aunque lo preveo, pero hay cadenas para lo comenzado, y veo mi libertad un poco lejos, más allá de *Don Segundo Sombra*." Curiosa bifurcación: el *homo faber* está labrando pertinazmente su materia sensible mientras su espíritu va ya por otros reinos; curiosa para la imagen convencional de un artista que está en esos días dando texto a su obra mayor. El resto de la carta extensa, da noticia de otras situaciones más conocidas: la pertinaz mala salud del escritor que incluiría en aquellos días una depresión, su eterna posición de *outsider* en la escena literaria nacional ("Mi situación, o mejor dicho mi no situación literaria sigue aquí lo mismo.") con mención explícita de desaires inferidos por Lugones, Ricardo Rojas y Horacio Quiroga (Blasi 1983: 140), la malandanza de *Xaimaca* (sólo 99 ejemplares vendidos a seis meses de su publicación); y también se dan las primeras noticias sobre la constitución del grupo "Proa" al que ya en otros informes hemos estudiado en relación con Güiraldes (Blasi 1978b: 115–127; Blasi 1980: 231–238). La parte pertinente a nuestros propósitos del diario inédito se agota poco después de esta carta y como ya fue dicho de ella se dio razón en la *Revista Iberoamericana*; allí puede lerse cómo Güiraldes entre marzo de 1923 y setiembre del año siguiente cultivaba en su estancia "La Porteña" destrezas de criollo, pintaba y dibujaba, tocaba la guitarra para que su Don Segundo de la realidad bailase las danzas de la tierra, profundizaba su conocimiento del Oriente mientras atendía su maltrecha salud, y mientras *Don Segundo* – aunque no lo escribiera por esos días – gravitaba en el comportamiento del escritor y daba sentido a la totalidad de su conducta, ya que la materia narrada se ponía literalmente a la puerta del cuarto del narrador. Testimonios como éste se repiten: luego de un día de asado, vino y guitarra con un grupo de paisanos dice sabiamente que no ha trabajado en su trabajo de escritor pero que esto no le "mortifica porque de la conversación con los reseros puedo servirme para *Don Segundo Sombra*". No es posible sintetizar la riqueza de ese material más de lo que en aquella revista fue sintetizado; volvamos a las cartas.

El corresponsal francés seguirá recibiendo concreta información sobre el mundo mental de Güiraldes y sobre la construcción de su obra mayor. Ésta constituye en su ánimo, junto con la gestión del grupo "Proa", un rechazo de la literatura del *establishment* y de las convenciones vigentes en la institución literaria local, a las que acusa de "decadentes"; así lo dice en un tono de contenido furor en diciembre de 1924, hablando de un joven escritor: "Nada en él de esa lacrimosa debilidad de poeta–sauce que tanto nos sobra: decadentes por falta de propio impulso y que se adjudican una forma de literatura que a un país corresponde por madurez fronteriza del estado senil, creyendo con ello estar en la actitud requerida para el laurel, que ceden las cloróticas falanges de alguna literata romántica de barrio." Esa incriminación de los modos posmodernistas de perduración romántica que afectaban muchos poetas establecidos y su secuela de figuras menores, abre un nuevo tema en el contrato literario de Güiraldes con su tiempo, un tema que *in crescendo* llegará a las notas de suelto furor contenidas en la "Carta americana" (Güiraldes 1962: 767–771). Pero para llegar a ella dentro de los límites de intención expresados al comienzo, es preciso pasar por la serie de cartas enviadas por Adelina del Carril, esposa del novelista, al mismo corresponsal francés y amigo de la pareja. Ella cubre con sus cartas la ausencia de otras que debieran haber sido escritas por su marido, en una simpática corresponsalía a dos voces. Los temas que aporta Adelina se alinean con los introducidos hasta aquí por el escritor, enriqueciéndolos a veces de mayor detalle, y siempre de una nueva perspectiva. De ellas hemos dado cuenta en el volumen de homenaje a Güiraldes que editara la Universidad de California con motivo del cincuentenario de su muerte (Blasi 1977a: 10–15). Las que nos interesan para nuestros propósitos actuales van de julio de 1925 a agosto del mismo año. Se habla del entusiasmo que los jóvenes escritores tienen por *Don Segundo* y su autor, del "congreso proático perenne que había en casa", de como tal congreso consume el tiempo del novelista, de la recurrente mala salud, de cómo "los tinterillos de los diarios [con motivo de *Proa*] le tiran a matar a Ricardo con la confabulación del silencio y de la maledicencia", de que Adelina está copiando a máquina el manuscrito de la novela. Y de cómo se ordena el tiempo de escritura sobre el tiempo general del novelista. Luego vienen dos cartas de Güiraldes al mismo corresponsal, fundamentales; se pueden leer en la edición de *Obras completas* (1962: 761–779). Las dos forman un solo cuerpo[2] y de ambas se habla con detenimiento en nuestro *Güiraldes y Larbaud*, el libro que hace una quincena de años dedicamos a los dos corresponsales como protagonistas de una amistad ejemplar (Blasi 1970: 61–76). Allí en las cartas, se hace la historia pública y privada de *Proa* con las constancias de su recepción, se insiste en y clarifica el rechazo que el escritor tenía por la ciudad, se documentan los orígenes míticos de *Don Segundo* en la mitología privada de su autor, y finalmente se discute a Hernández y, particularmente, a Sarmiento de manera que amplifica y profundiza lo establecido en la carta de 1920. Algunas de las afirmaciones son capitales para el entendimiento de la poética que rigió la escritura de *Don Segundo*. Como consecuencia de las modificaciones que sus editores le han impuesto, es conveniente trascribir las ideas centrales copiando del documento original. Se dice: "*Facundo* me parece un libro, en partes, de extraño salvajismo y energía, en una modalidad o tono muy distinto del de otros países. ¿Un tono *non–européen*?" Lo pone entre interrogantes, quizás como el oculto testimonio de un inconsciente deseo, de una imagen de la perfección que hubiese querido para la obra que está a punto de concluir. Y aun anticipa los elementos del infortunado juego de palabras con que un Groussac senil dañará más tarde la recepción de *Don Segundo*: "Bajo la levita que el *doctor* ponía sobre el hombre crudo, se me aparece frecuentemente este último [...] Recuerde Vd. el tono en que Sarmiento habla del 'baqueano', del 'rastreador' y verá que aunque se propusiera en su acción política destruir al elemento humano autóctono, en el fondo creía profundamente en su ciencia y no sé si exagero suponiendo que sin el pudor de creer en 'supersticiones', Sarmiento enfermo se hubiese puesto en manos de un gaucho que curara con palabras.

Esa lucha a brazo partido era en realidad una lucha interior." Este fragmento, muy maltratado en su versión impresa, muestra al vocablo *ciencia* sobresalido y cubriendo todo el campo semántico; ciencia entendida como *gnosis*. La búsqueda de ese saber puede constituir – y creemos constituyó – el sentido último de su *Bildungsroman*. Y tal propósito emparenta, se intrica con las búsquedas espiritualistas que en aquellos mismos días ocupaban la mente del escritor.

Para completar este cuaderno de bitácora es menester regresar a los testimonios provistos por Adelina del Carril. Son cartas de enero a mayo de 1926 (Blasi 1977a: 15–19). Hay quejas de que Ricardo "se distrae demasiado en la estancia y trabaja poco", se sabe que ha estado domando una potranca baya de patas negras, y también que en su espíritu "se han producido cambios tan fundamentales que mucho me temo se vaya desinteresando de la literatura". Se acumulan las indicaciones de mala salud y se piensa que su obra futura "será completamente distinta de la de ahora". Respecto de *Don Segundo* señala: "está tan en otra cosa, que lo debe atormentar estar metido en lo que temporalmente le interesa menos, aunque haya sido su pasión más grande, toda su vida." Güiraldes mediante ese *debe* es descripto por su mujer en soledad, en el momento crucial de su escritura; la terrible soledad del poeta que ella no puede ni debe penetrar. Servida de indicios exteriores trata sin embargo de adivinar el paisaje de su alma.[3]

Lo que viene después en las cartas de Adelina, es la jubilosa descripción del triunfo de *Don Segundo*, de los dos mil ejemplares vendidos en veinte días, de la inmediata edición de cinco mil aún en la imprenta y ya vendida a los libreros, del rumor encomiástico en la ciudad, el éxito de prensa, el artículo consagratorio de Lugones, la inminencia del Premio Nacional. Y luego, las tristes noticias sobre el derrumbe de la salud del novelista. Pero ya estamos fuera del perímetro que nos habíamos propuesto, más allá del libro de bitácora; en pleno tema de la recepción.

En el año centenario de Güiraldes estos datos juntos quizás ayuden a comprender mejor el drama del artista en soledad entregado a su creación, y el del productor afanado en su texto mientras la vida de la mente y la de todos los días, como es natural, le tironean en muy diversas y a veces opuestas direcciones. Esa al menos ha sido la intención.

NOTAS

1 Las cartas inéditas de Ricardo Güiraldes que aquí parcialmente se transcriben, se hallan en su original en el "Fonds Larbaud" de Vichy, bajo la letra *G*; llevan los siguientes números, en orden de transcripción: *604*, París 6 diciembre 1919; *605*, París 4 enero 1920; *607*, Puerto Pollensa (Mallorca) 31 marzo 1920; *611*, París 4 julio 1920; *615*, Mallorca 1920; *620*, estancia "La Porteña" (provincia de Buenos Aires) 19 agosto 1923; *622*, Buenos Aires 5 julio 1924; *623*, "La Porteña" 1 diciembre 1924.

2 La primera de ellas, "Carta americana", fue recibida por Valery Larbaud sin indicación de lugar y fecha. La segunda, "Carta europea", es del 15 de octubre de 1925, tampoco lleva indicación de lugar. En su versión impresa fueron introducidas fechas erradas así como modificaciones de detalle en el texto que en ciertos casos alteran el sentido de algunas frases. En el "Fonds Larbaud" llevan respectivamente las signaturas *G 624* y *G 625*.

Alberto Blasi

3   Según Adelina tenían en proyecto un viaje a la India, una vez que *Don Segundo* estuviese publicado.

BIBLIOGRAFIA

Blasi, Alberto
1970   *Güiraldes y Larbaud: Una amistad creadora*. Buenos Aires.
1977a   "Las cartas de Adelina del Carril". En William E. Megenney (ed.): *Four Essays on Ricardo Güiraldes*, pp. 1–37, Riverside: University of California.
1977b   "La ruta de Don Segundo". En *Chasqui*, 6: 7–14, Swarthmore (Pennsylvania).
1978a   "Mito y escritura en *Don Segundo Sombra*". En *Revista Iberoamericana*, 44: 125–32, Pittsburgh.
1978b   "Ricardo Güiraldes y *Proa*". En *Boletín de la Academia Norteamericana de la Lengua Española*, 2-3: 115-27, Nueva York.
1980   "Contribuciones ensayísticas de Güiraldes". En *Los ensayistas*, 8–9: 141–145, Athens (Georgia).
1981   "Revaluación del martinfierrismo". En Giuseppe Bellini (ed.): *Actas del séptimo Congreso de la Asociación Internacional de Hispanistas*, Roma.
1982   "Vanguardismo en el Río de la Plata: Un 'diario' y una *Exposición*". En *Revista Iberoamericana*, 48: 21–36, Pittsburgh.
1983   "Estudio preliminar" y "Cronología". En Ricardo Güiraldes: *Don Segundo Sombra. Prosas y poemas*, pp. 131–155, 303–312, Caracas.

Güiraldes, Ricardo
1962   *Obras completas*. Buenos Aires.

Lugones, Leopoldo.
1948   "*Don Segundo Sombra* de Ricardo Güiraldes". En Ricardo Güiraldes: *Don Segundo Sombra*, pp. 29–44, Madrid.

Ocampo, Victoria
1941   *Testimonios*. Buenos Aires.

474

La dimensión histórico-cultural de la violencia en "Crónica de una muerte anunciada"

Karen E. Breiner-Sanders
Georgetown University, Washington, D.C.

Crónica de una muerte anunciada es sin duda alguna chocante y cruenta. Tanto el título como las primeras líneas de la novela anuncian sin ambages los temas de violencia y matanza que salpican la obra y que se agudizan conforme avanza la narración. La muerte de Santiago Nasar es gráficamente retratada como el cumplimiento de una venganza, ejecutada tal vez con poca voluntad y precisión, pero sí con una fuerza y una brutalidad tremendas.

Esto dicho, hay que hacer constar que la vida y la muerte del protagonista representan mucho más que la mera compilación de circunstancias y hechos caprichosos reconcentrados en un ser desgraciado, convertido en la víctima propiciatoria de un pueblo ansioso de recobrar su equilibrio a través del recobro de su honor.

La obra es, entre otras cosas, una declaración socio-cultural, basada en una reivindicación histórica. Santiago Nasar sirve como microcosmo y recapitulación ontogénica de una violencia y una victimización más abarcadoras, nacidas de la contienda hispanoárabe, y repetidas más directamente en la conquista y la colonización españolas del Nuevo Mundo. En este sentido, *Crónica de una muerte anunciada* se distingue de obras anteriores de García Márquez como *La hojarasca, Cien años de soledad,* o *El otoño del patriarca,* las cuales se relacionan más íntimamente con "La Violencia" colombiana y también con la teoría dependista/neo-marxista en lo que se refiere a la hegemonía y el imperialismo estadounidenses en Latinoamérica.

En *Crónica ...* se disciernen distintos ecos de la Reconquista española y de la victoria cristiana lograda contra los infieles, contra los moros "paganos". Santiago Nasar es ante todo árabe, aunque nacido en Colombia y de madre hispanoamericana. Según la descripción proporcionada por el autor, ha heredado, además de su apellido, su sangre árabe y su aspecto físico (de cabellos rizados y párpados árabes)[1] de su padre Ibrahim. Entiende la lengua de sus antepasados paternales, y es el único de su generación que la usa preferentemente cuando se comunica con su padre y con los otros mayores de su comunidad árabe.

De esta manera, Santiago se singulariza entre sus iguales, se aparta bastante del pueblo cristiano que le rodea, y así se expone más a cualquier arranque de ira o de odio que pueda surgir del pueblo mismo.

Su nombre de pila resulta irónicamente sugestiva desde esta perspectiva. Por otra parte, su tocayo apostólico y santo patrón de España, también sufrió la muerte al haber sido degollado por los que no pudieron soportar la amenaza que representaba el apóstol al statu quo social y religioso de aquel entonces.

El mejor amigo de Santiago Nasar, Cristo Bedoya, – de nombre igualmente irónico dentro de este contexto – es de la misma comunidad árabe, y su novia, Flora Miguel, también lo es. Así es que se establece en la narración una armazón literaria basada en un antagonismo religioso-cultural, el cual promueve la acción vengativa de la obra y posibilita el desenlace violento.

Hasta en los incidentes más inocuos, se encuentra alguna referencia, generalmente velada, a esta confrontación. De niño, por ejemplo, Santiago presenció un accidente que le enseñó una lección irónicamente fatal, la de no guardar las armas cargadas dentro de la casa, práctica incorporada en su vida diaria que había de figurar de un modo significativo en su propia muerte años después. La pistola que guardaba su padre en la funda de su almohada fue descargada casualmente por una sirvienta mientras le quitaba la funda. La bala encontró su salida de la casa árabe al atravesar una pared, y luego buscó su blanco – "con un estruendo de guerra" (p. 13) – en una estatua de la iglesia al otro lado de la plaza.

Este accidente de la niñez de Santiago sugiere, ya de por sí, la lucha entre moros y cristianos, una lucha que encuentra su máxima expresión en la violencia mortal perpetrada años después por los dos hermanos, Pedro y Pablo Vicario, quienes, como instrumentos apocalípticos, toman su venganza y, en el acto, vencen al pueblo moro. La trama de la obra apunta hacia este desenlace y la misma escena del asesinato confirma la interpretación de una histórica venganza cobrada.[2] La fuerte alusión a una corrida de toros aquí no es casual. Al fin y al cabo, la tauromaquia tiene su origen histórico precisamente en los antiguos ritos religiosos de los pueblos mediterráneos.

Uno de los elementos más destacados de esta escena es la soledad de la víctima Santiago, acorralado principalmente por los cristianos del pueblo, ansiosos de presenciar el acto inevitable y de esta manera participar en él:

> "La gente se había situado en la plaza como en los días de desfiles. Todos lo vieron salir, y todos comprendieron que ya sabía que lo iban a matar, y estaba tan azorado que no encontraba el camino de su casa. Dicen que alguien gritó desde un balcón: 'Por ahí no, turco, por el puerto viejo'. Santiago Nasar buscó la voz. Yamil Shaium le gritó que se metiera en su tienda [...] De todos lados empezaron a gritarle, y Santiago Nasar dio varias vueltas al revés y al derecho, deslumbrado por tantas voces a la vez" (pp. 183-184).

La idea de una recapitulación de la guerra entre moros y cristianos es acrecentada por el hecho de que Pedro y Pablo Vicario se santiguan, sin ponerse de acuerdo, inmediatamente antes de dirigirse contra Santiago, y por la secuela a la occisión: los otros árabes persiguen a los dos asesinos, quienes a su vez buscan y logran refugio y protección en la Casa Cural, al ofrecerle sus cuchillos al párroco en una suerte de "rendición como un acto de una gran dignidad" (p. 80).

Pese a estas alusiones bastante claras a la lucha hispanoárabe, los muchos contrastes insistentes entre Santiago y los suyos, y los demás del pueblo desempeñan un papel marcadamente relacionado con la historia latinoamericana misma. Después de todo, la fuerza, la brutalidad y la constancia, forjadas y refinadas a lo largo de los casi ocho siglos de la Reconquista, también fueron las mismas herramientas empleadas en la conquista y la colonización del Nuevo Mundo.[3] He aquí la imagen de la imposición hegemónica europea sobre una tierra y un pueblo primordiales, indefensos y cruelmente gastados, que sólo en generaciones sucesivas buscan su desagravio, y esto, en términos históricos, principalmente a través de las guerras traumáticas de independencia unos 300 años después, y en forma literaria en esta "crónica" en el asesinato cometido por los hermanos Vicario,[4] representantes de "la muchedumbre que se precipitaba a declarar sin ser llamada, ansiosa de exhibir su propia importancia en el drama" (p. 157).

Desde este punto de vista, lo árabe y lo europeo se funden en una contraposición establecida entre los de allá y los de acá, entre los del Viejo Mundo, el cual incluye el Mediterráneo, y los del Nuevo Mundo. Dentro de este marco de referencia hasta el nombre de Santiago puede parecer, en vez de irónico, muy apropiado y marcadamente sugestivo de su papel representativo de la fuerza del estandarte de Santiago (el "Matamoros") – y de la misma Orden de Santiago – que inspiró tanto celo de reconquista, y una suerte de "destino manifiesto" dirigido contra las Américas por los conquistadores españoles, y perpetuada por los mismos criollos.[5]

Además de la impronta árabe establecida por la descripción ya señalada del aspecto físico de Santiago, este hijo único de Ibrahim y Plácida es esbelto y pálido (p. 15), características europeas sostenidas por la descripción de su piel a través de una imagen sinestésica notable:

"Tenía el vestido de lino blanco lavado con agua sola, porque era
de piel tan delicada que no soportaba el ruido de almidón" (p. 15),

y contrastadas con la voluptuosidad y la mulatez de las prostitutas de este pueblo caribe (pp. 124-125).

Incluso las mujeres dedicadas a los quehaceres de la casa Nasar, como las del pueblo, manifiestan una fuerza vital y un vínculo muy íntimo con la tierra agreste y primitiva de la cual son ellas engendradas. La cocinera, Victoria Guzmán, fue seducida por el padre Ibrahim, y la hija de ella, Divina Flor, es destinada a la misma suerte de ser "desbravada" (p. 19) por el hijo Santiago. Así siguen las generaciones: los hombres conquistadores violan a las mujeres de la tierra domada, y cada generación repite la violación en una recreación de la lucha entre "la civilización y la barbarie",[6] en una recreación eterna de la epopeya mítica de la traición y la conquista del Nuevo Mundo.[7]

Esta noción de una conquista y una violencia reiterativas y basadas en un hecho histórico nos lleva necesariamente a una consideración de la tesis de Octavio Paz en torno a su *Laberinto de la soledad*.[8] Según Paz, la mujer mexicana – y en sentido más amplio, la mujer latinoamericana – es víctima de la agresión del macho, y esta agresión es la nueva representación, repetida *ad infinitum* del saqueo y la violación ocasionados por los europeos en su conquista del Nuevo Mundo. Esta metáfora de conquista se ve claramente en los ejemplos ya apuntados de los hombres y las sirvientas de la casa Nazar en *Crónica*.

Lo que es más, los mexicanos (los latinoamericanos) son todos también hijos de una traición – la de la Malinche o la Malintzín azteca –, y el estado de soledad, el laberinto de la soledad paziana, basado en la orfandad o la ilegitimidad de los latinoamericanos, se debe específicamente a la mujer.[9]

Pero la mujer es también madre – la Madre-Virgen de Guadalupe –, y por lo tanto es un ser sagrado. De ahí el dualismo del papel de la mujer – la santa madre y la prostituta traidora –, un dualismo que vemos claramente retratado en Angela Vicario, e incluso en Plácida Linero, en *Crónica de una muerte anunciada*.

El tema de la mujer traidora se presenta de una manera patente en el caso de estos dos personajes. Angela Vicario – cuyo nombre claramente simboliza sus dos dimensiones de mensajera-anunciadora y paradigma de la virtud y la inocencia – es escogida por Bayardo San Román, precisamente por su supuesta pureza (p. 47). Pero Angela es anunciadora de su propia traición, de su propia indiscreción e impureza al revelarle a Bayardo San Román que no es virgen. También es anunciadora de la muerte al declarar el nombre del posible autor de su transgresión, y así traicionarlo en sentido malinchiano.

> "Ella se demoró apenas el tiempo necesario para decir el nombre. Lo buscó en las tinieblas, lo encontró a primera vista entre los tantos y tantos nombres confundibles de este mundo y del otro, y lo dejó clavado en la pared con su dardo certero, como a una mariposa sin albedrío *cuya sentencia estaba escrita desde siempre*. – Santiago Nasar – dijo" (p. 78; lo cursivo es nuestro).

De igual forma, los cronistas españoles llamaron a la Malinche, a la Marina cristiana, "la lengua", marbete basado tanto en su papel de traidora como en el de intérprete.

Plácida Linero sirve admirablemente para destacar este dualismo inherente en la mujer, hasta se puede decir esta síntesis conflictiva. Partiendo de la descripción de la mujer presentada por Octavio Paz:

> "La mujer [...] es figura enigmática. Mejor dicho, es el Enigma. [...] Es la imagen de la fecundidad, pero asimismo de la muerte. En casi todas las culturas las diosas de la creación son también deidades de destrucción",[10]

se puede considerar el papel de Plácida en primer lugar como representante de la maternidad. Ella es ante todo madre, una madre sufrida que dio a luz a Santiago dentro de un matrimonio desprovisto de amor o cariño, "un matrimonio de conveniencia que no tuvo un solo instante de felicidad" (p. 15). Pero Santiago es también hijo de una "Malinche" ya que la madre, por puro amor – y el amor fue motor también de la traición realizada por Malintzín/Marina – termina por cerrarle a su hijo la puerta de la casa antes de que tenga él oportunidad de entrar, y así de una manera bastante directa e inmediata causa la muerte de su propio hijo. Esa "puerta fatal"[11] señala el papel maternal en la traición. La puerta, y la casa, reflejan la madre; *son* la madre y la promesa de vida en términos simbólicos, aquí denominadas "la puerta de su madre" (p. 189) y vedadas a Santiago en un portazo, en un santiamén: "¡Ay mi madre!" (p. 188).

Por otra parte, Angela Vicario presta una nota simbólicamente trascendental a la muerte del hijo de Plácida a través de su papel irónico de arcángel anunciador, ya que su denuncia significa que la madre sufrirá la muerte y el sacrificio de su único hijo.

Conviene subrayar el papel de traición que desempeñan Victoria Guzmán y Divina Flor, pues sus mentiras y/o confusión también son factores que contribuyen directamente a la muerte de Santiago.

El lector perspicaz notará la semejanza entre los nombres de Divina Flor y Flora Miguel – dos mujeres traidoras y traicionadas. Hay, por añadidura, su semejanza con el nombre de la Cava, Florinda, hija del conde don Julián de la leyenda popular relacionada con la invasión árabe de España. He aquí otra insinuación histórica de venganza, de reivindicación.

La muerte de Santiago representa la culminación de una ceremonia dedicada a la vida, la fiesta de la boda de Angela y Bayardo San Román, una fiesta continuada y, en realidad, confundida con la celebración de la llegada del obispo, una fiesta que "adquirió una fuerza propia tan difícil de amaestrar, que al mismo Bayardo San Román se le salió de las manos y terminó por ser un acontecimiento público" (p. 64), "la parranda de mayor escándalo que se había visto jamás en el pueblo" (p. 33). En esto coincidimos una vez más con Octavio Paz y su interpretación de la fiesta que muchas veces representa el único escape para las emociones soterradas o disimuladas en la vida diaria. La fiesta se convierte en espiral de actividad, de frenesí, y termina a menudo en algún acto violento, en alguna muerte.

"Esa noche los amigos, que durante meses no pronunciaron más palabras que las prescritas por la indispensable cortesía, se emborrachan juntos, se hacen confidencias, lloran las mismas penas, se descubren hermanos y a veces, para probarse, se matan entre sí."[12]

"La Fiesta es una operación cósmica: la experiencia del Desorden, la reunión de los elementos y principios contrarios para provocar el renacimiento de la vida. La muerte ritual suscita el renacer [...] La Fiesta es un regreso a un estado remoto e indiferenciado, prenatal o presocial, por decirlo así. Regreso que es también un comienzo ..."[13]

Este paso ritual remonta a las prácticas indígenas del Nuevo Mundo, prácticas de un mundo primitivo que reclama su vida y su derecho a ella.

"This myth of creation by a violent death [...] The fundamental idea is that life can only take birth from another life which is sacrificed. The violent death is creative ..."[14]

Este primitivismo figura de una manera significativa en la serie de contrastes elaborados en la obra entre el Nuevo Mundo y el Viejo Mundo; en la lucha realizada entre los dos, gana el primitivismo, la barbarie. La cocinera, Victoria Guzmán, y su hija se dedican a descuartizar y destripar conejos, y echarles las entrañas a los perros hambrientos. Santiago lo considera todo bárbaro y horroroso, reacción dramáticamente subrayada por todo lector al considerar más tarde la misma muerte de Santiago y su subsiguiente autopsia. Lo animal y lo sexual se funden en una ferocidad que alcanza su expresión vengativa en el cuchillo ensangrentado de Victoria Guzmán dirigido amenazadoramente hacia Santiago, el "blanco" – "Suéltala, blanco [...] De esa agua no beberás mientras yo esté viva." (p. 19) –, y en las acciones de Divina Flor, "la niña, todavía un poco montaraz" (pp. 18-19) que sella el destino de Santiago al asegurarle a Plácida Linero que vio entrar en casa a Santiago un poco antes.

Se establece otro contraste significativo entre el cuchillo, portador de dos realidades contradictorias y yuxtapuestas de la vida y la muerte, y las armas de fuego del Viejo Mundo.

Se nota, por ejemplo, la inclinación inculcada y estimulada en Santiago por su padre Ibrahim hacia las armas y los pasatiempos tradicionalmente vinculados con la caballería europea:

"De su padre aprendió desde muy niño el dominio de las armas de fuego, el amor por los caballos y la maestranza de las aves de presas altas ..." (p. 16)

"En el monte llevaba al cinto una 357 Magnum, cuyas balas blindadas, según él decía, podían partir un caballo por la cintura. En época de perdices llevaba también sus aperos de cetrería. En el armario tenía además un rifle 30.06 Mannlicher-Schönauer, un rifle 300 Holland Magnun, un 22 Hornet con mira telescópica de dos poderes, y una Winchester de repetición" (p. 12).

Hasta el epígrafe alude a tales actividades que corresponden a la vida aristocrática de la clase pudiente e igualmente al concepto de conquistar: "La caza de amor es de altanería" (p. 7). Los pasatiempos de padre e hijo hacen patente una diferenciación marcada entre ellos y los del pueblo.[15] Los Nasar llevan la vida montados a caballo, animal ya de por sí símbolo del Viejo Mundo y de la conquista del Nuevo Mundo. El mismo Santiago refleja en su atavío esta imagen: de la ropa de montar se incluyen el vestido de caqui, el sombrero de jinete, las botas y las espuelas (p. 170).

Igual que su padre antes, el protagonista duerme al alcance de un arma de fuego. Su protección depende de su revólver; sin embargo, éste no sirve para protegerle del llamamiento históricamente fatal, ni siquiera cuando le es llevado por su buen amigo árabe, Cristo Bedoya, como único medio de auto-defensa posible. Una serie de contratiempos hace imposible que Santiago utilice el arma, lo cual intensifica aún más la noción de la impotencia de la víctima ante sus acusadores en el drama histórico de reivindicación. Incluso la escopeta de Yamil Shaium resulta ineficaz en este contexto.

Esta reivindicación es realizada con las armas tradicionales de la vida y la lucha para la sobrevivencia en las Américas. Los cuchillos pasan como arma preferida del nivel ecológico del conflicto entre la naturaleza y el ser humano al nivel del trato social entre los hombres. Así, para repagar el agravio, Pedro y Pablo Vicario recurren a lo más inmediato de su alrededor, al símbolo de su victoria sobre el ambiente, es decir, a los cuchillos crudos que utilizan para la matanza de esos animales que satisfacen sus necesidades físicas. Los hermanos matan a Santiago como animal sacrificado para satisfacer las necesidades igualmente básicas, las vengativas, de un pueblo violado. En esta lucha entre fusiles y cuchillos, entre los de allá y los de acá, ganan éstos. Los cuchillos en su papel de dualidad de vida y muerte hacen eco de los hermanos Vicario, gemelos que incarnan la misma dualidad de vida y muerte.

La hacienda que Santiago heredó de su padre es igualmente símbolo concreto y tangible de la supuesta riqueza gozada por la familia Nasar y negada a los más humildes del pueblo. Suficientemente clara en la narración es la alusión a la clase minoritaria de los hacendados o terratenientes de los latifundios latinoamericanos. Santiago no es como los otros puesto que tiene hacienda y es rico; por lo menos tal es la impresión revelada por los habitantes del pueblo de recursos mucho más modestos.[16]

> "Me di cuenta de pronto de que no podía haber un partido mejor que él. [...] Imagínate: bello, formal, y con una fortuna a los 21 años" (p. 33).

> "Creía que su plata lo hacía intocable", me dijo [Polo Carrillo]. Fausta López, su mujer, comentó: 'Como todos los turcos'" (p. 162).

Así es que a la violencia histórica, religiosa y cultural, se agrega una violencia económica como factor determinante en la trágica muerte de Santiago.

Quedan contrapuestos también los conceptos de día y noche, de vida y muerte, de sol y de lluvia. El asesinato ocurre a la primera luz del día, hora que fácilmente se presta a interpretaciones distintas. Toda la obra contiene recuerdos testimoniales contradictorios respecto al tiempo que hacía ese día fatal: o "una mañana radiante con una brisa de mar" o "un tiempo fúnebre, con un cielo turbio y bajo y un denso olor de aguas dormidas" con "una llovizna menuda" que caía en el momento de la muerte (p. 11). La madre de Santiago, por ejemplo, notó que llovía cuando salió Santiago a ver al obispo, pero Victoria Guzmán constató que no había llovido sino que "el sol calentó más temprano que en agosto" (p. 18). La clara luz del Caribe contrasta con los colores más sombríos del Viejo Mundo. El Nuevo Mundo reclama su derecho de vivir al salir victorioso sobre la llovizna y la nebulosidad del crespúsculo en que Santiago encuentra su fin.

La idea de Santiago como víctima propiciatoria, como ser sacrificado ante los viejos rencores acumulados a través de las generaciones, contra conquistador y explotador extranjeros, es ampliamente desarrollada en esta novela por un autor consciente de su historia, del momento actual de Latinoamérica, y del futuro de ella con su concomitante búsqueda de una identidad y una responsabilidad muy suyas.

La historia traumática latinoamericana, como legado, se ha convertido en mito, un mito vital que brota de estos elementos histórico-culturales ya incorporados en la subconsciencia del pueblo hispánico, un mito que termina por repetirse una y otra vez en una crónica circular. Gabriel García Márquez se convierte en cronista de la epopeya de la traición de Latinoamérica y de las subsiguientes guerras de independencia cuatrocientos años después, todo lo cual nos presenta a nosotros los lectores en sentido sincrónico y a la vez fatalmente cíclico.

NOTAS

1   Gabriel García Márquez, *Crónica de una muerte anunciada* (Barcelona: Editorial Bruguera, S.A., 11ª ed., 1982), p. 15. Todas las citas en torno a *Crónica* ... son de esta edición. En adelante, se registra sólo el número de página, y éste como parte de la cita misma.

2   Así se explica la falta de represalias por parte del pueblo árabe después del asesinato de Santiago Nasar. En lugar del sospechoso envenenamiento perpetrado por los árabes, – las "vainas de los turcos" (p. 129) –, los hermanos Vicario son blancos de la caridad (¿espíritu de reconciliación?) del pueblo árabe: "... fue Suseme Abdala, la matriarca centenaria, quien recomendó la infusión prodigiosa de flores de pasionaria y ajenjo mayor que segó la colerina de Pablo Vicario y desató a la vez el manantial florido de su gemelo" (p. 132).

3   De ahí que muchas de las referencias de la narración pueden aludir fácilmente a las dos contiendas.

4   Véase a Marvin Goldwert, *Psychic Conflict in Spanish America* (Washington, D. C.: University Press of America, Inc., 1982), p. ix: "By Kairos, I mean trauma time and the pregnant moment, those crucial early happenings in a civilization's history which overtake all ensuing developments. [...] Just as in the life-history of individuals early trauma shapes their entire existence, so, too, in the life-history of civilizations Kairos (traumatic event) is the crucial force in determining their development. Kairos determines history, for it lives in the mass unconscious, sometimes latent as tradition and sometimes manifest as in the cyclical return-of-the-repressed, but always shaping man's destiny."

5   Esta interpretación no desmiente en absoluto a los críticos que han encontrado en el personaje de Santiago la figura de Jesús crucificado. Tal interpretación es válida y valiosa. Al presentar aquí otra manera de considerar a Santiago, señalamos la riqueza de significados y múltiples dimensiones presentes en una novela corta que, a primera vista, no parece ser nada más que una crónica sencilla, si bien violenta.

6   Arnold M. Penuel presenta una explicación contrastiva parecida al elaborar una interpretación apolínea-dionisíaca de la obra. "The Sleep of Vital Reason in García Márquez's *Crónica de una muerte anunciada*". En *Hispania*, 68, 4 (diciembre de 1985): 753-766.

7   La historia traumática fácilmente se convierte en mito, un mito soterrado en la subconsciencia de la sociedad humana. De ahí el fuerte elemento onírico de *Crónica* – una abertura a la subconsciencia –, sea en las referencias contradictorias del tiempo que hacía esa mañana fatal (especialmente la insistencia en la llovizna matutina), sea los sueños de Santiago y la equivocada interpretación de ellos hecha por la madre, sea la sensación de futilidad experimentada por los personajes y los lectores ante el lento desenlace de la última hora de la vida de Santiago Nasar. "La realidad última de todos los mitos consiste en que en ellos los hombres han dejado emerger la subconsciencia dentro del dominio de lo simbólico sin tener en cuenta las preocupaciones que los inhiben en otros dominios de la actividad consciente." "La literatura es, tal vez, la actividad que más a fondo está situada dentro del mundo de la mitología." [Luis A. Pérez B., *"La Marquesa de Yolombó* y el mito en la literatura hispanoamericana". En *Hispania*, 65 (septiembre de 1982): 378].

8   Octavio Paz, *El laberinto de la soledad* (México: Fondo de Cultura Económica, 4a ed., 1964).

9   Tal tesis nos posibilita otro entendimiento de las palabrotas gritadas por Santiago en el momento en que los hermanos Vicario lo atacaron: "¡Hijos de puta!" (p. 187).

10 *Op. cit.*, p. 55.

11 "La puerta de la plaza estaba citada varias veces con un nombre de folletín: *La puerta fatal*" (*Crónica* ..., p. 23).

12 *Op. cit.*, p. 40.

13 *Ibid.*, p. 43. Véase todo el capítulo "Todos Santos Día de Muertos" para apreciar los muchos paralelos entre la tesis de Octavio Paz y la crónica de Gabriel García Márquez.

14 Mircea Eliade, *Myths, Dreams, and Mysteries* (Londres: Harvill Press, 1960), p. 184. La yuxtaposición de vida y muerte se ve claramente en *Crónica*, por ejemplo, en el vestido de lino blanco que lleva Santiago tanto para la boda como en el caso de su propia muerte.

15 "Era idéntico a su padre", replicó Victoria Guzmán. "Una mierda." (pp. 19-20).

16 Como en muchos aspectos de la narración, la riqueza de la familia Nasar es una cosa incierta, a veces contradicha o simplemente insinuada por el chisme del pueblo. Véanse las pp. 12, 86, 90, 131.

La sexualidad femenina en las novelas de Gabriel García Márquez

T. Avril Bryan
University of the West Indies, St. Augustine, Trinidad, W.I.

Las protagonistas de las novelas de Gabriel García Márquez desde Eréndira y su abuela (1983) hasta Fermina Daza de la novela más recientemente publicada, *El amor en los tiempos del cólera* (1985), son criaturas bastante sexuales en su modo de comportarse, aunque su sexualidad se revela de modos distintos. Sin embargo, la crítica de los personajes femeninos en la obra marquiana ha sido periférica, especialmente cuando se considera el papel central que hacen algunas de esas protagonistas. En realidad, en su última novela, *El amor en los tiempos del cólera*, se puede decir que este mundo se revela por medio de las mujeres cuya actitud frente a sus circunstancias se desarrolla de acuerdo con su habilidad de existir y funcionar en el ambiente masculino. La sexualidad femenina se trata con respecto al machismo del hombre, la virginidad de la novia y la honra familiar.

La presentación de la mujer se hace con el mismo o aún con más entendimiento que la del hombre. No obstante, García Márquez refleja con ironía y humor los valores de la sociedad latinocaribeña cuando relata la insistencia de la virginidad de la novia, el machismo pervertido y lo ridículo de la honra excesiva de la familia. Unos ejemplos de este aspecto de la virginidad se destacan en Ursula, Amaranta y Remedios la bella de *Cien años de soledad* y en Angela Vicario de *Crónica de una muerte anunciada*. La virginidad de estas figuras no epitomiza lo mismo. Se puede ver lo ridículo, lo serio o lo destructivo en el esfuerzo de mantener algo que parece ser sin valor.

Ursula Buendía tiene miedo de consumar su matrimonio con su primo José Arcadio Buendía a causa del presagio que predice el nacimiento de un niño en la familia Buendía que tendrá una cola de puerco. Ursula logra por un año no consumar el matrimonio por llevar un camisón que "se cerraba por delante con una gruesa hebilla de hierro" (*Cien años de soledad*, 1976: 25). Esta situación ridícula termina con la matanza de un tal Prudencio que había insultado a José Arcadio Buendía por esta razón. Así éste está obsesionado por el fantasma de su víctima. Por supuesto hay que consumar el matrimonio para que se relate el cuento de la familia Buendía por unas generaciones. La presentación de la virginidad en este caso es cómica pero también es irónica, porque unas generaciones después nace un niño con esa cola de puerco.

La negación de la sexualidad se desarrolla más por el personaje de Amaranta, la hija de Ursula. Ella representa el rencor y el odio que siente para su hermana prohijada Rebecca. Amaranta está enamorada de Pietro Crespi el que, sin darse cuenta del amor de Amaranta, solicita el matrimonio con Rebecca. El orgullo intenso, un sentimiento común en las mujeres marquianas, surge con este rechazo. Su odio ahora no tiene límite. Su egoísmo que se ha llamado "pathological narcissism" (Penuel 1983: 552), la propulsa a aceptar aparentemente a Pietro como pretendiente después que fue plantado por Rebecca. En realidad, Amaranta se venga de Pietro por permitirle planear la boda y después por informarle con crueldad "No seas ingenuo, Crespi – sonrió – ni muerta casaré contigo" (1976: 98). Pietro, asolado completamente, se suicida. Para tratar de experimentar algo de remordimiento, Amaranta se quema la mano y hasta su muerte lleva un vendaje negro y simbólico.

Desde entonces, Amaranta "es la tejedora de la muerte, la parca negada al amor, viviendo en el odio y por el odio" (Gullón 1970: 64). La virginidad que Amaranta parece adoptar es hipócrita. García Márquez quita el mito de la virginidad, porque para Amaranta la pureza y el celibato no son sinónimos. Ella y su sobrino Aureliano se ocupan en "una complicidad inviolable" (1976: 127) que sólo indica que quiere morirse virgen y tiene miedo de parir a un monstruo con cola de puerco. A pesar de su hipocresía ella cree que su vida "virginal" será considerada como beata. No necesita confesar, porque no ha cometido ningún pecado. Esta negación de su sexualidad a causa de un orgullo falso, se presenta junto a una incapacidad de expresar un amor verdadero y una facilidad de expresar la crueldad y el odio. García Márquez no ofrece ninguna otra crítica de los valores de Amaranta, pero a la vez se cree que este "sacrificio" de Amaranta para guardar su virginidad no vale la pena.

Ursula es la bisabuela de Remedios la bella, una de las figuras más míticas de García Márquez. No obstante, su carácter no refleja la misma distorsión que Amaranta. Su belleza legendaria no sólo es física sino también espiritual. Ella es solitaria como lo es Amaranta pero "es consecuencia de su pureza, absoluta" (Gullón 1970: 64). Amaranta, sin embargo, es una mujer sensual pero primitiva en su inocencia. Su olor persistente y su ascensión al cielo se consideran un milagro por sus parientes, pero a causa de su sexualidad, hay otros que dudan de su ascensión y su virginidad. Esta representación se hace con ironía y humor.

En *Eréndira*, la protagonista y su abuela son criaturas míticas que el autor logra proyectar por la mitología griega y el cuento de hada. Sin embargo, el autor presenta una inversión grotesca del héroe y de la heroína de la mitología griega. La inocente Eréndira tiene que hacerse prostituta para pagarle a la abuela la pérdida de su casa y posesiones. Eréndira se hace leyenda y su prostitución no detrae de la cándida Eréndira, porque la abuela es el monstruo que guarda a la nieta en esclavitud. Lo curioso es que la abuela parece invocar su propia sexualidad por medio de Eréndira que es pasiva en la situación exóticamente grotesca que tiene que sufrir. Su pasividad y sumisión hacia la abuela y los amantes tienen que desarrollarse hasta el odio y la rabia para con la abuela para que ella pueda liberarse de su sufrimiento. Eréndira, como la mayoría de las mujeres marquianas, se hace oportunista para lograr la libertad personal o sexual. Eréndira se ve obligada a ganar en astucia a la abuela y al amante Ulises. Lo hace matar a la abuela y lo abandona. No se evoca el horror, porque es evidente que García Márquez presenta a los antihéroes. Así Eréndira, por fin, tiene que utilizar su sexualidad para escaparse de su esclavitud y para sobrevivir.

Crónica de una muerte anunciada presagia la muerte de una víctima aparentemente inocente, Santiago Nasar. Angela Vicario celebra con mucha ceremonia su boda, pero unas horas después el esposo la devuelve a sus padres porque no era virgen. Sus hermanos insisten en que ella les diga quien era su amante. Ella nombra a Santiago Nasar. Es obvio que el autor denuncia el machismo del hombre y la virginidad de la novia que la sociedad latino–caribeña sigue considerando como virtudes (Mendoza 1983: 159). El papel de la honra se une intrincadamente a estas virtudes dudosas, y juntos estos elementos resultan en desastre para todos. El esposo Bayardo está obsesionado por su machismo. Trata de comprar todo, aun a una mujer. Nunca creyó que Angela no fuera virgen, porque en la tradición de su sociedad, la actividad sexual es una prerrogativa del hombre y la virginidad debe ser el valor último de la novia. El nombre Angela es símbolo de lo que busca Bayardo en una mujer. Es irónico que una joven nombrada así llegue a ser la causa de la adversidad de tantos. Se nota que la madre del narrador observa el coraje de Angela por tratar de engañar al esposo. "El hecho de que Angela Vicario se atreviera a ponerse el velo y los azahares sin ser virgen, había de ser interpretado después como una profanación de los símbolos de la pureza. Mi madre fue la única que apreció como un acto de valor el que hubiera jugado sus cartas marcadas hasta las últimas consecuencias" (*Crónica de una muerte anunciada*, 1981: 57).

Esta novela se concentra en los prejuicios y denuncia las antiguas estructuras sociales que incluyen por su supresión la posible existencia de una sexualidad femenina y la destrucción que resulta de las costumbres tradicionales. La madre de Angela, que se llama Purísima, contradice la cualidad simbólica de su nombre por expresar su rabia inolvidable golpeando sin piedad a Angela. El humor que se ve en *Cien años de soledad* en la presentación de la virginidad no existe aquí. Es evidente que el autor castiga a la sociedad por seguir con estas tradiciones. En realidad hay algo de futilidad, porque nunca se dice que Santiago es culpable. El se hace el objeto, porque Angela dice que él es el perpetrador. Los otros personajes creen que es inocente pero a causa del destino no pueden prohibir esta matanza.

Rechazada por su esposo y deshonrada por su familia, Angela Vicario, en un ambiente nuevo, declara su amor por Bayardo en miles de cartas. Aquí se ve su verdadera desgracia. Este amor obsesivo se revela en las cartas apasionadas. Por fin, Bayardo regresa a Angela muchos años después, pero no se sabe si en realidad van a estar contentos en su madurez. Ya han perdido tantos años de un amor incumplido que su reconciliación parece ser casi un anticlímax. Su pureza durante todos esos años ha sido una obsesion hasta que "se volvió lúcida, imperiosa, maestra de su albedrío, y volvió a ser virgen sólo para él, y no reconoció otra autoridad que la suya ni más servidumbre que la de su obsesión" (1981: 122). Angela no ha podido desembarazarse de los preceptos de su sociedad. El hombre y la mujer no pueden escaparse de sus tradiciones.

El amor de la vejez se presenta en *El amor en los tiempos del cólera* de un modo extraordinariamente explícito con una perspicacia maravillosa, pero a la vez graciosa y bella. No hay duda de que los ancianos pueden amarse y hacer el amor quizás sin el frenesí y la pasión de los jóvenes. Fermina Daza, viuda desde hace dos años, y Florentino Ariza que la amaba durante unos cincuenta y más años deciden contradecir las tradiciones de la sociedad por quedarse en un buque navegando indefinadamente por la bahía. El soltero y la viuda son septuagenarios, pero "era como si hubieran saltado el arduo calvario de la vida conyugal, y hubieran ido sin más vueltas al grano del amor [...] Pues habían vivido juntos lo bastante para darse cuenta de que el amor era el amor en cualquier tiempo y en cualquier parte, pero tanto más denso cuanto más cerca de la muerte" (1985: 469–470).

Florentino siempre ha sido un ser sexual y no sorprende que él siga así hasta su vejez. Lo que asombra es que esta anciana después de estar casada cincuenta y dos años y ser viuda durante dos, y de no haber hecho el amor durante los veinte últimos años de su vida conyugal, embarque en un viaje de buque con un pretendiente y que haga el amor con él. La sexualidad de Fermina quizás la sorprende tanto como asombra al lector, pero el amor obsesivo incumplido de Florentino para Fermina durante esos años y la conciencia de la muerte les causan afirmar su amor sin más tardanza.

El retrato de Fermina Daza es uno de los más completos de una mujer marquiana. Desde su niñez y amor juvenil por Florentino, y por su vida conyugal con el doctor Juvenal Urbino, siempre se ve a una mujer fuerte, obstinada y orgullosa. Como mujer bien educada, cumple con todos los requisitos de una virgen antes del matrimonio, pero durante la boda y la luna de miel trata de disimular su terror de virgen. Durante este viaje de luna de miel en Europa, Fermina logra perder este miedo y divertirse sexualmente.

A la edad de cincuenta y ocho años, el amorío que tiene el doctor Juvenal Urbino con la mulata divorciada Bárbara Lynch de veintiocho años casi destruye el matrimonio de aquél. Fermina abandona a la familia durante dos años mientras busca el refugio con su prima Hildebranda en San Juan de la Ciénaga. Lo que resulta es que la sexualidad de su esposo con otra mujer le hace negar su propia sexualidad durante unos veinte años. Aquí surge la cuestión de la honra personal, el machismo del hombre y la virginidad voluntaria de Fermina misma.

Los otros personajes femeninos en esta novela demuestran su sexualidad de una manera inequívoca. Hildebranda, la prima de Fermina, criada en un ambiente más libre, es la que hace a Fermina tomar en cuenta su propia sexualidad. Las mujeres tan numerosas que son las amantes de Florentino Ariza son distintas. No reflejan la actitud tradicional con respecto a la sexualidad. Esas mujeres afirman que la sexualidad es un aspecto de la vida normal de todos los seres humanos. Por consiguiente, tienen amantes para satisfacer su deseo natural. Hay que apuntar que las mujeres como Bárbara Lynch, ya mencionada, las viudas, y otras como Ausencia Santander y Sara Noriega no tienen ninguna vergüenza ni temen los chismes de los ciudadanos. Son los hombres Juvenal Urbino y Florentino Ariza que tratan de evitar los escándalos para no atraer una mala reputación, e inventan cualquier modo posible para seguir con el amorío esperando que nadie se entere de sus actividades. Estas mujeres tienen varios amantes al mismo tiempo.

Hay que notar que las viudas son representadas para subrayar que la muerte de un esposo no debe significar el fin de su vida como mujer con deseos sexuales. Las viudas, con excepción de Fermina Daza, son símbolos de la mujer liberada sexualmente. Es evidente que el autor implica una crítica de las tradiciones de su sociedad al representar a esas viudas y sus amoríos con ironía y humor. No se trata de echar la culpa a esas viudas sino a la sociedad que, a causa de las tradiciones, manda que una viuda suprima o niegue su sexualidad. Fermina Daza, por otro lado, por no tener la misma sensibilidad sexual, tiene ganas de comportarse de acuerdo con las costumbres. El hecho de que decide, por fin, vivir para sí a la edad de setenta y dos años navegando con Florentino Ariza es un ejemplo de la dualidad que existe en todas las obras de García Márquez.

El autor nos dice, por fin, que se trata de la vida y de la muerte. Esos amantes que no se sienten como novios recientes ni amantes tardíos, sienten a la vez la cercanía de la muerte y la distancia de la vida. Así que el capitán los mira y "lo asustó la sospecha tardía de que es la vida, más que la muerte, la que no tiene límites" (1985: 473). Lo que atrae en estos momentos, como en tantos otros, es también la dualidad de la tristeza y de la alegría. El poder de los dos sentimientos predomina, porque al fin y al cabo el dolor y el sufrimiento de Florentino se acaban, pero la alegría se une con la tristeza a causa de lo tardío de estos momentos de la vida de los dos.

BIBLIOGRAFIA

García Márquez, Gabriel
1976   *Cien años de soledad*. Buenos Aires.
1981   *Crónica de una muerte anunciada*. Havana.
1983   *La increíble y triste historia de la cándida Eréndira y de su abuela desalmada*. Madrid
1985   *El amor en los tiempos del cólera*. Bogotá.

Gullón, Ricardo
1970   *García Márquez o El olvidado arte de contar*. Madrid.

Mendoza, Plinio A.
1983   *Gabriel García Márquez, El olor de la guayaba: Conversaciones con Plinio A. Mendoza*. Barcelona.

Penuel, Arnold M.
1983   "Death and the Maiden: Demythologization of Virginity in García Márquez's *Cien años de soledad*". En *Hispania*, 66: 552–560.

Símbolos y claves en los cuentos de Alfonso Hernández Catá

Rosa M. Cabrera
State University, New York

Al considerar en este estudio los símbolos y claves en la cuentística de Alfonso Hernández Catá, es con el propósito de elucidar sus objetivos literarios, impulsores de una obra narrativa que puede equipararse por su categoría con las más notables de la América Hispana.

Las claves de la narrativa del autor cubano han de encontrarse a través del cuidadoso escrutinio de los temas que reiteradamente utiliza en la mayoría de sus cuentos: la muerte, el tiempo, el misterio, las enfermedades, tanto corporales como psíquicas y los conflictos emocionales.

El planteamiento de esos factores dará como resultado el desarrollo de la trama, y los recursos literarios que utiliza se convierten en claves definidoras y precisas.

Los símbolos están predeterminados en fórmulas originales y desatan los acontecimientos, casi nunca gradual y serenamente, casi siempre en sorpresivos torbellinos espirituales.

Dada la brevedad de este trabajo, se tomarán algunos cuentos para ilustrar la simbología del autor y sus claves narrativas y ubicarlo en su órbita literaria, teniendo en cuenta que estuvo bajo la influencia del escritor francés Guy de Maupassant, tan interesado en los conflictos psicopatológicos y la locura. Ideológicamente, se encontraba Hernández Catá dentro de la corriente de orientación positivista, muy generalizada en su época.

Su estilo, primorosamente cuidado y la índole de sus temas, le sitúa de lleno dentro del movimiento modernista.

Supo el cuentista antillano, en su universalidad indiscutible, captar los cambios sociales de su tiempo y penetrar en los conflictos existenciales de sus contemporáneos.

Al limitar este estudio a la consideración de algunos cuentos de Hernández Catá, se tratará de llegar a la comprensión de sus objetivos fundamentales, reconocibles en los elementos simbólicos y las claves narrativas que utiliza. Se ejemplificará en *Los Chinos* el uso del tiempo como símbolo de la inexorabilidad de la vida y su ineludible repetición. En este relato hay un corte brusco con el pasado del narrador–protagonista, que se incorpora a una cuadrilla de trabajadores mal retribuidos, sustrayéndole así el autor de su realidad habitual y lo lanza a un mundo que le es ajeno. El ambiente se caracteriza por la multiplicidad étnica, que le imparte universalidad, a pesar de circunscribir la acción a un cayo de la costa cubana.

Es un verdadero mosaico humano, según describe el grupo:

"Eramos cien y había de muchas partes: negros jamaiquinos de abultada musculatura, negros del país, más enjutos ... alemanes de un rubio sucio, siempre jadeantes; españoles sobrios y camorristas [...] criollos donde se veía una turbia confluencia de razas; haitianos, italianos, hombres que no se sabía de donde eran ... escoria de razas, si Ud. quiere" (Hernández Catá 1939: 41).

Un agitador entra en acción y aprovechando el descontento general, logra que los hombres se declaren en huelga. La llegada de una cuadrilla de chinos desata el conflicto y su diligencia en el trabajo les hace execrables ante los huelguistas, que envenenan a los intrusos orientales y todos perecen. El narrador–protagonista se había enfermado y, febril e inconsciente, se mantuvo como suspendido sobre los acontecimientos. Esa separación entre el relator y el tiempo de la historia, crea un ámbito temporal separado, ya que testimonia lo ocurrido, marginado de la acción.

La llegada de otro grupo de chinos para sustituir a sus compatriotas muertos, simboliza la inexorabilidad del tiempo que se repite. Lo temporal y lo vital se enlazan en este final inesperado. El tiempo, símbolo de la órbita existencial del hombre, es clave evidente en este relato.

Otra historia, cuyo tratamiento del tiempo debe señalarse, es "Noventa Días" cuya acción se circunscribe a la estación primaveral en el transcurso de noventa jornadas.

La contención de la primavera en un número prefijado de días, que trastornan a muchos y terminan trágicamente dos vidas, se convierte en una "separata" del transcurrir normal del tiempo. Los cambios en la personalidad de los recién casados y la transformación del plácido ritmo de vida del pueblo, se sitúan en un proceso cronológico que enmarca los días en una cápsula temporal, apartada del decursar lógico de las estaciones. Si vemos en algunos cuentos de Hernández Catá, verdaderos mundos aparte, ambiente y hechos sin mucha relación con la realidad conocida, en este cuento, el espacio temporal se crea para presentar acontecimientos y emociones desusados.

La conmoción psicológica colectiva es un símbolo de la vulnerabilidad de la mente humana y su reacción ilógica es la clave que impulsa el trágico desenlace de este relato, que coincide con el final de la enloquecedora primavera. "El misterio del María Celeste" es un cuento en el cual aparece lo fantástico como clave narrativa de esencial significado.

El barco, "María Celeste", encontrado a la deriva, sin tripulación a bordo y sin señales de violencia, intriga y sorprende a todos en el año 1872, fecha del misterioso hallazgo.

En esta historia no hay sobrevivientes que puedan contar lo sucedido y llega a saber el autor–narrador, a través de las comunicaciones de una médium, lo que verdaderamente aconteció.

Este personaje, no partícipe de la acción, es vehículo inconsciente del mensaje de otro ser que protagonizó los inexplicables hechos: el cocinero del barco, relata, como embriagado por su fantasía, contó historias fabulosas a los ingenuos tripulantes y les habló de una isla remota, sin nombre conocido y ausente de los mapas, que era un verdadero paraíso terrenal.

Durante la navegación, encontraron una isla desconocida que asociaron con las descripciones del cocinero y creyeron en el espejismo de la fantasía, exacerbados por las desbordadas fábulas, convertidas en sueños.

La imagen del paraíso entrevisto, perdido y no recobrable, es un poderoso símbolo de los anhelos humanos de imposible realización. La frustración de un sueño idealizado es a veces más cruel que el fracaso de una realidad vivida. Al desembarcar en la isla soñada, después de los entusiasmos iniciales, el barco rompe sus amarras y desaparece a la deriva. Los hombres se van transformando en seres brutales y olvidan las reglas de la convivencia civilizada. Este retroceso a una condición primitiva revela una clave de la conducta humana, que se contiene por las limitaciones que la sociedad le impone, pero que desata sin freno al verse fuera de ese ámbito restrictivo.

Al comunicar al narrador–protagonista a través de la médium, crea el autor una suspensión espacial y temporal sobre la realidad vital y lo sitúa fuera de la acción a pesar de haber sido impulsor de ella.

Es interesante establecer el contraste entre esta historia y "Noventa Días", en que la estación primaveral fue capaz de enloquecer y perturbar. En "María Celeste" el fracaso de un sueño irrealizable, simbolizado por la isla soñada, desata una ola de maldades que convierten en bestias humanas a los comedidos tripulantes.

Se revela así otra reiterada clave del escritor antillano: la fragilidad de la mente y la conducta humanas y sus posibilidades de caer en la locura y el crimen ante circunstancias no usuales.

Según Juan Marinello, Alfonso Hernández Catá: "fue ante todo y sobre todo [...] una angustiosa conciencia artística [...] que dio todas sus potencias al logro de una obra de altas calidades" (1942: 32).

Esa angustiosa conciencia artística que apunta el crítico cubano, impulsó al cuentista a escrutar los misterios de la mente y la conciencia humanas y sus reacciones ante hechos cambiantes.

También Alberto Gutiérrez de la Solana ha notado el interés del escritor por los problemas psíquicos y sus efectos en las vidas de sus personajes:

"los trastornos mentales constituyen el rubro más importante y
abundante dentro de la temática de las enfermedades" (1972: 205).

Muchos relatos pueden clasificarse como psicopatológicos y en ellos aparecen seres enfermos de la mente o el cuerpo, a veces de ambos y que, generalmente, terminan sus vidas y las de otros de manera trágica.

La mayor parte de las historias, clasificables en este grupo, muestran una penetración psicológica extraordinaria y características que acusan un conocimiento científico de los casos que presenta.

Ya hemos apuntado la persistencia del tema de la muerte en los cuentos de Hernández Catá y el propio autor la enlaza con la locura en el preámbulo que escribió para su libro *Manicomio*:

"La noche primera del mundo engendró dos hermanas para combatir con su oscuridad a los hijos gloriosos del día...

La hermana mayor se llama Muerte, la segunda, Locura. La mayor es ubicua, no escoge y está condenada a perpetuo trabajo, la otra es perezosa; sólo de tiempo en tiempo se ve forzada a laborar, y entonces se empina, mira pasar el rebaño humano y señala con el índice del capricho algunas cabezas" (1931: 11).

Como afirma el propio autor, hay una estrecha relación entre las dos fatídicas hermanas, aunque no estén continuamente unidas en su nefasta labor. Al adentrarse en la mente y el corazón humanos, lo hace Alfonso Hernández Catá, no solamente con penetración certera, sino que basa muchas de sus historias en informes psiquiátricos o en documentos clínicos que corroboran sus afirmaciones, imprimiéndoles un sello de veracidad.

Lo locura y la muerte se integran en la trama como si una conllevara la otra y fueran inseparables.

Si el narrador cubano expresó que: "un libro dado a luz es algo íntimo que se separa de nosotros; una disgregación anímica" (1920: 9). Puede categorizarse su actitud literaria como la de un observador minucioso que medita sus temas y los trasmite a través de un proceso de creación casi doloroso.

En algunas historias de *Manicomio* aparecen temas que van, desde las aberraciones sexuales más increíbles, hasta los conflictos psicopatológicos de muy diversas implicaciones, así lo indica el autor en sus palabras en el *Preliminar* del libro arriba mencionado: "Sea nuestro Manicomio ventanita abierta hacia universos excéntricos, donde la quimera posee a las almas en patético sucubato" (1931: 13).

El cuento "El mal barquero" conlleva en su título el simbolismo del barquero mitológico que cruzaba las almas a través de la laguna Estigia en su viaje definitivo. Presenta el caso de una mujer, posesiva, celosa y sensual, que idolatra a su marido. El teme abandonarla por temor a su reacción y acaba por suicidarse. Ella le guardó luto para siempre y su estado mental, que no llegaba a la locura completa, zona intermedia entre la razón y el desvarío, exasperó a un hombre cuerdo, llevándole a perder su equilibrio mental y muy bien explica el cuentista esta anómala situación:

"Así Leoncia, anfibia también, a veces toda en las aguas revueltas del desvarío y a veces apoyada en la tierra firme del juicio ... había transportado a Julián desde la ribera de la razón a la de la locura, sin fijar su planta en ninguna de ambas" (1931: 65).

Ese sutil deslinde de dos zonas de la mente: la razón y la locura, constituye un símbolo de las tenebrosas aguas en que flota la cordura humana, susceptible de caer en una u otra ribera. La clave se establece con el hecho del suicidio de Julián, impulsado por la sinrazón de su esposa.

"Cámara oscura" refiere una historia, basada en informes psiquiátricos sobre una jovencita, recluida en un sanatorio que habla repetidamente de sus relaciones sexuales con un escultor que había hecho su estatua. Extrañamente, el contacto carnal se consumó a través de la estatua ya terminada. La joven, embarazada, tuvo un aborto.

Las investigaciones de la familia y de los médicos prueban que nunca conoció a un escultor y, sin embargo, vive emocionalmente una historia imaginaria que es para ella una poderosa verdad. Lo del aborto fue cierto, pero la estatua y el artista nunca existieron. Entre el narrador y el psiquiatra, las conversaciones crean un ambiente de verosimilitud y la locura de la joven, explicada en términos médicos, se hace accesible al lector, sin descifrar el misterio. Existe en el relato un poderoso símbolo, que es la imposibilidad de separar los límites entre un hecho vivido y un acontecer imaginario, mostrando un total desasimiento de la realidad, que puede ser la clave del más agudo desvarío. En "Los monstruos", se adentra Hernández Catá en el delicado tema de la herencia genética y narra como una pareja, armónicamente avenida, tiene dos hijos completamente deformes. La mujer atribuye a su esposo las anormalidades que los niños heredan y, al tener un hijo con otro hombre, le nace igualmente monstruoso y la joven enloquece. Clave de esta historia es la angustia de un ser que llega al conocimiento de su involuntaria culpabilidad genética que desata su locura.

El caso de la escisión de la personalidad es tema que el autor trata con certera precisión en cuentos tan diferentes como "Cocktail" y "Aquel espejo". Lo extraordinario predomina en ambos relatos, que se ajustan a los lineamientos que Tzvetan Todorov establece en su *Introducción a la literatura fantástica* para determinar lo fantástico y su aproximación a lo extraño y lo maravilloso. Lo sobrenatural elude la explicación razonable, en cambio lo misterioso puede tener una base en la realidad normal y es accesible a la comprensión. Lo fantástico se basa en la incertidumbre, que puede o no quedar en el campo de lo inexplicable.

"Aquel espejo" es una historia que parece va a desembocar en lo fantástico, pero se queda en un fino límite, al excluir el desenlace la posibilidad que se insinúa.

La aparición misteriosa del espejo en una casa familiar, crea una conmoción, pues el azogado cristal es capaz de revelar el futuro y de poner de manifiesto las cualidades positivas y negativas de los que se miran en él. El subconsciente sale a la superficie inusitadamente. Esto crea una tensión creciente, al sospechar los familiares que los otros van al desván, donde han confinado el espejo y que van allí para mirarse y saber los íntimos secretos de los demás. Al romperse el fatídico espejo, retorna la tranquilidad al hogar.

Muy bien dice Jorge M. Febles: "La hegemonía de lo extraordinario se establece desde el principio del relato [...] El como si de lo fantástico se inmiscuye en la narración para puntualizar la anormalidad del espejo, sus extrañas cualidades, entre las que sobresalen el estar siempre cubierto por una nube turbia y el poseer la capacidad de trastornar el tiempo cronológico [...] Muestra al hombre tal como éste no quiere verse, lo desnuda en toda su intimidad o a la vez que asegura la futura disolución del yo" (1975: 30 y 31).

El símbolo del espejo, al reflejar la imagen verdadera del hombre, revela como se hace intolerable para la humanidad el hecho de conocerse a fondo. La clave narrativa se funda en la necesidad de existir, creyendo en las mentiras vitales que acompañan a muchos seres, que prefieren ignorar sus oscuras quiebras interiores.

Continuando la referencia a la división de la personalidad, debe considerarse el cuento "Cocktail", que apareció en la *Revista Nacional de Cultura*, en la Habana, en 1937 y es uno de los últimos que escribió el autor. Presenta un curioso caso del concubinato entre un marino escocés y una mulata achinada. La acción ocurre en la Habana y la mujer usa tres nombres: María, Flor de Loto y Balbina, que corresponden a la confluencia de sangres que corre por sus venas. En ella, esa mezcla étnica no se integra en armonía psicológica normal, por el contrario, tres diferentes personalidades asoman separadamente y cada una de ellas tiene características propias y acusa cambios temperamentales.

Hernández Catá, para subrayar la fusión de razas en la isla, que crea una fisonomía cultural propia, describe fruiciosamente los cocteles que se preparan en los bares y sugiere que cada licor puede producir un efecto diferente. También narra como los músicos ambulantes andan con sus intrumentos típicos por las calles de la ciudad, ofreciendo un coctel musical que penetra por la vía auditiva y trastorna los sentidos.

La mulata quiere abandonar al escocés que la maltrata y pide ayuda a algunos marinos visitantes y, al no lograrlo, lo asesina. Al descubrir el crimen la policía busca a tres personas que parecen haber cometido el asesinato. Para eliminar a su amante, la triple personalidad de la mujer se desdobló y cada una de esas facetas se vengó, siguiendo las características de cada raza.

Esta clave narrativa es extremadamente original, ya que presenta un conflicto étnico–psicológico que simboliza la mezcla racial que en Cuba existe y que no siempre llega a una armónica integración. A Hernández Catá le interesaron los problemas sociales en sus diferentes estratos, tanto raciales como económicos y sociales, aunque en su obra no aparezca formalmente la protesta.

Entrando en otros aspectos de los problemas psicopatológicos, debe mencionarse el cuento "Los Muebles", que forma parte del libro *Manicomio*.

Relata la historia de un hombre que angustiado por la muerte, vive en perpetuo horror en la espera de la aniquilación de la vida.

No puede sufrir el pensamiento de que otros le sobrevivan y lee con fruición los obituarios para alegrarse íntimamente de que otras personas hayan muerto antes que él.

Al visitar una almoneda, nota que hay muebles finos de mucha antigüedad. Le impresiona un armario francés, que data de ciento cincuenta años atrás. Piensa con terror como esos muebles han sobrevivido a los hombres que los construyeron y, al llegar a su casa, totalmente desquiciado, dice así:

> "Yo sentí el frenesí de los criminales. Me levanté, fui a la cocina, cogí el hacha y volviendo de puntillas a la alcoba para sorprenderlos mejor, me puse a asesinar muebles. El hacha hendía cuerpos, cortaba venas, rajaba, airada, corazones – porque los muebles tienen corazón – y a cada golpe yo gritaba también para acallar sus gritos" (1931: 97).

Afirma Jorge M. Febles: "Esta personificación alucinatoria es producto de la irracionalidad absoluta. Los muebles se tornan, ante los ojos del protagonista, en entes reales que se burlan de su mortalidad y de quienes es posible vengarse" (1975: 365). Simbólicamente, el temor del protagonista a que otros seres le sobrevivan y objetos inanimados perduren más que él, no es más que una aberración del anhelo de inmortalidad que siente el hombre. Los artistas y escritores suelen afirmar su deseo de no caer en el olvido a través de sus obras; otros se sienten perpetuados en sus descendientes; algunos confían en que su intervención en hechos grandiosos les dará vigencia en la posterioridad.

En este cuento, el protagonista ha sufrido una exacerbación tal de su ansia de eludir la muerte, que en su locura piensa que la destrucción de los objetos duraderos, como son los muebles, le ayudará a conseguir la inmortalidad que tanto desea o tal vez así se venga de la durabilidad de las cosas inanimadas sobre la vida de los hombres. Certera clave la de esta historia que se adentra en uno de los más íntimos afanes de la humanidad: el anhelo de eternidad. Muchos ejemplos podrían citarse de la extensa obra narrativa de Alfonso Hernández Catá y cada cuento presenta su simbología, con interesante posibilidades de interpretación. Hay relatos en que sentimientos diversos aparecen con fuerza singular, como son el odio y la crueldad, el instinto maternal, la inadaptación, los peligros de la selva, la venganza por celos, la desconfianza conyugal y otros muchos temas.

Supo el escritor cubano hilvanar sus narraciones con acierto singular: imprimió elegancia a su lenguaje, verosimilitud a sus historias y, sobre todo, penetró en la conciencia y en la mente del hombre con intensa comprensión de sus conflictos y sorprendió su más recóndita intimidad.

BIBLIOGRAFIA

Febles, Jorge M.
—   "Modalidades de la obra de Alfonso Hernández Catá". Tesis doctoral. Univ. de Iowa, 1975 (Ann Arbor, Mich., Londres Univ. Microfilms Internat., 1981).
1977   "Hernández Catá y lo fantástico". En *Caribe*, 2: 30-31.

Hernández Catá, Alfonso
1920   *Cuentos Pasionales*. Madrid: Ed. América.
1931   *Manicomio* (Preliminar). Madrid: Cía. Iberoamericana de Publicaciones.
1939   *Sus mejores cuentos* (Prólogo de Eduardo Barrios). Santiago de Chile: Ed. Nascimiento.

Gutiérrez de la Solana, Alberto
1972   *Maneras de narrar: contraste entre Alfonso Hernández Catá y Lino Novás Calvo*. Nueva York: Eliseo Torres and Son.

Marinello, Juan
1942   "Nueva vida de Hernández Catá". En *Repertorio Americano*, 2, 930: 31–32. San José, Costa Rica.

La huella de Borges en dos trabajos de José Donoso

María del C. Cerezo
McMaster University, Hamilton, Canada

La importancia de Borges en la novela hispanoamericana ha sido reconocida igualmente por críticos y novelistas. Carlos Fuentes, por ejemplo, habla de la prosa de Borges como esa "sin la cual no habría, simplemente, moderna novela hispanoamericana" (1969: 26). No menos categórico (o hiperbólico), Emir Rodríguez Monegal afirma que "es imposible comprender el proceso de la nueva narrativa hispanoamericana" (1972: 62) sin la figura del escritor argentino. Queda a discreción de los lectores juzgar el grado en que se da esta relación o influencia; basta el hecho de que, en efecto, reconocemos su existencia.

Entre los escritores de la nueva novela hispanoamericana, el chileno José Donoso, al declarar su eclecticismo y compararse con "una olla podrida de últimas lecturas",[1] incluye a Borges entre los autores que lo han influido. Es a manera de ejemplo pues, que examinaremos brevemente esa huella en "Pasos en la noche" y *El obsceno pájaro de la noche*.[2]

La selección de este corpus no es casual. "Pasos" es un cuento que Donoso escribió y publicó en *Américas* en 1959, pero que hasta el presente no ha vuelto a publicar por considerarlo "un cuento horroroso" (1972: 39). En cambio, *OPN* (1970) es para Donoso "la novela de más aliento".[3] De modo que, al decir que la selección de este corpus no es casual, queremos hacer notar que a partir del juicio crítico del autor, "Pasos" y *OPN* representan algo así como dos "extremos" de su producción literaria. Además, si al juicio valorativo del autor se une la admitida influencia de Borges, este corpus ofrece la curiosa oportunidad de examinar dos "extremos" de la creación literaria de un mismo escritor (Donoso) bajo una misma influencia (la de Borges).

Alrededor de 1958, José Donoso viajó a Argentina y permaneció allí unos dos años. La importancia de esta visita fue resumida por el autor en los siguientes términos:

> "... creo que después de este viaje a Buenos Aires mi visión literaria cambió definitivamente" (1972: 41).

De ese viaje interesa el hecho de que fue entonces cuando Donoso descubrió al escritor argentino: "Leí a Borges por primera vez y quedé deslumbrado" (1972: 38). Tan deslumbrado quedó, que terminó leyendo "todo lo que hasta entonces [Borges] había publicado" (1972: 78).

"Pasos" es su primera e "inmediata" reacción a la prosa de Borges. Y nótese la paradoja con que el autor se refiere a la génesis de su cuento:

"... bajo su influencia inmediata escribí un cuento horroroso – que nada tiene que ver con Borges ..." (1972: 38–39).

Donoso parece lamentar que esa influencia tuviera como resultado lo que él estima "horroroso" y se apresura a negar la relación. Pero *sí* que "tiene que ver con Borges". Por ejemplo, la estructura y el desarrollo mismo de "Pasos" están enmarcados por citas tomadas de algunos de los cuentos de *Ficciones*. Igual algunos de los temas. Además, al presentar un yo–narrador leyendo ese determinado libro, Donoso traduce su propia experiencia: ambos (yo–narrador y autor real) están leyendo a Borges en ese preciso momento. La reacción de autor y narrador es semejante. Donoso, como ya se dijo, quedó "deslumbrado" por la prosa de Borges. De igual modo, el narrador de "Pasos" admite:

"... dejaba que las palabras *hechizadas* se fueran hundiendo en el agua estancada de mi mente, para que abajo, *magnificadas* por mi visión submarina y nublada, *me tocaran*" (p. 21, lo cursivo es nuestro).

"Pasos" es la historia de un hombre que llega a una "ciudad extraña" (Buenos Aires), dondo no conoce a nadie y, por lo tanto, donde siente todo el peso de la soledad. Una noche, "después de un fatigoso día desdibujado por largas esperas inútiles en esquinas" (p. 21), caminando de un lado para otro sin sentido, el personaje decide regresar a su "casa", una habitación de hotel. Regresar es, y citamos:

"... como si por fin me encontrara a mí mismo perdido entre la multitud céntrica y, tomándome de la mano, me condujera dulcemente hacia un mundo siquiera algo conocido" (p. 21).

Y es bueno que se dirija por un camino por donde "[n]o había cómo perderse" (p. 21) pues, "[n]o veía nada ... tanto era [su] cansancio" (p. 21). Sin embargo, cuando se acuesta, "no [logro] conciliar el sueño" (p. 21). El narrador entonces toma un libro y lee "al azar" (p. 21) unas líneas de "Las ruinas circulares". Mientras sigue "flotando por las páginas de Borges" (p. 21), escucha pasos que le son familiares (paradójico en una "ciudad extraña") y que termina por reconocer como propios. Más aún, ahora descubre una relación entre las "palabras hechizadas" (p. 21) y sus pasos: "las frases de Borges remedaban su ritmo y su peso" (p. 22). De ahí el hechizo, la magia. Este descubrimiento le permitirá manejar a distancia y a través de la lectura, el movimiento de los pasos de ese otro en la calle que es a un tiempo éste en el cuarto. El narrador entonces decide reconstruir el regreso del centro a su habitación y ahora "recuerda": "al pasar frente a la ventana divisé ... el perfil de un cuerpo femenino" (p. 23), "unos ojos femeninos me espiaron" (p. 23), una "mirada me quemaba la espalda" (p. 23). Cuando se pregunta quién era la mujer que lo espiaba, más bien decide (arbitrariamente, claro) que tiene que ser "la joven esposa del camionero". (p. 23).

Sumido en la reconstrucción (sueño) de su regreso, el narrador se sorprende al descubrir que hace "¡ ... más de un cuarto de hora que [sus] pasos no regresaban!" (p. 23).

De nuevo lee a Borges con propósito explícito: "para que su prosa arrancara a mis pasos de su extravío y los hiciera volver" (p. 23). La segunda oración de "El fin" deberá ejercer su magia. Sin esperar, el narrador se vuelve a dormir y, mientras el "Yo, aquí" (p. 23) duerme, el "Yo allí" (p. 23) ruega a la mujer que se le entregue. De pronto, un "aullido salvaje" (p. 23) lo despierta, sólo para escuchar cómo sus pasos "cruzaban a escape la acera de enfrente" (p. 23), movidos esta vez no por la prosa de Borges, sino por el instinto de conservación. Cuando se asoma a la ventana, él mismo se sorprende con esta descubrimiento: "una mujer desmelenada ... comenzó a aullar, señalándome: 'iEs él! iEs él! iPolicía! iFue él!'" (p. 23).

Independientemente del carácter fantástico que Donoso haya querido dar a su cuento, lo que tenemos es la historia de un hombre, su soledad y el ansia de encontrar la compañía de una mujer. Es decir, el personaje–narrador experimenta un conflicto entre su realidad (soledad) y su deseo (compañía). Además, en esta noche en particular, su frustración rebasa los límites. El había malgastado el día en "esperas inútiles" (p. 21) y no puede evitar sentirse culpable:

> "... como si me reprochara no haberlo vivido con más intención,
> como si quisiera forzarme a desandar mis triviales pasos para tocar
> algo verdadero, alguna relación que venciera la funda de soledad ..."
> (p. 21).

He ahí su urgencia y su necesidad de "desandar" el día, de vivirlo nuevamente inventando (soñando o imaginando) la experiencia vital que echa de menos. Esta determinación encuentra su apoyo en una cita de "Las ruinas circulares":

> "Ese proyecto mágico había agotado el espacio entero de su alma
> [...] Le convenía el templo inhabitado ..." (p. 21).

Así como el mago de "Las ruinas circulares" soñará voluntariamente un hombre (para descubrirse a su vez sueño de otro), el *yo* anónimo de "Pasos" soñará ese otro hombre que está fuera del cuarto y que vivirá por él la experiencia deseada. Una cita de "El jardín de senderos que se bifurcan" ("El húmedo sendero zigzagueaba como los de mi infancia ..." [p. 22]) viene a aclarar la próxima etapa. El narrador comienza por identificar como propios los pasos y la voz en la calle. De ahí la pertinencia de "como los de mi infancia", es decir, la familiaridad. "El húmedo sendero zigzagueaba", por otro lado, describe el trayecto que él se dispone a re/crear mentalmente.

Es evidente que no se trata aquí de un Funes el memorioso. Su re/creación deberá contener los elementos necesarios a un fin: compartir su soledad con una mujer. Lo próximo pues, el encuentro. Por la alternancia continua del sueño (donde re/crea el regreso) y la vigilia (donde lee *Ficciones*), el deseado encuentro incluye dos partes. La primera sigue a la cita de "Las ruinas ..." e introduce a la mujer que, "recordaba claramente" (p. 23) el personaje, "había visto" (p. 23). En la segunda parte ruega a la mujer que se le entregue, sin que "logre apresarla" (p. 23).[4] Esta parte además, está precedida por otra cita de Borges, tomada de "El fin":

"De la otra pieza le llegaba un rasgueo de guitarra, una suerte de pobrísimo laberinto que se enredaba y desataba infinitamente ..." (p. 23).

Con esta cita, en el texto de Borges se alude a Recabarren, Y así como éste está en su lecho, prisionero de la parálisis, el narrador de "Pasos" se siente "tullido en [la] prisión de la superficie del sueño" (p. 23). El "rasgueo de guitarra" que escucha el primero es ahora la voz del "Yo allí" (p. 23) que "[e]n la habitación de la muchacha ... la rogaba, explicándole su soledad ..." (p. 23) El "Yo, aquí" (p. 23), como Recabarren, no interviene ni participa de ese encuentro y casi, casi queda reducido a observador. Donoso no lo hizo, pero bien pudo apoyarse ahora en esta línea de "Tlön, Uqbar, Orbis Tertius":

"... que mientras dormimos aquí, estamos despiertos en otro lado y que así cada hombre es dos hombres ..." (Borges 1956: 24).

En todo caso, la acusación final de la mujer desdibuja la tenue diferenciación entre el uno ("Yo, aquí") y el otro ("Yo allí") y el lector de "Pasos" no podrá menos que pensar en las dos últimas oraciones de "El fin":

"Cumplida su tarea ..., ahora era nadie. Mejor dicho era el otro ..." (1956: 170).

La frontera entre realidad y sueño, como en muchos cuentos de Borges, se diluye.

A pesar de que "Pasos" es un trabajo menor, nos hemos extendido en su examen por considerar que este cuento no está muy al alcance de los lectores de Donoso, porque no hay trabajos críticos sobre el mismo y porque si lo que buscamos es la huella de Borges en Donoso, no hay duda de que ahí quedó la primera impresión. De lado quedan otros cuentos que le siguieron a éste ("La puerta cerrada", por ejemplo) donde aún se percibe el reciente "deslumbramiento".

Poco después de su visita a Argentina, Donoso comenzó lo que serían ocho largos años tratando de escribir *OPN*. En una entrevista, recién publicada su novela, el autor explicó:

"A mí me gusta mucho lo artificial, tengo una gran pasión por las cosas artificiales, y en un sentido, creo que es borgiana: me complacen las simetrías, como diría él ..." (Rodríguez Monegal 1971: 526).

Su "época chilena" incluye, además de *OPN*, *El lugar sin límites* y *Este domingo* (1966) escritas, según el autor: "con el fin de desembotellarme". En efecto, ambas novelas constituyen una especie de ejercicio de la escritura que culmina en *OPN* con una indagación sobre las posibilidades del género novelístico y sobre el concepto de la escritura misma, ligado a esa artificialidad o juego, de raíz borgiana.

El "juego", entendido como ejercicio estético–novelístico, está al centro de la creación de *OPN*. Es precisamente por un juego de transferencia o de substitución que el autor real (Donoso) finge su propia desaparición y nos entrega su texto a través de Mudito/Humberto: personaje, autor y narrador del discurso que leemos. Tenemos pues, *a play within a play*. Dentro del texto que conocemos como *OPN* y cuyo autor identificamos como José Donoso, aparece la ficción de un texto que se escribe/no se escribe y cuyo autor es Humberto Peñaloza. Con Peñaloza y su esfuerzo por escribir su librito, Donoso (evidentemente) está representando o dramatizando los problemas del escritor y la escritura.

Pero el juego continúa y el libro de Humberto es a un tiempo una antología poética, una crónica de La Rinconada y una biografía de Jerónimo, o como dice Emperatriz:

> "... se lo lleva hablando de lo que va a escribir, una biografía suya,
> una biografía de la beata familiar, un ensayo filosófico ... cambia
> todos los días o siempre es lo mismo bajo formas distintas ..." (p 280).

Es decir, las mismas "ciento ochenta páginas" (p. 283) de ese "librito [...] de feo lomo verdoso" (p. 283) están sujetas a un continuo travestismo de contenido y de forma. Y como si todas estas transformaciones no hubieran sido suficientes, en las manos de Boy, el librito de Peñaloza resulta precisamente una obra de ficción, un texto novelesco:

> "¿Por qué usó mi nombre y el nombre de mi padre y el nombre de
> mi madre como si fueran nombres de ficción" (p. 159).

En este punto, claro, se podría decir de Donoso y su novela lo que Fuentes resume como el mérito final de la prosa de Borges, en el sentido de que "confunde todos los géneros" y "crea un orden nuevo de exigencia y rigor sobre el cual pueden levantarse la ironía, el humor, el juego ..." (Fuentes 1969: 26).

No es casual que Boy (como lector del libro de Peñaloza) y nosotros (lectores de *OPN*) coincidamos en leer una ficción, una novela. Esta es la ironía final que, continuando el juego, invierte la perspectiva en que hay que mirar el *play within a play* al que ya nos referimos.

Sabemos que *OPN* es la historia de un autor que enloquece en el esfuerzo inútil de escribir su libro:

> "... no, no seguir escribiendo porque no he comenzado a escribir
> nada todavía, pero ..." (p. 262).

Irónicamente, si bien Peñaloza no llega a escribir su libro (lo que, en realidad, es irrelevante), *OPN* se ha escrito con su historia, con la yuxtaposición de las diversas y contradictorias versiones que él da de lo mismo (historia de la niña beata, el nacimiento/no nacimiento de Boy, la escena de la herida), con la búsqueda de destinos para sus personajes (la muerte de Jerónimo, el destino final de Inés y de Peta, etc.), con los detalles que él ha ido acumulando o, como Peñaloza mismo dice, con "todos los personajes ... todas las situaciones ... todas las anécdotas compuestas ... incluso el párrafo inicial, con su última coma, cantándole en la mente, el párrafo trampolín ..." (p. 258). Así pues, todo lo que debió contener su libro llega al lector en el de Donoso. De manera que, si Jerónimo le robó a Humberto la capacidad de escribir, Donoso le "robó" el contenido de su libro. En el caso de Peñaloza, se dice, "fue tanto lo que complicó y deformó su proyecto inicial que es como si él mismo se hubiera perdido para siempre en el laberinto que iba inventando ..." (p. 488). En el caso de Donoso, por el contrario, es como si hubiera logrado (con su libro) resolver la polémica de Bioy Casares y Borges (resumida en "Tlön, Uqbar, Orbis Tertius") "sobre la ejecución de una novela en primera persona, cuyo narrador omitiera o desfigurara los hechos e incurriera en diversas contradicciones, que permitieran a unos pocos lectores – a muy pocos – la adivinación de una realidad atroz o banal" (Borges 1956: 24).

El recurso de *play within a play*, el carácter laberíntico de la estructura, el uso de las simetrías, la inclusión de juegos formales (ej. las transformaciones del libro de Humberto) y el planteamiento mismo de los problemas de la escritura tanto a nivel temático como a nivel formal, son elementos todos que nos llevan a concluir que *OPN* es una respuesta o materialización de una afirmación contenida dentro del texto mismo:

> "Ahora que conozco la realidad, sólo lo artificial me interesa" (p. 485).

La entrevista citada al comienzo de la segunda parte de este trabajo sólo ha confirmado el origen de esa artificialidad, su raíz borgiana.

Así como Borges, "si bien decidido a no novelar, escribió cuentos sobre el arte de novelar ..."(Anderson Imbert 1976: 23), Donoso convierte sus interrogantes sobre ese mismo arte en materia de sus novelas. Por extensión, ambos, como Pierre Menard y "(acaso sin quererlo) ha[n] enriquecido mediante una técnica nueva el arte detenido y rudimentario de la lectura ..." (Borges 1956: 46).

NOTAS

1 "José Donoso. Entrevista a propósito de *El obsceno pájaro de la noche*". En *Libre*, 1 (septiembre-noviembre 1971): 73.

2 José Donoso, "Pasos en la noche". En *Américas*, II, 3 (marzo 1959): 21–23. *El obsceno pájaro de la noche* (1970). En adelante nos referiremos al primero como "Pasos" y al segundo como *OPN*. Además, estaremos citando de estas ediciones y el número de página acompañará cada cita.

3 "José Donoso". En *Ercilla*, 24 (1–7 mayo 1968): 50.

4 En una interpretación sexual del cuento, este momento señalaría el orgasmo a que llega el personaje en su masturbación: "Mis manos buscaron furiosamente la forma de la mujer entre las cortinas viejas, que de pronto se deshicieron en una materia blanca y tibia. No logré apresarla" (p. 23).

BIBLIOGRAFIA

Anderson Imbert, Enrique
    1976   *El realismo mágico y otros ensayos*. Buenos Aires: Monte Avila Editores, C.A.

Borges, Jorge Luis
    1956   *Ficciones*. Buenos Aires: Emecé.

Donoso, José
    1970   *El obsceno pájaro de la noche*. Barcelona: Ed. Seix Barral.
    1972   *Historia personal del "boom"*. Barcelona: Ed. Anagrama.

Fuentes, Carlos
    1969   *La nueva novela hispanoamericana*. México: Cuadernos de Joaquín Mortiz.

Rodríguez Monegal, Emir
    1971   "José Donoso: la novela como '*Happening*'". En *Revista Iberoamericana*, 76/77: 517–536.
    1972   *El Boom de la novela latinoamericana*. Caracas: Ed. Tiempo Nuevo.

La máscara, el traje y lo teatral en "Los pasos perdidos" de Alejo Carpentier

Patrick Collard
Rijksuniversiteit Gent

Son bastante numerosas, en la obra narrativa de Alejo Carpentier, las escenas o los episodios que de manera más o menos explícita aluden a la teatralidad, al hecho de desempeñar un papel; o las descripciones en las que el traje cobra un significado simbólico. Entre muchos ejemplos, se podrían citar varios fragmentos de *El reino de este mundo* o de *El siglo de las luces*[1], para atenerme a textos de la primera parte de la producción literaria del autor. Es uno de los motivos del tema del contraste entre el hombre *esencial* y su *máscara* (impuesta por la sociedad o la Historia, si no es por voluntad propia); entre el ser y la apariencia; entre lo natural y lo artificial.

Quisiera examinar el desarrollo del tema de lo teatral en *Los pasos perdidos*[2], diciendo de antemano que la palabra "teatro" tendrá aquí un campo de aplicación amplio que abarca diversas formas de arte escénico y espectáculos dramáticos, en las que se incluyen el teatro, tanto en el sentido más usual como figurado de la palabra, la ópera o ciertas expresiones dramáticas y rituales de contenido religioso o mágico. Considerado así, lo teatral en *Los pasos perdidos* aparece como un elemento básico de la configuración temática del relato.

El espacio representado en las primeras páginas del primer capítulo es un teatro, aunque el narrador–protagonista no lo dice explícitamente en un principio. Al contrario, en las frases iniciales recrea la ilusión dramática y el lector podría creer que se evoca una escena situada en una época remota, puesto que se habla (p. 125) de "esclavos marcados al hierro"; de "amazonas de faldas enrolladas en el brazo" ... La realidad se instaura a partir de la octava frase (p. 125): se está representando una (mala) tragedia cuyo tema es la guerra de Secesión y el asesinato de Lincoln. En el teatro, el narrador encuentra a su esposa, Ruth, una actriz. El léxico (pp. 125–129) de la descripción del lugar y de los personajes insiste en lo artificial, lo decaído, la enajenación, la descomposición de un mundo: las sombras son "hediondas"; "viejos" los fieltros; "artificial" la rosa; "de mentira" los árboles; "oliente a polvo y maderas viejas" el aire; "de fingimiento" el oficio; "mohoso" el verde del diván; "falso" el pájaro, etc.

Los personajes son ocultados por el "maquillaje", el "disfraz", la "ostentación de ropas de luto" y lo genuinamente natural sólo se deja entrever para desaparecer instantáneamente:

"Al salir de aquellos encajes, su cuerpo claro se me hizo novedoso y grato, y ya me acercaba para poner en él alguna caricia, cuando la desnudez se vistió de terciopelo caído de lo alto que olía como los retazos que mi madre guardaba cuando yo era niño, en lo más escondido de su armario de caoba" (pp. 128–129).

El escenario es una "prisión" de "tablas de artificio", de monotonía, con las apariencias del cambio, externo y superficial, producidas por los trajes; para los "personajes atados por contratos" el "mundo de evasión" es "transformado en Isla del Diablo por los empresarios". El oficio es para Ruth "un parasito que se alimentaba de su propio cuerpo". De la obra que obliga a repetir "los mismos gestos" se dice que "aniquilaba lentamente a los intérpretes [...] en sus ropas inmutables" por el "automatismo del trabajo impuesto".

Se trata en suma de la descripción de un mundo que es la perversión del arte y de la función de la obra de arte. El espacio de lo artístico ya no es más que un espacio invadido por y reflejo de la sociedad materialista y tecnificada que enajena al hombre en vez de ser el lugar de cumplimiento de un rito que ayude a los participantes a situarse en un espacio donde se reconozcan en sus dimensiones y aspiraciones y donde, precisamente, puedan escapar a la enajenación. El maquillaje y el traje son aquí signos de esta enajenación y del espacio del que el narrador intentará escapar regresando, a los orígenes de la humanidad, en un prodigioso viaje[3] en el Orinoco que lo llevará a un lugar mítico donde, durante algún tiempo, hallará lo añorado y enunciado en la última frase del primer capítulo: "ciertos modos de vivir que el hombre había perdido para siempre" (p. 157). En el primer fragmento de *Los pasos perdidos* el teatro funciona como espacio metonímico y *es* el mundo rechazado por el narrador; el mundo poblado u organizado por seres designados – según un procedimiento frecuente en Carpentier – con mayúsculas que alegorizan el concepto (p. 131): el "Hombre–Avispa", "el Hombre–Ninguno", el "Contable", el "Cómitre" o "Eminencias Blancas" (p. 132). Y desde el punto de vista que nos ocupa, se trata de un viaje en el que el protagonista se acerca, paso a paso, a comunidades capaces de realizar el proyecto formulado por Antonin Artaud:

"El problema que ahora está planteado consiste en saber si en este mundo que se desliza, que se suicida sin darse cuenta, se hallará un núcleo de hombres capaces de imponer esa idea superior del teatro que nos devolverá a todos el equivalente natural y mágico de los dogmas en los que ya no creemos".[4]

La llegada del narrador a la capital latinoamericana, primera etapa del viaje, es un reencuentro con el ambiente cultural y sobre todo lingüístico de la infancia. Es significativo que también en este segundo capítulo se halla la descripción de un teatro, en el que el narrador asiste a una función de ópera (*Lucía de Lammermoor* de Donizetti) cuyo ambiente contrasta radicalmente con el del teatro en Nueva York:

"ese complejo de tradiciones, comportamientos, maneras de hacer, imposible ya de remozar en una gran capital moderna, era el mundo mágico del teatro" (p. 168).

Esta vez, en la descripción, todo es animación, alegría y vida. Es un primer paso en el regreso a los orígenes puesto que "el mundo mágico del teatro" se relaciona directamente con el recuerdo de la infancia, de los padres, de la abuela, un recuerdo que produce la dolorosa sensación de quedarse excluído: la ópera romántica y el comportamiento de los espectadores son

"juegos cuyas reglas me eran desconocidas, pero que yo observaba con envidia de niño dejado fuera de un gran baile de disfraces" (p. 168).

Sólo la presencia de Mouche, la mujer que es la última atadura del protagonista con el mundo de *allá*, lo impide gozar del encanto hasta el final.

La segunda etapa del viaje es la del encuentro con la *raza*, personificada por Rosario. Mouche desaparecerá de la escena, suplantada por Rosario, es decir por la portadora de los valores naturales y auténticos.

En el mismo capítulo – el tercero – se oponen dos tipos de espectáculos. Uno que pertenece al recuerdo, y dos otros: una fiesta religiosa en un pueblo de las llamadas Tierras del Caballo y el luto por la muerte del padre de Rosario. En el primer caso se trata del recuerdo de un intento, decepcionante, para "conocer" sus "raíces" (p. 215) europeas: los acontecimientos se sitúan en los años treinta; y se alude entre otras cosas a la teatralidad del nazismo:

"arcos de triunfo de carpintería y mástiles totémicos ornados de viejos símbolos solares. La transformación del mármol, del bronce de las antiguas apoteosis en gigantescos despilfarros de pinoteca, tablas de un día, y emblemas de cartón dorado [...]. Yo había visto a las parejas ascender, en noches de solsticio, al Monte de las Brujas para encender viejos fuegos votivos, desprovistos ya de todo sentido" (p. 216).

Algunas páginas más lejos, siempre en el contexto del recuerdo de la experiencia europea, se evoca la presencia del narrador en el teatro de Bayreuth, en los días que siguen a la derrota del nazismo, después de haber visto la "Mansión del Calofrío" (p. 221), es decir un campo de concentración:

"Nuestra victoria me dejaba vencido. No logró admirarme siquiera la noche pasada en la utilería del teatro de Bayreuth, bajo una wagneriana zoología de cisnes y caballos colgados del cielo raso, junto a

un Fafner deslucido por la polilla, cuya cabeza parecía buscar amparo
bajo mi camastro de invasor" (p. 223).

La abominación y el horror que el protagonista había visto de cerca, invalidan lo
wagneriano por el lugar que ocupa en el contexto histórico descrito: no el arte wagneriano en sí, sino más bien el culto de que ha sido objeto y la mitología que crearon
en torno de él los edificadores de la "Mansión del Calofrío". Así se explica una
reflexión anterior del narrador – en el primer capítulo – que rebaja lo wagneriano in-
corporándolo al ámbito del teatro de lo artificil:

> "Pero también – rabiaba yo – el Curador era hombre de una
> generación atosigada por 'lo sublime', que iba a amar a los palcos de
> Bayreuth en sombras olientes a viejos terciopelos rojos..." (p. 149).

La otra escena se sitúa en el pueblo de Santiago de los Aguinaldos, donde el narrador presencia una fiesta religiosa que incluye una procesión con danzas, máscaras,
diablos y la figura del apóstol Santiago que, en su caballo blanco derrota a los
demonios. El comentario al espectáculo resume un tema de novela:

> "Una sensación de miedo me demudó ante aquellos hombres sin
> rostro, como cubiertos por el velo de los parricidas; ante aquellas
> máscaras, salidas del misterio de los tiempos, para perpetuar la eter-
> na afición del hombre por el Falso Semblante, el disfraz, el fingirse
> animal, monstruo o espíritu nefando" (p. 243).

En el espectáculo, el narrador puede ver el reflejo de su propio itinerario de
hombre que se está distanciando del disfraz y del Falso Semblante; como luego
veremos, la escena también tiene un carácter profético.

El luto por la muerte del padre de Rosario tiene aspectos profundamente teatrales.
Los parientes del difunto se transforman en *actores* que, vestidos del traje de escena
(las ropas de luto) desempeñan un papel impuesto por una tradición secular
relacionada, en la visión del narrador, con el teatro de la antigüedad griega:

> "Impresionado por la violencia de ese dolor, pensé, de pronto, en
> la tragedia antigua. [...] Frente al cadáver, esas campesinas clamaban
> en diapasón de coéforas [...]: perras sublimes, aullantes troyanas,
> arrojadas de sus palacios incendiados. La persistencia de esa
> desesperación, el admirable sentido dramático con que las nueve her-
> manas [...] fueron apareciendo por puerta derecha y puerta izquierda,
> preparando la entrada de una Madre que fue Hécuba portentosa, [...]
> me hicieron sospechar que había bastante teatro en todo ello, [...] Y,
> sin embargo, me sentía envuelto, arrastrado, como si todo ello desper-
> tara en mí oscuras remembranzas de ritos funerarios que hubieran ob-
> servado los hombres que me precedieron en el reino de este mundo.

[...] Pudieron sonreír algunos ante la tragedia que aquí se representaba. Pero, a través de ella, se alcanzaban los ritos primeros del hombre" (pp. 257–259).

El cuarto capítulo es el de la penetración en la selva y de la revelación del secreto del personaje apodado el Adelantado, fundador de la ciudad, algo edénica, de Santa Mónica de los Venados. Antes de poder compartir el secreto – la existencia de la ciudad –, el narrador debe superar dos Pruebas: el pasaje por un "angosto túnel" (p. 290) en medio de una naturaleza viva, inquietante e incluso agresiva y una tormenta en el río. En este capítulo figuran dos escenas de carácter ritual y litúrgico: una misa (pp. 307–309) y el rito mágico del Hechicero ante el cadáver de un indio (pp. 315–316). Por una parte, ambos episodios son complementarios: en un lugar de encuentro de dos culturas se describen dos rituales, uno cristiano e *importado*, otro animista e indígena. Por otra, los dos episodios representan momentos distintos en el fabuloso viaje a través del tiempo. La misa es la que pudieron escuchar los Conquistadores.

En cuanto al rito del hechicero – un espectáculo completo con danza, melodía, aullidos, ronquidos, gemidos y vociferaciones – el narrador lo define como "lo más desgarrado de un furor imprecatorio que ya es la verdad profunda de toda tragedia" (p. 316).[5] La escena se sitúa casi al final del capítulo; y entre las frases finales, figura ésta: "Estamos en el mundo del Génesis, al fin del Cuarto Día de la Creación" (p. 318).

El quinto capítulo, que relata – al menos hasta el penúltimo subcapítulo – los momentos de mayor felicidad y armonía en la vida del narrador, carece de descripciones de espectáculos teatrales humanos: como si en el lugar privilegiado fueran menos necesarias la acción ritual y simbólica, la *mímesis* de la vida a través de la expresión artística, por haber llegado el hombre a la intuición de un grado superior de conocimiento al que remiten el rito, el símbolo, la expresión artística. En el ámbito de Santa Mónica de los Venados, la propia naturaleza contiene, entre los elementos que la componen, *actores* que le ofrecen al narrador un espectáculo contemplado como algo hondamente artístico:

> "Así, he descubierto, de pronto, en un segundo fulgurante, que existe una Danza de los Árboles. [...] Y es todo un ritmo el que se crea en las frondas; [...] Nada hay más hermoso que la danza de un macizo de bambúes en la brisa. Ninguna coreografía humana tiene la euritmia de una rama que se dibuja sobre el cielo. Llego a preguntarme a veces si las formas superiores de la emoción estética no consistirán, simplemente, en un supremo entendimiento de lo creado" (p. 344).

Desde el punto de vista del tema considerado aquí, el itinerario ascendente, descrito en los capítulos de I a V, es un viaje que lleva al protagonista desde el teatro *banalizado* y mentiroso hasta la Danza de los Árboles. Entre estos dos momentos el relato nos hace retroceder hasta los orígenes del teatro y de la expresión dramática de contenido sagrado: la ópera romántica (segundo capítulo); el teatro religioso cristiano y la tragedia antigua (tercer capítulo); la liturgia y el rito mágico (cuarto capítulo).

Por culpa propia, es decir por no haber podido arrancarse completamente de su pasado, el narrador será devuelto al mundo de la mentira, donde los hombres son "ignorantes de la simbólica milenaria de sus propios gestos" (p. 387).

El episodio de la contemplación maravillada de la Danza de los Árboles, hay que relacionarlo con una visión, presente en comparaciones o metáforas a lo largo de esta novela y desde su principio: el mundo como teatro. Ya ha sido definido el teatro que aparece en el primer capítulo como un espacio metonímico. En el segundo vemos que el teatro donde el narrador asiste a una función de ópera, se extiende, por así decir, a la totalidad de la ciudad latinoamericana, contemplada, de noche, desde un lugar elevado. En la larga descripción (pp. 189–191) la ciudad se hace "aleluya de ciudad" (p. 189) y se divide en quince estampas iluminadas por los focos del alumbrado municipal:

> "Pero aquellos quince focos, siempre aleteados por los insectos, tenían la función aisladora de las luminarias de retablos, de los reflectores de teatros, mostrando en plena luz las estaciones del sinuoso camino que conducía al calvario de la Cumbre" (p. 189).

En el tercer capítulo, surge la palabra "escenografía" (p. 246) para definir la naturaleza y las ruinas de Santiago de los Aguinaldos; en la iglesia de Puerto Asunción, ante el Cristo de madera, el narrador halla "la atmósfera de auto sacramental" (p. 263); los habitantes del lugar son comparados con actores:

> "Como en los más clásicos teatros, los personajes eran en este gran escenario presente y real, los tallados en una pieza de Bueno y el Malo, la Esposa Ejemplar o la Amante Fiel, el Villano y el Amigo Leal, la Madre digna o indigna" (p. 277).

La escena teatral religiosa de Santiago de los Aguinaldos no es sólo, como ya queda dicho el reflejo del itinerario del narrador que se está distanciando del disfraz y del falso semblante. Es también el anuncio de un episodio, relatado en el cuarto capítulo, el episodio de la penetración en la selva. En el léxico de la descripción aparecen correspondencias, a veces literales, con el comentario a la ceremonia religiosa del capítulo anterior:

> "Lo que más me asombraba era el inacabable mimetismo de la naturaleza virgen. Aquí todo parecía otra cosa, creándose un mundo de apariencias que ocultaba la realidad, poniendo muchas verdades en entredicho. [...] La selva era el mundo de la mentira, de la trampa y del falso semblante; allí todo era disfraz, estratagema, juego de apariencias, metamorfosis" (pp. 296–297).

En este ambiente, Santiago bien podría ser la luz del amanecer que produce "el término" de los "espantos nocturnos, el retroceso de los rugidos, el despeje de las sombras, la confusión de los espectros, el deslinde de lo malévolo" (p. 294). Retrospectivamente el espectáculo religioso se convierte en alegoría del espacio natural descubierto en la etapa siguiente del viaje.

Las costumbres indígenas revelan

> "la presencia de un ser humano llegado a maestro en la totalidad de oficios propiciados por el teatro de su existencia" (pp. 304–305).

La creación entera aparece como el espacio del drama:

> "La creación no es algo divertido, y todos lo admiten por instinto, aceptando el papel asignado a cada cual en la vasta tragedia de lo creado. Pero es tragedia con unidades de tiempo, de acción y de lugar, donde la misma muerte opera por acción de mandatarios conocidos (...)" (p. 327).

Y, finalmente, hasta en la *Nota* que Carpentier añade a su novela, se lee que sus personajes son los que "encuentra todo viajero en el gran teatro de la selva" (p. 416).

En el gran teatro del mundo que es el de *Los pasos perdidos*, gestos, actitudes, ademanes, palabras o cosas, se definen frecuentemente por su aspecto teatral; y generalmente en el sentido peyorativo de la palabra, es decir mediante términos referentes al teatro de lo falso – el del primer capítulo – que en el segundo y en el tercer capítulo aún persigue, personificado por Mouche, al narrador dispuesto a comportarse "como un marido de melodrama" (p. 194). Frente a Mouche aparece Rosario, otra "viajera" (p. 208). Rosario es la mujer sin máscara, mientras que Mouche pertenece al teatro de *allá* y va perdiendo su falso brillo. El desmoronamiento de Mouche puede seguirse paso a paso en el tercer capítulo: se produce "una suerte de descoloramiento de su persona" (p. 225); ya no puede "pintar debidamente sus labios" (p. 225); el pelo se le vuelve "como de estopa" (p. 250); "su cobrizo relumbre habitual" se debía "al manejo de inteligentes coloraciones" (p. 250) etc. Está condenada a desaparecer del escenario; hay un "creciente desajuste entre su persona y cuanto nos circundaba" (p. 253):

> "Mouche, aquí, era un personaje absurdo [...]. Era evidente que Mouche estaba demás en tal escenario" (p. 247).

En el último capítulo, que narra el regreso al mundo de la mentira y de la máscara, los subcapítulos de 34 a 38 están como invadidos por el léxico de la teatralidad (en el sentido de efectista, exagerado, falto de sinceridad) a partir de la frase "Mi esposa ha dejado el teatro para interpretar un nuevo papel: el papel de esposa" (p. 375): Ruth, la esposa, se convierte en "patética figura de actualidad" (p. 376) interpretando "el mejor papel de su vida" (p. 379) en su "sublime teatro conyugal" (p. 382) y "ha tenido el mejor papel en la gran comedia armada" (p. 392) etc. Unos quince ejemplos[6] de este tipo se hallan al filo de la lectura de menos de veinte páginas que concluyen con las siguientes palabras del narrador que espera todavía volver al lugar donde está Rosario:

> "Vuelvo a ella más consciente que antes, por cuanto he pasado por nuevas Pruebas; por cuanto he visto el teatro y el fingimiento en todas partes" (p. 402).

Las referencias al arte dramático no deben hacer olvidar las otras referencias artísticas, muy numerosas: las picturales, las literarias y, especialmente, las musicales. Pero es en *Los pasos perdidos* donde Alejo Carpentier desarrolló del modo más completo, insistente y coherente el tema del teatro como uno de los soportes básicos de la composición del relato.

NOTAS

1 Para el traje y la teatralización, en *El Siglo de las luces*, véanse Jacques Leenhardt (1982: 84–85) – que trata también del tema en *El arpa y la sombra* – y Marie–Anne Macé (1983: 197–198).

2 De 1953; se utiliza la edición de las *Obras completas*, volumen II (1983: 120–416). Colocamos, entre paréntesis, el número de la página en seguida después de la cita.

3 Para el simbolismo del viaje en *Los pasos perdidos*, véase, en particular, Esther P. Mocega–González (1980: 35–52).

4 Epígrafe en: François Laplante (1974: 10). La traducción es mía.

5 Aíslo la dimensión teatral, *espectacular*, no olvido por supuesto que la escena termina con las palabras: "acabo de asistir al Nacimiento de la Música" (p. 316).

6 Otros ejemplos (pp. 375–392): "expresión dramática", "el mejor papel de su vida"; "el hermoso papel"; "la materia yesosa de las máscaras trágicas"; "imprevisto personaje"; "en medio del drama"; "una gran trágica"; "teatro de un creciente malentendido"; "escenografías"; "castillos wagnerianos".

BIBLIOGRAFIA

Carpentier, Alejo
1983 *Obras completas*. Vol. II, Madrid–Bogotá–México.

Laplante, François
1974 *Les trois voix de l'imaginaire*. París.

Leenhardt, Jacques
1982 "Ecrire l'histoire". En Benito Pelegrin y otros: *Alejo Carpentier et son oeuvre*, pp. 77–89, París,, Université de Paris–Sorbonne (Paris IV).

Macé, Marie–Anne
1983 "*Le Siècle des Lumières* ou les turbulences baroques". En Daniel–Henri Pageaux y otros: *Quinze études autour de "El Siglo de las Luces" de Alejo Carpentier*, pp. 187–204, París.

Mocega–González, Ester P.
1980 *Alejo Carpentier: estudios sobre su narrativa*. Madrid.

Narrativa argentina de ciencia ficción: Tentativas liminares y desarrollo posterior

Angela B. Dellepiane
The City University of New York

Las siguientes son reflexiones interpretativas acerca de la narrativa que llamamos de ciencia–ficción (*CF*) y constituyen sólo una parte de un trabajo más abarcador. Son, pues, *notas* y como tales deben ser consideradas.

Para llevar a cabo mi interpretación, me parece necesaria una previa delimitación de lo que entiendo por *ciencia–ficción*.

Los actuales críticos de *CF* aceptan la existencia de diversos tipos de *CF*.[1] Ellos son:

– La *hard* o *engineer's SF*: historias dedicadas al futuro tecnológico del hombre. Esta clase de *CF* está relacionada con la ingeniería y, en general, con las ciencias exactas. No presupone una especulación realista acerca del mundo del futuro a pesar de que se inclina por lo realista. Este es el tipo de *CF* que atrae a los científicos y que está, frecuentemente, escrita por ellos;

– La *science fantasy* en que la ciencia es seudo–ciencia y es usada para toda clase de juegos imaginativos;

– La *space opera*: una fantasía de aventuras melodramáticas con temas y escenarios manidos que es desenvuelta sobre débiles bases científicas.

– La *speculative SF*. En ésta, el escritor deja de lado la tecnología como fin en sí mismo, subordinando consecuentemente la imaginación científica a un interés focal en las emociones y actitudes humanas personales así como también en problemas sociales. Este tipo de *CF* se dio en los EEUU durante la década del 60. Es entonces cuando se confiere a la *CF* un contenido filosófico y humanístico. Y es, también, en este momento cuando se comienza a prestar mayor atención a las cualidades formales de esta modalidad narrativa. Además, desde otro punto de vista, la revolución cultural de los 60 en EEUU contribuyó a hacer de la CF una suerte de neo–surrealismo. Gradualmente, esta forma narrativa hasta entonces considerada como 'paraliteraria', comenzó a penetrar el campo de la literatura 'artística', lo que equivalió, curiosamente, al travestismo de la imaginación científica en la *CF*. Esto se debió a que, en aquel momento, los nuevos escritores de *CF* reflejaban la desilusión popular con la falta de valores humanos en el progreso científico. Los escritores jóvenes querían sacar a la *CF* del camino que le habían trazado los pioneros Gernsbach, Heinlein y Campbell. Con esta tarea de 'saneamiento', la *CF* ganó en complejidad y se concientizó. Es a este nuevo tipo de *CF* especulativa, a la que considero más fuertemente relacionada con la *CF* argentina e hispanoamericana en general.

Se hace, sin embargo, necesario establecer algunas otras delimitaciones genéricas, dentro de la *CF* anglosajona, para poder comprender y medir la *CF* argentina e hispanoamericana.

– La *CF* es una literatura de *extrañamiento cognoscitivo*, tal como la define Darko Suvin,[2] y esto por su relación con la ciencia y con la racionalidad. Nos introduce dentro de un nuevo mundo, distinto del real, un mundo que actúa sobre el lector para transformarlo, para proporcionarle un modo diferente de mirar su propia realidad. En términos de género literario esto significa que la *CF* es, hasta cierto punto, una fábula social que expresa artísticamente "una visión ruptural del mundo [...]; es la novela de nuestra crisis social, de nuestra crisis religiosa, de nuestra crisis económica. No se trata de una moda romántica más, sino de una corriente del pensamiento".[3] En suma, la *CF* es una narrativa de crítica social basada en un extrañamiento cognoscitivo, tal como lo afirma Suvin. Además, esta visión ruptural romántica de la realidad, que apunta Ferreras, se obtiene en la *CF* no por medio de la *explotación* de la ciencia, sino *usándola* y *enjuiciándola*. Razón por la cual la *CF* puede asumir, a la vez, el carácter de *utopías* (= *universos deseados* – realistas, idealistas, espiritualistas –) y de *anti–utopías*.

Entiéndase que para la *CF* la ciencia y la técnica son *temas* de los que se vale para concretar novelescamente el problema – no científico – del hombre *versus* esta civilización tecnolátrica en que parece que vive atrapado.

Debe de tenerse en cuenta que otra forma de enjuiciamiento de nuestra actual civilización, está realizada en la auténtica *CF* a través del uso de los *seres extraterrestres* (por ej., los *BEM* = *bug eyed monsters*) que heredó del *scientific romance* del siglo XIX pero que la *CF* ha humanizado para mostrar, con más libertad pero también con más distanciamiento, hasta qué punto el ser humano se ha cosificado y en qué medida su humanidad se está perdiendo o puede llegar a perderse completamente. Con igual propósito aparecen los *mundos paralelos* (Ferreras 1972: 184–188) que, variantes del nuestro, nos hacen ver claramente nuestros errores, vicios, etc. Por último, el tema más original y rico de la *CF* es el del tiempo que es no sólo un futuro conquistable y cognoscible sino también un pasado que determina nuestro presente, pasado susceptible de cambio a fin o de evitar los desastres de nuestro presente, o de combatir este presente, o de mejorarlo antes de que este presente nos destruya (Ferreras 1972: 188–190).

Pienso que son, precisamente, las cualidades críticas y hasta didácticas de la *CF*, las que explican el interés de los escritores argentinos y de otras partes de Hispanoamérica por este género. Además, deben tenerse presente ciertas *mediaciones literarias*, i.e., los antecedentes literarios, y también las *mediaciones socio–históricas* y las *socio–económicas* (Ferreras 1972: 18) que han vuelto prácticamente perentoria la aparición de la *CF* en la Argentina. Veamos algunas de esas *mediaciones literarias*.

El primer fantacientista argentino – sin tener conciencia de que lo era – claro, fue ese genio estupendo, multifacético y casi desconocido hasta en su patria que se llamó Eduardo Ladislao Holmberg quien, en 1875, escribió el *Viaje maravilloso del Sr. Nic-Nac* en que desarrollaba ya el tema de los mundos extraterrestres habitados por otros seres, con costumbres y leyes distintas de las humanas. Cuatro años más tarde, este médico, escritor, naturalista, en fin, hombre de gran voracidad intelectual, fue todavía más lejos porque se adelantó en muchos años a Carel Capek, el inventor de los *robots*,[4] creándolos en su "Horacio Kalibang y los autómatas". En esta proclividad por una literatura fantástica, futurologista y hasta policial (de la que fue el iniciador), Holmberg no estuvo solo. Aparte del nombre de la pionera Juana Manuela Gorriti, dentro del grupo generacional de Holmberg, esto es, dentro de la generación del 80, pueden citarse los nombres de Carlos Olivera, Eduardo Wilde, Carlos Monsalve y, más tarde, los de Carlos O. Bunge, Atilio Chiappori, Santiago Dabove sin olvidar a Leopoldo Lugones ni a Horacio Quiroga. Todos ellos produjeron relatos de alta calidad literaria en que lo fantástico, que se introduce en la cotidianidad, proviene de creencias propias de la época o de avances de la ciencia que atraían fuertemente a los contemporáneos. Por esa época, en Buenos Aires, por ejemplo, los estudios de frenología, frenopatía, parasicología, sicopatología, neurología y los de alienación mental apasionaban a hombres y mujeres de la *intelligentsia* porteña lo que se unía a un regodeo casi enfermizo con los *gothic tales* y a una lectura más que interesada de las novelas de Jules Verne y Camille Flammarion.[5] *Las fuerzas extrañas* de Lugones y algunos cuentos y *nouvelles* de Quiroga, para no citar sino los ejemplos más notorios, son buena muestra de este interés.

Digamos, con Pagés Larraya, que el *Viaje de Nic–Nac* supone la revelación de otro planeta, con sus costumbres, sus instituciones, su organización y sus problemas. Marte no sólo es un territorio habitado. Sus pobladores tienen una vida más compleja que la humana y una evolución intelectual más amplia. Holmberg poseía sorprendentes conocimientos astronómicos y "una cultura científica no común" (Pagés Larraya 1957: 29), a partir de la cual desplegaba su igualmente sorprendente fantasía. Hay, por ejemplo, un pasaje en que se habla de "un rayo de sol condensado" (Cap. XXIV) que se asemeja singularmente al rayo *laser*. Sin embargo, lo que me parece más importante del *Viaje* no es su fantaciencia sino el hecho de que la novela no se queda en la pura maravilla fantástica sino que muestra – como afirma Pagés – "una proyección filosófica y una intención de crítica social" (p. 60) que es, precisamente, lo que vemos como caracterizador de la auténtica CF actual. Es que ya había problemas que empezaban a despertar si no preocupaciones profundas – como las que evidencia la CF actual – sí cuestionamientos, críticas, una toma de conciencia al comienzo mismo de los problemas. "La disminución del sentimiento de nacionalidad" (aunque por otras razones que las que se dan hoy en los países superindustrializados y tecnificados), "las querellas intestinas, la inmigración y el choque de razas – temas que serán frecuentes en las novelas posteriores al 80 – constituyen el fondo de la plática de Nic–Nac y Seele en la 2a. parte de la novela. Pareciera que todo el armazón ficticio" estuviera enderezado a sostener estos capítulos. Es evidente que se nos quiere significar que "Marte [...] es un orbe muy semejante al terrestre. Sus habitantes participan de nuestros defectos [...], y el novelista puede así, con toda objetividad, censurarnos atacando a los marcianos. Problemas filosóficos, políticos, religiosos, científicos, aparecen en ligeros esbozos o tratados con rotundidad" (p. 61), lo mismo que el ambiente científico, el del periodismo y sus luchas.

Con estas mediaciones literarias y sociales en mente, es explicable la adopción, por parte de ciertos escritores argentinos, de un género que superficialmente puede aparecer como totalmente ajeno no sólo a los argentinos sino en general a los hispanoamericanos. La CF atrae al escritor porque, en verdad, no estamos frente a una modalidad literaria gratuita, hedonista, escapista sino, fundamentalmente, frente a una suerte de nuevo humanismó dadas sus "profundas inquietudes culturales, científicas, filosóficas",[6] dados sus aspectos trascendentes que permiten a dos teorizadores argentinos, Pablo Capanna y Eduardo Goligorsky, elaborar toda una "filosofía de la *CF*",[7] una filosofía que, aunque "sedicente" (Castagnino 1971: 214), materializa siempre problemas de la esencia y la existencia humanas y cuya función crítica está sustentada por la libertad total que la proyección al futuro brinda al escritor quien puede, así, satirizar aspectos de la sociedad que son frecuentemente tabúes en Hispanoamérica.[8] Podemos, pues, afirmar con Susan Sontag, que la tradición de la *CF* es plenamente moralista.[9]

Otra razón que puede explicar hoy el fenómeno de la *CF* argentina (e hispanoamericana), aparte la posibilidad de su uso como instrumento de protesta social, de crítica socio–política, de enjuiciamiento del progreso técnico aplicado indiscriminadamente a una realidad mal preparada para ello, es el deseo de las nuevas generaciones de escritores de producir una forma literaria que ejerza directo atractivo sobre el lectorado masivo cuyo interés ya ha sido probado – y entrenado – en otras formas de los medios de comunicación masivos – films, TV *soaps,* traducciones de *best–sellers* de CF –. Asimismo, este tipo de narración habrá de alimentar no sólo la imaginación de ese lectorado sino sus ideas, de agudizar su percepción de la realidad hispanoamericana y, sobre todo, su percepción de hasta qué punto él es manipulado por un tipo de estructura social y económica que lo nulifica en su calidad de ser humano y de ser hispanoamericano.[10]

Ateniéndome hasta lo aquí puntualizado, debo agregar que el *corpus* de narraciones argentinas de *CF* es de dimensiones reducidas y se compone, en su gran mayoría, de cuentos y *nouvelles*. Son obras que poseen originalidad y, comparativamente, una superior sofisticación en el tratamiento literario, en la disposición de los elementos narrativos, en el manejo de las voces narrativas, amén de ciertas peculiaridades al nivel expresivo, verdaderas creaciones que subrayan la función poética y metalingüística del lenguaje. Ejemplo de estas afirmaciones es *La invención de Morel* de Bioy Casares, de 1940, que aunque no estrictamente *CF* sino más bien *scientific romance* a la manera de Wells, escritura metafísica y fantástica, a la vez, es la novela de avanzada que, dentro de la producción de Bioy, culminará con esa obra maestra que es "La trama celeste", intersección de dos universos paralelos, sin los lugares comunes de las versiones norteamericanas y con un fino humor.

Pero la popularidad de la *CF* argentina se deberá, en gran medida, a una revista – *Más allá* – que, aunque de corta vida, 1953 a 1957, dio a conocer y difundió comercialmente a los escritores locales. Cuando desapareció, ya había *fans* argentinos y editoriales dispuestas al riesgo.[11]

En 1957, una siquiatra argentina, la Dra. María Langer, publicó un ensayo titulado *Fantasías eternas a la luz del psicoanálisis*, que llama la atención por ser la primera vez que esa forma paraliteraria es analizada a la luz de una ciencia 'seria'. Poco después Raúl H. Castagnino hizo objeto a la *CF* de un curso universitario. La *CF* había alcanzado, por fin, 'respetabilidad'.

Pero es la década del 60 la que lleva a la *CF* argentina a su mayoría de edad. Eso sí, exclusivamente por medio de la publicación de antologías y de revistas. Precisamente a las primeras limito hoy mis observaciones, a más de los libros de la que considero la mejor escritora de CF argentina: Angélica Gorodischer.

Las antologías que he utilizado son, por orden cronológico:

– Vanasco y Goligorsky. *Memorias del futuro*, 1966.[12]
– Bajarlía. *Cuentos argentinos de CF*, 1967.
– Vanasco y Goligorsky. *Adiós al mañana*, 1967.
– *CF. Nuevos cuentos argentinos*, 1968.
– Goligorksy. *Los argentinos en la luna*, 1968.
– Sánchez. *Los universos vislumbrados*, 1978.

Ellas revelan los siguientes modelos:

– o *extrapolaciones* de ciertas características de nuestra sociedad actual como el *automatismo*; la *violencia*; la *censura*; los *prejuicios*;[13]
– o *anticipaciones* de un mundo barbarizado, regresivo, determinado por el holocausto atómico;[14]
– o *crítica social* hecha desde *extraterrígenas* que nos perciben como seres monstruosos, intolerantes, prejuiciados,[15] (aunque también en una ocasión un E.T. viene a nuestro planeta a robar nuestra cultura[16]); o por la creación de estados totalitarios que han reducido al hombre a la impotencia y a la esclavitud mediante la más terrible tiranía, el dominio de la máquina, el progreso científico y el condicionamiento mental.[17] A veces es un terrícola que ha experimentado, en otro planeta, una sociedad más justa que la nuestra y que opta por ese, otro mundo;[18]
– o *antiutopías* en las que se extermina sistemáticamente la creatividad individual,[19] o un mundo en donde no existen ni la cultura ni la amistad, o donde la vida está completamente programada;[20]
– o *parodias* que llevan a sus últimas y absurdas consecuencias modalidades actuales de nuestra civilización tales como la maquinización exagerada, la pérdida de la inocencia, la avidez de riquezas materiales, la deshumanización a través de la publicidad y de las relaciones públicas,[21] o un erotismo que tiene que ser alimentado por imágenes electrónicas;[22]
– o el *viaje en el tiempo*, ya sea hacia el *pasado*[23] o bien hacia el *futuro*;[24]
– o *parábolas/alegorías* de índole *filosófico–religiosa*;[25]
– o puras *aventuras* de CF como

      el *viaje a otro planeta* y sus consecuencias,[26]
      las *dimensiones paralelas*,[27]
      las *invasiones de marcianos*.[28]

– Finalmente, otros de los modelos son exclusivamente *humorísticos*.[29]

Mención aparte – y por cierto que estudio detenido – merece la obra de Angélica Gorodischer, por dos razones: una relativa a la calidad *poética* de sus enunciados; otra porque, que yo sepa, es la primera en haber realizado en uno de sus libros – *Trafal-*

gar[30] – una *CF* enteramente paródica, humorística y satírica como total creación lingüística. Lo más interesante en la obra de esta escritora argentina es el artificio de sus cuentos y la sofisticación en el manejo y mezcla de diversos planos y voces narrativas, así como, particularmente en *Trafalgar*, el uso del habla coloquial y lunfarda que trivializa y domestica la otredad de los nuevos mundos, de sus costumbres y gentes diferentes, de sus tiempos, atmósferas y erotismo particulares, produciendo una semiosis del signo que crea el humor a través del que se agudiza la crítica social, objetivo último de esta narrativa. Gorodischer es una aventajada discípula de Borges y Cortázar, sin ninguna duda, pero su especial tipo de *CF*, por su profundidad intelectual, su soltura en el manejo de los procedimientos narrativos, su coherencia al sostener sus creaciones imaginativas sin extravíos, y por crear personajes que no son estereotipos, hacen de ella una figura señera en el género.

Habría mucho más que observar. Pero ni el tiempo asignado ni la prudencia consienten el alargarse. Vayan, pues, unas rápidas últimas observaciones:

– Se considera a Buenos Aires la capital de la *CF* hispanoamericana,[31] pero debe tenerse presente que Río de Janeiro, México, Venezuela, Chile son también centros de intensa producción de *CF*;

– Es claro que la *CF* argentina evidencia una voluntad de superación de los modelos anglosajones al conferir sabor y color local a sus creaciones. Pero no siempre lo consigue o se lo propone ya que se puede observar que la mayor parte de los nombres de los personajes son extraños o decididamente ingleses y que, con frecuencia, la caracterización espacial es débil y no parece específicamente argentina. La excepción es *Trafalgar* y su héroe homónimo, ya que él es un personaje 'costumbrista' caracterizado mediante su expresión lingüística, y el ambiente rosarino está magistralmente trasmitido a fuerza también de notas y personajes costumbristas.

– Según el Atelier belga,[32] la *CF* argentina está a la vanguardia de la hispanoamericana hasta el punto de que se puede hablar de una verdadera escuela argentina de *CF* con decisivas preocupaciones sociales. Sin embargo, la producción última de *CF* que he podido ver en antologías y nuevas revistas, no puede considerarse en puridad *CF*. Se trata más bien de obras fantásticas, algunas con trasfondo filosófico (o seudo–filosófico). Y son los propios autores quienes hacen hincapié en el carácter fantástico de sus narraciones y quienes desdeñan el rótulo de *CF*.[33] Lo que sí es evidente en la *CF* argentina es su valor artístico, poético, como también el considerable grado de profesionalismo, desde el punto de vista estrictamente literario y desde el intelectual, de sus cultores dado el alto calibre de las ideas manejadas y el grado de seria erudición que sostiene las construcciones literarias.

Espero, en un futuro cercano, *rat*ificar o *rect*ificar algunas de estas observaciones. Me parece evidente que ellas necesitan ser investigadas con datos de sociología literaria – número de obras en la Argentina y en otros países; tipo de lectorado; tirajes de las ediciones; profesionalismo del escritor de *CF*, estudio cuidado de todas las revistas de *CF* publicadas y en publicación, etc. – y también con análisis textuales a fin de medir el carácter estrictamente literario de estas obras. Por otra parte, aunque como argentina me halaga jerarquizar la literatura de aquel país, me perturba, sin embargo, que los laureles que hoy parece ostentar la *CF* argentina se hayan concedido –

creo – un poco apresuradamente. Y digo esto porque estudios recientes revelan, en la *CF* brasileña, por ej., cualidades únicas que no estoy enteramente persuadida que se den en la *CF* argentina: esa "brasilidade" que señala un estudioso,[34] esto es, ciertas cualidades inherentes únicamente a la *CF* del Brasil tales como un extraordinario sentido del humor, un erotismo 'trascendente', su preocupación con el proceso de la procreación y de la estructura familiar, el influjo de la religión y de lo mitológico al nivel temático, a más de un serio cuidado formal.

El estudio crítico de la *CF* argentina (e hispanoamericana) no puede ni dejarse de lado ni dilatarse ya más. Hacerlo, por otra parte, ayudará a completar el cuadro de la narrativa de aquel país y del continente y, asimismo, permitirá seguir avanzando en el deslinde del concepto de literatura fantástica de la que, frecuentemente, se la hace sinónima.

NOTAS

1 Al final de este artículo se da una bibliografía crítica selectiva.

2 Darko Suvin. "On the Poetics of the SF Genre" en Mark Rose (1976: 57–71).

3 José Ignacio Ferreras: (1972: 18).

4 En su obra de teatro *R.U.R.* = *Rossum's Universal Robots* presentada en Praga, en 1920.

5 Cf. Antonio Pagés Larraya: Estudio preliminar en Eduardo Ladislao Holmberg: *Cuentos fantásticos*. Buenos Aires: Hachette, 1957: 34–48.

6 Raúl H. Castagnino: "'Canción de cuna para técnicos' y experiencias fantacientistas" en *Experimentos narrativos*. Buenos Aires: J. Goyanarte Editor, 1971: 187.

7 Pablo Capanna. *El sentido de la ciencia-ficción* (1966).
Eduardo Goligorsky y María Langer: *Ciencia Ficción. Realidad y Psicoanálisis* (1969).

8 K. Amis. *L'univers de la Science Fiction*. París: Payot, 1960. *Apud* Castagnino 1971: 234.

9 Susan Sontag: "The Imagination of Disaster" en *Against Interpretation*. Nueva York: Delta Books, 1961: 209–231.

10 Piénsese, por ejemplo, en que Cortázar se volvió hacia la tira cómica y la fotonovela en su afán de divulgar los hechos puestos de manifiesto en el Tribunal Russell II de Bruselas. Así nació *Fantomas contra los vampiros multinacionales. Una utopía realizable*. 1ª. edición (México: Libros de Excélsior, 1975).

11 Prueba son los numerosos *fanzines* que proliferaron en Buenos Aires y Rosario desde la década del 50: *El almígero solitario, Antelae, Argentine SF Review, 2001: Periodismo de anticipación, Ficción científica y realidad, Géminis* (que murió al 2º número), *Hombres de futuro; Kadath, El lagrimal trifurca, LD, Minotauro*, (edición en español de *The Magazine of Fantasy and Science Fiction*), *Misterix* (2a. época), *Omicrón, Planta, La revista de ciencia ficción y fantasía* (tres números entre 1976 y 1977), *Trafalmadores, Umbral tiempo futuro, Urania, Entropía*. En 1967 se reunió la primera convención nacional de *CF* y en 1968, la segunda y última hasta la actualidad. *Minotauro* cesó de publicarse en ese mismo año, después de 10 números. El vacío dejado por esta revista fue llenado por la española *Nueva Dimensión* que publicó 148 números por espacio de casi quince años y que acogió a buen número de escritores argentinos. Siguiendo el ejemplo de *Más allá*, aparecieron en Buenos Aires las primeras editoriales especializadas en libros de *CF*: Minotauro, en 1955, Jacobo Muchnik, en 1956 y luego Andrómeda.

En la década del 70, las editoriales argentinas Minotauro, Emecé y Andrómeda, y las españolas EDHASA y Dronte, presentaron ediciones de los autores consagrados de la CF extranjera. En 1979 comenzó a publicarse otra revista – *El péndulo* – que agregó la dimensión plástica a la puramente literaria y que, en general, alimentó las necesidades de una nueva generación de *fans* y de autores. Esta nueva efervescencia llevó a la creación, en 1982, del Círculo Argentino de Ciencia Ficción y Fantasía que creó el premio "Más allá". Habiendo desaparecido *El Péndulo*, en 1983 reapareció *Minotauro* (Segunda época) con *standards* superiores de calidad literaria. Hacia mediados de 1984, otra nueva revista se lanza al mercado: *Parsec* que, para 1985, se convertirá en suplemento de *Clepsidra*. He visto nombradas otras dos revistas, *Nuevomundo* y *Cuásar*, y poseo dos ejemplares de *Sinergia* que, para el verano de 1985–1986, ha publicado ya 10 números. Para mayor abundancia de datos, cf. Marcial Souto (comp.): Introducción a *La ciencia ficción en la Argentina*. Buenos Aires: Eudeba, 1985, 9–24. Para una historia detallada de la revista *Más allá* y su época, cf. Pablo Capanna. "Prestigios de un mito": *Minotauro*, 9, febrero de 1985.

12 Para la indicación bibliográfica completa de las antologías utilizadas en este estudio, véase la *Bibliografía* final.

13 A. Vanasco: "Los eunucos" y Alicia B. Suárez. "El dorado mes de los monstruos" en *Los universos vislumbrados*; E. Goligorsky. "El vigía" en *Los argentinos en la luna* y A. Grassi: "Los herederos" en *CF. Nuevos cuentos argentinos*.

14 E. Goligorsky: "En el último reducto" y "La cola de la serpiente" y A. Vanasco: "Post Bombum" en *Adiós al mañana*; E. Goligorsky: "Cuando los pájaros mueran" en *Memorias del futuro*.

15 E. Goligorsky: "Los verdes" y A. Vanasco: "El menor soplo de vida" en *Adiós al mañana*; J.J. Bajarlía: "Mac Cain" en *CF. Nuevos cuentos argentinos*.

16 E. Goligorsky: "El espía" en *CF. Nuevos cuentos argentinos*.

17 E. Goligorsky: "Olaf y las explosiones" en *Memorias del futuro*; Pablo Capanna. "Acronia" y C.M. Caron: "La victoria de Napoleón" en *Los argentinos en la luna*.

18 E. Goligorsky: "Aclimatación" en *Cuentos argentinos de ciencia ficción*.

19 A. Vanasco: "La muerte del poeta" en *Memorias del futuro*.

20 Jorge L. Borges: "Utopía de un hombre que está cansado" en *Los universos vislumbrados*; J. Iégor: "La mutación de Bélacs" en *Los argentinos en la luna*.

21 M. Denevi: "Boroboboo" y O. Elliff: "Las fábulas" en *CF. Nuevos cuentos argentinos*; M. Denevi: "Las abejas de bronce" y E. Rodrigué: "La tercera fundación de Buenos Aires" en *Cuentos argentinos de ciencia ficción*; A. Vanasco: "Todo va mejor con Coca–Cola" en *Adiós al mañana*; Pedro G. Orgambide: "Marketing" y J.J. Bajarlía: "La civilización perdida" en *Cuentos argentinos de ciencia ficción*.

22 E. Goligorsky: "Los divanes paralelos" en *Memorias del futuro*.

23 A. Vanasco: "Robot Pierre" en *Memorias del futuro*; A. Grassi: "El tiempo del lunes" en *Los argentinos en la luna*; Magdalena A. Mouján Otaño: "Gu Ta Gutarrak" en *Los universos visiumbrados*.

24 C. Peralta: "El segundo viaje" en *Cuentos argentinos de ciencia ficción*.

25 E. Goligorsky: "Un mundo espera" y "El elegido" y A. Vanasco: "Vuelven los lobizones" en *Memorias del futuro*; A. Vanasco: "Los pilotos del infinito", A. Gorodischer: "La morada del hombre", J.J. Bajarlía. "La suma de los signos", M. Langer: "Los delfines no son tiburones", H. Oesterheld: "Sondas", E. Stilman: "La cuenta regresiva" en *Los argentinos en la luna*; E.A. Azcuy: "El humanoide", E. Bayma: "El prisionero", H. Oesterheld: "Dos muertes" en *CF. Nuevos cuentos argentinos*; A. Grassi, "Mensaje a la tierra", D. Sáenz: "La meta es el camino", A. Vignati: "En el primer día del mes del año" en *Cuentos argentinos de ciencia ficción* y J.J. Bajarlía: "Desde la oscuridad" en *Los universos vislumbrados*.

26 A. Vanasco: "Phobos y Deimos" en *Memorias del futuro*; A. Grassi: "Las zonas" y A. Gorodischer: "Los embriones del violeta" en *Los universos vislumbrados*.

27 A. Lagunas: "Informe sobre voces" en *Los argentinos en la luna*.

28 A. Vanasco: "Paranoia" en *Cuentos argentinos de ciencia ficción*.

29 E. Goligorsky: "La cicatriz de Venus" en *Adiós al mañana*.

30 Angélica Gorodischer: *Trafalgar*. Buenos Aires: El Cid Editor, 1979. La más acabada muestra de la narrativa de *CF* cultivada por esta escritora es su libro de cuentos *Bajo las jubeas en flor* (Buenos Aires: Ediciones de la Flor, S.R.L., 1973). Para una información detallada sobre toda la obra de esta autora, hasta 1984, véase mi artículo "Contar = Mester de fantasía o la narrativa de Angélica Gorodischer" en *Revista Iberoamericana*, 51, 132–133 (jul.–dic. 1985): 627–640.

31 En *Fantastique et Ateliers Créatifs* 1978: 118. Sin embargo, debe tenerse en cuenta que la importante ciudad de Rosario es también centro de una intensa creación de *CF* con revistas como *El lagrimal trifurca* (14 números entre abril–jun. 1966 y agosto 1976) de la familia Gandolfo (escritores, antólogos, críticos, editores), y con la revista *Kadath* que nuclea a talentos jóvenes como Norma Viti y Gerardo D. López.

32 *Fantastique et Ateliers Créatifs* 1978: 46.

33 "En general [los nuevos escritores argentinos de *CF*], cultivan una literatura fantástica no tradicional, que linda con la ciencia ficción, la atraviesa y sale libremente de su ámbito, con escasa presencia del elemento científico–tecnológico [...]. Quizás el rasgo más común sea que nuestros autores no hacen ciencia ficción a partir de la ciencia, como ocurre en países industriales donde la ciencia impregna la vida diaria; son escritores que se han formado leyendo ciencia ficción y en cuyo mundo espiritual importan las convenciones y los mitos del género." (Pablo Capanna: "La ciencia ficción y los argentinos" en *Minotauro*, 10, abril de 1985). Véanse, asimismo, las respuestas al cuestionario que se consigna en el volumen *La ciencia ficción en la Argentina*, compilado por Marcial Souto. Cada uno de los autores que allí se antologizan se pronuncia sobre la literatura de *CF* y, en general, no separan la *CF* de la literatura fantástica o de fantasía, como ellos la designan siguiendo rótulos americanos.

34 Me refiero a la tesis, completada en 1976, en la Universidad de Arizona, hecha por David L. Dunbar: "Unique Motifs in Brazilian SF". La he consultado en microfilm.

BIBLIOGRAFIA

I. Antologías argentinas de CF utilizadas en el presente estudio:

Bajarlía, Juan J.
    1967   *Cuentos argentinos de CF*. Buenos Aires: Ed. Merlín.

Goligorsky, Eduardo
    1968   *Los argentinos en la luna*. Buenos Aires: Ediciones de La Flor.

Grassi, Alfredo J., y Alejandro Vignati
    1968   *CF: nuevos cuentos argentinos*. Buenos Aires: Calatayud–Dea Editores.

Sánchez, Jorge A. (comp.)
    1978   *Los universos vislumbrados*. Selección y notas de ... Buenos Aires: Ediciones Andrómeda.

Vanasco, Alberto, y Eduardo Goligorsky
    1966   *Memorias del futuro*. Buenos Aires: Ediciones Minotauro.
    1967   *Adiós al mañana*. Buenos Aires: Ediciones Minotauro.

II. Obras de crítica sobre CF.

Amis, Kingsley
1975   *New Maps of Hell: A Survey of SF*. Nueva York: Arno Press.

Appel, B.
1969   *The Fantastic Mirror. SF Across the Ages*. Nueva York: Pantheon Toronto: Random House.

Baudin, H.
1971   *La Science-Fiction*. París: Bordas.

Caillois, Roger
1975   "Science Fiction". En *Diógenes*, 89: 87-105.

Capanna, Pablo
1966   *El sentido de la CF*. Buenos Aires: Columba.

Ciencia ficción
1976   *La otra respuesta al destino del hombre*. En *La Opinión* (Buenos Aires).

Clareson, Thomas D. (ed.)
1977   *Many Futures, Many Worlds: Theme and Form in S-F*. Kent (Ohio): Kent State University Press.

Davenport, Basil et al.
1969   *The SF Novel: Imagination and Social Criticism*. 3rd. ed. Chicago: Advent Publications.

D'Lugo, Martin
1975   "Frutos de los 'frutos prohibidos': la fantaciencia rioplatense". En *Otros mundos, otros fuegos. Fantasía y realismo mágico en Iberoamérica*. Memoria del XVI Congreso Internacional de Literatura Iberoamericana. (Latin American Studies Center: Michigan State University), pp. 139-144.

Ferreras, José I.
1972   *La novela de CF*. Madrid: Siglo XXI Editores.

Gandolfo, Elvio E.
1978   "La CF argentina". Prólogo a Jorge A. Sánchez (comp.): *Los universos vislumbrados*, pp. 13-50.

Gandolfo, Elvio E.
1978   "Bibliografía". En Jorge A. Sánchez (comp.): *Los universos vislumbrados*, pp. 289-294.

Gattegno, J.
1971   *La Science–Fiction*. París: P.U.F.

Goligorsky, Eduardo, y María Langer
1969   *CF. Realidad y psicoanálisis*. Buenos Aires: Paidós.

Goorden, Bernard.
1978   *Nouveau Monde. Mondes Nouveaux (Aperçu de la SF dans les pays d'Amérique Latine)*. Bruselas. Les Cahiers JEB, Direction Générale de la Jeunesse et des Loisirs, Ministère de la Culture Française.

La Opinión
1976a   *Cf, la otra respuesta al destino del hombre*. Buenos Aires. [Suplemento especial]
1977a   *¿Qué pasa con la CF?* [Suplemento especial]
1977b   *Los monstruos de la fantasía* [Suplemento especial]

Langer, María
1966   *Fantasías eternas a la luz del psicoanálisis*. Buenos Aires: Ediciones Hormé.

524

Moskowitz, S.
1954   *The Inmortal Storm: A History of S–F Fandom*. Atlanta (Georgia): Atlanta SF Organization Press.

Núñez Ladeveze, L.
1976   *Utopía y realidad: la CF en España*. Madrid: Ediciones del Centro.

Parrinder, Patrick
1980   *S–F. Its critiscism and teaching*. Nueva York: Methuen, Inc.

Pessina, H.R., y Jorge A. Sánchez
1978   "Esbozo para una cronología comentada de la CF argentina". En Jorge A. Sánchez (comp.): *Los universos vislumbrados*, pp. 275–286.

Rabkin, E.S.
1977   "Genre Criticism: SF and the Fantastic". Cap. IV: *The Fantastic in Literature*, Princeton: PUPress.
1979   "Metalinguistics and SF". En *Critical Inquiry*, 6, 1: 79–97.

Reeve, Richard
1975   "La CF: hacia una definición y breve historia". En *Otros mundos, otros fuegos*: pp. 133–137.

Rose, Mark (ed.)
c. 1976   *SF: A Collection of Critical Essays*. Englewood Cliffs (N.J.): Prentice–Hall, Inc.

Schlobin, R.G., y L.W. Currey (eds.)
1977   *A Research Guide to SF Studies: An Annotated Checklist of Primary and Secondary Sources for Fantasy & SF*. Nueva York: Garland Publications.

Scholes, Robert
1975   *Structural Fabulation: An Essay on the Fiction of the Future*. Notre Dame: UNDPress.

Scholes, Robert, y Eric S. Rabin.
1977   *Science Fiction. History, Science, Vision*. Nueva York: Oxford University Press.

Sprague de Camp. L.
1953   *S–F Handbook*. Nueva York: Hermitage Press.

Suvin, Darko
1979   *Metamorphoses of SF. On the Poetics and History of a Literary Genre*. New Haven y Londres: YUPress.

Versins, Pierre
1970   "Entrétien sur la SF". En *Entrétiens sur la paralitératture*., pp. 259-285, París: Plon.

Warner, H.
1969   *All of Yesterdays: An Informal History of Fandom*. Chicago: Advent Press.

Warrick, P.S.
1980   *The Cybernetic Imagination in S–F*. Nueva York: CUPress.

Wollheim, D.A.
1971   *The Universe Makers: SF Today*. Nueva York: Harper & Row.

José Zorrilla en el Parnaso mexicano

John Dowling
University of Georgia, Athens

José Zorrilla llegó a México en enero de 1855 durante los últimos meses de la presidencia del general Antonio López de Santa Ana. Permaneció en la República once años y medio, viendo venir y pasar los gobiernos de Ignacio Comonfort y de Benito Juárez y presenciando la llegada de las tropas de la Francia imperial y la entrada de Maximiliano y Carlota en la capital. En 1865 el Emperador le nombró director del Teatro Nacional y al año siguiente le dio el título de Lector. En junio de 1866 emprendió su viaje de regreso a España porque había recibido la noticia de la muerte de su esposa de quien había vivido separado todos aquellos años.[1]

Zorrilla – el trovador castellano, el cantor de la España legendaria – desembarcó en Veracruz con 38 años de edad y el prestigio de ser el primer poeta del mundo hispánico. Los principales poetas del Parnaso mexicano le festejaron la llegada. Zorrilla alternó con ellos, leyó sus obras y escribió un largo ensayo *México y los mexicanos* en que hace la historia de la poesía contemporánea.[2] En México publicó libros de versos y al final de su estancia contrató con el Emperador Maximiliano para hacer la leyenda de su reinado. El propósito de este estudio es estimar la influencia de Zorrilla en los poetas mexicanos y la de México en la poesía de Zorrilla durante su estancia de más de dos lustros.

Empezó mal su entrada en el país el 9 de enero de 1855. En *Recuerdos del tiempo viejo* cuenta Zorrilla como José María Esteva – "uno de los más conocidos poetas veracruzanos" (*OC*, II: 1899) – se presentó en la fonda donde el recién llegado estaba arreglando la maleta para tomar la diligencia a México. Zorrilla le dio una carta de Bartolomé Muriel, veracruzano establecido en París, y, "entablada entre ambos la [más] fraternal franqueza" – según relata Zorrilla – "me tomó [Esteva] cariñosamente las manos en las suyas, y contemplándome de hito en hito, me preguntó en un tono que me extrañó: – Pero, ¿a qué viene usted a México?"

Zorrilla quedó atónito cuando su nuevo amigo le mostró "un papel impreso que de su bolsillo sacó". Echándole una rápida ojeada, veía que contenía "unas infames quintillas escritas contra los mejicanos y su presidente Santana, impresas en Cuba y firmadas con mi nombre". En 41 estrofas un malévolo versificador elogia a España y a españoles y echa denuestos a México y a los mexicanos. Recuerda a los famosos Luis Daoiz y Pedro Velarde, héroes del 2 de mayo de 1808 en Madrid: "¡Cuántos héroes no han brotado / En el español terreno!" (Valdez, p. 7); y entonces evoca la vergüenza de los mexicanos en la reciente invasión norteamericana:

Preguntad por faz contraria
a Taylor, cuántos Velardes
Vio en su invasión temeraria:
Una patria solitaria
De imbéciles y cobardes.

El autor – que resultó ser, según parece, un tal Valdéz de Tampico (Alonso Cortés 1943: 1101) – amontona injurias violentas contra una "nación idiota" (p. 8) que rechaza a España y apoya a Santa Ana:

¡Y detestan nuestro trono,
Nuestro regio pabellón!
Quien tiene por dueño un mono
Vestido de Napoleón ... (p. 4).

Esteva informó a Zorrilla que "todo el mundo está aquí persuadido de que las quintillas son de usted, y yo mismo le he contestado con otras en que le he puesto a usted como un trapo" (*OC*, II: 1899). Bajo el seudónimo de "un jarocho veracruzano" – un "jarocho" es un "carácter comparable con el majo bravucón andaluz" (*OC*, I: 1521) – denuncia "al pelaire Zorrilla" (Valdéz pp. 11-12). Pero la actitud de verdadero asombro de Zorrilla convenció a Esteva que los versos no eran de él. El veracruzano, meneando la cabeza, dijo: "Pues es un muy mal negocio. Santana es tan orgulloso, como quisquilloso de su nacionalidad el pueblo mejicano, y lo mejor que puede usted esperar es el ser expulsado del territorio" (*OC*, II: 1899).

Sin embargo, Zorrilla determinó subir a México y así lo hizo. Al acercarse el célebre vate a la capital el 14 de enero, salieron algunos de sus admiradores a recibirle a la Garita de San Lázaro. El periódico *El Universal* le saludó: "Bien venido sea a nuestro país el dulce trovador de la Antigua España, ya que la fortuna ha querido traer a nuestras comarcas al Píndaro de los tiempos modernos" (Olavarría 1961, I: 594).

En los días siguientes, el poeta es objeto de obsequios por parte de las más destacadas personalidades literarias de la ciudad. El 16 por la noche, en un gabinete del café contiguo al Bazar, el literato aristocrático José Gómez, Conde de la Cortina, y unas 25 personas más se reunieron en torno a "una espléndida mesa, preparada con exquisito gusto", según *El Universal* (Alonso Cortés 1943: 1077). A los postres empezaron los brindis y la lectura de versos. El clásico José Joaquín Pesado saludó al recién llegado: "Bienvenido mil veces a este suelo / seas, vate divino ..." (González Peña 1958: 221-22; Alonso Cortés 1943: 1077). En seguida, José María Lacunza, socio fundador de la Academia de Letrán, declaró: "Zorrilla [...] / cual sol tu presencia enciende nuestras almas" (Alonso Cortés 1943: 1079). José Sebastián Segura, yerno y discípulo de Pesado y estimable traductor de Horacio, Virgilio, Dante y Schiller, se dirige al poeta español para desear que "En los verjeles de mis patrios lares, / suene el valor sin par en tus cantares ..." (Alonso Cortés 1943: 1079). El periodista español Casimiro Collado brindó por el "Joven de locas esperanzas lleno, / ... Lustre y orgullo de las dos Castillas!" (Alonso Cortés 1943: 1080). El conservador jalapeño José María Roa Bárcena, prefiriendo la prosa, pidió que todos brindasen "por el poeta de más poderosa imaginación de los tiempos modernos, por aquel que ha cantado la religión, la patria y la familia, es decir, lo que hay de más caro al corazón humano" (Alonso Cortés 1943: 1080).

Le saludó asimismo en prosa Agustín Sánchez de Tagle, hijo del difunto Francisco Sánchez de Tagle, gran poeta clásico de la generación anterior: "El suelo de mi patria [es] feliz hoy más que nunca, porque lo pisa el divino Zorrilla" (Alonso Cortés 1943: 1081). Brindando con él estaba su hermano, llamado como su padre Francisco. Con el tiempo, Zorrilla iba a intimar con la hermana de los dos, Concepción, cuando fue a residir con ella y su complaciente marido José Adalid en su hacienda de San Angel en las afueras de la capital y en la Hacienda de los Reyes en los Llanos de Apam. A ella Zorrilla le dirige versos llamándola Rosa, Paz o Luz; y por eso resultan irónicas las palabras del hermano Agustín cuando dice: "yo confío en que [mi patria] producirá bellísimas rosas que hagan deliciosa [la] existencia [de Zorrilla]" (Alonso Cortés 1943: 1081).

Otros dos banquetes se ofrecieron al vate español durante su primera semana en México. El sábado 20 de enero, el ministro de España, Ramón Lozano Armenta, dio, según consta en *El Correo de España*, una "espléndida" comida, "servida con todo lujo y buen tono propios de un representante de S. M. C." (Alonso Cortés 1943: 1090). Al día siguiente, se reunieron de nuevo los cisnes de la capital para almorzar "en derredor del poeta español más célebre de nuestra época" (Alonso Cortés 1943: 1083). De nuevo, hubo lectura de versos. La mesa no se deocupó hasta las tres y media de la tarde después que "el señor Zorrilla, [...] con su acostumbrada maestría, leyó una de sus serenatas y su conocida plegaria a la Virgen. Un trueno de aplausos siguió a la lectura de dichas composiciones" (Alonso Cortés 1943: 1090).

Tantos obsequios debieron de inspirar recelo en el empresario del Teatro Nacional, el español Manuel Moreno, ya conocido por sus guerrillas con actores y otras empresarios (Olavarría 1961, I: 590, 655). Aprensivo de que los nuevos amigos de Zorrilla quisieran darle un beneficio, como le insinuó algún indiscreto, "no encontró medio más decente – sospecha Zorrilla – de impedir este obsequio, que quitaría una entrada a la empresa, que el de enviar a Santa Ana un ejemplar de los versos anónimos atribuidos a Zorrilla ..." (Alonso Cortés 1943: 1111). Al punto de ser detenido a instancias del Presidente Santa Ana, Zorrilla pudo, gracias a la intervención del ministro español Lozano Armenta, hablar directamente con el general (*Recuerdos, OC*, II: 1906-07). Santa Ana se dejó convencer por la actitud abierta y honrada del poeta y se concluyó el asunto de los malhadados versos.

En su opúsculo en prosa, *México y los mexicanos*, hace Zorrilla justa recompensa a los poetas mexicanos por la calurosa recepción de que fue objeto. En México en 1855 y 1857 y en La Habana en 1859, publicó Zorrilla los dos tomos de *La flor de los recuerdos*, una colección de obras en verso y en prosa que el autor denomina "Ofrenda que hace a los pueblos hispano-americanos don José Zorrilla". El ensayo *México y los mexicanos*, que se incluyó en el segundo tomo, está escrito en forma de una larga epístola dirigida "Al Excmo. Sr. Don Angel Saavedra, duque de Rivas" y lleva la fecha

10 de julio de 1857, o sea, año y medio después de la llegada de Zorrilla al continente americano.

El ensayo es un tributo a la tierra mexicana y a sus habitantes. Empieza el primer párrafo: "No se encuentra tal vez en ningún punto del globo un paisaje cuyo panorama sea comparable con el valle de México ..." (*OC*, I: 1467). Es igualmente entusiasta el autor en los capítulos que dedica a la literatura y al catálogo de poetas mexicanos. Comienza con dos escritores de la escuela clásica de principios del siglo XIX, el padre Fr. Manuel Navarrete (1768-1809) y el ya aludido Francisco Manuel Sánchez de Tagle (1782-1847). Zorrilla da abundancia de citas y, en el caso del segundo, se extiende bastante llegando a reconocer que "la amistad que me une con su familia podría hacer aparecer los justos elogios prodigados al padre como bajas e interesadas adulaciones presentados a sus hijos" (*OC*, I: 1485).

En el capítulo III hace un catálogo cronológico de 23 poetas, unos recién fallecidos, la mayoría todavía vivos. A algunos los había conocido ya en los banquetes de su primera semana en México. Casi todos han llegado a ocupar un lugar digno o un nicho respetable en la historia de la literatura mexicana. De los escritores de tendencias todavía clásicas, Zorrilla destaca a Manuel Cárpio (1791-1860), José Joaquín Pesado (1801-60) y a Alejandro Arango y Escandón (1821-83). A éste, a pesar de haber estudiado en Madrid por los años de 1831 a 1836, no se le pegó la fiebre romántica de que fue víctima el famoso sobrino de Mesonero Romanos.

Pero en México ya imperaba el romanticismo mucho antes de llegar Zorrilla. El poeta español no conoció a Fernando Calderón (1809-45), ya fallecido, pero alternó con otros de su propia edad, como Guillermo Prieto (1818-97), o más jóvenes, como Pantaleón Tovar (1828-76), Florencio María Castillo (1828-63), "romántico por los cuatro costados", al decir de González Peña (260), Luis G. Ortiz (1837-59) y Juan Díaz Covarrubias (1837-59). A todos los trata Zorrilla con benevolencia no falta de penetración estética.

Buen ejemplo de su proceder es su tratamiento de Juan María Esteva (n. 1818), el poeta veracruzano de casi la misma edad que Zorrilla que le había confrontado con los versos contra Santa Ana. Zorrilla, familiarizado con la corriente costumbrista en España y metido en ella además como participante en la empresa de *Los españoles pintados por sí mismos* (2 tomos; 1843-44), elogia a Esteva por su pintura de las costumbres de las costas veracruzanas. Sus romances, escribe Zorrilla, "encierran bellezas positivas en el género descriptivo" (*OC*, I: 1522). Bajo el seudónimo de El Jarocho, "versifica limpiamente: [...] algunas de sus letrillas y de sus canciones son modelos de gracia y de ligereza, que no pueden leerse sin que asome a los labios del lector una sonrisa de complacencia". Zorrilla lamenta que el talentoso poeta haya abandonado la poesía para entregarse a los negocios y a la política (*OC*, I 1521). Para que el duque de Rivas conozca el estilo de Esteva, elige Zorrilla una selección de versos que incluye "El Jarocho" entero para demostrar como "en ellos se revela un grande instinto de originalidad y un feliz estudio de las costumbres de su pueblo" (*OC*, I: 1525).

Cita Zorrilla además unas sextillas tituladas "La vieja", que estarían inspiradas en la Brígida de su *Tenorio*. Al lado de Don Juan y María va "una vieja / que la cuida de don Juan" (*OC*, I: 1524). Ante los requerimientos cada vez más atrevidos del galán, "La vieja no más decía: / ¡Qué malo es este don Juan!" (*OC*, I: 1525).

Zorrilla reconoce su propia influencia y la de la escuela romántica española en los poetas mexicanos, lamentándose de ella, como dice Alonso Cortés, "con su usual e impremeditada franqueza" (p. 562) en palabras dirigidas al duque de Rivas y referentes a Esteva:

> "La lectura de sus romances de usted y de los de Rubí, de los versos de Espronceda, de mis cantos del Trovador y de los desventurados ocho primeros tomos de mis poesías, que han descarriado el genio y pervertido el gusto de tantos mozos de talento por estas tierras, le dieron [a Esteva] la forma de sus composiciones [...]" (*OC*, I: 1521).

¿Qué influencia ejerció México en Zorrilla? Mientras estaba en tierras americanas, publicó el poeta tres libros: los dos tomos de *La flor de los recuerdos* y la colección titulada *Dos Rosas y dos Rosales*. Imprimió en México dos folletos de lecturas públicas (32 y 18 págs.) y otro folleto con una traducción del italiano Giovanni Prati (24 págs.). Después de regresar de México, sacó a luz en España dos tomos, ambos de 1867: *Album de un loco* y *El drama del alma*. En las *Obras completas* ocupa la producción mexicana 655 páginas, que representan un índice de 57 páginas por año. En los 18 años antes de su estancia en México, o sea desde 1837 hasta 1855, Zorrilla había publicado obras que ocupan en las *Obras completas* 2300 páginas, o sea un índice de producción de 127 páginas por año, es decir más que el doble. Durante los 26 años que vivió en España después de volver de México, dio a luz obras que ocupan 1420 páginas en las *Obras completas*, para un índice de 55 páginas por año, o sea menos que el de los años mexicanos. Concluimos que en cuanto a la cantidad, el declinar creador de José Zorrilla se manifiesta durante su estancia en México y el poeta nunca recobra su primitiva vitalidad.

¿Qué diremos de la calidad? Ni en *La flor de los recuerdos* ni en *Album de un loco*, podemos destacar ninguna poesía que merece elogiarse. Su producción dramática, tan fecunda hasta la muerte de su padre en 1849, es nula en México. Por otra parte, el ensayo sobre *México y los mexicanos* tenía y aún tiene valor crítico e histórico. Hasta la publicación de la *Antología de los poetas hispanoamericanos* (4 tomos; 1893-95) de Menéndez y Pelayo, España no poseía otra obra de conjunto para conocer el Parnaso mexicano en los primeros años de la independencia de la nación. Tenemos que reconocer, además, que en *El drama del alma* Zorrilla consiguió crear la romántica leyenda de Maximiliano y Carlota en su imperio mexicano. En este poema vierte el poeta el colorido mexicano que le elude en otras poesías, y con maestría nacida de su amistad personal con el emperador, nos pinta el trágico desenlace de la aventura (Dowling 1981: 13-15).

De regreso en España, Zorrilla se aprovechaba de su voz melodiosa para dar lecturas de sus poesías y así ganar dinero e ir tirando. Incluía algunos frutos de su musa mexicana como "Cabalgata mejicana" y "Jarobe mejicano" (*OC*, II: 21-23), que tienen ecos de sus amigos como Esteva. Pero después de *El drama del alma*, poco hay inspirado en los once años y medio que permaneció en México. La conclusión es inevitable: Zorrilla no consigue recobrar en el Parnaso mexicano la fuerza creadora que había ido perdiendo después de la muerte de su padre. Por otra parte, congenió con una generación de poetas mexicanos y nos ha dejado un bello ensayo que les dio a conocer en España.

NOTAS

1   Han tratado la estancia de Zorrilla en México los siguientes autores: Alonso Cortés (1943: 531-658 y 1075-1114); Capote (1956), Dowling (1981); Henestrosa (1955); Ramírez Angel (s. f.); y Rivera (1932).

2   He preferido emplear la equis en México y mexicano, menos en los casos en que cito de un texto que sigue la estricta regla de la Real Academia Española.

BIBLIOGRAFIA

Nota: Las citas en el texto de obras de Zorrilla se refieren a las *Obras completas (OC)*.

Alonso Cortés, Narciso
1943   *Zorrilla: su vida y sus obras*. Valladolid: Santarén.

Capote, Higinio
1956   "Zorrilla en Méjico". En *Estudios Americanos*, 7: 155-171.

Dowling, John
1981   "The Poet and the Emperor: José Zorrilla in Maximilian's Mexico". En Roberto Bravo-Villarroel et al. (ed.): *Homage to Faye La Verne Bumpass*, pp. 6-18, Lubbock: Texas Tech University.

González Peña, Carlos
1958   *Historia de la literatura mexicana desde los orígenes hasta nuestros días*. Sexta ed., México: Porrúa.

Henestrosa, Andrés
1955   "José Zorrilla en México". En José Zorrilla: *México y los mexicanos (1855-1857)*, pp. v-xxi, México: Studium.

Olavarría y Ferrari, Enrique de
1961   *Reseña histórica del teatro en México*. Prólogo de Salvador Novo. 5 tomos, México: Porrúa.

Ramírez Angel, Emiliano
s.f.   *Zorrilla, el más grande poeta de la raza*. Madrid: Nuestra Raza.

Rivera, Guillermo
1932   "José Zorrilla en América". En *Harvard Studies and Notes in Philology and Literature*, 14: 219-247.

[¿Valdéz?] y [José María Esteva]
  [¿1855?]   *Versos del Sr. Zorrilla contra los mexicanos*. S. 1. [¿México?]: s.i. [¿Folletín de *El Siglo XIX*?], 12 págs. Sigue: "Al pelaire Zorrilla. Un jarocho veracruzano". Incompleto. Referencias: Alonso Cortés (1943: 1093, 1101); Zorrilla, *Recuerdos* (*OC*, II: 1899). Ejemplar: Biblioteca de la Universidad de Texas, Austin.

Zorrilla, José
  1855   *La flor de los recuerdos. Ofrenda que hace a los pueblos hispano-americanos Don José Zorrilla*. Tomo I, México: Imprenta del *Correo de España*.
  1857   *Correspondencia. Al Exmo. Señor D. Angel Saavedra, duque de Rivas. México y los mexicanos*. En *La flor de los recuerdos. Ofrenda que hace a los pueblos hispanoamericanos Don José Zorrilla*. Entrega. pp. 373-533. México: Imprenta de M. Murguía.
  1943   *Obras completas*. 2 tomos, ed. Narciso Alonso Cortés, Valladolid: Santarén.

"El ahogado más hermoso del mundo": Lectura plural de un texto de García Márquez

Hans Felten
Universität Aachen

El cuento "El ahogado más hermoso del mundo", un cuento de pocas páginas, escrito en 1968, forma parte, junto con otras seis narraciones, de la colección de cuentos que en 1972 se publicó bajo el título de "La increíble y triste historia de la Cándida Eréndira y de su abuela desalmada". Para nuestro análisis hemos escogido precisamente el cuento del ahogado porque contiene una potencialidad de significados mayor que relatos anteriores, ofreciendo así más posibilidades de una lectura plural.[1]

Argumento del cuento

La trama es la siguiente: A la playa de un pueblo del Caribe las aguas traen el cadáver de un hombre extraordinariamente grande, bello y varonil. Las mujeres del pueblo lo preparan para el entierro y en su imaginación, el muerto va ganando cada vez más fuerzas sobrehumanas y superviriles. Fascinadas por este muerto desconocido le dan el nombre de Esteban, atribuyéndole una inmensa mansedumbre y humildad. También los hombres del pueblo, al ver el rostro del ahogado, van incorporándose a este mundo de fantasía en el que la figura del muerto se va transfigurando. Esta transformación idealizante del ahogado lleva poco a poco a un cambio de la conciencia de los moradores del pueblo. Cuando finalmente lo hunden en el mar, se dan cuenta de su propia triste situación y para mantener el recuerdo del gran muerto, el pueblo se transforma en su imaginación en un mundo paradisíaco que quieren edificar con su propio trabajo.

Este cuento que, por su trama parece tan sencillo, ofrece la posibilidad de por lo menos cuatro lecturas diferentes o de una "ré-écriture intertextuelle générale" cuádruple: 1. Lectura de color local, 2. Lectura ideológica, 3. Lectura mitológica, 4. Lectura de re-volución (lectura poética).

Lectura de color local

La primera lectura está orientada en su intertextualidad por las ideas corrientes sobre la literatura latinoamericana. A esta "imagerie populaire" (Robbe–Grillet 1972: 157–162) latinoamericana pertenecen, por ejemplo, los temas de la violencia y del colonialismo y, como su concreción, el motivo del gringo, amén del tema de los conquistadores, ideas mitológicas indígenas, la historia nacional precolombina y por supuesto, lo así llamado 'real maravilloso' de América Latina. Una lectura del cuento dirigida por estas ideas encontrará ciertos datos que la confirmen. Por una parte tenemos un ahogado que quizá haya llegado a morir de forma violenta. Se evoca también, en la figura de Sir Walter Raleigh, el colonialismo temprano, ese Raleigh "con su acento de gringo [...] con su arcabuz de matar caníbales" (García Márquez 1978: 243).[2] El tema de los conquistadores se concreta, por ejemplo, en el motivo del barco enemigo que los niños del pueblo creen ver en un primer momento en el cadáver del ahogado cuando es arrastrado por el mar a la playa. El tema de los conquistadores y la historia indígena son evocados simultáneamente con el nombre Lautaro, el nombre del héroe araucano en la lucha contra los españoles, al que algunas de las jóvenes del pueblo dan preferencia al de Esteban. Las mitologías indígenas a su vez se traslucen en el motivo del enorme tamaño del ahogado. Del dios creador peruano Viracocha se sabe que – "formó los primeros hombres de un tamaño enorme, pero su obra le disgustó por lo que volvió a destruir los gigantes" (Bollinger/Dörig 1977: 136; trad.). Para un lector acostumbrado a la "imagerie populaire" latinoamericana, todo lo que sucede en el cuento tendrá que ver con 'lo real maravilloso'. Pues allí, en la monotonía cotidiana de un pueblo caribeño, irrumpe algo inexplicable. Y la crítica, efectivamente, comenta unánimemente los "sucesos [...] imaginario–fantásticos", la "co–participación entre la realidad cotidiana y la mágica" constatando el "predominio de lo fantástico y maravilloso"[3] en el que, una vez más, se habría manifestado la extraordinaria riqueza de la fantasía de García Márquez. Una lectura de este tipo, apoyada en la visión estereotipada de la literatura latinoamericana llegaría finalmente a la conclusión popular de que en el cuento del ahogado tendríamos un relato en el que, si bien aparecen también los traumas de América, el ambiente sombrío y pegajoso de Macondo se abriría hacia el mundo fantástico gracias a la entrada de lo real imaginario.

Lectura ideológica

Estrechamente unida a esta lectura superficial (por no decir ingenua), va una lectura que no pregunta por la función de los tópicos encontrados y por la forma de presentarlos en el contexto del relato, es decir, el intento de interpretación ideológica del texto. También se podría leer el cuento del ahogado (por lo menos así parece a primera vista) como la historia de una concientización progresiva, una salida de la apatía hacia la libertad. Al final del relato, cuando los pescadores han hundido en el mar el cadáver de su Esteban, se dice: "[...] sabían que todo sería diferente desde entonces, que sus casas iban a tener las puertas más anchas, los techos más altos, los pisos más firmes [...]" (p. 244).

Si se ve así, el cuento del ahogado también sería una parábola de la liberación de los hombres por medio de una transformación de su conciencia. Una explicación de este tipo inmediatamente pasará a destacar que con su ahogado García Márquez habría creado un símbolo que "da sentido a la vida del hombre" (*Basler Nachrichten*

1975; trad.). Una lectura ideológica de este tipo es, en el fondo, tan superficial como la lectura de color local, puesto que no pregunta por el tipo de concientización, ni por el modo en que se realiza.

Lectura mitológica

Directamente al centro del cuento del ahogado nos lleva, según nos parece, la tercera lectura, la lectura mitológica. El que García Márquez a menudo opera con un mundo de mitos cristianos y paganos antiguos, es una aseveración tópica en los estudios sobre este autor (cf. Shivers 1975: 42). Pero entre el mencionar sin más este hecho y el probarlo detalladamente hay un gran trecho. Si se intenta en el cuento del ahogado aportar pruebas detalladas, se puede demostrar sin grandes dificultades que este relato se compone de fragmentos mitológicos: de mitemas del mito de Glauco y de Ulises, pero también (y sobre todo) del mito de Dionisio y del mito de Cristo. Con la mayor facilidad se puede reconocer la recepción de mitemas procedentes del mito de Ulises, puesto que el motivo de las Sirenas y del nauta que "se hace amarrar al palo mayor" se cita expresamente (p. 244). Además, encontramos toda una serie de pasajes que son citas más o menos veladas de la Odisea. Recordemos dos ejemplos: En el sexto canto de la Odisea se dice que Ulises, una vez que se había limpiado de la suciedad del mar y se presentó a Nausica: "... su hermosura y gracia brillaban y la princesa se admiró ..." (v. 236/37).

Un efecto muy similar lo consigue también el hermoso Esteban una vez que ha sido limpiado: Cuando las mujeres contemplan su nuevo estado "se quedaron sin aliento" (p. 240). También los atributos típicos de Ulises ("el muy sufrido y divino Ulises") se utilizan para describir a Esteban, el primero de ellos de forma más bien conceptual (Esteban es "el hombre más desvalido [...], el pobre Esteban") y el segundo más bien en una forma perifrástica: Esteban es "aquel hombre magnífico" (p. 241) que hubiera sacado a los peces del mar con sólo decir su nombre.

De todos estos mitemas de Ulises fácilmente se puede dar el paso a otro tipo de 'ré-écriture intertexuelle', el mito de Ulises queda recubierto por el mito de Cristo.[4] El hombre más desvalido, el pobre Esteban queda asociado además de con el sufrido Ulises con Jesucristo en su Pasión, y una asociación del poder milagroso de Esteban sobre los peces con el milagro junto al Lago de Genezareth es patente (Lc 5,4); además, la relación entre Esteban y Ulises se aclara por el paralelismo semántico de los atributos 'magnífico y divino': Esteban, el hombre magnífico y Ulises, el divino, El asombro de las mujeres caribeñas por la hermosura de Esteban, además de estar relacionado con el asombro de Nausica por la belleza de Ulises, se relaciona con el asombro de los discípulos ante la transfiguración de Cristo (Mc 9,8). Pero no sólo las comparaciones inmanentes, sino también la tradición exegética permiten determinados paralelismos entre Ulises y Cristo y – en nuestro caso – entre estos dos mitos y la figura de Esteban. La correlación figural entre Ulises y Cristo, el cumplimiento de la figura 'Ulises' en Cristo – el palo del barco de Ulises se interpreta generalmente como el leño de la Cruz de Cristo – se ha destacado en múltiples textos desde la

Antigüedad, como lo ha resaltado Hugo Rahner en su estudio sobre los mitos griegos en su interpretación cristiana (Rahner 1957: 475). Quien escucha la palabra de Cristo, dice, por ejemplo, San Ambrosio en una homilía, "no debe amarrarse como Ulises al palo mayor sino que debe unir con los lazos del espíritu su alma al leño de la Cruz (Rahner 1957: 478; trad.). Si Esteban, pues, presenta características de Ulises y de Cristo y si ambos están relacionados entre sí como figura y cumplimiento, entonces Esteban también está en esta línea y puede ser comprendido como otro cumplimiento de Cristo, como una postfiguración de Cristo.

La técnica de la superposición de mitos antiguos y paganos por el mito de Cristo, tal como la hemos mostrado con el ejemplo de la coordinación de los mitos de Ulises y de Cristo también se puede verificar en los mitos de Glauco y de Dionisio. Además, los dos mitos indican la valencia erótica del texto. El enorme ahogado sacado del mar y recubierto de algas y de moluscos, con su peso de caballo y a los ojos de las mujeres, el hombre "más fuerte, el más viril y el mejor armado" (p. 240), que han visto nunca, evoca fragmentos del mito del rey Glauco que tuvo que morir porque no permitió que sus caballos se acercaran a las yeguas transgrediendo así la ley de Afrodita y que como demonio marino amaba a las Nereidas, las ninfas de mar. Desde este punto de vista, el motivo del caballo (el ahogado tiene su peso) que en una superficial lectura de color local connota inmediatamente el tema de los conquistadores, adquiere así un significado totalmente distinto. Desde el comienzo indica la extraordinaria fuerza erótica de Esteban. El motivo del caballo evoca y se superpone a la vez (con una pátina cristiana) al mito de Glauco, ya que en la creencia popular cristiana el caballo se asocia a San Esteban,[5] El protomártir Esteban es, en la creencia popular, el patrón de los caballos y como mártir, cumpliendo la función de todo santo, realiza la 'imitatio Christi'; una vez más, aunque por vericuetos, habríamos llegado a la superposición del mito de Cristo sobre mitos paganos.

Con una frecuencia aún mucho mayor que los mitemas de Ulises o de Glauco encontramos en el cuento del ahogado mitemas tomados del culto de Dionisio que aquí se refieren a la figura de Esteban. Esteban/Dionisio es el dios que viene del mar, el dios de la fertilidad, el dios que extasía a las mujeres y hace que los hombres se queden al margen. Esteban/Dionisio es el dios popular, el dios de la vegetación que transforma el "promontorio oscuro en un promontorio de rosas" (p. 245). Esta analogía tan llamativa entre elementos del culto dionisíaco y la figura y función de Esteban ha llamado la atención de los estudiosos (cf. Davis 1979: 25–33). Pero lo que se les ha escapado es precisamente la presencia de los mitemas dionisíacos relevantes en el cuento del ahogado. Por ejemplo, una descripción de Esteban aparentemente tan misteriosa como "este muerto de miércoles" (p. 244) se explica recurriendo al mito dionisíaco. La entrada del dios en Atenas se celebraba, como se sabe, en las festividades de los antesterios; pues bien, el tercer día de estas festividades precisamente estaba dedicado al recuerdo de los muertos. Si bien entre los investigadores se discute si este tercer día de los antesterios también se puede interpretar como fiesta de recuerdo de los muertos en relación con Dionisio, no cabe duda que el dios Dionisio, el dios "sufriente y muriente" como lo describe W.F. Otto (1966: 74) queda asociado con el tema de la muerte. Por lo tanto, el motivo del muerto de miércoles y su solemne entierro, que se celebra el tercer día de la semana, hace velada alusión, por lo menos, a un contexto griego, si es que no evoca incluso expresamente un mitema tomado de los mitos dionisíacos.[6]

Más importante para la construcción pero también para el posible contenido ideológico del cuento del ahogado como combinación de vida y muerte y conmemoración de los difuntos es el mitema Dionisio/Liaio, Dionisio como liberador (cf. Gulian 1981: 45). Aquí, una interpretación sociológica del mito ha podido mostrar que el culto a Dionisio también se vio de una forma muy concreta como culto de liberación espiritual. "En efecto", escribe C.I. Gulian en su estudio sobre mito y culto, "el mito y el culto de Dionisio abrieron las puertas a la gran masa de los que carecían de cualquier derecho" (*ibd*; trad.).

Partiendo del tema de la liberación, connotante también el mito de Dionisio, se puede unificar la lectura mitológica con la lectura ideológica. Pues ésta había interpretado la aparición de Esteban y sus efectos sobre los habitantes del pueblo como una salida de la apatía hacia la libertad de la conciencia. La lectura mitológica parece subrayar esta conclusión: la llegada del dios trae libertad y salvación.

Al igual que en el caso de los demás mitos que refleja García Márquez, también en este de Dionisio se sobrepone el mito de Cristo. Y no sólo por las analogías inmanentes entre los dos (Dionisio y Cristo son dioses sufrientes y murientes, abogados de quienes no tienen derechos (cf. Frank 1983: *passim*), sino también de manera muy concreta en el argumento del cuento, por ejemplo cuando el dios de la fertilidad Esteban/Dionisio (el más fuerte, el más viril, el mejor armado), admirado por las mujeres, se transforma en el varón de dolores Esteban / Cristo ("el hombre más desvalido [...], el más manso y el más servicial" (p. 242)) a quien en su entierro lloran las mujeres. De la pasión se ha pasado a la compasión. En este sincretismo mitológico y religioso, con el que opera García Márquez, el mito de Cristo también tiene un lugar destacado, independiente de los mitos paganos, antiguos. Por ejemplo, el motivo de Esteban como "bobo grande" (p. 242) evoca el motivo de Cristo como loco, pero sólo si no se ve de forma aislada, sino que se integra en la coherencia mítica del texto. Pero la recepción del mito de Cristo no se concreta sólo en motivos aislados, sino que se manifiesta incluso en el estilo literario, que en la utilización de los más diversos niveles de expresión (que van desde el coloquial hasta un tono hímnico) recoge la mezcla de estilos en la Biblia.

Lectura de Re–volución

No entendemos el sacrosanto concepto de revolución en su sentido tradicional, sino que – como Robbe–Grillet en su *Projet pour une révolution à New York* – queremos utilizarlo para denominar un procedimiento poético, "un procédé narratif", entendiendo, pues re–volución en el sentido literal (cf. Ricardou 1971: 211–239). Y precisamente esta re–vuelta, este 'dar la vuelta', se puede encontrar como procedimiento narrativo en el cuento del ahogado, cuando se analiza el modo de presentar los ideologemas y los mitemas y se pregunta por su función respectiva. Entonces, del proceso de concientización progresiva (Dorfmann 1968: *passim*) que lleva a la libertad según los estereotipos ideológicos, se pasa, en el fondo, a una desconcientización.

Dionisio/Cristo, que aparece como liberador–libertador, conforme a los mitos, es aquí un dios muerto que no toma su vida de su propia fuerza divina, como en los mitos, sino sólo en la imaginación de la gente y por espacio de poco tiempo; entonces el don de la libertad que trae, también solamente existe en la imaginación. De esta manera, el mensaje de la redención y la liberación queda relegado al plano de lo imaginario y asimismo revocado.

Pero la revolución comprende no sólo los ideologemas, sino también toda una serie de mitemas: el entierro de Esteban – el lanzamiento del cadáver desde el acantilado al fondo del mar – y los efectos de este acontecimiento sobre los discípulos de Esteban: todo ello es como la representación de una ascensión, pero de signo contrario. Y de manera muy similar se re–vuelve también el tema anagógico de la Parusía, del retorno de Cristo con "gran poder y majestad" (Mt. 24,30). Esteban es lanzado al fondo al mar sin ningún peso "para que volviera si quería y cuando lo quisiera" (p. 244). Y si vuelve – esto es algo que podemos añadir por nuestra cuenta – lo hará, no en poder y majestad, sino, como al comienzo de relato, sucio y desnudo, como "este muerto de miércoles" en el sentido más vulgar de la expresión y entonces todo el juego de la imaginación podrá volver a comenzar de nuevo como en un 'nouveau roman' al estilo de un Robbe–Grillet. En este caso, el concepto de re–volución en el sentido poetológico no significaría tan sólo un 'dar la vuelta', sino – como en Robbe–Grillet – un volver al punto de partida.

En vez de la re–volución en sentido de transformación como recurso poetológico también podríamos – según parece – hablar, en una terminología convencional, de un procedimiento parodístico añadiendo que junto a esa transmutación el recurso de la exageración es tan corriente en el texto (El ahogado *más* hermoso del mundo), que ya esto señala el carácter parodístico del mismo. Pero la re–volución como recurso poetológico es un concepto más extenso que el de la parodia. Comprende un "dialogue de textes" (Kristeva 1970: 12+147), entendido como transmutación del primero en el segundo.

No son los traumas y eso que se ha dado en llamar 'lo real maravilloso' de América Latina los generadores primarios[7] para García Márquez. Esa función la ocupa la literatura en el sentido más amplio de la palabra: y eso es precisamente lo que queríamos probar en un texto breve. También para el cuento "El ahogado más hermoso del mundo" tiene, pues, vigencia la fórmula con la que Julia Kristeva define la novela como genero: "C'est une somme de livres" (Kristeva 1970: 149). Y, vistas así las cosas, la literatura que aparentemente debe tanto al 'color local' latinoamericano aparece como literatura manierista por su 'juego de construcción' (cf. Robbe–Grillet 1972: 157–162), una literatura que precisamente cuando aparece en forma de re–volución se puede comprender como un homenaje a la cultura universal.

NOTAS

1   Cf. Albornoz (1974: 283–316); Guillermo (1975: 51–55); Shivers (1975: 41–51); Davis (1979: 25–33). Además de la interpretación de Aurora de Albornoz existe toda una serie de trabajos dedicados al cuento del ahogado o también a presentar esa colección de cuentos de 1972. Por supuesto que también las grandes monografías sobre García Márquez hacen referencia a los cuentos, por ejemplo Mario Vargas Llosa en su extenso estudio titulado *Historia de un deicidio*. Pero, en general, podemos constatar que los cuentos no han encontrado – ni mucho menos – la atención que se ha dedicado a las grandes novelas, lo cual no es de extrañar tratándose de *opera minora*. Pero la crítica por lo menos ha destacado que los cuentos tempranos a menudo han pasado a ser elementos constituyentes de las novelas y que, por el contrario, los cuentos tardíos han recogido ciertos temas y motivos de las novelas anteriores. Vargas Llosa, por ejemplo, habla de la técnica de "amplificaciones, profundizaciones y correcciones de un mismo mundo narrativo", de la técnica de "vasos comunicantes" (Vargas Llosa 1971: 293, 278).

2   Edicion citada: García Márquez (1978: 239–245). Refiriéndonos al texto del cuento, sólo indicamos las páginas.

3   Albornoz (1974: 287); Shivers (1975: 48); Guillermo (1975: 51).

4   Traducimos el término de Drews "Christusmythe" por 'mito de Cristo'.

5   Cf. *Lexikon für Theologie und Kirche* (1958, s.v. "Stephanus").

6   Una lectura orientada por el color local podría objetar que este muerto de miércoles signifique así como así este 'muerto de mierda'. De todas formas el sentido literal no excluye necesariamente otras interpretaciones.

7   Respecto al término de 'génerateur', véase Robbe–Grillet (1972: 157–162).

BIBLIOGRAFIA

Edición citada:

García Márquez, Gabriel
1978   *Todos los cuentos*. Barcelona.

Obras consultadas:

Albornoz, Aurora de
1974   "Un cuento de Gabriel García Márquez: 'El ahogado más hermoso del mundo'". En Albornoz et al. (eds.): *El comentario de textos*, 2: De Galdós a García Márquez, pp. 283–316, Madrid.

Basler Nachrichten
1975   Artículo acerca de García Márquez del 7.1.1975.

Bollinger, Armin, y H. Dörig
1977   Die Inka. Lausana.

Davis, Mary E.
1979   "The Voyage Beyond the Map: 'El ahogado más hermoso del mundo'". En *Kentucky Romance Quarterly*, 26: 25–33, Lexington.

Dorfmann, Ariel
1968   *Imaginación y violencia en América*. Barcelona.

Drews, Arthur
1909   *Die Christusmythe*. s.l.

Frank, Manfred
1983   *Der kommende Gott*. Francfort.

Guillermo, Edenia
1975   "Siete cuentos de García Márquez". En *Revista Interamericana de Bibliografía*, 25, 1: 51–55, Washington DC.

Gulian, G.
1981   *Mythos und Kultur*. Francfort.

Kristeva, Julia
1970   *Le Texte du roman*. París/La Haya.

Otto, Walter F.
1966   *Dionysos. Mythos und Kultus*. 3ª ed., Francfort.

Rahner, Hugo
1957   *Griechische Mythen in christlicher Deutung*. Zurich.

Rahner, Karl et al. (eds.)
1958   *Lexikon für Theologie und Kirche*. Friburgo/Br.

Ricardou, Jean
1971   "La Fiction flamboyante". En Ricardou, J.: Pour une théorie du nouveau roman, pp. 211–239, París.

Robbe–Grillet, Alain
1972   "Sur la choix des générateurs". En Ricardou, J. et al (eds.): *Nouveau roman: aquí*, "aujourd'hui", II, pp. 157–162, París.

Shivers, George R.
1975   "La visión mágico–mesiana en tres relatos de Gabriel García Márquez". En *Arbor*, 91: 41–51. Madrid.

Vargas Llosa, Mario
1971   *García Márquez: Historia de un deicidio*. Barcelona.

Salvador Elizondo y Severo Sarduy: dos escritores borgianos

Malva E. Filer
Brooklyn College, New York

Desde los años sesenta, críticos y estudiosos vienen destacando el impacto de la obra de Borges en el desarrollo de nuestra narrativa contemporánea.[1] No se ha analizado suficientemente, sin embargo, la presencia de conceptos y técnicas narrativas identificables como borgianos, que se detectan en la obra más reciente de los escritores hispanoamericanos. Me interesa aquí estudiar, en particular, el proceso de re-elaboración y trans-contextualización[2] que continúa y transforma los textos de Borges, en las obras de dos escritores nacidos en la década del treinta, el mexicano Salvador Elizondo y el cubano Severo Sarduy.

En su Prefacio a *Les mots et les choses* (1966: 7-11), Michel Foucault señala un aspecto central de la escritura borgiana que corresponde a lo que él llama heterotopia. El pasaje de "El idioma analítico de John Wilkins" (*Otras inquisiciones, O.C.*, 1974: 708) que motiva el comentario de Foucault e impulsó, según declara, la escritura de su libro, es representativo de un lenguaje de ruptura en el que las palabras son fragmentos de órdenes tan distintos que no sería posible acogerlas en un espacio común. Este tipo de lenguaje no es ocasional en Borges, sino que corresponde a su concepto del texto literario como artificio verbal, como una "apariencia" o "superficie de imágenes", según su Prólogo a la edición de 1954 de *Historia universal de la infamia* (1974: 291). Alazraki ha observado que en "El aleph" Borges confronta el fracaso de las palabras como signos de las cosas y acepta que ellas son signos de una realidad nueva, que existe independientemente de la realidad extra-textual (Alazraki, 1974: 298). Este concepto del lenguaje literario, así como la equiparación de lectura y escritura en "Pierre Menard, autor del Quijote" (*Ficciones*), y la idea de la escritura como traducción que modifica, a la vez que reproduce, el corpus literario, son algunos de los aspectos que más han atraído a críticos y teóricos como Jean Ricardou y Gérard Genette, y a otros relacionados con la llamada "Nouvelle critique."[3] Me propongo mostrar, en las siguientes páginas, cómo los textos borgianos y su problemática del lenguaje han sido absorbidos y modificados, en la mejor tradición del maestro, por los dos escritores que nos ocupan en el presente estudio.

Salvador Elizondo se da a conocer en 1965 con la publicación de *Farabeuf o la crónica de un instante*, un libro en el que "las palabras se convierten en la vivencia que se describe y en el que la lectura constituye, por así decirlo, la experiencia misma del argumento."[4] En la concepción de esta complejísima novela han confluido preocupaciones filosóficas, ético-religiosas y estéticas. Su narración representa una búsqueda del sentido de la vida y de la identidad personal en ese instante elusivo del morir que las palabras intentan capturar. La escritura "cursiva y sucesiva" sólo puede obtener, sin embargo, "un reflejo de esa instantaneidad, ya de segunda potencia", no la instantaneidad temporal sino "la instantaneidad de la sensación que produce la lectura."[5] Y el suplicio chino al que el Dr. Farabeuf somete a su amante y víctima sólo es ideograma, esto es, la escritura de una idea. Por ello afirma correctamente Sarduy que *Farabeuf* es "el libro de la literalidad sádica" (1969: 29). O, según el autor mismo declara, lo que allí ocurre es totalmente artificial, su horror es un efecto dramático y sus representaciones "no pueden tener lugar", ya que "es imposible representar el drama mental de Farabeuf" (Elizondo 1977: 40).

Elizondo ha llevado a sus últimas consecuencias el concepto borgiano de la escritura como "superficie de imágenes" en la persecución de una escritura pura, *in vacuo*, es decir, no representable. Sus personajes se declaran producto mental, imagen o texto reflejado en un espejo o, simplemente, "una acumulación de palabras" (1965: 94). Debe destacarse, también, que en *Farabeuf* se destruye la sucesividad cronológica y las palabras son signos de tiempos divergentes, convergentes y paralelos como los que hizo concebir Borges a Ts'ui Pên en "El jardín de los senderos que se bifurcan" (*Ficciones*). La narración se despliega en la confluencia de fragmentos del pasado reelaborados por el incesante fluir de la memoria, las imágenes anticipatorias de un futuro tan deseado como temido y un presente que se desvanece en el mismo momento en que es nombrado. La destrucción del tiempo cronológico significa aquí también, como en Borges, una negación de la identidad personal. Esta se vuelve ilusoria sin la acumulación de los recuerdos de vivencias pasadas que sirvan de soporte al yo. Si la continuidad es ilusoria, tenemos entonces "momentos de hombre", y no un hombre. Del mismo modo, el personaje femenino de Elizondo se fragmenta en las imágenes de su propio recuerdo y en las que el espejo va suscitando en su mente. El fluir de las imágenes anticipatorias de la muerte, atribuidas a la protagonista, y el "drama mental" del Dr. Farabeuf, traen también ecos de "El milagro secreto" (*Ficciones*), donde Jaromir Hladík, después de vivir centenares de muertes antes de ser ejecutado, concluye durante un año que sólo transcurre dentro de su mente, una novela acerca de un drama no ocurrido, que es "el delirio circular" interminablemente vivido y revivido por Kubin.

En las obras posteriores de Elizondo, continuamos encontrando personajes y formas narrativas que confirman el vínculo entre su escritura y la del autor de *Ficciones*. "La historia según Pao Cheng", perteneciente a *Narda o el verano* (1966), por ejemplo, muestra una marcada coincidencia con "Las ruinas circulares" (*Ficciones*). Podrían también señalarse puntos de contacto entre "La fundación de Roma", un cuento incluido en *El retrato de Zoe* (1969) y "Tlön, Uqbar, Orbis Tertius" (*Ficciones*), y entre "El ángel azul", de la misma colección, y "El muerto" (*El aleph*). Más significativa me parece, sin embargo, la evolución de las ideas acerca de la relación entre escritura y realidad en dos libros más ambiciosos de Elizondo, *El hipogeo secreto* (1968) y *El grafógrafo* (1972). Creo, además, que merece mención en este contexto la publicación, entre ambos libros, de *Cuaderno de escritura* (1969), donde se encuentra un capítulo dedicado a "La poesía de Borges." Elizondo allí afirma que la obra de Borges representa "la más alta posibilidad de un lenguaje que en todo momento está encaminado a la invención" (p. 58). La técnica novelística de Elizondo y sus fabulaciones operan, sin duda, dentro del ámbito de la literatura fantástica, como ya lo ha señalado Octavio Paz en *El signo y el garabato* (1973: 201). En *El hipogeo secreto* se sueña, como en Borges, un mundo de personajes que sueñan, pero este mundo está contenido en el eterno presente de la piedra, como la concibieron los antiguos chinos. El lenguaje busca expresar la fascinación frente al misterio del mundo mineral, de ese mundo que no conoce la muerte. El narrador y su sociedad secreta, el *Urkreis*, aspiran – ni más ni menos – a descifrar el enigma del universo. La respuesta se encuentra en la inscripción de la piedra que revela la naturaleza del tiempo. En *El hipogeo secreto*, como en *Tlön*, el tiempo es "un eterno presente hacia el que se fugan todas las perspectivas del tiempo" (p. 20). Y la búsqueda del narrador de Elizondo es, como el texto sugiere, la misma búsqueda milenaria que consume al bibliotecario de Borges en "La biblioteca de Babel" (*Ficciones*).

Por distintas vías, pues, la novela de Elizondo introduce en un universo fantástico que es también el de Borges. En ambos, la invención de la realidad en la "superficie de imágenes" de la escritura es la solución poética a los insolubles enigmas filosóficos que ocupan su mente y su imaginación. Se reconocen asimismo, en este libro, algunas otras características que habitualmente asociamos con el autor de *Ficciones*, como el cultivo del suspenso y la inclusión de pistas, tanto verdaderas como falsas, para el lector. Elizondo ha llevado hasta el límite, en *El grafógrafo*, su concepto de la escritura *in vacuo*, cuyo discurso no es representación de una realidad y cuya forma no está subordinada al sentido, sino que es ella misma el sentido.[6] *El grafógrafo* rechaza la posibilidad de la representación de la escritura, tanto de la representación de la realidad sensible como de la imagen mental, afirmando solamente la existencia del universo del discurso (Ver p. 68). Para salir de este callejón sin salida al que lo había llevado su experimentación con el lenguaje, Elizondo inventó, en *Camera lucida* (1983) "un escenario especial en el cual se realice la escritura imposible que se plantea como posible dentro de ese espacio" (Elizondo 1977: 39).

En *Camera lucida*, Elizondo muestra que su mayor preocupación es el origen de las imágenes que invaden y obsesionan su propia mente de escritor, y la alquimia por la cual esas imágenes son conservadas y transformadas en textos literarios. El autor se imagina, como el narrador de "Borges y yo" (1974: 808), "acompañado por esa entidad que él mismo inventa" (*Ibid.*). Su personaje está compuesto con los "fragmentos de otros personajes que formaban otro personaje a su vez, el autor" (p. 22). El autor-personaje "ha quedado *in vetro*" (p. 23), como espectáculo que la mente construye y desconstruye eternamente en el espejo de la escritura. El texto se expande como una construcción laberíntica en el tiempo, a la manera del "jardín" de Ts'ui Pên, abarcando en un momento dado "todas las conjeturas posibles", las cuales "avanzan incontenibles", formando cúmulos de conjeturas de "nuevas novelas constantemente novedosas" (p. 23). La escritura es invisible, como lo era la del *Quijote* de Pierre Menard, o la que escribió Hladík para concluir su obra, antes de morir. El personaje relee, compone y corrige mentalmente el borrador de una bitácora imaginaria y, después de leerla, va arrojando las cuartillas al fuego. En *Camera lucida* encontramos, también, la fantasía y el humor borgianos de "Anapoyesis", un relato acerca del proyecto "científico" del profesor Aubanel que consistía en liberar la energía encapsulada en un poema inédito de Mallarmé. Características similares tienen, a su vez, el relato sobre la invención del "cronostatoscopio", "Los museos de Metaxiphas" y "La luz que regresa." Como se ve por lo expuesto, los textos de Elizondo inscriben sus nuevas realidades dentro de una nueva tradición literaria a la que Borges ha dado algunos de sus textos fundadores. En la segunda parte de mi estudio me propongo demostrar que tal juicio es igualmente válido para la obra de Severo Sarduy.

Al considerar los antecedentes del escritor cubano debe señalarse, en primer término, que su formación y su iniciación literarias se hicieron dentro del ambiente creado por José Lezama Lima y su revista *Orígenes*, cuya influencia incidió decisivamente en el desarrollo de su teoría y práctica del neo-barroco. Importantes son, también, sus vínculos posteriores con estructuralistas como Roland Barthes, Julia Kristeva, François Wahl, Phillippe Sollers, y su activa participación en el grupo *Tel Quel*, en cuya revista colabora desde 1965. Los planteos teóricos de la "nouvelle critique" y la lectura de Lévi-Strauss, Lacan y Derrida, entre otros, han sido incorporados por él tanto en sus ensayos como en su narrativa. Al mismo tiempo, los vínculos de su ficción y de su ensayística con la obra de Borges, aunque no tan explícitos como los que lo ligan a Lezama, son también perceptibles, como lo demuestra un breve pero lúcido ensayo de Susan Jill Levine (*Severo Sarduy*, 1976). Concordando aquí con ella, señalamos el hecho de que Sarduy ha reconocido la centralidad del elemento paródico en la obra de Borges, elemento que es también definitorio de su propia concepción del neo-barroco. Así observa, por ejemplo, que en *Seis problemas para don Isidro Parodi* Borges, como Cervantes, "supone un *corpus* conocido, asimilado por el pensamiento común del momento [...], del cual la novela es la reiteración elogiosa y burlesca" (Sarduy 1971: 555). Es lícito afirmar, por ejemplo, que *Historia universal de la infamia* es una parodia de la biografía y de la historia de pretendido rigor científico. Tal escepticismo es evidente, también, en su descripción de Tlön, en sus arqueólogos capaces de "interrogar y hasta modificar el pasado" (Borges 1974: 440). Y en "Tema del traidor y del héroe" (*Ficciones*), donde la historia es drama y ficción, y la biografía oficial del héroe, una invención que el tiempo ha transformado en verdad.

Que Sarduy transita por los mismos caminos frecuentados por Borges es evidente en las definiciones de la escritura que ofrece en el primer capítulo de *Cobra* (1972), particularmente en aquélla donde afirma que "la escritura es el arte de restituir la Historia" (p. 18) y con la que introduce, como ha dicho Emir Rodríguez Monegal, "la (seguramente falsa) biografía del personaje en cuestión" (*Severo Sarduy*, 1976: 49). Del mismo modo que en Borges, y en Elizondo, la realidad del texto es, para Sarduy, el texto mismo. Borges crea personajes que conquistan y luego rechazan la inmortalidad, como en "El inmortal" (*El aleph*), o que viven diversas y contradictorias existencias, como el narrador de "La lotería en Babilonia" (*Ficciones*). Son éstos personajes claramente concebidos como objetos verbales, cuyas transformaciones operan en la superficie de la escritura, y corresponden a la idea de que "un solo hombre inmortal es todos los hombres" (1974: 541). De igual materia verbal están hechos, también, los personajes de Sarduy, personajes que la palabra libremente dibuja y transforma a lo largo del texto, como ocurre con Auxilio y Socorro en *De donde son los cantantes* (1967). El personaje protagónico de *Cobra* se transforma, también, mediante el maquillaje, los adornos, los intentos de reducir el tamaño de sus pies masculinos y la operación para cambiar de sexo. Más relacionado con nuestro tema es, sin embargo, el "orfebre dérmico", otro personaje de *Cobra*, en cuya biografía percibimos un parentesco con el múltiple Joseph Cartaphilus de "El inmortal"[7] y con los bandidos de *Historia universal de la infamia*. Este personaje ubicuo, cuyos rasgos inusitados y trayectoria desmesurada no provocan el asombro, aunque sí el comentario irónico, por parte del narrador tiene, en efecto, las características esenciales de un típico personaje borgiano.

Susan Jill Levine afirma, en el ensayo antes mencionado, que hay una continuidad entre los orientales apócrifos de *Historia universal de la infamia*, los chinos de *De donde son los cantantes* y los indios y otros orientales de *Cobra*. Lo que ambos autores ofrecen es un disfraz, el Oriente imaginado por el hombre occidental, como texto integrante de su cultura. Del mismo modo, un posible antecedente de las búsquedas místicas, que Sarduy transforma en caricatura y parodia en *Cobra* y en *Maitreya* (1978), sería el cuento de Borges "El acercamiento a Almotásim" (*Ficciones*). Podría verse, en el capítulo de *Cobra* titulado "Para los pájaros", una alusión a la historia del Simurg, el rey de los pájaros, que Borges menciona en una nota al citado cuento.[8] Esta historia es una versión de la idea de la identidad entre el buscador de la presencia divina y ésta, lo buscado, o – más filosóficamente – que la Divinidad irradia, en diversos grados, su presencia sobre todo lo creado, como lo explicó Plotino. En el cuento de Borges, escrito como comentario a la novela de un ficticio autor hindú, se dice que "a medida que los hombres interrogados han conocido más de cerca a Almotásim, su porción divina es mayor, pero se entiende que son meros espejos" (1974: 416). Esta idea está también, implícita, en *Maitreya*, pero la búsqueda se da allí mediante la exacerbación de una sensualidad desorbitada. Sarduy sigue en esto al autor de *Paradiso*, donde el vislumbre de la divinidad y el ascenso ideal hacia ella se conciben en términos puramente sensuales.

Borges dice, en su prólogo a *Historia universal de la infamia*, que "los doctores del Gran Vehículo enseñan que lo esencial del universo es la vacuidad" (1974: 291). La obra de Sarduy también alude constantemente al vacío, concepto éste que da sustancia a la reflexión final de *Maitreya*. Los personajes de esta novela utilizan, en caricatura, todo el arsenal de la magia: amuletos, drogas, iluminaciones milagrosas, nacimientos diabólicos, festines orgiásticos y ritos sadomasoquistas. "Maltrataron ... los preceptos moderadores del Gran Vehículo. ... Carecieron ... de audacia metafórica", comenta el texto con ironía borgiana. La aspiración de Cobra a alcanzar el Nirvana es retomada en *Maitreya* en una versión aun más degradada y burlesca. El budismo de consumo que nos ofrece esta presentación de un Oriente comercializado, inauténtico, es sólo una máscara detrás de la cual no hay nada. La narración concluye diciendo, con radical escepticismo, paralelo al de Borges: "Mimaron ritos hasta la idiotez o el hastío. Para demostrar la impermanencia y vacuidad de todo" (p. 187). Al mismo tiempo, sin embargo, el texto de Sarduy juega, a la manera de Borges, con algunos conceptos filosóficos. Señalamos, por ejemplo, la siguiente coincidencia. En "El idioma analítico de John Wilkins", ya mencionado al comienzo de este trabajo, Borges cita un párrafo de Hume, de origen gnóstico, en el que se plantea la posibilidad de que el mundo sea tal vez "el bosquejo rudimentario de algún dios infantil", u "obra de un dios subalterno", o "la confusa producción de una divinidad decrépita" (1974: 708). Encontramos la misma idea, traducida al lenguaje de Sarduy, en este párrafo de *Maitreya*: "El universo – recitaba el enano como si estuviera en una habitación hexagonal y blanca, acariciando un pelícano atragantado con un salmón coleante – es obra de un dios apresurado y torpe" (p. 112). En la caótica Biblioteca de Babel (el universo), que Borges concibe precisamente como un número "tal vez infinito, de galerías hexagonales", los integrantes de una secta blasfema "débilmente remedaban el divino desorden" (1974: 469); y en "La lotería de Babilonia" se establecía que "aceptar errores no es contradecir el azar", sino "corroborarlo" (1974: 458). Similarmente en *Maitreya*, la reflexión del enano – típica criatura textual del autor – concluye afirmando que su "propósito" es "el caos total" (p. 113). Borges juega con las ideas filosóficas y teológicas con las que la inteligencia humana se ha empeñado, por siglos, en comprender los principios que rigen el universo. Sarduy juega, por su parte, con un repertorio de magia y esoterismo importados del Oriente, cuya versión falsa y popularizada provee al Occidente nuevas explicaciones ilusorias que ya no encuentra en los sistemas teológicos y filosóficos de su cultura.

La producción más reciente de Severo Sarduy incluye su colección de ensayos titulada *La simulación* (1982) y su novela *Colibrí* (1984). Estas obras corresponden, en el autor, a un proceso equivalente al que produjo *El grafógrafo* de Salvador Elizondo. Del mismo modo que el mexicano, sobre cuya novela *Farabeuf* escribió el ya citado estudio crítico, Sarduy ha hecho aun más radical y explícito, en sus últimos libros, el rechazo de la escritura representativa. Según el autor declara en *La simulación*, su escritura está impulsada por "una intensidad de simulacro que constituye su propio fin, fuera de lo que imita" (p. 11). Sin embargo, *Colibrí* es, como correctamente observa Adriana Méndez Rodenas (1985: 399), el campo de batalla entre el texto-simulacro y el texto realista, entre la simulación y la verosimilitud. Esto se manifiesta particularmente en el capítulo que lleva por título "Guerra de escrituras" (pp. 57-71). A nivel intratextual, la obra reiteradamente declara su condición de artefacto verbal, de representación o simulacro detrás del cual no hay nada, "decorado vacío, sin espesor ni soporte" (p. 111). A nivel inter-textual, *Colibrí* introduce, aunque transgredidos y desvirtuados, fragmentos de textos hispanoamericanos tradicionales, como *Doña Bárbara*, cuya protagonista puede detectarse bajo el disfraz de la Regenta, y *La vorágine*, de la que encontramos repetidas alusiones burlescas (pp. 48, 150, 176). Esta escritura irreverente de los textos canónicos tiene, también, antecedentes pioneros en la obra de Borges. Baste recordar, por ejemplo, la "Biografía de Tadeo Isidoro Cruz (1829-74)" (*El aleph*), publicada en 1944, y "El fin" (*Ficciones*), de 1953, relatos ambos que rehacen y 'completan' el *Martín Fierro* de José Hernández.

Sarduy se siente atraído por la obra del pintor Botero por razones paralelas a las que tuvo Elizondo para escribir sobre los cuadros de Alberto Gironella. En ambos casos, el arte pictórico ahonda en el sentido de la cultura mediante la imitación irreverente de sus modelos consagrados. La escritura de Sarduy está más cerca que la de Elizondo de esta transgresión barroca. Y más cerca, en ese sentido, de la intertextualidad paródica borgiana. No sorprende, por ello, que en el párrafo final de *La simulación* el autor recuerde que Borges ve en un rostro todos los rostros, "ya que la combinación universal es limitada y sus configuraciones se repiten en un tiempo sin *telos*" (p. 134).

Las páginas precedentes han subrayado dos aspectos que considero representativos de la influencia de Borges en la obra de los dos escritores más jóvenes. Ellos son la postulación de una escritura no referencial y auto-reflexiva, y el concepto de la escritura como desconstrucción del repertorio de la cultura universal. Tanto Elizondo como Sarduy son escritores de individualidad marcada, cuyas obras exhiben inconfundibles señales distintivas. Al incorporar y modificar el legado borgiano, cada uno contribuye con sus propias figuraciones a una escritura palimpsesto que refleja la multiplicidad de rostros de la cultura hispanoamericana.

NOTAS

1 Carlos Fuentes afirma, en *La nueva novela hispanoamericana*, que sin la prosa de Borges "no habría, simplemente, moderna novela hispanoamericana" (p. 26).

2 El concepto de la trans-contextualización, especialmente apropiado para describir la relación de los textos aquí analizados, proviene de Linda Hutcheon, *A theory of Parody*, p. 11 y ss.

3 Ver Emir Rodríguez Monegal, "Borges y *Nouvelle Critique*". En *Revista Iberoamericana*, 80: 387 y ss.

4 Cito aquí del excelente párrafo descriptivo incluido en la solapa del libro.

5 El autor se ha expresado, al respecto, en su entrevista con Jorge Ruffinelli publicada en *Hispamérica* 16: 34.

6 Ver, al respecto, Victorio G. Agüera, "El discurso grafocéntrico en *El grafógrafo* de Salvador Elizondo".

7 Sobre este personaje el texto nos da, entre otros, los siguientes datos: "Luchó en la corte de un marajá [...] Había escapado de la revolución cachemira con una maleta de joyas que dilapidó en barcas floridas – los burdeles lacustres del norte – [...] y en torneos contra los campeones llegados de Calcuta; había animado una escuela de lucha en Benares, y en Ceilán un despacho de infusiones [...] Fue concesionario de especias en Colombo ..." y, luego de dejar tullidos a seis campeones turcos en Esmirna, pasó al Occidente como traficante de opio y contrabandista de marfil en Copenhague, Bruselas y Amsterdam. Cultivaba "hasta la manía un inglés clásico" y "una barba oficialmente oriental" (pp. 18-20).

8 Esta posible conexión es señalada por Roberto González Echevarría en "Memoria de apariencias y ensayo de *Cobra*" (Severo Sarduy 1976: 75).

BIBLIOGRAFIA

Alazraki, Jaime
   1974   *La prosa narrativa de Jorge Luis Borges*. Madrid.

Agüera, Victorio G.
   1981   "El discurso grafocéntrico en *El grafógrafo* de Salvador Elizondo". En *Hispamérica*, 29: 15-27.

Borges, Jorge Luis
    1974   *Obras Completas*. Buenos Airès.

Elizondo, Salvador
    1965   *Farabeuf*. México.
    1966   *Narda o el verano*. México.
    1968   *El hipogeo secreto*. México.
    1969a   *El retrato de Zoe y otras mentiras*. México.
    1969b   *Cuaderno de escritura*. México: Universidad de Guanajato.
    1972   *El grafógrafo*. México.
    1977   "Entrevista", con Jorge Ruffinelli. En *Hispamérica*, 16: 33-47.
    1983   *Camera Lucida*. México.

Foucault, Michel
    1966   *Les mots et les choses*. París.

Fuentes, Carlos
    1969   *La nueva novela hispanoamericana*. México.

González Echevarría, Roberto
    1976   "Memoria de apariencias y ensayo de *Cobra*". En Julián Ríos (ed.): *Severo Sarduy*. Madrid.

Hutcheon, Linda
    1985   *A Theory of Parody*. Nueva York y Londres.

Levine, Susan Jill
    1976   "Borges a *Cobra* es barroco exégesis". En *Severo Sarduy*, pp. 89-105.

Méndes Rodenas, Adriana
    1985   Reseña de *Colibrí*. En *Revista Iberoamericana*, 130/131: 399-401.

Paz, Octavio
    1973   *El signo y el garabato*. México.

Rodríguez Monegal, Emir
    1972   "Borges y *Nouvelle Critique*". En *Revista Iberoamericana*, 80: 367-390.
    1976   "Las metamorfosis del texto". En *Severo Sarduy*.

Sarduy, Severo
    1967   *De donde son los cantantes*. México.
    1969   *Escrito sobre un cuerpo*. Buenos Aires.
    1971   "Notas a las Notas a las Notas ... A propósito de Manuel Puig". En *Revista Iberoamericana* 76/77: 554-567.
    1972   *Cobra*. Buenos Aires.
    1978   *Maitreya*. Barcelona.
    1982   *La simulación*. Caracas.
    1984   *Colibrí*. Barcelona.

Historia de la literatura mexicana: hacia la elaboración de historias nacionales en lengua española

Beatriz Garza Cuarón
El Colegio de México

Una de las preocupaciones más constantes de los historiadores de la literatura hispánica, especialmente entre quienes escriben sobre el ámbito americano, es buscar las características comunes de la literatura del gran conjunto – aparentemente heterogéneo – de las naciones de habla española. Como contraparte, está también buscar las características que hacen de cada literatura nacional o regional algo delimitable, original y distinto de las otras literaturas escritas en español.

Ya en la actualidad, a partir del auge literario de Hispanoamérica en los años cincuenta, se acepta que la literatura del mundo hispánico posee tanto rasgos comunes que la unen y le dan cohesión, cuanto diferencias que la segmentan y la regionalizan. En cambio, en la crítica y en la historiografía literaria de los siglos XVIII, XIX y de la primera mitad del siglo XX, las polémicas, discusiones y argumentaciones sobre si las literaturas hispanoamericanas eran o debían ser dependientes o independientes respecto de la literatura española peninsular se sucedían constantemente.

En la crítica y en la historia de la literatura mexicana – a la que me voy a limitar en estos minutos – abundan los mismos argumentos y prejuicios. Entre éstos, es común encontrar que el único camino que se reconoce y defiende como verdadero es el de la filiación directa y sumisa a la literatura peninsular castellana o, en el otro extremo, el llamado a romper con la tradición hispánica.

Los problemas que llevaron a esta toma de posiciones antagónicas se derivaron, en parte, de las circunstancias políticas, y, en parte, del desconocimiento de la propia literatura de América. Las luchas de independencia en las diversas regiones de América constituyen, por supuesto, un factor esencial. No era posible que la mayoría de los escritores y de los críticos dedicaran su tiempo y su energía a rescatar su pasado próximo, sino que tenían que ocuparse intensamente en colaborar con su pluma en la instauración y fortalecimiento de los nuevos gobiernos independientes, o – como también sucedió – en atacar los movimientos de emancipación y defender el viejo imperio español.

En México se puede decir que la historiografía literaria no empieza hasta el siglo XVIII. Antes, desde los primeros años de la colonia, hay – como señala José Luis Martínez – noticias varias y descripciones de las literaturas prehispánicas y de la propia producción colonial en las crónicas y las historias de escritores como Sahagún, Motolinía, Alba Ixtlixochitl, Sigüenza y Góngora y Clavijero; pero no fue sino hasta las últimas décadas de la colonia cuando se empezaron a emitir juicios críticos y se emprendieron investigaciones historiográficas propiamente dichas sobre la actividad literaria.[1]

La primera gran obra de historiografía literaria mexicana, *la Biblioteca Méxicana* de Juan José de Eguiara y Eguren iniciada alrededor de 1735 y publicada en 1755,[2] es fruto de una fuerte reacción contra el desconocimiento que había en España, y en general en Europa, de la literatura de América. El teólogo y canónigo de la catedral de México, Eguiara y Eguren, emprendió su obra llevado, como él mismo dice, por la "indignación y cólera" que le produjo la lectura de las *Cartas latinas* del deán de la iglesia de Alicante, Manuel Martí,[3] quien, para disuadir a un adolescente que deseaba trasladarse a la Nueva España escribe una "infamante nota ..., una – cito a Eguiara – injuria tan tremenda y atroz a nuestra patria y a nuestro pueblo ... con que se ha pretendido marcarnos ..., para decirlo, en términos comedidos y prudentes, hija tan sólo de la ignorancia más supina".[4] La injuria y la ignorancia efectivamente existían, y aún hoy sorprenden. Escribía Manuel Martí al adolescente: "¿A dónde volverás los ojos en medio de tan horrenda soledad como la que en punto a letras reina entre los indios? ¿Encontrarás, por ventura, no diré maestros que te instruyan, pero ni siquiera estudiantes?".[5]

Aunque Eguiara llevó a México desde España una imprenta para imprimir su propia obra, sólo alcanzó a publicar un tomo con 782 referencias sobre autores e instituciones culturales de la Nueva España. Puesto que el interés principal de Eguiara era defender y dar a conocer al mundo los valores de la Nueva España, su *Biblioteca mexicana* comienza con un extensísimo prólogo que constituye una apología vigorosa de la cultura mexicana: "La Nueva España – dice –, también llamada España Magna y Reino mexicano, es la más ilustrada de todas las regiones de América".[6] Uno de sus objetivos más importantes fue mostrar los valores de las culturas indígenas y la capacidad intelectual de los indios de México, lo cual cumplió con la pasión propia de quien se defiende.

Aunque la *Biblioteca mexicana* resultó poco manejable, porque Eguiara tradujo al latín no sólo el texto y los nombres de los autores, sino también los títulos de las obras, ésta fue la base sobre la cual bibliógrafos e historiadores posteriores empezaron a estudiar y a dar a conocer la literatura novohispana. Tal es el caso de José Mariano Beristáin de Souza, quien aconsejado por Gregorio Mayans y Siscar, en 1790 inició su investigación que publicó en 1816 bajo el título de *Biblioteca Hispanoamericana Septentrional*. En ella consigna 3687 autores novohispanos y aprovecha mil artículos de Eguiara (entre impresos y manuscritos), y – como él dice – los "descarga, los lima y los corrige, y les añade dos terceras partes".[7]

Dentro de los avances metodológicos de Beristáin está el haber ordenado sus amplios artículos bio-bibliográficos por apellido, y no por nombre de pila como en la época de Eguiara. A pesar de las inexactitudes en la reproducción de los títulos, el desorden en las biografías y la desmesura en el lenguaje, el gran mérito de la obra reside en haber hecho acopio de tantos y tan diversos datos, permitiendo que los bibliógrafos que le siguieron pudieran, a partir de su información aclararla, ampliarla y aumentarla. Así, a los tres volúmenes que abarca la obra de Beristáin, se añadió más tarde un cuarto que incluye las adiciones de Félix Osores, José Toribio Medina, José Fernando Ramírez, Joaquín García Icazbalceta y Nicolás León.[8]

En pleno siglo XIX, en medio de guerras civiles y de luchas continuas por la independencia contra las potencias expansionistas (España, Inglaterra, Francia y los Estados Unidos), se escribieron las primeras historias literarias propiamente dichas. Cabe destacar como obras valiosas, aunque de posiciones ideológicas encontradas, la del culto liberal, cronista y novelista, Ignacio Manuel Altamirano (1834-1893) y la del también ilustrado liberal, político republicano, poeta, periodista y crítico, José María Vigil (1834-1893), por un lado. Por el otro, está la obra del erudito, lingüista, filólogo y crítico ultra conservador, Francisco Pimentel (1832-1893), Conde de Heras, prefecto político de la ciudad de México en tiempos del imperio de Maximiliano, fundador de la Academia Mexicana correspondiente a la Real Academia Española (1875), y miembro de muchas sociedades científicas nacionales e internationales.

Es bien sabido que, a través de sus crónicas y artículos literarios, Altamirano se propuso hacer de la literatura un arma que ayudara a consolidar la independencia y contribuyera a forjar una cultura nacional que sirviera de eje para integrar la fragmentada sociedad mexicana. Por su parte, José María Vigil también evalúa los logros de la república en materia de producción literaria y concluye que ni la independencia de México por si sola, ni el periodismo son los medios indicados para que las letras prosperen, sino la paz política y la educación.

Además de sus múltiples artículos sobre diversos aspectos de la historia literaria colonial y del siglo XIX, al morir en 1909, Vigil dejó inconclusa una historia general de las letras de México. Su *Reseña histórica de la literatura mexicana*, que sólo alcanzó a llegar al siglo XVIII,[9] es un interesante, equilibrado y amplio estudio de los tres siglos novohispanos.

Francisco Pimentel es el reverso político de figuras como Altamirano y Vigil. De su obra, *Historia crítica de la literatura y de las ciencias en México*, desde la conquista hasta nuestros días, Pimentel sólo alcanzó a publicar en 1885 lo referente a los *Poetas*, que después corrigió y aumentó en una nueva versión que se conoce como la *Historia crítica de la poesía en México* (1892). Su otro estudio, *Novelistas y oradores mexicanos* se publicó póstumamente, en 1904.[10] La obra de Pimentel, aunque se puede considerar como la primera historia sistemática de la literatura mexicana, ha estado marginada de la mayoría de las historias de la literatura mexicana escritas en el siglo XX. Una de las razones por las que la obra de Pimentel cayó en descrédito, piensa José Luis Martínez con sobrada razón, fue, dice, "su desafortunada inquina contra la poesía de Sor Juana".[11] La obra de Pimentel da muestra de su capacidad de investigación y de su amplia cultura; pero también de su dogmatismo y su intolerancia. Por ejemplo, entre sus juicios dogmáticos antigongoristas están los siguientes: "verdaderamente causa dolor ver ingenios como el de Sor Juana, extraviados de esta manera",[12] dice cuando se refiere al *Primero sueño*. Cuando comenta Pimentel el soneto de Sor Juana a un retrato, "Este que ves, engaño colorido, / que del arte ostentando los primores / con falsos silogismos de colores / es cauteloso engaño del sentido", lo aprueba e incluso lo alaba, pero encuentra que tiene "un defecto notable, que es la palabra *silogismos*; si en su lugar – dice Pimentel – se pusiera *apariencias*, quedaría una bella composición".[13] Sus juicios injustos y ásperos le valieron la crítica de sus contemporáneos y sucesores. Carlos González Peña, por ejemplo, en su *Historia de la literatura mexicana* de 1928, utiliza juicios de Pimentel explícitamente, y sin embargo, al hablar de él sólo dice que Pimentel era "hombre sin estilo, sin gusto ni discernimiento crítico; pero pueden dispensársele sus deplorables juicios literarios, a trueque de la copia de noticias que logró allegar".[14] En efecto, a pesar de su rigidez y su negatividad ante la literatura, los datos y los materiales que reúne Pimentel son excepcionalmente valiosos y muchos de ellos han servido de base para historias de la literatura mexicana posteriores. Hay que hacer notar que Pimentel era cuñado del bibliógrafo Joaquín García Icazbalceta (1825-1894), y que gracias al acceso que tuvo a la biblioteca de este erudito, pudo allegarse tanta información.

De las versiones de conjunto de la literatura mexicana escritas en el siglo XIX hay que mencionar también, las ojeadas breves de Pedro Santicilia, *Del movimiento literario en México* (1868),[15] de Enrique Olavarría y Ferrari, *El arte literario en México* (1877)[16] y de Manuel Sánchez Mármol, *Las letras patrias* (1902).[17] Aunque escrita desde la otra orilla, mención especial merece la visión muy completa y amplia sobre la poesía mexicana de Marcelino Menéndez y Pelayo, que sirve de "Introducción" a la parte dedicada a México de la *Antología de poetas hispanoamericanos*, publicada por la Real Academia Española en 1893. A este estudio se refieren Pedro Henríquez Ureña, Luis G. Urbina y Nicolás Rangel como el que "ofrece la síntesis de una evolución literaria de cuatro siglos con mayor fuerza que ningún otro trabajo hecho sobre el asunto, y es definitivo, sobre todo, en el estudio de las influencias que han obrado sobre la poesía mexicana".[18]

Entre los trabajos bibliográficos más notables, en cuanto a exactitud, erudición, mesura, equilibrio y objetividad está, en primer lugar, la *Bibliografía mexicana del siglo XVI*, de Joaquín García Icazbalceta, publicada en 1886[19] de la que Menéndez y Pelayo dice que es "obra en su línea de las más perfectas y excelentes que posee nación alguna".[20] Hoy tenemos de ella una excelente edición, puesta al día, por otro gran bibliógrafo, Agustín Millares Carlo.[21] Para el seiscientos está el también valioso, pero más limitado, *Ensayo bibliográfico mexicano del siglo XVII*, del canónigo Vicente de Paula Andrade, publicado en 1899,[22] que sigue el orden cronológico de Icazbalceta, y que como él, sólo incluye lo editado en México. Sobre el siglo XVIII está la extensísima obra – en 6 volúmenes – de Nicolás León, que se empezó a elaborar y a publicar en la revista *Anales del Museo Michoacano* en 1890, pero cuyos primeros tomos no empezaron a aparecer hasta 1902.[23] Como complemento de estas bibliografías están los eruditos trabajos, *La imprenta en México*, ... *en Puebla*, ... *en Veracruz*, ... *en Guadalajara* y ... *en Mérida* del bibliógrafo hispanoamericanista, José Toribio Medina, publicados entre 1904 y 1912.[24]

En el siglo XX, aunque se ha hecho mucha investigación sobre literatura mexicana, hay muy pocas historias de conjunto. Omito aquí, por inabarcables, todos aquellos trabajos elaborados en este siglo que no son propiamente historias literarias. Tampoco incluyo los manuales escolares que no aportan investigación nueva. Entre las pocas historias literarias, una de las más originales, aunque de las menos difundidas es la de Luis G. Urbina, en su "Estudio preliminar" a la *Antología del Centenario* (1910), donde revisa y analiza con juicio agudo la literatura del siglo XIX.[25] Su otra obra de conjunto, *La vida literaria en México*, publicada en Madrid en 1917, abarca desde las crónicas de la conquista hasta sus propios contemporáneos. Una de las historias más difundidas es la ya mencionada de Carlos González Peña, de 1928,[26] que, con claridad y orden, pone al alcance del gran público información recogida por investigadores anteriores a él. Algo semejante hace Julio Jiménez Rueda en su *Historia de la literatura mexicana*, también de 1928 y también muy conocida.[27] Las ojeadas de conjunto más recientes son – hasta donde yo sé – las que hizo Francisco Monterde para la *Historia general de las literaturas hispánicas* que editó Guillermo Díaz Plaja en los años cincuenta; éstas fueron sobrias y útiles, pero tan breves que funcionan más como orientaciones bibliográficas que como síntesis interpretativas.[28] Lo mismo puede decirse del manual de María del Carmen Millán de 1962.[29]

Resulta extraño que desde los años veinte, desde González Peña y Jiménez Rueda, no se hayan hecho más intentos de síntesis globales. No es el momento de preguntarse por qué no los ha habido, sino de percatarnos de que es necesario ya emprender una nueva síntesis; han pasado sesenta años, cuatro generaciones y estamos acercándonos al fin del siglo. Decía Pedro Henríquez Ureña que "cada generación ... debe justificarse críticamente rehaciendo las antologías, escribiendo de nuevo la historia literaria y traduciendo nuevamente a Homero".[30]

En este sentido – aunque dejando de lado a Homero – daré cuenta brevemente de uno de los trabajos que se han emprendido acutalmente en El Colegio de México: una *Historia de la literatura mexicana* (desde sus orígenes hasta nuestros días). Se trata de un trabajo colectivo que parte del hecho de que no existe aún una historia crítica que plantee nuevos problemas, nuevas perspectivas de investigación y que sintetice los conocimientos y datos con que contamos hasta ahora. No se trata de formar un equipo homogéneo y nuevo de investigadores sino de recurrir a los especialistas de instituciones nacionales e internacionales que, desde diversas perspectivas, estudian distintos aspectos de la literatura mexicana. Los autores de esta historia serán, pues, distinguidos mexicanistas a quienes se les han solicitado estudios originales sobre temas precisos que aporten una visión crítica de proceso del desarrollo de la literatura mexicana, desde la época prehispánica hasta nuestros días. Esta *Historia*, integrada con contribuciones varias, será también una expresión del estado actual de las investigaciones en este campo. La obra está destinada tanto al gran público como al especialista, y trata de vincular la literatura con la historia, especialmente en sus aspectos sociales y culturales. Además, pensamos incluir temas tradicionalmente relegados tales como literaturas populares, prensa (periódicos y revistas), escritos científicos y filosóficos y, en fin, todo aquello que enriquezca la relación entre la literatura y el contexto social. Los diversos períodos serán introducidos por un estudio histórico-literario que enmarque y precise los problemas generales de cada época.

Puesto que pretendemos elaborar una *Historia de la literatura mexicana (desde sus orígenes hasta nuestros días)*, hace falta explicar qué entendemos por *México*, qué significa el adjetivo *mexicano* que califica a literatura, qué queremos decir por *orígenes*, de la literatura mexicana y cuáles son los períodos históricos que vamos a considerar.

De México tenemos un concepto histórico-geográfico, que responde a las distintas fronteras que ha tenido la nación. El México de 1521 a la llegada de Cortés, para nuestro estudio está definido por los límites de las culturas de Mesoamérica. Es decir, incluimos los estados del centro y sur de lo que es actualmente el país y Guatemala. Como las fronteras de México hasta el siglo XIX nunca estuvieron delimitadas, variamos para nuestra *Historia* los límites geográficos, de acuerdo con cada época. Antes de la conquista, el imperio azteca sometió e incorporó a otros pueblos y con ello modificó las fronteras propias y las de los demás pueblos. A la llegada de los españoles se produjeron las fronteras que el imperio azteca había establecido. Las expediciones de conquista se arman en el Centro – en el valle de México – y avanzan sobre todo hacia el norte, donde las fronteras no se definen formalmente sino hasta el establecimiento de las Intendencias en 1780. Durante el siglo XVIII el Virreinato se extendió hacia el norte y alcanzó sus límites más vastos: abarcó las Californias y Texas, y llegó hasta los actuales territorios estadounidenses de Utah, Colorado, Wyoming y Nevada. Con la independencia, las zonas del norte entran en conflicto por las disputas territoriales con España, Francia y Estados Unidos (por la Louisiana, la Florida y Texas), y en el sur, la Capitanía General de Guatemala se separa de México. La guerra con los Estados Unidos en 1848 modifica sustancialmente la frontera norte con la pérdida de casi la mitad del territorio de México. Las fronteras permanecen más o menos iguales hasta la fecha, salvo por la venta del territorio de La Mesilla en 1853.

En cuanto a las etapas históricas que consideramos, no partimos de la llegada de los españoles sino del florecimiento y auge de las grandes ciudades de Mesoamérica. Incorporamos, pues, como mexicanas las literaturas en lenguas indígenas. *Orígenes* implica para nosotros, tanto los antecedentes de la literatura española en la península ibérica, como las literaturas mesoamericanas aborígenes del nuevo continente. Esto no quiere decir que creamos que los dos conjuntos de tradiciones tienen el mismo peso en nuestra literatura actual, sino simplemente que ambos se arraigan y se desarrollan en México.

La periodización de las etapas históricas en las que se ha dividido la *Historia* obedece más a una correlación entre acontecimientos socio-culturales y literarios, que a un criterio cronológico tradicional o de historia política. Se han privilegiado como fechas y acontecimientos aquellos que marcan el inicio de una nueva tendencia o de un nuevo tipo de forma literaria. Así por ejemplo, en el año 1519 la primera carta de relación de Cortés resulta más importante como inicio de una nueva forma literaria que el año de 1521, cuando se consuma el sometimiento del imperio azteca bajo el dominio español. La selección de fechas clave como divisiones históricas se basa, pues, en un criterio preferentemente literario. Además, a cada siglo corresponde también una subdivisión que obedece a las grandes tendencias de la vida socio-cultural y de la vida política y económica. Así, se puede hablar dentro del siglo XVII de un "auge y florecimiento eclesiástico 1641-1664" o bien, de un "Mecenazgo virreinal y albores de la nueva ciencia 1665-1691", donde se inscriben acontecimientos específicos como son la organización de la universidad por Palafox y Mendoza en 1643, o bien, la representación de *Los empeños de una casa* de Sor Juana, en 1667, patrocinada y efectuada ante el virrey, que sería ejemplo de este "mecenazgo virreinal".[31]

Estas divisiones y subdivisiones obedecen a la idea de que el lector tenga un marco de referencia que le permita integrar los acontecimientos específicos, de modo que se pueda responder las preguntas ¿cuándo ocurrió?, ¿cuándo se escribió?. ¿cuándo se publicó?; pero sobre todo, que pueda saber ¿por qué ocurrió?, ¿a qué obedece?, ¿en qué tendencia se inscribe?

Se trata de superar el criterio de la historia literaria como serie de resúmenes, acumulación de datos, o listados de títulos, autores y tendencias. Queremos que el dato y la información completa queden integrados dentro de las procesos que sean significativos para la literatura en cada contexto histórico.

NOTAS

1   Véase "Historiografía de la literatura mexicana", *NRFH*, 5(1951), pp. 38-39.

2   Juan José de Eguiara y Eguren, *Bibliotheca Mexicana sive eruditorum historia virorum* ... Tomus Primus. Exhibens Litteras A B C, Mexici, Ex nova Typographia in Acedibus Authoris editioni ejusdem Bibliotheca destinata, MDCCLV. Agustín Millares Carlo hizo la traducción española de los prólogos con notas, bibliografía y una biografía de Eguiara, publicada con el título, *Prólogos a la Biblioteca Mexicana*, Fondo de Cultura Económica, México, 1944. Cito la 2ª ed., de 1984, que en adelante abrevio como *Eguiara 1755*.

3   Manuel Martí, *[Cartas latinas] Epistolarum libri XII: Accedit de animo affectionibus liber*, Mantuae Carpentanorum, apud Joannem Stunicam, 1735.

4   *Eguiara 1755*, p. 58.

5   *Ibid.*, pp. 56-57.

6   *Ibid.*, p. 85. Según José Toribio Medina, Eguiara y Eguren "registró todas las librerías que había en la ciudad, y entabló [..] 'comercio litrario' con los hombres doctos del país entero, solicitando su concurso para la obra, y especialmente, con sus discípulos, que eran muchos, y algunos de ellos colocados por entonces en situaciones prominentes, logrando de este modo tener reunidos ya en 1747 datos acerca de dos mil escritores de la América Septentrional", véase *La imprenta en México* (1907), t.1, pp. CCXXXVII-CCXXXVIII, *apud* Federico Gómez de Orozco en "Nota preliminar" a la ed. cit., de los *Prólogos* de Eguiara y Eguren.

7   José Mariano Beristáin y Souza, *Biblioteca hispanoamericana septentrional o catálogo y noticia de los literatos, que nacidos, o florecientes en la América septentrional española, han dado a luz un escrito o lo han dejado preparado pala prensa*. Imprenta de la calle de Santo Domingo y esquina de Tacuba, México, 1816-1821. Utilizo la edición facsimilar de la obra de Beristáin, publicada por la Universidad Nacional Autónoma de México. México, 1980, 3 ts. (Serie *Biblioteca del Claustro*). Es necesario aclarar que nunca se publicó el 4° tomo de adiciones que se menciona como ya aparecido en el prólogo a esta serie facsimilar, cf., t. 1. Consigna José Luis Martínez, que "Beristáin falleció en 1817 por lo que no pudo cuidar sino el primer volumen de su obra. Los dos restantes fueron impresos en 1819 y en 1821, gracias a un sobrino de Beristáin llamado José Rafael Enríquez Trespalacios Beristáin, que tuvo el descuido de omitir los Anónimos y los índices que formaban parte de la obra" (véase José Luis Martínez, art. cit., p. 40, n. 12).

8   La edición completa de Beristáin, que incluye las adiciones de los mencionados bibliógrafos, con el título *Biblioteca hispanoamericana*, fue publicada por la Librería Navarro, México, 1948.

9   Editada por Adalberto Navarro Sánchez en, José María Vigil, *Estudios sobre literatura mexicana*, Ediciones *Et caetera*, Guadalajara, México, 1972, t. 2, pp. 397-442.

10 *Historia crítica de la literatura y de las ciencias* ..., Librería de la Enseñanza, México, 1885, que en adelante abrevio *Pimentel 1885*. *Historia crítica de la poesía en México*, Oficina de la Secretaría de Fomento, México, 1892. Los otros escritos fueron publicados póstumamente por sus hijos en *Obras completas de Francisco Pimentel*, Tipografía Económica, México, 1904, 5 ts.

11 Cf. art. cit., p. 63

12 Me baso en la ed. de 1960, Porrúa, México, p. 385. Hasta donde sé, pocos críticos contemporáneos, excepción hecha de los editores de la *Antología del Centenario* (cf. infra, n. 18) y de José Luis Martínez, (art. cit., pp. 47-68) le han dedicado a Pimentel el espacio que, a mi parecer, merece.

13 *Pimentel 1855*, p. 171.

14 *Ibid.*, p. 173.

15 Imprenta del Gobierno, en Palacio, México, 1868. Hay una reedición, en un fascículo titulado *Las letras patrias*, México, núm. 1, enero-marzo de 1954, con un prólogo de Andrés Henestrosa.

16 La 1ª ed. se publicó en Málage en la Revista *Andalucía*; 1a 2ª ed. es de Espinosa y Bautista editores, Madrid, s. f. [ca. 1878].

17 Publicada originalmente en *México, su evolución social* [faltan datos]. Cito de la reedición que publicó el Consejo Editorial del gobierno de Tabasco, México, 1982.

18 *Antología del Centenario. Estudio documentado de la literatura mexicana durante el primer siglo de independencia*, ed. de Justo Sierra, Luis G. Urbina, Pedro Henríquez Ureña y Nicolás Rangel, Imprenta de Manuel Leon Sánchez, México, 1910, 2 ts., véase "Advertencia", p. ñ.

19 *Bibliografía mexicana del siglo XVI, Primera parte, Catálogo razonado de libros impresos en México de 1539 a 1600*. Con biografías de autores y otras ilustraciones. Precedida de una noticia acerca de la introducción de la imprenta en México. Librería de Andrade y Morales, México, 1886. Nueva edición de Agustín Millares Carlo, Fondo de Cultura Económica, México, 1ª ed. en "Biblioteca Americana", 1954; 2ª ed. revisada y aumentada, 1981.

20 En *Antología de poetas hispanoamericanos*, México y América Central, Real Academia Española, Madrid 1893, t. 1, p. XVIII.

21 Cf. *supra*, n. 19.

22 Un volumen, *Imprenta del Museo Nacional*, México. Cito de la 3ª ed. facsimilar, México, 1971.

23 Imprenta de Francisco Díaz de Léon, México.

24 *La Imprenta en México*, (1539-1821), Imprenta de J. Toribio Medina, Santiago de Chile, 1907-1912, 8 ts. *La imprenta en Puebla de los Angeles*; 1640-1821, Imprenta Cervantes, Santiago de Chile, 1908. *La imprenta en Guadalajara de México, 1793-1821: notas bibliográficas*, Elzeviriana, Santiago de Chile, 1904. *La imprenta en Veracruz (1794-1821)*, Elzeviriana, Santiago de Chile, 1904. *La imprenta en Mérida de Yucatán (1813-1821)*, Elzeviriana, Santiago de Chile, 1904 (hay una nueva edición de Víctor M. Suárez, Mérida, México, 1956).

25 Ed. cit., pp. I-CCLVI.

26 Varias ediciones, Porrúa, México (me baso en la de 1960).

27 Varias ediciones, Ediciones Botas, México (me baso en la de 1942).

28 Editorial Borna, Barcelona, 1953 y 1956.

29 *Literatura mexicana (con notas de literatura hispanoamericana y antología)*, Editorial Esfinge, México, 1962.

30 Cf. "En torno a Azarín", en *Obra crítica*, ed. de Emma Susana Speratti Piñero, Fondo de Cultura Económica, México-Buenos Aires, 1960, p. 232.

31 El proyecto cuenta con la colaboración de varios historiadores, entre otros, con Carmen Ramos Escandón que ha elaborado las tablas cronológicas, con la supervisión de Silvio Zavala.

Isaac Chocrón: Lo histórico y lo antihistórico

Gleider Hernández
Université du Québec, Chicoutimi

Al inicio de su producción dramática, Chocrón plantea su temática fundamental, ya sean los problemas principales que acucian a su país en ese momento (1967, 1969a), luego su perspectiva cambia y converge sobre las complejidades de las relaciones humanas (1969b, 1972) y, por fin, aborda el paso del tiempo y la angustia existencial provocada por el ineludible fin, cada día más cercano, la muerte (1974). Ahora, en su última obra, *Simón*,[1] se nos presenta un filón completamente nuevo en su teatro: la historia. Una parte de la historia de nada menos que del venezolano más insigne que ha dado el país, Simón Bolívar. Y en especial un aspecto muy concreto del héroe, es decir, sus relaciones con su mentor Simón Rodríguez durante su última estancia en París, antes de embarcarse en su viaje final en el que iniciará la independencia de la Gran Colombia.

El elemento más sorprendente en esta pieza es que se sigue con admirable exactitud la historia bolivariana del período de su vida de abril 1804 al 15 de agosto de 1805, día en que realiza el juramento en el Monte Sacro de Roma.

En virtud de esta precisión histórica, nos preguntamos si ¿se trata aquí de un documento histórico, en el cual lo único que se pretende es informarnos de un período corto, pero intenso, de la vida de Simón Bolívar? Este caso sugeriría que Chocrón dilucidaría ciertas dudas acerca de la vida de éste en un momento específico en un espacio de poco más de un año. Pero a este respecto no creemos que hayan grandes lagunas históricas sobre este período dado el carácter exhaustivo de documentación de los biógrafos bolivarianos.

Nos parece que Chocrón ha querido partir de la posibilidad de dramatizar, si no toda la vida de Bolívar, por lo menos una parte de ella; y éstas serán las relaciones entre tutor y discípulo.

Según Rodolfo Usigli (1965: 33), hay una incompatibilidad, una diferencia entre un historiador y un dramaturgo. Bajo ningún concepto es permitido al dramaturgo asumir las funciones de historiador:

> "Si no se escribe un libro de historia, si se lleva un tema histórico al terreno del arte dramático, el primer elemento que debe regir es la imaginación, no la historia. La historia no puede llenar otra función que la de un simple acento de color, de ambiente o de una época. En otras palabras, sólo la imaginación permite tratar teatralmente un tema histórico" (Usigli 1965: 70).

De acuerdo con esta teoría, el teatro serviría para darle vida, resucitar esos momentos del pasado que nos han transmitido los historiadores como algo "estante y estático del pasado" (1965: 57). Con Simón, Chocrón aspira a presentarnos una historia dinámica de las relaciones que existieron entre dos hombres.

Bolívar pierde a sus padres cuando apenas cumplía los nueve años. Se queda como tutor del niño Carlos Palacios, hermano de su difunta madre, quien no tiene el tiempo necesario de ocuparse adecuadamente de su educación y lo confía a Simón Rodríguez el cual, después de cierto tiempo, deja la escuela pública, donde enseñaba, para dedicarse al cuidado y a la instrucción del párvulo (Migares 1967: 31-32). Es así como se va a trabar una amistad y una relación entre discípulo y maestro que durará toda la vida. Bolívar se sentirá siempre unido a Rodríguez, tanto por la enseñanza que le proporcionó como por los lazos de amistad tan estrechos que, aunque los separara la distancia y las diferentes ocupaciones, nunca lograron deshacerse. En su conocida carta del 24 de enero de 1824, Bolívar reconoce todo lo que le debe a su mentor:

> "Yo he seguido el sendero que Ud. me señaló. Usted fue mi piloto aunque sentado sobre una de las playas de Europa. No puede Ud. figurarse cuán hondamente se han grabado en mi corazón las lecciones que Ud. me ha dado; no he podido jamás borrar siquiera una coma de las grandes sentencias que Ud. me ha regalado. Siempre presentes a mis ojos intelectuales las he seguido como guías infalibles. En fin, Ud. ha visto mi conducta; Ud. ha visto mis pensamientos escritos, mi alma pintada en el papel, y Ud. no habrá dejado de decirse: todo esto es mío, yo sembré esta planta, yo la regué, yo la enderecé tierna ..." (Migares 1967: 104).

Así se evidencia la deuda eterna que siente Bolívar para con su gran instructor. En los dos momentos cruciales de su vida: cuando después de la muerte de sus padres Rodríguez comienza a forjar su educación siguiendo el *Emile* de Rousseau y cuando ya hombre, pierde Bolívar a su esposa Teresa con una muerte prematura e injusta. En este instante de desesperación, cuando el joven venezolano se dejaba arrastrar por una vida fácil, mundana y superficial allí está su pedagogo para consolarlo y animarlo a que dedique su existencia a unos ideales más sublimes.

En otra carta que le escribe a su compatriota el general Santander el 6 de mayo de 1824, le dice:

> "A don Simón Rodríguez dele Ud. dinero de mi parte, que yo lo pago todo, para que me venga a ver. Yo amo a ese hombre con locura. Fue mi maestro y mi compañero de viajes, y es un genio, un portento de gracia y de talento para el que lo sabe descubrir y apreciar. Todo lo que diga yo de Rodríguez es nada en comparación de lo que me queda" (Mijares 1967: 33).

Con estos dos textos el Libertador plasma la deuda que tenía con este hombre y la amistad profunda que los unía. Son estos dos aspectos los que se van a desarrollar en la pieza de Chocrón.

Formalmente la obra está construida en cuatro escenas y cada una con una fecha concreta y determinada de mediados de 1804 al 15 de agosto de 1805. Se sitúa en estas fechas el segundo viaje de Simón Bolívar a Europa, que se cumple principalmente en París donde pasa alrededor de dos años no consecutivos, separados por ocho meses que anduvo por Italia.

La obra comienza con un elemento histórico: el encuentro de Simón Rodríguez y Simón Bolívar en París a mediados de 1804. Lo antihistórico consiste en la manera de dramatizar el hecho, de dárselo al público con vida. Este encuentro es presentado por Chocrón con mucho humor. Bolívar empieza a jugar al escondido con Rodríguez, llamándolo Jean-Jacques. Este, medio adormilado, ya que se había quedado dormido mientras leía el *Emile*, no es capaz de reconocer la voz de su discípulo. Cuando por fin Bolívar deja el juego y le da la cara, se produce la apoteósis:

> *Rodríguez*: ¡Que diablos ...! (Va hacia la silla y al ver a Bolívar erguirse, se le cae la quijada, no lo puede creer, corre a abrazarlo) ¡Hijo! ... (El abrazo es apasionado y Bolívar gime en los brazos de Rodríguez quien lo abraza aún más fuerte) ¡Hijo de mi alma! ¡Qué susto me has dado! ¡Qué alegría verte! ¡Emile! (Apartándole) ¡Déjame verte! ¡Mi Emile es todo un hombre! ¡La lombriz al fin creció! (p. 2)

Con este encuentro Chocrón ha asido la historia a grandes rasgos y nos la presenta llena de vida. Fija una relación humana entre los dos personajes actualizada con la mentalidad y el humor de nuestros días. La figura mítica del héroe se humaniza y pasa a ser un hombre lleno de sentimientos y de efusión, como el mortal normal de la calle.

Cabe destacar que este va a ser el elemento empleado continuamente a lo largo de toda la obra: la desmitificación de las relaciones entre maestro y discípulo, dándole un aire de simplicidad, de mucha profundidad y de emoción humanitaria.

Nos encontramos en este primer acto con un Bolívar abatido: "Estoy harto de la vida, maestro" (p. 2). Acaba de perder a su joven esposa y se encuentra sin rumbo, desorientado y entumecido. Lo único que le proporciona cierto consuelo es este encuentro con su mentor que no había visto desde hacía unos siete años:

> *Bolívar:* Hace un año desembarqué en Cádiz. Aquí estoy desde abril. (Nota: se refiere a París).
>
> *Rodríguez:* ¿Desde abril y es ahora cuando me me buscas?
>
> *Bolívar:* Te he estado buscando desde los catorce años cuando me abandonaste en Caracas.
>
> *Rodríguez:* No te abandoné. Fue el Capitán General Carbonell quien me hizo salir corriendo (p. 2).

A partir de ahora su preceptor va a tratar de intuir a este viudo prematuro, que se encuentra en desaliento y desorientado, sin un propósito determinado, que se deja arrastrar por la frivolidad de la burguesía parisina que frecuentaba en ese momento:

> "Hago lo que hago porque doy vueltas y vueltas y me enredo más en el torbellino. Vivo en una masa de agua que gira rápidamente como un embudo. Sé que quiero salirme, subir a la superficie, respirar normalmente, caminar sin prisa hacia un rumbo definido. Estoy muy mal, maestro" (pp. 8-9).

En esta primera escena, se nos presenta a un Bolívar acongojado, contrapuesto a la vez a un Rodríguez politizado, anhelando que llegue el momento definitivo, nos dice:

> "El hijo o el nieto siempre quiere valerse por sí mismo, siempre quiere independizarse. Vivimos en el siglo de la independencia, mi querido Simón. El mundo no volverá nunca a reinos y dominios" (p. 10).

Así han quedado perfilados en la primera parte las dos actitudes contrapuestas: la apatía, provocada por una muerte inesperada, la de la esposa de Bolívar, y el optimismo y la fe en la futura independencia de América. A partir de ahora, quedan delimitadas perfectamente bien las dos posiciones o estados anímicos, es que se va a patentizar más claramente la influencia de Rodríguez sobre El Libertador.

Chocrón sitúa la escena segunda en enero de 1805, proporcionándole al público un lapso de tiempo, concretamente seis meses, con el cual se aprecia con más claridad el estado psíquico de los dos protagonistas.

Nos hallamos ahora con un Bolívar enfermo, aún más apabullado y adolorido por la pérdida de la consorte que en la primera escena.

> *Bolívar:* ¿Voy ... a morir?
> *Rodríguez:* (Abriéndole la camisa) Ya estás muerto. ¿No te habías dado cuenta? Estoy preparándote para lavar tu cadáver.
> *Bolívar:* Como se lo hicieron a ella ... (p. 13).

Hay una gran analogía entre el estado de ánimo de Bolívar en este instante de la pieza y el que vivió históricamente meses antes de su muerte:

> "¡Ay! No son las leyes de la naturaleza las que me han puesto en este estado, sino penas que me roen el corazón. Mis conciudadanos, que no pudieron matarme a puñaladas, tratan ahora de asesinarme moralmente con sus ingratitudes y calumnias" (Mijares 1967: 528).

Es un hecho que el fallecimiento del venezolano fue causado, entre otras cosas, por la tristeza, las calumnias que circulaban y que le ocasionaban el menoscabo del honor delante de sus colaboradores y de los convivientes en general.

En este segundo acto, Bolívar aprovecha para enterar más a Rodríguez de su difunta esposa, del tipo de vínculo que existió entre ellos y la clase de defunción que padeció. Es una ampliación del concepto para que el espectador-lector sea capaz de percibir al héroe con una dimensión humana que hasta ahora ningún biógrafo nos había proporcionado.

Por su parte, Rodríguez se empeña por todo los medios de animar al futuro líder platicándole de la condición actual de la política venezolana, del trabajo que realiza Francisco Miranda en Londres (pp. 19-20), advirtiéndole sobre el problema de la edad. Miranda está demasiado viejo para procurar la independencia a su pueblo, precisa de un continuador, de un relevo. Rodríguez se percata perfectamente bien de quién podría ser, pero no lo manifiesta de inmediato en esta escena. Su prioridad se atañe en conseguir que su discípulo emerja de ese estado de abulia y apatía en el cual vive:

> "Oyeme bien, niñito malcriado, jovencito bien, petimetre, frívolo ricachón: no me volverás a ver hasta tanto no te aprietes los pantalones y salgas a la vida. Me voy. ... ¿Estás harto de la vida? Pues yo estoy harto de tí. Entre mis diversas vocaciones, nunca escogí la de enfermero, y dile a tus amigotes que se ahorren el esfuerzo de participarme tu entierro. Eso es lo que te gustaría, ¿no es así? ¿Morir? ¡Pues, quédate ahí acostado y muérete tanto como quieras! (p. 24).

Con este fuerte parlamento termina la escena segunda. Rodríguez ha obtenido su objetivo porque Bolívar lleno de euforia exclama: ¡Maestro! ... ¡Rodríguez! ... ¡Samuel Robinson! ... ¡Curandero! (ríe con más ganas; p. 24). Sale de la cama como si hubiera recuperado un nuevo ímpetu para vivir, para concluir así la escena segunda.

En un mediodía de abril de 1805 se nos presenta la escena tercera. Su función es desarrollar la asimilación de las ideas independentistas que Rodríguez le ha ido inculcando al futuro libertador.

Se aprovecha de esta escena el autor para transmitirnos noticias sobre las relaciones amorosas que existieron entre el futuro líder y la alta dama de la nobleza y de la aristocracia francesa, Fanny Dervieu du Villars (p. 26). Reaparece un Bolívar más sosegado y menos angustiado que se va preparando progresivamente para realizar su compromiso definitivo con su pueblo que ejecutará en la próxima escena, nos dice: "Lo que sí me he dado cuenta es que de verdad me interesan los negocios públicos, la política, seguir sus variados movimientos" (p. 28). Es un Bolívar decidido a embarcarse en esta nueva aventura independentista, a la vez empeñado en recobrar su propia independencia personal, en salir del círculo de influencia de su profesor para así prevalecer emotiva e intelectualmente por sí mismo. Por eso le dice:

Bolívar:	Yo quiero tu amistad. La necesito.
Rodríguez:	Cuenta conmigo.
Bolívar:	También quiero mi libertad.
Rodríguez:	Que yo sea testigo y no participante (p. 34)

Con toda seguridad este diálogo explica la carta que veremos al final de la pieza donde el líder independentista le reprocha a su maestro fuertemente por no haberle participado su llegada a la Gran Colombia diecinueve años más tarde. Todos estos son elementos difíciles de registrar en la historia, pero que le han servido enormemente a Chocrón para teatralizar esta parte de las relaciones personales entre estos dos hombres.

En la escena cuarta, Chocrón realiza un cambio de lugar. Nos transporta al Monte Sacro de Roma, y concretamente al 15 de agosto de 1805, fecha en que el Libertador pronunció su célebre juramento. Frente al recuerdo de la gloria y de las miserias de Roma, Bolívar, exaltado, juró delante de su maestro Simón Rodríguez y de su entrañable amigo Fernando de Toro consagrarse a la independencia de América:

> Bolívar: (Pausado, firme, sin dramatismo) Juro delante de usted,
> juro por el Dios de mis padres, juro por mi honor, juro
> por mi patria, que no daré descanso a mi brazo ni reposo
> a mi alma, hasta que haya roto las cadenas que nos
> oprimen por la voluntad del poder español" (p. 48).

De este testimonio histórico sabemos que después de este episodio y terminada su visita a Roma, Bolívar retorna a París para después de algunos meses embarcarse en Hamburgo, y pasando por Estados Unidos, reintegrarse a Caracas para llevar a cabo el juramento hecho. Aquí principia la separación definitiva entre los dos hombres. Rodríguez no lo quiso acompañar a Venezuela y se queda en Europa. Esto le permitirá al alumno desarrollar con plenitud su propia personalidad y ejecutar todos los ideales inculcados por su preceptor, llegar a ser el Emile soñado por Rousseau.

En su famosa carta de Pativilca del 17 de enero de 1824 (*Cartas del Libertador* 1968, 5: 260-261) advertimos que los dos amigos tomaron rumbos distintos y que no se habían vuelto a topar después del juramento de Roma a mediados de agosto de 1805.

Chocrón se aprovecha de esta carta para así terminar su pieza. En esta época Bolívar se encuentra en pleno auge libertador. Es el líder indisputable de la independencia de cuatro países y el forjador de la Gran Colombia y su maestro debía de estar al corriente de la labor de su discípulo:

> Bolívar: Pativilca, 17 de enero de 1824. ¡Oh, mi maestro! ¡Oh, mi
> amigo! ¡Oh, mi Robinson" ¡Usted en Colombia, Usted en
> Bogotá, y nada me ha dicho, nada me ha escrito! Sin
> duda es usted el hombre más ... extraordinario del
> mundo. Podría usted merecer otros epítetos, pero no

quiero dárselos por no ser descortés al saludar a un huésped que viene del Viejo Mundo a visitar el Nuevo. Sí, a visitar su patria que ya no conoce ... que tenía olvidada; no en su corazón, sino en su memoria. Nadie más que yo sabe lo que usted quiere a nuestra adorada Colombia. ¿se acuerda usted (luces comienzan a bajar) cuando fuimos al Monte Sacro a Roma, a jurar sobre aquella tierra Santa la libertad de la patria? Ciertamente no habrá usted olvidado aquel día de eterna gloria para nosotros, día que anticipó, por decirlo así, un juramento profético a la misma esperanza que no debíamos tener ..." (p. 49).

Es un gran acierto por parte de Chocrón el poder dramatizar esta carta tan hermosa y darle actualidad en la escena. Aquí "el momento estante y estático del pasado", como lo llama Usigli, cobra vida y se nos aparece como una historia actualizada, asequible al público del siglo XX.

Con esta pieza, estamos frente a lo que Villegas llama "drama de personaje" (1982: 66-70), todos los acontecimientos giran y se subordinan a los dos personajes que participan en la obra. Hay un lapso de tiempo en la vida de estos dos hombres en París y principalmente la relación de maestro-discípulo que la historia no nos ha mostrado adecuadamente. Por primera vez vemos a un Bolívar deprimido, agobiado de tristeza y sin rumbo fijo en su vida. Viviendo incluso una relación adúltera con su supuesta prima Fanny, y en ocasiones atacado por las fiebres que le provocaban las depresiones. El que le proporciona las fuerzas necesarias para salir de ese estado es su mentor y amigo que lo conocía a fondo y el único capaz de ayudarlo.

La técnica empleada por Chocrón ha sido lineal, a través de un diálogo simple y llano nos hace conocer las relaciones entre los dos. Hay muchos elementos que coinciden en la vida de ambos. Los dos eran huérfanos; sin familia, se consagran a grandes ideales, Bolívar a la independencia y Rodríguez al saber. Renuncian a los placeres y a las comodidades personales para dedicarse a unas elevadas ambiciones en favor del bienestar de sus conciudadanos. Son, probablemente, todos estos elementos en común que unen la vida de estos dos hombres de manera permanente y duradera.

Esta pieza nos presenta un nuevo Chocrón en lo que se refiere al tratamiento de un tema histórico. Su obra está documentada hasta en los más mínimos detalles para no cometer ningún tipo de distorsión histórica, pero al mismo tiempo dándonos a su vez su propia versión de la historia. El tema histórico escogido va en relación directa con la temática que le ha ido inquietando en los últimos doce años: el problema de las relaciones entre los seres humanos. Ahora, aquí lo aborda desde el punto de vista de maestro a alumno que viene a terminar en una profunda amistad y al final cada uno toma su propio vuelo, su propio camino, y forjan sus propios destinos ineluctibles. Si miramos en retrospectiva, encontramos que estas ideas subyacen, con otra perspectiva naturalmente, en *La máxima felicidad* y que la originalidad aquí consiste en que la aplica a un acontecimiento histórico y al personaje más significativo de la historia de Venezuela y de la Gran Colombia.

NOTA

1 *Simón* se estrenó en Caracas el 3 de marzo de 1983 en la sala Juana Sujo. Se realizaron 75 funciones y vinieron a verla 3446 espectadores.

BIBLIOGRAFIA

Cartas ...
1968   *Cartas del Libertador*. Vol. 5, Caracas: Banco de Venezuela (Fundacón Vicente Lecuna).

Chocrón, Isaac
1967   *Asia y el Lejano Oriente*. Mérida: Talleres Gráficos universitarios (Universidad de los Andes).
1969a   *El quinto infierno*. Caracas: Letras de Venezuela (Dirección de Cultura, Universidad central).
1969b   *Okey*. Caracas: Monte Avila Editores, C.A.
1972   *La revolución*. Caracas: Editorial Tiempo Nuevo, S.A.
1974   *La máxima felicidad*. Caracas: Monte Avila Editores, C.A.
1984   *Simón*. Caracas: Alfadil Ediciones (*Colección Orinoco*).

Mijares, Augusto
1967   *El Libertador*. Caracas: Fundación Eugenio Mendoza.

Usigli, Rodolfo
1965   *Corona de Luz*. México: Fondo de Cultura Económica.

Villegas, Juan
1982   *Interpretación y análisis del texto dramático*. Ottawa: Girol Books, Inc.

El misticismo en "La gloria de don Ramiro"

Gabriella Ibieta
Drexel University, Philadelphia

> Yo siempre he reconocido que para formar
> mi expresión literaria, me atiborré de
> místicos, de místicos españoles. ...
> Enrique Larreta, *La naranja*

Tal interés, combinado con una asidua afición a la literatura hagiográfica, y desarrollado por medio de la metodología precisa y cuidada del historiador, llevarían a Larreta a comenzar un proyecto (frustrado) durante su época de joven escritor en el Buenos Aires de los años noventa: una biografía novelada de la patrona de América, Rosa de Lima. Un viaje a España en 1902 y un nuevo proyecto (también frustrado) sobre los pintores españoles del siglo 17, transformaron su antiguo plan de manera radical. Durante los próximos cinco años, Larreta se dedicó por entero a la composición de su obra mayor, *La gloria de don Ramiro* (1908), en la cual la figura de Rosa de Lima aparece, como símbolo de una nueva vida en un nuevo continente, en el ambiguo "Epílogo."[1]

La esmerada reconstrucción histórica ofrece importantes claves para entender la presencia del misticismo en el texto. Durante la segunda mitad del siglo XVI, la intolerancia religiosa adquirió proporciones desmesuradas en España, exacerbando las actividades policíacas de la Inquisición: "Su vigilancia no perdonó a nadie. Cuatro santos españoles fueron sospechados e interrogados por ella: San Juan de Avila, San Juan de la Cruz, Santa Teresa y San Francisco de Borja" (Jansen 1967: 92). Avila, ciudad monástica, es el microcosmo en el cual algunos de los severos problemas que afectaban a España en esa época se desarrollan; por ejemplo: la conspiración morisca de la cual Ramiro es testigo; la participación del abuelo, Don Iñigo, en un clandestino grupo de nobles que se rebela contra el absolutismo de Felipe II; el horripilante auto de fe de Toledo. Esta obsesiva preocupación con la religión, poderosa corriente subterránea, y la actitud contradictoria de un pueblo (simbolizada por el culto a Santiago Matamoros, en disminución, y el creciente fervor despertado por las acciones de Teresa de Ahumada), se concentran en el personaje de Ramiro. Los impulsos que tiene el muchacho hacia la "gloria" militar, su irónico odio hacia los árabes, han sido codificados bajo el signo del santo soldado, cuyo culto se originó en el siglo IX como consecuencia directa de la ocupación árabe y del concepto islámico de la "guerra santa" (Castro 1954: 136–201). Medrano, el escudero, y Vargas Orozco, el canónigo (ambas figuras paternas), ofrecen un modelo de gloria militar y religiosa. Por otra parte, las mujeres también tendrán gran influencia sobre Ramiro. Personaje dividido y conflictivo, hijo de castellana y árabe, el muchacho se debate entre sus ansias de "gloria" de este mundo y su conflictiva asimilación de una religiosidad mística, inspirada por su madre, a su vez discípula de Teresa de Avila.

Aunque es indiscutible que el *motif* del erotismo religioso es propio del modernismo, tal detalle cobra particular interés en la obra de Larreta, ya que tiene como base la fusión de las corrientes religiosas, estéticas y culturales que florecieron en la literatura española del Renacimiento y del Barroco: "Cuando uno lee los libros del persa Algazel, o el *Hayi Ibn Jagazán* del árabe español Abentofail, cree uno estar leyendo a Santa Teresa o a Fray Luis de Granada, o a San Juan de la Cruz [. . .] Hay un fantasma sufí en cada celda ibérica" (Larreta 1954: 1172). Como ha señalado Joseph Campbell, el movimiento sufí tiene sus orígenes en el monasticismo de las primeras sectas cristianas; la fase más antigua del sufismo se caracterizó no por el amor a Dios, sino por sentimientos de culpabilidad y de miedo. Surge un cambio radical en el siglo IX: "a celebrated woman saint, Rabi'a al–Adawya ... brought forward the idea of divine love as both the motive and the end of the mystic way. [...] She declared that she knew neither fear of hell nor desire for paradise, but only such an absorbing love for God that neither love nor hate for any other being remained in her heart" (Campbell 1964: 488). La unión mística con la deidad, como también la calidad aniquiladora y absoluta de la experiencia, se refleja en la obra de Teresa de Avila, a quien Américo Castro califica como heredera directa del misticismo sufí: "La espiritualidad sufí hizo posible alcanzar, ya en el siglo X, la altura expresiva de una poesía como la de Ibn Faray, gracias a la indistinción entre lo divino y lo mundano, entre la doctrina y la expresión total de la persona. Por ese camino entenderemos el arte de Santa Teresa, escritora de ascendencia judaica, en cuya obra se armonizan la materia y el espíritu de modo muy hispánico" (1954: 340). Hay en *La gloria* tres personajes que de diversas maneras muestran la influencia de Teresa de Ahumada: don Ramiro, su madre doña Guiomar, y su amante morisca, Aixa. Es mi propósito analizar cómo se manifiesta el misticismo teresiano en ella, estableciendo paralelos y contrastes entre los mismos.

Doña Guiomar ha sido codificada a manera teresiana, e incluso su nombre alude a una de las amigas de Teresa, Guiomar de Ulloa. El personaje larretiano, sin embargo, no es un ser místico como Teresa, sino una fanática, cuya obsesiva y compulsiva religiosidad representa un acto de expiación por los ardores de su juventud. Guiomar aparece por primera vez en el espacio narrativo cuando Ramiro, contra sus deseos, juega con la espada de Medrano. Se le describe como a "una hermosa mujer, extremadamente pálida, toda vestida de negro"[2] y es también heraldo de malas noticias: su parienta, la madre Teresa de Ahumada, acaba de morir. A través de la oposición temática representada por Medrano y Guiomar, se introduce en este primer capítulo la dicotomía que domina el temperamento de Ramiro, la espada contra la sotana. Los próximos cinco capítulos constituyen un *racconto* sobre la vida y fortuna de don Iñigo de la Hoz y su hija Guiomar, y son los más descriptivos de la novela respecto de ésta. Su seducción por el hijo de Aben–Djahvar, acérrimo enemigo de don Iñigo, ha sido un acto de venganza: antes de nacer, el niño es maldito por su despiadado abuelo; el breve matrimonio de Guiomar con don Lope de Alcántara, hombre de honor que le dio su apellido al hijo bastardo, termina abruptamente al morir don Lope en Flandes luchando contra los protestantes. Ante todas esas desgracias, su reacción es radical:

"Guiomar, como si hubiera asido con ambas manos la herida abierta en su pecho por tanto dolor, pareció escurrir fuera de sí el exceso de aquella sangre culpable, cuyos ardores habían mancillado su honra [...] A pesar de su preñez, sometió su cuerpo a las más arduas penitencias, imitando, dentro de su casa, en lo que era posible, la nueva reforma del Carmelo" (1954: 262–267).

Utilizada por el amante morisco como objeto sexual para deshonrar al enemigo castellano, repudiada y maldita por su padre, la viuda pasará el resto de su vida como una monja, tratando de imitar a Teresa de Ahumada de manera extrema y maniática: "Para Guiomar, su aposento ... tenía austeridades de celda ... Su lozanía ... y el mismo brillo de sus pupilas ..., todo huyó prematuramente de su rostro, macerado por los pesares ..." (1954: 24–25). La relación de Guiomar con su hijo está regida por su miedo de que el muchacho, al tratar de abrirse camino en la vida pública y gloriosa a la que aspira, se vea precisado a probar su limpieza de sangre y se entere de su innoble origen. Vistos desde este ángulo, la severidad y el fanatismo propios de su comportamiento se hacen más comprensibles. Al recibir su primera comunión, su madre "castigaba ... su falta más mínima con penitencias monásticas, inculcándole el desprecio del mundo y el terror del pecado. ... Relataba ella misma ... los trabajos y prodigios de la Madre Teresa de Jesús ... y cómo, en medio de la oración, el aliento celestial la tocaba de pronto, levantando su cuerpo a varios palmos del suelo" (1954: 28). De esta manera, Guiomar prepara a su hijo, erróneamente, a imitar tanto el lenguaje como las acciones propias del misticismo, sin que el muchacho logre internalizar los conceptos que rigen al mismo. Si bien es evidente la intención de Larreta al codificar a Guiomar como personaje teresiano, tal caracterización es superficial, más cercana a la "forma" del fanatismo religioso que al verdadero misticismo como estilo de vida. Tal recurso narrativo tiene como propósito pre–disponer las actitudes religiosas de Ramiro: la influencia de Guiomar en su hijo es considerable, y la obsesión que demostrará él por Teresa de Ahumada es resultado de este adoctrinamiento.

El único personaje verdaderamente místico en la obra es Aixa, cuyo nombre significa "la viva" (Jansen 1967: 92); es descendiente de Mahoma, pertenece a la aristocracia morisca de Granada, y su conducta está de acuerdo con los valores tradicionales de su religión. Aunque no hay ninguna referencia directa en la novela, existen suficientes señales como para suponer que ha habido un pacto secreto entre Aixa y el misterioso personaje de la daga, el padre de Ramiro, para tratar de "arabizar" al muchacho. Por ejemplo, Aixa y Ramiro no se conocen de una manera accidental, sino que el joven es llevado en secreto a casa de la morisca. También es preciso recordar la escena en la cual Aixa y el padre de Ramiro pronuncian las oraciones musulmanas a la hora del crepúsculo, mientras el muchacho los observa, primero fascinado y atraído, después horrorizado. Evidentemente, la intención es que Ramiro se convierta al Islamismo, reconozca su origen, se reconcilie con su padre.

El hecho de que una relación erótica conduzca a la religión no es sorprendente dentro de los cánones de Islam: "Para la literatura religiosa o moral de la Edad Media cristiana, la mujer simbolizó el pecado; en la literatura árabe del mismo tiempo la mujer fue, a menudo, un incentivo en la marcha a Dios" (Castro 1948: 324). La mezcla de erotismo y religión, propia del modernismo, es evidente en la escena que describe el primer encuentro sexual entre Aixa y Ramiro: la mujer "rindióse con frenesí tan severo, que el amor parecía entre sus brazos acto ritual y sagrado. Sus labios se entreabrían con doble sonrisa de deleite y sufrimiento, como si hubiera querido remedar el primer goce doloroso de las vírgenes" (1954: 88). La unión de cuerpo y alma en "acto ritual y sagrado", la referencia a "vírgenes", caen dentro de la tradición de la literatura mística. La obsesión religiosa de Aixa llega a tal extremo que en una ocasión, al hacer el amor y en el momento preciso del orgasmo, le pregunta a su amante: "¿Dasme también toda el alma? ¿Toda? ¿Tendrás el mesmo amor e la mesma creencia que tu Aixa, tú?" (1954: 88). En otra instancia, le lee un capítulo del Korán referido a la Virgen María, y también un fragmento descriptivo de la Visión Suprema del ya mencionado *Hayi Ibn Jagazán*, escrito por Abentofail en el siglo XII, y considerado como uno de los textos clave para la mística española:

> "Era preciso, según aquella enseñanza, disminuir día a día los propios alimentos, para distanciarse de la materia corruptible. Luego se emprendería el remedo de los astros, porque los astros eran inmaculados, extáticos, inmutables, fuera del mundo de la corrupción. Sus esencias inteligentes contemplaban al Ser Unico en la eternidad; y nada ayudaba a abstraerse de todo el mundo sensible y caer en la embriaguez, en el supremo delirio, como la imitación de sus movimientos por medio de la danza, de la rotación indefinida. Entonces se manifestaba la Esfera Sublime, cuya esencia está inmune de materia ..." (1954: 91).

Ramiro, impresionado y al mismo tiempo confundido, cree haber escuchado "expresiones de la mística cristiana" (1954: 91). Cuando Aixa comenzó la danza ritual, "apretaba las piernas", como si "algo doloroso, delicioso, la penetrara profundamente" (1954: 92). La escena de la danza constituye un ejemplo de la experiencia mística descripta en términos concienzudamente ambiguos: en tal experiencia, no existe separación entre cuerpo y alma, el intelecto no actúa de manera preponderante, y la persona se concentra en obtener la unión completa, total, con la deidad. No es casual que al final de la danza Ramiro compare el trance de Aixa con los "arrobos de la madre Teresa de Jesús" (1954: 92). La horrible muerte de Aixa, quemada viva en el auto de fe de Toledo, la codifica como mártir. De la misma manera que se había entregado al amor y a la vida, Aixa se abandona a la muerte, y es acertado suponer que haya muerto en medio de un trance místico: "Cuando las primeras llamas ... lamieron sus plantas, Aixa, alzando los ojos al cielo, fijó su mirada en el delgado creciente de la luna", significante de su sacrificio, símbolo de Islam (1954: 261).

Como contraste, Ramiro, aunque trata de aparentarlo, no es exactamente un ser místico. La ambición de gloria, ya sea de este mundo o del otro, es el motor que domina todas sus acciones. Los cuentos sobre Teresa de Ahumada que le contaba su madre y la mitificación de las visiones de Teresa pocos años después de su muerte y comentadas por la gente, provocan en Ramiro el deseo consciente de abandonar la estructura social de su época y convertirse en ermitaño. Esta aspiración choca directamente con la prominencia de los místicos como reformadores religiosos y sociales, según lo documenta la literatura hagiográfica.[3] Ramiro reacciona a cualquier estímulo que le parezca en determinado momento lo suficientemente atractivo. Ejemplo de esto es su súbita decisión de dedicarse a la vida religiosa cuando escucha a los nobles avilenses hablar de Teresa, sus visiones, sus milagros. Ramiro, "enfebrecido", medita sobre el extremo poder que "una humilde enclaustrada" ejercía sobre "los más recios hidalgos", que se doblegaban "ante la sublimidad de la gloria penitente." Su voz interior le aconseja:

"Abandona la brega de los hombres. No hay vida más heroica, más fuerte, vida más vida, que la de aquel que desnudándose por entero del vano ropaje mundanal sigue la senda de Cristo Nuestro Señor. Ese acrecienta como ninguno las potencias del alma, y, en un mismo día, asedia o defiende, toma castillos o levanta cestones y palizadas, libra grandiosos combates, pone en fuga legiones inmensas, conquista mundos ignorados y maravillosos. Sólo aquel que tiene su vuelo por los espacios de la eternidad, logra sus simientes, conoce la verdadera gloria y vence la vanidad, la brevedad y el terreno dolor" (1954: 135).

El lenguaje de esta cita es lenguaje de batalla: "vida heroica", "potencias del alma", "combates"; además, la meta es siempre "la gloria." Casi inmediatamente, Ramiro, perdido en un mundo de fantasías, "soñó ... con su futura santidad", y, dos días más tarde, antes de partir para Salamanca a estudiar teología, "soñó en cosas del Cielo, en claras armonías del Paraíso, en el alma de Teresa de Jesús gozando de Dios, entre la innumerable blancura de los serafines" (1954: 142). En la escena que sigue, Ramiro dialoga con su maestro, el canónigo Vargas Orozco; afectado de un falso fervor místico, el muchacho expresa su necesidad de recibir una señal de Dios para fortalecer su fe: "Yo quisiera ... subir de un solo ímpetu a una de las moradas de arrobamiento que describe la Madre Teresa de Jesús; gozar, aunque fuera un instante, de ese deliquio, de ese éxtasis, en que ella caía de continuo; llegar a Dios, en fin, de un solo y soberano vuelo del alma, y anegarme, abismarme en su contemplación" (1954: 143). Larreta emplea en esta cita un engañoso lenguaje pseudo–místico. Lo que Ramiro quiere es un atajo al camino de perfección. Su deseo de "elevación", "éxtasis", "vuelo", "anegación", indica su propensidad al escapismo, ya que al mismo tiempo él rechaza, o, mejor dicho, ignora, los arduos ejercicios de disciplina, obediencia y meditación del verdadero místico. Además, Ramiro opone el concepto de "contemplación" al de "acción" en su superficial acatamiento del misticismo.[4]
Representante del catolicismo ortodoxo, Vargas Orozco percibe inmediatamente cuál es el problema de Ramiro, y le aconseja de esta manera:

"La Teresa y todos cuantos escribieron o escriben sobre mística, en lengua vulgar, van haciendo harto mal por España, incitando al desprecio del duro camino escolástico y engolosinando a los incautos con visiones, revelaciones, coloquios y éxtasis, y todos los sueños que engendra la beodez contemplativa. ... A un paso estáis, Ramiro, de las peores herejías que apestan a España, e mucho me temo que, llevado por esa guía espiritual, os hundáis, sin sabello, en la locura de los begardos, o alguien os anuncie al Santo Oficio de alumbrado ..." (1954: 143–144).

Tales juicios sobre Teresa son exagerados y sumamente arbitrarios, pero también son típicos de un hombre dogmático, conservador y recalcitrante, cuyos intereses residen en la continuidad de la iglesia como estructura social. Desde este punto de vista, la reacción de Vargas Orozco se puede interpretar como una advertencia a Ramiro. Defensor del Escolasticismo según la tradición de Tomás de Aquino, el canónigo repudia la accesibilidad que la obra teresiana, escrita en español, pudiera ofrecer a un público no familiarizado con la ortodoxia religiosa, escrita en latín. Vargas Orozco, devoto de Santiago Matamoros, se opone al costado radical de la iglesia, representado por Teresa.[5] Particularmente interesante, en el fragmento citado, es la referencia que hace el canónigo a los alumbrados. Influidos por el Luteranismo, el Erasmismo, y también por el movimiento Sufí, los alumbrados declararon por primera vez sus doctrinas en el Edicto de Toledo de 1525, y fueron desde esa fecha perseguidos por la Inquisición. Absortos en la contemplación mística y el éxtasis, rehusaban tales rituales del catolicismo como el de adorar las imágenes de los santos, tomar agua bendita, y hacer la señal de la cruz. Volvieron a aparecer en Llerena en 1575 (unos quince años antes de la época a la cual se alude en *La gloria*), y después en Sevilla en 1623 (Márquez 1972: 86–94). La preocupación que siente Vargas Orozco ante el entusiasmo de Ramiro tiene fuertes bases, ya que la Inquisición frecuentemente investigaba, acusaba y castigaba no solamente a aquellos que abiertamente profesaban las creencias del alumbradismo o de otras sectas, sino también a muchos que manifestaban ciertas tendencias místicas. Es evidente la intención irónica del autor al atribuirle a Ramiro características externas del misticismo: dos días después de la escena mencionada anteriormente, Ramiro está sentado junto a la ventana de su habitación, piadosamente leyendo un texto religioso; pero cuando Beatriz, al pasearse por la calle, le sonríe coquetamente, Ramiro "arrojó el *Arte de buen morir* sobre una mesa cubierta de libros" (1954: 146).

Un último ejemplo ilustrará de manera más directa la falsa asimilación de los preceptos místicos de Teresa de Ahumada por Ramiro. Después del auto de fe de Toledo, donde ha presenciado el martirio de Aixa, Ramiro camina mecánicamente, hasta que se encuentra en las afueras de la ciudad; allí, medita hasta la hora del crepúsculo:

"Ramiro dejóse llevar por el sagrado recogimiento, presintiendo un signo, una voz de lo alto. En ese instante las campanas de la ciudad rompieron a tocar las oraciones ...

Rezó las avemarías. Estaba redimido, estaba purificado. ... Levantóse. El suelo y las rocas oscilaban a su alrededor; su cuerpo, aligerado, iba a desprenderse, sin duda, de la tierra. De pronto, un fuego, algo como inflamada saeta venida de lo alto se le entró por el pecho, sumergiéndole durante algunos segundos en un estado delicioso, gozado sólo con el alma" (1954: 264–5).

La cita se refiere específicamente a la famosa visión de Teresa, conocida bajo el nombre de la Transverberación:

"Quiso el Señor que viese aquí algunas veces esta visión; veía un ángel cabe mí hacia el lado izquierdo en forma corporal. ... No era grande, sino pequeño, hermoso mucho, el rostro tan encendido que parecía de los ángeles muy subidos, que parecen todos se abrasan. ... Veíale en las manos un dardo de oro largo, y al fin del hierro me parecía tener un poco de fuego. Este me parecía meter por el corazón algunas veces, y que me llegaba a las entrañas. Al sacarle, me parecía las llevaba consigo, y me dejaba toda abrasada en amor grande de Dios. Era tan grande el dolor que me hacía dar aquellos quejidos. ... No es dolor corporal, sino espiritual, aunque no deja de participar el cuerpo algo, y aún harto. Es un requiebro tan suave que pasa entre el alma y Dios, que suplico yo a su bondad le de a gustar quien pensare que miento" (1963: 178).

La experiencia "mística" de Ramiro ha sido provocada por él mismo, conscientemente, no a través de meditación o de plegaria continua, sino a través de la autosugestión. El lenguaje es deliberadamente imitativo: Ramiro es "penetrado" por la atmósfera religiosa; "presintiendo" una señal, siente que entra en su pecho "algo como inflamada saeta", pero la sensación provocada es un estado "gozado sólo con el alma", o sea, algo abstracto. Teresa, por el contrario, describe su experiencia en términos totalmente realistas, con detalles específicos y casi brutales en su simplicidad. La unión de cuerpo y alma es el centro, la raíz, de la visión de la transverberación; descripta en términos realistas, tal experiencia comunica sensaciones muy distintas de aquellas manifestadas por el trance pseudo–místico de Ramiro. Lo que él ha sentido podría quizás definirse como un proceso de disociación, en el cual cuerpo y alma parecen ser dos entidades totalmente separadas una de otra. Aunque la escena citada no es exactamente paródica, podría afirmarse que el autor no está de ninguna manera convencido de que su personaje haya tenido una experiencia mística. Por el contrario, el trance de Ramiro, codificado en términos ambiguos, parece ser derivado de su lectura de la *Vida* de Teresa de Ahumada. A medida que su euforia disminuye, Ramiro "creyó ... que había sido transverberado como la Madre Teresa de Jesús" (1954: 265). La referencia a Teresa no es gratuita: está especialmente cargada de significado, ya que la evaluación de Ramiro está regida por el verbo, terminante y en pretérito, "creyó." Larreta señala de esta manera que la autenticidad de la experiencia está basada solamente en lo que el personaje "cree" que es o que ha sido, es decir, algo extremadamente sujetivo y aún arbitrario. Larreta no autentifica esta experiencia; por el contrario, las siguientes aventuras de Ramiro (su corta vida de ermitaño, su escape al Perú y su etapa de bandolero allí), representan cómo la supuesta "transverberación" ha provocado no un cambio definitivo, sino un cambio más en la serie de movimientos oscilatorios que han definido su vida, de manera casi opuesta a los principios del verdadero misticismo:

> "En cuanto el misticismo es oración pasiva, es actual; en cuanto es una especie de vida trasfigurada, es habitual ... Durante la vida de los místicos, las breves etapas de regalo alternan siempre con etapas amargas de sufrimiento destinadas a borrar las imperfecciones que impiden, en virtud de las leyes espirituales, el contacto directo y constante del alma con Dios. Así, el misticismo o la contemplación es un proceso espiritual, un movimiento siempre ascendente, pero en olas de las que las inferiores representan en todos los niveles fases pasivas–purgativas, y las más altas representan primero las etapas iluminativas y después las unitivas en el sentido propio de la palabra" (Hatzfeld 1968: 14–15).

En *La gloria de don Ramiro*, Larreta ha captado la atmósfera (mística, conflictiva, fascinante) de uno de los períodos más atrayentes de la historia de España. La presencia indirecta de Teresa de Ahumada es uno de los elementos mejor logrados de este texto, en el cual la corriente mística se manifiesta en diferentes aspectos. En doña Guiomar, la presencia teresiana es asimilada en sus formas externas, y la austeridad y el ascetismo que la definen reflejan un espíritu penitente. Por otra parte, en Aixa la vertiente religiosa, directamente comparada con la de Teresa, la define como personaje y representa la fusión del misticismo árabe y del cristiano. Ramiro, personaje ambiguo, se define por su aspiración a la fama. En última instancia, sus manifestaciones religiosas, muchas veces inspiradas por el modelo teresiano, se desvían de éste para obtener una meta cuya realización resulta irónica: la gloria.

NOTAS

1 Para una discusión sobre el controversial "Epílogo", véase mi libro, *Tradition and Renewal in "La gloria de don Ramiro"* (1986: 125–37).

2 Enrique Larreta, *La gloria de don Ramiro*, en sus *Obras completas*, p. 18. Toda referencia a esta obra será indicada en el texto.

3 "In fact ..., mystics could also reach out to the world. The most impressive contemplatives were those who had achived a powerful mastery over self, who had learned how to focus all energies and drives toward one object. Great mystics made great reformers, peacemakers, preachers, healers, miracle-workers." Donald Weinstein and Rudoph M. Bell, *Saints and Society. The Two Worlds of Western Christendom*, 1000–1700 (1982: 150–51).

4 "Since contemplation has seldom become action in the long but broken history of mysticism, an old paradox may have been resolved in Teresa's Spain. Action, far from being antagonistic to the mystical life, nourished it and strengthened it." Robert T. Peterson, *The Art of Ecstasy. Teresa, Bernini and Crashaw* (1970: p. 7).

5 Con respecto de la famosa rivalidad entre Santiago Matamoros y Teresa de Avila por el co-patronato de España, véase Castro (1954: 190–197).

BIBLIOGRAFIA

Campbell, Joseph
    1964   *The Masks of God: Occidental Mythology*. Nueva York: Viking.

Castro, Américo
    1948   *España en su historia. Cristianos, moros y judíos*. Buenos Aires: Losada.
    1954   *La realidad histórica de España*. México: Porrúa.

Hatzfeld, Helmut
    1968   *Estudios literarios sobre mística española*. Madrid: Gredos.

Ibieta, Gabriella
    1986   *Tradition and Renewal in "La gloria de don Ramiro"*. Potomac, Maryland: Scripta Humanis-
            tica.

Jansen, André
    1967   *Enrique Larreta; novelista hispano-argentino (1873-1961)*. Trad. F. Murillo Rubiera,
            Madrid: Cultura Hispánica.

Larreta, Enrique
    1954   *Obras completas*. Madrid: Plenitud.

Márquez, Antonio
    1972   *Los alumbrados. Orígenes y filosofía, 1525-1559*. Madrid: Taurus.

Peterson, Robert T.
    1970   *The Art of Ecstasy. Teresa, Bernini and Crashsaw*. Nueva York: Atheneum.

Teresa de Jesús
    1963   *Obras completas*. Madrid: Aguilar.

Weinstein, Donald, y Rudolph M. Bell
    1982   *Saints and Society. The Two Worlds of Western Christendom, 1000-1700*. Chicago: Univ. of
            Chicago.

Destrucción de los mitos, ¿posibilidad de la Historia? "El llano en llamas" de Juan Rulfo

Yvette Jiménez de Báez
El Colegio de México

Desde el título, *El llano en llamas*,[1] este primer libro de Juan Rulfo se vincula a la narrativa de la Revolución mexicana.[2] Con "grandes llamaradas" y la destrucción de la casa del protagonista cierra el primer capítulo de *Los de abajo*, primera novela del ciclo. Se escinde el núcleo familiar,[3] y Demetrio Macías – esposo y padre – va a la lucha con el acicate de una imagen grabada en su retina: "En cada risco y en cada chaparro, Demetrio seguía mirando la *silueta dolorida de una mujer, con su niño en los brazos*" (Azuela 1916: 10).

Este modelo de la tríada familiar transformada por el desastre, se repetirá con variantes en las novelas y cuentos posteriores del ciclo y es central en el libro de Rulfo, como se verá después.

El llano en llamas nos lleva a otro texto más cercano en el tiempo y en el modo como especifica su visión del mundo: *El resplandor* de Mauricio Magdaleno,[4] escrito en mayo de 1936 y publicado en 1950. El nexo es inmediato y complejo. A la hora del desastre colectivo en *El resplandor*, el viejo Bonifacio testimonia antes de morir, mediante un fluir de la conciencia que recuerda motivos y otros monólogos rulfianos:

> "*Llamas llamas* de pira *llamas* consumiendo el cuerpo el tremendo cuerpo del ahorcado ... Diosito Diosito Diosito ... aquí dejas a un hijo que sabrá lo que nos hiciste Saturnino *llamas llamas* ... cuántos muertos ... cuántas *llamas trece llamas* ... los indios no dejaremos de sufrir nunca ... *llamas llamas noche y llamas*" (Magdaleno 1936: 252-253).[5]

Ha quedado aludido otro núcleo importante de significación: el sustrato cristiano, religioso, que subyace en la conciencia de estos pueblos y que la narrativa de la Revolución y la de Rulfo asumen cuestionándolo, transformándolo, remitiendo una y otra vez a él para entender la Historia.

Está sugerido, además, que tanto los miembros del grupo familiar (*Los de abajo*), como los de la colectividad (*El resplandor*) son personajes de contornos míticos, pues lo que se enfoca en ellos son los vínculos de solidaridad o su negación. Predomina lo segundo, lo cual provoca el caos, la muerte y la pérdida de identidad.[6]

Desde otro punto de vista, el título se homologa con la frase sustantiva del pasaje de *El resplandor* – "llamas llamas" – gracias a la economía poética del estilo en Rulfo. Estamos ante un verso pentasílabo trocaico que logra plenamente la identidad metafórica entre los sustantivos que lo componen. Decir "llano", aquí, equivale a decir "llamas". No hay más que la precisión del artículo y la preposición que se absorbe prácticamente, por la sinalefa, al primer sustantivo, acortando la distancia entre ambos términos y unificándolos: *El llăno en llămas*.

La imagen, de carácter simbólico, se desglosa en sus componentes principales. Cada cuento del volumen es autónomo y, al mismo tiempo, aporta un matiz característico de ese incendiado y contradictorio espacio histórico vuelto discurso.

El título nos lleva también a fijar la atención en el cuento que lleva igual nombre: "El llano en llamas". En la disposición textual interna ocupa el lugar central (Rulfo 1953: 76-98). Es el cuento más próximo al estilo de los relatos testimoniales de la Revolución, filiación que muestra desde el epígrafe, seleccionado de un corrido popular, y el grito que lo inicia: "¡Viva Petronilo Flores!". El foco sobre la Historia se desplaza lo suficiente para dar la perspectiva adecuada a la visión del período posrevolucionario que le interesa comunicar al autor: a partir del último tramo de la lucha armada, cuando empiezan a revelarse las consecuencias y el sentido del movimiento a la conciencia crítica, y hasta poco después de la guerra cristera.

El principio generalizador del título se especifica en cada rancho. La casa de Demetrio Macías es ahora todos los ranchos del Llano Grande. El caos ideológico – "Y aunque no tenemos por ahorita ninguna bandera" (Rulfo 1953: 87) – y la injusticia social contra la cual se lucha, operan como una fuerza anónima y destructiva que, paradójicamente, produce placer ("Daba gusto mirar"), porque llena el vacío vital del hombre arrancado de su raíz nutricia (v. "Macario"):

> "Seguimos caminando de frente, encandilados por la luminaria de
> San Buenaventura, como si *algo nos dijera* que nuestro trabajo era
> estar allí, para acabar con lo que quedara" (Rulfo 1953: 85).

La fuerza destructiva se vuelve sobre el propio hombre que, en su caída, gesta su hambre y su muerte. El contrapunto irónico entre el estado de las cosechas y su destrucción marca la dimensión de la tragedia:

> "Era la época en que el maíz estaba por pizcarse [...] Así que se
> veía muy bonito [...] ver hecho una pura brasa casi todo el Llano en la
> quemazón aquella" (Rulfo 1953: 86).

Las consecuencias se explicitan en el texto. El *miedo* homologa los contrarios ("Ahora se veía a leguas que nos tenían miedo. Pero nosotros también les teníamos miedo." Rulfo 1953: 87). Y engendra más violencia contra el hermano (reproducción del modelo cainítico que los cuentos reiteran una y otra vez). La imagen dominante de este hecho que la narración reproduce ejemplarmente es la de los colgados (cf. el pasaje citado *supra* de *El resplandor*). Si las llamas son el Llano, los colgados a la intemperie trastornan los caminos y la imaginación:

> "Era raro que no viéramos colgado de los pies a alguno de los
> nuestros en cualquier palo de algún camino. Allí duraban hasta que

se hacían viejos y se arriscaban como pellejos sin curtir" (Rulfo 1953: 95-96).

La "marca de Caín" produce la escisión de la colectividad.[7] El espacio se angosta hasta no dar cabida al hombre: "De este modo se nos fue acabando la tierra. Casi no nos quedaba ya ni el pedazo [...] para que nos enterraran. Por eso decidimos separarnos los últimos, cada quien arrendando por distinto rumbo" (Rulfo 1953: 96).

La tierra se refuerza hacia el futuro como el objeto del deseo no realizado (cf. "Nos han dado la tierra"). En cambio, la imagen "dolorida de la mujer, con su niño en los brazos" – La *Pietá* de *Los de abajo* – reaparece aquí transformada en una posibilidad real de recuperar el vínculo primario de relación afectiva que constituye la tríada familiar desde una óptica masculina, de signo paternalista.[8]

La mujer, madre y mediadora, presenta el hijo ante el padre – asesino, violador y, hasta ahora, ausente –. El sostén de ella ha sido la esperanza: "Pichón, te estoy esperando a ti [...] Te he estado esperando desde hace mucho tiempo" (Rulfo 1953: 97). El encuentro constituye un momento de iluminación en la visión del mundo escindida y desolada.[9] La mujer devuelve al hombre una razón de ser para su vida, y el acto la enaltece ante sus ojos (Era "quizá la mejor y más buena de todas las mujeres", Rulfo 1953: 97). El encuentro provoca en él un examen retrospectivo de la culpa que lo lleva al arrepentimiento, sintetizado en el gesto del enunciado final: "Yo agaché la cabeza" (Rulfo 1953: 98). Sin embargo (¿huellas del sistema opresor de que se parte?) hacia el futuro queda el hijo con una semilla de contradicción (Rulfo 1953: 98).

Rulfo ha declarado en algunas entrevistas que sólo conoció la Revolución en las novelas y cuentos del período. Es indudable que los conocía, pero también sufrió las consecuencias del movimiento para su familia.[10] No obstante, sus textos no son autobiográficos, en la medida en que no particularizan la pérdida y la tragedia como una experiencia individual. Más bien, ahondan en la realidad decantándola de toda anécdota o ampliación superflua para entrar en sintonía con las raíces de la tragedia colectiva, de la cual él también forma parte. De ahí el carácter poético de su estilo, determinado por el tono que moldea los materiales. Rulfo trabaja *al filo de la angustia*, sin eludir ni la ironía, ni el rencor, ni el pesimismo, ni el dolor, ni aun, a ratos, la ternura. Todo pasa por el tamiz preciso de su tono denso, grave y nostálgico. No hay estridencias, sino un dolor sordo que sofoca la esperanza.

Como todo libro, *El llano en llamas* organiza internamente sus partes en función de una intencionalidad. Así se vio en las relaciones entre el título y el cuento del mismo nombre que centra los relatos en su vértice geográfico inmediato: los Altos de Jalisco.

Quiero ahora fijarme en la distribución primaria del libro,[11] y tomar en cuenta los cambios más significativos que se le han hecho. El primero es la incorporación de dos cuentos – antes excluidos – que no alteran los lineamientos principales de El *llano en llamas* ("El día del derrumbe" y "La herencia de Matilde Arcángel"). El segundo, la sustitución de "Macario" por "Nos han dado la tierra" para iniciar el volumen. "Macario" desaparece después en dos ediciones intermedias, y se recupera en la edición especial del Fondo de Cultura Económica de 1980, cuidadosamente revisada por el autor. Ahí se incluye después de "Talpa" y antes de "El llano en llamas".

¿Por qué este peregrinar de "Macario" por el libro, y cuál es su relación con los demás cuentos? "Macario" se publicó por primera vez en la revista *Pan* de Guadalajara, en noviembre de 1945. Es el tercer cuento publicado de Rulfo.[12] La crítica reitera su filiación faulkneriana sin que se detenga – salvo en el caso de Irby[13] – a precisar lo que acerca y aleja a Macario y a Benjy, el idiota de *El sonido y la furia*. Tal vez es un Faulkner que en este momento le llega a Rulfo de otro hijo anormal, de edad ambigua (niño en el plano "real"; adulto en el simbólico), más próximo que el modelo norteamericano. Pienso en Jaime, "El hijo tonto" de *Dios en la tierra* de José Revueltas. La tríada familiar, de contornos míticos, subyace a los relatos. Presente está también el sustrato religioso, no como paraíso liberador (que es lo omitido), sino como amenaza permanente de condenación eterna; de muerte sin resurrección.[14]

Coherente con los personajes literarios de su misma índole, Macario deja ver la verdad de las relaciones que vive. Este personaje menor y marginal, acosado y reprimido, revela en su monólogo *el miedo* como eje de la vida. Entre el *vivir* y el *morir*; la *salvación* y la *condena*; la *ternura* y la *agresión* se erige la criatura deseante que no sacia nunca su hambre.[15]

La tríada familiar está totalmente alterada. Muertos los padres, el hijo deviene "ahijado". La nueva tríada delata la transformación negativa de una estructura patriarcal. La *madrina* sustituye las funciones del padre; Felipa, la criada, amamanta y seduce al hijo (grotesco Edipo). Los nexos de parentesco se degradan y condenan al personaje. Así, la madrina establece una relación de dominio y chantaje con Macario, a quien amenaza con la "condenación eterna" lo cual implica la imposibilidad de recuperar el vínculo familiar primigenio: "para que me lleven a rastras a la condenación eterna [...] sin pasar ni siquiera por el purgatorio, *y yo no podré ver entonces ni a mi papá ni a mi mamá*, que es allí donde están" (Rulfo 1953: 14).

La vida se define, en última instancia, como la espera del reencuentro con el origen. El *miedo* convierte las condiciones infrahumanas en que se vive en algo mejor que la agresión de afuera, y el personaje se encierra, cada vez más, en un espacio oscuro y precario, condenado a un estatismo que borra todo proyecto de vida (¿censura implícita a la amenaza de una involución ahistórica?). Lo sostiene en el *ahora* y el *aquí* una versión degradada y al mismo tiempo consoladora del nexo materno-filial. Macario *espera* la leche nutriz de Felipa, la madre amante sustituta que establece con él, sin embargo, una relación cómplice en términos del problema de la culpa y la expiación.[16]

El cuento reúne pues los principales núcleos de significación que condicionan la vida afectiva y social de los personajes a lo largo del libro.[17] Centrado en la vida cotidiana de una "familia", revela – por el camino del símbolo – la inversión del modelo positivo (siempre añorado), mediante el sistema de relaciones negativas que denuncia y que responde a una visión maniquea de la vida. Mundo invertido que sólo deja abierto el camino infrahumano de la marginalidad. Se desmitifican las concreciones históricas imperantes de la familia, la religión, la casa, el espacio exterior y la solidaridad.

Rulfo comentó alguna vez que el cuento pudo aparecer al principio o al final del libro.[18] Esto se explica por su carácter simbólico y generalizador. Sin embargo, su reaparición entre "Talpa" y "El llano en llamas" no sorprende. El símbolo sintetizador recala en el escenario histórico de "El llano en llamas" y, en cierto modo, lo justifica.

Si, como dice Cassirer (1946: 32), la concepción que el hombre tiene del mundo y de lo divino se manifiesta en sus actos y en sus ritos, "Talpa" relata la mecanización grotesca de lo sagrado, en términos de otra relación incestuosa. Esta es tanto más dramática cuanto se vincula explícitamente con el asesinato de Tanilo, nuevo Abel martirizado y disminuido ya por su propia enfermedad (como Macario por su tara genética).

Los personajes, precarios social y afectivamente, de modo análogo a "El llano en llamas", parecen movidos por una fuerza superior a ellos mismos (¿las condiciones estructurales de subsistencia, o en el nivel simbólico "la marca de Caín"?). El camino a Talpa, como este modo de vivir la vida, es un viacrucis que no redime. Es lo que el cuento quiere mostrar. Por eso se organiza en una gran retrospectiva que arranca del llanto de Natalia. Llanto que promueve en los personajes la conciencia de la culpa. La mujer, llorando "entre los brazos de su madre" – ambas conforman una nueva *Pietá* – no logra reconciliar el mundo escindido. El hombre alcanza a sentir su condición de caminante sin rumbo, a partir de la culpa:

> "Y yo comienzo a sentir [...] que estamos aquí de paso [...], y que luego seguiremos caminando. No sé para dónde; pero tendremos que seguir, porque aquí estamos muy cerca del remordimiento y del recuerdo de Tanilo" (Rulfo 1953: 74).

El miedo amenaza a la pareja, ya de suyo vulnerada: "Quizá hasta empecemos a tenernos miedo uno al otro" (Rulfo 1953: *id.*). Con estos antecedentes, se abre el espacio textual de "El llano en llamas", la gran épica frustrada e invertida.

Como "Macario" antes, "Nos han dado la tierra" inicia el libro en las últimas ediciones. Es, de hecho, el segundo cuento publicado (v. nota 12). El título afirma que un *ellos* da la tierra a un *nosotros*. El narrador se involucra como parte del nosotros, y funciona como la conciencia del grupo, casi sin rebasarla. Es, como mucho, la voz de un testigo que se adelanta un poco y guía al lector de manera casi imperceptible. Su punto de vista colectivo prevalece, matizado por el punto de vista del *yo* o del *ellos*, alternadamente, aunque este último se da siempre desde la voz narrativa. En varias ocasiones el narrador se oculta y nos deja oir el diálogo de los otros personajes. Queda así marcado el punto de vista dominante en todos los cuentos del libro que, con variaciones, no rebasa por lo general la perspectiva de los personajes.

El cuento se inicia con una afirmación en tono reflexivo que colorea con un matiz irónico el enunciado del título: "*Después* de tantas horas de caminar sin encontrar ni una sombra de árbol, ni una semilla de árbol, ni una raíz de nada ..." (Rulfo 1953: 15). Este camino "sin orillas" – como se nos dirá en seguida – y el árbol – que no cobija, que no dará fruto, que no tiene raíz – invierten su sentido vital y sugieren la muerte.

Pero no obstante la intensidad expresiva de estos indicios, todos se ubican en un tiempo anterior que deslinda el adverbio de tiempo inicial. En el *ahora* del relato se da, por primera vez, un signo de vida: "Se oye el ladrar de los perros" (Rulfo 1953: 15; v. también "No oyes ladrar los perros").[19]

Si esa tierra se asocia con los espacios de muerte, el hombre, en tanto pueblo, ha creado espacios vitales: "Pero sí, hay algo. Hay un *pueblo*" (Rulfo 1953: 15). Sin embargo, la certeza proviene de una fe que no concretiza todavía su objeto: "Pero el pueblo está todavía muy allá. Es el viento que lo acerca" (Rulfo 1953: *id.*).[20]

Abajo[21] está la tierra deseada: "Del río para allá, por las vegas, donde están esos árboles llamados casuarinas y las paraneras y la tierra buena " (Rulfo 1953: 18). Llegar a esta tierra, a su polvo, provoca un gozo infantil, primigenio, que la escritura no reprime: "Pero *nos gusta* llenarnos de polvo. *Nos gusta*. Después de venir durante once horas pisando la dureza del llano *nos sentimos muy a gusto* envueltos en aquella cosa que brinca sobre nosotros y *sabe* a tierra" (Rulfo 1953: 21).

El gusto enmascara la verdad sólo por un momento. La situación irónica es que esa "tierra buena" es *de otros*. Lo que importa entonces en el cuento es el camino. Entre el inicio del viaje – que desconocemos, pero asociamos con la pérdida de la tierra, cf. Rulfo 1953: 96 – y la llegada al pueblo, se ilumina gracias al recuerdo la historia del *nosotros* sometido a un largo proceso de reducción y despojo. Al comienzo lo indica el texto con una gran fuerza expresiva: "Hace rato, como a eso de las once, éramos veintitantos; pero *puñito a puñito* se han ido desperdigando hasta quedar nada más este *nudo* que *somos nosotros*" (Rulfo 1953: 15-16). Desperdigarse "a puñitos" pulveriza. Hacerse "nudo" no es un nexo liberador.[22]

El despojo ha sido múltiple y degradante. La realidad se opone al deseo y deriva en pérdida del deseo y frustración. Esto se manifiesta en la *ausencia de comunicación* dentro del propio grupo y con los otros. Al comienzo se afirma: "No decimos lo que pensamos. Hace ya tiempo que se nos acabaron las ganas de hablar" (Rulfo 1953: 16). La primera razón que se aduce es el calor sofocante. Gradualmente el texto precisará las razones sociohistóricas de ese silencio, en la medida en que se define el *ellos* como el que despoja y mata; el que quita el caballo y la carabina (signos del poder sobre el llano);[23] el que da órdenes, y finalmente, el delegado, el Gobierno que éste representa; el latifundio y los caciques. Ese poder del *ellos*, ni los deja hablar (Rulfo 1953: 18), ni los oye (Rulfo 1953: 19).

La incomunicación hace que cobre importancia el lenguaje gestual, aun en las situaciones más sencillas,[24] y que se pierda la conciencia de la presencia del otro: "Yo no me había fijado ... en Esteban. *Ahora que habla, me fijo en él*." (Rulfo 1953: 20). Son los indicios del aislamiento del hombre en este medio que se condensan en los personajes monologantes de "Luvina" y "Macario".

La sed de los hombres, criaturas deseantes, es homologable a la de la tierra.[25] Páramo sin límites donde no llueve nunva (Rulfo 1953: 17) "... *donde nada se mueve y por donde uno camina como reculando*". Esta última imagen nos retrotrae a la amenaza de una involución histórica que se sugiere en "Macario".

El primero en revelar la verdad es el narrador: "Porque a nosotros nos dieron esta costra de tepetate para que la sembráramos. Así nos han dado esta tierra" (Rulfo 1953: 19). El último enunciado textual, subrayado por el contraste con la tierra buena, reitera irónicamente: "La tierra que nos han dado está *allá arriba*" (Rulfo 1953: 21).

Solo hay cobijo para uno en el pueblo (Esteban). El *nosotros* (antes cuatro, ahora tres) debe seguir caminando: "Nosotros seguimos adelante, más adentro del pueblo" (Rulfo 1953: 21).

La tierra es el gran símbolo de todo el ciclo de la narrativa de la Revolución y del período posrevolucionario,[26] como lo fue en la Historia. En la escritura rulfiana el símbolo colectivo se amplía con la imagen de la mujer-madre. Ambos se transforman en el proceso de enajenación a que se ven sometidos los espacios de la cotidianidad ("Macario") y los de la colectividad ("Nos han dado la tierra").

Esa tierra y ese hombre se presentan en su forma límite extrema en "Luvina" ("Un lugar moribundo donde se han muerto hasta los perros" y la muerte es "una esperanza", Rulfo 1953: 119). Después de "Luvina" sólo puede venir *Pedro Páramo* el gran diálogo de los muertos.[27] El narrador está lejos con su recuerdo, pero despojado y reducido ("Allá viví. Allá dejé la vida", Rulfo 1953: 114). Sin embargo, hay un resquicio para la esperanza en ese espacio por ahora vital, *abajo* de Luvina (cf. p. 8 y n. 20 de este trabajo), al cual no tiene ya acceso el narrador, pero que reconoce: "Allá afuera seguía oyéndose el batallar del río. El rumor del aire. Los niños jugando. Parecía ser aún temprano, en la noche" (Rulfo 1953: 114). La escritura sintetiza hasta el símbolo los elementos de ese mundo. Es significativo que sea un maestro de escuela el que ha perdido su razón de ser,[28] como también la madre que no puede dar de comer ni cobijar a sus hijos. Se reproduce la misma imagen de la *Pietá* (ahora patética), en el ámbito sagrado (ahora desacralizado) que le corresponde: "La encontramos ... sentada mero en medio de aquella iglesia solitaria, con el niño dormido entre sus piernas"; allí donde "no había a quién rezarle" (Rulfo 1953: 115-116).

"Luvina" aparece en el libro entre dos cuentos que elaboran la *temática del padre* y la relación compleja y ambigua entre *padre e hijo*: "¡Diles que no me maten!" y "No oyes ladrar los perros". Me limitaré a destacar dos imágenes. El primer cuento finaliza con el hijo que lleva sobre el burro – casi con indiferencia y no sin reproche – el cadáver del padre ajusticiado que sólo muerto e irreconocible puede regresar a casa ("Tu nuera y los nietos ... creerán que no eres tú.", Rulfo 1953: 109). Subyace una historia de opresión y de venganza que deja intacta en el presente la estructura de poder (*antes* el hacendado; *ahora* el militar) y abiertas las puertas para la venganza última. Matar al padre (símbolo del poder o disminuido por la culpa y las carencias) entorpece el desarrollo de los hijos ("Es algo difícil crecer sabiendo que la cosa de donde podemos agarrarnos para enraizar está muerta", Rulfo 1953: 91), y no restituye la comunicación ni los nexos de solidaridad perdidos entre los dos sectores que los padres – y ahora los hijos – representan: el pueblo y la esfera de poder. El cuento muestra las profundas contradicciones y deja la respuesta a cada lector.[29]

"No oyes ladrar los perros" presenta a un padre que lleva a su hijo agonizante a cuestas. Con la muerte del hijo se cancela el futuro (la posibilidad de proyección de una generación a otra, según Angel Rama 1975: 6). Detrás, como en el cuento anterior, hay un pasado de muertes; incluso un parricidio simbólico (el hijo mata a su padrino). Ni el Eneas, ni el Buen Pastor – a los que alude Angel Rama en su excelente interpretación – pueden actualizarse como salidas transformadoras de la Historia, si media la muerte.

La madre, aunque muerta (en "¡Diles que no me maten!" abandona el hogar obligada por las circunstancias), mantiene su función mediadora. Por ella lleva el padre a cuestas a su hijo. Pero no es suficiente para detener la muerte. Lo cual sugiere que la solución involucra a todos.

"Anacleto Morones" concluye, en todas las ediciones, *El llano en llamas*. Es el mundo al revés dueño del espacio. La destrucción de los símbolos que pudieran ser semillas de vida y de la Historia a la altura del hombre. El lenguaje denuncia el caos mediante el diálogo mordaz y liviano de múltiples voces, todas prostituidas. El hombre ha llegado a lo grotesco en su proceso de degradación, como lo indican los nombres de los personajes, propios de una farsa: Anacleto Morones y Lucas Lucatero.[30] Pasa a primer plano una transformación grotesca de la imagen de las mujeres enlutadas, enigmáticas y complejas en su interior que recorre casi toda la narrativa de la Revolución como símbolo de ese mundo cerrado de los pueblos de provincia.[31] Ya en "Luvina" habían asomado, en contraste con la mujer-madre, reducidas a "las bolas brillantes de sus ojos" (Rulfo 1953: 116).

El discurso sin embargo se resiste – como los personajes peregrinos – a cerrar definitivamente las salidas. La genealogía del mal (¿inversión de las genealogías bíblicas?) pretende instaurar una tríada familiar demoníaca: Lucas Lucatero accede a ser padre putativo del hijo de Anacleto Morones, engendrado en su propia hija, y mantiene con Anacleto una relación filial (es su ayudante y discípulo). El intento es fallido. La hija-madre (caricaturesca versión de la madre evocada y reiterada en los demás cuentos) se va por los caminos con el hijo no nacido, y no reaparece. Es el enigma cuya solución queda suspendida en el relato como una amenaza.[32] Lucas Lucatero asesina a Anacleto Morones y ha engendrado un aborto en una de las mujeres de la corte dantesca de Anacleto: "Era una cosa así como un pedazo de cecina" (Rulfo 1953: 157). [¿Qué tan próximos estamos de la condena del linaje en *Cien años de soledad*?].

El cuento parece llevar al extremo paródico muchos de los motivos de "Talpa": los rituales mercantilizados de la religiosidad popular y la pareja producto del miedo y del crimen entre hermanos.

Todo indica que este mundo así caracterizado está condenado a desaparecer. Por ahora, sólo quedan aquí y allá gérmenes de un mundo futuro que, no obstante, llevará en su síntesis elementos de éste. Esos gérmenes se asocian sobre todo con hijos de la segunda generación, de manera análoga a lo que ocurre en otros textos de la narrativa de ese período. También se asocian con ese "pueblo" de "Nos han dado la tierra" que, sin embargo, parece escindido de los sectores rurales y marginados.

Sin lugar a dudas, en Hispanoamérica *El llano en llamas* pertenece a la estirpe de los libros de Arguedas, de Asturias, de Uslar Pietri, de Alejo Carpentier, de Roa Bastos y de Gabriel García Márquez. Implícitamente todos ellos reivindican una concepción de la Historia que integra la presencia fertilizante del mito como sistema creador de imágenes y de símbolos que por analogía interpretan la realidad y la iluminan. Es en este sentido que la literatura define su carácter epistemológico. No se trata ya de una visión necesariamente enmascaradora de la realidad ligada a una falsa conciencia. El hombre se reconoce y expresa en el lenguaje de sus símbolos y de sus ritos, mucho más profundamente que cuando lo hace sólo con el lenguaje de la causalidad y la razón.[33]

Si con el mito se objetiva la vida social del hombre, éste aprende en él "el arte de expresar, lo cual significa organizar sus instintos más hondamente arraigados, sus esperanzas y temores" (Cassirer 1946: 61) sobre todo para enfrentar el problema de la muerte, como lo hace Rulfo.

El llano en llamas incorpora en su imaginario un saber antropológico e histórico; un ¿saber? religioso y unas experiencias personales decisivas sobre ambas esferas. Detrás de las transformaciones sociohistóricas descubre un sistema de relaciones de poder y de opresión que en definitiva acosan al hombre de todas las facciones, aunque el discurso oye, deja hablar y quiere ser la voz de los marginados.[34] Rulfo parece valorar implícitamente todo quehacer humano que promueva las relaciones de solidaridad entre los hombres y denuncie los caminos de muerte por oposición a los de vida. Son positivos todos los procesos de hominización que contribuyan a restaurar una vida social y una vida afectiva liberadas.

NOTAS

1 Utilizo para el análisis la segunda edición del Fondo de Cultura Económica de 1955.

2 En general la crítica sobre la obra de Rulfo destaca su relación con las obras de Faulkner y de autores europeos como Ramuz y Hamsun. Sin negar su importancia – sobre todo en *Pedro Páramo* – en este trabajo me interesa aludir principalmente a algunas relaciones con la propia literatura mexicana y con la hispanoamericana. Posteriormente elaboraré la intertextualidad de su obra, y tomaré en cuenta el modo como se organizan y transforman en sus textos las tendencias discursivas principales que lo informan.

3 El texto es explícito: "Salieron juntos; ella con el niño en los brazos. Ya a la puerta se apartaron en opuesta dirección [...] Se levantaban grandes llamaradas. Su casa ardía ..." (Azuela 1916: 10).

4 La cercanía de los dos libros es indiscutible y requiere un análisis más amplio que incluiré en el libro que preparo sobre Rulfo. Lo importante es mostrar las transformaciones que se operan en el texto de Rulfo, ya que su autonomía precisamente se funda en su sistema de diferencias respecto al texto anterior, condicionado por el nuevo sentido. Un ejemplo decisivo es el trabajo que se ejerce sobre el lenguaje; su estilo. En ambos hay una gran riqueza expresiva que se manifiesta de manera especial en el lirismo de los momentos de mayor carga afectiva y dramatismo. Ya en Magdaleno, como vemos en la cita del texto que sigue a esta nota, hay el uso de técnicas narrativas modernas como el monólogo interior – concebido como fluir de la conciencia –; las retrospectivas y los juegos de planos. No obstante, el estilo de Rulfo parece que lleva al máximo las posibilidades de la función poética en prosa. La economía verbal y la precisión del discurso provienen de una objetivación óptima del lenguaje y de la intención narrativa. Estas reducen lo más posible la información que suelen darnos las reflexiones y descripciones de un narrador tendiente a la omnisciencia como Magdaleno. Rulfo trabaja más sostenidamente con imágenes y símbolos. Su lenguaje tiende a la metaforización.
Me parece que esta diferencia es fundamental, y no depende tanto de la distinción entre cuento y novela. Rulfo mantendrá y afinará estas características en *Pedro Páramo*, precisamente tensando las posibilidades del género.
Este modo de manifestarse el estilo contribuye a crear la modalidad de lengua literaria característica de los textos de Rulfo. En ellos se aproxima la lengua coloquial de los personajes (campesinos de los Altos de Jalisco) al código culto del escritor y a los contenidos que éste desea comunicar. El resultado es una escritura ante la cual el lector no se tropieza con los excesos de una lengua coloquial. Al

mismo tiempo se tiene la sensación de una oralidad popular que subraya la verosimilitud de los textos y alcanza la universalidad de los significados y las formas.

El predominio de la oralidad – presente también en su coterráneo Juan José Arreola – como certeramente lo ha estudiado Sara Poot en su estudio sobre el escritor jalisciense: *El proyecto literario de Juan José Arreola. Un giro en espiral* – y la cercanía entre la lengua campesina y la general se explican en parte desde una perspectiva sociológica. El campesino de los Altos de Jalisco es por lo general criollo, a diferencia de los campesinos de *El resplandor*. Pero, además, la oralidad ha sido en esas tierras el canal educativo más fuerte pues el sistema de educación formal era muy precario. Así lo afirma Jean Meyer (1974: 272-273): "Esta cultura es fundamentalmente oral, desde el catecismo del Padre Ripalda, redactado en forma dialogada y recitado a coro por numerosas generaciones infantiles, hasta las representaciones teatrales profanas y sagradas que se dan en el atrio de las iglesias. Todo pasa por los ojos, por los oídos y la boca, y se dice que son silenciosos y que se divierten a fuerza de 'sentencias, agudezas, refranes, astucias, chistes y estratagemas sutiles e ingeniosos' que causan asombro y admiración." Y más adelante: "En los caseríos lejanos de la parroquia se leía de pie, o más bien se formaba círculo en torno de aquel que sabía leer. De ahí una cultura oral y una memoria prodigiosa" (Meyer 1974: 307).

5 Obsesiva, la escritura añade que le da el tiro de gracia "Lucas Llamas" quien ayuda a Gabino Rendón – este último con "una llama de locura en los ojos" – a quemar el caserío indígena (Magdaleno [1936]: 253). La reiteración metafórica – "llamas llamas" – no es exclusiva de este pasaje. Al comienzo del libro aparece una frase premonitoria mucho más sintética, puntualmente fiel al pasaje citado: "Llamas llamas del amanecer y un clarín o un gallo gallos que cantaban su fin gallos precursores" (Magdaleno [1936]: 78).

6 Para Ernst Cassirer (1946: 49) "la función social del mito" es satisfacer el "profundo y ardiente deseo que sienten los individuos de identificarse con la vida de la comunidad y con la vida de la naturaleza". El vínculo es emotivo. Lo que importa es "la intensidad y la hondura con que se experimentan las relaciones humanas" (Cassirer 1946: 50).

7 Si bien la "marca de Caín" y sus consecuencias se presentan con diversas modalidades en las tradiciones de muchos pueblos y culturas, tal como lo indica Frazer (1907-1918: 50-65), el texto de Rulfo parece apoyarse en el libro del Génesis del Antiguo Testamento. Muerto el hermano, Caín deberá vivir errante. "La tierra, contaminada por la sangre y ofendida a causa del crimen, no permitirá que las semillas plantadas por el homicida germinen y den fruto; aun más, que lo rechazará del suelo cultivado para vagar por él hambriento y sin cobijo. La idea de que la tierra los arroja de su seno no es extraña al Antiguo Testamento" (*Ibid.*: 53).

8 La selección del modelo tiene su correlato en la organización social de los Altos de Jalisco, donde la familia y la vida religiosa son determinantes a niveles estructurales. En el ámbito rural la base social es la *familia nuclear* del ranchero, pero es importante también la *familia extensa*, lo cual facilita las movilizaciones campesinas. Las estructuras organizativas se modelan utilizando las reglas del parentesco, con el padre o el más anciano como jefe y autoridad de la parentela (cf. Díaz 1979: 206).

9 Angel Rama (1982: 225) reconoce la presencia de estos pasajes iluminadores del sentido – de manera intensiva y múltiple – que alcanzan muchas veces calidad simbólica o mítica en la narrativa de Arguedas. Aunados con la técnica narrativa tradicional que se rige, en buena medida, por una lógica causal, logran un "equilibrio formal". En Rulfo – tanto en los cuentos como en la novela, cf. n. 4 – son dos niveles que por lo general no pueden separarse. Si bien un cuento como "El llano en llamas" accede, más que otros, a las reglas de la causalidad propias de los modelos realistas tradicionales, lo caracterizador de su escritura es que su lenguaje integra esos dos niveles con naturalidad, porque la integración corresponde a su visión de la Historia, como se verá *infra* en este trabajo.

10 Elena Poniatowska (1980: 51) constata y cita las declaraciones del propio autor: "Mis padres eran hacendados, uno tenía una hacienda: San Pedro Toxin y otro, Apulco, que era donde pasábamos las vacaciones. Apulco está sobre una barranca y San Pedro a las orillas del río Armería [...] allí se escondían los gavilleros. Porque a mi padre lo mataron unas gavillas de bandoleros que andaban allí, por asaltarlo nada más. Estaba lleno de bandidos por allí, resabios de gente que se metió a la

Revolución y a quienes les quedaron ganas de seguir peleando y saqueando. A nuestra hacienda de San Pedro la quemaron como cuatro veces, cuando todavía vivía mi papá. A mi tío lo asesinaron, a mi abuelo lo colgaron de los dedos gordos y los perdió; era mucha la violencia y todos morían a los treinta y tres años. Como Cristo, sí. Así es que soy hijo de gente adinerada que todo lo perdió en la Revolución.

A los diez años vive la experiencia de la guerra cristera. Si bien tuvo la oportunidad de leer mucho en la estupenda biblioteca del cura de su pueblo, no podía "salir a la calle porque [le] podía tocar un balazo [...] Yo oía muchos balazos, después de algún combate entre los Federales y los Cristeros había colgados en todos los postes" (Poniatowska 1980: 54).

11 Esta segunda edición es la más estable y la que ha llegado a mayor número de lectores. Las variaciones posteriores no la modifican sustancialmente. Incluye quince cuentos distribuidos en dos partes de siete cuentos cada una y "El llano en llamas" entre ellas, como indiqué *supra*. El primer grupo lo conforman "Macario", "Nos han dado la tierra", "La cuesta de las comadres", "Es que somos muy pobres", "El hombre", "En la madrugada" y "Talpa". Le sigue "El llano en llamas" y el segundo grupo de cuentos: "¡Diles que no me maten!", "Luvina", "La noche que lo dejaron solo", "No oyes ladrar los perros", "Paso del Norte" y "Anacleto Morones".

No considero por ahora la *Antología personal* preparada por Jorge Ruffinelli en 1978 para la Editorial Nueva Imagen.

12 Rulfo casi desconoce el primer cuento publicado, "La vida no es muy seria en sus cosas". Apareció en *América*, 40 (1945): 35-36. Cf. n. 34.

13 James East Irby (1956: 137-140), en su esclarecedor estudio sobre *La influencia de Faulkner en cuatro narradores hispanoamericanos* [Lino Novás Calvo; Juan Carlos Onetti; José Revueltas y Juan Rulfo], precisa algunos de los puntos de contacto más importantes entre ambos personajes: 1. Su capacidad para ser "observadores fieles" de su mundo trastornado; 2. el primitivismo de su visión que se adecua a la "narración indirecta y sugestiva" de los autores; 3. la alusión "por medio de la yuxtaposición de los hechos inconexos, a una realidad oculta", y 4. la presentación de un punto de vista que describe y no analiza.

14 En el caso de Revueltas la atmósfera mítica es mucho más evidente. A una "lluvia apocalíptica" (Revueltas 1944: 96) sigue la descripción del núcleo familiar: "Se colaba un viento helado: hacía ondular la llamita de la vela [...] y estrechaba más aún los tres cuerpos del camastro: hombre, mujer e hijo, uniéndolos en un solo abrazo de angustia y frío" (Revueltas 1944: 96-97). Los nombres parecen aludir a la familia de Nazaret: Jacinto, Mariana, Jaime. Próximo a morir, el hijo transparenta la "noche y la muerte" colectivas: "El niño [...] se puso a sollozar, gimiendo entrecortadamente. Aquel sollozar era en extremo lóbrego. No parecía partir de un niño, sino de una persona adulta [...]. Una persona con calidad extraña, sobrenatural, como si a través del niño gimiese mucha gente más, como si por el niño se dejasen sentir la noche y la muerte" (Revueltas 1944: 101).

15 En *Al filo del agua* de Agustín Yáñez la locura enajena a los personajes con un mundo afectivo reprimido por la culpa. Uno de los casos más reveladores es el de Luis Gonzaga para quien la medida de sus carencias es la magnitud de su hambre: "No pensaba más que en comer; su apetito rayó en gula desenfrenada" (Yáñez 1947: 330).

16 También consuela el golpeteo rítmico en crescendo de su cabeza contra el suelo que lo saca de su realidad amenazante. Ritmo interior que el personaje identifica con el tambor de las chirimías (¿reminiscencias del origen?) que se oyen desde la iglesia cuando está "amarrado a la madrina". El deseo es "oírlo [...] esperando salir pronto a la calle para ver cómo es que aquel tambor se oye de tan lejos, hasta lo hondo de la iglesia y por encima de las condenaciones del señor cura" (Rulfo 1953: 11). La función de este tambor, producto de los golpes, pero asociado a rituales de liberación, es exactamente la misma que en "El baile de tambor", relato de Arturo Uslar Pietri (1949: 7-15) que forma parte de su libro *Treinta hombres y sus sombras*. Hay semejanzas también en el título y en otros aspectos de los cuentos del escritor venezolano. "Macario" se publica en 1945 y *Treinta hombres y sus sombras* en 1949. ¿Se trata de un paralelismo o el libro de Rulfo deja su trazo en el de Uslar Pietri?

17 Los personajes de Rulfo suelen ser criaturas deseantes. Es el impulso que también caracterizará a Pedro Páramo en espera constante de Susana San Juan.

18 Comentario recogido por Reina Roffé (1972: 81).

19 Los perros, como las gallinas suelen indicar posibilidades de vida en el medio rural o provinciano. Se convierten en un motivo recurrente de los relatos de Rulfo y de otros escritores de su generación. P. ej. en Yáñez (1947: 271): "– ¿Y cómo haríamos para que se callara ese ladradero de perros que llena la noche por todos lados?".

20 La frase se liga, en circunstancias análogas, con la que concluye *Oficio de tinieblas* de Rosario Castellanos (1962: 368) que se reitera, con variantes, en otras partes del texto: "Faltaba mucho tiempo para que amaneciera".

21 El momento de la llegada *abajo* se describe con una imagen auditiva más intensa que las anteriores. La vida, por un instante, está *aquí*: "Ahora los ladridos de los perros *se oyen aquí*, junto a nosotros". (Rulfo 1953: 20).
Este modo de marcar la oposición del *arriba* (la tierra estéril) con el *abajo* (la tierra buena) parece aludir al hecho histórico de que "La revolución de 1910 fue inexistente en los Altos de Jalisco. Los mismos rancheros se refieren a ella como 'la revolución de allá abajo'". La diferencia se convierte en uno de los detonadores de la Cristiada de acuerdo a Andrés Fábregas (1979: 51).

22 "El fusilado" de José Vasconcelos ([s.a.]: 701) comienza con una frase homóloga: "... Al principio éramos un ejército, ahora sumábamos unos cuantos". Ha variado el tono, mucho más neutro en Vasconcelos.

23 El narrador, coherente con su rechazo de la muerte y de la violencia que determinan una realidad agresiva y aniquiladora, aprueba el desarme de los hombres, aunque pueda implicar una pérdida del poder. La pérdida irreparable es la del caballo. Este es, para el hombre de esa tierra, símbolo de su dominio del espacio, y medio de vida: "De venir a caballo ya hubiéramos probado *el agua verde del río, y paseado nuestros estómagos por las calles del pueblo* para que se les bajara la comida". La imagen de pérdida contrasta una vez más el *antes* próspero con el *ahora* precario (Rulfo 1953: 16).

24 "Faustino dice: – Puede que llueva. Todos *levantamos la cara y miramos* una nube negra y pesada que pasa por encima de nuestras cabezas. Y *pensamos*: 'Puede que sí'" (Rulfo 1953: 16).

25 La escritura se detiene morosa, acorde con la avidez de los ojos que miran caer una gota de agua. La descripción se hace como en un gran primer plano en el cine que desborda los límites reales, en este caso deformados por la perspectiva del deseo: "Cae una gota de agua, *grande*, gorda, haciendo un agujero en la tierra y dejando una plasta como la de un salivazo". Inmediatamente entra el enunciado "real", contrastante, que borra la esperanza: "Cae *sola*. Nosotros *esperamos* a que sigan cayendo más. No llueve. [...] Y a la gota caída *por equivocación, se la come la tierra y la desaparece en su sed*" (Rulfo 1953: 16).

26 P. ej., es central en *El resplandor* de Mauricio Magdaleno con características semejantes a las de *El llano en llamas*. En el libro de Magdaleno se trata de la opresión del hacendado (después gobernador) dueño de la Brisa. Nuevo cacique, tanto más irónico cuanto el pueblo otomí lo había educado para ser su redentor. El comienzo recuerda el páramo de "Nos han dado la tierra" y de "Luvina" que, como éste, es un desierto de cal: "A las diez de la mañana el páramo se ha calcinado como un tronco reseco, y arde la tierra en una erosión de pedernales, salitre y cal. ¡La tierra estéril, tirón de cielos sin una mancha, confinas sin calina, ámbito en que la luz se quiebra y finge fogatas en la linde enjuta de la distancia! Los hombres, resecos, color de tierra árida, se apelotonan." (Magdaleno [1936]: 11-13). También en *La feria* de Juan José Arreola el pleito por la tenencia de la tierra es determinante.

27 El propio Rulfo ha admitido que "Luvina", por la creación de la atmósfera, es el nexo con *Pedro Páramo*. En *El resplandor* ocurre un proceso similar. Cuando el despojo y la reducción han llegado al límite, la religión deviene "superchería" (v. "Talpa" y "Anacleto Morones") y los muertos determinan la vida: "*coloquios de muertos*, aconsejando no deponer el odio [...]. Se desataban los rezos, en la *sombra*

opaca del páramo y corría por la tierra bárbara y desolada una conmoción de la conciencia colectiva" (Magdaleno [1936]: 287). Sin lugar a dudas, estamos en el ámbito de *Pedro Páramo*.

28 Curiosamente, en *El resplandor* la escuela enajena de los suyos al posible líder. Este reproduce la ideología dominante y opresora en contra del sector marginado de donde salió para educarse. El reparto de tierras prometido deviene nuevo latifundio bajo las órdenes del nuevo cacique, ahora gobernador. La novela se termina con el terror de Lutgarda (la "madre") cuando el Gobierno – representado por el maestro rural – escoge al otro hijo para educarlo en la ciudad. Los pueblos "andaban amotinados y juraban que no les arrancarían a Benito" (Magdaleno [1936]: 288-289).

29 En "La herencia de Matilde Arcángel" se reproduce el problema en el ámbito familiar y se proyecta al contexto social. La madre muere tratando de proteger a su hijo en una caída del caballo. El padre culpa al hijo de la muerte de la madre y el nexo filial se ve sustituido por el rencor y el odio. El hijo mata al padre en una gavilla y regresa al pueblo tocando la flauta (¿señal de liberación?) con el cadáver del padre atravesado en su caballo. (El padre se había ido con las tropas del Gobierno; el hijo con el pueblo rebelde. Rulfo 1980: 195).

30 Es probable que al escoger el nombre del protagonista Rulfo tuviera presente a "Anacleto González Flores, llamado "El maestro" que fue uno de los ideólogos más importantes del movimiento cristero en Jalisco. Como líder defendió, consciente y reiteradamente, a la familia "núcleo y base de toda la sociedad mayor" (Díaz 1979: 188). Esto explicaría que el texto de Rulfo satirice la promiscua vida sexual del personaje y sus prácticas mercantilistas en el ámbito religioso.
Por otra parte, Lucas Lucatero recuerda a Lucas Llamas, el asistente de Gabino para acabar con el caserío indígena en *El resplandor* (Magdaleno [1936]: 253).

31 Así comienza *Al filo del agua* de Agustín Yáñez (1947: 3): "Pueblo de mujeres enlutadas. Aquí, en la noche, al trajín del amanecer, en todo el santo río de la mañana, bajo la lumbre del sol alto, a las luces de la tarde – fuertes, claras, desvaídas, agónicas –; viejecitas, mujeres maduras, muchachas de lozanía, párvulas; en los atrios de iglesias, en la soledad callejera, en los interiores de tiendas y de algunas casas – cuán pocas – furtivamente abiertas."

32 Un destino más esperanzador parece acompañar al hijo mestizo de Saturnino Herrera, el cacique-gobernador de *El resplandor* de Mauricio Magdaleno, cuyo nacimiento es la escena que finaliza el libro como un símbolo premonitorio. Si bien le antecede el modelo negativo de su padre, le acompaña al mismo tiempo la profecía del viejo Bonifacio, antes de morir: "aquí dejas a un hijo que sabrá lo que nos hiciste Saturnino" (Magdaleno 1936: 252).

33 Cassirer (1947: 14) ya había señalado que las formas del pensamiento son las mismas en la ciencia, en el arte y en el mito y la religión. Varía el material que elaboran y el ángulo de la realidad que iluminan.

34 Las relaciones de poder y de opresión se explican sobre todo en términos del *acceso* o *no acceso* a la tierra productiva, como resultado del despojo y de una "repartición arbitraria de la tierra". Así explica Rulfo (1980: 7) la génesis histórica de "Nos han dado la tierra": "La repartición arbitraria de la tierra en la época posrevolucionaria dio origen a "Nos han dado la tierra" *que fue mi primer cuento*. Se refiere a la injusta distribución de la tierra que fue a dar a manos extrañas: carpinteros, dentistas, doctores. Nunca la recibieron los verdaderos peones, que consideraban un robo pedir la tierra de sus patrones, ya que había una relación de cariño y respeto hacia ellos, y algunos campesinos eran medieros" (Rulfo 1980: 7).

BIBLIOGRAFIA

Azuela, Mariano
1916   *Los de abajo*. México (1958).

Cassirer, Ernst
1946   *El mito del Estado*. México.

Castellanos, Rosario
1962   *Oficio de tinieblas*. México.

Díaz, José, y Román Rodríguez
1979   *El movimiento cristero. Sociedad y conflicto en los Altos de Jalisco*. México.

Fábregas, Andrés
1979   "Los Altos de Jalisco: características generales". En Díaz y Rodríguez: *El movimiento cristero. Sociedad y conflicto en los Altos de Jalisco*, pp. 13-92, México.

Frazer, Sir James George
1907-18 *El folklore en el antiguo testamento*. México 1981.

Irby, James East
1956   *La influencia de Faulkner en cuatro narradores hispanoamericanos*. México: Universidad Nacional Autónoma de México.

Magdaleno, Mauricio
[1936]   *El resplandor*. México (1950).

Meyer, Jean (ed.)
1974   *La cristiada*. Vol. 3, México.

Poniatowska, Elena
1980   "¡Ay, vida, no me mereces! Juan Rulfo, tú pon la cara de disimulo". En Instituto Nacional de Bellas Artes (ed.): *Juan Rulfo. Homenaje nacional*, pp. 49-60, México.

Rama, Angel
1975   "Una primera lectura de 'No oyes ladrar los perros' de Juan Rulfo". En *Revista de la Universidad de México*, 12: 1-8, México.
1982   *Transculturación narrativa en América Latina*. México.

Revueltas, José
1944   *Dios en la tierra*. México (1981).

Roffé, Reina
1972   "Juan Rulfo: Autobiografía armada". En *Latinoamericana*, 1: 73-88, Argentina.

Rulfo, Juan
1953   *El llano en llamas*. México (1955).
1980   *El llano en llamas*. México.

Uslar Pietri, Arturo
1949   *Treinta hombres y sus sombras*. Buenos Aires.

Vasconcelos, José
[s.a.]   "El fusilado". En José Mancisidor (ed.): *Cuentos mexicanos de autores contemporáneos*, vol. 1, México.

Yáñez, Agustín
1947   *Al filo del agua*. México.

El mestizaje lingüístico y la teoría de los dos Mediterráneos en la obra de Alejo Carpentier

Jacques Joset
Universiteit Antwerpen (U.T.A.)
Université Libre de Bruxelles

En conclusión de un trabajo sobre la representación histórica y espacial del Caribe en la obra de Alejo Carpentier, proponía que la visión determinista que el novelista cubano proyectaba sobre el destino de la cuenca – visión caracterizada por el fracaso y el engaño – se contrarrestaba con el surgimiento de un mestizaje cultural que la lengua condensaba.[1]

Esta conclusión desembocaba, pues, sobre dos conceptos nucleares de la narrativa de Carpentier que, aunque conocidos por las declaraciones del propio novelista, concienzudamente registradas por sus comentaristas, no han sido debidamente evaluados en su funcionamiento textual. Se trata, por una parte, del desgarramiento entre las raíces culturales europeas de Carpentier y su pasión por el mundo americano (Rodríguez Monegal 1972: 132) y, por otra parte, de la definición, ahora bien manoseada, de América como continente mestizo.[2]

Estos conceptos seminales, al ficcionalizarse, tienen múltiples y variadas realizaciones. El objeto del presente estudio es registrar y analizar dos motivos narrativos recurrentes de Carpentier: el primero, el Caribe como área lingüística mestiza, corresponde al ideologema del esencial mestizaje americano; el segundo, la teoría de los dos Mediterráneos, ilustra la escisión nunca completamente resuelta entre cultura europea y modo de vivir americano en la obra (y personalidad) de Carpentier.

La expresión del mestizaje lingüístico en la primera novela de Carpentier *¡Écue-Yamba-Ó!* (1933) corresponde a una parte del programa ideológico, que es a la vez contrato de lectura, del joven cubano: la reivindicación nacionalista[3] mediante la exaltación de los valores culturales afroantillanos. La realización formal no pasa del sencillo costumbrismo lingüístico que utiliza procesos estilísticos ya bien conocidos a la altura del decenio del '30. Se trata fundamentalmente de la reproducción mimética del habla afrocubana en los pasajes en estilo directo y en los diálogos:

> – ¡Demonio! ¡Lo que es laval guayaberas embarrás
> de tierra colorá! [...]
> – ¡Barbarita, sin belgüenza; suet'ta a tu em'manito!
> (p. 23)
> – ¡Barbarita, corre a buscal a Luisa y dile que venga
> enseguía, que voy a dal a lú ...! (p. 24)

Este pintoresquismo fonético desaparecerá en las novelas siguientes por voluntad de depuración estilística y eliminación de procesos superficiales para expresar un sentimiento tan hondo como el amor a la tierra natal.

Pasando de la función comunicativa de la lengua a la estética, el Carpentier de *¡Écue-Yamba-Ó!* integra en su texto creaciones populares, exclusivamente criollas, letras de sones que atestiguan la existencia de una verdadera poética mestiza:

> Yo no tumbo caña,
> ¡Que la tumbe el viento!
> ¡O que la tumben las mujeres
> Con su movimiento! (p. 38)

Este criollismo poético ensancha el horizonte cultural al ámbito del Caribe. Se encuentra, por ejemplo, en una copla "de los negros de Puerto Rico" incorporada en la novela:

> ¡Temporal, temporal,
> Qué tremendo temporal!
> ¡Cuando veo a mi casita,
> Me dan ganas de lloral! (p. 46)

El uso y copia de poesías populares en tanto proceso explícito de intertextualidad ilustraba las dos vertientes del programa ideológico de la época: "Había [...] que ser "nacionalista", tratándose, a la vez, de ser 'vanguardista'" (Carpentier 1980: 8). Las canciones surgidas de un supuesto espíritu nacional salían también de un – no menos supuesto – genio primitivo, objeto ansiosamente buscado por la vanguardia artística. La reproducción de letras de sones podía pasar con la "moda" literaria y desaparecer como el pintoresquismo fonético. Sin embargo, Carpentier no renunció nunca al proceso aunque lo utiliza con más sobriedad en su novelística madura. La intertextualidad ornamental, decorativa, de *¡Écue-Yamba-Ó!* se hace funcional a partir de *El reino de este mundo* (1949) donde la letra de un canto pinta un "cuadro de infinitas miserias" y, a la vez, da cuenta de la naturaleza "créole" del habla de los personajes:

> Yenvalo moin Papa!
> Moin pas mangé q'm bambó
> Yanvalou, Papá, yanvalou moin!
> Ou vlai moin lavé chaudier,
> Yenvalo moin?[4]

En *Concierto barroco* (1974), Carpentier sacará un provecho literario óptimo del procedimiento. La letra de un estribillo cubano cantada por el negro Filomeno, traducida al hebreolatín por Antonio Vivaldi, representa en vivo la creación de un lenguaje mestizo, sólo que al revés: la canción criolla[5] – *La culebra se murió, / Ca-la-ba-són, / Son-són. / Ca-la-ba-són, / Son-són*, al ser entendida – *Kábala-sum-sum-sum* por oídos europeos acostumbrados al latín litúrgico, se vuelve "otra", original, expresión de la cultura musical occidental del siglo XVIII, de la misma forma que su modelo antillano, mixto hispanoafricano, reflejaba la cultura mezclada del Caribe.

En *El recurso del método* (1974), funciona como signo de nostalgia y contraste de situaciones la repetición de una "vieja canción aldeana":

> Santa María
> Líbranos de todo mal
> Ampáranos, Señora,
> De este tremendo animal.
>
> La Virgen cogió un machete
> Para poderlo matal
> Y el Demonio en cuatro patas
> Se metió en un matorral.[6]

La primera vez que este canto aparece es expresión de júbilo popular por el anuncio de la victoria de los aliados contra Alemania en 1918, por ser también una victoria un tanto estrafalaria del Dictador de la novela. Vuelven a entonarla la hija del Primer Magistrado y la comitiva de éste en el París del exilio.

La incorporación cada vez más refinada y discreta de muestras de literatura popular en las ficciones de Carpentier no es, a la verdad, sino un artefacto, un rasgo estilístico correspondiente a la voluntad del escritor de contribuir a la construcción de una novela hispanoamericana genuina que ha de ser mestiza, como mestizos son sus "contextos".[7]

Esta tarea supone una reflexión teórica sobre el lenguaje novelístico que, en tanto instrumento único del escritor, es su primer contexto, aunque curiosamente Carpentier no lo menciona en la lista de los "contextos cabalmente latinoamericanos" (1976: 20) que desgrana en su famosa "Problemática de la actual novela latinoamericana". ¿Será por lo obvio de la cuestión? ¿O, más bien, por el hecho de que el contexto lingüístico abarca los demás contextos, raciales, económicos, ctónicos, políticos, burgueses, de distancia y proporción, de desajuste cronológico, culturales, culinarios, ideológicos y de iluminación? Sea lo que sea, el novelista plantea y resuelve el problema de una posible palabra mestiza, fundación de la novela hispanoamericana contemporánea, a través de sus narradores y personajes. La reflexión sobre la palabra se vuelve material novelístico recurrente.

Es de sospechar que durante su primera etapa negrista, Carpentier tendiera a asimilar el discurso literario a la palabra mágica de las ceremonias ñáñigas, conforme a la estética "primitivista". La definición del verbo creador que aparece en *¡Écue-Yamba-Ó!* bien podría aplicarse tanto a la palabra poética como al hechizo verbal:

> "La palabra, ritual en sí misma, refleja entonces un próximo futuro
> que los sentidos han percibido ya, pero que la razón acapara todavía
> para su mejor control" (p. 59).

La tarea del novelista – del poeta – consistiría en recuperar el poder y sentido de la palabra "perdido[s] desde las eras primitivas".

A partir de *El reino de este mundo*, el planteamiento de la cuestión lingüística anti-llana transcribe una oposición racial y social, un enfrentamiento de las mentalidades negra y europea, de los esclavos y de los esclavistas. Un pasaje de la novela de 1949, aunque de enunciación negativa, define el *créole* como lengua de los oprimidos. Mientras el amo, Monsieur Lenormand de Mezy, silbaba una marcha militar, el esclavo, "Ti Noel, en contrapunteo mental, tarareó para sus adentros una copla marinera, muy cantada por los toneleros del puerto, en que se echaban mierdas al rey de Inglaterra.[8] De lo último sí estaba seguro, aunque la letra no estuviese en créole." (p. 14)

En *Los pasos perdidos* (1953), obra clave y, hasta cierto punto, de ruptura en la novelística de Carpentier, se perfilan una ampliación del concepto lingüístico y la tematización de un nuevo programa para el artista latinoamericano. Relatando su encuentro con un músico blanco, un poeta indio y un pintor negro, tres artistas que han perdido sus raíces, el narrador-protagonista en proceso de reencontrar las suyas, primero a través del "idioma de [su] infancia",[9] toma conciencia de que la única tarea del artista de los países mestizos (blanco, indio, negro) es "la tarea de Adán poniendo nombre a las cosas" (p. 74).

Para precisar el sentido de esta tarea, hace falta acudir una vez más al texto teórico "Problemática de la actual novela latinoamericana" donde, retomando la metáfora bíblica, agrega Carpentier:

"... resulta que ahora nosotros, novelistas latinoamericanos, tenemos que nombrarlo todo – todo lo que nos define, envuelve y cir-cunda: todo lo que opera con energía de *contexto* – para situarlo en lo universal" (p. 35).

Ahora bien, los ejemplos de nombramiento que siguen son claros productos de una semántica mestiza (*curiarar, polleras, arepas, cachaza, ceiba*). Y como concluye la disquisición con la declaración perentoria: "el legítimo estilo del novelista latinoamericano actual es el barroco" (p. 36), deducimos que tanto para el Carpentier de la madurez como para su protagonista músico, arte mestizo y arte barroco son conceptos intercambiables porque son un solo concepto.[10]

Al mismo tiempo, el pasaje citado de *Los pasos perdidos* manifiesta un ensanchamiento sociocultural del mestizaje lingüístico: las lenguas criollas o criollizadas dejan de ser vehículo privativo de una raza o clase social, son patrimonio común de la gente del Caribe.

Así el Víctor Hughes de *El Siglo de las Luces* (1962) "se expresaba en una graciosa jerga, un tanto española y bastante francesa, entreverada de locuciones inglesas" (1973: 32). Y un pasaje clave de la misma novela, el fragmento XXIV (1973: 174-182), relaciona el lenguaje de las islas con las realidades observadas por el joven Esteban: "la aglutinación, la amalgama verbal y la metáfora" traducen "la ambigüedad formal de cosas que participaban de varias esencias" (p. 179). Este concepto de la lengua como mímesis, a tono con ciertas ideas lingüísticas de la Ilustración, le sirve a Carpentier para reafirmar la esencia barroca del Caribe y de sus idiomas mestizos. Dicha esencia se cristaliza en la imagen del caracol de mar, "fijación de desarrollos lineales, volutas legisladas, arquitecturas cónicas de una maravillosa precisión, equilibrios de volúmenes, arabescos tangibles que intuían todos los barroquismos por venir." (p. 181). La misma teoría – por supuesto a-lingüística – de adecuación de las palabras a las cosas se observa a continuación en el mismo personaje de Esteban quien se repetía los nombres de las islas "Tórtola, Santa Ursula, Virgen Gorda, Anegada, Granaditas, Jerusalen Caída", "para gozarse de la eufonía de las palabras" (p. 194). Luego Esteban contrapone la toponimia agradable del Trópico ("lugares tan linda-mente llamados *Le Lamentin, Le Moule, Pigeon*") a la sonoridad agresiva, para él, de los nombres de lugares de la selva continental (Maroní, Oyapoc, Appronague; 1973: 214). Voces europeas tan lindas / voces indias de "sonoridad desagradable", el con-traste transcribe todo el desgarramiento de Esteban, criollo cubano de hondas raíces culturales europeas. ¿Remedará el ser ficticio las contradicciones del creador?

La complejidad del fenómeno e imposibilidad de comprenderlo por una mente adoctrinada en la lógica cartesiana se advierten en el estilo oratorio del dictador de *El recurso del método*. Los acontecimientos históricos interiores y exteriores llevan a éste a proclamarse defensor de la Latinidad, signo de adhesión a la ideología populista que, como se sabe, se instaló insidiosa y demagógicamente en muchos países latinoamericanos desde el principio del siglo. Ahora bien el concepto de *Latinidad* sufre una interpretación americana al pasar por el filtro mental del Primer Magistrado:

"Decir *Latinidad* era decir mestizaje, y todos éramos mestizos en América Latina; todos teníamos de negro o de indio, de fenicio o de moro, de gaditano o de celtíbero – con alguna Loción Walker, para alisarnos el pelo, puesta en el secreto de arcones familiares" (p. 126).

A esta definición, en suma correcta, de la Latinidad americana corresponde un "es-tilo criollo" floreado, superlativo, que el caudillo reconoce en los panfletos políticos de sus enemigos porque es el mismo de sus propios discursos:

"Circulaban por ahí – lo sabían todos – unas hojas impresas, llenas de insultos al gobierno, que estaban escritas en inconfundible estilo criollo" (p. 179).

La nueva oposición, simbolizada en la figura de *El Estudiante*, produce una nueva literatura política, "donde no se le insultaba ya a la criolla en jerga de solar y conventi-llo, con retruécanos y chistes de fácil invención, como antes se hacía, sino que, definiéndosele como *Dictador* [...] se revelaban al público, con lenguaje escueto y tajante, muchas cosas [...] que jamás hubiesen debido llegar al conocimiento de las gentes ..." (p. 185).

Esta "prosa clara y expedita", "sin epítetos inútiles" de la prensa comunista sustituye "los insultos en superlativo, desaforadamente criollos" (p. 224) de la antigua oposición liberal. El estilo nuevo, sentido como más eficiente, pertenece, sin embargo, a un código otra vez importado. La cuestión de su "criollización" queda en suspenso en *El recurso del método*. La culminación del problema y su resolución se darán en *La consagración de la primavera* (1978).[11]

Dejando aparte algunas observaciones graciosas sobre la fonética criolla[12] y sobre el distanciamiento cada vez más amplio entre el español de la madre patria y el de Cuba,[13] la penúltima novela de Carpentier ubica la problemática de las lenguas mestizas del Caribe en su contexto político contemporáneo. Al cantar *La Internacional de las Antillas*, cuya primera copla se reproduce en *créole* (p. 154), un joven mulato guadalupano de las Brigadas Internacionales impone la voz mestiza en el coro revolucionario de la guerra española. Por su intermedio, el Caribe todo se une al proletariado mundial. El *créole* deja de ser lengua minoritaria, se considera igual al francés, inglés y español. La revolución en marcha le otorga una verdadera carta de nobleza.

Así la lengua integra el proceso dialéctico de la lucha de los pueblos oprimidos contra los opresores. Más allá de su función comunicativa o estética, se contempla aquí su dimensión sociohistórica. Enrique, el arquitecto cubano de la ficción, observa que su lengua, así como los demás valores que configuran la identidad nacional, se está corrompiendo al sufrir la isla la invasión económica norteamericana, que es también un asalto cultural:

> "... en este país estamos perdiendo el sentido de la nacionalidad, el recuerdo de nuestras tradiciones, de nuestra historia – estando ya en vía de perder el idioma, con tantos letreros en inglés como se ven ahora en las calles de nuestras ciudades ..." (p. 306).

Por eso la novedad del castrismo es también cuestión de discurso. No sólo alza un pare a la corrupción lingüística sino que, además, elimina definitivamente la modalidad antigua de la retórica criolla:

> "Atrás habían quedado los generales y doctores, los "hombres fuertes", los trepadores de retumbante verbo que, desde hacía más de cuarenta años, venían manipulando y gerenciando la vida política del país, acompañándose de una semiología destinada a todo un electorado analfabeto ..." (p. 328).

La lengua nueva, el cubano actual, genuino, ya sin importaciones de cualquier procedencia que sea, Enrique la encuentra en un discurso de Fidel Castro. Se me perdonará la larga cita que sigue si se toma en cuenta que la definición que ahí se da de la oratoria castrista bien podría corresponder al ideal estilístico del último Carpentier:

> "... menos me interesa lo dicho en este momento [...] que el estilo – para mí insólito – de su oratoria, desprovista de toda retórica, donde el habla llana y directa, muy cubana siempre, no se exime, sin embar-

go, de una corrección gramatical ignorante de las viciosas apócopes y perezas de articulación que harto a menudo afean el habla nuestra sin añadirle gracia [...] me admiraba yo ante el estilo distinto, innovador, claro, dialéctico, de un hombre que, usando el lenguaje de cada cual, lo libraba de inútiles modismos, de locuciones demasiado coloquiales, para alzarlo a la dignidad de un discurso dirigido a todos en el idioma, de todos, pero donde la expresión popular sacada a colación en momento oportuno, se insertaba muy naturalmente entre dos párafos, como nota de color, como útil imagen [...] A tiempos nuevos correspondía una palabra nueva" (pp. 521-522).

El "lenguaje escueto y tajante", "la prosa clara y expedita" del Estudiante de *El recurso del método* se ha criollizado con el Fidel Castro de *La consagración de la primavera*, sin que se pierdan sus cualidades de claridad y eficacia. Entre los cubanismos pintorescos de *¡Écue-Yamba-Ó!* y el habla "muy cubana" y funcional del castrismo median una vida de escritor y la evolución sociolingüística de una comunidad caribeña.

Por más que Carpentier haya utilizado y pensado el mestizaje lingüístico, su producción narrativa no es propiamente mestiza. Tanto los rasgos lingüísticos decorativos como la reflexión sobre un criollismo funcional se quedan en el exterior de su escritura. El mestizaje lingüístico no es un signo interiorizado, asimilado, distintivo de su narrativa como llega a serlo, por ejemplo, de la novelística del puertorriqueño Luis Rafael Sánchez. Este estatuto de exterioridad ha de relacionarse con la formación cultural del escritor en contextos sociohistóricos y familiares reflejados también en lo que he llamado la teoría de los dos Mediterráneos.

Según ésta, que aparece por primera vez en *El Siglo de las Luces*, el mar Caribe sería la prolongación del Mediterráneo del Viejo Mundo:

"En Francia había aprendido Esteban a gustar del gran zumo solariego que por los pezones de sus vides había alimentado la turbulenta y soberbia civilización mediterránea – ahora prolongada en este Mediterráneo Caribe ..." (p. 184).

"Dando un salto de milenios, pasaba este Mar Mediterráneo a hacerse heredero del otro Mediterráneo, recibiendo, con el trigo y el latín, el Vino y la Vulgata, la Imposición de los Signos Cristianos" (p. 247).

"... el mar de las aventuras, de las navegaciones azarosas, de las guerras y contiendas que, desde siempre habían ensangrentado este Mediterráneo de mil islas" (p. 291).

Lo que vincula los dos Mediterráneos es, otra vez, el concepto de mestizaje y, en la mente del narrador, que se confunde, lo veremos, con el criterio de Carpentier, el

Mediterráneo americano superaría en riqueza potencial al europeo ya que a los logros de las mezclas étnicas de éste agrega las suyas propias y originales:

> "... este Mediterráneo Caribe, donde proseguíase la Confusión de Rasgos iniciada, hacía milenios, en el ambito de los pueblos del Mar. Aquí venían a encontrarse [...] entregados a renovadores mestizajes, los vástagos de las Tribus Extraviadas, mezclados, entremezclados, despintados y vueltos a pintar, aclarado un día para anochecerse en un salto atrás, con una interminable proliferación de perfiles nuevos, de inflexiones y proporciones ..." (p. 186).

Esta visión del Caribe mestizo parece conformarse con la idea, que fue ampliamente difundida entre los historiadores de las civilizaciones, de la transferencia de la cultura del Este hacia el Oeste. Y esta visión del narrador de *El Siglo de las Luces* es la misma del ensayista Alejo Carpentier, como lo demuestra la conclusión del texto "La ciudad de las columnas":

> "Espíritu barroco, legítimamente antillano, mestizo en cuanto se transculturalizó en estas islas del Mediterráneo americano, que se tradujo en un irreverente y desacompasado rejuego de entablamientos clásicos, para crear ciudades aparentemente ordenadas y serenas donde los vientos de los ciclones estaban siempre en acecho del mucho orden para desordenar el orden apenas los veranos, pasados a octubres, empezaran a bajar sus nubes sobre las azoteas y tejados".[14]

Esta cita podría servir de foco ideológico de un período literario de Carpentier. El estilo barroco sería a la vez legítimamente antillano, es decir del nuevo Mediterráneo y, por extensión fundada en declaraciones del escritor, la escritura pre-determinada del novelista hispanoamericano.

Este presupuesto podría rebatirse fácilmente tanto desde el punto de vista del novelista hispanoamericano en general como desde el particular de Carpentier cuya poética, como ya se ha advertido alguna vez, quizá está más cerca de lo neoclásico que de lo barroco, por lo menos en unas narraciones y partes de otras.[15]

La teoría de los dos Mediterráneos sufrirá un cambio notable en *El recurso del método* frente a la realidad sociopolítica: el Mediterráneo americano es, antes que nada, un Mediterráneo norteamericano recorrido por acorazados de la U.S. Navy (1974: 72).

Ahora bien ni la teoría de los dos Mediterráneos ni la del mar gringo eran privativas de Carpentier. Aquélla es recurrente en novelistas, historiadores y ensayistas de nuestro siglo. Germán Arciniegas, Margot Arce de Vázquez, Loida Figueroa y el extraordinario novelista norteamericano John Kennedy Toole, entre muchos otros, establecen o evocan un *continuum* entre el Mediterráneo europeo y el Caribe.[16] En cuanto al vedado norteamericano sobre el Caribe, fue imaginado por militares del Imperio del Norte antes del nacimiento de Carpentier.[17]

En un primer momento, pues, la presencia del motivo en la obra del novelista cubano denota su dependencia de una visión del mundo quizá idealista y, en todo caso, aún europeocentrista en su misma formulación: el Caribe no sería sino una prolongación del primer foco de la civilización occidental. Posteriormente colocada en su contexto geopolítico contemporáneo, la cuenca del Caribe pierde sus rasgos mediterráneos pero entra en un mundo de nuevas dependencias.

La evolución del tratamiento del tema lleva a una conclusión también válida para los cambios que observamos en el uso del mestizaje lingüístico: al retomar ciertos procesos y motivos presentes en su novelística, a veces desde el principio de su producción, el último Carpentier se esfuerza por integrarlos en un realismo menos maravilloso y más dialéctico.

NOTAS

1 Véase "El Caribe de Alejo Carpentier: el peso de los orígenes", ponencia presentada en el Congresso Internazionale su Alejo Carpentier, Catania, 2-6 de diciembre de 1985.

2 Sobre el mestizaje como eje de la personalidad creadora de Alejo Carpentier, podría multiplicar las citas. Me contentaré con remitir al libro reciente de Velayo Zurdos (1985: 15, 23; véase también Müller-Bergh (1972: 17): "[Carpentier es] cubano por nacimiento, esencialmente europeo por educación y profundamente hispanoamericano por inclinación."; *v.q.* p. 95.

3 Véase el prólogo de Carpentier a la reedición de *¡Écue-Yamba-Ó!* (1980: 5-10). Remito a esta edición en el texto.

4 *El reino de este mundo* (1984: 37). Sigue el texto a modo de traducción y de comentario: "¿Tendré que seguir lavando las calderas? ¿Tendré que seguir comiendo bambúes? Como salidas de las entrañas, las interrogaciones se apretaban, cobrando en coro, el desgarrado gemir de los pueblos llevados al exilio [...] ¡Oh padre, mi padre, cuán largo es el camino! ¡Oh, padre, cuán largo es el penar!"

5 Sobre esta canción, véase Müller Bergh (1975: 450). Citamos *Concierto barroco* (1975). El pasaje comentado se encuentra en Carpentier (1975: 46).

6 *El recurso del método* (1974: 192 y 315) donde se reproduce dos veces la canción con leves modificaciones de ortografía y puntuación.

7 Sobre la teoría de los "contextos", tomada de Jean-Paul Sartre, véase *Tientos y diferencias* (1976: 19-32).

8 Alusión al estribillo de una canción folklórica francesa: "Buvons un coup! Buvons-en deux! / A la santé des amoureux, / A la santé du roi de France! / Et merde pour le roi d'Angleterre / Qui nous a déclaré la guerre!"

9 *Los pasos perdidos* (1972: 70). En adelante, cito en el texto por esta edición.

10 *A posteriori*, Carpentier pre-programará la tarea del escritor latinoamericano al hacer decir al primero de ellos, Cristóbal Colón: "... me hallé ante la perplejidad de quien tiene que nombrar cosas totalmente distintas de todas las conocidas – cosas que deben tener nombres, pues nada que no tenga nombre puede ser imaginado, mas esos nombres me eran ignorados y no era yo un nuevo Adán, escogido por su Criador, para poner nombres a las cosas." (1979a: 114-115).

11 Citaré por la ed. de Madrid (1979b).

12 De su tía, cubana que presumía de nobleza, dice uno de los narradores: "Faltaba percusión a las 'jotas' de sus *carajos*, como falsa le resultaba la "zeta", demasiado "ese", de *cabeza de la polla* ..." (p. 36).

13 Del español de España dice el protagonista: "Me sentía ajeno a un idioma hispánico que, además de ser tan mal hablado como lo era en Cuba o en México – ¿y dónde se hablaba bien el 'castellano' en el siglo XX, quisiera yo saber? – estaba marcado por un rocalloso acento que, en mi país, era inseparable de chascarrillos y sainetes nacidos en burla de cuanto nos viniese de una "madre patria" cuya maternidad se nos hacía cada vez más remota con el paso de las generaciones." (p. 67).

14 En *Tientos y diferencias*, p. 69. – En el texto añadido al famoso prólogo a la primera edición de *El reino de este mundo*, "De lo real maravilloso americano", recogido en el mismo volumen de ensayos, se encuentra otra referencia al tema: "... puede un Melgarejo, tirano de Bolivia, hacer beber cubos de cerveza a su caballo Holofernes; del Mediterráneo caribe, en la misma época, surge un José Martí capaz de escribir uno de los mejores ensayos que, acerca de los pintores impresionistas franceses, hayan aparecido en cualquier idioma." (p. 93).

15 Demostrarlo exigiría un libro tan pormenorizado, documentado y fino como el de Márquez Rodríguez (1984).

16 Veánse Arciniegas (1972: 19, 307); Arce de Vázquez: "La isla [Puerto Rico] está ceñida por un mar maravilloso, verde claro en la costa, azul cobalto cerca del horizonte; Mar amplio, fuerte y tranquilo, que recuerda el Mediterráneo en su luz y en su hermosura viril" (*apud* Colón Zayas 1984: 218); Figueroa (1979, I: 16); Kennedy Toole (1985: 13):"El Mediterráneo, el Caribe y el Golfo de México forman un mar homogéneo, aunque interrumpido" (epígrafe de A. J. Liebling, *The Earl of Louisiana*).

17 Véase Maldonado-Denis (1980: 68, nota 9) donde se cita a Guerra y Sánchez (1964: 376): "La importancia estratégica del Caribe no era menos que la del Mediterráneo, el centro del poder naval, según lo llamaba Mahan [almirante norteamericano del siglo XIX].

BIBLIOGRAFIA

Arciniegas, Germán
   1972   *Nueva Imagen del Caribe*. 2ª ed., Buenos Aires: Ed. Sudamericana.

Carpentier, Alejo
   1972   *Los pasos perdidos*. 3ª ed., Barcelona: Barral.
   1973   *El Siglo de las Luces*. Buenos Aires – Barcelona: Ed. Corregidor – Barral Ed.
   1974   *El recurso del método*. 6ª ed., Madrid: Siglo XXI de España.
   1975   *Concierto barroco*. 5ª ed., México: Siglo XXI.
   1976   *Tientos y diferencias*. Buenos Aires: Calicanto.
   1979a   *El arpa y la sombra*. 2ª ed., México: Siglo XXI.
   1979b   *La consagración de la primavera*. 6ª ed., Madrid: Siglo XXI.
   1980   *¡Écue-Yamba-Ó!*. 3ª ed., Barcelona: Bruguera.
   1984   *El reino de este mundo*. 2ª ed., Barcelona: Seix Barral (Biblioteca de bolsillo).

Colón Zayas, Eliseo
   1984   *Literatura del Caribe*. Antología. Madrid: Playor.

Figueroa, Loida
   1979   *Breve historia de Puerto Rico*. Río Piedras: Edil Inc.

Guerra y Sanchez, Ramiro
   1964   *La expansión territorial de los Estados Unidos a expensas de España y los países hispanoamericanos*. La Habana.

Kennedy Toole, John
1985   *La conjura de los necios.* Trad. J.M. Alvarez Flórez y A. Pérez, 17ª ed., Barcelona: Anagrama.

Maldonado-Denis, Manuel
1980   *Puerto Rico. Una interpretación histórico-social.* 10ª ed., Mexico: Siglo XXI.

Márquez Rodríguez, Alexis
1984   *Lo barroco y lo real maravilloso en la obra de Alejo Carpentier.* 2ª ed., México: Siglo XXI.

Müller-Bergh, Klaus
1972   *Alejo Carpentier. Estudio biográfico-crítico.* Nueva York: Las Américas Publishing Company.
1975   "Sentido y color de *Concierto barroco*". En *Revista Iberoamericana*, 41, 92/93: S. 446-464.

Rodríguez Monegal, Emir
1972   "Lo real y lo maravilloso en *El reino de este mundo*". En K. Müller-Bergh (ed.): *Asedios a Carpentier*, pp. 101-133, Santiago de Chile: Ed. Universitaria.

Velayos Zurdo, Oscar
1985   *El diálogo con la historia de Alejo Carpentier.* Barcelona:Ed. Península.

Los latinistas mexicanos del siglo XVIII

Arnold L. Kerson
Trinity College, Hartford, Connecticut

Es mi plan aquí trazar a grandes rasgos la aportación a la latinidad de las tres figuras más destacadas del humanismo mexicano del siglo XVIII, Francisco Javier Alegre, Rafael Landívar y Diego José Abad. Y por creer que me ayudará en mi empeño, voy a comenzar dedicando unas breves consideraciones, a modo de preliminares, a los fundamentos y trayectoria del humanismo en la Nueva España, humanismo del que nuestros tres autores son sazonado fruto.

Con el establecimiento de colegios y universidades poco después de la Conquista, el latín y el humanismo se arraigaron en la Nueva España. Muchos de los primeros profesores de México tuvieron contacto directo con el Renacimiento español. El latín, como instrumento de la tradición grecolatina, era esencial, y así se explica el intenso interés que en el estudio de dicha lengua ponían clero, historiadores, literatos, oficiales de gobierno, y aun hombres de armas. Hernán Cortés, sin haber tenido una formación cultural extraordinaria, adorna sus *Cartas de relación* con expresiones latinas, y Bernal Díaz del Castillo nos dice que el Conquistador de México era capaz de hablar en latín. La lengua latina era un instrumento básico del humanismo colonial, y representa una de las más hondas raíces de la cultura mexicana.

El Colegio de Santa Cruz de Tlatelolco, cuya fundación en 1536 se debió a los esfuerzos de Fray Juan de Zumárraga, primer arzobispo de México, y del Virrey don Antonio de Mendoza, fue el primer colegio en América en que se enseñó el latín a los indios. Entre su profesorado encontramos al humanista Fray Pedro de Gante, fundador de la enseñanza de artes y oficios en América, y al cronista Fray Bernardino de Sahagún, autor de la *Historia general de las cosas de la Nueva España*. La creación en 1574 del prestigioso Colegio Máximo de San Pedro y San Pablo representó un paso definitivo en el proceso del humanismo en México. Con el nombramiento del Padre Vicencio Lanuchi como vicerrector de dicho colegio, aumentó su reputación y su eficiencia de modo que los estudiantes fueron pronto capaces de componer en latín poesías y oraciones o discursos, y de representar en esa lengua obras dramáticas. Refiriéndose al año 1575, en su *Historia de la Compañía de Jesús*, hace Alegre este elogioso comentario del estudio del latín en el Colegio Máximo: "Los niños de doce y catorce años componían y recitaban en público piezas latinas de muy bello gusto, en prosa y en verso, no sin gran consuelo de sus padres que confirmaban más cada día el pensamiento de que amanece y madura mucho más temprano la razón a los ingenios de América" (Alegre 1956, I: 186).

Mucho ayudó a levantar el prestigio del latín en México el discurso que en dicha lengua pronunció en 1553 el humanista Francisco Cervantes de Salazar en la inauguración de un programa de estudios de la Real Universidad, discurso muy aplaudido por su brillantez y que estableció precedente. No tardó en producirse una incontrolada proliferación de discursos en latín, no todos tan "brillantes" como el de Cervantes de Salazar. Muchos de ellos estaban tan lejos de aquel modelo, que por su abundancia y adocenamiento justificaron la frase de *echar el quamquam*, en el sentido de soltar en latín un discurso más o menos aburrido y rutinario.

El latín fue prácticamente la lengua oficial de la Universidad colonial como lo era de las universidades españolas y europeas de su época. Los estudiantes leían, tomaban apuntes, escribían sus exámenes y representaban obras dramáticas en latín, y los profesores les animaban a conversar en esa lengua dentro y fuera de la Universidad. La competencia en el uso del latín era un procedimiento establecido, y su dominio en el escribir y en el conversar constituía motivo de orgullo. Tanto se extremó esta tendencia que dio lugar a anécdotas burlescas, como la del estudiante que, de vuelta en su casa para pasar las vacaciones, intentó impresionar a sus padres, dirigiéndose al perro de la familia con estos versos macarrónicos: "Perritiquis miquis, no me conociorum? / Ego sum amicus, el estudiantorum."

El cultivo de las humanidades por los jesuitas de la Nueva España es uno de los factores que más contribuyen a la continuidad cultural de los siglo XVI y XVII; y el carácter internacional de la Orden y su interés por ponerse al corriente de las innovaciones filosóficas de la época son responsables en buena parte de la introducción de las nuevas ideas en Hispanoamérica. Entre los humanistas latinistas mexicanos más destacados figuran Francisco Javier Alegre, Rafael Landívar, Diego José Abad, Agustín Pablo de Castro, Juan Luis Maneiro y José Rafael Campoy. Alegre (1729–1788) estudió las primeras letras y comenzó el aprendizaje del latín en una escuela pública de Veracruz. En 1747 ingresó en la Compañía de Jesús, en Tepotzotlán, donde permaneció cuatro años, dos de noviciado y otros dos estudiando historia eclesiástica, a la vez que perfeccionaba sus conocimientos en latín y castellano, y emprendía el estudio del griego, del hebreo y del italiano. Cuenta su biógrafo, Manuel Fabri, que leía a los autores clásicos día y noche. "De ahí – dice – adquirió una tan admirable facilidad de expresión, que en todo lo que redactaba, ya en verso, ya en prosa, no parecía que hablara con sus propias palabras, estilo y formas, sino con las mismas de Virgilio o de Cicerón" (1956: 218–219).

Desde 1767 hasta su muerte en 1788, Alegre, establecido en Bolonia a consecuencia del exilio de los jesuitas de los dominios españoles por decreto de Carlos III, se dedicó con su acostumbrado ahinco al estudio, a la enseñanza, y a la redacción de sus obras filosóficas y literarias, especialmente a la composición de sus *Instituciones teológicas* (1789–91).

Las *Instituciones teológicas*, un intenso y extenso estudio en siete volúmenes, es la obra magna de Alegre, la que más tiempo y más esfuerzo le costó, y la que él consideró más sustancial y más digna de su atención y de su interés. Considerada en términos generales, es merecido el juicio que de ella forma Marcelino Menéndez y Pelayo en la *Historia de las ideas estéticas en España*, donde la elogia por la solidez de su doctrina y la pureza clásica de su latinidad (1962, III: 306). Juzgada por su contenido hay que distinguir en ella dos aspectos: su objeto fundamental, que es la expansión sistemática del conjunto de la ciencia teológica, y los puntos circunstanciales y complementarios, sobre una gran diversidad de temas, más adecuados para la libre expansión de su genio. Como obra estrictamente teológica, pese a las alabanzas que los peritos en la materia le dedican por su solidez y su organización, será siempre cierto que en su exposición el autor se ve inevitablemente constringido por tres limitaciones: la dogmática, la del modelo que tomó por base y por guía, Santo Tomás de Aquino en su *Suma teológica*, y el tratamiento escolástico de la materia, que poco margen le dejaba para nada nuevo que añadir a lo tantas veces dicho y repetido sobre las mismas cuestiones y bajo el mismo sistema, desde Santo Tomás hasta la fecha; por otra parte el tema puramente teológico no era ya, a fines del XVIII, la materia de actualidad y de general interés que había sido en los dos siglos anteriores. La teología iba quedando confinada a los círculos eclesiásticos, y otros temas, candentes, del día, filosóficos, políticos y sociales, monopolizaban la pública opinión. Comienza a despertar esta obra el interés de los lectores cuando el autor se enfrenta en la exposición de su tesis, porque quiere enfrentarse o porque a ello se ve forzado, con las doctrinas filosóficas contemporáneas, que ignoraban el dogma o lo combatían. Alegre, como sincero creyente que era, pone siempre a salvo en estas cosas su ortodoxia, pero dejando manifiesto que conocía bien a los autores de la acera de enfrente y que los estimaba y respetaba, más que de ellos difiriese, y esto se aprecia en sus referencias a pensadores tan apartados de sus ideas como Voltaire, Hobbes, Calvino y Leibniz.

Alegre nos dejó varias composiciones cortas en latín, algunas traducciones de Virgilio y de Horacio, y dos poemas extensos en latín, la *Alejandríada*, y una traducción de la *Ilíada* de Homero. La *Alejandríada* es un poema épico sobre el sitio de Tiro por Alejandro, asunto tomado por Alegre de Diodoro Sículo, Arriano y Quinto Curcio. El poema de Alegre va precedido de un prólogo en el que expone teorías poéticas neoclásicas, y culmina en una batalla naval en la que intervienen mezclados los hombres y los dioses. La originalidad de Alegre consiste en haber convertido la historia en un drama animado y pintoresco.

Indignado Alegre por el desprecio con que hablaban los humanistas italianos de la capacidad de los españoles para escribir en latín, quiso refutarlos con el ejemplo, y a este objeto se decidió a poner en latín la *Ilíada* de Homero. Alabaron mucho los latinistas esta traducción, que por motivo de su técnica fue considerada como el mejor poema largo en latín de gusto clásico, escrito por un americano.

La *Rusticatio mexicana*, del humanista guatemalteco, Rafael Landívar (1731–93), que por su formación intelectual y obra literaria también pertenece a México, es hoy considerada por muchos críticos como el poema descriptivo más importante de la literatura hispanoamericana del siglo XVIII, en latín y castellano, fue casi totalmente desconocida en Europa y América hasta 1924, cuando salieron dos traducciones castellanas, una en prosa, *Rusticación mexicana*, de Ignacio Loureda (1924), y otra en verso, *Geórgicas mexicanas*, del padre Federico Escobedo (1924). Desde entonces se han hecho dos traducciones más: la española de Octaviano Valdés, *Por los campos de México* (1965), que es la traducción más fiel de las españolas, y una en inglés, *Mexican Country Scenes*, hecha por Graydon Regenos (1948, I).

Se ha formulado varias veces la pregunta "¿por qué escribió Landívar la *Rusticatio Mexicana* en latín?" Supone Luis Beltranena que Landívar escribió en latín para demostrar su resentimiento contra el espíritu racionalista de aquel tiempo, anticristiano y dominado por los filósofos franceses, y que, en consecuencia, rechazó con esa reacción toda la literatura escrita por entonces en lenguas romances. Esta teoría carece en absoluto de base, entre otras razones porque Landívar participaba, en cuanto su fe religiosa se lo permitía, de este espíritu racionalista, que en ciertos aspectos deja traslucir en su poema. La verdadera explicación la apunta el padre Félix Sebastián, compañero y biógrafo de Landívar, donde dice: "Por divertir algún tanto el ánimo, escribió en verso Latino, en que tenía mucha facilidad, una Obra, que dio a la Imprenta con el título de *Rusticatio mexicana, seu rariora quaedam ex agris Mexicanis decerpta*, Obra que ha sido mui apreciada de los Eruditos de Italia, cuyos Analistas le han tributado las alabanzas de que es merecedor el dicho trabajo, único en su línea. Este estudio le ocupaba poco tiempo, pues lo tomaba por evagar el ánimo, llevándole siempre su atención, y su cuydado, el de la Sagrada Escriptura, Theología y Ascética" (Sebastián 1950). Hay que tener en cuenta además la larga tradición de los jesuitas, sobre todo en Italia, de usar el latín no sólo en la literatura didáctica sino también en otros géneros más poéticos. Entre muchos ejemplos de autores italianos que escribieron en latín sobre poesía didáctica en general y sobre la referente al campo en particular pueden mencionarse el *Rusticus* (1483) de Poliziano, poeta y humanista, compuesto para ser recitado como introducción a sus conferencias sobre Hesíodo y Virgilio; *De hortis Hesperidum* (1505) de Giovanni Pontano, también humanista, sobre el cultivo de la naranja, el limón y la sidra; *De bombycum cura et usu* (1527), de Girolamo Vida; y el *Syphilis*, del médico veronés, Girolamo Fracastoro, publicado en 1550.

Los antecedentes más directos de la *Rusticatio mexicana*, después de las *Geórgicas* de Virgilio, son el *Hortorum libri* IV (1665) de René Rapin, jesuita francés, que se considera el poema geórgico más importante del siglo XVII, y el *Praedium Rusticum*, del jesuita francés Jacques Vanière, de 1707. Las *Geórgicas* del "divino" Virgilio eran consideradas como el poema más perfecto de ese género, del tenido por mejor poeta de todos los tiempos. Un cotejo detenido revela que, aparte de haber en el *Rusticatio* muchos ejemplos de directa imitación lingüística de las *Geóricas* de Virgilio, el poema guatemalteco es muy virgiliano en espíritu, como se refleja, por ejemplo, en el amor profundo a la patria, a la tierra, a la naturaleza, en los anhelos de amor fraterno y de paz y armonía social, en la admiración por el trabajo, y en el profundo sentido ético de la vida. No obstante, uno de los méritos que más se destacan en las *Geórgicas* de Virgilio, su perfección formal, no logra las deseables proporciones en la obra de Landívar. En ésta, además, no cohesiona su contenido la ley de unidad que rige el modelo clásico. Landívar combina lo propiamente agrícola con cuanto digno de valor es capaz de captar sobre el campo mexicano, su geografía, su vegetación natural, su población animal, la riqueza del subsuelo, la elaboración industrial de productos vegetales y minerales, y hasta los juegos populares del país. Describe los lagos, los ríos, las cataratas, las aves, las fieras, el ganado doméstico, la fabricación del índigo, o añil, y del azúcar, la explotación de las minas de oro y plata, en resumen todo cuanto se puede apreciar como eficiente respuesta a los denigradores de las tierras de América; y ésta se podría decir que es la ley íntima de unidad de su poema.

Nuestro tercer humanista, Diego José Abad (1727-1779), figura con Alegre y Landívar, entre los mejores latinistas de la Nueva España en el siglo XVIII. Merece ser estudiado con interés y simpatía, entre otras cosas, por sus poesías latinas, que le aseguraron un puesto de distinción en el ocaso de este género de literatura. Queremos mencionar su *Dissertatio ludicro-seria*, un ensayo satírico-burlesco de unas treinta páginas, que se integra por su tema y carácter en la floreciente literatura polémica del siglo XVIII. Publicada en 1778, está escrita la *Dissertatio* en latín con riqueza de vocabulario y facilidad y elegancia de estilo que acredita la calidad de buen humanista que al autor se le reconoce; y es, aunque ligera y breve, una delicada y graciosa aportación a la notable labor literaria de los jesuitas españoles e hispanoamericanos desterrados a Italia. El propósito de la obra es refutar la opinión que expresa Giovanni Battista Roberti, ensayista y poeta jesuita, sobre el uso del latín por los no italianos, y hacer la refutación mediante una sátira burlesca. Se trata, a la verdad, de una polémica pública sobre el uso del latín por aquellos nacidos fuera de Italia entre dos miembros de la Orden de jesuitas, italiano el uno e hispano-mexicano el otro.

La obra más importante del padre Abad es el poema descriptivo, *De Deo, Deoque Homine Heroica*, cuya edición definitiva es la de Cesena, 1780, de cuarenta y tres cantos. El poema *De Deo* tiene una meta punto menos que inasequible, erizada de dificultades que le hubieran hecho a Abad renunciar a su empresa si hubiera pensado en ellas, pero afortunadamente para las letras no las previó. El poeta da la impresión de haber comenzado con una vaga idea de cantar la grandeza de Dios, que se fue concretando en un trazado lógico, que pocos hubieran tenido la audacia de desenvolver, y cuya idea general está sintetizada en el título definitivo, *De Deo*, acerca de Dios como Ser espiritual supremo, principio y fin de todo lo existente, y *Deoque Homine*, acerca de Dios hecho hombre, es decir, la vida de Jesús, Dios humanizado, con todo el alcance, casi sin límites, de la combinación de su doble naturaleza. Así resulta el poema dividido en dos partes; la primera sobre Dios en general, que encierra la materia teológica; la segunda, la historia del Dios-Hombre, de Jesucristo, que abarca el Nuevo Testamento con sus inmensas derivaciones. Y como si fueran insuficientes estas infinitas perspectivas, Abad, que además de teólogo y de hombre de viva piedad religiosa, era literato, poeta y hombre de ciencia, trató – y hay que anticipar que con verdadero éxito – de ver a Dios, espiritual Divinidad, y al Dios-Hombre, no en abstractas elucubraciones, sino en la complejidad del mundo que con su omnipotencia crearon. Y esta complejidad Abad la refleja en la proyección que de la naturaleza hace en su ambicioso plan, en la más amplia concepción que de ella puede formarse. Se le ve divagar sobre todas las cosas, sobre la ciencia, sobre las letras, sobre aspectos del arte, sobre la historia, sobre la patria, sobre las ideas, sobre los amigos y sobre los enemigos de Dios, sobre el bien y el mal, sobre virtudes y vicios, y descender corrientemente de lo más sublime a lo más humilde, del Dios creador al insignificante mosquito, criatura también del Señor que como tal el poeta mira y admira embelesado. La enumeración de todos los puntos y temas que toca y desenvuelve ocuparía muchas páginas.

Gracias a la edición bilingüe moderna del *De Deo*, de Benjamín Fernández Valenzuela (1974), este poema ha dejado de ser una pieza de museo, y es actualmente asequible tanto al público general de lectores como a los estudiosos de la literatura. Hasta 1974, fecha de la publicación de la edición de Fernández Valenzuela, había que recurrir a las ediciones latinas del siglo XVIII, o a las traducciones imperfectas de los siglos XVIII y XIX, todas escasísimas. El interés en Abad en los últimos años ha aumentado notablemente, y es de esperar que el interés en la historia intelectual y literaria de México y una renovada actividad internacional en el campo de los estudios neolatinos resulten en nuevas investigaciones y estudios no sólo en torno al padre Abad, sino también en torno al latín en México.

BIBLIOGRAFIA

Alegre, Francisco Javier
    1956   *Historia de la Compañia de Jesús*. Ed. Ernest J. Burrus y Félix Zubillaga, Roma.

Escobedo, Federico
    1924   *Geórgicas mexicanas*. México.

Fabri, Manuel
    1956   "Vida de Alegre". Trad. Bernabé Navarro. En *Vidas de mexicanos ilustres*, México.

Fernández Valenzuela, Benjamín (ed.)
    1974   *De Deo*. Ed. bilingüe, México.

Institutionum...
    1789–91   *Institutionum theologicarum, libri* IV, 7 vols., Venecia.

Loureda, Ignacio
    1924   *Rusticación mexicana*. México.

Menéndez y Pelayo, Marcelino
    1962   *Historia de las ideas estéticas en España*. Madrid.

Regenos, Graydon
    1948   "Mexican Country Scenes". En *Philological and Documentary Studies*, vol. I: 89–105. Nueva Orleans: Tulane University (Middle American Research Institute).

Sebastián, Felix
    1950   "El padre Rafael Landívar". En *Estudios Centroamericanos*, 5: 30.

Valdés, Octaviano
    1965   *Por los campos de México*. 2ª ed., primera bilingüe, México (1ª ed., México 1942).

Ernesto Sábato: novelista de la metrópoli

Karl Kohut
Universität Eichstätt

"Localizada – focalizada – en Buenos Aires, *Sobre héroes y tumbas* quiere ser la novela de Buenos Aires", escribió Bernardo Canal-Feijóo en una reseña representativa que apareció poco después de la publicación de la novela (p. 96). Ya entonces y también más tarde, muchos críticos destacaron "el papel protagónico" que Buenos Aires asume en la novela.[1] Otros como Angela B. Dellepiane insistieron en el hecho de que "no debe olvidarse que, a través de elementos y problemas locales, Sábato quiere plantear problemas universales de tipo metafísico" (p. 131). Varias declaraciones de Sábato parecen confirmar esta interpretación. Preguntado sobre el porqué de su ensayo sobre el tango, dijo en 1966:

> "Porque el tango está entrañablemente unido al alma del porteño y
> ese alma es el objeto fundamental de mi búsqueda. Porque me inte-
> resa la condición humana y la condición humana sólo se puede in-
> dagar hoy y aquí. La única posibilidad de alcanzar la universalidad es
> ahondando en lo que tenemos más cerca" (Tiempo 16).

Protagonista o medio para describir y discutir los universales problemas existenciales del hombre: las dos interpretaciones del papel de Buenos Aires en *Sobre héroes y tumbas* parecen excluirse mutuamente. Quiero demostrar, que no se trata de una oposición absoluta sino dialéctica, que Buenos Aires es medio y protagonista a la vez o, mejor, es protagonista en tanto que medio.

Tal como la novela misma, la problemática de Buenos Aires se nos ofrece en diferentes niveles de significación. En el primer nivel encontramos la ciudad como espacio exterior en que se mueven los personajes. El ambiente es descrito minuciosamente, hasta tal punto que – como observa Angela B. Dellepiane – "es como si por medio de una cámara fotográfica recorriéramos esa gran metrópoli que es Buenos Aires" (p. 184). María Angélica Correa nota que "salvo Palermo y el Sur – feudos literarios de Borges –, la ciudad entera, barrio por barrio, aparece en el libro" (p. 106). Pero ya aquí podemos observar que el papel de la ciudad y de sus diferentes lugares, plazas, parques, calles, puerto, río, bares, tiendas, no se limita a esa función decorativa que equivaldría, más o menos, a la famosa "couleur locale" del siglo pasado. Es cierto que las descripciones de detalles a veces ínfimos dan testimonio del don observador de Sábato; pero nunca son hechas fríamente con la sola intención de localizar la acción, sino que sirven también para matizarla con colores afectivos. De este modo, los diferentes episodios de la novela aparecen vinculados inseparablemente a los lugares donde se desarrollan como, para citar un caso significativo, el parque Lezama con los encuentros trágicos y fugitivos de Martín y Alejandra. A veces, esas descripciones se desprenden de toda ubicación concreta y se disuelven en un impresionismo afectivo que se corresponde con el estado emocional de los personajes como, para citar un ejemplo más, la evocación melancólica del otoño bonaerense con la tristeza de Martín después de la despedida de Alejandra.[2]

A este primer nivel se sobrepone otro donde la relación entre lugar y personaje(s) se sitúa en un plano sociológico. Según Benito Varela Jacome, encontramos en *Sobre héroes y tumbas* "la más compleja exploración del mundo urbano porteño". Siempre siguiendo a este crítico, Sábato traza una interrelación entre cuatro zonas diferenciadas y "el *status* socioeconómico de las gentes que viven en ellas; [...] plantea la funcionalidad socioeconómica, desde media docena de perspectivas: explora, interpreta, describe, critica, planea, predice" (p. 153). Recordaremos, en este contexto, la descripción de la decadencia social del barrio de Barracas, relacionado con el abandono de las "viejas virtudes criollas". Los antiguos propietarios de las fincas de Barracas habían arrojado estas virtudes "como un lastre para no hundirse" al migrar hacia otros barrios más representativos. Sólo la familia de Fernando y Alejandra, "los pobres Olmos", las conservaban con una obstinación en desajuste ridículo respecto de su tiempo, tal como seguían viviendo en los miserables restos de la antiguamente espléndida quinta, rodeados de fábricas y conventillos (pp. 47s, 427). También en ese nivel, la descripción de la ciudad es multifuncional porque interrelaciona la evolución exterior de la ciudad con la evolución interior de sus personajes.

La historia de la familia Olmos constituye un ejemplo concreto de un proceso de "mercantilización y de materialismo" que desemboca en el "furioso caos de una ciudad cosmopolita y mercantilizada, dura e implacable" (p. 427). La descripción de este proceso es vinculada, a su vez, con una reflexión general sobre la ciudad como "última etapa" de la evolución del hombre, como "la expresión máxima de su orgullo y la máxima forma de su alienación" (p. 463).

Con esa reflexión ya hemos llegado al tercer nivel de significación donde pasamos de la observación y descripción concretas de la ciudad como espacio exterior y realidad socioeconómica a la reflexión sobre la ciudad que es a la vez Buenos Aires y la megalópolis como hecho típico del mundo moderno. Para Sábato, la ciudad es la máxima forma de alienación humana porque es producto y expresión de la civilización técnica. Este tema – una de las constantes de la obra sabatiana – retoma las ideas de Rousseau que éste desarrolló en su famoso segundo discurso donde sostenía que la civilización humana era la causa de la degradación moral del hombre moderno.

A esta reflexión corresponde otra sobre "ese notable atributo que tiene el universo de independencia y superposición", es decir la coexistencia, en un mismo tiempo y lugar, de millones de hombres y animales que viven todos una existencia independiente, "en mundos distintos, ajenos los unos a los otros, excepto cuando se producen las Grandes Catástrofes" (p. 29). La descripción casi fenomenológica de la coexistencia de tantos seres, hombres y animales, que viven en una ciudad encubre otro tema predilecto del ideario sabatiano: la isolación y la soledad del hombre moderno tanto más patéticas porque se producen en medio de una acumulación vertiginosa de seres humanos.

En una concatenación de asociaciones típica para Sábato, esos pensamientos generales llevan a los sentimientos del "recuerdo, la nostalgia, el sentimiento de frustración o la idea de la muerte" de hombres concretos (p. 30s). Del mismo modo, las reflexiones sobre la megalópolis moderna parten de la ciudad concreta de Buenos Aires y vuelven a ella. Si bien es cierto que – siguiendo el curso de esa reflexión – la soledad, la frustración y la tristeza marcan la existencia humana en todas las grandes ciudades del mundo, lo hacen de modo especial en Buenos Aires:

> "Pero es que aquí todo era nostálgico, porque pocos países debía de haber en el mundo en que ese resentimiento fuese tan reiterado: en los primeros españoles, porque añoraban su patria lejana; luego, en los indios, porque añoraban su libertad perdida, su propio sentido de la existencia; más tarde, en los gauchos desplazados por la civilización gringa, exiliados en su propia tierra, rememorando la edad de oro de su salvaje independencia; en los viejos patriarcas criollos, como don Pancho, porque sentían que aquel hermoso tiempo de la generosidad y de la cortesía se había convertido en el tiempo de la mezquindad y de la mentira; y en los inmigrantes, en fin, porque extrañaban su viejo terruño, sus costumbres milenarias, sus leyendas, sus navidades, junto al fuego" (p. 194s).

Es sobre todo la capa más reciente de esas nostalgias y añoranzas sobrepuestas, son los inmigrantes de los diferentes países europeos que recuerdan y añoran sus patrias perdidas los responsables de esa tristeza de Buenos Aires que emana de las descripciones y elucubraciones de la novela.

Hasta aquí he presentado las reflexiones del tercer nivel del mismo modo que las descripciones de los otros dos. Pero esos niveles se distinguen no solamente por el paso de la descripción a la reflexión sino también por la perspectiva narrativa. Las descripciones de los dos primeros niveles se realizan generalmente desde la perspectiva del autor. Las reflexiones del tercer nivel, por el contrario, se ofrecen al lector a través de la conciencia de Bruno, el yo interpuesto del autor que observa, narra, comenta y reflexiona. Puesto que Bruno desciende – como el mismo Sábato – de inmigrantes italianos, sus reflexiones sobre la tristeza de Buenos Aires representan su estado emocional en tanto que hijo de inmigrantes, de manera que reflexiona, a la vez, sobre la ciudad y sobre su propia existencia dentro de ella.

Esa "puesta en perspectiva" de las reflexiones sobre la ciudad determina también el cuarto nivel de significación en el cual el tema de la ciudad se encuentra interrelacionado con el problema del arte como representación de la realidad. Otra vez más esas reflexiones se dan a través de la conciencia de Bruno. En una escena clave, éste contempla "la silueta de los rascacielos, [...] el conglomerado turbio y gigantesco, tierno y brutal, aborrecible y querido, que como un terrible leviatán se recortaba contra los nubarrones del oeste" (p. 159). "Seis millones de hombres", piensa y se pregunta cómo alcanzar a "representar aquella realidad innumerable" en el espacio limitado de un cuadro o un libro. La oposición entre la realidad ilimitada de la ciudad y el espacio limitado de la obra de arte parece infranqueable, de manera que Bruno juzga, al principio, toda búsqueda de una solución como imposible e inútil. Sin embargo, encuentra una salida en el principio de la elección: eligiendo a uno, dos, tres o cuatro hombres y "ahondando en sus corazones", el escritor puede intentar representar el destino colectivo de la ciudad en las vidas concretas de unos pocos personajes, partiendo de la suposición implícita de que cada hombre es representativo de todos los hombres si llevamos el análisis hasta las capas más profundas de su ser. En *Abaddón*, Sábato retomará la problemática en una escala más amplia y escribirá – haciendo abstracción, esta vez, de la perspectiva narrativa – que hay "tragedias que resumen o son la metáfora de lo que puede suceder con la humanidad toda en un tiempo como este" (p. 17).

La fórmula recuerda peligrosamente el famoso "tipo" del realismo socialista. Pero la "metáfora" sabatiana queda muy lejos de este "tipo", porque a él no le importan tanto los comportamientos sociales del hombre (lo que no significa que no les preste atención) como las fuerzas y angustias existenciales que le mueven. Por eso, por lo menos los protagonistas de las novelas sabatianas son artistas y jóvenes, seres más bien marginales, porque ellos son, para Sábato, los que mejor resumen, en su existencia, los problemas existenciales de su tiempo (pp. 17s y otras veces más).

Este breve excurso sobre la teoría literaria de Sábato es indispensable para valorar adecuadamente la "puesta en perspectiva" de las reflexiones del cuarto nivel de significación. Porque Bruno reflexiona sobre la posibilidad de representar la realidad infinita de Buenos Aires en una obra de arte en tanto que escritor, escritor sin embargo frustrado porque su espíritu contemplativo, su indecisión, su abulia le impiden "alcanzar ese nuevo orden, ese nuevo cosmos que es la obra de arte" (p. 464). Es el autor Sábato quien lleva a cabo lo que en su personaje Bruno no pasa del estado de la mera hipótesis. El problema que discute Bruno es también el suyo al escribir la novela que leemos. Se trata, pues, de una "mise en abyme", ese procedimiento por el cual el autor presenta, según la formulación clásica de Gide, la materia del libro en la escala de sus personajes.[3] El hecho mismo de que el problema de la ciudad y de su representación en una obra de arte se encuentre en el centro de esa "mise en abyme", indica con toda seguridad que la ciudad no es un tema entre tantos más que nos ofrece la novela sino que constituye algo así como el centro de gravitación. No cabe duda de que las preocupaciónes metafísicas de Sábato sean de índole universal, pero Sábato no es un filósofo, como él mismo ha repetido muchas veces, sino un artista que representa sus ideas y preocupaciones filosóficas a través de personajes y acciones novelescas. En *Abaddón* incluso sostendrá que la novela es superior a la ciencia porque revela toda la realidad, la exterior y la interior, la racional y la irracional (pp. 197s, 219-221).

Ahora bien, del mismo modo que elige personajes, que son una "metáfora de lo que puede suceder con la humanidad", la ciudad de Buenos Aires le sirve de metáfora que resume los problemas existenciales de nuestra época. Una metáfora, sin embargo, en la que la parte concreta no está subordinada a la parte abstracta de la comparación sino en la que las dos partes se encuentran en una oposoción dialéctica. Sábato es universal solo en tanto que novelista de Buenos Aires.

La interpretación del papel de la ciudad en la novela sabatiana no termina con esa constatación que parece ser una respuesta satisfactoria a la pregunta inicial de esta ponencia. Hemos recorrido el espacio de Buenos Aires siguiendo las perspectivas del autor o de su yo interpuesto. Sin embargo, falta una perspectiva más que pone en duda los resultados obtenidos hasta ahora. A las reflexiones de Bruno, se oponen en la tercera parte de la novela las del personaje enigmático de Fernando. Al descenso a los infiernos de este personaje corresponde la visión de las "abominables cloacas de Buenos Aires", donde corren mezclados, "en obsceno y pestilente tumulto", menstruaciones, excrementos, preservativos, destrozados fetos, restos de comida, en resumen, "la inmensa, la innumerable Basura de Buenos Aires" (p. 371s). Y a Fernando, esa parte de la ciudad le parece representar su verdadera realidad (p. 376).

Debido al juego de perspectivas, la interpretación de este pasaje dependerá de si consideramos a Fernando como personaje central de la novela, como lo hace el propio Sábato y gran parte de la crítica (Torres Fierros 26), o si lo consideramos tan solo un protagonista entre otros. Según esa decisión previa, la visión de las cloacas de Buenos Aires como verdadera realidad de la ciudad nos aparecerá como una visión parcial que se explicaría por la personalidad de Fernando o como la visión dominante sobre todas las otras que he discutido en los diferentes niveles de significación.

Una vez más, la reflexión sobre la ciudad se interrelaciona con pensamientos filosóficos y existenciales. Sábato siempre insistió en el dualismo de la existencia humana que abarcaría la parte luminosa de la razón y la parte oscura y oculta de la subconciencia. Defendió la convicción de que el fracaso de la civilización técnica que nos ha llevado a las atrocidades de nuestro siglo se debe precisamente al hecho de que el hombre moderno ha intentado negar, a partir de la ilustración, la parte oscura e irracional del hombre. Del mismo modo, no lograremos comprender la realidad de Buenos Aires si negamos la parte subterránea de la ciudad.

La imagen de Buenos Aires que se nos presenta ya bastante triste y melancólica desde la perspectiva de Bruno, parece ensombrecerse definitivamente en la perspectiva de Fernando. Ya en las reflexiones de Bruno, Buenos Aires aparece como encarnación moderna de la Babilonia bíblica, símbolo de la degradación moral del hombre, de sus vicios y pecados. Las dos perspectivas parecen llevar a una condena incondicional de Buenos Aires como megalópolis moderna. Pero las apariencias engañan. A pesar de la crítica radical de la ciudad, la novela es también una declaración de amor a Buenos Aires, como lo prueban numerosos detalles afectivos que encontramos en las diferentes descripciones y reflexiones de y sobre la ciudad. La imagen de Buenos Aires en *Sobre héroes y tumbas* es ambigua, marcada por los sentimientos contrarios del odio y del amor. Pero si profundizamos un tanto más la interpretación, también el odio, el rechazo se revelan como signos de amor. Según la teoría literaria de Sábato que desarrollará plenamente en *Abaddón*, el mérito del artista consiste precisamente en su labor de llevar a la luz de la conciencia la parte oscura e irracional de la existencia humana y restituir, de este modo, la armonía de su ser (p. 180). La evocación de la parte oculta de la ciudad constituiría entonces un acto terapéutico necesario para la humanización de la misma.

La interpretación de Sábato como novelista de Buenos Aires quedaría incompleta si me limitara a *Sobre héroes y tumbas* sin incluir *Abaddón*. Es cierto que esta última novela se nos presenta como metanovela de la novelística anterior sabatiana. El espacio de la novela es esencialmente interior, el espacio exterior de la ciudad aparece solamente unas contadas veces, pero asume, sin embargo, en estas ocasiones una trascendencia mayor.

Ya mencioné el hecho de que Buenos Aires recibe, en *Sobre héroes y tumbas*, el nombre de Babilonia. En una de las escenas iniciales de *Abaddón*, la ciudad es amenazada por un dragón que cubre el firmamento y "echa fuego por las fauces de sus siete cabezas" (p. 13), reminiscencia del *Apocalipsis* de San Juan donde el dragón aparece como una de las encarnaciones del Anticristo (caps. 12 y 13). Otra vez nos encontramos ante una "puesta en perspectiva" ya que esta visión se nos ofrece a través de la conciencia de un personaje que esta vez es, para complicar más las cosas, un loco. Pero para Sábato, los locos comparten con los artistas el don de ver la realidad más allá de la realidad cotidiana, visión vedada a la mayoría de los hombres (*Abaddón*, p. 159s).

Como en *Sobre héroes y tumbas*, la visión de un aspecto determinado de la ciudad aparece interrelacionado con una preocupación metafísica del autor. Sábato siempre ha estado obsesionado por el problema del mal, pero nunca antes esa obsesión había alcanzado la intensidad expresiva que alcanza en *Abaddón*.

Sin embargo, lo que al principio puede parecer solamente una preocupación metafísica pronto se descubre como reacción a una amenaza muy concreta. En *Abaddón*, el mal reviste la forma concreta de la represión brutal de los años del régimen militar. La visión del mundo subterráneo se concretiza en los "sórdidos sótanos de una comisaría de suburbio" donde policías embrutecidos infligen torturas bestiales a las víctimas inocentes (pp. 13, 424-426, 476-489, 490).

Aquí ya no cabe duda de que la parte oscura representa la verdadera realidad de la ciudad. Así como *Sobre héroes y tumbas* era, en el primer nivel de la acción novelesca, la novela del Buenos Aires de los años peronistas, *Abaddón* lo es del Buenos Aires del régimen militar. No es culpa del observador si la visión de la ciudad se ha ensombrecido de modo radical. Buenos Aires se ha convertido en un lugar de torturas.

Pero siguiendo la intrincada dialéctica sabatiana, descubrimos la luz de la esperanza precisamente en el momento en que llegamos al fondo del horror. Al describir esta realidad, Sábato contribuyó a su manera a la caída del régimen. El compromiso metafísico del escritor se ha convertido en compromiso político. En este sentido, el llamado *Informe Sábato* es la prolongación lógica de la labor que había empezado en *Abaddón* y, a la vez, la expresión de la esperanza invencible de un Buenos Aires humano.

NOTAS

1 Correa 106, cf. Vanegas 228. Un intento de una interpretación de conjunto de este aspecto de la novela se encuentra en Yung (1975: 156-183).

2 2a parte, cap. 10, p. 183, Cf. Pageaux: "Cafés, parques, bancos elaboran un mapa de la capital porteña; son más bien símbolos, figuras de la soledad del hombre" (p. 123).

3 Gide (1951: 41). Cf. Dällenbach 1977. Sábato retomará el recurso de la "mise en abyme" en una escala más amplia en *Abaddón*.

BIBLIOGRAFIA

Canal-Feijóo, Bernardo
  1962   "Ernesto Sábato: Sobre héroes y tumbas". En *Sur*, 276: 90-99.

Correa, María Angélica
  1971   *Genio y figura de Ernesto Sábato*. Buenos Aires: Editorial Universitaria.

Dällenbach, Lucien
  1977   *Le récit speculaire. Contribution à l'étude de la mise en abyme*. París: Seuil.

Dellepiane, Angela B.
  1970   *Sábato. Un análisis de su narrativa*. Buenos Aires: Editorial Nueva.

Gide André
  1951   *Journal, 1889-1939*. París: Gallimard.

Pageaux, Daniel-Henri
  1986   "Elementos para una topología sabatiana". En *Cuadernos Hispanoamericanos*, 432: 117-128.

Rousseau, Jean-Jacques
  1775   *Discours sur l'origine et les fondements de l'inégalité parmi les hommes*. Amsterdam.

Sábato, Ernesto
  1969   *Sobre héroes y tumbas*. Barcelona: Planeta.
  1974   *Abaddón el Exterminador*. Buenos Aires: Editorial Sudamericana.
  1985   *Nunca más (Informe Sábato)*. Barcelona: Seix Barral/Eudeba.

Tiempo, Cesar
  1966   "41 preguntas a Ernesto Sábato". (Entrevista). En *Indice*, 21, 206: 15-17, Madrid.

Torres Fierro, Danubio
  1975   "Ernesto Sábato. El escritor y sus fantasmas" (Entrevista). En *Plural*, 4, 41: 23-32.

Vanegas, Sara
  1977   "La esperanza en *Sobre héroes y tumbas*". En *Pucará*, 3: 213-240.

Varela Jacome, Benito
  1983   "Función de los modelos culturales en la novelística de Sábato, Homenaje a Ernesto Sábato". En *Cuadernos Hispanoamericanos*, 391/393: 166-201.

Yung, Betty Rice
  1975   *Visions of the Submerged City: Buenos Aires. Selected Works of Mallea, Marechal and Sábato*, Tesis: Univ. de Lexington, Kentucky.

Conceptos del lenguaje literario expresados por algunos novelistas hispanoamericanos contemporáneos

Myron L. Lichtblau
Syracuse University

De todas las innovaciones en la novela hispanoamericana en los últimos veinticinco años, es tal vez el lenguaje mismo el que haya sufrido los cambios más radicales. Hasta tal punto que más de un crítico ha llamado el lenguaje el protagonista de aquel juego lingüístico que se titula *Tres tristes tigres*. El lenguaje, es decir el único vehículo de comunicación entre autor y lector, ha llegado a constituir un elemento narrativo mucho más importante que su natural función de convertir en palabras nuestros pensamientos y emociones. "Prose is malleable, not ordained", dijo recientemente el crítico Paul West al hablar en defensa de la "purple prose" (1985: 1); y, en efecto, la utilización imaginativa e ingeniosa de la lengua responde a un mismo deseo de librar la prosa, y así la transmisión del pensamiento, de las restricciones y limitaciones impuestas por el idioma. Así como algunos novelistas han escrito sobre los temas, los personajes y la estructura de sus propias obras, otros tantos nos han dado sus comentarios respecto a la expresión verbal y el estilo tal como los perciben. Es el objetivo de esta ponencia examinar las opiniones lingüísticas de un grupo selecto de célebres novelistas y ver la relación entre lo que dicen y lo que practican en sus obras.

Al argentino Eduardo Mallea se le reconoce por la honda penetración en los estados de ánimo de sus personajes, realizada en gran medida por la fuerza verbal de su prosa, que en sus ritmos, su léxico, y su peculiar orientación psicológica refleja las inquietudes del hombre argentino de hoy. En *Notas de un novelista*, Mallea expresa cabalmente el carácter de su propio estilo al afirmar que "El lenguaje por sí mismo crea. Que el lenguaje tiene facultades de proliferación inherentes a su naturaleza misma, que no se le puede cortar sin esterilizarlo" (1954: 116). Cada autor, según Mallea, necesita adquirir un estilo propio, basado en el fluir de sus pensamientos. "Cuanto más importante es un escritor, más inventa su idioma. Cuanto menos tiene un escritor que decir, más mostrenco e impersonal es su lenguaje" (1954: 105). Mas al mismo tiempo opina Mallea que el estilo, no importa la forma en que esté, siempre ha de ser natural y espontáneo para no abrumar y sofocar la narración, tal como ocurrió con *La guerra gaucha* de su compatriota Leopoldo Lugones. Y en efecto, si se examina bien el estilo de Mallea, notamos que a pesar de ser el autor uno de los primeros en experimentar con el lenguaje, no permite que su ingeniosidad verbal controle o domine la obra. La afirmación de Mallea de que "Todo estilo que no sirve exclusivamente para la conducción e inducción es retórica" (1954: 80) bien puede definir su arte estilístico en obras como *Chaves, Fiesta en noviembre*, o *Todo verdor perecerá*. Pues en estas novelas, la función de su lenguaje, aunque en los trozos líricos de gran

plasticidad, siempre se conforma con los fines temáticos de la obra; el lenguage ma-
lleano raras veces se reviste de oropel innecesario.

José Donoso también rechaza un estilo rebuscado y artificial. Aun una obra tan
complicada y extraña como *El obsceno pájaro de la noche* tiene un estilo relativamente llano y directo. En su libro *Historia personal del "boom"*, Donoso reconoce la
importancia del lenguaje en *Los pasos perdidos*, diciendo que "el idioma de Carpentier, abrumadoramente engalanado, permanecía siendo cuestión de estilo, y no rompía
de veras con algo anterior: era más bien la revisión de la retórica de siempre hecha
con una lupa muy personal, pero nunca apartándose verdaderamente del modernismo
valleinclanesco" (1972: 45). Pero es Carlos Fuentes quien más ha impresionado a
Donoso, sobre todo su primera novela *La región más transparente*. Al leerla, comenta
el escritor chileno, "la literatura adquirió otra dimensión, porque me arrancó bruscamente de la estética en que [...] todavía estaba clavada". Después de referirse al "lirismo desenfrenado" de la novela, con su ruptura con el realismo tradicional, Donoso
comenta que "es el idioma, descubierto por la elevada temperatura novelística con-
ferida por un yo exaltado, lo que toma sin duda el papel protagónico" (1972: 48).

Alejo Carpentier, en su libro *Tientos y diferencias* (1966), ve el barroco en todo el
arte hispanoamericano, desde la escultura precolombina, a los edificios coloniales,
hasta la novelística contemporánea. Como sabemos, uno de los rasgos más fundamentales de la prosa carpentieriana es sin duda el elemento barroco, la frondosidad exuberante de su estilo. Y el escritor cubano entiende bien la estrecha relación que existe entre lo barroco que él encuentra a cada paso a su alrededor y lo barroco de su expresión verbal, que sea en *Los pasos perdidos* o en *El reino de este mundo*. Carpentier
nos aconseja: "No temamos el barroquismo en el estilo [...], no temamos el barroquismo, arte nuestro, nacido de árboles, de leños, de retablos y altares, de tallas decadentes y retratos caligráficos y hasta neoclasicismos tardíos" (1966: 33). Para Carpentier, el barroquismo proviene de la necesidad de nombrar las cosas, aunque él mismo
se da cuenta de que al hacerlo rechaza las nuevas técnicas, sobre todo las que han
creado la novela francesa. El nombrar los objetos y describirlos minuciosamente es de
suma importancia para Carpentier, pues representan la cultura de Hispanoamérica –
los árboles, los animales, el ambiente, la naturaleza. Carpentier nota que para un
novelista es fácil describir, por ejemplo, la batalla de Waterloo, pues es bien conocida;
mucho más difícil es describir la ceiba o el papayo, que la mayor parte de los lectores
no han visto. Tarea muy ardua la del escritor que quiere que el lector tenga "la sensación del calor, la densidad, el peso, el tamaño, la textura, el aspecto del objeto"
(1966: 31). Y luego Carpentier nos da una de las claves principales de su prosa, pues
dice que sólo se logra este tipo de acercamiento al objeto descrito "mediante una po-
larización certera de varios adjetivos, o, para eludir el adjetivo en sí, por la adjetivación de ciertos sustantivos que actúan, en este caso, por proceso metafórico"
(1966: 31). Y para Carpentier la prosa que da vida y consistencia, peso y medida al objeto descrito es una prosa barroca, "como toda prosa que ciñe al detalle, lo menudea,
lo colorea, lo destaca, para darle relieve y definirlo. Tenemos que nombrarlo todo –
todo lo que nos define, envuelve y circunda – para situarlo en lo universal" (1966: 32).
A continuación, como para contrastar su propio estilo con aquél usado por los criollis-

tas de la generación anterior, afirma que ya se terminó la época en que las novelas se valieron de glosarios y otros comentarios para explicar al lector medio vocablos como "curiaras, polleras, arepas, o cachazas" (1966: 32).

Miguel Angel Asturias es otro escritor que tiene plena conciencia de lo barroco en sus novelas. Asturias explica que sus libros no son fáciles de leer porque tienen un aspecto barroco de la lengua española, cualidad que algunos elogian y otros condenan (Guibert 1973: 145). Pero para Asturias lo barroco es probablemente esencial al ladino. Con referencia a su propio estilo, el autor de *Hombres de maíz* comenta que la elaboración es lo que caracteriza el estilo barroco en la literatura de Hispanoamérica. La constante repetición de sílabas y vocablos como rasgo fundamental de su estilo se debe, según Asturias, al deseo de imitar la lengua maya–quiché, que usa la repetición para crear toda clase de superlativos. Los indios dicen "blanco, blanco, blanco" para significar "muy blanco" (Guibert 1973: 146). También, repiten las sílabas en una misma palabra para dar mayor énfasis al significado. Asturias añade que otra dificultad que tienen los lectores es que sus novelas guardan muy estrecha relación con los libros primitivos de los mayas, los quichés, y los aztecas. A diferencia del peruano José María Arguedas, el escritor guatemalteco evita las voces indígenas precisamente porque excluyen al lector del texto. Basta un equivalente en castellano. Tampoco le gusta a Asturias emplear giros regionales o términos que pertenecen exclusivamente a un país determinado. Y aunque no logre su propósito, Asturias dice que trata de hacer sus libros universalmente comprensibles a pesar de revelar el espíritu netamente guatemalteco.

En Manuel Puig, el estilo es tan natural y directo que hay un mínimo distanciamiento entre autor y lector. En novelas como *La traición de Rita Hayworth* y *The Buenos Aires Affair*, la prosa parece tan antiliteraria, tan exenta de todo alarde, que el autor/narrador casi desaparece, permitiendo que los varios personajes adquieran personalidades propias, libres de la mano guiadora de quien los creó. Pero según Puig, la misma autenticidad, la naturalidad de su prosa no quiere decir que sus obras no sean más que informes grabados de la realidad. El autor argentino afirma que lo que él hizo fue editar las voces de los personajes de la misma manera que otros escritores editan el lenguaje culto y escrito (Christ 1977: 57). A este respecto, señala Puig: "La realidad es necesario relatarla en términos de la belleza" (1977: 57). Y añade que en muchos casos trabaja con un lenguaje enajenado y degradado, pero siempre lo transforma para realzar su significación social. Una buena muestra del pensamiento de Puig referente a su uso del lenguaje son sus comentarios sobre aquel muy famoso capítulo en *La traición de Rita Hayworth* en que se transcriben sólo las palabras de Choli en su conversación con Rita:

> "Debí decirle cómo empezó ese diálogo de un solo lado. Yo quería que el capítulo IV dedicado a Choli sea más que un monólogo. Pero vi que el mundo interior de Choli no era interesante. Resultó mejor cuando ella hablaba que cuando pensaba, porque todo el color se encontraba en su lenguaje. Su lenguaje contenía toda su psicología. De manera que se me ocurrió tener una conversación entre Choli y Mita.

Escribí un diálogo en que Mita se mostraba muy defensiva y cautelosa, ya que discutían su actitud sumisa ante su marido. Pero sucedió que lo que Mita decía era totalmente evasivo, nada interesante, situación que me dio la idea de eliminar la voz de Mita para dejar sólo la de Choli" (Christ 1977: 57).

En *Tres tristes tigres* de Guillermo Cabrera Infante, el lector "oye" por escrito los vocablos cubanos en todos sus matices, tonos, y vigor. Para el escritor cubano, su famosa novela tuvo su origen en el concepto de la literatura oral, de la escritura que se deriva del habla y no de la voz. Su novela, dice el autor, es "una galería de voces" (Guibert 1973: 414), y su prosa es como "actos de terrorismo en contra de las convenciones de la lengua castellana" (Guibert 1973: 410). Cabrera Infante admite que era difícil convencer al traductor francés que el texto de *Tres tristes tigres* no es el español aceptado por la Academia, ni tampoco pertenece al habla cubana cotidiana. Reconociendo la naturaleza estrambótica del lenguaje usado en esta novela, Cabrera Infante afirma que es imposible crear una lengua literaria autónoma, sin cometer los errores estéticos de escribir *belles lettres* o de tener excesiva preocupación con el estilo. Para Cabrera Infante, tal preocupación estética resultó en la inundación post–Flaubertiana de hermosa pero fría escritura, llena de frases redondas sin vida ni fuerza. El cubano tiene poca paciencia con la novela "bien escrita" y las preocupaciones por *le mot juste*. La belleza de una frase o una oración tiene que ver menos con la literatura que con la oratoria. Odia el lenguaje mimético, porque es el contrario de la comunicación (Guibert 1973: 418).

Los juegos lingüísticos, que son una parte íntegra de *Tres tristes tigres* y no algo al margen del texto, ya tenían su génesis en la conversación diaria de Cabrera Infante, tenida entre amigos en la calle o en casa, o en las aulas universitarias. Cabrera Infante siempre ha gozado de salpicar su habla con una sarta de ocurrencias, ingeniosidades, inversiones verbales, retruécanos, aliteraciones y toda clase de pirotecnia lingüística a la Lewis Carroll o James Joyce (Guibert 1973: 430). De manera que *Tres tristes tigres* es como la culminación lingüística de sus años de experimentación callejera.

La inmensa capacidad de Gabriel García Márquez de crear, de inventar, de forjar mitos de la realidad y realidad de los mitos, es función del lenguaje y de él depende la transmisión de aquel mundo fantaseado desde la mente del novelista al texto escrito. Dice García Márquez que la dificultad permanente del escritor en América Latina es la palabra, las palabras: "El hecho de que el español se nos está olvidando [...] tenemos que seguir explorando el idioma, nuestra herramienta de trabajo" (Recopilación 1969: 80).

Para el laureado colombiano, el inglés, el francés, o el italiano hablados son los mismos que escritos, mientras el español hablado es muy distinto del español escrito. Aunque sus observaciones no son muy exactas, revelan cómo piensa respecto al lenguaje que tan acertadamente forja y manipula en sus novelas y cuentos. Y añade García Márquez: "Tratamos de escribir una novela con el español hablado, cuando en realidad debemos escribirla con el español escrito" (Recopilación 1969: 81).

A diferencia de lo que han dicho algunos críticos, García Márquez relata que lo que aprendió de sus empresas periodísticas no era lo económico y lo directo del lenguaje, sino algunos recursos que se podían usar para hacer la narración más creíble. Según García Márquez, al escritor todo le es permitido con tal de que sea capaz de hacerlo creíble. Y esto más se logra mediante la utilización de ciertas técnicas periodísticas con el apoyo de elementos desprendidos de la realidad (Durán 1970: 111).

Dejo por último a Julio Cortázar entre los que han expresado opiniones sobre el lenguage. Es él tal vez quien tenga más aguda conciencia de la relación entre el papel del lenguaje como medio de comunicación y como adorno o instrumento retórico. Como sabemos, Cortázar no puede tolerar el lenguaje literario, y en *Rayuela* pone esta actitud en boca de Morelli. Hay poca duda de que Cortázar esté conforme con las ideas expresadas por Mary Louise Pratt en su libro *Toward a Speech Act Theory of Literary Discourse* al discutir la oposición estructuralista tradicional entre el lenguaje poético y no poético. Pratt señala: "Theoretically, there is no reason to expect that the body of utterances we call literature should be systematically distinguishable from other utterances on the basis of intrinsic grammatical or textual properties" (1977: 92). En otras palabras, dice Pratt, es una equivocación creer que la literatura es lingüísticamente autónoma. Cortázar trata de sugerir casi lo mismo cuando dice que *Rayuela* es una tentativa de "justamente demoler el lenguaje adocenado y retórico que advertía en mucha literatura americana" (González Bermejo 1977: 85). El autor argentino expresa más vigorosamente la misma cosa cuando dice: "Hay dos maneras de entender el lenguaje: está el lenguaje de tipo libresco, el lenguaje por el lenguaje mismo, que a mí no merece ningún respeto. Gabriel Miró, por ejemplo, o el lenguaje de muchas de las cosas de Camilo José Cela: la masturbación verbal. El lenguaje que cuenta para mí es el lenguaje que abre ventanas en la realidad; una permanente apertura de huecos en la pared del hombre, que nos separa de nosostros mismos y de los demás" (Gonzáles Bermejo 1977: 85).

Es cuestión de las limitaciones del idioma mismo, de la incapacidad del idioma de representar los pensamientos y las emociones del hombre. En último caso es una lucha entre dos fuerzas dispares en nosotros – por un lado, nuestra facultad de pensar y sentir como la realidad primordial, y por otro, nuestra facultad única de verbalizar. La necesidad que siente Cortázar de manipular y recrear el idioma responde a esta misma limitación. Si fuera posible, Cortázar demolería los sistemas lingüísticos tradicionales, sustituyendo un lenguaje más auténtico y sincero. Por eso, él burla del lenguaje, lo deforma, lo violenta, lo inventa, juega con los sonidos, desbarata su estructura y sus significados, y hace toda clase de gimnasia verbal que divierte al lector y a veces lo molesta. Cortázar admite que escribió *Rayuela* a contrapelo, "destruyendo todos lo clichés que me venían a la mano (por ejemplo, un sistema de adjetivación muy bonito que hubiera entusiasmado mucho más a ciertos lectores, pero que era absolutamente tramposo" (Gonzáles Bermejo 1977: 85).

Para Cortázar, el lenguaje nos engaña a cada palabra. Dice que los personajes en *Rayuela* "se obstinan en creer que el lenguaje es un obstáculo entre el hombre y su ser más profundo. La razón es sabida: empleamos un lenguaje completamente marginal en relación a cierto tipo de realidades más hondas, a las que quizá podríamos acceder si no nos dejáramos engañar por la facilidad con que el lenguaje todo lo explica o pretende explicarlo" (Harss 1966: 285). Pero al denunciar las limitaciones y obstáculos del lenguaje, Cortázar entra en una irrevocable ironía, ya que el lenguaje es el único medio de comunicación de que dispone la literatura y ya que la literatura, por definición, no puede ser otra cosa que verbal. Si el lenguage en verdad posee esta limitación, también la posee toda literatura, pues no hay alternativa.

Para concluir: Lo que dice un novelista sobre su propio estilo en efecto tiene muy poco que ver con el juicio que sobre su obra hacen los críticos. En cuestiones de aprecio crítico, el escritor de ficción tiene escaso derecho de enfocar la cámara, mucho menos de asentar las bases para juzgar su arte. Pero el conocimiento, a veces intuitivo, a veces puramente halagador, que posee un escritor acerca de los sistemas lingüísticos, puede ayudarnos a mejor comprender el significado de su obra y la manera peculiar de que se sirve del lenguaje para realzar este significado. Al exclamar Eduardo Mallea que "¡Cuánto mal le ha hecho al Flaubert novelista el Flaubert estilista!" el escritor argentino da no sólo una evaluación de la prosa de Flaubert, sino también una advertencia dirigida a sí mismo referente a su propio modo de escribir. En suma, el novelista que revela plena conciencia del procedimiento de escribir transmite al crítico un mensaje fuerte e inequívoco que le incumbe reconocer.

BIBLIOGRAFIA

Carpentier, Alejo
1966   *Tientos y diferencias*. La Habana: Editorial Contemporáneos.

Christ, Ronald
1977   "An Interview with Manuel Puig". En *Partisan Review*, 44: 57.

Donoso, José
1972   *Historia personal del "boom"*. Barcelona: Editorial Anagrama.

Durán, Armando
1970   "Conversations with Gabriel García Márquez". En *Review*: 67-68.

González Bermejo, Emilio
1977   *Conversaciones con Cortázar*. Barcelona: EDHASA

Guibert, Rita
1973   *Seven Voices*. Nueva York: Knopf

Harss, Luis
1966   *Los nuestros*. Buenos Aires: Editorial Sudamericana

Mallea, Eduardo
1954   *Notas de un novelista*. Buenos Aires: Emecé Editores

Pratt, Mary Louise
1977   *Toward a Speech Act Theory of Literary Discourse*. Bloomington: Indiana University Press.

Recopilación....
1969   *Recopilación de textos sobre Gabriel García Márquez*. La Habana: Casa de las Américas.

West, Paul
1985   *New York Times*. "Purple Prose", Book Review Section, diciembre 15, p. 1.

Carcajadas de calaveras
en Jorge Ibargüengoitia y en José Guadalupe Posada

Adelia Lupi
Istituto "Giorgione", Castelfranco Veneto

Los muchos crímenes, y en tan lóbrego medio, relatados en la novela *Las muertas* (1977)[1] por el mexicano Jorge Ibargüengoitia (1928-83), si, en lugar de hoy, hubiesen sido cometidos en el México de entre los dos siglos, seguramente habrían sido materia de muchas *Gacetas callejeras*, aquellas hojas sueltas en las que se relataban hechos clamorosos, y habrían sido también tema de los grabados de aquel extraordinario ilustrador de su época que fue José Guadalupe Posada (1852-1913).

Sobrepasando, con la potente eficacia de su dibujo expresionista *ante litteram*, a los textos ingenuos, sensacionalistas, a menudo moralísticos, pero al mismo tiempo también satíricos de los redactores de los corridos, o sea de los romances populares, Posada representó, en sus cerca de 15.000 grabados, todos los aspectos de su tiempo, o sea la época porfirista: la bonita sociedad, los representantes de todas las clases sociales, monstruos, temblores de tierra, calamidades, milagros, tragedias, asesinos, motines callejeros, personajes políticos, fusilamientos, etc., ahondando con el paso del tiempo su gracia socarrona y su gusto feroz por la provocación. Por esto, aquellos asesinos, aquellas imágenes violentas, aquellos puñales y aquellas torvas miradas, aquellas *calaveras* con dentaduras carcajeantes, aquellos esqueletos suyos vestidos con toda clase de detalles y ejerciendo cada uno un papel en la vida, quizás puedan muy bien encontrarse también hoy en el "profundo" México, así como en cualquier lugar donde pobreza, sufrimiento, superstición, abuso y corrupción reinan aceptados o padecidos.

Inspirándose en hechos criminales realmente acontecidos, pero reorganizándolos con experta dosificación para hacer de ellos la materia del espacio de esta novela, con *Las muertas* Ibargüengoitia nos introduce en el cerrado espacio de unos pueblos aislados en el interior mexicano; y en el interior de estos espacios cerrados, dentro del aún más reducido mundo de una serie de burdeles. Porque es ante todo una sensación de clausura y de prisión la que impregna todas estas páginas escritas aparentemente con fría objetividad.

Las hermanas Baladro, Arcángela y Serafina (irónica la elección de los nombres), se dedican al negocio de la prostitución y son las dueñas, o más bien las "madrotas" de tres burdeles: el de la Calle del Molino en Pedrones, México Lindo en San Pedro de las Corrientes, y, por último, el Casino del Danzón en Concepción de Ruiz. Tienen apoyos del torpe capitán Bedoya, algo así como "director intelectual", y protecciones influyentes de los magnates que cuentan, gracias también a las "entregas" que ellas pagan "para estar en paz con el municipio, los policías" (p. 190) etc. Pero, por una serie de accidentes, la fortuna les da la espalda, sobre todo cuando al nuevo gobernador del Plan de Abajo "le pasa por la cabeza en ciento cuarenta años de vida independiente de prohibir la prostitución" (p. 62) dentro de su Estado. Por esta Ley de Moralización, confiando en que las casas vuelvan a funcionar gracias a las gestiones legales que inician para obtener la revocación de la orden de clausura, las hermanas toman la decisión de hacer creer que se marchan; en realidad, "la solución que adoptaron fue ilegal pero sencillísima: salir de un burdel clausurado para entrar en otro burdel clausurado ... en donde podrían pasar dos o tres meses sin que nadie las viera" (p. 86). Y van a vivir en secreto al Casino del Danzón, llevando consigo a veintiséis mujeres.

Empieza así para estas emparedadas vivas un período de voluntario u obligado encierro que dura trece meses (entre 1962 y 63), durante los cuales el número de las mujeres se reduce a nueve: once, vendidas a otros burdeles; seis mueren, y son enterradas de cualquier manera en el patio, o por accidentes dentro del casino, o por falta de curas, o alcanzadas por escopetazos en sus tentativas de evasión. La punición para los culpables llega finalmente después de regular proceso.

Dentro de una absoluta falta de cromatismo, como fotografías en blanco y negro de fuertes contrastes, y con un estilo que oscila desde el impersonal, característico de la crónica periodística, al indiferente de los sumarios judiciales, al vehemente propio del estallido de pasiones elementales en un mundo de miedo, miseria e ignorancia ancestrales, el relato introduce así al lector en la sórdida inmovilidad del más "profundo" México.

Relaciones de noticias, hipótesis, interrogatorios, confrontaciones de testigos y recuerdos de los distintos protagonistas: es todo un material casi de archivo, que en realidad anticipa, pospone, fragmenta, admite por hipótesis, une magistralmente y, en el conjunto, da una estructura y fija, en fin, toda la concatenación de los hechos. Y estos hechos giran siempre dentro o alrededor de este casino donde "todos los cuartos dan al corredor y recuerdan, más que un lupanar, un convento" (p. 58). La equivalencia entre burdel y convento sugerida por el autor llega a propósito en esta comunidad de mujeres dirigida por una rígida disciplina, donde el hombre es ajeno, porque los clientes, aun en la pluralidad de sus intervenciones, no participan en su vida. Isla de mujeres entre mujeres, "uno es lugar del amor profano; el otro del amor sagrado. En su unión de deseo y de placer, la semejanza; los dos son espacios de clausura, de huida, de rechazo del cuerpo femenino [...] Y porque lugares de rígida clausura, burdel y convento están destinados a la infracción, al episodio cruento, a la violación del orden impuesto."[2]

Y por ser tales, lugares destinados a llenar muchos espacios novelísticos. Pero desde la literatura sobre los lupanares o los conventos, la novela *Las muertas* se aleja porque no quiere ser denuncia ni fascinada intrusión en lugar prohibido. El relato sencillamente "cuenta", anónimamente; el autor interviene sólo con hipótesis: "Es posible imaginarlos: los cuatro llevan anteojos negros ..." (p. 9), "... podemos imaginar al capitán Bedoya montado en otro caballo ..." (p. 39), "Parece que los hermanos Zamora estaban parapetados en unas macetas." (p. 79) "Podemos suponer entonces que cuando las Baladros abrieron la puerta ..." (p. 129), "Así pudo ser." (p. 131), etc.

Como escribe Angelo Morino, "la novela sustenta sin tregua lo posible. A pesar de todo, una relación estable parece enlazar lo cotidiano y lo ficticio. La fragmentación de lo vivido encontraría su equivalente en la fragmentación de la novela, los vacíos en los vacíos, las hipótesis en las hípotesis, porque lo cotidiano tampoco puede ya darnos certidumbres ...".[3]

La rebuscada falta de introspección nos hace pensar en personajes con una psicología elemental y torpe, en vidas primitivamente guiadas por instintos no controlados, y atadas a pocos objetos: "... un Divino Rostro en la puerta, una jarra de vidrio pintado, una cabeza de indio piel roja de barro, un calendario que representa el rapto de la Malinche, la fotografía de una amiga, una plancha eléctrica, etc." (p. 58). Y dentro de este espacio cerrado nunca sopla una, aunque presumible, nota de sereno y descansado recreo, o de belleza, o de risas. Sólo alguna alusión a los mariachis, al baile, a las cintas en el pelo; y un breve testimonio, al final, que es tambíen la única nota cómica de la novela, puesta en boca de don Gustavo Hernández: "En el momento en que pisaba yo el interior de aquel lugar todo me parecía bonito: el decorado, las mujeres, la música. Hice de todo: bailé, bebí, platiqué y ninguna de las mujeres que pasaron por allí entre 57 y 60 se me escapó. Regresaba a mi casa rayando el sol. '¿Dónde estuviste?' me preguntaba mi mujer. 'En una junta de Acción Católica.' Nunca me creyó. Durante años sospechó que yo tenía una amante. No sabe que la engañé con cuarenta y tres." (188)

Pues bien, es este episodio, tal vez, el único enlace, o guiño cómico, que une *Las muertas* a la primera novela de Ibargüengoitia, *Los relámpagos de agosto* (1964)[4], y a su demás producción novelística y teatral.

Se dudaría en reconocer al mismo autor en estas dos novelas tan distintas. Pero no se trata aquí de un estilo que en *Las muertas* ha ido perdiendo color (hay trece años de distancia entre las dos novelas), para retratar una impiadosa y descarnada objetividad. Estas son dos obras perfectamente emblemáticas de la coexistencia de opuestas vertientes tanto en el autor Ibargüengoitia como en el espíritu mexicano.

Así, mientras *Las muertas* remiten al primer Posada de los asesinatos, monstruos, escándalos, diablos e imágenes milagrosas, etc., precisamente porque la falta de sensacionalismo rebuscada por Ibargüengoitia en esta novela hace que el lector imagine las escenas en los tintes más espeluznantes, *Los relámpagos de agosto*, más eficazmente quemante, está poblada de un sinfín de esqueletos, sobre todo de militares, que llenaron hasta la obsesión la madurez artística de Posada.

La sorprendente actitud de los mexicanos hacia la muerte no es culto a la muerte, como muchos la entienden equivocándose, sino una actitud para agasajar a los muertos, Y, como escribe Antonio Rodríguez en su ensayo, *Posada: el artista que retrató a una época*, "Posada tampoco festejó la muerte. La despojó de su trágica solemnidad [...] Imposibilitado de igualar a todos los seres humanos en la tierra, los niveló en la muerte",[5] en un basurero común. Si el trágico y majestuoso tema de la Muerte, en la Edad Media, no quería tanto nivelar a justos y a pecadores, sino se proponía de incitar a los pecadores a ser buenos, "la advertencia de Posada va sobre todo dirigida a los poderosos. La acompaña, a modo de coro, una carcajada brutal, agresiva y sarcástica." Continúa Antonio Rodriguéz: "Llegado al apogeo de su genio creador,

Posada anuncia la rebeldía que bulle en su espíritu, y en todo el país, ... y dispara las primeras balas de la Revolución." El muere el 20 de enero de 1913.

La convivencia de tragedia y de caústica ironía, de drama y de humor negro, así como ocupa todo el espacio literario de Ibargüengoitia, ocupó también el espacio artístico de Posada, y resulta ser la expresión no contradictoria, sino más original y auténtica de aquella inconfundible *mexicanidad* que contemporáneamente presenta la dúplice cara de dramatismo y de saber burlarse de sí misma; de negra visión de la realidad y de sátira mucho más mordaz y corrosiva que cualquier crítica moralizadora.

A la obtusa y sórdida inmovilidad de *Las muertas* se opone en *Los relámpagos de agosto* el arrebatado y estrambótico dinamismo de un grupo de militares y de políticos que, cuando muere un presidente de la república, traman para conservar los privilegios y los golosos cargos públicos. No consiguiendo sus fines con el nuevo presidente, se lanzan a una nueva revolución. Se alude a la revolución del 29 y "a los varios alzamientos, pronunciamientos y magnicidios de los jefes de las distintas facciones revolucionarias que se contendieron por el poder, en la primera década de gobierno de la posrevolución; ramalazos esporádicos, que cada facción consideraba revoluciones en embrión."[6]

La de *Los relámpagos de agosto* es una atolondrada revolución que cómicamente fracasa por los divertidos contratiempos y errores, por la confusa organización, por la desbaratada estrategia, por la facilidad de las tropas de "desertar al enemigo" (140), de "dispersarse en la noche" (p. 143), por la desbandada final. Es una revolución hecha en los ferrocarriles, y urdida en reuniones en los grandes hoteles con solemnes borracheras, en lujosas mansiones de estilo morisco o andaluz, en burdeles donde se pasa la noche "en sano esparcimiento" (p. 68).

La novela es el relato memorialístico de un fanfarrón general de división, Guadalupe Arroyo, que quiere puntualizar cómo han ido los hechos para negar las acusaciones de las que es objeto; se declara víctima ya que "ha sido vilipendiado, vituperado y condenado al ostracismo" (p. 9), proclama "sus principios de hombre moral y su integridad de militar revolucionario y mexicano" (p. 45), y denuncia a los traidores de la Patria. Hilarante muestra de "machismo", Arroyo quiere también la paz del hogar que no vacila dejar para celebrar sus éxitos con alegres mujeres y abundantes comidas: "me desprendí inmediatamente de los brazos de mi señora esposa, dije adiós a la prole, dejé la paz hogareña y me dirigí al Casino a festejar" (p. 12). Cuando el clima político se vuelve inseguro, traslada a Ciudad Juárez a su numerosa prole y a su señora esposa, que es "espejo de mujer mexicana."

Estos caudillos cruzan continuamente la frontera en el Río Grande en los dos sentidos: hacia el norte, como traidores, cuando el viento es contrario, y hacia el sur, como héroes, cuando el viento de la capital se muestra favorable. En el interés de su "Patria tan querida" (p. 19), Arroyo considera una chanza a la Magna Carta, a la Cámara como "muy espantadiza y que hace lo que le ordena el primer bragado que se presenta" (p. 27), a los diputados "una sarta de mentecatos" (p. 28), y falsa a toda la miríada de partidos (los distintos FUC, PUC, MUC, etc.). Con mano de hierro y capricho fácil, cuando pasa por las armas incluso a quien sencillamente le enoja, el general Lupe Arroyo en su alterna fortuna, en esta zarzuela épico-cómica punteada por volubles cambios de decisiones suyas y de sus compañeros y por los frecuentes pasos de la amistad al odio y viceversa, sabe demostrar también su comprensión del alma humana y su capacidad de perdonar, porque está convencido de "que el compañerismo puede más que ninguna de las bajas pasiones que se agitan en el pecho de los militares" (p. 56). Cuando se lanza con coraje contra el enemigo, los hace "pedazos en menos que canta un gallo" (p. 102). Cómicas son también las acusaciones del tribunal de guerra: "Me acusaron de todo: de traidor a la Patria, de violador de la Constitución, de abuso de confianza, de facultades y de poderes, de homicida, de perjuro, de fraude, de pervertidor de menores, de contrabandista, de tratante de blancas y hasta de fanático católico y cristero" (p. 148). Pero queda siempre la posibilidad de huida a Estados Unidos donde Arroyo pasa "los ochos años más aburridos" de su vida, y de regresar después a México como héroe: "No nos ha ido mal" concluye (p. 151).

"Reverso humorístico de la ritualizada novela de la revolución mexicana", según dice la introducción, *Los relámpagos de agosto* obtuvo el Premio de la Casa de las Américas en 1964. Además de obra maestra del humor, la novela es un caso literario sorprendente por su fuerza satírica entre tanta literatura comúnmente dramática sobre el largo período revolucionario en México. Con su negra sonrisa, Ibargüengoitia acaba, de una vez, cerrando aquel género novelístico sobre la revolución mexicana que nos había acostumbrado a tonos sólo dramáticos y serios. La tendencia de los muchos novelistas de enfrentarse con modelos casi siempre trágicos nos había hecho ver sólo un semblante de aquella cara mexicana que, por el contrario, tanto Ibargüengoitia como Posada demuestran que es dúplice. Por esto, todas estas *calaveras militares*, que juegan su propio papel tanto en la vida como en la guerra, no pueden esconder la macabra carcajada de sus dientes llenos de gusanos.

Tanta mordacidad, al mismo tiempo, puede resultar irritante a los que estiman únicamente las vertientes épicas o dramáticas. Así Marta Portal, no comprendiendo que el blanco sobre el cual Ibargüengoitia dispara con su pluma envenenada es el fenómeno siempre actual y difuso del caudillismo militar y de la corrupción política en cualquier tiempo y lugar, acusa al autor de "degradación del ideal revolucionario [...] Ibargüengoitia violenta, fuerza, extraña, altera y exagera la expresión primera de la novela de la Revolución" y la novela es sólo "una bufonada irreverente."[7]

Pero hay que considerar también que cuando cierta materia épica pertenece ya al pasado, como señala Italo Calvino "el momento de la sátira es siempre un momento de madurez. A cada literatura épica sigue, antes o después, su misma parodia, y eso corresponde a una nueva etapa histórica, a la necesidad de mirar al pasado con ojos nuevos."[8] Añade Calvino: "Este libro puede constituir un primer paso hacia una dirección llena de promesas."

Y en realidad siguió este camino Jorge Ibargüengoitia en sus demás novelas y obras teatrales, pero no pudo completar su vocacion literaria.

Su prematura y trágica muerte le unió una vez más a Posada: dos simpáticas sonrisas de "calaveras del montón".

NOTAS

1 Jorge Ibargüengoitia: *Las muertas*. Cito por la 1ª edición española (1983), Barcelona: Argos Vergara.

2 Angelo Morino: Nota en: Jorge Ibargüengoitia, *Le morte* (1979: 167-168). Torino: La Rosa. (La traduccción es mía).

3 *Ibíd.*, p. 166.

4 Jorge Ibargüengoitia: *Los relámpagos de agosto*. Cito por la 1ª edición española (1964), Barcelona: Argos Vergara.

5 Antonio Rodríguez, *Posada "el artista que retrató a una época"* (1977: 27). México: Domes.

6 Marta Portal, *Proceso narrativo de la revolución mexicana* (1980: 271). Madrid: Espasa-Calpe.

7 *Ibíd.*, p. 273.

8 Italo Calvino, introducción a Jorge Ibargüengoitia, *Le folgori d'agosto* (1973: X), Florencia: Vallecchi. (La traducción es mía).

La novelística de la costa colombiana: Especulaciones históricas

Seymour Menton
University of California, Irvine

La irrupción inesperada de un solo escritor genial puede atribuirse a la casualidad: Rubén Darío en Nicaragua, Alejo Carpentier en Cuba o Augusto Roa Bastos en Paraguay. En cambio, la irrupción inesperada de grupos importantes de escritores en un lugar inverosímil pide un análisis de los factores históricos que la facilitan. ¿Por qué el grupo sobresaliente de los proscritos argentinos (Echeverría, Mármol, Sarmiento, Alberdi, etc.) surgió una década después de la independencia en un país que tenía una tradición literaria mínima mientras no surgió un grupo paralelo ni en México ni en Lima, capitales de los dos virreinatos más importantes? ¿Por qué surgió hacia 1900 en el Uruguay una constelación impresionante de escritores en todos los géneros – José Enrique Rodó, Julio Herrera y Reissig, Horacio Quiroga, Javier de Viana, Carlos Reyles y Florencio Sánchez – después de varias décadas de guerras civiles que habían dejado al país asolado y con un mínimo de literatura? ¿Por qué un grupo parecido no surgió en esa época en los otros países hispanoamericanos que también habían sufrido de las guerras civiles entre liberales y conservadores, Colombia por ejemplo? ¿Por qué la protesta social de la década de los 1930 se manifestó tan fuertemente en la literatura del Ecuador con las novelas indigenistas de Jorge Icaza y los cuentos y las novelas del grupo de Guayaquil – Demetrio Aguilera Malta, Joaquín Gallegos Lara, Enrique Gil Gilbert, José de la Cuadra, Alfredo Pareja Diezcanseco y Adalberto Ortiz? ¿Por qué un grupo parecido no surgió ni en Nicaragua ni en la República Dominicana, ni en El Salvador donde las condiciones sociales también eran malas y donde los antecedentes literarios eran igualmente inferiores.

Pues bien, el llamado fenómeno García Márquez no cabe dentro del caso excepcional de Rubén Darío puesto que entre 1920 y 1945 nacen por lo menos diez novelistas de la costa norte de Colombia cuyas obras complementan la visión macondina de esa otra Colombia anteriormente desconocida en la novelística nacional.[1] Me refiero a Manuel Zapata Olivella (Lorica, 1920), Héctor Rojas Herazo (Tolú, 1921), Alvaro Cepeda Samudio (Barranquilla, 1926–1972), Gabriel García Márquez (Aracataca, 1927), José Stevenson (Santa Marta, 1934), Alberto Duque López (Barranquilla, 1936), Germán Espinosa (Cartagena, 1938), Oscar Collazos (Bahía Solano, Chocó, 1942), Fanny Buitrago (Barranquilla, 1944), la única mujer del grupo, y David Sánchez Juliao (Lorica, 1945).

Aunque algunos de estos autores se inspiran parcialmente en el éxito literario y comercial de *Cien años de soledad* (1967), hay que constatar que *Respirando el verano* (1963) de Rojas Herazo, *La casa grande* (1962) de Cepeda Samudio y *El hostigante verano de los dioses* (1963) de Fanny Buitrago se publicaron antes de la obra maestra macondina y en el caso de *Respirando el verano*, influyó directamente en ella (Menton 1978: 249–280). Sin embargo, el propósito de esta ponencia no es analizar las obras sino tratar de identificar aquellos factores que transformaron el desierto novelístico de Colombia en su región más fecunda.

Antes de la década del 60, la costa norte de Colombia había participado muy poco en la producción de novelas. En realidad, hay que afirmar que Colombia en general no había producido tantas novelas y que se conocía como país de poetas. Sin embargo, los autores de las pocas novelas sobresalientes no eran de la costa sino del Valle del Cauca (*María* de Jorge Isaacs), Antioquia (*Frutos de mi tierra* de Tomás Carrasquilla) y Neiva (*La vorágine* de José Eustacio Rivera).

De repente, la publicación en 1947 de *Tierra mojada* de Zapata Olivella y en 1955 de *Hojarasca* de García Márquez señalaron el despertar de esa región. Antes de eso, había poca actividad novelística aunque hay que reconocer la importancia nacional de la revista *Voces*, fundada en 1917 en Barranquilla por el famoso librero catalán Ramón Vinyes, y del poeta Luis Carlos López quien según Germán Arciniegas, "al parar en seco las exquisiteces del modernismo, señaló un nuevo rumbo en la literatura, más allá de los límites estrictos de la poesía".[2]

Indudablemente uno de los factores más importantes en el engendro de una novelística costeña fue la modernización de Barranquilla y su desplazamiento de Cartagena como centro cultural de toda la región. Antes del siglo veinte, la región de la costa, incluso su capital Cartagena, estaba sumamente aislada de los centros políticos y culturales del altiplano. El viaje de la costa a Bogotá en barco fluvial y en burro demoraba semanas. Recuérdese el viaje en *Cien años de soledad* de Fernanda del Carpio con Meme en el tren que pasa por las fincas bananeras, en el buque fluvial y "la penosa travesía a lomo de mula por el páramo alucinante" (1967: 251). En su última novela, *El amor en los tiempos del cólera*, menos hiperbólica, García Márquez vuelve a describir en dos ocasiones sólo el viaje fluvial, esta vez de ocho días (1985: 190–203 y 443–473).

Sin embargo, para fines de la Segunda Guerra Mundial, o sea 1945, la región estaba ya bastante transformada. La inauguración del Canal de Panamá en 1914 contribuyó al desarrollo comercial de la costa norte de Colombia, tanto en las fincas bananeras establecidas en 1899 por la United Fruit Co., como en los campos petroleros establecidos en 1905 por la Tropical Oil Co., sucursal de la ESSO. Dos años antes se completó el ferrocarril de Barranquilla a Bogotá. En 1919, la construcción del aeropuerto de Barranquilla coincidió con la formación de la SCADTA (Sociedad Colombiana de Transportes Aéreos) por un grupo de pilotos alemanes que habían participado en la Primera Guerra Mundial En efecto, AVIANCA fue la primera línea aérea nacional de toda Hispanoamérica. Entre 1925 y 1935 se construyó el puerto de Barranquilla eliminando las doce millas de barras de arena que la separaban de la entrada al río Magdalena. A partir de la década del 20, el radio y el telégrafo también contribuyeron a facilitar la comunicación entre todas la regiones del país. Establecida la infraestructura, la ciudad de Barranquilla creció entre 1930 y 1950 de 65,000 habitantes a 225,000, casi 4 veces. Esa mayor concentración se debe a las mayores oportunidades económicas y culturales facilitadas por el gobierno progresista de Alfonso López Pumarejo (1934–38). Su llamada "Revolución en marcha" introdujo en Colombia cambios que podrían compararse con los del Nuevo Trato de Franklin D. Roosevelt en los Estados Unidos. El establecimiento de un sistema de educación pública, libre y obligatoria, durante el gobierno de López y las reformas educativas efectuadas en la década siguiente por el Ministro de Educación Germán Arciniegas abrieron mayores posibilidades a los jóvenes de la costa. Uno de los cambios más importantes en los colegios fue la sustitución del latín por el francés e inglés, la que facilitaba el acceso a los novelistas norteamericanos.

Dada la modernización de Barranquilla y su mayor comunicación con el resto de Colombia, otro factor muy importante en el auge de la novela costeña fue el mayor acceso a las nuevas corrientes literarias internacionales, o por lo menos una mayor disposición a seguirlas que en los otros centros culturales de Colombia. La lectura entusiasmada de los norteamericanos Faulkner y Hemingway se debía a una larga historia de contacto entre la costa y el idioma inglés lo mismo que a la penetración cultural de los Estados Unidos en esa zona. Desde la época de la independencia, los padres de familia acomodados mandaban a sus hijos a Jamaica para que aprendieran a hablar inglés. El primer colegio de varones (protestante) se fundó en Barranquilla en la última década del siglo diez y nueve y más tarde había de estudiar allí Alvaro Cepeda Samudio, figura clave en pregonar en Barranquilla la importancia de Faulkner, Hemingway, William Saroyan, Truman Capote y Norman Mailer. Durante la primera década del siglo veinte la construcción del canal de Panamá por los Estados Unidos ayudó a poner fin a la Guerra de los Mil Días (1899–1902) y produjo como ya se ha dicho cierto auge económico en la costa norte de Colombia. Aunque la huelga bananera de 1928, tan inmortalizada en *La casa grande, Cien años de soledad* y otras obras colombianas, concientizó a mucha gente en contra del imperialismo norteamericano, poco después la "Política del Buen Vecino" de Franklin D. Roosevelt y la amenaza racista de Hitler crearon un ambiente propicio para la mayor penetración cultural de los Estados Unidos. Entre 1935 y 1960, que abarcaron los años de formación de García Márquez y sus contemporáneos, en la costa norte de Colombia igual que en muchos países del Caribe (Cuba, República Dominicana, Puerto Rico y Venezuela) se jugaba mucho el beisbol y los aficionados se entusiasmaban por las hazañas de Joe Di Maggio y los otros héroes yanquis de esos años lo mismo que del boxeador negro Joe Louis y los artistas de cine. Hacia 1950 Cepeda Samudio hasta llegó a ser corresponsal costeño para el renombrado periódico deportivo de St. Louis, Missouri, *The Sporting News*.

Terminada la Segunda Guerra Mundial se aumentó la conciencia caribeña. Los Estados Unidos parecían favorecer la democratización de la región apoyando a los reformistas Muñoz Marín en Puerto Rico, José Figueres en Costa Rica y Grau San Martín en Cuba quienes se comprometieron con el Presidente Arévalo de Guatemala y los exiliados Juan Bosch de la República Dominicana y Rómulo Betancourt de Venezuela en una campaña malograda en contra de los dictadores Somoza y Trujillo. La misma conciencia de la unidad regional del Caribe se manifiesta en la publicación en 1945 por Germán Arciniegas de *La biografía del Caribe*.

Esos mismos años de la posguerra presenciaron la publicación de novelas importantísimas de dos países del Caribe: *El Señor Presidente* (1946) y *Hombres de maíz* (1949) del guatemalteco Miguel Angel Asturias y *El reino de este mundo* (1949) y *Los pasos perdidos* (1953) del cubano Alejo Carpentier que rompieron con el criollismo y la denuncia social relativamente simplista mediante la mitificación de la realidad de acuerdo con la visión de mundo de los indios guatemaltecos y los negros antillanos.

A fines de 1946 García Márquez ya había terminado el bachillerato en el Colegio Nacional de Zipaquirá, en el altiplano friolento, y en febrero de 1947 se matriculó en la Universidad Nacional de Bogotá mientras en esos años algunos costeños algo mayores y radicados en Bogotá se reunían en tertulias para hablar de literatura. Entre éstos se destacaban Néstor Madrid Malo, Manuel Zapata Olivella, Eduardo Pachón Padilla y Alfonso Fuenmayor, quienes se sentían menos atados al tradicionalismo académico que sus compatriotas de Bogotá, de Medellín y de otras ciudades del interior. Cuando se cerró la Universidad en la primavera de 1948 a causa de los motines que siguieron al asesinato de Jorge Eliécer Gaitán, García Márquez volvió a la costa y fue Manuel Zapata Olivella quien le ayudó a iniciar su carrera periodística en *El Universal* de Cartagena (Gilard 1981, I: 8).

Por la misma época se reunían en Barranquilla Alfonso Fuenmayor, Alvaro Cepeda Samudio, Germán Vargas, los pintores Alejandro Obregón y Enrique Grau, y Ramón Vinyes, quien volvió a Barcelona en 1950 poco después de que se había incorporado al grupo García Márquez.[3] Este se quedó en Barranquilla hasta 1953 y colaboró con Alfonso Fuenmayor, Germán Vargas y Cepeda Samudio en el semanario literario–deportivo *Crónica*, fundado en abril de 1950, donde durante ocho meses se publicó un cuento extranjero en cada número además de cuentos de García Márquez y de Cepeda Samudio. Al mismo tiempo, García Márquez escribía la columna titulada "La Jirafa" y Cepeda Samudio "La Brújula de la Cultura" en el diario *El Heraldo* donde también trabajaban Fuenmayor y Vargas. García Márquez dedicó su columna del 4 de marzo de 1950 al apenas conocido en ese entonces Truman Capote, firmándola Septimus, apellido éste sacado de *La señora Dalloway* de Virginia Woolfe. El año siguiente Cepeda Samudio elogió el tomo de cuentos *Bestiario* del también poco conocido en ese entonces Julio Cortázar, sólo cinco meses después de que se publicó.

Aunque se ha dicho que el grupo de Barranquilla se reunía en el bar "La Cueva", tal vez de mayor importancia para su formación literaria fue la existencia de la Librería Mundo y de la Librería Nacional, siendo ésta una de las mejores del país. Entre 1949 y 1952, el asesor literario de la Nacional fue Néstor Madrid Malo, quien surtía a los jóvenes lectores una buena variedad de obras universales, tanto de los clásicos como de los nuevos – gran parte de ellos publicados por las grandes editoriales argentinas Losada, Sudamericana y Emecé fundadas hacia 1938 por los refugiados españoles de la Guerra Civil.

Además de la modernización de Barranquilla, el mayor contacto con la literatura universal y el despertar de la conciencia caribeña, la relativa ausencia de la Violencia (1946–65) en Barranquilla y en la costa norte en general también contribuyó al florecimiento de la novela costeña. Durante esos años, mientras las regiones asoladas por la Violencia perdían habitantes, Bogotá y Barranquilla crecieron mucho. Como no hubo desplazamientos de familias en la costa norte, se mantenían vivas las tradiciones orales incluso las historias de la Guerra de los Mil Días, algunas de la cuales aparecen en ciertos episodios de *Cien años de soledad* (Mena 1979). Al mismo tiempo, la Violencia obligó a los costeños a situar el anecdotario local dentro de una perspectiva nacional.

Despertada la conciencia nacional por la Violencia, los escritores costeños también fueron concientizados políticamente al nivel internacional por la intervención en 1954 de los Estados Unidos en Guatemala y por el triunfo de la Revolución Cubana en 1959.

No es de admirar por lo tanto que la costa norte de Colombia haya engendrado dos generaciones de novelistas, la de 1957 y la de 1972 según la periodización de Cedomil Goic (1972), cuyas obras en conjunto combinan un alto grado de originalidad estructural y lingüística con una visión panorámica y crítica de la realidad colombiana y universal, amenizada a veces por el humorismo rabelesiano, no sólo en la obra de García Márquez sino también en la de Germán Espinosa y de David Sánchez Juliao y últimamente en *Changó el gran putas* de Manuel Zapata Olivella, premiado en el Brasil a fines de enero de 1986 con un millón de cruzeiros, cuyo valor verdadero refleja la visión magicorrealista del mundo tan característico de García Márquez y sus coterráneos.

NOTAS

1 Muchos de los datos de esta ponencia provienen de la disertación doctoral de Nancy McCarty de la UCI, la cual a su vez está basada en un cuestionario que redacté y que repartí en 1977 a varios escritores y críticos colombianos.

2 Germán Arciniegas, carta dirigida al autor de esta ponencia y fechada Roma, 1º de setiembre de 1977.

3 Véase "El grupo de Barranquilla" (1956) en Germán Vargas, *Sobre literatura colombiana* (Bogotá: Fundación Simón y Lola Guberels, 1985), págs. 127–31. Vargas menciona que los del grupo podían hablar con el mismo interés sobre "hechos tan diferentes como el *Ulysses* de James Joyce, la música de Cole Porter, la técnica de Alfredo Di Stéffano o de Willy Mays, la pintura de Enrique Grau..." (p. 129).

BIBLIOGRAFIA

García Márquez, Gabriel
  1967   *Cien años de soledad*. 3ª ed., Buenos Aires: Editorial Sudamericana.
  1985   *El amor en los tiempos del cólera*. Bogotá: Editorial La Oveja Negra.

Gilard, Jacques (ed.)
  1981   *Obra periodística de Gabriel García Márquez*. Barcelona: Editorial Bruguera.

Goic, Cedomil
  1972   *Historia de la novela hispanoamericana*. Valparaíso: Ediciones Universitarias.

Mena, Lucila Inés
    1979   *La función de la historia en "Cien años de soledad"*. Barcelona: Plaza y Janés.

Menton, Seymour
    1978   *La novela colombiana: planetas y satélites*. Bogotá: Plaza y Janés.

Vargas, Germán
    1985   *Sobre literatura colombiana*. Bogotá: Fundación Simón y Lola Guberels.

Las "jirafas"
en la evolución de Gabriel García Márquez

Kenrick Mose
University of Guelph

La imagen que sus contemporáneos retienen del García Márquez de los años 1950 hasta 1952 en Barranquilla es la de una figura singular. Contribuye mucho al recuerdo de singularidad una columna, *La jirafa*, que escribía el joven para *El Heraldo*, bajo el seudónimo de Septimus.[1] Como conjunto, los cuatrocientos artículos de esta columna son interesantes en sí. Además, dan ciertas pautas temáticas y estilísticas de la gran obra posterior.[2]

Vamos a considerar esta extensa producción bajo cuatro categorías para facilitar una apreciación elemental de sus esencias: sucesos y personalidades contemporáneos; artículos que escapan de la realidad o la distorsionan; preocupaciones o posiciones literarias; y finalmente, elementos que pasarán a la obra de ficción posterior.

Sucesos y personalidades contemporáneos, políticos, culturales, de todos los continentes, algunos puramente incidentales, hallan amplia resonancia personal en los comentarios de *La jirafa*. Hay comentarios sobre hombres de letras, hombres de ciencia, estadistas; sobre G.B. Shaw, Einstein y Churchill; sobre los cómicos, sobre radionovelas y películas; sobre la princesa Margarita, Lamparilla, el bandolero de la violencia, y el cantante Rafael Escalona; sobre la bomba de hidrógeno, los platillos voladores y las posibilidades de viajar a la luna; sobre viejos amigos, colegas de la prensa y personajes de la calle. Todo halla eco en la columna con ser excepcional o por provocar una iluminación interesante o novedosa en la perspectiva jocoso-crítica del autor. Aun hay jirafas malogradas que se burlan de su propia vaciedad.

Las personalidades que resultan más atractivas para la columna son las que son diferentes. Vuelve una y otra vez a Truman, un presidente de cualidades extravagantes, a la enigmática Greta Garbo, al matrimonio sensacional de Rita Hayworth y Alí Khan. El cable de una noticia pintoresca o sensacional de cualquier parte del globo atrae la atención de García Márquez; entonces, la acerca al lector, animándola con los múltiples detalles concretos, convincentes de una prodigiosa inventiva. El que todavía no ha salido de Colombia vuela a todas partes en alas de la imaginación.

Hay varios temas recurrentes. El suicidio y la muerte figuran entre ellos. Llama la atención la manera jocosa con que trata estos asuntos, burlándose de los muertos y de los suicidas. Sus comentarios sobre la muerte de Shaw en "La última anécdota de J.B.S." (pp. 488–489) pueden servir de ilustración. La figura de Shaw se presta a este tratamiento, siendo él un excéntrico. García Márquez ya había comentado sobre su longevidad y su vegetarianismo en "La primera caída de J.B.S." (pp. 437– 438). Ahora, insistiendo en la nota de vegetarianismo, lo transforma así:

"Noventa y seis años de legumbres se van al otro mundo, transformadas en los elementos que constituyeron a uno de los hombres más importantes de este siglo. Jamás un repollo fue materia prima de tanta valía, ni fue un puñado de rábanos mejor combustible para mantener activo ese carburante de barba blanca y pantalones embuchados que hoy será conducido al cementerio, después de cincuenta años de estarle embromando la paciencia a las señoras y a los antropólogos" (p. 489).

Aun cuando se reconozca el genio de Shaw, la nota prevaleciente es la jocosa, debido a la insistencia en sus peculiaridades.[3]

La música popular es otro tema recurrente. Las jirafas tocan varias veces los grupos folklóricos de Manuel Zapata Olivella que llevan la música costeña a Bogotá, las canciones de Rafael Escalona, Pérez Prado y sus mambos. Como García Márquez siempre trata de hallar el aspecto llamativo o controversial de las noticias y de expresarse de una manera igualmente llamativa que dote el comentario de interés, describe los mambos de Prado como "endiabladas cataplasmas verbales" (p. 635).[4] La atracción de lo popular se explica cuando García Márquez nota que es virtud en un escritor "dirigirse al jardín no por el camino de la biblioteca sino por el de la cocina" (p. 645).[5]

La voluntad del sensacionalismo sobresale en dos jirafas sobre el canibalismo, "Posibilidades de la antropofagia" (pp. 499–500) y "Caníbales y antropófagos" (pp. 576–577). Predice un canibalismo próximo porque el ser humano es más atractivo que el animal y se presenta a sí mismo, burlonamente, inclinado a comer la carne humana. Hay un conato de sorprender con detalles materiales o su ropaje lingüístico. Del lamento provocativo de que "resulta inexplicable que tanta sustancia de Dios vaya a desmenuzarse en la saludable arcilla de los cementerios" hasta la receta inaudita de un profesor que asa a su esposa en el horno para hartarse de "cónyuge a la llanera", y la ironía de una humanidad "bastante civilizada como para sacrificar a sus semejantes en los mataderos de la guerra, pero todavía no lo suficiente como para tener el valor de almorzar con ellos" (p. 577), tenemos una manera atrayente de enfocar y de expresar las cosas.

Es precisamente por la plétora de presencias comentadas que notamos una ausencia marcada: la de la violencia colombiana, rabiosa en esos años.[6] Hay unas pocas referencias tangenciales al fenómeno. Desde luego hubo censura en esos días. Si la censura fue responsable de ese silencio en García Márquez, fue un arma de doble filo. El único artículo donde se trata al fenómeno lo aborda no desde el ángulo político sino desde su repercusión esencial en las víctimas humanas, en sus consecuencias trágicas para un pueblo sufrido. Por tratar el tema así, el artículo adquiere un aire de leyenda, mostrando que ya se ha provocado en su autor una capacidad de mitificar lo social. Esta jirafa, "Algo que se parece a un milagro" (pp. 712–714), muestra la transformación de un pueblo, La Paz, antes aficionado al canto, en un lugar de "calles desiertas y unas casas cerrradas y obscuras, dentro de las cuales apenas podía oírse el profundo latido de los malos recuerdos" (p. 713). Es sólo con un esfuerzo grande que se resucita el canto sofocado por el impacto de la violencia. El proceso de la jirafa muestra ya una habilidad de manifestar problemas sociales a través de símbolos populares y anuncia el proceso evolutivo del gallo en *El coronel no tiene quien le escriba*.[7]

Generalmente las jirafas son artículos sin otra conexión que la personalidad creadora de Septimus. Pero a veces, hay jirafas que forman una serie. Estas series son claramente experimentales. Se ejercita la destreza de crear suspenso a través de la ambigüedad en las cuatro jirafas que comienzan con "El romance de Creta" (pp. 426– 431). La serie del viajero imaginario trata de captar distintas facetas y tipos de la provincia colombiana.[8] Pero la serie que se destaca más es la que trata de una marquesa inventada por García Márquez. Dos jirafas anteriores sirven de preludio a esta serie fantástica. La primera es "Para la muerte de Albaniña", jirafa de tono bíblico, mítico, sobre la muerte de Albaniña que significará la muerte de la creación (pp. 183– 184). La segunda, con aire de fábula, es "En la edad de piedra" (pp. 234–236), sobre Xilón, de abuelo simio y abuela humana, quien lleva una cola y se enamora de Paleona, "una hermosa adolescente de cuatrocientos veintisiete años de edad y trescientos doce centímetros de estatura" (p. 235). Estos detalles distorsionados, fantásticos, pronto desembocan en la invención de la marquesa que comienza con "Un cuento de misterio" (pp. 244–246). Se inventa una realidad fabulosa en torno a la marquesa, realidad que existe por sí sola sin segunda intención simbólica o alegórica. Algunos detalles mostrarán la libertad de creación y las sorpresas que habrían recibido los primeros lectores. La marquesa, ya asesinada muchas veces, incluso para su cumpleaños, recibe de regalo un elefante blanco que habla alemán y una silla de 25,000 años de edad que hace crecer rápidamente a la gente. La marquesa tiene una orquesta de más de treinta canarios que toca música clásica. Se mezcla la realidad fabulosa con la realidad cotidiana del autor cuando la marquesa se presenta en la redacción del periódico y escribe cartas, y cuando se menciona la correspondencia de lectores comentando sobre los episodios.[9]

En la jirafa que pretende terminar la serie, "El final necesario" (pp. 342–344), García Márquez hace dos observaciones que indican la importancia de este experimento en su formación literaria. En primer lugar lo ve como un punto de partida. "Era más que todo", dice, "mi válvula de escape para una conducta literaria que siempre me ha llamado la atención y que por ciertos prejuicios que soy el primero en reconocer no me he atrevido a cultivar seriamente" (p. 343). Es su reconocimiento de la exploración de un mundo de fantasía más desligada de la realidad real, más basada en la libertad creadora que los dominios de la inconciencia, del crepúsculo entre vida y muerte que había tratado en los primeros cuentos ya publicados. La segunda observación indica que este punto de partida le había atraído a su autor algo inaudito, la correspondencia directa con el público. Es decir que la primera entrada de lleno en el mundo de lo fantástico ha tenido impacto en el público lector. Es un hecho que García Márquez no iba a olvidar. El tipo de realidad creado y la manera de presentarlo llegarán finalmente a *Cien años de soledad*. Los elementos extravagantes, las referencias exóticas al Oriente, la combinación del contexto extraordinario con una textura real y un tono casual llegarán a un conjunto magistral.

En las invenciones del mundo de la marquesa se pone en evidencia una imaginación capaz de crear su propia realidad. Jugar con la realidad, estirándola, distorsionándola, poniéndola al revés, moldeándola de manera que resulte singular y cree, a lo largo, un mundo garciamarquino es un rasgo que, ya practicado en los primeros cuentos, se afirma más en las jirafas.[10] Un hombre con una cadena al cuello a quien le hacen bailar unos osos, un obrero que quiere despedir al patrón, un paracaídas que sube, un perro que pone huevos, un chino que lee la Biblia bajo un mango en Sudamérica, dan un sesgo extraño al mundo creado.[11]

Muchas veces se hace imprecisa la frontera entre la vida y la muerte, característica de los primeros cuentos que persistirá en novelas posteriores. El mejor ejemplo es la jirafa "Los funerales de Jim Gersnhart" donde se recoge un cable sobre un norteamericano quien celebra en vida sus propios funerales prematuros. La paradoja inherente se explota a lo máximo: "el muerto empezó a llorar [...] llorando con dolor de vivo, la pena que le ocasionaba su propia nostalgia de muerto" (p. 669).[12] La frontera tradicional entre la vida y la muerte llega a anularse cuando la solución propuesta a un enigma detectivesco es que un muerto embalsamado pueda actuar como un ser vivo (pp. 765–775).

La fluidez entre la vida y la muerte es sólo uno de los motivos que, mostrándose ya como obsesiones en las jirafas, se proyectarán más plenamente en la obra posterior. Lo que sorprende al estudioso de la obra de García Márquez es que las imágenes y la lengua que expresan las obsesiones en la obra temprana son muchas veces muy parecidas a las de la obra madura. Aquí se ven procesos estructurales que se expandirán más tarde. Aquí se vislumbra la realidad de un mundo que se elaborará en la obra a venir y se esbozan personajes que se volverán de carne y hueso.

Hay dos obsesiones que más merecen nuestra atención. La primera es la visión de un mundo decadente o de un mundo que llega a su fin. El fin inminente en "Las dos sillas" (pp. 385–386) y en "Ny" (pp. 500–501) se acompaña de una oscuridad o un crepúsculo gris; el tiempo y la naturaleza parecen transformados y sopla un viento extraño. En "Apuntes" (pp. 555–556) y "Otros apuntes" (pp. 557–558), hay un mundo en ruinas lleno de polillas y de un polvo ubicuo donde planea un "viento milenario" (p. 556). Estas jirafas forman una categoría que es de pura ficción, son creaciones de un artista que ya está elaborando su mundo ficcional. Desde ahora hay conceptos, detalles y una lengua que prefiguran el desmoronamiento y la destrucción de Macondo en *Cien años de soledad*.

La segunda obsesión es notable porque aflora más tarde no en la visión de un proceso sino como un suceso fulminante, inolvidable. Esta vez se trata del cocinar y servir a un ser humano como parte de una comida. Imagen jocosa en "La cena de los ilusionistas" (p. 444), se proyecta luego como resumen de un incidente novelado por Curzio Malaparte. En este incidente, cuatro criados en librea sirven "una chiquilla con mayonesa sobre un lecho de frescas lechugas y en medio de una guirnalda de corales" (p. 646). Se refiere a esta misma escena otra vez en "De ratones y de hombres" (p. 739) y algo más tarde aparece la imagen de "la cabeza del juez, cocida a fuego lento" (p. 824). Es muy fácil ver en esta obsesión la procedencia de la imagen poderosa del General Rodrigo de Aguilar en *El otoño del patriarca* "en bandeja de plata [...] sobre una guarnición de coliflores y laureles, macerado en especias, dorado al horno" (1975: 126–127).

En "La verdadera historia de Nus" se nota ya el proceso estructural de "Los funerales de la Mamá Grande" en la serie de obstáculos oficiales que posponen el entierro de Nus. Asimismo es posible conectar elementos estructurales de una novela tan lejana como *Crónica de una muerte anunciada* con "La verdad del cuento" (pp. 684–685) donde la anécdota se desarrolla parcialmente a través de los juicios emitidos por el narrador sobre la plausibilidad de distintas versiones de eventos.

Muchos de los personajes que se hallarán en las obras de ficción se presentan aquí por primera vez en nombre o en conducta y a veces con detalles idénticos, como es el caso de una mujer que teje su propia mortaja (p. 602). Hay motivos que recurrirán: el insomnio colectivo de un pueblo (pp. 395–396); la identidad trastrocada de unos gemelos (pp. 420–421); el que llega pobre a un pueblo para terminar como dueño de un terreno extenso (pp. 709–710). Más importantes del punto de vista temático son las jirafas que sugieren la soledad del poder y así un tema principal de *La mala hora*, *Cien años de soledad* y *El otoño del patriarca*.[13]

Las direcciones de un joven artista en formación nos llegan también a través de sus entusiasmos literarios y el credo artístico que reflejan. El joven dice que los pueblos de la Costa Atlántica de Colombia son ricos en personajes interesantes y que la historia de Colombia es una mina potencial de novelas (p. 602). A la vez, indica, al alabar la poesía de Castro Saavedra, que la universalidad es una virtud literaria (p. 782). Hay un rechazo de novelas y novelistas tradicionales de Hispanoamérica representados por "esa cosa que se llama 'La vorágine'" y "la María" (p. 268), por Rómulo Gallegos y Ciro Alegría (pp. 247 y 583). Pero son escritores del inglés a quienes más admira. En una jirafa, alaba a James Joyce, Aldous Huxley y William Faulkner, y dice que "si los colombianos hemos de decidirnos acertadamente, tendríamos que caer irremediablemente en esta corriente" (p. 269). Vuelve a sus modelos literarios cuando confiesa: "mis autores favoritos [...] son Faulkner, Kafka y Virginia Woolf y mi máxima aspiración es llegar a escribir como ellos" (p. 583). Aun en una cita de Faulkner que presenta García Márquez: "Escribo por gusto, como otros hacen jaulas para grillos" (p. 563), es posible ver en embrión el cuento "La prodigiosa tarde de Baltazar."

Tan sorprendente como descubrir la visión temprana de muchas obsesiones, motivos y personajes en las jirafas, es observar que los conceptos con que García Márquez llega a alabar a algunos escritores serán aplicables a él ahora. Tal es el caso de las virtudes de Faulkner que señala: "un personal, arbitrario concepto del mundo y las dimensiones. Su desbordada manera de presentar los hombres y los hechos, en un tiempo lógicamente desordenado y no estrictamente en el prejuicioso tiempo cronológico" (p. 380); su creación de "personajes apasionantes, tremendos [...] puestos a vivir dramáticamente" (p. 495) y su creación "dentro de América de ese otro continente ignorado que es el condado de Yoknapatawpha" (p. 496). Es igual cuando habla de Curzio Malaparte y "el depurado lirismo, que sostiene el libro en la más elevada escala de la poesía; el sentido del humor, amargo y triste; la prodigiosa destreza en el manejo de la técnica narrativa, la casi monstruosa capacidad de organización de los materiales [...] y su pasión ante la vida" (p. 645). Evidentemente las cualidades señaladas representaban una dirección para el joven.

La singularidad de las jirafas debe mucho a una manera muy individual de ver el mundo y de presentarlo, y se destacan ya actitudes ante la realidad y la forma que caracterizarán la obra madura de García Márquez.

NOTAS

1 La atención prestada al periodismo temprano y más específicamente a las jirafas de García Márquez es variable. Por ejemplo, Mario Vargas Llosa en *García Márquez: historia de un deicidio* (1971: 36) se limita a hablar de "una columna diaria, 'La Jirafa', que consistía en notas impresionistas sobre sucesos y personajes locales." George McMurray en *Gabriel García Márquez* (1977: 3) dice: "These articles, which treat news events with light humour and irony, contain many of the elements found in García Márquez's subsequent fiction." La recopilación fundamental y exhaustiva de este periodismo con un prólogo igualmente fundamental del mismo recopilador, Jacques Gilard, publicada bajo el título de *Obra periodística, Vol. I: Textos costeños* (1981), ha hecho posible otros estudios como el de Raymond L. Williams, "An Introduction to the Early Journalism of García Márquez: 1948–1958", en *Latin Amercian Literary Review*, (1985), que se halla con algunos cambios en el libro de Williams, *Gabriel García Márquez* (1984: 140–154). El estudio mío no habría sido posible sin el libro de Gilard. Las referencias de página en mi texto son del volumen editado por Gilard mencionado arriba. Se usa *Textos costeños* como título abreviado en estas notas.

2 Los dos críticos que tratan extensamente el periodismo temprano de García Márquez, es decir Gilard y Williams, consideran, además de las jirafas, notas periodísticas anteriores y otros artículos y apuntes ficcionales que no se publicaron como jirafas. Es interesante notar que los primeros "Apuntes" de 1950, aun cuando fueron publicados en *El Heraldo*, no llevaron nombre de jirafas y no fueron publicados bajo seudónimo sino con nombre de Gabriel García Márquez. Los apuntes de enero de 1951 ya figuran como jirafas y serán incluidos en este trabajo. La omisión de los otros apuntes no afecta la verdad de las conclusiones a que llego.

3 Dos jirafas de la misma índole son "Elegía" y "Elegía a Cleobulina Sarmiento", *Textos costeños*, pp. 817–818 y pp. 346–347, respect.

4 No todas las frases son tan felices. Véase, por ejemplo, esta frase: "el maestro Pérez Prado mezcla rebanadas de trompetas, picadillos de saxofones, salsa de tambores y trocitos de piano bien condimentados, para distribuir por el continente en milagrosa ensalada de alucinantes disparates", de "El mambo", *Textos costeños*, p. 561.

5 Este punto se desarrolla desde la perspectiva del enfoque en el hombre común por Williams en "An Introduction...", p. 121.

6 Gilard comenta así: "Es un período sumamente negro de la historia nacional en el que García Márquez se dedica a escribir textos humorísticos", *Textos costeños*, p. 39. Gilard sugiere que se debe a la censura vigente en esos años.

7 Gilard nota esto cuando dice: "el acordeón vallenato y su música son un poco lo que serán el gallo de *El coronel no tiene quien le escriba* y los pasquines de *La mala hora*", *Textos costeños*, p. 55.

8 Hay una serie de diez jirafas con el título de "Relato del viajero imaginario", *Textos costeños*, pp. 585–602. Pero hay otro relato, dos páginas más adelante, y algunos de los artículos que lo siguen parecen ser relatos también, sin llevar el título.

9 Las jirafas a que se refiere son "El elefante de la marquesa", pp. 251–253; "La marquesa y la silla maravillosa", pp. 260–262; "Las rectificaciones de la marquesa", pp. 271–272; "Carta abierta a la marquesa", pp. 282–284; "Primera respuesta de la marquesa", pp. 292–293.

10 Cuentos tempranos como "La tercera resignación", *El Espectador*, Bogotá, 13 de sept. de 1947, "Eva está dentro de su gato", *El Espectador*, Bogotá, 25 de oct. de 1947 y "La otra costilla de la muerte", *El Espectador*, Bogotá, 25 de julio de 1948, anteceden las jirafas por más de un año y medio.

11 Véase "Fantasía de los osos rítmicos", pp. 349–351; "Un profesional del horóscopo", pp. 353–355; "¡Veinticuatro!", pp. 406–407; "Diezpesos", pp. 509–510; "Hasta la naturaleza las comete", pp. 736–737.

12 Refiriéndose a esta jirafa, Williams escribe: "This is precisely the 'dead–alive' type of oxymoron which García Márquez employs in his stories" en "An Introduction...", p. 123.

13 Véase "Los ángeles custodios de Margaret", y "Viajando de incógnito", *Textos costeños*, pp. 805–806 y pp. 746–747, respect.

BIBLIOGRAFIA

García Márquez, Gabriel
    1975   *El otoño del patriarca*. Barcelona: Plaza y Janés.
    1981   *Obra periodística. Vol. I: Textos costeños*. Recop. y pról. de Jacques Gilard. Barcelona: Bruguera.

McMurray, George R.
    1977   *Gabriel García Márquez*. Nueva York: Frederick Ungar.

Vargas Llosa, Mario
    1971   *García Márquez: historia de un deicidio*. Barcelona: Barral.

Williams, Raymond L.
    1984   *Gabriel García Márquez*. Nueva York: Twayne.
    1985   "An Introduction to the Early Journalism of García Márquez: 1948–1958". En *Latin American Literary Review*, 13, 25: 117–132. Pittsburgh.

De agú y anarquía a la MANDRAGORA. Notas para la génesis, la evolución y el apogeo de la vanguardia en Chile

Klaus Müller–Bergh
University of Chicago

> Schüler: Das sieht schon besser aus! Man sieht doch wo und wie.
> Mephisto: Grau, teurer Freund, ist alle Theorie und grün des
> Lebens goldner Baum.
>
> Goethe, *Faust I*

> El verde
> que no tuve,
> no tengo
> ni tendría,
> el fulgor submarino y subterráneo,
> la luz
> de las esmeraldas,
> águila verde entre piedras, ojo
> del abismo, mariposa helada ...
>
> Pablo Neruda,
> *Oda al color verde*

Favorables/París/Poema (1926) y el *Indice de la nueva poesía americana*, la antología con prólogos de Alberto Hidalgo, Vicente Huidobro, y Jorge Luis Borges, publicada en Buenos Aires en el mismo año, son a la vez un microcosmo y un espejo fiel de la variedad y el alcance de las corrientes innovadoras de vanguardia que se perfilaban en América y Europa al principio de la década de los veinte, donde se destacaban las voces individuales de César Vallejo, Pablo Neruda, Juan Larrea y Huidobro. La naturaleza de los distintos textos de esta revista y la antología que acabamos de señalar, y la distancia que los separa de la doctrina estética modernista de primera época *Azul...* (1888 y 1890) o aun la pos–modernista, que permeaba *El espejo de agua* (1916) de Huidobro o *Crepusculario* (1923) de Pablo Neruda, hacen pensar que la génesis de la vanguardia en Chile no occurió por generación espontánea, ni exclusivamente en la obra de Huidobro, Neruda, Vallejo o Larrea. La verdad es que las voces personalísimas de Huidobro, Neruda, y de otros poetas que acabamos de nombrar, se adelantan en las búsquedas formales, o no tardan de incorporarlas a su obra, y han de dominar las letras chilenas de los años veinte, treinta y cuarenta. No obstante, son únicamente las voces más poderosas de un gran coro donde se manifiestan otras tendencias análogas que se cristalizan alrededor de distintos núcleos de publicaciones periódicas en el cono sur. Veamos ahora cuales son algunos de los hervideros principales de actividad vanguardista en Chile.

Claridad

Claridad, Periódico Semanal de Sociología, Arte y Actualidades (1920–1924) que ha de transformarse en *Periódico de Sociología, Crítica y Actualidades*, deriva su título de *Clarté* (1919) la novela y la publicación internacionalista del mismo nombre (1919–1928) de Henri Barbusse (1873–1935) y tiene un equivalente argentino en *Claridad. Tribuna del Pensamiento Izquierdista* (1926) de Buenos Aires. La *Claridad* chilena, revista anarquista y "Organo oficial de la Federación de Estudiantes de Chile" se redactaba y administraba desde la "Federación de Estudiantes de Santiago". Los artículos de *Claridad* sobre 'arte' dedicados a la literatura, estética y música del momento son bastante variados e informativos, por contener colaboraciones de Alberto Rojas Giménez, Pablo de Rokha, poesía y poemas en prosa de Pablo Neruda, ensayos críticos de Raúl Silva Castro, César Vallejo y muchos otros. En el ajiaco ideológico picante de *Claridad*, postulados anarquistas competían con posturas idealistas y la internacional comunista, alternando con ideas provenientes del pacifismo, bolchevismo, la cuestión social, el amor libre, sexo, divorcio, libertad de pensamiento, la literatura, el antimilitarismo, ocultismo, teosofía y filosofía oriental: Ramakrishna, Buddha, Bagavad Gita, Karma Yoga o Sendero de la acción. Es decir. los mitos eternos de la redención de la humanidad y la revolución, formulados por el yogi, el comisario o el jacobino. En los mejores casos se trata de un idealismo juvenil utópico, la exaltación intransigente de la justicia y la libertad absoluta, el sueño de un mundo mejor sin miedo de armamentos y el fin de la explotación del hombre por el hombre. En los peores casos, una ortodoxia agresiva, ácrata, nihilista se codea con un racismo resentido y truculento, donde a menudo aflora el humor involuntario (véase Anexo: a).

Elipse

Si los jóvenes que militan bajo la antorcha anarquista de *Claridad* en Santiago coquetean con la literatura neo–proletaria y siguen el sendero luminoso de la lucha de clases, la utopía, el amor libre y la confrontación, el grupo de *Elipse Ideario de Nuevas Literaturas* (Valparaíso: abril de 1922) lanza una publicación más comedida, ecléctica, exquisita y artísticamente ambiciosa. De acuerdo con los fuertes matices matemático–científicos del título, de probable origen futurista–ultraísta, tal como *Espiral*, la revista chilena tiene una visión objetiva, analítica, volcada al presente y al porvenir, de ahí las insistentes referencias a "Nuevas Literaturas", "Nuevos Poetas", "Iluminaciones de Nueva Estética" que llenan sus páginas. Si el poeta más celebrado por *Claridad* viene a ser el joven Neruda, don Juan crepuscular que mariposea de flor en flor y "pide que se realice en su vida el ideal de aquellos 'marineros que besan y se van'." *Elipse* se encuentra definitivamente bajo la constelación de Apollinaire, el ultraísmo y Huidobro tal como se puede apreciar del poema que reproducimos aquí (véase Anexo: b).[1]

Las imágenes insólitas de "Medio día" de Neftalí Agrella, "Tête à tête de edificios en el bulevar de cartón", "Un grupo de borrachos con *panne* en el cerebro", las palabras libremente distribuidas sobre el espacio de la página, la disposición, la tipografía expresiva, los valores visuales – el fondo que refleja la forma de "Espectáculo" de Julio Serey y que prefigura los juegos pictóricos de la poesía concreta en los años cincuenta – "El creacionismo de Vicente Huidobro", artículo de Agrella "Del libro inédito FILONEISMO Y ULTRA TEORIAS ACTUALES", tanto como los ecos de poemas y títulos de *Poemas árticos*, incluso hacen muy evidente la huella huidobriana en la revista.

Neftali Agrella quien había encabezado los firmantes del "Manifiesto de los nuevos poetas" de *Elipse* colabora con Pablo Garrido en Valparaíso dos años más tarde a fin de lanzar *NGUILLATUN Periódico de Literatura y Arte Moderno* (1924). Mientras que la publicación también refleja el afán renovador de los jóvenes del 22, ahora se propone llevar la tarea al cabo añadiendo un matiz distinto, la búsqueda de raíces y que ya apunta hacia los propósitos esenciales de identificación cultural y de establecer una tradición de arte nativista-nacionalista, moderna, parte del contenido teórico de Pablo Neruda y de muchas otras voces vanguardistas. Recordemos por el momento que uno de sus proyectos es un "Canto general a Chile" cuyo primer poema era "Oda de invierno al Río Mapocho" que después se amplía y extiende a toda América, para integrarse a *Canto general* (1950).

Nguillatún

La palabra "nguillatun" se explica en parte en la última página del periódico chileno donde figuran "Los cantos araucanos", en un artículo de Tomás Guevara que afirma que "La danza religiosa, la practicada en los *nguillatun*, se mantiene todavía en su extensión y de detalles antiguos".[2] Por ello la voz araucana probablemente significa sitio donde se entonan los cantos araucanos, es decir, propios de los primeros habitantes de Chile, o sitio donde tienen lugar los bailes y ceremonias rituales indígenas. A la vez la publicación se define como periódico *moderno*, no necesariamente nuevo, porque pretende modernizar, poniendo al día la literatura y el arte nacional, reconociendo la cultura araucana, el elemento autóctono, primitivo. El anhelo de renovación de las letras unido a la afirmación de identidad racial y cultural, se nota paulatinamente en le texto del manifiesto "Nuestro programa" donde se aboga constantemente por lo moderno, nacional y popular "...un arte, que será criollo y universal a un mismo tiempo..."[3] El binomio nativismo–modernidad, o criollo-universal, parte de la busca de identidad y afán de conocerse a sí mismo, recurre en las distintas corrientes de vanguardia en zonas diferentes de América, cobra aspectos regionales propios, y viene a ser una constante del movimiento. Así ocurre desde el "Tupi or not Tupi" del movimiento antropofágico brasileño de Oswald de Andrade, un chiste polisémico que también contiene una interrogación metafísica nacionalista, al *Tuntún de pasa y grifería* del puertorriqueño Luis Pales Matos. Por lo demás el periódico reconoce el advenimiento del espíritu nuevo en la ola de –ismos europeos "...Simbolismo, Impresionismo, Cubismo, y Expresionismo,... Nunismo y Paroxismo... Dadaísmo... Construccionismo, Activismo y Neo–Simbolismo Americano" y que se trata de un fenómeno continental. Además, hay plena conciencia de las imitaciones americanas en Buenos Aires, Río de Janeiro "....luego irrumpirá aquí, donde la tierra está ya labrada por nuestros arados; y entonces hasta el pintor Ramos será cubista o futurista:[4]

Por todas estas razones *NGUILLATUN* ya se encuentra definitivamente bajo el signo de la vanguardia hispanoamericana, aunque los editores todavía vinculen la palabra exclusivamente a los experimentos artísticos franceses. Otras características generales de la revista son la desestabilización humorística que incluye la ironía, la 'boutade', el descaro, la carcajada y la agresión verbal, que también forma parte de los ingeniosos textos programáticos de los estridentistas mexicanos *Actual Nº 1, IRRA-DIADOR* y los traviesos martinfierristas argentinos. En último análisis todos son una manera de afirmar que 'nosotros somos distintos' y así trazar la línea divisoria entre las generaciones y la estética del pasado y del presente (véase Anexo: c).

Dínamo

El papel de catalizador que juega el futurismo en el movimiento de vanguardia, a menudo pasado a Hispanoamérica a través del prisma ultraísta, asoma en publicaciones efímeras (1920, 25–26) tales como *Dionysios, Vórtice* y *Panorama* y se refleja sobre todo en la obra de Pablo de Rokha quien colabora en revistas tales como *Dínamo* publicado por el poeta en Concepción. Los libros *SATIRA* (1918, véase Anexo: d), *Los gemidos* (1922) y el poema "Círculo" de *Cosmogonía* (1922–1927) revelan el tránsito a la vanguardia, a pesar del evidente lastre pos–modernista. La 'hinchazón hispánica', el tono tétrico de corte neo–romántico, individualista y sentimental, que también asoma en *Los heraldos negros* (1918) de Vallejo, todavía está presente en el poema "Parábola" con el que Pablo de Rokha contribuye a *NGUI-LLATUN*. Pero en el "Poema 2" *de* 'U' (Santiago: Ediciones Nascimento, 1927) el poeta ha logrado un tono propio y ya incorpora motivos tecnológicos del transporte, la metrópoli y la medicina que ya anuncian el advenimiento de la era industrial (véase Anexo: e).

La experimentación con técnicas de estética moderna – el cultivo de imágenes insólitas, disconexas, que a menudo alteran las jerarquías de lo real y se combinan arbitrariamente, la enumeración caótica, las escenas de la vida cotidiana y las situaciones ilógicas sacadas espontáneamente del subconsciente – se revela sobre todo en *Suramérica* (1927) de Pablo de Rokha, una obra sumamente original.[5] El libro coincide con experimentos análogos de Neruda en *Tendativa del hombre infinito* (1926), la prosa poética de Rosamel del Valle en *País blanco y negro* (1929) y más adelante con la búsqueda intransigente de la libertad, el irracionalismo, el ensueño, la maravilla y el absoluto de los surrealistas: *Nadja* (1928) de André Breton, *Le Paysan de Paris* (1926) de Louis Aragon, *L'amour la poesie* (1929) de Paul Eluard. Pero la crítica ha demostrado que muchos experimentos poéticos parecidos de los vanguardistas chilenos coinciden con las primeras creaciones surrealistas. Así ocurre con *Tentativa del hombre infinito* (1926) de Neruda, cuya disciplinada voluntad de estilo se opone al automatismo psíquico predicado por Breton en el primer manifiesto de 1924.[6] Algo semejante pasa con Huidobro, un poeta imaginativo pero racionalista y cerebral, que tampoco comparte el desprecio de la lógica, la razón, y el arte, la fe en la inspiración automática e instintiva del hombre, o la exaltación de la poesía de los locos y el azar predicado por los surrealistas. Pablo de Rokha por una parte reconoce la deuda al surrealismo y los principios estéticos que le unen a los entusiastas del movimiento en un artículo titulado "Conquista y defensa del estilo". Pero más adelante en el *Canto al ejército rojo* (México: 1944) habrá de renegar de cualquier dependencia y fulmina a los surrealistas (véase Anexo: f).

Caballo verde para la poesía

Cuando Pablo Neruda publica el primer número de *Caballo verde para la poesía* en Madrid, Octubre de 1935, el surrealismo está definitivamente en el aire, aunque apenas se mencione implícitamente en las páginas de la revista y no figuren L. Aragón, P. Eluard o Tristan Tzara con los que también se relaciona el poeta. Por ello es muy probable que el 'caballo verde' del título no sólo se refiera a Pegaso que surgió del cuerpo de Medusa cuando Perseo mató a la más fea de las tres Gorgonas. Si efectivamente se trata del animal fabuloso, alado, vinculado con las musas, que montan los poetas en vuelos de la imaginación, el 'caballo verde' es a la vez un vehículo vanguardista, maravilloso y mágico. En 1925 Neruda había asumido la dirección de *Andamios* transformando la revista oficial de la Federación de Maestros de Chile en el órgano vanguardista *Caballo de Bastos*.[7] Además, si en la cultura hispánica el verde es tradicionalmente el color de la esperanza, en la cultura occidental es también el de la vegetación, del crecimiento, de la fertilidad y de la magia, desde el "Caballero del Verde Gabán" en el *Don Quijote*, al *Fausto* de Goethe "...Grau, teurer Freund, ist alle Theorie und grün des Lebens goldner Baum", al "Verde que te quiero verde..." del "Romance sonámbulo" de García Lorca. Para Neruda, el color es incluso el de la vida, "...el verde, el color verde, trébol, acacia, / río / de agua verde, / ..." y el de la creación poética misma, porque por lo menos desde la década de los sesenta el poeta escribe con tinta verde claro. En suma, si no hay un denominador común, o lenguaje homogéneo en *Caballo verde para la poesía*, donde confluyen distintas tendencias poéticas de la época, quizás predomine la tendencia surrealista, cuyas técnicas y tópicos reaparecen más adelante en sendas variantes en *Multitud* y *MANDRAGORA*.

MANDRAGORA

Braulio Arenas, Jorge Cáceres, Enrique Gómez–Correa y Teofilo Cid son los fundadores del núcleo surrealista chileno (*MANDRAGORA* nombre que equivale al de 'mandragore', 'Alraune', 'mandrake– insane root', la *mandragora officinalis* de los países mediterráneos, planta solanácea como la dulcamara, la patata, la tomatera y el tabaco, tradicionalmente asociada con el culto de Afrodita, la hechicería y la magia. Es decir, el campo semántico del título reúne elementos de "le merveilleux", "l'amour fou" y "beauté convulsive" conceptos fundamentales de la estética surrealista. En el manifiesto "Mandrágora poesía negra" del primer número de la revista (diciembre, 1938) Braulio Arenas contrapone el reino de la lógica, la razón, el dominio de la realidad objetiva – tal como la conocemos en la vida cotidiana y convencional – a la parte incontrolable, o inconsciente de la realidad y la experiencia del hombre: el sueño, la encantación, la alucinación, el amor, el azar, el automatismo, la inspiración, el crimen, el instinto primario, la imaginación, el terror, la locura, la maravilla, el misterio, el desorden y la libertad absoluta. Este es el terreno privilegiado, más allá de la realidad inmediata, donde se desenvuelve la poesía negra, la poesía como enigma perenne.

Mientras que en líneas generales el grupo de Santiago sigue a y coincide con muchos de los postulados del surrealismo parisino del bando de André Breton, los vanguardistas chilenos son menos ortodoxos, truculentos y combativos, más equilibrados y menos de capilla. Incluso es probable que adhieren a "Pour un art revolutionnaire independent" (Julio 1938) ideado por Leon Trotzky y redactado por Diego Rivera y Breton, el 'papa del surrealismo', quien había excomulgado a Robert Desnos, Louis Aragon y a muchos otros disidentes de la filas surrealistas después de discrepancias literarias, políticas y personales, el manifiesto *Un Cadavre*, y el "Escándalo Maldoror" (1930). Pero a pesar de una evidente identificación con los postulados surrealistas, E. Goméz–Correa, B. Arenas, T. Cid y J. Cáceres tienen plena conciencia de su propia tradición poética nacional, G. Mistral, V. Huidobro, P. de Rokha y P. Neruda. Como la batalla de la vanguardia ya se había librado en los años veinte, y el espíritu nuevo y a se había impuesto, y la poesía ya se habia liberado de la retórica y del academismo decimonónico, en un terreno abonado por el futurismo, expresionismo, cubismo, ultraísmo y creacionismo, los escritores están más abiertos a las múltiples corrientes estéticas de América y Europa. Aunque la *MANDRAGORA* no trate a G. Mistral, embarcada en una carrera diplómatica y residente en el extranjero, el grupo reconoce la calidad de los "Sonetos de la muerte", colabora con P. de Rokha en *Multitud* y V. Huidobro los acoge en la revista *Total*. Ellos a la vez admiten a Huidobro al cenáculo de la *MANDRAGORA* a pesar de las diferencias ideológicas, incluyendo su poema "De cuando en cuando", reseñando su libro *Sátiro o el poder de las palabras* y bromean con él.

Dado el hecho de que los surrealistas de Santiago hayan colaborado con de Rokha y Huidobro, contrincantes y enemigos personales de Neruda, no nos sorprende que éste sea la "bête noire", bestia negra y blanco previsible de sus burlas. Neruda es el innominable a quien los poetas de la *MANDRAGORA* (véase Anexo: g) cifran como un pescado grotesco y vanidoso salido de un anuncio de la Emulsión Scott: "El único objeto de tal Alianza es hacer propaganda a cierto Bacalao enfermo de reclámisis infantil..."[8]. Por otra parte la aversión parece ser mutua, porque Neruda tampoco se queda corto, y más adelante en "Los poetas celestes", parte de 'La arena traicionada' de *Canto general*, mete a todos sus detractores, enemigos, o proponentes de ideas distintas a las suyas de aquel entonces, en un mismo saco de entreguistas, vendepatrias extrangerizados y explotadores desentendidos de la condición miserable del pueblo americano (véase Anexo: h).

Por último los escritores principales de la vanguardia en Chile se integran más adelante a las filas de *Orfeo, Revista de Poesía y teoría poética*: Rosamel del Valle (1901–1965), Humberto Díaz Casanueva (1905), Braulio Arenas (1913–1988), Teófilo Cid (1914–1964), Enrique Gómez–Correa (1915), Jorge Cáceres (1923–1949), Eduardo Anguita (1914), Gonzalo Rojas (1917), Omar Cáceres (1906–1943), Gustavo Ossorio (1912–1949), Nicanor Parra (1914), Mafud Massis (1916), Andrés Sabella (1912) y Carlos de Rokha (1920–1962), el hijo de Pablo de Rokha. Antonio de Undurraga edita *Poesia y Prosa Antología* (1955–1967) de Huidobro y Teófilo Cid traduce la poesía en francés de Huidobro al español.

Bastaría agregar a manera de conclusión que se ha intentado identificar los hervideros chilenos principales de una vanguardia ecléctica, abierta a los vientos de cambio y de fuerte cuño nacional. El panorama poético literario abre con el fulgor rojizo, anárquico de la antorcha de *Claridad* (1920–1924), el faro ultraísta–creacionista de los jóvenes de Valparaíso en *Elipse* (1922) y los nacionalistas que siguen sus huellas en *NGUILLATUN* (1924) donde conviven el cubismo, creacionismo y nativismo. Los brillantes esfuerzos vanguardistas europeo–americanos de *Favorables/París/Poema* (1926), *Imán* (1931), *Caballo verde para la poesía,* (1935-1936), revistas ideadas y dirigidas por autores hispanoamericanos, también recogen en sus páginas escritores chilenos y preparan el terreno para la *MANDRAGORA* (1938), cuya trayectoria poética está en líneas de determinadas aspiraciones de *Caballo verde para la poesía, Caballo de fuego* y *Orfeo*. Algunos de los protagonistas más destacados son G. Mistral, V. Huidobro, P. de Rokha y P. Neruda. Otras figuras de segundo o tercer orden tales como Rosamel del Valle, A. Rojas Giménez, P. Garrido, N. Agrella, B. Arenas, J. Cáceres, E. Gómez–Correa. A. de Undurraga y muchos otros que mencionamos brindaron su apoyo y desempeñaron papeles importantes y variados de distinta índole en un momento dado, cuya evaluación y análisis detallado iría más allá de esta visión sintética. A la vez se ha intentado seguir la evolución paulatina, tanto como dar una idea general de las relaciones que existen entre algunas revistas principales que reúnen elementos estéticos dispares provenientes de cenáculos europeos. Estos han hecho posible elucidar ciertos rasgos comunes del patrimonio vanguardista que se manifiestan a lo largo de tres décadas de actividad literaria, del comienzo pos–modernista, futurista, cubista, filtrado por el ultra, que abren la brecha para la aparición de la poesía sonámbula, surrealista en su vertiente americana. La vanguardia en Chile tiene voces sumamente originales, dos poetas consagrados por el premio Nobel, y que forman un concierto armónico propio a pesar de la multitud de tendencias fragmentarias de la época y de las personalidades que la componen. Estos –ismos americanos y europeos además de ser expresiones del espíritu de una época determinada, se difunden en ella, cobrando a la vez un nuevo valor porque se transforman, modifican y enriquecen, alcanzando una originalidad poderosa al ser sacados de la sede de producción y trasplantados al suelo del Nuevo Mundo.

NOTAS

1 *Claridad*, 23 de junio de 1923.

2 *NGUILLATUN. Periódico de Literatura y Arte Moderno*, directores propietarios Pablo Garrido y Neftalí Agrella, año I, núm. 1 (6 de diciembre de 1924). Administración: Urriola, 497, Valparaíso, Chile, p. 4.

3 *NGUILLATUN* (Valparaíso, 1924) "... llegamos a vibrar sincrónicamente con los latidos evolucionistas de otras zonas intelectuales antípodas, en las cuales ya han sucedido cada vez más nuevos acontecimientos de arte ...", p. 1.

4 *NGUILLATUN* (Valparaíso, 1924) Aliro Lara Lira, "Itinerario", p. 2.

5 Eduardo Anguita, Volodia Teitelboim, *Antología de poesía chilena nueva*, Santiago de Chile: Editorial Zig Zag, 1935, pp. 77 y 79. Véase también el excelente estudio de Naín Nómez "Chilean surrealism and Pablo de Rokha" en *Surrealisme périphérique*, Actes du colloque Portugal, Québec, Amérique Latine: un surréalisme périphérique?, Luis de Moura Sobral ed., Montréal: Unviersité de Montréal Faculté des Arts et des Sciences, Départment d'Histoire de l'Art, 1984, p. 193–202.

6 René de Costa "Neruda's *Tentativa del hombre infinito*: Notes for a reappraisal". En *Modern Philology*, 73, 2 (nov. 1975): 138-139.

7 *Caballo verde para la poesía*, números 1–4, Madrid octubre 1935 – enero 1936. Palabras previas de Pabo Neruda, nota preliminar del Profesor J. Lechner. Verlag Detlev Auverman KG Glashütten im Taunus, Kraus Reprint Nendeln, Lichtenstein & Ediciones Turner, Madrid : España 1974, René de Costa, *The Poetry of Pablo Neruda*, Cambridge, Harvard University Press, p. 41.

8 *MANDRAGORA POESIA FILOSOFIA PINTURA CIENCIA DOCUMENTOS*, Núm. 1 – Santiago de Chile, Diciembre 1938, Comité directivo: B. Arenas, T. Cid, E. Gómez, Incluido en Enrique Gómez–Correa, *Mandrágora Siglo XX*, Santiago de Chile: Ediciones Mandrágora – Talleres de la Editorial 'Tegualda' – 1945, p. 4.

BIBLIOGRAFIA

Anguita, Eduardo, y Volodia Teitelboim
1935   *Antología de poesía chilena nueva*. Santiago de Chile: Zig Zag.

Atria, Sergio
1946   *Antología de poesía chilena*. Santiago: Cruz del Sur.

Azócar, Rubén
1931   *La poesía chilena moderna*. Antología. Santiago de Chile: Ediciones Pacífico del Sur.

Baciu, Stefan
1974a   *Antología de la poesía surrealista latinoamericana*. México: Joaquín Mortiz.
1974b   "La Mandrágora opera con la virtud de una leyenda". Braulio Arenas contesta las preguntas de Stefan Baciu. En *La Prensa Literaria*: "Todo el poder a la mandrágora", La Paz.
1979   *Surrealismo latinoamericano: preguntas y respuestas*. Valparaíso: Universitarias de Valparaíso.

Castro, Victor
1953   *Poesía nueva de Chile*. Santiago de Chile: Zig Zag.

Costa, René de
1975a   "Del modernismo a la vanguardia. El creacionismo pre–polémico". En *Hispanic Review*, 13, 3: 261–274, Philadelphia.
1975b   "Pablo Neruda's *Tentativa del hombre infinito:* Notes for a reappraisal". En *Modern Philology*, 73, 2: 136–147.
1979   *The Poetry of Pablo Neruda*. Cambridge: Harvard University Press.
1984   *Vicente Huidobro: The Careers of a Poet*. Oxford: Clarendon Press.

Elliot, Jorge
1957   *Antología crítica de la nueva poesía chilena*. Santiago de Chile: Nascimiento. (Publicaciones del Consejo de Investigaciones Científicas de la Universidad de Concepción).

Gómez–Correa, Enrique
s.f.   *Mandrágora siglo XX*. Con ilustraciones de Jorge Cáceres, Santiago de Chile: Ediciones Mandrágora (Talleres de la Editorial 'Tegualda'), ¿1945?
1942   *Cataclismo en los ojos*. Santiago de Chile: Ediciones Mandrágora.
1949   *En pleno día*. Portada e ilustraciones de Enrico Donati, Santiago de Chile: Ediciones Mandrágora (Talleres de la Editorial 'Tegualda').

Indice...
1926   *Indice de la nueva poesía americana*. Prólogo de Alberto Hidalgo, Vicente Huidobro, Jorge Luis Borges, Buenos Aires: Sociedad de Publicaciones El Inca, Ediciones Especiales, México 1416.

Moura Sobral, Luis de (ed.)
1984   "Surréalisme périphérique". En *Actes du colloque Portugal, Québec, Amérique Latine: un surréalisme périphérique?* Montréal: Université de Montréal, Faculté des Art et des Sciences, Département d'Histoire de l'Art.

Promis, José
1977   *Testimonios y documentos de la literatura chilena (1842–1975)*. Santiago de Chile: Editorial Nascimento.

Rodríguez Monegal, Emir, y Enrico Mario Santí (eds.)
  1980   *Pablo Neruda. El escritor y la crítica*. Madrid: Taurus.

Rokha, Pablo de
  1985   *SATIRA*. (Santiago de Chile, Compañía 1063, Oficina 4, 1918). Edición facsimilar con prólogo del Dr. René de Costa, Santiago: Editorial América del Sur.

Undurraga, Antonio de
  1945   *Manifiesto del Caballo de Fuego y poesías*. Santiago de Chile: Ediciones Acanto.
  1967   *Vicente Huidobro: Poesía y prosa*. Antología, precedida del ensayo "Teoría del creacionismo". Madrid: Aguilar.

Videla, Gloria
  1971   *El ultraismo, estudios sobre movimientos poéticos de vanguardia en España*. Segunda edición, Madrid: Gredos.
  1981   "El runrunismo chileno (1927–1934)". En *Revista chilena de literatura*, 18: 73–87.

REVISTAS

Caballo verde para la poesía
          No. 1, Oct. 1935, no 2, nov. 1935.

Caballo verde para la poesía
          Director Pablo Neruda, números 1–4, octubre 1935 – enero 1936, palabras previas de Pablo Neruda, nota preliminar del Prof. J. Lechner, Glashütten im Taunus: Verlag Detlev Auvermann KG 1974, Reimpresión anastática de la edición de Madrid 1935/1936, Ediciones Turner, Madrid; España.

Claridad
          Periódico Semanal de Sociología, Arte y Actualidades, Organo Oficial de la Federación de Estudiantes de Chile, Santiago 1920–1924.

Elipse
          Ideario de Nuevas Literaturas, Entrega no. 1, Valparaíso, Chile, Dirección Editorial Neftalí Agrella, 1931.

Favorables / París / Poema
          París 1926.

Imán
          París, directores propietarios Pablo Garrido y Neftalí Agrella, 1931.

De agú y anarquía a la *MANDRAGORA*

Lingua e Literatura

Revista dos departamentos de Letras de Faculdade de Filosofía, Letras e Ciencias Humanas da Universidade de São Paulo, Año IX, v. 9, 1980, pp. 1–412.

Mandrágora

Poesía, Filosofía, Pintura, Ciencia, Documentos, no. 1, Santiago de Chile, diciembre 1938.

Nguillatun

Periódico de Literatura y Arte Moderno, Administración: Urriola 497, Valparaíso, Chile, Año 1, no. 1, 6 de diciembre 1924.

Orfeo

Revista de poesía y teoría poética. 33 nombres claves de la actual poesía cilena, no. 33 al 38, Santiago de Chile 1968, Director Jorge Vélez.

ANEXO

Una breve antología chilena de vanguardia

a)   *CLARIDAD* (1921

"El teatro ácrata en Chile" por Acevedo Hernández

"... un tipo interesante en nuestra literatura: nació en un camino, niño aún vivió entre ladrones, después fue peón, más tarde en la ciudad ha sido carpintero, zapatero, periodista, etc. su vida de vagabundo (sic) tiene profundas sujestiones".

b)   *Elipse* (1922)

Espectàculo

LOS ARBOLES
bailan un shimmy
con la cabeza
PARA

A
B
A
J
O

ta
al compás del agua que canta sal n d o

LA FUENTE
PICADERO

D
E
C I R C O

donde la Luna hace piruetas clownescas
UN-FOCO
haciendo de Tony
la imita con buen resultado

Jvlio Serey

c)   *NGUILLATUN* (1924)

"Se ofrece un gran stock de figuras orientalistas decorativas – Schahrazada, Salomés, Judiths como señoritas de compañía en los paseos lésbicos de morfinómanas irredimibles".

d)   *SATIRA* (1918) Pablo de Rokha

Entristecido el mundo, salió de vuestras bocas
huyendo a corromperse donde la porquería
alza su monumento a un borrico en pelotas;
se pudrieron las niñas, las almas y las rosas
y queda la hediondez flotando todavía.

(La estética del globo va cambiando muchísimo:
de Platón hasta aquí, hay donde hacer un alto;
oh! suculentos, chirles discípulos de Cristo,
¿creéis que sean una bicoca treinta siglos
y que el mundo moderno sea una especie de asno?

Porque vosotros no cantáis al automóvil
que evoluciona, haciéndonos temblar con su bocina,
ni al empuje violento de las nuevas cosmópolis,
ni a las grúas, que son más bonitas que Adónis,
oh! borregos de Júpiter, oh! vagas señoritas;

y donde hay un motor encendido y gigante,
y donde hay una fábrica estupenda y gloriosa,
y donde hay un palacio de cemento y de sangre
o una gran muchedumbre de huelguistas con hambre,
vosotros véis a una princesita que llora,

melancólicamente por el amado ausente,
a una flor, a una nube, a un ramo de violetas,
a un Francisco de Asís, cantando un miserere,
a un *paisaje lunático encendido de fiebre*,
a un poeta en pañales, a un zorzal, a una vieja;

e)   *"U"* (1927) Pablo de Rokha

...Llegaron los aeroplanos amarillos, la luna negra
con flecos morados,
y todas las fábricas,
echaron a volar humaredas y canciones ultramarinas,
sobre los aperitivos urbanos;
murió la gran sombra nublada de sudores municipales ...

Las mariposas evolucionan en el foyer agreste,
y un triple aroma a gasolina
tiñe la farmacia atmosférica y se deslíe, sublimemente,
en la botella terapéutica del aire–máquina,
abierto y extenso como un sanatorio ...

f)   *Canto al ejército rojo* (1944) Pablo de Rokha

"... el chivateo popular demoníaco de los surrealistas, su gran magia, lograda
en blanco 'lapsus' falso, de colchón de sudor, de hechicería de cocinería y mercado de aldea, la condición onírica y dramática de su intelectualismo vaciado en
los andrajos del infraconsciente ..."

g)   *MANDRAGORA* (1938)

"En nuestro pobre país la tal Alianza (de Intelectuales de Chile) se compone
de lo que botó la ola. Es un revoltijo de tontos, de intrigantes, de carteristas de
tranvías, etc. etc."

h)   *Canto general* (1950) V. La arena traicionada. "Los poetas celestes" (¿1947?)
Pablo Neruda.

¿Qué hicistéis vosotros gidistas,
intelectualistas, rilkistas,
misterizantes, falsos brujos
existenciales, amapolas
surrealistas encendidas
en una tumba, europeizados
cadáveres a la moda,
pálidas lombrices de queso
capitalista, qué hicistéis
ante el reinado de la angustia ...?
No hicistéis nada sino la fuga ...

México en dos obras de Saint-John Perse: "Amitié du Prince" y "Anabase"

Paulette Patout
Université de Toulouse

La obra del poeta Saint-John Perse, seudónimo del diplomático Alexis Leger, aparece cada día más como absolutamente transcendente en las letras francesas. *Amitié du Prince* y *Anabase*, en particular, son poemas de insigne valor y elegancia, pero de una interpretación difícil: movido por su alta idea del trabajo poético, el poeta supo mantener aquí su apasionada sensualidad y su vigor intelectual gracias a una concisión de extrema exigencia. En breve, *Anabase* evoca el desembarco de unos guerreros, su subida a una altaplancicie, y la fundación en ella de una nueva nación, dotada de una cultura original. El libro se publicó en 1924. En estos años volvía el poeta de Pekín, donde había residido durante cinco años, dedicado a varias misiones diplomáticas. Por eso, se opinó generalmente que la obra se basaba en recuerdos asiáticos. Otros pensaron que se trataba de un tema puramente imaginativo. Sólo se levantó una voz, la de la gran hispanista Marcelle Auclair – confidente muy privilegiada de Alexis Leger –, para explicar diferentemente el poema. Para Marcelle Auclair, *Anabase* cantaba la llegada de Cortés a la costa mexicana, y la instauración de la Nueva España. Pero parece que nadie, hasta hoy, tomó la pena de estudiar paso a paso el gran texto para averiguar esta aserción: será la finalidad del presente estudio. A esto me anima además la mirada maliciosa de Alfonso Reyes, el cual tenía, por lo visto, la misma interpretación de *Anabase* que Marcelle Auclair. Hasta pensó que una de sus creaciones, su propia *Visión de Anáhuac*, había ejercido alguna influencia sobre el poema francés. Y Alfonso Reyes alude en sus versos varias veces a los de Saint-John Perse. Pero hoy no insistiré en la verdadera interferencia que se nota entre sus obras respectivas, ni en la amistad recíprocamente admirativa que les unieron; ya desarrollé estas relaciones en un libro, *Alfonso Reyes et la France*, estudio de los lazos del escritor mexicano con las letras francesas.

Por su origen y su nacimiento en la isla de Guadalupe, Alexis Leger era un francés de América. Había nacido en una familia francesa instalada en las Antillas desde fines del siglo XVII. Habló el español en su niñez igual que el francés. Una abuela suya era española. La vida diaria se teñía de algún hispanismo. La familia rezaba a los pies de una Virgen vestida de gala. Y unos viejos textos españoles figuraron entre las primeras lecturas del poeta, especialmente las crónicas que describían al México de Montezuma, la conquista española, y cómo se organizó la vida colonial. Aquel México vino a ser tempramente el país de sus sueños, en parte semejante a sus Antillas, fácilmente imaginado, pero envuelto en el prestigio de las culturas indias y a la vez en su admiración por las hazañas españolas. Aprovechando unos "nocturnos sudores", la fragancia de un canelo, viendo las velas que se recortaban sobre el mar, en un delirio, el niño se creía transportado cerca de Montezuma, al lado de los conquistadores, los cuales subían al Altiplano mexicano ceñidos en sus armaduras brillantes de escamas: "... glorieux d'écailles et d'armures un monde trouble délirait."[2]

En 1899, a los doce años, Alexis Leger, con su familia, dejó definitivamente la tierra antillana, volviendo a Francia, pero las primeras obras del poeta, *Pour fêter une enfance* y *Eloges*, publicados en 1910, atestiguan que, viviendo en Francia desde varios años, sentimentalmente quedaba muy apegado al país de su infancia. Tampoco se había olvidado de sus sueños mexicanos, ya que encontramos en estos textos el nombre de Montezuma, con sus "dioses de cobre", y el "ocelote", fiera típica (p. 40).

Los dos grandes poemas de 1924, *Amitié du Prince* y *Anabase*, se sitúan en un plano poético mucho más ambicioso. Confiesa el escritor que su elaboración necesitó un esfuerzo intelectual arduo: "Au point sensible de mon front où le poème s'établit ..." (p. 94). Desde 1910, el arte poético de Leger había evolucionado. Ahora renuncia, excepto en pocos casos, al realismo fácil de los nombres propios. Se aleja, con más rigor todavía, del color local, de todos los detalles que evocarían directa y vulgarmente el país en que se realiza el desembarco o, más bien, después de una selección severa, los va disimulando, no sin malicia, debajo de la máscara culta de los arcaísmos, de los vocablos poco usados, de las palabras científicas, de los hispanismos.

¿Cómo no pensar que estos soldados que llegan son efectivamente Cortés y los suyos, que aquel Príncipe potente es el mismo Montezuma, que esta nación que se crea es la Nueva España? A pesar del extremo pudor de los versos, se vislumbra, alrededor de los héroes, entre sus acciones crueles o grandiosas, un marco geográfico, una fauna, una flora que pertenecen típicamente a México, con sus colores, sus perfumes, sus músicas, y hasta ciertos detalles costumbristas. Estamos en un país muy lejano, "de esta parte del mundo [...] en otras orillas", un país de sol – dios supremo de los aztecas, donde el buen tiempo es casi siempre eterno:

"Les armes au matin sont belles et la mer. A nos chevaux livrée, /
la terre sans amandes / nous vaut ce ciel incorruptible. Et le soleil
n'est point / nommé, mais sa puissance est parmi nous. [...] de grands
plateaux vendus à la criée sous l'inflation solaire" (p. 93).

Sin embargo, no se trata de un país mediterráneo: es tierra "sin almendras". Al Sol, dirige el poeta un himno formal: "Va! nous nous étonnons de toi, Soleil! ..." (p. 96). En México, las mañanas son lindas, hasta en la estación húmeda, cuando un aguacero diluvial cae a eso de las cuatro de la tarde:

"Au bruit des grandes eaux en marche sur la terre [...] (p. 106) [...]
Nos compagnons ces hautes trombes en voyages clep – / sydres en
marche sur la terre, / et les averses solennelles, d'une substance mer-
veilleuse ..." (p. 107).

Se sabe que Cortés desembarcó el 21 de abril en la costa del Golfo de México, luego avanzó hasta el centro del país, alcanzando el Valle de Anáhuac en el mes de agosto. Recuérdese que el Sol entra bajo el signo del León el 23 de julio. Dice el poeta: "Car le soleil entre au Lion ..." (p. 89). Los españoles, viniendo de Vera Cruz y dirigiéndose hacia Tenochtitlán, andaban, lo mismo que los viajeros del poema, "hacia el Oeste". Se notará además que la palabra *table* es una traducción literal del español *mesa*, alusión justificada a la semejanza del vasto Altiplano mexicano, seco y de clima continental, con la meseta central de España. Aquella inmensidad dio a los europeos una impresión casi desconocida de espacio; ya se sabe que el espacio es una de las nociones más importantes que los conocimientos humanos deben a América:

> "L'été plus vaste que l'Empire suspend aux tables de l'espace plusieurs étages de climats. La terre vaste sur son aire [...] Ce sont de grandes lignes calmes [...] au seuil d'un grand pays plus chaste que la mort [...] J'ai vu la terre distribuée en de vastes espaces ..." (p. 105).

Los españoles tomaron aquí conciencia del doble aspecto de los trópicos: las tierras bajas, calientes, cubiertas por una vegetación tupida; luego, el Altiplano, donde la altura corrige a la latitud, templado, árido, con una atmósfera transparente. Los caballos levantaban torbellinos de un polvo amarillo, el cual envolvía a los jinetes:

> "... O Voyageur dans le vent jaune [...] aux soirs de grande sécheresse sur la terre [...] Hommes, gens de poussière [...] Les hauts plateaux pacifiés [...] Cavaleries du songe au lieu des poudres mortes" (p. 106).

Bajo el trópico, cuando se sube rápidamente hasta grandes alturas, se suceden sin cesar las clases de clima y vegetación: "L'été plus vaste que l'Empire suspend aux tables de l'espace plusieurs étages de climats" (p. 105). El país poesía inmensos volcanes activos, coronados por penachos de humo: "La terre vaste sur son aire roule à pleins bords sa braise pale sous les cendres [...] Couleur de soufre ..." (p. 105). Torpes con sus cascos, sus armas pesadas, cabalgando hasta las cumbres por caminos inciertos, los viajeros padecían terriblemente del calor y la sed: "Qui n'a, louant la soif, bu l'eau des sables dans un casque [...] (p. 94) [...] le cavalier s'appuie de sa lance pour boire ..." (p. 79). Quien dice sol alude también al placer de la sombra, al deleite del agua. En los cántaros de barro, obras de los alfareros indios, los soldados descubrían el mismo sabor intenso que conocieran en España [...] a esta amenidad se asoció pronto la juventud fresca de las inditas que les regalaban en las etapas:

> "A midi, dépouillant, aux bouches des citernes, sa fièvre aux mains de filles fraîches comme des cruches [...] et l'eau plus pure qu'en des songes, grâces lui soient rendues de n'être pas un songe! (p. 96) [...] Un lit d'instances sous la tente, l'étoile verte dans la cruche, et que je

sois sous ta puissance! nulle servante sous la tente que la cruche d'eau fraîche!" (p. 110).

Esta subida al Altiplano, siendo el mismo asunto del poema, puesto que el griego *anabasis* significa: acción de subir, es también indicación de la estructura interna de la obra, porque la palabra pertenece igualmente al dominio musical, y quiere decir: melodía ascendente. Además, para Leger, tan aficionado a las ciencias naturales, no sería indiferente saber que se llama *anabas* un pez extraño, que puede salir del agua, arrastrarse por el suelo y hasta trepar a los árboles.

En su mayoría, los españoles eran campesinos, acompañados por algunos hombres más cultos, botanistas que observaban atentamente este Nuevo Mundo. El vocabulario empleado por el poeta para describir la fauna es poco notable: *insectes, criquets, abeilles, guêpes, cigales, fourmis, sauterelles, chevreau, cailles, lézards*: eso corresponde al asombro de los viajeros ante la relativa pobreza de las especies animales en este continente. Además, se veían en la obligación de dar nombres aproximativos a especies desconocidas en Europa. Así, les *oies sauvages*, quizá, no sean más que los pavos: en un intento similar, ciertas provincias francesas los llaman todavía hoy: *coqs d'Inde*. Sólo el pájaro *loriot* aparece aquí con un nombre poco usado, derivado precisamente del español *oriol*, guiño de ojo indicativo para el lector minucioso, o porque la forma española le pareció al poeta más apta para evocar el color dorado de su plumaje: "Première – Née – temps de l'oriole ..." (p. 83). Por encima del Altiplano se cierne el águila, símbolo del dios solar, deidad principal de los aztecas, y emblema de sus guerreros:

"(L'ombre d'un grand oiseau me passe sur la face) (p. 106) [...] Les cavaliers au fil des caps, assaillis d'aigles lumineuses ..." (p. 102).

Sin duda es una alusión al vuelo de las chuparrosas la frase: "... et la soir est plein d'ailes ..." (p. 72). El papagayo es típico de la región de Vera Cruz:

"Je reviendrai chaque saison, avec un oiseau vert et / bavard sur le poing [...] (p. 69) [...] il me souvient des femmes qui fuyaient avec des cages d'oiseaux verts ..." (p. 75).

Nos dicen los cronistas que los aztecas solían criar en una jaulas numerosos pájaros, cotorras o aves silbadoras:

"... tant de familles à composer comme des encagées d'oiseaux siffleurs [...] (p. 103) [...] des rassemblements d'oiseaux verts dans les cours [...] (p. 111) [...] Mes jolies cages, mes jolies cages ..." (p. 83)

pero el vocabulario más rico comprende los animales importados por los españoles: *bélier, chiens* (que ladraban, lo que espantaba a los indios:

"... la nuit, sous l'aboiement des chens [...] Je sais sortir avant le jour sans éveiller [...] L'aboiement des chiens de toute la terre" (pp. 100 y 110)

y las caballerías: *chevaux, mules, juments, poulain, âne.*

En cambio, los vegetales, los árboles (*camphriers, jujubiers, lauriers*), las hierbas (*mélisse, euphorbe*), los cultivos propiamente mexicanos como el *agave* aparecen aquí con extrema variedad, sea con su nombre científico (*térébenthe* por *manguier*, *mimosés*: "ombre mimosée", sea tomando la forma de una definición: *la feuille stimulante* por el *tabaco*: "Et je me hâterai, mâchant la feuille stimulante" (p. 70), sea con una denominación francesa, pero arcaizante: *mil* en vez de *maïs* (en el sur de Francia se da todavía el nombre de *millas* a unos pasteles hechos con sémola de maíz). Arcaísmo, también, *bois violet* por el moderno *palissandre*, o sea la madera del guayabo. La forma poética *palme*, rica de recuerdos literarios para este admirador de Mallarmé y de Valéry, sustituye siempre *palmier*. Las exigencias de la eufonía y de la clasificación botánica se unen para, en lugar de *patate*, ou *pomme de terre douce*, emplear la admirable palabra *impomée*, nombre francés de la flor de este tubérculo, tan presente en México, y con que se hacen unas deliciosas golosinas: dice el texto: "... le ciel couleur d'une racine d'ipomée ..." (pp. 83 y 72). Un recuerdo sentimental (la forma antillana *cocuyo*), incita a llamar *cocculus indien* al zapote, planta típicamente mexicana, cuyas semillas contienen en efecto un principio hipnótico:

"... et la graine, dis-tu, du cocculus indien, qu'on la broie! possède des vertus énivrantes" (p. 108).

La palabra *poivron*, prosaica quizá, pero ¡que no puede ser ausente! se admite mejor, acompañada por un verbo lírico: "... celui qui rêve d'un poivron ..." (p. 112). Además de la violeta, rápidamente mencionada, la rosa es, con mucho, la flor más presente en el poema; hasta puede verse como un *leitmotiv*: brota en todas las páginas, con la frecuencia que tiene la flor en los poemas precolombinos; era para aquellos pueblos símbolo de la vida, la flor que se ofrecía a los niños, a los príncipes, a los dioses:

"Roses, pourpre délice [...] (p. 97) [...] purification de veuves dans les roses [...] (p. 95), [...] confitures de roses à miel [...] Eh quoi! n'est-il plus grâce au monde sous la rose sauvage? (p. xxx).

En cuanto a los minerales, en un país volcánico como México, son de una variedad inconcebible en Europa, y Leger escoge mencionar el *bitume*; aludiendo al *tezontle*, piedra roja con que los indios – y más tarde los españoles –, edificaban palacios y templos, escribe: "... et je m'engage / dans un pays de terres pourpres, son domaine" (p. 68). Se encuentran también las piedras negras, el azufre, los minerales espejeantes como la *mica*, y la *sal*, cuyas funciones están entre las más nobles y deleitosas:

"Maître du grain, / maître du sel [...] et l'idée pure comme un sel [...] / Au délice du sel sont toutes lances de l'esprit [...] J'aviverai de sel les bouches mortes du désir! [...] vous ne trafiquez pas d'un sel plus fort quand, au matin [...] Mathématiques suspendues aux banquises du sel" (pp. 93 y 94).

México es también el país de las piedras preciosas, del ópalo, de la amatista – presentes aquí bajo su nombre científico de *silicates* –, de las ágatas y, sobre todo, de la turquesa, piedra predilecta de los artistas indios:

"... les silicates de l'été [...] des agates, une pierre bleu pale que l'on taille à l'entrée des faubourgs (en manière d'étuis, de tabatières et d'agrafes, ou de boules à rouler aux mains des paralytiques ..." (pp. 100 y 113).

Así, el gran texto de *Anabase*, que pudo parecer abstracto e irracional, se deja amansar poco a poco, rebosando en colores, fragancias y ritmos en que hallamos los matices, olores, y la música de la tierra mexicana. Precisamente, estos colores son: el color de rosa, "el rosa indio", presente en todas partes del paisaje mexicano, en los bordados y tejidos de los artesanos, en los ladrillos de las casas:

"Roses, pourpre délice (p. 97) [...], un soulier de satin rose (p. 99), [...] la rose sauvage [...] la racine rose de l'impomée [...] chemins de brique rose? (p. 103) [...] la braise rose des volcans (p. 111).

Este color puede ir hasta el violado, siempre en un ambiente de tragedia o inquietud:

"Il vient de ce côté du monde un grand mal violet sur les eaux [...] (p. 95) [...] les violettes de l'orage [...] et de l'éponge verts d'un seul arbre le ciel tire son suc violet" (p. 105).

La nota del rojo intenso es poco frecuente: "... et ce monde est plus beau qu'une peau de bélier peinte en rouge!" (p. 96), pero señalemos que el poeta emplea siempre *peindre* por *teindre*: "... les filles urinaient en écartant la toile peinte de leur robe" (p. 110): la pintura, o el tinte de esta piel de carnero pudiera aludir a una especialidad conocida como mexicana, la de la cochinilla, que da el color rojo más bello, el carmín. Esta relativa escasez del color encarnado deja todo su valor a la sangre, alimento del sol mexicano, en los sacrificios o en los combates: "Tu as vaincu! tu as vaincu! Que le sang était beau ..." (p. 75). Más que el azul, reservado a la evocación del cielo o del mar (o de un huevo, o del ala de un saltamontes), el verde es importante: verde brillante de las plumas preciosas (los quetzales daban joyas más apreciadas que joyas de oro), o color aceitoso de ciertas piedras verdes usadas para la edificación de ciudades importantes, como la ciudad de Oaxaca, o matiz extraño de las losas de piedra en los templos antiguos, como en Palenque, bajo la humedad de la vegetación tropical:

"Des feux / de ronces à l'aurore / mirent à nu ces grandes / pierres vertes et huileuses comme de fonds de temples, ..." (p. 98).

Los árboles mexicanos, los laureles de Indias, en las plazas, llevan un follaje muy oscuro: "Il naissait un poulain sous les feuilles de bronze [...] Et voici d'un grand bruit dans un arbre de bronze" (p. 89). Poco negro, "... un gâteau de mouches noires ...", es un color que parece debido a los españoles "... un bélier noir [...], du raisin noir ..."; algunos toques de blanco (*vers blancs, farine, semoule, lait*), si se exceptúa el blanco, casi candente y tan español de la cal para enjalbegar los muros: "Mon coeur a pépié de joie sous les /magnificences de la chaux ..." (p. 96). Una tela, una vara de marfil dan su nota amarillenta preciosa, pero importa, más que todo, el amarillo, del viento, de los limones, del azufre, la miel, la paja, el polen,

"... celui que récolte le pollen dans un vaisseau de bois (et mon plaisir, dit-il, est dans cette couleur jaune ..." (p. 112)

y sobre todo el resplandor del oro, discos de oro, monedas, joyas, platos, insignias de la nobleza azteca, codicia suprema de los invasores, más tarde símbolo de la vida lujosa que estos "capitanes pobres" pudieron crearse en aquel país:

"... les monnaies jaunes, timbre pur, maniées / sous les palmes [...] Et, fourvoyant à l'angle des terrasses une mêlée/d'éclairs, de grands plats d'or aux mains des filles de service ..." (pp. 103 y 102).

Pero el paisaje mexicano suele ostentar también tintes muy pálidos, cuando el sol muy fuerte ahoga los colores. Entonces, las colinas son de un castaño claro un poco gris, y los agaves que sirven de límites parecen malvas:

"Chamelles douces sous la tonte, cousues de mauves cicatrices [...] sous les incandescences pâles de la plaine ..." (p. 105).

Los olores que respiramos en *Anabase* son fuertes sensaciones: "L'odeur puissante m'environne ..." (p. 97), olores que asombraron mucho a los españoles, pues eran los de frutas o maderas desconocidas en Europa: "... une odeur de violette et d'argile ..." (p. xxx), y este "Prince flairé d'abeilles sur sa chaise d'un bois violet très odorant ..." (p. 68). Por otra parte, los recién venidos encontraban fétidos ciertos olores que parecían habituales o hasta agradables a los indios: los cronistas nos hablan todos de la orina conservada en tinajas en las encrucijadas, porque con ella se abonaban las tierras, del tufo asqueroso exhalado por los sacrificios humanos. Los cuerpos despedían un ácido perfume en el calor:

"On fait brûler la selle du malingre et l'odeur / en parvient au rameur sur son banc, / elle lui est délectable" ..., "... au parfum des viscères ..." ... "... (ah! que l'acide corps / de femme sait tacher une robe à l'endroit de l'aisselle!" (pp. 97 y 95).

Más tarde, durante el sitio de la ciudad por los españoles, a estas pestilencias se añadió el hedor de los muertos. Cortés tuvo que decidirse a quemarlos, e incendiar lo que quedaba intacto de la ciudad:

"Et las bûchers croulaient chargés de fruit humain. Et / les Rois couchaient nus dans l'odeur de la mort" (p. 75).

Fuera del rumor de los insectos "Cré / pitements d'insectes à jamais dans ce quartier aux détritus!" (p. 99), el silencio reinaba en el campo, en los mercados. El indio no ríe a carcajadas, habla con voz baja un idioma que parece deslizarse: "Les dieux murmurent aux citernes, / se taisent les femmes aux cuisines" (p. 83). La alegría ruidosa de los españoles, su habla gutural asombraban mucho a los indígenas: "Etranger. Qui riait ..." (p. 89), "... capitaines aux voix amygdaliennes" (p. 97). Las trompetas españolas sonaban alegres: "... que la trompette m'est délice" (p. 112). Los únicos instrumentos de música de los indios eran flautas y percusiones:

"Et tout un soir, autour des feux, on fit ranger les / plus habiles de ceux-là / qui sur la flûte et sur le triangle savent tenir un chant" (p. 75).

Sus tambores de madera espantaban a los europeos, subrayando los sacrificios arriba de las pirámides. Entonces los españoles medían su aislamiento:

"... au / matin, dans un présage de royaumes et d'eaux mortes / hautement suspendues sur les fumées du monde, les tabours de l'exil éveillent aux frontières / l'éternité qui baille sur les sables" (p. 94).

Los naturales se aterraban de los ruidos de animales nuevos, ladridos, relinchos o rebuznos: "L'âne pleurait sous les lambris ..." (p. 83).

Más allá de estos recuerdos históricos, el poeta ha diseminado con malicia algunas alusiones a un México más contemporáneo: aquí el sombrero de paja con sus alas netamente descritas: "Fais choix d'un grand chapeau dont on séduit le bord" (p. 111); allá, el uso hispánico de las mecedoras, de las sillas decoradas: "Très vieille femme de balcon / Sur sa berceuse de rotin" (p. 84). "Tirez à l'ombre, sur son seuil, la chaise peinte du vieillard" (p. 79), o la extraña costumbre de comer gusanos fritos: "mangeurs d'insectes". En este como escondite poético, uno de los pocos nombres propios de estos poemas es *Jabal*: "... et l'eau plus pure qu'en Jabal ..." (p. 97). Pues bien, fuera de su sonido bíblico, *Jabal* puede explicarse como el *Jabalón*, afluente del río Guadiana, y que riega a Ciudad Real, en el mismo riñón de España. Indicación innegable. Hasta parece una firma. Estos soldados invasores sólo podían comparar con lo que conocían, es decir con la realidad española. Eran, pues, españoles.

Por cierto, para Saint-John Perse, un poeta no puede ser cautivo de su tema. Con entera libertad, para contestar a exigencias eufónicas o rendir una imagen, le es dable emplear a veces detalles totalmente extranjeros a la realidad mexicana, hablar por ejemplo de "framboises". Pero la coexistencia de tantos trazos mexicanos permite situar en México el cuadro del poema. Y, ¿cómo pudo el escritor llegar a tal documentación acerca de la naturaleza profunda del país? Leger nunca visitó a fondo el Altiplano mexicano. Más, en 1921 precisamente, antes de escribir su gran obra, navegó a lo largo de sus costas. Pudo ver entonces numerosos objetos de la artesanía mexicana, fotos, oír recuerdos, relatos, testimonios. Posiblemente se ayudó por las bellas páginas que acababa de publicar Alfonso Reyes. No obstante, todos aquellos datos tomaron fuerza y sentido porque vinieron a injertarse en poderosos recuerdos de las Antillas, en inolvidables sueños de su niñez.

NOTAS

1 Paulette Patout: *Alfonso Reyes et la France* (Les rapports de cet écrivain et diplomate mexicain avec la France et les Français, au Mexique, et au cours de ses différents séjours en France, en Espagne, en Argentine et au Brésil), París: Klincksieck, 1978.

2 Las citas de Saint-John Perse se refieren siempre a la edición de sus *Oeuvres complètes*, 1972, París: Gallimard, col. La Pléiade. Aquí p. 28.

El "Cartapacio poético" de Rosas de Oquendo: una muestra de poesía satírica colonial

Margarita Peña
Universidad de México

A lo largo de trabajos anteriores me he acercado al "Cartapacio poético", recopilado por Mateo Rosas de Oquendo hacia 1598 desde ángulos diversos: la posible reconstrucción de la biografía y del itinerario personal de Oquendo a través de medio continente americano (Nombre de Dios, Tucumán, Santiago del Estero, Lima, México); la peninsularidad o la americanidad del poeta sevillano tal y como se expresan en su muy peculiar visión poética de dos ciudades virreinales (Lima y México); la inclusión, en el "Cartapacio", de poemas – de escritores contemporáneos que Oquendo admiraba e imitaba, tales como Quevedo, Lope de Vega y Cervantes y, concretamente, de la presencia de una jácara de Quevedo, "El Escarramán", en el manuscrito compuesto por el andariego poeta.[1] Me aboco, ahora, a un examen somero del "Cartapacio poético" en lo que toca a un aspecto que lo condiciona y lo define, que lo ata a la circunstancia histórica y social que a Oquendo le tocó vivir, ubicándolo en la larga tradición de los géneros literarios. Me refiero a la vena satírica que recorre los doscientos diez folios del manuscrito, permeándolo a la burla y el equívoco, la proposición jocosa y el albur. La sátira que Rosas de Oquendo practica en los poemas a él atribuibles va dirigida a una humanidad que bulle a su alrededor en el momento coyuntural del cambio de siglo (del XVI al XVII), cuando la conquista se ha convertido en dominación incuestionable, cuando el estilo renacentista y el manierismo han cedido su lugar a un barroco espeso, de presencias oscuras y olores penetrantes; cuando, a la muerte de Felipe II, en 1598, – y de la cual queda constancia en varios poemas del "Cartapacio" – España se precipita en una corrupción que se reflejará inevitablemente en los dominios de ultramar y quedará consignada en la poesía y en la prosa coloniales; cuando al resquemor criollo contra el español recién llegado a tierra americana se une el resentimiento del español avecindado largo ha en América (como el propio Oquendo). La sátira, en el "Cartapacio", no respeta sexo ni jerarquías, cumpliendo en un plano semántico, una función igualitaria semejante a la de la danza macabra como tópico en la literatura y el arte medievales. La realidad provee al poeta de una materia prima riquísima que él intenta agotar en verborréicas tiradas de cien y más versos enderezadas contra todos y cada uno de los hombres y mujeres que se le atraviesan a lo largo de días inmisericordes. La realidad, cuya fealdad lo agrede, y a la cual él responde con la denuncia de inspiración quevediana en un mano a mano que se convierte en *corpus* poético amplio: romances, sonetos, coplas, letras, letrillas, loas y las sátiras propiamente dichas, como sistemas discursivos formalmente complejos, susceptibles de análisis retóricos, ubicables en la tradición del género satírico.

De las doscientas cuarenta y ocho composiciones que integran el "Cartapacio poético",[2] por lo menos ciento diez tienen un carácter burlesco, en un diapasón que abarca de lo joco–serio a lo obsceno, pasando por lo erótico–burlesco y lo escatológico. Los poemas restantes se dividen, *grosso modo* en romances moriscos y del Cid; poemas amorosos de lejana inspiración pertrarquista con reminiscencias pastoriles; poemas moralizantes; poemas de inspiración religiosa y resonancias bíblicas, y composiciones cuyo tema es algún personaje famoso (Felipe II, don Alvaro de Luna, el conde de Villalonga) sea difunto o caído en desgracia. Varios textos en prosa completan el conjunto. Uno de ellos, la "Carta de un aperador a su señora", o carta de un mayordomo a su ama, se configura como la primera muestra, hasta donde se sabe, de un texto amplio en prosa en doble sentido, recopilado en un manuscrito americano. El parentesco con el mexicano albur es cercano y habría que establecer cuánto debe esta carta a una tradición burlesca peninsular que iguala al criado con el ama en materia sexual, como consta en algún soneto de los publicados por Foulché–Delbosc en sus "136 sonnets"[3] ("Estaba un mayordomo enamorado / y tan perdido por su mesma ama").

Por lo que respecta al autor, o los autores, de las composiciones satíricas del "Cartapacio", quienes se han ocupado de éste (Antonio Paz y Mélia, Alfonso Reyes, Pedro Lasarte) han querido ver a Mateo Rosas de Oquendo únicamente como el autor de sátiras, romances y sonetos que contienen elementos autobiográficos, ignorando la posibilidad de que a él se deban asimismo otros poemas. Una lectura de la totalidad del manuscrito nos lleva a suponer que Oquendo pudo haber compuesto muchos más poemas de los que se le han atribuido dentro del "Cartapacio", los cuales quedarían emparentados con los de atribución segura en el estilo, los temas – reiterativos y, a veces obsesivos – el tono, y aun en los defectos. En cuanto a otros autores contemporáneos de Oquendo que con seguridad participan en el manuscrito con esporádicas inclusiones se puede mencionar a Góngora, con un "Romance en alabansa de la ciudad de Granada"; a Quevedo, con la jácara del "Escarramán", y a Lope de Vega, con una sátira que empieza con el verso "No goce yo desos ojos" y posiblemente con la versión a lo divino del "Escarramán": "Ya está clavado en la cruz...". Figuran también Cristóbal de Castillejo y Miguel de Cervantes con sendos poemas: "Boto a Dios que me espanta esta grandeza", del cual se han encontrado más de diez versiones diversas, así como dos autores pertenecientes, sin duda, a la tradición de la valentónica sevillana: Cristóbal Flores de Alderete y Alonso Alvárez de Soria, que intercambian una rufianesca serie de diez sonetos obscenos. Es evidente que la inclusión en el "Cartapacio", de los autores mencionados respondía al gusto personal de Oquendo, el compilador, quien no sólo los copió en el manuscrito, sino que los imitaba. Lo mismo puede decirse de los poemas anónimos, algunos de los cuales figuran en otras colecciones poéticas de la época con las obligadas variantes. Vale citar, como ejemplo de parentesco textual, el soneto que empieza "Viendo una dama que un galán moría", de tono erótico–burlesco, incluido en el "Jardín de Venus", en el Manuscrito de Ravena, y en los "136 sonnets" de Foulché–Delbosc. Otro soneto del "Cartapacio", el que dice "Cuitado que en un punto lloro y río", de influencia petrarquista, está entre los muchos sonetos de este tipo del cancionero *Flores de baria poesía*. Como ejemplo de poemas con parentesco temático, citemos el que en el "Cartapacio" empieza con el verso "Mirando el curso velos", y en el "Jardín de Venus", Manuscrito de Ravena, "136 sonnets" de Foulché–Delbosc, y *Cancionero* de Lustonó dice "A la orilla del agua estando un día", y se configura también como una composición erótico–burlesca. Como es usual en este tipo de recopilaciones, gran número de las composiciones del "Cartapacio", que aparecen como anónimas, o glosadas, con certeza a partir de otros autores por Rosas de Oquendo, encuentran su correlación en poemas que se albergan en manuscritos e impresos diversos; a través del hallazgo y el cotejo subsecuente es posible conocer los nombres de sus autores.

Por lo que respecta a la sátira de Oquendo, es necesario distinguir entre los poemas satíricos que ofrecen como tema o escenario la Colonia, ya en alusiones directas a ciudades y lugares (Lima, México, el campo y la hacienda), ya en referencias indirectas a la realidad colonial, de aquellos que están libres de alusiones directas o indirectas a América, y que sólo ocasionalmente aluden a lugares de Europa. Es en estos últimos, en donde es posible rastrear influencias ajenas y de los cuales se encuentran otras versiones en colecciones poéticas diversas. Tanto unos como otros debieron haber sido escritos alrededor de 1598, prolongándose la escritura hasta después de 1612 (las dos fechas que se consignan en el manuscrito) a lo largo de la peregrinación de Rosas de Oquendo por tierra americana.

El "Cartapacio poético", como muestra de la poesía satírica que se escribía en la Colonia a fines del siglo XVI y principios del XVII se proyecta en dos sentidos que, geográficamente, corresponden a Lima y la Nueva España. Trece poemas recrean el espectáculo de la sociedad y, ocasionalmente la naturaleza americanas en términos de burla o sátira. De ellos, seis brotan al estímulo de la realidad peruana y llevan los siguientes títulos: "Sátira a las cosas que pasan en el Pirú. Año de 1598"; "Romance contra esta sátira de Oquendo, hecho por un estudiante", "Romance en respuesta déste, hecho por un amigo de Oquendo"; "Soneto a Lima del Pirú"; "Tres años ha que espero al gran virrey", y "Carta de las damas de Lima a las de México". La presencia de la Nueva España queda patente en los poemas que dicen (cito por título o por primer verso): "Sátira que hizo un galán a una dama criolla que le alababa mucho a México", "Romance a México", "Soneto a México", "Romance en lengua de indio mexicano medio ladino", "Andronio, pastor humilde" (romance), "Romanse que envió un amigo a otro de Guadiana a México".

La "Conversión de Mateo Rosas de Oquendo", extenso poema en que el autor dirige el venablo de la sátira contra sí mismo, contiene una referencia en tono contrito, al Perú. En cuanto a las coplas que empiezan con los versos: "Casado que a Indias vas / dexando hermosa mujer" y cierran cada estrofa con el estribillo "mamola, mamola", se explican indistintamente en función de Lima, México, o cualquier otro punto de los que tocó Oquendo, y en lo textual constituyen una variante de unas coplas con el tema del abandono masculino y sus consecuencias inevitables (los cuernos) que circularon en la España del XVI, atribuidas a Góngora y recogidas por Robert Jammes en su *Poesía erótica del Siglo de Oro*, en una versión que empieza "El que a su mujer procura" y que se sirve también del estribillo: "mamola".

Es sin duda, dentro del amplio contexto satírico del "Cartapacio poético", la "Sátira a las cosas que pasan en el Pirú", año de 1598", la más representativa del género, la que entre todas las composiciones de Oquendo ha atraído la atención de la crítica especializada, ya sea tan sólo para paleografiarla y reproducirla, ya para estudiarla críticamente. Por estas razones la dejo ahora de lado considerándola, sin embargo, el punto de referencia obligado, en cuanto a su tipicidad, para todo lo concerniente a la sátira de Oquendo. Entre los poemas del "Cartapacio" figura otro, relativo a la vida en la Colonia, que también podemos considerar típico del género, susceptible de un análisis semántico, y es el que se titula "Sátira que hizo un galán a una dama criolla que le alabava mucho a México". Si en la "Sátira a las cosas que pasan en el Pirú..." Oquendo prende fuego a la ciudad de Lima, en este monólogo de galán dirigido a una dama pondrá a "Mexiquillo", como le llama en la cuarta estrofa, "de tisne y podre".

Pero vayamos por partes: De acuerdo con los cánones de la retórica clásica, en este poema se distingue el exordio inicial del cual se halla ausente la "invocatio", o invocación tradicional a las musas que sí aparece en otra sátira, el llamado "Romance hecho por un estudiante": "Humana mi musa un poco, deidad de aquestos volcanes..." – planteándose en cambio la "propositio", o anuncio del contenido de la sátira determinado por las intenciones del poeta. Estas quedan sintetizadas metafóricamente con un sentido negativo en las expresiones "seis cozes", los "seis moxicones", y el "tisne y podre" con que en las primeras estrofas se amenaza a la destinataria, que no serán sino los denuestos que a lo largo del poema enderezará contra México. En la "propositio" también, queda definida la identidad de la destinataria, primera lectora del texto, llamada por Oquendo "mi señora mexicana", y se consignan los antecedentes o motivos de la sátira, que no son sino las "informaciones" que sobre México la dama criolla ha prodigado al grado de exacerbar el mal humor del poeta, dando lugar a la respuesta en forma de sátira. Hay, asimismo, en la "propositio", una caracterización positiva por parte de la dama de dichas "informaciones", calificadas irónicamente de "milagros" por el poeta. Quedará así planteada una antítesis básica determinada por las alabanzas de la dama y los denuestos de Oquendo, y un tono inicial de amenaza que será retomado al final, en la conclusión de la "Sátira". Dicen así las primeras cinco estrofas:

Mi señora mexicana,
ya le dixe la otra noche
que no me alabe esta tierra
tanto, que me da garrote.

¿Piensa que soy Santo Padre,
– aun no he sido sacrimoche –
que para canonizarla
me presenta informaciones?

Mas si me tiene por asno
y me pica porque rozne,
mire que soy sardesquillo
y le asentaré seis cozes.

Hincharáseme la vena,
daréle seis moxicones
y a Mexiquillo y a ella
los pondré de tisne y podre.

Mas hablando agora en seso
aquí, pues nadie nos oye,
sepamos destos milagros
que desta tierra compone.

Al exordio y la "propositio" va a seguir, desde el punto de vista de la estructura del poema, el núcleo. Este se configura mediante la enumeración, la descripción y la narración que se apoyan en la alternancia del engaño y la verdad, y la tensión que esto crea, dando lugar al tópico del mundo al revés como visión global. Coexistirá con esta visión grotesca del mundo al revés la devaluación hiperbólica de la realidad novohispana, continuamente opuesta a su contrapartida, – que funciona como punto de referencia – y que es España. Nos encontramos así con dos hipérboles antitéticas: una de sentido negativo, referente a México, y otra de sentido positivo relativa a España, que se van a enfrentar como dos polaridades. A lo largo del núcleo se pueden distinguir, además, diferentes temas o contenidos satíricos – sátira de los naturales, sátira de los frutos, sátira de las comidas y bebidas, de usos y costumbres, sátira de la pobreza y de la rusticidad, etc. – ya repartidos en segmentos del núcleo, ya entreverados, formando un conjunto florido y exuberante, acumulativo y farragoso, que por momentos recuerda las pinturas de Archimboldo. La connotación sexual del lenguaje vertida en expresiones anfibológicas dará lugar a lo que Alfonso Reyes, refiriéndose a Rosas de Oquendo llamó "el equívoco escabroso". Y todo esto culminará en una intención primera y última de represión moralizante, de crítica de vicios, de denuncia social. Un mundo en negros, cargado de miserias y de fingimientos. El México de fines del XVI y principios del XVII, contemporáneo a la visión ideal de Bernardo de Balbuena en "*La grandeza mexicana,* " y opuesto a ella en todo. La otra cara de la utopía manierista de Balbuena, más emparentada, quizás con los negrísimos *Sucesos de Fray García Guerra,* documento testimonial que también por entonces, entre 1608 y 1612, redactaba en tierra novohispana Mateo Alemán.

La polaridad España–Nueva España, que domina la sátira, se plantea a partir de la séptima estrofa en la crítica del comportamiento sexual de los novohispanos a los que Oquendo acusa de afeminados, poco valerosos y sexualmente precoces. La tirada de versos es rotunda:

Dírame que es Nueva España,
yo reverencio tal nombre,
mas niego que en los efectos
con España se conforme.

Está en la misma miseria
do se afeminan los hombres
y los hijos que producen,
ellos de serlo se corren.

Vertió en España Amaltea
su cornucopia y sus flores,
y dio valor a sus hijos
de ser bravos y ser nobles.

Allá vive la verdad,
acá apenas se conoce;
allá la vergüenza reina,
acá era esclava y huyóse.

Allá un mozo de veinte años
es Dieguillo y Pericote,
y de catorce las mozas
a las muñecas componen.

Acá un muchacho de diez
juega, jura, hurta y corre
sobre la niña que sabe
que ha de parir y por donde.

La sátira de los naturales se dispersa a lo largo de varios segmentos del poema, alternando con otras y asumiendo tono de referencia histórica:

¿Hallaron en este reino
Cortés ni sus españoles
sino bárbaros vestidos
de plumas y caracoles?

Estará, por lo demás, implícita en la sátira de usos y costumbres a lo largo de la narración descriptiva que abarca de la estrofa veinticinco a la veintiocho, en donde el autor se refiere, podemos suponer, a hábitos de mestizos e indios:

Por vino beben *pisiete*,
bríndanse con sigarrones,
las narises son volcanes
y las bocas son fogones.

Por la salsa tienen *chile*,
por velas queman *ocote*,
las damas mascan *copal*
y es su fruta el *esapote*.

Una *tuna* los trae locos,
y adoran en los *zapotes*,
de mañana *atole* almuerzan
y *atole* cenan de noche.

En más de trescientas leguas
no vi mesa, ni se pone,
ni vi muertos por ahitos.
que no ahitan *totopostres*.

Es evidente que Oquendo añora, con una nostalgia que se vierte en rabiosas cuartetas, los cocidos, los estofados, los torreznos, las berenjenas con queso a que aludiera Baltasar del Alcázar en su "Cena jocosa" y, en última instancia, hasta los humildes "duelos y quebrantos" que alimentaran a Don Quijote. La dieta vernácula casi vegetariana que México le impone, saca de quicio a Rosas de Oquendo, quien ya entrado en el vértigo de la enumeración satírica, dirige un reto a la dama que cándidamente le alabara al país, ironizando sobre la total ausencia de buenos vinos:

¿Dónde están los olivares
conque Palas se corone,
consagrado por su fruto
Alcides, hijo de Jove?

Estos pámpanos y viñas,
las cepas y rodrigones
me enseña, donde el dios Baco
haga su templo y repose.

Enséñeme estos lugares,
estas tinajas de arrope,
estas bodegas rellenas
de blanco, tinto y aloque.

De tierra de promisión
sacaron sus corredores
uvas, mostrando con ellas
que es fértil do tal se coge.

Nunca buscaron "guaiabas",
ni plátanos motilones,
ni procuraron *cacao*,
porque caca no se come.

La conclusión del hambre y de la sed, del desengaño oquendiano resulta escatalógica, brutal, grosera. Ni metáfora ni anfibología. La realidad en toda su crudeza, a partir del juego de palabras que viene a ser cifra y resumen de la visión del poeta, quien arremeterá con su intensa carga de ironía, contra las comidas indígenas, cuando dice:

Lo bueno que yo he hallado
son *tascales* y *frisoles*,
mecasuchil golosinas,
nopal y *chilacayote*.

Los pasajes anteriores, que rezuman frustación profunda, se aproximan a la sátira menipea en lo tocante a la violación de las convenciones sociales, en la representación escatológica. La violencia y la no convencionalidad del lenguaje traducen, por lo demás, la identidad del poeta, pícaro según él mismo lo confiesa ("yo con pícaras fregonas / hablo en picaño lenguaje"); nacido seguramente en los bajos fondos sevillanos; venido al Nuevo Continente muy posiblemente en calidad de pasajero irregular (no se ha encontrado su nombre en acta alguna de pasajeros a Indias); frecuentador de garitos y mancebías; amigo (o enemigo, según su humor) de "galopeadoras del gusto" y " bullidoras del deleite" (como llamaba Quevedo a las prostitutas) y de valentones al estilo de Escarramán, o de los poetas Suárez de Alderete y Alvarez de Soria, cuyos sonetos recoge en el "Cartapacio". Y sin embargo, el moralista escéptico aparecerá detrás de la máscara del cínico, inevitablemente, como contrapunto necesario de la burla descarnada. En las estrofas treinta y nueve y cuarenta recrea la imagen del mundo al revés con reprobación de censor que se conduele de las falacias novohispanas, lamentándose a gritos:

¡Qué de casadas con hambre,
qué de doncellas sin dote,
qué de viudas a diente,
qué de solteras sin cofre!

¡Qué de probres mercachifles
con más trampas que bigotes,
que se sustentan del aire
como los camaleones!

Aun cuando esta sátira no sea especialmente misógina como en otros poemas, la
burla de la mujer está presente en lo que podría llamarse el "anti–elogio" de la dama
que se equivocó al alabar a la Nueva España, y la cual es increpada por el poeta, que
aprovecha para hacer la sátira de la cortesana fracasada y pobre a lo largo de versos
que se solazan en el vituperio:

¿Qué ha ganado en Nueva España
con pegarse tantos broches,
con correr siempre a la posta
a las trece y las catorce?

¿Qué cama tiene dorada,
qué tapicería de corte,
qué estrado con dos alfombras,
con diez cogines o doce?

¿Qué silla de dos espaldas,
dó está el bufete con gonces,
la vagilla de la China,
y otra de plata que rode?

¿Qué vestidos tiene ricos
de diferentes colores;
cuántas joyas tiene? De oro,
¿tiene muchos talegones?

Pues si nada de esto tiene,
si no son dos tinajones,
piedra de moler cacao
tres *tecomates* y un bote;

En la pared dos petates
y un escritorillo enorme,
con color y solimán,
aceite, arrebol y azogue;

> dos sillas del tiempo viejo,
> un gato prieto y un gozque,
> y en la pared una imagen
> que entiendo que es de San Roque.
>
> ¡Quánto mejor estuviera
> entre aquellos bodegones
> de Cádiz o de Sevilla,
> do acuden muchos flanchotes!

La alusión a lo bueno que sería estar rodeada de los "flanchotes" que acuden a Cádiz y Sevilla permite suponer que la dama en cuestión fuera una dama "del partido", lo cual casaría perfectamente con las preferencias de Oquendo antes señaladas. Es evidente, por lo demás, que la prostituta pobretona viene a configurarse como la contrapartida femenina del aventurero sin suerte que es Oquendo, encomendero en sus años mozos, en La Rioja y criado del virrey Garci Hurtado de Mendoza en el Perú y luego, en la madurez, venido a menos como tantos que creyeron harían fortuna en Indias, y se encontraron con que las esperanzas se les convertían en un puñado de ceniza. Una ráfaga de compasión amarga hacia los emigrantes que, como él, han sido injustamente tratados por el destino, que encarnó en esa malvada tierra, atraviesa los versos que dicen:

> ¡Aquí de Dios y del Rey
> que venga de España un hombre
> a valer más a las Indias,
> y esté vendiendo camotes!
>
> Ved Nueva España quién es,
> pues por ganar dos *tostones*,
> se humilla un triste español
> a vender tocino y coles."

Nos encontramos con una variación del tópico de la misericordia que se relaciona con el tópico, también clásico (recuérdese la novela bizantina) de los avatares de la fortuna, la que invariablemente se ensaña con el viajero o peregrino. Todo teñido, como puede apreciarse, de un orgullo nacionalista que hace más amargo aún el sentimiento de derrota. Como veremos a continuación, la frustración se convertirá en un acre deseo de venganza en contra de esta tierra despreciada.

La conclusión de la "Sátira" se esboza a partir de la estrofa cincuenta y nueve, en donde se percibe un cambio de tono, una transición al cierre del registro escrito, y se anuncia el término del texto. La invocación a España ("España abundante y rica, / fuerte patria de leones, / tesoro de la nobleza, / de Césares y de cónsules;") da pie a la "peroratio" que se extiende a lo largo de cuatro estrofas, en las que el autor hace la exaltación de España, para luego pedirle, en vocativo implícito, el castigo de "este reino loco que con tres *chiquisapotes* / quiere competir contigo / y usurparte los blasones". A lo largo de la "amplificatio", que viene inmediatamente después, el autor no intenta mover los afectos del auditorio a su favor, como es lo típico en la sátira tradicional, sino que continúa apostrofando a la Nueva España, para cambiar de objeto en las últimas estrofas y apostrofar a la dama destinataria de este extenso sermón-regaño, al tiempo que la ridiculiza, rebajándola:

> Ella (la dama) como ha sido rana,
> pues como rana se pone,
> conténtase con un charco
> donde canta como come.

La sátira se cierra con el tópico del "vela dare" que anuncia el viaje o partida del poeta a otras tierras como paliativo último del desengaño:

> Yo soy pexe de más agua,
> y al Pirú me voy adonde
> dicen que hay más oro y plata
> que aca chinches ni ratones.

El anuncio del viaje tiene aquí una función exclusivamente retórica. Sin embargo, no sabemos si el regreso al Perú pudo haberse verificado, como algún crítico lo ha sugerido, guiado por el dato de la posible participación de Rosas de Oquendo en una polémica que se suscitó en torno al poema *La Ovandina*, de Ovando, en años posteriores a 1612. Pero dejando aparte conjeturas de tipo biográfico, señalemos tan sólo que la última estrofa de la sátira retoma las amenazas del exordio hacia la vituperada dama, concluyendo con una advertencia premonitoria en el tono de airada violencia con que abrió la "Sátira":

> Y avísole de hoy más
> no me incite ni alborote,
> que si le doy coplas hoy
> mañana le daré azotes.

Hasta aquí el poema. No nos detenemos ahora a revisar el entorno social de la Colonia como fuente primaria de la sátira de Mateo Rosas de Oquendo, ni tampoco a explorar las relaciones entre sátira y autobiografía. Quede esto para otra ocasión y, por el momento, quede esa "Sátira que hizo un galán a una dama criolla que le alababa mucho a México" como un ejemplo de la poesía satírica que alberga el "Cartapacio poético", espejo itinerante de la realidad colonial y de las andanzas de su autor, al filo del siglo XVII, por los caminos de América.

Margarita Peña

NOTAS

1 Cfr. respectivamente: "Mateo Rosas de Oquendo: poeta y pícaro encabalgado entre dos mundos", en *Diálogos*, 2 (1984): 21–26, México. "Escritores españoles en Indias: ¿americanos o peninsulares?", en Actas del Simposio "Las ideas del descubrimiento en América Latina", UNAM–CCYDEL, México, en Nov. 1984, en prensa; "El Escarramán: una jácara de Quevedo en un manuscrito americano", en *Thesis*, Nueva Revista de Filosofía y Letras, 10 (1981): 11–17, México.

2 Antonio Paz y Mélia registra solamente 236 en la "Tabla de composiciones" anexa a su trabajo "Cartapacio de diferentes versos a diversos asuntos compuestos o recogidos por Mateo Rosas de Oquendo", Extrait du *Bulletín Hispanique*, 1, 9 (1907): 59–65.

3 También en el Ms. 263 de la Biblioteca Classense, de Ravena. Cit. en P. Alzieu Y. y R. Jammes Lissorgues, *Poesía erótica del siglo de oro*, France–Ibérie Recherche, Université de Toulouse–le–Mirail, 1975, pp. 15–16.

El Lyceum de la Habana como institución cultural

Rosario Rexach
New York

Como todos saben los años posteriores a la llamada Primera Guerra Mundial fueron de intensa conmoción en todos los campos. Las estructuras vigentes quedaron prácticamente canceladas. Y no se exageraría si se dijese que fue entonces cuando se inauguró de veras el nuevo siglo. Multitud de sucesos dieron testimonio del cambio. Revoluciones, movimientos sociales como el obrero, el feminista, y aun la incorporación de nuevas formas de convivencia entre los pueblos fueron posibles. En esa atmósfera de intensa inquietud lo intelectual tuvo parte primordial. Nuevas teorías en todos los campos, una nueva estética, y la aparición de nuevas publicaciones fueron el signo de la época en todo el mundo de Occidente. Dejar constancia de ello está fuera del tema que nos ocupa. Pero formó parte de esa corriente el surgimiento de nuevas instituciones.

Cuba – y principalmente la Habana, como es natural – no permaneció ajena a la inquietud. El Lyceum fue una de sus manifestaciones como lo fueron el Grupo Minorista, la Alianza Nacional Feminista, la Revista de Avance y otros organismos. Por eso ha podido escribir Vicentina Antuña al referirse al Lyceum lo que sigue:

> "Hoy, la perspecitva histórica nos permite comprender que tal vez sin saberlo, ese grupo de mujeres (las fundadoras) obedecía a leyes inherentes a las colectividades humanas actuando en justa consonancia con circunstancias universales y locales que percibían desde su propia perspectiva."[1]

Y Jorge Mañach ha anotado el hecho al decir:

> "La fundación de instituciones tan vitales como el Lyceum ha mostrado serlo, nunca es un mero episodio contingente o superficial. Prende la iniciativa de ellas porque tiene un sentido histórico profundo del cual los iniciadores muchas veces no están conscientes."[2]

La fundación del Lyceum pues, fue un hecho surgido al calor de esa atmósfera que se ha mencionado. Pero concretamente tuvo que tener, y de hecho los tuvo, motivos más concretos. Surge un poco como de un sueño de dos mujeres excepcionales: Berta Arocena de Martínez Márquez y Renée Méndez Capote, al que se sumaron doce amigas cuyos nombres se consignan en nota aparte.[3]

Berta Arocena reseña el hecho en la Memoria que leyó a las socias resumiendo el primer año de actividades de la institución de esta manera:

> "Cúmpleme hoy leeros la memoria anual. Confieso que al anotar datos precisos, una intensa alegría se apoderó de mí. Hemos cumplido nuestras promesas! Aquellas hermosas que brotaron a la sombra tutelar de un bello poema en prosa de Eugenio D'Ors. ¿Lo recordáis? Se trata de "El Molino de Viento". Mientras alza al cielo sus aspas, muele incesante la harina para el pan de los hombres."[4]

Por su parte, Renée Méndez Capote había regresado de España y había sido testigo de la fundación del Lyceum de Madrid en 1928. También en ese año volvió a la Habana un español – asturiano por más señas – que siempre se sintió parte de Cuba, Don Rafael Suárez Solís. El, con su habitual ironía y su buen sentido del humor, se ha referido a esta fundación con no disimulado orgullo al afirmar:

> "Por los días del nacimiento del Lyceum, y aun luego durante varios años, me dio por suponerme un poco padre de la criatura [...] ¿Qué había hecho yo para ganarme aquella paternidad? Sólo susurrar un piropo al oído de algunas mujeres [...] El piropo fue éste: "Ustedes pueden dar a luz en la Habana un Lyceum como el que acaban de alumbrar en Madrid las mujeres españolas."[5]

El acta de fundación de 1º de diciembre de 1928 consigna que se reunen catorce mujeres para fundar "una asociación femenina de índole cultural y social, similar a otras existentes en diversas ciudades de Europa".[6] La institución se inauguró el 22 de febrero de 1929 en una vieja casa colonial con muebles muy del siglo XIX en el recoleto barrio del Vedado en la ciudad de la Habana. La *Revista de Avance* consignó el hecho así en su sección "Almanaque":

> "Viernes 22 de febrero – 1929 –. Atardecer. Calzada 81: una casona del Viejo Vedado virgen de chalets, de un Vedado todavía algo cerril. Soportación de columnas rechonchas. Ancha puerta de madera. Interior noble amoblado a la antigua criolla, con arañas de cristal. Jubileo de mujeres jóvenes, orondas, risueñas, alebrestadas por el trajín de la inauguración. Muchos invitados, predominando la joven fauna intelectual."[7]

Pero aún hay algo más que decir con respecto a su fundación. Y es que las mujeres que lo fundan no son sólo mujeres de una cultura general superior a la promedio sino que la mayoría está ligada por lazos de familia o amistad con esos jóvenes intelectuales a que se refiere la *Revista de Avance*. De ahí que los nombres de Luis A. Baralt, Jorge Mañach, Rafael Suárez Solís, Juan Marinello, Francisco Ichaso o Guillermo Martínez Márquez – entre otros – estén entre los más asiduos y generosos contribuyentes espirituales al éxito de la institución. Y esto fue tan obvio que a veces se hablaba, con no disimulado humor, de los "maridos del Lyceum". El hecho no es tan baladí como pudiera parecer, pues esta colaboración de los hombres a la obra cultural dio al Lyceum un aire de modernidad y universalidad no comunes. Y permitió que, muchos años después, Gustavo Pittaluga pudiera decir:

> "Porque entre todas las manifestciones de una independencia espiritual de la mujer, hay dos que son propias de muy escasas instituciones femeninas y descuellan en el Lyceum de la Habana. Son éstas: en primer término el noble fomento del *oficio*, de una ocupación en servicio público por parte de jóvenes mujeres [...] en segundo lugar, una frecuentación igualmente libre, espontánea, en el propio ambiente colectivo de esta casa solariega con hombres de letras, artistas, músicos, profesores [...] está aquí en acción la "comunidad humana" del hombre y de la mujer, la colaboración de los sexos en el intento de constituir una sociedad nacional, una sociedad nutrida por el más elevado anhelo de vida colectiva."[8]

Características de la institución.

Desde sus inicios se propuso el Lyceum sortear los escollos que habían condenado al fracaso muchas instituciones. Para ello se ciñó a unos estatutos escuetos, de obligado cumplimiento y que intentaban prevenir los males que pudieran comprometer el éxito de la empresa. En ellos se establecía la presidencia colegiada y de obligada renovación cada dos años como medio de evitar el personalismo exagerado que conduce al anquilosamiento de muchas organizaciones y que dio base a Suárez Solís para decir:

> "... el caso del Lyceum, como institución social, es el reverso de la medalla de una cualquiera personalidad eminente. Para agradecerle lo que está haciendo en beneficio de la cultura cubana no es necesario apelar a la singularidad de algunas de sus mujeres."[9]

Y a lo que se refirió Jorge Mañach cuando dijo: "... el Lyceum está contra uno de los vicios de la *vida cubana*: el 'figurao'."[10]

Lo que también destacó Dn. José María Chacón y Calvo al escribir:

> "En la fecunda historia del Lyceum, tan íntimamente unida a los trances de nuestra cultura, hay una nota que da a la institución un singular carácter: el sentido colectivo de sus empresas [...] Se habla del Lyceum como esfuerzo de una colectividad: no se concreta en un

solo nombre, por ilustre que sea, y aunque conozcamos bien cuales son los de sus grandes animadoras."[11]

Pero aún otros valores guiaron los pasos y programa de la institución. Entre ellos, en primer término, hay que mencionar lo que pudiéramos llamar su modo de actuar que se asentaba en dos postulados: autonomía y división del trabajo. Para esto la directiva estaba constituida por una Mesa más un número de vocalías que proponían las actividades a seguir y que constituirían la base del programa mensual de la sociedad. Estas vocalías siempre fueron de dos personas, pues en ellas regía también el principio de colegiación. De esta manera el programa mensual que las socias recibían y del que el público se enteraba a través de la prensa periódica estaba integrado por el esfuerzo de toda la Junta Directiva que debía reunirse periódicamente. Posteriormente se estableció que sería un día fijo de cada semana, los martes.

Este trabajo regulado y distribuído dio por resultado lo que podríamos llamar la santa continuidad que es uno de los pilares sobre que descansó la obra del Lyceum y de la cual ha dicho Eugenio Florit:

"Pero esta 'santa continuación', ese aplicarse un día y otro a la misma tarea, con ese amor al destino de la obra, es cosa de hombres y mujeres en su plenitud [...] En la medida en que es más perfecto – más humano – mayor dedicación ha menester a los negocios que justifican su presencia en el planeta."[12]

A estas medidas se añadían otras auspiciadas por los valores espirituales que informaban a las mujeres lyceístas. Estos valores eran la tolerancia, la moderación y la mesura, que no es lo mismo. Por la tolerancia fue el Lyceum desde sus inicios tribuna abierta y libre a todas las doctrinas o ideas que viniesen avaladas por la seriedad del que las sostenía. Así desfilaron por su tribuna o por sus salones hombres y mujeres de todos los matices y su casa estuvo siempre abierta al público, sin distinción alguna, para el disfrute de la experiencia intelectual o artística. Porque hay que destacar que el Lyceum nunca se propuso que su actividad cultural beneficiase sólo a sus socias. Toda la comunidad tenía entrada libre a sus conferencias, conciertos, exposiciones, como años más tarde – cuando las circunstancias lo propiciaron – su biblioteca se hizo pública y circulante; fundando además, la primera biblioteca juvenil e infantil, con actividades dirigidas. Esa política cultural respondía a lo que Jorge Mañach señaló al decir:

"... importa a mi tema subrayar algunos aspectos de esa labor. Ante todo, la idea de la cultura que el Lyceum se hizo. No era sólo cultura recibida pasivamente a través de libros, exposiciones, conciertos. Era, sobre todo, la cultura como ejercicio del espíritu, como discusión, comunicación, intercambio, proyección constante de la inteligencia y de la sensibilidad sobre el panorama de nuestro tiempo y de nuestro mundo, erizado de cuestiones polémicas, cargado de problematicidad."[13]

Y cuya atmósfera de civilizada convivencia ha destacado Florit al escribir:

"Toda la inteligencia cubana de estos últimos años [...] debe al Lyceum buena parte de sus éxitos – si los tuvo – y, por lo menos, de su supervivencia. [...] Más de una vez pudimos ver allí amigos que el destino separaba [...] conversando sobre un tema cualquiera con la sonrisa cordial en el rostro, abandonando en el umbral el fuego de la lucha ..."[14]

Por la moderación huyó el Lyceum de toda ampulosidad en el gesto, la palabra o la decoración. Por lo mismo la sobriedad de buen gusto fue su norma. Los muchos intelectuales que pasaron por su tribuna, de Europa y de América, y aun los del "patio", saben que a la hora de presentarlos al público se hacía de un modo escueto y sustantivo, sin jamás caer en el ditirambo o en la exhibición pedante que roba importancia al disertante en vez de despertar la curiosidad atenta. Lo mismo sucedía con las exposiciones de pintura, escultura u otras artes. Era bastante la obra. Encarecerla en demasía no añadiría nuevos valores. Más bien lo contrario. Con esa moderación, con ese "estrangulamiento del énfasis" – para usar la frase de Ortega – se planteó toda su obra y, tal vez por ello, pudo pervivir a través de muy graves crisis nacionales. Quizás esa moderación se debió a la disciplina que creó la reunión periódica y sistemática de su directiva que comentó Elena Mederos al escribir:

"En ellas aprendimos a pensar en colectividad y colectivamente; a templar los criterios más radicales con las observaciones de los miembros más ecuánimes; a buscar la justa medida, a agudizar – unas – el sentido crítico y – todas – a aceptar con espíritu sereno, la crítica ajena."[15]

Por la mesura el Lyceum supo siempre que sólo en el trabajo de cada día y en la renovación continua y bien planeada se asienta una obra perdurable. Así, desde sus inicios y en toda su evolución, evitó a toda costa el énfasis en el entusiasmo y los afanes desmedidos. Por eso pudo escribir Ana María Borrero, de tan ilustre prosapia intelectual en Cuba, lo que sigue:

"Porque el Lyceum, con todo lo que ha realizado, ha hecho siempre mucho menos de lo que estaba en condiciones de hacer [...] para que no se viviese tan sólo del saldo en caja, sino porque se girase contra un contenido formidable de potencias en guardia, listas ahí para ser utilizadas en su momento exacto; en esa fecha ineludible en que la oportunidad y la capacidad se besan, y cumplen su destino."[16]

Con esa política la sociedad crecía despacio, pero seguramente, y lograba ir echando raíces en la vida cubana y aun en la hispanoamericana. Los intelectuales que llegaban a la Habana pronto sabían – si ya no estaban enterados – que debían hacerse oir en el Lyceum. Y fueron innumerables las voces que allí se escucharon. O los artistas que consideraron un orgullo exponer sus obras en su salón de exhibiciones.

Con esas normas fue que el Lyceum desarrolló por más de treinta y nueve años una labor cultural que todos los que la conocieron justamente aprecian. Esa labor se desarrolló principalmente en estos aspectos: conferencias y discusiones, conciertos, exposiciones artísticas, biblioteca y becas y publicaciones. Para ello la Junta Directiva tenía como vocalías permanentes, entre otras, las de Conferencias, Música, Exposiciones y Biblioteca. A dichas vocalías se añadía la de Clases. Sin embargo, no se ha considerado porque los programas de dicha sección estaban reservados para las socias y sólo por excepción se abrían al público. Vamos, pues, sólo a las secciones enumeradas.

La vocalía de *Música* tenía como misión la organización de conciertos y recitales. Además, muchas veces organizaba cursos de Apreciación Musical que asignaba a especialistas de gran reputación. Sin embargo, es posible que sea esta sección en el plano cultural la que menos se dejó sentir. Y se explica. Pues la Habana contaba con multitud de instituciones reservadas sólo al cultivo de la música y con más recursos para ello que aquellos de los que podía disponer el Lyceum. La más famosa – tal vez – "Pro-Arte Musical", que llegó a tener un gran teatro y en cuyo seno se formó Alicia Alonso y se organizó el Ballet de Cuba mucho antes de la revolución de 1959.

La Sección de Conferencias tenía por objeto enterar a las socias y a la comunidad de lo más importante en el mundo cultural del momento. Para esto organizaba cuatro conferencias, al menos, durante el mes. Estas conferencias tenían como tema asuntos literarios, científicos, filosóficos, sociológicos o de actualidad por cualquier razón. Era requisito que fuesen confiadas a personas con reconocida capacidad. Pero frecuentemente se aceptaban las sugerencias de jóvenes intelectuales o científicos que hubieran trabajado sobre un tema. Así se iban acreditando nuevos valores. Además, se mantenía una política abierta para invitar a todo intelectual de calibre que pasase por la Habana. Así la nómina de los que ocuparon su tribuna es impresionante. Al azar cito algunos nombres. Además de las figuras nacionales como Mañach, Marinello, Lizaso, Francisco Ichaso, Eugenio Florit, Lezama Lima, Cintio Vitier y su padre, el Dr. Medardo Vitier, filósofo y educador, Alejo Carpentier, y muchos más; la nómina de los que vinieron de otras tierras abarcaba nombres tan conocidos como los de William Faulkner, Gabriela Mistral, Pedro Salinas, Alfonso Reyes, María Zambrano, Ciro Alegría, Juan Ramón Jiménez, Fernando de los Ríos, Emil Ludwig, Juana de Ibarbourou, Francisco Ayala, Victoria Ocampo, Federico García Lorca, Miguel Angel Asturias, María de Maeztu, Leonardo Ribeiro, Luis Cernuda, Guillermo Francovich, Fryda Schultz de Mantovani, Luis Alberto Sánchez, Zenobia Camprubí, Rafael Alberti, Ezequiel Martínez Estrada y tantos otros que sería superfluo citar.

Además de las conferencias organizaba la sección en colaboración con la vocalía de Clases, cursos sobre un tema especial de al menos cuatro lecciones. Así se ofrecieron cursos sobre filosofía, literatura, historia, poesía, medicina, astronomía y otros. A veces dichos cursos daban origen a trabajos o libros importantes. Cito el caso del titulado *Lo cubano en la poesía*, por Cintio Vitier. El autor en "Nota a la Primera Edición" ha dicho:

> "Este libro es consecuencia de un curso ofrecido en el Lyceum de la Habana, del 9 de octubre al 13 de diciembre de 1957. He preferido conservar, en lo posible, la soltura y libertad del tono propio de la clase, así como la abundancia de ejemplos ..."[17]

Y en la segunda edición, que es la que se maneja, dice en su Prólogo:

> "Este libro tiene una fecha, y fue escrito en un rapto, como puede serlo un poema. La fecha, octubre-diciembre de 1957, corresponde a un período de cerrazón histórica. Surgió, pues, como un vehemente testimonio de fe poética, del fondo de un profundo abatimiento."[18]

Esta última cita revela en persona no sospechosa de pasión por su vinculación con el régimen cubano lo que hemos venido afirmando: que el Lyceum era tribuna abierta donde el intelectual hallaba campo para su expresión fuese cual fuese su ideología o militancia.

Otra labor cultural del Lyceum de gran envergadura fue el desarrollo de su biblioteca que tan pronto pudo ser se transformó en pública y circulante con un departamento juvenil e infantil donde los niños y jóvenes de la comunidad no sólo tenían acceso a los libros sino eran estimulados a su lectura y al comentario de lo leído por personal capacitado graduado en la ciencia de la Biblioteconomía.

Dicha biblioteca comenzó sus tareas muy modestamente, aunque tratando siempre – dentro de las posibilidades de la institución – de mantenerla al día y, además, de desarrollar actividades que propiciaran la lectura y una mejor información acerca de lo vigente en el mundo de la cultura y en la actualidad social y política. Sin embargo, la biblioteca en sus inicios tenía pocos recursos. Un hecho, fuera de toda previsión, impulsó su desarrollo hasta llegar a ser lo que fue. Elena Mederos lo cuenta así:

> "La experiencia comprueba que en muchas ocasiones un hecho, aparentemente casual, desencadena un proceso trascendente. En la historia del Lyceum este hecho lo representa el ofrecimiento de Max Henríquez Ureña, de prestar al Lyceum por un número determinado de años, que podía ser objeto de sucesivas prórrogas, su valiosa y extensa biblioteca."[19]

Y una circunstancia más hizo posible la labor cultural de la biblioteca, y fue la fusión del Lyceum con el Lawn Tennis Club, organización de fines recreacionales y deportivos y que disponía de una buena cantidad de terreno en el mismo Vedado. Celebrada la integración de las dos sociedades en 1939 fue posible soñar con edificio propio y ajustado a los diversos fines y actividades de la institución. El Lyceum se reservaría el derecho de usar su nombre inicial en todas sus labores culturales quedando el nombre completo "Lyceum y Lawn Tennis Club" para las demás actividades. Y así, una de sus socias fundadoras, Lillian Mederos de Baralt, en colaboración con otro arquitecto, Ricardo Morales, concibieron los planos del edificio y le asignaron lugar importantísimo a la biblioteca en la planta principal, con entrada independiente, que pudo entonces convertirse en pública y organizar su sección jevenil con su departamento de discos y un excelente laminario que se enriquecía contínuamente.

Fue propósito permanente de la biblioteca el comentario de los libros más discutidos en el mundo hispanoamericano, en el norteamericano y en Europa, con especial acento en lo español, como era de suponer. Así los libros de Thomas Mann, Virginia Woolf, Albert Camus, Francisco Ayala, Boris Pasternak, Miguel Angel Asturias, Rómulo Gallegos, William Faulkner o Simone de Beauvoir hallaron en su sala amplísimo y documentado comentario, como tantos que no se pueden nombrar. Se comentaban también actividades teatrales y cinematográficas que a veces, se ilustraban con obras o películas. Y quien esto escribe aún recuerda a un adolescente, Néstor Almendros, hijo de un exiliado español radicado en Cuba después de la Guerra Civil de 1936, haciendo sus primeros pininos en el mundo del cine actuando como camarógrafo en algunas de las funciones cinematográficas que allí se organizaban.

Otra de las proyecciones del Lyceum en lo cultural fue la publicación de una revista que recogiese con la debida calidad los esfuerzos de la institución en el plano de la cultura. En un principio el proyecto parecía un sueño. Saben todos los que han estado inmersos en estas tareas que la publicación de una revista es empresa que requiere dinero además de personal idóneo y contactos con el mundo intelectual. Las dos últimas condiciones eran fácilmente asequibles al Lyceum. No así la posibilidad económica. Pero el sueño persistía y un día se llevó a la realidad y pudo el Lyceum presentar orgullosamente al público una revista que llevaba su nombre. Su primer número apareció en febrero de 1936. Y se establecía como revista trimestral. En las Directrices de este primer número aparecen esta palabras:

> "Uno de los ideales del Lyceum ha sido el poder mantener un órgano oficial que recoja en sus páginas la síntesis de nuestras actividades [...] La vida nueva, la que nos ha tocado vivir, es una de cooperativismo. A la acción individual ha sucedido el empuje de las masas. Un solo ser no puede mover una roca; muchos pueden levantarla. He aquí nuestra esperanza."[20]

La revista tuvo dos épocas. La primera abarca de 1936 a 1940 y se publicaron en dicho período dieciseis números. Imposible reseñar las aportaciones a la cultura cubana, hispanoamericana y europea que aparecieron en sus páginas calzadas por reconocidas firmas. Remito a los interesados a las buenas bibliotecas. La segunda época comenzó en 1949 y se prolongó hasta bien entrado el año 1955.

Otra de las publicaciones del Lyceum fue la edición de los premios literarios que la institución convocaba. Así se publicaron libros de poesía, literatura, filosofía, historia. En nota aparte se consignan los títulos de dichas obras y el nombre de sus autores.[21]

En conexión con estas actividades instituyó el Lyceum – cuando estuvo en condiciones de hacerlo – becas para estudiantes jóvenes. El nombre de las que las obtuvieron también se consigna en nota aparte.[22]

Finalmente, la labor más conocida de la sociedad en el plano cultural por la amplia repercusión que ha tenido su gestión en el mundo de la plástica cubana fue su Salón de Exposiciones especialmente diseñado para ese objeto. Pero aun desde su fundación – como ya se ha dicho – el Lyceum propició un salón libre para los artistas noveles, para el arte llamado de vanguardia y para los valores ya consagrados. Y se admite que con ello no sólo sirvió a los artistas sino creó un público ávido de contemplar y evaluar las obras que allí se exhibían. Por ello pudo decir Luis de Soto, el prestigioso profesor de Historiá del Arte de la Universidad de la Habana, lo que sigue:

"Porque un salón donde el artista expone, es la ocasión de darse a conocer y someterse a la sanción pública, en lo que encuentra estímulo, cauce de mejoramiento y ejercicio de su función social. Para el público que visita las exposiciones éstas son vías de conocimiento de los valores nacionales y extranjeros, medio de desarrollar y afinar su sensibilidad y su cultura."[23]

Y José Gómez Sicre, crítico de arte, abunda en el concepto:

"Fundado en 1929 por un animoso grupo de mujeres, estimuló desde el primer momento la pintura moderna cubana, cediendo sin restricción sus salas de exhibiciones a todos los artistas nuevos. El Lyceum es, en la actualidad, la más alerta y vigilante de nuestras instituciones en el desarrollo cultural del país."[24]

Imposible sería reseñar el nombre de los pintores cubanos, hispanoamericanos y europeos que hallaron acogida en sus salas. Pero no se incurre en exageración alguna si se afirma que si la pintura de Cuba es hoy tan bien justipreciada en el mundo de la plástica contempoánea en buena parte se debe a estos modestos esfuerzos del Lyceum. Allí comenzaron a darse a conocer muchos que luego adquirirían fama internacional. Al azar cito algunos nombres de los que allí exhibieron: Amelia Peláez, Wifredo Lam, Mariano, Cundo Bermúdez, Mario Carreño, Felipe Orlando, Mirta Cerra, Fidelio Ponce, Víctor Manuel, Carlos Enríquez, Hugo Consuegra, Daniel Serra Badué, Juan David, Domingo Poublé, Roberto Estopiñán, Rodulfo Tardo, Gladys Triana, Ernesto Navarro y tantos más que escapan a la memoria. Y no hablo de los muchos de otros lares para no alargar en demasía este trabajo. Queden sólo como muestra los nombres del japonés Foujita, del belga Leo Mechelaere, del inglés Osborne, del español Hipólito Hidalgo de Caviedes, del ruso, avecindado en París, Joseph Levin o de las sudamericanas Marina Núñez del Prado o Irene Hamar.

Pero no sólo de pintura y artes plásicas hacía exposiciones el Lyceum. Alguna vez eran de carácter histórico o simplemente literario. Recuérdese la de ediciones antiguas del "Quijote", o la que se celebró para conmemorar el primer centenario del nacimiento de José Martí, en que se exhibieron fotografías y documentos manuscritos del cubano ilustre. Y de imposible olvido es la que se montó para celebrar el bimilenario de París.

También se organizaba anualmente una gran exposición de flores en la primavera a la que concurrían artistas en arreglos florales de muchas partes del mundo, por lo que llegó a tener fama entre los enterados. En dicha ocasión el Lyceum era un jardín.

Es otra vez Luis de Soto quien hace la evaluación de la obra del Salón de Exposiciones así:

> "Si unimos a las exposiciones citadas la extensa serie de Salones 'personales' en que el asíduo visitante ha podido conocer las nuevas figuras y apreciar la evolución de las ya conocidas, y tenemos en cuenta la multiplicidad de aspectos que en el extenso predio de las artes ha reflejado en sus salones el Lyceum, podemos aquilatar la loable, fecunda y patriótica labor realizada en este sector – uno de los que integran su multiforme actividad – por el Lyceum, la institución ejemplar de que tan orgullosos nos sentimos los cubanos."[25]

Conclusión

Mucho más podría decirse de la gestión cultural del Lyceum durante los treinta y nueve años de su vida, sólo interrumpida por fuerza mayor cuando el Gobierno cubano decidió su incautación con la oposición sabida de algunos de sus miembros más preclaros. El triste suceso ocurrió el 16 de marzo de 1968. María Luisa Guerrero ha reseñado el hecho.[26]

Lo dicho basta para aquilatar hasta qué punto esta asociación nacida del entusiasmo y la fe de un grupo de mujeres realizó una obra que perdurará en la historia de la cultura cubana. No mejor destino hubieran querido para la empresa sus fundadoras y posteriores animadoras. Habían cumplido su misión.

NOTAS

1 Vicentina Antuña: "El Lyceum". Conferencia pronunciada en el anfiteatro de la Escuela de Filosofía y Letras de la Universidad de la Habana, el 27 de febrero de 1953 y publicada en la *Revista Lyceum*, 11,37 (febrero 1954): 9, La Habana.

2 Jorge Mañach: "El Lyceum y la Conciencia Nacional" Conferencia pronunciada en el Lyceum con motivo de la celebración de las Bodas de Plata de su fundación, el 5 de marzo de 1954 y publicada en la *Revista Lyceum*, 11, 37 (febrero 1954): 77.

El Lyceum de la Habana como institución cultural

3 Acta de fundación del Lyceum de 1º de diciembre de 1928. Actúan como fundadoras, además de Berta Arocena y Renée Méndez Capote, estas otras doce: Carmen Castellanos, Matilde Martínez-Márquez, Carmelina Guanche, Alicia Santamaría, Ofelia Tomé, Dulce María Castellanos, Lilliam Mederos, Rebeca Gutiérrez, Sarah Méndez Capote, Mary Caballero, María Josefa Vidaurreta y María Teresa Moré.

4 Berta Arocena: "El primer año en la vida del Lyceum" *Revista Lyceum*, 5, 17 (febrero 1949): 58.

5 Rafael Suárez Solís: "El Lyceum y su aportación a la cultura" Conferencia pronunciada en el Lyceum el 2 de marzo de 1954 y publicada en la *Revista Lyceum*, 11, 37 (febrero 1954): 48-49.

6 Vicentina Antuña: Estudio cit. en nota 1, pág. 8.

7 *Revista de Avance*, 4, 32 (15 de marzo de 1929), Sección Almanaque. La Habana.

8 Gustavo Pittaluga: "El Lyceum y la vida espiritual de la mujer" Conferencia ofrecida en el Lyceum el 4 de marzo de 1954 y publicada en la *Revista Lyceum*, 11, 37 (febrero 1954): 73-74.

9 Rafael Suárez Solís: Art. cit en nota 5, pág. 51.

10 Jorge Mañach: Art. cit. en nota 2, pág. 87.

11 José María Chacón y Calvo: "El Lyceum como empresa colectiva" Programa del Festival pro-Biblioteca Pública del Vedado, La Habana, Julio, 1941.

12 Eugenio Florit: "El Lyceum y la Cultura Cubana". – Palabras leídas en el Círculo de Bellas Artes de la Habana el 18 de junio de 1936 el día del Homenaje al Lyceum y a Renée Potts y publicadas en *Revista Lyceum*, 1, 3 (septiembre 1936): 158.

13 Jorge Mañach: Art. cit. en nota 2, pág. 82.

14 Eugenio Florit: Art. cit. en nota 12, pág. 156.

15 Elena Mederos: "El Lyceum y su mundo interior." Conferencia ofrecida en el Lyceum el día 25 de febrero de 1954 y publicada en la *Revista Lyceum*, 11, 37 (febrero 1954) : 34.

16 Ana María Borrero: "Qué sabemos del Lyceum y Lawn Tennis Club". En *Revista Vanidades*, 15, 6 (marzo 1, 1945), La Habana.

17 Cintio Vitier. *Lo cubano en la poesía*. – Colección Letras Cubanas. Instituto del Libro, La Habana, 1970. Segunda edición. (Se aclara que este libro, curiosamente, carece de numeración en sus páginas. Un conteo, sin embargo, hecho por quien esto escribe, asignaría la cita a la página 11).

18 Cintio Vitier. *Op. cit.* en nota 17. De acuerdo con la paginación aludida sería la pág. 7.

19 Elena Mederos. Art. cit. en nota 15, pág. 37

20 *Revista Lyceum*. "Directrices", 1, 1 (febrero 1936) : 3.

21 *Premios LYCEUM*:
   1 1930: Concurso de cuentos en colaboración con las revistas "Mañana" y "Social. Premios: (1º) Ofelia Rodríguez Acosta, (2º) Aurora Villar Buceta, y Mención Honoríflica, Mercedes Milanés.
   2 1931: Concurso de Cuentos Infantiles. Ganadora: Herminia del Portal por el cuento "Miguelito". Posteriormente ella fue la esposa y compañera por toda la vida del escritor Lino Novás Calvo.
   3 1936: Concurso literario. Ganadora, Renée Potts por su obra *El Romancero de la Maestrilla*.
   4 1947: Premio LYCEUM para premiar la mejor obra sobre Cervantes en su IV centenario. Ganadora: Mirta Aguirre por su obra *Un hombre a través de su obra: Miguel de Cervantes Saavedra*.
   5 1948: Premio LYCEUM para la mejor obra sobre Enrique José Varona en su primer centenario. Ganador: Pánfilo D. Camacho por su obra *Varona, un escéptico creador*.
   6 1949: Premio LYCEUM. Tema libre: Ganadora, Rosario Rexach por su obra *El pensamiento de Félix Varela y la formación de la conciencia cubana*.

7 1953: Premio LYCEUM para conmemorar el primer centenario de José Martí con una antología del pensamiento martiano dedicada a los jóvenes. Ganadora: Anita Arroyo por su obra: *José Martí: Raiz y Ala*.

Estos concursos eran rigurosamente anónimos y los jurados no podían ser miembros de la institución.

22 *Becas*. (Para estudiantes jóvenes) Las becas cubrían gastos de viaje, matrícula y manutención por nueve meses, y se concedían al mejor proyecto de estudio, Fueron premiadas:

1949 *Rafaela Chacón y Nardi*, para estudiar Educación Fundamental en la comarca de Nayarit en México. El resultado fue un libro en cooperación con la UNESCO titulado: Proyecto de Educación Fundamental.

1951 *Marta Arjona*. – Para estudiar cerámica artística en Francia. El resultado fue una exposición de las obras realizadas en el Lyceum.

23 Luis de Soto. "Las exposiciones del Lyceum. Cinco lustros al servicio de la cultura". *Revista Lyceum*, 11, 37 (febrero 1954): 95.

24 José Gómez Sicre. *La pintura cubana de hoy*. La Habana, 1944: 202.

25 Luis de Soto: Art. cit. en nota 23, págs. 97-98.

26 María Luisa Guerrero: "El Lyceum de la Habana: 1929-1968" Sección "Reseñas y Comentarios". En *Revista Cubana*, 1, 2 (julio – diciembre 1968): 467-470, Nueva York.

Poesía renacentista en la Nueva España

Alfredo A. Roggiano
University of Pittsburgh

La poesía de procedencia y estilo ítalo-renacentistas se divulgó en el Nuevo Mundo tan pronto como fue aclimatada en España por Boscán y prestigiada por Garcilaso de la Vega, en la segunda mitad del siglo XVI (*Obras*, de Boscán y Garcilaso, 1543; *Obras*, de Garcilaso, ed. Sánchez, 1574; ed. anotada por Herrera, 1580). Un vistazo general a las recopilaciones, silvas, florilegios, etc. de la segunda mitad del siglo XVI y la primera del XVII, en la Nueva España y la Nueva Castilla, nos da una idea de la importancia que esta poesía "fecha al itálico modo" tuvo en los "dominios de ultramar". Hemos estudiado el paso y florecimiento de la visión y práctica de la poética renacentista en los comienzos de las letras de la América hispánica en varios de nuestros trabajos, tanto en el Virreinato de México como en el del Perú. Hay excelentes estudios sobre la difusión de la poesía petrarquesca y de las formas renacentistas en la Nueva Castilla (Luis Monguió, su esposa Alicia de Colombí Monguió, Alberto Tauro, Raquel Chang Rodríguez, Aurelio Miró Quesada, por sólo nombrar los más notables); pero la poesía renacentista en la Nueva España, a pesar de las contribuciones de Francisco Pimentel, Alfonso Méndez Plancarte, y ahora, José Pascual Buxó, todavía ofrece amplios claros a la investigación. Pascual Buxó ha iniciado la publicación de ediciones, rigurosamente críticas, de poetas y compilaciones de los siglos XVI y XVII, entre las que se incluye el manuscrito de la *Silva de poesía*, de Salazar de Alarcón, preparado por mí y del cual hablaré hoy. Pero antes de entrar en el texto de esta *Silva* permítaseme una breve introducción que explique e interprete lo que podríamos llamar el *hecho renacentista* en el Nuevo Mundo, desde los primeros pasos de la conquista y colonización, controlados por la Corona y la Iglesia, pero que abrió las puertas – acaso como salida intencional de España – a las formas de cultura, poesía y arte que en la Metrópoli se estaban cuestionando. Así, mientras la España oficial se cerraba en sí misma con decretos prohibitivos para la apertura cultural, los dominios de ultramar se beneficiaban con lo nuevo europeo, como era el Renacimiento, y luego, con el barroco, a tal punto de convicción que la mejor defensa de Góngora fue hecha por Pedro de Espinosa Medrano, no de España, sino del Perú.

Es preciso reconocer que España dió a América todo lo que tenía en materia de letras, vinieran éstas por la via oficial o de contrabando, como fue el caso de las novelas de caballería y aun el barroco Góngora. La poesía de la Península llegó a las tierras descubiertas en todas sus formas: las populares (coplas, cantares, romanceros, etc., con el soldado raso) y las dos vertientes de la poética culta: la medieval latinizante y la ítalo-renacentista, con el clérigo letrado y poetas, como Juan de la Cueva, Hernán González de Eslava, Gutierre de Cetina, Cervantes de Salazar y muchos más, que vinieron atraídos por las maravillas que se reiteraban en las cartas de relación, crónicas, historias, etc. Estos poetas venidos desde la Metrópoli, no sólo escribieron en estas tierras, sino que también compilaron los primeros *corpus* poéticos (silvas, flores, parnasos) de la Nueva España y la Nueva Castilla, donde se instalaron junto a los poetas nativos, como Francisco de Terrazas, por ejemplo, el primer poeta nacido en México, de impronta totalmente renacentista. Las dos primeras y más importantes de estas recopilaciones hechas en los comienzos de la poesía mexicana de lengua española fueron: el *Túmulo imperial* (1560), de Francisco Cervantes de Salazar y las *Flores de varia poesía* (1577), de autor anónimo. De ambas he hablado extensamente en mi libro *En este aire de América* (México, 1966) y no deseo repetirme. Baste con decir aquí que el *Túmulo*, aparte otros valores, tiene el mérito de ser la primera presentación conjunta, aunque deficiente, de la escuela antigua (clásico-latina) y la moderna (ítalo-renacentista), algo así como una despedida monumental, aparatosa, de la presencia de lo medieval católico de la poesía oficial, para dar paso a la poesía individualizada, abierta, creadora, de la modalidad lírica iniciada por Petrarca y ciudadanizada en el mundo hispánico por Garcilaso, Fray Luis, Gutierre de Cetina, que fue quien la trajo a América. Ya en la segunda mitad del siglo XVI el tono ideal de la poesía novohispana, como la llama Méndez Plancarte, habrá que hallarlo en la corriente culta, humanista y renacentista, que se da en las *Flores de varia poesía*, donde alternan poetas españoles y nativos de México, como el ya mencionado Terrazas. (Hay varias excelentes ediciones y estudios de este florilegio.)

Y pasemos ya a la *Silva de poesía* de Eugenio Salazar de Alarcón, compilada en México, por el autor, entre 1585 y 1595 (Salazar vivió en la Nueva España entre 1581 y 1598).

Llama la atención que este manuscrito, tan fundamental para la comprobación de la poesía renacentista durante el primer transplante cultural de la colonia, no haya sido debidamente estudiado ni editado hasta la fecha. El florilegio yace, como dormido en un descanso eterno, en un cartapacio de puño y letra de Salazar – de 533 páginas –, indizado con la letra C, No. 56, 9/5477, en la Biblioteca-Archivo de la Academia de la Historia de Madrid.

Gallardo lo dió a conocer en el vol. IV de su *Ensayo* (pp. 321-395), pero sólo en una selección que lo representa en forma muy exigua, y yo lo estudié con algún detenimiento, pero en forma parcial, en mi libro *En este aire de América*, hace ya veinte años.

Eugenio de Salazar dejó ordenado, precedido de minuciosas recomendaciones, el *corpus* de todas sus obras de interés literario, para que se dieran a la luz después de su muerte, bajo el título de *Silva de poesía, compuesta por Eugenio Salazar, vecino y natural de Madrid*; con lo cual quería privilegiar, creemos, su nacionalidad española, no mexicana, y sin concesiones a su estancia en la Nueva España, cosa que desmiente la mayor parte del texto, como veremos, mezcla de "uomo universale" renacentista y de paisaje mexicano.

Las composiciones que integran el manuscrito son estrictamente renacentistas por su forma: sonetos, odas, silvas, églogas, canciones, madrigales y las consabidas glosas, que revelan a un escritor de cultura europeizada, universal. Efectivamente, Eugenio

Salzar de Alarcón, fue escritor de educación universitaria. Sabe sus latines, conoce a Erasmo y se ha entrenado en agudezas intelectuales y técnicas retóricas. Hombre de casta y beneficiario de altos cargos burocráticos es, por tradición familiar y por la frecuentación de refinados medios sociales y círculos de cultura, un burgués hogareño con mentalidad cortesana; en cierto modo es un "clerc" que conoce su "métier" como un renacentista y que gusta portarse como un criollo aprovechado. Personalidad cambiante, diestra y empeñosa, todo en él hace pensar que estaba bien preparado para resolver el conflicto estético que "tuvo que surgir cuando la raza y aun el habla de los españoles vinieron a troquelar con su sello todos nuestros elementos nativos"; el de la *musa tradicional*, impuesta por su validez histórica y como condición operativa de la misión colonizadora, con el de la *musa nativa*, latente siempre en el seno de la tierra y apenas oculta en el corazón de los hombres, dispuesta a vivir al primer soplo del aire, un vuelo apercibido o una simple herida abierta en la corteza del tronco indígena.

La *Silva de poesía* se compone de cuatro partes, con el siguiente contenido: Primera parte, donde reúne las "obras que Eugenio de Salazar hizo a contemplación de doña Catalina Carrillo, su amada mujer", dividida en dos: a) obras pastoriles; b) sonetos, canciones, etc. Segunda parte: "donde hay obras que el autor compuso a contemplación de diversas personas y para diversos fines", sonetos, canciones, epístolas en verso, etc. Es la parte que da referencia sobre la poesía en Santo Domingo y reproduce todo lo que se relaciona con México. Tercera parte: "que contiene las obras de devoción del autor", y está subdividida en otras tres; y la Cuarta parte: "que contiene algunas de las cartas en prosa a muy particulares amigos suyos". En la Primera parte hallamos una octava rima – "La perpetuación de mayo" –, con el objeto de celebrar el aniversario de su matrimonio, en la cual Catalina de Carrillo aparece luciendo, junto a una blanquísima azucena, "un lustroso *iczotl* de tierra ajena". El verso lleva una nota marginal que explica: "*iczotl* es un pimpollo que hay en la Nueva España a manera de palmito, que tiene las cabezas de las pencas blanquísimas y lustrosísimas". Inmediatamente después sigue la Segunda parte, la cual se inicia con un soneto "A Doña Blanca Henríquez, marquesa de Villamanrique, virreina de Nueva España", que sirve de dedicatoria a la "Bucólica: Albár – Blanca – Descripción de la Laguna de México". Los tercetos "Al insigne poeta Hernando de Herrera ...", y el "Romance en voz de Catalina en una ausencia larga a Ultramar del autor siendo desposados", son las composiciones que realmente interesan a nuestro estudio. En la "Epístola a Herrera", lo cultural predomina sobre lo directamente experimentado. Se ve que la misiva tiene más un carácter informante que estrictamente literario, y que, como tal, quiere dar cuenta de todos los aspectos de la vida espiritual y civil de México; en un plan minucioso, aunque sin detalles precisos, sin nombres ni obras que lo ilustren, clasifica formas del saber, géneros y especies preceptísticas, ciencia, filosofía, gobierno, religión, etc. Tan vago y dilatado resulta todo, que si no fuera por las menciones de Moctezuma y Cortés, difícil sería adivinar que está hablando de México. La misma entrada descriptiva es un aéreo telón mental

> donde el cielo
> en círculo llevando su grandeza
> pasa sobre occidente en presto vuelo,

y donde

> el sol alumbra la belleza
> de los valles y montes encumbrados ...

Observa María del Carmen Millán que en Eugenio de Salazar "la dificultad consiste en asegurar cuál era para él más realidad poética: aquélla en la que vivía por su educación ... y por su época; o esta otra, contundente y enérgica, que le sale al encuentro". Y en seguida surge la pregunta; ¿En qué medida logró el poeta poner la materia novohispana en los moldes artísticos de su tiempo y cómo? Importa saber, ante todo, lo que tuvo que abandonar de su caudal europeo, y si hubo una consciente labor de selección para aprovechar lo adquirido en su plan de posible estratega de nuevas conquistas. Para responder a esta pregunta será preciso que nos desplacemos a otro plano de la visión de Salazar: el descriptivo, donde las cargas de sus conocimientos clásicos y renacentistas, si bien le siguen presionando, ahora buscan el modo de acomodarse a las nuevas experiencias. El mismo "aderezo retórico" se afina para penetrar en la realidad concreta, desleírse en ella y salir en el ensamble plástico, como en un forcejeo incómodo entre la aspereza de sus erizados aztequismos y su no del todo abandonada "manera blanda y apacible de Garcilaso" (Menéndez y Pelayo).

Diríase que Salazar se tonifica, se robustece y viriliza en contacto con el aire y todos los elementos naturales de la "Laguna de México", cuya descripción emprende partiendo de lejanías mitológicas y, a paso lento, como con temor y cautela, se allega y establece en el "fuerte pecho" del "cerro airoso" de Chapultepec (Gallardo, 306). Salazar ha dejado atrás sus resabios eróticos y petrarquistas, la empalagosa dulzura que todavía nos harta en la "Epístola", el desvaído eco de las "musas deleitosas", las inoperantes "claras fuentes sonorosas", dignas de otra gloria en Garcilaso, y hasta la muy humana y personal temática que impregnaba con "ternura conyugal" su "prosaísmo casero" (Menéndez y Pelayo). Su facilidad y variedad de antaño se estrellan al dar con esos "peñoles" que se llaman Tecpecingo, Tepcapulco y Xico; su inspiración se empapa como de un elemento disolvente ("su elemento y su licor salado"), "por las entrañas de la firme tierra", en "este ejido y valles tan extraños"; un estrépito de colores y de ruido exótico le entra por los ojos, le atraviesa tercamente sus oídos y le cuaja en las "profundas venas". Admirado asienta:

> Allí está aquella población famosa:
> Tenuxtitlán la rica y populosa;
> aquélla donde el grande Moctezuma
> tuvo su corte y su real asiento
> a donde en plata y oro y rica pluma
> juntaba de tributos largo cuento ...

Y no puede menos que reconocer

> a la bella ciudad, donde se cierra
> de verdes cerros llenos de hermosura,
> una espaciosa y muy gentil llanura.

La laguna de México y el cerro de Chapultepec se le vienen encima con implacable dominio. Para recobrarse del asalto invoca a Neptuno, a Júpiter, al viejo Nereo, a driadas, delfines y tritones, al mismo Dios Pan, el "Pan Eterno que es uno y trino" calderoniano; pero pronto se libra de toda esa fanfarria decorativa y empieza a vestirse con el "color local y americano", en versos de fluida limpidez:

> Alrededor de la laguna clara
> por todas partes sale y hermosea
> el verde campo, donde se repara
> y repasta el ganado y se recrea.
>
> Aquí el mastín despierto no lo ampara,
> ni hay en este lugar para qué sea;
> que no le sale el lobo, ni le trata,
> ni dél aquí el ganado se recata.
> . . . .
> Chapultepec se llama el cerro airoso;
> y en forma de un montón grande está puesto,
> tosco a la vista; empero muy hermoso,
> de tosca piedra al parecer compuesto;
> mas entre aquellas piedras muy vistoso
> de árboles silvestres entrepuesto,
> que visto da a los ojos gran contento
> desde su calva hasta su cimiento
> . . . .
>
> (*Ibid*, 365-366)

Verdad que en estas descripciones, como ha notado la doctora Millán, "se observa la intervención constante de la escuela clásica" – o, más bien, la tonalidad bucólica del renacimiento –; y es posible que "quizá en Salazar no se advierta ningún sentimiento que demuestre francamente un intento de identificación con nuestro ambiente (seguimos citando a la doctora Millán), pero sí resulta significativa la intervención de palabras (que en realidad son objetos, cosas presentes) que por sí solas nos colocan en un medio ambiente americano". El poeta se encuentra con algo diferente: sobre todo plantas que no están en la memoria del lector de Garcilaso – ni, por supuesto, en el repositorio de su lengua –, como el "tule", la "milpa", el "chile", el "ají"; los ve como son y los califica mezclando las percepciones directas con las reminiscencias literarias: "milpas bellas", "verde tul", "bermejo chile", "naranjado ají", junto a la "fresca juncia", por ejemplo. En esta naturaleza "extraña" no debe sorprendernos que un poeta cargado de mitologías nos haga recorrer la laguna mexicana, en un viaje fantástico, montado "en una gran ballena" – "rica silla de limpio nácar" –, junto al "Rey a quien se humilla / el mar soberbio, el que es obedecido / de los peces más fieros y espantosos /, y de los vientos bravos y furiosos". Lo que importa es la fusión de lo "literario" con la vivencia que, en el impacto de las sensaciones, torna sensible y delicada la materia tosca que levanta. El pasaje que mejor ejemplifica ese ensamble es el siguiente, por demás citado por lo obvio.

> Allí el bermejo chile colorea,
> y el naranjado ají no muy maduro;
> allí el frío tomate verdeguea,
> y flores de color claro y oscuro,
> y el agua dulce entre ellas que blanquea
> haciendo un enrejado claro y puro
> de blanca plata y varïado esmalte,
> porque ninguna cosa bella falte.

En los tres primeros versos la enumeración no pasa de un inventario vegetal – anticipo lejano de los de Bello, según A. Reyes –, con sus accidentes naturales, que expresa en adjetivaciones necesarias y poco variadas (cuando no superfluas repeticiones); pero lo concreto y minucioso se quiebra de pronto y se dispersa en juego de colores, como la luz que pasara por un prisma, "haciendo un enrejado claro y puro / de blanca plata y varïado esmalte", con un sentido plástico y de "poesía en sí", que dan la medida de sus posibilidades creadoras. Frente a éstas y a otras transformaciones coloristas que matizan el idilio de Albár y Blanca con que termina la "Bucólica", Alfonso Reyes no ha resistido a la tentación de suponer "una sinfonía de alburas, preludio a los motivos monocromáticos que Gautier inspirará al modernismo de Gutiérrez Nájera y de Rubén Darío".

No creemos que sería ir demasiado lejos si reconocemos en la poesía de Salazar tres elementos que deben ser potenciados como ingredientes de futuras realizaciones en la poesía mexicana: a) la fusión cultural de motivos y formas europeas (mitología, visión de la realidad, actitud humana, modos de expresión) con experiencias nuevas en contacto directo con la materia novohispana. Ejemplo: en los pasajes ya citados y en otros que citaremos, la ficción del mito clásico, que hace posible la entrada de Neptuno en la "Laguna de México" mediante la construcción de "un acueducto secreto", "calando el monte y cerro y dura sierra", y así, "se pusiese por vistoso objeto a la bella ciudad" (la de Tenoxtitlán "rica y populosa", poco antes descripta). Terminado el viaje a través del acueducto, empieza Neptuno – "cauto Capitán que va cubierto / a tomar fuerza por secreta mina" –, a recorrer la laguna y el cerro, con feliz acogida de éstos al verse honrados por tan ilustre visitante:

Y ya llegando al deseado puerto,
salió con gracia y majestad divina
por la clara laguna dando lustre
al agua y campo, y a aquel pueblo ilustre.
Hizo su entrada en una gran ballena
que las heladas hondas va hendiendo,

[adviértase el símil de la ballena asimilando a la canoa indígena, que pocos versos más adelante va a ser mencionada con su propio nombre]

de resplandor y claro lustre llena,
del agua en su gran boca recogiendo,
y la ciudad y largos campos llena
de espadañadas della, que esparciendo
iba amorosamente y rociando
los comarcanos pueblos admirando.

Versos en los cuales cabe simbolizar la expansión de la lata prosapia cultural de Occidente sobre la rústica naturaleza del Nuevo Mundo como una acción de beneficio, pero también por esa confesada admiración a los "comarcanos pueblos". De inmediato el Dios se humaniza y, ya identificado con el medio, aparece más terreno, en una descripción de nobleza patriarcal:

Con grave aspecto y rostro muy sereno,
barba de plata que le cubre el pecho,
largo cabello enriquecido y lleno ...

El nuevo reino hallado por el extraordinario visitante, por su parte, y gracias a ese contacto dichoso, se personifica en el "Sur ufano", que desea servirle y va a mostrarle las bellezas del contorno:

Cerca dél iba el rico Sur ufano
con gana de servirle y agradarle,
el agua sacudiendo con la mano
de la mojada barba; y a mostrarle
el bello puerto y lago tan galano
que había hecho para recrearle,
con los campos y cerros del contorno
y grandes pueblos del vistoso adorno.

La unión de ambos mundos se va haciendo cada vez más efectiva. La intervención del sabio mensajero hace posible la confrontación y separación del agua dulce y la salada (la de los lagos de Xochimilco y de Texcoco), para que la primera sirva al regadío y la fecundación. Resultado: el cuadro de legumbres ya citado. El encuentro ha sido encantador, pacífico, ampliamente fructífero. Se proclama "que ésta ha de ser laguna de contentos", y, subiendo a la parte más alta del cerro, se declara su posesión:

> Aquesta laguna tan preciada
> a mi deidad la dejo consagrada.

La alegoría mitológica termina aquí, para dar paso a la escena bucólica en que Albár y Blanca (o sea el virrey Alvaro Manrique y su esposa Blanca Henríquez) manifiestan, entre confesiones de amor al modo pastoril, la infinita complacencia de vivir en el nuevo paraíso americano, no sin echar de menos la lejana meseta castellana. La confesión de Albár puede sintetizar ese simbolismo a que hemos venido aludiendo:

> Así, Blanca, tú eres sola y una
> la que en Hispano y en Indiano suelo
> eres la luna que me está alumbrando.

b) La segunda aportación de Salazar es ese sentido de la interioridad lírica, que presta delicadeza, discreción y melancolía a cuanto escribe. Los mismos colores adquieren significados anímicos y se aplican a cualidades humanas ("blanca honestidad", por ejemplo). Casi al final de la "Bucólica", Blanca expresa sus sentimientos entrañada en el paisaje, como si ella fuera ya parte del alma de las cosas, con una ternura, que deja muy atrás cualquier convencionalismo de escuela:

> Por valle y monte sigo
> ganosa tus pisadas,
> y los secos rastrojos
> son flores a mis ojos,
> si por tu senda van enderezados:
> que cuando amor afierra,
> llana se hace la fragosa tierra.

Confesión y felicidad que termina en ajustada "intencionalidad significativa" de no poca eficacia poemática:

> Albár, cuando se ríe
> el Alba, y luego veo
> de ésa tu cara la encarnada albura,
> el Alba no me envíe
> otra gala ni arreo:
> albo me es todo, y alba mi ventura,
> albea en tu figura
> la alba y fresca rosa;
> albea tu prudencia,

albea tu conciencia,
albea tu piedad maravillosa.
Mi Albár: ¡Nunca Dios quiera
halle el Alba sin ti a tu compañera!

c) Por este camino del juego de colores, las transposiciones líricas, los matices expresivos y las significaciones simbólicas, Salazar abre rumbos y da pautas a lo que hoy llamamos "poesía pura". Un soneto, poco menos que desconocido, puede tomarse como ejemplo de esta aspiración del poeta: la de identificar su alma con la belleza pura. El soneto se titula "Vidrio de rosas". La flor que sirve de símil no es una novedad introducida por Salazar en la poesía española, pero sí en América, donde hallará acabadas aplicaciones en Sor Juana y poetas más modernos. Dice así:

¡Oh lozanico vaso vidrioso!
Oh agua clara, fresca, dulce y pura!
¡Oh rosas delicadas, en quien dura
un ser süave, lindo y oloroso!

El claro cielo, empíreo glorïoso,
¡Oh limpio vidrio!, en ti se me figura
y en esa tu agua dulce la dulzura
que hinche aquel lugar tan deleitoso.

Las colorodas rosas que en ti veo
las gloriosas almas representan
que gozan del bien sumo y alegría.

Divinas esperanzas me sustentan:
Padre del cielo, ¡cumple mi deseo!
Que sea rosa tal el alma mía.

En el "Romance en voz de Catalina en una ausencia larga a ultramar del autor, siendo desposados" (Gallardo, IV, columnas 371-374) se dan unidos los tres elementos antes mencionados. Además, el inventario vegetal de la "Bucólica" (que en mucho nos recuerda lo que después hará, antes que Bello, el interesantísimo autor de la "Silva cuabana", ¡Rubalcaba?), se completa con enumeraciones de pájaros cantores (¿Debo admitir que no sólo se anticipa a Balbuena sino tambíen, por supuesto, a Lugones y al propio Neruda?), en una sinfonía de color y sonido que hace pensar en las "bachianas" de Villalobos. Un par de ejemplos para cerrar estos comentarios:

Cuando la bermeja Aurora
dejaba el cielo helado,
a Titón su anciano amigo
que fue en beldad extremado ...

     (elemento mitológico)

Cuando los corrientes ríos
de arboledas adornados,
muestran de bruñida plata
sus licores y bordados:
. . . .
su claro cristal descubren
y sus cursos dilatados,
lavando los limpios guijos,
las arenas blanqueando:
cuando los montes y valles
y los extendidos prados
manifiestan sus colores
verde, blanco y naranjado,
azul, prieto y amarillo,
rojo, pardo y encarnado,
turquesco, color de cielo,
lo morado y lo leonado:
cuando de la blanca rosa
se abre el pabellón morado,
y brota entre puntos verdes
el bel clavel colorado,
la azucena y el jazmín
descubren su lustre blanco,
y la morada violeta
con el alhelí morado;
y los campos hacen muestra
de sus galas a lo claro
obradas con mil matices
y rocío aljofarado ...

    (color, matiz, inventarios vegetales)

Y el suave ruiseñor
y el *cençontle* están cantando,
de pies en las verdes ramas
del árbol verde y lozano:
y el canario y sirguerico

y calandria levantando
al cielo sus dulces voces ...

> (inventario de pájaros)

¡Ah tiempo triste y pesado!
En mi favor no te mueves,
en mi daño vas volando.
. . . .
¡Ah, cómo tardas, amado!
Saliste por pocos días,
detiéneste muchos años:
temo que por mi desdicha
el mar se haya cuajado

> (interioridad lírica)

En conclusión: Eugenio Salazar de Alarcón merece ser editado y mejor conocido, porque su producción poética tiene particular interés como integrador poético en los comienzos de la poesía mexicana y porque es un ejemplo cabal de la poesía renacentista novohispana.

Los 'buenos' y los 'malos' en "Modesta Gómez": lectura ideológica de un cuento de Rosario Castellanos

Monique Sarfati-Arnaud
Université de Montréal

A primera vista, el cuento *Modesta Gómez*, que forma parte de la colección *Ciudad Real* de Rosario Castellanos, desarrolla un tópico ultraconocido en la narrativa comprometida, es decir: la confrontación de dos grupos colocados en los dos extremos de una relación social contradictoria. En efecto, bajo esta visión más bien simplista la familia Ochoa y doña Agueda respectivamente dueñas de la tienda "La Esperanza" y de la carnicería, simbolizan el dinero y la estructura del poder mientras que las sirvientas de la casa de los Ochoa (entre las que Modesta se halla incluída) y los indígenas que van a comprar a la tienda o a vender sus escasos productos al mercado pertenecen al segundo grupo, el de la pobreza y explotación.

Tal visión maniquea está explícitamente anunciada en los dos epígrafes que encabezan la colección. En el primero, que aparece bajo la forma de una dedicatoria, se alude ya a la precaria situación del indígena en México:

> "Al Instituto Nacional Indigenista que trabaja para que cambien las
> condiciones de vida de mi pueblo"[1]

con lo que se anuncia ya, cual será el tema central del libro y la posición ideológica de la instancia narrativa. En el segundo epígrafe se reitera el tema central presentando el problema de la explotación del indio desde la perspectiva diacrónica:

> "¿En qué día? ¿En qué luna? ¿En que año sucede lo que aquí se
> cuenta? Como en los sueños, como en las pesadillas, todo es
> simultáneo, todo está presente, todo existe hoy".

Esta denuncia cuyo origen hay que buscarlo en la época colonial, no aparece únicamente en los epígrafes sino que hay que extenderla al título mismo del libro, *Ciudad Real*. Con el uso del nombre colonial de Ciudad Real en vez del actual de San Cristóbal de Las Casas, nuestra autora hace hincapié en la larga historia de la explotación del indio en México así como en el estancamiento de las condiciones de la vida miserable del indígena en Latino–América.

Dentro de este esquema maniqueo, la vida de Modesta Gómez, la heroína epónima de este cuento, campesina pobre y miembro del grupo de los explotados, su vida digo, puede verse como una serie de degradaciones físicas y morales de las que no puede escaparse. Pero el papel de este personaje es mucho más complejo y contradictorio pues Modesta, como veremos, pasa de víctima sacrificada a verdugo sin escrúpulos. A lo largo de esta comunicación pues y por medio del análisis de la ideología dominante, intentaré mostrar hasta qué punto la mentalidad de la clase dominante permea toda la escala social de forma que, irónica y tristemente, incluso aquellos que son explotados como Modesta por pertenecer a la base de la escala terminan por ser explotadores de otros (de una forma muy limitada e irrisoria, claro está, pero no por ello menos feroz y terminante), explotadores de aquellos pocos que están aún más abajo.

En este cuento, de una complejidad y riqueza dignas de admiración, se entrecruzan varios modelos estructurales que analizaré a continuación:

1 El modelo cronológico:

Desde el punto de vista cronológico, la narración se divide en cuatro etapas sucesivas que terminan todas ellas en una nota de humillación para la protagonista, Modesta. Es decir, el esquema dicotómico mejoramiento /degradación es recurrente en cada una de estas etapas de forma que a cuanto mayor la expectativa de avance o mejoría por parte del personaje principal, más fuerte el rechazo y la caída. Veamos cuales son estas etapas:

Primera etapa: ilusión y realidad

La niña campesina Modesta es llevada a la casa rica de la ciudad de provincias para que sirva de criada. La ajenación de la niña Modesta supone un alivio económico para sus padres. Para ella, la ilusión de una entrada en la clase superior simbolizada por la casa magnífica que ella imagina "que, entonces [...] sería también su casa"[2]. Pero el narrador, a través de diferentes focalizaciones hacia criados, dueña, hijo etc. y sus actitudes frente a Modesta, nos muestra que la realidad es otra: "cocina", "petate viejo". "le daba chaveta" etc. En esta etapa, a la vez la niña de los pies descalzos pierde sus raíces familiares y no se le permite entrar en el nuevo ambiente soñado. Incluso las criadas que son fiel reflejo de los valores de sus patronos la tratan con hostilidad y menosprecio: es su primera degradación.

Segunda etapa: iniciación sexual

Con su crecimiento y al hacerse mujer, Modesta descubre con placer que es codiciada por los hombres. Se deleita en la múltiple posibilidad que el sexo le ofrece para mejorar su estado económico. Tendrá que pasar por el "rincón del burdel, arrebozada y con los ojos bajos..." pero "si bien le iba" – y aún a costa de tener que renunciar a llevar "la frente alta" y al matrimonio eclesiástico "vestida de blanco" – lograría el desahogo económico que un matrimonio "por la ley" no le garantizaba. Pero Jorge, el hijo menor y único varón de la familia Ochoa la viola una noche y las relaciones de la pareja continúan con el consentimiento tácito de la madre que encuentra preferible que su hijo tenga relaciones sexuales en su propia casa a que vaya "con las gaviotas (que enseñan malas mañas a los muchachos y los echan a perder)" (68). Mas, en cuanto Modesta queda embarazada es expulsada de la casa sin ninguna consideración. Con ello Modesta tiene que renunciar a su sueño y aceptar la realidad que su condición le impone. Ahora sí que acepta el matrimonio "por la ley", que le garantiza hijos legítimos y el estatus social de "señora".

Tercera etapa: el matrimonio

En esta tercera etapa, casada con un albañil que reconoce a su hijo natural y le da otros dos hijos legítimos, lo que hace presumir que ha logrado un puesto estable dentro de la clase trabajadora, Modesta tiene que afrontar el que su marido no encuentra trabajo, se emborracha, pega y maltrata a su familia para luego enfermarse y morir dejando a su viuda sola, con tres hijos y en la miseria. En esta degradación progresiva, Modesta ha perdido la posibilidad de vivir "pobre pero honradamente".

Cuatra etapa: el "oficio"

Modesta tiene la gran suerte de encontrar trabajo como dependienta en la carnicería de doña Agueda lo que supuestamente tiene que representar su independencia, libre por fin, por medio de su trabajo, de subyugaciones de orden sexual o social. Pero su sueldo no le alcanza para mantener a sus hijos y así es como se convierte en "atajadora". Este "oficio" miserable consiste en interceptar para robarles su mercancía a las mujeres indígenas que bajan al mercado. Esta cuarta degradación lleva a Modesta a su caída social total y absoluta, al tiempo que le permite por primera vez sentirse contenta. En una sociedad que impone en la práctica literalmente la ley del más fuerte, Modesta ha logrado una esperanza fundada. En efecto el cuento termina en una lucha brutal, cuerpo a cuerpo entre Modesta y una indígena joven. Modesta roba a la fuerza el chamarro de la indígena para después tener que entregarlo a una atajadora de más categoría. Irónicamente el círculo se cierra con el anuncio de un manaña en que volverá a ritualizarse de nuevo en la lucha por el poder, reducido aquí en un mero sobrevivir. Pero en ella Modesta actuará ya como iniciada. Así coincide la degradación moral y social de la heroína con su subida a "la cumbre de su fortuna" – si vale el paralelo con la novela picaresca, de estructura bastante semejante.

2 El modelo escénico:

El segundo modelo estructural corresponde a un modelo escénico que divide el relato en tres actos. Cada uno de ellos ofrece una escena que ilustra las leyes o más bien las prácticas del mercado latinoamericano después de la conquista. En los tres actos se puede observar el mismo esquema: unos personajes se presentan en un lugar ajeno con el propósito de participar en un "negocio" o intercambio. Pero en los tres casos se asiste a un despliegue de trucos propios del comercio colonial, de parte del otro bando que no admite la discusión ni acepta que existan reglas de intercambio. Las tres escenas se terminan con la explusión del escenario de estos personajes, víctimas de los abusos de sus agresores.

El primer acto tiene como escenario la casa de los Ochoa en que Modesta ha sido introducida. La transacción, ya lo hemos visto anteriormente, consistía en ofrecer unos servicios domésticos a cambio de cierto mejoramiento social. Utilizada como si fuera una simple mercancía, Modesta cumple sin embargo con su parte del contrato: "– Dicen que fue de tanto cargar a Jorgito que se me torcieron mis piernas, porque todavía no estaban bien macizas". Manipulada y burlada por los demás personajes de la casa, Modesta sale del escenario (verdadero símbolo de la clase dominante) "sometida a una humillante inspección: la señora y sus hijas registraron las pertenencias y la ropa de la muchacha para ver si no había robado algo. Después se formó en el zaguán una especie de valla por la que Modesta tuvo que atravesar para salir" (69). La teatralización de esta escena encierra un sentido ideológico: la patrona ofrece a la joven empleada un lugar supuestamente ameno, un ambiente supuestamente familiar; pero Modesta no encuentra más que hipocresía y abuso. El discurso de su patrona que se vale de la moral cristiana para echar a la calle a Modesta, simboliza aquí el discurso dominante del neocolonialista.

En el segundo acto el decorado se transforma en la carnicería de doña Agueda. Se trata por consiguiente de un verdadero lugar donde se efectúan intercambios entre un vendedor y un comprador. Si bien la costumbre del intercambio mercantil quiere que el cliente sea tratado como un "rey" y que salga de la tienda con plena satisfacción, en cambio, en el local de doña Agueda sucede todo lo contrario: allí se regatea con los clientes, se impone una absoluta fidelidad mercantil a las criadas que se ven humildes y maltratadas y cuando se presenta un indio en la tienda, entonces se le prepara un verdadero programa de acciones en que se ve confrontado con unos seres engañosos, mistificadores, cuyo parecer (la transacción) oculta el ser (la estafa). En efecto, en este lugar no sólo se "maneja la carne" sino que también se manipula a la gente humilde:

"Su comadre Agueda la aleccionó desde el principio: para el indio
se guardaba la carne podrida o con granos, la gran pesa de plomo
que alteraba la balanza y el alarido de indignación ante su más
mínima protesta" (p. 72).

Una vez más la vícitma, en este caso el indio, sale del escenario totalmente frustrado, en ridículo y hasta despojado de uno de sus bienes (el morral o el sombrero). En esta escena la actuación de la vendedora y de su dependienta así como su discurso – reducido en este caso a un mero alarido de indignación –, corresponden a aquellos utilizados por el mercantilismo colonial.

En el tercer acto el decorado ya no es un lugar cerrado como la casa y la tienda, un lugar perfectamente ordenado según las reglas del poder dominante, es la salida de Moxviquil, un pueblo situado en los cerros y de donde bajan los indios "cargados de las mercancías que van a vender a Ciudad Real". Como en los dos casos anteriores, esta escena presenta a unos personajes humildes e inocentes cuyo objeto de búsqueda se reduce al más elemental intercambio mercantil. Pero esta vez la transacción no se hará con el verdadero destinador o sea un mercader de Ciudad Real, sino con un intermediario o "atajadora" quien, para llegar a su fin, actuará con una violencia sin par. Si bien en los dos primeros actos del relato la transacción se frustra (Modesta sale de la casa de los Ochoa más pobre que al llegar y el indio sale de la tienda vencido y robado), en este último acto, la transacción se vuelve una encarnizada caricatura de la fuerza del poder y de la expoliación colonial, así como de su modo de descargar las conciencias:

"Forcejeaban, sofocando gritos, por la posesión de un objeto que
no debía sufrir deterioro. Por último, cuando el chamarro de lana o
la red de verduras o el utensilio de barro estaban ya en poder de la
atajadora, ésta sacaba de entre su camisa unas monedas y, sin contarlas, las dejaba caer al suelo de donde el indio las recogía" (p. 73).

El análisis de los tres actos propuestos por el modelo escénico ha permitido revelar el mecanismo de las prácticas mercantiles en un país latino-americano después de la conquista. Ahora bien, el hecho de que la heroína del relato, Modesta Gómez, pase de víctima en el primer acto a victimario en el segundo y tercer actos, aparte de romper con la tradicional dicotomía buenos vs malos, nos permite apreciar el grado de asimilación y de reproducción mimética de la ideología dominante por un sector marginado de la sociedad mexicana representado aquí por las ladinas.

Finalmente y para concluir, este mismo código del poder que ha determinado la tipología de los personajes así como la significación del decorado, se pone de relieve en el uso o no uso mismo de la palabra. Sólo aquellos con poder o con dinero tienen derecho a ella y la usan preponderantemente para dar órdenes o emitir prohibiciones a sus inferiores. La oposición palabra vs no palabra divide por consiguiente a los personajes en dos categorías: los silenciosos o silenciados (la Modesta de la primera escena, los indios y los criados) y los hablantes que monopolizan la palabra (doña Romelia, doña Agueda y sus comparsas así como la Modesta de las segunda y tercera escenas).

Dentro de esta estructura, ante el acto verbal del amo o dominador, el criado o sometido sólo puede expresarse por medio del gesto o de la mirada.

En la escena I, doña Romelia, cuando condesciende en dirigirle la palabra a Modesta, lo hace para prohibirle que trate de vos a su hijo. Y ante la humillación y retahila de su despido

"– Malagradecida, tal por cual. Tenías que salir con tu domingo
siete. Y qué te creíste? Que te iba yo a solapar tus sinvergüenzadas?

Ni lo permita Dios. Tengo marido a quien responder, hijas a las que debo dar buenos ejemplos. Así que ahora mismo te me vas largando a la calle" (p. 69).

Modesta solo puede contestar con la mirada: "fugazmente miró aquellos rostros".

Paralelamente en la segunda escena de la carnicería, "la más mínima protesta del indio" es sofocada por "el alarido de indignación" y por un "alboroto" provocado por los comparsas. Con "palabras de desafío", "gestos insultantes y empellones" la multitud provoca la "carrera asustada del indio".

En la tercera escena también las atajadoras "sofocan" los gritos de los indios y una de ellas amonesta a una india en estos términos:

"deja de estar jirimiquiando que no es gracia. No te pasó nada. Toma estos centavos y que dios te bendiga" (p. 74).

Tal uso de la palabra implica una situación objetiva de sometimiento de un grupo por otro, de dominación absoluta del uno por el otro. Presupone, en el orden de las relaciones sociales, la convicción para uno de su superioridad sobre el otro, superioridad cuyo instrumento más eficaz es la palabra. Esta desigualdad en la posesión y el empleo de la palabra presupone asimismo la convicción para el dominador que toda comunicación es imposible con el dominado.

En resumen el cuento *Modesta Gómez* explicita, sin caer en el sermón condescendiente, una visión feroz de la vida que va más allá de la mera explotación de una clase por otra y que consiste en el sobrevivir. La heroína Modesta Gómez, al pasar del bando de los dominados al de los dominadores, sintetiza la evolución histórica de la sociedad ladina; "habiendo los ladinos aprendido las lecciones de la historia y valiéndose de los medios y canales adecuados para someter con puño férreo a los indígenas, que no son gente de razón"[3].

El papel de la determinación callada del indio por sobrevivir en este mundo queda fijado en la siguiente imagen simbólica de cuanto hemos dicho hasta ahora. El indio avanza "con la cabeza baja y la mirada fija obstinadamente en el suelo, como si el recurso mágico de no ver" volviera inexistente a cuanto le rodea. En grado mucho más superficial que en su novela *Oficio de Tinieblas*, Rosario Castellanos señala a través de este relato la incompatibilidad de dos concepciones del mundo: el imperativo del "orden" (dominante) que se impone como una necesidad ineludible y el intento (frustrado) de escapar a ese orden mediante el sueño esperanzador (Modesta) o mediante "el recurso mágico de no ver" (los indios).

NOTAS

1 Es en esta perspectiva de una visión rebelde de las condiciones de vida de todo un pueblo que analizaremos este cuento, y no en la posible implicación personal de la autora, con sus resentimientos de familia que pueden haber tenido igualmente una incidencia en el relato.

2 Para este estudio del cuento *Modesta Gómez* de la colección *Ciudad Real* en Rosario Castellanos, utilizamos la segunda edición, 1982, Universidad veracruzana.

3 Fiscal, María Rosa: *La imagen de la mujer en la narrativa de Rosario Castellanos* (1981), México: Universidad Nacional Autónoma de México.

Cansinos Assens y Borges:
¿un vínculo (anti)vanguardista?

Jorge Schwartz
Universidade de São Paulo

Cuando mencionamos hoy el casi olvidado nombre de Rafael Cansinos–Assens, lo recordamos más por insistencia y fidelidad de Borges, que por el estudio de su vastísima obra como poeta, novelista, crítico, ensayista y traductor. Promotor del Ultraísmo en Madrid de fines de los años diez e inicio de los veinte, le debemos en primer lugar a Cansinos el propio término ULTRA – que aparece ya acuñado en el primer manifiesto ultraísta de 1918: "Nuestra literatura debe renovarse, debe lograr su *ultra*" (Videla 1971: 35). Sin embargo, aunque encontremos el nombre de Cansinos–Assens asociado a las revistas que lanzan y apoyan el Ultraísmo (*Grecia, Cervantes, Ultra*, etc.), y sepamos de la gran influencia ejercida por Cansinos entre los jóvenes que con él compartían las famosas tertulias del Café Colonial, su obra está lejos de haber sido fecundada por una estética vanguardista ¿En qué consiste entonces esta influencia? En las palabras de Guillermo de Torre, (1967: 16) "su influjo no radicaba propiamente en la obra, sino en su actitud como inductor de entusiasmos cerca de los más jóvenes". Vemos que, además de un Cansinos escritor, hay un Cansinos oral que parece haber sido decisivo para esa joven generación. Más de sesenta años más tarde, en São Paulo, uno de aquellos jóvenes deslumbrados con el estilo socrático de Cansinos, lo eleva – confirmando las impresiones de Guillermo de Torre – al status de Maestro. Dice Borges (1984: 16): "Conocí en Madrid a un hombre que sigo considerando quizás menos por su escritura que por el recuerdo de sus diálogos. Conocí a Rafael Cansinos–Assens y de algún modo yo soy discípulo de Cansinos, no de las teorías de Cansinos y sí del diálogo de Cansinos, de la sonrisa de Cansinos, y hasta de los silencios de Cansinos–Assens."

Si bien su obra no ha quedado teñida por la estética vanguardista, es oportuno rescatar aquí una especie de novela–ensayo, *El movimiento V.P.* (forma abreviada para "Unicos Poetas"), publicada por Cansinos–Assens en 1921, en pleno auge del movimiento ultraísta español. Más que por su contenido ficcional, ese texto sorprende por su radicalidad crítica; no tanto por su estilo tradicional, que – lejísimos de una sintaxis de ruptura del tipo de las de Joyce, Guimarães Rosa o Julián Ríos en la España actual – nada propone de renovador sino por su contenido.[1]

A pocos años del nacimiento de la estética moderna en Europa, y cuando ésta siquiera había llegado a América, Cansinos emprende una crítica feroz al movimiento de vanguardia español. Interesa justamente poner en relieve esa especie de sabia ambigüedad cansiniana, ya que, si por un lado él se encuentra entre los fundadores del movimiento, por el otro se convertirá rápidamente en su mejor (o peor) crítico – tal vez el primero, el más virulento y el más creativo – a través de esta novela.

Dividida en XXIX capítulos, *El Movimiento V.P.* representa una temprana parodia del escenario literario madrileño, en la que no se salvan ni griegos ni troyanos. Recurriendo a apodos, Cansinos – representado como el Poeta de los Mil Años –, irrumpe con una implacable crítica a la tradición anquilosada del modernismo decimonónico, al mismo tiempo en que parodia hasta la irrisión toda la estrategia de política literaria que caracterizó a las vanguardias del siglo XX.

Uno de los blancos predilectos de la novela, es la Academia de la Lengua, institución ridiculizada por Cansinos en todas sus manifestaciones (caps. XV, XXI, XXIII, XXIV, y XXVII). En la escena que narra la tentativa de elevación de Cansinos al *status* de Académico, son las siguientes las ventajas anunciadas:

> "Si te hubieras sumado a nuestro coro, si hubieras cantado al compás de nuestras voces a esas gloriosas senectudes de la raza, hoy serías un poeta viejo como nosotros, tu calvicie prematura tendría el valor de una ordenación sacerdotal, serías académico como nosostros, habrías publicado tu colección de Obras Completas, y los catedráticos pondrían notas y apostillas a tus libros. ¿No sabes que ya mis poemas se publican con glosarios como las obras de los clásicos? ¿Comprendes lo que esto significa?" (p. 128).

Cansinos describe con fino sarcasmo la transfiguración que se opera en los jóvenes, una vez que ellos ingresan en la clásica institución; al penetrar al recinto, el ímpetu renovador se convierte en parálisis inmediata del pensamiento y en catatonia gestual (p. 215). También el carácter tiránico y dictatorial de los miembros de la Academia es puesto en evidencia, como si fuese una monarquía absolutista del lenguaje, cuyos criterios recuerdan un Tribunal de la Inquisición: "Nosotros mismos somos como obispos o como cardenales en nuestro conclave sagrado, donde canonizamos o condenamos a las palabras y definimos la ortodoxia y la herejía. Nuestros anatemas son inapelables y secretos" (p. 129). En esta implacable crítica a la Academia, la mayor víctima es tal vez Cervantes, cuyo fin el propio título del capítulo a él dedicado predice: "El suicidio de la estatua". Resuena su queja: "Me han academizado a mí, que fui siempre lo más antiacadémico del mundo" (p. 249).

En las arremetidas de Cansinos contra los esterotipos literarios, sucumben bajo su pluma paródica el clasicismo, el arcadismo, el modernismo, el vanguardismo especialmente y otros ismos. El Poeta Rural, uno de los primeros conversos al Movimiento V.P. y uno de sus primeros disidentes al optar por la Academia, define así su labor poética:

> "– Con primoroso cuidado corté, en la ribera nativa, siete cañas tiernas para formar mi caramillo, el pánico instrumento con que canto la belleza de los campos en flor, el oro de las siegas, la tenue sombra de los álamos y la esquiva gracia de Galatea, que eternamente huye a esconderse entre los sauces. Con mis cantos melodiosos consigo detener el curso de los ríos congelados en esos espejos y los que

bañan los oídos, rosados como conchas, de las zagalas púdicas. Los orfeones locales repiten mis canciones. Soy el poeta del terruño y las Diputaciones locales publican ediciones de mis obras que enriquecen las bibliotecas de la región. Soy el poeta del terruño y no puedo cantar sino las bellezas de los campos nativos que hace que no veo tanto tiempo" (p. 12).

También le cabe su cuota de escarnio al Poeta Bohemio y Romántico, quien, representante de la estética decimonónica, define así las líneas del decadentismo en el arte, recordando los clisés rubendarianos aún vigentes en la época de la producción de la novela: "La copa de champán, la baraja francesa, las medias de seda de las cocottes, la falda recosida de las amadas pobres, los piojos de las casas de dormir y la emoción incomparable de un día de ayuno" (p. 13).

El consabido cosmopolitismo libresco de Cansinos (que prácticamente nunca salió de Madrid), le permite llevar a cabo una crítica ferina al nacionalismo exacerbado de ciertas expresiones literarias. En el cap. XXVI, el personaje "Senectus Modeníssimus" (posible parodia de Valle–Inclán), enuncia una declaración de principios y quejas, amargado por nunca haber podido ingresar en la Academia:

"Treinta años llevo – como vosostros sabéis – nutriéndome del turrón castizo y absteniéndome de probar el galicismo, ese manjar tan delicioso y ligero de la cocina francesa [...] Vosotros sabéis los apuros que he pasado para no emplear ciertas palabras extranjeras que no tenían equivalentes en nuestro idioma y que yo no quería usar por no desmentir la famosa riqueza de nuestro sacrosanto Diccionario, y como enflaquecía a ojos vistas cuando a fuerza de sudores encontraba en nuestra lengua sinónimos como "amasamiento" por "massage" o inventaba vocablos nuevos, como el de *balompié*, que se ha hecho célebre y cuyo engendro me costó un ataque agudo de glosopeda. En toda mi vida, amigos míos, no he probado el champagne ni la cerveza por ser bebidas extranjerizas ni he hojeado un libro extranjero, ni he admitido en mis costumbres ciertos refinamientos, por hacer honor a una raza viril y sobria, raza de héroes y de santos" (p. 231).

De la misma manera que estas formas de regionalismo patriótico son condenadas por Cansinos, también lo son las formas equivocadas de un moderno cosmopolitismo que abunda en no menos clisés; declara el poeta:

"– Amigos míos, de ahora en adelante no seré ya Senectus, sino Modernissimus. Voy a desquitarme de todas mis privaciones antiguas. No probaré más el turrón castizo, causa de indigestiones. Voy a atracarme de galicismos y anglicismos. Diré *massage* y *factage* y *camouflage* y *foot–ball* y *garden–party*. Mirad, ya me siento más joven,

por la virtud de esas palabras nuevas. Siento que voy a fundar una
nueva estética. Sacudo la mugre antigua y empiezo a olvidar el Diccionario de la Lengua. Creo un léxico nuevo. *Fox–trot, camelot, flon–
flon* [...] ¡Oh, amigos míos, yo soy un poeta moderno!..." (p. 233).

Vimos hasta ahora como Cansinos–Assens, al sentir el agotamiento de las viejas escuelas, ataca todo aquello que represente formas estereotipadas de la tradición
literaria. Pero el centro temático de la novela reside no tanto en una acometida contra el pasado, sino en una demolidora crítica a los principios estéticos de la vanguardia en general y del ultraísmo español en particular, en todas sus posibles manifestaciones: tanto a la producción poética como a la estrategia del movimiento. Y a los
poetas participantes enmascarados por apodos y seudónimos, configurando una
temprana visión crítica de la así denominada "nueva sensibilidad".

Si Rimbaud propugnaba *il faut être absolument moderne*, y Pound se apoyaba en la
máxima del *make it new*, Cansinos arremete contra la modérnolatría y la novedad por
la novedad. En el capítulo "El Manifiesto V.P." "... el Poeta de los Mil Años no se
asombra de nada. Todo le parecía bien, con tal que fuese nuevo". Poundianamente,
afirma que los nuevos poetas "deformaban las cosas para verlas de un modo enteramente nuevo" (p. 18). Si el ataque al futurismo, movimiento fundador de los ismos del
siglo XX, ya no era una novedad en términos de crítica, lo innovador es la forma
novelesca adoptada por Cansinos para vehiculizarla: "En la inseguiridad del hallazgo
empezaban por destruir lo antiguo (p. 17) [...] Y los poetas, escuchándole, se
entregaban ardorosos a la tarea de destruir. Destruían el ritmo y la lógica,
decapitaban, descuartizaban sus rimas antiguas y sus inspiraciones de otro tiempo" (p.
18). El capítulo VIII es una especie de parodia del propio Manifiesto Técnico de la
Literatura Futurista de Marinetti (1912), cuyo primer mandamiento anuncia la
destrucción de la sintaxis: contra el adjetivo, el adverbio, las conjunciones y la puntuación. Libertar las palabras y mantener los verbos en el infinitivo (como modelo de
vitalidad semántica); tal era la palabra de orden marinettiana. Paródicamente, el
Poeta Más Joven (apodo adjudicado a Guillermo de Torre), pregona la abolición del
epíteto y del substantivo, y ordena: "¡Poetas! No empleéis mas que el infinitivo si
queréis conservaros eternamente jóvenes y modernos. Si empleáis el pasado, en-
vejeceréis al punto. En cuanto al pluscuamperfecto, ésa es ya la putrefacción". (p. 55)
Una de las caricaturas más logradas del espíritu moderno y las peripecias vanguardistas toma forma justamente en las imágenes grotescas del Poeta Más Joven. No en
vano Guillermo de Torre omite comentar *El Movimento V.P.* en su *Historia de las
Literaturas de Vanguardia* (aunque lo incluya en la bibliografía final), y no consigue
disfrazar en las entrelíneas un cierto rencor y menosprecio al hablar de Cansinos–
Assens.[2] A pesar de lo extenso de la cita, vale la pena reproducir la aparición
alucinada del Poeta Más Joven:

"Yo no puedo sentarme. Yo soy hijo de la hora más moderna y soy
esencialmente dinámico. Yo debo estar en pie, como una antena
transmisora, como la Torre Eiffel y como los velívolos [...] Acabo de

nacer, ya lo notaréis en el temblor de mis orejas vibrátiles [...] El movimiento V.P. me era ya conocido desde antes que surgiera [...] Sí, sí, en realidad yo he sido el primer poeta V.P. y por eso me sois simpáticos [...] No reflejáis bien la vida moderna, rafagueante, zigzagueante, centrífuga y centrípeta, vagarosa, tangencial y dehiciente [...] El arte moderno debe ser intersticial, ubicuo y anándrico, ¿comprendéis? Es preciso crear el poema extranovidimensional, el poema situado y actuado, el poema fílmico, simultáneo y cúbico. La clave de todo es el intersticio [...] Pero yo pertenezco a la era novísima: soy producto de la mecánica moderna, soy el hijo de Fémina aviadora y porvenirista. Anuncio el tercer sexo, el fruto andrógino e híbrido libre de todas las fatalidades ancestrales. Soy una anticipación del porvenir. Me han amamantado las dínamos poderosas y he mecido mi infancia en las cunas velivolantes. Vivo en las cuatro dimensiones y por eso soy intersticial. Mi figura, ¿no lo veis?, es una superposición de planos. Mirad: por debajo de mis brazos pasan los ríos. En el hueco de mi pecho palpita la ciudad: por mi costado desfilan las esquinas. Mis pupilas son un caleidoscopio prodigioso: mis orejas vibran como antenas, y al mover los pies transmito mensajes que descifran los aparatos radiotelegráficos de los buques en alta mar. Vosotros mismos estáis ahora acurrucados en el arco de mis cejas, de igual modo que el tiempo palpita en mi bolsillo. Bajo el arco de mis piernas pasa el mundo: la tierra gira alrededor de mi espina dorsal, raspa maravillosa que irradia en todas direcciones, y la naturaleza entera bebe el agua de mis ojos [...] Yo soy, en fin, el nuevo arte libre y taumatúrgico" (pp. 38–40).

Los temas caros a los primeros movimientos de vanguardia están aquí satirizados: la exaltación de la máquina futurista, la ubicuidad propuesta por el simultaneísmo, la aceleración temporal, el multiperspectivismo cubista, el fervor urbano de un Verhaeren – en fin, todo el repertorio de la modernolatría vanguardista. Tampoco se salva el poema moderno, del que se satiriza la página en blanco y el silencio mallarmesco:[3]

> "Después de todo, ¿para qué sirven las palabras? Para nada amigo mío. Lo admirable es hacer una estatua de aire y un poema de silencio. Creo que el poema verdaderamente moderno sería aquel que estuviese todo en blanco" (pp. 35–36).

Con el pasaje de los viejos a los nuevos temas, el clásico diván decadentista va a ser substituido por un asiento más a tono con la moda: el "diván helicoidal", lugar de inspiración de los jóvenes poetas; las estrellas reemplazadas por cohetes y aeroplanos, la luna por hielo en barra para vendedores de refresco, los ríos por rascacielos y los pinos por modernas Torres de Babel (p. 19). En el capítulo "En el jardín del ayer" una pareja clásicamente romántica pasa por un profundo cambio y desintegración, cuando la repentina conversión del Poeta del Ayer, que en un santiamén deviene el Poeta del Mañana y del Pasado Mañana. El diálogo de los amantes retrata justamente los valores en crisis:

> "– Pero, y mi vientre fecundo, ¡oh, amado! ¿Y la esperanza de mi matriz? ¡Mi matriz!
> – ¡Oh vana seducción del nombre! ¿Qué puede ofrecerme tu matriz, insuficiente *cyclostyle*, sucio velo de Verónica? ¿Qué puede ofrecerme sino esa pobre copia de un poema, en la que no se pueden subsanar las erratas? Yo prefiero las grandes rotativas que multiplican hasta lo infinito un verso mío, en su entraña vertiginosa, ante la cual comadrones numerosos se agitan parteándola con manos que nunca salen vacías. Tu entraña insuficiente sólo me brinda un plagio más de algún ensueño antiguo; conocemos ya el arte de ese troquel milenario y sabemos hasta sus yerros posibles. El simio peludo que a veces nos brinda, no es ninguna novedad" (pp. 49–50).

Hay ciertos movimientos internos de los personajes: los que se convierten al Movimiento V.P., los disidentes, y los que retornan, que apenas mencionaremos. Importa resaltar que el grupo de la Cripta del Pombo, congregado en torno a Ramón Gómez de la Serna, tampoco escapa a la crítica mordaz de Cansinos. Ellos son los "jóvenes poetas viejos", implacablemente ironizados en el cap. XXV. Había, entre el grupo de Ramón y el de Cansinos–Assens, un declarado antagonismo. El cap. XXVII enfoca el surgimiento de un nuevo grupo que representa la extrema izquierda del Movimiento V.P.; es el "V.P. reforzado", en cuya producción aparecen fragmentos francamente surrealistas: una especie de post–vanguardia o hiper–vanguardia. Cabe asimismo referir la parodia de Sonia Delaunay, que pasó esos años en Madrid, que la novela disfraza bajo el apodo de Sofinska Modernuska: "una pintora modernísima [...] [que] ha ideado un nuevo systema de pintura, utilizando el chocolate como principal elemento cromático" (p. 164).

De esta ya extensa descripción de la novela, conviene resaltar ciertos vínculos con Hispanoamérica. Sabemos que hubo dos responsables por la introducción de las novedades estéticas en Madrid. Por un lado Vicente Huidobro, que venía de París imbuido del repertorio cubo–futurista, y por otro lado Borges, que llegaba de Ginebra, donde había tomado contacto con el expresionismo alemán. Borges se tornó amigo y discípulo (según él) eternamente agradecido de Cansinos. Permanece en Madrid de 1918 a 1921, y publica sus poemas ultraicos en las revistas que dieron acogida al Ultraísmo; aún así, y por extraño que parezca, Borges no está presente en la novela. Lo contrario sucede con Huidobro, aludido bajo el pseudónimo de Renato, el poeta de las trincheras. No hay duda de que es él; trae su última obra *El triángulo redondo*, evidente parodia al libro de poemas *Horizon Carré*. Pero lo importante es que en el último capítulo de *El Movimiento V.P.*, el Poeta de los Mil Años, solo, abandonado y acosado por todos los grupos, es salvado por Renato, que llega en un aeroplano, y juntos van hacia América: "Vente conmigo a mi América, donde está la hora futura", dice Renato/Huidobro:

> "– Sí; vamos a América. Siempre suspiré por esa tierra virgen, que es como una Europa redimida. Siempre sentí la nostalgia de esa América joven que sacrifica sus ojos por leernos y cuyas gafas prematuras son santas, de ese continente que en otro tiempo enviaba troncos aromáticos al encuentro de las carabelas y hoy envía libros nuevos al encuentro de los transatlánticos. América es la otra mitad de la cara del mundo, la otra tabla de la ley, el otro pedazo del sudario de Cristo" (pp. 255–256).

Mal sabía Cansinos que el retorno de Borges a la Argentina en 1921 significaría la fundación del Ultraísmo en Buenos Aires. Sin duda un capítulo profético, si miramos hacia atrás, y vemos lo que han significado el creacionismo chileno, el ultraísmo argentino, el estridentismo mexicano y otros ismos que han cruzado América Latina. Profético también pues ha sido Borges y cierta crítica hispanoamericana que durante todos estos años han insistido en rescatar a Cansinos del olvido.

Pero establecer los vínculos entre Borges y Cansinos–Assens es un trabajo en parte ya realizado. En un excelente ensayo "Cansinos–Assens y Borges: en busca del vínculo judaico", Edna Aizenberg (1980: 543–544) afirma:

> "Cansinos y Borges, ambos gentiles, ambos descubridores de (posibles) ascendientes conversos (Cansinos/Acevedo), ambos conscientes, orgullosos portadores de esta (probable) herencia judaica en ambientes no siempre favorables a tal postura.
>
> Rafael Cansinos–Assens y Jorge Luis Borges: omnívoros lectores, sensibles poetas, penetrantes ensayistas, hábiles traductores, fervientes "judíos". La serie descriptiva no es un caprichoso *pastiche*: los componentes se relacionan y se entrelazan."

Lo que nos interesa aquí es justamente mostrar otro vínculo que los une: la actitud análoga de Cansinos y Borges en relación a la vanguardia. Los dos son fundadores del mismo movimiento: uno en Madrid, en 1918, el otro en Buenos Aires, en 1921. Este mismo año es publicado *El Movimiento V.P.*, dando prácticamente las espaldas a la vanguardia. Borges por su parte será también uno de los primeros críticos del movimiento por él mismo fundado. Y así como en la obra de Cansinos no encontramos prácticamente huellas vanguardistas, Borges, en su primer libro de poemas, elimina en su mayor parte la imaginería exaltada por el ultraísmo, y por él mismo postulada en el ensayo del mismo título (Borges 1921). En el artículo "Para la prehistoria Ultraísta de Borges", Guillermo de Torre (1964: 6) denuncia justamente este aspecto:

> "... cuando Borges publica [en 1923] su primer libro poético (*Fervor de Buenos Aires*), excluye, salvo una, todas las composiciones de estilo

ultraísta, acogiendo únicamente otras más recientes, de signo opuesto o distinto. De ahí mi asombro, y el de otros compañeros de aquellos días, al recibir tal libro, y no tanto por lo que inluía como por lo que omitía."

Se delinea un Borges radical en un momento, pero que mantiene la distancia necesaria para no marcar su obra como producto de un "ismo" (como sucedería con *Hélices*, de Guillermo de Torre, o *Prismas*, de González Lanuza). La duda que puede y debe haber marcado a Borges, y que define una opción final de la cual nunca más se desdijo, aparece también con insistencia en las imágenes del Poeta de los Mil Años. Dos de los capítulos, denominados por igual "Intermedio Lírico" (IX y XII), tienen justamente por función mostrar la duda entre el rechazo de toda una tradición, y la opción por un modelo absolutamente moderno:

> "Entre los poetas viejos, he parecido siempre un cantor del futuro;
> y entre los poetas jóvenes, he parecido un contemporáneo de los bardos remotos" (p. 103).

Sabemos que Cansinos, así como Borges, opta por el discurso de la historia, el apego a la tradición, la evocación de los mitos, el humor crítico, la fina ironía. Existe la sensibilidad para lo nuevo, y a ello ambos se entregan inicialmente con fervor, pero los dos con desconfianza. En el cap. III, que trata de la publicación del Manifiesto V.P., ya notamos la distancia prudencial de Cansinos:

> "Y en el acto redactaron el manifiesto y lo firmaron todos, menos el Poeta de los Mil Años, el cual se abstuvo por una razón de prudencia" (p. 24).

Cansinos es también lo suficientemente sagaz para percibir que la nueva escuela marca también una nueva historia – y que toda nueva forma implica necesariamente un contenido renovador. Uno de los diálogos más sorprendentes de la novela discute justamente el binomio "forma vs. ideología", una formulación sin duda avanzada para la época:

> "– Pero, en fin, todo eso se reduce, en suma, a un mero asunto de forma. El nuevo movimiento carece de una ideología.
> – En arte, amigo mío, es todo asunto de forma. Si la forma no le interesa, lea usted entonces libros de filosofía o de ética. *Pero esa forma es indicio siempre de una ideología* y obra sobre usted como una metafísica. Hay flores cuya aparición marca una era geológica" (p. 118, lo cursivo es mío).

Las palabras que Guillermo de Torre (1964: 5) usa para definir a Borges, son también aplicables a Cansinos–Assens:

"el escritor fue influído probablemente por varios factores: una actitud de desconfianza innata hacia todo lo afirmativo y una inclinación contraria hacia las dudas y perplejidades, tanto de índole estética como filosófica."

Dudas y perplejidades acaso sedimentados durante los años de aprendizaje, en los memorables y rememorados diálogos entre Cansinos y Borges. Difícilmente sabremos el motivo de la exclusión de Borges de *El Movimiento V.P.* – pero podemos arriesgarnos a suponer que Cansinos intuyó – entre tantas otras cosas – que se encontraba frente a otro Poeta de los Mil Años.

NOTAS

1 Rafael Cansinos–Assens, *El Movimiento V.P.* (Novela). Madrid: Hiperión, 1978. Reedición facsímil del original de 1921. Madrid: Mundo Latino. En adelante haremos uso de esta reedición. Llamamos también la atención para la excelente introducción de Juan Manuel Bonet, "Fragmentos sobre Rafael Cansinos–Assens y *El Movimiento V.P.*, pp. VII–XLI.

2 Ver en este sentido, de Guillermo de Torre, "Evocación de un olvidado: Cansinos–Assens", en *Las metamorfosis de Proteo*. Buenos Aires: Losada, 1956. Gloria Videla ha restaurado sin duda la importancia de Cansinos como propulsor del Ultraísmo español, en *El Ultraísmo*.

3 Llamamos la atención para el hecho sorprendente que la primera traducción de *Un coup de dés* de Mallarmé, de 1897, fue publicada por Cansinos–Assens, *Una jugada de dados* en la revista *Cervantes*, Madrid, en 1919. De ahí estas observaciones sobre el silencio y el blanco de la página como características de la poesía moderna.

BIBLIOGRAFIA

Aizenberg, Edna
  1980   "Cansinos–Assens y Borges: en busca del vínculo judaico". En *Revista Iberoamericana*, 112/113: 533–544, Pittsburgh.

Borges, Jorge Luis
  1921   "Ultraísmo". En *Nosotros*, 151, Buenos Aires.
  1984   "Borges em São Paulo". En Elza Miné da Rocha e Silva (ed.): *Boletim Bibliográfico Biblioteca Mário de Andrade* (Número especial dedicado a Jorge Luis Borges), v. 45 n. (1/4). São Paulo.

Cansinos–Assens, Rafael
  1978   *El Movimiento V.P.* (Novela). Madrid: Hiperión. (Reedición facsímil del original de 1921. Madrid: Mundo Latino).

Torre, Guillermo de
  1956   "Evocación de un olvidado: Cansinos–Assens". En *Las metamorfosis de Proteo*. Buenos Aires: Losada.
  1964   "Para la prehistoria ultraísta de Borges". En *Cuadernos Hispanoamericanos*, 169: 5–15. Madrid.
  1967   *Apollinaire y las teorías del cubismo*. Barcelona: Edhasa. (Primera edición de 1946).

Videla, Gloria
  1971   *El Ultraísmo*. Madrid: Gredos (Primera edición de 1963).

A propósito de "La Casa de Asterión" de Borges

Donald Leslie Shaw
University of Edinburgh

Si echamos una ojeada a la crítica sobre los cuentos de Borges, notamos en seguida que en la mayoría de los casos se trata de crítica esencialmente interpretativa. Y no hay por qué quejarse de eso; pues en la base de todo enfoque válido de un cuento borgesiano tiene que existir una cabal comprensión de su significado o de sus significados. De lo que sí cabe lamentarse es de la postulación frecuente de interpretaciones que no toman en consideración elementos importantes del cuento que se pretende interpretar, y más todavía, de la tendencia de los críticos a preocuparse casi siempre de cuestiones de significado con exclusión de todo análisis de la técnica.

"La Casa de Asterión" ofrece un ejemplo particularmente ilustrativo de la situación que acabo de señalar. Wheelock (1969: 27) afirma que "... the narrator, Asterion, is the idealist consciousness and [...] the labyrinth he lives in is the conceptual universe," es decir, su propia mente. Paoli (1977: 131) cree por su parte que "... l'escluso Asterión [...] assume una funzione disignificante dell'inconscio, del censurato, delle latenze sociali," es decir, simboliza la parte socialmente inaceptable de nosotros mismos o de nuestros prójimos. Rodríguez Monegal (1983: 108) reconoce que Asterión es "un ser monstruoso" y lo relaciona con el hombre, pero sin desarrollar la idea. Quizás la interpretación más autorizada pertenece a Alazraki (1976: 199) para quien Asterión simboliza al hombre en general y su laberinto corresponde a la construcción fabricada por su intelecto que para él es la realidad. Dicho de otra manera, el laberinto de Asterión representa nuestro modo de imponer un orden al puro flujo caótico que, bien mirado, es lo que percibimos a través de los sentidos. McMurray (1980: 24) clarifica este concepto un tanto abstruso al escribir con cierta cautela que "Asterion conceivably represents modern man who, finding himself alone and insecure in the chaotic labyrinthine universe, builds his own, more comprehensible labyrinth. This Asterion's house becomes a metaphor of culture, that is, man's concept of reality..."

Ahora bien, al examinar estas diversas interpretaciones, que más o menos identifican a Asterión con el hombre y su laberinto con la realidad, saltan a los ojos una serie de elementos que no cuadran bien. Si el laberinto, por ejemplo, representa la realidad, ¿cómo es que sus puertas quedan abiertas? ¿Qué es lo que existe afuera? ¿Quiénes son los seres humanos que Asterión encontraba al salir del laberinto? ¿Cómo se puede salir de la realidad? ¿Por qué Asterión anhela tener un compañero en el laberinto? Finalmente, si Asterión simboliza al hombre ¿quién es Teseo?

Más vale volver al texto mismo. La frase–clave, y la que ha dado origen a las dificultades es "La casa [es decir, el laberinto] es del tamaño del mundo; mejor dicho, es el mundo." A primera vista la conclusión se impone de que, si el laberinto es el mundo,

Asterión forzosamente tiene que simbolizar al hombre ... Pero ¡atención! ¿qué tipo de hombre? Ya vimos que no puede representar a la humanidad entera, puesto que la "plebe", la "gente", el "vulgo" fuera del laberinto son también hombres y mujeres. ¿Cuál es la diferencia? Sencillamente, que ellos son normales y Asterión es un monstruo. Es decir, según nuestro criterio, Asterión y el nazi arquetípico Zur Linde que figura en otro cuento escrito casi al mismo tiempo, "Deutsches Requiem", representan el lado monstruoso del hombre, simbolizan al hombre totalmente perverso, al hombre que encuentra en la maldad la manera de estructurar su existencia personal, al hombre que prefiere un orden monstruoso, cruel y arbitrario a un mundo sin orden. Asterión, el monstruo, habita un mundo de maldad. Es un mundo vacío, inútil, monótono y no del todo comprensible. Finge preferir este mundo al mundo normal, pero en realidad es consciente de su "otredad", de su diversidad. Anhela explicar su mundo a otros, encontrar a otros dispuestos a compartir su mundo atroz. Cuando se muestra fuera de su mundo, encuentra las reacciones clásicas de la gente ante toda figura semejante, Nerón, Calígula, Hitler: temor, hostilidad o adoración. Mientras tanto la parte humana de su ser monstruoso anhela la liberación de la monotonía y la inutilidad de la maldad, y rechaza la hueca satisfacción de proclamarse superior a los seres normales. Asterión ha escogido su "construcción", su forma de "orden", pero desea ardientemente liberarse del mundo de la soledad al que le relega.

Así llegamos al problema en cierto modo más difícil: ¿quién es el "redentor"? Wheelock (1969: 28) ve en Teseo "a redeemer who can deliver man from the confusing complexity of consciousness." McMurray (1980: 24) lo identifica con la Muerte, que ofrece "a welcome deliverance from this absurdity." Nosotros creemos que hay que fijarse en la palabre misma "redentor", que inevitablemente sugiere la figura de Cristo. Interpretamos la conclusión del cuento como una variación del mito cristiano, teniendo en cuenta que Borges es ateo. Para un cristiano fue Cristo quien murió para redimir al hombre, concebido como esencialmente bueno pero accidentalmente contaminado por el pecado original. En el cuento de Borges el redentor mata al hombre–monstruo, esencialmente malo, para salvar a los demás hombres. Reconocemos que tal interpretación puede resultar poco convincente. Sin embargo, si aceptamos con Alazraki y otros que Asterión simboliza al hombre, difícilmente vamos a separar un eventual "redentor" del contexto del mito cristiano.

Pasemos ahora al aspecto técnico del cuento. Es decir, a lo que menos se estudia en lo que se refiere a la prosa de Borges. Hay que hacer hincapié en que todo cuento de Borges es un mecanismo, un artefacto artístico en el que todos los elementos están puestos a causa de su funcionalidad. Aquí, por ejemplo, el comienzo del cuento se revela ejemplar. Alguien cuenta en primera persona, pero no sabemos quien es. Una voz desconocida hace afirmaciones extraordinarias en un tono quejumbroso e indignado. Con grandísima eficacia Borges se apodera de nuestra atención mediante la técnica del escondido. Salvo que, y hay que tenerlo bien presente, cada uno de los elementos del primer párrafo funciona no sólo como parte de la auto–presentación del narrador, sino también como parte del simbolismo del texto. Y las dos funciones están en perfecto equilibrio.

A este punto lo que le interesa primordialmente al lector es la identidad del narrador. Es decir, el cuento funciona como un rompecabezas o como un acertijo, y es así que sostiene nuestro interés. Se trata de una técnica de postergación sistemática, seguida por la solución: Asterión es el Minotauro. El lector más o menos culto tendrá sus sospechas desde temprano, pero seguirá leyendo para confirmalas. Al lector menos familiarizado con el mundo clásico se la proporciona la solución al final. En ambos casos sacaremos cierta satisfacción del proceso de ir enterándonos de lo que ignoramos al principio. El cuento emplea el modelo del acertijo porque el mundo para Borges constituye un acertijo. La técnica simboliza el tema; la forma subraya el fondo.

Sin embargo, hay que precaverse. Borges no escribe para el lector pasivo sino para el lector alerta. Pero aquél, una vez que ha descubierto que Asterión es el Minotauro, ha dado con la solución. Todo queda claro. Se relaja. Y se equivoca. En cambio, el lector alerta relee el cuento (¡siempre hay que releer los cuentos de Borges!) para ver si, ahora que cree haberlo comprendido, se le ha escapado algo. Y hace un descubrimiento interesante. Desde la tercera frase del párrafo inicial el cuento se bifurca. Por una parte nos fascina el misterioso narrador; por la otra, su igualmente misteriosa morada. Ahora, si Asterión es el Minotauro, ¿qué significa su casa? Reparemos en que el cuento no se llama "Asterión y su Casa" sino "La Casa de Asterión"; y Borges lo hace todo intencionadamente. Entonces, habiendo solucionado un acertijo, se nos presenta al instante otro, más difícil.

Los indicios que nos señalan la identidad del narrador resultan claros, como la solución misma del acertijo. Y si no los comprendemos, se nos proporciona la solución al final. Es como si leyésemos un relato decimonónico en el que todo finalmente encaja perfectamente. Queda implícita la idea de que comprendemos el relato, los personajes, nuestra propia sicología y el mundo exterior. Pero los indicios relacionados con el segundo acertijo, (¿y qué significa la *casa* de Asterión?), resultan extremamente ambiguos. Es como si, tras haber reforzado nuestra confianza en nuestra capacidad de entender, Borges nos hubiera echado una ágil zancadilla. Eso significa, claro está, que lo que comprendemos, con o sin esfuerzo, es sólo la superficie de la realidad. Lo que se esconde por debajo de este nivel superficial resulta mucho más incomprensible. La contraprueba la ofrecen las diversas interpretaciones de Alazraki, Paoli, Wheelock, McMurray y otros.

Luego, característicamente en medio de un párrafo, sin previo aviso, todo cambia otra vez. "La Casa de Asterión" consta de sólo seis párrafos. Al leer el cuento por segunda o tercera vez, se nos ocurre que los cuatro primeros forman como una secuencia más o menos descriptiva de la situación del narrador. Pero luego ocurre algo nuevo: penetran otros seres en el laberinto. De pronto topamos con las palabras "mi redentor", palabras que no tienen que ver para nada con el mito clásico del monstruo cretense. Resulta que, al reconocer en Asterión al Minotauro, tuvimos la sensación (falaz) de haber dado con la solución del misterioso cuento. Pero no: luego tuvimos que enfrentarnos con el significado del laberinto. Y cuando habíamos sacado algunas conclusiones acerca de este problema, de nuevo parecía que habíamos comprendido el significado del cuento. Tampoco. Ahora nos toca preguntarnos por qué

Teseo se manifiesta a Asterión nada menos que como un "redentor", pero un redentor que en vez de morir, mate.

Hemos sugerido una solución. Pero mucho más importante es la estrategia narrativa que he tratado ahora de explicar. El cuento funciona como una caja china: un acertijo lleva a otro y luego a otro, y cada uno resulta más difícil del anterior. Cada fase del cuento enmarca la próxima y se nos lleva de una a otra sin que nos demos cuenta. El todo constituye una metáfora de la visión del mundo que tiene Borges: es un secreto dentro de un misterio dentro de un enigma. Conforme solucionamos los misterios más fáciles de la existencia humana, se nos presentan otros más enigmáticos todavía.

Para concluir: lo que sobre en la crítica de Borges son interpretaciones. Las hay, a veces harto confusas y contradictorias, muchas veces por no haberse atenido a los detalles del texto. Espero haberlo demostrado. Lo que falta son análisis, orientados sobre todo a mostrar que el estudio de la técnica misma, como en el caso de "La Casa de Asterión", a menudo nos proporciona utilísimos indicios acerca de la comprensión de Borges.

BIBLIOGRAFIA

Alazraki, Jaime
    1976   *Jorge Luis Borges*. Madrid.

McMurray, George
    1980   *Jorge Luis Borges*. Nueva York.

Paoli, Roberto
    1977   *Borges. Percorsi di significato*. Messina – Florencia.

Rodríguez Monegal, Emir
    1983   *Borges por él mismo*. Barcelona.

Wheelock, Carter
    1969   *The Mythmaker*. Austin y Londres.

Onetti y el palimpsesto de la memoria

Hugo J. Verani
University of California, Davis

Dejemos hablar al viento (1979) es la consecuencia lógica del mundo onettiano, el libro destinado a cerrar la saga de Santa María, reelaboración autoconsciente y paródica de las convenciones de su propia narrativa.[1] La novela es una vuelta a un marco común de referencias, a la veta madre. *La vida breve* (1950) es, como se sabe, el libro fundante, generador de nuevas ficciones. Desde entonces, la autorreferencia textual es una constante muy acusada de la narrativa de Onetti; hacer literatura de la literatura, exponer deliberadamente el artificio de la ficción es un procedimiento que se agudiza a partir de *Juntacadáveres* (1964) y es llevado a sus últimos extremos en *Dejemos hablar al viento*, la novela de Onetti más consciente de sus propios mecanismos narrativos, un texto que no deja de aludir a su condición de texto. De hecho, la novela absorbe y reescribe historias ya contadas y presupone un lector familiarizado con los relatos escritos por el autor desde la publicación de *El pozo* en 1939.

En *Dejemos hablar al viento* los modos de autorreferencia se dan tanto a nivel léxico, sintáctico, semántico como estructural; van desde la cita literal a la alusión, de la reescritura de tramas anteriores al uso de procedimientos imaginativos usuales o sintagmas familiares que desencadenan una asimilación metafórica entre distintas historias o personajes, un parentesco que responde a una intención lúdica y paródica. La intertextualidad principal consiste, como veremos, en la reformulación del modelo ejemplar de la narrativa de Onetti, el de *La vida breve*.

La cita literal o paréntesis reflexivo es el procedimiento más explícito de la producción del relato como reminiscencia de otros textos. En *Dejemos* reaparecen párrafos de *El pozo*, de *La vida breve*, de *Juntacadáveres* y el cuento "Justo el 31", íntegro, que recupera en la novela su contexto previamente escamoteado.[2] *El pozo* constituye el foco originario del mundo novelístico de Onetti y la transcripción del primer párrafo (con una modificación significativa, el cuarto de Eladio Linacero es ahora el taller de Medina en el Mercado Viejo), sugiere que las pautas que gobiernan la clausura del mundo onettiano fueron instauradas ya en la apertura, cuarenta años antes: la marginalidad y sordidez en un ámbito en desmoronamiento, sólo corregible mediante proyecciones imaginarias. El fragmento de *La vida breve*, en manos del resucitado Larsen, es el acta de fundación de Santa María, una incitación de Larsen a Medina a que invente su propia realidad, si cuenta con "la gracia de Brausen" (p. 79). El párrafo de *Juntacadáveres* que trascribe, la reflexión sobre la creación de Santa María, recuerda, precisamente, que Brausen ha inventado un territorio de su propiedad y que escribir es un posible camino de salvación.

La intercalación de fragmentos de su obra anterior, extemporáneos al relato, es, naturalmente, deliberada; privilegia el artificio de un discurso diegéticamente autoconsciente y converge en un solo fin: subvertir la idea de la obra como un todo autosuficiente y abrir nuevas dimensiones fictivas en el relato, en un espacio donde todo es literatura, como si Onetti buscara la autorreferencialidad total.

Las inserciones autorreflexivas contribuyen, asimismo, a revelar una práctica narrativa donde se soslaya la lógica representativa y se expone la propia condición de invento de un mundo sujeto a la voluntad de Brausen. La reiterada mención de Brausen nos alerta a la presencia del intertexto, invoca un contrato con el lector. La estatua de Brausen, el "Fundador" de Santa María, que adorna la plaza central de la ciudad, rivaliza ahora con un gran letrero, mustio y pálido, a la entrada de la ciudad: "ESCRITO POR BRAUSEN" (p. 147). Al mencionarse el cartel en el momento en que Medina "entra" en Santa María vislumbramos, de inmediato, que se postula la naturaleza de palimpsesto del texto que estamos leyendo. El ubicuo Díaz Grey propone, explícitamente, al tener conciencia de su condición de personaje, que la única realidad es la textual:

"– Doctor – preguntó Medina, al despedirse –. ¿Usted conoce a un sujeto al que llaman el Colorado? Lo he visto merodear por aquí. Y algo me dijeron.
– Oh, historia vieja. Estuvimos un tiempo en una casa en la arena. Tipo raro. Hace de esto muchas páginas. Cientos" (p. 200).

Y agrega: "Varios libros atrás podría haberle dicho cosas interesantes sobre los alcaloides – dijo el médico, alzando una mano –. Ya no ahora" (p. 200). Díaz Grey alude, respectivamente, a sucesos de "La casa en la arena" (1949) y *La vida breve*.

Toda narración entreteje dos discursos, la historia narrada y otra subyacente. El discurso de *Dejemos* es engañosamente denotativo y despojado, pero el subtexto importa más que el desarrollo de una historia concreta. Onetti practica un arte de reticencias, de sobreentendidos, de alusiones y de verdades no dichas, suspende la denotación para liberar lo que no admite representación. Es que, advierte Díaz Grey, muchos libros antes, en *Para una tumba sin nombre* (1959), "la verdad que importa no está en lo que llaman hechos" (p. 1012), palabras que hacen eco con otras muy conocidas y tempranas de Eladio en *El pozo*, "los hechos son siempre vacíos, son recipientes que tomarán la forma del sentimiento que los llene" (p. 64), y aún con otro enunciado, más reciente, de "Matías, el telegrafista" (1971): "Para mí, ya lo saben, los hechos desnudos no significan nada. Lo que importa es lo que contienen o lo que cargan" (p. 369). La novela privilegia una lectura paradigmática, requiere que el lector entre en el juego de reconocer los procesos ya elaborados, las referencias a escenas y comportamientos que reaparecen parodiados, e integrar la historia de Medina, el último soñador, en el sistema literario del autor.

Al reescribir tramas anteriores, Onetti parece querer inventariar fragmentos dispersos de una historia total. Onetti nos tiene acostumbrados a la repetición de sucesos y enunciados y a las reapariciones de personajes, a que su discurso narrativo continúe o modifique discursos anteriores, refractándose en ellos. Uno de los motivos recurrentes de su narrativa, el enfrentamiento del mundo de los adultos y de los jóvenes, tópico esencial de "Bienvenido, Bob" (1944) y de "Jacob y el otro" (1961), adquiere en *Dejemos* una nueva y degradada variante, impregnada de cruel perversidad: ni los jóvenes mantienen ya ilusiones o ideales. La protección del supuesto hijo de Medina, Julián Seoane, unido y separado de él por una mujer, Frieda, la prostituta amante de ambos, es el aparente móvil del relato, conflicto matizado de odio y violencia, que concluye en Santa María en falsa amistad, en la mutua degeneración. Onetti prefigura, con una alusión críptica, un guiño irónico al lector, el previsible fin de Julián. La madre, María Seoane, comenta, la primera vez que menciona al hijo: "Por desgracia lo bauticé Julián y años después me dijeron que era nombre yeta" (p. 30). Una primera lectura ingenua no permite entrever la ironía de Onetti; no se le asigna importancia a un comentario aparentemente superfluo. El nombre trae mala suerte, en efecto, porque Julián era el cajero prófugo, hermano del narrador de *La cara de la desgracia* (1960), ladrón y suicida, doble destino del nuevo Julián; ladrón, por haber robado la pistola de reglamento del padre; y suicida, por ser el principal sospechoso del asesinato de Frieda.

Onetti reescribe otro episodio muy conocido de su narrativa, el motivo central de "El infierno tan temido" (1957), la venganza de una mujer que le envía a su marido, a quien había abandonado, fotos obscenas de ella, desnuda y con un hombre siempre distinto. En *Dejemos*, la venganza es más refinada: Medina pinta un desnudo al óleo de Olga para enviárselo a la novia de su ex amante en el día de bodas. Otras secuencias revelan la permanencia de motivos y la importancia que les adjudica el autor. Juanina inventa y le "vende" a Medina el cuento del embarazo y la tía malvada que la había abandonado, como Rita inventa y "vende" la farsa diaria, el cuento de la viajera desamparada, sin dinero para regresar a casa de su tía en *Para una tumba sin nombre*. Medina se impone el compromiso de proteger a Juanina, como Jorge Malabia había hecho con Rita; ambos aceptan, sin convicción verdadera, la fatalidad de representar el papel que se habían impuesto, la deliberada mentira, fundamento del hombre onettiano. En *Juntacadáveres* Marcos Bergner va a "matar" a Larsen, por regentar un prostíbulo, pero se queda a vivir con él; en *Dejemos* Medina va a "arrestar" a un poderoso contrabandista, el Pibe Manfredo, pero se fuga con él de Santa María, actos desconcertantes y aparentemente arbitrarios, que responden, sin embargo, a una misma motivación, cara a Onetti: la admiración de fracasados (Marcos había fracasado con el falansterio y Medina como comisario), por el mundo "perfecto" que Larsen y el Pibe Manfredo han creado. Se persiste en un lenguaje relacionado con la impostura (mentir, fingir, imaginar, inventar, juego, farsa), en consonancia con la construcción de mundos ilusorios. Se reiteran sintagmas significativos de otras novelas; la sonrisa torcida de Brausen en *La vida breve* (pp. 476, 624) y de Larsen en *Juntacadáveres* (pp. 871, 868), ha sido heredada por Julián Seoane: "Seoane estaba en el centro de la habitación, defendiéndose con una sonrisa torcida" (p. 179). Larsen, humillado siempre, le agradece a Medina por no haberlo tuteado en el pasado sanmariano, por tratarlo de igual a igual (p. 140), sin saber que repite palabras de Jorge Malabia, adolescente inseguro y humillado en *Para una tumba sin nombre*, cuando se dirige a Díaz Grey: "Además, tengo que darle las gracias por no tutearme" (p. 997). Medina se acomoda de perfil (p. 196), postura típica de Brausen en *La vida breve* y de Larsen en textos anteriores, y aún en la novela que leemos, cuando Medina y Larsen se encuentran por única vez: "Fue a sentarse en la silla que yo había usado para escribir mi carta; la hizo girar para darme el perfil" (p. 140), comenta Medina. La introducción de ambos, al sesgo, anteponiendo la apódosis a la prótasis, usualmente en grupos binarios de atributos, suele ser semejante.[3]

El trabajado juego de involuciones es, hacia el final de la novela, más tendenciosamente paródico, al ponerse en contacto al lector con una imagen *leída* del autor, como el Juez de Santa María llamado a investigar el crimen de Frieda y el suicidio de Julián. Onetti se ficcionaliza y se describe a sí mismo en la versión que Brausen da en el instante preciso en que se inicia el itinerario sanmariano. En *La vida breve*, Brausen había retratado, de paso, al hombre con quien compartía la oficina en la agencia de publicidad donde trabajaba: "Se llamaba Onetti, no sonreía, usaba anteojos, dejaba adivinar que sólo podía ser simpático a mujeres fantasiosas o amigos íntimos [...] el hombre de la cara aburrida [...] No hubo preguntas, ningún síntoma del deseo de intimar; Onetti me saludaba con monosílabos a los que infundía una imprecisa vibración de cariño, una burla impersonal" (p. 607). En *Dejemos* la alusión oblicua a esa escena es un modo más de afirmar que todo es invento, simulacro, mentira: "Ahora estaban frente a frente y Medina recordó la imagen huidiza de alguien visto o leído, un hombre tal vez compañero de oficina que no sonreía; un hombre de cara aburrida que saludaba con monosílabos, a los que infundía una imprecisa vibración de cariño, una burla impersonal" (p. 248). La construcción en abismo transgrede las fronteras del mundo novelesco para saltar al de la realidad, demostrando, nuevamente, que todo ha sido manipulado, que todo es, a fin de cuentas, ficción.

En *Dejemos* se reitera, una vez más, el diseño dominante de la narrativa de Onetti: la toma de conciencia del envilecimiento de la existencia humana, la futilidad de toda tentativa de comunicación y el enajenamiento radical conducen al individuo a proyectarse en ámbitos anhelados, a compensar su marginalidad con el desplazamiento de la "realidad" a la "ficción" (Verani 1981: 62). Medina es el último de una larga serie de soñadores desamparados, digno epígono de la estirpe de Eladio Linacero, de Brausen, de Petrus, de Larsen y de tantos otros condenados a reconstruir el pasado mediante el acto de escritura, a fundar un espacio mental que sustituya y corrija el mundo.

En la primera parte, en Lavanda, Medina vive acosado por el fracaso y comparte con los demás exiliados de Santa María la nostalgia y la obsesión del regreso a un pasado irrecuperable. Son visiones arraigadas en Onetti: la pérdida de vínculos y la evocación del pasado. Hostigado por la pobreza, el alcohol, la decrepitud y la sordidez, se entrega al juego de simularse preocupaciones, de fingir amor y amistad, al simulacro de fe en la vida, se empeña, en fin, en creer en la importancia de lo que está haciendo. Pero sus actividades son una serie de actos o peregrinaciones carentes de sentido que sólo sirven para matar el tiempo. La vocación de Medina, como Larsen, su hermano mayor, era creer en "la necesidad de luchar por un propósito sin tener verdadera fe en él y sin considerarlo un fin". (*Juntacadáveres*: 821). Sin convicción alguna, como simple rito o costumbre, mezclando un confuso rencor con indiferencia por las vicisitudes de la vida, Medina se fragua una misión: salvar a su posible hijo Julián del alcoholismo, las drogas y la vida abyecta con Frieda.

Todo protagonista de Onetti acaba humillado, cae en una progresiva corrupción moral. Como en tantos otros relatos anteriores, *Dejemos* es una crónica de humillaciones, de desamor, de fracasos y de incomunicación. Medina es humillado por tres mujeres, tres figuras que unen pasado, presente y futuro; María Seoane, su amante de 20 años atrás, quien pone en duda si él es el padre de Julián; Frieda, quien lo mantiene, amante suya y a la vez de Julián; y Juanina, la adolescente de la playa, su última oportunidad de amar, quien basa la relación en una mentira, el embarazo inexistente, y termina también ella convirtiéndose en amante de Frieda, la "puta ambidextra" (p. 180); es, además, despreciado por su supuesto hijo, quien destruye sus ilusiones paternales, y fracasa en los diferentes oficios que contrae: comisario, dibujante, médico, enfermero, pintor. Medina vive destinos intercambiables; su identidad es incierta y ambigua, encubierta por fluctuantes y elusivas máscaras: "Con las insinuaciones de desnudos volví a sentir una reiterada mentira: que era otro, que pintaba de manera distinta y mejor" (p. 97). El empeño de ser otro, de asumir otra personalidad, es clave en Onetti. Incapaz de establecer un vínculo afectivo duradero, Medina se desdobla en una serie de identidades en las que predomina el simulacro. Su caracterización, tal como la practica Onetti en *Dejemos*, no difiere en lo esencial – aunque sí en logro estético – de la presentación fragmentada y escindida de Larsen en *El astillero*. Cada máscara que Larsen y Medina asumen representa una posibilidad vital, proyecta una imagen renovada, un comportamiento modelado en torno de relaciones de participación, de deseo y de comunicación (Verani 1981: 196-203). Reducido a pintar cuadros por encargo, Medina aspira a captar lo imposible, "la ola perfecta e irrepetible. Una visión así puede compensar el resto de una vida" (p. 70). Toda empresa humana debe ser presidida por el afán de perfección. Larsen, obstinado en fundar el prostíbulo modelo y sus "precursores", Ambrosio en *Para una tumba sin nombre*, el inventor del detalle del chivo, la mentira que "perfecciona" el cuento de la prostituta Rita, y Marcos Bergner, obsesionado por instalar el falansterio ideal en *Juntacadáveres*, son, en la terminología de Onetti, artistas fracasados. Medina pertenece a esta genealogía.

En el último capítulo de la primera parte, en Lavanda, Medina se refugia con Olga ("Gurisa"), su amante circunstancial, en una casa de citas, cuyo dueño es nada menos que Larsen, llamado ahora Carreño (¿carroña?), resucitado y agusanado: "lo vi manotear los gusanos que le resbalaban de nariz a boca, distraído y resignado" (p. 148). La presencia de Larsen destruye la verosimilitud representativa, socava certidumbres y toda noción de límites. Con este encuentro la realidad se vuelve inestable y se entra en el terreno de los sueños irrealizados. Es otra constante de Onetti: el sueño que se sabe mentira se impone como realidad textual. Larsen le da a leer a Medina un papel maltrecho, un fragmento de "uno de esos que los muertos de frío de por allá llaman los libros sagrados" (p. 141), un párrafo de *La vida breve*. El consejo de Larsen es imitar a Brausen, es decir, inventar su propia versión de Santa María, única posibilidad de controlar el mundo, de ser otro, de que todo se cumpla:

Hugo J. Verani

"– Brausen. Se estiró como para dormir la siesta y estuvo inventando Santa María y todas las historias. Está claro.
– Pero yo estuve allí. También usted.
– Está escrito, nada más. Pruebas no hay. Así que le repito: haga lo mismo. Tírese en la cama, invente usted también. Fabríquese la Santa María que más le guste, mienta, sueñe personas y cosas, sucedidos" (p. 142).

Todos los personajes de Onetti se rebelan contra el mundo hostil construyendo espacios ilusorios, refugios contra la humillación diaria. Eladio Linacero, Aránzuru en *Tierra de nadie*, Jorge Malabia y Díaz Grey (en *Para una tumba sin nombre*), el almacenero de *Los adioses*, Larsen y ahora Medina inventan aventuras compensatorias, recogen los fragmentos de su vida y prosiguen por los territorios de la imaginación.

Tendidos en la cama, Eladio sueña la aventura de la cabaña de troncos, Aránzuru fantasea con Faruru, la isla de la felicidad, y Brausen inventa Santa María, historias y vínculos escamoteados por la vida, transforma el mundo en imagen de su deseo. Medina también adopta la postura usual de los hombres onettianos, echarse en la cama para abandonarse a sus propios sueños, a "los miles de sueños simultáneos" (p. 56) que pululan el mundo de Onetti, para proponer lo imaginario como compensación a la incesante suciedad de la vida. Si Brausen admira a la Queca por "su capacidad de ser dios para cada intrascendente, sucio momento de su vida" (p. 556) y él mismo es el demiurgo fundador, si Díaz Grey siente "el placer, la embriaguez de ser dios de lo que evocaba" (*Tumba*, p. 1008), Medina será "el comisario que quiso ser Dios" (p. 177).

La segunda parte de la novela pone de manifiesto lo que relatos previos de Onetti formularon reiteradamente: que el acto de escribir enriquece la posibilidad de redimirse, de ejercitar el poder de modificar, impugnar y abolir la realidad degradante, proyectarse más allá de sí mismo. El sueño de Medina se inserta en el relato como una historia "imaginaria" que modifica la "real". Un detalle clave, la repetición casi literal, en la segunda parte, de un breve capítulo de la primera ("El camino" y "El camino II", cuyas únicas variantes son sinónimos), subraya que el movimiento progresivo es sólo aparente e invita a reordenar la trama en dos historias superpuestas.

En Santa María Medina descubre que su búsqueda del "paraíso perdido" no ha hecho más que conducirlo a una sociedad tanto o más envilecida que la Lavanda montevideana.[4] La Santa María que Medina imagina es una ciudad hecha de recuerdos desvaídos, donde ya casi no quedan vestigios de la ciudad de Brausen (el Hotel Plaza es ahora una casa de pensión, el hospital un asilo para ancianos, etc.) y pocos habitantes conocidos, como atestigua Díaz Grey, último sobreviviente de un mundo deshabitado: "Ya no queda nadie de mi tiempo. Cada día nos sentimos más solos, como en exilio" (p. 196). El desmoronamiento de un mundo que progresivamente viene gestándose desde *Juntacadáveres* llega a la irreversible destrucción final: "No eran los restos de una ciudad arrasada por la tropa de un invasor. Era la carcoma, la pobreza, la irónica herencia de una generación perdida en noches sin recuerdo, en la nada" (p. 195).

Medina regresa a Santa María a invertir las leyes que rigen su vida en Lavanda, la relación de dependencia, a reconciliarse con su hijo, salvarle de la influencia de Frieda y vengarse de ella. Se cumple su deseo de dominio y el placer de modificar los destinos de sus adversarios: Medina es el todopoderoso comisario de Santa María. Pero en Onetti todo sueño de amor y de amistad está congénitamente condenado al fracaso. En Santa María Frieda se vuelve más poderosa que Medina (se enriquece y tiene éxito como cantante de cabaret) y Julián sigue siendo amante de ella. El fracaso de Medina en Santa María es previsible: "Todo transplante a Santa María se marchita y degenera" (p. 882), vaticina Lanza en *Juntacadáveres*, y los que regresen "mascarán con placer el fracaso y las embellecidas memorias, falsificadas por necesidad" ("Novia", p. 1406). Como Moncha en "La novia robada" y Rita en *Para una tumba sin nombre*, Medina regresa a cumplir su destino sanmariano, con clara conciencia de que una fatalidad implacable controla su vida: la ciudad tiene la última palabra. No hay salida posible sin "la gracia de Brausen".

Medina encuentra en Santa María la oportunidad de resolver el envejecido rencor y la necesidad de vengarse que arrastran los personajes onettianos. Como si cumpliera con desinterés un rito preestablecido, golpea a Julián, mata a Frieda, es responsable del suicidio de su hijo y se insinúa el asesinato de Olga, pero la novela termina antes. Santa María arde, devorada por el fuego purificador, la irónica "operación limpieza" fraguada por Medina. Reaparece el Colorado, personaje de "La casa en la arena", un idiota pelirrojo con manías incendiarias, y en complicidad con Medina, Díaz Grey y los vientos del temporal de Santa Rosa (recuérdese que Santa María fue fundada por Brausen en *La vida breve* durante la tormenta de Santa Rosa), incendia la ciudad. "Esto lo quise durante años, para esto volví" (p. 254), dice Medina cuando se vislumbra el fin. Viento, fuego y noche se confabulan para suscitar por medio de la palabra la profecía apocalíptica.

Dejemos hablar al viento es, en suma, una novela en la cual la confluencia de textos y la reescritura de situaciones específicamente onettianas (las oposiciones adolescencia/madurez y el amor/odio, la mentira y el malentendido, la pérdida de ideales y la evocación del pasado) y la construcción del relato mediante procedimientos usuales (la perspectiva doble, la ambigüedad, el sueño, el libre ejercicio de la imaginación), imponen una lectura que reconozca la deliberada estrategia intertextual, de síntesis totalizadora, la ambición de Onetti de recapitular lo andado.

NOTAS

1   La importancia de la reescritura en *Dejemos hablar al viento* ya ha sido señalada por Kadir (1980) y, especialmente, por Deredita (1980). Sobre la parodia en esta novela, véase Martínez (1980). Otros estudios importantes son los de Prego y Petit (1981) y Millington (1985), éste último posterior a la redacción del presente trabajo.

2   Los párrafos de *El pozo, La vida breve* y *Juntacadáveres* se encuentran, respectivamente, en las pp. 58, 142 y 55 de *Dejemos hablar al viento* y proceden de las pp. 49, 444 y 911 de la edición incluida en la Bibliografía. El párrafo de *La vida breve* resume, en realidad, dos párrafos de la página citada. "Justo el 31" se publicó en *Marcha*, núm. 1220, 28 agosto 1964, 2ª sección, pp. 23-24; es ahora el capítulo VIII de *Dejemos*.

3   Por ejemplo, Larsen, en *Juntacadáveres*: "Resoplando y lustroso, perniabierto sobre los saltos del vagón en el ramal de Enduro, *Junta* caminó ..." (p. 777); "Humillado y protector voy anunciando mi llegada con los suaves estallidos de los escalones ..." (p. 914). Medina, en *Dejemos*: "Frenético y disimulado, entreverado con el cuerpo decepcionantemente pulcro por deformación profesional, ..." (p. 55); "Aflojándose la corbata, enérgico e irritado, Medina contempló ..." (p. 206).

4   Lavanda está descrita para que se reconozca a Montevideo. Nombres de lugares (El Cementerio Central, la playa Ramírez, el Parque Hotel) y de calles (Isla de Flores, Carlos Gardel) de los alrededores del Barrio Sur, donde vivía Onetti, u otros lugares típicos de la ciudad (el Buceo, el restorán Morini, la Plazoleta del Gaucho, la óptica Ferrando, la Avenida Agraciada, el Teatro Solís), están impregnados de la nostalgia de la patria perdida.

BIBLIOGRAFIA

Deredita, John
1980   "El viento habla con repeticiones". En *Texto Crítico*, 18/19: 64-69.

Kadir, Djelal
1980   "Susurros de Ezra Pound en *Dejemos* ...". En *Texto Crítico*, 18/19: 81-86.

Martínez, Carlos D.
1980   "Onetti: decadencia y destrucción de Santa María". *Punto de Vista*, 8: 29-33.

Millington, Mark
1985   *Reading Onetti*. Liverpool: Francis Cairns.

Onetti, Juan Carlos
1970   *Obras completas*. Madrid: Aguilar.
1979   *Dejemos hablar al viento*. Barcelona: Bruguera.

Prego, Omar, y María Angélica Petit
1981   *Juan Carlos Onetti o la salvación por la escritura*. Madrid: Sociedad General Española de Librería.

Verani, Hugo J.
1981   *Onetti: el ritual de la impostura*. Caracas: Monte Avila.

Alfonso Reyes y Antonio Castro Leal: un diálogo literario

Serge I. Zaïtzeff
University of Calgary

Si los veintiún volúmenes de las *Obras completas* (que todavía no lo son) de Alfonso Reyes representan ya un monumento impresionante de su capacidad de trabajo, no deja de ser igualmente asombrosa la cantidad de cartas que pudo escribir a sus amigos escritores. De hecho, este material epistolar – en gran parte inédito – podría formar fácilmente otra serie nutrida de tomos. Fue Reyes un apasionado devoto del género epistolar como lo atestiguan sus relaciones a lo largo de su vida con numerosos escritores tanto latinoamericanos como españoles y franceses. En particular supo mantener estrechos vínculos con sus compañeros de generación, es decir con ateneístas como Pedro Henríquez Ureña, José Vasconcelos, Antonio Caso, Martín Luis Guzmán, Julio Torri y Mariano Silva y Aceves entre otros.[1] En compañía de éstos Reyes encontró su vocación y no los olvidaría nunca pese a la distancia que los separaría durante muchos años. Si bien es cierto que esas amistades figuran entre las más apreciadas de Reyes, es de notar que tampoco desdeñó el trato amistoso con los "jóvenes" que integrarían las nuevas generaciones literarias. Tal es el caso de Antonio Castro Leal – siete años menor que Reyes – quien perteneció a la generación de 1915 aunque se formó junto con los ateneístas y sobre todo bajo la dirección de Pedro Henríquez Ureña. Al maestro dominicano debe su inicación en las letras inglesas y su gusto por la investigación erudita. Es a través de Henríquez Ureña que el adolescente Castro Leal allá por 1911 conoció al autor de *Cuestiones estéticas* quien – según el propio Castro Leal – "Era un querubín, que escribía en prosa y en verso, y que, más que leer, adivinaba a los griegos, a Góngora, a Oscar Wilde." Y agrega: "Poco gozamos su encantadora compañía porque [...] se marchó a París" (Castro Leal 1964: 60).

Es precisamente con la partida de Alfonso Reyes en 1913 que empieza el epistolario entre éste y Castro Leal. Aunque esta correspondencia – tal como se conserva en la Capilla Alfonsina[2] – es incompleta sobre todo en los primeros años, viene a ser uno de los pocos testimonios de la amistad que unió a ambos escritores. Desde las primeras líneas enviadas a París (31 de octubre de 1913) se ve ya que la literatura será el enfoque principal de esa relación. Aunque Castro Leal estudia derecho en la Escuela Nacional de Jurisprudencia – como lo habían hecho sus amigos ateneístas –, sólo le interesan las letras. A los diecisiete años, a juzgar por su segunda epístola del 23 de noviembre de 1913, Castro Leal se revela ya como un crítico exigente y duro al decir de la primera conferencia de la Librería de Gamoneda sustentada por Luis G. Urbina que "estuvo muy sosa". En cambio reconoce, una semana más tarde, que la de Antonio Caso "fue sensacional". Pero sobre todo es de interés leer que el precoz

Castro Leal está a punto de terminar una antología de poesía mexicana con la colaboración de sus compañeros Manuel Toussaint y Alberto Vázquez del Mercado. Aunque los ayuda Pedro Henríquez Ureña en esta empresa, Castro Leal también recurre a don Alfonso para resolver ciertos problemas de selección. Al año siguiente Porrúa inaugura su labor editorial con la publicación de *Las cien mejores poesías (líricas) mexicanas*, antología que marca un hito en la historia de la poesía mexicana y que Castro Leal irá refundiendo en múltiples ediciones.

Para 1914 Castro Leal se queda solo en la capital mexicana con pocos amigos ya que el maestro dominicano también abandona México. En carta del 8 de febrero de 1914 lamenta su próxima salida porque "aún tendría muchas cosas que enseñarnos. Pedro siempre tiene cosas que enseñar ¿verdad?" No obstante la dispersión del grupo ateneísta, la estimulante influencia de Henríquez Ureña hace que los "Castros" – es decir, Castro Leal, Toussaint y Vázquez del Mercado – decidan fundar en esos días una "Sociedad Hispánica de México". Según la carta ya mencionada este nuevo ateneo constará de ocho socios activos y organizará conferencias. Es interesante notar que los "Castros" no rompen con la generación del Ateneo de la Juventud al nombrar como socios facultativos a Alfonso Reyes, Pedro Henríquez Ureña, Antonio Caso y Julio Torri. También inician en esa misma época su carrera docente en la Escuela Nacional Preparatoria. Así que apenas cumplidos los dieciocho años Castro Leal ya se da a conocer como profesor y crítico literario. En Reyes encuentra un modelo de erudición cuyos juicios siempre buscará y tendrá en mucho. En las epístolas del 6 y 15 de abril de 1914, por ejemplo, Castro Leal comparte con Reyes las ideas principales de un trabajo suyo sobre Don Quijote. En ese México "inhabitable" de 1914 Castro Leal sólo vive de literatura en compañía de espíritus afines quienes también se han refugiado en un exilio interior. Castro Leal capta el profundo escepticismo de sus compañeros cuando le escribe a Reyes que la Revolución Mexicana no es más que "la persecución de lo imposible a través de lo inútil." Y luego añade: "País divertido México, cuando no se piensa seriamente en él." (24 de agosto de 1914) Desilusionados con la situación del país los "Castros" optan por las reuniones con los amigos, es decir con "Julio [Torri] el sutil, Carlos [Díaz Dufoo Jr.] el amable, Mariano [Silva y Aceves] el retor" y se entregan apasionadamente a la lectura de Hegel, Wells, Pater, Goethe y Shaw. Como lo había dicho Julio Torri en carta a Pedro Henríquez Ureña todos ellos se sentían desterrados en su propia patria[3] y sólo la amistad los salvó de la catástrofe. Torri en particular supo apreciar la inteligencia y la camaradería de Castro Leal: "Antonio y yo pasamos todo el día juntos. Nos hemos hecho amigos íntimos."[4]

La próxima carta de Castro Leal fechada el 9 de febrero de 1915 ofrece un excelente testimonio de la crítica situación de México y de la actitud de esos jóvenes ante tal caos. La crisis política ha afectado ahora a los profesores de la Escuela Nacional Preparatoria al ser destituidos de sus cátedras mientras que el pueblo – como lo nota Castro Leal – "se ha hecho a vivir en la arista de un giróscopo" y aguanta todas las dificultades diarias "con virtud de fakir". Por su parte los jóvenes intelectuales son igualmente indiferentes a la realidad política y la desdeñan dedicándose a aprender griego para poder leer a Platón. De nuevo Castro Leal insiste en el círculo selecto que se ha formado a pesar de la ausencia de Reyes, Henríquez Ureña, Vasconcelos, Acevedo y Guzmán porque simboliza el vigor intelectual de México. Dice así: "Nuestro grupo es Julio, Mariano, Carlos Díaz, Manuel y Alberto y yo. Estamos más juntos Julio, Mariano y Carlos y más todavía Julio y yo." Y luego se refiere a la casi lengendaria esterilidad de sus compañeros: "En nuestro grupo nadie escribe, (Julio ha declarado ser de nuestro grupo) sino cuando siente ganas y lejanamente. Ninguno tenemos profesión de literatos." Con todo – según el propio Castro Leal – Torri elabora poemas en prosa y cuentos, Silva y Aceves produce narraciones y aun Díaz Dufoo trabaja en un ensayo. En cuanto a su propia obra Castro Leal le confiesa a Reyes en otra carta (25 de mayo de 1915) que lamenta por encima de todo no ser poeta y que lo atraen la filosofía y el ensayo. También declara que entre sus preferencias literarias sobresalen los poetas románticos ingleses así como Mallarmé y Laforgue. Lo cierto es que Castro Leal dedicará muchas páginas al estudio de la poesía y aun escribirá versos bajo el seudónimo de "Miguel Potosí".

Para 1916 las íntimas relaciones entre Castro Leal y Torri se enfrían considerablemente y así aquél se aleja del grupo que lo había acogido. La primera carta que tenemos de Reyes (12 de enero de 1917) alude entre otras cosas a esta separación de Castro Leal con Torri. Esta noticia le duele profundamente a Reyes – para quien Torri era como su hermano – y espera que se puedan reconciliar puesto que "Estamos solos en medio del mundo." Pese a esos buenos deseos la ruptura entre los dos será definitiva. En septiembre de 1916 Castro Leal junto con Vázquez del Mercado y otros estudiantes de la Escuela Nacional de Jurisprudencia (los llamados "Siete sabios") fundan la Sociedad de Conferencias y Conciertos con la cual se proponen contribuir a la vida intelectual de México pero sin la colaboración de los antiguos amigos – Torri, Silva y Aceves, y Díaz Dufoo entre otros. Lo que ha sucedido desde luego es la separación de dos grupos generacionales: por un lado los jóvenes (los "Siete sabios") y por otro los mayores que ya apartados del Ateneo formarían un grupo aislado, una especie de "generación perdida".

La primera carta de Reyes a su "querido Antonio" – a la cual ya aludimos – revela un trato cordial y afectuoso. Don Alfonso reconoce que tiene excelentes amigos españoles pero que todavía algo los separa ("el grueso de una pestaña") y por eso espera con ansia la visita de sus compañeros de México. Lejos de su país Reyes está ávido de noticias de la vida literaria mexicana. Siempre busca los artículos de Castro Leal e inclusive elogia su nota sobre Rémy de Gourmont. Por otra parte, la reciente antología de otro amigo suyo – Genaro Estrada – le parece "La mejor dispuesta que hay de poetas de nuestra lengua" (1916). Sin entrar en detalles le confiesa a su amigo que la vida en Madrid es difícil y que sus trabajos eruditos sobre la literatura española apenas le permiten vivir. No le dan ejemplares de sus publicaciones sino "una que otra peseta" de vez en cuando. Su máximo placer lo encuentra en sus libros que por fin han llegado de París aunque admite que "quisiera aprender más y más a prescindir de ellos a la hora de escribir."

Por su parte – como se puede ver en carta de junio de 1917 – Castro Leal se vuelve cada vez más productivo. Publica ya cuentos y artículos en *Pegaso*, hace crítica teatral e intenta componer una comedia. Además, quiere escribir diálogos imaginarios entre Cicerón, Goethe y Schiller así como artículos sobre Chesterton, Shaw, Mallarmé,

France, Kipling, Cervantes y Quevedo. Es de notar que algunos de estos proyectos ya se realizan en 1917 y que Chesterton – entre otras preferencias mutuas – es el objeto de trabajo tanto de Castro Leal como de Reyes. En efecto, éste saca a luz su traducción de *Ortodoxia* mientras aquél da a conocer un artículo sobre este mismo autor británico (1917). En 1917 también el interés de Castro Leal por la traducción de obras inglesas se concretiza en su edición de *Vencidos* de George Bernard Shaw.[5]

A partir de aquí el epistolario de que disponemos se interrumpe hasta el año de 1921 cuando Antonio Castro Leal, siguiendo en esto también las huellas de su compatriota, se encuentra de Primer Secretario al lado de Enrique González Martínez en la Legación de México en Chile donde permanecerá hasta 1925. En la primera carta que le dirige a su "muy querido Alfonso" desde Santiago el 2 de abril de 1921 Castro Leal le explica que durante esos años agitados sólo le pudo mandar tarjetas de cuando en cuando para reiterarle su afecto. Con más calma ahora Castro Leal reanuda su diálogo literario con Reyes. Le habla de sus propios proyectos (cuentos, ensayos, ediciones) pero sobre todo comenta la obra de su amigo a raíz de la aparición de *El plano oblicuo* (1920) señalando su maestría y su habilidad en captar las "pequeñas cosas inefables". A Castro Leal le entusiasma este nuevo libro y dice: "Cada día escribe mejor prosa, y va alcanzando – aun dentro de cierta brillantez fundamental – el tono gris (potencialidad de cobres) y la luz velada (ambiente de corrientes luminosas) que caracterizan la mano dueña de la técnica." Cabe notar que el crítico mexicano es mucho menos entusiasta cuando juzga el ambiente literario de Chile, esa "Holanda sin tradición". En efecto opina que, con la excepción de Pedro Prado, cuyo *Alsino* acababa de salir, y de Gabriela Mistral, hay poca actividad estimulante en aquel país.

Es interesante observar que la única colaboración chilena de Castro Leal que conocemos – publicada en *Chile Magazine* en junio de 1922 – versa sobre Alfonso Reyes. En carta de junio de ese mismo año Castro Leal le explica que esta nota es tan sólo un anticipo de un estudio futuro que aparecerá en México. De hecho, un año más tarde el último número de *México Moderno* (1° de junio de 1923) – revista dirigida en aquel entonces por Manuel Toussaint y Agustín Loera y Chávez – abre con un ensayo sencillamente titulado "Alfonso Reyes". Se trata de un trabajo conciso y bien escrito que logra sintetizar los puntos especiales de la producción de Reyes quien es presentado como el mejor ejemplo del hombre de letras moderno o sea un verdadero humanista, versátil y crítico, que escribe "libros inclasificables". Castro Leal admira en esa obra ya abundante una "prodigiosa" sensibilidad, un tono íntimo y lírico, una inteligencia "esclarecedora", una vasta cultura y sobre todo un estilo que se ha vuelto más apretado y conciso, rasgos que también caracterizan la prosa del propio Castro Leal.

Desde Madrid Reyes sigue recordando a su amigo y lo mantiene al tanto de todas sus actividades mandándole, además, los libros y las revistas más recientes. El 10 de diciembre de 1923 Castro Leal le agradece el envío de la *Revista de Occidente* (que estima superior a las publicaciones francesas de mayor prestigio) así como los libros editados por *Indice* entre los cuales se encontraba la segunda edición de *Visión de Anáhuac* (1923). La lectura de este texto, hecha "con deleite", le ha dejado – dice

Castro Leal – "la impresión de cosa perfecta". Pero esta larga carta cobra interés especialmente por las reflexiones que contiene acerca del ambiente político y literario de México. A Reyes le interesan las impresiones de su amigo quien había hecho un viaje a su patria unos meses antes. En el fondo la vuelta al país que tanto admira y quiere resulta ser algo decepcionante. Debido a las características del poder y del gobernante en México el programa revolucionario – según Castro Leal – no se ha cumplido satisfactoriamente. De manera general – agrega – "falta relación entre los ideales y el modo de volverlos realidad." Por otra parte no ha disminuido su profunda admiración por José Vasconcelos – de quien había sido su secretario particular en la Universidad en 1920 – pero lamenta las numerosas intrigas que plagan la Secretaría de Educación Pública. Por lo que se refiere al panorama literario Castro Leal nota mucha desorientación y en algunos casos una cultura "desordenada" fuera de los grupos de Pedro Henríquez Ureña, de los estridentistas y de *La Falange*, revista editada por Jaime Torres Bodet y Bernardo Ortiz de Montellano que duró menos de un año.[6] En cuanto al primer libro de poemas de Reyes – es decir *Huellas* (1922) – Castro Leal lo encuentra admirable aunque le reprocha su organización en varias secciones. Esta carta termina con unas alusiones favorables al chileno Pedro Prado de quien Castro Leal había preparado en ese mismo año una edición de *Poemas en prosa* para la excelente serie de Cvltvra. En su próxima misiva (18 de febrero de 1924) Castro Leal alude nuevamente a Prado como exponente de "la prosa de lujo" en Chile y asevera que Eduardo Barrios es el novelista más representativo y de más calidad de ese país haciendo hincapié en su *El Hermano asno* (1922). Al mismo tiempo acusa recibo de *Los dos caminos* – cuarto volumen de *Simpatías y diferencias* (1921–1926) – y opina que esas notas sobre autores españoles son "magníficas" y "sencillas". Para Castro Leal este libro de "unidad rara" revela a un Reyes exigente, objetivo y competente. Aplaude la gran labor que está realizando y declara "Es Ud. un gran escritor y un gran escultor de libros."

Al salir de Chile en 1925 Antonio Castro Leal habría preferido ir a París para estar cerca de don Alfonso y para poder escribir pero el servicio exterior de México lo mandó a Washington, D.C. donde se quedaría unos tres años. De este período como Consejero a la Embajada de su país y estudiante de doctorado en The George Washington University no se ha conservado ninguna carta. El epistolario se reanuda por fin en 1929 con su anhelado traslado a Europa después de una corta estancia en México donde tuvo a su cargo la Rectoría de la Universidad Nacional Autónoma de México.[7] Desgraciadamente Reyes ya se había ido a Sudamérica y por lo tanto Castro Leal sólo pudo encontrar sus huellas tanto en París como en Madrid. Instalado en España desde mediados de 1931, país que le parece ser "la reserva moral de Europa", Castro Leal le confía a Reyes que ahora espera volver a sus trabajos literarios. Y, de hecho, poco después (12 de enero de 1932) se dirige de nuevo a Reyes para pedirle consejos relativos a una nueva edición de la antología de 1914 la cual aparecerá en 1935. Como siempre siguen llegando los libros de Reyes y continúan las discusiones sobre Chesterton y Shaw. Pero más que nada la profunda y sincera admiración de Castro Leal por su amigo ha quedado intacta como se puede ver en una carta fechada en Varsovia el 25 de julio de 1932. En ella Castro Leal propone que es urgente promover ciertos valores espirituales en México y que sólo Reyes posee suficiente autoridad para llevar a cabo tal proyecto. Aunque Reyes ya ha servido mucho a su país, Castro Leal considera que México lo necesita aún más ahora puesto que no lo podría hacer Vasconcelos con "su fogosa propensión a los errores sublimes", ni Caso quien "se refugia cada vez más en un mundo más pequeño", ni González Martínez, ni Guzmán, ni Silva y Aceves, ni González Peña, ni los "Contemporáneos". Con característica honradez Castro Leal reconoce el auténtico valor de Reyes pero no conseguirá convencerlo. De hecho, Reyes permanecerá en Río de Janeiro mientras que Castro Leal regresará a México hacia 1933.

El epistolario que nos interesa se interrumpe una vez más por unos años hasta 1937. Con todo, la colaboración literaria entre los dos sigue viva. Castro Leal le pide algunos poemas para otra antología de poetas mexicanos (1939) y le cuida un libro que ha traducido para el Fondo de Cultura Económica.[8] También le explica detalladamente su proyecto de estudiar la literatura mexicana relacionándola con el momento histórico correspondiente o sea buscando el "tono de la época". En seguida le responde Reyes desde Buenos Aires aprobando (junto con Henríquez Ureña) el método de trabajo de su compañero. Cabe señalar que en esos años, alejado de los cargos oficiales, Castro Leal podrá dedicarse enteramente a sus tareas literarias como lo demuestran sus múltiples publicaciones. Nadie se siente más contento de esta actividad que Reyes y así se lo expresa el 13 de septiembre de 1939: "es una de las mayores alegrías de mi regreso, tal vez la más sólida." Seguramente lo que más entusiasma a Reyes es la pasión de Castro Leal por Juan Ruiz de Alarcón puesto que siempre pensó que Castro Leal sería "el continuador y superador de la obra que, hace ya muchos años, emprendimos con tanto ardor los pocos amigos que Ud. sabe." De hecho, Castro Leal transita por los caminos trazados por Alfonso Reyes y Pedro Henríquez Ureña cuando en 1939 dicta conferencias sobre el insigne dramaturgo y publica *Ingenio y sabiduría de Don Juan Ruiz de Alarcón* (1939c), antología que para Reyes resulta ser nada menos que una "joya" y una "perfección" (21 de noviembre de 1939). En ese mismo año es de notar la doble presencia de don Alfonso en los trabajos de Castro Leal. Primero como poeta "de aguda sensibilidad" en *Las cien mejores poesías mexicanas modernas* y luego como crítico y ensayista en un artículo publicado en *Letras de México*[9] Aquí, además de elogiar la obra de Reyes, se presenta una sutil "fantasía a dos voces" en la cual dialogan las dos facetas de Alfonso Reyes, o sea el escritor de sus amigos (Alfonso) y el escritor de sus lectores (Reyes).

A pesar de estar los dos amigos ahora en la misma ciudad, el intercambio epistolar sigue aunque sea en forma de breves notas relativas a libros prestados o servicios profesionales. Esta es la época de la *Revista de Literatura Mexicana* (1940) fundada y dirigida por Castro Leal en la cual figura Reyes como uno de sus redactores y colaboradores. Esta publicación de alta calidad, bien que efímera,[10] manifiesta el creciente interés de Castro Leal por las letras de su país acerca de las cuales escribe cada vez más. Y piensa en la posibilidad de hacer una serie de cien volúmenes dedicada exclusivamente a autores mexicanos y al mismo tiempo empiezan a salir sus ediciones de José Vasconcelos, Salvador Díaz Mirón y Francisco de Terrazas. Pero sobre todo se publica por fin en 1943 su importante libro sobre Juan Ruiz de Alarcón (1943b) con una generosa presentación de Alfonso Reyes quien recuerda que años atrás habían unido sus esfuerzos para estudiar la obra de Alarcón y es por eso que ahora ve ese trabajo erudito "con orgullo y simpatía amistosa". Reyes sólo tiene elogios para su compañero subrayando en particular su agudeza crítica, su originalidad, su claridad y la agilidad de su estilo. Para Reyes esta estimulante monografía viene a ser lo más profundo que se haya escrito sobre Alarcón desde Pedro Henríquez Ureña. Con estas palabras Reyes consagra públicamente a Castro Leal como crítico literario.

Entre los numerosos temas tratados por Castro Leal en esos años cabe mencionar nuevamente la presencia de don Alfonso. Fuera de unas páginas inspiradas en *Última Tule* (1943a), llama la atención la aparición de un libro titulado *Dos o tres mundos* (1944) por ser la primera antología de la obra de Alfonso Reyes. Desde 1940 – después de haber antologado a Vasconcelos (1940) – Castro Leal ya tenía la idea de reunir cuentos y ensayos de Reyes. Por fin, en consulta con su amigo, Castro Leal logra preparar una selección de textos así como un breve prólogo[11] en el cual pone de relieve *Visión de Anáhuac* ("un ensayo perfecto") y los últimos libros que considera superiores. Por su amplitud de visión y sus intereses Reyes es visto como un escritor verdaderamente renacentista. Un año más tarde, en 1945, Castro Leal vuelve a ocuparse de Reyes al editar sus *Simpatías y diferencias* para la "Colección de Escritores Mexicanos" de Porrúa, conocida colección que el propio Castro Leal empezaría a dirigir en esa época y a la cual contribuiría un gran número de títulos. De manera característica el prólogo de esta segunda edición de *Simpatías y diferencias* es sintético, claro y acertado. Para Castro Leal esos artículos madrileños son "modelos en su género" por su eficacia estilística y por su profundidad tanto psicológica como estética. En cuanto a la obra poética de Reyes hay que esperar hasta 1953 para que Castro Leal aluda a ella en *La poesía mexicana moderna*. También le toca a Castro Leal hablar de Reyes con motivo de la toma de posesión de éste como Director de la Academia Mexicana en 1957. En esa ocasión el crítico destaca no solamente la calidad de la prosa alfonsina sino también el hecho de que en Reyes "la creación poética y la función crítica [...] se completan y se refuerzan" (1958, 16: 77–79).

En resumidas cuentas hemos podido ver que el diálogo que se mantiene durante casi cincuenta años entre Alfonso Reyes y Antonio Castro Leal es esencialmente literario. Las lecturas, los libros, las ideas, los proyectos forman la base de la relación que une a estos dos humanistas pero al mismo tiempo existe entre ellos un sincero y sólido afecto. Las últimas palabras de Reyes en este epistolario escritas en Cuernavaca el 10 de mayo de 1958 ofrecen una excelente síntesis de esta amistad. Dice don Alfonso: "A través de nuestra larga e inquebrantable amistad – Vd. lo sabe mejor que nadie – siempre lo han acompañado mi afecto, mi vivo interés por su persona y su obra, mi simpatía y mi franca admiración." Castro Leal le podría haber correspondido con exactamente las mismas palabras para describir su propio trato con su "venerado amigo y maestro". Sin embargo, es con otras palabras llenas de emoción que Castro Leal evocará "el cariñoso recuerdo de su amistad" cuando muere Alfonso Reyes en 1959. Si bien aparece en esta última evocación (1960) la imagen del escritor precoz y genial, es sobre todo la imagen del hombre bondadoso, compasivo y excepcional la que prevalece. Diez años más tarde (1969) Castro Leal volverá a recordar a su amigo pero esta vez será para revalorizar objetivamente su obra entera. Con el tiempo Reyes ha llegado a ser – según Castro Leal – un poeta lírico de indiscutible calidad y originalidad pero sobre todo sigue siendo, junto con José Vasconcelos, "el más grande ensayista de Hispanoamérica y, acaso, de lengua española." No obstante, el crítico distingue ahora algunas imperfecciones en la vasta producción alfonsina y es por eso que propone la publicación de los mejores textos de Reyes en unos tres o cuatro volúmenes. Sólo así podrá el público lector conocer y apreciar la incomparable prosa de Alfonso Reyes y esto es lo que más deseaba su sincero y exigente amigo Antonio Castro Leal.

NOTAS

1 Véanse, por ejemplo, Pedro Henríquez Ureña y Alfonso Reyes. *Epistolario íntimo (1906–1946).* Prólogo de Juan Jacobo de Lara (1981–1983); Claude Fell (1976); James Willis Robb (1983). El epistolario entre Alfonso Reyes y Julio Torri se reproduce en nuestra edición de Julio Torri (1980). La correspondencia entre Alfonso Reyes y Mariano Silva y Aceves se incluye en nuestra edición de Mariano Silva y Aceves (1987).

2 Agradecemos a Alicia Reyes, Directora de la Capilla Alfonsina (México, D.F.), la oportunidad de consultar el epistolario entre Alfonso Reyes y Antonio Castro Leal.

3 Carta fechada el 16 de agosto de 1914 y reproducida en nuestro *El arte de Julio Torri* (1983).

4 Carta de Julio Torri a Pedro Henríquez Ureña con fecha del 22 de octubre de 1914. *Ibid.*, p. 126.

5 México: Cvltvra, 1917. En esta misma serie, dirigida por Agustín Loera y Chávez y Julio Torri, Antonio Castro Leal también publicó: Leopoldo Lugones, *Poesías* (1917), *Antología de poetas muertos en la guerra (1914–1918) / (1919) y Pedro Prado, Poemas en prosa* (1923).

6 Por su parte *Vida Mexicana*, revista asociada con el grupo de Pedro Henríquez Ureña, sólo vio dos números también entre 1922 y 1923.

7 Castro Leal fue rector de la UNAM a partir de diciembre de 1928 hasta junio de 1929 según Raúl Cardiel Reyes, *Antonio Castro Leal, crítico e historiador de la cultura de México* (1981).

8 G.D.H. Cole. *Doctrinas y formas de la organización política* (1937). Es de interés notar que el primer libro publicado por el Fondo de Cultura Económica en 1935 es una traducción del inglés hecha por Antonio Castro Leal (Harold J. Laski: *Karl Marx*).

9 "Alfonso Reyes y una fantasía a dos voces", *Letras de México*, 11, 9 (15 de septiembre de 1939), pp. 1–2. La primera parte de este artículo aparece también en *El Nacional*, 2 de septiembre de 1939, p. 5 con el título "Alfonso Reyes".

10 Sólo se publicarán dos números correspondientes a julio – septiembre y octubre – diciembre de 1940. Alfonso Reyes colaboró con "La vida y la obra" en el primer número de la revista.

11 Este mismo texto aparece con algunas modificaciones en *Bulletin de l'I.F.A.L.*, núm. 2, marzo de 1945, pp. 2–3.

BIBLIOGRAFIA

Cardiel Reyes, Raul
1981   *Antonio Castro Leal, crítico e historiador de la cultura de México.* San Luis Potosí: Universidad Autónoma de San Luis Potosí.

Castro Leal, Antonio
1917   "La literatura y la guerra: un libro de G.K. Chesterton". En *Pegaso*, 1,17: 10–11.
1939a   "Alfonso Reyes". En *El Nacional*, 2 de septiembre, p. 5.
1939b   "Alfonso Reyes y una fantasía a dos voces". En *Letras de México*, 2, 9: 1–2.
1939c   *Ingenio y sabiduría de Don Juan Ruiz de Alarcón.* Librería de Porrúa y Cía. (*Biblioteca Mexicana*, Núm. 1).
1943a   "América Latina y Ultima Tule". En *Cuadernos Americanos*, 2, 2: 57–60.
1943b   *Juan Ruiz de Alarcón, su vida y su obra.* México: Ediciones Cuadernos Americanos.
1958   "Alfonso Reyes". En *Memorias de la Academia Mexicana.* Vol. 16. México: Editorial Jus.
1960   "Homenaje a Alfonso Reyes". En *Cuadernos Americanos.* 160, 2: 20–21.
1964   *El trato con escritores* (Segunda serie). México: Instituto Nacional de Bellas Artes.
1969   "Alfonso Reyes: diez años. Acercarlo al público". En *Excélsior*, 15 de mayo: pp. 7A–8A

Castro Leal, Antonio (ed.)
1939   *Las cien mejores poesías mexicanas modernas.* México: Porrúa.

Estrada, Genaro (ed.)
1916   *Poetas nuevos de México.* México: Porrúa.

Fell, Claude
1976   *Ecrits oubliés. Correspondence entre José Vasconcelos et Alfonso Reyes.* México: Institut Français d'Amérique Latine.

Reyes, Alfonso
1944   *Dos o tres mundos.* Ed. de Antonio Castro Leal, México.
1945   *Simpatías y diferencias.* Ed. y prólogo de Antonio Castro Leal, México: Porrúa (*Colección de Escritores Mexicanos*).

Reyes, Alfonso, y Pedro Henríquez Ureña
1981–83 *Epistolario íntimo (1906–1946).* Prólogo de Juan Jacobo de Lara, Santo Domingo: UNPHU.

Robb, James Willis
1983   "Vasconcelos y Reyes: anverso y reverso de una medalla". En *Revista de la Universidad de México.* 39, 32: 13–17.

Silva y Aceves, Mariano
1987   *Un reino lejano.* México: Fondo de Cultura Económica.

Torri, Julio
1980   *Diálogo de los libros.* México: Fondo de Cultura Económica.

Vasconcelos, José
1940   *Páginas escogidas.* Ed. Antonio Castro Leal, México: Andrés Botas.

Zaïtzeff, Serge I.
1983   *El arte de Julio Torri.* México: Editorial Oasis.

INDICE

VOLUMEN I

INTRODUCCION

PLENARIAS

PONENCIAS

746

VOLUMEN II

En español

Victor Farías
Los manuscritos de Melquíades
»Cien años de soledad«, burguesía latino-americana y dialéctica de la reproducción
1981, 404 S., 62,00 DM
ISBN 3-89354-805-X

Frauke Gewecke (Hrsg.)
Estudios de literatura española y francesa. Siglos XVI y XVII.
Homenaje a Horst Baader
1985, 258 S.,62,00 DM
ISBN 3-89354-813-0

Frank Beat Keller
Wiwilí 1980
Monografía de un Municipio Nicaragüense en Cambio
1986, 298 S.,48,00 DM
ISBN 3-89354-815-7

Alejandro Losada
La literatura en la sociedad de América Latina
Perú y el Río de la Plata 1837-1880
1983, 243 S., 25,00 DM
ISBN 3-89354-809-2

Wolfgang A. Luchting
Estudiando a Julio Ramón Ribeyro
1988, 370 S.,44,00 DM
ISBN3-89354-819-X

Jürgen M. Meisel
Adquisición de lenguaje/Adquisiçao da linguagem
1986, 210 S.,48,00 DM
ISBN 3-89354-816-5

Ingrid Simson
Realidad y ficción en »Terra Nostra« de Carlos Fuentes
1989, 245 S.,36,00 DM
ISBN 3-89354-822-X

Fernando de Toro, Peter Roster
Bibliografía del teatro hispano-americano contemporáneo (1900-1980)
2 Bde., 1985, 718 Seiten, 120,00 DM
ISBN 3-89354-703-7

Karl Kohut, Albert Meyers (eds.)
Religiosidad popular en América Latina
1988, 330 S., 36,00 DM
ISBN 3-89354-904-8

Ulrich Fleischmann, Ineke Phaf (Hrsg.)
El Caribe y América Latina/The Caribbean and Latin America
Actas del III. Coloquio Interdisciplinario sobre el Caribe efectuado el 9 y 10 de noviembre de 1984. Papers presented at the III. Interdisciplinary Colloquium about the Carribean on the 9th of November 1984.
1987, 274 S., 29,80 DM
ISBN 3-89354-751-7

Gisela y Wolfgang Hecker
Pacatnamú y sus construcciones
Centro religioso prehispánico en la costa norte peruana
1985, 244 S., 40 Fototafeln, 34 Zeichnungen und 6 Karten, 62,00 DM
ISBN 3-89354-750-9

Vervuert Verlag (Librería - Editorial)
Wielandstr. 40 · D-6000 Frankfurt/M. R.F.A. - West Germany

Hispanistik

Bibliographie der Hispanistik
In der Bundesrepublik Deutschland,
Österreich und der deutschsprachigen
Schweiz
*Christoph Strosetzki und Titus Heyden-
reich. Im Auftrag des Deutschen Hispani-
stenverbandes.*
Bd. I (1978-1981)
1988, 125 S., 29,80 DM
ISBN 3-89354-704-5
Bd. II (1982-1986)
1988, 179 S., 29,80 DM
ISBN 3-89354-705-3

Walter B. Berg
Grenz-Zeichen Cortázar
**Leben und Werk eines argentinischen
Schriftstellers der Gegenwart**
1989, ca. 340 S., 52,00 DM
ISBN 3-89354-826-2

Kurt Grötsch
Der Kampf um die Integration
**Afrokubaner als Protagonisten und
Autoren in der Literatur Kubas des 19.
und 20. Jahrhunderts**
1989, ca. 290 S., ca. 36,00 DM
ISBN 3-89354-821-1

Pere Juan i Tous
Das gefesselte Engagement
**»El árbol de la ciencia« von Pío Baroja
und der Geist der Jahrhundertwende**
1989, 671 S.,80,00 DM
ISBN 3-89354-825-4

Lutz Küster
Obsession der Erinnerung
**Das literarische Werk
Jorge Sempruns**
1989, 303 Seiten, 38,00 DM
ISBN 3-89354-410-0

Josef Oehrlein
**Der Schauspieler im spani-
schen Theater des
Siglo de Oro (1600-1681)**
**Untersuchung zu Berufsbild und
Rolle in der Gesellschaft**
1984, 269 Seiten, 36,00 DM
ISBN 3-89354-012-0

Angel San Miguel (Hrsg.)
Calderón
**Fremdheit und Nähe eines
spanischen Barockdramatikers**
1988, 230 Seiten, 28,00 DM
zahlreiche Abbildungen
ISBN 3-89354-412-7

Regine Schmolling
Literatur der Sieger
**Der spanische Bürgerkriegsroman im
gesellschaftlichen Kontext des frühen
Franquismus (1939-1943)**
1989, ca. 450 S., ca. 56,00 DM
ISBN 3-89354-823-8

Gustav Siebenmann
**Essays zur
spanischen Literatur**
1989, 327 Seiten, 34,00 DM
ISBN 3-89354-413-5

Manfred Tietz (Hrsg.)
**Das Spanieninteresse im deut-
schen Sprachraum**
**Beiträge zur Geschichte der
Hispanistik vor 1900**
1989, ca. 190 S., ca. 36,00 DM
ISBN 3-89354-827-0

Manfred Tietz (Hrsg.)
**Spanische Lyrik
vom Modernismus
bis zur Gegenwart**
Einzelinterpretationen
*Herausgegeben von Manfred Tietz in
Zusammenarbeit mit Siegfried Jüttner und
Hans- Joachim Lope.*
1989, Ca. 460 Seiten, ca. 48,00 DM
ISBN 3-89354-312-0

Vervuert Verlag
Wielandstr. 40
D-6000 Frankfurt/M.